中粮
COFCO
产业链 好产品
美酒
历史使命
的成长与崛起
Chateau SunGod
长城桑干酒庄
特别珍藏
Special Reserve
2005
中粮集团荣誉出品

中国有机产品
ORGANIC

中华人民共和国地理标志保护产品
贵州茅台酒
PEOPLE'S REPUBLIC OF CHINA

CERTIFIED ORGANIC OFDC
有机认证
IFOAM
ACCREDITED
认证号：OP3301-952-136

燕京啤酒
BEI JING YANJING BEER GROUP CORP
科技大厦
MANSION OF SCIENCE AND TECHNOLOGY

感动世界 超越梦想

燕京啤酒
燕京啤酒
YANJING BEER
纯生
燕京啤酒
Yanjing Beer

杏花村
中国驰名商标
清香汾酒 文

竹葉青
中国驰名商标
绿色汾酒
山西杏花村汾酒集团有限责任公司

金六福
中国人的福酒
VATS 华泽集团
华泽集团荣誉出品
金六福
一杯酒 大幸福
五星品质
五星
金六福
酒后请勿驾车 未成年人请勿饮酒

中国驰名商标
稻花香
酒
【活力型】
净含量：500mL

RED IN
东方红
四川绵竹剑南春酒厂有限公司
MIANZHU JIANNANCHUN DISTILLERY CO., LTD.OF SICHUAN

E EAST
红
度:46%vol
有限公司
大国之红
中国高端白酒史诗级作品】

开启酒的王朝，成就我的王朝

- 王朝公司技术中心被认定为国家级企业技术中心，有雄厚的科研开发能力。1996年“王朝全汁干型葡萄酒规模化生产工艺技术”荣获国家科技进步三等奖，在全国全汁干白葡萄酒的生产中起到了重要的示范作用；2001年“王朝高档干红葡萄酒酿造技术与原料设备保障体系的研制与开发”荣获国家科技进步二等奖，填补了国内陈酿型干红葡萄酒的空白。2010年，王朝公司荣获首届酿酒行业“仪狄奖”中的科技创新奖。
- “DYNASTY王朝”品牌具有自主知识产权，2000年被国家工商局认定为中国驰名商标，2002年被国家质量监督检验检疫总局评定为中国名牌产品。

序

《中国酿酒工业年鉴》(2010—2011)出版之时，恰逢中国酿酒工业协会经国家民政部批准，正式更名为中国酒业协会之际，这充分体现了国家对我国酒类产业的重视和支持。中国酿酒工业协会将以此为契机，全面实现从传统的工业协会向现代化产业协会的转型；更加贴近行业、服务企业，努力开创酒类产业全方位发展的新局面。

2010年和2011年，是“十一五”和“十二五”的转型年，有着非同寻常的经济意义。

回顾“十一五”，中国经济发生了深刻的变化，酿酒产业在科学发展观的引领下，在行业组织和企业的努力下，保持了良好的发展态势，产业结构得到调整，技术进步速度加快，产品创新能力不断增强，产业链优势正在逐步形成，整体经济运行质量得到稳步提高。

展望“十二五”，随着我国宏观经济的进一步深化，包括酒类在内的与民生有关的轻工、服务类行业将成为发展的重点和方向。中国酿酒工业协会将坚定不移地以邓小平理论和“三个代表”重要思想为指导，贯彻落实科学发展观，按照《中国酿酒产业“十二五”规划》精神，实现创新型产业发展的总体目标。要继续传承优良传统，注重食品安全，加强行业自律，增强行业凝聚力，提高为会员服务的能力；要切实履行服务企业和政府的宗旨，积极履行社会责任，促进行业与社会的和谐发展。

2010—2011版年鉴在广泛听取各方面意见的基础上，在内容和篇章结构上做了进一步改进，新增了“十一五”回顾与“十二五”展望篇、科技篇，内容更加丰富，形式更加新颖，力求对我国酿酒行业的健康发展起到参考、借鉴和服务作用。

在2010—2011版年鉴的编撰过程中，各省、市、自治区酒业协会，各酿酒企业，各有关部门及酿酒界的专家、学者给予了大力支持，各位工作人员付出了辛勤劳动，使得编撰工作顺利进行，在此表示诚挚的感谢。同时也希望今后的年鉴编撰工作做得更好，成为反映行业发展足迹的忠实记录者。

编辑说明

一、《中国酿酒工业年鉴》（2010—2011年版）全面系统地记述了2010—2011年中国酿酒工业发展的基本情况。全书设有十四个篇目：

（一）题词篇：收录了党和国家领导人、文化名人为酒类行业、酿酒企事业单位所作的题词、题字。

（二）摄影篇：下设三个栏目，行业工作、行业活动、友好往来。其中，行业工作栏目收录了中国酿酒工业协会、地方协会各项重大活动照片；行业活动栏目是酒类企事业单位开展的在行业中产生积极影响并具有重要意义的活动照片；友好往来栏目是酒类企事业单位参加国际活动，进行国际往来、交流、合作的重要照片。

（三）行业篇：包括中国酿酒工业协会工作情况及行业综述；中国酿酒工业协会白酒分会、啤酒分会、葡萄酒分会、果露酒分会、黄酒分会、酒精分会、技术专业委员会等各酒种分会工作情况及行业综述。

（四）区域篇：主要记录了中国各省、市、自治区酿酒工业的发展状况与区域经济优势以及各省、市、自治区酒业协会工作综述。

（五）政策篇：收录了2010—2011年中国酿酒行业、酿酒企业发展规划的政策法规。包括国家各部委颁布的有关酒类行业的政策法规文件、酿酒行业地方法规与管理办法等。

（六）专述篇：包括国家各部委领导同志关于发展酿酒工业经济的讲话；中国酿酒工业协会领导关于酿酒经济发展的专述文章；专家、学者关于酿酒经济发展的论文；知名企业家关于酿酒经济发展的专稿。

（七）“十一五”回顾与“十二五”展望篇：收录了酿酒行业“十一五”以来发展综述；酒类企事业单位“十一五”发展专题报道；酿酒行业“十二五”发展规划；酒类企事业单位“十二五”规划专题报道。

（八）统计篇：通过国家统计部门公布的酿酒工业经济指标、产值、产量等统计数据与分析，反映中国酿酒工业2010年、2011年的发展状况。

（九）企业篇：介绍酿酒工业重点优秀企业的综合发展情况、产品情况、市场情况、科技成果、环保节能成果；以及由国家各部委、中国酿酒工业协会组织的酿酒行业优秀企业评选结果名单等。

（十）年鉴人物篇：入选“年鉴人物”的知名企业家的彩色照片以及个人小传。

（十一）人物篇：包括中国酿酒行业领域做出突出贡献的专家、学者、知名人士介绍；中国酿酒骨干企业中做出突出贡献的知名企业家、酿酒专家介绍。

（十二）品牌篇：收录了酒类企业各类评选活动的名单以及品牌介绍及相关资料。

（十三）科技篇：收录了酿酒骨干工业企业科技进步、环保节能等方面的成果介绍；酿酒行业专家、学者的优秀学术论文；酿酒企业技术专家、总工的课题研究成果。

（十四）大事记：主要包括2010—2011年中国酿酒工业发展的重大事件和重要活动。

二、年鉴在编排方面求新求实，尽量减少资料性不强的材料，增加有创意、有价值的新栏目，同时对照片和图表的编排也做了较大的改进与扩充。本年鉴所反映的内容时间大部分涵盖2010—2011年，部分内容涉及2010年以前。

三、《中国酿酒工业年鉴》（2010—2011）在组稿、编辑、出版过程中，各省、市、自治区酒业协会、各行业专业委员会的领导、作者给予了积极配合和热情的指导。在此，一并表示衷心的感谢。

《中国酿酒工业年鉴》编辑部

各省、自治区、直辖市酒业协会撰稿人

李荣国	北京市酿酒协会
左润华	天津市酿酒工业协会
范长秀	河北省白酒、葡萄酒工业协会
李振华	河北啤酒工业协会
沈正祥	山西省酿酒工业协会
张九如	内蒙古自治区白酒协会
李　忠	辽宁省白酒工业协会
庄守义	辽宁省啤酒专业协会
张金玲	吉林省酒业协会
季树太	黑龙江省酒业协会
吴建华	上海市酿酒专业协会
王建英	江苏省酒类行业协会
傅森林	浙江省啤酒工业协会
李文汉	安徽省酒业协会
朱榕光	福建省轻工业联合会白酒、黄酒分会
饶绍信	江西省酿酒工业协会
李玉玲	山东省啤酒工业协会
岳晓声	河南省酒业协会
宫金山	湖北省酒业协会
刘维平	湖南省酒业协会
彭　洪	广东省酒业行业协会
郭营新	广东省酒类行业协会啤酒分会
宋　苹	广西壮族自治区酿酒协会
黄丽宇	四川省酿酒工业协会
白希智	陕西省酿酒工业协会
孙立伟	甘肃省酿酒工业协会
尹　君	宁夏回族自治区酿酒协会
王　莹	新疆酿酒工业协会

中国高端白酒新形象
古井贡酒·年份原浆
纯正原浆　手工酿造
古井贡酒
年份原浆
原 26 浆

九酝酒法

中国有文字记载的最早最完整的一部酿酒工艺，国家级非物质文化遗产。酒之魂蕴于历史。《九酝酒法》为古井贡酒史传秘笈，是史载最早的中国白酒酿酒技法，堪称中华酿酒技艺始源。据北魏贾思勰《齐民要术》载，公元196年，曹操《上九酝酒法奏》奏：『有九酝春酒。法用曲三十斤，流水五石……，三日一酝酿，九日一循环，如此反复……。』

古井贡酒·年份原浆26年的酿造严循古法，手工选料、投料、制曲、择醅、摘酒……，挑时辰，观火候，闻香味，鉴风味……，分毫玄妙间方得纯正原浆。

千年魏井无极水

中华名井之北魏古井，此井现为国家级重点保护文物单位。《九酝酒法》载：『无极水，取自井中三尺以下，性温，质清。』千年魏井为中国十大名井，井中清流，千年不竭，含水层属于粉砂与粘土层，PH值7.7，呈天然弱碱性，含多种有益微量元素，水质纯净，清冽甘爽，有利健康，为酿酒的不二之选，在中华酒界有『井水之王』的美誉。

古井贡酒·年份原浆26年，以国宝级古井无极水酿造，秉承古法，采自井下三尺，酿得原浆，芳香馥郁。

桃花春曲

古井贡酒·年份原浆26年酿制所用的桃花春曲，被誉为酒曲皇冠。《九酝酒法》载：『桃花开时制曲，花凋曲成。制酒，味幽香』。桃花春曲脂，只在桃花盛开、春意融融、空气温湿的二十天内制作，此时发酵菌群活性最高，能产生较高的糖化力和蛋白质分解力，方可酿出最好的酒。古井贡酒·年份原浆26年酒曲的制作周期恰好是桃花绽放到凋谢的周期，故名桃花春曲。桃花春曲酿原浆，香似幽兰，芬芳不散，柔绵丰厚。

明代窖池

古井贡酒·年份原浆酿造所用窖池多为明清以来持续沿用百年以上的老窖池，其中连续使用窖龄最长的为明初开始使用的明代窖池群，窖龄达500年左右，现为国家重点文物保护单位，古井贡历代皇室贡酒均出自此窖中，为古井赢得『贡酒』之名，立下显赫功勋，被誉为**国宝级功勋窖池**！

古井贡酒·年份原浆26年，特选明代『功勋池』群发酵酿制，『功勋池』以悠久历史、丰富活菌著称，窖池内栖息着600多种活性酿酒菌，窖菌种类之多，在中国名酒企业仅存的几个百年老窖池群中也属于罕见！成为中国白酒老窖池检测分析数据库之极限样板库，是业内屈指可数的国宝级老窖池群！

原酒精华

古井贡酒·年份原浆26年，成酒历经128道精严工序而成。为确保最高标准的品味，更需经择层、择时摘酒两道优中选精工序，只有极少比例的的原浆精华能入窖珍藏。严苛的双择标准：首先是择层取醅——精选窖池下层距池底10—20公分，且不接触池底的一小部分酒醅，用来蒸酒；然后是择时摘酒——精选的酒醅在蒸馏出酒时，只摘取每锅出酒的中前段很小部分酒。在两道严苛的选择中，以精准工艺标尺及酿酒大师经验品评进行甄别，确保选出真正原浆之精华。

原浆窖藏

经双择工艺苛选出的精华原酒，以特制容器封藏，送入常年恒温、恒湿的地下酒窖封藏多年。精华原浆，在灵山秀水间，纳日月灵气，在恬静中休养舒展，封存老熟。历经数十年时光历炼，原浆中原生物质不断孕育，精华慢慢凝淀，风味物质进一步缔和，直至酒体更加绵甜、柔顺、醇厚，最终形成美仑美奂的『原浆级年份』美酒。

古井贡得天独厚的窖藏环境、数万吨的原酒窖藏规模、精心的呵护标准，保证了每一滴原浆，历经年华，渐臻上品，更显纯真本色。

原生态美酒

古井贡酒·年份原浆产地亳州，地处北纬32。51′~35。05′，属世界黄金酿酒带。暖温带气候宜人，季风明显，阳光充足，雨量适中，水土优越，从古至今，均以农业生产为主，自然纯净，环境原生态，相比其它地区而言，此地的环境、气候、水质、粮食作物等都符合酿酒的最佳标准。2003年，古井贡酒被国家质检总局认定为原产地域保护产品，正是对产地原生态的权威认定！2008年，古井贡酒生产基地——『古井贡酿酒工业园区』被国家旅游局授予工业旅游的4A级示范景区，这是中国白酒第一家4A级旅游景区。在这里，环境优雅、生态和谐，每一名酿酒工人都如『园丁』般呵护着美酒！在环境优雅、生态和谐的4A级风景区里自然生长，受到酿酒大师的『园丁』般的呵护，成为绝无仅有的原生态美酒。

高科技创新传承

秉承千年酿酒古方之基，古井贡酒·年份原浆将现代高科技融于传统酿酒工艺之中，创新探索出各工艺环节的最佳技术参数，并在制曲、用料、发酵、选酒、窖藏等环节进行最严格的技术把控，使酒体中的酸、酯、醇等各风味成分比例更加完美谐调，酒体质量远优于国家优级标准，呈现了原浆级年份酒特有的口味，完美体现了『纯正原浆，手工酿造』工艺精髓，引领了中国高端白酒酿造技术的发展新趋势，开创了中国白酒原浆级年份酒的技术制造标杆。

古越龍山
国粹黄酒
库藏10年
保真年份·足年库藏
5A级库藏年份酒
A级原料：汲鉴湖冬水为血脉，清冽冰纯；选上乘糯米为风骨，绿色健康。
A级选时：始酿于立冬，封坛于立春，一年只酿一季酒。
A级陶坛：精选传统陶坛，疏密相宜；20年老坛韵味，融入老酒。
A级酒库：拥20万平米中央酒库，高大通风；储25万吨精华原酒，陈熟醇香。
A级酒师：国家级酿酒大师，通酒之经络；精湛调酒工艺，保证酒质均衡。
中央库藏酒
古越龍山
绍兴花雕
浙江古越龙山绍兴酒股份有限公司
古越龙山
中国驰名商标
国家地理保护产品
中华老字号
浙江古越龙山绍兴酒股份有限公司
地址：绍兴市北海桥 邮编:312000 http://www.shaoxingwine.com.cn
电话：0575-85159359 淘宝网旗舰店：http://gyls.taobao.com

新疆乡都酒业有限公司
XINJIANG XIANGDU WINERY CO., LTD.
LES CHAMPS D'OR
阿耆尼
醇香梦幻 阿耆尼
低吟着古印度的梵文，印度火神的阿耆尼，
是自然中的阳光与闪电，是人间燃烧于炉火中的永生精灵，
他传递着人与神的精神情感，奔走于天上人间。
当胡姬妙曼的身姿与印度的拈花十指在古西域相遇，
阿耆尼这个印度火神的名字，
便衍生成了西域三十六国之一的古国，
成为“俗尚葡萄酒，兼爱音乐”之都。
今天，焉耆的大地依稀隐现阿耆尼古国的踪影，
留下的是美酒，寻味的是奇迹。
国投信托葡萄酒基金
2008
阿耆尼
乡都干红葡萄酒
LES CHAMPS D'OR
LE VIN DU DESERT DE GOBI
净含量:750mL
新疆乡都酒业有限公司
XINJIANG XIANGDU WINERY CO., LTD.
酒精度:12.5%(v/v)
品质证书查阅：国家葡萄酒及白酒、露酒产品质量监督检验中心网站 www.pt9.cn
有机食品
ORGANIC FOOD
乡都葡萄酒品赏专线
Enjoy yourself with les Champs d'Or
010-58701309 021-52356550
0991-2838589 0996-2022518

目录

题词篇

摄影篇

行业篇

目录

目录

目录

政 策 篇

目录

目录

专述篇

目录

“十一五”回顾与“十二五”展望篇

统 计 篇

2010年数据目录

目录

2011年数据目录

目录

目录

企业篇

目录

目录

人物篇

目录

品牌篇

科技篇

目录

大事记

题词篇

收录了党和国家领导人、文化名人为酒类行业、酿酒企事业单位所作的题词、题字。

袁仁国

Yuan Renguo

YEARBOOK FIGURE

袁仁国，男，贵州省仁怀市人，1956年10月出生，中共党员，研究生学历，高级经济师。现任贵州省委委员，中国贵州茅台酒厂有限责任公司党委副书记、董事长，贵州茅台酒股份有限公司董事长。相继荣获“全国劳动模范”、“中国酿酒大师”等称号，是“全国第三批国家级非物质文化遗产项目代表性传承人”。

袁仁国同志在白酒界率先提出“文化酒”的理论，引发了全国白酒行业从卖酒到卖文化的转变。先后提出了“绿色、人文、科技”的国酒茅台发展战略定位和构建“和谐企业”、实施“六个统筹”、“八个营销”等理念，在白酒行业中产生了广泛的影响。其撰写的《提高国有企业文化竞争力的思考》、《迎接文化酒时代的春天》、《西部开发勿忘振兴民族品牌》、《解读国酒茅台品牌价值》等论文发表在国家级、省级刊物上，极大地提升了茅台集团的企业形象和茅台酒的品牌形象，产生了深远的市场影响。

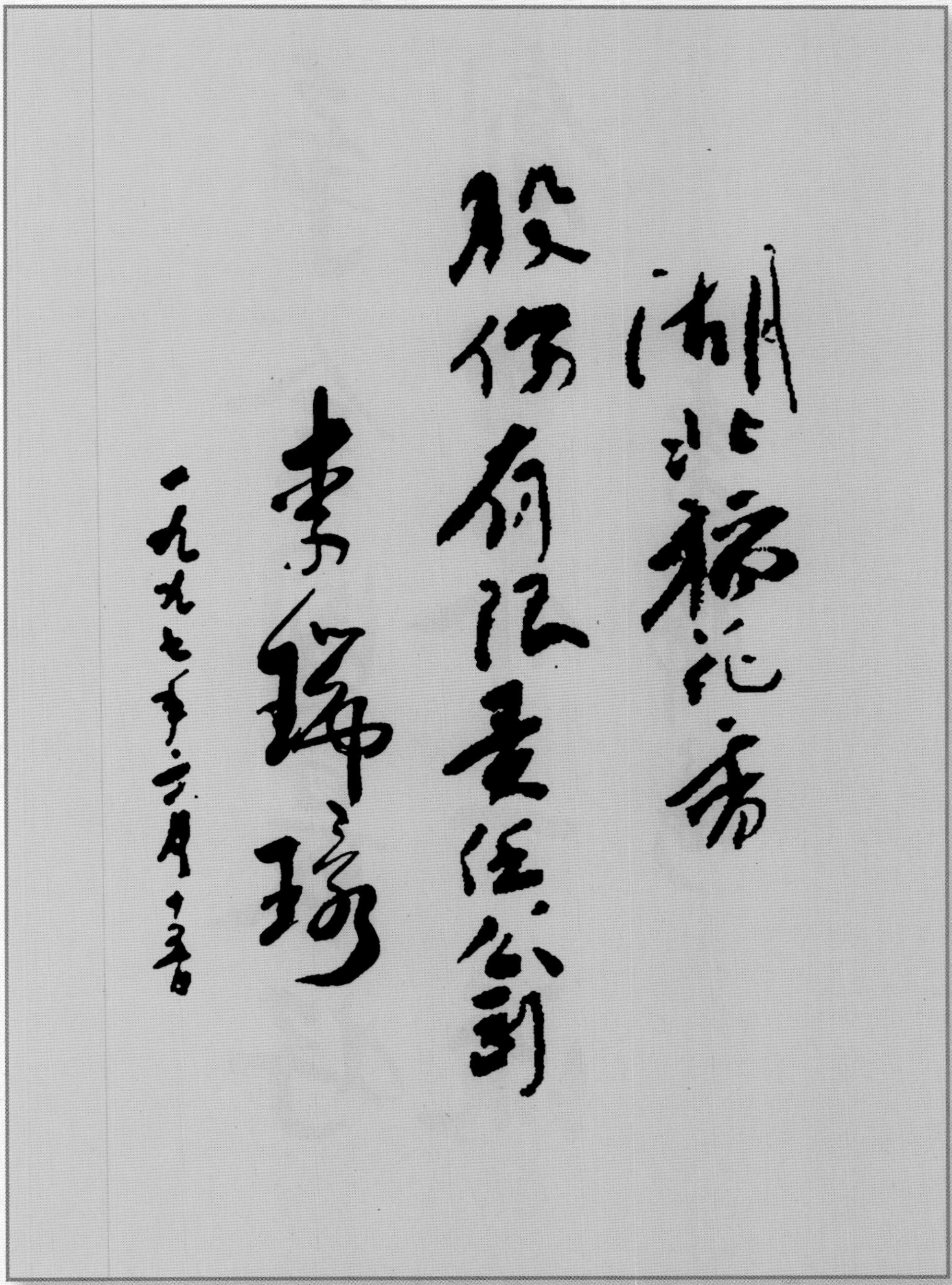

1997年，时任中共中央政治局常委、全国政协主席李瑞环为稻花香题厂名：湖北稻花香股份有限责任公司。

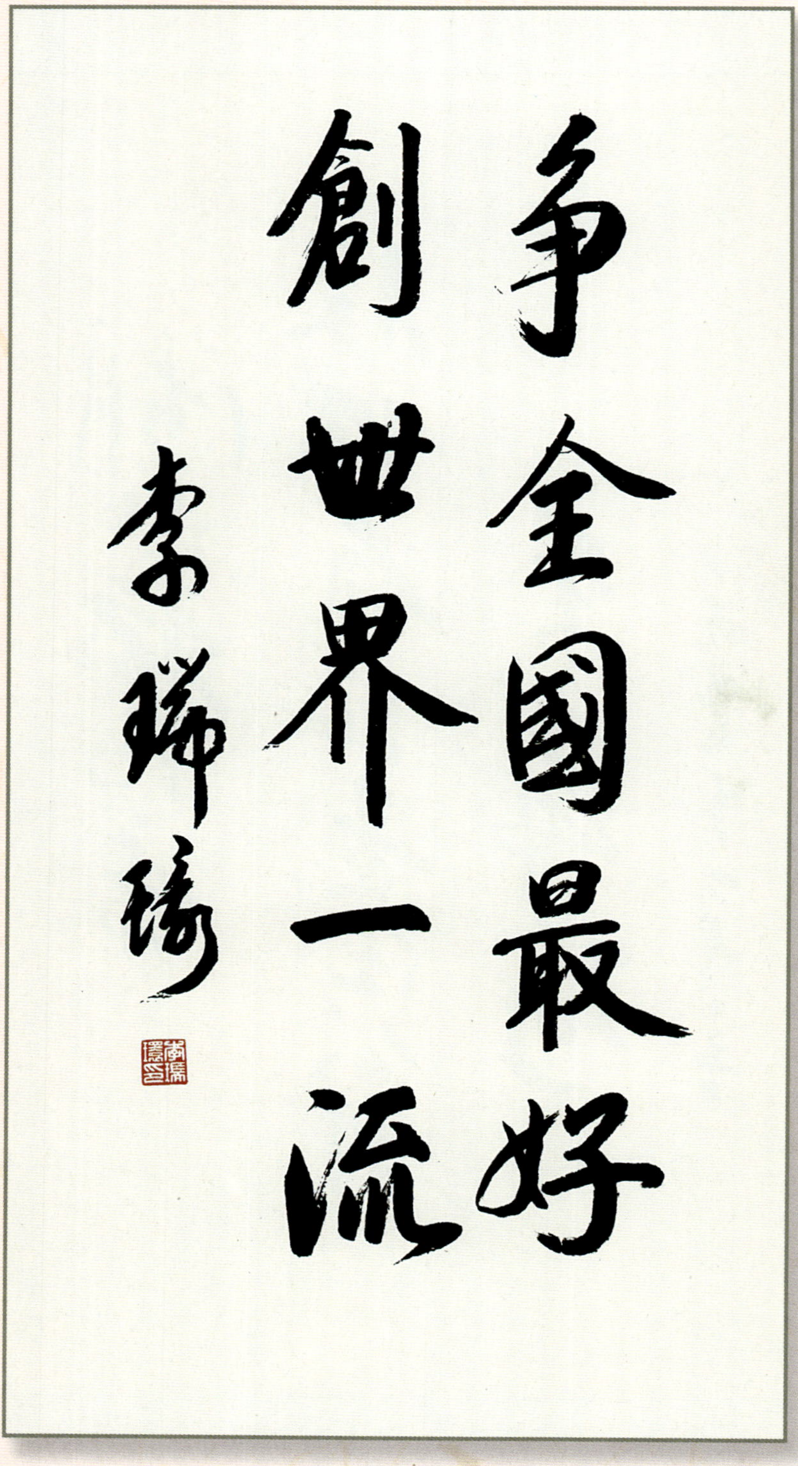

2010年，曾任中共中央政治局常委、全国政协主席李瑞环为王朝题词：争全国最好，创世界一流。

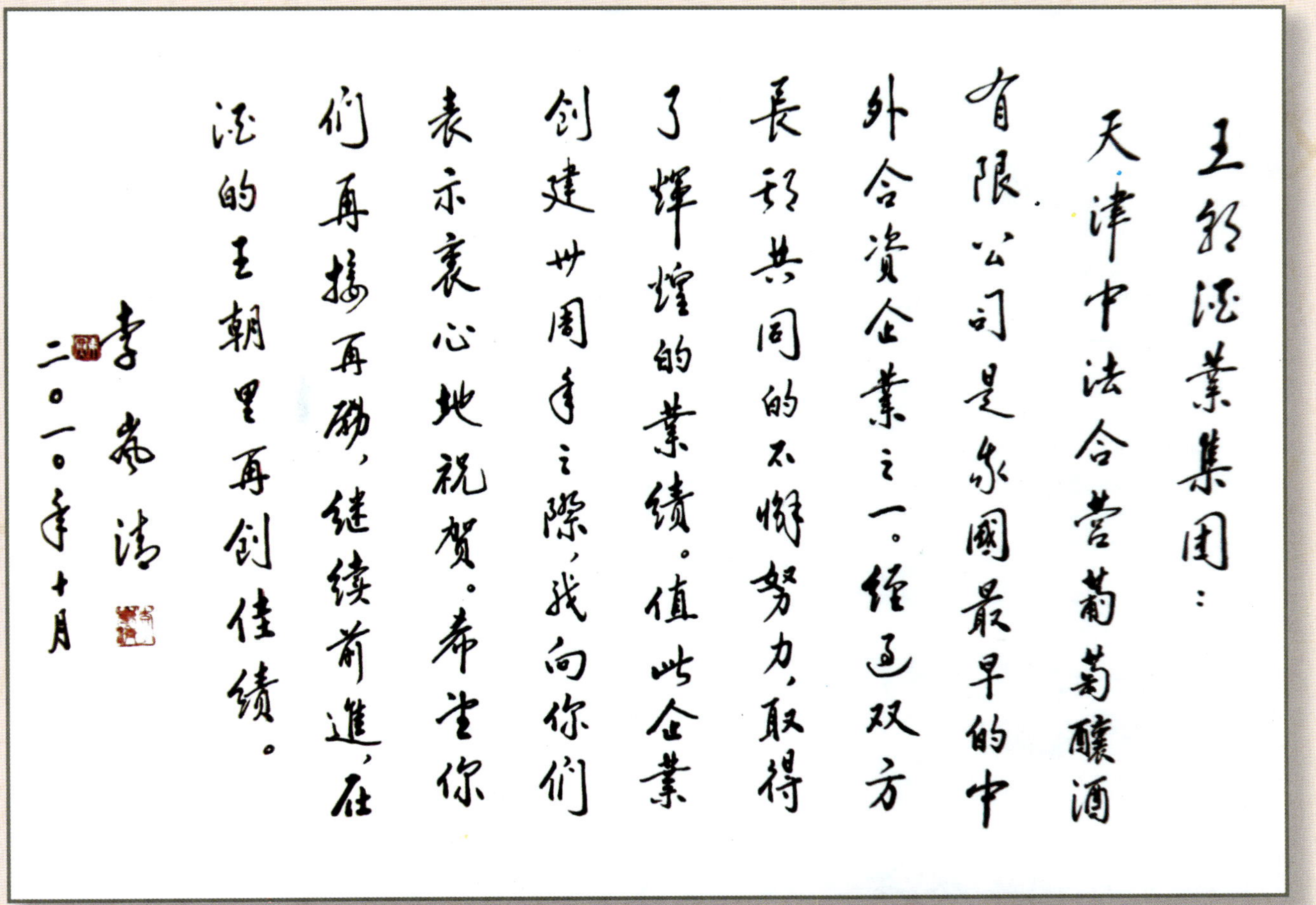
王朝酒業集團：

天津中法合营葡萄釀酒有限公司是我國最早的中外合資企業之一。經過双方長期共同的不懈努力，取得了輝煌的業績。值此企業創建卅周年之際，我向你們表示衷心地祝賀。希望你們再接再勵，继续前進，在酒的王朝里再創佳绩。

李岚清

二〇一〇年十月

2010年，曾任中共中央政治局常委、国务院副总理李岚清为王朝建企三十周年题词：天津中法合营葡萄酿酒有限公司是我国最早的中外合资企业之一。经过双方长期共同的不懈努力，取得了辉煌的业绩。值此企业创建三十周年之际，我向你们表示衷心地祝贺。希望你们再接再励，继续前进，在酒的王朝里再创佳绩。

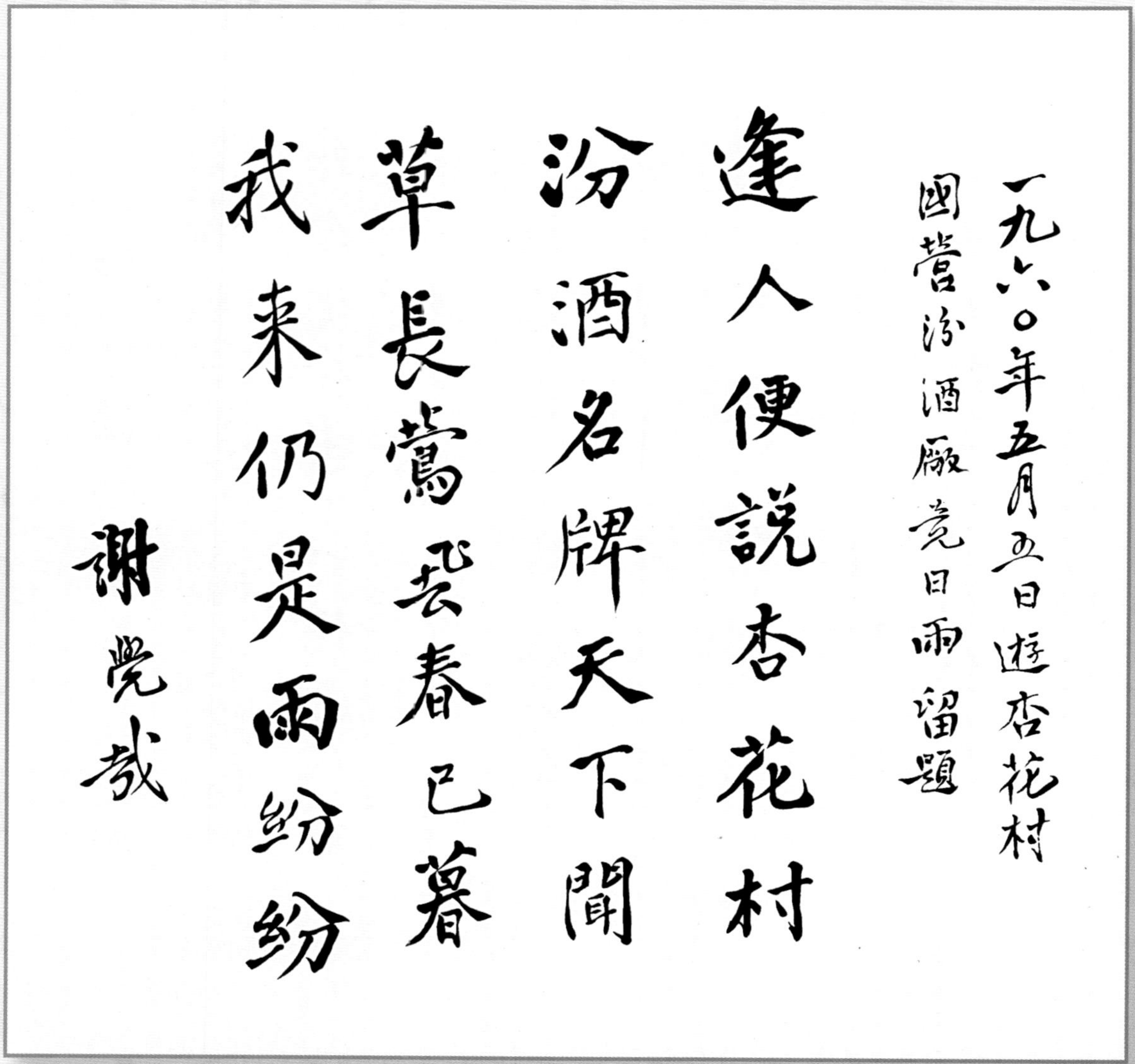

1960年，时任最高人民法院院长谢觉哉为汾酒题词：逢人便说杏花村，汾酒名牌天下闻。草长莺飞春已暮，我来仍是雨纷纷。

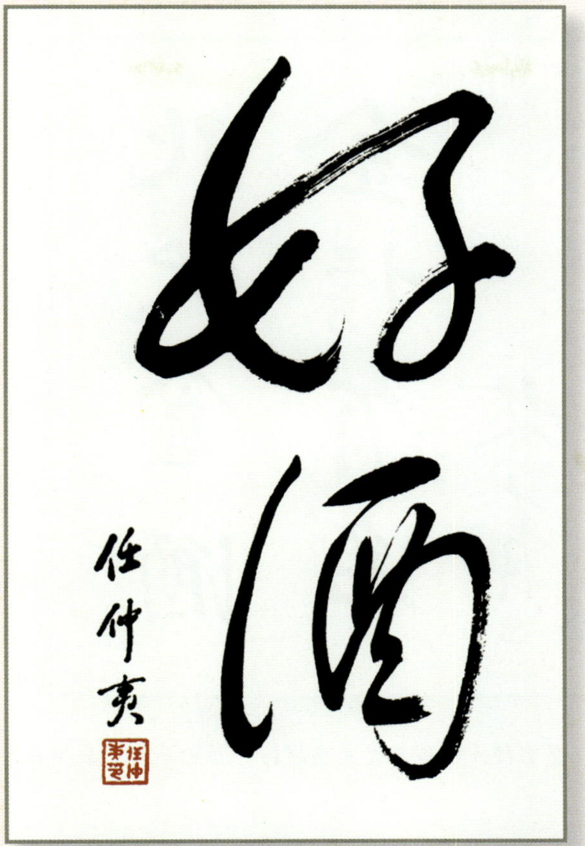

原中共中央顾问委员会委员、中共广东省委原第一书记、广东省军区原第一政委任仲夷为长乐烧题词：好酒。

原全国政协副主席叶选平为长乐烧题词：粤酒王。

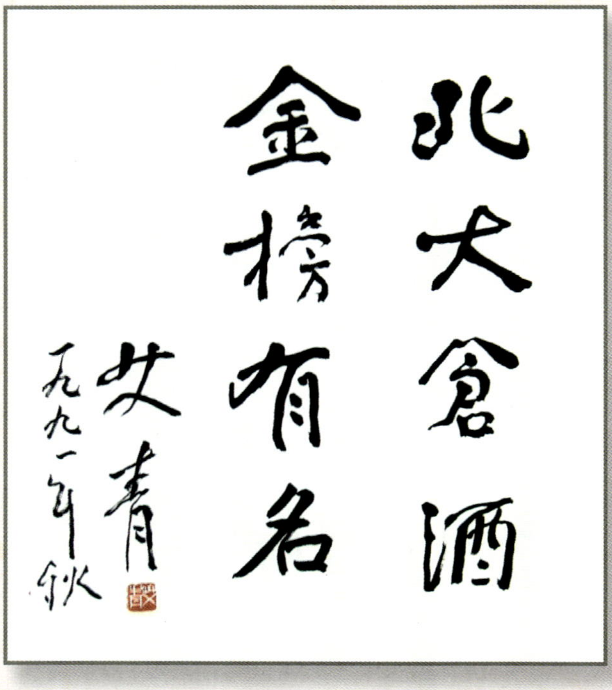

1991年当代著名诗人艾青为北大仓题词：北大仓酒，金榜有名。

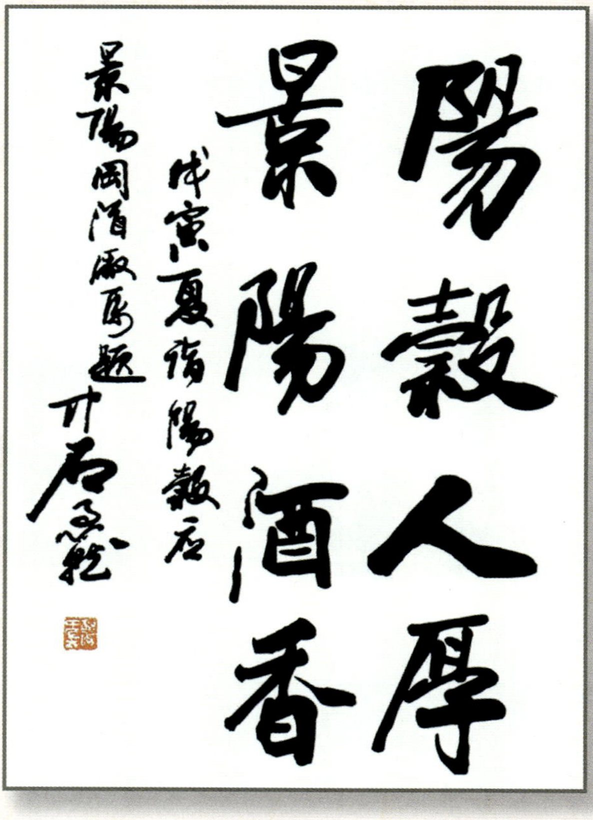

1998年著名书法家欧阳中石为山东景阳冈酒厂题词：阳谷人厚，景阳酒香。

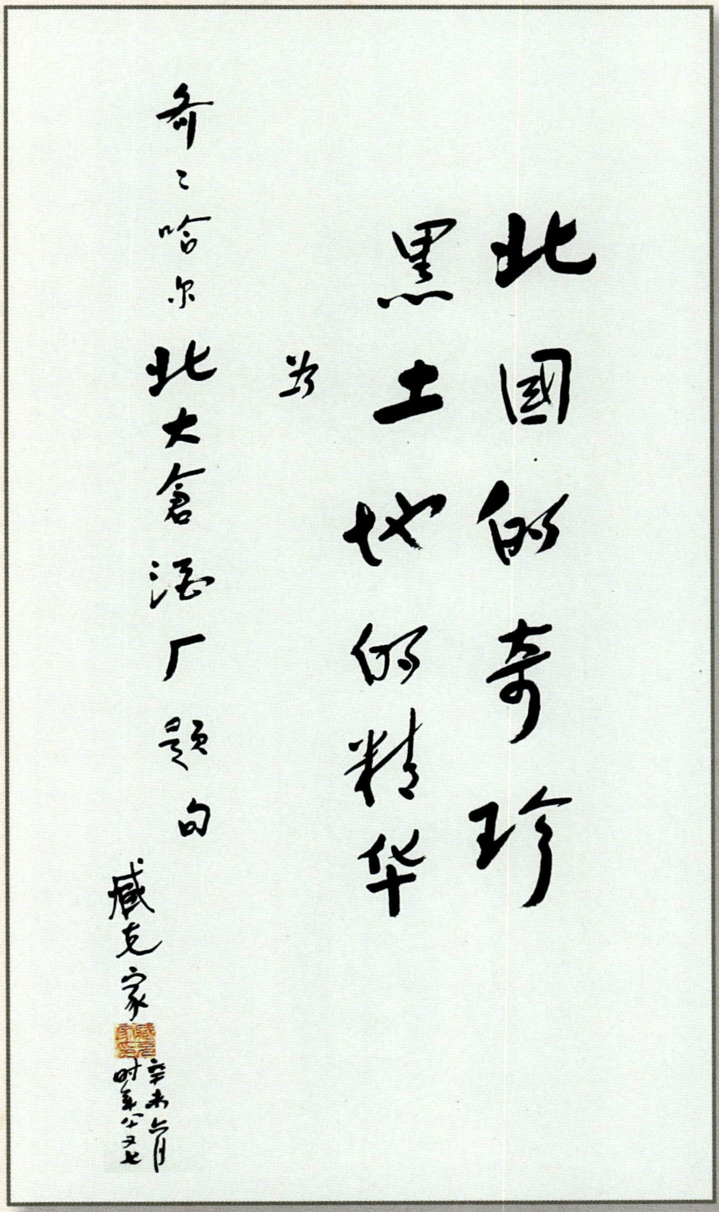

1991年当代著名诗人臧克家为北大仓酒厂题词：北国的奇珍，黑土地的精华。

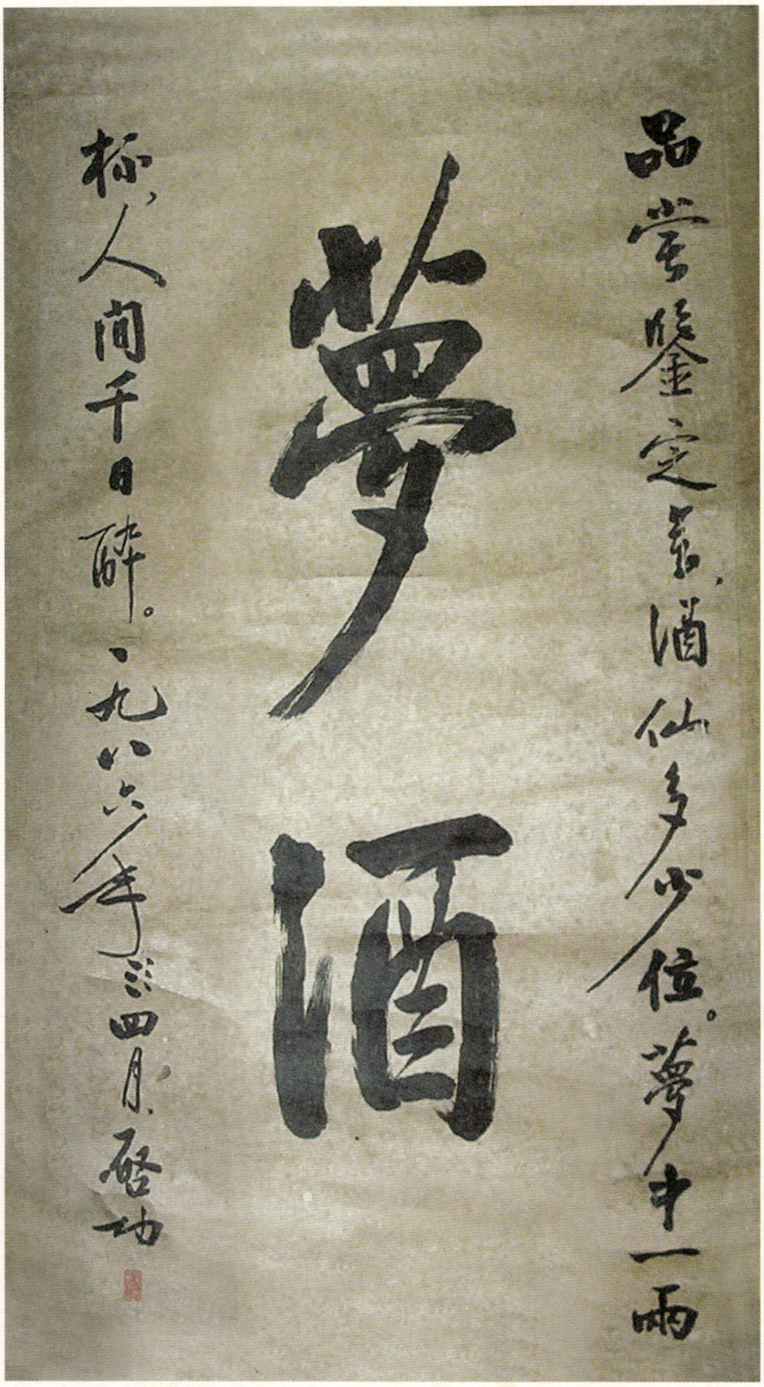

1986年4月，曾任中国书法家协会主席的启功先生为宜宾红楼梦写下：梦酒。

摄影篇

下设三个栏目，行业工作、行业活动、友好往来。其中，行业工作栏目收录了中国酿酒工业协会、地方协会各项重大活动照片，行业活动栏目是酒类企事业单位开展的在行业中产生积极影响并具有重要意义的活动照片，友好往来栏目是酒类企事业单位参加国际活动，进行国际往来、交流、合作的重要照片。

王群

Wang Qun

YEARBOOK FIGURE

王群，华润雪花啤酒（中国）有限公司总经理。

自1994年加入华润创业有限公司，担任香港华润创业有限公司副董事总经理以及华润雪花啤酒（中国）有限公司的总经理以来，王群带领着一支勤奋、专业、充满活力和创新精神的优秀团队屡创佳绩。2006年华润雪花啤酒销量超过500万千升，不但突破了雪花啤酒单品销量第一，并且成为中国销量最大的啤酒企业。不到十年，跻身国内啤酒业前三名，华润雪花的成长速度令人惊叹，以资本的力量作助推器，华润雪花实现了迅速成长。相信在这位优秀领导人的带领下，华润雪花啤酒将带着“速度与激情”一路腾飞。

行业工作

中国轻工业联合会会长步正发在“‘赛诺杯’第二届全国啤酒品酒职业技能竞赛”决赛上讲话。

中国轻工业联合会副会长钱桂敬在“‘赛诺杯’第二届全国啤酒品酒职业技能竞赛”决赛上讲话。

中国轻工业联合会会长步正发为“第二届全国白酒品酒职业技能竞赛决赛”第一名颁奖。

中国轻工业联合会副会长潘蓓蕾为“第二届全国白酒品酒职业技能竞赛决赛”获奖者颁奖。

2011年10月10日，由中国轻工业联合会和中国酿酒工业协会联合主办的第二届“中国酿酒大师”颁证大会在北京钓鱼台国宾馆隆重召开。图为第二届“中国酿酒大师”全体获奖代表合影。

中国轻工业联合会副会长潘蓓蕾与部分第二届“中国酿酒大师”获奖代表亲切合影。

中国酿酒工业协会理事长王延才与部分第二届“中国酿酒大师”获奖代表亲切合影。

中国酿酒工业协会理事长王延才在第二届“中国酿酒大师”颁证大会上致词。

2010年4月14日，中国酿酒工业协会第四届会员代表大会暨第四届理事会第一次会议在北京建设大厦隆重召开。大会总结了2005–2010年我国酿酒行业取得的成绩和第三届理事会工作情况，选举产生了新一届理事会成员。王延才担任第四届理事会理事长，并在会上致开幕词。

2010年4月14日上午，中国酿酒工业协会第四届会员代表大会召开，协会对酒行业中优秀企业和个人进行表彰，首届中国酒业“仪狄奖”获奖名单出炉。潘蓓蕾副会长与“仪狄奖”获奖代表亲切合影。

2010年3月17日下午，由《中国酒业》杂志社主办，中国酿酒工业协会、中国酿酒工业协会市场委员会支持的首届“中国酒业创新竞争力高峰论坛暨2009金牌酒水运营商颁奖典礼”在四川成都城市名人大酒店隆重举行。

中国酿酒工业协会秘书长王琦、《中国酒业》杂志总编辑李言冰与“2009金牌酒水运营商”获奖代表亲切合影。

2010年4月，全国各省酿酒行业协会秘书长工作会议在北京召开，来自全国25个省、自治区、直辖市的酿酒（工业）协会秘书长一共43名代表参加了此次会议。

2010年6月8日上午，“2010中国国际酒业博览会（CIADE2010）”新闻发布会在北京举行。

2010年8月12日，中国酿酒工业协会秘书长王琦参加了在王朝酒窖举办的中法纵论葡萄酒发展暨米歇尔•罗兰访问交流会。

2010年8月20～22日，中食联盟（北京）认证中心(原中酒联合认证中心)在北京举办了酒类产品国优认证和GMP标准国家注册检查员培训班。原国家食品药品监督管理局副局长惠鲁生、商务部市场运行调节司酒管办处长曲英、中国酿酒工业协会秘书长王琦等领导参加了开班仪式并讲话。

2010年9月5日，以“发展山东低度浓香型白酒知名品牌，全面振兴山东白酒工业”为主题的“中国低度浓香型白酒发展大会”在泉城济南盛大举行。

中国酿酒工业协会理事长王延才在“中国低度浓香型白酒发展大会”上发言。

2010年9月7～10日第九届中国国际啤酒、饮料制造技术及设备展览会（China Brew & Beverage 2010，简称CBB展会）在中国国际展览中心隆重举行。

2010年9月13日，"中国北方浓香型白酒生产基地"授牌仪式暨河套酒业万吨名优酒项目投产剪彩仪式在内蒙古河套酒业集团北方第一窖门前举行。中国酿酒工业协会理事长王延才等领导参加了此次授牌仪式和剪彩活动。

2010年11月22～24日第二届全国白酒品酒职业技能竞赛决赛由中国酿酒工业协会、中国财贸轻纺烟草工会全国委员会、中国就业培训技术指导中心、中国轻工业职业技能鉴定指导中心共同主办，在北京隆重举行，图为决赛闭幕式现场。

2010年10月10～28日，中国酿酒工业协会啤酒分会在北京市举办“首批《酿酒师》国家职业资格鉴定”活动。

2010年11月9～10日，由中国酿酒工业协会啤酒分会主办、广东省酒类行业协会啤酒分会协办的2010年全国啤酒行业统计工作会议在广州市召开。

2010年12月13～18日，中国酿酒工业协会啤酒分会在广东省肇庆市举办了“第二批《酿酒师》国家职业资格鉴定”。

2010年12月3日，由中国酿酒工业协会主办，山东省轻工业协会、山东省白酒工业协会、山东景芝酒业股份有限公司承办的“中国景芝复合香白酒研讨会”在“芝麻香故乡”景芝酒业召开。中国酿酒工业协会理事长王延才等领导参加了本次研讨会。

2010年12月18日，中国酿酒工业协会理事长王延才，中国酿酒工业协会白酒分会秘书长赵建华等出席宜宾红楼梦酒业股份有限公司成立暨揭牌仪式。

2011年3月，两会召开前夕，中国酿酒工业协会相关领导与来京参会的部分酒企“两会”代表欢聚一堂，共话酒业大计。参加活动的领导和两会代表包括中国酿酒工业协会理事长王延才、秘书长王琦，贵州茅台酒集团董事长季克良等。

中国酿酒工业协会理事长王延才、茅台集团董事长季克良与来宾亲切交谈。

2011年3月23日，由中国酿酒工业协会、《中国酒业》杂志社主办的“资本影响力——第二届中国酒业高峰论坛暨年度颁奖盛典”在成都举行。

中国酿酒工业协会理事长王延才在“资本影响力——第二届中国酒业高峰论坛暨年度颁奖盛典”上做“鼓励酒业和资本的有机融合，促进中国酿酒产业结构调整”的主题报告。

2011年4月25～27日，中国酿酒工业协会第四届理事会第三次（扩大）会议在北京举行，中国轻工业联合会、中国酿酒工业协会的领导，各省、市、自治区酒业协会负责人、协会副理长单位、常务理事单位、理事单位及部分企业会员代表参加了会议。

2011年4月26日，由中国酿酒工业协会举办的2011中国国际酒业技术·装备博览会在北京中国国际展览中心开幕。

2011年7月6日，2011中国（蓬莱）国际葡萄酒设备博览会暨品评赛及2011中国葡萄酒行业年会在蓬莱中国湾大饭店举行开幕式。本次博览会由法国波尔多展览委员会主办，国际葡萄与葡萄酒组织、国际酿酒师联盟、国际葡萄酒大赛联盟、中国酿酒工业协会等协办，蓬莱市人民政府等承办。

2011年7月23日，由中国酿酒工业协会主办，贵州茅台酒厂（集团）保健酒业有限公司协办的“酱香型健康养生酒的独特价值高峰论坛”在北京九华山庄隆重召开。中国酿酒工业协会秘书长王琦，全国政协委员、原国家中医药管理局副局长、中国促进健康基金会副会长于生龙等行业领导、专家出席了这次论坛。

中国酿酒工业协会秘书长王琦在“酱香型健康养生酒的独特价值高峰论坛”上发言。

2011年8月4日以“生态产业、有机葡萄、活力焉耆”为主题的新疆焉耆县首届葡萄酒节开幕。中国酿酒工业协会理事长王延才、秘书长王琦等协会领导专程出席。

2011年8月6日，中国酿酒工业协会理事长王延才、产业政策研究室副主任李言冰等深入新疆三宝乐公司调研啤酒花情况。

2011年8月11日，由中国酿酒工业协会主办，山东省轻工业协会、山东省白酒工业协会、山东景芝酒业股份有限公司协办的“中国芝麻香型白酒科学技术表彰暨中国芝麻香型白酒研究院成立大会”在济南隆重举行。

2011年8月，中国酿酒工业协会理事长王延才（左）、山东省轻工业协会会长李伟鸣，共同为全国唯一正式成立的“中国芝麻香型白酒研究院”揭牌。

2011年9月23～24日，中国酿酒工业协会白酒分会技术委员会(扩大)会议在湖北大冶劲牌公司隆重召开。

2011年9月21～23日，中国酿酒工业协会酒精分会2011年年会在安徽省蚌埠市召开。来自全国各省市的100多名酒精行业代表参加了会议。

2011年10月19～21日，由中国酿酒工业协会、中国轻工业联合会信息中心联合举办的“2011年全国酿酒行业信息化工作会议”在云南省丽江市隆重召开。

2011年11月3日，中国酿酒产业“十二五”规划审定会在京召开。会议邀请了国家质检总局、国家工商总局、商务部、工信部、环保部、财政部、发改委、卫生部、民政部、轻工业联合会等部门代表参加，审定会由中国酿酒工业协会秘书长王琦主持，中国酿酒工业协会理事长王延才致词。

2011年11月19日，由中国酿酒工业协会、中国财贸轻纺烟草工会、中国就业培训技术指导中心、中国轻工业职业技能鉴定指导中心共同举办的“‘赛诺杯’第二届全国啤酒品酒职业技能竞赛”决赛在天津举行。中国轻工业联合会会长步正发、中国轻工业联合会副会长钱桂敬等领导出席了本次决赛。

2011年12月11日，中国酿酒工业协会秘书长王琦（右）向长乐烧酒业卓定华董事长授予“中国客家米香型白酒生产基地龙头企业”牌匾。

2011年12月12日，中国酿酒工业协会啤酒分会第二届技术委员会2011年度会议在在吉林四平市召开，中国酿酒工业协会王延才理事长、中国酿酒工业协会啤酒分会杜绿君副理事长、何勇秘书长等领导及啤酒行业业内专家出席了会议。

2011年12月26～30日在河南省郑州市举办了“第三、第四批《酿酒师》国家职业资格鉴定”活动。

行业活动

2010年4月10日，燕京啤酒集团在北京宣布，正式与中国探月工程官方达成合作，双方将在品牌建设、科普教育及公益事业方面开展深度合作。图为合作启动仪式。

李福成获CCTV年度经济人物奖。

农业部部长韩长赋为李福成董事长颁奖。

2011年2月21日，北京人民大会堂隆重召开山西省汾酒集团公益基金会成立大会，同时也启动了2015年在太原市和杏花村举办的世界酒文化博览会的筹备活动。山西省汾酒集团公益基金会是由山西杏花村汾酒集团有限责任公司发起，经山西省国资委批准，在山西省民政厅注册登记的全国性非公募基金会。

2011年7月13日，李秋喜董事长带领公司人员来到中国人民解放军总后勤部，向人民子弟兵表达汾酒集团的拥军爱军之情。谈结束后，双方互赠礼品，共同见证汾酒与人民解放军的鱼水深情。

2011年8月18～22日，首届中国（贵州）国际酒类博览会暨2011贵阳投资贸易洽谈会在贵阳隆重举行。稻花香作为唯一的鄂酒企业进人1号名酒馆，与茅台、五粮液等同台展出。图为稻花香集团副董事长、贵州林酒公司董事长邓军（右）向湖北省人民政府省长王国生（中）、副省长田承忠（左）介绍林酒产品。

2011年11月8日，茅台国营60周年庆祝大会在公司体育馆隆重举行。大会由集团公司副董事长、总经理、党委副书记刘自力主持。集团公司名誉董事长、技术总顾问季克良致欢迎辞，集团公司党委书记陈敏宣读表彰决定，集团公司董事长、党委副书记、股份公司董事长袁仁国做重要讲话。图为演唱会现场。

2010年6月，中粮酒业总经理吴飞，中粮集团总裁助理、中粮酒业董事长曲喆，上海世博会事务协调局副局长陈先进，中国酿酒工业协会葡萄酒分会秘书长王祖明共同启动“干杯！世博！”活动。

北大仓95周年厂庆，航天英雄翟志刚、刘伯明出席珍藏版老枪酒开坛仪式为珍藏版老枪酒开坛。

共青团中央书记处第一书记陆昊（中）视察红星展台，现任北京一轻控股有限责任公司董事长、原北京红星股份有限公司总经理张金钢（左）陪同，北京首都酒业有限公司总经理、北京红星股份有限公司总经理于吉广（右）陪同。

华泽集团吴向东总裁向雪灾捐款1000万。

香港特别行政区长官曾荫权与吴向东亲切合影。

四川金六福酒业有限公司参加2011年成都春季糖酒会。

贵州省副省长蒙启良与贵州习酒董事长张德芹在招待宴会上品鉴习酒。

成都军区政委田修思中将与贵州习酒董事长张德芹亲切交谈。

“习酒•我的大学”为贵州、云南、重庆三地300名贫困大学生资助200万元。

贵州省经信委党组成员、省食品工业协会副会长龙超亚，习酒集团董事长、总经理张德芹，著名白酒专家沈怡方，习酒经销商代表赖汕共同触摸启动球，习酒窖藏1988正式面市。

2006年11月1日，黑龙江省委副书记杨光洪莅临中粮生化能源（肇东）有限公司检查指导工作。

2008年4月19日，黑龙江省省委书记吉炳轩莅临中粮生化能源（肇东）有限公司视察工作。

亳州市领导与“感动古井”人物合影。

“最牛孤儿院”院长白日代勒向安徽省领导敬献哈达。

亳州市委书记方春明（中）来古井视察新区再造项目。

古井集团董市长、党委书记余林开启26年古井贡。

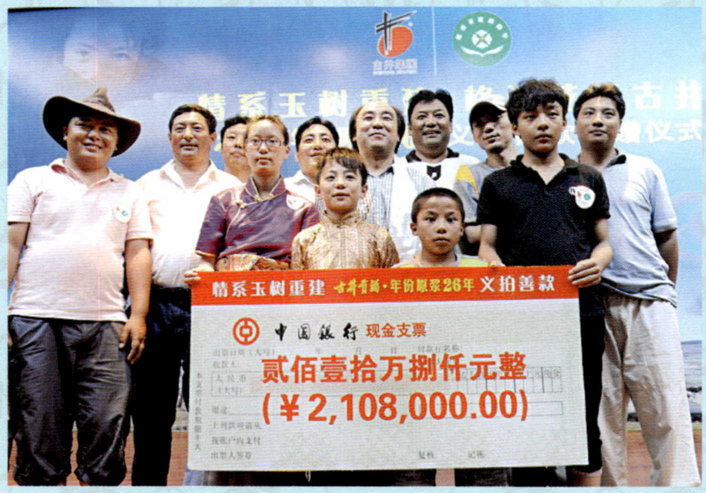

古井贡酒股份公司总经理梁金辉向格桑花捐赠支票。

古井重奖2010年度优秀经销商。

2010年6月红楼梦酒业股份公司与江南大学走产学研相结合的道路，合作共同组建了“江南大学红楼梦酒业研发中心”。

2010年9月30日，红楼梦酒业冠名第10届中国职业模特大赛（四川）用酒酿人以人释酒，遴选十二金钗代表。

2010年12月，红楼梦酒业在2010APEC中小型企业峰会上受到中外媒体追逐，峰会期间，董事长文万彬接受多家媒体采访，其峰会指定产品“国之瑰宝 红楼梦酒”深受中外嘉宾喜爱。12月10日，易观国际董事长于扬和文万彬就品牌打造、信息传播等课题在宜宾人民广播电台峰会直播间进行点对点的交流。

2010年12月18日，宜宾红楼梦酒业股份有限公司成立暨揭牌仪式隆重举行。

2010年3月，红楼梦酒业销售总公司成功地组团参加了全国春秋季糖酒会，并举办了“红楼梦酒开启《星光大道》新版50集电视剧《红楼梦》开播纪念酒签售仪式暨经销商迎春晚会”。

2010年10月20日，全国政协副主席阿不来提·阿不都热西提在京出席政协十一届全国委员会常务委员会第十一次会议开幕式之际，亲切接见了红楼梦酒业董事长文万彬。接见中，阿不来提·阿不都热西提对红楼梦酒的品质和包装给予高度赞赏，对红楼梦酒业品牌建设取得的成绩给予充分肯定。随后，阿不来提·阿不都热西提还为文万彬颁发了“中国公益事业形象大使”奖牌和证书。

2011年4月，在北京举行君顶·茱品上市新闻发布会。图为与会嘉宾合影。

中粮君顶酒庄陈云昌总裁（右）与艺术家曾梵志先生举杯合影。

徐州汉文化风景园林管理处与山东兰陵集团“追根溯源兰陵行”战略合作会谈。

2011年9月8日，山东省副省长王随莲到山东兰陵集团视察工作。在兰陵集团，王随莲与山东兰陵集团董事长陈学荣进行了深入的交谈，并详细询问了中秋节期间兰陵集团的生产、销售情况。

2010年，面对省内特大洪涝灾害，金士百公司再次勇担社会责任——向灾区捐赠660万善款和价值35万元物品。

2010年6月11日，北京红曲酒研发基地北京红儿红酒业有限公司“迎端午，话饮酒，滋养中国人”端午节活动暨“首届京派国粹红曲酒高峰论坛”在北京顺义区举行。

2010年11月22日，茅台白金酒营销战术推广会暨新春订货会在北京隆重召开。

友好往来

王朝公司董事长白智生向嘉露公司董事长乔·嘉露赠送礼品。

2010年10月16日法国经济振兴部部长德维让、法国驻华大使苏和、天津市市委常委、教育工委书记苟利军和王朝酒业董事局主席白智生共同为法国红酒文化中心揭幕。

法国雷沃堡酒庄原产权人菲利普拉乌（右）向中粮集团副总裁迟京涛（左）转交象征产权的钥匙。

中国食品有限公司董事总经理栾秀菊与米歇尔·罗兰签约，并交换文本。

中粮集团副总裁、中国食品执行副董事长迟京涛为米歇尔·罗兰颁发聘书。

华泽集团吴向东总裁出席首届亚洲“销售管理”高峰会。

2006年11月5日，博茨瓦纳共和国前总统费斯图斯·莫哈埃（左）到稻花香考察，稻花香集团董事长蔡宏柱（右）向费斯图斯·莫哈埃赠送稻花香酒。

德国巴特维尔东根市市长来越橘庄园参观交流。

为期三天的2011年中国（蓬莱）国际葡萄酒·烈酒品评赛在蓬莱落下帷幕，7月6日晚上举行了隆重的颁奖典礼。蓬莱产区酒企最终技压群雄摘得金奖3个，银奖13个，成为本届品评赛最大的赢家。图为2011中国（蓬莱）国际葡萄酒·烈酒品评赛获金奖的企业。

行业篇

包括中国酿酒工业协会工作情况及行业综述，中国酿酒工业协会白酒分会、啤酒分会、葡萄酒分会、果露酒分会、黄酒分会、酒精分会、技术专业委员会等各酒种分会工作情况及行业综述。

李福成

Li Fucheng

YEARBOOK FIGURE

李福成，现任北京控股有限公司执行董事、董事局副主席；北京燕京啤酒集团公司董事长、总经理。研究生学历，中共党员，高级经济师。

在李福成同志的领导下，燕京由小变大，由弱变强，用30年的时间走完世界大型啤酒企业一百年所走过的路程，取得了令人可喜的佳绩。燕京连年保持经济效益第一，连续进入全国500家最大工业企业和500家最佳经济效益企业，成为中国行业百强企业。

2010年中国酿酒行业综述

2010年，在国家继续实施应对国际金融危机的一揽子计划，加快推进经济发展方式转变和结构调整，贯彻实施国务院《轻工业调整和振兴规划》等政策措施的影响下，消费需求旺盛，拉动经济增长效应明显，酿酒行业总资产增加较快，生产形势表现出持续稳定地增长，增速加快，企业经济效益增加，行业整体经济运行质量较好。

一、生产持续稳定增长

根据国家统计局统计口径，2010年1～12月饮料酒及发酵酒精产量达到6499.83万千升，同比增长9.69%，与上年同期相比，增幅提高了0.63个百分点。主要产区产量为：山东731.64万千升、河南610.27万千升、广东428.48万千升、四川425.63万千升、江苏422.60万千升。五省合计2618.62万千升，占全国总产量的40.29%。

二、行业整体经济运行质量较好，效益稳步上升

2010年，酿酒行业完成工业总产值5245亿元，累计同比增长24.7%；完成工业销售产值5111亿元，累计同比增长25%；累计产品销售率97.2%。

按子行业划分，白酒制造业完成工业总产值2793亿元，占全行业总产值的53.3%，累计同比增长34.1%，累计产品销售率95.3%；啤酒制造业完成工业总产值1321亿元，占全行业总产值的25.2%，累计同比增长10.6%，累计产品销售率103.9%；二者合计占到全行业80%左右。

全年规模以上企业完成销售收入5093亿元，同比增长24%。实现利润530亿元，同比增长33%，其中产品销售成本3590亿元，占全部销售收入比重70.5%。行业平均毛利率为30%，净利率为10.5%，比上年同期水平均有所上升。

其中白酒行业全年完成销售收入为2713亿元，同比增长31%；利润总额为350亿元，同比增长34%，其中产品销售成本1845亿元，占全部销售收入的比重为68%。行业毛利率为32%，净利率为12.9%，比上年同期水平有所上升。

啤酒行业全年完成销售收入为1294亿元，同比增长10%；利润总额为104亿元，同比增长26%，其中产品销售成本880亿元，占销售收入比重为68%。行业毛利率为32%，净利率为8%，其中净利率较上年同期水平有所上升，毛利率则低于上年同期水平。

黄酒行业全年完成销售收入为103亿元，同比增长21%，利润总额为8.7亿元，同比增长29%，其中产品销售成本74亿元，占销售收入比重为72%。行业毛利率为28%，净利率为8.4%，均比上年同期水平有所上升。

葡萄酒行业全年完成销售收入为325亿元，同比增长26%，利润总额为36.3亿元，同比增长21%，其中产品销售成本达225亿元，占销售收入比重达69%。行业毛利率为30.8%，净利率为11.2%，其中净利率较上年同期水平下降。

其他酒行业全年完成销售收入为141亿元，同比增长27%，利润总额为11.7亿元，同比增长48%，产品销售成本94.5亿元，占销售收入比重达67%。行业毛利率为33%，净利率为8.3%，其中净利率较上年同期水平有所上升，毛利率较上年同期水平略有下降。

发酵酒精全年完成销售收入为517亿元，同比增长25%，利润总额为21.2亿元，同比增长59%，其中产品销售成本455亿元，占销售收入比重达88%。行业毛利率为12%，净利率为4%，其中毛利率和净利率较上年同期水平均有所上升。

总体看来，除属于中间产品的发酵酒精行业利润率水平远低于其他零售终端商品外，2010年饮料酒行业规模以上企业平均毛利率在30%左右，净利率在10%左右。分酒种看，毛利率以黄酒行业最低，低于全行业平均水平；其他酒最高，达33%；净利率以白酒最高，接近13%，高出行业平均水平3个百分点；另外葡萄酒净利率也高达11.2%。从与上年同期水平比较看，酒精、白酒、黄酒利润率水平比上年同期有所上升，而啤酒、葡萄酒、其他酒有不同程度下降。

三、改扩建项目较多，行业总资产增加较快

2010年11月止，行业总资产合计4872.77亿元，比上年同期增加771.08亿元，增速为18.80%，与上年同期相比增幅提高了6.6个百分点。

特别是白酒行业，近年来投资速度和资金投入量前所未有，行业骨干企业投资扩建项目范围从南到北、从东到西，四川的“金三角”宜宾市投千亿资金，打造“白酒之

都”；江苏洋河第一期工程投资53亿建设六平方公里的酒城；汾酒投资15亿在1000亩地上建竹叶青保健酒，山西省委省政府直管项目，紧靠汾酒厂，5000亩地投资50亿再建第二个汾酒厂；北方北大仓集团征2000亩地，投资近20亿重建酒厂；西北鄂尔多斯公司5000亩投资35亿建生态白酒旅游产业；东南泰国TCC集团征地千余亩，扩建玉林泉；老牌名酒扩建、地方名酒扩建，资金渠道多样。协会建议：投资白酒产业要慎重，大规模的投资，对白酒行业不一定是好事，也不一定有丰厚收效，理性投资，是最好的选择。

四、行业主要产品进出口增速较快

按照国家统计局统计口径，2010年1～12月酿酒行业出口交货值（人民币）33.41亿元，占工业销售产值的0.65%，累计同比增长32.77%。其中，白酒制造业出口交货值（人民币）13.56亿元，累计同比增长35.30%；啤酒制造业出口交货值(人民币)11.12亿元，累计同比增长14.97%。

根据海关进出口统计数据，2010年12月止，协会重点跟踪的酿酒行业15类饮料酒商品进出口总额18.67亿美元，其中，出口额3.21亿美元，同比增长30.47%；进口额15.46亿美元，同比增长49.51%。另外，未改性及改性乙醇进出口总额1.03亿美元，其中，出口额1.00亿美元，同比增长67.17%；进口额0.03亿美元，同比增长290.72%。

综上，2010年我国酿酒行业无论是在产品产量，企业效益，出口创汇，还是行业规模上，都取得了长足的发展。

2010年中国酿酒工业协会工作情况

2010年，中国酿酒工业协会根据“调结构、谋转变、上水平、增后劲、可持续”五项目标，围绕“五体系、两制度、一责任、一转变”（即：酿酒产业安全体系、技术保障体系、人力资源体系、法律法规体系、新型服务体系，生产许可制度和酒类流通准入制度，倡导企业社会责任、转变发展方式）的工作模式，积极组织调研、强化服务意识、提高服务水平，一年来完成了日常的工作。同时，以提高服务能力，开拓服务领域，提高服务质量为中心，重点开展了以下工作：

一、编制“十二五”发展规划，绘制行业发展蓝图

2010年是承前启后的关键一年，是酿酒产业验收“十一五”成果的一年，也是描绘“十二五”蓝图的一年。根据中央十七届五中全会精神，以及行业发展需要，中国酿酒工业协会第四届理事会确定了编制《中国酿酒产业“十二五”规划》的工作任务。为编制一个更具全局性、战略性和指导性的产业规划，协会经过组建编写队伍、开展行业企业调研、统筹收集资料素材、形成基本思路、编写规划提纲、正式编写规划、邀请专家论证、审定，总共历时一年半的时间，制定出了《中国酿酒产业“十二五”规划》，规划确定了“十二五”期间实现“科技创新、理念创新、经营创新和文化创新”的酿酒产业发展总体目标，着力培育行业龙头企业、推进产品结构调整、构建产业制造基地集群、增强自主创新能力、加强标准制度和实施力度、强化企业社会责任、倡导清洁生产低碳发展、以信息化带动传统产业改造升级、完善高技能人才培养评价体系、注重产业链发展、构建良好市场秩序等主要任务。计划规划完成后，报送政府相关主管部门和职能部门，要点将纳入国家轻工业“十二五”发展规划中。

二、把握行业发展方向，增强应对市场能力

（一）开展调研工作，了解行业动态，提高服务质量

协会要想为企业服好务，发挥桥梁和协调作用，成为排忧解难的能手，就必须了解掌握行业和企业的情况和需求。为此，自2010年以来，协会先从改变工作作风抓起，

大兴调查研究之风。一年来，协会主要领导和各分支机构的负责人对全国二十几个省、市、自治区的上百家企业进行了走访调研。通过走访企业，听取汇报，征求企业对行业发展的意见和建议、以及需要协会协助解决的问题，使协会的工作目标和方向明确，做到了有的放矢。通过交流接触，加深了了解，增强了协会与地方协会、企业的感情交流，提高了协会的影响力和办事效率。

为了让政府部门领导和工作人员更深入地了解酒行业，协会多次邀请并陪同国家发改委、工信部、商务部、质监总局、财政部、工商总局、税务总局等部门的领导赴四川、山东、黑龙江、江苏、天津、河北等地进行走访调研。通过调研，政府部门领导加深了对酒行业的了解，促进了政、企的沟通和交流，为政府部门制定合理的政策提供了科学的依据。

（二）逐步完善统计渠道，提高数据分析水平

改革开放几十年来，我国经济飞速发展，酒行业也成为了国家经济的支柱产业之一。为了更形象更系统地了解和反映我国酒行业的实际情况，为国家制定政策、行业制定规划、企业制定发展战略提供数据参考依据，协会2010年加大力度开展行业统计工作。并且在各方面的共同努力下，统计工作已经取得了一定的成效。目前，协会在啤酒、酒精等行业已经建立了较为完善的统计渠道，葡萄酒、果露酒等行业正在逐步完善统计渠道，白酒、黄酒行业正在逐步开展统计工作。去年，协会将自己的统计数据与国家统计局的统计数据相结合，为政府部门和广大会员企业提供了更为详实的经济运行分析报告，为行业发展提出了可靠的依据，同时得到了政府部门的高度重视和企业一致认同。

（三）倾听企业诉求、研究行业热点问题，及时谏言献策

在广泛调研的基础上，协会针对行业的不同情况，多次向国家有关部门反映行业和企业的诉求，得到了政府的高度重视：

（1）针对酒精企业被征收消费税问题，再次向财政部税政司上报《关于取消酒精消费税，促进行业节能减排和转变增长模式的建议》，并邀请财政部税政司有关负责同志到酒精生产企业实地调研，与中粮集团生化能源事业部、太仓新太酒精有限公司、天津冠达实业总公司、承德避暑山庄、哈尔滨中国酿酒有限公司、黑龙江兴汇粮食加工有限公司、山东同兴酒业有限公司等数家酒精生产企业负责同志进行了座谈和交流，财政部税政司负责同志在调研后表示将对有关问题和建议进行研究。

（2）根据国家食品药品监督管理局等有关部门对保健食品规范工作的进一步深化，以及果露酒行业目前遇到的实际问题和今后发展中将面临困难，协会召开了果露酒企业专项座谈会，邀请了国家食品药品监督管理局有关司、处负责人和国内主要露酒生产企业负责人，就行业的现状及有关保健食品生产、规范、管理中可能出现的问题进行了沟通、交流，并就行业今后的发展探讨解决问题的思路。

（3）2009年起，根据卫生部等有关部门的要求，开展了对已列入及未列入《食品添加剂使用卫生标准》（GB 2760-2007），但需要增补的酒类产品用加工助剂，和已列入GB 2760但需要扩大使用范围及未列入GB 2760但需要增补的酒类产品用食品添加剂资料准备工作，以报卫生部审批。

为此，协会组织召开了专项座谈会，初步确定上报的加工助剂、添加剂名单；然后协调安排相关专家、企业，根据名单收集国内外相关资料，对加工助剂、添加剂在产品中的含量和残留量进行检测等工作；并经过专家论证，提出了《酿酒行业用加工助剂使用名单》和《葡萄酒、果酒行业传统工艺一直沿用但未经批准的添加物质》并上报卫生部，其中涉及啤酒、葡萄酒、白酒、黄酒行业在用助剂58种，葡萄酒、啤酒行业新申报助剂19种和葡萄酒行业添加剂24种。

协会作为工作组成员之一，参与了整个食品工业用加工助剂名单制修订过程，对比GB 2760修订稿初稿，申报的在用的加工助剂共有40种被列入；新申报的助剂有7种被列入。添加剂有2种获得卫生部的批准。

（4）根据行业统计数据，编写“2010中国酒业研究报告”、“行业月度、季度、年度分析报告”、“白酒行业形势分析报告”、“啤酒行业总结和发展趋势报告”、“我国黄酒行业现状及发展趋势”、“黄酒行业产品质量安全分析”等行业研究报告，并报送国家有关部门和企业进行参考。

（5）协会受国家发改委、工信部、商务部等有关部门委托，编写和上报了《回复修订外商投资产业指导目录的意见》、《酿酒行业清洁生产示范推行方案》、《酿酒行业节能环保政策研究》、《清洁生产先进技术推荐》、《酿酒清洁生产项目材料审核》、《酿酒行业发展情况调研报告》、《申报发改委办公厅工信部办公厅食品安全检测能力资金》、《申报酿酒行业税收政策专项研究》、《重点行业节能减排技术筛选与评估》等多项内容。

这些行业情况、企业诉求的及时反映，为政府部门制定政策提供了依据，也为协会树立全心全意为企业服务形象打下了良好的基础。

三、贯彻科学发展观，提高行业竞争力

（一）提高科技贡献率和品牌贡献率

1. 成立行业打假组织，积极为企业维权

为积极推动我国酒行业打假治劣、有效净化酒类市场，受国家打假办的要求，协会于2010年5月20日在四川省绵竹市组织成立了“中国白酒打假协作网”，“中国白酒打假协作网”得到了国家政府有关部门和广大白酒生产企业的大力支持。2010年初到3月，已召开三次联席工作会议，期间共收到举报制售假冒案件40余起，对白酒市场的净化起到了积极作用。

2. 组织开展“中国白酒169计划”项目研究，促进白酒行业科技水平提高

经过多年的努力，由协会组织开展的“中国白酒169计划”项目内容已基本完成，各主要分课题已通过了国家相关鉴定。项目采用微生物生态学，分子酶学、分子生物学等现代生物技术手段，围绕白酒产业共性的、关键的科学与技术问题进行创新性研究，建立了以风味化学物定向的功能微生物和酶技术的平台，对白酒年份酒、白酒中微量成分、白酒中风味化合物、白酒中异味化合物以及白酒风味定向功能微生物方面的研究都取得了巨大突破，研究成果填补了白酒应用基础科学研究领域的多项空白；《豉香型白酒风味成分分析研究》取得突破进展；《中国白酒健康因子的确定及其产生菌选育和在生产中的应用》令整个中国白酒行业振奋，研究项目采用体外模型和动物模型试验，对中国白酒中多种微量成分的抗氧化、增强免疫、降血糖等生理活性进行了研究，确证了白酒中含有的四甲基吡嗪为健康功能因子。茅台、五粮液、剑南春、汾酒取得了国家级企业技术中心资格。洋河、泸州老窖、河套等企业多年来在科研方面投入巨大，成果丰硕。白酒企业在所属的省、市取得技术中心资格更是大量涌现。行业科研生机勃勃，形势喜人。

3. 深化知识产权理念，弘扬企业优秀品牌

为了打击制假、售假的嚣张气焰，维护企业利益和合法权益，弘扬优秀品牌，协会2010年推荐了11家白酒、3家啤酒、3家葡萄酒、2家果露酒企业申请驰名商标，多次协调解决企业因种种不明原因被处罚事件。现在，广大会员企业都意识到了知识产权保护工作的重要性，协会也将继续推进行业知识产权保护工作。

4. 定期召开协会各分技术委员会年会

2010年9月13～14日，中国酿酒工业协会白酒分会技术委员会（扩大）会议在内蒙古巴彦淖尔市召开，会议对全国白酒行业骨干企业机械化现状，在台湾地区白酒企业以及日本烧酒考察调研基础上提出了中国白酒机械化研究的主要项目及重点。同时，对白酒生产中制曲、酿造设备、酿造工艺、蒸馏工艺、包装等多个环节的机械化发展方向，共同提出加快中国白酒机械化进程的初步构想。

2010年9月5～7日，中国酿酒工业协会啤酒分会技术委员会2010年度扩大会议及换届工作会议在北京召开，参加会议的代表共60余人，其中首届技术委员会委员30人，其余为申请参加第二届技术委员会及啤酒企业的领导和工程技术人员，另外特别邀请了山东、辽宁、浙江、广东省啤酒工业协会的负责人参加了会议。会议围绕啤酒品种等问题展开讨论，内容涉及低度啤酒发展的意见，纯生啤酒发展前景分析及生啤酒蔗糖转化酶的检测问题等。会议根据行业形势的变化，对技术委员会管理办法进行了修订。在讨论通过技术委员会管理办法后，首届技术委员会审核了第二届技术委员会的申请推荐表，经讨论和表决，通过了二届技术委员会的委员名单（37名），同时选举杜绿君为主任委员，投票选举出两位副主任委员。

2010年9月14日，中国酿酒工业协会酒精分会技术委员会会议在江苏召开。会议对中科天元专利技术（优级食用酒精五塔二级差压蒸馏装置及其工艺）在太仓新太酒精有限公司的应用情况进行了研讨（结合现场参观），委员会成员肯定了中科天元专利技术的先进性，并指出了所存在的主要问题和改进方向。

2010年12月，中国酿酒工业协会葡萄酒分会技术委员会会议在山东召开。会议讨论了2011年葡萄酒品酒师工作方案和安排、技术委员会换届和国家级评委换届方案；酒庄酒证明商标标识管理方案；进一步探讨《葡萄酒等级标准》工作等。

中国酿酒工业协会果露酒分会技术委员会于2011年下半年换届。

（二）开展咨询服务、完成行业专项课题，提高行业技术水平

1. 完成国家质检总局2009年度白酒产品生产许可技术支持

受国家质检总局委托，协会开展了《2009年度白酒产品生产许可技术支持》项目，主要包括白酒产品生产许可证实施细则的修订建议、白酒行业存在的质量隐患和可能发生的质量安全问题的调研及实验分析研究、白酒行业形势分析报告等内容。

2. 完成了啤酒行业“发改委重点节能技术”等课题

协会于2010年5月承接了发改委关于重点节能技术申报

的课题，经过一段时间的调研和材料收集整理，重点对企业应用循环经济技术、节能减排现状进行分析，提出了啤酒工业的重点节能技术目录和技术流程等，已向发改委上报，两项技术进入目录。

3. 开展啤酒、酒精行业清洁生产示范工作

受国家工业和信息化部节能司委托，2009年到2010年年初，协会几易其稿，召开了有关专家论证会，完成了《酒精行业清洁生产技术推行方案》和《啤酒行业清洁生产技术推行方案》，并由工信部于2010年3月发布。

4. 承接《酒精行业节能减排技术评估与应用研究》等课题

2010年，协会和北京工商大学合作承接了国家工信部《啤酒、酒精行业节能减排技术评估与应用研究》的课题。课题从节能减排、资源综合利用、工艺技术改进和污染物治理技术等方面筛选应用前景好的技术在行业内推广应用。协会还完成了工信部下达的《确保实现淘汰酒精行业落后产能任务的措施建议》课题研究工作，课题包括酒精行业落后产能现状调研、行业淘汰落后工作落实进展、企业淘汰落后工作中存在的问题、提出了确保实现淘汰落后产能任务的措施建议以及淘汰落后宣传等内容。

2010年协会与北京市环境科学院共同完成了《葡萄酒、黄酒水污染物排放标准（征求意见稿）》起草工作，该标准对葡萄酒、黄酒工业生产过程中水污染物排放限值、检测和监控要求进行了规定。目前，经过前期征求意见后，正在进行进一步的修改。

协会还完成了政府相关部门的各种委托工作，如，节能环保装备（技术）推荐、啤酒产品质量安全分析报告、参与重点行业节能减排技术筛选与评估课题等。

5. 组织丰富活动，推广创新型酿酒产业体系理念

创新是一个民族进步的灵魂，也是一个国家兴旺发达、持续发展的关键所在。近年来，全国酒行业之所以能够保持平稳发展态势，根本原因就在于坚持不断创新，为全国酒行业平稳发展提供了不竭动力。为了促进创新型酿酒产业体系的形成，协会在2010年7月份的中国国际酒业博览会期间，举办了中国酒业低碳发展论坛，2010年9月与贵州省商务厅在贵州举办了中国酒业创新发展论坛、2010年10月与四川省酿酒协会、四川省食品工业协会共同举办了中国白酒创新高峰论坛等系列活动。

（三）研讨行业生产技术的发展，推广先进技术

1. 主办2010中国国际酒业技术博览会，搭建行业技术交流平台

为促进酿酒装备领域的技术进步，扩大国际贸易与交流，由协会主办的2010中国国际酒业技术博览会于2010年7月在北京隆重举行。博览会一站式的采购服务平台，为参展商和专业观众架起一座完美的沟通桥梁，使参展的制酒设备、原辅料与包装设备信息直达目标客户群。

2. 积极推进白酒生产现代化，提升行业整体技术装备水平

受劳动力成本不断攀升、土地资源日益紧张、能源短缺形势愈来愈严重、生产环境的要求更加严格等因素的影响，中国传统白酒改变生产方式已经迫在眉睫，白酒生产机械化水平的提升必将成为行业研究的重点，机械化生产是白酒业发展的必由之路。

针对中国白酒机械化发展问题，协会提出了《中国白酒158计划》，得到了白酒企业的广泛支持以及广州广富、广东轻机二厂、南京轻机、重庆轻机、青岛德隆、四川岷江等国内知名机械装备企业代表的热烈响应。

3. 与中国食品工业发酵研究院及VLB合作举办中国啤酒技术国际高峰论坛

这是一次国际啤酒业的高层会议，会议汇聚了国内外啤酒行业的主要技术力量，邀请到VLB等国际一流的酿造技术研究机构的专家与学者一同进行技术与学术方面的讲座、交流，层次高，囊括的技术层面与范围广，许多课题研究成果和新的观点给参会者提出了许多新的启发。

4. 协助国家认监委开展国家食品质量认证工作

协会配合国家认证认可监督管理委员会，在酒行业开展了“国家食品质量认证——酒类”认证和宣贯工作。2010年协会组织国家级评酒委员，参加了2个批次的白酒产品、9个批次的啤酒产品和1个批次的葡萄酒产品质量认证工作。

（四）促进行业人才队伍建设，提升行业人力资源水平

1. 开展第二届“中国酿酒大师”评定工作

根据《中国酿酒行业荣誉称号实施办法（修订版）》要求，协会报经中国轻工业联合会批准，于2010年底与中国轻工业联合会共同开展第二届“中国酿酒大师”的评定工作，并制定出相关的评定范围、申报条件和实施方法。

本次活动共收到了154家单位256名参选人员的报名材料，其中白酒171名，黄酒18名，果露酒6名，酒精5名，啤酒30名，葡萄酒17名，其他单位9名。报名人员涵盖了我国酿酒行业及相关领域中科研、生产、技术、管理的权威专家和行业带头人，所有符合报名条件的材料全部资料已分酒种交予评定工作办公室，按照既定评分细则逐项打分，保证科学、客观、准确地完成审核工作。

2．举办第二届全国白酒品酒职业技能竞赛

为了进一步推进酒行业高级人才培养工作，协会与全国总工会中国轻纺烟草财贸工会、人力资源和社会保障部中国就业指导中心、中国轻工业职业技能鉴定指导中心，共同举办了第二届全国白酒品酒职业技能竞赛。在将近一年的时间里，各省酿酒（酒业）协会、产业工会、劳动部门、职业技能鉴定站等有关单位，高度重视、精心组织、层层发动、通力协作，多数企业结合比赛开展岗位培训、技术练兵、技术比武，对参赛选手给予有力的支持。广大职工积极参与、刻苦学习、顽强拼搏、努力进取。据统计，共有29省、市、自治区的近400家企业4000余人参加了选拔赛，华北、东北、西北地区还组织了跨省竞赛，充分体现了大赛的广泛性、群众性和代表性。

2010年11月22～24日，来自全国28个省、市、自治区，205名选手在北京进行了决赛。经过近3天14个轮次的角逐，代春、沈毅、郭宾荣获前三名。在竞赛闭幕式上，协会和中国财贸轻纺烟草工会分别为前23名选手颁发了“全国酿酒行业技术能手”奖，向其他选手颁发了“决赛优秀奖”；中国轻工业联合会宣布了向前10名选手按程序申报“全国轻工业技术能手奖”的说明，全国总工会、人力资源和社会保障部领导宣读了分别对第一名和前三名选手按程序申报“五一劳动奖章”、“全国劳动技术能手”的决定，部分奖项已在会议上颁发。

竞赛决赛期间协会邀请到了国家发改委、财政部、工信部、商务部、国资委、人力资源和社会保障部、环保部、工商总局、国家新闻出版总署等有关部门领导进行了观摩，各部委的领导对竞赛组织工作给予了充分肯定，同时对协会和行业提出了指导性意见。

3．全面开展职业技能培训和鉴定工作

随着各酒种职业技能鉴定培训教程的编写完成，2010年以来酿酒行业职业技能培训与鉴定工作得到了进一步加强。根据行业人才培养计划以及行业需要，协会先后组织了酒精高级酿酒师进修培训班、啤酒大麦与麦芽生产技术培训班、2010届国家级啤酒评酒委员考评选拔暨品酒师国家职业资格鉴定活动、啤酒酿酒师国家职业资格鉴定活动、葡萄酒第一批高级酿酒师、一级品酒师国家职业资格鉴定暨师资认定、黄酒酿酒师国家职业资格鉴定等活动。全国各省、自治区、直辖市的酿酒行业的鉴定站也深入开展了职业技能鉴定与培训工作，通过开展行业职业技能培训和鉴定活动，大大推动和带动了整个酿酒产业职业技能的提升和发展。

为了提高培训质量，2010年协会在啤酒酿酒师培训中探索实施新型培训模式，将啤酒酿酒师考试分为三项，分别是理论知识考试和技能考核，申报高级（一级）酿酒师考试的应试人员需参加专家组的口试评审。口试评审可面对面地与考生直接交流，能更真实地反映考生的应变能力和理论、实践功底，是一项能够深入考察综合能力的考试形式。

4．举办国家级品酒委员系列活动

随着人民生活水平的逐步提高，消费者对酒类产品质量的要求越来越高，同时也促使我国各酒企业更加重视培养高技能品酒人才。为了促进行业健康发展、提高国家级品酒委员队伍的综合水平，协会在2010年开展了多次国家级品酒委员活动。

2010年4月，协会在山东举办了“2010届国家级啤酒评酒委员”考评选拔暨“《品酒师》国家职业资格鉴定”活动。来自于全国29个省、市、自治区的187个啤酒生产企业共327人参加了考评和鉴定，通过鉴定266人，鉴定通过率81.3%，聘任国家评委54人。这项工作的开展，对提升我国啤酒行业品评技能水平和整体素质起到了推动作用，对提高啤酒产品感官质量意义深远。

2010年7月，中国酿酒工业协会葡萄酒国家级评酒委员年会在山东蓬莱召开，技术委员会专家、国家级评委及其他代表140人参加了会议。会议进行了技术讲座，品评了蓬莱产区葡萄酒产品和国外不同产区的干白葡萄酒产品。

2010年8月，中国酿酒工业协会果露酒国家级评委年会在新疆吐鲁番召开，技术委员会专家、国家级评委及其他代表64人参加了会议。会议品评了国内生产露酒和果酒产品，并有针对性地选择了国外的果酒、利口酒和蒸馏酒等，进行品评、交流。

2010年11月，协会在第二届全国白酒品酒职业技能竞赛过程中，开展了白酒国家级品酒委员换届工作。协会聘任了146名2010届国家级白酒评酒委员，和39名2010届国家级特邀白酒评酒委员。

（五）推进酒类市场、原料基地建设，完善酿酒产业链管理和服务体系

1．参加国家发改委清理玉米深加工企业抑止物价上涨的工作

2010年，由发改委稽查办带队，赴吉林省对该省部分玉米深加工企业已建和在建项目进行了抽查，发现不少企业存在建成量小于备案量，备案没有有效期等问题，还有一些项目备案核准或批复后，建设过程缺少监管，企业或变更建设规模和内容，或只建设部分生产线，销售中间产品酒精，对酒精市场形成冲击。

2．应对美国干玉米酒糟（DDGS）反倾销案件

自2009年下半年以来，美国DDGS开始大量进入中国市场。据海关统计，2009年以前美国DDGS仅少量对中国出口，2009年出口数量急剧增至65.17万吨，2010年更是进一步增至316.23万吨，比2009年大幅增长了385%。我国进口的DDGS几乎全部来自美国。随着美国DDGS的大量进口和倾销，造成了北方大量DDGS库存积压。DDGS产品是我国酒精行业重要的副产品之一，是酒精生产企业重要的盈亏平衡点。国产DDGS的低价和滞销严重影响我国酒精产业安全形势。

2010年9月29日，协会在吉林省长春市召集中粮集团生化能源事业部及其下属企业安徽丰原生化股份有限公司、中粮生化能源（肇东）有限公司，以及吉林燃料乙醇有限责任公司、梅河口市阜康酒精有限责任公司、吉林省新天龙酒业有限公司会商反倾销应对措施。最后由安徽丰原生物化学股份有限公司、吉林燃料乙醇有限责任公司、梅河口市阜康酒精有限责任公司、吉林省新天龙酒业有限公司作为申请人，中粮生化能源（肇东）有限公司、佳木斯阳光生化有限公司、黑龙江省盛龙酒精有限公司为支持申请企业，委托北京市博恒律师事务所开展反倾销调查申请的有关工作。

2010年11月16日，安徽丰原生物化学股份有限公司、吉林燃料乙醇有限责任公司、梅河口市阜康酒精有限责任公司、吉林省新天龙酒业有限公司代表国内干玉米酒糟产业正式向中华人民共和国商务部提交反倾销调查申请书，请求对原产于美国的进口干玉米酒糟进行反倾销调查。

随后，商务部对申请人的资格、申请调查产品的有关情况、中国同类产品的有关情况、申请调查产品对国内产业的影响、申请调查国家的有关情况等进行了审查。同时，商务部就申请书提供的涉及倾销、损害及倾销与损害之间的因果关系等方面的证据进行了审查。2010年12月28日，商务部正式发布立案公告，决定对原产于美国的进口DDGS展开反倾销调查。2011年2月15日，商务部产业损害调查局成立了干玉米酒糟反倾销案产业损害调查组。

协会研究制订了DDGS国家强制标准，并建议有关部门制订转基因玉米为原料的DDGS进口配额。

3．召开葡萄酒酒庄酒证明商标实施细则座谈会

协会于2010年组织召开了葡萄酒酒庄酒证明商标实施细则座谈会。座谈会讨论了《葡萄酒酒庄酒证明商标使用管理规则实施细则（征求意见稿）》，并就管理规则实施过程中注意的问题和事项进行了座谈。根据会议提出的意见，已经对实施细则进行了修改，并起草了与标志实施的相关文件。

4．关注啤酒原料行业工作

为了促进拓展服务职能，协会于2009年向民政部申请成立啤酒原料专业委员会，在成立近一年多的时间以来，协会从巩固机构建设、走访原料企业、了解产情、开展质量调研和技术培训、加强原料行业人才建设、积极与政府沟通等方面开展了一定的工作，目前啤酒原料专业委员会工作初见成效。

（六）积极倡导企业社会责任

1．与百威英博合作开展推行理性饮酒公益活动

2月4日，协会与百威英博啤酒集团及旗下百威啤酒在北京联合发起百威“驾给我好吗”大型理性饮酒主题活动，同时正式在主流媒体上投放中国首个倡导“友情代驾”的电视公益广告——“都是为你好”，随后在全国各大城市开展了各式各样的趣味宣传活动，这一系列举动为推动国内酒类行业“理性饮酒”开创了一种社会责任宣传模式。

2．协会自发组织为甘南地区捐款

协会党支部在民主生活会召开期间，得知我国甘南地区发生了自然灾害，协会党支部第一时间组织党员及群众捐款、捐物，并及时上交到了国务院国资委。

四、加强酒类标准体系建设工作

加强我国酒类标准体系建设，是我国酒类产业健康发展的重要支撑，在酒类产业国际化进程中起到了关键作用。

2010年，协会参与协调组织成立了全国白酒标准化技术委员会兼香型白酒和芝麻香型等两个分技术委员会，并协调筹建全国白酒标准化技术委员会特香型白酒和老白干香型白酒分技术委员会。目前，全国白酒标准化技术委员会下设白酒分技术委员会10个，正式批复成立8个，兼香型和老白干香型白酒分技术委员会正处于审批阶段。

2010年，组织完善了《小曲固态法白酒》、《啤酒瓶》等国家标准，《酿酒大曲术语》、《酿酒大曲通用分析方法》和《浓香大曲》行业标准，完成《清洁生产审核指南　白酒制造业》、《清洁生产标准　酒精制造业》和《清洁生产审核指南　酒精制造业》环保标准的制定和审定工作。参与了食品添加剂食品安全国家标准制修订工作，包括《食品添加剂使用标准》（GB 2760）以及30项指定食品添加剂标准的制订、修订工作。

参与食品安全国家标准体系梳理和相关清理整顿工作，组织完成卫生部对国内所有与食品有关的国家和行业标准中涉及污染物指标的清理工作，涉及标准近800项，涉及指标18项，开展《食品中污染物限量》（GB 2762）食品安全国家标准制订、修订工作。

开展《预包装食品标签通则》（GB 7718）、《发酵酒及其配制酒》（GB 2758）和《蒸馏酒及其配制酒》（GB 2757）食品安全国家标准制修订工作。

组织向国家标准化管理委员会申请并立项《白酒风味物质阈值品评指南》、《白酒感官分析与评价术语》和《白酒感官品评导则》3项国家标准。

协会还参与完成了科技部“十一五”科技支撑计划《优势传统白酒、黄酒类制造业关键技术与应用》项目，通过验收和鉴定；科技部的国际合作项目《我国重要食品真实性判定前沿技术标准基础研究》，通过验收和鉴定；质检总局的公益项目《白酒和葡萄酒行业规范化技术标准基础研究》，顺利通过国家标准化管理委员会的中期评估；质检总局的公益项目《白酒企业良好操作规范研究》研究工作；完成了工业与信息化部委托研究项目《我国食品工业标准化体系研究》课题；完成了《中国年份白酒相关技术标准基础研究》课题准备工作；承接了中国标准化研究院《啤酒行业用水技术与水平调研报告》和《取水定额　第6部分：啤酒》国家标准修订工作。

五、为会员及产业集群做好服务

（一）推优评优工作

1. 开展中国酒业“仪狄奖”评选工作

为了弘扬传统文化，倡导企业社会责任，总结我国酒业近几年来的成果和经验，表彰在贯彻科学发展观工作中为中国酒业做出卓越贡献的企业和个人，进一步发挥业内广大员工的积极性和创造性，促进中国酒业更好，更快地发展，协会从2009年底筹备，2010年正式开展了首届中国酒业“仪狄奖”评选活动。

根据《中国酒业“仪狄奖”评选办法（试行）》和《关于开展首届中国酒业“仪狄奖”活动的通知》精神，全国各酿酒企业以及各省、自治区、直辖市酿酒工业（酒业）协会非常重视，并积极投入申报、审查和推荐工作，“仪狄奖”评审工作领导小组分别对各地推荐的名单进行了初审和终审，并于2010年4月1日至7日在中国酿酒工业协会网站上进行了公示，共评出19个集体奖、12个个人奖、5个特别奖。并在协会第四届会员代表大会上举行了隆重的颁奖仪式。

2. 开展了白酒、啤酒、黄酒行业优秀论文奖评选工作

为了鼓励和激发酒行业广大员工的积极性和创造性，促进酒行业工作者的创新精神，推出更多高质量、高水平的优秀论文，促进酒行业的科技进步与信息交流，按照《全国白酒行业科技与发展优秀论文奖评选办法》、《啤酒行业科技进步优秀论文奖评选办法》和《黄酒行业科技进步优秀论文奖评选办法》规定，协会分别评选出了白酒、啤酒和黄酒行业的优秀论文，并颁发了奖杯和荣誉证书。

（二）为产业集群服务

继2009年四川宜宾成功申报“中国（宜宾）白酒之都”荣誉称号后，中国酿酒工业协会白酒分会又于2010年联合中国轻工业联合会分别授予了内蒙古巴彦淖尔市和广东省佛山市白酒行业特色区域荣誉称号，为促进了产业调整和提升，为进一步鼓励和规范其发展，促进区域产品结构的调整，加强行业自律，做了大量工作。

六、加强协会建设，规范管理

1. 召开中国酿酒工业协会第四届会员代表大会

按照民政部和协会章程规定，会员代表大会每五年一届。到2010年初，协会第三届理事会已圆满完成预定工作目标。2010年4月14～15日，协会组织召开了中国酿酒工业协会第四届会员代表大会暨第四届理事会第一次会议，国资委、民政部、中国轻工业联合会等多部门的领导出席，各省市（区）酿酒协会、酒类生产企业负责人等500余位会员代表参加了会议。

会议按照《中国酿酒工业协会章程》的规定，提请参会代表听取并审议中国酿酒工业协会第三届理事会工作报告和财务报告；选举产生中国酿酒工业协会第四届理事会；选举产生第四届理事会常务理事、副理事长、秘书长及理事长等；讨论了第四届理事会工作计划及2010年工作计划；颁发了中国酒业“仪狄奖”、白酒、啤酒行业优秀论文奖；会议还邀请国家卫生部官员对加强酒类食品安全管理等有关问题进行主题演讲；组织召开了协会各分支机构会议和全国白酒标准化技术委员会年会。

另外，协会于2010年12月份以信函的形式召开了中国酿酒工业协会第四届理事会第二次会议。

2. 如期召开协会及各分支机构的理事会、常务理事会、理事长办公会、技术委员会年会、国家级评酒委员年会等日常会议。

3. 推进全行业和协会信息化工作进程

为了提高行业信息化水平，促进行业信息化和工业化进程，协会于2010年8月组织召开了“2010年全国酿酒行业信息工作会议”，会议从我国酿酒行业信息化发展的平衡度和信息化应用的深度与广度两方面，阐述了酿酒行业目前信息化发展情况和存在的问题，并对导致目前这种状况

的原因进行了分析。同时，对在2009年度全国酿酒行业信息工作中做出贡献的代表进行了表彰。

另外，协会受国家财政部、工信部和国资委委托，在去年开展了《酿酒行业信息化实施与应用的评价研究课题》，课题旨在通过调查，深入了解酿酒行业信息化实施与应用现状，推广先进经验。2010年5月，课题组在四川酿酒工业协会和山东白酒协会的协助下，赴四川、山东等地，对五粮液、泸州老窖、水井坊、金六福、文君、烟台张裕、青岛啤酒、景芝、扳倒井、趵突泉等企业开展了信息化调研工作，通过调研，协会对行业的信息化水平有了深入的了解。目前，协会已将撰写的《酿酒行业信息化实施与应用的评价研究报告》上报国家工信部和国资委。

4. 召开全国酒协秘书长工作会议，加强与各地方协会联系

为了更好地发挥协会桥梁和纽带作用，加强各省市酒协之间的沟通交流与合作，探索协会工作的新方法、新理念。今年年初，协会在广东省酒类行业协会的协助下，组织召开了"2011年全国酒协秘书长座谈会"，来自全国25个省、自治区、直辖市酿酒（酒业）协会负责人参加了会议。

5. 办好期刊杂志，搭建行业宣传平台

按时编辑、出版了《酒》、《啤酒科技》、《会员通讯》、《中国黄酒》、《中国酿酒工业行业信息》、《中国啤酒信息》、《酒精》、《啤酒原料快讯》等刊物，搭建行业宣传平台。

七、加强国际合作与交流

为进一步了解国际酒类生产、消费和技术装备情况，促进中外酒文化交流，协会2010年多次组织企业赴南非、欧洲、美国、俄罗斯等国家进行考察和交流，初步掌握了这些国家酒类生产和市场情况，对外国酒文化有了更直观的了解。通过考察，对我国酒产品出口形势有了更清醒的认识，对我国的酒产品国际化进程发展缓慢，也体会到了更深层次的原因。我国的酒产品在国际市场宣传力度还远远不够。今后协会在我国酒行业酒文化的传承与发展、销售方式的多元化、创新生产经营等方面，进行重点研究。

2011年中国酿酒行业综述

2011年，面对复杂多变的国际形势和国内经济运行中出现的新情况、新问题，党中央、国务院以科学发展为主题，以转变发展方式为主线，坚持实施积极的财政政策和稳健的货币政策，不断加强和改善宏观调控，国民经济继续朝着宏观调控预期的方向发展，实现了“十二五”时期经济社会发展的良好开局。

一、行业总体情况概述

我国是世界最大的饮料酒生产和消费国，酿造历史悠久、产业规模庞大。酿酒产业是我国的传统产业，也是我国食品工业的重要组成部分。据不完全统计，全行业现有企业总数2万多家，从业人数达350万。同样是由于传统产业，酿酒行业整体规模化水平、技术进步等方面与高新企业相比，还存在着很大的差距，使得规模以上企业的数量占行业总量的比重不大。国家统计局统计制度改革后，从2011年开始，规模以上工业企业统计标准由过去的年主营业务收入500万元提高到2000万元。2011年与2010年同期相比，酿酒行业进入统计规模的企业数量减少比例为23.83%。

总体上讲，白酒行业发展形势较好，健康饮酒、理性饮酒的消费理念逐渐深入人心，消费者的品牌意识进一步增强，高端白酒品牌传播国际化趋势明显，中端白酒消费量大幅度提升，低端白酒品牌化步伐逐渐加快；个性化、功能性产品需求加大，低度、优质的白酒成为当前的主要消费方向。

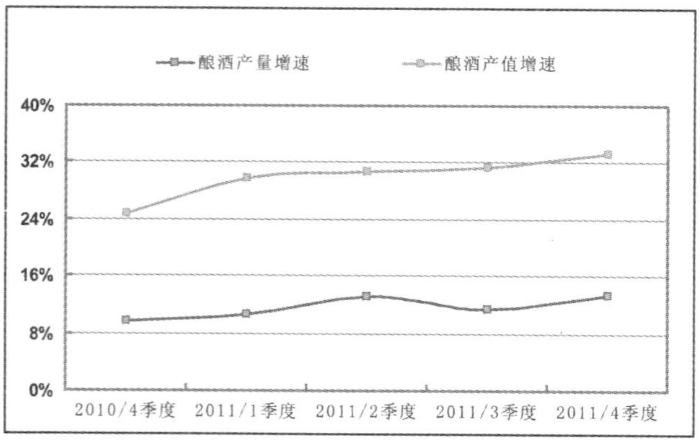

数据来源：中国酿酒工业协会

图1 2010—2011年酿酒产量及产值增速变化情况

啤酒行业：继续保持世界第一大国的地位，城市的啤酒消费趋于平衡，农村市场快速崛起；较发达的地区增速变缓，欠发达的地区增长提速，啤酒的单位产品效益逐年提升，单位产品效益偏低的情况正在得到改善。

葡萄酒行业：经过近几年的市场培育和文化推广，葡萄酒越来越受到消费者的青睐，国内葡萄酒的消费总量逐步提升，但是现在我国葡萄酒的年人均消费水平仅为世界平均水平的6%，还有很大的上升空间。

果露酒行业：消费量继续保持着现有的发展速度，少数全国性品牌的强势地位逐步加强，大部分产品继续保持地域性格局。

黄酒行业：养生保健功能逐渐被国内消费者所认识，而且档次、价格和消费趋势有明显提升，随着国际贸易的不断扩大，黄酒出口量继续增长，消费空间和行业利润逐步提升。

酒精行业：酒精工业随着国民经济的快速发展，继续保持增长态势，行业利润达到近几年来的最好水平。燃料乙醇受国家政策导向，产量平稳发展。

酒业市场：伴随着国内酒企业集团化步伐加快，品牌集中度强化和消费观念转变的影响，我国葡萄酒和烈酒市场呈现更加繁荣的景象；白酒市场稳中有增；啤酒市场主要消费群体继续向大啤酒集团和品牌集中；黄酒市场逐步走出江浙沪地区，向外围扩延；果露酒市场发展势头良好。

酿酒原料：近几年，由于行业人、财、物成本压力的逐步增加，以及食品安全门槛的大幅提高，拥有自己原料生产基地的酿酒生产企业越来越多，大型白酒企业已经基本拥有了自己可控的原料生产基地；国内啤酒原料种植区域逐步成形；葡萄酒企业纷纷在酿酒葡萄优质产区建立了原料基地；黄酒行业优质原料基地已经超过50万亩；果露酒行业建设原料基地的意识进一步强化。

二、行业2011年经济运行情况

根据国家统计局对销售收入2000万元以上的工业企业统计：2011年底，酿酒行业规模以上企业2254家，全年饮料酒及发酵酒精生产量7103万千升，工业总产值6699亿元，主营业务收入6631亿元，利税总额1518亿元，其中利润807亿元，全行业平均亏损面10.91%（亏损面=亏损企业数量/全部企业数量），亏损深度3.60%（亏损深度=亏损额/利润总额）。据不完全统计，2011年酿酒行业主营业务收入过百亿元的企业超过了10家。其中，几家上市公司的数据显示，2011年五粮液集团销售收入487亿元（其中宜宾五粮液股份有限公司2011年实现营业总收入202.26亿元；），泸州老窖销售收入285亿元，青岛啤酒销售收入231亿元，华润雪花销售收入221亿元，贵州茅台销售收入203亿元，燕京啤酒销售收入172亿元，江苏洋河销售收入129亿元，烟台张裕销售收入124亿元。

总体上，酿酒行业2011年的经济运行情况呈现如下特征：

（一）生产稳定增长，增速继续加快

去年全年酒类产品（含饮料酒和发酵酒精）累计产量7103.46万千升，比上年同期增加840.75万千升，同比增长13.42%（规模以上企业的标准提高后，上年同期规模以上企业产量做相应调整，为6262.71万千升）；累计完成工业总产值6699.24亿元，同比增长33.21%。产量和产值增速均呈现出加快的趋势。

全国32个省、市、自治区中，饮料酒及发酵酒精总产量排在前五的省分别是山东、河南、四川、广东和江苏，五省合计产量3092万千升，占行业比重42.97%，所占比重较2010年同期上升了2.68个百分点，这说明区域集中度进一步提高。从增长水平看，除江苏地区产量同比略有下降外，山东、河南、四川、广东等地区的发酵酒精及饮料酒产量均保持着高于行业平均值的增长态势。

（二）消费需求旺盛，支撑行业发展

国家统计局公布的数据显示，去年我国社会消费品零售总额累计达18.12万亿元，同比增长17.1%，增速呈现稳中加快的趋势。其中，粮油食品、饮料、烟酒类的限额以上零售额为1.03万亿元，同比增长25.3%，增速高于全社会平均水平，显示出了我国内需市场稳定的增长势头。同期，我国规模以上酿酒企业实现销售产值6489.30亿元，同比增长32.11%，高于社会消费品零售总额的增长速度和粮油、食品、饮料烟酒的平均增长速度，旺盛的市场需求，支撑了酿酒行业的高速发展。

（三）利润同比大幅增长，行业效益持续向好

2011年，受消费需求旺盛、产业结构调整和单品提价影响，行业利润同比大幅增长，经济效益显著提高。行业去年实现利润806.91亿元，同比增长41.97%，增速与2010年平均水平32.66%相比，提高了9.31个百分点；与全国规模以上工业企业平均利润增速25.4%相比，高出16.57个百分点；上交税金711.48亿元，同比增长28.80%，增速比2010年平均水平17.09%提高了11.71个百分点；其中，根据财政部门测算，2011年酒类产品消费税同比增长22.3%。去年行业亏损企业总计246家，亏损额29.03亿元，行业平均亏损面10.91%，亏损深度3.60%，均保持在较低的水平。

（四）进口酒类市场繁荣，进出口总额双增长

近年来，伴随着消费升级和国民经济形势不断好转，我国消费市场快速增长，酒类产品进出口贸易也保持了较高的增长速度。国外酒商日益重视中国酒类市场，我国酒类进出口总额稳步扩大。“十一五”期间，我国酒类产品进出口贸易总额由2006年的6.43亿元增加到2010年的18.67亿元，增长1.9倍，其中出口额五年间增加1.89倍，进口额五年间增加1.91倍。

去年我国酒类产品进出口贸易延续高速增长态势，根据海关总署公布的数据，全年酒类产品进出口贸易总额为29.31亿美元，同比增长56.95%。其中，出口额4.86亿美元，同比增长51.31%；进口额24.45亿美元，同比增长58.12%。虽然进出口金额同比增长都在50%～60%，但进口金额却是出口金额的五倍。同样的增速，不同的基数，对于我国酒行业总体上讲，进口酒对我国国内酒类市场的冲击力逐渐加大。

表1 2011年酿酒行业各子行业产量增长情况

子行业	产量（万千升）	同比增加（万千升）	同比增长（%）
饮料酒	6269.73	755.10	13.69
其中：白酒	1025.55	240.92	30.70
啤酒	4898.82	472.24	10.67
葡萄酒	115.69	13.33	13.02
发酵酒精	833.73	85.64	11.45

数据来源：中国酿酒工业协会

（五）资本运作加快，企业规模化、集团化发展

2011年，白酒行业并购速度继续加快，业内整合、并购事件层出不穷。联想集团去年买下了湖南武陵酒、河北乾隆醉酒业，意向收购孔府家，海航控股贵州怀酒。今年，上海瑞业、鼎晖投资内蒙古河套，维维股份找到贵州醇，联想旗下资本再度与白酒企业洽谈。各路资本纷纷涌入了白酒行业，前几年有帝亚吉欧、轩尼诗、绝对伏特加等外资的注入，也有天士力集团、奇声音响等业外资本涌入，同时还有华泽集团、首都酒业、中粮集团等业内资本的运作和整合。各路资本的涌入和资本运作的加快，一方面表明了我国白酒行业发展前景喜人，另外一方面也标志着白酒行业企业集团化、规模化发展步伐的加快，进入了资本运作的高峰期。

我国啤酒行业集团化、规模化、现代化和信息化正在走向成熟；除产品制造外，品牌和资本越来越显现其重要性；外资对我国啤酒行业的影响已经向纵深发展，表现出了积极的作用，加快了我国啤酒业与国际接轨的步伐。从全国范围看，啤酒销量持续增加，但竞争加剧、啤酒企业经济效益呈现规模效应、增长趋势变缓、西部地区的增长速度高于东部地区的增长速度。

资本不断介入我国酒行业，为行业带来的不仅仅是资金，随之而来的还有新的观念、新的竞争模式，也将提升酒企业的现代化进程，促进企业体制和运营机制的改变。之前的啤酒行业在进入资本竞争时代不到十年，就形成了现在的格局。在大量资本涌入白酒行业的同时，白酒企业要把握好发展方向和脉搏。

（六）产业升级促进产业发展

近几年，随着消费者对酒类产品要求的逐步提高，我国酿酒产业升级步伐也在逐渐加快，主要体现在以下几个方面：一是企业发展模式向质量效益型转变，我国酒企业在充分发挥品牌、技术、品质、人才等方面优势的基础上，更加注重产品质量和品种，满足不同消费者消费需求。二是企业自主创新能力增强，传统的白酒、黄酒行业通过关键技术的研发和推广，联合设备类企业开发适合本企业的自主技术和装备，啤酒、葡萄酒、果露酒、酒精等自动化生产水平较高的行业通过建立国家重点实验室、重点技术中心等方式提高创新水平。三是低碳环保发展意识又上新台阶，低碳环保已经是全球的共同发展方向，酿酒企业在提高出酒率、废水综合利用等多方面实现了新的技术突破。四是企业“两化”融合加快，现在更多的企业在加速实施信息化步伐，研发出了适合行业特点的信息共享平台和信息管理平台等多个项目，促进了行业整体的“两化”进度。五是酿酒工业园区和产业基地成为转型升级的载体，如四川打造的 “中国白酒金三角”、“邛崃名酒工业园”、“泸州名酒工业园”，新疆、宁夏、甘肃等地方大力建设优质酿酒葡萄基地和葡萄酒生产基地，为酒企业发展提供了便捷的环境和优惠措施。

从上述经济运行情况可以看出：目前，我国酒类骨干企业依靠强大的经济实力和科研实力，深入开展科学技术研究，通过产品结构的调整，满足了广大消费者的需要，增强了企业的竞争力，也提高了企业的经济效益。全行业正朝着科技创新、理念创新、经营创新、文化创新的创新型酿酒产业方向发展。

2011年中国酿酒工业协会工作情况

服务、创新、品牌、改革、发展，这几个词不仅贯穿了协会2011年的全年工作，同时也包含着协会多年来的工作内容。去年是国家“十二五”的开局之年，同时也是实施《中国酿酒产业“十二五”发展规划》的第一年。在这一年里，协会按照《规划》的总体安排，结合本届理事会制定的要以“调结构、谋转变、上水平、增后劲、可持续”作为协会和企业的共同目标，围绕“五体系、两制度、一责任、一转变”（即，酿酒产业安全体系、技术保障体系、人力资源体系、法律法规体系、新型服务体系，生产许可制度和酒类流通准入制度，倡导企业社会责任、转变发展方式）的工作模式，脚踏实地地开展了如下工作：

一、宣传贯彻“十二五”发展规划，加快酿酒产业科学发展

《中国酿酒产业“十二五”发展规划》发布后，政府部门高度重视。行业根据《规划》的指导思想，积极贯彻实施《规划》提出的各项要求，切实解决《规划》提出的产业发展必须处理好的几个问题，致力于提高酿酒产业的科学发展水平。行业在“保增长、扩内需、调结构”发展主线上取得了卓著的成效，“促进行业长期平稳较快发展和与社会关系和谐稳定的总体要求，实现创新型产业发展的总体目标”得到了进一步践行。

从发展方式转变上讲，协会在全行业倡导要抓住中国酒文化走向世界的历史性发展机遇，定位“世界名酒”，将国际化提高到前所未有的高度，通过加大海外广告投放和海外营销等方式，着手对国际营销渠道进行全面整合，从而建立起与国际对手全面竞争的营销架构，加速行业国际化步伐。

从机制创新上来看，引导酿酒企业从改变传统经验为主的粗放式生产方式的科技创新入手，跳出单纯酒业产销的圈子，建立了放眼社会发展、时代进步、定位酒业地位的理念创新，致力于建立稳定的、和谐的、利益相关的工商关系，实现了从机制上克服各种市场不规范行为的经营创新。

从社会责任上，酿酒行业在新的经济环境下正确认识酒类产品的属性，紧密结合酿酒产业实际，以满足“各族人民物质文化和精神文化需求”作为发展主题，努力实现了社会效益和经济利益的双丰收。始终要把国计民生放在首位，把消费者的需求铭记于心，企业把食品安全作为头等大事，进一步推进工业化生产，加强对假冒伪劣产品的打击力度，推进酒类产品质量安全，加大力度推广流通追溯体系，存储相应追溯及防伪信息，配合系统平台信息处理，从而实现产品质量追溯及防伪。

从未来发展来看，指导和配合会员企业根据《规划》提出的“十二五”时期产业发展的主要目标，分别制订了企业自身的具有战略性、前瞻性、指导性的《十二五规划》，提出了详实的发展计划，为企业今后发展提供了直接的发展目标，有利于行业的健康可持续发展。

二、坚持人才战略、坚持科技创新

“创新”一词贯穿了整个《中国酿酒产业‘十二五’发展规划》，行业创新要跑得快，协会创新的理念要同行。

（一）以设立中国酿酒工业协会科学技术奖为契机，全面推动行业科技创新

协会自成立以来，始终注重行业科学技术研究和技术技能工作。在多年的工作基础上，经协会向国家科技部汇报和申请，科技部国家科学技术奖励工作办公室于2011年10月20日，以国科奖字［2011］59号文批准设立“中国酿酒工业协会科学技术奖”（国家科学技术奖励办公室第66号公告）。

“中国酿酒工业协会科学技术奖”的设立，是为了贯彻落实《国家科学奖励条例》，奖励在我国酿酒行业生产技术、设计装备、信息化管理、节能减排、环境保护领域的科学研究、技术创新与开发、科研成果推广和实现高新技术产业化中做出突出贡献的组织和个人。以此来调动全行业科学技术工作者的积极性和创造性，加速酿酒行业科学技术事业的发展，提升酿酒行业技术水平。

2011年的2月16日，协会组织召开了“2011年度中国酿酒工业协会科学技术奖”评审会议，国家科学技术奖励工作办公室社会奖励处处长陈苏、北京工商大学副校长孙宝国院士等47位领导和专家出席了评审会，评审专家根据《中国酿酒工业协会科学技术奖评审细则》等文件规

定，经过评审委员会专业组评审、评审委员会专业组组长审议、奖励委员会审定、网上公示，对符合申报条件的54个单位71个项目进行了审议。详细情况将在接下来的《2011年度中国酿酒工业协会科学技术奖工作报告》中做具体说明。

（二）科研创新，推动行业科技进步和机械化发展

为了填补白酒行业应用基础科学研究领域的多项空白，协会于2007年牵头组织，相关院校、研究单位、企业共同成立了“中国白酒169计划”。该计划采用微生物生态学、分子酶学、分子生物学等现代生物技术手段，围绕白酒产业共性的、关键的科学与技术问题进行创新性研究，建立了以风味化合物定向的功能微生物和酶技术的平台。去年该项目取得了重大进展，完成了不同类型白酒特征香味物质的研究、白酒微生物的研究、呈香物质阈值的测定和白酒健康因子的确定，对白酒中异味化合物以及白酒风味定向功能微生物方面等基础理论的研究都取得了巨大突破。预计今年年底全部完成。

我国传统白酒必须融入现代科技才是其发展的必由之路，近年来白酒行业的科学技术进步正处在前所未有的发展阶段。随着劳动力成本的不断攀升、土地资源日益紧张、能源消耗形势愈来愈严重，生产环境、食品安全要求更加严格等原因，传统白酒改变生产方式已经迫在眉睫，提升白酒生产机械化的水平已经成为行业未来研究工作的重点。协会在去年开始启动了“白酒158计划”，开始了中国白酒机械化的系统研究。目前已经召开“中国白酒158计划项目实施筹备会议”、“中国白酒158项目现场会”等多次会议。会议研究内容包括制曲、发酵工艺研究、蒸馏工艺等多方面的机械化研究、调酒计算机集成制造技术研究和灌装、包装、成品库、智能管理的研究等。未来计划在全国60%规模以上的白酒企业推广实施，力争降低劳动强度60%以上、节煤35%、节水45%，提高优质品率15%以上。该项目计划于近期正式实施。

2010年的四届三次理事会期间，协会举办了“2011中国国际酒业技术•装备博览会”，国内外一线酿酒机械制造商和工程商悉数参展。本次展会借助协会会员企业齐聚北京的机会，实现了真正的产品与装备全方位互动、企业与观众的零距离交流、厂商与客户的立体式沟通，搭建了一个一站式采购服务平台，促进了我国酿酒装备行业的快速、健康发展。

（三）健全培训模式，完善人力资源体系建设

2011年，协会继续推动“酿酒行业人力资源体系”建设工作，以加快专业技术人才队伍建设，努力培养一支满足酿酒产业发展需要的、具有较强国际竞争力的、高素质的专业技术人员队伍，实现我国创新型酿酒产业提供人才保证为目标，通过举办短训班、提高班、业余班，对在职人员进行培养。

2010年，协会培训和鉴定管理总站明确了各鉴定站职责与任务，规范了培训组织与教师管理的条件，确定了监督检查的方向，将职业资格鉴定工作的程序规范化，申报条件严格化，考试正规化。组织举办了首届全国酿酒行业国家级职业技能竞赛裁判员培训班和白酒行业职业技能培训品酒师教师、酿酒师教师考核、认定工作。这两次活动对竞赛裁判员队伍和培训教师队伍的建设、专业水平和技能的提高提供了保证。对今后酿酒行业培训和鉴定工作的标准化规范化具有很大的推进作用。

协会在培训考核的模式上也进行了深入的改革。为了使白酒评酒工作标准化、科学化，实现白酒感官品评科学管理，结合几十年来白酒行业感官品评方法及各名酒厂的经验，经过5年时间的科研探索，研制开发出了白酒产品计算机品评系统。该系统由协会白酒评酒委员历经4年时间的操作实践，技术成熟完善，在2011年6月举行的“2011年国家级白酒评委年会”中已投入使用，代表们通过笔记本电脑与网络服务器相连，将品评结果上传到服务器，即时得出统计数据，获得该产品的客观评价。该品评系统不仅能应用于考试或培训，在计算机技术参与品评工作的管理应用方面也是一大进步，规避了现行的白酒检验方法及标准存在的缺陷，使品评等级划分与理化数据有效配合。这些在实际生产中，有利于白酒产品的分级和贮存，严格了白酒感官入库质量关。目前该计算机品评系统不仅在培训中使用，也已在部分规模以上白酒企业投入使用。

2010年协会联合中国财贸轻纺烟草工会、中国就业培训技术指导中心、中国轻工业职业技能鉴定指导中心共同举办了“‘赛诺杯’第二届全国啤酒品酒职业技能竞赛”活动。竞赛分初赛和决赛两个阶段，经过历时半年的组织、推荐和初赛，共有212名选手获得决赛资格。决赛经过了理论考试和33组品评技能考核等项目，历时4天，共有来自全国27个省市区的113个啤酒生产厂的178名决赛选手参加决赛，每个选手共品评超过200个样品，大赛共使用基酒和实物品评啤酒1500箱（折合1.8万瓶）。本次竞赛代表了全国啤酒评酒技能的最高水平，其质量和影响力在全国啤酒行业史无前例，具有较高的权威性和广泛性。通过竞赛，进一步激发了广大职工“学知识、练技术、比技能、创一流”的工作热情，促进我国酒行业的技术交流和技术创新，加快了高技能人才的培养，全面提高了职工队伍的技术技能水平和整体素质。全国总工会将为竞赛第一名的选手颁发“全国五一劳动奖章”、人力资源

和社会保障部将授予竞赛前三名的选手“全国技术能手”荣誉称号。

同时，应广大会员要求，协会近几年逐步探索并开始完善产业链的人力资源服务体系。并于去年7月，在啤酒原料行业举办了“2011年全国啤酒大麦、麦芽生产及检测技术培训”，国内30个单位技术人员和化验人员共计57人参加了培训。内容涉及制麦设备与工艺表达，低质大麦的制麦方案，啤酒大麦与麦芽的质量控制主要指标及其检测，制麦工艺过程中关键点控制，大麦引种等方面，学员普遍反映强化了有关理念，学习了基础知识和专业技能，提高了业务素质，开创了产业链人力资源服务体系的新纪元。

随着我国酒类市场竞争的激烈化，酒类营销专业人才在市场上的分析能力和开发研究水平，为企业生产经营提供必要的决策，同时在产品宣传开拓等过程中的作用越来越重要。为满足行业发展需要，协会经过几年的准备，将从今年开始，逐步在酒行业开展营销师的培训和鉴定工作，并适时开展中国营销大师的评选工作。

（四） 评选“中国酿酒大师”，推出最高水平人才，引领行业创新

2006年，协会开展了首届“中国酿酒大师”的评定工作，这项工作得到行业内的广泛支持以及社会的认可和好评。经报中国轻工业联合会批准，于2010年由中国轻工业联合会和中国酿酒工业协会联合开展第二届“中国酿酒大师”的评定工作。

“中国酿酒大师”评定工作是为了传承我国酿酒事业，鼓励和调动酿酒行业从业人员的积极性和创造性，推动行业人才队伍建设而设立的行业最高荣誉。第二届“中国酿酒大师”评定活动共收到了257名行业人员的申报材料，涵盖近200家企业。在评定委员会指导下，本着公平、公正和公开的原则，按照评审原则和程序，由评定办公室对符合申报条件的人员进行评定，科学、客观、准确地完成了审核工作，评选出了43名中国酿酒大师。通过公示后，于2011年10月10日，在北京钓鱼台国宾馆隆重召开了第二届“中国酿酒大师”颁证大会，国家人保部、质检总局、工信部、工商总局、民政部、国资委等行业主管部门的相关领导出席了会议，各部委领导对本次活动都给予了高度评价。

被评为第二届“中国酿酒大师”的同志，均来自于企业生产科研一线，或者是从生产科研一线成长起来的企业管理人才，他们热衷于酿酒事业，有着深厚的酿酒理论基础和实践经验，在酿酒技术研究、创新、新成果开发以及新技术应用等方面业绩突出，为推动我国酿酒事业做出了巨大的贡献。协会希望通过“中国酿酒大师”系列评选活动推动行业尊重知识、重视人才的风尚，建立一批高素质、高水平的专业技术人员队伍。

三、扩大协会服务平台，全面服务酿酒产业

（一）建立酒行业全国两会代表交流机制，引领行业发展

为充分了解国家有关政策动向、及时向全国人大代表反映行业实际情况，协会在“两会”期间组织了“酒行业全国人大代表、政协委员座谈会”，座谈会请全国人大代表、政协委员为行业发展出谋献策，贵州茅台酒厂集团有限公司名誉董事长季克良等二十余名两会代表参加了座谈会。代表们分别从不同行业、不同地域向协会反映了一些行业情况，同时，协会也将近些年通过调研收集到的我国反映比较普遍、突出的情况向各位代表做了简要的介绍。

座谈会中人大代表对协会的工作表示了高度的肯定，认为协会作为行业利益的代表者，一直在为行业的健康发展不懈努力，千方百计地为行业争取优惠政策，想方设法地为企业分忧解难，扎扎实实地为企业办大事、办实事。同时表示协会对当前经济形势和行业面临环境的分析准确、透彻，为大家今后的工作提供了可靠的参考依据。代表们希望通过协会强大的凝聚力，给大家提供更多互相交流经验的机会，共谋发展大计。

座谈会上分别讨论过《关于加快制定〈中华人民共和国酒法〉的议案》、《关于建议将啤酒生产企业自产自用二氧化碳纳入啤酒产品生产许可认证单元的议案》等议案，这些议案已经上报，并得到了有关部门的高度重视。

（二）针对行业热点，与企业高层共同把握行业脉搏

2011年3月28日，协会邀请中国白酒标准化技术委员会主任委员季克良；贵州茅台酒集团有限公司董事长袁仁国；宜宾五粮液集团有限公司董事长唐桥；江苏洋河、双沟集团有限公司董事长杨廷栋；泸州老窖股份有限公司总裁张良；山西杏花村汾酒集团董事长李秋喜；四川沱牌舍得股份有限公司董事长李家顺等国内知名白酒企业的“一把手”，召开了主题为“互信合作·共担责任·和谐发展”的“中国白酒领袖峰会”。

在峰会上，协会倡导我国白酒领袖企业要积极承担社会进步赋予的责任和义务，在行业活动和企业行为中，带头树立行业形象，着力宣传白酒工业的社会属性，宣传白酒行业为国民经济所做出的贡献；要回归白酒产品的社会属性，弘扬白酒深厚的文化底蕴；要还原白酒为普通饮品的本质，明确白酒为特殊嗜好品而非生活必需品的定性；要加强自律谨言慎行，杜绝夸大宣传和过度炒作；要大力开展理

性饮酒、行业自律以及社会责任活动，以客观、理性、负责的态度面对公众，努力营造白酒行业的社会美誉度。

2011年3月15号，协会邀请到了国家有关政府部门、地方葡萄酒行业主管部门、葡萄酒行业知名企业高层管理人员共20余人，召开了“葡萄酒产业高层座谈会”。会议针对葡萄酒行业最近两年内遇到的新问题和困难，以及来自产业内部和外部的机遇挑战，如何面对新的形势，促使产业更好地发展进行了研究、探讨。协会听取了各个企业关于规范进口葡萄酒市场管理、葡萄酒产区和葡萄基地建设，和进口葡萄酒对我国葡萄酒市场的影响及应对措施等方面的建议。目前，协会已经将会议上收集到的意见和建议进行了汇总，与有关政府部门进行了沟通和协调，有些议题还将在明天葡萄酒分会的会议中着重进行研讨。

2010年3月6日，协会组织黄酒行业中龙头企业高层负责人召开了座谈会，古越龙山、上海金枫、会稽山、张家港、塔牌、即墨等企业高层负责人发表了自己对行业发展的建议和意见。大家一致认为，行业企业在发展竞争中要站在行业发展的高度上，因地制宜的发展个性化品牌和市场。

2010年3月份，协会组织青岛啤酒、燕京啤酒、雪花啤酒、百威英博四大啤酒集团主要负责人参加了国家发改委价格司召开的“酒类商品价格座谈会”，起草了《酒类企业规范价格行为倡议书》并在相关媒体发布，多家媒体对《倡议书》进行了转载和刊登。

（三）加强行业数据管理与信息化工作

2011年，协会继续以《中国酿酒行业月度运行形势分析》、《中国酿酒行业研究报告》、《中国酿酒工业行业信息》、《中国啤酒信息》、《全国酒精行业行情信息》、《啤酒原料快讯》、《中国酿酒工业协会会员通讯》、《酒》杂志、《啤酒科技》杂志、《中国黄酒》杂志、《中国酿酒工业年鉴》和协会官方网站为发布平台，分别从关注外部环境对酿酒行业运行影响、加强对酿酒行业运行中热点难点问题研究、对政策效果的分析和对酿酒行业的影响分析、加快推进产业结构调整转变经济发展方式、加强经济形势的研究判断和预测分析等多个方面开展行业分析研究工作。同时，加大了葡萄酒、果露酒、黄酒行业的统计工作，逐步拓宽了数据来源渠道。

依托统计数据，协会去年启动了信息中心网站的改版工作。计划通过统计数据与信息化的结合改变行业传统数据采集与整理的方式，根据不同业务、酒种的信息资源需求，采用相关技术，实现灵活简便的信息数据的提取和展示，为用户提供及时、准确、方便、快捷的功能，为数据信息发布提供优质的平台。充分体现“谁提供谁享用，谁注册谁浏览”的功能，调动了企业上报数据的积极性。

近些年，一些酒类企业为应对激烈的市场竞争，维护品牌价值、谋取竞争优势，闯出了一条运用信息化技术，引领企业自主信息化管理的新趋势，达到了全程现代管理，实时动态追踪，确保生产、流通的全程信息化操作的目标。为了便于行业企业交流信息化工作经验，分享信息化工作成果。协会于去年10月与中国轻工业联合会信息中心联合举办了“2011年全国酿酒行业信息化工作会议”。会议就国家对企业信息化建设的政策支持、酿酒行业信息化未来走向等主题做了专题演讲和讨论，会议邀请到了国家工业和信息化部信息化推进司的有关领导将国家现阶段对推进信息化工作的政策和方法进行了详细的解读，参会企业代表都感到受益匪浅。

（四）研究酒业市场、原料供需变化，完善协会产业链服务体系

自协会成立以来，通过不断地改革和发展，协会成立了市场专业委员会和啤酒原料专业委员会。协会已经形成了一个完整的从田间到餐桌一条龙的新型产业链服务体系。

现阶段，行业和协会现在已经清晰地认识到酒类市场正在发生着变化，消费方式、消费群体正在发生巨大转变。酒类市场这个蛋糕如何做大，如何让消费群体认知不同的酒产品，都是中国酒行业和协会正在深入研究的问题。

协会经过对酒类市场的调研和分析认为，满足消费者的需求是企业永远追求的目标，抓住消费者，扩大和培育消费群体是酒行业共同的利益和目标。行业应该减少在传统消费领域的恶性竞争，相互抄袭产品理念、营销方式、产品风格、包装设计等现象必须要遏制。要进行规范化的市场良性竞争，促进酒行业的健康发展，共同做大、做强酿酒产业。任何一家酒企业的不法行为，欺骗、愚弄消费者的行为都将给整个酒行业带来不利影响，酒行业企业是一个整体，是一荣俱荣、一损俱损的关系。所以，我们要增强促进产业发展的使命感，共同打造行业的良好形象，维护产业的共同利益，在发掘酿酒历史文化内涵、创新营销方式、开拓市场和强化品牌建设的同时，还必须要加大对酿酒产业认知的正面宣传，加强和消费者之间的理念沟通，积极倡导科学、健康的饮酒消费方式，拓展酒行业更大的生存空间，以此来促进酒行业良性、可持续的发展。

随着信息技术的发展与应用，酒类商品营销模式与信息技术日益结合，电子商务、物流配送、连锁经营等流通方式迅速发展。酒类流通企业大胆探索，建立品牌专营店和网上销售平台新模式，构建“线上线下”的立体营销网络，大力发展网络销售。酒类企业的信息化购销，为推进酒业市场信息化管理工作奠定了坚实基础，协会也将举办

“中国酒业营销模式创新论坛”，对当前的市场营销工作进行进一步的探讨。

为充分了解我国啤酒原料市场情况，协会去年在甘肃、新疆、江苏、上海、山东、广东、辽宁、黑龙江、北京等地进行了实地调研。深入啤酒原料生产企业和大型啤酒企业，对啤酒原料的国内外供应情况、啤酒原料生产企业现状、技术和装备情况以及国内大型啤酒企业采购总部对啤酒原料的供应和质量要求进行了深入探讨。调研活动收获颇丰，受到了啤酒原料企业的赞赏。结合调研结果，协会制定了中国啤酒原料“135质量提升计划”，即，一个目标、三年计划、五项工作。去年开展了“2011年度‘显业杯’中国啤酒麦芽质量与食品安全鉴评”工作，对企业寄送的样品进行免费鉴评，受到行业内企业的欢迎。通过此次鉴评工作，使协会了解了我国啤酒麦芽生产企业生产和技术质量控制现状，对于今后的工作开展起到了指导性的作月，该项工作将继续延续。

（五）积极倡导行业和企业履行社会责任

企业社会责任包括企业环境保护、社会道德以及公共利益等多方面。在去年一年的工作中，协会主要开展了倡导企业诚信自律、推进资源节约型和环境友好型企业的创建工作。

协会始终坚持倡导行业诚信生产、自律经营，早在2005年就开展了酿酒行业诚信企业推荐活动，在行业中首次提出了诚信的重要性。去年，协会和国际酒精政策中心（ICAP）共同合作，举办了“全国酒类行业诚信自律活动研讨会”。这次会议是协会计划开展的一系列包括“诚信自律宣传、广告及营销自律准则起草发布、全行业企业社会责任调查”等活动，国际酒精政策中心（ICAP）作为协会的合作单位，参与和支持行业自律以及社会责任等相关工作，力争为营造行业诚信经营的良好环境，促进酿酒行业又好又快地健康发展做出努力。

2010年协会举办了“中国酿酒产业‘两化’融合、‘两型’企业战略推进主题论坛”，目的就是配合国家工信部、科技部和财政部组织开展资源节约型、环境友好型企业创建工作。2012年2月份，工信部、财政部、科技部联合发文《关于同意资源节约型环境友好型企业创建试点实施方案的批复》（工信部联节[2012]78号），文件要求各地方工信、财政、科技部门要积极落实试点企业相关项目、资金和政策，其中，我们酒行业有六家单位入选资源节约型环境友好型试点企业，分别是北京燕京啤酒股份有限公司、四平金士百啤酒股份有限公司、安徽古井贡酒股份有限公司、青岛啤酒股份有限公司（青岛啤酒第五有限公司）、广州珠江啤酒股份有限公司和贵州茅台酒股份有限公司等单位。这些单位为我们在创建资源节约型、环境友好型企业工作上做出了榜样。

（六）加强酒类标准体系建设，促进酒类产业的健康发展

在国家标准化管理委员会统一领导下，协会与全国酿酒标准化技术委员会等单位共同完善了我国酒类标准体系，积极构建酒类产业安全体系，切实提高了行业安全水平。

去年，协会参与完善的国家标准有《酒精生产企业节水评价方法》、《白酒风味物质阈值品评指南》、《白酒感官分析与评价术语》、《白酒感官品评导则》、《葡萄酒和咖啡中赭曲霉毒素A限量》、《葡萄酒厂生产卫生规范》、《产地葡萄酒识别技术导则》、《品种葡萄酒识别技术导则》、《黄酒中氨基甲酸乙酯控制措施指南》、《啤酒单位产品能源消耗限额》、《啤酒企业综合消耗技术指标和评价方法》、《取水定额 啤酒制造业》，行业标准有《酒类产品流通术语》、《白酒基酒流通技术规范》、《白酒运输、贮存技术规范》、《葡萄酒运输、贮存技术规范》、《葡萄酒原酒流通技术规范》等多项标准。

四、履行协会职能，积极反映企业诉求

为了多层次、全方位地为会员单位服务，协会在健全行业服务平台的基础上，不断拓展服务范围，想会员之所想、急会员之所急。全力解决会员企业在生产、经营中遇到的困难和实际问题。在基本建设、技术改造、专项审批、争取国家资金补助、科研成果鉴定、评奖申报、制定标准、研发新产品、协助企业解决生产技术问题、协调企业在质检、工商管理方面遇到的问题等方面，为提出要求的企业做了大量工作，基本都得到了满意的结果。在此基础上，加大力度引导和扶持行业内中小企业，加快推动中小企业的转型升级，帮助中小企业培养技能型人才，积极拓展中小企业融资渠道，创造良好的市场环境等方面做出了协会应有的贡献。

（1）国家对酒精产品实行5%的消费税政策，通过多年的运行成效不大，反而成为落后企业生存的依靠，不利于国家酒精行业产业结构调整，不利于酒精行业淘汰落后产能，不利于酒精行业节能减排和转变增长模式。从1993年开始征收到现在，行业企业也多次反映和建议调整或取消消费税政策，给行业一个公平竞争、促进行业健康发展的环境。去年，协会向国家财政部税政司再次递交了《关于取消酒精消费税的建议》（中酒协 [2011]08 号），文

件分为行业概况、酒精作为生产资料是不应该被征消费税的、国家政府部门也开始重视酒精消费税的问题等三个部分。材料后边还附上了中粮生化能源事业部总经理岳国君、河南天冠企业集团董事长张晓阳两位全国人大代表的建议，材料内容更加丰富，说服力更强。

（2）协会曾多次向国家财政部、税务总局反映行业消费税的有关情况。经过多年努力，国家税务总局以《关于配制酒消费税适用税率问题的公告》（国家税务总局公告2011年第53号），对配制酒（露酒）消费税进行了三方面的调整：

一是以蒸馏酒或食用酒精为酒基，同时符合以下条件的配制酒，按消费税税目税率表“其他酒”10%适用税率征收消费税。

① 具有国家相关部门批准的国食健字或卫食健字文号；

② 酒精度低于38度（含）。

二是以发酵酒为酒基，酒精度低于20度（含）的配制酒，按消费税税目税率表“其他酒”10%适用税率征收消费税。

三是其他配制酒，按消费税税目税率表“白酒”适用税率征收消费税。

新的露酒消费税税率的调整，对行业健康发展起到了非常重要的推动作用。

（3）2011年4月20日，国家卫生部发布了《食品安全国家标准预包装食品标签通则》（GB 7718—2011），新标准于2012年4月20日实施。新标准虽然比旧标准内容更加合理，但是新标准发布和实施仅有一年的时间。据协会了解，行业内有很多企业为了节省印刷成本，都会一次制作很多标签，有的可以用几个月，有的可以用几年甚至更长的时间。为了让新国标实施不增大企业的成本费用，协会积极向国家卫生部等部门反映行业情况，同时也呼吁企业修改标签制作计划，尽量清理库存，避免对行业经济利益产生影响。

（4）近几年，协会积极向国家申请政策、资金支持，为行业、企业发展提供可靠的国家政策。自2008年金融危机以来，协会多次向国家发改委、财政部、工信部、科技部等部门申报专项改造项目，并组织专家多次论证。申报项目包括行业专项技术改造、清洁生产专项、食品安全检验检测设备升级、节能减排专项等多个项目。政策和资金在前几年陆续已经落实到行业和企业，例如，2011年，国家财政部《财政部关于下达2011年度清洁生产示范项目补助（奖励）资金的通知》（财建[2011]430号）文件中，酒行业涉及青岛啤酒股份有限公司、泸州老窖股份有限公司、河南宋河酒业股份有限公司、劲牌有限公司、湖北金龙泉集团股份有限公司、承德避暑山庄企业集团、四平金士百啤酒股份有限公司、中粮生化能源（肇东）有限公司等多家企业，项目总投资近8.53亿元、获得国家财政补助（奖励）金额4890万元。

（5）协会及时对环保部《关于征求国家环境保护标准〈葡萄酒、黄酒工业水污染物排放标准〉意见的函》进行了函复，提出协会建议；按卫生部要求，起草完成了《2010年酿酒行业安全总体状况报告》并上报；参加了中国轻工业联合会组织的淘汰落后产能项目讨论会；召开了葡萄酒酒庄酒证明商标使用管理工作座谈会，讨论了葡萄酒酒庄酒证明商标（第5504363号）相关使用及管理文件、《酒庄酒生产规范（讨论稿）》及使用过程中的一些问题。

（6）商务部向协会发函，征求是否“将进口2升及以下包装葡萄酒关税由14%下调至10%，其他葡萄酒关税由20%下调至10%”。协会从行业实际情况和发展问题出发，分别向工信部、商务部提交了“关于不同意进一步降低进口葡萄酒关税的函”。并就此事和宁夏、甘肃、新疆、山东等几个产区沟通，希望能凭借产区政府的力量通过不同渠道将意见反馈到商务部等相关部门。

（7）美国干玉米酒糟（DDGS）大量低价进入中国市场以后，造成我国DDGS滞销，严重影响我国酒精产业安全的形势，协会通过充分的调查研究，支持我国主要的玉米酒精生产企业，向国家商务部提请反倾销调查。2011年2月份，国家商务部正式立案展开反倾销调查。

（8）根据新颁布《中华人民共和国食品安全法》，协会在全行业范围内进行了宣传贯彻，推进企业切实执行有关食品安全的法律法规。为企业解析卫生部颁布的《添加剂标准》，建立行业食品安全监管体系，避免非法添加剂和加工助剂的使用；同时，积极争取政策扶持，完善现有的食品安全检测体系。为进一步加强酒水质量安全监管，保障消费者身体健康和生命安全，促进酒水产业健康发展，国务院办公厅《关于印发2011年食品安全重点工作的通知》（国办发〔2011〕12号）文件，随后，国务院食安办又发出了《关于进一步加强酒类质量安全工作的通知》（食安办[2011]23号）文件，对加强酒类产品质量安全监管进行了全面部署。文件从“严格落实各环节监管制度，强化全过程监管加强检验检测和监测评估，健全追溯体系加大侦办惩处力度，严厉打击制假售假行为严格落实各方责任，强化保障政策措施”等四个方面对酒行业食品安全工作提出了更严格的要求。协会根据行业自身情况，发出了《关于贯彻落实国务院食安办“进一步加强酒类质量安全工作”文件精神 加强行业自律的通知》（中酒协[2011]32号），通过多种渠道，第一时间将文件送达到了各会员单位的手中。

（9）2011年上半年，国家工信部消费品工业司委托协会起草《葡萄酒行业“十二五”发展规划》和《葡萄酒行业准入条件》两个文件。为了做好这项工作，协会组织召开了主要产区和企业的座谈会，查阅、收集了大量的资料和数据，并开展了调研工作。在此基础上，起草完成了两个文件的草稿，并征求了意见，修改后将初稿上报到工信部消费品司，然后协助工信部开展文件的修订、论证等工作。工信部在征求了各有关政府部门的意见后，召开了论证会，现在根据各方面的意见进行修改后定稿，待发布。

（10）2011年7月初酒精行业环保核查工作开始启动，协会制订了《酒精行业环保核查实施细则》并上报环保部。2011年11月初，国家环保部通过协会向全国酒精生产企业下发了《关于开展淀粉、淀粉糖、酒精生产企业环保核查工作的通知》（环办函〔2011〕1273号），对酒精行业开展环保核查工作。文件规定对未提交核查申请、未通过核查以及弄虚作假的酒精等生产企业，不得从事玉米深加工生产经营，各级发展改革部门要予以监督；各级环保部门暂缓审批其新（改、扩）建项目环境影响评价文件（不含补办环评手续）、不得提供各类环保专项资金支持、不得受理其上市环保核查申请、不得为其出具任何方面的环保合格、达标或守法证明文件。协会积极组织酒精生产企业申报工作。今年1月16日，根据环保部工作安排，协会组织酒精行业环保核查专家对提交环保核查申请的企业进行了材料审查，并将结果上报了环保部。现阶段，环保部正组织专家对已经通过材料审查的企业进行现场核查。

五、提高协会沟通和服务水平

为了更好地发挥协会的桥梁和纽带作用，加强各省市酒协之间的沟通交流与合作，探索协会工作的新方法、新理念。2012年年初，协会在重庆市酒类管理协会的协助下，组织召开了“2012年全国酒协秘书长座谈会”，来自全国25个省、自治区、直辖市酿酒（酒业）协会负责人参加了会议。

协会根据行业发展形势，积极开展研究工作，围绕酒业与资本融合、白酒发展速度、啤酒由大到强、酒类与理财、品牌运营商等进行了深入的调查，做了大量工作，并将研究材料编辑了《产业政策研究室课题研究汇编》发放给了各位代表。

根据协会章程规定和会员的需求，协会每年定期组织两次理事会，协会酒精分会、白酒分会、啤酒分会、葡萄酒分会、果露酒分会、黄酒分会每年都会根据本酒种的工作组织各分支机构的理事会（常务理事会）、技术委员会年会、国家级评酒委员会年会等行业活动。

2010年白酒行业综述

2010年白酒行业积极响应国家号召，发挥自身优势，已经完全摆脱了前两年金融危机及自然灾害带来的种种不利影响，在“十二五”的开局之年，我国白酒行业经济指标显著提高，呈现一派欣欣向荣的良好发展态势。

一、“十一五”期间行业发展状况

“十一五”期间，酒类市场消费旺盛，带动了白酒行业的跨越式发展，无论是白酒产量、销售收入、利税等经济指标，还是各项指标增速，都保持了高速成长态势。

根据国家统计局公布数据显示，2010年全行业规模以上企业1607家，行业资产总额2259亿元，全年完成产量890万千升，完成工业总产值2793.3亿元，工业销售产值2661亿元，行业出口交货值13.56亿元；实现销售收入2713亿元，利税总额678亿元，其中利润351亿元。各项指标均创2003年以来的历史新高，特别是白酒产量突破800万千升大关，接近900万千升，这是1997年产量801万千升之后的最高值。各项经济指标中，除资产和产量增速在25%左右外，产值、出口交货值、销售收入、利税等均实现了30%以上的增长（见表1）。行业的高速成长带来了可观的效益，据了解，行业两大龙头企业五粮液和贵州茅台2010年主营业务收入分别达400亿元和130亿元。

表1 2010年全国各区域白酒产量

单位：万千升

产地	产量	同比增长%	产地	产量	同比增长%
北京市	19.85	10.44%	河南省	84.43	24.58%
天津市	4.83	17.77%	湖北省	42.74	3.18%
河北省	26.14	13.46%	湖南省	12.95	45.77%
山西省	11.20	12.08%	广东省	10.27	10.40%
内蒙古	36.86	12.83%	广西	5.18	34.24%
辽宁省	64.29	27.92%	海南省	0.62	-5.78%
吉林省	46.22	33.84%	重庆市	15.48	-8.75%
黑龙江	16.46	42.36%	四川省	229.80	47.12%
上海市	0.78	2.19%	贵州省	16.04	12.63%
江苏省	56.39	64.86%	云南省	6.06	21.47%
浙江省	2.44	0.97%	陕西省	8.33	13.63%
安徽省	47.99	17.17%	甘肃省	3.51	11.51%
福建省	3.40	58.61%	青海省	1.20	13.23%
江西省	12.63	9.97%	宁夏	2.10	-8.01%
山东省	96.90	16.78%	新疆	5.73	7.74%

表2 2010年白酒行业规模以上企业经济指标完成情况

指标	2010年	同比增长（%）
产量（万千升）	890.83	26.81
企业数（个）	1607	12.06
资产总额（亿元）	2259.30	24.10
工业总产值（亿元）	2793.33	34.06
工业销售产值（亿元）	2713	35.17
出口交货值（亿元）	13.56	35.31
产品销售收入（亿元）	2421.62	31.01
利税总额（亿元）	678	31.84
其中：利润（亿元）	318.61	34.05

数据来源：国家统计局

白酒产业地域集中度较高。西南地区白酒产业具有天然优势，位于该地区的川、黔二省白酒产销量占据行业40%以上的比重；另外鲁、豫、苏、皖等地区白酒业也实现了飞速发展（见表2）。

除了地域集中度高外，白酒行业规模优势愈加凸显，行业大中型企业合计数量占行业比重约10%，资产、销售、利润则占到行业比重80%左右(见表3)；特别是大型企业，虽然数量仅占1.49%，但拥有行业62.39%的资产以及45.24%的销售收入和71.86%的利润总额。在不同控股类型企业中，国有控股企业和私人控股企业具有绝对优势（见表4），其中国有控股企业的行业资产比重达到50%以上，销售收入和利润总额的比重也十分可观，且行业龙头企业大都具有国有成分，因此国有控股企业的利润总额占据了行业近60%的份额。私人控股企业是行业的主力军，近88%的企业数量，因此在资产、销售、利润等方面均有较强优势，但是平均到单个企业竞争力则不如其他类型企业。

表3 2010年重点省市白酒行业规模以上企业各项指标占比情况

指标	四川	贵州	山东	江苏	河南	安徽
企业数量（%）	16.05	4.23	12.94	4.98	8.71	6.47
资产总额（%）	38.19	15.47	5.63	5.82	3.67	4.48
产量（%）	25.80	1.80	10.88	6.33	9.48	5.39
销售收入（%）	38.78	5.90	9.27	6.10	5.79	4.68
利润总额（%）	37.28	22.82	4.35	8.79	4.75	4.60

数据来源：中国酿酒工业协会

表4 2010年白酒行业不同规模企业各项指标占比情况

指标	大型企业	中型企业	小型企业
企业数量（%）	1.49	8.90	89.61
资产总额（%）	62.39	17.69	19.92
销售收入（%）	45.24	19.99	34.77
利润总额（%）	71.86	10.86	17.28

数据来源：中国酿酒工业协会

表5 2010年不同控股类型白酒行业规模以上企业各项指标占比情况

指 标	国有控股	私人控股	集体、港澳台、外商、其他
企业数量（%）	5.23	87.99	6.78
资产总额（%）	51.820	36.08	12.10
销售收入（%）	38.20	50.77	11.03
利润总额（%）	59.10	29.87	11.03

数据来源：中国酿酒工业协会

2010年，能源、煤炭等基础性资料价格比上年同期上涨了20%，而酿酒用的粮食小麦、高粱等涨价也超过了10%，受原材料和人工成本的上涨，特别是原材料价格上涨影响，白酒行业吨酒成本也呈现上涨趋势，2008年吨酒成本在1.86万元／吨左右，至2010年则上升到了2.09万元／吨，3年增长幅度达12.04%，即使扣除通货膨胀因素，成本上涨也是十分显著的。这也是白酒行业这两年集体持续涨价的因素之一，除此之外，旺盛的消费需求导致高端白酒市场供不应求、渠道经销商加价、《白酒消费税最低计税价格核定管理办法（试行）》（2009年8月1日起正式实施）等原因也是白酒涨价的推手。

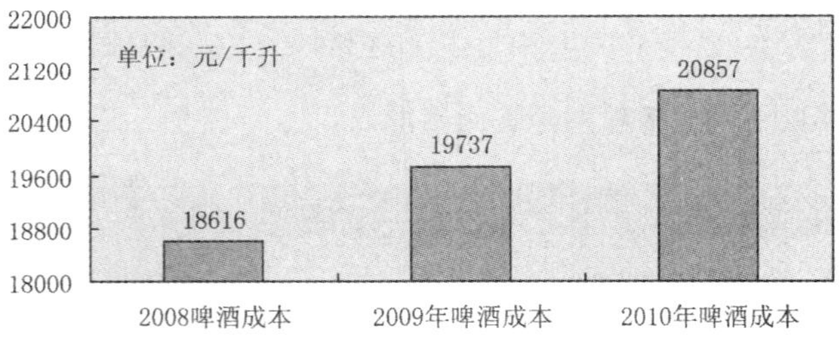

数据来源：中国酿酒工业协会

图1 2008—2010年白酒行业啤酒成本变化情况

白酒行业近年来保持持续增长的发展势头。全国性品牌与区域性品牌都处于蓬勃发展的阶段。茅台、五粮液等国内一线品牌凭借雄厚实力，成为行业的排头兵，逐步崛起的区域性品牌也正在努力向全国性品牌靠近。行业内已出现并开始强化产区概念，四川宜宾荣获“中国白酒之都”，泸州积极申请“中国酒城”，四川省政府还提出了打造“中国白酒金三角”产区概念，推行“长江上游白酒经济带和千亿产业的建设规划”系统工程；山东省出台的“山东省白酒产业振兴和调整指导意见”；贵州省人民政府印发《贵州白酒品牌基地建设方案》，拟从2010年起将安排不少于3000万元专项资金，重点建设黔北、黔中、黔南三大“贵州白酒”品牌基地，同时贵州省委、省政府规划2015年将茅台镇居民全部搬迁，给茅台酒生产创造更好的环境等。白酒行业的蓬勃发展，也吸引了行业内外以及国外资本的注意力，自2005年起，泰国酒王TCC、全球最大的酒业集团帝亚吉欧、奢侈品集团LVMH（路易•威登）旗下的酩悦轩尼诗酒业公司都开始涉足中国传统白酒行业。

预计“十二五”期间，我国白酒产业在行业景气度继续保持的前提下，行业整合的步伐将会呈现加快的趋势。

二、白酒行业2010年度特点、问题

（一）2010年白酒行业发展特点

1．白酒产业结构调整力度继续加大

随着经济的发展，白酒产业结构优化、调整的力度越来越大。

白酒行业自1999年开始实行生产许可制，十多年来，生产许可制度对控制白酒小企业、小酒坊盲目发展，遏制市场无序竞争等都起到了巨大作用，白酒企业数量从10年前的3万多家减少到目前的1.8万余家，其中获得生产许可证的企业8824家，行业产业结构调整效果显著，在食品安全方面也避免了不少隐患。

“十一五”期间，在宏观经济高速增长与高速发展的态势下，白酒企业结构日趋现代化，形成了国有民营、民有民营、中外合资等多种所有制并存的经济格局。金融危机也推动了白酒行业重新洗牌，近两年来通过并购、重组、强强联合又形成了不少大型企业集团。业外资本、国外资本也越来越看好白酒行业，不断介入，推动了白酒行业的体制和机制改革。规模白酒企业通过品牌战略模式、扩展流通渠道、资本战略联盟优化、产业链整合等一系列创新，普遍实现了长足的发展。主要白酒产区政府部门也高度重视白酒业的发展，如四川、贵州联合打造“中国白酒金三角”，通过这种新的模式实现产业空间集聚，为白酒业发展创造了良好的氛围。

产业优化、品牌集中、产能集中形势喜人。全国各级政府积极鼓励产业优化，鼓励名优酒企业间的强强联合，鼓励关联企业间的联合，鼓励产业集中区形式，鼓励各类型资本进入白酒行业，提升行业竞争力，有些地方已经进行了实际操作，取缔部分低产能、低质白酒企业，而且收效良好。品牌集中优化是白酒行业发展的必然趋势，固然白酒不会像啤酒和饮料行业品牌那么高度集中，但上万个白酒品牌也不可能同时生存下去。众多名优企业取得的良好经济效益，建立在白酒行业连续七年增长的基础上，同时消费者日益增长的白酒高质量需求，也使白酒产能扩大呈现大好形势。这次扩能明显呈现出企业自主资金为主，技术水平升级、产能、贮能、灌装、品质系统化提升等几个显著特点。

2．白酒产品个性化及产品市场发展分析

（1）白酒个性化产品发展趋势明显 近年来白酒生产企业为了适应市场，在产品结构调整、转变经济增长方式上，开拓创新，加大了科技投入力度，加快了科技创新步伐，个性化白酒产品不断涌现，企业赢得了市场，扩大了消费，经济效益增长显著。

众多企业通过深入研究市场和消费需求，通过技术攻关、技术创新，适时开发出更多新产品，赢得了市场。白酒企业产品优化，品质提升已经成为了行业的主旋律。

白酒个性化产品的发展是社会赋予白酒的历史使命，白酒这个古老的传统产品要保持继续发展，就要不断创新，不断满足消费者日益更新的需求。在提倡创新发展的今天，白酒个性化产品也不断涌现，通过传统工艺与现代科技相结合、改进传统工艺、多种传统工艺相结合、创新酒体设计、中外蒸馏酒生产工艺相结合等各种创新工艺生产出许多具有独特风味、风格明显的创新型白酒产品。白酒个性化产品的发展对提高企业市场竞争力，满足消费者不同的需求，促进行业良性发展等方面都作用明显。

（2）白酒产品市场发展情况 从高、中、低端白酒产品细分看，2006年起，我国高端白酒销量占整个白酒行业的1.2%左右，销售收入约占白酒行业总数的15%以上。随着白酒行业的发展增速加快，高端白酒的消费增速也逐步加快，龙头企业垄断高端白酒产品的市场格局已经打破。白酒定价机制、高端白酒市场需求等问题引起消费者的高度关注。

高端白酒产品的增加有几个方面的原因：一是市场对高端白酒产品需求量的增加；二是缘于企业对产品形象、知名度、利润率、回报率的追求；三是由于白酒产品的市场特性及产品的社会性因素；四是业外资本、国外资本的介入，以及营销模式的变革；五是税收政策促使白酒业加快产品结构调整。这些因素推动越来越多的白酒企业涉足高端市场，或提高其高端产品的比重。

2008年金融危机的突袭以及禁酒令的出台使中端白酒产品的发展遭遇了波折，2010年中端白酒产品厚积薄发，在新一轮的涨价潮来临之际，没有盲目跟风，普遍稳定发挥，通过一系列的特色营销，争取到更多的市场份额，成功走出了阴霾，实现了新的突破。

2010年，中国农村人口收入增速首次超过城镇人口，这意味着低端白酒消费将迎来新的发展机遇。另一方面，城市化进程也促进了白酒消费的增长，释放了低端白酒的市场容量和价位空间。专注低端白酒领域的品牌通过细分市场，利用区域优势和营销创新实现了突破。随着经济发展和人均收入的不断增长，市场对白酒档次需求的不断更新，将会带动白酒行业持续的消费升级，低端白酒的价位将会呈现持续上移趋势。

3．白酒行业经销一体化趋势明显

改革开放以来，我国白酒营销模式不断发展变化，生产与销售的关系先后经历了交易合作阶段、渠道发展阶段、战略合作阶段，随着市场经济的发展和消费水平的不断提高，市场形势瞬息万变，白酒市场的经销关系迎来了一体化联盟整合阶段，在供大于求的背景下，竞争天平进一步向优质资源集中，厂商关系高度依存，只有通过资源整合，通过商流、物流、信息、资金等多方面整合，产业资本和商业资本相互渗透，共同谋划长期战略与长远利益，才能实现生产商与销售商的双赢。

4．引导健康消费，注重社会责任

随着社会的进步和经济的发展，全行业的社会责任意识得到了提升，社会责任已经成为企业在市场竞争中获得优势的战略性行为，不少企业都积极参与到社会公益事业建设中，白酒企业越来越注重体现烈性酒的健康、安全元素，树立白酒产品、白酒行业的健康形象。曾经影影绰绰的“酒驾”等安全问题，如今已不再敏感，越来越多的白酒企业加入倡导“理性、文明、健康”饮酒的行列，逐步创新发展传统的白酒文化和品牌文化，使企业形象与社会精神文明建设相统一。

（二）2010年白酒行业存在问题

1．改、扩建项目较多，行业总资产增加较快

2010年11月止，行业总资产合计4872.77亿元，比上年同期增加771.08亿元，增速为18.80%，与上年同期相比增幅提高了6.6个百分点。

白酒行业近年来投资速度惊人，资金投入量巨大，投资地域范围大。四川的“金三角”宜宾市投资过千亿，打造“白酒之都”；江苏洋河第一期工程投资53亿建六平

方公里的酒城；汾酒投资15亿建1000亩地生产竹叶青保健酒，山西省委省政府直管项目，紧靠汾酒厂，5000亩地投资50亿再建第二个汾酒厂；北方北大仓集团征2000亩地，投资近20亿重建酒厂；西北鄂尔多斯公司5000亩投资35亿建生态白酒旅游产业；西南泰国TCC集团征地千余亩，扩建玉林泉；四川郎酒投资70亿建设名酒名镇；古井贡投资19.4亿，1200亩扩建；四特投资10亿，1700亩地扩建，老牌名酒扩建、地方名酒扩建，资金来源包罗万象。

如此大规模的投资，对白酒行业不一定是好事，也不一定有丰厚收效，理性投资，是最好的选择。

2. 高端产品发展迅速，高处不胜寒

高端白酒在近年来虽保持良好的发展态势，但其发展的背后也逐步显现了一些问题，其中最主要的就是一些不具备强硬品牌实力和足够市场地位的白酒企业盲目定位高价，强行推动高端产品市场的发展。而这些盲目的追求给白酒业高端产品市场带来隐患，在流通管理不完善，市场监管不力的情况下，以次充好、以劣充优的白酒产品伺机出现，侵蚀了高端白酒消费诚信基石。其次，一味地完全依赖市场规律调节中国高端白酒的发展，势必会造成投资过剩和高端白酒供过于求，最终给白酒企业造成伤害。

3. 白酒产业结构调整仍需加大力度

（1）低水平加工能力过剩、高水平加工能力不足，重复建设、加工能力过剩、资源浪费严重。目前全国白酒生产企业约1.8万户，年生产能力超过1200万千升，远远超过年需求量。

（2）小酒厂数量过多，规模小、结构不合理、资源配置不合理，导致全行业效益难以提高。据中国酿酒工业协会白酒分会统计，1.8万户白酒生产企业中，规模以上企业（国有企业及年销售额超过500万元的企业）每年仅为1200户左右，仅占6.67%。而规模以上企业中，前50位企业的各项数据占行业比重为：产量占70%、销售收入占80%、税金占90%、利润占99%。茅台、五粮液两家企业的利润占规模以上企业利润总额的60%以上。

4. 白酒行业发展政策环境仍不乐观

从白酒相关税收政策看，目前，粮食白酒、薯类白酒的税率统一为20%，0.5元从量计税依然没有取消。税收政策对白酒产品的结构必然产生调节作用，影响白酒产品的定位和走势。由于靠产量获取利润的低端产品得不到税收政策的支持，加上各方面生产成本的提高，致使许多管理规范、安全诚信、质量有保障的企业纷纷放弃低端产品，而一些不规范甚至是非法生产的小企业趁虚而入，大量生产低端白酒产品，占领农村、边远地区消费市场，这些企业通过偷漏税等手段扰乱了正常的市场竞争，更给白酒质量安全带来了严重隐患。

从白酒产品生产许可制度看，白酒产品生产许可证获证门槛过低，在白酒产品生产许可证获证企业中：10人以下企业1569家，10～30人企业2464家，30～50人企业1675家。50人以下的企业占获证企业总数66.77%；年税金10万元以下的企业共2604家，占获证企业29.52%。其中年税金1万元以下的企业165家，年税金1～5万元的企业1424家(税金数据根据企业上报申证材料统计，实际未达到)。今年的全国食品行业专业技术委员会会议上，已经明确提出，对“白酒生产许可门槛低的问题”要在生产许可审查细则中有所体现。

在白酒生产企业中，仍有相当一部分属于小作坊式生产企业，这些白酒生产企业沿袭着家庭作坊式的生产方式，大都资金短缺、生产条件落后、卫生条件差、检测手段不齐全，不能严格执行标准，不能对生产环节加以严格控制，产品以低档酒、散装酒为主。

对无证企业查处力度不够，根据《加强食品等产品安全监督管理的特别规定》（国务院令第503号）文件规定，未获得食品产品生产许可证的企业均属于违法生产，应当按文件规定进行处罚。国家质检总局2006年已发布公告，对白酒生产进入查处阶段，但由于地方的阻力、就业问题等诸多原因，至今未进行市场查处工作。

5. 白酒产品标准体系建设不完善

目前，我国白酒业的硬件设施和管理标准与国家食品卫生标准差距很大，标准化体系不健全，技术标准由于种种原因，长期以来发展缓慢。标准的出台实效很差，新标准不新，行业技术标准发展不平衡，跟不上行业技术的进步速度。标准之间缺乏系统科学的研究，有些标准严重滞后，有些标准间有抵触，这些都远不能适应《食品安全法》的要求，也严重影响了白酒行业的健康发展，阻碍了白酒行业的技术进步和产品更新。

6. 白酒业科技发展水平亟待提高

目前，我国白酒业装备水平相对低下，技术进步仍然缓慢。不少白酒企业设备老化，检测手段落后，仍停留在粗放型生产，手工作坊式操作阶段。科技发展水平落后的原因一是由于白酒行业被列为国家产业政策限制发展行业，科学研发项目得不到国家资金的支持；二是还有相当一部分企业不注重科研投入、人才培养和储备。由于这两方面的原因的限制，白酒业要实现现代化生产和科技水平的提高还有相当一段距离。

2010年中国酿酒工业协会白酒分会工作情况

一、特色区域建设工作

“十一五”期间，国务院公布了《轻工业调整和振兴规划》，其中着重提出要着力培育发展轻工特色区域和产业集群。近年来，我国各地轻工特色区域和产业集群蓬勃发展，促进了产业调整和提升，同时还形成了较强的集成创新能力和自主创新能力，形成了具有中国特色的轻工生产体系，是我国在全球经济一体化时代参与国际竞争与合作的重要力量。为进一步鼓励和规范其发展，促进区域产品结构的调整，加强行业自律，中国轻工业联合会特提出《关于共建和授予中国轻工×行业特色区域荣誉称号的行业规范》。

为了推动中国酿酒工业的发展，发挥重点产区带动行业经济的巨大作用，完善具有公益性的行规行约，中国酿酒工业协会先后在四川宜宾、广东佛山、内蒙古巴彦淖尔3个地区开展了共建酿酒行业特色区域评审工作，并坚持历史和发展现状相结合，区域优势和行业优势相结合，经济效益和社会效益相结合，社会影响力与公众认知度相结合的原则，为这3个地区颁发了特色区域荣誉称号。

二、职业技能培训工作

世界经济的发展证明，高素质的人才资源已成为一个国家经济发展的真正动力和源泉。随着知识经济时代的到来，高知识化、高科技化将成为产业发展的必然趋势。经济结构全面调整和产业大规模升级，必然使劳动密集型产业和它所吸收的就业者面临新的选择。白酒行业过去那种数量大，技能要求不高的数量型就业势必向数量精、技能性强的质量型就业转变。

中国酿酒工业协会自2004年开始组织对白酒行业从业人员的职业技能培训和鉴定工作，截止到现在已经培训、鉴定了白酒酿造工7000余人，高级技师、技师约占6成；培训白酒高级品酒师762名、白酒品酒师2097名、白酒助理品酒师362名，当前正在陆续进行鉴定。

2010年11月22～24日，由中国财贸轻纺烟草工会全国委员会、中国就业培训技术指导中心、中国轻工业职业技能鉴定指导中心、中国酿酒工业协会共同举办的“第二届全国白酒品酒职业技能竞赛”经过三天紧张有序的比赛，顺利地完成任务，取得了良好效果，本次全国白酒品酒职业技能竞赛作为国家二级技术比赛从比赛前动员、组织、初赛、技术培训、决赛，不但得到国家主管部门人力资源和社会保障部、中国财贸轻纺烟草工会全国委员会、中国轻工业联合会的重视和支持，也得到了全行业企业领导、各省市酒类协会、广大技术人员的响应和广泛支持。

职业技能竞赛为行业技术人员提供了一个展示才华的平台。把竞赛作为契机，以此强化从业人员爱岗敬业、钻研业务、团结奋进、拼搏向上的精神。开展技能人才培育和技能竞赛，是促进经济社会发展、推动产业结构优化升级的重要举措。当前，在各类人才的需求中，技能人才特别是高级技能人才尤其突出，这也成为技术和产品创新以及产业升级的重要组成部分。

下一步，中国酿酒工业协会将进一步完善和规范白酒职业技能培训，严格审核教师资质和培训制度，对不符合条件的教师将不再续聘，对不执行培训制度的组织机构将解除合作。

三、提倡科技创新，推动白酒现代化生产

由中国酿酒工业协会牵头组织，相关院校、研究单位、企业共同参与成立。经过几年的努力，“169计划”摸索出了很多很好的产、学、研合作经验，并且创造了符合白酒行业发展需要的新的科学技术研究合作模式：以技术创新项目为载体，采取多样化、多层次的合作形式，实行资源共享，成果共享，优势互补，风险单担。在技术领域，“169计划”研究成果填补了白酒应用基础科学研究领域的多项空白，采用微生物生态学、分子酶学、分子生物学等现代生物技术手段，围绕白酒产业共性的、关键的科学与技术问题进行创新性研究，建立了以风味化合物定向的功能微生物和酶技术的平台，对白酒年份酒、白酒中微量成分、白酒中风味化合物、白酒中异味化合物以及白酒风味定向功能微生物方面等基础理论的研究都取得了巨大突破。

应该说，“中国白酒169计划”项目的开展具有几个重大、深远的意义：①引领白酒行业真正深入微生物核心领域；②对白酒产业基础应用科学的探索，开创了国内白酒业科研的新篇章；③成功创新了白酒业的产、学、研结合模式，实现了我国几代白酒专家的白酒科研梦想。

“中国白酒169计划”取得阶段性成果，为中国白酒走科技创新道路开了个好头，为白酒业产学研结合搭建了一个很好的平台，今后要继续沿着169项目开辟的科研道路前进，为提高企业的核心竞争力而努力。

四、发挥协会桥梁作用，全力维护行业利益

2010年，白酒分会利用大量工作时间，深入全国各地白酒企业调查研究，掌握了解行业企业在新形势下产生的新情况、新问题，为政府机关提供决策依据，立场鲜明地为行业服务，维护行业正当权益。经过多种形式、多种途径，多次向国务院、全国人大、国家政协、发改委、财政部、税务总局等有关政府部门，反映白酒企业呼声，替企业分忧解难，解决实际问题，真正发挥行业协会桥梁纽带作用。

为了打击制假、售假的嚣张气焰，维护企业利益和合法权益，弘扬优秀品牌，白酒分会共推荐11家企业申请驰名商标，多次处理企业因种种不明原因被处罚事件。

2010年，白酒分会配合国家认证认可监督管理委员会，在行业内开展了“国家食品质量认证——酒类”认证工作和宣贯工作，先后组织69个产品进行产品质量认证。

五、完成白酒生产许可技术支持报告

自2007年至今，协会与国家质检总局连续4年签订了《白酒、酒精生产许可技术支持技术服务合同》根据合同要求，白酒分会完成下列项目：

1．白酒产品生产许可证实施细则的修订

由于国家法律、法规、产品标准及技术要求发生较大变化，为了全面完善食品生产许可制度、提高酒类产品的安全水平、增强酒类产品生产许可证审查细则的适用性，以便更好地指导酒类许可认证工作，中国酿酒工业协会作为全国酒类专业技术委员会向国家质检总局食品司提出了修定酒类相关生产许可证审查细则的建议，并提交了修改内容，针对《食品安全法》涉及的要求对《白酒产品生产许可审查细则（2006版）》增添了卫生许可部分，更新了白酒审查细则所涉及的白酒标准，以及企业落实质量安全责任的具体要求。

2．白酒行业内存在的质量隐患和质量安全问题的调研及试验分析报告

2007年至今，中国酿酒工业协会已经连续4年与全国标准化研究院签订《酒类产品生产许可技术支持》项目合同，2010年项目报告中，详细阐述了我国酿酒行业发展情况，分析了酿酒行业质量安全问题产生原因，并就如何提高行业酒类产品质量安全水平提交了建议。

3．开展《酿酒行业食品生产企业落实质量安全责任监督检查基本要点》撰写工作

2009年，协会与国家质检总局签订撰写《食品生产企业落实质量安全主体责任监督检查基本要点》系列手册——酒类分册的合同。在调查研究的基础上，依据质检总局印发的酒类产品审查细则和总局119号公告，撰写《食品生产企业落实质量安全主体责任监督检查基本要点》系列手册——酒类分册，用于指导各地方局有效实施酒类生产企业落实质量安全主体责任监督检查工作。

2011年白酒行业综述

2011年，我国白酒行业面对复杂严峻的国内外环境，在党中央、国务院的正确领导下，坚持以科学发展为主题、以加快转变经济发展方式为主线，全面贯彻落实加强和改善宏观调控的各项政策措施，各项经济指标保持平稳较快发展，实现了“十二五”时期良好开局。

一、2011年白酒行业发展状况

2011年，白酒行业继续保持稳定增长态势，在国家统计局提高规模以上企业标准，规模企业数量减少的情况下，全行业在产量、销售收入、利润等方面依然保持了较高的增长速度，为满足社会消费做出了贡献。

据国家统计局公布数据，2011年全国白酒行业规模以上企业1233家，比上年同期减少约23%左右；行业资产总额3095.03亿元。全年规模以上企业白酒产量1025.55万千升，完成工业总产值3831.27亿元，工业销售产值3618.40亿元。出口交货值17.62亿元；1～12月份全行业完成产品销售收入3746.67亿元，实现利润571.59亿元，上缴税金445.10亿元。除出口交货值外，各项经济指标数据都保持了30%以上的增长速度。

表1 2011年白酒行业规模以上企业经济指标完成情况

指标	2011年	同比增长（%）
企业数（个）	1233	-23.27
产量（万千升）	1025.55	30.70
资产总额（亿元）	3095.03	34.65
工业总产值（亿元）	3831.27	41.40
工业销售产值（亿元）	3618.40	40.03
出口交货值（亿元）	17.62	17.52
产品销售收入（亿元）	3746.67	40.25
利润总额（亿元）	571.59	51.91
上缴税金（亿元）	445.10	39.23

数据来源：国家统计局

说明：规模以上企业标准调整为销售收入2000万元以上后，上年同期指标数据作相应调整。

表2 2011年1～4季度白酒行业规模以上企业产业规模情况

指标	1季度	2季度	3季度	4季度
企业数(个)	1221	1224	1227	1233
从业人数（人）	386588	403366	409998	438921
产品销售收入(亿元)	880.98	845.64	891.78	1128.27
资产总额(亿元)	2458.37	2611.97	2775.38	3095.03

数据来源：国家统计局

*注：2011年，国家统计制度改革，规模以上企业标准由年销售收入500万元提高至2000万元，白酒行业规模以上企业数量缩减至1200余家。

表3 2011年1～4季度白酒行业规模以上企业资本/劳动密集度情况

指 标	1季度	2季度	3季度	4季度
人均产品销售收入(千元/人)	227.89	209.65	217.51	257.05
人均资产总额(千元/人)	635.92	647.54	676.93	705.15
单位产品销售收入(百万元/单位)	72.15	69.09	72.68	91.51
单位资产总额(百万元/单位)	201.34	213.40	226.19	251.02

数据来源：国家统计局

表4 2011年1～4季度白酒行业规模以上企业成本费用情况

指 标		1季度	2季度	3季度	4季度
产品销售成本	实际值(亿元)	581.26	546.84	606.53	714.17
	同比增长(%)	37.89	36.83	44.45	39.54
产品销售费用	实际值(亿元)	73.45	59.42	67.38	93.58
	同比增长(%)	29.26	53.84	22.68	50.63
管理费用	实际值(亿元)	38.70	34.24	39.53	61.63
	同比增长(%)	28.00	5.11	19.32	55.19
财务费用	实际值(亿元)	4.39	3.95	5.09	4.25
	同比增长(%)	51.85	16.15	57.30	17.49

数据来源：国家统计局

近年来，国家实施扩大内需战略，党的富民惠民政策使人民生活水平不断提高，酒类消费不断增长，市场不断扩大。酒业发展越来越倾向于规模生产，集约经营，打破酒类、香型的界限，资源整合，融汇发展，白酒行业在实现利润、税金跨越式发展的同时，区域化、集团式发展的理念日趋成熟，酿酒企业的文化意识、环境保护意识逐渐增强。

2011年，白酒行业规模以上企业成本费用总额为2934.41亿元，比上年同期增长38.80%，高于同期产品产量增长幅度30.70%。其中，产品销售成本为2448.79亿元，同比增长39.70%；累计产品销售费用为293.84亿元，同比增加38.27%；累计管理费用为174.10亿元，同比增长28.34%；累计财务费用为17.68亿元，同比增长34.50%。

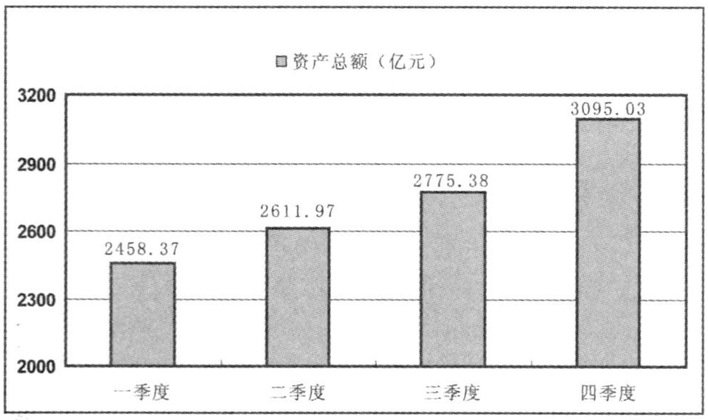

数据来源：国家统计局

2011年1～4季度白酒行业规模以上企业资产总额变化情况

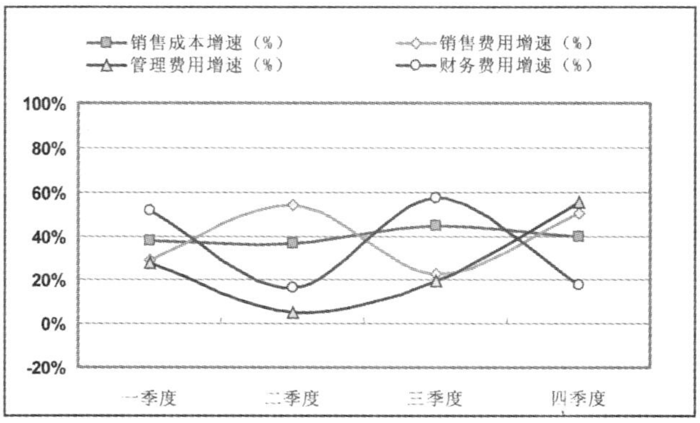

数据来源：国家统计局

2011年1～4季度白酒行业规模以上企业各项费用同比变化情况

表5 2011年1～4季度白酒行业规模以上企业成本费用比重

指标	1季度	2季度	3季度	4季度
产品销售成本比例(%)	65.98	65.34	66.25	65.36
产品销售费用比例(%)	8.34	7.70	7.65	7.84
管理费用比例(%)	4.39	4.22	4.30	4.65
财务费用比例(%)	0.50	0.48	0.51	0.47

数据来源：国家统计局

表6 2011年1～4季度白酒行业规模以上企业盈利情况

指标		1季度	2季度	3季度	4季度
利润总额	实际值(亿元)	131.16	125.50	128.00	186.93
	同比增长(%)	40.07	44.32	61.04	60.87
亏损企业亏损额	实际值(亿元)	1.25	2.81	2.71	2.58
	同比增长(%)	110.29	106.62	60.48	34.82
亏损面(%)		5.90	6.29	6.28	4.14
亏损深度(%)		0.95	1.10	0.71	0.45

数据来源：国家统计局

2011年白酒行业利润规模以上企业累计利润总额为571.59亿元，同比增长51.91%；亏损企业累计亏损额为2.58亿元，同比增长34.82%；亏损面为4.14%；亏损深度为0.45%。分季度看，四季度白酒行业利润最高，是前三季度的1.5倍左右。

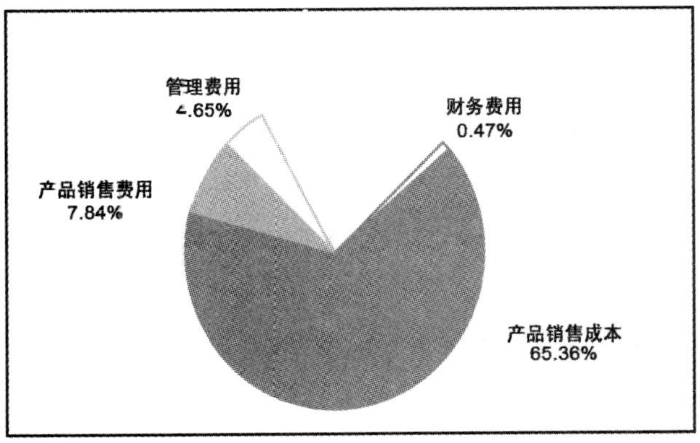

数据来源：国家统计局

2011年1～4季度白酒行业规模以上企业成本费用比重情况

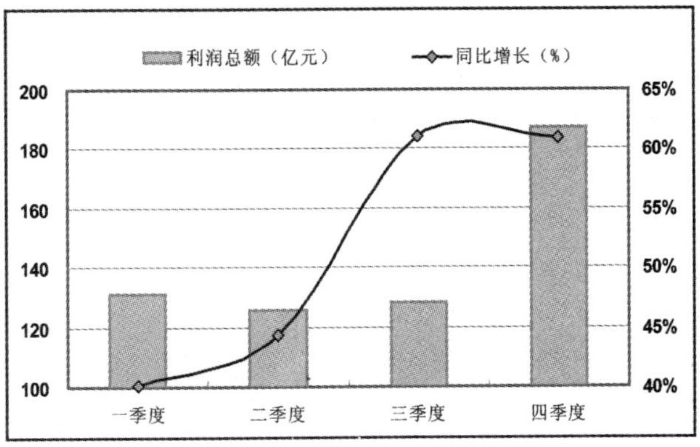

数据来源：国家统计局

2011年1～4季度白酒行业规模以上企业利润情况

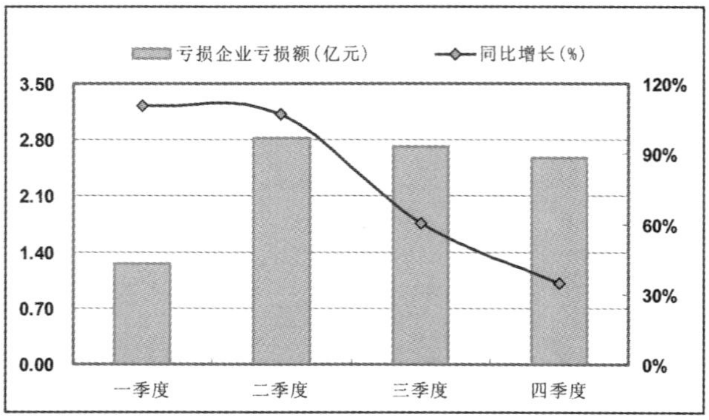

数据来源：国家统计局

2011年1～4季度白酒行业规模以上亏损企业亏损情况

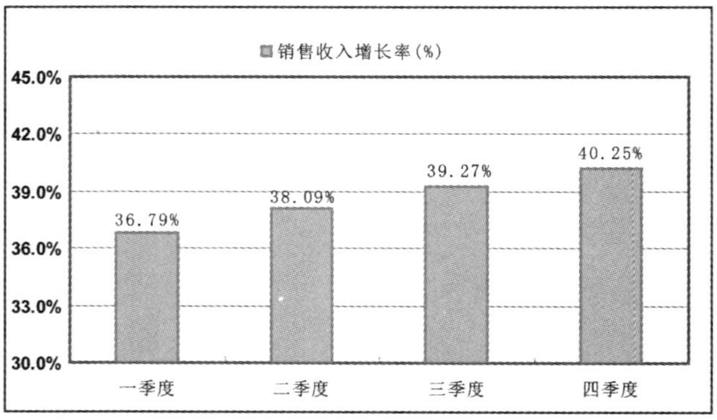

数据来源：国家统计局

2011年1～4季度白酒行业规模以上企业销售收入增长率变化情况

表7 2011年各省、市、自治区白酒行业规模以上企业效益情况

地区	企业数	销售收入（亿元）	同比增长（%）	利润总额（亿元）	同比增长（%）
全国	1233	3746.67	40.25	571.59	51.91
北京市	3	10.78	6.86	0.35	-26.94
天津市	6	10.50	4.21	0.80	28.22
河北省	47	105.30	26.73	9.44	57.43
山西省	17	86.87	38.27	12.81	32.67
内蒙古	58	97.80	18.79	9.67	53.01
辽宁省	75	138.74	41.23	10.03	71.61
吉林省	67	68.41	85.11	2.62	60.54
黑龙江	32	33.96	38.28	1.62	2.18
上海市	1	1.07	39.38	0.04	102.85
江苏省	50	227.01	43.70	71.83	110.75
浙江省	4	2.22	-5.39	0.24	12.37
安徽省	58	169.72	41.58	25.44	57.01
福建省	13	11.06	21.72	0.34	22.74
江西省	15	46.68	33.10	8.23	29.93
山东省	156	299.81	23.52	19.37	32.41
河南省	123	215.61	34.68	25.81	42.76
湖北省	45	263.31	56.07	14.51	55.28
湖南省	38	56.83	57.47	3.73	104.87
广东省	14	22.04	19.15	2.47	27.33
广　西	13	11.17	29.19	1.38	32.20
海南省	1	0.22	42.66	-0.04	355.58

续表：

地区	企业数	销售收入（亿元）	同比增长（%）	利润总额（亿元）	同比增长（%）
重庆市	17	32.26	23.80	2.86	32.91
四川省	257	1478.60	41.52	207.43	37.99
贵州省	66	255.81	66.29	128.18	62.13
云南省	9	6.76	20.04	0.73	37.20
陕西省	18	47.52	25.51	3.47	117.62
甘肃省	13	15.94	51.89	1.86	43.14
青海省	2	8.35	33.71	2.61	36.22
宁　夏	2	3.11	-3.41	0.50	-26.23
新　疆	13	19.20	27.70	3.26	25.02

数据来源：国家统计局

2011年，白酒行业规模以上企业平均销售收入增长率40.25%；平均资产总额增长率为34.65%；资本保值增值率为134.02%。各季度保持平稳状态，表明行业成长能力稳定。

从区域销售情况看，四川省全年实现销售收入1478.60亿元，占行业全部销售收入比重近40%；山东、湖北、贵州、江苏、湖南等五个省份的白酒销售收入在200～300亿元，五省合计1261.55亿元，占行业全部销售收入比重达33.67%；销售收入在100～200亿元的省、市、区有安徽、辽宁及河北三省，销售收入合计413.76亿元，占行业全部销售收入的比重为11.04%。

从行业利润总额看，四川省行业利润总额超过200亿元，达到207.43亿元，占行业比重36.38%；贵州省利润总额128.18亿元，占行业比重22.24%；江苏省利润总额在71.83亿元，占行业比重12.56%；其他省份利润总额超过10亿元的有河南、安徽、山东、湖北、山西、辽宁六省，合计占行业利润总额比重为41.17%。

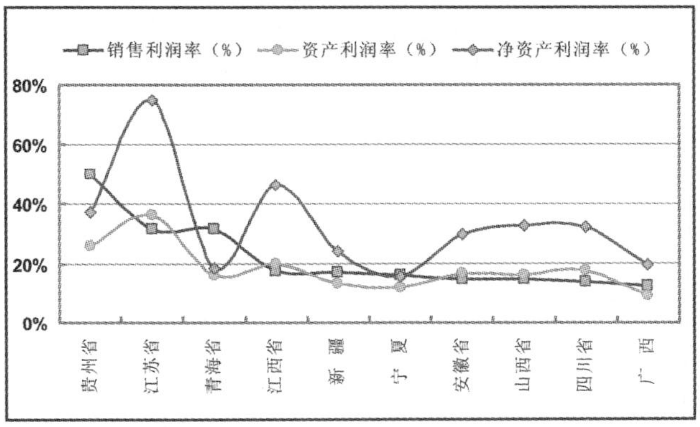

数据来源：国家统计局

2011年白酒行业重点省、市、自治区效益指标情况对比

表8 2011年白酒行业不同地区规模以上企业数量分布情况

地区	规模以上企业数量
华北地区	131
东北地区	174
华东地区	297
华中地区	206
华南地区	28
西南地区	349
西北地区	48
总计	1233

数据来源：国家统计局

表9 2011年白酒行业不同地区规模以上企业产品销售收入分布情况

地区	产品销售收入（亿元）	同比增长（%）
华北地区	311.26	25.30
东北地区	241.11	50.93
华东地区	757.56	33.41
华中地区	535.76	46.82
华南地区	33.43	22.46
西南地区	1773.43	44.14
西北地区	94.12	29.19
总计	3746.67	40.25

数据来源：国家统计局

表10 2011年白酒行业不同地区规模以上企业利润总额分布情况

地区	利润总额（亿元）	同比增长（%）
华北地区	33.08	43.30
东北地区	14.27	57.47
华东地区	125.48	74.88
华中地区	44.05	50.62
华南地区	3.82	28.16
西南地区	339.19	46.17
西北地区	11.70	44.53
总计	571.59	51.91

数据来源：国家统计局

总体看来，2011年，我国白酒行业无论是白酒产量、销售收入、利税等经济指标，还是各项指标增速，都体现出强劲、持续的增长势头，前景向好。

二、白酒产业当前发展特点、问题及趋势分析

2011年，我国白酒产业在进入“十二五”的第二年，各项经济指标增长呈现良好的态势，在快速稳定成长的过程中也暴露了不少存在的问题，可以说在过去的一年中白酒产业的发展是有机遇、有亮点、有波折、有隐忧，其优异的业绩表现和突出的供需矛盾同时吸引了社会的广泛关注。中国酿酒工业协会白酒分会在现阶段白酒产业发展的关键时期，于2012年3月在山西太原组织召开了以“互信合作，共担责任，和谐发展”为主题的“中国白酒领袖峰会”，贵州茅台酒集团有限公司、宜宾五粮液集团有限公司、江苏洋河、双沟集团有限公司、泸州老窖股份有限公司、山西杏花村汾酒集团公司、四川沱牌舍得股份有限公司的主要领导以及中国酿酒工业协会白酒分会全体人员参加了会议。

会议就当前白酒产业发展现状、需要研究和思考的问题以及下一步产业的发展方向与各龙头骨干企业的领导同志们进行了深入分析。与会代表一致认为此次会议对促进行业健康发展具有积极意义，对发挥领袖企业的榜样力量，引领白酒产业共同建立互信合作的良好关系，共同担当对行业、对社会应尽的义务和责任，谋求和谐共赢的发展之路，推动中国白酒走向世界具有重要作用。

参加峰会的白酒企业家们畅所欲言，针对白酒行业需要研究的问题充分发表了自己的观点，就当前白酒产业所遇到的问题和发展方向进行了热烈讨论和深入探讨。通过本次峰会，代表们明确了认识，统一了思想，达成了共识。

（一）白酒行业需要研究的几点问题

1．白酒生产、流通许可监管不力，产业集中度不高

由于白酒行业门槛较低，“散、小、乱”局面未能得到根本改变。行业低水平加工能力过剩、高水平加工能力不足，重复建设、资源浪费严重。目前全国白酒生产企业约1.8万家，年生产能力超过1200万千升，远远超过年需求量。

据中国酿酒工业协会白酒分会统计，1.8万户白酒生产企业中，规模以上企业（国有企业及年销售额超过2000万元的企业）每年仅为1200家左右，占6.67%。而规模以上企业中，前50位企业的各项数据占行业比重：产量占70%、销售收入占80%、税金占90%、利润占99%。

小酒厂数量过多，规模小、结构和资源配置不合理，导致全行业效益难以提高，并且由此导致了白酒行业流通环境无序，假冒侵权、偷逃税赋等恶性竞争现象严重，给行业健康发展带来严重隐患。

市场流通环节监管不力以及白酒产品标准体系的不健全对白酒市场和生产造成了一定影响。随着国民消费升级，以文化和历史为噱头，新老酒厂均全面推动产品向高端和超高端靠拢，带来整个行业产品链价格的结构性上涨，在这种风潮的带动下，一些不具备实力的白酒企业表现得急功近利，其发展背后的问题也逐步显现，强行推动高端产品使销量快速膨胀，但由于根基不稳而导致产量滞后，产品质量波动严重，这些盲目的追求给白酒业高端产品市场带来隐患，加剧了白酒市场流通的混乱，使得白酒行业诚信度受到了损害。

白酒行业企业的发展必须要遵循市场客观规律，盲目地强推高端品牌、虚假宣传、以次充好只能是短期行为，注定要被市场淘汰。中国名酒骨干企业要充分利用自身的品牌影响力与市场影响力，挖掘白酒的文化内涵，提升产品的技术含量与内在品质，维持行业价格体系的持续健康成长。

2．白酒行业社会美誉度亟待提升

近年来，白酒产业发展迅速，高端白酒价格一路上升，以及名人酒驾入刑等引起了社会的强烈关注，消费者对高端白酒甚至整个白酒行业的误解、曲解现象严重，批评的声音经常出现，舆论压力很大。同时一系列限制性政策对白酒产业的发展也造成了一定影响。

对于这些不利的影响，我们应该一分为二看待，理性客观地认识并从深层次分析。

第一，应该认识到这其中有一些是社会对白酒产业和行业的误解，还有一些是行业自身的责任。我们首先应该做好自己的事情，解决中国传统白酒产品与现代文明有机融合、相互适应的问题，将产品的内涵宣传出去，行业企业主动积极承担社会责任，加强自律，规范经营，强化行业诚信体系建设，正视行业客观存在的问题，以实际行动赢得社会尊重。

第二，从名优白酒企业产品的提价提档行为看，普遍是遵循市场发展规律的。一方面从白酒中、低端产品日益同化，消费群体开始向高端品牌集中的情况看，白酒产品升级具备了市场基础，诸多白酒企业抓住机遇，致力于产品结构的调整、优化，推出主打产品，抢占高端市场战略支点，体现了当前白酒市场充分的竞争和白酒定价机制市场化的客观趋势，另一方面近几年来势凶猛的进口名酒对传统白酒市场造成的冲击也是白酒产品升级的一个推手。总体看来，相比国外名酒品牌，中国白酒高端品牌建设相对滞后，仍处于发展的初级阶段。

所以，把高端白酒定义为“腐败酒”，将反腐倡廉片面化、简单化，把正在成长的可以代表“中国制造”的品牌奢侈化，都是舍本而逐末，对社会进步、对产业发展均有害而无利，也必然会给中国文化发展、中国自有品牌建设等造成长久的负面影响。

3．白酒税收政策对白酒产品结构的影响

从白酒相关税收政策看，粮食白酒、薯类白酒的税率统一为20%，0.5元从量计税依然没有取消。税收政策对白酒产品的结构必然产生调节作用，影响白酒产品的定位与走势。目前，由于靠产量获取利润的低端产品得不到税收政策的支持，加上各方面生产成本的提高，迫使许多管理规范、安全诚信、质量有保障的企业不得不放弃低端产品，再加上白酒产品生产许可监管不得力，使一些不规范甚至是非法生产的小企业趁虚而入。这些企业主要靠偷漏税等手段生存和谋利，扰乱了正常的市场竞争。

可以说，白酒税收政策的不合理在一定程度上导致了白酒产业产品结构不合理的现状，也使低端白酒质量安全蒙上了阴影。

4．白酒产能扩大加剧产业风险

1998年以来，白酒产业经历了从低谷到空前繁荣的变局，行业焕发勃勃生机，经济增长屡创新高，曾经的“夕阳行业”完美实现了华丽转身。白酒产业的高速发展，引发了国内社会乃至世界范围的广泛关注。

随着国家产业政策的宏观调控和市场经济的科学导向，白酒行业产业结构调整加快、效果显著，行业资源利用与经济发展逐步得到优化。行业内部结构的现代化特征越来越明显，形成了国有、民营、中外合资等多种所有制并存的产业经济格局。尤其是近两年来，白酒产业的蓬勃发展对外资产生了巨大的吸引力，外部资金大量涌入，白酒业掀起了空前的投资热潮，整个白酒行业的并购整合呈现快速上升的态势，帝亚吉欧、海航、联想、维维等国内外大型集团

纷纷入驻，由地方政府主导的大规模白酒工业园区和产业区域不断涌现。白酒产业资本融合步伐逐步加快，业内通过并购、重组、强强联合形成了不少大型企业集团。外部资本介入具有传统优势的白酒骨干企业，在一定程度上促进了白酒产业集中化进程，推动了白酒行业的体制和机制改革，同时也为白酒行业的资本、管理、市场、人才等方面注入了新鲜血液，为传统产业的壮大提供了有利条件，对白酒产业发展起到了积极的推动作用。但同时由于行业门槛较低，进入白酒业的也不乏以抢占资源、谋划上市、待价而沽、走资本之路、资本利益最大化为指导思想的投机资本，这种“搅局”的行为一方面从客观上延缓了白酒产业集中整合的步伐，另一方面也打乱了白酒市场的正常秩序，给白酒产业的发展造成了一定的困扰。

从目前白酒产业发展态势看，进一步资本整合、集中化趋势将会越来越明显，但必须要注意到白酒业大量的资本融合，正在刺激白酒产能的急速扩张。从客观规律看，任何行业的经济发展都是有周期的，白酒行业应该警惕目前这种快速膨胀的产能扩张背后潜在的泡沫风险，从白酒产业曾经的历史经验教训看，过度投资和产能过剩带来的影响可能很快就会显现。

5．白酒文化影响力薄弱，酒产品进出口差距明显

随着改革开放的深化，我国正在经历急剧变革，现代社会的多元化发展和人们价值观、交往方式、生活方式、消费理念的转变，再加上洋文化的不断渗透，正在催生越来越多的白酒消费替代品。尤其是进入WTO以来，外国资本在我国酒类市场经过长期运作，在资本、品牌、渠道等方面取得了长足的发展，中国酒水市场已经成为国外酒类品牌的主攻市场，进口葡萄酒和烈性洋酒对白酒的挑战力度正在加大，据资料显示，洋酒整体每年以最低30%以上的增长速度抢占国内酒水市场，白酒产品正在经受越来越大的冲击。

我国白酒产品虽然有传统的消费支撑，但相比洋酒，无论是品牌文化建设还是对外市场建设，中国白酒的差距都是显而易见的，以当前酒类市场发展趋势看，一旦中国白酒业进入下降通道，国际资本必将显现侵略性的一面，并且其文化、品牌方面的优势也将难以阻挡。

（二）峰会就中国白酒产业发展方向达成的几点共识

1．中国白酒的社会属性

蒸馏技术起源于中国，中华民族发明了世界上最早的蒸馏酒。中国白酒是世界上工艺最复杂、生产周期最长、成本最高的蒸馏酒，是中华民族宝贵的文化遗产，是我国最早的生物技术产品之一，是对世界科学技术的重大贡献，是中华民族最早的食品加工业，是几千年来传承和发展下来的重要手工业之一。白酒工业与农业经济有着密切的联系，是农副产品实现高附加值的重要途径，对促进社会主义新农村建设、缩小城乡距离，推动东西部共同发展意义重大。

白酒是精神、文化和物质的嗜好性产品，是传统交际、礼仪消费中最具典型特征的民族文化产品。白酒是中国文化和中国制造的最好体现，白酒所具有的传统性、民族性、文化性，使其成为中华民族的国粹，是世界非物质文化遗产的重要组成。中国白酒的健康、持续发展，对民族、对国家、对社会、对企业、对广大消费者都有着积极而深远的意义。

2．白酒领袖企业的作用

中国白酒领袖企业作为行业的榜样、标杆和表率，要积极承担社会进步赋予的责任和义务，立足自身发展，着眼行业大局，充分发挥示范、引领、带动作用，主动承担行业可持续发展的重任，在自信、自警、自律、自强中找准定位，和谐发展，不断加强民族品牌保护，弘扬优秀的白酒文化，推进中国白酒国际化进程。在市场的竞争与合作格局中，白酒领袖企业应该带头建立互信合作机制，规范经营行为，共同创造良好的市场环境。在企业活动中，要带头树立行业形象，宣传白酒行业为国民经济所做出的贡献，大力倡导理性饮酒、健康饮酒，杜绝夸大宣传和过度炒做，以客观、负责的态度面对公众，营造白酒行业的社会美誉度。

3．加强食品安全，严格白酒生产环节管理

国务院食品安全委员会办公室两次下发文件，今年将重点监督白酒行业产品安全（《关于印发2011年食品安全重点工作的通知》[国办发〔2011〕12号]、《关于进一步加强酒类质量安全工作的通知》[食安办[2011]23号文印发]）。为了加强行业自律，全面提高白酒生产质量安全管理水平，保障消费者身体健康和生命安全，促进产业健康发展。白酒企业要进一步提高食品安全意识，把食品安全工作当成头等大事来抓。要加强生产过程中使用的原、辅材料的农药残留物检测工作；禁止在生产、贮存、销售过程中使用塑料制品，加强对接触酒的塑料瓶盖的检测；禁止在生产过程中使用化学合成的氮源、碳源等化合物；禁止在产品中使用甜蜜素、安赛蜜、糖精钠、阿巴斯甜等食品添加剂；禁止使用没有生产许可证企业生产的食用香精、香料等产品；生产过程中使用的食用香料，必须符合GB 2760—2011《食品安全国家标准 食品添加剂使用标准》；严禁使用任何企业生产的酒用混合香料、天然液、调香液等。

4．科学调配白酒产品价格，促进白酒产业均衡发展

2011年白酒行业取得了不错的业绩，各项经济指标呈现出不同程度的增长。随着国民经济增长，大众消费能力的不断提升，尽管白酒产业发展存在不利因素，但依然前景向好，白酒市场进一步扩容的大趋势不会改变。

改革开放以来，白酒行业经过三个“黄金十年”，逐步淘汰落后产能，产业结构的优化，推动了白酒产业升级和技术进步，国家“扶优限劣”的产业政策取得了明显实效，国家宏观经济的快速持续发展，为白酒发展提供了很好的市场基础；随着经济的进步，我国的社会结构发生很大变化，人民生活水平不断提高，中等收入群体逐步扩大，消费者看待事物更科学、理性，体会生活和对白酒的需求也发生了根本转变，“少喝酒、喝好酒”的消费理念逐渐得到消费者的认同，这些都使我国白酒中、高端产品市场具备了有力的消费基础。正是适应了这些变化，中国高端白酒悄然崛起，尤其是近两年来，随着人们对高端白酒需求的快速增长，中国白酒高端品牌与价格逐步呈现国际化趋势。从供需关系上看，中、低端白酒长期以来一直是供大于求，价格一直稳定。而高端白酒的生产对产区自然条件要求严格，工艺极其复杂，生产和贮存周期长，受一系列条件的影响，一直以来产量极低，只占整个白酒产量的约2%。随着人们消费需求的多样化和社交、商务活动消费的增加，对高端白酒越来越推崇，近年来出现的高端白酒收藏热，更刺激了高端白酒价格上涨，供需矛盾日益尖锐，并且在短期内难以解决。

从国家经济发展的大格局看，最近十年中国名酒品牌价格的提升是符合市场规律的，是中国名酒品牌价值的回归，未来随着国家经济的持续增长，高端白酒的价格将持续稳定上涨，这是必然趋势。但我们需要重点关注的是高端白酒的价格应当与其企业的历史底蕴和品牌的文化内涵相适应、与其产品品质和品牌个性相适应、与中国宏观经济增长速度相适应、与消费群体的可支配收入相适应、与国家财政收入及支出的稳定增长相适应。

白酒产业的发展不能脱离市场消费的大环境，这是规律，也是白酒企业长远发展应当遵守的规则。因此，科学引导白酒产业的均衡发展是白酒企业共同的责任，白酒行业特别要关注国家的大政方针、宏观经济形势以及党的“十八大”精神，在自身发展的同时，应当坚持弘扬白酒文化的民族特性，挖掘民族品牌的历史内涵，主动承担当代社会发展阶段应有的社会责任，本着产业结构上大、中、小型共同发展，产品结构上高、中、低档百花齐放的观念，深入研究市场需求，努力平衡产品结构，科学白酒价格与市场购买力的关系，通过攻关、科技创新，开发出既有品牌支撑又能被普通消费者接受的优质低价产品，通过提供丰富多样、不同价位的产品，满足消费者的多元化选择，充分保障广大消费者的利益，维持有效需求，使中国白酒产业发展更契合国家经济建设和国民利益的需要。这也是中国白酒产业必须承担的满足广大普通消费者对白酒的精神、物质需求的基本社会责任。

5. 科技进步是白酒产业现代化的基础

白酒产业是一个传统的、分散的产业，无论从生产、管理还是消费的全过程，都体现了极强的个性特征。我们在继承白酒优良传统生产工艺和深厚历史文化的同时，还要看到白酒行业现实所面临的各种制约因素，人力资源成本、土地的利用成本以及原料等成本的不断增长正在逐渐削弱白酒产业的资源支撑，落后的科技装备、管理水平、文化发展等已经严重制约了白酒产业的发展，使白酒企业生产经营遭受很大压力。

在这方面中国酿酒工业协会为白酒产业技术升级和现代化发展做了大量基础性工作，从2007年开始，先后组织了“中国白酒169”、“中国白酒158”计划等一系列技术攻关措施。其中“中国白酒169”项目的科研成果已经进入生产应用推广阶段；“中国白酒158计划”开展了包括制曲机械化研究、发酵工艺机械化研究、蒸馏工艺机械化研究、调酒计算机集成制造技术研究和灌装、包装、成品库、智能管理的研究等，其研究成果将在全国60%规模以上白酒企业推广实施，力争降低劳动强度60%以上、节煤35%、节水45%，提高优质品率15%以上。

白酒工业作为传统工业，在实现科技创新，产业创新，工业现代化方面任重道远。从现实的情况看，资源支撑的不断减弱，已经是我们白酒行业整体面临的无可回避的问题，全行业企业应该高度重视科技进步，将实现白酒工业从传统工业向新型现代化工业转变作为企业发展的主导方向，从生产现代化、管理现代化、科研现代化、营销现代化、消费现代化、文化现代化六个方面着手，用新型工业化的手段，用先进的设备来提升改造落后的工艺水平，用创新的管理、营销模式推动企业和市场的现代化建设，用健康的宣传引导促进名优品牌和白酒文化的发展。

6. 开创中国白酒国际化新局面

酿酒产业十二五规划已经明确了中国白酒的发展方向：加强白酒民族品牌和自主品牌保护，弘扬优秀的白酒文化，推进中国白酒国际化进程，使中国白酒成为世界的白酒，使中国白酒文化成为人类文明的重要组成部分。

白酒企业要站在振兴中国白酒产业、传播白酒传统文化的高度，积极协作、共同担当、互信合作、整体作战、抱团出海，将中国的白酒品牌推出国门，并带领中国白酒行业走向全球，开创中国白酒文化的复兴与繁荣。

2011年中国酿酒工业协会白酒分会工作情况

2011年，中国酿酒工业协会白酒分会在当前国家改革开放和经济建设的重要时刻，与相关政府部门密切配合，在引导白酒产业结构调整和技术进步、加强行业人才体系建设，强化行业诚信和企业社会责任，促进行业和谐发展等方面做了一些工作，得到了各政府部门和会员单位的肯定和认可。

一、特色区域建设工作

“十一五”期间，国务院公布了《轻工业调整和振兴规划》，其中着重提出要着力培育发展轻工特色区域和产业集群。近年来，我国各地轻工特色区域和产业集群蓬勃发展，促进了产业调整和提升，同时还形成了较强的集成创新能力和自主创新能力，形成了具有中国特色的轻工生产体系，是我国在全球经济一体化时代参与国际竞争与合作的重要力量。为进一步鼓励和规范其发展，促进区域产品结构的调整，加强行业自律，中国轻工业联合会特提出《关于共建和授予中国轻工×行业特色区域荣誉称号的行业规范》。

为了推动中国酿酒工业的发展，发挥重点产区带动行业经济的巨大作用，完善具有公益性的行规行约，中国酿酒工业协会先后在四川宜宾、广东佛山、内蒙古巴彦淖尔、山东安丘景芝镇4个地区开展了共建酿酒行业特色区域评审工作，并坚持历史和发展现状相结合，区域优势和行业优势相结合，经济效益和社会效益相结合，社会影响力与公众认知度相结合的原则，为这4个地区颁发了特色区域荣誉称号。

二、开启“158计划”，推进白酒产业现代化生产

2011年，协会开启了“中国白酒158计划”项目，是要满足行业对白酒酿造机械化、自动化、智能化水平的迫切需求，是借鉴“中国白酒169计划”项目成功经验，由协会牵头组织，相关院校、研究单位、设备生产企业和白酒生产企业共同参与的又一次中国白酒全行业的大规模产、学、研合作。

三、全面落实“中国白酒169计划”

“中国白酒169计划”项目经过5年时间，在项目组所有参与成员的共同努力下，已经完成了6个项目中的5项（其中包括：①不同类型白酒特征香味物质的研究；②微生物的研究与应用；③中国白酒呈香物质阈值测定；④中国白酒年份酒研究；⑤中国白酒健康因子的确定。“中国白酒贮存的研究”项目，是长期跟踪监测项目，需要若干年后才能得出结论。）。

“169计划”计划2012年底以前全部完成中国白酒169项目鉴定工作。

四、开展中国白酒计算机质量科学管理研究

白酒的感官品评技术受到了全行业的高度重视，品酒师在产品质量监控、勾调技术进步、酿造工艺改进和提高等方面的作用越来越显著。

长期以来，由于白酒相关的各项标准的不一致性，给白酒品评工作增加了不小的难度和许多困扰，品评人员没有科学准确的标准可循，感官描述多以经验为主，多人品评的情况下经常出现描述不统一，人为造成误差，无形中对产品产生了不公正的评判。经历了十几年的发展历程，在中国酿酒工业协会和行业专家、国家评委的共同努力下，白酒计算机品评技术已经逐步发展成熟。白酒计算机品评技术的重要贡献是把感官指标数据化、标准化，通过计算机编程完成感官数据的统计计算，以及对感官品评的归纳总结。

计算机技术在白酒品评工作中的应用，使评酒结果更好地体现科学、合理、公正和公开，并且实现快速运算和精确统计，使品评工作人员最大限度地集中精力对样品进行准确的判断，减少评酒人员在品评过程中大量的计算工作，通过标准的感官数据收集，最终实现了真实反映产品

品质的目的。另一方面，计算机品评系统不仅可以对成品酒进行计算机感官品评，也可以应用到基酒验收和勾调工作之中。对于指导产品质量提高，工艺技术提高，尤其是勾调技术的提高意义重大。勾调技术往往是以经验为主，或者使用色谱和理化数据运算方式来进行。计算机品评系统将感官品评数据化，就可以实现应用感官数据来进行勾调实践，尤其是把各分项感官指标按照不同的组合方式进行勾调试验，可以很好总结勾调经验，并且可以使勾调技术在此基础上有一个飞跃性的提高。

五、发挥协会桥梁作用，全力维护行业利益

2011年，白酒分会利用大量工作时间，深入全国各地白酒企业调查研究，掌握了解行业企业在新形势下产生的新情况、新问题，为政府机关提供决策依据，立场鲜明地为行业服务，维护行业正当权益。经过多种形式、多种途径，多次向国务院、全国人大、国家政协、发改委、财政部、税务总局等有关政府部门，反映白酒企业呼声，替企业分忧解难，解决实际问题，真正发挥行业协会桥梁纽带作用。

为了打击制假、售假的嚣张气焰，维护企业利益和合法权益，弘扬优秀品牌，白酒分会共推荐9家企业申请驰名商标，多次处理企业因种种不明原因被处罚事件。

六、完成白酒生产许可技术支持报告

自2007年至今，协会与国家质检总局连续5年签订了《白酒、酒精生产许可技术支持技术服务合同》。根据合同要求，白酒分会完成下列项目：

（1）白酒产品生产许可证实施细则的修订

由于国家法律、法规、产品标准及技术要求发生较大变化，为了全面完善食品生产许可制度、提高酒类产品的安全水平、增强酒类产品生产许可证审查细则的适用性，以便更好地指导酒类许可认证工作，中国酿酒工业协会作为全国酒类专业技术委员会向国家质检总局食品司提出了修定酒类相关生产许可证审查细则的建议，并提交了修改内容，针对《食品安全法》涉及的要求对《白酒产品生产许可审查细则（2006版）》增添了卫生许可部分，更新了白酒审查细则所涉及的白酒标准，以及企业落实质量安全责任的具体要求。

（2）白酒行业内存在的质量隐患和质量安全问题的调研及试验分析报告

2007年至今，中国酿酒工业协会已经连续5年与全国标准化研究院签订《酒类产品生产许可技术支持》项目合同，2011年项目报告中，详细阐述了我国酿酒行业发展情况，分析了酿酒行业质量安全问题产生原因，并就如何提高行业酒类产品质量安全水平提交了建议。

（3）《酿酒行业食品生产企业落实质量安全责任监督检查基本要点》撰写工作

2009年，协会与国家质检总局签订撰写《食品生产企业落实质量安全主体责任监督检查基本要点》系列手册——酒类分册的合同。在调查研究的基础上，依据质检总局印发的酒类产品审查细则和总局119号公告，撰写《食品生产企业落实质量安全主体责任监督检查基本要点》系列手册——酒类分册，用于指导各地方局有效实施酒类生产企业落实质量安全主体责任监督检查工作。

2010年啤酒行业综述

2010年，作为食品制造业中一员的啤酒工业，身处于国内国际复杂多变的经济环境和诸多食品安全事件包围中，安然度过了一个相对和谐、稳健的发展之年。虽然多年以来的低盈利模式和过度竞争的市场环境以及原料对外依存度高等行业短板依然存在，但总体趋势向好，令业内人士欣慰。

第一部分
2010年中国啤酒产业情况分析

众所周知，在2010年，随着全球经济的复苏，由于输入性价格上涨、流动性过剩和成本上升等因素，出现了各类消费品的涨价预期，国家相关部门使用各种政策组合工具进行了宏观调控。啤酒产品在生产成本上升和市场供大于求的双重压力下，面临着两难境地，要市场还是要生存成为了多数啤酒企业的必选题。

在各省、市、区啤酒（酿酒/酒业）协会及啤酒企业的帮助下，啤酒分会完成了2010年啤酒行业生产及经济指标的统计工作，对比国家统计局的统计数据，两者存在一定的差异，现以行业统计指标为依据对中国啤酒产业发展做出分析，仅供参考。

一、产量增长趋势不变

1. 产销量情况

2010年全国啤酒产量国家统计局公布初报数是4483万千升（统计范围为国有企业和销售收入500万元以上的非国有企业），比上年同期（调整数）增长6.3%（按当年公布数4236万千升计算为5.3%）；行业统计啤酒产量数为4218万千升，比上年增长4.5%（见图1），啤酒人均年消费量31.5升，比上年增1.3升。

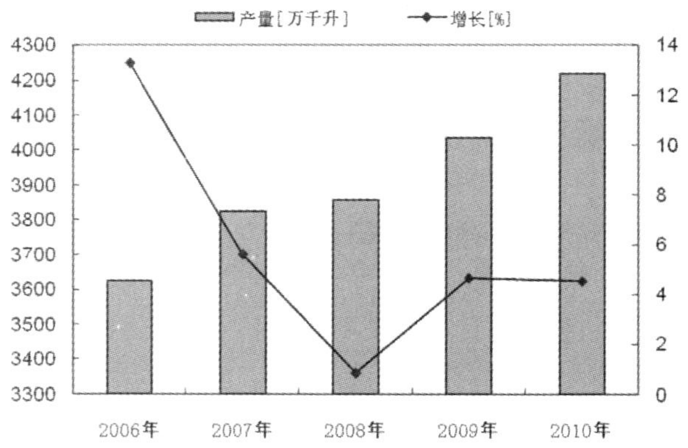

图1 近五年我国啤酒产量及增长率

分析各省、市、区的啤酒产量，比较行业统计数和国家统计局数，河南、山东和江苏三个省行业数低于国家统计局数，且差距颇大，其余各省、市、区差别较小。

啤酒产量前五位的省、市和上年相比没有变化，山东省以441.9万千升保持第一位；广东省和浙江省以387.4万千升和281.9万千升居第二、三位；第四、第五位为河南省、辽宁省；第六至第十位为湖北（上年第七）、江苏（上年第八）、福建（上年第六）、四川（上年第九）和黑龙江（上年第十）。300万千升以上的省、市、区2个（比上年减少1个浙江省），200万千升以上和100万千升以上的省、市、区分别为7个（减少1个福建省）和17个（增加1个江西省）。增长比例在20%以上的是中西部省份，为湖南、内蒙古、江西和西藏，增幅10%以上的省、市、区还有青海、新疆、宁夏、上海和山东5个。天津、福建、浙江、海南、江苏和辽宁6个省、市、区出现负增长，数量与上年持平。以大地区作比较，西北增幅最大，为9.4%；华东次之，为8.5%；中南和西南地区均为6.2%；华北地区为5.9%；东北增幅最小为0.3%；没有负增长的地区。

2010年华润雪花的产量达933万千升，仍居第一位，青岛啤酒集团以640万千升，燕京以503万千升紧随其后，其后是金星、重啤、雪津、珠江，100万千升以上的啤酒集团为7个，与上年相同（百威英博未合并计算，未计入）。

2. 产品分类变化

从2010年啤酒产品的包装形式上可以看出，我国啤酒产品中，瓶装酒仍为主流，但是，瓶装酒比例已出现连续四年下降，2010年为92.9%，比上年降低了0.3个百分点，其中500毫升以上瓶装酒比例下降了1.6个百分点，500毫升以下瓶装酒比例比上年增长了0.8个百分点（见图2）。听装啤酒产量增加较多，提高了0.5个百分点。桶装啤酒下降了0.3个百分点，其他包装形式提高了0.1个百分点。

3．进出口情况

2010年我国出口啤酒19.41万千升，同比下降7.70%，

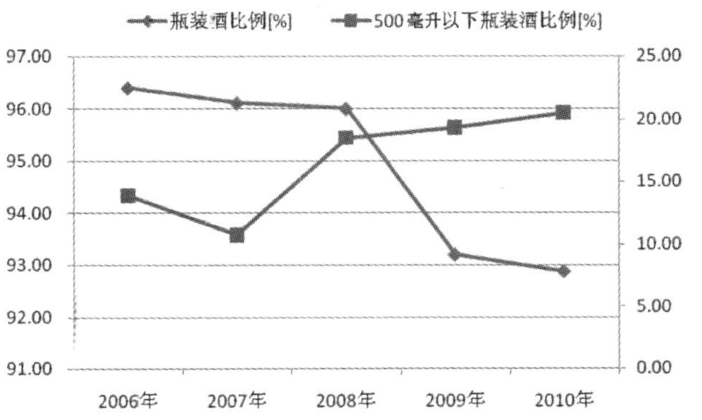

图2 近五年我国瓶装啤酒变化趋势

出口额11234万美元，出口单价降低了0.79%；进口啤酒4.67万千升，同比增长15.35%，进口额5831万美元，进口平均价格上升2 92%。出口单价与进口单价之比，比上年下降了1.73个百分点。

自2002年以来，我国啤酒进出口形势一直呈现出口量增长，进口量降低的趋势，进出口单价增长幅度变化均不大。但是，从2009年开始，进出口形势发生了一些变化，呈现出出口量下降，而进口量增长的情况，2010年基本延续了这种趋势。每年啤酒产品的进出口量均不大，和我国总的啤酒消费量相比，微乎其微，进出口总量占全年啤酒总产量的0.5%左右，但是，近两年进口量的增长也体现出了消费者对高端产品的需求正在逐步增强，高端啤酒市场的份额在缓步扩大。

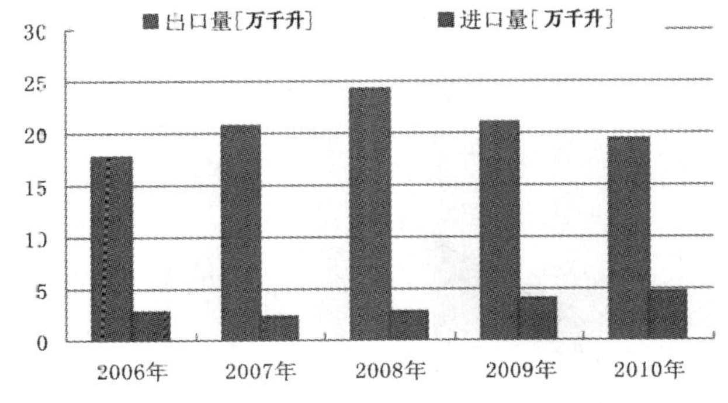

图3 近五年我国啤酒进出口量变化趋势

二、结构调整态势稳定

2010年啤酒企业数和生产工厂数与上年相比发生了一些变化，企业数203个，比上年减少了8个；生产啤酒的工厂数减少了7个，为472个。20万千升以上、10～20万千升和1万千升以下的啤酒企业产量占全国总产量的比例分别提高了1.6、2.3和0.1个百分点，1～10万千升啤酒企业产量占全国总产量的比例比上年下降0.9个百分点。企业平均年产量为20万千升，比上年提高了7.4%。2010年20万千升以上企业26家，比上年减少2家；其产量占全国啤酒总产量的81.9%，比上年提高1.6个百分点。华润、青岛、燕京三大集团的产量占全国总量的49.2%，比上年提高2.2个百分点。由此可见，虽然我国啤酒业总体规模和企业规模相比上年虽然变化不大，但是，仍能体现出其内在的结构性调整和变化趋势（图4）。

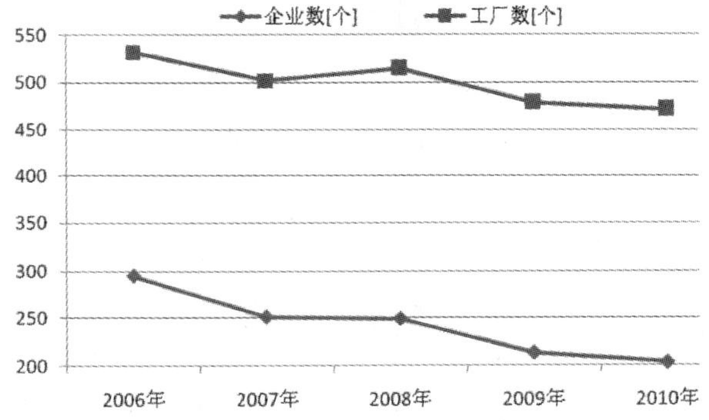

图4 近五年我国啤酒业企业和工厂数变化

从企业性质分类数据看，各种类型啤酒企业数量基本稳定，占企业总数的比例变化较小，私营和民营企业比上年减少3个，企业数量仍为最多，占企业总数的45.8%，比上年提高了0.3个百分点；股份制企业比上年减少了4个，占企业总数的22.2%；外资企业数量未发生变化，所占比例增大至24.6%，比上年提高了0.9个百分点；国有和集体所占比例最少，为7.4%。由此可见，多年来的啤酒企业改制已接近尾声，以股份制、外资和民营三种类型的啤酒企业为主体的格局已经形成。在市场竞争加剧的环境中，外资企业较为稳定，变数较小；数量最多的私营和民营企业，变数则较大。

三、销售收入缓步提升

行业统计2010年啤酒产品销售收入1059亿元，比上年

增长5.8%，略高于产量增幅；平均千升啤酒销售收入2510元，比上年增长1.2%。

千升啤酒销售收入以西藏、山东、海南、陕西、湖北、广西较高，达3000元以上，高于全国平均水平的还有新疆、北京、贵州、云南、河北，较低的有青海、内蒙古、吉林、黑龙江、天津、安徽。啤酒企业中，千升啤酒销售收入较高的虽仍以外资企业为主，但民族品牌的大中型企业中青岛啤酒、燕京啤酒、山东泰山、珠江啤酒等进入前列，反映出中国本土品牌的市场认知度和品牌价值均得到了进一步提升。

按行业统计的不同包装形式净酒价格分析，瓶装啤酒价格均继续呈上升趋势，增长了3.0%，听装和桶装酒价格则降低了7.8%和0.9%，不同包装类型的啤酒产品价格反映出市场化的量价趋势，即量增则价减，量减则价增，同时也间接反映出多样化的市场需求变化。

四、盈利水平持续提高

2010年啤酒产品的利税总额实现230亿元，同比增长4.7%。其中税金实现176亿元，同比增长0.5%；实现利润55亿元，同比增长21.0%。千升啤酒税金同比降低3.8%，千升啤酒利润增长15.8%。数据显示出，2010年我国啤酒行业经济指标呈现出较好的持续发展势头。从经济指标中可以看出，利润增幅承继上年的增长势头，保持了较高的增长水平，说明啤酒行业的盈利能力得到进一步提升。

各省市啤酒利润总额中，山东、四川、辽宁、广西、广东列前五位，千升啤酒利润西藏、广西、四川、山东达400元以上。亏损省、市浙江、吉林、天津、山西4个，比上年减少1个，4个省、市均是连续亏损，河北扭亏为盈。税金总额和啤酒产量成正相关，千升啤酒税金海南、山东、湖北3个省、市在500元以上，低于300元的有西藏、天津、新疆3个省、市、区。

效益的提升较为明显和突出，从年度统计结果中分析，表现为以下几方面。

1. 原料价格处于低位

2010年我国进口啤酒大麦236.75万吨，比上年增长36.18%（图5），全年平均进口单价比上年下降了9.42%（图6），平均每吨大麦价格226.45美元，年底价又反弹到每吨249美元（到岸价，国家海关总署）。2010年啤酒大麦

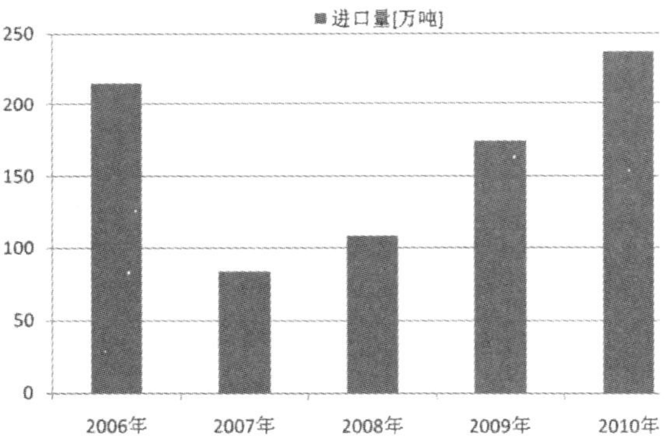

图5 2006—2010年啤酒大麦进口量

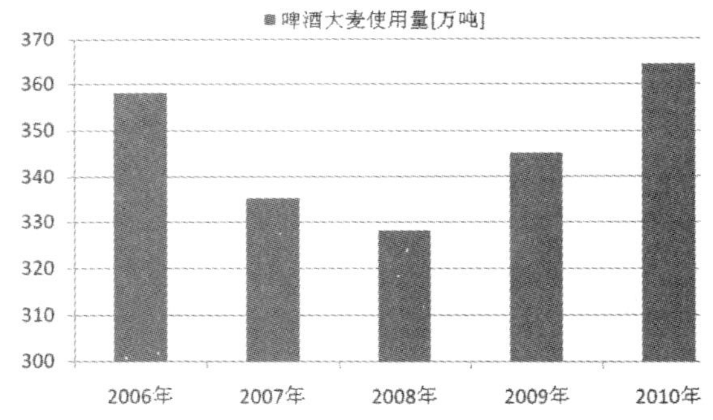

图7 2006—2010年啤酒大麦使用量

图6 2006—2010年啤酒大麦进口平均单价

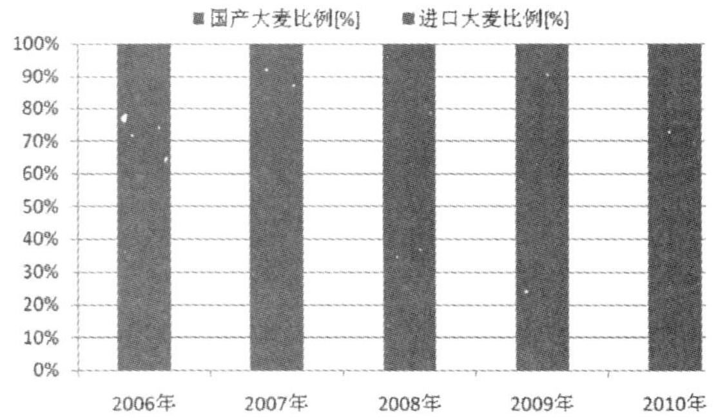

图8 2006—2010年啤麦进口和国产使用比例

进口量与总需求量上升至约65%（图7、图8）。低价的进口啤酒大麦也促使国内大麦价格一直处于低位，降低了啤酒生产的主要原料成本；从2010年11月，大麦价格出现反弹，且有持续走高的趋势，至2011年3月，进口大麦价格同比上升了43.5%，大麦价格的反弹必将会影响到2011年的啤酒生产成本。另一方面2010年进口酒花量大幅增长，全年进口颗粒酒花1094.91吨，比上年增长95.19%，平均单价降低5.82%。进口酒花浸膏和液汁比上年增长了38.54%，和历史水平相比，进口量并不算多，平均价格上升了4.87%。

按行业原料使用统计结果分析，啤酒行业使用的麦芽价格相比上年下降了3.7%，而大米的价格却上涨了13.2%，已经越来越接近麦芽的价格（图9）。啤酒瓶新瓶的价格相比上年下降了6.5%（图10），前两年（2008、2009年）啤酒行业使用专用瓶新瓶较多，专用瓶多为可回收瓶，2010年使用的专用瓶新瓶相对较少，因此，新瓶价格下降在情理之中。

综合来看，2010年，啤酒行业使用的原辅包装材料价格正面因素偏多，对行业盈利水平产生了正面影响。

2．节能降耗产生效益

近几年来，啤酒生产的各种消耗指标均呈下降趋势（图11～图16），这和行业集约化发展有莫大关联，技术水平、装备水平和管理水平的发展必然可以从消耗指标中体现出来。以2010年啤酒企业消耗指标的加权平均数（产量平均）比较，每千升啤酒耗粮相比上年减少0.1千克、电减少3.0kW·h、水减少0.4m^3、煤降低3.2千克，以一般水平的价格计算，可使千升啤酒成本降低5～8元。各项消耗指标均继续呈现出算术平均数（企业平均）高于加权平均数（产量平均）的现象，两者之间的差距也越来越大，由此也更加凸显了啤酒行业规模效益的特点。以降幅而言，取水指标降幅最大，为7.5%，这和国家的相关政策引导及价格因素有很大关系，依次是煤耗、电耗和粮耗，降幅分别为5.1%、4.1%和0.1%。

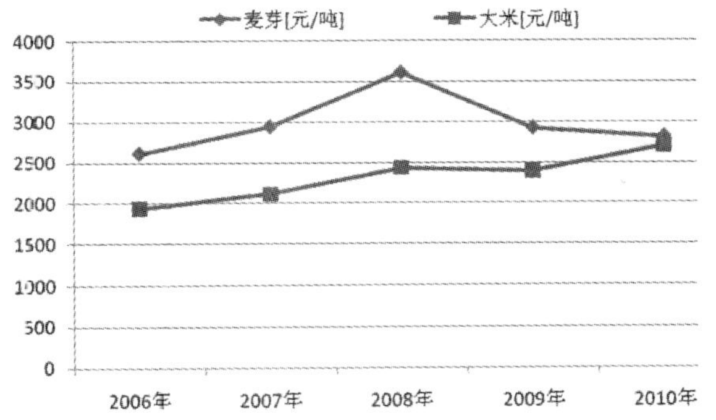

图9 2006—2010年啤酒麦芽、大米价格

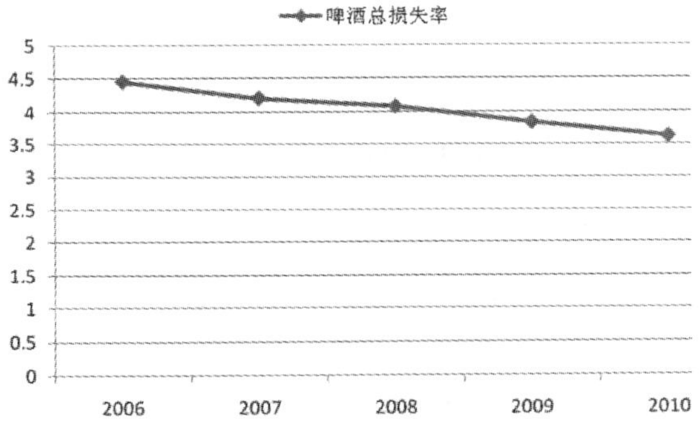

图11 2006—2010年啤酒总损失率变化

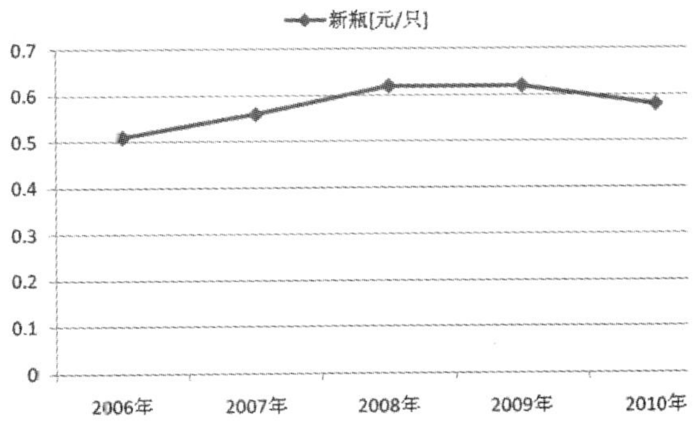

图10 2006—2010年啤酒瓶价格

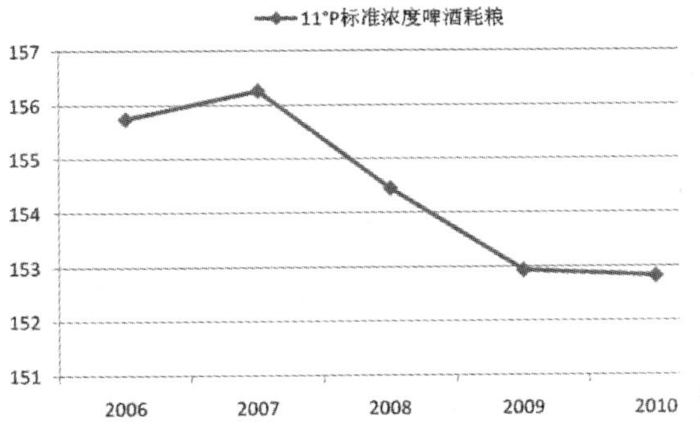

图12 2006—2010年啤酒耗粮指标变化

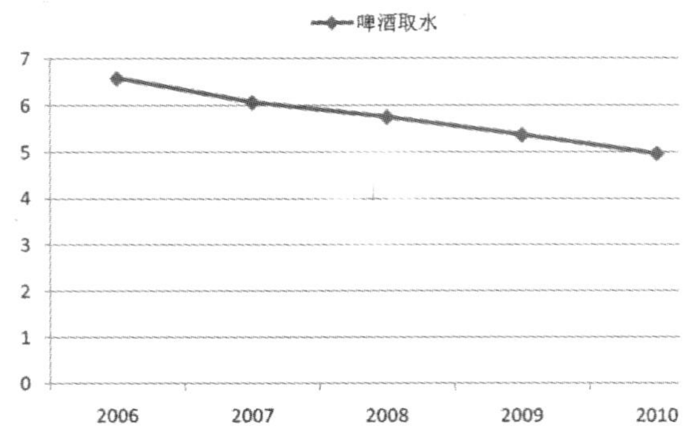

图13 2006—2010年啤酒取水指标变化

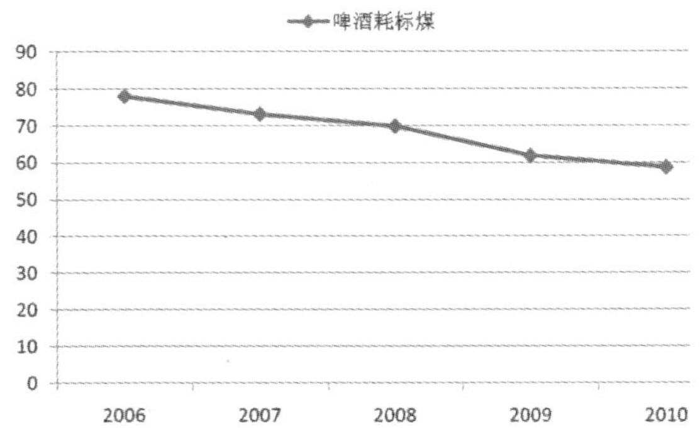

图15 2006—2010年啤酒耗标煤指标变化

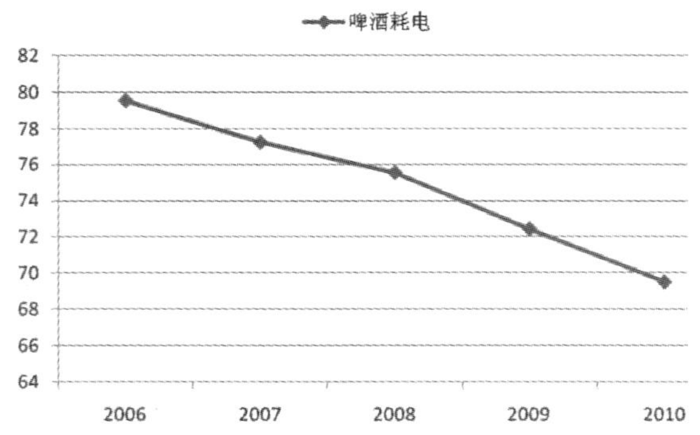

图14 2006—2010年啤酒耗电指标变化

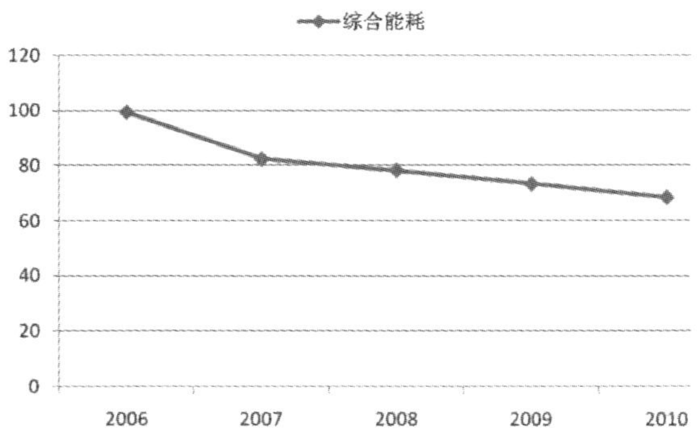

图16 2006—2010年啤酒综合能耗指标变化

3. 装备水平发展较快

行业统计数据显示，全行业从业人数相比上年下降了8.5%，人均啤酒产量同比提高14.2%，人均劳产率同比提高。我国啤酒业装备水平提高的速度在食品制造业中是非常先进的，在酿酒行业中更加突出。近几年，国产化的新型煮沸锅、50000瓶/小时高速灌装机、高速回转式不干胶标签贴标机、啤酒瓶自动理瓶机以及规模化膜式错流过滤机等设备在啤酒行业中得到不断普及和应用，新建工厂的陆续投产和国家对节能技术装备的大力扶持，也促进了行业整体装备水平和自动化水平的提高。

五、通胀预期波及成本

由于啤酒企业对当前通胀预期的担忧，同时为了应对可能出现的通货膨胀，啤酒企业对于各类原辅材料进行了一定的储备。再者，在经过多年连续过多过快新建扩建项目之后，2010年新建扩建工厂的速度有所放缓，新增产能处于逐步释放阶段。基于这两方面的原因，在行业部分财务指标上也有所体现。2010年啤酒工业固定资产净值平均余额净减少了5亿元，降幅为0.9%；工业增加值增加了35亿元，增幅8.7%；千升啤酒占用资金比上年提高了3.4%；资金利润率提高了0.6个百分点；负债总额比上年增加8.7%，资产负债率比上年提高了1.8个百分点；千升啤酒占有流动资产平均余额提高了13.7%。

2010年各类资源和能源价格均出现普遍上涨态势，国家统计局公布的“2010年主要统计数据”中显示，“全年原材料、燃料、动力购进价格”同比上涨9.6%；“生产资料原料出厂价格”同比上涨10.1%。加之，年中出现的“用工荒”也波及到啤酒行业，使啤酒企业的人工成本增加。数据显示，2010年啤酒行业成本费用总额上升7.3%，千升啤酒生产成本上升2.7%。

六、整合优势继续显现

以企业间的经济指标作对比，规模效益呈现出继续放大的特征，华润、青岛、燕京三大集团啤酒总产量2077

万千升，占全国啤酒总产量（行业统计数）的49.2%，比上年提高2.2个百分点。而其销售收入占全国总额的49.8%，利润占88.4%，税金占50.4%，分别比上年提高了1.8、5.0、0.8个百分点。千升啤酒经济指标均高于全国平均水平，其中千升啤酒销售收入和千升啤酒税金仅略高于全国平均水平1.2%和2.5%，但是，千升啤酒利润却高于全国平均水平79.6%。

以100万千升以上的7个大集团效益指标来看，其啤酒产量占全国总产量的63.8%，比上年提高2.2个百分点。销售收入占全国总额的63.9%，税金占66.6%、利润是行业利润总额的1.1倍。千升啤酒销售收入和千升啤酒税金仅略高于全国平均水平0.1%和4.4%，但是，千升啤酒利润却高于全国平均水平73.0%。

20万千升以上26个啤酒企业，啤酒产量占全国总产量的80.9%、销售收入占全国总额的82.2%，税金占83.4%、利润是行业利润总额的1.2倍。千升啤酒销售收入和千升啤酒税金仅略高于全国平均水平1.7%和3.1%，但是，千升啤酒利润高于全国平均水平51.1%。

通过对以上三种规模的啤酒企业集团效益数据分析显示出：

（1）三种规模的企业集团各项指标均高于全国平均水平；

（2）销售收入、税金和利润总额占全国总额的比例均高于其产量占全国总产量的比例；

（3）千升啤酒销售收入和千升啤酒税金高于全国平均水平的幅度比较小，但千升啤酒利润高于全国平均水平的幅度较大，而且规模越大幅度则越大。

由此可见，规模企业的盈利水平提升并非主要源自于售价的提高，主要来自于规模化后的整合效应。集团化的规范管理具有渠道统一、资源共享等优势，从而使生产成本降低、经济效益提高，且规模越大，经济效益趋向越好，对行业经济效益的贡献度也越大。

七、扩张呈现洼地效应

步入2010年以来，相比上两年，国际、国内啤酒巨头的新建工厂的步伐明显减速。无论是并购和新建工厂的频率和总体规模上都弱于前几年。其中原因有大集团的布局布点战略即将进入收官阶段；还有就是经过快速扩张后，新增产能过速，有待消费市场的消化。在2010年，各大集团仍有不少新建、扩建项目和兼并扩张的举措。诸如：华润雪花在四川内江扩建30万千升、湖南娄底新建20万千升工厂，在烟台20万千升新建厂投产，以及取得杭州西湖45%股权；青岛啤酒在石家庄新建40万千升新厂，以18.73亿元全资收购山东新银麦；百威英博在湖南扩建30万千升、四川资阳新建30万千升新厂；燕京啤酒新建四川嘉陵20万千升、云南昆明20万千升工厂，扩建湖南衡阳40万千升、江西燕京10万千升，全资收购内蒙古金川保健啤酒。还有江苏大富豪50万千升异地搬迁，河南金星西双版纳20万千升工厂投产以及嘉士伯增持重庆啤酒12.25%股权并取得控制权等。据不完全统计，在2010年，全国新建、改扩建新项目约350万千升规模，投产100万千升，投入的资金约150亿元。

2010年以来，河南市场成为诸多大集团眼中的战略要地。燕京啤酒2.27亿元收购月山，华润雪花收购悦泉、2011年初收购奥克，百威英博投资27亿元在新乡卫辉建100万千升新厂，又与维雪签订了收购协议。这也就体现出了国内啤酒企业扩张并购的市场化洼地效应，在国内再也难以找到如此集中可并购资源的时候，进入河南就成为了必然。可以预见的是，待河南市场的整合结束后，啤酒集团的战略布局将进一步放缓，并购频率也会降低，将逐步上升到寡头竞争阶段。

八、食品安全重中之重

“民以食为天”，消费者对食品安全的要求是“零风险”，其实生活中的风险往往是无所不在的，并不存在“零风险”。啤酒产品的质量一直比较稳定，合格率很高，属于质量最为安全的食品之一。每年二季度国家质监总局都要对啤酒产品进行全国性抽查，在2010年二季度对全国22个省、自治区、直辖市200家企业生产的200种啤酒产品的包装、二氧化碳、酒精度、原麦汁浓度、甲醛、铅、双乙酰、蔗糖转化酶活性（生、鲜啤酒）、特种啤酒的特征性指标、致病菌等15项质量指标进行了检验。抽查结果显示，有1种产品违反标准规定，使用非“B”字啤酒瓶；有1种产品的酒精度实测值为2.9%vol，低于标准值≥3.1%vol的规定。抽查结果也显示出大中型啤酒企业的质量均为合格，反映出其对产品质量和品牌信誉更为重视。

从“三聚氰胺”事件以来，食品安全问题一直困扰着食品行业，从“牛肉膏”到“石灰鸡”，从“双汇瘦肉精”到“上海染色馒头”，近期出现的一系列食品安全问题再次引起了消费者的高度关注。面对层出不穷的食品安全事件，其中有不法企业缺乏道德良知的问题，有国家相关部门监管不到位的问题，当然还有消费者对于食品安全认识误区的问题。国家陆续出台了《食品安全法》等相关的政策法规，国务院专门设立了食品安全委员会。从2010年年底以来，国务院食品安全委员会办公室（以下简称食安办）会同国家卫生部等其他相关部门连续出台了严格规范食品非法添加行为、食品添加剂生产经营使用的文件，密集发布了GB 2760—2011《食品安全国家标准 食品添加剂使用标准》在内的诸多国家标准，打击非法添加和滥用添加剂行为的力度空前。对啤酒行业而言，食品添加剂和加工助剂是主要问题，我们倡导啤酒企业本着不用、慎用、少用的原则，严格执行标准规定的品种、范围、功能、用量和残留量，使消费者放心的同时，也是维护啤酒企业自身的企业形象和品牌形象。

第二部分
中国啤酒产业的发展趋势

2010年最为热门的莫过于“经济转型”和“通货膨胀”两个热点话题，以及由此而产生的对各行各业的深刻影响。我国经济正处在一个重要的结构转换时期，我国经济已经到了必须通过一系列结构转换才能推动整个国民经济持续快速健康发展的新阶段。当前经济生活中所面临的突出矛盾和困难，如需求不足、过度竞争、企业亏损等，都是在这一大背景下出现的，解决问题的思路也应由此出发来考虑。对目前的内需不足问题，仅靠宏观政策刺激是不够的，必须通过相关改革的深化和政策调整，在消费结构升级并带动产业结构转换的基础上才能有效解决。在这个关键时期和国际环境背景下，由于国际大宗商品价格上涨带动并引发的通胀预期为我国经济发展带来了较大的不确定性，这些因素也必将对我国啤酒产业产生很大影响。在各类消费品纷纷提出涨价预期下，在与国家发改委价格司协调和沟通后，我们协会发布了“酒类企业规范价格行为倡议书”，其目的在于确保酒类市场价格基本稳定，努力创造和维护良好的酒类市场价格秩序和消费环境，保持消费市场和谐稳定。

在分析2010年啤酒行业情况后，并结合当前形势，对我国啤酒产业的发展趋势提出以下预测，供业内参考。

一、有容乃大

从我国加入WTO以来，我国政府就一直在努力争取国际贸易各国承认我国的完全市场经济地位，美国和欧盟这两个世界上最大的经济体至今还没有承认我国的完全市场经济地位。我国的啤酒产业一直是走在市场经济前列的，也是充分市场化的体现，国际化和开放性决定了我国啤酒产业的性质和格局。

虽然业内外人士和媒体时有质疑我国啤酒产量还能否继续增长，但是，我国啤酒产量继续稳步增长的事实表明，啤酒产量的增长与否既不取决于啤酒行业产能的增减，也不取决于资本在市场中的进退，更不取决于人为的主观意愿。

市场经济的第一要素就是供需关系，这也是决定我国啤酒产量增长与否的首要因素，有需求才有市场，而市场容量的大小并不仅仅是狭义的既定消费群体，还有不断变化的消费需求，因此，市场容量是广义的、动态的，不是既定不变的。而我们拥有的是世界上最大的消费市场和已经成为世界第二大经济体并且对全球经济贡献最大的经济增长率，前者代表着最大的消费群体；而后者则意味着增长最快的消费诉求。有这两个因素的共同存在，我国啤酒产量如果不增长将是一件不可思议的事情。我们认为，今后影响我国啤酒产量继续增长的主要因素有以下三点：

（1）中国是发展中国家的定性没有改变，经济增速也不发生大的变化；

（2）国家对啤酒产业的产业政策不做限制性的重大调整；

（3）我国啤酒产业不出现断层和瓶颈等严重制约因素。

在未来五到十年，以上三点因素出现的概率均极低，因此，我国啤酒产量今后的总体态势仍将保持增长，但是增幅将逐级变小，仍将能保持年平均3%～5%的增长，年均约200万千升左右的增量相对稳定，出现两位数以上增长的概率将越来越低。我国啤酒产量已经连续九年居于世界首位，也正是由于我国啤酒产量的贡献，使亚洲啤酒产量超越了欧洲啤酒产量。啤酒大国的地位在未来仍将无人比肩。

二、多多益善

近几年，啤酒产品的多样化、个性化发展丰富了啤酒品种的同时也满足了消费者的市场需求，随着市场竞争程度的加剧，越来越多的啤酒企业把竞争的焦点聚集到消费者身上，随时关注消费者的需求变化，紧跟消费趋势，最大程度地满足消费者的消费需求，以获得消费者的持久忠诚度，争取更多的市场份额。

世间万物的发展总有自己的规律，其规律也不是一成不变的。啤酒产品的品种发展也循同此理，市场需求并非是围绕在消费者周围的单一因素，构成市场需求的要素主要来自于两方面：一方面是消费者的主动诉求；另一方面是引导消费，创造需求。真正的市场需求总是处于二者之间的平衡点，单纯依靠哪一方面，可能会取得一时的成功，但最终仍将失去市场。紧跟消费诉求，亦步亦趋，而忽视引导消费，总是要面对投入和回报的两难，必然事倍功半。而只是一味地埋头创造，不理会消费诉求，也必将是对牛弹琴，牛不入耳。比如，纯生啤酒的发展是以引导消费为主导的，而无醇啤酒则是应消费诉求而产生的。由此可见，啤酒品种的发展必然是二者并重的。但是，对于不同类型的企业应该有不同的侧重，大中型啤酒企业应该充分利用其品牌影响力和品牌忠诚度，侧重于定位市场的前提下引导消费，以获得市场的肯定，更容易获得规模效益的同时也将市场的不确定性降到最低。中小企业的啤酒产品多为地域性品牌，应以消费潮流为侧重，走特色化发展道路。

根据近几年的消费趋势和数据反映，我们认为，未来啤酒产品的品种发展有以下几方面：

（1）特色产品更加丰富。其中有新鲜化和差异化口味的需求，还有消费者对健康、环保的要求，也有啤酒企业自主创新的需要；

（2）原麦汁浓度回升。一方面有部分消费者希望饮用浓醇口味啤酒的需求；另一方面是辅料价格上涨，已经逐步接近原料价格，为了降低成本提高辅料比的意义在逐渐淡化；

（3）包装小型化、专用化。行业统计数据中显示出了啤酒行业小型化包装的趋势，既能体现消费文化，也提高了饮用安全性。未来5～10年，小型化包装啤酒产品（含500毫升以下及非玻璃质包装产品）的比例将上升至45%以上。近两年，专用啤酒瓶的应用比例提高较快，体现个性化的同时，对回收管理带来了便利，随着呼之欲出的《啤酒瓶》国家标准的发布，专用啤酒瓶的使用比例还将提高。

三、兼收并蓄

我国啤酒行业在近几年历经了几次大的并购之后，市场结构已得到改善和提升。目前，基本形成了以华润雪花、青岛啤酒、燕京啤酒和百威英博四大集团为主体的两极分化格局。当前，行业并购的重点已由新建并购阶段走入了整合渗透阶段，一方面，通过资源的合理对接来缓解并购所带来的消化不良，另一方面，国内国际大集团开始逐步把市场开拓的重心由前期市场版图的开拓转型于具有“价值洼地”的市场上。目前，在国内可以称之为“价值洼地”的典型市场有两个，一个是河南市场，一个是西部市场。从四大集团陆续进入河南市场的行为中不难看出，河南市场是国内仅存的为数不多的具有投资价值和战略布局的“价值洼地”（前文已有叙述）。西部市场“价值洼地”的价值体现没有河南市场这么抢眼，由于西部啤酒市场相对不发达和封闭性，发达市场的竞争态势较难波及。目前主要以嘉士伯、华润雪花和青岛啤酒为主，嘉士伯仍是西部市场占有份额最多的啤酒集团。

从下表中可以看出：在2010年，西北和西南地区产量增长仍是最快的，这个趋势在近两年还将得到延续，一方面是由于这两个地区产量基数比较低，增长潜力比较大；另一方面各大集团逐渐将战略布局集中到了这两个地区，比如：华润雪花在西藏建厂、燕京啤酒和金威啤酒在四川建厂，百威英博在四川资阳的工厂也将于2011年5月投产。

因此，我们认为，虽然我国啤酒行业的扩张和整合一直没有间断过，但是未来并购的频率和新建工厂的速度将逐渐减缓，在经历了发展期阶段后，正在逐步走向成熟期。四大集团的产量和市场份额仍将继续增加，下属工厂

2010年分地区啤酒产量及企业数量变化趋势

地区	产量增幅（%）	企业数增幅（%）	工厂数增幅（%）
东北地区	0.3	-17.2	-12.9
华北地区	5.9	-7.7	-5.6
华东地区	8.5	0.0	0.9
西北地区	9.4	16.7	3.5
西南地区	8.6	14.3	33.3
中南地区	6.2	-5.9	-1.0
全国	4.5	-3.8	-1.5

数量也会增加。当全国总产量不再增长或者小幅波动，四大集团的产量占到全国总产量的80%以上，企业数量变化不大的时候，再也没有所谓“价值洼地”当作谈资的时候，才可以说我国啤酒产业真正步入了成熟期，才会形成大则更大、小则更小、以行业龙头为主体的两极分化格局。

四、棋逢对手

啤酒产业发展的要素驱动阶段，资金一向是一个重要的资源变量，当竞争中其他倚重资源弱化，资金优势突显的时候，企业便正式走入了投资驱动的轨道。长期以来，啤酒市场“买市场”、“打市场”和“争市场”一直相生相随。国内国际啤酒大集团在经历了初期并购阶段的“买市场”，中期扩张阶段的“打市场”之后，出现了眼下比较普遍的相互渗透阶段的“争市场”。在国内可作为战略布局的地区日渐减少之后，索性就到竞争对手的优势地区去投资建厂，也就是“你中有我，我中有你”相互渗透地“争市场”，这种竞争行为一般发生在大集团与大集团之间，这也是行业中普遍存在的大集团竞争策略转型和资金投资需求。

啤酒市场竞争的惯性思维认为，市场份额应是与利润成正比的。在市场成长期时，这是理所当然的，但是，进入竞争对手已经相对成熟的市场，市场消费者已形成了稳定的品牌偏好或消费者资源已经被一个或者多个竞争对手深度开发时，再投以巨资进入，短期内会降低市场的利润回报率，比如，前两年的广东市场和眼下的浙江市场，曾经都是盈利丰厚的啤酒大省，现如今广东市场仅是微利，而浙江省更是风光不再，已出现了连续两年的亏损；长远来看，有两种：一种是要么你死我活，要么黯然出局；第二种就是和平共处，共谋发展。一般而言，后者的可能性较小。

我们鼓励竞争，鼓励市场化的理性竞争，但是，只顾及自身利益不顾及行业整体利益的过度竞争是不足取的。过度竞争导致了不容忽视的负面效应，在啤酒市场竞争中，企业追求自身利益最大化的行为本无可非议，但是，大集团之间的恶性比拼和过度竞争造成了新一轮的重复建设，难以形成产业互补和资源的合理配置，是以牺牲行业整体利益和国家资源为代价的。加之地方政府官员为了扩大政绩，引进资本，纷纷采取各种优惠政策，展开招商引资优惠政策的恶性比拼，也加剧了啤酒行业个别地区区域性的恶性竞争。为此，我们深以为虑，也费此篇幅，呼吁业内企业，特别是有实力的大集团，审时度势，理性竞争，立足长远，谋划未来。继续沿用原有策略，无疑会耗费企业大额的异地开拓营销成本，于现下及未来的竞争显然是地处不利的，于行业的长远发展也是不利的，岂不知“皮之不存毛将焉附”的道理。

五、未雨绸缪

当今社会已经进入信息化时代，对现代信息技术的应用程度较高，各类信息在全社会范围内高度共享，正所谓“好事不出门，恶事行千里”，而其间媒体充分发挥了传播作用，这就是现在一些企业怕见媒体、更怕出事儿的重要原因之一。如何能做到面对媒体理直气壮，不再忙着事后处理，那就需要变被动为主动，强化事前监控和管理，建立与时俱进、动态更新的长效制度和忧患意识，把企业在发展中的不确定性降到最低。

1. 诚信自律刻不容缓

食品安全的重要性已经是老生常谈了，本文第一部分中也有赘述，但是，我们仍然要把食品安全再次强化。对于啤酒工业而言，加工助剂仍是重点，近两年以来，我们已利用多次会议或专门召开会议的形式，对《食品安全国家标准 食品添加剂使用标准》的内容进行了广泛宣贯，从2011年4月20日该标准正式发布之后，仍有部分企业对此一无所知，还有个别企业抱着侥幸心理违规使用加工助剂。这不是单纯忽视和逃避监管的问题，而是作为企业公民法律知识淡薄、缺乏起码诚信自律的问题。食品安全是一项长期开展的工作，将永久成为食品企业的入门资格；再者，今后的食品安全将要面对不能只用科学解释就理直气壮的现实，更要注重的是消费心理安全，不要指望每个消费者都是科学家，不但要避免食品安全隐患，也要避免食品消费心理安全隐患。从而可知，啤酒行业应及早建立健全诚信体系，以做到未雨绸缪。目前，有的集团虽然总部建有制度并严格执行，但快速扩张后新成立的子公司工作滞后，制度不健全，存在食品安全隐患。中小啤酒企业对诚信建设紧迫性缺乏深刻认识，企业诚信制度尚未建立，已有的制度也未得到有效实施。啤酒行业需要进一步研究通过充分发挥市场机制作用，调动企业参与的积极性，实现诚信建设由“要我做”到“我要做”的转变。

2. 节能降耗应对挑战

企业的生产经营活动离不开资源和能源，生产过程使用的水、电、煤等，都是有限的，以有限的资源对应无限的发展，必然会使资源价格上涨，这是再简单不过的道理。进入2010年以来，随着世界经济的复苏，以原油为代表的国际大宗商品价格上窜下跳，大幅波动，这是国际炒家作祟而谋取暴利的手段，但是从长期看，资源价格上涨是大趋势。我们对现阶段啤酒工业的定义是："低盈利模式下的生产成本敏感型行业"，资源和能源价格的波动会直接反映到啤酒行业生产成本中，应对的办法似乎只有一个，那就是节能降耗，这是把资源能源价格波动带来的风险降低的最有效的途径。

国家发改委、工信部、环保部、科技部、财政部等国家部委在近两年陆续出台了针对啤酒行业节能的一系列相关法律法规，一方面对企业的能耗指标提出标准，加强了监管力度；另一方面对使用节能技术和装备的企业给予鼓励和资金补贴。由于一些大中型企业获得信息的渠道广、速度快，积极跟进，不但在实施节能措施中尝到了甜头，在国家财政支持的项目中也能获得补助。目前，大集团都制订了科学的节能降耗战略规划和目标，通过及时跟踪国内外先进水平及先进节能技术，制定能源消耗定额，不断采取各项节能措施，对消耗定额进行动态管理，切实降低能源消耗，这一点在行业整体的能源消耗水平和集团化规模效应中已经得到了体现。反观一些中小企业则处于生存边缘，不愿意也无力投入改造资金，长此以往，必然进入恶性循环。

3．环保先行低碳未来

当前，对环境保护的关注已经是全方位的了，从国际到国内，从国家到公众，从政策力度，从监管程度，无一例外地重视。环境保护已经不再是企业的个体行为，不但代表了企业形象和品牌形象，还代表了行业形象以及影响消费心理的重要因素，环保水平成为企业起码入市资格和门槛标准的时间也将为期不远。近几年国家工信部把推行清洁生产作为调整产业结构、落实节能减排、发展循环经济的重要举措，在已发布的首批17个行业的《清洁生产推广示范方案》中，啤酒行业名列其中，首批"两型（资源节约型、环境友好型）企业"中，有四家啤酒企业上榜。现下国家的政策是以点带面、推广示范，褒优不限劣。假以时日，清洁生产成为必然和必行后，高耗能高污染的企业必将被淘汰出局，甚至还将遭到社会的唾弃。

2009年11月，中国政府提出减排目标，实现2020年单位GDP碳排放比2005年减少40%～45%。

2010年7月，发改委发出了《关于开展低碳省区和低碳城市试点工作的通知》，在广东、辽宁、湖北、陕西、云南五省和天津、重庆、深圳、厦门、杭州、南昌、贵阳、保定八市开展试点工作。

2011年3月，全国人大《政府工作报告》中确定的"十二五"节能减排目标：单位国内生产总值能耗和二氧化碳排放分别降低16%和17%。并明确提出：探索建立低碳产品标准、标识和认证制度，建立完善温室气体排放统计核算制度，逐步建立碳排放交易市场，推进低碳试点示范。

2011年5月，我们协会发布了《中国酿酒产业"十二五"规划》，其中提出的啤酒工业低碳发展目标是：综合能耗下降9.3%；CO_2回收普及率达到100%，回收率提高30%。

种种信息的传达和迹象的表明，低碳已经不再是一个未来概念，似乎离我们越来越近了。及早进入低碳模式，是啤酒行业实现可持续发展的内在需求，也是促进啤酒行业实现经济增长方式转变的机遇。我们有必要未雨绸缪，及早顺应中国经济乃至世界经济社会变革的潮流；有利于调整产业结构，也有利于推动啤酒行业产业升级和技术创新，打造啤酒行业美好的未来。

2010年中国酿酒工业协会啤酒分会工作情况

2010年，中国经济经历了“最为复杂的一年”。面对极为复杂的国内外经济环境和极为严峻的各类自然灾害和各种重大挑战，党中央、国务院审时度势，科学决策，深入贯彻落实科学发展观，加快转变经济发展方式，加强和改善宏观调控，发挥市场机制作用，有效巩固和扩大了应对国际金融危机冲击成果，国民经济运行态势总体良好。受益于中国经济快速增长和内需市场的消费需求，啤酒产量回归至平稳增长态势，2010年啤酒产量实现4483.04万千升，世界首位的坐席仍应无人撼及，由于中国啤酒产量的贡献，也使得亚洲啤酒产量超越了欧洲啤酒产量。

和中国经济的精彩纷呈相较，2010年对于中国啤酒工业而言是一个相对稳健发展之年。一年以来，啤酒分会依据行业自身的发展特点和趋势，坚持抓行业热点和焦点问题，遵循为会员、为行业服务的宗旨，竭力做了一些工作。

啤酒分会2010年的工作计划中的主题就是以加强为会员企业和啤酒企业服务，积极做好行业服务工作。在过去的一年中，在理事会成员的大力支持和帮助下，啤酒分会开展了以下工作：

一、年度重点工作

1. 完成2009年年度啤酒行业统计工作，召开统计工作会议

2010年2～5月，在各省市区协会和啤酒企业的协助下，啤酒分会完成了2009年年度啤酒行业统计工作。在《啤酒科技》杂志上公布了产量、销售收入、利税总额排行，向各省、市、区协会反馈了各类统计结果。在对2009年行业统计数据分析的基础上，完成了题为“涅槃”的行业总结和发展趋势报告。

2010年11月9～10日，在广东省酒类行业协会啤酒分会协办下，在广州市召开了“2010年全国啤酒行业统计工作会议”。对三年以来啤酒行业的统计工作进行了总结，讨论并分析了目前行业统计交换汇总系统中存在的问题，表彰了2008—2010年度行业统计工作中突出贡献的先进单位9个、统计工作先进工作者9人。

统计工作是行业的基础工作，对于国际化和市场化程度比较高的啤酒行业而言，信息化和信息化工作显得格外重要，统计数据是信息化最为根本的基础，没有统计数据，信息化就是空中楼阁；如果统计数据失真，那么依据这些数据建立起来的信息化模块也是错误的，将给企业带来巨大的损失。虽然这项工作的性质是“见工不见功”，但是由于它的重要性，啤酒分会一直将其列为重点工作内容。

2. 召开“中国酿酒工业协会啤酒分会三届理事会二次理事长办公会”、“啤酒分会三届三次常务理事扩大会议暨啤酒原料专业委员会一届二次理事扩大会议”

2010年1月31日至2月1日，在湖南长沙召开中国酿酒工业协会啤酒分会三届理事会二次理事长办公会；2010年4月13～15日，在“中国酿酒工业协会会员代表大会暨四届一次理事会议”中，与啤酒原料专业委员会联合召开“中国酿酒工业协会啤酒分会三届三次常务理事扩大会议暨啤酒原料专业委员会一届二次理事扩大会议”。会议审议通过了啤酒分会2009年工作报告和啤酒分会2010年工作计划，对《啤酒》、《啤酒瓶》、《食品添加剂使用标准》国家标准重要内容进行了通报与探讨。会议中，颁发了2009年度“啤酒行业科技进步优秀论文奖”获得者颁发了奖杯及证书。

3. 举办“2010届国家级啤酒评酒委员”考评选拔暨“《品酒师》国家职业资格鉴定”

2010年4月23～27日，中国酿酒工业协会啤酒分会在山东省济南市成功举办了“‘2010届国家级啤酒评酒委员’考评选拔暨‘《品酒师》国家职业资格鉴定’”活动。参加本次考评和鉴定的人员经过各省、市、区协会的选拔和推荐，并经啤酒分会秘书处核定考试资格和级别。参加考评的人员来自于全国29个省、市、区的187个啤酒生产企业，共327人，其中：申报一级89人，通过一级71人；通过二级8人；通过三级3人，未通过鉴定7人，鉴定通过率92.13%；申报二级35人，通过二级22人，通过三级2人，未通过鉴定11人，鉴定通过率68.57%；申报三级203人，通过三级160人，未通过鉴定43人，鉴定通过率78.82%。聘任国家评委54人。这项工作的开展，对提升我国啤酒行业品评技能水平和整体素质起到了推动作用，对提高啤酒产品感官质量意义深远。

4. 举办两批三次“《酿酒师》国家职业资格鉴定”

啤酒分会在10月和12月举办了两批三次“啤酒《酿酒师》国家职业资格鉴定”，每次培训班为期5天，参加培训的企业人员及相关行业从业人员共计707人，其中参加高级（一级）酿酒师考试的人员达240人；中级（二级）酿酒师考试的人员达307人；助理（三级）酿酒师考试的人员达160人。参加人数为酿酒行业职业资格鉴定之最，在历年类似培训和考核中也是绝无仅有。

培训班邀请了中国食品工业发酵研究院副院长张五九、江南大学教授顾国贤、生物工程学院副院长李崎、中轻国际工程设计总公司副总工张桂卿以及中轻广州设计有限公司副总工李朝洲进行了培训与辅导，几位专家在培训内容的基础上，分别就啤酒原料、生产工艺、机械装备等方面，结合当下一些热点、难点的技术管理问题从基础理论到生产实践展开了系统培训。

考试共进行三项，分别是理论知识考试和技能考核，申报高级（一级）《酿酒师》考试的应试人员参加了专家组的口试评审。口试评审中，应试人员首先需回答由考评组设定的随机问答，之后，专家组就应试人员提交的论文向应试人员提问，然后，视应试人员回答的情况综合评审。口试评审更真实地反映了考生的应变能力和理论、实践功底，是一项能够深入考察综合能力的科目。申报二级和三级《酿酒师》的，理论知识考试和技能考核须同时及格，方可通过鉴定；申报高级（一级）《酿酒师》的，则需要三项考试同时通过，才能通过鉴定。经考评组阅卷、复核，通过一级（高级）《酿酒师》鉴定人数202人，鉴定通过率84.17%；通过二级《酿酒师》鉴定人数204人，鉴定通过率66.45%；通过三级（助理）《酿酒师》鉴定人数97人，鉴定通过率60.63%；三个级别合计通过鉴定503人，鉴定通过率71.15%。

两批三次《酿酒师》职业资格鉴定工作的开展，在行业中得到了广泛好评，促进了我国啤酒行业的技术交流和技术创新，对加快培养啤酒行业高技能人才、全面推进职业资格普及化奠定了良好基础。

5．技术委员会换届

召开“啤酒分会技术委员会2010年度扩大会议及换届工作会议”于2010年9月5～7日在北京召开，参加会议的共60余人，其中首届技术委员会委员30人，其余为申请参加第二届技术委员会及啤酒企业的领导和工程技术人员，另外特别邀请山东省、辽宁省、浙江省、广东省啤酒工业协会的领导参加了会议。按照首届技术委员会2008—2009年的工作内容，主要是围绕啤酒品种等问题展开讨论，内容涉及低度啤酒发展趋势问题，中国纯生啤酒发展前景分析及生啤酒蔗糖转化酶的检测问题等。同时利用本次会议，审查了GB/T 18916.6《取水定额第6部分　啤酒制造》国家标准（修订稿）。介绍了《啤酒瓶》国家标准和《食品安全国家标准　食品添加剂使用标准》的修订经过及当前情况，和各位委员进行沟通，加强了解啤酒行业有关标准法规的动态。本次会议根据行业形势的变化，对技术委员会管理办法进行了修订。在讨论通过技术委员会管理办法后，首届技术委员会审核了第二届技术委员会的申请推荐表，经讨论和表决，通过了第二届技术委员会的委员名单（37名），同时选举杜绿君为主任委员，投票选举出两位副主任委员。啤酒分会技术委员会每年对行业发展中存在的突出问题进行调研协商，向行业提出技术发展的建议，为推动啤酒行业技术进步、科研创新、提高管理水平做出了重大贡献。

6．完成“发改委重点节能技术”等课题

5月份承接了国家发改委关于重点节能技术申报的课题，经过调研和材料收集整理，重点对企业应用循环经济技术、节能减排现状进行分析，提出了啤酒工业的重点节能技术目录和技术流程等。国家发改委于10月发布了重点节能技术目录，啤酒行业的煮沸新技术和高温密闭蒸汽冷凝水回收两项技术进入目录。

2009年11月，接受中国标准化研究院委托，承接了《啤酒行业用水技术与水平调研报告》和《取水定额　第6部分：啤酒》国家标准修订工作，并于6月份完成了《啤酒行业用水技术与水平调研报告》，并通过验收，而《取水定额　第6部分：啤酒》国家标准也已经完成标准审定工作，等待标准化部门正式发布。

二、主办协办工作

1．主办2010中国国际啤酒、饮料制造技术及设备展览会

2010年9月，啤酒分会协办了2010中国国际啤酒、饮料制造技术及设备展览会。展览会以展示行业最新技术、装备、工艺为核心，向啤酒行业提供一站式采购服务，该展览会逐渐成为世界液态食品及相关行业的世界性交流盛会。

2．与中国食品工业发酵研究院及德国VLB联合举办中国啤酒技术国际高峰论坛

2010年9月，啤酒分会与中国食品工业发酵研究院及德国VLB联合主办了中国啤酒技术国际高峰论坛。论坛汇聚了全国啤酒行业的主要技术力量，同时邀请德国、俄罗斯等多个国家的国际酿造技术研究专家与学者进行技术与学术方面的沟通交流，在学术与技术的碰撞中产生啤酒生产技术的推动力，与会人员表示获益匪浅。

3．与百威英博合作的公益活动

2月4日，啤酒分会与百威英博啤酒集团及旗下百威啤酒在北京联合发起百威“驾给我好吗”大型理性饮酒主题

活动，同时正式在主流媒体上投放中国首个倡导“友情代驾”的电视公益广告——“都是为你好”，并随后在全国各大城市开展各式各样的趣味宣传活动，这一系列举动为推动国内酒类行业“理性饮酒”开创了一种新的操作模式。

4. 参与“仪狄奖”颁奖工作

为了表彰在贯彻科学发展观工作中为中国酒业做出卓越贡献的企业和个人，促进中国酒业更好、更快地发展，中国酿酒工业协会开展了“首届中国酒业‘仪狄奖’活动”。自2月以来，啤酒分会积极参与“仪狄奖”筹备和评选工作。啤酒行业的华润雪花啤酒获得“经济效益奖”（集体奖）、燕京啤酒获得“科技创新奖”（集体奖）、珠江啤酒获得“环境友好奖”（集体奖）、百威英博获得“社会责任奖”（集体奖）、燕京啤酒的李福成和青岛啤酒的金志国获得“卓越贡献奖”（个人奖）、河北蓝贝获得“企业腾飞奖”（特别奖）。

三、行业服务工作

1. 参与《食品安全国家标准 食品添加剂使用标准》等重要国家标准的修订工作

2010年7月5日，卫生部监督局以卫监督食便函[2010]227号发布了《食品工业用加工助剂使用原则和规定》（征求意见稿），啤酒分会立即组织重点啤酒企业和研究单位对征求意见稿进行了讨论，并针对行业应用加工助剂的实际情况，代表行业提出和上报了具体意见。

自2008年5月GB 4544《啤酒瓶》国家标准形成报批稿，针对标准中啤酒行业关注的重点内容和重要指标，啤酒分会多次参加了和国家标准化委员会、中国轻工业联合会综合业务部和中国日用玻璃协会的讨论会，对行业关心的关键指标据理力争，虽多次达成了共识，但是，目前该标准的修订工作仍处于胶着状态。

2. 完成政府各种委托的材料上报和协会的日常工作

完成了政府相关部门各种委托的组织材料上报，如：“十二五”重点行业清洁生产技术推行目标及资金需求分析、制修订行业清洁生产评价标准项目建议书、国家级两化融合促进节能减排试点示范项目评价、啤酒产品质量安全分析报告、参与重点行业节能减排技术筛选与评估课题等。参与了国家商务部外资司和反垄断局对嘉士伯增持重庆啤酒股份、青岛啤酒收购蒙阴新银麦的反垄断调查和审查工作。

为啤酒企业出具申报“中国驰名商标”的证明函；解答企业的咨询，例如添加剂问题、各种认证的相关问题等；为啤酒企业在市场中遇到的纠纷开具证明与说明，例如啤酒生产中啤酒瓶、标签标准不规范等问题；向国家职能部门提出各种意见与建议；完成日常的数据统计工作；随时与企业及相关单位保持良好的沟通与联系等。

3. 参加和出席的其他活动

2010年，啤酒分会参加了在无锡召开的“第九届法国啤酒大麦研讨会”，出席了各种企业活动，包括：啤酒市场调研考察；啤酒新工厂投产扩产等项目的立项咨询；出席了各地方和啤酒企业举办的啤酒节、啤酒花节、品鉴会、新品发布会等。

4. 组织酒类产品认证感官品评

在2010年，组织部分国家级啤酒评酒委员和高级品酒师参加二次酒类产品认证感官品评，共品评36个批次啤酒样品，统计品评结果后，分别为每个样品出具了品评报告。

5. 刊物出版

啤酒分会一直利用《啤酒科技》杂志作为载体，介绍啤酒行业的政策法规、标准等资料，行业内各种会议及活动结果，及时传达行业信息。行业内的大事小情都是通过《啤酒科技》向企业传达，如年度统计数据、进出口啤酒及其原材料等都会在杂志分月刊登。如标准修订前后，啤酒分会就在《啤酒科技》上介绍主要修订内容，执行日期，并提醒啤酒企业有关注意事项。

在省、市、区协会和啤酒企业的大力支持下，啤酒分会承担行业统计工作，组织每季度统计资料的汇总和交换。信息内有全国企业的“产量、消耗、劳动、财务、效益、价格、销量”等方面的23项31个指标。真实反映了全国啤酒行业生产经营状况及发展水平，在啤酒企业间的信息交流方面发挥了很好的作用，为各级领导和啤酒企业的经营决策提供了重要的依据和参考。

2010年是“十一五”的收官之年，回首五年间啤酒工业的发展令人瞩目，啤酒产量增长了46.43%，年均递增7.86%；利税增长了70.93%，年均递增11.33%（其中利润增长了494.36%，年均递增42.81%）。集约化发展进行得如火如荼，集中度得以大幅提升；结构调整成效显著；品牌建设成果凸显；科技创新能力得到大幅提升，为我国经济建设做出了贡献。展望2011年，将是“十二五”规划的开篇之年，在《中国酿酒产业“十二五”规划》中，我们提出了到“十二五”末实现年啤酒产量5450万千升，比2010年增长22%；实现年利税400亿元，增长50%的经济增长目标。“十二五”时期是啤酒工业把握机遇、实现产业转型和技术升级、推进品牌国际化发展的关键时期，中国酿酒工业协会啤酒分会将努力抓住行业热点和焦点，积极为行业服务，在省市协会和所有会员单位的大力支持与帮助下，凝聚业内外所有力量，和我国啤酒事业一起沿着《中国酿酒产业“十二五”规划》中提出的“优化结构推动产业升级，传承发展弘扬民族文化；诚实守信践行社会责任，自主创新挑战国际竞争”行业发展方向整装出发。

2011年啤酒行业综述

2011年是国内外经济环境复杂多变、极具挑战性的一年，也是巩固和扩大应对国际金融危机成果取得新进展的一年。金融危机的深度影响仍在继续，发达经济体复苏步履维艰，欧元区主权债务危机仍然在不断发酵和扩散，新兴经济体增速回落和物价上涨交织在一起。一年来，面对诸多挑战和风险，党中央、国务院坚持以科学发展为主题，以转变经济发展方式为主线，促进国民经济由政策刺激向自主增长有序转变，实现了“十二五”的良好开局。中国经济的持续快速增长和不断扩大的内需市场消费需求，也拉动了啤酒产品的平稳增长，4898.8万千升的全年啤酒产量，使业内外惊异；10.7%的增速也似乎令人难以置信。

啤酒分会每年都对我国啤酒行业的发展概况进行两次评价，其分析基础是啤酒行业的国家统计局数据和行业统计数据。本次报告主要根据国家统计局数据对2011年的啤酒工业概况进行分析。由于在国家统计局的统计中，啤酒行业的范围包括麦芽加工及啤酒工厂的其他产业，因此其主营业务收入（销售收入）、利润、税收等经济指标数据有偏差，但和上年同期对比，其所反映的趋势是可信的。以下报告中所列统计数据仅供参考。

一、产量增长

2011年我国啤酒产量完成4898.8万千升，比上年同期（调整数4426.6万千升）增长10.7%（如按当年公布数4483.0万千升计算为9.3%），自2008年经济危机爆发以来，啤酒产量首次出现两位数增长。产量净增长472万千升。人均占有量为36升，略高于世界平均消费水平。

各省市区中啤酒产量超过100万千升的省市与上年相同，为18个；其中超过200万千升的有山东、广东、河南、浙江、辽宁、江苏、黑龙江7个，比上年增加1个；出现负增长的省、市、区有海南、上海、江苏、甘肃4个，比上年减少1个（上年为5个）。啤酒产量增加20万千升以上的省市有山东、广东、黑龙江、河南、湖北、湖南、辽宁、河北、云南9个；增长率超过10%的省市有云南、西藏、山西、湖南、黑龙江、河北等14个，其中云南、西藏、山西3省区增长超过30%，中西部啤酒产量增长强劲。

虽然啤酒产量出现了较大幅度的增长，但是增幅低于饮料酒13.7%的增幅，在饮料酒中，啤酒增量虽是最大，增幅却是最小的，在饮料酒中所占比例相比上年继续降低，为78.1%，体现出啤酒产量的增长和其他酒类产品相比仍属相对平缓。

作为低价值快速消费品的啤酒产品，对大的经济环境反映不敏感，也就是说啤酒行业总体的发展趋势和经济环境以及消费环境相关联，但其趋势相对平缓和钝化。如果不与其他行业对比，单独看啤酒行业，在行业本身年总产量基数已经很大的基础上，出现较大涨幅的概率已经很小，而2011年的啤酒产量实现如此大的增长实属难得，如分析背后原因，也只能归功于国家拉动内需政策和消费市场需求强劲的原因。

二、售价提高

2011年啤酒行业实现销售收入1589.4亿元，比上年同期增长22.9%，高于啤酒产量的增幅，但仍低于饮料酒销售收入的增幅，千升啤酒销售收入比上年增长11.1%。和国家统计局公布的“2011年主要统计数据”中的几项相关类别的对比中，啤酒行业的销售收入增长基本处于平均水平。可从表3、表4反映出一些特点。

表1和表2中反映出在啤酒行业销售收入总额以及单位产品销售收入在和国家“2011年主要统计数据”、饮料酒行业数据的分析对比中，处于平均水平，说明啤酒产品在市场的议价能力得到了一定提升，过度价格竞争态势相比前两年有所减缓。

从国家统计局公布的啤酒行业按企业性质的分类指标中，以啤酒产品销售收入为例，可从表3、表4反映出一些特点。

从表3中可以看出，股份制啤酒企业占企业数比例仍为最大，其销售收入所占比例却一直低于外商投资企业，增长处于平均水平；多为中小企业的私营民营啤酒企业占企业数比例和销售收入所占比例均不大，但其增幅在近三年都是比较大的，说明在3年中，中小企业发展较快；外商投资啤酒企业的企业数比例和销售收入所占比例比较稳定，市场的议价能力和销售收入增长水平也具有持续性。

表1

啤酒业销售收入增长（%）	国内生产总值增长率（%）	社会消费品零售总额增长（%）	限额以上企业（单位）[①]消费品零售额增长（%）	粮油食品、饮料烟酒增长（%）	饮料酒销售收入[②]增长（%）
22.9	9.2	17.1	22.9	25.3	27.2

表2

千升啤酒销售收入比上年增长（%）	居民消费价格上涨（%）	居民消费食品价格上涨（%）	工业品出厂价格上涨（%）	食品出厂价格上涨（%）	千升饮料酒销售收入[③]增长（%）
11.1	5.4	11.8	6.0	7.4	11.9

表3 2011年我国啤酒业销售收入按控股情况分类比值表

控股情况	企业单位数比例（%）	销售收入占总额比例（%）	销售收入同比增长（%）
国有控股	5.4	6.2	15.4
集体[④]	1.2	0.8	39.4
股份制	34.6	24.8	23.4
私营民营	22.1	13.0	30.4
港澳台控股	10.7	12.0	13.2
外商投资	26.0	43.2	24.3
合计	100.00	—	22.9

备注：

① 限额以上企业（单位）是指年主营业务收入2000万元及以上的批发业企业（单位）、500万元及以上的零售业企业（单位）、200万元及以上的住宿和餐饮业企业（单位）；

② 来源于国家统计局，但非国家统计局公布的“2011年主要统计数据”；

③ 来源于国家统计局，但非国家统计局公布的“2011年主要统计数据” ；

④ 集体所有制啤酒企业数量较少，数据较易失真，暂不作为分析依据。

三、成本上升

自2010年11月份开始，啤酒大麦价格出现了较为明显的一波涨幅之后，一直在高位运行，至2011年12月，大麦价格再次上涨，环比上涨17%，且有持续走高的态势。2011年我国进口啤酒大麦177.6万吨，比上年减少25.0%，全年平均进口单价比上年上涨了52.3%，平均每吨大麦价格344.9美元，年底又反弹到每吨383.4美元（到岸价，来源：国家海关总署）。成品麦芽进口量一直不大，且进口单价也较为稳定，2011年进口1.1万吨，增长51.2%，平均单价同比下降17.3%；进口颗粒酒花1127.4吨，比上年增长3.0%，平均单价上涨2.4%，其中进口香型酒花占80%以上；进口酒花浸膏和液汁比上年下降了21.8%，平均价格上升了7.4%。各种原材料的价格基本都处于上涨态势，特别是主要原料啤酒大麦价格的上涨对生产成本产生的影响较大。据国家统计局公布的“2010年主要统计数据”中显示，“全年原材料、燃料、动力购进价格”同比上涨10.8%；“生产资料原料出厂价格”同比上涨6.6%，包装物、煤、原油等价格和人工成本都普遍上涨。受此影响，2011年千升啤酒生产成本相比上年上涨了10.9%，其中：单位产品销售成本费用提高了13.8%，单位产品管理费用上升了0.5%，单位产品财务费用上升了4.6%，仅单位产品营业费用下降了2.7%。

在国内、国际复杂的经济环境下，价格调控几乎成为贯穿2011年甚至要延伸到今后一段时间的国家宏观调控主基调。资源、能源的有限性也定性了物以稀为贵的特点，和啤酒行业相关的资源类商品未来仍然普遍存在上涨预期，加之我国人口红利时代渐行渐远，廉价劳动力将一去不返等原因，因此，2012年乃至未来几年啤酒产品的生产成本仍旧不容乐观。

四、增效缓慢

2011年，我国啤酒工业实现利税总额297.4亿元，比上年增长13.7%。千升啤酒利税比上年增长2.74%，其中利润增长13.8%，税金增长13.6%；千升啤酒利润增长2.9%，千升啤酒税金增长2.7%。单纯从数据来看，我国啤酒行业经济指标呈现出的发展势头令人担忧，和连续十年啤酒产量世界第一的地位并不相称。考虑前两个方面产量和成本的因素，综合来看，2011年我国啤酒行业处于“增量不增效”的现状。所以，从行业的盈利水平可以看出，售价的上涨几乎被生产成本的提高而抵消，啤酒产品的售价是被动提高，仍然没有走出价格竞争的阶段。

从分省、市、区经济效益指标来看，千升啤酒利润增长20%以上的省、市、区有：安徽、江苏、内蒙古、湖南、宁夏、北京、新疆9个。亏损省、市、区由上年的4个减少为3个，分别为山西、天津、河北，上年的亏损省、市、区浙江、吉林扭亏为盈，河北由盈转亏。利润增长较多的省、市、区有山东、浙江、内蒙古、北京、吉林、河南、福建、安徽、新疆；利润增幅在50%以上的省、市、区有：湖南、安徽、宁夏、内蒙古、江苏5个。从分省、市、区盈利水平分析出，之前品牌集中度较高的地区和沿海经济较为发达的地区呈现出集中度分散、盈利水平下降的趋势；而之前品牌集中度分散的地区呈现出集中度提高、盈利水平转好的迹象；经济欠发达地区和边远地区则呈现出量升价涨、盈利水平放大的态势。

五、进出口活跃

2011年我国出口啤酒22.1万千升，同比增长13.8%，出口额13068.1万美元，出口单价上升了2.2%；进口啤酒6.4万千升，同比增长37.4%，进口额9061.0万美元，进口平均价格上升13.1%。出口单价与进口单价之比，比上年下降了0.2美元。

2011年啤酒产品的进出口表现相对活跃，均出现不同程度的增长，且量值增价格涨。特别是进口啤酒的增长值得关注，进口啤酒量虽然不大，但是，从2009年开始增长，至目前三年增幅达128%。基于啤酒产品低价值、新鲜化和地域化销售的特点，我国进出口啤酒总量相比啤酒总产量是较小的，所占比例从未超过1%，但从中仍可体现出国内消费市场的变化。体现出了消费者对高端产品和个性化啤酒产品的需求正在逐步增强，高端啤酒市场的份额在日益扩大。

六、扩张减速

2011年8月，华润雪花啤酒收购杭州西湖啤酒余下55%股权之后全资控股杭州西湖，各大集团对杭州西湖的争夺战尘埃落定。一家30万千升规模啤酒企业的并购曾几何时得到过如此多的目光关注，各大网站、媒体以及业内外人士议论纷纷，这种情况在前几年一般不太可能发生，但是，在2011年就是如此。究其原因，一方面有杭州西湖股权的特殊性，另一方面就是可供大集团选择收购的市场资源确实不多了。

步入2011年之后，兼并、收购、新建、扩建、改建、搬迁，各大集团依旧马不停蹄。华润雪花、青岛啤酒、燕京啤酒和百威英博依然是扩张的主角。据不完全统计，四大啤酒集团在2011年扩张建设的项目见表4：

改扩建项目一般不如兼并收购和布局新建工厂项目那么吸引外界眼球，表4显示出，在2011年，四大啤酒集团的改扩建项目总数超过了并购和新建项目的总和。啤酒集团的扩张步伐明显减缓，并购和新建工厂的规模均弱于上年。2011年行业净资产增加179.5亿元，负债增加88.9亿元，资产负债率相比上年降低了0.5个百分点，说明行业资本结构有所改善，也间接显示出投资减速的迹象。对原有根据地进行技术改造或重新规划成为现阶段的重心和重点，使原有工厂发挥更大生产能力不失为对原有市场进行巩固和深耕的上策，也是对品牌和市场做精做细、修炼内功的具体体现。

表4 2011年四大啤酒集团收购、建设项目统计表

企业名称	兼并收购企业（个）	新建竣工投产或在建工厂（个）	改扩建或搬迁项目（个）	合计（个）
华润雪花	7	10	8	25
青岛啤酒	2	2	12	16
燕京啤酒	1	2	10	13
百威英博	2	5	8	15
合计	12	19	38	69

备注：未包括协议投资和意向投资项目。

七、市场转变

目前，啤酒企业的利润增长主要来自于品牌塑造和优势区域两个要素。啤酒企业的盈利模式基本上有三种。第一种，以价取胜。产品定位高端，无需形成太多优势区域即可获取较好利润。随着企业组织结构的梳理和营销模式的转变，在进入一个新市场的时候，从起步到实现较高盈利的时间相对短暂，品牌策略和运作能力有着很好的匹配，这是实现利润的主要驱动因素。第二种，以量取胜。通过全国的布局和发展，扩大产能和销量，采取薄利多销的策略。这需要具有细致的预算和财务核算管理，以及人力资源管理和较强的营销能力。第三种，量价结合，即前两种模式相结合，不仅重视价格提升也重销量增长。品牌定位为高端和中低端结合，且在部分区域占据了相对优势的市场份额，立足于多品牌中低端市场的基础，同时具有高端啤酒市场的相当份额。

我国啤酒工业之所以发展得如此迅速，主要得益于国家产业政策支持，巨大的产业资本参与是支撑和培育消费市场的根本保证，啤酒行业的发展体现出了消费人群巨大的特色。啤酒行业多年来一直处于微利阶段，来自于市场竞争的压力无法通过市场议价能力完全转化，原材料价格的变动直接影响了行业盈利水平。以长期原料对外依存度和原料定价权来看，啤酒行业对自身生产成本的控制能力并不强，因此，降低成本的空间比较有限，这也不是行业利润的主要来源，未来行业利润的长期增长点将来自于行业整体利润的增厚和高端啤酒市场份额的扩大。国内巨大的消费市场、强劲的消费能力和日益增长的差异化消费需求为高端啤酒市场的扩张提供了支撑，且城镇化的加快将使中西部城市和更多的农村市场产生新的高端消费需求。啤酒行业近几年的发展表明，产品的结构处于不断调整之中，大型企业集团在注重市场开拓的时候，把价格竞争向品牌竞争转变，注重提高产品内涵，加快资本、品牌和渠道建设，以争夺更多份额的高端啤酒市场。强势地域性品牌具有一定的渠道优势，在高端市场仍可占有一席之地。而品牌竞争力较弱的地域性品牌将会受到进一步的挤压，未来的生存境况堪忧。

八、食品安全

国家质量监督检验检疫总局每年在二季度都要对啤酒产品进行抽查，2011年8月公布的对28类食品的二季度抽查报告和2011年10月公布的对37类食品的三季度抽查报告显示，没有对啤酒产品进行全国性的抽查，仅有个别省、市、区的质监部门对啤酒产品进行了抽查，抽查合格率为100%。在当前食品安全形势下，国家监管部门加大了对食品质量的抽查范围和力度，但却没有抽查啤酒产品，这绝对不是幸运使然，而是啤酒产品质量安全性的充分体现，可以说，啤酒产品是目前最为安全的食品之一。值得注意的是，质检总局在三季度对啤酒瓶进行了全国性抽查，抽查了18个省、市、区58家企业生产的58种啤酒瓶产品。对啤酒瓶产品的内应力、抗冲击、耐内压力等9个项目进行了检验。抽查发现有11种产品不符合标准的规定，涉及抗冲击、耐内压力、垂直轴偏差项目。其中，有10种产品抗冲击项目不达标，是造成不合格的主要原因。啤酒瓶是啤酒产品的重要组成部分，严格地说，啤酒瓶不安全就等于啤酒产品不安全，啤酒瓶已经成为当前啤酒产品的食品安全隐患。其中虽然有标准要求不合理性的因素，但这并不是关键因素，关键还是在于啤酒企业自身的要求。目前《啤酒瓶》国家标准的修订工作矛盾很大，举步维艰，协会仍然一直在努力争取中。

近年来，食品安全问题已成为老百姓关注的热点。2011年，在“瘦肉精”事件后，又发生了“染色馒头”、“毒豆芽”、“地沟油”等事件，2012年元宵节前，又爆出思念汤圆中吃出了创可贴、塑料泡沫和苍蝇等异物，这些食品安全事件一次次冲击着消费者的神经。随着国内食品安全问题频发，国家对食品安全问题越来越重视，国务院副总理、国务院食品安全委员会主任李克强在主持召开的国务院食品安全委员会第四次全体会议上提出：治乱需用重典，要坚持严字当头，保持严厉打击食品安全违法犯罪高压态势。啤酒产品虽然是目前的安全食品，但是，并不能高枕无忧。在当前食品安全法律法规不断完善的过程中，虽然仍有一些不尽合理的监管内容，比如：《啤酒瓶》标准难产、啤酒企业自产自用二氧化碳单独办理许可证的事情等，但是啤酒企业必须和协会一起尽全力努力争取，配合监管部门建立健全法规依据和监管机制。在当前食品安全须用重典治理的大背景下，作为食品制造企业，必须时刻自省、警钟长鸣，一旦出现问题或者是一个疏忽和隐患，以现在网络时代的信息传播速度和扩散效应，无疑将会丧失消费者信心，失去市场，最终危及企业长远发展，甚至带来灭顶之灾。

九、社会责任

随着啤酒工业的迅速发展，对资源的需求，对环境的影响和对社会的作用日益增加。因此，关注“企业社会责任”，承担“企业社会责任”，正确处理与社会、环境、资源的关系，已经成为我国啤酒业向前发展的需要和必然。在这一点上，一些大中型啤酒企业已经率先展开了相应工作，青岛啤酒、燕京啤酒、珠江啤酒、四平金士百、湖北金龙泉等啤酒集团成为国家工信部树立的清洁生产示范试点企业。国家发改委、工信部、环保部、科技部、财政部等国家部委在近几年陆续出台了针对啤酒行业节能减排、清洁生产的系列法规标准，一方面加强监管力度；另一方面对典型企业给予鼓励和资金补贴。一些大中型企业获得信息的渠道广、速度快，积极跟进，不但在实施节能措施中尝到了甜头，在国家财政支持的项目中也能获得资金补助。百威英博、青岛啤酒等大集团，每年发布年度企业社会责任报告，热心公益事业，积极扶危济困，这是对社会的承诺也是对消费者的承诺，树立了良好的品牌形象和社会形象。百威英博开展的“驾给我好吗”、“酒后不驾车”等理性饮酒的全国性公益活动，取得了积极的公众形象。相信不久的将来，将会有更多的啤酒企业加入到负责任企业的队伍中来。

十、诚信建设

诚信缺失是许多国家在迈向现代化过程中都会遭遇到的过渡性难题，很大程度上是转型期的特殊困难造成的。从某种意义上说，诚信缺失具有一定的社会性和历史性。当然，诚信缺失的根本原因是主体自身造成的。在市场经济发展过程中，在约束与制度规约缺失以及失信成本低廉的情况下，诚信缺失也就不难理解了。我国经济发展的速度令人称羡，但是，当前我国一些经济主体的道德素质并未如人所愿，而且远没有达到市场经济和社会进步所要求的水平。孟子曰：诚者，天之道也，思诚者，人之道也。可见自古以来诚信就是为人之道，诚信对国家、行业、企业乃至个人生存发展都具有重要意义。从本质意义上说，市场经济就是诚信经济。诚信对于市场经济中的利益相关者而言，是重要的行为原则，也是基本的“底线道德”。在市场经济条件下，只有讲诚信才能赢得顾客信任，才能不断扩大市场占有率。

中国已经成为世界啤酒大国，国内各大啤酒集团已经进入世界啤酒企业排名前列。大国必须要有大国的风范，大企业也必须具有领军者的表率和姿态，要在全社会树立讲诚信、讲责任、讲良心的啤酒行业整体形象。竞争攸关生存，本无可厚非，但是，为了自身利益，不择手段损害竞争对手的做法是不足取的，比如：在局部市场中买断竞争对手的产品低价卖往他处，再用自己的产品取代铺货。或者是在市场竞争中挑衅搅局，乘乱取利。再或者利用媒体煽风点火，败坏竞争对手的形象等行为，都是诚信缺失的具体体现。最终损害的是行业整体形象和利益，害人也害己。在当前啤酒行业市场竞争越来越为激烈的阶段，越需要建立健全自身的诚信体系，越需要养成行业的诚信品格。其实，诚信本身是有价值的，诚信价值有两个维度：一是功利性，二是工具性。换言之，诚信是能够带来物质财富的精神资源。所以，在市场经济中，应该充分发挥这种无形资产的社会功能。诚信体系的建设和诚信品格的养成是自律与他律的根本统一，有利于从根本上铲除滋生唯利是图的土壤，进而保障诚信建设的理性推进。因此，唯有自律与他律结合、自觉与提倡统一、自我约束与制度保障契合，才能实现社会利益与经济利益协调一致，达到和谐行业的目标。

2011年，啤酒工业较为集中的关键词有四个：产量、售价、成本、利润。一年以来，外界关注啤酒行业最多的是“涨价”；业内诉求最大的还是“成本”，这就是“内外有别”。“成本”和“售价”就像一对双生兄弟，相依相伴，相生相克。市场是“父亲”，竞争是“母亲”，二者是根源。具有一定市场定价权和议价能力的企业，能够较好地转化成本压力，赢得市场的青睐；不能转化成本压力的企业，选择了刻薄“成本”，甚至出现了个别企业以“售价”定“成本”的做法，这种做法虽然可以做到食品安全不涉及、理化指标没问题，但是，对感官指标不可能没有影响，不能以“消费者不具备鉴别能力”为借口，而忽视口味风味的变化，殊不知“成本”是有底线的，一味地刻薄“成本”，无异于饮鸩止渴，是要付出代价的。

2011年中国酿酒工业协会啤酒分会工作情况

一年以来，啤酒分会依据行业的发展特点和趋势，坚持抓行业热点和焦点问题，遵循为会员、为行业服务，维护会员的合法权益，积极促进我国啤酒工业健康持续发展的宗旨，全心全意努力开展工作。

想企业之所想，急企业之所急，为会员企业和啤酒企业服务是中国酿酒工业协会啤酒分会永恒的工作主题，在过去的一年中，在理事会成员企业的大力支持和帮助下，啤酒分会开展了以下三个方面工作：

一、年度重点工作

1. 完成2010年年度啤酒行业统计工作

2011年2～5月，在各省市区协会和啤酒企业的协助下，啤酒分会完成了2010年年度啤酒行业统计工作。在《啤酒科技》杂志上公布了产量、销售收入、利税总额排行，向各省市区协会反馈了各类统计结果。为了使入网企业尽快得到信息交换资料，在2011年增加了每季度的行业重点企业快报，为了提高效率，使入网企业快速便捷获得数据和信息，快报不使用印刷版寄送，采用电子版形式发送，并且未对入网企业加收费用，突出协会的服务理念。在对2010年行业统计数据分析的基础上，完成了题为“以不变应万变”的行业总结和发展趋势报告。

统计工作是行业的基础工作，对于从事行业工作者而言，显得格外重要。协会的职责是上情下达和下情上达，是企业和政府之间的桥梁。不了解企业情况和不能如实掌握行业情况就无法正常开展行业工作，每年协会开展的工作也需要依据基础工作所反映出来的信息。对于每一个啤酒企业也同样重要，能够及时了解同行业企业的信息和水平，有利于促进和提高企业自身建设和长期发展。

2. 召开“中国酿酒工业协会啤酒分会三届理事会三次理事长办公会”、“啤酒分会三届四次常务理事扩大会议暨啤酒原料专业委员会一届三次理事扩大会议”

2011年2月20～23日，在云南召开中国酿酒工业协会啤酒分会三届理事会三次理事长办公会；2011年4月，啤酒分会与啤酒原料专业委员会于2011年4月在“中国酿酒工业协会第四届理事会第三次（扩大）会议”期间联合召开“中国酿酒工业协会啤酒分会第三届理事会第四次常务理事扩大会议暨啤酒原料专业委员会第一届理事会第三次扩大会议”。会议审议通过了啤酒分会2010年工作报告和啤酒分会2011年工作计划，对《食品安全国家标准 食品添加剂使用标准》等国家标准进行了解读。会议中，颁发了2010年度“啤酒行业科技进步优秀论文奖”，向获奖者颁发了奖杯及证书。

3. 召开“2010届国家级啤酒评酒委员”颁证仪式暨2011年会

2011年9月18～21日，在天津举行了“2010届国家级啤酒评酒委员颁证仪式暨2011年会”。在2010年通过国家级啤酒评酒委员考试选拔的“2010届国家级评酒委员”46人参加了年会。会议中，为44位“2010届国家级啤酒评酒委员”和2位“国家级啤酒评酒荣誉委员”颁发了评酒委员证书。除了组织啤酒品评练习及实物鉴别以外，还进行了同一啤酒品牌不同地域，不同工厂的产品口味一致性评价。评酒委员年会是协会每年开展的常规会议，对提升国家级啤酒评酒委员品评水平有很大帮助，且具有持续性。对我国啤酒行业品评技能水平和整体素质起到了推动作用，对提高啤酒产品感官质量意义深远。

4. 第二届技术委员会2011年度会议

2011年12月11～15日，在吉林省四平市召开“啤酒分会第二届技术委员会2011年度会议”，对第二届技术委员会委员颁发了聘任证书；对2010～2011年工作内容汇总交流，本次年会汇总了23名委员39篇有关啤酒行业技术进步、节能降耗方面以及对等行业热点问题探讨的科研论文、经验总结或调查报告，其论文总数之多及内容之广为历次技术委员会年会活动之最。会议对啤酒老化分析、营养标签等啤酒行业热点、焦点技术问题探讨与交流，技术委员有针对性地对行业相关问题广泛发表了讨论意见。会议讨论并确定了技术委员会2012年工作计划；一致通过了增补嘉士伯啤酒香港有限公司汤澍浩为第二届技术委员会委员。啤酒分会技术委员会每年对行业发展中存在的突出问题进行调研协商，向行业提出技术发展的建议，为推动啤酒行业技术进步、科研创新、提高管理水平做出了重大贡献。

5．举办第四批“《酿酒师》国家职业资格鉴定”

2011年12月26～30日，在河南省郑州市举办了第四批“啤酒《酿酒师》国家职业资格鉴定”，本次鉴定由河南省酒业协会协办。培训班为期5天，有效申报并参加考试与考核的人数合计77人，其中申报并参加一级（高级）《酿酒师》考核鉴定的人员50人，二级《酿酒师》23人，三级（助理）《酿酒师》4人。考核鉴定分为理论知识考试和技能考核，参加一级（高级）《酿酒师》考核鉴定的人员需参加专业知识的口试评审，各门考试和考核均须及格方可通过鉴定，经考评组阅卷、复核，通过一级（高级）《酿酒师》鉴定人数37人，鉴定通过率74.0%；通过二级《酿酒师》鉴定人数15人，鉴定通过率65.2%；通过三级（助理）《酿酒师》鉴定人数4人，鉴定通过率100.0%；三个级别合计通过鉴定56人，鉴定通过率72.7%。

6．完成“啤酒行业节能减排技术评估与应用研究”等课题、项目组织申报和评审工作

与北京工商大学联合完成了“啤酒行业节能减排技术评估与应用研究”课题。

组织业内重点企业申报2011年工业清洁生产示范项目，并参加了啤酒企业的项目评审工作。

组织业内企业对“国家级两化融合促进节能减排试点”、“两化融合促进节能减排重点推进项目”、“‘十二五’工业节水重大工艺技术及装备”和“工业固体废物综合利用先进适用技术”等项目的申报工作。

二、主办协办工作

1．参与中国酿酒产业“十二五”规划编制工作

参与了《中国酿酒产业“十二五”发展规划》的筹备、起草、修订、审定、发布和报送国家相关部门的工作。

2．参与第二届“中国酿酒大师”审定与颁证工作

参与了第二届“中国酿酒大师”的评价细则起草、组织申报、评审、审定以及颁证大会的筹备与会务组织工作。

3．参与中国酿酒产业两化融合、两型企业战略推进主题论坛

重点参与了在协会第四届理事会第三次（扩大）会议期间举办的“中国酿酒产业两化融合、两型企业战略推进主题论坛”的筹备、策划和组织等工作。

4．参与“中国酿酒工业协会科学技术奖”设立

重点参与了“中国酿酒工业协会科学技术奖”的申请、设立，以及成立奖励委员会、评审委员会的筹办工作。

5．举办“‘赛诺杯’第二届全国啤酒品酒职业技能竞赛”决赛

2011年11月18～23日，在天津武清举办了“‘赛诺杯’第二届全国啤酒品酒职业技能竞赛”决赛。本次竞赛是以啤酒分会为主力、协会各部门全力支持的年内协会的重要工作之一。自今年5月始，经各省、自治区、直辖市酒协、劳动部门和产业工会组织初赛和推荐，共有212名选手获得参加决赛资格，实际参加决赛的选手178名，来自于27个省、直辖市、自治区的113个啤酒生产厂。经过5轮培训，进行了理论考试和33组的技能考核，历时5天。举行了隆重的决赛开幕式和闭幕式，竞赛决出了第一、二、三名选手和前70名优秀选手。第一名是华润雪花（浙江）公司的王江群，将获得“五一劳动奖章”荣誉；前三名将获得“全国技术能手”荣誉称号；前70名获得了“酿酒行业技术能手”荣誉称号。

三、行业服务工作

1．为啤酒企业开展服务与咨询工作

为啤酒企业在市场中遇到的纠纷开具证明与说明，例如啤酒生产经营中啤酒瓶、商标注册等问题；为企业之间在经营过程中的争议提供沟通与协调平台；解答啤酒企业的咨询，例如食品添加剂问题、各种认证的相关问题等；为啤酒企业出具申报“中国驰名商标”的证明函；办理食品生产许可证过程中的审查细则方面的解释与说明；完成日常的数据统计工作；随时与企业及相关单位保持良好的沟通与联系等。

2．完成政府各种委托的工作

完成了政府相关部门各种委托的组织材料上报，向国家职能部门提出各种意见与建议。如：国家发改委第四批重点节能技术申报、国家工信部“十二五”轻工行业固体废弃物资源化利用课题建议、“两型”企业试点方案评价、国家职业分类大典修订工作、国家商务部酒类流通行业标准建议、国家质监局的啤酒产品质量安全分析年度报告，国家食品药品监督管理局和国家质监局的信访函的解释与回复，国家工商总局商标局关于商标注册方面的咨询材料反馈等。参与了国家商务部外资司和反垄断局对啤酒行业相关并购案的经营者集中和反垄断调查和审查工作。

3．参加《食品安全国家标准 食品添加剂使用标准》等国家标准的讨论会议

参加了由国家卫生部组织召开的《食品安全国家标准 食品添加剂使用标准》讨论会，提出了行业观点和建议；

参加了由中国轻工业联合会综合业务部召集的与中国日用玻璃协会的讨论会，对行业关心的关键指标据理力争，但目前该标准的修订工作仍处于胶着状态；参加了《碳内涂层聚酯瓶》国家标准审查会，提出了行业审查意见。

4．组织企业参加酒类商品价格座谈会

2011年3月31日，啤酒分会组织青岛啤酒、燕京啤酒、雪花啤酒、百威英博四大啤酒集团负责人参加了国家发改委价格司召开的“酒类商品价格座谈会”，完成《酒类企业规范价格行为倡议书》并在相关媒体发布。

5．参加山东省啤酒工业“十二五”规划论证会

2011年8月，受山东省经信委邀请，参加了山东省啤酒工业“十二五”规划的论证会。

6．主办了理性饮酒公益活动

2011年10月，啤酒分会与百威英博在北京体育大学联合主办并举行了中国首支理性饮酒公益MV《I DO》首发仪式。

7．参观考察

2011年7月，受法国粮食出口协会邀请，赴法国对法国啤酒大麦从品种选育、种植、生产加工、物流贸易、科研开发等全方面进行了考察。受丹麦诺维信公司和嘉士伯啤酒邀请，赴丹麦对诺维信公司和嘉士伯啤酒研发中心进行了参观和考察。

8．刊物出版

啤酒分会一直利用《啤酒科技》杂志作为载体，介绍啤酒行业的政策法规、标准等资料，行业内各种会议及活动结果，及时传达行业信息。行业内的大事小情都是通过《啤酒科技》向企业传达，如年度统计数据、进出口啤酒及其原材料等都会在杂志分月刊登。如标准修订前后，啤酒分会就在《啤酒科技》上介绍主要修订内容，执行日期，并提醒啤酒企业有关注意事项。

在省市协会和啤酒企业的大力支持下，啤酒分会承担行业统计工作，组织每季度统计资料的汇总和交换。信息内有全国企业的“产量、消耗、劳动、财务、效益、价格、销量”等方面的23项31个指标。真实反映了全国啤酒行业生产经营状况及发展水平，在啤酒企业间的信息交流方面发挥了很好的作用，为各级领导和啤酒企业的经营决策提供了重要的依据和参考。

常听到业内有些人抱怨道：“啤酒行业盈利水平太差，从事啤酒工作的人太辛苦”。也听到一些经销啤酒的商家说过：“啤酒利润太低，卖啤酒其实就是一个搬运工”。我国啤酒行业是充分市场化的行业，啤酒市场是遵循经济规律的开放市场。2011年啤酒行业相比上年增加了4.3%的从业人员应该不是计划经济时代分配工作的产物；4898.8万千升的啤酒想必也不是啤酒企业自产自销的杰作。不仅如此，每年数百亿源源不断的资金投入是经过深思熟虑和精心谋划的，也是经过投资回报核算的。屈指算来，目前国内没有几个可以具有如此吸金能力的行业，甚至包括一些暴利行业。啤酒行业的根本吸引力绝不是源于其产业如何强大，而是来自于啤酒本身的平凡，是每一个人都可以消费得起的平凡。所以，从长远来看，如果作为业内一员，不应抱怨而应自豪；从事经营的商家们，不该嘲讽而该庆幸。

2010年葡萄酒行业综述

一、行业基本情况

根据国家统计局对规模以上企业的统计，2006年葡萄酒产量49.51万千升， 2010年葡萄酒产量108.88万千升，增长119.92%，年均增长21.78%。

截止到2010年11月葡萄酒行业的主营业务和利润总额也得到了快速增长，分别增长142.27%和156.91%。（见表1）

二、葡萄酒进口情况

2010年相比2006年，葡萄酒进口量增长147.3%，年均增长25.4%。其中2升以下增长624.26%，年均增长64.05%；2升以上增长45.23%，年均增长9.78%。2006年起葡萄酒进口量明显增加，2009年2升以下小包装葡萄酒进口量首次超过2升以上大包装产品。（见表2）

三、葡萄酒出口情况

我国葡萄酒的出口一直维持在较低的水平，占我国葡萄酒的生产量的比重也很低，其中2008年和2009年还出现了较大幅度的下降。根据世界葡萄酒消费市场的现况和趋势，现在以及今后相当一段时间内，我国葡萄酒产品的主要市场是在国内。因此，我国葡萄酒出口量少的状况，符合当前的市场发展趋势。（见表3）

表1 2010年主营业务收入、利润增长情况

	主营业务收入（亿元）	利润总额（亿元）
2006年1～11月	117.98	12.95
2010年1～11月	285.83	33.27
增长（%）	142.27	156.91
年均增长（%）	24.76	26.6

表2 2006—2010年葡萄酒进口情况

产品名称	2006年		2007年		2008年		2009年		2010年	
	进口量（万千升）	增长率（%）	进口量（万千升）	增长率（%）	进口量（万千升）	增长率（%）	进口量（万千升）	增长率（%）	进口量（万千升）	增长率（%）
	11.46	115.8	14.74	28.58	16.32	10.74	17.12	4.87	28.34	65.48
2升以下	2.02	95.68	4.23	109.29	5.76	36.09	9.1	58	14.63	60.7
2升以上	9.44	120.7	10.51	11.30	10.57	0.53	8.02	-24.1	13.71	70.91

表3 2006—2010年葡萄酒出口情况

2006年		2007年		2008年		2009年		2010年	
进口量（万千升）	增长率（%）	进口量（万千升）	增长率（%）	进口量（万千升）	增长率（%）	进口量（万千升）	增长率（%）	进口量（万千升）	增长率（%）
0.37	48.18	0.91	143.71	0.5	-44.71	0.14	-72.18	0.136	-2.85

2010年中国酿酒工业协会葡萄酒分会工作情况

一、召开国家级评委年会

国家级评委是我国葡萄酒行业的主要技术力量，为了促进行业的技术交流，提高业内技术人员的技术水平，力求把每年的评委年会打造成行业技术交流的平台。这几年根据不同情况，组织了对新评委的培训；分别在宁夏、云南、山东蓬莱等产区组织了相关的活动，品评、交流了当地产区的产品；组织了国内其他产区及国外有代表性产区或品种的产品进行品评、交流；同时，利用年会的机会开展了技术交流。经过几年的努力，吸引了更多的技术人员参加这个活动，评委外的技术人员参加比例已近50%，这个技术交流的平台已逐步形成。

二、完成《葡萄酒酒庄酒证明商标（第5504363号）使用管理规则》和证明商标注册，以及相关文件的起草工作

为规范酒庄酒生产和管理，葡萄酒分会最初的设想是在中国葡萄酒酒庄联盟内实施标志管理，但根据国家工商管理总局相关法规的规定，证明商标的使用不得设置前置条件，因而对原有的来之不易办法作了重大的修订，并更名为《中国葡萄酒酒庄酒标志证明商标使用管理规则》，该“管理规则”和证明商标已获得国家工商管理总局的批准。经过几次开会讨论和修改，与“管理规则”配套的“实施细则”及其他文件都已起草完毕并征求了意见，接着就开展试运行工作。这项工作从2006年开始，于2011年初全部完成了上述工作。

三、申报的加工助剂34种被入，添加剂2种获得卫生部批准

根据卫生部有关部门的要求，开展了对已列入及未列入GB 2760《食品添加剂使用标准》但需要增补的酒类产品用加工助剂，和已列入GB 2760但需要扩大使用范围及未列入GB 2760但需要增补的酒类产品用食品添加剂资料准备工作，以报卫生部审批。

经过专家论证，提出了《酿酒行业用加工助剂使用名单》和《葡萄酒、果酒行业传统工艺一直沿用但未经批准的添加物质》并上报卫生部，其中涉及葡萄酒行业用助剂49种、添加剂24种。协会作为工作组成员之一，参与了整个食品工业用加工助剂名单制修订过程，对比GB 2760修订稿，申报的加工助剂共有34种被入。添加剂有2种获得卫生部的批准。

四、与部分西部产区政府共同召开行业会议

为了加强西部产区与其他产区的交流，促进这些产区的葡萄酒产业发展，分别与新疆昌吉州人民政府、甘肃省武威市人民政府、新疆巴州和硕县人民政府及宁夏葡萄产业协会等共同举办研讨会、论坛，组织国内外专家与当地政府有关部门领导、葡萄种植户及企业技术人员，就葡萄酒产业的发展规划、酿酒葡萄种植方式、品种的选择、产品的开发等进行研讨。

五、起草《清洁生产标准 葡萄酒制造业》和《葡萄酒、黄酒水污染物排放标准》

作为起草单位之一，参与了《清洁生产标准 葡萄酒制造业》标准，主要承担了这项标准起草的资料收集、调研，对标准文本及相关标准提出修改意见等工作。该标准已于2009年3月1日起实施。

2008年开始与北京市环境科学研究共同开展《葡萄酒、黄酒水污染物排放标准》起草工作，该标准对葡萄酒、黄酒工业生产过程中水污染物排放限值、检测和监控要求进行了规定。2010年完成了标准征求意见稿，经过前期征求意见后，正在进行进一步的修改过程中。葡萄酒行业有关污染物排放、清洁生产方面的工作基础比较薄弱，上述工作为行业打了个基础。

六、葡萄酒行业企业生产情况统计

这项工作已经进行了多年，经过近几年的努力，参

与统计的企业数有明显增加，与国家统计局统计的数据对比，协会统计的产量占到其60%～70%，从目前情况看，协会统计的数据的覆盖面还不够广，不能反映行业的全面情况，但主要企业基本参与了这项工作，统计数据体现了行业产品结构的变化情况。

七、葡萄酒产品等级标准的制定

关于“葡萄酒产品等级标准的制定”这项工作，在2010年技术委员会年会上，建议把这项工作与酒庄证明商标工作结合逐步推进，以点带面，做好前期准备工作。

2011年葡萄酒行业综述

一、行业基本情况

根据国家统计局对国有及主营业务收入2000万元以上企业的统计，2011年葡萄酒产量115.69万千升，同比增长13.02%；工业总产值350.24亿元，同比增长20.87%；主营业务收入384.6亿元，同比增长21.14%；利润总额50.71亿元，同比增长13.96%；税金总额30.77亿元，同比增长14.31%。

2011年出口葡萄酒0.182万千升，增长33.82%。

2011年进口葡萄酒36.16万千升，增长27.62%。其中：2升以下包装的进口24.14万千升，增长64.99%；2升以上包装的12.02万千升，增长-12.28%。

二、行业情况分析

1. 行业特点

（1）继续保持高速增长，增速减缓 近年来，葡萄酒行业一直保持着较高的增长速度，但是2010年起，其增速有所减缓；2007年至2011年，葡萄酒产量的同比增长比例分别为：37.05%、23.4%、27.63%、12.38%和13.02%。

（2）葡萄酒产业及产品仍是热点 产区政府和企业继续加大对这个产业的投入，并在酿酒葡萄品种的选择和栽培方式方面开展探索；行业外的企业、资本介入葡萄酒产业的热度不减；在消费市场上，对葡萄酒产品的投资仍是热点之一。

2011年葡萄酒进口量前五位的国家分布统计

	国家	进口量(千升)
2升以下包装的	法国	117872.7
	澳大利亚	32609
	西班牙	18971.63
	意大利	18865.58
	智利	17478.89
2升以上包装的	西班牙	54626.37
	智利	25961.46
	澳大利亚	11743.59
	意大利	11009.86
	法国	8553.26

（3）酿酒葡萄基地建设规模在逐步形成 产区特别是新兴产区较大规模地建设酿酒葡萄基地，国内的主要葡萄酒生产企业也加大了基地建设的力度，各产区酿酒葡萄基地规模在逐步形成。

（4）2升以下产品进口保持高速增长 从2006年起，葡萄酒的进口量明显增加。从2007年起，2升以下小包装产品的进口增速加快，2009年2升以下小包装葡萄酒进口量首次超过2升以上大包装产品；近几年，由于受多种因素的影响，2升以上产品的进口处于波动状态，但2升以下产品一直保持较高增速，2009～2011年的增速分别为58%、60.7%和64.99%。

（5）产品结构逐渐发生改变 近几年，葡萄酒产品的结构逐步改变，虽然干白葡萄酒的比例仍不大，但增速较快，比重逐年增加，2007年至2010年，干红葡萄酒的比例为：72.12%、72.78%、72.0%、71.24%；干白葡萄酒的比例为：4.71%、8.67%、10.35%、10.64%；半甜、甜葡萄酒的比例为：18.28%、14.13%、12.76%、13.71%。

2．当前面临的主要问题

（1）原料成为产业健康、持续发展的瓶颈 大部分产区几乎没有对本区域内的基地进行科学的区划和细分，没有形成适合本地区的、合理的品种结构，酿酒葡萄及产品缺乏个性与特点，缺乏核心竞争力。

（2）酿酒葡萄种植技术和人才跟不上需要 随着产业的快速发展，酿酒葡萄种植面积大幅度地增长，种植技术、技术管理和技术人才已跟不上产业快速扩张的需要，这对产区乃至产业的发展后劲是非常不利的。

（3）市场推广模式和本土葡萄酒文化建设滞后 随着我国葡萄酒行业和产品销售市场的发展，不细分品种档次的粗放式的市场推广模式和葡萄酒文化建设已显滞后，越来越不能适应逐步细分的葡萄酒市场以及行业的进一步发展。

（4）进口葡萄酒对国产葡萄酒的冲击开始显现 随着进口葡萄酒量的快速增长，国产葡萄酒与进口葡萄酒的竞争渐趋激烈，虽然从总体上看，国产葡萄酒仍占据了大部分的市场份额，但在部分区域，进口葡萄酒对国产葡萄酒的冲击已经显现出来。

经过这几年的发展，我国的葡萄酒产业在规模、水平、对产业的认识程度、产品品质以及葡萄酒消费市场规模等已经迈上了一个台阶，并呈现了良好的发展趋势。但是，我们现在又来到了一个新的关口，在面对新的发展机遇的同时，也遇到了新的问题，面临新的挑战，这需要我们在思维、技术、运作模式等方面有所突破，才能使产业在更加激烈的市场竞争中得以健康、持续地发展。

2011年中国酿酒工业协会葡萄酒分会工作情况

一、中国酿酒工业协会葡萄酒技术委员会换届

根据协会章程，葡萄酒分会、技术委员会已于2011年进行换届。2010年上一届技术委员会年会初步讨论了换届方案，并修改了“技术委员会章程”。于2011年2月发文进行换届工作，通过个人申请，企业、委员会专家推荐，共有19人申请加入新一届技术委员会，经过审核，有14人符合“技术委员会章程”的要求；在3月份召开的“中国葡萄酒技术委员会换届会议”上，经过无记名投票，有8人获得通过，成立了新一届技术委员会，委员会设有主任委员1人、委员34人、顾问4人。

二、2011届国家级葡萄酒评委换届

根据协会章程，国家级评委与分会同年换届，根据上届国家级评委年龄结构比较合理的现实情况，为保证评委

队伍的稳定性，本次换届采用新评委增补的方式；同时，为了使行业内更多的年轻技术人员进入到评委的队伍，以便有更多的学习机会，在技术委员会管理办法中规定，技术委员会专家不再任国家级评委。2011年2月起发文开展这项工作，总报名人数106人，这次考试普遍考出了较高的水平，经过严格的评审、筛选，最终98人取得新一届国家级评委，其中，上届评委49人、新评委49人。

三、葡萄酒品酒师培训、鉴定

根据协会的安排，葡萄酒品酒师培训、鉴定工作是分级进行，即三级品酒师培训、鉴定工作由各省市区协会进行，二级、一级品酒师由协会开展。

（1）根据协会新的评委管理细则，品酒师鉴定与国家评委考核工作基本相同，所以品酒师的培训、鉴定工作与国家级评委的换届同步进行。于2011年2月起发文开展一级、二级品酒师培训、鉴定工作，总报名人数245人，其中报考一级品酒师105人、二级品酒师140人；经过考试，最终录取一级品酒师73人、二级品酒师160、三级品酒师11人（1人放弃考试）。

（2）与广东省酒类行业协会联合举办了两期三级品酒师培训、鉴定班，114人报名参加培训和考试，最终有107人通过了考试。

四、召开中国葡萄酒产业年会

近年来，随着葡萄酒行业的发展，葡萄酒产业已引起了国内新、老产区政府以及业外企业、个人的重视，葡萄酒产业进入快速发展阶段，但同时在规划思路的科学性、规模控制、酿酒葡萄品种选择、产品质量监管、行业自律，以及葡萄种植、酿酒技术和管理等诸多方面出现了问题。针对葡萄酒产业在近几年发展中出现的这些问题，分会与中国农学会葡萄分会、中国园艺学会葡萄与葡萄酒分会、国家葡萄产业技术体系联合召开中国葡萄酒产业年会。会议分两个部分，分别在山东蓬莱市和新疆焉耆县召开，主要内容有，一是葡萄酒产业发展：国内外产业规划的经验介绍和交流，探讨科学的规划、思路及产业对策；二是酿酒葡萄种植技术与管理：针对酿酒葡萄种植中存在的技术及管理问题，探讨与交流其解决的思路和办法。

五、起草《葡萄酒行业“十二五”发展规划》和《葡萄酒行业准入条件》

受工信部消费品司的委托，起草了《葡萄酒行业“十二五”发展规划》和《葡萄酒行业准入条件》初稿及修订等工作。去年上半年分别接受了工信部消费品司起草《葡萄酒行业“十二五”发展规划》和《葡萄酒行业准入条件》的工作，为了做好这项工作，召开了主要产区和企业的座谈会，查阅、收集了资料、数据，并开展了调研工作，在此基础上，起草了两个文件的草稿，并征求了意见，修改后将初稿报工信部消费品司，然后协助工信部开展文件的修订、论证等工作。工信部征求了各有关政府部门的意见后，并召开了论证会，现在根据各方面的意见进行修改后定稿，待发布。

六、完成葡萄酒行业企业生产情况统计工作

这是每年的例行工作，参与2011年协会统计的企业63家，其生产的产品产量，与国家统计局统计数据相比较，占47.24%。

2010年黄酒行业综述

2010年国民经济成功地度过了国际金融危机的影响，启稳回升，实现了经济的平稳发展，黄酒行业正确地把握了经济发展的机遇，取得了良好的成绩，成为一个健康发展之年。

一、行业经济运行保持良好的增长趋势

根据对规模以上企业统计数据显示，今年黄酒产量134.14万千升，同比增长10.94%；工业总产值（当年价）116.82亿元，同比增长20.73%；工业销售产值（当年价）107.48亿元，同比增长19.04%；利润（1月～11月）7.9亿元，同比增长29.65%；税金（1月～11月）7.33亿元，同比增长21.95%，行业呈现良好发展态势。

二、黄酒行业不断做强做大，产业不断升级

黄酒行业龙头骨干企业，“古越龙山”、“会稽山”、“金枫”、“沙洲优黄”、“塔牌”等不断做强做大，获得良性快速发展，有利于黄酒行业的稳定、健康、快速发展。

“古越龙山”收购“女儿红”并配股上市，将募集资金用于“女儿红”新增年产2.5万千升。

“古越龙山”一分厂2万千升机械化黄酒车间移地搬迁改造，该公司利用搬迁改造之机，对工艺流程、机械设备，以及自动化控制技术等方面进行升级改造。新竣工的车间，工艺流程，机械设备更加先进合理，为黄酒行业机械化生产积累了可以借鉴的先进经验。

“古越龙山”30万千升/年绍兴黄酒的产业园区建设，第一期配套项目已经展开，年产5万吨玻璃瓶厂将于2011年上半年竣工投产。

“会稽山”年产20万千升绍兴黄酒产业园区，第一期年产4万千升技术改造项目，已经破土建设，预计2011年底竣工投产。

“塔牌”年产2万千升传统生产技术改造项目已竣工投产，该项目通过对工艺流程和布局的合理改造，使绍兴黄酒传统的生产工艺及流程更加简洁合理，改善了传统绍兴酒生产的卫生条件、生产环境，减轻了工人劳动强度，并提高了土地利用率。

上海“金枫”与“和酒”联合后，今年进行了“和”酒的生产车间整体搬迁改造，形成了集酿造和灌装为一体化的大型黄酒生产基地，该生产基地年产黄酒13万千升，灌装能力达15万千升。

张家港“沙洲优黄”通过对前酵设备的技术改造，产能提高近30%。

浙江乌毡帽年产2.5万千升黄酒技术改造项目已竣工投产，使该公司年生产能力达到3.5万千升。

苏州“新同里红”酿酒有限公司，年产2万千升黄酒技术改造项目也已破土动工。

山东即墨“妙府”老酒2万千升扩建技术改造项目破土动工。

山东“即墨老酒”扩建4万千升即墨黄酒项目（2万千升即墨老酒、2万千升清爽型黄酒）已进入前期筹备工作。

福建宏盛闽侯酒业有限公司企业升级扩建改造的1万千升红曲黄酒项目，已竣工投产。

江西安发达酒业有限公司2万千升黄酒扩建技术改造项目已部分竣工试生产。

其它在浙江、上海、江苏、福建、安徽、湖南、山东等地的不少企业也在不同程度地进行技术改造和扩建，业外资本越来越关注黄酒，并逐步进入黄酒产业，黄酒蛋糕越做越大，工艺技术装备不断更新改造，产业不断升级。

三、创新理念，和谐发展

黄酒行业根据自身的特点，适时地提出了构建“绿色黄酒、人文黄酒、科技黄酒，和谐黄酒的新理念。它从食品健康安全的要求，弘扬和宣传黄酒文化，科技促进产业升级，到行业发展与社会、环境、资源、健康和谐发展的关系提出了黄酒发展的新理念，成为了全行业发展的共识。

1. 绿色黄酒

全行业到2010年底已建立的绿色原料（稻米）基地已超过35万亩。为生产绿色黄酒打下了基础。

黄酒《质量安全控制集成技术在黄酒工业化生产中示范与推广》项目列入了国家星火计划重点项目，为绿色黄酒生产提供科技支持。

2. 人文黄酒

继中国黄酒博物馆开馆后，古越龙山等绍兴酒企业利用每年的“中国绍兴黄酒节”之机，举办“绍兴酒开酿节”等各种活动，宣传黄酒文化；“古越龙山”黄酒文化展示周开幕式在上海世博主题馆举行，借助世博平台推广黄酒文化，并将一米高的龙泉哥窑为包装容器的“古越龙山”绍兴稀世珍酿的黄酒永久珍藏于世博会中国馆，展示黄酒的历史文化。

北京“红儿红”黄酒企业；山东即墨黄酒企业；安徽“古南丰”；湖南“胜景山河”、江苏“吴江桃源”以及上海等地黄酒企业，通过举办各种形式节会活动，积极宣传黄酒，宏扬黄酒文化，宣传黄酒健康，推介黄酒品牌。

2010年中国最具有价值品牌500强中“古越龙山”、“女儿红”、“会稽山”、“咸亨”品牌榜上有名。

山东“即墨”老酒、上海“和酒”、湖南“古越楼台”品牌被认定为“中国驰名商标”。

通过黄酒文化宣传，黄酒品牌推介，黄酒的市场不断延伸和拓展，黄酒在全国市场认知度越来越高。

3. 科技黄酒

黄酒的发展要依靠科技的不断进步，黄酒企业越来越重视科技的投入，不少企业常年与大专院校、科研单位合作，建立技术中心，进行技术攻关；科技进步促进了黄酒的加速发展。

（1）2010年黄酒产业科技成果　由江南大学，中国食品发酵研究院和“古越龙山”、“金枫”、“五粮液”等联合研究攻关的中国轻工业联合会“十一五”支撑课题《传统白酒、黄酒发酵关键技术研究》通过鉴定。

《低度营养滋补性黄酒的产业化》通过浙江省农业科技成果转化项目验收，获中国食品科学技术学会产品创新二等奖。

“γ-氨基丁酸功能性黄酒开发”获中国食品工业协会科学技术一等奖。

完成了“十一五”国家科技支持项目“发酵食品生产用功能微生物的改良和发酵技术”的子课题“黄酒发酵新工艺及质量安全控制技术的应用研究”。

（2）2010年黄酒行业立项研究的课题　“大米模式识别及对黄酒品质影响的研究”研究不同大米的黄酒酿造最佳生产工艺；不同大米对黄酒的品质影响，对黄酒稳定性、安全性的影响及其控制方法等。

“绍兴黄酒发酵动力学生产控制系统研究”研究不同pH、温度、溶解氧等对黄酒生产发酵过程中菌体质量浓度、残糖质量浓度、酒精生成质量浓度、菌体比生长速率、底物比消耗速率和酒精比生成速率的在线发酵时间的变化情况。

“应用近红外光谱技术对品质成分和品牌鉴别的分析”，建立黄酒各种风味成分指标，为黄酒计算机勾兑系统奠定基础。

“低产尿素黄酒酵母工程菌的自克隆构建”项目有利于扩大出口，应对国外在食品安全方面的技术壁垒。

“质量安全控制集成技术在黄酒工业化生产中示范与推广”研究构建黄酒酿造质量安全控制技术标准体系，建立从原料到产品，全程质量安全技术标准体系行业示范企业基地，全面提升行业质量安全控制水平，该项目已列入国家星火计划重点项目。

“多种途径对EC控制技术的研究”。“机械化善酿酒发酵技术及产业化”研究攻关项目。“黄酒大罐贮存品质提升及产业化研究”科研项目。“黄酒质量安全关键技术标准研究与制定”课题获上海市科委专项资助。

（3）获得的专利项目　多肽黄酒的生产方法专利；发酵型枸杞黄酒的生产方法专利；清爽型麦芽黄酒的酿造方法专利；酿造清爽型黄酒的工艺和方法专利；富含γ氨基丁酸黄酒的生产方法专利；酒坛封口捆扎带的实用新型专利；甲壳素即墨妙府老酒生产方法发明专利；妙府老酒自动温酒壶实用新型专利。

4. 和谐发展

正确处理黄酒产业发展与社会、环境、资源、健康的关系，全行业大力开展节能减排、清洁生产、循环经济等活动，承担企业社会责任，上海“金枫”企业出资1200万元资助上海世博会；即墨“妙府”老酒企业出资200万元资助敬老产业与孝德文化发展，并获得全国敬老贡献奖和楷模奖。黄酒行业的不少企业主动资助受灾地区，帮助贫困地区，资助贫困孩子上学，扶贫助贫，受到了赞扬和好评。

黄酒行业有许多共同的利益，有许多需要共同面对的问题（如，产业升级、科技创新、节能减排等），黄酒行业倡导了企业之间的交流与协作，互助互利、相互支持、理性竞争、和谐发展，共同把中国黄酒产业做强、做大、做好。

2010年中国酿酒工业协会黄酒分会工作情况

一年来，黄酒分会以科学发展观为指导，以服务行业、服务企业为核心，努力适应行业发展的新形势和新要求，做好桥梁和纽带的作用，积极开展行业调研，反映行业及企业的诉求，为促进行业的发展，维护行业的利益努力工作，取得了一定的成效。

一、召开了中国酿酒工业协会黄酒分会第四届会员代表大会

会上，傅建伟理事长做了第三届理事会工作报告。会议进行了黄酒分会理事会换届工作。选举产生了第四届理事会，推选了第四届常务理事单位、理事长、副理事长、秘书长、副秘书长，聘请了分会高级顾问。会议气氛热烈和谐，会前会后代表之间互相交流互相沟通，会议圆满地完成了预定的任务，成为团结和谐的大会。

二、进行行业调研工作

（1）分会十分注意行业现状及发展的调查研究工作，分会秘书处对近几年来行业的发展进行了调查和分析，并撰写了“我国黄酒行业现状及发展趋势”，“黄酒行业产品质量安全分析”的行业研究报告，并作为分会第四届会员代表大会的会议资料，给各位代表作为参考。

（2）黄酒分会组织人员对福建红曲黄酒发展与黄酒企业情况进行了调研工作，共同商讨福建黄酒发展的思路。

（3）黄酒分会与浙江工业职业技术学院黄酒学院联合调研，为培养黄酒技术人才进行了基础性调查研究工作。

三、行业人才培训（培养）

（1）分会与江南大学联合组织了“黄酒风味研究新技术”培训班，第八届国家级黄酒评酒委员和部分黄酒分会技术委员参加了培训。这是一次黄酒对风味形成与评价的知识充电。同时颁发了第八届国家级黄酒评酒委员证书。

（2）浙江工业职业技术学院与浙江古越龙山绍兴酒股份有限公司联合发起成立的黄酒学院，已由国家统一招生，招收了第一个全日制“黄酒酿造”大专班，分会胡普信副秘书长担任了该院院长，为黄酒行业发展培养专业人才。

（3）编写全国酿酒行业职业技能鉴定统一培训教材——《黄酒品酒师》、《黄酒酿酒师》、《黄酒酿造工》，11本教材撰写任务已接近尾声。

（4）组织了第一期“高级酿酒师”培训鉴定，有72名黄酒技术人员被认定为“高级酿酒师”。

四、热诚为行业及企业服务

1. 建立行业交流平台

（1）为企业之间交流协作提供联络和接待工作，2010年黄酒行业的龙头骨干企业领导班子、技术人员等，进行了企业之间互相参观、交流、协作的活动，形成了黄酒行业惠风和畅、团结和谐的新局面，同时也为中小企业参观考察大企业穿针引线，做好了安排和接待。

（2）办好《中国黄酒》内刊，《中国黄酒》是广大会员单位互相交流的平台，《中国黄酒》内刊在协办单位的支持下，越办越好，得到了业内人士的好评。

（3）《中国黄酒网》改版后内容更加丰富充实，并连接了企业网，成为了行业与企业的信息窗口，同时也是为消费者服务的信息平台，得到了会员单位的赞赏。

2. 组织“胜景山河”杯优秀论文评选活动

自2005年分会组织“和酒杯”优秀论文评选活动已有五年时间，在这五年时间里，我国黄酒界的广大技术人员、学者和生产第一线的工程技术人员，对黄酒技术的继承和创新、对黄酒发展前景的探索、对黄酒新产品的开发等孜孜不倦地做了研究，在报刊杂志上发表了多篇有价值的论文，有力地推动了黄酒行业的发展。为了促进黄酒技术的进一步繁荣，鼓励多出科研成果，多出优秀论文，以指导黄酒行业的发展，黄酒分会组织了第二届优秀论文评选活动，冠名“胜景山河”，收到论文111篇，经九位专家认真审阅评选，共评选出优秀论文46篇，其中：特别荣誉奖3篇，一等奖9篇，二等奖15篇，三等奖19篇，分会把全

部参评论文编印成《全国黄酒行业“胜景山河”杯优秀论文评选活动论文集》供全行业共享。

3．参与各种黄酒节会、论坛、研讨会和新品发布会等活动，宣传黄酒文化，推介黄酒品牌。

（1）分会参与了绍兴黄酒节活动，分会理事长亲自组织和主持了绍兴黄酒开酿节活动，宣扬黄酒文化。

（2）参与了江苏吴江黄酒文化节活动；参与塔牌绍兴酒“开酿节”活动；参加了北京“红儿红”企业，端午节喝黄酒，黄酒健康养生论坛；参加安徽“古南丰”、湖南岳阳“胜景山河”、上海“绍老大”等黄酒企业的酒文化研讨会和新品推介会等活动，宣扬黄酒文化，推介黄酒品牌。

（3）参与了中国国际酒文化研讨会活动，并协助做好联络和接待工作。

4．技术支持和服务工作

（1）参与了“古越龙山”、“会稽山”等黄酒企业技术改造项目的设计审定，参与了由江南大学、中国食品发酵研究院和“古越龙山”、“金枫”、“五浪液”等联合研究攻关“十一五”支撑课题“传统白酒、黄酒发酵关键技术的研究”项目的鉴定工作。

（2）组织审定江苏吴江“同里红”酒企业技术改造项目设计的审定工作。

（3）帮助浙江东海酒业有限公司、上海皇家酿酒有限公司，苏州“新同里红”酿酒公司、百花漾酿酒有限公司、宁波阿拉酿酒有限公司等黄酒企业，进行技术支持和技术咨询，帮助企业解决难题。

五、为政府有关部门提供服务工作

（1）根据国家质监总局的要求，编撰《黄酒生产企业落实质量安全主体责任监督检查基本要点》小册子。

（2）编制《中国黄酒产业“十二五”规划》。

（3）根据上级部门的要求，对江苏常州新博龙泉酒业有限公司黄酒案件组织专家进行了调查，并对实际情况进行了分析，用书面形式提出了客观意见，并对该企业生产技术提出了指导性建议，澄清了事实，帮助和改善了企业的生产技术经营管理。

六、组织考察活动

为了解国外饮料酒市场的情况，拓展在经济全球化情况下的黄酒国际市场，分会组织了黄酒企业有关领导，考察了印度，了解了印度的风土人情、饮酒习俗、饮料酒消费的特点和品种，通过走访市场，从中得到不少启迪，对开拓新思路，新理念，了解国际酒类发展起到积极作用。

一年来，黄酒协会在广大会员单位的支持下，围绕以服务为中心，恪尽职守，兢兢业业为行业服务、为政府部门服务、为会员单位服务、起到了桥梁和纽带的作用，黄酒分会的工作理念是只要对行业发展有益，对企业发展有利，都会认真地、努力地去做，为维护行业的利益，维护企业的利益，尽到一份责任。

2011年黄酒行业综述

2011年已经过去，在过去的一年里，黄酒行业在科学发展观的指导下，全行业企业家和全体员工的共同努力，不断创新，克服种种困难，继续保持了较快的发展，连续第7年保持两位数的快速增长，令人鼓舞。

2011年黄酒行业正确地把握了经济发展的机遇，行业取得了良好的成绩，又是一个健康发展之年。

一、行业经济运行保持良好的增长趋势

全行业获QS证的黄酒生产企业889家。全行业黄酒产量约310万千升(行业调研数据)。根据国家统计部门对73家规模以上黄酒企业的统计数据：

工业总产值（当年价）：126.30亿元，同比增长19.50%；主营业务收入：117.94亿元，同比增长20.21%；实现利润：13.50亿元，同比增长55.01%；税金：9.20亿元，同比增长14.36%；行业呈现良性发展态势。

二、黄酒行业不断做强做大，产业不断升级

黄酒行业龙头骨干企业，“古越龙山”、“会稽山”、“金枫”、“沙洲优黄”、“塔牌”等不断做强做大，行业集中度不断提高，促进了黄酒行业的稳定、健康、快速发展。

“古越龙山”收购“女儿红”并配股上市。将募集资金用于“女儿红”新增年产2.5万千升绍兴黄酒技改项目竣工投产。

“古越龙山”一分厂2万千升机械化黄酒车间移地搬迁改造工程已完成，该公司利用搬迁改造之机，对工艺流程、机械设备，以及自动化控制技术等方面进行升级改造。新竣工的车间，工艺流程、机械设备更加先进合理。为黄酒行业机械化生产积累了可以借鉴的先进经验。

“古越龙山”30万千升/年绍兴黄酒的产业园区建设，第一期配套项目已经展开，年产5万吨玻璃瓶厂竣工投产。

“会稽山”年产20万千升绍兴黄酒产业园区，第一期年产4万千升技术改造项目，已进入设备安装阶段，2012年可竣工投产。

上海“金枫”与“和酒”联合后，完成了“和酒”的生产车间整体搬迁改造，形成了集酿造和灌装为一体的大型黄酒生产基地，该生产基地年产黄酒13万千升，灌装能力达15万千升。形成了一个规模化黄酒生产基地。

张家港“沙洲优黄”对黄酒前酵设备的技术进行了革新改造，扩大了产能，同时进行了250m^3、320m^{3}的100余只大罐储酒技术改造项目，为黄酒大规模大罐储酒开创先例。

苏州“新同里红”酿酒有限公司，年产2万千升黄酒机械化生产技术改造项目已进入试生产。

福建惠泽龙酒业有限公司新厂已建成投产。

河北张家口北宗黄酒有限公司年产10000千升黄酒第一期5000千升项目竣工投产。

山东即墨“妙府”老酒2万千升扩建技术改造项目破土动工。

山东“即墨老酒”扩建4万千升即墨黄酒项目（2万千升即墨老酒、2万千升清爽型黄酒）已进入前期筹备工作。

四川凤和黄酒有限责任公司年产10000千升黄酒项目已立项建设，目前已进入施工阶段。

其它在浙江、上海、江苏、福建、安徽、湖南、山东等各地的不少企业也在不同程度地进行技术改造和扩建，业外资本越来越关注黄酒，并逐步进入黄酒产业，黄酒行业年产一万千升以上的企业已超过30家，黄酒蛋糕越做越大，工艺技术装备不断更新，产业科技不断升级，行业集中度也越来越高。

三、创新理念，和谐发展

黄酒行业根据自身发展的特点，创新理念，适时地提出了构建“绿色黄酒、人文黄酒、科技黄酒，和谐黄酒的未来发展新理念。它从食品健康安全的要求，弘扬和宣传黄酒文化，科技促进产业升级，到行业发展与社会、环境、资源健康和谐发展的关系，成为全行业发展的共识。

1. 绿色黄酒

全行业黄酒骨干企业十分注重黄酒原料基地的建设，到2011年底已建立的绿色原料基地已超过50万亩。为生产绿色黄酒打下了基础。

绍兴酒还制定了原料管理的相关制度：

《绍兴酒糯米原料种植基地农药管理制度》、《化

肥管理制度》、《采购、翻晒、贮存及运输制度》、《有毒有害物质监控制度》、《原料批次管理制度》、《原材料采购制度》、《加工原料溯源管理制度》、《稻谷收购检验、仓储制度》、《大米产品的检验规范》、《生产工艺控制制度》、《植保员管理制度》、《基地负责人职责》、《基地田间管理制度》、《疫情监控与病虫害防治制度》、《基地农药仓库管理制度》、《禁用农药品种清单》等。

黄酒《质量安全控制集成技术在黄酒工业化生产中示范与推广》项目列入了国家星火计划重点项目。为绿色黄酒生产提供科技支持。

全行业对食品安全十分重视，从原料、设备、工艺、包装到管理，把食品健康安全作为行业、企业持续、稳定发展的首要工作。

2. 人文黄酒

中国酒文化博大精深，中国黄酒文化源远流长，宏扬中国黄酒文化，对促进产业发展，实现产业升级举足轻重。黄酒行业的大中型企业越来越注重黄酒文化、企业文化的建设。继中国黄酒博物馆建成后，各企业以“酒文化博物馆”、“酒文化展示厅”等形式宣传和宏扬中华酒文化，同时展示和宣传企业品牌文化。

黄酒企业通过举办各种形式的节会活动，产品品牌推介活动，宣传黄酒品牌，宏扬黄酒文化。

通过黄酒文化宣传，黄酒品牌推介，黄酒的市场不断延伸和拓展，黄酒在全国市场的认知度越来越高。

3. 科技黄酒

黄酒的发展要依靠科技的不断进步。黄酒企业越来越重视科技的投入，不少企业常年与大专院校、科研单位合作，建立技术中心，进行技术攻关；科技进步促进了黄酒的快速发展。2011年全行业黄酒科技进步取得了较好的成绩：

（1）建立了“国家黄酒技术工程研究中心” 2011年古越龙山在各方面的支持下，经过一年多时间的努力，得到科技部批准，建立了“国家黄酒技术工程研究中心”，工程中心的建立，将使中国黄酒这个民族传统产业科学技术进步进入一个新阶段，上了一个新平台。

（2）2011年黄酒产业科技成果有：

——古越龙山与江南大学合作的项目《大米品种和产地模式识别及其对黄酒品质的影响》获2011年中国食品工业协会科学技术一等奖；

——《低产尿素黄酒基因工程菌的自克隆构建》获2011年浙江省优秀新产品新技术奖。

——会稽山绍兴酒股份有限公司参加“十一五”国家科技支撑计划重点项目“生物技术产品中试与规模化生产配套技术与工艺的研究与示范”子课题“黄酒发酵新工艺及质量安全控制技术的应用研究”，于2011年5月通过验收。

——绍兴县科技攻关计划项目《机械化善酿酒发酵技术及产业化》，于2011年12月通过验收，实现了善酿酒机械化大罐发酵生产，并保持了传统善酿酒的风味，提高了产量、生产效率、经济效益。

——制订相关联盟标准：《绍兴黄酒酿造工艺规范》、《绍兴黄酒原料验收规范》、《绍兴黄酒糯米原料基地管理规范》、《绍兴黄酒食品添加剂助剂使用管理规范》。

（3）2011年黄酒行业立项研究的科题有：

——古越龙山与江南大学合作开展了绍兴黄酒大米原料差异化的研究，项目正在按计划实施。

——2010年国家星火计划重点项目《质量安全控制集成技术在黄酒工业化生产中示范与推广》、浙江省质监系统科研计划项目《黄酒中有害物质的风险预警研究》。减少氨基甲酸乙酯方法的研究。

①加强对原料的监控，控制在糯米及小麦的种植中使用较多的化肥。

②选育了低产尿素的酵母。通过低产尿素的黄酒酵母的选育及自克隆构建，选育出低产尿素的黄酒酵母，经试验取得较好效果。

③黄酒生产工艺的调整途径。目前通过采用膜过滤技术降低灭菌温度已取得较好进展。

④添加酸性尿酶。目前已找到一株较好的尿酶生产菌种，正在进行小试，并有较好效果。此菌种所产的酶不需提纯，可全细胞应用。

⑤吸附以除去陈酒中的EC。通过对吸附剂的筛选、修饰等特殊手段，得到具有对EC高选择性的材料。此工作已取得较好进展，通过吸附法能去除50%～80%的EC成分。

“质量安全控制集成技术在黄酒工业化生产中示范与推广”研究构建黄酒酿造质量安全控制技术标准体系，建立从原料到产品，全程质量安全技术标准体系行业示范企业基地，全面提升行业质量安全控制水平，该项目已列入国家星火计划重点项目。

——“黄酒大罐贮存品质提升及产业化研究”科研项目。

——《会稽山绍兴酒股份有限公司黄酒产业基地一期年产4万千升黄酒生产线信息化提升项目》，实现在酿造、压榨、发酵、煎酒、制曲各关键生产环节上深度应用DCS（分布式控制系统）的自动控制技术，建设生产设备数字化和生产过程控制智能化系统。实现黄酒的自动化和规模化生产项目，列入国家发改委和工业信息化部科研项目。

——2011年绍兴县重大科技攻关计划项目《黄酒酿造废

水处理技术及产业化》，研究黄酒酿造废水分类处理技术，并引进国际上最先进的废水处理技术，降低黄酒酿造废水处理成本，实现黄酒酿造废水达标排放，提高社会效益。

4. 和谐发展

正确处理黄酒产业发展与社会、环境、资源、健康发展的关系，全行业提倡和大力开展节能减排，清洁生产，循环经济、诚实守信等活动，倡导和谐发展的环境。黄酒行业的不少企业主动资助受灾地区，帮助贫困地区，资助贫困孩子上学，扶贫助贫，承担企业社会责任，受到了当地的赞扬和好评。

黄酒行业有许多共同的利益，有许多需要共同面对的问题（如，市场拓展、产业升级、科技创新、节能减排等），黄酒行业倡导企业之间的交流与协作，互助互利、相互支持、理性竞争、和谐发展，共同把中国黄酒产业做大、做强、做好。倡导共同进步，和谐发展的良好氛围。

2011年中国酿酒工业协会黄酒分会工作情况

一年来，黄酒分会以科学发展观为指导，在上级部门的关心和支持下，以服务行业，服务企业为重心，努力适应行业发展的新形势和新要求，做好桥梁和纽带的作用，积极开展行业调研，反映行业及企业的诉求，全心全意为行业，为会员企业服务，为促进行业的发展，维护行业的利益努力工作，取得了一定的成效。

一、召开了中国酿酒工业协会黄酒分会四届二次理事会

傅建伟理事长做了题为《持续创新、和谐发展把中国黄酒做强做大》的工作报告，会议对行业发展、食品安全、黄酒文化、企业文化创建等作了深入交流和讨论。会议气氛热烈和谐，会前会后代表之间相互交流互相沟通，会议园满地完成了预定的任务，成为团结和谐的大会。

二、举办企业领导研讨交流会议

2011年3月6日分会在厦门召开了有古越龙山傅建伟董事长、上海金枫董鲁平总经理、会稽山傅祖康总经理、张家港酿酒有限公司黄庭明总经理、塔牌潘兴祥常务副总经理、山东即墨黄酒厂杜祖远总经理、福建宏盛酒业许景董事长、酿酒协会张立文主任、黄酒分会沈振昌秘书长参加的黄酒行业骨干企业领导人研讨交流会议。会议分析经济形势，行业发展趋势，梳理今后行业和企业的发展思路。大家认为企业竞争要有“大同”(行业的正体利益)，发展中要有个性(因地之宜个性化发展)，这就是“和而不同”。会议对今后行业的工作提出了建设性建议和意见。

三、建立了黄酒标准化工作委员会工作组

全国酿酒标准化技术委员会黄酒标准化工作组于2011年8月31日在绍兴召开成立大会，中国酿酒工业协会王延才理事长等有关领导出席了会议，会议审议通过了《黄酒标准化工作组章程》、《标准化工作组工作细则》，黄酒标准化工作组的成立，能更好地推动黄酒标准化工作进程，促进行业的发展。

四、建立了黄酒产业综合利用联合科技攻关小组，开展对黄酒酒糟的综合利用进行科技攻关

黄酒酒糟的综合利用一直处在原始的粗放式阶段，黄酒酒糟蒸馏成糟烧的工艺技术还一直处于初级阶段，为使糟烧工艺技术进行改造升级，提升糟烧白酒的档次，同时

达到节能减排循环经济的目的，黄酒分会组建了有行业前五家骨干企业组成的综合利用联合科技攻关小组，在王延才理事长的关心下，在白酒分会的帮助和支持下，目前该项工作已进入中试阶段。

五、组织举办了国家级黄酒评酒委员年会暨红曲黄酒品鉴会

为了推动红曲黄酒这一传统酒种发展和产品质量升级，分会举办了国家级黄酒评酒委员年会暨红曲黄酒品鉴会，通过全体国家评委对各地的红曲黄酒的品鉴，了解了红曲黄酒的产品结构和质量现状，通过对产品的梳理，推荐了优秀红曲酒产品，为红曲酒产品质量的提升树立了样本。通过这次品鉴活动，也使国家黄酒评委进一步了解和认识了红曲黄酒色、香、味、风格特征，提高了品评的技能。这次活动对促进红曲黄酒的发展创新起到积极的推动作用。

六、进行行业调研工作

分会十分注意行业现状及发展的调查研究工作，通过调查和研究，为行业和企业提供信息和服务。

（1）黄酒分会组织人员对福建红曲黄酒发展与黄酒企业情况进行了调研工作，共同商讨福建黄酒发展的思路。

（2）黄酒分会与浙江工业职业技术学院黄酒学院联合调研，为培养黄酒技术人才进行了基础性调查研究工作。2011年增设了“市场开发与营销”专业，培养黄酒营销人才。

七、行业人才培训（培养）推选

（1）“浙江工业职业技术学院成立黄酒学院，由国家统一招生，是中国第一个全日制“黄酒专业”大专班，分会胡普信副秘书长担任了该院院长，黄酒行业的专家们经常给学生讲课，为行业培养专业人材。

（2）编写全国酿酒行业职业技能鉴定统一培训教材——“黄酒品酒师”、“黄酒酿酒师”、“黄酒酿造工”，十一本培训教材撰写任务已基本完成。

（3）组织了“高级酿酒师”和“高级品酒师”培训鉴定工作，有140余名黄酒技术人员参加了培训和鉴定。

（4）2011年10月10日，中国酿酒工业协会召开了第二届“中国酿大师”颁证大会，黄酒行业又有四位同志被新推选为酿酒大师，目前黄酒行业已有胡志明、董鲁平、邹慧君、于秦峰、潘兴祥五位酿酒大师。

八、召开了《中国黄酒》内刊编委会会议

2011年8月6日，为总结《中国黄酒》编委工作，探讨今后发展方向，分会在安徽郎溪召开了第五届编委会工作会议，编委会二十二人参加了会议，编委会回顾了十七年来办刊的历程，总结了经验，并根据《中国黄酒》章程进行编委换届，吸收了新鲜血液，为进一步办好《中国黄酒》内刊创造了良好的条件。

九、热诚为行业及企业服务

1．建立行业交流平台

（1）为企业之间交流协作提供联络和接待工作，2011年黄酒行业的企业领导班子，管理人员、技术人员等，进行了企业之间互相参观、交流、协作活动，形成了黄酒行业惠风和畅，团结协作的新局面，同时也帮助中小企业参观考察大型黄酒企业做好联络和沟通，做好安排和接待工作。

（2）办好《中国黄酒》内刊，《中国黄酒》是广大会员单位互相交流的平台，《中国黄酒》内刊在协办单位的支持下，越办越好，得到了业内人士的好评。

（3）《中国黄酒网》改版后内容更加丰富充实，并连接了企业网，成为了行业与企业的信息窗口，同时也是为消费者服务的信息平台，得到了会员单位的赞赏。

2．组织“胜景山河”杯优秀论文评选活动

自2005年分会组织“和酒杯”优秀论文评选活动以后已经五年时间，在这五年时间里，我国黄酒界的广大技术人员、管理人员、学者和生产第一线的工程技术人员，对黄酒技术的继承和创新、黄酒发展前景、黄酒新产品的开发等，孜孜不倦地做了研究，在报刊杂志上发表了多篇有价值的论文，有力推动了黄酒行业的发展。为了促进黄酒文化技术的进一步繁荣，鼓励多出科研成果，多出优秀论文，以指导黄酒行业的发展，黄酒分会组织了第二届优秀论文评选活动，冠名“胜景山河”，本次活动共收到论文111篇，经9位专家认真审阅评选，共评选出优秀论文46篇，其中：特别荣誉奖3篇，一等奖9篇，二等奖15篇，三等奖19篇，分会把全部参评论文编印成《全国黄酒行业“胜景山河”杯优秀论文评选活动论文集》供全行业共享。并在中国酿酒工业协会理事会上颁发了论文获奖证书。

3．参与各种黄酒节会活动、酒文化论坛、研讨会和新品发布会等活动，宣传黄酒文化，推介黄酒品牌。

4．技术支持和服务工作

（1）参与了黄酒企业技术改造项目的设计审定，科研

项目审定验收等工作。为企业工艺技术改造和升级提出意见和建议。

（2）帮助黄酒企业进行技术支持和技术咨询，帮助企业解决有关难题。

十、组织考察活动

为了解国外饮料酒市场的情况，拓展在经济全球化情况下的黄酒国际市场，分会组织了黄酒企业有关领导，考察法国和瑞士，了解了当地风土人情，饮酒习俗，饮料酒消费的特点和品种，并参观考察了法国波尔多的酒庄。通过走访参观，从中得到不少启迪，对开拓新思路，新理念，了解国际的酒类市场和酒类的消费起到积极作用。

一年来，黄酒分会在广大会员单位的支持下，围绕以服务为中心，恪尽职守，兢兢业业为行业服务，为政府部门服务，为会员单位服务，起到了桥梁和纽带的作用。黄酒分会的工作理念是只要对行业发展有益，对企业发展有利，都会认真地、努力地去做，为维护行业的利益，维护企业的利益，尽到一分责任。

2010年果露酒行业综述

根据国家统计局对规模以上企业的统计，2010年果露酒（国家统计局统计口径是：其他酒）行业工业总产值99亿元，增长29.63%；销售总产值95.9亿元，增长31.71%。

2010年其他酒进出口量情况统计

产品名称	2009年出口量（千升）	2010年出口量（千升）	同比增长%	2009年进口量（千升）	2010年进口量（千升）	同比增长%
蒸馏葡萄酒制得的烈性酒	1241.62	2040.46	64.34	14352.89	18699.88	30.29
威士忌酒	247.23	137.57	-44.36	15327.55	18074.89	17.92
朗姆酒及其他甘蔗蒸馏酒	2606.44	4011.8	53.92	3153.99	6192.91	96.35
杜松子酒	1.84	0.59	-67.93	442.41	533.57	20.61
伏特加酒	68.4	149.96	119.24	1688.12	2588.75	53.35
利口酒及科迪尔酒	5174.63	16.04	99.69	862.91	1473.95	70.81
龙舌兰酒	0.77	1.67	116.88	298.37	330.97	10.93
中药酒	667.3	901.98	35.17	-	1.61	-

2010年中国酿酒工业协会果露酒分会工作情况

一、召开了露酒企业专项座谈会

针对国家食品药品监督管理局等有关部门对保健食品规范工作的进一步深化，以及果露酒行业目前遇到的实际问题和今后发展中将面临的困难，协会召开了果露酒企业专项座谈会，邀请了国家食品药品监督管理局有关司、处负责人和国内主要露酒生产企业负责人，就行业的现状及有关保健食品生产、规范、管理中可能出现的问题等进行了沟通、交流，并就行业今后的发展探讨解决问题的思路。

二、收集传统露酒产品备案及新资源食品申报备案工作所需资料

根据国家有关部门对保健食品规范工作的进一步深化，以及露酒行业在这一过程中可能存在的问题，发文收集传统露酒产品备案及新资源食品申报备案工作所需资料。根据已经收到的资料，还需要进一步收集资料，以便评估、研讨下一步的工作和对策。

三、召开2010年国家级果露酒评委年会

2010年8月在新疆吐鲁番召开了国家级果露酒评委年会，共有技术委员会专家、国家级评委及其他代表64人参加了会议。会议品评了国内生产露酒和果酒产品；并有针对性地选择了国外的果酒、利口酒和蒸馏酒等，进行品评、交流。

四、初步完成果露酒工业用加工助剂申报工作

根据卫生部的要求，完成了果露酒工业用加工助剂申报、补充材料工作。最终报卫生部加工助剂38种，GB 2760《食品添加剂使用卫生标准》(征求意见稿)已列入35种。

五、完成果露酒品酒师、酿酒师教材编写工作

完成了葡萄酒品酒师、酿酒师教材编写工作，将根据培训、鉴定工作的安排，印刷教材。

六、召开果露酒分会理事长办公(扩大)会议

为了更好地开展2011年分会的工作，2010年12月在劲牌公司召开了果露酒分会理事长办公(扩大)会议，分会理事长、副理事长及部分技术委员会委员参加了会议。会议就准备在2011年开展的重点工作——技术委员会换届和评委换届；果露酒品酒师、酿酒师培训和鉴定；《保健食品监督管理条例》及相关规章实施后的行业对策；成立保健酒联盟等工作的方案、原则等，以及对降低保健酒消费税方案的建议进行了讨论。

2011年果露酒行业综述

一、行业基本情况

根据国家统计局对国有及主营业务收入2000万元以上企业的统计，2011年果露酒（国家统计局统计口径是：其他酒）行业工业总产值173.52亿元，增长32.54%；主营业务收入161.5亿元，增长29.31%；利润总额23.43亿元，增长65.51%；税金总额12.32亿元，增长19.07%。

二、行业情况分析

1. 整个行业保持较高的增长速度

近年来，果露酒行业一直保持较高的增长速度，高于酿酒行业的平均增速。从2007年到2011年，行业工业总产值同比增长比例分别为：27.7%、29.63%、32.62%、33.33%、32.54%；销售产值（或主营业务收入）同比增长比例分别为：27.98%、31.71%、32.16%、28.60%、29.31%。

2. 露酒行业发展不平衡

行业发展不平衡，从销售收入看，企业之间的差距仍然很大，2011年销售收入，排第一名的企业占全行业的25.35%，第二名的企业占31.67%，第三名的企业占34.11%。

3. 果酒产品仍缺乏自身特点及个性

果酒产品本应是个性突出、特点明显的产品，但由于理念和技术研发等方面的原因，目前，我们的大部分产品缺失了本产品应有的特点和个性，影响了产品及行业的发展。

果露酒产品的特点是，产品之间的共性少、个性多；露酒仍以区域性品牌为主，全国性品牌很少，果酒基本没有全国性品牌。这需要我们更多深层次的思考，需要理念的更新、技术的创新，共同努力，做好产品，做大行业。

2011年其他酒进出口量情况统计

产品名称	2010年出口量（千升）	2011年出口量（千升）	同比增长%	2010年进口量（千升）	2011年进口量（千升）	同比增长%
蒸馏葡萄酒制得的烈性酒	2040.46	1104.86	-45.85	18699.88	16687.92	-10.76
威士忌酒	137.57	145.84	6.01	18074.89	12364.1	-31.6
朗姆酒及其他甘蔗蒸馏酒	4011.8	19995.64	398.42	6192.91	18130.44	192.76
杜松子酒	0.59	6.76	1045.76	533.57	402.11	-24.64
伏特加酒	149.96	197.02	31.38	2588.75	1260.12	-51.32
利口酒及科迪尔酒	16.04	19.66	22.57	1473.95	1246.51	-15.43
龙舌兰酒	1.67	5.23	213.17	330.97	290.84	-12.12
中药酒	901.98	918.37	1.82	1.61	1	-37.88

2011年中国酿酒工业协会果露酒分会工作情况

一、果露酒分会技术委员会换届

果露酒技术委员会没有随着上届果露酒分会换届，这几年，其中有不少专家工作有所变动，也有专家多年没有参加分会的活动，根据协会对技术委员会管理的要求，这次技术委员会的换届将有较大的调整。为了做好这项工作，先修改了《中国酿酒工业协会果露酒分会技术委员会管理办法》，根据“管理办法”，通过个人申请、单位推荐的办法，共有34人被推荐，经过资格审查，并经果露酒分会理事长办公会议讨论，产生了新一届果露酒分会技术委员会，委员会设主任1人、委员16人、顾问4人。

二、国家级果露酒评委换届

根据协会章程，国家级评委满5年换届，比分会晚一年换届。根据上届国家级评委年龄结构比较合理的现实情况，为保证评委队伍的稳定性，本次换届采用新评委增补的方式；同时，为了使行业内更多的年轻技术人员进入到评委的队伍，以便有更多的学习机会，在技术委员会管理办法中规定，技术委员会专家不再任国家级评委。2011年2月起发文开展这项工作，总报名人数59人，其中果酒（仿洋酒）组23人，露酒组36人，这次考试普遍考出了较高的水平，经过严格的评审、筛选，最终57人取得新一届国家级评委，其中，上届评委28人、新评委29人，果酒（仿洋酒组）21人、露酒组36人。

三、果酒、露酒品酒师和酿酒师培训、鉴定

根据协会的安排，葡萄酒品酒师培训、鉴定工作是分级进行，即三级品酒师培训、鉴定工作由各省、市、自治区协会进行，二级、一级品酒师由协会开展。

根据协会新的评委管理细则，以及鉴于品酒师鉴定与国家评委考核工作基本相同，所以品酒师的培训、鉴定工作与国家级评委的换届同步进行。于2011年9月起发文开展一级、二级品酒师培训、鉴定工作，总报名人数74人，其中报考一级品酒师45人、二级品酒师29人；经过考试，最终录取一级品酒师44人、二级品酒师28人。

四、召开理事长办公会议

2011年11月在海口召开了2011年中国酿酒工业协会果露酒分会理事长办公会议，会议讨论并通过了新一届果露酒分会技术委员会组成人员名单；讨论了《保健酒联盟章程》和2012年分会部分工作计划。

五、露酒产品消费税的相关工作

经过协会及国内主要露酒生产企业多年的努力，从2011年10月1日起，以蒸馏酒或食用酒精为酒基，并具有国家相关部门批准的国食健字或卫食健字文号、酒精度低于38度（含），以及以发酵酒为酒基，酒精度低于20度（含）的配制酒（露酒）产品的消费税，以10%适用税率征收。

六、开展果酒示范基地的试点工作

与其他酒种相比，果酒行业的发展比较滞后。为了促进果酒行业的发展，开展了果酒示范基地的试点工作，经过专家论证，授予了广东长乐烧酒业股份有限公司“中国酿酒工业协会果酒研发生产示范基地”称号。

2010年酒精行业综述

一、2010年我国酒精行业发展情况

1. 酒精产量较快增长

2010年全国发酵酒精产量825.93万千升(以年销售收入500万元以上的企业计，不包括小企业和自产自用的酒精量)，比2009年全年产量745.57万千升增长10.78%。与上一年度增幅6.06%相比，增长速度进一步提升。

由表1可知：在统计的24省(市、区，以下称省)中，产量较多的前十个省份及产量分别是吉林148.71万千升、内蒙古121.99万千升、江苏95.01万千升、河南85.22万千升、黑龙江81.89万千升、广西68.78万千升、安徽67.95万千升、山东48.82万千升、四川35.89万千升、河北17.583万千升。

以内蒙古和黑龙江增长量最大，分别增长了43.07万千升和22.95万千升。减产量较大的省份：天津-1.80万千升、 广东-1.90万千升 、吉林-5.93万千升 、广西-9.08万千升。

全年分月全国酒精产量统计见表2。

表1 2010年分地区发酵酒精产量

单位：千升

省份	2010年产量	2009年产量	省份	2010年产量	2009年产量
天津市	6267.00	24252.00	湖北省	70756.00	52652.00
河北省	175836.00	157093.00	湖南省	11918.00	20033.00
山西省	52095.00	51774.00	广东省	126776.42	145784.00
内蒙古	1219893.06	789205.47	广　西	687760.41	778517.45
辽宁省	8092.00	7477.00	海南省	2087.00	3677.00
吉林省	1487114.57	1546484.00	四川省	358888.78	329869.00
黑龙江省	818856.56	589352.00	贵州省	252.00	1870.08
江苏省	950099.60	896501.00	云南省	173605.84	182507.17
浙江省	221.63	268.83	陕西省	20746.29	28853.00
安徽省	679463.50	599694.00	甘肃省	14778.00	12486.00
山东省	488181.42	438908.00	宁　夏	2063.79	11488.30
河南省	852167.40	750550.50	新　疆	51416.35	36388.93

表2 2010年各月产量

单位：千升

1月	2月	3月	4月	5月	6月
708648.05	671564.54	774450.37	714067.99	671564.54	661823.58
7月	**8月**	**9月**	**10月**	**11月**	**12月**
568611.97	570041.21	603031.63	649828.75	725622.98	804871.77

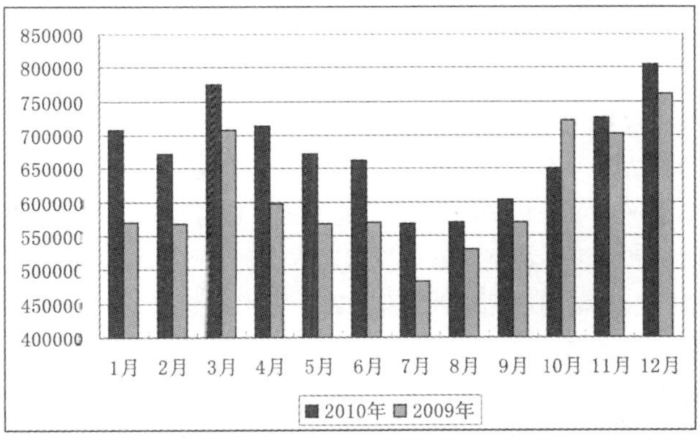

图1 2010和2009年分月酒精产量对比图

表3 2010年燃料乙醇产量

单位：万吨

	企业名称	产量
1	河南天冠企业集团有限公司	55.9
2	吉林燃料乙醇有限公司	48
3	安徽丰原生化股份有限公司	46.6
4	中粮生化能源（肇东）有限公司	20.3
5	广西中粮生物质能源有限公司	16
	合计	186.6

根据协会统计，2010年全年燃料乙醇产量为186.8万吨，三家燃料乙醇企业产量见表3。

除五家燃料乙醇生产企业外，根据协会统计，产量较大的企业及产量见下表：

2. 酒精行业各项经济指标转好

根据国家统计局统计快报，2010年酒精行业工业总产值（当年价格）为547.69250亿元，比上年476.21126亿元增长15.01%。

工业销售产值（当年价格）529.64896亿元，比上年同期458.85939亿元增长15.4%。

2010年前11个月累计主营业务收入（当年价格）为474.29933亿元，上年同期为377.87074亿元，同比增长25.5%。

2010年前11个月累计主营业务成本（当年价格）为417.13050亿元，上年同期为342.40936亿元，同比增长21.8%。

2010年前11个月累计主营业务税金及附加为8.86558亿元，上年同期为6.88476亿元，同比28.8%。

2010年前11个月累计利润总额19.43400亿元，上年同期为12.18075亿元，同比59.6%。

2010年前11个月累计应交增值税11.92617亿元，上年同期9.36245亿元，同比增长27.4%。

以2010年前11月的统计数字来推算，2010全年累计主营业务收入（当年价格）为517.4175亿元，主营业务成本为455.0515亿元，主营业务税金及附加为9.6715亿元，利润总额21.2007亿元，应交增值税13.0104亿元。

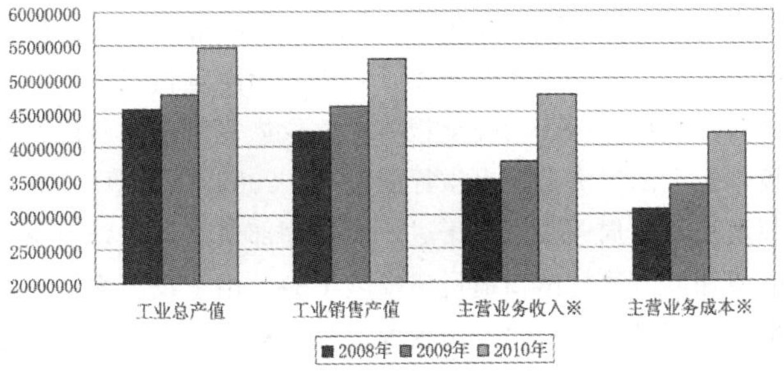

图2 2010、2009、2008年酒精行业经济数据对比 一

单位名称	产量（万千升）
梅河口市阜康酒精有限责任公司	51.02
吉林省新天龙酒业有限公司	37.33
中粮生化能源（肇东）有限公司	21.1（除燃料乙醇）
潍坊英轩实业有限公司	18.79
江苏花厅酒业有限公司	17.46

单位名称	产量（万千升）
大庆博润生物科技有限公司	12.4
承德避暑山庄企业集团有限责任公司	11.5
山西纪元玉米产业有限公司	11.1
吉林省东丰县华粮生化有限公司	9.60
安徽安特生物化学有限公司	8.88

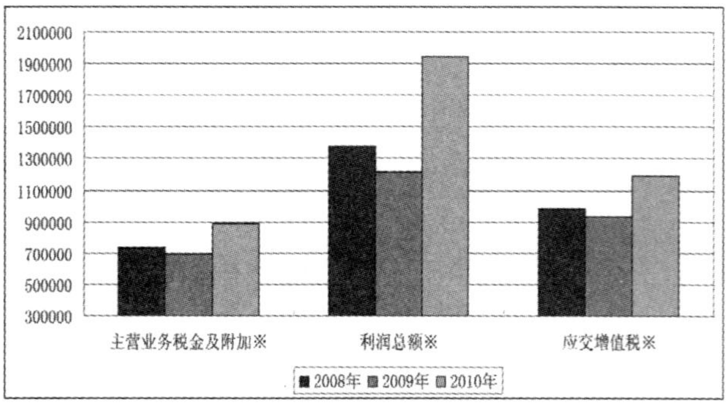

图3 2010、2009、2008年酒精行业经济数据对比 二

3. 酒精进出口总量较小

2010年全国出口酒精达15.602万千升，比2009年出口量10.804万千升有了较多增长，但绝对数量仍然很小；出口创汇9975.8044万美元，每千升酒精创汇639.40美元，比2009年每千升酒精创汇552.34美元，每千升酒精创汇有所提高。2010年全国进口酒精3611.133千升，2009年为158.623千升，虽然增长较多，但数量很小。

二、有关酒精行业政策变化

1. 国家酒精税收政策方面

我国在2006年9月以前，酒精出口退税率13%。2006年9月酒精出口退税率为0%。从此开始酒精出口一直处于萎缩状态。从2006年底开始，特别是金融危机之后，酒精分会多次向有关部门提交报告，建议恢复酒精出口退税政策，扩大出口贸易，提振行业信心。2009年6月8日，财政部及税务总局颁布《关于进一步提高部份商品出口退税率的通知》，酒精出口退税率提高至5%。由于我国酒精出口国地区酒精需求量减少及国内酒精价格高企，国际竞争力较弱，此次仅退税5%的税收政策对我国酒精行业的影响也十分有限。随着我国经济发展模式调整，2010年6月22日财政部发出《关于取消部分商品出口退税的通知》（财税[2010]57号），自2010年7月15日起取消含酒精在内的六大类商品的出口退税。2010年上半年，我国酒精出口量合计13.2966万千升，比2009年同期有了大幅增长，在7月份出口退税政策取消后，下半年的出口量在本来就较小的基础上又大幅萎缩，全年出口量为15.602万千升。

酒精消费税方面，2010年9月初向财政部上报了《关于取消酒精消费税促进行业节能减排和转变增长模式的建议》（中酒协 [2010]55 号）。在2010年酒精年会期间，财政部税收司有关负责同志参加了会议，听取了主要生产企业的意见，实地参观考察了酒精生产企业，表示将研究有关问题和建议。

2. 食用酒精产品生产许可证换（发）证政策调整

根据国家质检总局《关于调整部分食品生产许可工作的公告》（总局2010年第75号公告）的规定，食用酒精产品生产许可证从2010年7月下旬正式下放省局管理，并由其审查和发证。根据国家质检总局质检食监函[2010]262号文件，食用酒精产品纳入食品管理，证书有效期3年。已经取得食用酒精产品生产许可证的企业，应当在2011年底完成换发食品生产许可证工作。换证过程，应简化手续。自证书换发批准之日起，原工业产品生产许可证证书有效期不足3年的，新证书有效期按原证书有效期不变；原证书有效期超过3年的，新证书有效期按换证批准日期顺延3年。自证书换发批准之日起18个月内，已取得由国家质检总局核发的生产许可证的企业可以继续使用已印制的带有原食用酒精产品生产许可证编号和生产许可证标志的包装物。

3. 淘汰落后产能

2010年4月初，国务院下发《关于进一步加强淘汰落后产能工作的通知》（国发〔2010〕7号），是继《国务院关于发布实施〈促进产业结构调整暂行规定〉的决定》（国发〔2005〕40号）和《国务院关于印发节能减排综合性工作方案的通知》（国发〔2007〕15号）之后，进一步加强此方面工作。2010年8月份，向社会公告18个工业行业淘汰落后产能企业名单，列入淘汰落后产能名单企业的落后产能在2010年9月底前关停。

在2009年制订的《轻工业调整和振兴规划》中，2009—2011年，淘汰落后酒精产能100万吨。新增34.5万吨（原来为2006年为10.1万吨，2007年为40万吨，2008年44.4万吨，2009年35.5万吨，2010年为30万吨，共160万吨）。

随着市场竞争和淘汰落后的推进，酒精行业规模化和集约化趋势越来越明显，酒精生产企业数量从2000年以前的1000家，减少到2004年的457家，到现在约400家。年产10万吨以上的大型企业已经成为行业产量和技术进步的主体。

4. 工信部发布酒精行业清洁生产重点技术需求及应用推广目录（第一批）

由酒精分会制订的酒精行业清洁生产重点技术需求及应用推广目录（第一批），于2010年3月份由工业和信息部公布实施。其中推广以下技术：浓醪发酵技术、酒糟离心清液回配技术、糟液废水全糟处理技术等。按工信部部署，第一批清洁生产技术重点以减排为主，其它如节能技术将在以后推出。协会将会把技术成熟、节能减排环境和经济效果好的技术逐步示范和推广，推动行业清洁生产水平不断提升。中粮生化能源（肇东）有限公司利用大罐浓醪发酵技术生产15万吨乙醇项目和承德避暑山庄企业集团饲料有限公司酒糟多酶法浓醪发酵清洁生产推广示范项目得到协会推荐，最终得到工信部的清洁生产资金支持。

5. 酒精制造业清洁生产标准发布执行

《清洁生产标准 酒精制造业》（HJ 581—2010）从2010年9月1日起执行，该标准为酒精制造企业开展清洁生产提供技术支持和导向，规定了在达到国家和地方环境保护标准的基础上，根据当前的行业技术、装备水平和管理水平，酒精制造企业清洁生产的一般要求。标准分为三级，一级代表国际清洁生产先进水平，二级代表国内清洁生产先进水平，三级代表国内清洁生产基本水平。标准将清洁生产标准指标分成五类，即生产工艺与装备要求、资源能源利用指标、污染物产生指标（末端处理前）、废物回收利用指标和环境管理要求。用于酒精企业进行清洁生产审核、清洁生产潜力与机会的判断、清洁生产绩效评定和清洁生产绩效公告制度。

三、2010年酒精行业发展特点

1. 酒精总产量增长，增速提升

2010年全国发酵酒精产量825.93万千升比去年同期745.57万千升增长10.78%，和2009年增长6.06%和2008年增长4.13%相比，增长速度提升明显。全年除10月份产量低于2009年同期外，其它月份产量都要高于同期。

全年燃料乙醇产量为186.6万吨，较2009年173.2万吨增长7.74%。

2. 全年酒精价格随主要原料价格上涨不断上升

2010年年初，木薯价格在1300多元/吨，玉米价格维持在1600～1700元/吨。从3月初起木薯和玉米价格均逐渐上行，直到5月底开始的酒精行情淡季。但由于受东南亚木薯生产国泰国、越南各种灾害天气影响，木薯产量下降，同时其国内需求量增长，导致我国木薯市场供应偏紧，木薯价格从8月下旬开始不断上涨，到年底上涨到近2000元/吨，几乎和玉米价格持平。玉米价格方面，受我国近几年玉米供应处于紧平衡状况下，玉米价格从年初1600不断上行到年底的2000元左右/吨。酒精价格受原料价格不断上涨的影响，从年初的5500元/吨左右涨到年底的6500元左右/吨。总体上木薯酒精企业受原料上涨过快的影响，利润水平要远低于玉米酒精企业。

受国际和国内通胀影响，在今后的一段时间内，酒精主要生产原料木薯和玉米的价格将维持在高位。

3. 酒精行业主要经济指标都显著回升

从国家统计局的数字看，2010年每万千升酒精的各项经济指标都要好于前两年，特别是利润水平有较大幅度提高，行业形势向好的方面转变。但行业总体税收水平仍不容乐观。

4. 行业淘汰落后和行业重新洗牌的步伐加快

从2007年我国节能减排工作开展以来，酒精行业淘汰3万吨以下落后产能工作到2010年年底结束。在轻工振兴方案中，2011年酒精行业仍有34.5万吨产能要淘汰。规模小的企业越来越受到制约。同时，各级政府对环保的日益重视，使一些靠偷排来盈利和节约成本来生存的企业无法生存。政府有关部门也多次表示，“十二五”期间将开征环境保护税。对于酒精行业企业来说，资源、能源以及污染物排放上对企业的约束和影响将越来越大。一些企业被淘汰了，一些企业仍在挣扎，也有一些企业通过技术改造升级达到3万吨以上而得到生存。一些原料非优势地区的酒精生产企业将越来越步履维艰，如果再加上管理不善、技术落后或其它问题，将很可能陷入到逐渐被淘汰的境地。

5. 适度发展燃料乙醇与粮食安全不矛盾

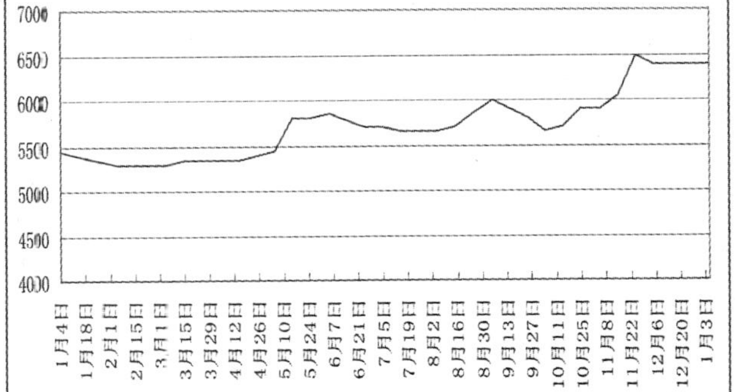

图4 2010年全年酒精价格走势

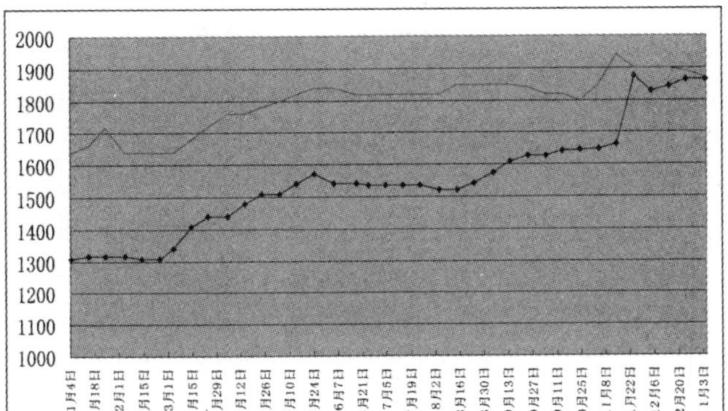

图5 主要原料价格走势

表5 单位产品（万千升）主要经济指标2008—2010年三年对比

单位：千元

单位平均	工业产值	工业销售产值	收入※	成本※
2008年	65961.66713	60982.48518	56126.75127	49320.88662
2009年	63872.10591	61544.77648	56240.80788	50962.87432
2010年	66312.21774	64127.58466	63608.84195	55941.8628
单位平均	**税金及附加※**	**利润※**	**应交增值税※**	
2008年	1184.817192	2212.144316	1580.635043	
2009年	1024.700839	1812.935346	1393.47056	
2010年	1188.973379	2606.316636	1599.43271	

注：表中带※项为1～11月累计数据。

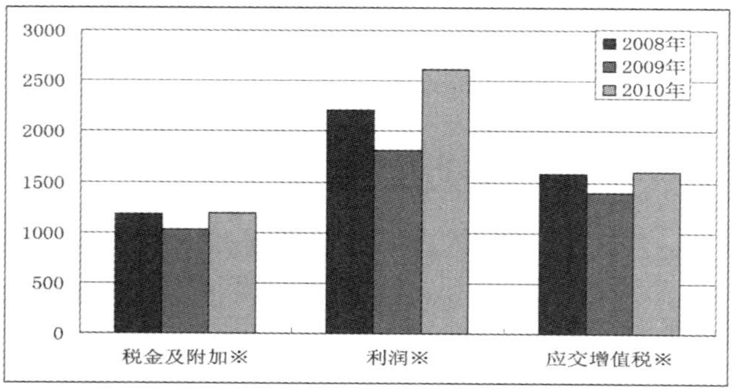

图6 2008—2010年1～11月单位产品（万千升）累计利税对比（单位：千元）

我国发展燃料乙醇所消耗的玉米总量很少。2010年全年我国燃料乙醇总产量为186.6万吨，其中用玉米为原料生产的燃料乙醇是135万吨。依吨燃料乙醇消耗3.2吨玉米为标准，其相应消耗的玉米仅为472.5万吨，占2010年中国玉米产量17250万吨（预计）的2.74%。同时，玉米原料生产燃料乙醇重要的副产品蛋白饲料DDGS（吨酒精可生产0.8吨DDGS）抵消了108万吨的玉米消耗。依此计算，燃料乙醇所消耗玉米应为364.5万吨，占2010年玉米总产量比例仅为2.11%，这个比例是很低的。因此，燃料乙醇并非推动玉米价格上涨主因，玉米价格的不断提高与全球通胀密切相关。

我国石油对外依赖程度不断提高，2010年达到55%，国家能源安全问题同样不容轻视。事实证明，到现在为止，燃料乙醇是最可靠可行的可再生的生物质替代能源产品。适度发展玉米乙醇有益粮食供需平衡，同时也可起到玉米供给的蓄水池作用。我国的燃料乙醇始于陈化粮问题，燃料乙醇作为一个有效的供需平衡"调节器"出现，而现在随着陈化粮问题的解决，燃料乙醇的发展依然可以起到粮食供需平衡的蓄水池作用。我国的粮食安全既需要切实保护粮食的生产能力，又需要拥有可控、巨大、稳定的粮食转化能力和转化方向，支持农民完成扩大再生产，形成增产—消费—刺激再生产的良性循环，同时通过调节燃料乙醇生产企业的生产量来调节玉米供给形势，将是一个很好的供给调节阀门。同时，提高农产品价格，提高农民收入水平和种粮积极性，是解决我国当前收入分配差距拉大问题的关键。

2010年中国酿酒工业协会酒精分会工作情况

一、承担课题

承担由科技部、工信部组织《轻工行业节能减排技术筛选与评估》子课题《酒精行业节能减排技术筛选与评估工作》。此工作由酒精分会和北京工商大学合作进行，从节能减排的资源综合利用、工艺技术改进和污染物治理技术等方面筛选应用前景好的技术在行业内推广应用。目前这项工作已经完成前期数据采集和现场调研工作，进入收尾阶段。

二、召开年会

2010年4月中旬在北京召开了酒精分会第三届理事会第五次扩大会议，同时参加了中国酿酒工业协会第四届会员代表大会暨第四届理事会第一次会议。

三、组织培训

2010年4月下旬，在诺维信公司的协助下，首届酒精高级酿酒师进修培训班在北京顺利进行，四十多位酒精行业的技术人员经过为期六天的认真学习并考核，获得了由人力资源和社会保障部颁发的酒精高级酿酒师证书。多次参与了由工信部或国家发改委等部门组织的节能减排、清洁生产项目评审活动，支持行业企业争取到合理的国家资金。在诺维信公司的协助下，2011年6月中旬酒精分会在北京诺维信公司总部举办了第二届“酒精高级酿酒师进修培训班”。培训班实际模块化教学，培训教师由酒精分会组织有丰富经验的专家和科研院校教授等组成，并组织学员参观了北京诺维信公司总部实验室，对有关酒精部分进行了实际操作。

四、行业分析

2010年9月13～15日，酒精分会在江苏省太仓市召开了中国酿酒工业协会酒精分会2010年年会。来自酒精制造、装备及相关企业二百余人代表参加了此次会议。中国酿酒工业协会副理事长兼秘书长、兼酒精分会理事长王琦做了《2009年和2010年上半年酒精行业经济运行形势分析报告》，总结和分析了2009年和2010年上半年酒精行业经济运行形势，指出了行业存在的主要问题和所面临的困难。太仓新太酒精有限公司茅伟刚副总经理做了《实施清洁生产，发展循环经济——太仓新太酒精有限公司实现生态经济之路》经验介绍。之后，年会围绕行业经济情况分析总结、酒精节能减排技术交流等展开。多家企业进行了经验交流。9月16日与会代表现场参观了江苏太仓新太酒精有限公司。太仓新太酒精有限公司公司通过运用清洁生产理念，实施循环经济战略，采取对单项生产工艺的优化选择、选用先进的生产设备、再生资源（废弃物）的综合利用、内部热能的梯级循环利用等手段，把以发展循环经济为目标作为企业生存和发展的基础，在企业内部形成木薯酒精废水处理系统、再生资源循环综合利用系统、中水循环系统、能源循环利用系统等多个循环经济链，实现集中供热、供电、供汽、供气一体化，形成一个“资源—产品—再生资源—再生产品”的反馈式循环模式。“三R”原则成功贯穿整个生产过程，企业内部形成“资源—产品—再生”的资源闭环流动框架。该公司实施清洁生产，发展循环经济取得了经济效益、环境效益、社会效益三赢，很值得酒精行业企业认真学习。

五、技术交流

酒精分会技术委员会2010年年会于2010年9月14日召开。会上，技术委员会研讨了中科天元专利技术(优级食用酒精五塔二级差压蒸馏装置及其工艺)在太仓新太酒精有限公司应用（结合现场参观），委员会成员肯定了中科天元专利技术的先进性，并指出了所存在的主要问题和改进方向。

六、应对倾销

自2009年下半年以来美国DDGS开始大量进入中国市场。据海关统计，2009年以前美国DDGS仅少量对中国出口，2009年出口数量急剧增至65.17万吨，2010年更是进一步增至316.23万吨，比2009年大幅增长了385%。我国进口的DDGS几乎全部来自美国。随着美国DDGS的大量进口和倾销，造成了北方大量DDGS库存积压。DDGS产品是我国酒精行业重要的副产品之一，是酒精生产企业重要的盈亏平衡点。国产DDGS的低价和滞销严重影响我国酒精产业安全形势。

2010年9月29日，酒精分会在吉林省长春市召集中粮集团生化能源事业部及其下属企业安徽丰原生化股份有限公司、中粮生化能源（肇东）有限公司，以及吉林燃料乙醇有限责任公司、梅河口市阜康酒精有限责任公司、吉林省新天龙酒业有限公司会商反倾销应对措施。最后由安徽丰原生物化学股份有限公司、吉林燃料乙醇有限责任公司、梅河口市阜康酒精有限责任公司、吉林省新天龙酒业有限公司作为申请人，中粮生化能源（肇东）有限公司、佳木斯阳光生化有限公司、黑龙江省盛龙酒精有限公司为支持申请企业，委托北京市博恒律师事务所开展反倾销调查申请的有关工作。

2010年11月16日，安徽丰原生物化学股份有限公司、吉林燃料乙醇有限责任公司、梅河口市阜康酒精有限责任公司、吉林省新天龙酒业有限公司代表国内干玉米酒糟产业正式向中华人民共和国商务部提交反倾销调查申请书，请求对原产于美国的进口干玉米酒糟进行反倾销调查。

随后，商务部对申请人的资格、申请调查产品的有关情况、中国同类产品的有关情况、申请调查产品对国内产业的影响、申请调查国家的有关情况等进行了审查。同时，商务部就申请书提供的涉及倾销、损害及倾销与损害之间的因果关系等方面的证据进行了审查。2010年12月28日，商务部正式发布立案公告，决定对原产于美国的进口DDGS展开反倾销调查。

2011年酒精行业综述

一、2011年我国酒精行业发展情况

1. 酒精产量继续保持较快的增长速度

2011年全国发酵酒精产量833.73万千升（年主营业务收入在2000万元及以上的工业法人企业），比去年同口径统计产量748.09万千升增长11.45%。分地区发酵酒精产量见表1。

表1 2011年分地区发酵酒精产量

单位：千升

省份	2011产量	2010产量	省份	2011产量	2010产量
河南省	1671728	847935.1	广东省	158257.76	121031.42
吉林省	1479829.3	1231327.6	新　疆	62694.67	51306.35
黑龙江	1011037	786198.56	山西省	52237	52095
江苏省	880036.26	927376.6	湖南省	32850	9408
广　西	695423.52	680622.76	陕西省	32551.7	19263.29
内蒙古	597664.07	1174579.1	湖北省	27144	28664
四川省	525468.05	500842.78	甘肃省	13336	14778
山东省	500904.2	454237.42	辽宁省	11045	5092
河北省	215261	175141	海南省	747	2087
安徽省	197390	210808	浙江省	187.04	491.63
云南省	171544.19	187353.92	贵州省	0	252

表2 2011年1～6月产量

1月	2月	3月	4月	5月	6月
745712.16	724809.91	753417.9	650131.27	627503.7	677503.79
7月	8月	9月	10月	11月	12月
535462.83	621810.63	656583.35	757920.02	835113.68	851103.51

表3 2011年燃料乙醇产量

	企业名称	2011	2010
1	河南天冠企业集团有限公司	59.6	55.9
2	吉林燃料乙醇有限公司	52	48
3	中粮生物化学（安徽）股份有限公司	47.23	46.6
4	中粮生化能源（肇东）有限公司	24.33	20.3
5	广西中粮生物质能源有限公司	10.60	16
	合计	193.76	186.6

由表1可知：在统计的22省(市、区，以下称省)中，产量较多的前十个省份及产量分别是河南1671728.00千升、吉林1479829.32千升、黑龙江1011037.00千升、江苏880036.26千升、广西695423.52千升、内蒙古597664.07千升、四川525468.05千升、山东500904.20千升、河北215261.00千升、安徽197390.00千升。

其中，以河南和吉林增长量最大，分别增长了82.38和24.85万千升。以内蒙古和江苏减产量较大，产量分别减少57.69、4.73万千升。

全年分月全国酒精产量统计见表2。

根据协会统计，2011年全年燃料乙醇产量为193.76万吨，5家燃料乙醇企业产量见表3。

其它产量较大的企业依次有梅河口市阜康酒精有限责任公司、中粮生化能源肇东公司、焦作市河阳酒精实业有限公司、吉林省新天龙酒业有限公司、大庆博润生物科技有限公司、内蒙古利牛生物化工有限责任公司、孟州市华兴食用酒精有限公司、东丰县华粮生化有限公司、江苏东成生物科技集团有限公司、辽源市巨峰生化科技有限责任公司、潍坊英轩实业有限公司、天冠集团新乡乙醇有限公司、承德避暑山庄企业集团有限责任公司、内蒙古百年酒业有限责任公司、广西金源生物化工实业有限公司、江苏花厅酒业有限公司、山东振龙生物化工集团有限公司等。

2. 酒精行业各项经济指标达近年来最好水平

根据国家统计局统计快报，2011年全年工业总产值为668.338亿元，同比增长32.8%；工业销售产值648.374亿元，同比增长32.6%；主营业务收入631.397亿元，同比增长25.4%；主营业务成本542.526亿元，同比增长22.2%；主营业务税金及附加12.4亿元，同比增长33.5%；应交增值税14.946亿元，同比增长8.5%；利润总额36.988亿元，同比增长34.6%。2011年和2010年酒精行业各项经济指标详见表4。

3. 酒精进出口总量较少

2011年全年累计出口为4.333万千升，比2010年全国出

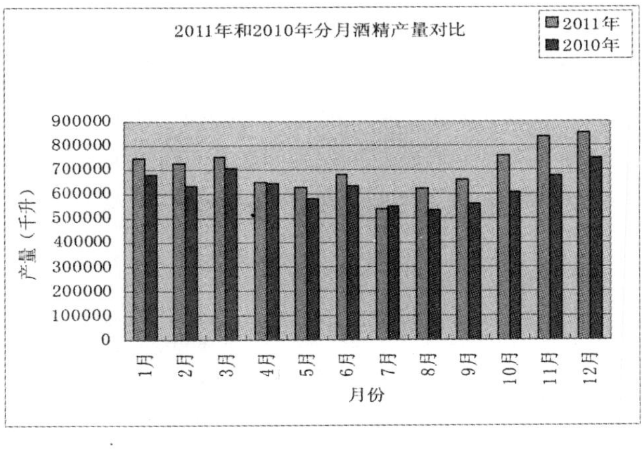

图1 2011年和2010年分月酒精产量对比图

表4 2011年酒精行业各项经济指标与2010年比较

	2011年	2010年	增长率%
工业总产值（亿元）	668.338	503.1	32.8
工业销售产值（亿元）	648.374	488.789	32.6
主营业务收入（亿元）	631.397	503.692	25.4
主营业务成本（亿元）	542.526	443.937	22.2
主营业务税金及附加（亿元）	12.4	9.286	33.5
应交增值税（亿元）	14.946	13.774	8.5
利润总额（亿元）	36.988	27.476	34.6
产值利润率（%）	5.5	5.5	1.3
销售利润率（%）	5.9	5.5	7.4
成本利润率（%）	6.8	6.2	10.2
单位产品利润（元/千升）	443.645	367.280	20.8

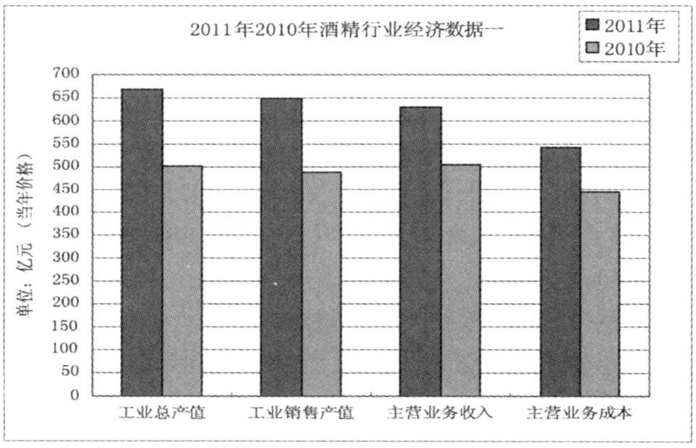

图2 2011年和2010年酒精行业经济数据一

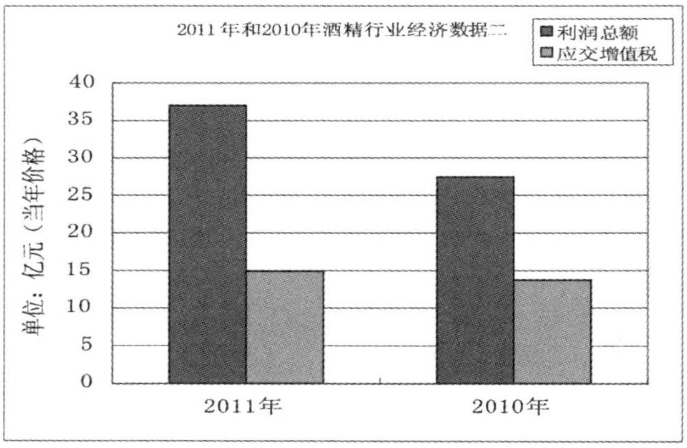

图3 2011年和2010年酒精行业经济数据二

口量15.602万千升大幅萎缩。2011年全年累计进口为0.531万千升，比2010年进口量0.361千升有增长。

二、2011年酒精行业发展基本特点

1. 酒精总产量增长，增速提升

2011年全国发酵酒精产量较2010年增长11.45%，比同比增速10.78%增长了0.67个百分点，继续保持较快增长速度。2011年燃料乙醇产量比2010年增长3.84%，较同比增速7.74%有所降低。

2. 全年酒精价格随主要原料价格在2010年基础上继续保持上涨态势

受国际和国内通胀影响，全年酒精价格随主要原料价格在2010年基础上继续保持上涨态势。根据国家统计局数据测算，2011年酒精行业平均销售成本为8058元/吨，较上年度上涨16.32%。根据协会统计数据，主要原料玉米、木薯和糖蜜平均价格分别为2169元/吨、2086元/吨和1213元/吨，比2010年度增长10%左右。上半年木薯价格平均在2100元/吨以上，下半年降至2000元/吨左右；玉米价格前三季度基本保持上涨态势，从年初1900元/吨上涨到三季度末的最高将近2500元/吨，四季度有所回落，到年底保持在2200元/吨左右。全年酒精含税价格（出厂价）在6800～7200元/吨之间

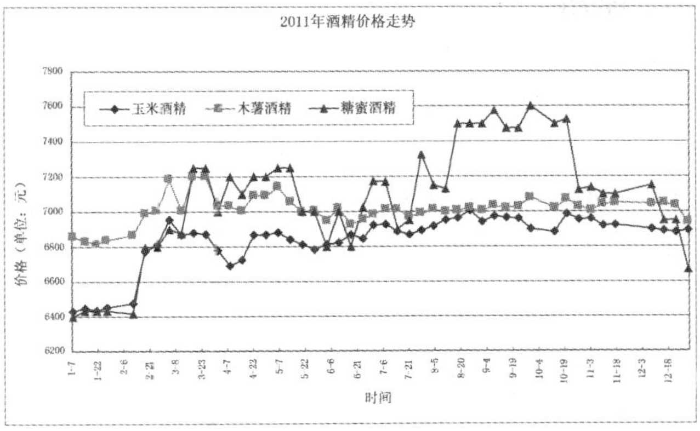

图4 2011年全年酒精价格走势

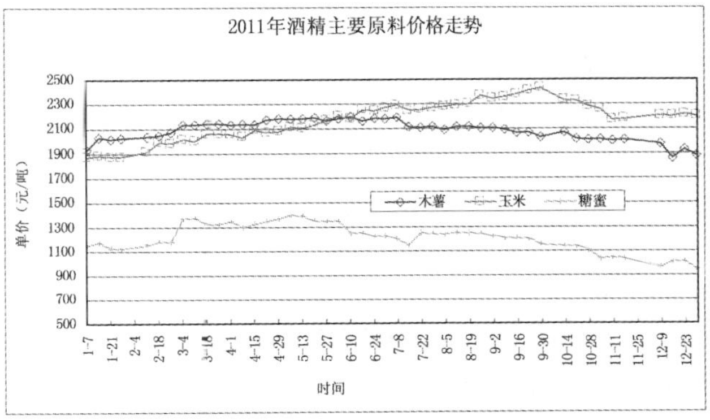

图5 2011年酒精生产主要原料价格走势

波动，整体呈上扬态势。受木薯价格坚挺及接近酒精消费区域因素的影响，木薯酒精价格基本要稍高于玉米酒精价格。

2011年一季度，由于需求量急速下滑，同时企业生产成本居高不下，再加上产能过剩，企业经营压力普遍较大，不少企业亏损经营，停产面也有所扩大。综合各方面的信息，全球粮食价格在2011年以后的几个月仍在高位徘徊，粮价仍可能继续上涨。由于全国经济形势下滑的大环境影响，以及受制于酒精成本不断上升、产能过剩和市场需求不足等因素影响，今年行业形势不容乐观。

3. 酒精行业主要经济指标有所好转

从国家统计局的数字看，2011年酒精行业的各项经济指标稍好于2010年，每千升酒精利润水平比2010年提高了20.8%，是酒精行业近年来利润水平较好的一年。1～4季度，销售利润率累计分别为4.40%、4.33%、4.09%、5.86%，可以看出，第一和第四季度为酒精行业盈利水平较好阶段。但受行业能力过剩和成本压力较大影响，仍有15.72%的企业亏损，累计亏损额为1.92亿元。同时，因去年木薯价格持续较高，上半年木薯价格一直高于玉米价格，这是酒精行业多年来第一次出现的现象。木薯酒精企业丧失了多年来的优势，利润率和开工率也低于玉米酒精企业。

4. 原料优势地区和规模企业优势继续增强

以玉米为原料优势地区的吉林、河南、黑龙江三省以及以木薯为原料的广西和江苏两省酒精总产量在全国排名继续保持前列，但木薯酒精产量有所下降。在国家统计局有产量统计的221家生产企业中，产量排名前10家企业产量总和为342.6万千升，占全国总产量比例为41%，产量在10万千升以上的企业总产量达504.3万千升，占全国总产量的比例为60%。河南、吉林、黑龙江、江苏和广西五省产量573.8万千升占全国总产量的68.8%。利润分配向原料优势地区企业转移的趋势比较明显。当前，酒精行业的产业集中度较前有了较大提高，但总的来说，还仍然偏低。“十二五”期间及以后企业数量将会继续减少，并将继续向原料优势地区转移，不断提高产业集中度。天津冠达的破产和吉林省酒精工业集团的成立，标志着这种区域和结构调整深度进一步加大。

三、有关酒精行业政策变化

1. 节能减排与淘汰落后

2011年12月26日，工业和信息化部下达了“十二五”期间工业领域19个重点行业淘汰落后产能目标任务（工信部产业〔2011〕612号），同时要求各地认真贯彻执行《淘汰落后产能工作考核实施方案》（工信部联产业〔2011〕46号）有关规定，尽快将目标任务分解形成年度计划，落实到具体企业，并采取综合措施，加强监督考核，确保落后设备（生产线）彻底拆除，不得向中西部地区和周边国家转移，全面完成“十二五”期间淘汰落后产能工作各项目标任务。其中酒精为100万吨。

2. 酒精行业环保核查工作

国家环保部2011年11月2日通过协会向各酒精生产企业下发了《关于开展淀粉、淀粉糖、酒精生产企业环保核查工作的通知》（环办函[2011]1273号）。按照环境保护部有关环境保护核查的工作要求，对酒精生产企业环保核查主要包括以下内容：①环境影响评价与“三同时”制度（建设项目中环境保护设施必须与主体工程同步设计、同时施工、同时投产使用）的执行情况。②排污申报、排污许可证与排污缴费执行情况。③主要污染物总量减排和总量控制情况。④主要污染物和特征污染物达标排放情况。⑤固体废物处理处置情况。⑥环保设施及自动在线监控设备建设及运行情况。⑦不使用违禁物质与符合产业政策情况。⑧环境管理制度及环境风险防范情况。⑨核查时段内未发生重特大突发环境事件。⑩产污强度及清洁生产审核实施情况。其中以环境影响评价与“三同时”制度的执行情况为最关键条件。

2012年1月16日，根据环保部工作安排，酒精分会组织酒精行业环保核查专家对提交环保核查申请的企业进行了材料审查，并将结果上报了环保部。现阶段，环保部正组织各省级环保部门对已通过材料审查的企业进行现场核查。

根据有关文件，对于未提交核查申请、未通过核查以及弄虚作假的柠檬酸、味精、淀粉、淀粉糖、酒精生产企业，不得从事玉米深加工生产经营，各级发展改革部门要予以监督；各级环保部门暂缓审批其新（改、扩）建项目环境影响评价文件（不含补办环评手续）、不得提供各类环保专项资金支持、不得受理其上市环保核查申请、不得为其出具任何方面的环保合格、达标或守法证明文件。

从目前的情况看，主要存在以下问题：重点企业十分重视此项工作，但仍有不少企业忽视这个问题。该批申请共接到有效申请不足100家，至少还有一半的企业没有申请。原因：一方面可能是这些企业没有意识到环保核查工作的重要性，另一方面是部分企业条件暂时还有差距，或者在审批手续上存在不完善等问题。

3．发酵酒精和白酒工业水污染物排放标准发布执行

2011年10月27日，国家环保部和国家质量监督检验检疫总局联合下发了《发酵酒精和白酒工业水污染物排放标准》（GB 27631—2011），并于2012年1月1日实施。根据该标准，现有企业自2012年1月1日起至2013年12月31日止，水污染物排放限值中COD为150毫克/升，排水量为40立方米/吨；自2014年1月1日起，COD限值为100毫克/升，排水量为30立方米/吨。自2012年1月1日起，新建企业水污染物排放限值为COD100毫克/升，排水量限值为30立方米/吨。

按照这个要求，我国大部分玉米酒精企业达标排放并不困难，难点是薯类和糖蜜原料酒精企业。必须通过较大投入才能达标排放。通过新排放标准的实施和酒精行业环保核查工作，将会进一步促进酒精企业环保工作，淘汰一批糟液治理技术水平落后企业，推动行业企业转变发展方式，实现可持续发展。

4．燃料乙醇执行新税收政策

根据财政部、国家税务总局联合下发的《财政部 国家税务总局关于调整变性燃料乙醇定点生产企业税收政策的通知》（财税[2011]102号）文件，经国务院批准，国内定点生产企业以粮食为原料生产用于调配车用乙醇汽油的变性燃料乙醇，实行增值税先征后退政策。其中2011年10月1日至12月31日退税比例为80%，2012年退税比例为60%，2013年退税比例为40%，2014年退税比例为20%，自2015年1月1日起，取消增值税先征后退政策。自2011年10月1日起，以粮食为原料生产用于调配车用乙醇汽油的变性燃料乙醇恢复征收消费税，税率为5%。其中2011年10月1日至12月31日减按1%征收，2012年减按2%征收，2013年减按3%征收，2014年减按4%征收，自2015年1月1日起，按5%征收。自2011年10月1日起，《财政部 国家税务总局关于变性燃料乙醇定点生产企业有关税收政策问题的通知》（财税[2005]174号）和《财政部 国家税务总局关于安徽丰原燃料酒精有限公司享受变性燃料乙醇税收优惠政策的通知》（财税[2008]51号）相应废止。

2011年中国酿酒工业协会酒精分会工作情况

一、开展培训工作

在诺维信公司的协助下，2010年6月中旬在北京诺维信公司总部举办了第二届“酒精高级酿酒师进修培训班”，培训教师由协会组织有丰富经验的专家和科研院校教授等组成，课程共分以下模块进行：中粮集团总裁助理、中粮集团生化能源事业部总经理岳国君教授讲解《我国和世界酒精工业现状及先进技术介绍》、安琪酵母股份有限公司技术总监李志民和韩永超讲解《酵母与浓醪发酵》、诺维信(中国)投资有限公司张宇星和王曙光讲解《糊化液化工艺和酶》、江南大学生物工程学院石贵阳教授讲解《酒精发酵和酵母评价》、天津大学石化中心吕惠生教授讲解《酒精蒸馏》、《酒精》编辑部主编张耀玺教授讲解《酒精糟液治理》、山东肥城金塔机械有限公司总工孟华和胡晓利讲解《酒精生产主要设备》。期间，组织学员参观了北京诺维信公司总部实验室，对有关酒精部分进行了实际操作。协会组织培训工作，目的是提高我国酒精制造专业技术人员的素质水平，学习国内外先进酒精生产技术，培养素质高、技能强的专业人才队伍，逐步提高行业整体技术水平，促进酒精行业技术不断进步。

二、酒精分会四届理事会换届会议

酒精分会于2011年4月份进行换届，在原酒精分会理事会基础上有了较大调整，也增加了理事单位数量，使酒精分会理事会的行业代表性更强。除原副理事长单位如中粮生化和河南天冠集团等单位外，新增加吉林省新天龙酒业有限公司、梅河口市阜康酒精有限公司和安徽安特有限公司为酒精分会副理事长单位，王琦为酒精分会理事长，张国红为酒精分会秘书长，河南天冠集团党委副书记刘宏、中粮集团生化事业部战略部总经理王春才及中国糖业协会副秘书长李国有为酒精分会副秘书长。

三、召开2011年酒精分会年会

2011年9月20～23日在安徽省蚌埠市召开了酒精分会2011年年会。会上，中粮集团生化能源事业部研发部严明奕总经理、中粮生物化学（安徽）股份有限公司王年忠副总经理分别代表中粮集团生化能源事业部和中粮生物化学（安徽）股份有限公司致欢迎辞。王琦同志向与会代表做了《2010年和2011年上半年酒精行业经济运行分析》的报告，国家环境保护部污染防治司综合处周奇同志通报了环保部酒精生产企业环保核查进展情况和有关要求。

会上，安徽中粮生化燃料酒精有限公司杨冬部长介绍了生产经营和节能减排经验。中粮生物化学（安徽）有限公司是我国五家燃料乙醇定点生产企业之一，是酿酒行业资源节约型、环境友好型典型企业。该公司重视节能降耗工作，认真贯彻国家关于节能减排和清洁生产产业政策，实现企业发展循环经济及可持续发展，以低粮耗、低能耗、低排放的“低碳”模式对现有燃料乙醇生产装置进行技术升级，进一步优化工艺、设备，大幅度提升企业的经济效益和社会效益，值得行业同仁借鉴学习。

技术经验交流会上，诺维信公司郝建明经理做了以《优化酒精生产工艺，实现节能降耗》为题目的技术报告；杰能科公司技术总监段钢博士以题目《绿色高效低耗——创新酶制剂在工业酒精生产中的应用》做了报告，乐斯福公司伊乌先生（GossELIN Yves）做了《从连续发酵到间歇发酵》的技术报告，河南天冠集团杜风光总工做了《原料多元化燃料乙醇柔性生产技术》经验交流，江南大学生物工程学院张梁教授做了《酸性蛋白酶在工业酒精酵母中的表达及初步应用》报告，景津集团姜桂廷董事长做了《景津压滤机较卧螺式离心机优势比较—按5万吨酒精生产线做比较》的报告，梅河口丁金亮副总经理《抢抓机遇、奋力拼博，实现企业快速健康发展》的经验交流，承德避暑山庄集团毕春璞副总经理做了《多措并举 酒精废水实现闭路循环成为现实》经验交流。

会上宣读了《关于聘任中国酿酒工业协会酒精分会技术委员会委员的决定》（中酒协[2011]44号）并向各委员颁发了酒精分会技术委员会委员聘任证书。会后与代表到安徽中粮生化燃料酒精有限公司企业现场实地参观考察。

四、积极为行业税收政策调整呼吁

在前些年工作的基础上，在2011年年初两会期间，协会邀请行业的两位全国人大代表岳国君和张晓阳向财政部税政司分别写了一份《关于取消酒精消费税的建议》，同时协会再次以中酒协 ［2011］08 号《关于取消酒精消费税的建议》文件递交到财政部税政司。并多次就酒精行业情况和税收政策问题与有关负责同志沟通。2011年3月19日，财政部税政司和国家税总有关负责同志邀请酒精分会和部分企业代表到财政部进行了座谈沟通，进一步了解酒精行业生产经营、产品组成、税负水平等方面情况，表示将进一步研究有关情况和到有关企业进行调研的意向。

五、积极做好行业信息和技术交流工作

在河南天冠集团有限公司的协助下，克服种种困难，在《酒精》期刊编辑部人员的共同努力下，全年共完成四期期刊。在有关企业的协助下，分会全年进行了酒精行业市场信息交流，包含主要原料价格、酒精价格和副产品价格，每周一期，对所有酒精会员企业免费交流，全年50期。这项工作作为协会的服务内容，以后将坚持进行下去，同时也为有关企业了解行业经济运行及价格行情提供帮助。

六、进行酒精生产企业环保核查工作

2011年7月初酒精行业环保核查工作开始启动。7月1日到环保部参加工作部署会，会后酒精分会制订《酒精行业环保核查实施细则》并上报环保部，之后对环保部开展核查通知文稿提出修改意见。2011年11月初国家环保部通过中国酿酒工业协会酒精分会向全国酒精生产企业下发了环保部《关于开展淀粉、淀粉糖、酒精生产企业环保核查工作的通知》（环办函[1273] 号）。酒精分会积极组织酒精生产企业申报工作。2012年1月16日在北京召开酒精生产企业环保核查工作会议，由酒精分会召集行业专家对所有企业申请材料进行审查，并上报了环保部。

七、主动向国家有关政府部门反映行业情况

2011年1月底，在国家发改委产业司召开的座谈会上就玉米深加工业中有关玉米酒精行业情况及产能情况做了汇报；多次向国家工业和信息化部节能司和消费品司、国家发改委和商务部有关部门沟通和反映行业节能减排和淘汰落后以及不同阶段行业企业生产经营情况。

八、参与有关酒精行业的会议或课题

2011年8月参加了全国变性燃料乙醇和燃料乙醇标准化技术委员会第三次会议暨2011年燃料乙醇标准化工作研讨会，王延才理事长到会并讲话。参与《酒精行业节能减排技术筛选与评估》课题，并在2011年1月组织行业专家对《酒精行业节能减排技术筛选与评估》进行了评审。对国家工信部主持的“十二五”节能减排规划提出修改意见等。

九、组织评奖申报工作

根据协会工作安排，在2011年年初组织行业企业申报酿酒大师申报工作。通过初审，评分，最终，中粮集团总裁助理、中粮集团生化能源事业部总经理岳国君成为酿酒行业第二届酿酒大师，并在2011年10月10日参加了在钓鱼台国宾馆召开的颁证大会。国家科学技术奖励工作办公室于2011年10月20日以国科奖字［2011］59号文批准设立“中国酿酒工业协会科学技术奖”（国家科学技术奖励办公室第66号公告），并于2011年12月初组织2011年度中国酿酒工业协会科学技术奖申报工作。但由于时间仓促，酒精企业申报数量太少，最终没有企业申报项目得奖。“中国酿酒工业协会科学技术奖”每年评审一次，希望酒精企业以后积极申报。

红荔牌 红米酒
红荔 HONGLI
中国驰名商标
红荔牌
红米酒
OLD RED-RICE CHIEW
广东顺德酒厂有限公司出品
红荔 HONGLI
中国驰名商标
红荔牌
红米酒
OLD RED-RICE CHIEW
广东顺德酒厂有限公司出品
红荔牌
红米酒
精选米酒
净含量: 156ml 酒精度: 28% vol
红荔 HONGLI
中国驰名商标
廣東順德酒廠有限公司

北大仓 君妃如玉酒
北大仓君妃如玉酒被誉为北方酱香之经典。
北大仓君妃如玉酒是以中国古典四大美女为文化内涵，包装设计别具匠心：酒瓶酷似白玉，暗喻美人如玉；书形包装寓意“书中自有颜如玉”；再加上瓶中如玉般温润的酒体，可谓三玉合璧，无与伦比。
北大仓君妃如玉酒适用于政界名流、商务精英和时尚人士宴请待客、礼品馈赠。
君妃
北大仓
黑龙江北大仓集团有限公司
黑龙江北大仓集团有限公司　服务热线：400 800 7799

景芝神酿
PEOPLE'S REPUBLIC OF CHINA
中国白酒芝麻香型创造者
中国风景 芝香真情
一品景芝
数千年文明传承
每一步，都是一道风景
半世纪芝麻香传奇
每一杯，都是缕缕真情
有情、有景，有景芝
中国风景，芝香真情
一品景芝
一品景芝
中国原创
国标芝麻香
山東景芝酒业股份有限公司

水井坊博物馆效果图

水井坊成品包装生产线

水井坊检测实验室

四川水井坊股份有限公司

四川水井坊股份有限公司是中国沪市上市公司（股票简称：水井坊股份；股票代码600779）。多年以来，公司坚持走深化改革、科技创新之路，紧紧围绕“品牌创新、资源整合”经营方针，成功实施了品牌创新战略，逐步形成以“水井坊”、“天号陈”等品牌为支撑的生产经营体系，取得了良好的经济效益和社会效益。

公司坚持将“传统和现代、艺术和技术、文化和经济”相结合，为继承和发扬中国传统白酒文化精髓，联合中科院成都生物研究所及清华大学，从600余年成都水井街酒坊古窖窖泥中，提炼出“水井坊一号菌”，采用现代技术与传统古法酿制相结合的工艺，研制出水井坊酒。水井坊酒，聚天时、地利与人和，集历史、文化、优雅、时尚于一体，陈香飘逸，甘润幽雅，为我国浓香型白酒中独具风格之佳酿，并以其优异的品质、精美的包装和独特的文化营销理念，彻底改变了国内高档白酒的竞争格局。水井坊先后荣获“全国重点文物保护单位”、“地理标志产品”、“中国驰名商标”、“莫比广告奖包装设计金杯奖和最高成就奖”等多项殊荣。

天号陈酒，是公司近几年来推出的中高档白酒，已在华东、华中等局部区域建立并形成了系统的市场销售网络体系。

2006年末，公司与世界500强企业、全球最大的烈性酒集团帝亚吉欧携手，开启了中国白酒与国际洋酒深度合作的先例，在质量管理、产品创新、供应链、国际市场拓展等方面取得诸多合作成果。目前，公司已拥有适应市场竞争环境和现代流通配送体系的、以国内市场为主的营销网络和市场维护体系；拥有良好的资信、商誉和社会声誉，并长期坚持质量第一、诚信为本，履行企业社会责任；热诚赞助社会公益事业，大力支持体育、艺术、文化事业的发展。

四川水井坊股份有限公司办公大楼

中国高尚生活元素——水井坊

1998年，规模宏大的水井街酒坊遗址重现在人们面前，经考古学家与白酒专家的鉴定，水井坊被认为是迄今为止最全面、最完整、最古老、最具有民族独创性的酒坊，其史学价值可媲美“秦始皇兵马俑”，被历史、文博专家一致鉴定其为“中国白酒第一坊”。水井坊利用现代技术与传统古法酿制相结合的工艺，激活并繁殖了水井坊遗址古窖中的古糟生香菌群，以此为起源研制出弥足珍贵的“水井坊”酒。

2000年8月，水井坊高档白酒正式面市。从广东发展到北京再到上海，进而辐射到港澳台、东南亚，迅速发展成为一个全国家喻户晓的高档白酒品牌，以尊贵身份与高雅品位的标识而成为众多成功人士心目中的理想品牌。作为现代中国高端白酒的代表，水井坊融汇了传统与现代、文化与经济、技术与艺术的当代中国文化精神，从被列为“全国重点文物保护单位”，到被评选为“中国创造奖”特别推荐创造力产品，都展现了水井坊品牌广博深厚的文化性。水井坊是时代的产物，也时刻关注时代的发展，从获邀参展国际顶级私人物品展并荣获“21世纪奢华品牌榜·中国顶级品牌（唯一白酒品牌）”殊荣，到连续3年独家冠名赞助“CCTV中国经济年度人物”评选活动（2006、2007、2008年），始终都将社会文化的转变潮流与品牌特质相结合，演绎着当代中国人的高尚生活。

通过十余年来的品质创新和品牌建设，水井坊以“穿越历史，传承文明”为品牌核心理念，关注“文物、文化、文明”，以大雅文化为依托，倡导中国传统的从容、优雅、和谐的生活理念，并不断创新与超越，为当代的高尚人士量身打造品质上乘、形象尊贵的品牌白酒，成为现代“中国高尚生活”不可分隔的元素。

水井坊·典藏

卓越品质 经典永藏—水井坊·典藏

水井坊·典藏是凝结了当代顶级酿酒大师宝贵经验酿造而成的珍品，既保持了水井坊陈香飘逸、甘润幽雅的独特风格，还赋予其劲而不烈，香气浓郁的不凡品味，更是限量生产，窖藏多年，值得珍藏。

廣東特産 長樂燒酒

国家优质酒

2011年12月，中国酿酒工业协会副理事长兼秘书长王琦、中国酿酒工业协会果露酒分会秘书长王祖明等省、市、县领导参加长乐烧酒业“中国客家米香型白酒生产基地龙头企业”和“中国酿酒工业协会果酒研发生产示范基地”的授牌揭幕仪式。

2011年8月，梅州市委书记李嘉、梅州市市长朱泽君一行前往长乐烧酒业调研。

广东长乐烧酒业股份有限公司位于广东省梅州市五华县岐岭镇，背靠风光秀丽的粤东名山琎瑁山，是首家获得“国家优质酒”称号的米香型生产企业、是广东省唯一获得“全国29家名优白酒厂”称号的企业，并在2000年由广东瑞华集团有限公司正式收购并接管经营，公司以做大做强中国米香第一窖酒为目标，以效益为中心强化管理，精心打造粤酒第一品牌。近年来屡创佳绩，荣获“中国知名白酒信誉品牌”、“广东省著名商标”、“中国名优食品”等多项殊荣。2008年公司被确定为“广东省米香型白酒生产基地龙头企业”，相继在2011年进一步被确定为“中国客家米香型白酒生产基地龙头企业”。在保持优良传统产品的同时，公司更全面推进果酒产业化，先后荣获“广东省果酒生产标准示范基地”、“广东现代产业500强（农业100强）企业”等多项荣誉，并成为首家荣获“中国果酒研发生产示范基地”称号的企业。

清道光二十五年的《五华县志》记载：“现属出产烧酒甚多，以长乐烧著称，岐岭为最佳”。长乐烧酒酿造技艺发轫于东汉，成熟于明、清，纯青于今，因西汉时期南越王赵佗所筑的“长乐台”而得名。目前公司已拥有多条国内先进、省内首创饼曲和酿酒的白酒及黄酒机械生产线，传统米香型白酒、黄酒土法生产线，进口高端的果酒生产线。公司以白酒、黄酒、滋补酒、果酒4个系列40个品种为主要经营产品，年产饮料酒10000吨，是“广东省民营科技企业”、“广东省现代化管理民营示范企业”、“连续三十年守合同重信用企业”。

素有“南粤佳酿”美称的长乐烧酒，是五华民间的传统名产，至今已有近400年的历史。历史悠久的长乐烧以得天独厚的粤东名山——琎瑁山，穿石而出之甘泉，融客家先民与今人的智慧，加之精湛酿技，使长乐烧酒更胜一筹。经权威机构化验得琎瑁山泉水的PH值为6.5-6.7，属中性偏酸，且硬度较低，无异物，未有污染，确是酿酒的最佳之水，可使酒质长期保持醇厚适口。

公司自成立以来，始终坚持树立企业形象，实施名牌战略的经营宗旨；以为市场提供精品、为客户创造价值的市场竞争观全面推进产业升级。独具“蜜香幽雅、醇厚绵柔、舒适引口、回味怡畅、醉不上头”特点的长乐烧酒已闻名遐迩，驰名中外，并在嘉应五属、潮汕地区乃至南洋及港澳享有盛名，诚为中国米香型白酒的典型代表、中华名族的好酒。

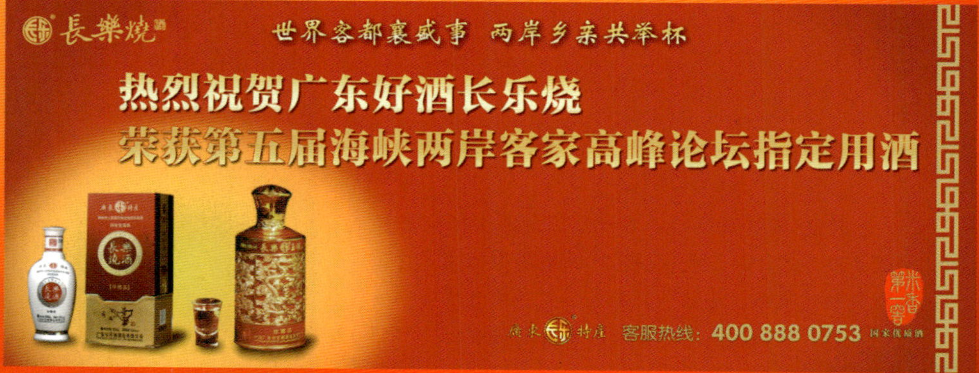

广东长乐烧酒业股份有限公司
GUANGDONG CHANGLESHAO CO., LTD.
服务热线：400 888 0753

地址：梅州市五华县岐岭镇 514469
电话：0753-4804940
传真：0753-4804218
网址：www.changlejiu.com

米香第一窖

区域篇

主要记录了中国各省、市、自治区酿酒工业的发展状况与区域经济优势以及各省、市、自治区酒业协会工作综述。

李秋喜

Li Qiuxi

YEARBOOK FIGURE

李秋喜，男，汉族，1960年11月生，山西省晋城人，研究生学历，高级政工师，1984年12月加入中国共产党。现任山西杏花村汾酒集团有限责任公司董事长，山西杏花村汾酒厂股份有限公司董事长。山西省第十届政协委员，山西省委联系的高级专家。

在汾酒集团有限责任公司工作期间，李秋喜同志于2005年11月被山西团省委、省中小企业局、省青年企业家协会授予“山西省杰出青年企业家”称号；2007年11月，被中共山西省委、人才工作领导组、省委组织部评选为“中共山西省委联系的高级专家”；2008年2月，任山西省十届政协委员；2008年10月，被授予“全国优秀职业经理人”称号；2010年荣获品牌中国十大年度人物、中国酒业杰出贡献奖；2010年1月24日，山西省总工会为李秋喜董事长授予“全心全意依靠职工办企业优秀企业家”荣誉称号；2010年5月，李秋喜董事长荣获“全国劳动模范”称号。

北京

2010年北京酒业综述

2010年是“十一五”计划的最后一年，在党中央、国务院“积极的财政政策和适度宽松的货币政策”引导下，北京酿酒行业企业连续十几年取得了可喜成果。全行业没出现食品安全事故，酒类产品质量稳定提高，啤酒、葡萄酒新品种增多，白酒中高档比例增加，大中型企业吨酒耗水、吨酒综合耗能普遍降低，全行业饮料酒总产量、总产值、实现税金、利润总额大幅提高，取得了良好的经济效益和社会效益。

一、饮料酒

2010年北京饮料酒总产量566.13万吨，比2009年增长8%；现价总产值195.85亿元，比2009年增长13.6%；实现税金34.96亿元，比2009年增长8.2%；利润总额13.13亿元，比2009年增长27.25%。

二、白酒

2010年本市白酒原酒产量20.16万吨，比2009年增长25%。其中：红星股份公司原酒产量4.4624万吨；北京牛栏山酒厂原酒产量12.7478万吨；北京京都酒业公司原酒产量1.7776万吨；北京二锅头酒业公司原酒产量5437吨。

2010年北京白酒瓶装酒总产量23.586万吨，比2009年增长34%。其中：二锅头酒瓶装酒产量19.8147万吨，增长32%。其他香型白酒瓶装酒产量3.7713万吨，增长43%。

2010年白酒瓶装酒产量超万吨的企业是：北京红星股份公司白酒瓶装酒总产量8.71万吨，增长20%；现价产值13.86亿元；销售收入14.97亿元；实现税金4.298亿元；利润总额5399万元。北京牛栏山酒厂白酒瓶装酒总产量11.0978万吨，增长22%；现价产值20.08亿元；销售收入16.783亿元；实现税金4.2875亿元；利润总额1.5994亿元。北京京都酒业公司白酒瓶装酒产量1.7466万吨，增长128%。北京方庄酒厂白酒瓶装酒产量1.4559万吨。

三、啤酒

2010年北京啤酒总产量544万吨，比2009年增长8%。其中：北京燕京啤酒集团公司啤酒产量503.08万吨，增长8%（其中：本市总部产量120.53万吨）；北京青岛三环啤酒公司啤酒产量15.4544万吨，增长8%；北京五星青岛啤酒公司啤酒产量12.1163万吨，增长0.4%；华润雪花啤酒(北京)公司啤酒产量8. 3528万吨，增长25%；北京朝日啤酒公司啤酒产量5. 0769万吨，增长27%。

四、葡萄酒

2010年北京葡萄酒总产量1. 7477万吨，比2009年增长14%；销售量1. 9185万吨，减少库存1708吨。其中：北京丰收葡萄酒公司葡萄酒产量10475吨，增长2%；销售量11316吨，减少库存641吨；北京龙徽酿酒公司葡萄酒产量7002吨，增长40%，销售量7869吨，减少库存867吨。

2010年北京酿酒协会工作情况

一、适应形势需要，培训行业专业技术人才

在中国酿酒工业协会的支持下，2009年11月协会成立了由大型骨干企业负责人组成的职业技能培训领导小组，组建了由酿酒专家和高级工程技术人员组成的教师队伍，确定了牛栏山酒厂、红星股份公司、华都酿酒公司等企业为白酒职业技能培训实习基地。2010年2月聘任李荣国同志为协会副秘书长，主要负责职业培训工作。制定了2010年协会职业技能培训计划。为了达到预期目的，技能培训参照了函授教学摸式，即，统一组织、自学为主、重点辅导、集中考核。2010年4月前，基本完成了培训报名领教材工作。

7月1日、2日分别在北京牛栏山酒厂、北京华都酿酒公司对参加白酒高级酿酒师培训的42名人员开办了重点辅导课，并在清香、浓香、酱香三个发酵车间对学员进行了实操培训。

8月21日、22日在顺义区东竹园宾馆由中国酿酒工业协会培训部组织了考核。

8月11～15日在顺义区东竹园宾馆对参加一级、二级品酒师培训的50名学员进行了重点理论辅导，标样酒品评辅导，最后由中国酿酒工业协会培训部组织了考核。在培训考核的基础上选拔出4名成绩优秀者参加了“第二届全国白酒品酒师大赛”和“白酒品酒委员选拔赛”，3名同志考取全国白酒品酒委员。

9月8～12日在顺义区东竹园宾馆对参加三级品酒师培训的69名学员进行理论辅导和标样酒品评辅导，最后由中国酿酒工业协会培训部组织了考核。

2010年共有164名学员参加了各类培训，有161名学员通过培训、考核取得了相应的职业技能资质证书。为2011年的职业技能培训奠定了基础、提供了经验，同时调动了全行业职工学习专业技能的积极性。

二、吸收新会员，扩大协会服务范围

北京有60多个酒类生产企业，多数为小型民营企业，其中一部分企业没有加入北京酿酒协会。这部分企业长期处在政府信息、行业信息闭塞状态，给企业自身发展造成了困难。为此，2010年协会扩大了服务范围，积极稳妥地吸收了6个民营白酒企业加入协会，按照协会章程规定采取“企业自愿申请，协会按入会条件现场考察，广泛征求常务理事意见，协会理事长签字”的程序，保证了会员质量。

2010年5月18日吸收“北京都星酒业有限公司”入会；

2010年7月16日吸收“北京方庄酒厂”入会；

2010年8月15日吸收“北京忠和酒业有限公司”入会；

2010年10月20日吸收“北京宏华商贸有限公司”入会；

2010年12月16日吸收“北京双庆和酒业有限公司”入会；

2010年12月26日吸收“北京市紫禁城酒业有限公司”入会。

目前还有几个企业提出了入会请求，未履行入会手续，协会计划在2011年完成此项工作。最大限度地满足企业要求，尽最大努力为会员单位做好服务。

三、促进低碳经济发展

针对2009年安排的几项行业企业节能环保工作，2010年1月20日协会邀请北京工经联领导、北京市科委可持续发展研究中心领导到北京牛栏山酒厂研究了“洗瓶机水回收治理再利用”项目，进一步确定了研究中心和企业的具体职责分工，项目开工、验收日期。

2010年4月20日协会参加了市发改委节能中心对“北京燕京啤酒集团公司“北京青岛三环啤酒股份有限公司”等企业的2010年能源目标考核。

2010年11月18日、19日协会帮助“北京五星青岛啤酒有限公司”、“华润雪花啤酒（北京）有限公司”通过了市发改委的清洁生产考核验收。

“北京青岛三环啤酒有限公司”，“北京顺鑫农业有限公司牛栏山酒厂”2009年列入了北京市发改委清洁生产验收名录，协会将在2011年中主动帮助企业完成此项工作。

四、搭建企业交流平台，促进行业共同发展

2010年4月协会组织北京酒类生产企业和酒类流通企业共30人赴金门酒厂参观学习。

2010年5月协会应牛栏山酒厂要求，带领牛栏山酒厂中层以上领导及生产骨干90多人分两批到河南宝丰酒业公司、宋河粮液有限公司、安徽古井贡酒业有限公司参观学习。

2010年5月协会参加组织正、副组长单位及相关协会领导在山西汾酒集团公司召开全国清香类型白酒高峰论坛工作会，起草了“全国清香类型白酒高峰论坛专家组工作条列”。

2010年7月协会参加组织山西汾酒集团公司在内蒙古鄂尔多斯酒业公司组织召开了“全国第三届清香类型白酒高峰论坛”预备会。

2010年10月22～24日协会组织北京部分白酒企业领导30多人出席了在河北“衡水老白干酒业公司”召开的“全国第三届清香类型白酒高峰论坛”。

2010年12月18日北京酿酒协会与北京酒类流通协会共同组织了“第二届‘北京酒·品牌’高层论坛”。北京酒类生产企业领导，北京酒类流通企业领导，北京商务委领导70多人出席会议，有7名与会领导在论坛发言。对“品牌的内涵、品牌的培养、品牌的创新、品牌的发展、北京二锅头品牌现状等内容发表了意见，给与会者很大的启示。

2010年12日27日协会接待了金门酒业公司30名生产技术人员的来访，并陪同到北京牛栏山酒厂、北京红星股份公司参观交流座谈，促进了两岸酒文化交流。

五、坚持民主办会，主动接受监督

2010年5月18日，协会召开了第四届第四次全体理事（会员）会。按协会章程规定向全体理事（会员）汇报了2009年协会工作和2010年协会工作安排，汇报了协会2009年财务收支结算报告和2010年财务收支预算报告，听取了监事长的监事会工作报告，通过了协会2010年会费收取办法。

2010年协会吸收新会员和各种重要活动都能做到预先征求常务理事单位意见，协会理事长也能定期向监事长汇报协会工作，主动接受监事会监督。

2010年11月25日协会按市社团办要求完成了协会工作评估准备，26日接受了北京市社团办组织的协会工作现场评估，出席现场评估的四位同志查阅了协会2007年、2008年、2009年的文件档案、会议记录、规章制度、财务收支凭证等，还专访了协会副会长、秘书长。按照评估标准肯定了协会成绩，也指出了存在的不足。协会将在今后工作中加以改进。

2011年北京酒业综述

2011年北京酿酒行业企业生产经营成果喜人，饮料酒、白酒、啤酒、葡萄酒总产量、销售收入、利润较上年都有所增长。37个会员单位未出现重大安全事故，未出现重大产品质量事故。全行业重点耗能企业基本上完成了清洁生产审核验收，并制定了“十二五”节能减排目标，单位产品能耗、水耗基本上达到了国内同行业先进水平。企业继续调整产品结构，中高档产品比例增加，部分企业针对性地开发了双喜酒、婚庆酒、节日礼品酒、特种包装酒等特色产品，扩大了产品包装和售后服务的内容，几个清香型白酒新产品不再延用二锅头酒名称，这些都源于企业领导人经营理念的变化，是北京酒文化的新发展。

2011年北京酿酒协会工作情况

2011年北京酿酒协会在行业大好形势推动下，圆满完成了年初制定的以下工作任务：

一、顺利完成了换届选举工作

按照社团办的换届须知要求于2011年1～11月经市社团办和市经信委的批准，逐步完成了协会内部管理制度的补充完善工作；协会新章程（草案）和新章程修改说明；完成了协会换届审计工作；完成了第四届常务理事会工作报告和第三届监事会工作报告；取得了社团办和市经信委两部门的预审合格；召开了第五届会员大会暨第五届第一次全体理事会，完成了换届选举工作。

二、按计划培训了白酒、啤酒品酒技术人员，推荐了一批专业技术人员参加国家级协会举办的考试、考核

北京酿酒协会和北京酒类流通行业协会共同举办了两期三级品酒师培训班。有123名学员通过了中国酿酒工业协会培训部的理论考试和品酒考核。这123名学员中有7人将获得国家人力资源和社会保障部颁发的一级白酒品酒师证书，116人将获得三级白酒品酒师证书。

2011年8月协会在北京燕京啤酒集团公司举办了“‘赛诺杯’第二届全国啤酒品酒师职业技能竞赛”北京地区初赛，有22名企业推荐的品酒专业人员参加竞赛。经过理论考试和10轮品酒考核，选拔出前5名参加了全国决赛。

2011年初，协会推荐7名酿酒技术人员申报第二批“中国酿酒大师”，经中国酿酒工业协会评议，北京红星股份公司总经理于吉广同志、北京燕京啤酒集团公司副总经理戴永泉同志被授予“中国酿酒大师”称号。2011年5月协会推荐10名符合条件的白酒品酒师参加了中国食品协会白酒专业委员会举办的全国第八届白酒评酒委员考核，其中有6人考入了中国食品协会第八届国家白酒评酒委员。有1人被聘为第八届国家白酒资格评委。为了扩大协会职业培训的师资力量，协会还推荐5名符合白酒培训师资条件的人员参加了中国酿酒工业协会举办的白酒讲师考核，5人全部取得了白酒品酒师教师资格证书。

三、积极参与酿酒行业节能环保工作，促进企业可持续发展

2011年初，由协会协助立项的“牛栏山酒厂洗瓶机水

回收治理试验项目”通过了“市科委”的验收，已正式投入使用。2011年8月，协会协助“北京市节能环保中心”完成了“北京市重点用电单位电效对标研究”课题。2011年10月26日协会参加了牛栏山酒厂的清洁生产验收。2011年12月协会参与了北京酒类重点耗能企业“十二五节能潜力节能项目规划”调研，使协会对企业节能环保工作有了更深刻的了解，为协会推动行业企业节能工作提供了经验。

四、搭建企业交流平台，组织企业参加行业交流、行业参观互访活动

北京酿酒协会是华北五省区和直辖市酿酒协会联席会的组长单位，理事长高景炎同志在全国范围内先后在湖北劲牌有限责任公司和内蒙古包头市“骆驼酒业股份有限公司”组织召开了“全国第四届清香类白酒高峰论坛预备会议和论坛会，北京牛栏山酒厂、北京红星股份公司的代表在论坛上交流了经验。会议确定了第五届高峰论坛预备会和论坛会的时间和地点。2011年10月由东方酒业杂志社、北京酒类流通行业协会、北京酿酒协会在“九华山庄”共同主办了市场研讨会，本市生产、流通企业和6个外阜企业的150多人出席了研讨会。中国酒业著名战略分析家铁黎先生、北大博导王建国先生发表了主题演讲，分析了成功企业的产销供应链和营销模式，给到会者很大启发。

五、完成了政府部门和会员单位交办的任务

协会受市工商局委托对已到期的11个北京市著名商标进行了预审，签署了意见，完成了复审工作。

2011年协会多次向市经信委等政府部门提供了行业企业信息，酒价变动趋势和酒类产品市场动态，为政府决策提供了依据。多次应会员企业要求为企业出据了客观真实的评估证明材料，维护了企业的合法权益，支持了企业的名牌产品建设。

六、坚持民主办会，自觉接受监督

2011年协会继续坚持民主办会。在换届选举期间为体现公开、公平、公正办会原则，协会办公室起草了“2011年协会换届选举工作安排意见”，对理事长、秘书长候选人征求了全体会员单位的意见。召开了两次常务理事会，协商确定了新一届协会理事会常务理事、理事长、副理事长、秘书长候选名单和新一届监事会监事、监事长候选名单。召开会议向会员单位汇报了2010年协会工作，安排了2012年工作；汇报了2010年财务收支结算和2012年财务收支预算。监事长做了2010年监事会工作报告，使协会工作始终处在全体会员的监督中。

七、适应形势发展，不断完善自身建设

协会新制定了档案管理办法，证照印章管理办法，办公室管理办法。并相应建立了证照管理登记制度，印章管理登记制度，收发文管理登记制度。更新了办公用具，其本上满足了工作需要，使协会工作进一步规范化；进行了小金库自查工作；吸收了同仁堂股份有限公司同仁堂药酒厂为会员单位。

天津

2010年天津酒业综述

天津市酿酒骨干企业2010年经济指标汇总表

企业名称	产量（千升）	同比±%	销售收入（万元）	同比±%	税金（万元）	同比±%	利润（万元）	同比±%	备注
王朝葡萄酿酒有限公司	54545	37.15	96302	-27.05	10780	-55.94	11198	-50.70	
津酒集团有限公司	3636	0.54	63778	0.71	15926	-7.43	6285	17.59	
挂月集团有限公司	酒精3568	-59.31	10439	-27.77	1007	-25.68	-2288		减亏410万元
	白酒4885	-30.31							
渔阳酒业有限责任公司	18084	41.15	13258	33.96	2260	26.54	41	-61.68	
泰达酒业有限公司	942	-33.38	2567	-37.58	961	-23.19	98	94.27	
直沽酿酒厂	4042	17.43	1483	-5.90	221	-10.53	-68		上年盈利115万元
义聚永酒业酿造有限公司	1312	21.14	3887	37.25			498	38.72	
绞股兰酒业有限公司	600	持平	600	持平	83	-18.63	0	持平	
华润雪花啤酒有限公司	155441	-21.08	32091	-5.97	5886	-23.19	-6156		增亏4103万元
建联黄酒厂	1367	-6.93	611	-5.86	65	-25.52	13	-85.52	
直沽酿造有限公司	5172	17.76	2592	21.23	91	42.19	360	-15.49	

2010年天津酒业协会工作情况

天津市酿酒行业克服原材料涨价、酒类市场竞争加剧、出口退税政策调整等不利因素，走过了困难重重的2010年。一年来天津酒业协会继续深入落实实践科学发展观，推动企业转变发展方式，服务企业提高科技素质，落实社会责任、保障食品安全。在中国酿酒工业协会、天津市经信委和天津市食品工业协会的指导下，在会员企业的支持下，天津市酿酒工业协会重点开展了五项工作：

一、深入调研，谋划“十二五”规划

遵照市经信委和市食品工业协会的部署，制定“十二五”期间天津市酿酒行业的发展规划的要求，协会调查研究了“十一五”期间天津市和全国酿酒行业的发展概况，听取了骨干酿酒企业的意见和建议，客观冷静地分析了天津市酿酒行业继续健康、快速发展的有利条件和不利因素，根据把企业做强做大和有所为有所不为的原则，提出了制定“十二五”规划的基本思路：以培育龙头企业促进行业的发展，通过调整和重组把天津市的酿酒产业做强做大；以科技进步带动产业升级，推动经济增长方式的转变，葡萄酒的科技水平达到国际先进居于国内领先地位，白酒、啤酒的科技水平进入国内先进行列；以食品安全和企业诚信拉动产品的营销，扩大天津酒类产品的知名度和市场占有率，协会提出的“十二五”全市酿酒行业发展目标是总产量120万千升，比“十一五”增长173%(啤酒100万千升，葡萄酒10万千升、白酒10万千升)；销售收入70亿元，比“十一五”增长178%；税收15亿元，比“十一五”增长182%；利润10亿元，比“十一五”增长330%。

二、健全食品安全体系

食品安全事关国计民生、经济发展和社会稳定、企业的生存，协会从讲政治的高度强调食品安全，敦促和检查酿酒企业食品安全诚信体系建设，在普遍实施ISO9000系列产品质量管理体系认证基础上，进一步推行HACCP(危害分析和关键控制点)体系认证，行之有效地保障食品安全。把食品安全作为考核、评串企业的否决条件，在天津市2010年食品行业工作会议上四家酒类生产企业被授予天津市食品安全示范企业：中法合营王朝葡萄酿酒有限公司、天津津酒集团有限公司、华润雪花啤酒(天津)有限公司、天津义聚永酒业酿造有限公司。协会还配合天津市工商局12315中心开展“规范酒类市场秩序，维护企业与消费者权益”活动，请国家名优酒企业代表讲解辨别真伪酒，增强消费者饮酒安全意识。

三、扩大交流，推动企业转变发展方式

一年来协会组织相关企业出席中国酿酒工业协会第四届会员代表大会暨第四届理事会第一次会议，中国酿酒工业协会信息工作会议，中酒协酒精分会2010年会，第三届清香类型白酒高峰论坛，天津市食品行业工作会议和天津市食品工业协会信息工作会议，就共同关注的经济技术课题进行研讨和交流，特别是同兄弟省、市、区的交流，为推动天津市酿酒行业的健康发展搜集信息、拓宽思路。

中法合营王朝葡萄酿酒有限公司的新建酒堡项目于2010年10月份竣工开业，加之今年新增的三万亩酿酒葡萄原料基地，公司的生产能力翻一番，年产中、高档葡萄酒10万千升，今年全年将突破4万千升，创历史新高。津酒集团公司和天津科技大学承担的《“小站稻”米酒酿造关键技术研究产业化》项目已通过结题验收，有望形成新的经济增长点。

四、开展职业技能培训，提高企业技术素质

在中国酿酒工业协会指导下，协会联合天津科技大学和河北省白酒葡萄酒协会陆续参加或组织在邯郸、北京和天津的职业技能培训活动及职业技能鉴定工作，全年41人参加品酒师系列职业技能培训和鉴定，16人参加酿酒师系列职业技能培训和鉴定，7人参加食品检验人员职业技能培训和鉴定，开展轻工行业特殊工种职业技能培训活动和鉴定工作五年来，协会组织18家与酿酒相关的企事业单位276人次参加酿酒师（121人次）、品酒师（118人次）和食品检验工（27人次）的职业技能培训和鉴定，其中32人获一级白酒酿酒师资质，24人获一级白酒品酒师资质，为企业培养了技术人才，使从业人员的专业技能和企业的技术素质得到提升。

协会选派了3名选手参加4月份举行的“2010届国家级评酒委员考评选拔暨《品酒师》国家职业资格鉴定”活动，刘群和张晓蕾被聘为2010届国家级啤酒评酒委员。协会选派5名选手参加11月份举行的“第二届全国白酒品酒职业技能竞赛决赛”，韩晓东和王会军被聘任为2010届国家级白酒评酒委员，韩晓东获轻工行业技术能手荣誉证书。

五、加强协会自身建设

协会坚持开展自律和诚信建设，想企业之所想、急企业之所急，不断增强服务意识；坚持规范收支，无偿服务、勤俭办公、厉行节约；深入企业发挥桥梁纽带作用，增强协会凝聚力，完成上级部门和协会交办的工作。

2011年天津酒业综述

酒精企业全面退市。自2008年以来泰达酒业有限公司酒精车间，绿源生物燃料有限公司、冠达实业集团有限公司和挂月集团星月酒精有限公司陆续停产，2011年都以不同的方式遣散或分流职工，退出酒精的生产和经营。实践证明在天津这座特大型中心城市，缺乏资源（粮食、煤炭、水）配置优势，运营高粮耗、高能耗、高污染、科技含量低的酒精企业，缺乏市场竞争力。停产退市的调整举措对天津市完成节能减排任务和酿酒企业的持续发展具有重要的现实意义。

白酒企业稍有增长。全市6户规模经济白酒企业1～12月总产量42750千升，同比增长-4.53%，低于全国26.81%的增幅，排第23位；稍售收入105029万元，同比增长4.07%，低于全国40.25%的增幅；税金19333万元，同比增长-1.16%，低于全国39.23%的增幅；利润7984万元，同比增长28.22%，低于全国51.91%的增幅，且1/3企业处于亏损状态。

葡萄酒企业呈现滑坡。全市4户规模经济葡萄酒企业1～12月总产量41095千升，同比增长-31.51%，低于全国12.38%的增幅，排第5位；销售收入103153万元，同比增长-4.01%，低于全国21.14%的增幅；税金9409万元，同比增长-7.54%，低于全国14.31%的增幅；利润2801万元，同比增长-76.90%，低于全国13.96%的增幅。

啤酒企业依然艰难。全市3户规模经济啤酒企业1～12月总产量332032千升，同比增长3.84%，低于全国10.67%的增幅，排第27位；销售收入60927万元，同比增长14.67%，低于全国22.89%的增幅；税金13554元，同比增长30.14%，高于全国13.64%的增幅；利润亏损5183万元，同比减亏1528万元，全国为13.83%的增幅。盘山啤酒厂连续多年亏损，因资金匮乏已被迫停产。

2011年天津酒业协会工作情况

2011年是“十二五”开局之年。天津市酿酒行业面临十分严峻的生存环境，原材料价格上涨，产品供大于求引发激烈市场竞争，外埠酒类产品涌入津门，洋酒大批量进口冲击国内市场，国产酒类产品出口遇阻，后金融危机的影响逐渐显现沓至。天津市酿酒工业协会携手津门酿酒企业，坚持科学发展，信守企业社会责任，保障食品安全，适时调整经济结构，增加投入转变经济增长方式。在中国酿酒工业协会、天津市经信委和天津市食品工业协会的指导下，基本上实现了“十二五”时期的良好开局。现总结如下：

一、落实社会责任，保障食品安全

“民以食为天，食以安为先”已成天津市酿酒企业领导和职工的从业座右铭，以对党和政府、对全社会和消费者负责的态度抓好食品安全工作，在QS食品生产许可认证基础上，实施ISO9000系列质量管理体系认证、ISO22000食品安全管理体系认证（即HACCP危害分析和关键控制点认证）和ISO14000环境管理体系认证，有效地保障食品安全，杜绝食品安全质量事故的发生。

协会及时将《关于进一步加强酒类质量安全工作的通知》（国务院食安办（2011）23号文）和《关于贯彻落实国务院食安办“于进一步加强酒类质量安全工作”文件精神 加强行业自律的通知》（中酒协（2011）32号文）转发会员企业，切实承担起质量安全第一责任人的法律责任，全面加强酒类生产环节的食品安全管理。

在2011年天津市食品工业工作会议上，泰达酒业有限公司、绞股蓝酒业有限公司、建联黄酒厂和梦庄园葡萄酿酒有限公司被授予天津市第四批食品安全信用体系示范企业称号，连同首批获此殊荣的王朝葡萄酿酒有限公司、津酒集团有限公司、华润雪花啤酒（天津）有限公司和义聚永酒业酿造有限公司，酿酒行业的食品安全信用体系示范企业已达8户。

协会配合天津市食品工业协会、市质监局、市商检局及天津电视台《天天美食》节目组织“质检邀您看企业，食品安全大家行”活动，6月20日和12月28日分别组织人大代表、政协委员、消费者代表、劳动模范及新闻媒体记者70余人到王朝葡萄酿酒有限公司和津酒集团有限公司参观，亲身体验并直观了解王朝葡萄酒和津酒的生产过程及产品质量监控体系，品尝企业不同风格的产品。活动拉近了企业与消费者的距离，增强了消费者对津门酒企业的信任程度和认知能力。

二、注重酿酒科技队伍建设

科技是第一生产力，科技人才是企业发展的第一推动力。协会自成立之日起就关注酿酒专业人才的培训、考核、评定、竞赛、鉴定、认证和科技立项活动，推动酿酒专业科技队伍建设，促进企业技术素质的提升。2011年又取得可喜进展。

王朝葡萄酿酒有限公司副总经理尹吉泰在第二届中国酿酒大师评选中脱颖而出，荣获“中国酿酒大师”荣誉称号，连同首届评选的王树生先生，天津市拥有两名中国酿酒大师。

华润雪花啤酒（天津）区域公司刘群在“‘赛诺杯’第二届全国啤酒品酒职业技能竞赛”212名选手参加的决赛中排第三名，获得“全国技术能手”称号。此前刘群在国家级啤酒评酒委员年会接受了中国酿酒工业协会颁发的“2010届国家级评酒委员”证书。

2011届中国葡萄酒技术委员会选举王朝葡萄酿酒有限公司王树生任主任委员，尹吉泰和张春娅任委员；2011届中国果露酒技术委员会选举天津市农科院林果所郭意如任委员。

选派20名选手参加“2011届国家级葡萄酒评酒委员”换届活动，吕文、邢凯、张斌被聘为2011届国家级葡萄酒评委。选派10名选手参加“2011届国家级果露酒评酒委员”换届活动，吕文、张美玲、钱伟斌、路然、张艳华、赵淑琴、杨珍被聘为2011届国家级果露酒评酒委员。选派2名选手参加中食协第八届白酒国家评委选拔，王建忠被聘为中食协第八届国家资格评委。

遵照中国酿酒工业协会的部署，经培训考核，王建忠、王洪玲、王方和张春娅获得酿酒行业职业技能竞赛（品酒师）裁判资格；王树生、张春娅被聘为葡萄酒行业《酿酒师》、《品酒师》国家职业资格培训教师；韩晓冬被聘为白酒行业《一级品酒师》国家职业资格培训教师。

职业技能培训和鉴定工作也取得进展。9人通过葡萄酒一级品酒师认定，8人通过果露酒一级品酒师认定，2人通过白酒一级酿酒师认定，4人通过啤酒二级品酒师认定，12人通过葡萄酒二级品酒师认定。

津酒集团有限公司承担的科研项目《新型健康养生酒的研究与开发》和《用发酵工程理论建立固态纯粮酿造工艺控制模型及生产化研究》，在2011年9月通过了天津市经信委主持的科研项目验收，对科技创新具有示范和推动作用。

三、开展技术交流，推动协会建设

协会始终将“为企业服务”作为工作的根本宗旨，围绕提升企业技术素质，通过职业技术培训鉴定和企业间技术交流的方式，强化协会为企业服务的深度和广度。

组织骨干企业参加天津市食品工作会议，强化企业的食品安全意识和发展创新意识，王朝葡萄酿酒有限公司、津酒集团有限公司、华润雪花啤酒（天津）有限公司和金威啤酒（天津）有限公司被列入天津市食品工业50强，在会上受到表彰。

组织相关企业参加中酒协四届三次理事（扩大）会议，解读中国酿酒产业“十二五”规划，便于企业把握形势，分析趋势，辨明方向，谋划良策。组织相关企业参加第四届清香类型白酒高峰论坛，捕捉了大量清香型白酒的技术信息，对天津市清香型白酒的复苏和发展提供借鉴和参考。协会及时向会员企业提供相关信息，如行业经营信息，酿酒产业结构调整政策信息，白酒机械化信息，配制酒消费税适用税率信息，中酒协设立科学技术奖信息，省级以下工商、质监行政管理体制调整信……便于企业适时调整经营策略，调整产品结构，推动技术创新，获取经济效益。

天津市酿酒行业“十二五”的开局不甚令人满意，通过2011年各企业的主动调整，为今后的成长和发展奠定坚实的基础。王朝葡萄酿酒有限公司拥有国际先进水平的酿造设备和科技队伍，在新疆、宁夏、山东蓬莱、贵州桓仁和本市的蓟县、汉沽建立牢固的酿酒葡萄生产基地，近年营销策略的调整必将把公司的经营业绩提升到一个新的高度；地铁3号线2012年建成通车，将吸引大批消费者到新开业的王朝酒堡旅游观光，体验葡萄酒文化，企业增添了新的广告亮点和经济增长点。津酒集团有限公司新津酒项目于2011年5月开工奠基，读项目坐落于蓟县上仓工业区，占地543亩，总投资5亿元，建成后可年产原酒1万千升，贮存原酒3万千升，进一步增强企业的核心竞争力。泰达酒业有限公司在调整产品结构、加大广告投入、强化市场营销的同时，恢复了停产多年的酱香型原酒生产，并试产芝麻香型原酒。渔阳酒业有限责任公司敢为天下先，建成并投产班投粮3500千克的麸曲白酒生产车间，是目前国内最大的清香型麸曲原酒生产装置；对原有地缸发酵车间实施改造，全面恢复地缸发酵酿造清香型原酒的传统工艺。挂月集团有限公司停产酒精后，剥离优良资产重组白酒厂，发挥技术优势，扩大原酒生产，开发试销新产品提高经济效益。

河北

2010年河北白酒、葡萄酒行业综述

河北省地域辽阔，人口众多，有着光荣的酿酒历史，1915年世界巴拿马万国博览会上直隶——高粱酒（衡水老白干）荣获巴拿马万国博览会金奖。新中国成立后20世纪60～70年代，从台酒、衡水老白干、燕潮酩、迎春酒、沧州白酒等获国家优质酒。

一、白酒行业

2010年在河北省白酒行业广大职工的努力下，较好地完成了全年任务，特别是衡水老白干、承德乾隆醉、平泉山庄老酒、三井酿酒等骨干企业，经济效益比2009年有了大幅度提高。2010年全省规模以上企业共完成白酒产量26.14万千升，比2009年增加13.46%；销售收入完成61.55亿元，比2009年增加23.25%；税利完成12.86亿元，比2009年增加15.99%；在全国产量排列第十位。

综上所述，河北省白酒行业在全国排中上等水平，但与全国四川、山东、江苏等省相比，无论从产量、品牌知名度、还是质量等方面还有很大差距，要想使河北白酒在今后发展中更上一层楼，还必须做好以下几方面的工作。

1. 发挥龙头企业作用，不断创名牌、树品牌

衡水老白干是我省的龙头企业，从2007年7月1日衡水老白干酒执行“老白干香型”国家标准、该香型是全国第十一个香型。“老白干香型”酒是全国北方地区清香类白酒的代表之一，清香型白酒具有清香纯正，酒体协调柔顺，后味爽净绵长。微量成分较单纯，有益成分高、有害成分少，不但易被消费者接受，而且有利于国际接轨，打出国门走向世界。其它板城烧锅酒、山庄老酒、刘伶醉、从台酒等也是河北名酒，要进一步扩大省内外的知名度，不断提高产量、提高质量走向全国。

2. 根据市场需求不断调整产品结构

企业要充分重视科研工作，不断开发新产品，在今后的发展中，不断提高低度白酒的比例，保留传统产品，重点开发适应不同消费层次，不同消费口味的高、中、低档产品。低档产品占领市场，中高档产品提高效益。同时根据各地的实际情况，增加多种香型，不同风格的新产品，特别是骨干企业要不断创新，生产本企业独特口味的产品，以适应不断变化的白酒市场。

3. 严格食品安全制度，稳定提高产品质量

食品安全是每个食品生产企业的社会责任，生产白酒企业把好原辅材料的进厂质量关，严格从原料到半成品、成品的工艺操作规程，加强半成品的中间检验，严把成品出厂质量关，严格按照国家卫生标准和产品标准进行生产，不能让河北省白酒在市场上出现任何不合格项目，绝不能生产假冒伪劣和有毒有害的产品流入市场。同时要不断培养品酒勾调人员，要求产品批批稳定，并进一步购置必要的科研设备，将仪器检测和品评相结合，在生产优质原酒的基础上，生产出更多更好的新一代产品，满足市场的需求，进一步提高企业的经济效益和社会效益。

4. 完善企业经营环境、大力开展宣传工作

企业要培养一支理论水平高，有一定专业知识和丰富营销经验，并与客户关系融洽，有开拓精神的营销队伍。要诚信为本，合法经营，不搞不正当竞争，这样才能在激烈的市场竞争中永立不败之地。与此同时企业应抓好包装装潢的创新工作，使内外包装不搞华丽昂贵而要新颖、大方、典雅。各企业应根据本企业的实际开展适度的广告宣传工作，花钱少而达到较好的宣传效果。

二、葡萄酒行业

河北省是全国葡萄酒大省，远在20世纪70年代末和80年代初就生产出中国第一瓶干白葡萄酒和干红葡萄酒。全省葡萄酒主要集中产于秦皇岛市的昌黎县和卢龙县，张家口市的怀来和涿鹿，现种植葡萄30余万亩，主要以龙眼、玫瑰香（麝香）赤霞珠、品丽珠、解百纳等20余种酿酒的品种葡萄。2010年全省生产葡萄酒9.95万千升，销售收入20.31亿元，利税5.89亿元。2010年12月中央电视台昌黎葡萄酒产品质量曝光后大部分小企业停产整顿，产量受到一定影响。但产量，销售收入、利税主

要以中国长城葡萄酒有限公司和华夏长城葡萄酿酒有限公司生产为主。

河北省大力发展葡萄酒应做好以下几方面的工作：

1. 进一步做好科学的产业发展规划

河北省及葡萄酒主要产区的秦皇岛市和张家口市，要对葡萄酒行业发展进一步做好科学的产业发展规划，处理好产业发展规模，速度与葡萄酒行业自身规律的关系，注意总结本省和本地区以前发展的经验和教训，研究本省本地区合理的品种结构，要对整个行业进行深入分析，防止局部过热，出现发展不平衡的现象。

2. 充分利用地理气候条件，发展适合本地区的酿酒葡萄品种。

河北省昌黎、卢龙、张家口怀涿盆地，光照充足，昼夜温差大，土壤为褐色，质地偏沙、多丘陵山地，十分适合葡萄生长。发展葡萄酒，葡萄是基础，不断扩大种植面积，引进优良品种进一步向葡萄基地化、基地区域化、区域品种化发展。

3. 优化产品结构，创名牌、打品牌

河北省要继续保持以干型和半干型葡萄酒为主的生产结构，不断生产单品种葡萄酒，年份酒、产区酒继续打出自己的品牌，如华夏生产的92干型、A产区干红、中国长城葡萄酒公司生产的五星干红等，与此同时还要不断创新、生产新的品牌，如赤霞珠干红、解百纳干红、梅鹿辄干红等，使河北省葡萄酒进一步走向国外。

4. 学习世界先进水平，不断提高产品质量，严格安全生产制度

20世纪90年代后，河北省大企业通过引进国外先进的技术和设备，如葡萄破碎、压榨、果汁分离、控温发酵、苹果酸-乳酸发酵、冷冻处理、橡木桶贮存、膜过滤及包装设备等，使生产技术和设备达到了国外先进水平，但我们还应虚心学习成熟的先进技术，解决好目前生产工艺和技术上存在的问题，不断提高产品质量。与此同时把好从原辅料采购、原料处理、发酵、后加工、贮存、灌装等整个工艺过程中的食品安全，严格各项操作规程，使产品卫生和质量达到国家标准，使产品做到安全、卫生、营养、满足消费者需求。昌黎产区要吸取教训进行企业重新组合，整改。杜绝假冒伪劣产品流入市场，进一步使河北省葡萄酒行业在现有的基础上健康发展。

2010年河北白酒、葡萄酒工业协会工作情况

2010年河北省白酒、葡萄酒工业协会在省行业主管部门的领导下，在中国酿酒工业协会的指导下，主要完成以下几方面工作，现小结如下：

一、参加会议

2010年4月13日在北京参加中国酿酒工业协会第四次会员代表大会及各省、市、区酿酒协会秘书长会议。会议选举新一届领导机构并通报了全国酿酒工业2010年全行业各项经济技术指标的完成情况，总结了酿酒协会工作，并提出了2010年的工作任务。

二、召开协会年会

根据“社团管理条例”及协会章程规定，河北省白酒工业协会于2010年4月22日在昌黎县召开了河北省白酒、葡萄酒工业协会第五届二次理事会（协会年会）。会议通报了2009年全国白酒完成情况暨国家有关行业政策；通过了2009年协会工作报告；提出了新一年的工作任务。

三、举办比赛

2010年6月上旬，我协会会同河北省财贸轻纺工会在

邯郸市召开了第二届河北省白酒品酒职业技能比赛，我省共有43人参加了比赛，天津白酒企业有7人也参加了此次比赛。我们从此次比赛中选拔了6人代表河北省参加了全国第二届白酒品酒技能大赛，15人授予“河北省酿酒行业技术能手”的称号，28人授予“比赛优秀奖”。在全国大赛中，我省衡水老白干酒业公司李泽霞获全国比赛第5名，参赛的6名同志全部录取为全国白酒品酒委员。此次大赛我们河北省取得优异成绩，受到中国酿酒协会的表彰。

四、承办论坛和编写规划

2010年10月20日由河北省白酒工业协会和衡水老白干承办的第三届全国清香类白酒高峰论坛会在衡水市召开，全国32家企业100余人参加。我省衡水、邯郸、迁安等企业参加、会议取得圆满成功。

2010年9～11月河北省白酒葡萄酒工业协会受省工业信息厅委托编写了河北省葡萄酒行业“十二五”规划（初稿），该稿认真分析了我省葡萄酒行业现状，总结经验，提出问题，结合实际提出葡萄酒行业“十二五”规划并提出具体措施。

五、参加标准研讨和审定会议

2010年10月我协会参加河北省安全生产监督管理局白酒安全生产规范标准研讨和审定会议，提出结合白酒生产特点充实有关章节内容，使该标准更科学合理。

六、组织培训

2010年12月根据中国轻工职业技能鉴定指导中心和中国酿酒工业协会有关精神，河北省白酒工业协会和轻工特有工种鉴定站组织全省53名白酒品酒技术人员进行培训和鉴定。中国酿酒工业协会培训部来人主持理论和实践考试，根据考试结果和条件审查，初步确定50名获一级（高级品酒师），3名获二级(品酒师)职业资格证书。

七、做好统计和汇总工作

继续做好河北省白酒行业各月技术经济指标的统计和汇总工作。全省13个白酒企业的产量，销售收入，利税占全行的50%～80%；对骨干企业的生产和营销起到了互相学习共同进步的积极作用。

八、指导企业工作

2010年度协会主要领导深入衡水老白干、平泉酒厂、三井酒业等企业考察指导，并参加有关企业的产品品鉴会、新闻发布会和开园庆奠等项工作。

2011年河北白酒、葡萄酒行业综述

2011年全省规模以上企业共完成白酒产量32.39万千升，比2010年增加21.20%；销售收入完成105.30亿元，比2010年增加26.70%；税利完成22.91亿元，比2010年增加54.10%；在全国产量排列第九位。

一、白酒行业

河北省白酒行业在全国排中上等水平，但与全国四川、山东、江苏等省、市、区相比，无论从产量、品牌知名度、还是质量等方面还有很大差距，要想使河北白酒在今后发展中更上一层楼，还必须做好以下几方面的工作。

1. 发挥龙头企业作用，不断创名牌、树品牌

衡水老白干是我省的龙头企业，从2007年7月1日衡水老白干酒执行“老白干香型”国家标准、该香型是全国第十一个香型。“老白干香型”酒是全国北方地区清香类白酒的代表之一，清香类白酒具有清香纯正，酒体协调柔顺，后味爽净绵长。微量成分较单纯，有益成分高、有害成分少，不但易被消费者接受，同时有利于国际接轨，打

出国门走向世界。其它板城烧锅酒、山庄老酒、刘伶醉、丛台酒等也是河北名酒，要进一步扩大省内外的知名度，不断提高产量、提高质量走向全国。

2. 根据市场需求不断调整产品结构

企业要充分重视科研工作，不断开发新产品，在今后的发展中，不断提高低度白酒的比例，保留传统产品，重点开发适应不同消费层次，不同消费口味的高、中、低档产品。低档产品占领市场，中、高档产品提高效益。同时根据各地的实际情况，增加多种香型，不同风格的新产品，特别是骨干企业要不断创新，生产本企业独特口味的产品，以适应不断变化的白酒市场。

3. 严格食品安全制度，稳定提高产品质量

食品安全是每个食品生产企业的社会责任，生产白酒企业把好原辅材料的进厂质量关，严格从原料到半成品、成品的工艺操作规程，加强半成品的中间检验，严把成品出厂质量关，严格按照国家卫生标准和产品标准进行生产，不能让河北省白酒在市场上出现任何不合格项目，绝不能生产假冒伪劣和有毒有害的产品流入市场。同时要不断培养品酒勾调人员，要求产品批批稳定，并进一步购置必要的科研设备，将仪器检测和品评相结合，在生产优质原酒的基础上，生产出更多更好的新一代产品，满足市场的需求，进一步提高企业的经济效益和社会效益。

4. 完善企业经营环境、大力开展宣传工作

企业要培养一支理论水平高，有一定专业知识和丰富营销经验，并与客户关系融洽，有开拓精神的营销队伍。要诚信为本，合法经营，不搞不正当竞争，这样才能在激烈的市场竞争中永立不败之地。与此同时企业应抓好包装装潢的创新工作，使内外包装不搞华丽昂贵而要新颖、大方、典雅。各企业应根据本企业的实际开展适度的广告宣传工作，花钱少而达到较好的宣传效果。

二、葡萄酒行业

河北省是全国葡萄酒大省，远在20世纪70年代末和80年代初就生产出中国第一瓶干白葡萄酒和干红葡萄酒。全省葡萄酒主要集中产于秦皇岛市的昌黎县和卢龙县，张家口市的怀来和涿鹿，现种植葡萄30余万亩，主要以龙眼、玫瑰香（麝香）赤霞珠、品丽珠、解百纳等20余种酿酒的品种葡萄。2011年全省生产葡萄酒9.37万千升，销售收入22.80亿元，税利6.41亿元。2010年12月中央电视台对昌黎葡萄酒产品质量曝光后，大部分小企业停产整顿，产量受到一定影响。但销售收入、税利都有较大提高，主要以中国长城葡萄酒有限公司和华夏长城葡萄酿酒有限公司生产为主。

河北省大力发展葡萄酒应做好以下几方面工作：

1. 进一步做好科学的产业发展规划

河北省及葡萄酒主要产区的秦皇岛市和张家口市，要对葡萄酒行业发展进一步做好科学的产业发展规划，处理好产业发展规模、速度与葡萄酒行业自身规律的关系，注意总结本省和本地区以前发展的经验和教训，研究本省本地区合理的品种结构，要对整个行业进行深入分析，防止局部过热，出现发展不平衡的现象。

2. 充分利用地理气候条件，发展适合本地区的酿酒葡萄品种

河北省昌黎、卢龙、张家口怀涿盆地，光照充足，昼夜温差大，土壤为褐色，质地偏沙，多丘陵山地，十分适合葡萄生长。发展葡萄酒，葡萄是基础，不断扩大种植面积，引进优良品种进一步向葡萄基地化、基地区域化、区域品种化发展。

3. 优化产品结构，创名牌、打品牌

河北省要继续保持以干型和半干型葡萄酒为主的生产结构，不断生产单品种葡萄酒，年份酒、产区酒继续打出自己的品牌，如华夏生产的92干型、A产区干红、中国长城葡萄酒公司生产的五星干红等，与此同时还要不断创新、生产新的品牌，如赤霞珠干红、解百纳干红、梅鹿辄干红等，使河北省葡萄酒进一步走向国外。

4. 学习世界先进水平，不断提高产品质量，严格安全生产制度

20世纪90年代以后，河北省大企业通过引进国外先进的技术和设备，如葡萄破碎、压榨、果汁分离、控温发酵、苹果酸-乳酸发酵、冷冻处理、橡木桶贮存、膜过滤及包装设备等，使生产技术和设备达到了国外先进水平，但我们还应虚心学习成熟的先进技术，解决好目前生产工艺和技术上存在的问题，不断提高产品质量。与此同时把好从原辅料采购、原料处理、发酵、后加工、贮存、灌装等整个工艺过程中的食品安全，严格各项操作规程，使产品卫生和质量达到国家标准，使产品做到安全、卫生、营养、满足消费者需求。昌黎产区要吸取教训，使我省葡萄酒行业健康向前发展。

2011年河北白酒、葡萄酒工业协会工作情况

一、加强协会组织及人才建设方面的工作

在原有一个副秘书长（石家庄酒厂吴会昌总工）的基础上，拟增加丛台酒业副总郭军英，乾隆醉酒业公司迟彦刚总工和中国长城葡萄酒有限公司孙腾飞总工为协会兼职副秘书长。

加强白酒行业人才队伍建设：2011年经过培训教育全省白酒行业40名同志获白酒高级酿酒师，4名同志获酿酒师职业资格证。

进一步加强协会的自律建设，完善了协会的各种规章制度，加强了协会办公室和秘书处的建设，以使更好地完成各项任务。

二、坚持围绕中心，服务大局，为政府和企业提供有效服务

2011年参加省发改委和省工信厅有关会议，对昌黎县恢复葡萄酒生产提出了建设性意见，为整顿全省白酒企业提出了整顿小型企业，限制无发酵设备单纯生产液态法白酒企业的合理化建议。

深入推进创先争优活动，积极参加省国资委老干部四处党支部的各项活动，撰写发展河北省葡萄酒的“十二五”规划目标的有关文章

三、完成行业的几项具体工作

（1）2011年4月在泊头召开了河北省白酒、葡萄酒工业协会第五届三次理事会暨2011年协会年会，通报了2010年全国全省白酒、葡萄酒各项经济技术工作的完成情况，总结了协会工作，提出了2011年的工作任务，各企业交流了经验，提出了酿酒企业开展文化建设和企业品牌建设的工作方针。

（2）2011年5月为全省食品检验系统举办了白酒品酒师培训班并进行了职业技能鉴定工作，全省35名同志获国家人力资源和社会保障部的二级品酒师资格证书。

（3）2011年5月参加了中国酿酒工业协会四届三次理事会，学习了国家为保证食品安全的有关方针政策，了解了全国酒类发展形势，学习了外省、市、区在行业管理和协会工作中好的经验，收获很大。

（4）2011年8月参加了全国在包头市举办的全国清香类白酒高峰论坛会议，我省衡水老白干等有关单位参加，为河北省清香类白酒的发展，更加明确了方向。

（5）2011年向国家推荐中国酿酒大师10名，其中邯郸永不分梨酒业公司宋书玉同志和中粮华夏长城葡萄酒公司陈小波被评为中国酿酒大师，2011年10月10日在北京钓鱼台举办了颁证仪式。

（6）2011年10月在衡水举办全省精品白酒质量鉴评会议，召集全省国家评委、省评委、资格评委及部分老评委和领导同志共61人对全省选送的40个样品，分香型、酒度进行密码编号暗评，经两天七个轮次的初评和复评，每个评委独立完成品评工作，再经国家评委汇总，客观公正地对每个产品写出评语，后又按国家理化和卫生标准及部分微量成分进行分析化验，全面反映了每个产品的感官特点和化验分析数据，为企业对照先进找出差距，为企业进一步加强质量管理，制定提高产品质量措施奠定了基础。

（7）协助企业在确定老白干香型的基础上，筹备成立老白干香型分标委会。于2011年12月在石家庄邀请全国有关领导专家正式成立国家标准化委员会老白干香型分标准委员会。

（8）2011年继续做好全省白酒骨干企业按月填报的各项经济技术指标完成情况的汇总和反馈工作，受到了有关企业的好评。

（9）深入河北三井酒业公司，刘伶醉酒业公司，将军令酒业公司等多家企业开展技术咨询活动并协助开展好品鉴、文化节、新闻发布等有关会议。

（10）完成省有关部门、省工经联和中国酿酒工业协会交给的各项任务并做好协会的日常工作。

2010年河北啤酒工业协会工作情况

一、完成协会换届工作

2010年年初完成了我协会的换届工作，选出了新一届（第六届）协会领导人员，进一步完善了协会的各组织机构和各项制度建设，使协会在今后的工作开展上有了坚实的组织保证和制度保证。

二、开展争先创优活动

深入开展了在全行业范围内的争先创优活动。根据我省啤酒工业的发展状况，我协会有针对性地解决了一些重点和难点问题，如品牌知名度、产量减少、效益下降等。我们重点扶持了蓝贝酒业公司的“1844”高档啤酒的研制和生产，并成功地推向了高端市场，售价每瓶280元，非常受欢迎。该产品从工艺上彻底改变了啤酒的传统酿造方式，所出产品既保持了啤酒的原有泡沫和风味，又有酿造葡萄酒的风格，酒体黄中透红，晶莹剔透，再加以华贵的包装，从内到外均显示出完全地与众不同，得到了中国酿酒工业协会专家的一致肯定和赞许，认为：“1844”啤酒是我国酿酒行业尤其是啤酒行业产品创新的典范，美国时代周刊评价该酒“在世界啤酒生产上改变传统的一次革命，该产品的推出体现了中国人的聪明和智慧”，我们认为“1844”的推出，充分体现了创先争优活动的重要性。敢为天下先，既走在了前头，又充分利用我们独特的技术获得可观的经济效益，是我们所有的工业企业应该高度重视的现实问题，创新就是创先，争优就是争效，使企业永远处在健康发展的轨道上不断向前。

2009年我省啤酒产量效益均有下降，为此2010年年会上我们深入分析原因，找出问题，并制定了增产增效的具体指导意见，经过一年的努力，成效明显，2010年我省啤酒行业全面摘掉亏损的帽子，啤酒产量有了大幅度增长，由2009年的115万千升增加到134万千升左右，实现产量、效益双增长。

三、参与协会、企业工作

协会参与了省“十二五”规划食品部分的审查工作，对规划中啤酒行业在“十二五”期间的发展，提出了我们的建设性意见，并列入了规划。

参与了中国酿酒工业协会有关啤酒产品税收、啤酒玻璃瓶全国标准的审定工作，并提出了建设意见。

参与并帮助蓝贝、唐山百威等啤酒厂的改扩建工程的审查以及产品入市的有关工作。

四、完成年度“双百”项目

完成年度“双百”项目服务全省经济发展计划项目。原计划与省工经联合作举办“河北啤酒节”，后因故取消。2010年4月我协会按计划召开了全省节能减排经验交流会，重点企业及专家在会上就我省啤酒企业在节能减排上如何运作解决问题的方法，及技术等问题广泛进行了交流，达到了预期目的。会后各企业都做了很多工作，取得了明显成效，煤电水三大指标下降明显，企业环境、文明生产及企业的精神面貌有了很大改观。

五、举办会展

我协会与中轻公司合作协办在北京举办了“中国国际啤酒机械展”，我省企业均全部参加，参观并采购了各厂急需的有关设备，对提高我省的啤酒装备水平有很大帮助。

2011年河北啤酒工业协会工作情况

2011年是河北啤酒工业发展较快的一年，各方面工作均有所突破，全行业创先争优，落实科学发展观，大力推进节能减排，取得明显成效，啤酒产量完成160万千升，亏损企业数减少，全行业扭亏增盈，产品质量稳定提高，花色品种不断增加，创新型产品不断推出。啤酒的各项消耗指标有所下降，废水废汽得到有效治理，各企业努力争创环境友好型企业的积极性、自觉性有了很大提高。“十二五”开局第一年为“十二五”规划的顺利完成打下了坚实的基础。协会自身工作情况总结如下：

一、召开会议

2011年初，我协会召开全体会员单位大会，总结上年度工作。重点安排2011年度工作，围绕如何打好“十二五”开局年这一仗，使我省啤酒工业焕发出新的活力，有了新的发展，为全面实现“十二五”规划打好基础这一课题进行深入讨论，协会提出并要求全体会员单位要实现“三个突破”，一是产品产量要有大的突破。二是努力提高经济效益，实现全行业盈利的突破。三是节能减排，创建环境友好型企业上有所突破。要实现三个突破，必须认真落实科学发展观，开展企业间创先争优的竞赛，以创新带动企业发展，以对标升级提高企业的整体素质，从而实现企业健康的可持续发展。协会同时提出，各企业要立足本企业，放眼全行业，努力盘好现有家底，认真查找本企业差距，有的放失地制定本企业的发展战略。要以创新开拓市场，要以建立长期合作的方式保证原料价格及供应的相对稳定，要以雄厚的人才队伍，高素质的员工保证企业的长治久安。协会还要求企业建立突发事件应急机制，以应对企业生产安全、产品质量事故等突发事件的应急处理。根据2011年一年的工作，已见成效，各企业各项工作均有不同程度的提高，企业的各项经济指标均好于上一年，全年情况还等明年初省统计局的数据才能知晓。

二、积极参政议政

协会积极参政议政，省工信厅多次邀请我协会参加我省有关产业政策的前期征求意见活动，我协会根据我省经济形势，尤其是啤酒行业运行中的问题提出了我们的意见和建议，部分得到采纳。我协会还就省工信厅的邀请参与了全省食品工业“十二五”规划啤酒工业部分的制定工作。

三、为企业服务

为企业服务是立会之本，围绕发展河北啤酒工业这一主线是协会工作的终极目标，今年以来我们还做了如下几项工作，一是针对我省啤酒企业不断向规模化，集团化发展，中小企业发展后劲乏力，大品牌与本土品牌在市场的不对称竞争中出现的问题进行了深入讨论和研究，为此我们专门组织了一次研讨会，各企业认为，不管企业大小，品牌知名度大小，关键的问题在于创新，在于培养自己的消费群体，要有自己的特色，如果企业做到了以上几点，就会创造出效益。二是针对食品安全问题，我们组织了专门的会议进行宣传贯彻国家有关文件精神，尤其是针对啤酒企业特点指出了企业保障食品安全的几个关键问题，主要是把好原料关，加强生产过程的质量管理，把好化验关，不让问题产品出厂门，制定岗位质量责任人追责制定，让每个职工都成为产品质量的检验员、监督员和责任人，以保证企业不出或少出质量事故，为此，协会给各企业发出了保障啤酒产品安全倡议书，要求各企业与协会签订啤酒安全承诺书。三是针对我省啤酒品酒人才队伍及水平相对薄弱问题，我们和省总工会、省人力资源和社会保障厅联合组织了一次全省啤酒品酒职业技能竞赛，企业踊跃组织员工参赛，经过理论和实践考试，选出七名同志推荐参加国家级竞赛，其中蓝贝的汪风敏同志获得第一名，并获得由省人力资源和社会保障厅颁发的“省级技术能手”称号。四是加强会员单位间的信息交换工作，协会信息部做了大量工作，实现了网上传递，提高了交换速度和信息传递面，有力促进了企业间的情况交流，为政府有关部门制定政策，提供了基础数据。五是参与国家酿酒协会啤酒企业节能减排指标的讨论和确认工作，为啤酒企业在“十二五”期间的节能减排工作制定了目标，这必将推动企业加大节能减排的力度。

山西

2010年山西酒业综述

一、山西省酿酒工业2010年形势

根据山西省统计局的数字，2010年全省饮料酒产量447859千升，同比增长25.1%。其中，白酒（折65度商品酒）112022千升，同比增长12.1%；啤酒332106千升，同比增长30.6%；葡萄酒571千升，同比增长19.2%；发酵酒精（折96度、商品量）52095千升，同比增长-0.44%。主营销售收入：饮料酒69.6亿元，其中，白酒45.5亿元，啤酒6.1亿元。山西省的白酒和啤酒工业在2010年基本保持了较快的增长，葡萄酒、果酒也有较大的增加。

二、酿酒工业特点

1. 白酒

白酒工业是山西酿酒工业的重中之重，而白酒工业中的山西杏花村汾酒集团有限责任公司一枝独秀的局面，仍在延续，利润增幅较大。

山西民营白酒企业，销售额过亿元的有山西梨花春酿酒集团公司、山西汾阳王酒业有限公司。原酒生产企业超万吨有文水天波酒业公司、祁县宏固酒业公司、祁县良友酒业有限公司，原酒产品有清香型高档大曲酒，中档多微麸曲酒，低档普通麸曲酒，还有十几种清香型大曲白酒调味酒。

2. 啤酒

山西啤酒产量在40万千升，燕京、华润、青岛在山西各地兴建啤酒厂，生产规模不断扩大。省内企业所占比例较小，仅有晋城白马王啤酒有限公司一家企业。

3. 葡萄酒

太原市清徐县原是重点产地。山西清徐葡萄酒有限公司主要生产中低档葡萄酒，价格在10～25元，规模千吨，主要是省内市场。山西怡园酒庄葡萄酒为高档酒，规模千吨，质量档次高，占领省内和沿海部分市场。山西省戎子酒庄有限公司是设计能力5000吨高档葡萄酒的生产企业，目前已形成5000亩葡萄生产基地。山西彤康食品有限公司是年产1000吨高档山楂酒的果酒生产企业，公司已建成2000亩的山楂种植基地。

4. 酒精

山西酒精生产企业获得生产许可证的企业仅有2家，生产能力15万千升。

2010年山西酿酒工业协会工作情况

2010年初确定山西省酿酒工业协会的主要工作，一是组织“全国白酒品酒职业技能竞赛山西初赛培训班”；二是召开“山西省酿酒工业工作座谈会”；三是组织省内的重点企业参加在河北衡水的“第三届全国清香类型白酒企业高峰论坛”。通过企业和协会工作人员的共同努力，这几项工作都顺利进行，取得了令人满意的效果，现将一年来协会的工作总结如下：

一、组织职业技能培训、鉴定和比赛

（1）2010年7月在山西省汾阳市贾家庄裕和花园酒店举办了“第二届全国白酒品酒职业技能竞赛山西初赛培训班”。山西杏花村汾酒厂股份有限公司、山西梨花春酿酒集团公司、山西汾阳王酒业有限公司、太原酒厂、北京红星股份公司六曲香分公司等11家企业46名品酒师参加培训。经过1天理论培训，2天14轮白酒品评培训后，在中国轻工业职业技能鉴定指导中心、中国酿酒工业协会、山西省财贸轻纺烟草工会的指导、监督下，以公开、公正、公平的原则，对符合条件的36名从事品酒工作的品酒师进行了品酒能力的考核和理论考试。通过考核选拔出了参加全国白酒品酒职业技能竞赛的选手3名。同时对符合一级品酒师条件的人员进行了培训和考试。

（2）2010年7月在山西杏花村汾酒集团宾馆举办了品酒师职业技能的培训和考核。来自山西杏花村汾酒厂股份有限公司、山西梨花春酿酒集团公司、山西汾阳王酒业有限公司、太原酒厂、北京红星股份公司六曲香分公司等企业的90多名从事品酒和勾调工作的人员参加培训。经过1天理论培训，2天12轮白酒品评培训后，在中国轻工业职业技能鉴定指导中心、中国酿酒工业协会的指导、监督下，以公开、公正、公平的原则，对符合条件的进行了品酒能力的考核和理论考试。有87人分别通过了二、三级的考核。

（3）协助山西省职业技能鉴定站为山西杏花村汾酒集团公司进行白酒酿酒技师的技能鉴定工作。

（4）协会对参加第二届全国白酒品酒职业技能竞赛的6名品酒师进行了赛前培训。使参加大赛的人员获得了比较好的成绩，1人进入前20名，5人获得国家评委资格。

二、召开山西省重点白酒工业工作座谈会

2010年10月在河北衡水召开了“山西省重点白酒工业工作座谈会”，会议通报了省内酿酒行业的情况，探讨了“十二五”的发展思路，结合各企业的生产和销售状况进行了讨论。

三、参加论坛及展会

2010年10月组织山西省的白酒重点企业参加了由华北地区及直辖市七省、市、自治区酿（白）酒协会组织，河北省白酒、葡萄酒协会和河北省衡水老白干酿酒（集团）有限公司承办的 “第三届全国清香类型白酒企业高峰论坛”。

2010年6月参加了由中国酒类流通协会、河南省商务厅及漯河市政府联合主办，河南省酒业协会、漯河国际会展中心联合承办的第九届中部糖酒商品交易会暨首届中部进口酒展。

2010年8月协助山西省商务厅、山西省贸促会、山西省工业经济联合会举办“第五届山西省酒饮食品博览会”，为省内的酒类生产企业搭建产品展示平台。

四、为企业服务

协会组织有关方面的技术人员到太原酒厂、和川酒厂、大同边城酒业有限公司、梨花春酿酒集团公司等企业进行技术服务、技术咨询。

推广山西杏花村汾酒集团孝义汾青分厂加工车间生产开发的“风冷式冷却器”，从节能减排、节约水资源方面来说，对北方地区有非常大的推广价值。

2011年山西酒业综述

2011年全省（1～12月）白酒产量145722.00千升，同比增长31.77%；啤酒产量426767.12千升，同比增长35.93%；葡萄酒产量1923.60千升，同比增长236.63%。另外，发酵酒精产量52237.00千升，同比增长0.27%。全省酒类（1～11月）主营业务收入：白酒8282224千元，同比增长38.54%；啤酒910027千元，同比增长70.70%；葡萄酒166447千元，同比增长165.12%；发酵酒精293372千元，同比增长16.98%。

2011年山西酿酒工业协会工作情况

2011年初确定山西省酿酒工业协会的主要工作，一是协会的换届工作。二是组织省内的重点企业参加在内蒙古包头骆驼酒业召开的“第四届全国清香类型白酒高峰论坛”。三是进行职业技能的培训和鉴定的准备工作。通过企业和协会工作人员的共同努力，这几项主要工作都顺利进行，取得了满意的效果，将一年来协会的工作总结如下：

一、协会的换届工作

山西省酿酒工业协会第四次会员代表大会2011年5月25～26日在山西杏花村汾酒集团酒都宾馆召开。来自全省酒类生产企业、省食品工业研究所和省轻工职业技术学院校的33家单位参加了会议。王元太高级工程师对“汾酒如何引领清香型白酒发展走向国际市场”做了发言；沈正祥会长做了“清香型白酒（原酒）工艺的经典理念与创新”的技术报告。文水天波酒业公司做了“清香调味酒的生产及作用”发言，山西杏花村汾酒集团公司、山西汾阳王酒业公司、山西梨花春酒业集团、汾阳市神泉酒业公司、山西戎子酒庄有限公司分别总结了“十一五”期间的经验，介绍了“十二五”的发展规划。通过交流，企业都明确了各自发展的方向和目标。会议期间代表们通过了“山西省酿酒企业质量安全承诺书”。通过了山西省酿酒工业协会第三届理事会工作报告。大会以表决的方式，通过山西省酿酒工业协会第四届理事、常务理事和协会领导机构（由山西汾酒集团责任有限公司赵严虎但任会长）；通过山西省酿酒工业协会第四届会员收费标准；会议安排了2011年的主要工作。

会议结束后，山西燕京啤酒有限公司、华润雪花啤酒（山西）公司、青岛啤酒（太原）有限公司要求加入协会，山西燕京啤酒有限公司愿以副会长单位参加协会的工作，华润雪花啤酒（山西）公司、青岛啤酒（太原）有限公司为理事单位。

二、参加全国第四届清香类型白酒高峰论坛

组织省内的重点企业参加在内蒙古包头骆驼酒业召开的“第四届全国清香类型白酒高峰论坛”，本届论坛的主题是白酒酿造生态化和实施机械化。经过与会专家和企业家代表深入讨论，达成四点共识：一是组织清香联盟，传播清香文化，促进清香大回归；二是倡导白酒酿造生态化，进一步提高白酒质量安全性；三是实施清香型白酒生产机械化，提升行业整体水平；四是加大科技创新，打造清香类型白酒风格个性化。会议期间，杜小威总工针对白酒行业存在的主要问题和应对的办法为省内的重点企业进行提示。会后，我省的代表参观了内蒙古河套酒业五原分公司的机械化白酒生产线。

三、职业技能培训、鉴定工作

（1）推荐职业技能白酒酿酒师教师（上岗）培训、考试。雷振河、康健、赵景龙、翟旭龙、王风仙、杨天英报名参加。经过培训、考试，雷振河、康健、赵景龙、翟旭龙、王风仙获得了酿酒师教师（上岗）资格，为明年开展酿酒师的技能培训工作奠定了基础。

（2）推荐参加“赛诺杯”第二届啤酒品酒职业技能竞赛的工作。经与中国酿酒工业协会啤酒分会联系，推荐山西燕京啤酒有限公司的杨杰、王春艳，青岛啤酒（太原）有限公司的裴苗清，华润雪花啤酒（晋中）公司的张志芳，华润雪花啤酒（运城）公司的张启增报名参加竞赛。

（3）参加了中国酿酒工业协会第二届酿酒大师的颁奖活动。根据中国酿酒工业协会的要求，协会参加了第二届酿酒大师的颁奖活动，山西杏花村汾酒厂股份公司杜小威总工获得酿酒大师称号。

四、国家评委换届的选拔推荐

（1）协会推荐的山西戎子酒庄总工程师张会宁参加的中国酿酒工业协会的葡萄酒评委考试，通过中国酿酒工业协会葡萄酒分会的考评选拔，张会宁被聘为“2011届国家级葡萄酒评酒委员”。原国家葡萄酒评委山西杏花村汾酒厂股份公司的李勇被续聘。

（2）根据中国食品工业协会白酒专业委员会对白酒国家评委的要求，在山西杏花村汾酒厂股份公司组织山西杏花村汾酒厂股份公司、山西汾阳王酒业有限公司、山西梨花春酿酒有限公司的专业品酒员进行了选拔，在协会的监督下，通过品酒和理论考试，推荐山西杏花村汾酒厂股份公司的王庆华、郝宝红，山西汾阳王酒业有限公司的谷文健，参加中国食品工业协会白酒专业委员会第八届白酒国家评委的考试。经过中国食品工业协会白酒专业委员会的培训、考试，山西杏花村汾酒厂股份公司的王庆华、郝宝红新入选中国食品工业协会白酒专业委员会第八届白酒国家评委。原国家评委王海、韩青梅、赵文中继续聘任。

（3）选拔推荐中国酿酒工业协会果露酒评委。根据中国酿酒工业协会“2011届国家级果露酒评酒委员换届”的通知要求，10月在山西杏花村汾酒厂股份公司组织山西杏花村汾酒厂股份公司的专业品酒员进行品酒和理论考试，田文健、贾怡娴获得推荐资格，通过了中国酿酒工业协会果露酒分会的考评选拔。

五、编写《山西酿酒工业协会简报》

2011年编写了一期，内容涉及酒行业的政策导航、技术、营销、企业风采、会议报道等，供省内酿酒企业参考。

六、为省内的白酒企业进行服务

（1）协助山西省职业技能鉴定站为山西杏花村汾酒集团公司进行化验工、包装（酒）工技师的技能鉴定工作。

（2）为引导和鼓励各酿酒企业建立完善的职业技能岗位聘任与使用待遇相结合的激励机制。进一步调动中、高级技能人才的学习热情和工作积极性。起草发布了《山西省酿酒行业高技能人才的奖励建议》。

（3）协会组织有关方面的技术人员到和川酒厂、大同边城酒业有限公司、梨花春酿酒集团公司等企业进行技术服务、技术咨询。

（4）协会组织省内的白酒、果露酒、葡萄酒国家评委对山西彤康食品有限公司生产的“山楂干红酒”进行品尝鉴定。

（5）参加山西戎子酒庄的葡萄酒产品的上市活动。

内蒙古

2010年内蒙古酒业综述

2010年，自治区酒业协会在自治区经济和信息化委员会的领导和关怀下，在中国酿酒工业协会精心指导下，在会长及各位副会长、常务理事、理事和会员单位的大力支持下，积极、主动开展工作，取得了一定成绩。逐步摆脱了国际经济危机的影响，赢得了全面回升向好的局面，我们满怀信心地迎来2011年。全区酿酒行业经济运行情况如下：

一、经济运行情况

1. 2010年酿酒行业概况

随着自治区经济的快速增长，人们的生活水平的逐步提高，2010年，全区酿酒行业生产和效益取得了可喜的成绩，据统计：2010年自治区规模以上酿酒企业65家，白酒总产量为36.86万千升，同比增长12.86%，占全国白酒产量的4.13%，列全国第9位，完成销售收入84.15亿元，同比增长20.97%；啤酒产量113.03万千升，同比增长11.61%，占全国啤酒产量的2.52%，列全国第17位，完成销售收入26.64亿元，同比增长12.83%；酒精产量121.99万千升，占全国酒精产量的14.8%，同比增长54.57%，列全国第2位。

2. “十一五”期间白酒、啤酒产量和销售收入情况（表1）

3. 2010年利税超千万元以上企业主要指标排序情况（表2）

表1 “十一五”期间白酒、啤酒产量和销售收入情况

年份	产量（千升）		列全国位次		销售收入（万元）	
	白 酒	啤 酒	白酒	啤酒	白 酒	啤 酒
2006	188235	758896	8	16	293350	126635
2007	209896	839509	5	17	359293	146879
2008	242946	982838	8	16	461519	184531
2009	326670	1012744	7	16	695610	236125
2010	368589	1130258	9	17	841518	266404

表2 2010年利税超千万元以上企业主要指标排序情况

企 业 名 称	产量(千升)	销售收入（万元）	利税总额（万元）
白 酒 行 业			
内蒙古河套酒业集团股份有限公司	36465	208883	84596
内蒙古鄂尔多斯酒业集团有限公司	54835	85104	23554
内蒙古顺鑫宁城老窖酒业有限公司	16186	50199	11546
内蒙古骆驼酒业股份有限公司	10084	23314	7535
内蒙古蒙古王酒业有限公司	10004	22799	7099
锡盟太旗草原酿酒有限责任公司	15100	15469	3182
内蒙古科尔沁王酒业有限责任公司	6193	5472	2310
内蒙古绰尔河酒业有限责任公司	5809	5328	2210

续表：

内蒙古百年酒业有限责任公司	5435	4706	1349
敖汉华海酒业有限责任公司	2800	3900	1500
啤酒行业			
燕京啤酒（包头雪鹿）股份有限公司	262929	48335	18025
燕京啤酒（赤峰）有限责任公司	276937	47075	18393
华润雪花啤酒(呼伦贝尔)有限公司	170581	30605	24790
华润雪花啤酒（海拉尔）有限公司	81539	23230	7077
华润雪花啤酒(兴安)有限公司	57392	9857	5101
燕京金川保健啤酒有限公司	67500		

4．企业改革情况

随着市场化进程的加快，白酒酿酒企业股份制和私营企业占主导地位。

燕京啤酒2007—2008年先后收购了通辽雪航啤酒及呼和浩特塞北星啤酒厂，2010年11月收购了金川保健啤酒高新科技股份有限公司；华润雪花啤酒于2006年12月收购了乌兰浩特市蒙原啤酒厂，2007年4月并购了呼伦贝尔盟巴特罕啤酒有限公司，2009年4月收购了伦贝尔盟海拉尔啤酒厂。截止2010年，内蒙啤酒企业已全部被燕京啤酒和华润雪花啤酒两大集团所兼并，内蒙古啤酒企业整合尘埃落定。

5．上市、重点企业、名牌产品情况

酿酒业有宁城老窖集团1户上市（现被北京顺鑫农业集团收购），全区41户重点企业中，酿酒业有6户，自治区名牌产品28个，自治区著名商标35个，中国驰名商标6个，中华老字号1个。

二、行业发展的主要成就

1．生产在规模化方面得到了较快发展

通过市场竞争和优胜劣汰，部分企业规模日渐扩大，规模经济的势态逐渐明显。在规模发展的同时，一些有资本、市场销售好的企业通过联营、收购等方式，对外实行资本扩张，进行资产重组，对内进行技术改造，扩大了生产能力，组建了各种形式的酒业集团或有限责任公司。2010年，万吨以上的白酒企业有10个，啤酒企业全部达到了10万吨以上。

2．产品质量水平不断提高，新的名牌不断涌出

为了适应市场的竞争，酿酒企业格外重视品牌的塑造和培养，注重产品的质量和新产品开发，产品的质量不断提高，实施名牌战略，强化品牌的认知度和美誉度。

3．产品结构向低度化、功能型、营养化、多样化方向发展

减少白酒中酒精含量已经成为白酒产品发展的重要方向。目前，白酒产品的酒精度40°以下的低度白酒已占白酒总产量的70%左右。时尚型、功能型、营养型白酒市场份额逐步提高，产品也开始向中高档转化。

啤酒除生产传统的淡色啤酒、黑啤酒外，还生产淡口味特种啤酒以及果味啤酒、纯生啤酒等。

近年来，随着我区乳业的迅猛发展以及人们对天然、绿色、保健饮品日益增长的需求，我区奶酒业得到了较快发展。目前奶酒品种有发酵型奶酒、奶啤酒等产品。

4．生产工艺和技术水平不断提高和创新

部分企业基本进入了现代化、机械化操作。全自动灌装、计算机辅助调配勾兑、大容量贮酒、新技术除浊过滤、优良菌种的选育和应用等均得到相应推广。

5．全行业的循环经济水平大大提升，清洁生产，节能减排的环保意识有了很大的改观。

三、行业发展中存在的主要问题

（1）小酒厂盲目发展，数量众多，企业结构严重不合理。全区白酒企业近1000家，大部分为小型企业，技术水平低、装备落后、单耗高，造成了较大的浪费，白酒行业存在着企业结构严重不合理的现象。

（2）流通秩序混乱，假冒伪劣问题依然突出。少数企业为推销产品，采用种种不法手段，如高额回扣等不正当竞争手段，使酒类市场流通秩序混乱情况仍未好转。

（3）整体装备水平仍然较低。除一些大中型企业外，其余多数企业仍是手工作坊式、粗放型生产。

（4）“三废”治理仍需加强。部分企业未采取工业化处理措施，就直接排放或丢弃，对环境造成了严重的污染。

（5）税收流失严重，征管难度仍然较大。一些生产企业，尤其是小酒厂采取瞒报产量、销量的手段偷、漏税。一些流通企业不开发票和少开发票，还有少数地区对乡镇、集体和个体经营者实行定额包税制，致使税收大量流失。

2010年内蒙古酒业协会工作情况

协会在自治区经济和信息化委员会的领导下，在中国酿酒工业协会的精神指导下，认真贯彻十七大精神，坚持以邓小平理论为指导，努力实践“三个代表”重要思想，以科学发展为主题。根据二届一次会员代表大会确定的工作目标，本着振兴行业，服务企业、服务政府的宗旨，在各位会员单位的大力支持下，积极工作，努力进取，不断拓宽工作领域，加强自身建设，完善服务功能。同时切实加强行业自律，协助政府做好整顿市场有关工作，为企业提供良好的市场环境，在政府与企业之间较好地发挥了桥梁纽带作用。

一、不断拓展协会工作范围，全心全意为企业作好协调服务

（1）开展评酒员培训、鉴定工作。为组建一支富有活力、技术过硬的评酒队伍，促进自治区酿酒行业技术进步，不断提高产品质量，协会陆续举办了五期评酒员培训班，共有400人/次参加了培训，截止2010年底，21人考取了国家评委，114人考取了国家一级品酒师，132人考取了国家二级品酒师，11人考取了国家三级品酒师。

（2）定期组织全区酒类产品质量感官检评。协会制定了《内蒙古自治区评酒员管理办法》、《内蒙古自治区酿酒行业产品质量感官检评管理办法》，定期组织全区酒类产品质量感官检评，对于提高评酒员品评能力，促进酒类产品结构调整、提高产品质量起到了积极的作用。

（3）开展酿酒行业职业技能鉴定。按照中国劳动和社会保障部的要求，协会成立了内蒙古自治区酿酒行业职业技能鉴定站，负责自治区内白酒酿造工、啤酒酿造工、黄酒酿造工、果露酒酿造工、酒精制造工（5-2级）的培训、鉴定工作。2010年底，考取国家白酒酿造工高级技师31人，技师53人，高级工46人，中级工5人。

（4）聘请、组织专家，为企业解决一些生产、技术等方面的问题。同时，也积极为企业提供其它服务。如自治区重点项目评审、自治区大企业（集团）的审查、自治区质量技术监督局名牌评审、自治区工商行政管理局著名商标评审、自治区消费者协会诚信单位评审、配合中国酿酒工业协会开展全国酿酒行业信用等级评价试点工作。组织中国酿酒工业协会、全国轻纺烟草工会举办第一届和第二届全国白酒品酒技能大赛，组织国家白酒、啤酒评委换届工作等。协会都积极为企业争取推荐，尽可能地为企业提供帮助，既扩大了行业的影响力，也增强了协会的凝聚力。

（5）加强信息统计工作，编辑出版《内蒙古酒业》。《内蒙古酒业》是会员信息交流的平台，也是宣传自治区酒业、沟通政府与企业的工具和桥梁，每季出版一期，根据会员的要求，在内容和形式上不断改进、完善。目前，《内蒙古酒业》除报送自治区有关部门和会员单位外，还同中国酿酒工业协会、全国各兄弟省市协会进行广泛交流。自治区酿酒行业重点企业统计信息按季在《内蒙古酒业》上刊发。为加强信息交流，协会还开通了网站。行业主要动态基本能够得到及时更新，在一定程度上起到了信息共享，服务行业作用。

二、加强行业管理，促进市场规范、健康发展

（1）积极反映会员呼声，推动行业健康发展。充分发挥行业内人大代表、政协委员的作用，就行业内焦点、热点问题提出议案，以推动问题的解决。近年来，协会先后提出了“关于加大打击假冒伪劣酒类产品力度的建议”、“关于加强白酒生产许可证管理的几点建议”、“关于加强酒类产品税收征管的几点建议”、“关于制定酒类产品产销管理办法（条例）的建议”。

（2）组织草拟了《内蒙古自治区酒类管理条例》。为加强酒类产品产销管理，加大市场整顿力度，维护生产经营秩序，保护生产者、经营者和消费者合法利益，创造公平的竞争环境，促进行业健康、有序发展，参照广东、河北、四川、吉林等省二十多个省（市、自治区）相继出台的酒类产品产销管理办法等地方性法规。协会组织有关单位和企业草拟了《内蒙古自治区酒类管理条例》，已上报自治区有关部门。

（3）针对酒类产品市场秩序混乱、恶性竞争严重的情况，为推进行业自律，逐步建立行业自我约束机制，发表了《内蒙古自治区酿酒行业自律倡议书》，后来又草拟了《内蒙古自治区酒业协会制止商业贿赂倡议书》，以维护

我区酒类市场竞争秩序，促进自治区酒业健康有序发展。

（4）编写《内蒙古自治区酿酒行业“十二五”发展规划（建议初稿）》，邀请酒业协会会长、常务副会长、高级顾问、秘书长、副秘书长、副会长单位负责人酝酿、讨论、征求意见和建议，将草拟《内蒙古自治区酿酒行业“十二五”发展规划（讨论稿）》，提交自治区酒业协会第三届会员代表大会审议通过。

（5）做好修订奶酒标准和制订奶酒生产技术规范工作。为规范奶酒行业健康、有序发展，切实保护奶酒这一具有民族特色的酒产品，协会组织以河套酒业集团为组长单位（其子公司中内蒙古百吉纳奶酒有限责任公司为起草单位），中国食品发酵工业研究院共同负责起草、编制“奶酒”国家标准上报国家标准委员会拟准发布，已于2009年4月1日发布，并于2009年12月实施。

随着奶酒国家标准的实施,国家对奶酒行业开始进行规范化管理,勾兑型奶酒将不能再称之为奶酒。

同时,这一标准的发布实施标志着奶酒成为中国酒类继白酒、葡萄酒等之后的第六大酒种,确立了奶酒在酒类行业中的地位,将更好地指导、规范奶酒这一产业向健康持续的方向发展。

三、依法办会，强化协会内部建设，内抓基础，外树形象

协会要有生命力，就要依法办会，依章办事，各项决策要民主，要代表大多数会员的利益，要体现行业利益、社会效益。所以，协会要善于倾听各种不同意见，减少工作的盲目性、随意性。这对协会工作人员也提出了新的要求，不但要有强烈的责任感，以振兴我区酒业为己任，而且要有居安思危的意识，与时俱进，不断学习，不断创新，坚持原则，依法办事，不断提高服务水平。

协会成立伊始，即从自身建设入手，着手制定了各项内部管理制度，使协会工作有章可循，并在实践中不断摸索、完善。本着勤俭办会，保障工作需要的原则，在自治区经济和信息化委员会和会员单位的支持下，协会设置了办公室，配置了计算机、传真机等设备，建立了自己的网站，实现了办公自动化。同时，选派工作人员进修学习，不断提高政治素质、业务能力和服务水平，以便更好地为会员服务，使服务质量不断向纵深发展。协会的人员、财务、档案管理也更加趋于规范化、科学化，一个精干、高效，运转有序的工作机构正在建立。

对大家极为关注的自治区评酒委员的管理及行业检评，协会在多方征求意见的基础上，起草了《内蒙古自治区评酒委员管理办法》、《内蒙古自治区酿酒行业产品质量检评管理办法》，已正式实施。2010年经培训、考试，结合国家品酒师职业鉴定，圆满完成了内蒙古自治区第七届评酒委员会换届工作，产生了新一届自治区评酒委员。

一年来，协会主动开展各项工作，为维护会员的合法权益及行业的改革、发展做了一些工作，取得了一些成绩，较好地完成了各项工作。今后协会全体工作人员将继续努力，更好地完成2011年的各项工作，把酒业协会的工作推进到一个新阶段，为自治区酿酒行业的发展做出更大的贡献。

2011年内蒙古酒业综述

2011年，自治区酒业协会在自治区经委的领导和关怀下，在中国酿酒工业协会的精心指导下，在会长及各位副会长、常务理事、理事和会员单位的大力支持下，积极、主动开展工作，取得了一定成绩。2011年是“十二五”规划开局之年，在这一年里，我区酿酒行业呈现出一派欣欣向荣的发展形势。展望2012年，我们将迎来党的十八大胜利召开，新的起点，新的征程，新的机遇和新的挑战，我们将充满着信心。2011年全区酿酒行业经济运行情况如下：

一、经济运行情况

随着自治区经济的快速增长，人们的生活水平的逐步提高，2011年全区酿酒行业生产和效益取得了可喜的成绩，据统计：

全区规模以上白酒企业58家，白酒总产量为52.28万千升，同比增长35.58%，列全国第6位，占全国白酒产量的5.09%，完成销售收入85.5亿元，同比增长18.58%；啤酒产量116.35万千升，同比增长2.53%，占全国啤酒产量的2.37%，列全国第19位，完成销售收入32.21亿元，同比增长37.7%。

二、运行主要特点

1．重点企业效益度不断增加

2011年白酒利税超过千万元的企业有：内蒙古河套酒业集团股份有限公司、鄂尔多斯酒业集团公司、内蒙古顺鑫宁城老窖酒业有限公司、内蒙古蒙古王酒业有限公司、内蒙古骆驼酒业股份有限公司、锡盟太旗草原酿酒有限责任公司、内蒙古百年酒业有限责任公司、内蒙古科尔沁王酒业有限责任公司、敖汉华海酒业有限责任公司，利税总额占到了全区规模以上白酒企业的87%，其中河套酒业集团2011年白酒销售收入达到27亿元，销售收入占到了全区的31.57%。啤酒行业利税超过千万元的企业有：燕京啤酒（包头雪鹿）股份有限公司、燕京啤酒（赤峰）有限责任公司、华润雪花啤酒(呼伦贝尔)有限公司、华润雪花啤酒（海拉尔）有限公司、内蒙古金川保健啤酒股份有限责任公司、华润雪花啤酒(兴安)有限公司利税总额占到了全区的91%。

2．产品质量稳定提高

为满足市场需要，适应市场竞争，积极调整产品结构，中高档产品的比重逐年提高，产品质量得到明显的改进和提升。年份酒、发酵型奶酒、益生啤酒、纯生啤酒、果味啤、荞麦啤酒、奶啤酒等特色啤酒相继投放市场，提高了市场竞争能力，同时也提高了产品附加值，增加了企业经济效益。

3．生产工艺和技术水平不断提高和创新

部分企业基本进入了现代化、机械化操作。全自动灌装、计算机辅助调配勾兑，大容量贮酒，新技术除浊过滤，优良菌种的选育和应用等均相应推广。

4．全行业的循环经济水平大大提升，清洁生产，节能减排的环保意识有了很大的改观

2011年内蒙古酒业协会工作情况

一、以服务为宗旨，积极主动开展工作

（1）组织召开了内蒙古自治区酒业协会第三次会员代表大会。大会于2011年7月3日上午在呼和浩特市东达假日酒店隆重召开，应邀参加大会的领导有：自治区酒业协会名誉会长、原自治区政协郐宝恒副主席，自治区经济和信息化委员会张树德总工及自治区酒业协会会长，常务副会长、副会长、理事单位负责人及会员代表50余人。

自治区经济和信息化委员会张树德总工代表上级主管单位讲话，他首先祝贺自治区酒业协会第三次会员代表大会圆满成功。他说：“酿酒行业是自治区民族工业的重要组成部分，建国以来，特别是改革开发以来，我区酿酒行业得到了长足发展，基本形成了包括白酒、啤酒、奶酒、葡萄酒、果露酒、黄酒和酒精在内酿酒行业体系，已成自治区和地方旗县财政收入的重要来源。”他希望：“自治区酒业协会要真正成为政府和企业之间的桥梁和纽带，在加强行业自律，促进技术进步，维护公平竞争，共同抵御市场风险，组织科技创新等方面发挥积极作用，为自治区酿酒行业持续、健康、快速发展做出更大的贡献！”。

这次会议完成了预期议程，达到了预期的目的。审查通过了内蒙古自治区酒业协会会员名单，并选举产生了第三届理事、常务理事、常务副会长、副会长、秘书长及副秘书长，与会代表共同审议通过了《内蒙古自治区酒业协会第二届理事会工作报告》、《内蒙古自治区酒业协会2010年度财务报告》、修改了《内蒙古自治区酒业协会章程》，审议通过了《内蒙古自治区酒业协会会员收取和使用的规定》，《内蒙古自治区评酒业委员管理办法》等文件，会议还印发了《中国酿酒产业“十二五”发展规划》和《内蒙古自治区酿酒行业“十二五”发展规划》。

7月4号与会代表乘车参观了内蒙古河套酒业集团股份公司酒文化博物馆、酒道馆、北方第一窖、万吨贮酒库、包装车间等。中午在河套酒业宾馆，受到酒业集团全体领导热情招待。下午，参观了内蒙古河套酒业集团五原分公司机械化生产车间。

内蒙古自治区酒业协会在自治区领导及内蒙古经济和信息化委员会等有关部门的高度重视与大力支持下，在各位理事、各位会员代表共同努力下。第二届理事会已胜利完成使命，第三届理事会将肩负起重任。

（2）组织召开全区白酒、啤酒、葡萄酒、奶酒、果酒产品质量检评会，2011年4月和8月，按照酒类产品行业检评程序与办法，协会在呼和浩特市组织召开了2011年度全区白酒产品质量检评会与全区啤酒、葡萄酒、奶酒等产品质量检评会，参加白酒检评评委50余人，啤酒、葡萄酒、奶酒、果酒检评30余人，参加检评酒样共42个，其中白酒酒样30个产品，啤酒、葡萄酒、奶酒、果酒12个产品。今年行业检评的方式主要是通过品评汇总评委意见，由国家级评委对每个产品给予点评，肯定该产品优点的同时指出其不足，提出改进的参考意见，并印发给参评各企业。通过行业检评，促进了自治区酒行业的技术进步，提高科学管理水平，使自治区酒业稳定、健康发展。

（3）组织召开了2011年全国第四届清香类型白酒高峰论坛。2011年8月27～28日，全国第四届清香类型白酒高峰论坛在包头市金骆驼酒店隆重召开。本次论坛得到了包头市、东河市区政府和内蒙古自治区酒业协会的大力支持，内蒙古骆驼酒业股份有限公司精心承办了此次活动，来自全国白酒行业的14个省市的51个企业代表，9个省市酿酒协会的会长、秘书长，以及行业专家、高等院校及新闻媒体等总计68个单位的代表共140余人，参加了此次论坛。

高峰论坛由内蒙古自治区酒业协会秘书长张向阳主持，山西杏花村集团总经理谭忠豹致开幕词，包头市委常委、东河区委书记许文生致欢迎辞，包头市副市长曹文华做重要讲话。高峰论坛秘书长高景炎做了题为“传承（酿造生态化，确保质量安全），创新（实施机械化，提升行业水平）”的主题发言。山西杏花村汾酒集团公司、河南宝丰酒业有限公司、衡水老白干酿酒集团公司，湖北劲牌有限公司、互助青稞酒业公司、云南玉林泉酒业公司、重庆江津酒厂集团、内蒙古河套酒业集团等11家企业就酿造生态化，实施机械化，风格个性化等课题进进行了认真交流。著名白酒专家教授沈怡方、徐岩、沈正祥做了技术报告，杜小威专家和台湾国立澎湖科技大学助理教授张骏志做了书面发言。应邀参加论坛的广东酒类行业协会朱思旭会长就清香型白酒迈向国际化课题做了精彩发言，河南省酒业协会秘书长赵书民对清香类白酒当前的状况和今后的发展进行了认真的分析，提出了发展意见。论坛还组织19位

国家白酒评委对送交论坛的39个中高端产品进行了品评，颁发了专家组成员和高级顾问证书。会后，与会人员应邀参加了内蒙古骆驼酒业股份有限公司成立六十周年庆典。时间虽短，内容丰富，交流广泛，论坛取得了圆满的成功。

（4）组织推荐参加“赛诺杯”第二届啤酒品酒职业技能竞赛；组织推荐考生参加中国食协白酒专业委员会关于第八届白酒国家评委考评工作。

（5）贯彻落实工信部等10部委联合印发的《食品企业诚信体系建设工作指导意见》和工信部印发的《食品工业企业诚信体系建设工作实施方案》，加快推进我区食品工业企业诚信体系建设，增强企业食品质量安全主体责任意识，提高企业诚信保障能力和食品质量安全管理水平，促进行业健康发展。

（6）为贯彻落实科学发展观，促进企业稳定发展，积极倡导全区酿酒企业“以诚实守信为荣，以见利忘义为耻”为主题，组织开展“食品企业践行道德承诺”活动，以实际行动讲道德，守诚信，制售安全放心产品，对社会负责，对广大消费者负责。

二、拓宽服务范围，充分发挥协会桥梁作用

（1）加强信息统计工作，继续办好《内蒙古酒业》。《内蒙古酒业》是会员信息交流的平台，也是宣传自治区酒业、沟通政府与企业的工具和桥梁，2011年共出版四期，根据会员的要求，在内容和形式上不断改进、完善。目前，《内蒙古酒业》除报送自治区有关部门和会员单位外，还同中国酿酒工业协会、全国各兄弟省市协会进行广泛交流。自治区酿酒行业重点企业统计信息按季在《内蒙古酒业》上刊发。

（2）加大与中国酿酒工业协会、兄弟省市协会的交流协作，积极参与全国性的会议与活动，既学习了同行们的先进经验，也增进了友谊与合作，开阔了思路与眼界。同时，也让外界了解了内蒙古酒业，为我区企业搭建了一个与区内外有关部门和企业交流协作的平台。

（3）加强与自治区有关部门的联系，不断拓宽为行业、企业服务的范围。协会积极参加了自治区质量技术监督局名牌评审、自治区工商行政管理局著名商标评审、自治区消费者协会诚信单位评审等项工作，为自治区酒类行业的不断发展，起到积极的推动作用。

三、完善内部管理，充分发挥协会作用

协会在强化内部管理的同时，不断加强自身建设，内蒙古酒业网站运行正常，行业重要动态基本能够得到及时更新，在一定程度上起到了信息共享、服务行业的作用。

一年来，协会主动开展各项工作，为维护会员的合法权益及行业的改革、发展做了一些工作，取得了一些成绩，较好地完成了各项工作，显现了协会的活力，得到了政府有关部门和会员的好评，这些成绩的取得是广大会员单位共同努力的结果，是各级部门、领导，中国酿酒工业协会指导的结果，今后协会全体工作人员将继续努力，更好地完成2012年的各项工作。

辽宁

2010年辽宁白酒行业综述

2010年，我省白酒行业遵循中央精神及国家产业政策，在业界司仁的共同努力下，在各界的关心和支持下，通过加快产业结构调整、转变经济增长方式、强化科技投入及创新、培植品牌和开拓市场等一系列举措，确保了全年行业的持续稳定发展。

一、加快结构调整步伐

随着消费需求的变化，给行业提出了新的要求。如何适应和引导这种变革，成为摆在企业面前的一个重要课题。

近年来，我省各企业通过实施产业升级及产品结构调整的发展战略，提高了企业的竞争力，实现了快速发展。实践中，各企业逐步转变了以往以低档产品为主的传统经营观念和格局，加大了中高档产品所占比重。同时通过高档产品精品化、低档产品优质化等发展战略，使产品结构趋于合理，产品及布局得到优化。目前企业已从过去单纯对数量的追求，逐步过渡到对产品质量、内涵、效益的追求上，实现了经营观念的转变。特别是在产品总量上，这些年我省白酒行业规模以上企业始终保持在每年25～30万千升这样一个相对稳定的目标范围(该数据为行业内统计结果）。这个数值与国家现阶段“控制总量、调整结构、技术进步、提高质量、治理污染、增加效益”的产业政策相吻合，也是近年来我省白酒行业积极坚持的相对科学、合理、稳定的生产量。这里顺便说一下，目前社会上出现了几种不同的统计结果，主要是由于统计口径不同、重复计算及折算偏差等原因所致。

几年来，我省白酒行业注重产品质量及产品科技含量和附加值的优化和提升，由此促进了销售额和效益的稳步增长。与此同时行业产品总量也在保持相对稳定的基础上，随市场变化做适度调整，并始终保持在全国行业前列。

二、强化产品质量及创新

为更好地适应新时期的消费需求，随着目前各企业对食品安全、产品质量安全的高度重视，企业正积极回归技术，努力营造技术为先的氛围。一年来，全省各企业在传统工艺基础上，通过加大科技投入力度，加快技术创新进程，强化企业管理来提升产品的科技含量，增加产品的附加值，进一步提高了产品的市场竞争力。这期间广大企业一是在经历了多年的实践和探索后，更坚定了自酿酒生产的意识和信心，使得个性化传统工艺及产品得以传承和回归。同时随着大众消费水平的提高，企业产品开发更趋于时尚化、个性化、传统化和高端化。二是广大企业积极实施以提高自酿酒生产能力为前提的基础设施改造和升级。包括扩大厂区、修建窖池、增制储酒设备、更新灌装线及新增检测仪器等，三是随着业内对食品安全法的落实，企业普遍将产品质量作为工作重点。这些都大大增强了自酿酒的生产规模和比重，保证了产品质量和安全，同时也有力推动了企业自主创新工作的持续开展。

三、重视品牌塑造与市场建设

我省广大企业在加大产品科技研发与创新的同时，也更加认识到品牌建设对企业发展的影响和重要性。

近年来，企业通过挖掘和弘扬企业历史文化，培植和打造产品品牌等运作形式，积极实施品牌发展战略，有效扩大了产品的知名度和企业的影响力。比如目前许多企业都在融合酒博物馆、文化旅游、非物质申遗等文化建设形式，来释放特有的文化内涵。在此基础上，企业的市场营销模式及市场建设，更趋于理性化、个性化、多样化。如网络建设、经销商合作、分区划块直销、专卖等形式都有特色和新意。

2010年辽宁白酒协会工作情况

2010年是实施国家“十一五”规划的最后一年，也是科学筹划“十二五”规划的关键时期。一年来，协会遵循中央及上级精神，结合自身工作实际，本着为企业服务、为行业服务、为政府服务的基本宗旨，不断强化服务意识，拓展服务功能，提高服务能力，较好地完成了全年行业既定的各项任务。实践中，协会除努力完成行业调研、协调、管理、规划及信息编选、传递等日常或临时性工作外，还根据国家要求和行业需要积极组织开展各项行业活动，有效促进了行业发展，主要有以下几个方面：

一、召开理事年会

根据中央及上级有关缩减会议精神及企业建议，近年来协会在没有特殊情况下，年会均采用了通信会议形式。同往年一样，年初，协会按会员章程规定及行业工作需要，对一年一度的理事年会相关工作做了认真筹备。并按惯例分别向各会员单位传递了国家和行业的最新政策信息、行业年度工作报告、行业年度主要经济技术指标统计报表、行业相关资讯等资料。同时通过电话、网上及走访调研等形式与企业就行业热点、难点问题进行沟通和交流，均达到了预期目的。由于会议准备充分，所传递的信息主题明确、内容丰富，加上会议形式简约、务实、高效，因此受到会员企业的普遍重视和欢迎。

二、开展职业技能培训及鉴定工作

根据国家人力资源和社会保障部及国家轻工行业职业技能鉴定中心，关于“从业人员持证上岗”的有关规定，协会结合本省行业实际，在国家有关职能部门指导下，于6月下旬在沈阳举办了由60余人参加的全省白酒行业酿造系列职业技能培训和鉴定活动。纵观本次活动有如下特点：

（1）企业及员工高度重视，积极参与。由于活动本身所具有的权威性和实效性及准备工作扎实充分，各企业对此积极性高，申报踊跃，表明大家对该项活动有高度的理解和期待，体会到这是一件有利于国家、企业及个人几方面的政策措施。正是基于此，通过大家的共同努力，本次活动取得了圆满成功。本次培训及鉴定工作共为50余人申报了各等级的国家职业资格。

（2）活动对企业实现可持续发展具有积极意义。首先活动有利于企业职工队伍素质的提高，适应了社会发展及技术更新对人的要求；其次活动有利于企业用工制度的规范，促进了现代化企业人事制度的建立；第三活动有利于企业分配制度的改革，充分调动了人的积极性，提高了劳动生产率。总之，活动强化了从业制度管理，加快了人才队伍建设，也体现了从业者的自身价值，具有诸多积极意义。

三、举办行业产品鉴评活动

为提升我省白酒产品整体生产、研发水平，强化品牌影响力，适应市场消费需求，促进行业健康、持续发展，11月初协会在沈阳举办了新一期即2010期（三年一期）全省白酒行业产品鉴评活动。按惯例，协会邀请了行业知名专家及具有资质的各级评委前来参加现场鉴评工作。由于活动公正、透明，全过程严格按规范程序进行，确保了鉴评结果的真实性、权威性和有效性。也由此吸引了众多企业前来参与。本次活动有40余家企业申报参加，提供参评产品70多个。通过鉴评我们看到随着该项活动的持续开展及近年来企业自身的不断努力，行业产品的整体指标已进一步得到改善，产品结构进一步得到优化。尤其在产品品质、装潢、多样化、个性化等方面达到了一个新的高度。另外，大家感到通过开展此项活动给企业带来的益处也是多方面的。首先活动产生的名优产品效应为企业培植和打造品牌创造了机会和条件；其次活动的开展还为企业提供了展示产品、培养人才的平台。使一大批来自企业的技术人员有机会接触数量丰富、特点不同的各类产品并实现了人员间的彼此交流和学习。这对提高鉴评技能、完善产品设计、推动科技创新都有正面意义。总之，该项活动促进了行业产品及结构的优化升级，激发了人们的创新意识，对行业产生了积极影响。

四、举行评委换届活动

11月份，协会组织了辽宁省白酒行业评委换届活动，共有60余人参加了各等级评委的应聘培训和考核。此次换届是在上届省评委任期届满后，新一届（2010届）评委的重新组合，因此对全省白酒行业来说具有重要意义。新一届评委在人员构成上仍以重点骨干企业为主，同时为了促进行业均衡发展也适当吸纳了具备一定条件的中小企业优秀人员；另外在整体设置上更注重队伍的年龄结构、知识结构、组织结构的科学性及合理性，以使其更有利于行业发展。

会上，协会对上届评委工作给予了高度评价和充分肯定，指出：几年来，大家不仅为本企业做出了突出贡献，也为全行业做了大量有益工作。面对市场的变化，我们的评委队伍保持和发扬了我省历届评委的光荣传统，适应了这场变化，用行动证明了自己是一支求真务实、爱岗敬业、勇于探索、不断创新、充满活力的行业科技中坚力量。同时希望新一届评委能在挖掘地方特色产品及新产品研发、技术创新等方面为行业做出新的贡献。

会议期间，专家还对申报者进行了理论和实践方面的系统培训和考核。大家相信，新一届评委的产生，必将为加快我省行业发展提供有力的技术支撑，并创造出新的业绩。

五、参加东北三省行业联席会议

8月底，协会组织重点企业参加了在吉林省举办的东三省白酒行业联席会议。本次会议主题是围绕酒文化进行的。按惯例每次会议首先由各省协会分别介绍本省行业情况，然后大家重点就会议主题结合自身实际进行研讨交流。会上，通过三省协会、专家、企业家各自典型事例的介绍及深刻的专题发言，大家不仅得到收获同时还在许多方面取得共识。会议期间，大家还参观了当地的优秀企业。

纵观本次活动有如下感受：首先会议主题均属行业关注议题，三省从业者共同研讨有助于集中智慧付诸实施；其次三省同仁汇聚一堂，能获取大量有价值的行业信息，可用于指导实践；第三通过沟通交流可促进三省行业加强协作实现共同发展。

六、其他工作

编制完成了全省白酒行业“十二五”发展规划；坚持做好定期的“辽宁白酒信息”编选及发送工作等。

2011年辽宁白酒行业综述

就我省白酒行业2011年整体而言，延续了近几年的基本走势，白酒的总产销量稳中略有上升（规模企业总产量近30万千升），由于中高端产品比重有所上升及部分产品适度调价等因素，使产品毛利率有所增加，企业效益也普遍趋好。但供大于求，竞争激烈，产品纷杂，经营艰难，市场空间逐步缩小仍是行业面临的严峻现实。

从市场看，虽然受到来自国内一线名牌及域外强势品牌的扩张和渗透，但以省内重点骨干企业为龙头的中端白酒品牌仍具有相对优势，并主导各地区域市场。低端市场多为省内大中企业及地区性品牌掌控，这使得有价格和质量优势的普通产品能够满足人们的日常消费。

在产品方面，近年来各企业为了获得更大的利润空间及持续发展的能力，在继承传统酿酒技艺基础上，不断运用现代生物科技加以创新和发展，形成了有各自特点的酿酒技艺和酒体风格。首先在产品结构上，企业通过多种方法优化产品结构，并不断向低度化、多样化及中高档化方向发展。目前白酒产品的酒精度已普遍降低10度以上，中低度酒约占总量近90%；另外，中高档酒比例近年来也在逐年增大。不同酒度、档次、包装、品牌的白酒产品极大地丰富了消费市场。其次从产品质量上看，内在方面，随着新技术、工艺、设备的不断应用和科技创新工作的持续开展，白酒中多种成分也得到了有效控制和合理应用，产品质量得以稳定和提升。外在上，为了适应市场竞争，企业格外重视品牌的塑造和培养，以及包装设计上的多样化、个性化。这些都加快了名优酒增长，适应了消费者对酒产品安全、健康、文化的需求。

2011年辽宁白酒协会工作情况

2011年协会在上级部门及业界同仁的关心和支持下，遵循中央精神，结合行业实际，强化服务意识，较好地落实了各项预期任务，促进了行业发展。这期间，协会除认真完成行业调研、行业规划及信息编传等日常或临时性工作外，还根据国家要求和行业需要积极组织了以下几项活动：

一、召开理事年会

年初，协会根据上级精神和企业要求，决定以通讯会议形式召开今年年会。为此，协会依据会员章程并结合本年度行业工作重点做了认真筹备。随后，分别向各会员单位传递了包括国家和行业的最新政策信息、行业年度工作报告、行业年度主要经济技术指标统计报表、行业相关资讯等资料。同时通过电话、网上及走访等形式与企业就大家关心的行业问题进行沟通和交流，效果很好。由于准备充分，所传递信息价值大、内容多，加上形式务实、节俭、高效，因此受到会员企业的普遍肯定和欢迎。

二、开展国家食品质检员职业技能培训及鉴定工作

5月份，根据国家人力资源和社会保障部及国家质检总局职业技能鉴定中心，关于落实“从业人员持证上岗”及“食品安全法”的有关规定，协会结合我省行业实际，在国家有关职能部门的指导下，在沈阳举办了由60余人参加的全省白酒行业初、中、高级（工）食品检验人员国家职业资格培训及鉴定活动。综观本次活动有如下特点：

首先是企业高度重视，积极参与。由于该政策对国家、企业及个人都有利，以及活动本身所具有的权威性，因此企业积极性高，申报踊跃。正是基于此，通过大家的共同努力，活动取得了圆满成功。本次培训及鉴定工作共为60余人申报了各等级的国家职业资格，目前上述人员均已获得国家颁发的资格证书。

其次是活动对企业实现可持续发展具有积极意义。一是活动有利于企业职工队伍素质的提高，适应了社会发展及技术进步对人的要求，为确保产品的安全性、可靠性提供了人员保证；二是活动有利于企业用工制度的规范，促进了现代化企业人事制度的建立，调动了人的积极性。

三、举办东北三省行业联席会议

8月中旬，历时两天的第十五届东北三省白酒行业重点企业联席会议在我省美丽的海滨城市瓦房店举办。来自三省协会的领导、专家、企业家及相关单位近60余人出席了本次会议。

本次会议主题是“传统工艺白酒的传承和发展”。会议首先由三省协会介绍各自行业情况；然后是专家、企业家围绕会议主题并结合行业和企业实际作专题发言；会上，三省有关专家还参加传统工艺白酒产品的鉴评工作，同时与会者也尝评和鉴赏了所有参评产品；会后，大家一起参观了当地我省著名白酒企业——大连长兴酒庄有限公司。活动期间大家还参观了长兴岛开发区。综观本次活动有如下重要意义：一是通过对会议主题的研讨大家进一步明确了努力方向，增强了发展动力。二是通过活动沟通了行业信息，交流了成功经验，促进了相互协作。对此三省从业者都感到满意，希望今后继续努力把联席会议办出特色，办出水平，让三省行业受益。

东北三省白酒行业重点企业联席会议已经是第十五届了。回顾这15年，也是全行业大整合、大变革、大发展的15年。联席会议一步步走来，正是符合了行业的要求，适应了行业的变化。我们看到这些年来活动从形式到内容始终立足行业的中心工作，坚持沟通、交流、学习的基本宗旨，已成为三省业界合作的纽带。特别是在落实产业政策，明确行业方向，汇聚发展共识，共享行业信息，以及在提高产品质量、推动科技创新、培育文化品牌、开拓营销市场等方面都发挥了积极作用。正是基于此，所以活动一直受到了企业的欢迎。

四、协助企业参与和办好糖酒会

2011年全国秋季糖酒会在沈阳举办，协会为了积极配合我省白酒企业做好会展等项工作，分别在糖酒会的不同时段做了如下几项服务工作。

会前，协会通过多种方式为会员企业全面、及时地提供了有关会展的各种信息；同时又根据各企业参展的侧重、形式、规模、投入的不同，在会展的组织方式上征求企业意见和建议，最后尊重大家意见决定我省白酒行业实施各企业自主参展方案。实践证明切合企业实际参展效果很好。

会中，这期间协会全体人员连续几天不分早晚奔波在糖酒会的各个现场。我们的主要目的就是为我省参展企业加油助威，协助企业做好产品的宣传和展示；同时利用这一机会广泛收集各种有价值的行业信息。通过努力这些目的都达到了。

会后，糖酒会结束后，为了让全省白酒企业尽快了解和掌握展会的综合信息，协会收集整理并分析撰写了有关文章，相信这些工作对企业发展一定会有所帮助。

五、开展行业产品鉴评活动

为期两天的2011年辽宁省白酒行业产品鉴评工作于11月30日在沈阳结束。共有60余人参加了此次活动。

2011年行业产品鉴评活动依然是遵循国家“食品安全法”有关规定及行业工作安排进行的。主要任务是针对行业2010期获奖产品进行年检，以及对部分新申报产品进行技术鉴评。

本次鉴评活动在程序上是严格按规定程序进行的，也就是在专家指导下，产品按香型、酒度、价位、编号等常规方式组织实施的，确保了鉴评工作的公正和透明。回顾此次活动有如下几个特点：

首先从产品申报来看，各企业都非常重视，能按行业规定和要求积极组织申报。除个别特殊情况外，应检产品都如期悉数申报；另外协会为了配合企业新产品开发和推介，本次新品同样允许申报鉴评，协会将根据这些产品的最终鉴评结果反馈综合评价，达到要求的也将授予相应的行业荣誉称号。

其次从鉴评结果看，今年参评的各类香型产品感官评价较好，均能反映自身风格特点，产品质量保持了相对稳定并有所提高，没有大的起伏现象；部分新产品也可圈可点。这一结果基本反映了目前我省行业规模以上企业的整体产品状况，表明当前企业普遍注重产品的品质和创新，注重传统工艺的传承和发展。

第三从产品装潢看，时下各企业在产品包装上已逐步从盲目追求豪华、艳丽、夸张、跟风状态，向注重内涵、个性、简约、环保方向转变。这也从侧面说明了现在企业面对产品、面对市场心态更理性更务实了。

第四从活动参与人员来看，这次协会除了邀请部分专家做指导外，还邀请了我省所有国家注册品酒师（包括我省的国家评委和全体省评委），以及部分企业同志参会，可谓阵容强大。组织这么多专业人士共同参与，目的一是确保活动质量，强化活动的权威性；二是为大家学习交流提供机会，这是行业发展的需要也是企业的需要。

会议期间协会还就进一步落实好“食品安全法”，规范企业生产经营活动，提高产品安全水平，加强行业自律及企业诚信等方面与大家进行了交流；会议最后专家还对这次鉴评工作做了小结。专家在肯定一年来企业产品取得成绩的同时，也指出了目前产品在单粮与多粮、香与味、传统与现代工艺等方面应注意的问题；另外几位专家还在国家标准的学习和掌握、评委的打分标准、香精香料的使用以及“辽香”酒的提出及意义等方面做了精彩讲解，专家的客观点评和中肯希望使大家受益良多。此次活动各级评委在专家的指导下积极热情，尽职尽责、虚心好学，不仅出色地完成了各项任务，而且都深感收获不小。的确，此次活动虽时间紧、任务重，但紧凑、高效，对促进企业产品上水平、上档次十分有益。

2011年辽宁啤酒行业综述

2011年全省啤酒工业生产完成的各项经济技术指标均创历史最好水平，全省啤酒工业有了一定发展。

一、啤酒产量

根据17个企业提供的统计资料，完成啤酒产量2418034千升，比上年同期的2315833千升增加了102202千升，增长4.41%，人均消费水平达到了55.27升，仍然高出全国人均32升的72.6%，位居全国人均可比水平的第2位，仅次于不可比的北京市（82升），也高出世界人均消费水平一倍多。

在17个啤酒企业中，年产20万千升以上的企业有3个，其中：华润雪花啤酒（沈阳）有限公司的单厂产量为691826千升，在全国也排在了前3位；其次华润雪花啤酒（大连）有限公司为279628千升；再次是百威英博（大连）有限公司为225249千升。有5个企业是年产10万千升以上。有6个企业年产5万千升至10万千升之间，还有3个企业都在年产3万千升以上。全省目前14个市地中只有营口市没有啤酒企业。

二、产品销售收入

产品销售收入（净额）为518873万元，比上年同期443621万元增加了75254万元，增长16.96%，大大高于产量的增长幅度。说明我省的啤酒销售价格比上年有很大的提高。2010年的千升酒平均销售单价为1763.3元，而2011年平均销售单价为2145.84元，千升酒销售单价净增加了382.54元，增长幅度达到21.69%。

三、五项消耗指标完成情况

1. 啤酒总损失率

全省平均为2.96%，和上年基本持平。其中：啤酒总损失率达到省规划3%以下的有10个。最低的为辽宁天湖啤酒有限公司1.5%，最高的是华润雪花啤酒（阜新）有限公司为6.86%，这个高低之差还是很大的，全省平均已经完成了“十二五”规划目标。没达到规划目标的除阜新外还有华润雪花啤酒（铁岭）有限公司，为5.30%；百威英博锦州有限公司为4.57%；百威英博（沈阳）有限公司为4.17%；本溪啤酒有限公司为3.70%；华润雪花啤酒（沈阳）有限公司为3.24%等6个企业。

2. 啤酒耗粮指标（折11度计算）

全省平均147.19千克/千升，比上年的147.84千克/千升，千升酒下降了0.65千克，按照全年总产量计算，全省共节约工业用粮1535吨，按全省平均粮价计算，全省可节约价值约为430万元。其中：耗粮最低的是华润雪花啤酒（辽阳）有限公司为142.72千克/千升。全省“十二五”规划为145千克/千升，已实现的有六个企业。耗粮最高的企业是华润雪花啤酒（阜新）有限公司，为154.80千克/千升。

3. 啤酒耗标煤指标

全省平均千升酒耗标煤为51.81千克，比上年同期的59.90千克/千升降低8.09千克/千升，按照全省全年产量计算共节约标煤19104吨，节约价值约为1000万元，已提前4年完成了“十二五”规划目标。其中：耗标煤最低的是华润雪花啤酒（大连）有限公司为31.35千克/千升。完成全省“十二五”规划55千克/千升的有七家企业。耗标煤最高的企业是本溪啤酒有限公司为95千克/千升。

4. 啤酒耗电指标

全省千升酒平均耗电为57.28度，提前四年完成了“十二五”规划目标。比上年同期的63.96度/千升，降低了6.68度。按全省全年产量计算共节约工业用电1577万度，节约价值约为500万元。全省耗电最低的是华润雪花啤酒（葫芦岛）有限公司，他们千升酒耗电仅为44.39度。完成全省规划千升酒耗电60度的有八个企业，还有九个企业没有实现规划目标。全省耗电最高的为华润雪花啤酒（阜新）有限公司单耗为85.68度。

5. 啤酒耗水指标

全省千升酒耗水为4.04立方米，比上年同期的4.43立方米/千升，每千升酒降低了0.39立方米，按全年总产量计算，共节约工业用水为94.3万立方米，节约价值约为190万元，节约用水的社会效益也很大，节约用水也是减少了污水的排放。我们“十二五”规划每千升酒耗水为4立方米，达到省规划目标的有十家企业。耗水最低的是华润雪花啤酒（丹东）有限公司3.02立方米/千升。千升酒耗水最高的是百威英博（大连）有限公司为6.66立方米，没有完成4

立方米的除百威英博（大连）有限公司外，还有华润雪花啤酒（阜新）有限公司为6.02立方米；华润雪花啤酒（铁岭）有限公司为5.90立方米；沈阳燕京啤酒有限公司为5.63立方米；辽宁天湖啤酒有限公司5.06立方米和本溪啤酒有限公司为4.20立方米。这六个企业一定要努力争取完成4立方米，达到国家规定的取水标准。

通过5项消耗指标可以看出大多数企业都能以节能减排为己任，今后国家对循环经济的指标要求越来越严格，而且全世界也都在关注和行动，啤酒工业一定要紧跟这一大方向。

四、经济效益指标分析

1．利税总额完成情况

17个企业中有16个报数的（青岛啤酒鞍山有限公司没有报数），2011年全年共实现利税总额177623万元，比上年同期的147681万元增加了29942万元，增长20.27%，利税总额的增长幅度大大高于产量的增长幅度。其中：增长幅度较大的有百威英博锦州有限公司增长了109.02%；华润雪花啤酒（丹东）有限公司增长了99.44%；华润雪花啤酒（朝阳）有限公司增长了76.83%；本溪啤酒有限公司增长了52.80%；华润雪花啤酒（沈阳）有限公司增长了40.29%；华润雪花啤酒（大连）有限公司增长了31.95%；辽宁天湖啤酒有限公司增长了18.43%。

17个企业中除青岛啤酒鞍山有限公司没有报数以外，还有六个企业亏损，占企业总数的35.29%，总亏损额为19182万元，其中亏损大户有百威英博啤酒沈阳有限公司，亏损5763万元；沈阳燕京啤酒有限公司，亏损4915万元；华润雪花啤酒（葫芦岛）有限公司，亏损3558万元；百威英博啤酒大连有限公司，亏损2319万元；华润雪花啤酒(阜新)有限公司，亏损1620万元，另外还有华润雪花啤酒（铁岭）有限公司，亏损967万元。华润雪花啤酒（朝阳）有限公司2011年实现了扭亏为盈。新增亏的为百威英博大连有限公司、华润雪花啤酒（铁岭）有限公司两个企业。

2．利润总额

全省16个企业报的数据中十个企业盈利，六个企业亏损，盈亏相抵后共实现利润数为68446万元，比上年同期的59753万元增加利润8684万元，增长了14.53%，也高于啤酒产量的增长幅度。其中：增幅较大的是百威英博锦州有限公司，增长了五倍多，为526.28%；华润雪花啤酒（丹东）有限公司增长了三倍，为294.04%；华润雪花啤酒（盘锦）有限公司增长了52.52%；华润雪花啤酒（大连）有限公司增长了27.63%；华润雪花啤酒（沈阳）有限公司增长了26.20%。

3．千升酒利润完成情况

全年千升酒利润平均达到了289.84元，比上年的263.08元提高了26.76元。千升酒利润超过100元以上的单位全省共有九个，其中：华润雪花啤酒（大连）有限公司为637.81元；华润雪花啤酒（沈阳）有限公司为600.89元；百威英博锦州有限公司为537.03元；辽宁天湖啤酒有限公司为416.04元；华润雪花啤酒（盘锦）有限公司为254.91元；华润雪花啤酒（鞍山）有限公司为164.36元；华润雪花啤酒（辽阳）有限公司为157.02元。

4．年人均实现利税情况

全省人均年实现利税为149527元。人均实现利税在140000元/年以上的有百威英博锦州有限公司为332688元/年；华润雪花啤酒（沈阳）有限公司为308905元；华润雪花啤酒（大连）有限公司为215189元；华润雪花啤酒（丹东）有限公司为177298元；辽宁天湖啤酒有限公司为140723元。全年全省行业共有从业人数11879人，比上年13168人又减少了1289人，真正达到减人增效的目的。其中：做得最好的是华润雪花啤酒（沈阳）有限公司，全公司现在岗人数只有1584人。比上年减少了1675人。

2011年辽宁啤酒协会工作情况

一、召开省啤协六届七次常务理事扩大会议

会议于2011年6月2日在沈阳召开，18位理事中有16位参加，人数超过半数，会议通过的各项议程均有效。出席会议的还有协会顾问于纪远、于忠春和战德胜3位同志。

会议由庄守义会长对“十一五”全省啤酒工业生产完成情况及“十二五”规划目标进行了讲解，对2011年啤酒企业的主要工作方向进行了通报。

会议还讨论制定了协会2011年工作计划。

会议通报了2010年协会财务收支情况及2011年协会“三费”收取标准。

会议正式通过了省“十二五”规划的建议指标。

参加会议的全体人员还参观了华润雪花啤酒（沈阳）有限公司的现场，并对华润雪花啤酒（辽宁）有限公司的大力支持、圆满完成了会议各项议程表示衷心的感谢。

二、组织培训选拔工作

推荐国家级职业技能竞赛裁判员培训班的候选人参加培训选拔工作。全省共推荐2人，于2011年4月28日经培训后，考试全部及格。有华润雪花啤酒（大连）有限公司的程巍及华润雪花啤酒（阜新）有限公司的任师芬二位，成为职业技能竞赛正式裁判员。

三、召开全省产品质量品评及技术研讨会

本次会议是按省六届七次常务理事（扩大）会议通过的2011年工作计划进行的。于2011年9月13～16日在抚顺市召开。参加会议的有各啤酒公司负责技术的副总及品控部和技术部门经理、辽宁省的国家啤酒评委、省协会技术顾问。参加的啤酒企业共14个，包括配套单位湖南尤特尔生化公司和甘肃白银赛诺公司。

会议还邀请了中国酿酒工业协会啤酒分会副理事长杜录君和原北京轻工设计院总工程师张桂卿到会做了技术报告。受到与会者一致好评。

这次到会的14个企业共携带样品19个，按照中国酿酒工业协会制定的感官评定标准，分成四个小组逐个酒进行了暗评并且写出评语，最后四个组统一意见后对每个酒的优缺点和全省啤酒的共性问题进行了研讨，肯定成绩，分析缺点产生的原因，研究制定相应的措施。

通过这次检评，全省啤酒总的质量还是稳定提高的，但是也有个别产品还存在某些缺陷和不足。19个产品中有13个产品有硫化味；17个产品有后苦味；还有11个产品口感有微酸；有高级醇味的六个；老化味有4个；有双乙酰味的2个。全体与会人员一致认为，保持啤酒风味协调稳定是搞好产品质量的重点，协会最后将每个产品的评语整理后分别发到各个公司，供其作为提高本公司产品质量的参考。

会议期间各个公司的技术人员还分别交流了各自的所得，会议统一组织华润雪花、百威英博、燕京、辽宁天湖、本溪啤酒有限公司对自己公司的技术管理进行了阐述，相互增进了了解和友谊，一致认为辽宁省的各啤酒公司技术人员非常和谐和友好，今后在协会的统一组织下，要进一步地加强协作与交流。

会议期间参观了辽宁天湖啤酒有限公司。这次会议在辽宁天湖啤酒有限公司的大力支持下，圆满地完成了各项议程，对此全体与会者对他们表示衷心的感谢。

四、组织比赛

关于组织参加第二届“赛诺杯”啤酒品酒职业技能竞赛进行初赛和考评，并参加全国大赛推荐人员的工作。

为了落实全国的要求，省协会与省财贸轻纺金融工会共同举办了品酒员培训班，进行了初赛。参加初赛的选手由各啤酒公司自行推荐，共出席了19名选手。其中包括免试选手3名，新选手16名，按照国家考评的要求，请华润雪花啤酒（葫芦岛）有限公司的副总经理苗同畅同志，华润雪花啤酒（大连）有限公司品控部经理程巍同志担任主考官，于9月7～9日在葫芦岛进行了培训。然后进行了考试，考试分理论和实际操作两部分，考试结果出来后，按全国分配名额要求，我省参赛选手6名，经最后请求正式推荐7名同志参加全国的决赛，另有2人不占我省名额，共有9名同志参加了全国的决赛。最后这9名同志中华润雪花啤酒（大连）的程巍同志和华润雪花啤酒（沈

阳）有限公司的史政秋同志获得了全国酿酒行业技术能手的光荣称号。

五、参加全国酿酒协会的一些活动

于2011年2月21～23日参加了啤酒分会理事长办公会议，研究讨论了全国2010年啤酒行业的总结和2011年行业工作计划，审核了全国《啤酒科技》优秀论文的评选工作。

4月份参加了全国酿酒工业协会第三届四次理事会扩大会议。参加了“中国酿酒大师”颁奖大会等。

六、参加省环保厅对啤酒行业的清洁生产完成情况的审核工作

七、每月出版一期《啤酒信息》

每月统计汇总全省啤酒产量完成月报，每季度出版一期啤酒各项指标完成情况的综合分析，和全年年报的综合统计分析工作。

吉林

2010年吉林酒业综述

2010年已经过去，在过去的一年中，协会和行业的全体员工，在省民间事务管理局及主管部门的正确领导下，积极努力，战胜困难，取得了可喜的好成绩。下面对全省酿酒行业运行情况、各行业运行情况、运行特点做一下简单总结。

一、2010年全省酿酒行业运行情况

2010年，吉林省酿酒行业发展仍然保持稳步增长的好形势。全省酿酒行业规模以上企业136户，同比增长10.79%；从业人员25672人，同比增长8.9%；完成工业总产值191.31亿元，同比增长3.5%；实现销售收入167.37亿元，同比增长18.23%；实现利税总额19.03亿元，同比增长25.64%；实现利润总额3.67亿元，同比增长156.05%。

2010年白酒完成产量46.22万千升，同比增长33.83%；啤酒完成产量142.17万千升，同比增长14.93%；酒精完成148.71万千升，同比增长下降9.6%；葡萄酒完成20.83万千升，同比下降9.5%；黄酒完成0.39万千升，同比增长128.76%。

总体来看，行业各项经济指标同比均有不同程度的增长，其中白酒行业同比增幅较大，但增速同比都有所减缓。

二、2010年各行业运行情况

1．白酒行业

2010年全省规模以上生产企业87户，同比增长4.8%；完成产量46.22万千升，同比增长33.83%，在全国白酒行业排名第七位，同比下降一位；完成产值49.89亿元，同比增长43.4%；实现销售收入41.49亿元，同比增长36.59%；实现利税总额4.5亿元，同比增长35.84%；实现利润总额188亿元，同比增长68.42%。

2．啤酒行业

2010年全省规模以上生产企业14户，同比增长持平；完成产量142.17万千升，同比增长14.93%，全国啤酒行业排名第十三位；完成产值34.12亿元，同比增长18.18%；实现销售收入28.01亿元，同比增长16.53%；实现利税总额4.81亿元，同比增长28.15%；实现利润总额-0.46亿元，同比增亏63.13%。

3．酒精行业

2010年全省规模以上生产企业13户，同比减少7.7%；完成产量148.7万千升，同比增长10.65%，全国酒精行业排名仍是第一位；完成产值87.53亿元，同比下

降8.5%；实现销售收入167.37亿元，同比增长10.65%；实现利税总额8.23亿元，同比增长23.74%；实现利润总额1.32亿元，同比增长156.05%。

4．葡萄酒行业

2010年全省规模以上生产企业22户，同比增长4.8%；完成产量20.82万千升，同比下降9.57%，在葡萄酒行业排名第二位；完成总产值19.78亿元，同比增长11.31%；实现销售收入18.21亿元，同比增长20.1%；实现利税总额1.43亿元，同比增长6.3%；实现利润总额0.93亿元，同比增长3.4%。

三、2010年全省酿酒行业运行特点

1．产量增速趋缓

2010年全省规模以上酿酒生产企业生产饮料酒总量358.32万千升，同比增长7%，增速同比下降30个百分点。四个酒种中产量同比增长的有：白酒产量同比增长33.83%，增速同比下降37个百分点；啤酒产量同比增长14.93%，增速同比增长6个百分点。四个酒种产量同比下降的有：酒精产量同比下降9.6%；葡萄酒产量同比下降9.5%。

2．利税总额稳步增长

2010年全省规模以上酿酒生产企业实现利税总额19.04亿元，同比增长25.64%。四个酒种都有不同程度的增长，其中增幅较大的还是白酒，同比增长35.84%；啤酒同比增长28.15%；酒精同比增长23.8%。

3．利润总额明显提高

2010年全省规模以上酿酒企业实现利润总额3.67亿元，同比增长501%。四个行业中同比盈利的行业有白酒实现利润总额1.88亿元，同比增长68.42%；酒精实现利润总额1.32亿元，同比增长156.05%；葡萄酒实现利润总额0.93亿元，同比增长17.24%。啤酒继续亏损，实现利润总额-0.46亿元，同比增亏-63.13%。

4．重点企业拉动明显

2010年全省四个行业前十名重点企业生产饮料酒总量是199万千升，同比增长26.7%，占全省饮料酒总量的55.6%。其中白酒生产的10户重点企业合计完成产量21.1万千升，同比增长51.8%，占全省白酒总产量的45.7%；葡萄酒生产前10户重点企业合计完成产量17.3万千升，占全省葡萄酒总量的85%。由此可见，大企业是行业发展的主力军。

5．生产成本进一步加大

随着人工、原材料、用电、用水、包装材料及物流成本的上涨，对于酒类生产企业来说压力很大。2010年全省规模以上酒类生产企业累计销售成本135亿元，同比增涨26.1%，成本占销售收入的79%。

2010年吉林酒业协会工作情况

协会以“更好地为企业服务，促进企业健康发展”为宗旨，在推进名牌战略、培养技术人才等方面做了一些工作。简要总结如下：

一、深入调查研究，解决行业问题

深入企业调查研究，了解行业企业发展情况，向相关部门反应解决存在问题，是协会的一项重要工作。上半年，协会相关领导和中国酿酒工业协会、黑龙江酿酒协会领导深入我省白酒行业重点企业洮儿河、洮南香、榆树大曲等企业调研。针对企业存在的发展方向、生产工艺、产品质量、口感等问题提出了建议及解决问题的办法。活动后协会把调研情况形成了调研报告，报给了相关部门并下发给了相关企业。下半年，协会组织相关人员、专家先后到通化大泉源、荣发集团酒厂、天池葡萄酒公司等企业调研，帮助企业解决生产、技术、经营等问题，促进了企业的发展。

二、搞好业务培训，提升技术人员素质

按照国家劳动和社会保障部提出的“全面提高劳动者素质，推行劳动预备制和就业准入制度”的工作方针，根据国家酿酒协会相关文件精神的要求，在中国酿酒工业协会的领导下，7月份我们组织了“第二届全国白酒职业技能竞赛吉林省初赛”，有26名中、高级品酒师参加了竞赛，通过培训、竞赛使参加活动的人员业务水平都有了很大的提高，有16名成绩优秀的人员被省酿酒协会协会聘为2010届省级白酒品酒员。竞赛成绩前六名的人员被推荐参加了全国总决赛，并有三名取得了好成绩，被中国酿酒工业协会聘为2010届国家级白酒品酒委员。协会还推荐了六名啤酒企业技术骨干去参加国家举办的啤酒品酒技术大赛，其中金士百公司的张晨微取得了可喜的好成绩，被中国酿酒工业协会聘为2010届国家级啤酒品酒员。协会还审查推荐榆树集团刘宝贵参加了中国轻工业联合会和中国酿酒工业协会联合开展的第二届“中国酿酒大师”的评定。

三、组织交流活动，开拓国内外市场

为了借鉴具有同一文化背景的我国台湾省的发展经验，促进我省酒类行业的发展，协会和台湾白酒管理部门、生产企业联系，组织了一次“白酒企业经理访台湾”活动。有7名白酒重点企业领导和主要技术骨干赴台湾进行了为期10天的交流研讨活动。活动期间参观考察了台湾酒类市场及白酒生产企业，所见所闻让我省白酒企业领导增长了见识，开拓了视野，借鉴了经验。

四、组织“第十四届东三省白酒企业联席会”

今年“第四十四届东三省白酒企业联席会”在我省召开，根据“丰富酒文化内涵，促进白酒行业健康发展”这一会议主题，协会把会议地点定在酒文化做得比较好的企业——通化大泉源酒业公司，东三省酿酒协会领导、专家及30户白酒重点企业领导参加了会议，通过主题发言讨论，参观大泉源酒业公司酒文化博物馆、杨靖宇烈士陵园等活动，会议圆满成功，参会人员收获很大，推进了三省白酒行业的发展。

五、举办第三届“吉林省白酒行业名酒”的评选活动

为了推进实施吉林省酿酒行业名牌战略，协会于10月份举办了第三届“吉林省白酒行业名酒”的评选活动。通过企业自愿申请、资格审查、产品理化指标检验、专家对产品感官品评等环节，评选出一批安全、质优的好产品，全省有14个企业生产的23个产品被评选为第三届“吉林省白酒行业名酒”。通过这次活动提高了我省酒类产品质量水平，提升了我省酒类产品知名度和市场竞争力，推动全省酿酒行业的持续健康快速发展。

2011年吉林酒业综述

2011年已经过去，在过去的一年中，协会和行业的全体员工，在省民间事务管理局及主管部门的正确领导下，积极努力，战胜困难，取得了可喜的好成绩。

过去的一年，吉林省酿酒行业发展仍然保持稳步增长的好形势。全省酿酒行业规模以上企业108户，同比减少30%；从业人员23625人，同比减少8.1%；实现销售收入229.16亿元，同比增长42.60%；实现利润总额11.18亿元，同比增长128.68%；实现税金9.8亿元，同比增长37%。

2011年白酒完成产量42.45万千升，同比增长49.7%；啤酒完成产量148.5万千升，同比增长11.6%；酒精完成产量147.9万千升，同比增长20.2%；葡萄酒完成产量20.7万千升，同比增长14.7%；黄酒完成产量0.39万千升，同比增长128.76%。

总体来看，全省规模以上生产企业、从业人员有所减少；啤酒产量继续均衡增长，效益好于上年同期，扭转了连续十年行业亏损局面；其它产品各项经济指标同比均有不同程度的增长，其中白酒同比增幅较大。

2011年吉林酒业协会工作情况

协会以“更好地为企业服务，促进企业健康发展”为宗旨，在推进名牌战略、培养技术人才等方面做了一些工作。简要总结如下：

一、深入调查研究，解决行业问题

深入行业企业调查研究，了解行业企业发展情况，向相关部门反应解决存在问题，是协会的一项重要工作。协会配合相关部门完成了吉林省酒精行业基本情况及未来发展方向的调研，形成了调研报告，报给了省政府，为组建吉林省酒精集团提供了依据。

二、做好业务培训，提升技术人员素质

按照国家劳动和社会保障部提出的“全面提高劳动者素质，推行劳动预备制和就业准入制度”的工作方针，根据国家酿酒协会相关文件精神的要求，在中国工业酿酒协会的领导下，7月份协会举办了中级白酒品酒师职业技能培训鉴定活动，其中13人通过了鉴定，获得了中级白酒品酒师资格证书。8月份，协会组织了全省高级品酒师和国家品酒委员的培训有40多人参加，通过培训选拔推荐了9人参加国家食品协会第八届白酒国家评委考试。还推荐了4人参加了“赛诺杯”第二届全国啤酒品酒职业技能竞赛。

三、组织了吉林名酒的评比活动

协会于10月份举办了第三届“吉林省白酒行业名酒”的评选活动。通过企业自愿申请、资格审查、产品理化指标检验、专家对产品感官品评等环节，评选出一批安全、质优的好产品，全省有14个企业生产的23个产品被评选为第三届“吉林省白酒行业名酒”。通过这次活动提高了我省酒类产品质量水平，提升了我省酒类产品知名度和市场竞争力，推动全省酿酒行业的持续健康快速发展。

四、完成了吉林省食品工业“十二五”规划酿酒工业一章的编制工作

黑龙江

2010年黑龙江啤酒行业综述

2010年，啤酒行业受益于中国经济快速增长和内需市场的消费能力提升，克服了劳动力资源短缺、原材料成本上涨、能源、物流费用增长等诸多因素的影响，呈现出生产增长较快、效益状况改善、结构逐步优化、节能减排取得积极进展的良好格局，啤酒行业全年保持平稳增长的态势。黑龙江省啤酒行业情况如下：

一、产销快速增长

2010年我省的啤酒产量186.77万千升，同比增长10.31%，在全国的地区排名中列第8位。完成销售收入为41.29亿元，比上年同期增长18.87%。收入增速高于产量增速，近年来首次出现收入快速增长。

2010年啤酒企业单厂产量超20万千升的有3家：哈尔滨啤酒有限公司、华润雪花啤酒（哈尔滨）有限公司、华润雪花啤酒（黑龙江）有限公司；产量10～20万千升的有4家，分别是哈尔滨啤酒（牡丹江镜泊）有限公司、哈尔滨啤酒（大庆晓雪）有限公司、哈尔滨啤酒（佳木斯）有限公司、华润雪花啤酒（依兰）有限公司。10万千升以上的7家企业合计产量为144.08万千升，占全省总产量的77.14%。

二、经济效益向好

2010年我省啤酒工业累计实现利润总额1.6亿元，比上年同期增长155.77%。从利润增速看，在各省、市、区排名中我省列上海之后居全国第二位；但利润总额却列在全国第十六位。我省啤酒产量占全国比重为4.17%，啤酒利润占全国比重为1.54%，可见利润增长的空间还是很大的。2010年我省千升啤酒行业的平均利润为85.67元，是2009年的2.4倍。行业的平均利润率3.88%，同比提高2.13%。

从全省啤酒行业的整体盈利情况来看，经济效益进一步向优势企业集中，利润超过五千万元有两家企业，华润雪花啤酒（黑龙江）有限公司和哈尔滨啤酒（牡丹江镜泊）有限公司，其千升啤酒利润均超过300元。

三、产品结构改善

产品结构进一步改善，产品均价继续提升。高附加值产品的增加，提升了啤酒行业的利润水平。2010年我省千升啤酒出厂售价平均为2210元，比去年同期提高了9.95%。哈啤、雪花、青啤都增加了瓶装酒纸箱包装，逐步减少了周转塑箱。

500毫升以下瓶装啤酒增长明显，华润雪花啤酒（黑龙江）有限公司2010年生产500毫升以下瓶装啤酒6.4万千升，比去年同期提高了148%；听装啤酒方面，青岛啤酒（哈尔滨）有限公司2010年听装啤酒产量占到了总产量的17.58%。产品结构随着消费者的需要出现调整，瓶装啤酒向小型化发展，适应市场需求，在调整产品结构的同时调整了包装结构。

四、品牌市场运作

啤酒行业的竞争模式已从价格竞争发展到品牌、资本、渠道和服务竞争。大集团通过品牌整合来提高整体市场竞争力，建立全国性主导品牌。全国市场品牌有利于优势资源的集中，对提升核心竞争力、提高经济效益起到了极大的推进作用。

2010年，哈尔滨啤酒赞助南非足球世界杯成为业界关注的焦点。掌声与争议并存，纷乱之中，墙外开花墙内红的哈尔滨啤酒成为全国布局的国内最有竞争力的品牌。通过赞助国际著名体育赛事，尤其是有身体接触对抗性强的项目，对于啤酒产品来说是十分适合的。

哈尔滨啤酒借力世界杯拉升了产品销量，同时提高了企业的知名度，为有110年历史的品牌增添了新的色彩，从而迅速打开了国内市场。

华润雪花啤酒以“探险，户外运动”为主题的“雪花啤酒勇闯天涯”活动和青岛啤酒的纯生等系列产品诠释“激情成就梦想”的品牌理念有效地影响了消费者的购买选择，市场表现突出，消费者认可度高，呈现了强劲的增势。

2010年黑龙江酒业协会工作情况

一、制定出白酒行业“十二五”发展规划

提出了五年发展目标：销售额实现60亿元，比“十一五”末翻一番，具体要抓好三个“3+2”工程。

第一工程：有3个企业销售额达10亿元，2个企业销售额达5亿元。

第二工程：有3个企业销售额达3亿元，2个企业销售额达1亿元。

第三工程：建设3个酒产业园区，建设2个工业旅游点。

要采取五项措施保证三个工程的完成，抓品牌建设；做产品升级；重点市场打造；资本运营加快；向时尚化、国际化进军。

二、重点培育10个“龙酒”产品

（1）挖掘龙酒品牌的文化内涵，将龙文化与酒文化有机融为一体。

（2）集中狠抓龙酒品牌的整体宣传、推荐工作，提高“龙酒”知名度。

（3）喊出来黑龙江的人喝“龙酒”的口号，扩大旅游接待用途。

（4）加强品质、包装的提高，使“龙酒”向高端产品迈进。

三、做好职工技能培训及技能竞赛

至11月末已举办技能培训两期，品酒技能大赛一期。11月22日至25日，期待已久的全国第二届白酒品酒技能决赛在北京举行，全国32个省、市、区205名选手参赛，我省参赛的十名选手，成绩优秀，全部获得2010届全国白酒评委资格，是全国各省、市、区仅有的几个大满贯省份之一。

我省为什么能取得这样好的成绩，取决于我们初赛阶段的认真选拔及决赛前的强化培训。这次强化培训日程安排紧凑、内容全面、酒样充足，专家指导准确，尤其是对理论考试及实践考试的计算机阅读卡，反复进行了多次训练，减少了涂卡偏差，在选手取得好成绩中起到了关键作用。

四、啤酒行业

啤酒行业工作的重点是调整产品结构，消化成本压力，提高效益，加快发展。在2009年全行业扭亏为盈的基础上，2010年行业产量及利润水平已有大幅度增长。1～8月份全省啤酒产量1256254.35千升，比去年同期增长8.04%，利润增长9.04%。

五、酒精行业

酒精行业在全行业价位走高的大好形式下，狠抓原料供应，确保满负荷生产，同时抓好节能减排、清洁生产等几项基础性工作。在酒精行业中，协会重点抓了三项新技术、新工艺的推广工作。

（1）在新工艺采用方面：中粮生化能源（肇东）有限公司采用美国部分设备和工艺取得突破性进展，主要有三点：①采用边糖化边发酵工艺，使醪液酒精含量达15%以上，创全国先进水平；②利用液化用过的热量加热新投的原料，配合其它工艺改进，使吨酒精气耗在2.5吨以下；③采用过热锅炉风五效蒸发工艺生产饲料，不但节约了能源，还保证了饲料颜色的金黄色泽。

（2）在质量提高方面：新建投产的哈尔滨中国酿酒有限公司，将国外设备消化吸收后变为国产化，重新设计了工艺流程，使酒精质量始终保持在优级与特级之间，没有普级酒精的生产，为我省食用酒精质量提升做出了榜样，而且整个设计布局科学合理，无跑、冒、滴、漏现象，文明生产状况良好。

（3）在环保方面：牡丹江白酒（厂）有限公司采用天津的工艺设计建成了日处理450吨废糟液的污水处理及沼气发生系统，每日产沼气700立方米，用来发电每日7800度，还用来烧蒸汽锅炉，所产生的蒸汽每日可完成20吨饲料的干燥任务，这套系统的经济效益为年节约费用223.4万元，社会效益为全部废水达到3级排放标准，可以进入市的环保污水处理厂。

由于抓了以上几项工作，我省酒精产量1～8月份比去年同期增长56.8%。

2011年黑龙江酒业协会工作情况

黑龙江省酒业协会2011年主要抓了七个方面工作，取得了显著成绩：

一、制定省白酒“十二五”规划

制定出白酒行业“十二五”发展规划，提出了五年发展目标是销售额实现60亿元，比“十一五”末翻一番，具体要抓好三个“3+2”工程。

第一工程：有3个企业销售额达10亿元，2个企业销售额达5亿元。

第二工程：有3个企业销售额达3亿元，2个企业销售额达1亿元。

第三工程：建设3个酒产业园区，建设2个工业旅游点。

要采取五项措施保证三个工程的完成，抓品牌建设；做产品升级；重点市场打造；资本运营加快；向时尚化、国际化进军。

二、召开行业工作会议

4月份在哈尔滨召开了全省2011年白酒、酒精、啤酒行业工作会议，共有会员企业代表180多人参加了本次活动。

三、举办年会及培训班

5月份在贵州省茅台酒厂举办的2011年省级白酒评委年会，使我省白酒评委们开阔了眼界，学到了真经。

7月份在齐齐哈尔北大仓酒业有限公司举办了首届白酒化验员培训班，来自我省12家白酒企业的28名选手参加了比赛，最后有4名选手获得了由省财贸金融轻工纺织工会颁发的劳动奖章，有12名选手获得了《白酒酿造工》技师资格认定。

四、调整产品结构

啤酒行业工作的重点是调整产品结构，消化成本压力，提高效益，加快发展。在2010年全行业扭亏为盈的基础上，2011年行业产量及利润水平已有大幅度增长。1～12月份全省啤酒产量1856254.35千升，比去年同期增长9.24%，利润增长11.04%。

五、抓好基础性工作

酒精行业在全行业价位走高的大好形势下，狠抓原料供应，确保满负荷生产，同时抓好节能减排、清洁生产等几项基础性工作。

在酒精行业中，我们重点抓了三项新技术、新工艺的推广工作。

（1）在新工艺采用方面 中粮生化能源（肇东）有限公司采用美国部分设备和工艺取得突破性进展，主要有三点：采用边糖化边发酵工艺，使醪液酒精含量达15%以上，创全国先进水平；利用液化用过的热量加热新投的原料，配合其它工艺改进，使吨酒精气耗在2.5吨以下；采用过热锅炉风五效蒸发工艺生产饲料，不但节约了能源，还保证了饲料颜色的金黄色泽。

（2）在质量提高方面 新建投产的哈尔滨中国酿酒有限公司，将外国设备消化吸收后变为国产化，重新设计了工艺流程，使酒精质量始终保持在优级与特级之间，没有普级酒精的生产，为我省食用酒精质量提升做出了榜样，而且整个设计布局科学合理，无跑、冒、滴、漏现象，文明生产状况良好。

（3）在环保方面 牡丹江白酒（厂）有限公司采用天津的工艺设计建成了日处理450吨废糟液的污水处理及沼气发生系统，每日产沼气700立方米，用来发电每日可达7800度，还用来烧蒸汽锅炉，所产生的蒸汽每日可完成20吨饲料的干燥任务，这套系统的经济效益为年节约费用223.4万元，社会效益为全部废水达到3级排放标准，可以进入市的环保污水处理厂。

由于抓了以上几项工作，我省酒精产量1～8月份比去年同期增长56.8%。

2011年是“十二五”规划完成的第一年，我省酒行业一要遵照黑龙江省“十二五”规划的要求，结合本行业实际，切实抓好各项措施的落实，同时也应参照中国酿酒工业协会编制的全国酒行业发展规划，调整工作思路，抓住工作重点，扎实地做好全省酒行业的大事、要事、长远之事，争取一个好的开头年。

上海

2010年上海酒业综述

据上海市酒类专卖管理局统计，截止2010年底，上海注册的酿酒生产企业110家，批发酒类产品的企业960家，零售商40200家。

2010年上海饮料酒行业具体情况为：啤酒产销稳定增长，葡萄酒消费市场继续高速扩张，尤其是瓶装进口的葡萄酒消费成为市场扩张的动力，黄酒产销稳中有降，显示消费动力不足，但黄酒产品档次趋向高档，销售总额的上升弥补了黄酒销量的下降，白酒消费总量仍然趋降，连名优白酒也不能幸免。

一、2010年上海酒类企业的产量概述

据协会统计，截至2010年底，上海酿酒行业（按在沪统计口径）全年生产各类饮料酒共计96.95万千升，同比增长2.56%，这也是上海地产酒类产品连续第二年出现负增长后的首次增长。

其中啤酒产量78.79万千升，同比增长4.04%，主要原因在于上海的夏季高温天数多于2009年，推动上海市夏季啤酒市场消费需求的上升，不可否认的是啤酒大企业的市场推广力度的加大也促进了啤酒的消费。

沪产黄酒产量14.63万千升，同比减产7.11%；沪产黄酒实现销售12.49万千升，同比萎缩6.84%，产销量双双下降的原因还在于黄酒产品消费市场的萎缩以及被其他酒所替代而造成的。当然高附加值的产品销量的上升，推高了黄酒的单价和消费总额的上升。黄酒企业的经济效益趋好。

沪产葡萄酒产量0.73万千升，同比上升46%，主要罐装企业除了增加散装酒进口罐装外，也进口瓶装葡萄酒，来满足市场需求，以适应日益高涨的葡萄酒消费市场。

白酒产量0.82万千升，同比增长2.5%，全部来自上海神仙酒业有限公司，由于增加了不同规格、档次的品种，加大市场开拓力度，主动贴近目标消费群，扩大了市场范围，推动了产量增加。

果露酒产量为0.62万千升，同比增长19.23%，增量的主要原因在于外省、市、区的市场需求上升，企业加大了市外市场的拓展。

另外，上海地方特色的崇明老白酒，生产了大约1.3万千升（不完全统计），同比上升8.33%。

二、2010年上海酒类消费市场概述

据协会不完全统计，截止2010年底，上海各类饮料酒总销量为146.35万千升左右，同比增长8.10%，世博会在沪举行导致消费需求的增加。

其中啤酒105万千升，增长6.71%，占上海全部饮料酒总销量的四分之三之多，啤酒消费所占比重仍然是最大，其优势地位其它酒种仍然无法比拟。

黄酒19.30万千升，下降4.92%，占总销量的13%左右，所占比重继续下降，但沪产黄酒在黄酒消费总量中的比例继续上升，尤其是高端黄酒的消费量，上海地产黄酒优势明显，占本市高端黄酒消费量的80%左右。

葡萄酒销费量为15.60万千升，这是上海葡萄酒年消费量首次突破15万千升大关，其增幅是各酒种中最大的，达到了41.17%，而其中进口葡萄酒的增长幅度为67%，现在进口葡萄酒（瓶装）的消费量已经超过总消费量的三分之一，达到35%，足见其进口葡萄酒市场的发展迅速，潜力巨大。

而白酒正相反，其销量连年萎缩至去年仅占饮料酒总消费量的3%左右，其比重进一步下滑，国家名优白酒五粮液、剑南春、茅台、双沟等名优白酒的销量亦有5%左右的下降。

另外，进口烈性酒白兰地、威士忌、伏特加等，由于上海酒吧业的兴旺发达，发展迅速，带动了这些酒的消费，据不完全统计，2010年烈性洋酒的消费量增长50%，达到0.48万千升。预计未来的增速还会保持下去。

2010年酒类产品总的消费态势是地产酒的产销量增幅大于全市酒类产品的总消费量。进口葡萄酒和进口烈性酒消费增幅远高于其它酒，成为一支独秀，对我国及本地的其它酒造成很大的市场压力。

三、2010年上海酒类产销具体数据

2009—2010年上海市酒类产品产销量统计表

单位:万千升

酒种	2010产量	2009产量	同比±（%）	2010销量	2009销量	同比±（%）
白酒	0.82	0.80	2.5	3.16	3.28	-3.65
啤酒	78.79	75.73	4.04	105.00	98.40	6.71
黄酒	14.63	15.75	-7.11	19.30	20.30	-4.92
葡萄酒	0.73	0.50	46	15.60	10.60	47.17
果露酒	0.62	0.52	19.23	1.27	1.12	13.39
烈性酒	0.06	0.03	100	0.72	0.48	50
老白酒	1.3	1.2	8.33	1.3	1.2	8.33
总计	96.95	94.53	2.56	146.35	135.38	8.10

2010年上海酒业协会工作情况

一、实施名牌战略，开展上海市名优食品的评选活动

响应市政府培育一批中国乃至世界级名牌的号召，积极组织开展上海市名优食品的评比活动。2010年除继续推选酒类行业五大市名牌产品和企业之外，与上海食品协会合作，推荐和评选了27只产品为上海市名优食品，得到企业和市商务委的好评。

二、组织参加“服务世博、诚信创优”活动

2010年上海是世博年，为了响应市政府各行各业为上海世博会做贡献的号召，协会积极组织我们的会员企业参加由市轻工产业工会联合会和协会共同发起开展“服务世博、诚信创优”的立功竞赛活动。我们有9家会员企业的10个生产班组积极投入到本次活动当中去，努力为世博做出自己的一份贡献。

三、举办“迎世博，上海酒类市场‘金樽奖’”评选活动

2010年为了迎接世界博览会的举办，协会与上海市商联会等协会共同发起组织的“迎世博，上海酒类市场‘金樽奖’”评选活动，目的是将我们市场上的优质产品推荐给上海的广大消费者，引导消费，以帮助我们企业的优质产品能更畅通、更便捷地进入家庭，提高广大消费者对酒水的认知度，促进消费。

四、继续协调酿酒生产用水价格，维护了行业的利益

今年4月份工业用水价格再次上涨时，我们有些会员企业又遇到涨价问题，为此协会继续与政府、物价、水务等部门积极协调，妥善解决此类问题，维护了会员企业的基本利益。当然由于各区自来水公司在执行中的不统一，明年还会

碰到类似的问题，协会还将继续与上海市城市建设投资公司协调和沟通，恰当、合理地为企业争取合法权益。

五、信息咨询服务

信息对现代社会显得越发重要，而信息服务是协会生命力之一。密切关注行业的动态与趋势，重视信息的收集、整理、发布、利用，并尽可能地及时地提供服务是协会主要职责。

1. 一方面提供给政府有关部门，作为决策依据

2010年协会向国家改革和发展委员会、商务委、市经委、酒类专卖局、国税局、市统计局等政府有关部门提供了多方面的信息和数据，如上海酒类产品产销情况、市场预测、价格动态，外省、市、区及国外酒类产品在沪销售情况、酒类专卖和酒类流通政策贯彻执行的具体情况等。为政府有关决策部门提供了相当有用的信息和建设性意见，为下一步国家出台新的政策提供了依据。尤其是2009年遇到全球金融危机时，协会及时了解会员企业的生产与销售情况，特别是对一些大的跨国企业在华经营业务和市场的影响，向经委和经团联、商联会汇报信息，以利政府宏观决策。

2. 另一方面将有关信息传递给企业，使其能了解和掌握国家有关的政策、法规，市场产销情况，引导企业产销决策更合理、更科学

2010年协会共向上海亚太、三得利中国投资公司、上海青岛、金枫、皇轩、神仙和崇明老白酒企业等会员企业及日本朝日、麒麟、三得利、三菱商事等公司，美国、匈牙利、阿根廷、西班牙、意大利、澳大利亚、意大利等驻沪领事馆和协会、商务处等国内外同行提供各类信息300多条，提供咨询50多家次、80多人次。

3. 通过大众媒体向外发布信息

协会还向外界发布有关信息，通过大众媒体向社会宣传，既能使外界了解我们行业的情况，扩大行业的社会影响，又可使信息资源共享，为社会服务。今年在食品价格普遍上涨的大环境下，酒类包括啤酒、黄酒、白酒也面临上涨压力，协会及时发布行业产成本的真实情况，解释疑问，将有关信息在报告给政府部门的同时，同时通过大众媒体渠道来消除社会和广大消费者的顾虑。既帮助会员企业维护了声誉和合法权益，也维护了消费者的权益。协会今年还通过媒体，分别发布了酒品市场信息、啤酒瓶使用状况和国家标准执行难度的报告，和进口酒的信息以及对国内酒类市场影响的分析报告。

国家对白酒产品的税收政策做出调整，针对媒体和消费者对税收调整会导致白酒涨价的担心，我们一面接受媒体的采访，一面在协会网站上发布相关信息，解释税收政策和白酒价格的实际情况，回应社会和广大消费者的疑惑，消除误解，既维护了酒企的合法权益，也有利于促进消费和市场的发展。

六、参与国家对企业的“清洁生产”工作的审定

为了加快我国低碳经济的步骤，2010年市政府进一步推进“清洁生产”工作，我们协会参与了市经信委、环保局、环科院共同对全市酿酒行业“清洁生产”的预审和审查工作，提出了上海市啤酒、黄酒等行业企业的清洁生产的有关数据和标准的参考意见。我们的会员企业三得利、青岛、华光、三得利光明等先后通过了“清洁生产”的审定和预审，达到了国家“清洁生产”的标准。

为了在“十二五”期间全面贯彻落实国家《清洁生产促进法》，完成节能减排20%的任务，和进一步提高酒类食品质量安全水平，并落实企业生产安全措施的自查和监督，上海市酿酒专业协会于11月26日在三得利啤酒上海有限公司召开上海市酿酒行业“清洁生产”现场会。

上海酿酒行业的骨干企业金枫酒业公司、三得利啤酒上海公司、上海亚太酿酒公司、上海申马南京公司、上海神仙酒厂、上海冠生园华佗酿酒公司、青岛啤酒上海松江公司、华润雪花啤酒上海公司和各酒种会员企业和相关企业等共28家企业的负责人和生产技术主管参加了现场会。

现场会听取了由三得利啤酒公司专家介绍“清洁生产”的工作情况和经验。协会介绍上海酿酒行业“清洁生产”情况和“十二五”期间国家对酒企的要求，传达国家部委和市府委、局、总工会等的相关文件精神；通报近期国家食品安全的情况和市府关于落实生产安全的信息。会后全体与会者参观了三得利啤酒上海有限公司“清洁生产”的项目和节能减排的技术、设备等，与会者与三得利公司的技术人员在现场进行了咨询与交流等互动活动。参会者认为三得利公司实施的节能减排项目和经验对行业具有积极的示范效应，值得学习和借鉴。

七、组织举办了《上海国际葡萄酒与烈酒展览会》

2010年协会举办的展览会是连续第五届国际酒展，与往届不同，今年这一届我们把举办场馆移到上海展览中心，以满足广大国内外参展酒商便捷的需求。本届展览会共有来自17个国家的190多家参展商参展，吸引了2000多专

业人士前来参观、洽谈，同时还进行了一系列的报告会、讲座、品酒等活动。

2010年协会还联合了多家协会共同组织进行了新加坡“WFA”上海巡展的活动，在这个活动中，有十几家外商和上海上百家经销商共同参与的论坛、讲座、品酒和交流、洽谈等互动活动。

在第三届中荷上海国际水处理展会期间，协会举办了国际酿酒水处理技术专题报告会，不仅上海的啤酒、黄酒、葡萄酒、果露酒等会员企业前来参加，还吸引了江苏、浙江等长三角地区的酿酒生产企业的领导和专业技术人员80多人报名听讲，协会邀请了日本、美国等水处理技术国际领先的跨国公司的专家来介绍最先进的技术和设备，听众与专家还进行了互动活动，讲座受到行业内普遍好评。

八、组织会员企业参加大学生招聘专场活动

2010年，响应上海市政府号召，大力解决大学生就业的问题，协会组织会员企业参加了由杨浦区政府和市经团联组织的多场上海应届大学生招聘专场的活动。我们有9家中外会员企业拿出80多个职位，涉及啤酒、黄酒等销售、营销、行政、食品检验和化验、质量控制等专业工种。

九、贯彻执行《食品安全法》的宣传与落实

组织培训和学习《食品安全法》，组织会员企业参加在淮海路、雁荡路进行的上海“质量月”和“食品安全月”的室外大型活动，指导广大消费者认识和掌握酒类食品的质量与安全的基本常识，避免日常消费中上当受骗，买到不合格的酒品。把质检总局特别通报的酒类食品存在的主要问题传达到企业，协会要求生产企业务必严把质量、安全关，严格按照产品标准生产和销售，坚决杜绝违法添加和超剂量添加食品添加剂等违法行为的发生。

十、与国外的交流进一步加强

由于今年在上海举办世博会，因此协会与国内外同行间的交流更加频繁和密切。尤其是与法国、意大利、西班牙、美国、匈牙利、澳大利亚等国同行的联系更密切，活动也更多。我们与国外的驻沪机构的交往也越来越多，驻沪的领事馆、法国食品协会、美国农贸处、西班牙商务处、意大利贸易处等。还组织会员企业有选择地参加在沪举行的大型国际食品展，如法国爱博（SAIL）展览集团主办的“第七届上海国际食品、饮料展”、“第九届上海国际饮料、食品及技术博览会”、“中国国际水处理设备展”、“2010意大利三大葡萄酒产区国家展”等专业性展览等，促进中外同行交流，为企业寻找、发现商机提供机会及服务。

十一、尊章办事，开展协会基础工作

1．组织召开理事会和会员会议

依照章程，组织召开四届三次理事会和四届三次会员会议，按照程序通过有关决议。

2．发展会员，扩大行业的覆盖面

2010年，协会根据市政府关于行业协会发展的文件精神，积极稳妥地发展会员。一年内发展了日本三浦上海公司、红酒客、美国协讯网络等五家会员企业。

2011年上海酒业综述

据上海市酒类专卖管理局统计，截至2011年底，上海注册的酿酒生产企业118家，批发酒类产品的企业1066家，零售商40740家。

2011年上海饮料酒行业具体情况为：啤酒产量略增而销量略减，葡萄酒消费市场继续高速扩量，尤其是瓶装进口的葡萄酒消费成为市场扩张的动力，黄酒产销稳中有升，显示市场消费动力略有提升，黄酒产品档次继续趋向高档，使黄酒销售收入增长远快于其增量，白酒消费总量仍然趋降，连名优白酒也不能幸免。

一、2011年上海酒类企业的产量概述

据协会统计，截至2011年底，上海酿酒行业（按在沪统计口径）全年生产各类饮料酒共计102.73万千升，同比增长5.83%，这也是上海地产酒类产品连续第二年出现增长。

其中啤酒87.80万千升，同比增长11.44%，主要原因在于上海的夏季持续天数多于往年，推动上海市夏季啤酒市场消费需求的上升，不可否认的是啤酒大企业的市场推广力度的加大也促进了啤酒的消费。

沪产黄酒15.88万千升，同比增产8.54%；沪产黄酒实现销售14.87万千升，同比亦增长7.2%，上海地产黄酒的产销同步增长，体现了上海地产黄酒近年来发展的良好势头。而且高附加值的黄酒产品如石库门、和酒等品牌的销量上升，推高了黄酒的单价和消费档次。也使黄酒企业的经济效益趋好，发展后劲足。

沪产葡萄酒0.80万千升，同比略有下降，主要原因为罐装企业除了散装酒进口罐装外，也加大了进口瓶装葡萄酒市场力度，来满足市场需求，以适应日益高涨的葡萄酒消费市场。

沪产白酒0.98万千升，同比增长19.51%，全部来自上海神仙酒业有限公司，由于增加了不同规格、档次的品种，加大市场开拓力度，主动贴近目标消费群，扩大了市场范围，推动了产量增加。

果露酒产量为0.57万千升，同比下降8.06%，主要原因在于市场需求不足。

另外，上海地方特色的崇明老白酒，生产了大约1.5万千升（不完全统计），同比上升15.38%。

二、2011年上海酒类消费市场概述

据我协会不完全统计，截至2011年底，上海各类饮料酒总销量为144.88万千升左右，同比下降1.08%，没有了世博会的效应导致市场消费总需求的下降。

其中啤酒97.8万千升，负增长6.85%，占上海全部饮料酒总销量的四分之三之多，啤酒消费所占比重仍然是最大，其优势地位其它酒种仍然无法比拟。

黄酒20.60万千升，增长6.74%，占酒类商品总销量的14%左右，所占比重略有上升，但沪产黄酒在黄酒消费总量中的比例继续上升，尤其是高端黄酒的消费量，上海地产黄酒优势明显，占本市高端黄酒消费量的近80%左右。

葡萄酒消费量为19.25万千升，这是上海葡萄酒年消费量非常接近黄酒的消费量了，其增幅是各酒种中最大的，达到了22.46%，而其中进口葡萄酒的增长幅度为49%，现在进口葡萄酒（瓶装）的消费量已经达到总消费量的42%，足见其进口葡萄酒市场的发展迅速，潜力巨大。

而白酒正相反，其销量继续萎缩2.22%，使其仅占全市饮料酒总消费量的3%左右，其比重进一步下滑，国家名优白酒五粮液、剑南春、茅台、双沟等名优白酒的销量亦有2.5%左右的下降。

另外，进口烈性酒白兰地、威士忌、伏特加等，由于上海酒吧业的兴旺发达，发展迅速，带动了这些酒的消费，据不完全统计，2011年烈性洋酒的消费量增长34%，达到0.96万千升。预计未来的增速还会保持下去。

2011年酒类产品总的消费态势是地产酒的产销量增幅大于全市酒类产品的总消费量。进口葡萄酒和进口烈性酒消费增幅远高于其它酒，成为一支独秀，对我国及本地的其它酒造成了很大的市场压力。

2011年上海酒类产销具体数据见下表：

2010—2011年上海市酒类产品产销量统计表

单位：万千升

酒种	2010年产量	2011年产量	同比±（%）	2010年销量	2011年销量	同比±（%）
白酒	0.82	0.98	19.51	3.16	3.09	-2.22
啤酒	78.79	87.80	11.44	105.00	97.80	-6.85
黄酒	14.63	15.88	8.54	19.30	20.60	6.74
葡萄酒	0.85	0.80	-5.88	15.72	19.25	22.46
果露酒	0.62	0.57	-8.06	1.27	1.68	32.28
烈性酒	0.06	0.08	34	0.72	0.96	34
老白酒	1.3	1.5	15.38	1.3	1.5	15.38
总计	97.07	102.73	5.83	146.47	144.88	-1.08

注：2011年上海进口葡萄酒消费量达到8.2万千升，增长49%，已占上海葡萄酒消费市场总量的42%。

2011年上海酒业协会工作情况

一、实施名牌战略，在行业内开展酒类商品的各类评选活动

1. 组织开展上海市名优（酒类）食品评选活动

响应市政府培育一批中国乃至世界级名牌的号召，积极组织开展上海市名优食品的评比活动。2011年除继续推选酒类行业五大上海市名牌产品之外，与上海食品协会合作，推荐和评选了29只产品为上海市名优食品，得到企业和市商务委的好评。

2. 组织申报并获得上海市驰名商标

2011年协会申报的四家会员单位的四个酒类商品商标获得上海市驰名商标的称号。

3. 举办“上海酒类市场‘金樽奖’”评选活动

2011年协会与上海市商联会等协会共同发起组织的“上海酒类市场‘金樽奖’”评选活动，目的是将我们市场上的优质产品推荐给上海的广大消费者，引导消费，以帮助我们企业的优质产品能更畅通、更便捷地进入家庭，提高广大消费者对酒水的认知度，促进消费。

二、开展食品安全的活动，提高行业食品安全的意识

（1）协会发起并组织召开酿酒行业食品安全会议。会议除了要求我们所有的生产企业参会外，还邀请了上海市连锁经营行业协会、上海市餐饮行业协会等与我们行业相关联的行业协会和流通企业的代表共同来商讨酒类商品的安全之策。协会邀请了上海市酒类专卖管理局、上海市质量技术监督局的领导和专家做专题报告，并进行交流互动活动。

（2）协会组织会员企业展开自查、自纠的安全落实行动。上海发生染色馒头食品安全事故后，协会迅速行动起来，发起行业食品安全的自查、自纠行动，推广落实食品安全的经验和措施，消灭盲点。协会还在行业内组织落实了食品安全责任人（食品安全信息员）制度，使每一家会员企业都必须落实食品安全责任人，全程监控生产环节，以确保我们酿酒行业所生产的每一升、每一瓶酒的质量安全可靠，以确保本行业不发生食品安全事故，为上海市政府提出的食品安全城市全国表率的目标做努力。

三、与上海市质监局召开啤酒瓶安全使用协调会议

2011年应本市啤酒企业反映啤酒瓶2年使用周期的要求，协会与上海市质量技术监督局共同召开了啤酒行业关于啤酒瓶安全使用的沟通与协调会。市质检局食品生产监督处、协会和5家啤酒企业的领导和具体负责人参加。

2011年1月市质监局对本市啤酒生产企业开展啤酒瓶安全检查监督行动，以保障广大消费者的人身安全和消费权益。针对在本次啤酒瓶安全检查监督工作中啤酒企业反映啤酒瓶回收利用周期等问题，协会代表啤酒行业在会上提出三点看法，与质监部门商榷，啤酒企业的代表提出了提高啤酒瓶产品质量和啤酒行业内制定的统一回收利用啤酒瓶检查、检测的制度等意见。市质检局通报了本次检查监督行动的起因和背景，明确认可两年以上的啤酒瓶可用，但要求啤酒企业必须分批次检测，确保使用安全，而非标瓶严格禁止使用等执法原则。协会还在会上提出建议，希望各啤酒会员企业制定更完善、完备的啤酒瓶检测、检查规程，建立啤酒瓶回收利用检查、检测数据库，加强啤酒瓶回收利用的管理，也便于检查监督。

四、参与对企业的“清洁生产”工作的审定

为了在十二五期间全面贯彻落实国家《清洁生产促进法》，完成节能减排20%的任务，2011年市政府进一步推进“清洁生产”工作，我们协会参与了市经信委、环保局、环科院共同对全市酿酒行业“清洁生产”的预审和审查工作，提出了上海市啤酒、黄酒等行业企业的清洁生产的有关数据和标准的参考意见。协会帮助三家会员企业先后通过了“清洁生产”的审定或预审，达到了国家“清洁生产”企业的标准。

五、信息与咨询

（1）2011年协会向行业内及相关行业和相关政府部门发送了《上海酿酒简讯》24期；协会专属网站专业信息更新1M字节；在大众媒体发布了29条信息。

（2）2011年协会为上海亚太、三得利（中国）投资有限公司、上海青岛、金枫、皇轩、神仙和十几家崇明老白酒企业等会员企业及日本朝日、麒麟、三得利、三菱商事等公司，美国、匈牙利、阿根廷、西班牙、意大利、澳大利亚、意大利等驻沪领事馆和酒协、商务处等国内外同行提供咨询服务51家次、86人次。

（3）2011年协会还为政府5个相关部门提供了行业的发展情况和产销市场信息，以及行业的技术专业性方面的信息。

（4）2011年协会组织了我们的中小企业参加市中小企业融资政策解读与服务的会议和活动，为我们的中小会员企业解决融资困难提供有益而有效的帮助。

（5）2011年协会依照中国酿酒工业协会的布置，并按照国家统计的规定和要求，按月按级按年对上海酿酒行业的生产与销售以及酒类市场的相关信息进行统计，并据此进行行业分析。将统计信息上报中国酿酒工业协会、中国食品工业协会、国家有关部门，同时也向会员单位提供。协会应市商务委相关部门和市酒类专卖局的要求也提供此类信息。

六、参与编写行业相关的书籍、文章和资料

（1）2011年协会参与《上海食品工业发展30年》之“上海酒业改革发展30年”，此书于2012年一季度出版。

（2）参与由上海市商务委和酒类专卖局组织编撰的《上海市酒类产品流通市场十二五规划》。

（3）参与上海市商务委组织制定《上海市食品流通市场的服务标准》的“上海市酒类食品流通服务标准”。

（4）参与编写《2011年上海工业年鉴》、《2010年上海市商务年鉴》等的上海酿酒工业篇和酒业篇。

（5）参与编写《中国酿酒工业年鉴》（2010—2011）上海地方篇和《中国食品工业年鉴》上海篇。

七、参与行业相关的公共社会事务

2011年涉及酒类行业的公共社会热点较多，诸如名酒的涨价、假冒、投资、保值、拍卖等，引起社会公众的参与和关注。协会作为行业性的社会组织，义不容辞地参与这些公共事物，发挥行业的专业优势，解决公众的疑惑，普及消费常识，引导消费，维护良好的市场秩序，从而也促进我们行业的发展。

（1）协会先后与上海电视台纪实频道《科技密码》栏目组、上海人民广播电台新闻综合台《活到100岁》栏目组合作制作了酒的知识的视频、音频等节目内容，并相继播出。在平面媒体上发布了20多篇有关酒的鉴别、收藏、包装、拍卖以及其它知识。

（2）协会应邀在高校举行酒与消费的报告会，在大学生中推广普及酒的消费。为满足社会日益增长的对高端生活的追求，协会还面向社会，开办酒与生活品味的讲座，引导社会成功人士、高端消费人群对酒的消费与追求。

（3）开展 “TOP 10 WINE”推荐活动。协会与“Winekee”葡萄酒网络商务公司合作，在法、意、澳、西、美等国驻沪使领馆商务处的大力支持下，共同开展网络推选10款性价比最高的进口葡萄酒，得到数万葡萄酒网民的响应和参与。活动推动了进口葡萄酒的消费。

八、主办《上海国际葡萄酒与烈酒展览会》和组织参观、参展相关展会

（1）2011年协会连续举办了第六、第七届《上海国际葡萄酒与烈酒展览会》，也是协会第一次在一年内举办两届展览会。这也是适应形势，构建国际酒业贸易、交流平台，以满足广大国外酒商更方便进入我国市场的需求。两届展览会共有来自20个国家的390多家参展商参展，吸引了4000多名专业人士前来参观、洽谈，同时还进行了一系列的报告会、讲座、品酒等活动。

（2）2011年协会还联合了多家协会共同组织进行了新加坡“WFA”上海巡展的活动，在这个活动中，有十几家外商和上海上百家经销商共同参与的论坛、讲座、品酒和交流、洽谈等互动活动。

九、组织会员企业参加大学生招聘专场活动

2011年，响应上海市政府号召，大力解决大学生就业的问题，协会组织会员企业参加了由杨浦区政府和市经团联组织的“上海应届大学生招聘专场”的活动。我们有9家中外会员企业提供了80多个职位，涉及啤酒、黄酒等销售、营销、行政、食品检验和化验、质量控制等专业工种。

十、与国外的交流进一步加强

2011年协会与国内外同行间的交流更加频繁和密切。尤其是与法国、意大利、西班牙、美国、匈牙利、澳大利亚等国同行的联系更密切，活动也更多。我们与国外的驻沪机构的交往也越来越多，法国食品协会、美国农贸处、西班牙商务处、意大利贸易处、德国工商大会、法国亚玛内克白兰地联盟等。

还组织会员企业有选择地参加在沪举行的大型国际食品展，如法国爱博（SAIL）展览集团主办的“第七届上海国际食品、饮料展”、“第九届上海国际饮料、食品及技术博览会”、“中国国际水处理设备展”、“2011意大利三大葡萄酒产区国家展”等专业性展览等，为促进中外同行交流、为企业寻找、发现商机提供机会及服务。

十一、尊章办事，开展协会基础工作

1．组织召开理事会和会员会议

依照章程，组织召开四届三次理事会和四届三次会员会议，按照程序通过有关决议和章程赋予的义务。

2．发展会员，扩大行业的覆盖面

2011年，协会根据市政府关于行业协会发展的文件精神，积极稳妥地发展会员。一年内发展了美国瓶皆宝贸易（上海）公司、上海信天游光葡萄酒业有限公司、上海王宝和大酒店有限公司、上海名酒酒厂等五家会员企业。

江苏

2010年江苏酒业综述

2010年是江苏酒类生产和流通企业全面跨越发展的一年。据不完全统计，全省酒类产销量达到302万千升，规模以上酒类企业销售额达254亿元，加上小酒厂销售额在50亿元左右。全省销售总额达300亿元；销售额超亿元的企业有50多家，均迈上了一个新台阶。分酒种情况如下：

白酒产量56.39万千升，比上年增长64.86%；规模以上白酒产量35万千升，销售总额达190亿元，位列全国第五；其中洋河、双沟、今世缘、两相和共实现销售131亿元，产量17.4万千升，税利43.6亿元；洋河销售额突破60亿元；外省白酒在江苏市场销售额在30亿元左右。

全省啤酒产量251万千升，销售额44亿元，其中规模以上青岛（徐州、扬州）、华润雪花（南京）、重啤（天目湖、盐城）、大富豪、金陵等5个品牌10家啤酒生产厂，共生产啤酒176万千升，销售额30.9亿元，占全省总销售额的70%以上。

全省黄酒生产总量40万千升，销售总额18亿元，其中规模以上黄酒产量33.5万千升。其中：成品酒23.9万千升，基酒9.6万千升，销售额13亿元，居全国第二。沙洲优黄产量5万千升，销售额4.5亿元，税利1.9亿元，名列黄酒品牌全国第三。

全省葡萄酒销售额首次突破10亿元大关，比上年也有较大幅度的增长。

一、深入贯彻“振兴苏酒”战略，促进江苏酒业大发展

针对金融危机的影响，国务院和国家有关部门提出了一系列支撑计划，我省各级地方政府也及时提出了相应的刺激酒类行业经济发展计划。这些都在很大程度上推动了我省酒业的良性快速发展。如洋河酒厂股份有限公司第一期工程投资53亿元精心打造规模6平方公里的洋河产业园区，给洋河酒生产、销售创造了更好的环境，这说明有关政府部门对于酒类产业的认识正在发生改变，并逐步开始将酒类产业作为支柱产业和新的经济增长点发展。

高举“振兴苏酒大旗”，在流通领域大力倡导“苏商卖苏酒”，采用政策、奖励、制度和荣誉等多种激励机制，鼓励全省经销商为“振兴苏酒”多做贡献，也是促进我省酒业快速发展的一个重要因素。

二、协会重组整合，充分发挥桥梁纽带作用

2010年，江苏省酒类流通协会、江苏省酿酒工业协会重组整合，成立产供销链接、产学研一体的江苏省酒类行业协会。协会注重市场调研，及时发布市场信息，大力组织扩大内需、产销对接和开展职业技能培训等多项活动，对江苏酒业的发展起到很重要的作用。

三、加大产业调整力度，促进酒业发展方式转变

目前全省酒类企业结构调整效果显著，已形成多种所有制并存的经济格局。不少企业还通过并购、重组、强强联合做大做强，成为行业的龙头企业，带动中小企业的发展。如洋河酒厂股份有限公司和双沟酒业股份有限公司强强联合，组建苏酒集团，效果十分显著。2010年实现销售收入、利润排名全国白酒行业第三，打破了传统白酒市场板块结构，仅“蓝色经典•天之蓝”销售额就超过25亿元，同比增长137%。

四、实施品牌战略，促进苏酒品牌崛起

2010年，洋河蓝色经典、今世缘国缘、双沟珍宝坊、汤沟两相和二十年窖藏等强势品牌的影响力彰显。洋河的蓝色风暴席卷全国；今世缘的“国缘”文化进入千家万户。国缘系列酒2010年销售直线上升，达30亿元，实现利税10亿元。

2010年江苏酒类行业协会工作情况

2010年江苏省酒类行业协会主要做了以下几方面工作：

一、加强协会自身建设，拓展服务功能

按照协会工作的要求，加强协会（商会）自身建设，发挥协会（商会）的桥梁纽带作用，努力提高协会（商会）的凝聚力和影响力，促进全省酒类行业科学发展。

1．组建产销一体新机构，开创江苏酒协新局面。

根据省经信委、省民政厅的指示精神，经过一年多的酝酿、筹备，将省酒类流通协会和省酿酒协会重组整合，把江苏省酒类流通协会更名为江苏省酒类行业协会，并于2010年1月22日在南京召开了江苏省酒类行业协会成立暨第一届会员代表大会。从此，江苏省酒类行业协会翻开了新的一页。协会下设流通、白酒、黄酒、啤酒分会和名酒连锁专业委员会、酒文化专业委员会等6个分支机构。秘书处设办公室、会员服务部、对外联络部和信息中心。经过一年多的运转、磨合，取得了较好的效果，现有会员单位增加到380多家，会员单位产销量、销售额覆盖率约占60%，达到了预期目标。同时，于2010年12月，在江苏省工商联的领导下，在省酒类行业协会的基础上，又成立江苏省工商联酒类行业商会，并召开成立大会和第一届会员代表大会。从此，江苏省酒类行业自律管理进入了一个新的里程碑。

2．组建各分会领导班子，完善协会组织体系。

黄酒、啤酒、白酒、流通分会和名酒连锁、酒文化专业委员会等，先后召开会议，选举产生了各分会和专业委员会第一届领导班子，并制定全年工作计划，及时开展工作，也取得了一定的成效。目前，省酒协的组织框架已日臻完善，人事管理、财务管理、印章、文件管理等6项制度已基本健全，并按照法定程序，履行相关注册登记手续，运转较为顺畅。

通过省酒协工作人员和全体会员单位的共同努力，2010年3月22日，我们协会被省经信委、省民政厅、省财政厅等单位授予“社会组织学习实践科学发展观活动”先进单位称号，省酒协在学习推进会上做了交流发言。同时，在省经信委组织的协会绩效考核及星级评定工作中，被评为“四星级行业协会”。

3．不断研究行业热点问题，努力增强协会（商会）凝聚力。

随着经济发展和市场变化，就会产生许多行业热点问题，这一直是协会（商会）关注的重点。我们定期召开会长办公会和有关人员参加的专题会，共同决定协会（商会）的重大事项。2010年我会先后共召开了3次会长办公会和2次专题办公会。分别研究省酒协机构设置、人员分工以及有关人事、财务等决议和各项规章制度；交流和研究各分会和专业委员会近期的工作和全年工作计划；研究部署江苏省糖酒食品交易会方案，确定承办单位，以及筹备成立江苏省工商联酒类行业商会和在全省深入开展“诚信经营示范企业”创建活动的有关事项。对于“诚信经营示范企业”的评审和表彰，以及推荐参加“全国优秀营销商代表大会”代表等有关工作，分别两次召开专题会议多次进行研究，力求做到及时、公正、公平、公开，使得被表彰和推荐的企业真正起到示范和表率作用。

二、注重行业自律，提升企业形象

1．大力开展“诚信经营示范企业”创建活动。

近年来，我们协会在前几年开展“江苏省放心酒销售单位”创建活动的基础上，按照国家商务部的要求，在全省酒类行业中大力开展“诚信经营示范企业”创建活动，通过行业规范、行业自律来维护市场秩序。在创建活动中，做到广泛宣传，精心组织，制定实施细则，严格审核把关。并于2010年12月3日在南京隆重召开全省酒类行业“诚信经营”示范创建活动总结表彰大会。会上授予江苏苏糖糖酒食品有限公司、江苏今世缘酒业有限公司等128家“诚信经营示范企业”荣誉称号单位，并颁发铜牌和证书。大会期间还开展了诚信经营总结交流，宣读了江苏省酒类行业“诚信经营”宣言，并在新华日报、南京晨报上公示，在我省酒类行业规范管理，保证质量，讲究诚信等方面起到了积极的影响，同时在社会上也深得好评。

2．积极做好“全国优秀酒类营销商”推荐工作。

中国酒类流通协会于2010年12月28日在上海召开了全国优秀营销商代表大会。会上，我省有32家酒类营销企业获得“全国优秀酒类营销商”称号，其中有4家获得特

别奖，江苏苏糖糖酒食品有限公司获得“最具影响力酒类营销商企业”称号；江苏中糖德和经贸有限公司获得“特别贡献酒类营销企业”称号；江苏弘炜食品有限公司获得“酒类营销职业带头人”称号；江苏中亚糖酒有限公司获得“热心公益事业酒类营销企业”称号。

3. 认真做好“中国酿酒大师”初审上报工作。

根据中国酿酒工业协会的要求，成立了第二届“中国酿酒大师”初审工作委员会，召开专门会议，对生产企业上报材料逐一进行初审，初审合格的19名同志的申报表已上报中国酿酒工业协会。

三、强化服务功能，扎扎实实为企业办实事

一年来我们紧密结合酒类行业协会（商会）的特点，发挥优势，积极组织扩大内需、产销衔接和开展职业技能培训等多项活动。

1. 成功举办了江苏省首届糖酒食品交易会。

为繁荣华东地区特别是江苏省糖酒食品市场，进一步贯彻省委、省政府“振兴苏酒”的号召，展示“振兴苏酒”的阶段性成果，促进糖酒食品企业间的交流与合作，彰显江苏酒类大省的战略地位，2010年10月28～31日在宿迁市洋河镇成功举办了“2010江苏省糖酒食品交易会”。此次交易会由政府组织牵头，600家酒类产销企业，数千家酒类经销商、渠道分销商参展。大会还特别邀请了国家多位行业专家、全国优秀经销商代表以及部分省、市酒类、食品协会的领导莅临现场指导、参观。展会期间还举办了多场次高水平的新品推介会、高层营销论坛，成功地把展会办成了解市场行情，洞察行业发展趋势的高端贸易峰会。

2. 举办多种形式培训班，为企业培训业务骨干。

培训职工队伍以各分会和各专业委员会为主，有计划、有步骤、有目标分期进行。去年7月举办了黄酒技能培训班，49人参加培训，通过考核，聘任30位同志为江苏省第一届黄酒评委；11位同志为特邀评委。组织啤酒企业18名和33名职工参加“2010年国家级品酒委员会推荐暨品酒师国家职业资格考评及酿酒师国家资格考评”，其中，5人当选为2010届国家级评委、14人通过“品酒师国家资格考评”。省酒协、省食协于7月在宿迁举办了第六届白酒评委培训班。通过考核，聘任62位同志为第六届江苏省白酒评委，17位同志为特邀评委。10月、11月分别举办统计员和黄酒企业标准培训班，有20名和40名职工参加。

根据中酒协2010年09号文件要求，省酒类行业协会会同省财贸轻纺工会、省职业技能鉴定中心先后于8月24～26日、10月1～3日在淮安今世缘酒业和江南大学举行第二届白酒品酒职业技能培训，经过考核、评审的选手代表江苏省参加11月份在北京举行的第二届全国白酒品酒职业技能竞赛决赛。我省9名同志被聘为国家级白酒评委，2名同志被聘为国家特邀白酒评委；11位同志获得优秀选手奖；洋河赵国敢被授予“全国酿酒行业技术能手”荣誉称号。

3. 加大宣传力度，扩大协会（商会）影响力。

协会（商会）的发展壮大，知名度的提高都离不开宣传工作。我们协会领导非常注重与媒体的沟通和联系。每次召开重要会议都主动邀请新闻媒体参加，通过媒体大力宣传协会（商会）活动信息。去年，《新华日报》、《南京晨报》等多家媒体对我会的活动都做了及时报道，让会员单位和我们协会的社会知名度有了一定的提高，影响力有了进一步扩大。除此之外，我们协会极力打造两个信息交流平台，即《华夏酒韵》和“江苏省酒业网”。《华夏酒韵》为省酒协会刊，已出版10期。版面设计、内容、工艺、装订等都比较新颖，具有较强的时效性、可读性、专业性和互动性，反响较好。《华夏酒韵》还登陆全省各大宾馆、饭店和民航候机楼，扩大了杂志的影响。此外，江苏省酒业网也进行改版，为省酒协各个分会和专业委员会开辟了专栏，目前点击率也在逐步提高。

4. 深入酒类生产企业进行调研。

省酒协领导先后到洋河、双沟、今世缘、汤沟、张家港酿酒有限公司、丹阳酒厂、昆山三得利啤酒厂、大富豪啤酒厂等生产企业进行调研，深入车间和工地了解生产和建设情况，同时征询企业对协会的工作意见，研究协会工作的发展方向。

5. 为会员单位开展银企对接活动。

经过多次沟通牵线，2010年有10多家会员单位经协会牵线，分别与民生银行等银行进行了联保贷款业务，受到会员单位的欢迎。

积极参与中国酿酒工业协会、中国酒类流通协会、省商务厅、省经信委、省工商联等单位组织的各项活动。由中国酒类流通协会组织的“全国优秀营销商联盟”省酒协被聘为副主任单位。同时，我们加强与兄弟省、市、区酒协的联系和合作，结成许多战略伙伴。

2011年江苏酒业综述

2011年，是江苏酒业历史上发展最好最快的一年，是全行业生产企业和流通企业分享繁荣，实现双双共赢的一年。据不完全统计，2011年全省酒类产销量达到390万千升，比上年增长29.14%；规模以上酒类企业销售额325亿元，加上小酒厂销售额60亿元，全省销售额超过385亿元。其中：规模以上白酒产量50万千升，销售额250亿元，加上省外白酒在江苏的销售额35亿元，白酒销售总额达到295亿元左右；全省啤酒产量256万千升，销售额46亿元，比上年增长5%。其中：规模上以青岛、华润雪花、重啤（天目湖、盐城）大富豪、金陵等五个品牌10家啤酒生产厂共生产啤酒185万千升，销售额35亿元，占全省总销售额的70%以上；黄酒生产总量42万千升，销售总额近20亿元，其中规模以上黄酒产量35万千升，其中成品酒25万千升，基酒10万千升，销售额15亿元，居全国第二；葡萄酒销售额继续上升，超过12亿元。

2011年，江苏酒业实现了跨越式发展，龙头企业“三沟一河”引起了全国同行的高度关注。特别是经过重组的苏酒集团，实现销售收入120多亿元，成功跨入“茅五洋”行列，改写了酒类行业的历史，并在全国酒类行业的高地上插上了一面旗帜。

2011年江苏酒类行业协会工作情况

2011年，协会（商会）在省经信委、商务厅、民政厅和省工商联等上级有关部门的关心与指导下，在全体会员单位的大力支持和共同努力下，坚持以科学发展观为指导，以服务会员为宗旨，以开拓创新为动力，努力提高协会（商会）的凝聚力和影响力，取得了一定成绩，不仅使协会（商会）的工作迈上了一个新台阶，而且，有力地促进了全省酒类行业跨越和可持续性发展。现将我协会（商会）2011年具体工作回顾总结如下：

一、不断加强协会自身建设，拓展服务功能

2011年以来，协会严格按照年初制定的工作计划内容，不断完善协会（商会）自身建设，壮大组织，扩大资源和力量，以增强协会（商会）的服务功能，提高凝聚力和影响力。

（1）充实调整领导班子，完善协会（商会）的组织体系。为了加强协会（商会）领导班子力量，在3月4日召开的一届二次常务理事大会上增补徐岩等五位同志为协会（商会）副会长，同时，调整白酒分会领导班子，由江南大学副校长徐岩教授担任会长，协会副会长王建英兼任秘书长。另外，根据目前我省酒类行业发展现状和趋势，拟成立葡萄酒分会和酒精分会。经过半年多的筹备和履行报批手段，至11月两分会已获省经信委和民政厅批准。

（2）加强协会（商会）制度建设，力促协会（商会）健康发展。2011年，协会（商会）在原有制度的基础上，又建立了会长办公会制度、办公会轮值制度以及协会（商会）分支机构业务活动备案奖惩管理办法等，用制度确保协会（商会）以及各分支机构运转顺畅、高效。

（3）密切保持与中国酿酒工业协会的关系，掌握全国酒类行业发展动态。今年协会（商会）会长、秘书长和各分会主要负责同志多次参加中国酿酒工业协会、中国食品工业协会和中国酒类流通协会等召开的年会和一系列专项活动，和业内同行广泛进行学习和交流，扩大视野，增长见识，对掌握全国酒类行业发展动态，增进相互了解，谋求合作，以及促进和改进协会（商会）工作起到了不少借鉴作用。

（4）召开各类会议和开展丰富多彩的活动，增强协会

（商会）的活力和凝聚力。2011年2月春节刚过，协会（商会）即召开会长办公会议，总结2010年工作和研究2011年工作安排，征求意见，集思广益，统一思想。在此基础上，于3月4日在华江饭店又召开协会（商会 ）一届二次常务理事大会。大会顺利通过了2010年工作总结和2011年工作计划，以及人事任免等重大事项。省商务厅潘宪生副厅长、省经信委、民政厅和工商联等有关处室的领导应邀参加了会议。潘厅长做了热情洋溢的讲话并给与会代表解读了江苏“十二五”发展规划。

（5）加强白酒评委队伍建设。8月27～29日，省酒协与省食品工业协会召开白酒评委年会，研究当前白酒评委的主要工作。同时，共同组织全省白酒评委培训考试，将考试成绩优秀的同志推荐参加10月19～21日中食协在北京举办的第八届白酒国家评委考评会。我省7名新考生和10名原第六、七届白酒国家评委参加了此次考评会。我省7名考生都进入前25名，其中5人进入了前10名。

全省参加考试的评委成绩均符合规定要求，加上免试人员，共有20名同志被中食协聘任为第八届白酒国家评委，3名同志为第八届特邀国家评委。

协会（商会）还经常根据工作需要召开专题会议，研究一些迫切需要处理的重大事项，如推荐全国“第二届中国酿酒大师”工作，协会（商会）十分重视，成立专门评审委员会，设办公室和白酒、黄酒、啤酒评审组，并于1月22日召开专门会议进行逐个评审，最终推荐19位同志，申报材料及时上报中国酿酒工业协会。今年下半年，围绕承办2011第二届全国酒类优秀营销商（企业）代表大会暨中国（南京）中外酒类博览会，多次召开筹备工作专题会议，就选址、招商、会务等进行逐项研究。

协会（商会）各分会也根据各自的职责有计划地开展活动，加强与会员单位的联系与沟通。黄酒分会和白酒分会分别于4月和7月召开年会，总结、交流和部署分会工作。白酒分会还利用年会的机会，请江南大学副校长徐岩教授做“白酒工业应用基础研究”技术成果报告，受到与会者的普遍好评。啤酒分会为了促进啤酒行业发展，提高酿造技术，达到相互交流共同提高的目的，于5月和12月分别在溧阳和射阳举行评酒年会和麦芽-啤酒生产与技术交流会，各生产企业积极参与，在全省啤酒行业产生了一定的积极影响。另外，进一步完善分会食品安全预警机制，组织分会应急小组，编写应急方案。

（6）积极发展新会员，不断壮大协会（商会）组织。2011年以来由于协会（商会）影响不断扩大，不少酒类生产和流通企业要求加入，经对照入会条件审核后，发展了28家。目前会员单位已超过400家，其中生产企业120多家，流通企业超过270家，生产量和销售额占全行业60%以上。

二、扎扎实实为企业服务，彰显协会（商会）凝聚力和影响力

一年来，协会（商会）充分发挥产供销链接、产学研一体优势，彰显能办大事、办好大事的能力，同时积极组织扩大内需、产销对接和开展职业技能培训等多项工作，全方位地为会员单位提供服务。

（1）承办2011第二届全国酒类优秀营销商（企业）代表大会，在全国酒业界引起了巨大反响。这次大会12月6～8日在南京博览中心（河西）举办，全国26个省、市、区近300家全国优秀营销商云集南京，参加盛会。协会（商会）及早筹备，全力以赴，并动员在宁的会员单位支持接待车辆和企业员工，大家集思广益，群策群力，会议期间不分昼夜，不辞劳苦，勇挑重担，园满地完成了大会的接待和各项组织工作，倍受瞩目，同时得到了中国酒类流通协会领导和全国酒业同行的一致好评。

（2）举办中国（南京）中外酒类博览会，扩大我省酒业在全国的影响力。协会（商会）紧紧抓住2011第二届全国酒类优秀营销商（企业）代表大会在江苏南京召开的契机，与代表大会同一时间、同一地点举办中外酒类博览会。博览会吸引了全国100多家包括五粮液、泸州老窖等四川的六朵金花，以及法国、澳大利亚、意大利等国外著名的葡萄酒厂商，展馆的展位面积超过1万平方米。展馆内人潮涌动，盛况空前。参加代表大会的原省委副书记顾浩、原四川省副省长王恒丰、中国酒类流通协会副会长赵公微、省工商联副主席桂德祥等近20位领导都到展馆参观，看望慰问厂商，了解情况。另外，展会还吸引了新华时报、江苏电视台等51家媒体记者跟踪报道。这次展会被业内称为江苏举办的全国酒类博览会中规模最大、品种最丰富、参观人数最多、人气最旺的“精英荟萃、万商云集”的酒类盛会。展会不仅展示了我省酒业取得的成绩，而且也间接展示了江苏近几年的改革和发展。

（3）搭建产销对接平台，努力为企业服务。2011年，协会（商会）广泛听取会员单位意见，大力开展产销对接工作，为企业搭台，让企业唱戏。7月23日，协会（商会）和酒文化专业委员会共同组织20多家酒类经销企业近40名经销企业董事长、总经理等主要负责人赴我省“乾天酒业”和“御珍酒业”参观、交流，并进行产销对接，厂商均高度重视，现场气氛热烈，当场即达成不少合作意向。8月，协会（商会）会同省商务厅组团组织我省白酒和黄酒

包括“三沟一河”的优秀品牌由副省长张卫国和省商务厅朱民厅长带队参加中国（贵州）国际酒类博览会，为宣传苏酒做出了努力；10月底，又应广东省酒协的邀请，组织10多家酒类经销企业，组团赴广州国际葡萄酒博览会参观学习，寻求合作。

（4）把会员单位的事当成协会（商会）自己的事，努力当好“娘家”。2011年，协会（商会）应会员单位的要求和企业多次共同举办酒类新品发布会、推鉴会和品鉴会等活动，增进了解，密切关系。既扩大了协会（商会）的影响，又帮助企业拓展了市场。

（5）推动行业相互交流，促进行业和谐发展。由于协会（商会）在业内的影响日益扩大，加上“苏酒”的地位提升较快，越来越受到同行关注。2011年9月，四川省酿酒食品工业办会组织包括“五粮液”、“泸州老窖”等名酒企业近50位代表由会长带队，赴我省参观考察。协会（商会）热情接待，由王建英副会长陪同代表团赴“洋河”、“今世缘”参观、考察和座谈。另外，共同在南京召开两省产销对接座谈会，我省40多家经销商参加，会议开得隆重热烈。两省办会领导致辞后，企业代表纷纷发言，介绍市场和产品，取得了非常好的效果。

为了加强行业以及酒品间的交流和学习，借鉴成功的经验，今年8月，省酒协（商会）黄酒分会组织常务理事单位一行22人赴我省白酒生产重点企业“三沟一河”进行为期3天的学习考察。考察团参观了企业生产、科研、物流等场所，并分别与三家企业领导进行了座谈。通过考察、看现场、学经验、找差距。大家认为，这对我省黄酒今后的发展将起到很大的作用。

（6）举荐人才，培训业务骨干，增强企业发展后劲。协会（商会）十分关注“中国酿酒大师”评选工作。2011年初，中国酿酒工业协会开展的第二届“中国酿酒大师”评选文件下达后，我会（商会）即在全行业组织申报，并成立初审工作委员会，召开专门会议对上报材料逐一进行初审，初审合格的19位同志的申报表及时上报中国酿酒工业协会。材料申报后，还通过各种方式予以关心。2011年10月，洋河酒厂股份有限公司杨延栋董事长和江苏大富豪啤酒有限公司胡金成总经理，经中国轻工业联合会批准，被中国酿酒工业协会授予“中国酿酒大师”荣誉称号。

2011年9月，关于选派学员参加中国酒类流通协会在上海举办的全国酒类流通行业高级职业经理人培训班学习，协会（商会）也做了大量的宣传、动员和组织工作。学员学习期间，协会主要负责同志到上海看望、鼓励大家。江苏选送的江苏苏糖糖酒食品有限公司王建政等11名学员全部取得了由国家人力资源和社会保障部教育培训中心颁发的高级职业经理人资格证书。

2011年5月，协会（商会）黄酒分会还在无锡举办了全省黄酒行业品酒员培训班，近30位学员参加了学习。

三、密切联系政府部门，积极反映企业“诉求”

2011年，协会（商会）每遇重大事项都主动征求省有关部门的意见，争取支持，从而增强工作信心和勇气。如承办2011第二届全国酒类优秀营销商（企业）代表大会暨中国（南京）中外酒类博览会，协会（商会）及时向省经信委、商务厅做了汇报，关于贯彻省政府“振兴苏酒”，倡导“苏商卖苏酒”，我们就主动联系省商务厅和省酒类管理办公室，征求意见。这样做，既密切了协会（商会）和政府有关部门的关系，又给协会（商会）工作提供了支撑力量。关于倡导“苏商卖苏酒”，引起了省商务厅和省酒管办的重视，潘宪生副厅长召开了专门会议，邀请协会（商会）参加，一起就倡导“苏商卖苏酒”的办法、措施、政策等方面进行了研究。并准备适时制订出台“苏商卖苏酒”的实施办法。

密切和政府有关部门的关系，又给协会（商会）及时反映企业“诉求”提供了方便和机会。3月28日，省工商联和省商务厅在南京宁海大厦召开工作会晤会，邀请四个商会参加。会上，商会反映了企业当前十分关心的关于加强酒类管理；政策引导，实施扶优扶强；采取切实措施，保护酒类著名品牌；中小企业贷款难；以及建立健全长效人才培训机制等10大“诉求”，得到与会领导和政府有关部门的重视。

四、大力开展行业自律，维护市场秩序

（1）按照国家商务部的要求，继续开展“诚信经营示范企业”创建活动。2011年，协会（商会）在总结上一年开展“诚信经营示范企业”活动的基础上，扩大宣传力度，严格创建标准。目前通过企业申报，协会（商会）审核把关，有38家企业符合“诚信经营示范企业”条件。协会（商会）拟于2012年初召开大会，予以表彰，力求通过行业规范、行业自律来维护市场秩序。

（2）积极配合中国酒类流通协会在全省酒类行业开展创建全国酒类行业“放心酒示范店”和“第二届全国酒类优秀营销商（企业）”活动。我们及时转发文件，组织申报，召开会议进行初审，符合条件的及时上报。前不久，在南京召开的2011第二届全国酒类优秀营销商（企业）代表大会上，江苏苏糖糖酒食品有限公司等40家企业受到了

表彰；5家企业获得了特别奖。

上述工作，在我省酒类行业规范管理，诚信经营，确保酒品质量，减少制假、售假，保证食品安全，促进市场流通秩序好转等方面都产生了积极的影响，受到行业和社会的普遍关注。

五、全力开展研讨活动，促进行业持续发展

2011年6月，协会（商会）会同《东方酒业》在南京举办主题为“打造供应链竞争价值，提升企业家战略意识”的市场高峰论坛。全省前100强酒类经销企业代表和媒体记者100多人参加，共商江苏酒类市场发展大计。论坛请全国酒类著名评论家铁犁主讲，还邀请浙江商源集团朱跃明、江苏增力商贸有限公司李增力两位董事长介绍他们企业做大做强的成功经验。与会代表反映，这届高峰论坛，对进一步促进江苏酒类经销企业家不断增强行业战略意识和供应链价值体系的竞争意识，尽快提升江苏酒类经销企业生存和发展的核心竞争力将发挥重要作用。

2011年11月，协会（商会）会同江南大学、“洋河”、“今世缘”在无锡举办“2011首届中国白酒学术研讨会”。中国酿酒工业协会理事长王延才、“五粮液”、“茅台”等全国知名企业15位领导、专家到会做专题报告，美国加州大学、日本鹿児岛大学也派教授分别就美国葡萄酒和日本烧酒的研究做了精彩报告。出席会议的还有部分省、市、区酒协领导，四川大学、重庆大学等院校和专家代表共150人。本次学术研讨会是顺应中国白酒发展的时代需要召开的。研讨会认为，“现代化”和“国际代”是中国白酒发展的必然趋势。会议的成功召开，进一步加强了白酒领域的基础研究和应用技术研究，促进了学术界与企业界的沟通和交流，对我国白酒业更好更快可持续发展产生了积极的影响。

在“2011第二届全国酒类优秀营销商（企业）代表大会暨2011中国（南京）中外酒类博览会召开期间，协会（商会）又适时成功举办了三场不同内容的中国酒文化论坛，主题包括“不确定时代酒企酒商可持续发展之道”、“领航、通航时代中国酒业营销发展”等，来自全国各地的优秀营销商代表等近300人到会，聆听报告，参与讨论、交流。长达两个小时，论坛结束，听众仍依依不舍，不愿离场，让与会者受益匪浅。

六、《华夏酒韵》和《江苏酒业网》为服务企业、推动江苏酒业发展发挥了重要作用

《华夏酒韵》和《江苏酒业网》是协会（商会）主办的面向全社会的会刊和网站，也是协会（商会）开放的窗口。2011年，版面设计、内容、工艺、装订都进行了改进，每月定期按时发行。内容更有时效性、专业性、互动性和可读性。特别是全国酒类行业和省酒协（商会）的重大活动，业内的重要信息等从刊物上都能看到。目前稿源和发行量都在不断增加。刊物发至全国各省、市、区有关单位，各大媒体和会员单位，以及全省各大宾馆、饭店、民航登机楼等公共场所，有效地扩大了协会（商会）和杂志的影响。

江苏酒业网经过改版，为省酒协（商会）各个分会和专业委员会开辟了专栏。目前人气上升，点击率也在不断提高。

浙江

2010年浙江啤酒行业综述

斗转星移，历史又揭开了新的一页。回眸过去的一年，鸟瞰行业态势，聚焦以下三点：

一、外资化、集中化程度进一步提高

全省二十余家主要啤酒生产企业，除杭州千岛湖啤酒由本土企业控股外，其余的先后或独资收购，或兼并控股，全部由外来资本主沉浮。这些企业生产的啤酒占全省总产量的97%。

2010年，国内外各啤酒集团和大公司在浙江主要生产企业中的产量及所占比重分别为：华润雪花啤酒（5家工厂）的产量1096775千升，占39.91%；百威英博啤酒（8家工厂）的产量928231千升，占33.78%；中日合资（朝日、麒麟公司）产量275729千升，占10.03%；重庆啤酒集团（3家工厂）的产量177907千升，占6.48%；燕京啤酒集团（2家工厂）的产量174000千升，占6.33%；青岛啤酒集团（1家工厂）的产量69850千升，占2.54%。

岁末年初，继华润雪花收购杭州西湖啤酒45%的国有股权之后，华润雪花和青岛啤酒两巨头在浙东南沿海温州、台州两地，又采取不凡举措新扩建工厂，预示着新一轮行业整合的开始，啤酒大战又将形成新的竞争格局。

二、生产和经济效益呈下行态势

生产和经济效益总体下滑，企业之间发展很不平衡，在激烈竞争中，强者趋强，两极分化。2010年，全省主要啤酒生产企业直报省啤协的产量为2748146千升，比上年下降2.65%。21家主企，生产增长的8家，下降的13家。其中，占全省啤酒生产将近四分之三的两大公司（集团）：华润雪花系统产量1096775千升，比上年增长14.02%；百威英博系统产量928231千升，同比下降9.99%。

2010年，主要企业的产品销售收入为464740万元，千升啤酒的平均销售收入1696元，比上年增长0.53%。企业总的成本费用比上年上升1.38%。全省平均每千升啤酒成本费用为1545元，同比上升4.14%。构成成本的四项费用“三升一降”：千升啤酒主营业务费用上升4.85%；营业销售费用上升4.07%；管理费用上升2.64%；财务费用下降11.84%。

2010年，主要企业实现利税总额72927.30万元，比上年下降19.66%。在21家企业中有10家盈利，实现利润31170.10万元，盈利企业的利润比上年增长8.79%。其中：华润雪花啤酒四家工厂的利润19445.40万元，占利润总额的62.38%。青岛啤酒（台州）有限公司过去长期亏损，去年一举扭亏为盈，产销近7万千升啤酒，实现利润1828.50万元。

亏损企业11家，亏损总额57058.20万元，上升37.86%。其中，年亏损6000万元以上的四家亏损大户，亏损额42398.50万元，占亏损总额的74.31%。

上述企业，盈利和亏损户都比较相对集中。盈亏相抵后净亏25888.10万元，净亏幅度比上年上升90.67%。

三、向低炭经济模式迈进

2010年，各企业紧紧把握转变经济发展方式这条主线，努力推进循环经济，实施清洁生产，狠抓节能降耗，加强环境保护，使啤酒生产的能源与物质消耗指标全部达到历史最好水平。

2010年，千升啤酒综合能耗全省平均46.35千克，比上年降低8.46%，万元工业产值能耗270.26千克，同比降低8.42%。

2010年，啤酒生产的各项物质消耗全面降低。全省平均：千升啤酒11度标准浓度啤酒耗粮149.97千克，比上年降低0.28%；千升啤酒耗标煤38.08千克，同比降低9.20%；千升啤酒耗水4.08立方米，同比降低7.66%；千升啤酒耗电57.36kW·h，同比降低6.86%。

“十一五”末期的2010年与“十五”末期的2005年比较，千升啤酒综合能耗降低35.79%，耗粮降低5.80%，耗标煤降低38.17%，耗水降低44.11%，耗电降低19.11%。这是我省啤酒产业五年来贯彻科学发展观，顺应时代潮流的巨大进步和变化。

2010年浙江啤酒工业协会工作情况

2010年，各啤酒大集团、大公司对在浙江的子公司企业内部运作，普遍强化了集中统一管理。协会从自身定位出发，以信息服务为主开展了相关工作。

一、坚持月度生产快报制度、定期进行行业经济活动分析

各工厂每个月的生产活动结束后，协会通过印发《行业内参资料》，将生产进度及升降情况在最短时间内快速反馈到各企业。由于这些数据的准确、及时，普遍受到各企业的高度关注。

每个季度、每半年度和年度对啤酒生产企业的产品产量、产品销售、能耗物耗、企业成本、固定和流动资产、实现利税、盈亏状况等30项经济技术指标进行综合分析比较，排出单位名次，及时进行通报，促进企业开展正当竞争。

三、发布行业综合信息

以《浙江啤酒信息》为载体，每月编发一期。重点反映转变经济发展方式，低炭经济，节能降耗减排及其技术和管理创新，反映安全生产、食品安全以及企业文化建设，进行上下左右传递。

四、召开统计工作会议

召开了浙江省啤酒行业第24次专业统计（信息）工作会议，这次会议重点是传达贯彻中国酿酒工业协会啤酒分会召开的全国啤酒行业统计（信息）工作会议精神，介绍了国内同行4个单位的经验。同时总结了我省一年来的专业统计工作情况，研究了改进和提高统计信息服务水平的意见，评选表彰了省专业统计先进工作者。

中国酿酒工业协会啤酒分会认定浙江省啤酒工业协会“2008—2010年度统计工作中的突出贡献”，被授予“2010年度啤酒行业先进统计单位”称号。

五、了解新形势下的企业需求，总结推广工作经验

例如，啤酒生产季节性强，变化大，临时性用工人员进出频繁，在新情况下，企业用工难的问题日益凸显。协会总结推广了有的单位“变革劳务用工途径，规范劳务用工管理”的做法，开阔了工作视野。

六、组织参加人才培训和考核、鉴定活动

2010年4月，组织各啤酒生产企业参加了由中国酿酒工业协会啤酒分会举办的“2010届国家级啤酒评酒委员”考评选拔暨首期《品酒师》国家职业资格鉴定活动。经审查通过，我省入围高级（一级）品酒师4名，助理（三级）品酒师16名，被聘任2010届国家级啤酒评酒委员2名。10月份，在参加首批啤酒酿酒师国家职业资格鉴定中，通过认定了一批酿酒师人员名单。

2011年浙江啤酒行业综述

2011年，遵循科学发展观，把握转变经济发展方式主线，贯彻“中国酿酒产业‘十二五’发展规划”，浙江啤酒产业实现了“十二五”时期的良好开局。整体经济质量得到提升，尤其是经济效益明显改观，扭转了近几年连续行业性亏损的局面，节能降耗减排工作有成效地持续推进，行业经济显现了从数量型向质量、效益和品牌型转变的可喜变化。

一、啤酒产销量略有增长

全省规模以上企业的产量为281.09万千升，比去年同期增长0.04%，全省行业产量为283.18万千升，同比增长0.03%。产销率为99.84%，比上年同期上升0.14个百分点。

二、啤酒产品销售收入增长高于产销量的增长水平

据对占全省啤酒总产量96%以上的22家主要生产企业的计算，年度销售收入为486824.80万元，比上年增长3.76%。千升啤酒销售收入全省平均为1787.46元，同比上升4.38%。

三、啤酒生产成本费用有所下降

22家主要生产企业的成本费用总额为418673.20万元，比上年降低1.39%。千升啤酒成本全省平均为1534.82元，同比降低0.66%。

构成总成本的四项费用，呈现“二升二降”态势，全省平均：千升啤酒主营业务成本1046.98元，比上年上升7.68%；千升啤酒销售费用296.65元，同比下降21.36%；千升啤酒管理费用165.29元，同比下降5.44%；千升啤酒财务费用25.90元，同比上升25.12%。

四、实现利税大幅高于啤酒产销量和销售收入的增长

年度22家主要企业的利税总额114111.50万元，比上年增长56.47%。千升啤酒利税全省平均为418.98元，比上年（266.16元）上升57.42%。

在主企中，10家盈利企业的利润额为32140.40万元，比上年增长1.90%。其中：华润雪花啤酒浙江区域公司所属生产企业实现利润2.2亿元，比上年增长23.49%。实现利润千万元以上的还有“雁荡山”、“千岛湖”、“青岛台州”等啤酒生产企业。

在主企中，亏损千万元以上的亏损大户由上年的9家减少到7家，亏损总额从上年的57430.70万元减少到27255.20万元，同比下降52.54%。

上述企业减亏后实现利润4885.20万元，2010年是亏损25888.10万元，从而扭转了近几年连续出现行业性亏损的局面。

五、节能降耗减排获得新成效

2011年千升啤酒综合能耗全省平均44.36千克，比上年降低4.29%，万元工业产值能耗240.21千克，同比降低11.12%。

2011年，啤酒生产绝大部分的物质消耗继续降低。全省平均：千升啤酒耗粮150.69千克，比上年同期上升0.48%；千升啤酒耗标煤36.34千克，同比降低4.57%；千升啤酒耗水3.76立方米，同比降低7.84%；千升啤酒耗电57.30kW·h，同比降低0.11%。

2011年，千升啤酒废水排放量2.551立方米，低于全省平均排放量的生产企业有13家；千升啤酒COD排放量0.2381千克，低于全省平均排放量的生产企业有14家。

六、适应市场需求，调整产品结构

一方面，推进啤酒产品向个性化、差异化、多样化、高档化方向发展，增加纯生啤酒等高附加值产品的生产，同时进行产品升级换代。例如，百威英博（台州）啤酒公司在技术改造的基础上，经过一年半试生产，于2011年9月，“百威啤酒”正式投产面市。另方面，产品包装紧跟趋势，继续向小瓶化、方便化、安全性、专用瓶方向发展，全年共生产500毫升以下的小瓶装啤酒986344千升，比上年增长88.87%。全省纸箱啤酒产量991788千升，占总产量的36.36%，比上年增长13.11%。

七、劳动生产率提高，从业人员劳动报酬增加

随着工业增加值的上升和员工平均人数的相对减少，全员劳动生产率为202362元/（人·年），比上年提高34.97%；从业人员劳动报酬平均为3439.61元/（人·月），同比增长20.84%；千升啤酒的劳动力成本增加17.46元，同比上升9.82%。

八、啤酒产业集约化的后整合期持续进行

2011年3月26日，青岛啤酒40万千升新安江项目暨青岛啤酒与杭州紫金滩酒业公司举行合作签约仪式，并购后青岛啤酒拥有紫金滩酒业公司80％的股权。青岛啤酒计划对新安江项目实施两期技改和扩建，新项目产能预计达到40万千升。华润雪花啤酒继2010年11月29日收购杭州西湖啤酒45％的国有股权后，又于2011年8月2日斥资2.7亿元人民币从“朝日啤酒”手中收购杭州西湖啤酒余下55％的股权。“西湖啤酒”拥有杭州市和湖州市德清县两个生产基地，产能50万千升。雪花啤酒同时以3000万元人民币的代价收购了“西湖啤酒”旗下的“湖州啤酒”25％的股权，实现全资控股。大公司、大集团进一步参与兼并整合，促进行业资源向优势企业和优势品牌集中，提高规模经营效益，同时也将在浙江啤酒产业版图上展现新的竞争格局。

2011年浙江啤酒工业协会工作情况

过去的一年，各啤酒大集团、大公司在对浙江的子公司企业内部运作普遍强化集中统一管理的同时，协会从自身角度和优势出发，调查研究整个行业和各企业的发展变化趋势，着重以信息服务为主，开展相关工作。

一、坚持月度生产快报制度

协会在各工厂每个月的生产活动结束后，将生产进度及变化情况，一般在月后三天内快速发送到各企业，进行相互交流。由于这些数据及时、准确，普遍受到各企业的高度关注和重视。

二、定期进行行业经济活动分析

每个季度、每半年度和年度对啤酒生产企业的产品产量、产品销售、能耗物耗、企业成本、固定和流动资产、实现利税、盈亏状况、劳动报酬等各项经济技术指标进行综合分析比较，排出单位名次，及时进行通报，促进企业取长补短，开展正当竞争。

三、及时发布行业综合信息

以《浙江啤酒信息》为载体，每月至少编发一期，已累计发布280期。重点反映转变经济发展方式，低碳经济，清洁生产，节能降耗减排情况，反映企业技术创新和管理创新情况，反映安全生产、食品安全情况，反映企业兼并、行业整合情况，反映省内外、国内外行业动态，传递国家相关的方针政策。

四、召开了浙江省啤酒行业第25次专业统计（信息）工作会议

总结了全省一年来的专业统计工作情况，交流了行业动态信息，研究了进一步提高统计信息服务工作的意见，评选表彰了省专业统计先进工作者。

五、发动和组织企业参加第二届全国啤酒品酒技能大赛

由中国酿酒工业协会、中国财贸轻纺烟草工会、中国就业培训技术指导中心、中国轻工业职业技能鉴定指导中心联合举办的“诺维信杯”第二届全国啤酒品酒技能大赛，于2011年11月19～23日在天津举行。经过4天半紧张的理论考试和实践操作，我省选手华润雪花啤酒（浙江）股份有限公司王江群荣膺决赛第一名，被授予“全国技术能手”和“全国酿酒行业技术能手”称号，并将由大赛组委会申报全国“五一劳动奖章”。

六、其他日常工作

办理企业即时需要的具体事宜，以及相关联络工作，同时积极参加全国性协会的行业会议活动，完成交办的工作任务。

安徽

2010年安徽酒业综述

2010年，全省规模以上企业完成饮料酒总产量（不含葡萄酒、其它酒）286.52万千升，同比增长7.6%，比协会刚成立时2005年增长70.6%。其中：白酒48万千升，增长114%；啤酒154.11万千升，增长33.4%；黄酒16.49万千升，增长300%；酒精67.94万千升，增长166.1%。

一、经济效益大幅度提高

协会始终倡导速度和效益协调发展。2010年，全省规模以上企业完成工业总产值212.91亿元，同比增长30.7%。其中：白酒147.79亿元，同比增长34.7%；啤酒34.49亿元，同比增长8.2%；黄酒16.1亿元，同比增长37%；酒精8.98亿元，同比增长18.9%。完成工业销售产值195.99亿元，同比增长26.1%。其中：白酒135.21亿元，同比增长28.3%；啤酒32.54亿元，同比增长6.8%；黄酒13.77亿元，同比增长30.6%；酒精8.98亿元，同比增长18.9%。2010年1～11月份完成主营业务收入163.21亿元。其中白酒113.23亿元，同比增长22.4%；啤酒31.47亿元，同比增长8.8%；黄酒9.61亿元，同比增长90.7%；酒精6.07亿元，同比增长27.8%。2010年1～11完成税金26.34亿元，同比增长16.6%。其中：白酒20.23亿元，同比增长19.4%；啤酒5.14亿元，同比增长1.4%；黄酒5534万元，同比增长1.5倍。2010年1～11月份实现利润15.99亿元，同比增长73.1%。其中：白酒14.64亿元，同比增长76.2%；啤酒8978万元，同比增长26.5%；黄酒3408万元，同比增长14.6%。2010年安徽省百强企业中有古井、迎驾、口子、种子四家。

二、结构调整更加合理优化

协会积极倡导、推动企业调整结构，高度重视产品质量。产品质量是企业的生命，结构优化，才能满足消费者多层次需求。按照优质化，低度化、高档化的发展方向，各企业都积极依靠科技进步，大力进行产品结构的调整，不单纯追求产量，而注重增加适应市场、适合消费者需求的产品。

三、产品质量稳定，水平升高，个性化增强，典型性突出

随着经济社会的发展，人们的生活水平不断提高，对酒业产品的技术和文化提出了更新更高要求。各白酒企业广泛开展了白酒风格研讨，认真进行各方面的试验，踏踏实实地从各项基础做起，开发研制具有自己特色的产品。经过大家的努力，具有安徽特点的白酒产品已独树一帜，风格典型，即以古井、迎驾、双轮、文王为代表的淡雅浓香，以口子为代表的复合兼香，古井的生态原浆、种子的绵柔、皖酒的低度白酒、宣酒的江南小窖白酒等都已形成自己的个性化特点。啤酒主要是三大家，具有华润雪花、重啤山城、青啤青岛与安徽实际相结合的特点，以华洋为代表的地方啤酒企业也在努力打造自己的特色，除口味纯正的淡爽啤酒外，纯生啤酒受到普遍的欢迎。黄酒企业继承传统的皖南封缸酿酒技术，应用现代生物科学技术加以改造，努力打造独具特色的徽派黄酒，使黄酒从传统经典向新型时尚方向发展，让人们在品味特色黄酒的同时，也能享受到保健功效，彰显黄酒的魅力。品种众多的徽酒产品，犹如百花争艳、璀璨悦目，深受各类消费者的欢迎。

四、品牌建设成绩显著，徽酒影响誉满神州

实践告诉我们，品牌是大市场，品牌就是实力，品牌有高效益。协会采取多种措施，推动扩大发展老品牌，积极创建新品牌，赢得市场主动权。各企业都加强了品牌建设力度，全面实施品牌战略。经过全省上下的共同努力，打造了古井贡、口子窖、迎驾、种子、醉三秋、高炉家、双轮、皖酒、文王、宣酒、老明光、沙河、金牧童、金裕皖、金不换、金黄山、金中华、古南丰、海神、安徽雪花啤酒、安徽青岛啤酒、安徽山城啤酒、安徽华洋啤酒等一大批消费者信得过的品牌，在全国的影响力也日益彰显，向世人显现了徽酒的强大实力。

五、骨干企业的主导作用进一步突出，发展趋势大型化、集团化

啤酒主要是三大家，他们占全省啤酒总产量分别为：华润雪花啤酒安徽公司70%以上，重啤集团安徽公司14%，青岛啤酒7.5%，地方啤酒以安徽华洋啤酒有限公司为最大，占5%。古井、口子、迎驾、种子、双轮5大白酒骨干企业的工业总产值、销售收入、利税占白酒行业的80%。

2010年安徽酒业协会工作情况

一、确立“为企业服务”的工作指导思想

依靠企业办协会，办好协会为企业，全心全意为企业服务，同时做好为行业、为政府、为消费者的服务工作，立足于促进企业发展、行业发展和共同进步，按照企业的需求要开展工作，这是协会的凝聚力和生命力所在，同时也为协会开展工作打好了基础，创造了条件。

二、突出重点，开展工作

（1）深入贯彻科学发展观，落实省委省政府主要领导关于发展我省酒业的重要指示。开好2010年的省酒协常务理事会（扩大）会议，总结好工作，研究、部署新任务，推动行业稳定发展。积极推进企业的改革改制，为发展创造良好的条件。现全省大部分企业都完成了改革改制，有的正在进行，有国营、股份制、民营、外资收购等多种形式。通过改革，创新了市场竞争机制，提高了工作效率，增强了企业发展的生机和活力，增强了企业的竞争力，促进了企业发展。

（2）加强技术创新，推动技术进步。一是搭建交流平台，开展技术交流。首先是做好省内交流，开好2010年的省白酒评委年会，已成功举办了三届，进行科技创新、新产品开发、生产发展等方面的经验交流，起到了相互启发、相互促进、共同发展的作用，各方反映良好。同时加强了与省外、国外的交流。鼓励企业参加赴日本、韩国、西欧、台湾等地的考察交流。先后热情接待了江苏、四川、河南、湖北等省赴安徽白酒参观考察团，陪同他们参观考察重点企业，和企业的领导、技术人员一起座谈。组织安徽酒业参观考察团赴湖北考察了劲牌、白云边、枝江、稻花香等重点企业，与湖北酒协及企业一起座谈。还加强了与外省的技术资料交流，办好《安徽酒业》简报，已出四期，将协会的活动和工作情况及时向领导和有关部门汇报，与兄弟省酒协进行交流。通过一系列的交流活动，使我们了解了外省及国外酒业的发展情况、先进的技术及生产、经营、管理等方面的经验，开阔了眼界，增强了加快发展的紧迫感、责任感、使命感。二是举办技术培训。组织人员参加全国的技术培训，为我省培养了一大批技术人才。现全省有中国酿酒大师1人，国家级评酒委员（包括白酒、啤酒、葡萄酒、果露酒）23人，国家级白酒生产许可证审查员9人，国家级酒精生产许可证审查员1人，国家级一级品酒师21人，二级品酒师44人，三级品酒师33人，省评酒委员（白酒、啤酒）78人。三是重视企业的科技工作，努力推进企业和大专院校、科研院所联合，促进企业的科技进步。现全省有省级技术中心9个，全国白酒标准化技术委员会兼香型白酒分技术委员会已设在我省口子酒业有限责任公司，安徽省浓香型白酒标准化技术委员会设在古井贡酒股份有限公司。

（3）狠抓产品质量不放松，加强以优良稳定的质量为基础的品牌建设。一是按照苏鲁豫皖四省白酒峰会的倡导，开展白酒风格研讨。经过市场调查、了解信息、狠抓基础、反复试验，逐渐形成了徽酒的个性和特点，又经过专家指点、市场洗礼、消费者多次检验，使徽酒的个性更加突出，特点更加鲜明。二是坚持一年一度的全省白酒质量检评。检评按照国家规范的标准、程序进行。通过检评，总结了经验，找出了存在问题，提出了改进意见，促进了徽酒个性特点的形成。三是加强品牌建设。通过狠抓产品质量这个根本，努力提高品牌的内涵品质；坚持创新，加快发展；弘扬企业文化，加大宣传力度，不断提高

品牌的知名度，美誉度；加大投资，塑造强大的品牌力，有效提升品牌形象，提高品牌的核心竞争力，培育了一大批消费者喜欢的徽酒品牌。现全省有中国驰名商标9个，安徽省著名商标30多个。

（4）重视中小企业的发展，动员他们为增强徽酒总量做贡献。针对我省低价位白酒市场曾被外省产品占领的情况，一方面要求大型企业要重视这块市场，同时利用省经信委安排复查白酒生产许可证的时间，根据国家的产业政策和生产许可证的要求，考察现场，查看资料，要求他们严格遵守国家的法律、法规和各项政策规定，依法经营，公平竞争，同时要求他们要创建自己的品牌，多生产高质量的低价位白酒产品并占领这块市场，为增强我省酒类产品总量做出贡献。

（5）创新营销，拓展市场，促进发展。参加亳州市文化节酒类展销活动以及企业的有关活动，大力宣传安徽酒类产品的特点、优良的质量、在消费者心目中良好的影响和地位，倡导大家热爱徽酒，支持徽酒发展，促进徽酒走向全国、走向世界。

（6）思考安徽酒业的战略发展问题。一是深入企业，调查研究。先后到白酒、啤酒、黄酒等厂家了解情况，与企业领导、技术人员商量发展问题；二是多次邀请并陪同国家协会领导到企业考察，传达发展信息；三是先后召开黄酒、白酒等战略发展研讨会，探讨发展战略；四是加强与政府有关部门的联系，汇报、反映企业发展中的问题、企业的呼声、要求，争取他们对发展酒业的支持。

协会以努力工作赢得了各领导部门的重视和会员单位的大力支持。我们和国家协会联系密切，工作相互支持。省各部门有关酒业的工作，多是找协会咨询，有的交由协会办理。协会的工作一直得到了各会长单位、常务理事单位、理事单位、会员单位的大力支持和帮助，大家把协会当作共同的家来营造，协会组织的活动，都能积极参加，会费基本上都能及时缴纳。协会人手少，所组织的活动，多交由企业轮流承办。各承办单位都高度重视，组织专门的班子认真办理，保证了协会组织的每一个活动都能取得圆满成功。

三、存在问题

行业发展和我们协会的工作都取得了非常好的成绩，但也存在一些问题。从行业发展情况看，主要是：一是发展速度慢。我们在发展，但兄弟省发展更快，相比之下，我们落后了，比如白酒产量已从最好时的全国第3位下滑到第6位；二是有的企业存在安于现状，不求大的发展的思想，尤其缺乏抢抓机遇、快速发展的气魄和信心；三是品牌的影响力还不够厚重，要打造成全国强势品牌，还有相当的差距；四是营销面临更大的压力。我们营销方面的做法和经验被外省学去了，营销方面的人才有的已走向全国，我们面临着新一轮市场竞争更加激烈、更加严峻的形势。从协会情况看，人少、事多、手段差，心有余而力不足，想办的事办不了，酒种之间开展活动不平衡。

2011年安徽酒业综述

2011年是我国实施国民经济和社会发展“十二五”规划的开局之年，在党中央和国务院的英明领导下，我国经济增速平稳发展，取得了“十二五”规划的开门红。在宏观经济稳定发展的大好形势下，我省酿酒行业在省委省政府的关心和有关部门的指导支持下，坚持科学发展，坚持改革创新，各企业领导班子，积极实践省委省政府主要领导对发展我省酒业的重要指示，紧紧依靠全体职工，团结拼搏，扎实苦干，继续保持了良好的发展势头，为我国酿酒行业和安徽经济发展做出了新的贡献。

2011年规模以上企业完成：

总产量242.59万千升，　同比增长 9.8%，　其中：
发酵酒精19.74万千升，　同比下降6.3%，
饮料酒222.85万千升，　同比增长11.5%，其中：
白酒39.50万千升，　同比增长22.3%，
啤酒167.54万千升，　同比增长9.8%，
工业总产值304.35亿元，　同比增长48.9%，其中：
酒精20.61亿元，　同比增长37.8%，
白酒213.70亿元，　同比增长57.9%，
啤酒42.04亿元，　同比增长24.2%，
黄酒20.91亿元，　同比增长34.3%，
葡萄酒3.90亿元，　同比增长29.6%，
其它酒3.19亿元，　同比增长96.9%，
工业销售产值286.25亿元，　同比增长51.5%，其中：
酒精20.31亿元，　同比增长36.0%，
白酒197.23亿元，　同比增长59.1%，
啤酒41.74亿元，　同比增长30.4%，
黄酒19.96亿元，　同比增长48.7%，
葡萄酒3.82亿元，　同比增长28.6%，
其它酒3.19亿元，　同比增长96.9%，
主营业务收入25.44亿元，　同比增长39.0%，其中：
酒精18.77亿元，　同比增长29.7%，
白酒169.72亿元，　同比增长41.6%，
啤酒40.03亿元，　同比增长21.2%，
黄酒19.42亿元，　同比增长44.7%，
葡萄酒3.40亿元，　同比增长457.4%，
其它酒3.10亿元，　同比增长91.3%，
税金42.14亿元，　同比增长44.4%，其中：
酒精6989万元，　同比增长10.1%，
白酒33.27亿元，　同比增长50.2%，
啤酒6.23亿元，　同比增长20.5%，
黄酒1.64亿元，　同比增长47.7%，
葡萄酒323万元，　同比增长113.9%，
其它酒2692万元，　同比增长151.3%，
利润30.66亿元，　同比增长68.6%，其中：
酒精8808万元，　同比增长164.4%，
白酒25.44亿元，　同比增长57.0%，
啤酒2.21亿元，　同比增长85.7%，
黄酒1.95亿元，　同比增长441.7%，
葡萄酒773万元，　同比增长17.3%，
其它酒994万元，　同比增长245.1%，

2011年安徽酒业协会工作情况

一、召开会议

召开了安徽省酒业协会第二届会员代表大会暨二届一次理事会（扩大）会议，顺利完成协会换届工作。

首先是做好换届的筹备工作：一是做好资料准备，主要是起草第一届理事会的工作报告及其他换届资料；二是将上述资料报主管部门审查；三是做好换届会议（第二届会员代表大会）的筹备工作；四是提出第二届理事会理事、常务理事、会长、副会长、秘书长候选人员建议名单；五是对第一届理事会的财务工作进行审计，制定新的会费管理办法；六是审查协会章程是否需要修改。在充分筹备的基础上，召开了第二届会员代表大会暨二届一次理事会（扩大）会议。省经信委、省民政厅、省轻工协会等有关部门的领导、省酒协一届理事会会长、副会长、秘书长、副秘书长和会员代表共八十多人参加会议。李文汉常务副会长代表第一届理事会做了工作报告，对协会成立五年来的工作做了总结，对第二届理事会的工作提出了建议。省经信委行业规划处张涛处长、省民政厅民管局王来南局长做了热情洋溢的讲话，对会议的召开表示热烈祝贺，对协会工作取得的成绩给予充分肯定，对协会今后的工作提出了新的要求和期望。

会议一致通过了第一届理事会的工作报告和财务报告，一致通过了延用第一届协会章程，一致通过了安徽省酒业协会会费管理办法，选举产生了由65个单位和个人组成的理事会，51个单位和个人组成的常务理事会，一致选举省政协原副主席季家宏连任会长，翟大文、李文汉等17位同志为副会长，李文汉连任秘书长。在热烈的掌声中，季家宏会长做了重要讲话，他指出，目前酒业，特别是白酒，已进入新一轮发展期，面临着非常好的发展机遇，我们一定要以高度的历史责任感和使命感，抓住这个极好的机遇，把我省酒业做大做强。为此：一要把握机遇，加快发展；二要科技创新，促进发展；三要营销创新，推动发展；四要品质创新，保证发展；五要文化创新，带动发展。

会议还为2010届国家级白酒评委颁发了证书，为第二届安徽省白酒品酒职业技能竞赛获奖选手颁发了荣誉证书，表彰奖励了啤酒行业优秀统计员。在与会代表的共同努力下，会议取得了圆满成功。

二、承办酒博会

与安徽省商业协会、安徽省轻工协会联合举办、安徽安磊文化传播公司承办“中国（安徽）第二届酒产业博览会”（以下简称“酒博会”）。

这届“酒博会”的特点：一是企业重视，积极参加。这届“酒博会”，正值元旦刚过，春节将至，企业产销旺季之时，各企业得知“酒博会”举办的消息后，纷纷报名参加。金种子集团、宣酒集团等企业都派专人具体办理，精心设计、打造展台，认真挑选展品，充分展示自己的风格特点；二是参加的企业多、产品多、范围广。有生产企业、商贸企业、配套企业、本省企业和外省企业，是近年来省内举办各类展会中酒类企业参加最多的一次；三是内容安排丰富多彩。这届“酒博会”和安徽省酒业协会第二届会员代表大会同时进行，首先举行了“酒博会”隆重的开幕式，接着召开省酒协会员代表大会，又举办了产品展示、产销对接、商贸洽谈、专项产品推介等活动，还组织了评酒专家(国家级评委)对参评产品进行感官品评；四是影响大，意义深远。一些企业反应：省酒协会开得好，“酒博会”办得好，琳琅满目、丰富多彩的酒类产品，充分展示了我省酒业近几年来在市场经济的大潮中，紧跟时代发展，最大限度地满足各种不同消费需求所研发、生产出来的丰硕成果，必将为安徽酒业又好又快发展起巨大的推动作用，在徽酒发展史上写下浓墨重彩的一页。没有入会的企业纷纷要求入会，积极要求参加协会举办的活动。根据专家品评结果，又广泛征求各方面的意见，评选出了安徽省十大品牌白酒、“酒博会”金奖品牌、消费者喜爱的白酒、安徽市场畅销品牌、“酒博会”指定商务用酒，并颁发了奖牌，为本届“酒博会”划上了圆满的句号。

三、完成了安徽省白酒评酒委员换届工作

为了保持一支精通业务、充满生机活力的省白酒评酒委员队伍，为我省白酒健康快速发展起技术保障和指导帮助作用，对任期已满的2005届省白酒评酒委员进行换届，举办了2010届省白酒评酒委员考核会，由安徽双轮酒业有限责任公司承办。共有72人报名，实际参加的有22个单位

68人。涡阳县委常委、宣传部长、常务副县长张华松、安徽双轮酒业有限责任公司总裁程剑、省酒协常务副会长兼秘书长李文汉出席开幕式，李文汉致开幕词，张华松、程剑做了热情洋溢的讲话。省酒协副秘书长、专家委员会主任、副主任、我省的国家级白酒评委也参加了会议。经过2天时间、1轮理论考试、7轮实践考核，按照公平、公正、公开、择优的原则，提出了聘用意见，报省酒协会长办公会议研究，决定聘请63人为2010届省白酒评酒委员，4人为2010届省白酒资格评酒委员，另有2005届评委5人被聘请为2010届省白酒特邀评酒委员。

四、举办职业技能竞赛

与安徽省轻纺工会联合举办了“华润杯”第二届全省啤酒品酒职业技能竞赛，由华润雪花啤酒安徽区域公司承办。

这次竞赛是按照中国酿酒工业协会的统一要求进行的，是“赛诺杯”第二届全国啤酒品酒职业技能竞赛的初赛，旨在进一步深入贯彻国家人才强国战略的要求，进一步激发广大职工“学知识、练技术、比技能、创一流”的工作热情，促进啤酒行业的技术交流和技术创新，加快培养高技能人才，全面提高职工队伍的技术技能水平和整体素质，加速推进安徽酒业大发展。同时也为全国竞赛选拔优秀选手。参加竞赛的有16个啤酒企业共41名选手。省政协原副主席、省酒业协会会长季家宏、华润雪花啤酒安徽区域公司总经理徐辉、副总经理薛冰、省轻纺工会主任张凤生、省酒业协会常务副会长兼秘书长李文汉、省酒协副秘书长、省轻工协会处长关京安以及华润雪花啤酒安徽区域公司总经理助理、合肥分公司和滁州公司执行总经理俞建国、青岛啤酒（马鞍山）有限公司副总经理华玉苍、重啤集团安徽九华山啤酒有限公司总经理崔居红等参加了开幕式，徐辉总经理做了热情洋溢的致辞，季家宏会长做了重要讲话，他首先对活动的举办和胜利结束表示祝贺，对取得优异成绩、受到表彰的选手表示祝贺，对承办这次活动的华润雪花啤酒安徽区域公司表示感谢。为促进安徽啤酒业更好地发展，季会长强调：一要贯彻落实科学发展观，坚持改革创新。改革开放促进了安徽啤酒的重组，引进了国内及世界名牌，促进了安徽啤酒业的发展。现在要按照国家发展啤酒业的指导意见，稳步发展，规范管理，清洁生产，降耗降本，综合利用，增加效益，把安徽啤酒业的发展提高到一个新的水平；二要提高质量，打造个性。在大力发展淡爽型啤酒、纯生啤酒的同时，还要发展不同花色品种的新产品，满足各种消费需求；三要确保食品安全，认真落实食品安全法，加强从原料到糖化、发酵、冷却、过滤、灌装、成品各个环节上的监督检验检测，确保质量安全。啤酒还有一个保质期的问题，要加强与各销售网点的联系，确保消费者喝到安全满意的产品；四是寄厚望于年轻人，青年人是祖国的未来。参加这次竞赛的绝大多数是年轻人，他们是安徽啤酒的未来，季会长对他们寄予特别的厚望，希望他们不断努力学习，刻苦钻研技术，接好老一辈的班，成为政治上过得硬，理论上有水平，技术上有专长，实践上有创新的行家里手。竞赛历时两天半，为了使大家在竞赛中取得好成绩，赛前用大半天时间进行了7轮辅导性培训，然后进行一天多共14轮考试。按照公平、公正、公开、择优的原则，推荐获得并列第1名的华润雪花啤酒（舒城）有限公司的姚进、青岛啤酒（马鞍山）有限公司的张芸和获得3～6名的华润雪花啤酒（安徽）公司的周胜银、华润雪花啤酒（六安）有限公司的刘复振、华润雪花啤酒（滁州）有限公司的毛开业、青岛啤酒（马鞍山）有限公司的乐宗燚6人参加“赛诺杯”第二届全国啤酒品酒职业技能竞赛决赛；对获得第1名的选手按程序给予申报安徽省“五一”劳动奖章；对获得前20名的选手，授予“全省轻工业酿酒行业技术能手”称号；对其余21名选手授予“华润杯”第二届全省啤酒品酒职业技能竞赛优秀奖，颁发了荣誉证书。在参赛选手共同努力和华润雪花啤酒安徽区域公司的大力支持下，竞赛取得圆满成功。

五、承办白酒文化节

与亳州市人民政府共同承办了2011年中国（亳州）白酒文化节（以下简称“酒文化节”）。

“酒文化节”以“弘扬中华传统酒文化、促进酒类产业大发展”为宗旨，坚持“搭建平台、创造商机、促进合作、健康发展”的原则，集文化、学术、经贸于一体，先后举办了隆重的开幕式、酒类产品展、中国白酒和谐健康发展高峰论坛、“曹操献酒”1815周年纪念大典及“华夏酒源·经典传承”主题晚会，20多家知名酒企及省内外100多家酒类企业、配套企业参展，现场交易额17.6亿元。会议规模、参展产品、企业数量、签约金额、参观人数均超上届，进一步彰显了“徽酒”的品牌形象，扩大了“徽酒”的影响力。季家宏会长参加了上述活动。另外，还协助做好由安徽省经信委、安徽省商务厅和淮北市人民政府共同主办的“安徽酒类产品推介会”的有关工作。

六、组团考察山东河北白酒业

为学习山东、河北发展白酒的经验，省酒协组团对两省部分白酒企业进行了考察学习。古井等8个企业的领导、技术主管、国家级白酒评委、部门及车间负责人共28人参加。考察团先后考察了衡水老白干、山东古贝春、扳倒井、景芝、泰山5个企业，受到了山东省白酒专业协会和企业的热烈欢迎，山东省白酒专业协会常务副会长兼秘书长姜祖模专程从济南到古贝春欢迎考察团，山东省轻工协会邢明康处长全程陪同考察。考察团所到之处，都受到了热烈欢迎和高规格的接待，我们需要了解的情况，他们都给予认真介绍，需要参观的地方，都安排给予参观。

在考察结束后，考察团召开了简短的总结会，大家一致认为，此行感受很深，收获很大，主要有：一是了解了两省白酒企业的发展情况和发展远景。衡水老白干酒业发展势头强劲，2010年完成销量5.5万千升，销售收入20多亿元，“十二五”发展目标为100亿元，扩建工程分三期实施，前二期已基本完成，第三期正在进行中，总占地面积近2000亩，完成后将形成12万千升的生产规模。山东的几个企业发展比较均衡，2010年完成销售收入：泰山酒业、扳倒井酒业10多亿元，古贝春、景芝8亿元左右。“十二五”发展目标为30亿元、50亿元不等，目前扩建的有扳倒井酒业，景芝酒业。景芝酒业发展目标比较明确，将再征地2000亩，建设景芝文化一条街，建成景芝白干、大曲酒、芝麻香白酒三大生产中心，把景芝建成一个现代化的酿酒企业。二是学习了两省企业的发展经验。主要有：（1）针对市场需求调整结构，做好酒业主业，多种经营。根据市场需求，山东大力发展低度白酒，各厂还结合自身实际，发展多种经营。古贝春、扳倒井、泰山酒业抓得都比较成功。泰山酒业从养殖业、资源利用、食品加工、三废利用到生化工程已形成产业链，效益良好，现公司不欠外债，还成立了小额贷款公司，对外贷款2亿多元。（2）坚持品牌制胜。在白酒行业上，山东打造浓香低度白酒和芝麻香白酒品牌，各企业都结合自身情况，努力打造自己的品牌，泰山酒业在这方面还进行了创新，除打造“泰山”品牌外，还和主要经销商联合，共同打造“五岳独尊”品牌。（3）坚持品质制胜。各企业都非常重视产品质量，努力创新个性。衡水老白干自不用说，已成为独立的香型。山东更是在低度酒上下了大工夫，做到了“香气淡雅，低而不淡，醇和纯正”，在芝麻香酒上进行了创新。（4）坚持科技制胜。浓香低度白酒是鲁酒的主导产品，他们创新了工艺，在基础酒、调味酒的酿造、储存、过滤、用计算机辅助勾调等方面应用新技术，大大提高了鲁酒的质量和风格，使低度鲁酒在全国有了较大影响。芝麻香白酒是山东开发的新香型产品，由于坚持技术创新，形成了清雅型、馥郁型、窖香型不同风格特点的芝麻香白酒，满足了不同消费需求。（5）坚持文化制胜。两省文化底蕴深厚，各企业又结合本单位实际，大力加强企业的文化建设，以此推动品牌建设，促进酒业发展。古贝春的文化中心、景芝的文化长廊都给我们留下深刻的印象。三是看到了自己的差距。在产品特点、个性的打造上、品牌建设的力度上、企业文化等方面，与两省企业相比，都有差距。参加考察的同志表示，要很好地向两省学习，把人家的好做法、好经验带回企业，重新思考我们的发展问题，共同加大力度，加快我省酒业发展。

七、热情接待四川省白酒业代表团

为加强酿酒技术经济的交流与合作，四川省食品工业协会、四川省酿酒协会组团对我省进行了考察。代表团由四川省食品工业协会机关党委书记、酿酒协会副会长兼秘书长杨俊带队，五粮液、泸州老窖、水井坊、沱牌等15个企业的领导、技术主管、著名白酒专家、国家级评委等47人组成。代表团在考察了我省迎驾和古井两个企业后，双方又在合肥进行了技术经济方面的交流。季家宏会长参加了交流会，并做了热情洋溢的讲话，李文汉秘书长陪同考察，古井、迎驾等10多个白酒骨干企业的领导、技术人员参加了交流会。代表团对我省白酒业的快速发展、稳定的质量，迎驾的快速发展、多元化经营、生态环境，古井的跨越式发展、企业文化建设等都给予了高度评价，还介绍了四川白酒业发展、建设白酒金三角，推行浓香型白酒标准化生产等方面的情况，著名白酒专家胡永松教授做了“对生态酿酒的思考”的学术报告。我们在与对方的交流中学到了很多经验，对加快我省白酒业发展有很大指导意义。

八、参加企业和媒体举办的活动

先后参加古井、宣酒、文王、金种子、黄梅、沙河、新安晚报、安徽日报等企业和媒体举办的活动，介绍我省酒业发展情况，为行业、企业发展助威、助力，争取多方支持。

九、按省经信委要求，做好白酒、酒精生产许可证复查和新产品鉴定工作

十、按民政厅民管局要求，做好协会换届重新登记、年检、财务决算和条形码复查工作

福建

2010年福建轻工业联合会白酒、黄酒分会工作情况

2010年，福建省白酒黄酒产销量较2009年增长15%以上，尽管困难很大，但是全行业在中国酿酒工业协会的关心和指导下，在福建省轻工业联合会的全力支持和政府有关部门的支持下，取得的成果来之不易。近年来，在省外白酒不断加大在我省的营销，在不和谐行为等压力下，省酿酒行业在困难中努力前进。现将情况汇报如下：

福建省酒类市场消费缺口较大。白酒黄酒年消费量在30万吨以上，其中白酒消费量20万吨，黄酒消费量10万吨，省内企业目前产量只有1/3，产销之间存在巨大的缺口。

福建省白黄酒企业有220家获得生产许可证，其中白酒64家，其余为黄酒和配制酒生产企业，规模以上生产企业30家。由于福建省酒类品牌知名度低，跨地域销售困难很大，同时福建省酒类企业相对弱小，加上近年来进口葡萄酒、洋酒对沿海市场的大肆冲击，对白黄酒的销售也产生了一定影响。针对以上诸多不利因素，协会主要进行了以下工作：

一、抓住重点，推动企业做大做强

今年上半年，福建省经贸委下发了《福建省酿酒工业2010～2015年结构调整方案》，《方案》中重点突出了21家企业的技改与投资规模，其中啤酒4家，黄酒7家，白酒10家，并分别提出经过6年的发展要达到的企业规模和节能减排的目标。根据这个方案，协会配合当地政府和企业，开展酿酒工业园区建设，目前三个工业园区正在建设中。

二、学习省外先进技术，合作共建，提升我省白酒品质

2010年5月，协会与四川省酿酒研究所签订技术合作协议，内容涵盖了白酒科研、原酒质量鉴评、项目对接、人才培养、配套服务等5个方面，在这个基础上，协会建立了福建省轻工行业白酒研发中心，并开展了一系列有效的合作，请四川省酿酒研究所的技术专家为我省开设讲座，考察生产企业，研发白酒新产品。今年，协会将深化协议内容，不断提升我省白酒质量和技术水平。

三、注重人才培养，提高酿酒技术人才素质

在中国酿酒工业协会的全力支持下，2010年协会举办了福建省首届白酒酿酒技能竞赛，这是我省白酒行业酿酒技术人员第一次接受系统的培训和辅导，教材的先进性、实用性深受我省白酒行业的欢迎，大家形象地把培训教材比喻为行路中的“指北针”。经过本次的培训和竞赛考试，极大提高了我省白酒企业的整体素质。这种培训和技能鉴定在今后将不断开展。

2010年10月，协会参加了福建省轻工业职教集团，并与“集团”签订了全员培训协议和合作共建协议，根据协议要求，从2011年开始我省白黄酒行业将全面落实“协议”规定的各项培训内容，进一步提高我省酿酒行业职工队伍素质。

在福建省轻工业联合会的全力支持下，福建省轻工业企业（民营）职称改革领导小组初审工作设在本分会，去年有4位白酒企业人员获得由省人事厅授予的工程师资格，今年，将会有更多的酿酒行业人才获得高、中级专业技术职务，协会将充分利用这个条件，加强酿酒行业的各项工作。

四、适应市场需求，增加中高端白酒比重

我省企业参加今年四省一市白酒质量检评活动，获得金奖企业产品数量超过我省历次评酒，从我省12年的评酒历史记录看，4次评酒获得金奖产品和优质酒的数量在逐次增加， 企业在提高技术的基础上，及时增加中高档酒的生产，今年我省白酒继续延续2009年的趋势，单瓶50元以上的白酒产销量增长10%以上，许多企业出现了订单在手来不

及生产的现象，多年不见的汽车在厂门口等酒、运酒的场面又出现了。

五、做企业和政府之间的桥梁，努力为企业排忧解难

协会既是行业的领军者，又是企业发展的助推者。一直以来，协会及时反映企业诉求，配合政府有关部门为企业排忧解难，积极为企业创造了有利条件，为提高酿酒企业在整个工业评价指标中的比重，做了大量工作。一年来，协会制定白酒能耗地方标准，推动农产品深加工，宣传绿色、健康、环保、节能减排和人才培养等各个方面，领会政府意图，把企业利益放在首位，深受企业的尊敬和支持。

2011年福建轻工业联合会白酒、黄酒分会工作情况

2011年，福建酒业走过了艰辛的不平凡的一年，在福建省轻工业联合会和政府有关部门的领导下，在中国酿酒工业协会的关心指导下，在各兄弟省份酒协的鼓励下，福建酒业前进的道路越走越宽，各项事业开始呈现出向好的态势。现将工作汇报如下：

一、鼓励企业创新发展

企业创新发展不仅是企业成长的需要，也是行业协会发展的需要。今年1月，我省福矛酒业集团率先与中国航空航天研究院签订协议，于11月份将福矛窖酒的优质酵母菌种搭载神舟八号进行太空诱变育种试验，利用太空的物理环境作为诱变因子使生物产生遗传性变异，通过地面筛选获得性状优良的突变品种。我们及时上报省政府，大力宣传，并将这一成果贯穿到正在开始的企业扩张和大规模的技术改造上。在我会的大力推动下，企业目前已经签约了“神九”、“神十”太空诱变育种实验协议。

二、建设融资平台，开展企业贷款试点

今年10月，我会与中国中小企业融资平台建立了“福建省酒业融资贷款平台”，在平台上集合了14家国有和股份制银行及我省主要酿酒企业，平台开始对我省中小型酒类生产企业贷款进行试点，在3家试点企业中，两家已经通过银行审核，2000万元贷款额已经发放，今年我们将推出五家企业，贷款额1.5亿。

三、抓重点，打造我省一流酿酒企业

我省有将近300家白黄酒企业拥有生产许可证，但真正上规模的企业不多。大企业数量仅占全省酒企数量的10%，产品市场覆盖率和创造的利税达到70%，因此，今年我们重点抓年产万吨以上的白酒生产企业和年产6000吨以上的黄酒生产企业，正在努力建设1个百亿酿酒城，8个酿酒产业园，10个万吨企业扩建项目，力争在“十二五”期间达到省经贸委制定的《2010—2015年福建省酿酒行业结构调整方案》要达到的各项数量指标。

四、开展企业调研，形成“两会”议案

今年“两会”前，我会紧密配合省政协，对我省16家重点酿酒企业开展调研，省政协副主席亲自率两个委员会主任参与了调研全过程，并在2012年1月的“两会”上，写出振兴福建白黄酒的省政协主席提案，交给省政府。今年，调研并振兴福建酒业已经作为省政协的一项主要工作，我会将全力配合并做好。

五、开展职称评审工作

由于非公企业专业技术职务初审工作设在我会，利用这一有利条件，2011年我们对46名企业人员进行职称初审，在省人事厅终审确认中，36人获得专业技术职务，其中高级工程师2人，工程师3人，助理工程师31人。今年，我们将继续开展工作，目前评审文件已经下发，第一批20人材料已经通过初审。

六、建设福建优质酒展示平台

“三坊七巷”是全国十大古街之一，是福州市的重要旅游景点，每年中外游客超过800万人，苏树林省长在今年的政府工作报告中，将“三坊七巷”和武夷山并列，重点打造。2011年11月，我们在这里建立了“颐风酒肆”，占地320平方米，展示和销售福建地产名优酒，并在那里设立“福建酒文化交流展示中心”和“酒业会所”，目前运转仅2个月，已经吸引了大量的中外游客，部分名优酒一上柜就售卖一空。我们将继续努力，将这里建设成福建地产酒品牌中心，通过这里，将福建品牌推向更广大的空间。

七、积极组织参加四省一市白酒质量检评交流会，组团考察广州一统国际酒文化产业园和深圳华南城，为福建酒类品牌走出去做好基础工作

江西

2010年江西酒业综述

2010年是“十一五”计划收关之年，江西省酒业协会在中国酿酒工业协会和省轻工行业办公室的关心支持和指导下，进一步落实科学发展观，围绕行业生产经营和发展大局，紧紧抓住科技创新，结构调整，食品安全，节能减排开展行业活动，热心为行业服务，贴心为企业服务，有力地促进了全行业的健康发展，全年实现工业总产值62.96亿元，其中白酒工业总产值38.21亿元，啤酒工业总产值21.79亿元，黄酒工业总产值0.29亿元，其它酒工业总产值2.67亿元。超额实现了“十一五”目标，酿酒行业为全省食品工业产值超千亿元做出了突出贡献。截止2010年11月底全省规模以上酿酒企业生产白酒11.22万千升，同比增长11.75%；实现销售收入32.65亿元，同比增长23.72%；上缴税金及附加3.04亿元，同比增长4.40%；实现利润5.95亿元，同比增长208%。生产啤酒118.26万千升，同比增长16.21%；实现销售收入19.81亿元，同比增长-2.99%；上缴税金及附加1.51亿元，同比增长-29.44%；实现利润1.64亿元，同比增长40.17%。酿酒行业通过近几年的科技创新，优化结构，推动产品升级换代，成效显著。白酒行业通过不断提升产品质量，压缩低档酒产量，拓展中高档酒、精品酒市场，销售收入大幅增长，税负率下降，经济效益显著增加。啤酒行业紧随市场变化，经过产品淡爽型、低度化、包装小型化、便捷化、个性化的发展，单位产品的附加值有了提高，虽然总的销售收入相应下降，但千升啤酒的销售收入增加，经济效益大幅提高。酿酒行业为“十二五”的发展壮大打下了较为坚实的基础。

2010年江西酒业协会工作情况

一、召开一届三次理事（扩大）工作会议

本次会议对2009年全省酒业经济发展运行情况进行了分析阐述，深入剖析了行业所处地位，具备的优势和存在的问题。与会企业广泛交流了生产经营情况，遇到的问题和采取的措施。大家畅所欲言，气氛热烈，充分体现了行业的整体团结性与和谐统一性。会议就2010年协会的工作计划进行了讨论并探讨了2010年行业的主要工作目标，确立了“创新调结构，安全降能耗”十字方针为2010年全行业工作的中心思想。会议还通报表扬了2009年度在行业质量检评活动中获得优秀的啤酒、白酒产品名单。按照省规范行业协会、市场中介组织服务和收费行为专项治理工作领导小组办公室的规定，会议还专门就江西省酒业协会领导班子重新进行了改选确认。

二、创办《赣酒》杂志，搭建宣传平台

经过协会近2年的精心谋划，由协会主办的《赣酒》杂志5月份顺利首刊。该杂志是唯一反映江西酒类企业及相关行业经营与发展的专业性刊物。《赣酒》杂志志在为历久弥香的赣酒企业做大做强呐喊助威，为源远流长的赣酒文化奏出博大精深的乐章。该杂志致力于宣传省内外酒类企业及相关行业发展动态，先进技术及优秀企业人文，新经验，新成果，深度报道行业新情况，讴歌本行业的先进典范，具有权威性、指导性、实用性、可读性的特点。杂志首刊得到有关领导和相关部门的充分肯定，省内外同行及企业给予了高度评价。《赣酒》杂志的创办，必将为江西酒业的振兴和发展起到推波助澜的促进作用。

三、组织企业参加湘、赣两省联办的啤酒产品质量检评交流活动

一年一度的湘、赣两省啤酒产品质量检评交流活动于5月20日在风景秀丽的湖南永州市举行，两省酒协领导及上级主管部门领导，永州市分管领导参加了会议。此次交流活动得到了两省啤酒生产企业的大力支持和热情参与，两省国家级、省级评委及部分企业生产、技术、质量部门的负责人共计49人参与了检评活动，其中江西参加检评活动人员26人，会议收到参检酒样47个，其中江西参检酒样28个。28个酒样中7～8度酒样25个，10度3个，检评结果89分以上产品1个，87～89分产品12个，85～87分产品11个，85分以下产品4个，今年我省共有21个产品得分在85分以上，占送检产品的84%，同比上升11.3个百分点，4个产品得分在85分以下，占比16%，同比下降7.8个百分点，综合来看全省啤酒产品质量明显好于去年，产品质量呈上升势头。但仍有个别产品存在一定的问题缺陷，主要体现在酒花香气不明显，酒体淡薄，柔和协调性较差，杀口力欠缺等。从这次两省检评活动总体上看，一是所送酒样在包装形式上，设计上可谓独具匠心，丰富多彩，给人耳目一新的感觉，有了很大进步；二是规模较大和装备性能较好的企业在啤酒产品质量的控制和稳定性上显示明显优势；三是一些规模较少的企业，经过不断的技术、装备改造，和狠抓企业内部严格管理，产品质量有了长足的进步与较大的提升。

四、全力办好首届渝、闽、湘、鄂、赣白酒行业质量检评交流会

经湖南省酒业协会，湖北省酒业协会，江西省酒业协会，重庆市酒类管理协会，福建省轻工联合会有关领导共同商议，为促进四省一市白酒企业生产技术交流，加强合作，相互学习，共谋发展，帮助企业搭建交流合作平台，推动行业发展，决定共同举办首届渝、闽、湘、鄂、赣白酒质量检评会，具体承办方为江西省酒业协会。协会接受任务后，立即在全行业进行动员宣传，并多次召集部分企业相关人员研究、讨论。从考察选址到会议的每个细节都精心策划，方案几经修改，会址多次考察。经过4个多月全力以赴的准备，2010年首届渝、闽、湘、鄂、赣白酒质量检评会于7月13～17日在江西婺源如期隆重举行。江西省轻工行业管理办公室，湖北省经信委，湖南省商务厅，福建省轻工业联合会、婺源县政府，县政协有关领导及四省一市酒业协会，酒类管理协会的领导，部分新闻媒体和四省一市国家白酒评委、省级白酒评委以及部分白酒企业技术负责人和技术人员170余人出席了会议。

会议共收到四省一市69个企业参检酒样143个，其中浓香84个；兼香14个；特香11个；酱香5个；馥郁香4个；小曲清香10个；大曲清香2个；米香5个；药香露酒8个。产品最低出厂价5元/瓶，最高出厂价2000元/瓶。10元以下产品9个，占比6.29%；10元至100元产品76个，占比53.15%；100元以上产品58个，占比40.56%；其中400元以上产品11个，占比7.69%。

会议成立了由四省一市酒协领导和专家代表共同组成的检评委员会，具体组织实施检评会的各项检评工作。检评方法按国家白酒感官质量检评办法，根据不同类型、不同糖化发酵剂和酒度并参考出厂价格分类、分轮、密码编号。独立品评打分。在每轮品评结束后，由专家组对每轮、每号酒的质量状况，风格特征进行综合点评，有效地保证了检评结果的公平、公正、透明性，更有利于评委们品评技术与能力的进一步升华。从检评结果看，参检产品的总体质量水平稳定，得分在90分以上（含90分）的产品53个，占总数的37.06%；85分至90分的产品89个，占总数的62.24%；只有极个别酒的质量稍欠稳定。

通过检评体现出四省一市白酒行业既保持了各自原有的香型风格特点和传统工艺方面的个性，又呈现出在酒体设计、产品包装方面有了较大改进突破和提高的共性。在差异化发展与协调发展方面越来越细化，越来越注重把握市场脉向，以满足不同消费群体的需要，中高档产品和中低档产品得到了极大的丰富，基本反映出四省一市白酒生产的质量水平和发展方向。

通过本次活动，四省一市的企业、评委拉近了距离，增加了了解，建立了友谊，普遍感到收益匪浅。检评会受到与会代表的高度赞扬，取得圆满成功。

五、做好第二届全国白酒品酒职业技能竞赛江西初赛工作

按中酒协要求第二届全国白酒品酒职业技能竞赛初赛由各省市酒协会同相关工会组织于8月底前完成。协会接通知后及时与省轻工工会进行了探讨，确定实施方案，并在全省白酒生产企业通报宣传，广泛发动。另一方面积极准备相关器材，培训师资等，至初赛前夕，已将相关书籍邮寄给参赛选手予以自学，为提高办事效率，减轻企业负担，协会决定将第二届全国白酒品酒职业技能竞赛、品酒师职业资格鉴定、考选2010届全省白酒省级评委三体合一捆绑举行，受到企业的普遍欢迎。共有来自20个企业的50余人参与了8月16～20日在南昌举行的初赛角逐。本次初赛共进行了4天，其中2天培训训练，包括理论授课和14轮次的实际操作训练；2天考试考核，包括理论考试和11轮次的实际操作考试，通过初赛培训训练和竞赛大大地提高了参赛选手的理论水平和品评能力。协会根据考试成绩，坚持公平、公正、公开的原则，从高分至低分择优录取了推荐参加全国决赛的选手，并录选了2010年省级白酒评委；对于考试合格者，依据职业资格鉴定相关条件，准予申报相应级别的品酒师职业资格鉴定。

本次活动极大地激发了广大职工学知识，练技术，掌本领的工作热情，加快了高技能人才队伍的建设，对于提高稳定产品质量促进酿酒事业的发展具有积极和深远的意义。

六、参与企业活动，推进品牌建设

协会先后参加了四特、亚啤、江西燕京、赣泉啤酒、武林啤酒、饶州酒业等会员单位举办的一系列活动，支持企业工作，促进企业发展。根据著名商标管理办法规定，协会帮助指导猕猴桃酒业有限公司、蓝欣啤酒、饶州酒业、久天实业有限公司、稻香酒业有限公司等单位申请著名商标认定，提高企业核心竞争力。2010年全省申报著名商标认定191件，其中酒类产品10件，占比5.23%，充分体现出通过近年来的品牌推广建设，全省酿酒企业的质量意识、品牌保护意识日益增强。

一年来，协会虽然做了很多有益于企业的工作，但也存在着许多不足，主要表现在开拓创新精神不强，钻研不够，争取各职能部门和社会力量支持力度不大，工作思路还没有完全打开等，这些都需要在今后的工作中加以改进，努力完善。

2011年江西酒业综述

一、经济运行情况

2011年国家统计局调整规模以上企业标准，酿酒行业规模以上企业由原来主营业务收入五百万元，调整为两千万元，标准调整后我省规模以上酿酒企业37家，比调整前缩减10家，减少21.28%。其中白酒生产企业15家，同比缩减6家；啤酒生产企业16家，同比缩减4家；黄酒生产企业2家，同比增加1家；葡萄酒企业1家，增减不变；其它酒行业3家，同比缩减1家。尽管规模以上企业数量减少，但全行业产销量、产值、利税等主要经济技术指标，依然保持了较高的增长速度。据国家统计局数据显示，2011年全省饮料酒总产量145.6万千升，同比增长11.67%，低于全国平均增长2.02个百分点，其中白酒产量14.58万千升，同比增长29.95%，低于全国白酒平均增长值0.75个百分点；啤酒产量129.47万千升，同比增长9.60%，低于全国啤酒平均增长值1.07个百分点。各酒种的增长速度均低于全国平均增长速度，反映出我省酿酒行业一方面中小企业居多，产能规模普遍偏弱；另一方面相对全国其它省份，龙头核心企业极少，产能强度不够强大。“十二五”期间，着力发展打造一批龙头企业、次龙头企业，实现进位赶超、走向全国，是保持我省酿酒行业持续稳定发展的关健。

2011年全省规模以上酿酒企业完成工业总产值81.41亿元，同比增长39.02%。其中白酒完成工业总产值49亿元，同比增长40%；啤酒完成工业总产值26.34亿元，同比增长25.79%。完成工业销售产值77.44亿元，同比增长39.43%。其中白酒完成工业销售产值46.74亿元，同比增长34.50%；啤酒完成工业销售产值24.92亿元，同比增长35.58%；黄酒、葡萄酒、其它酒行业完成工业销售产值同比增长均超过40%以上。白酒行业因生产年份酒等储酒需要，工业销售产值与工业总产值相比增长比率适当降低。2011年全行业规模以上企业完成主营业务销售收入78.23亿元，同比增长34.88%。其中白酒完成销售收入46.68亿元，同比增长34.11%；啤酒完成销售收入25.67亿元，同比增长25.96%。全行业主营业务成本48.05亿元，同比增加42.41%，高于全国成本平均增加值8.85个百分点。其中白酒主营业务成本24.69亿元，同比增加37.40%，低于全国白酒成本平均增加值2.3个百分点；啤酒主营业务成本18.03亿元，同比增加32.67%，高于全国啤酒成本平均增加值6.74个百分点。反映出我省白酒行业近年来依托科技进步，工艺创新，优质酒产品得酒率稳步提高，并且在严格原辅材料采购检验、降低成本、节能降耗、减少食品添加剂使用方面初见成效。啤酒行业由于大部分企业设备装备相对落后，耗能偏高，加之缺乏相对稳定的原料基地及采购渠道和储备，受国际大麦价格波动影响，导致成本偏大，当前啤酒行业要着力解决好创新管理，科学采购，节能降耗，产品升级工作，依靠科技进步，工艺改革，逐步淘汰影响产能效益的陈旧设备，提高行业节能降耗水平，增强企业效率。

2011年全省规模以上酿酒企业实现利润10.36亿元，同比增长27.90%，上缴税金10.54亿元，同比增长19.10%。其中白酒行业实现利润8.23亿元，同比增长30%，低于全国白酒平均利润增长值21.91个百分点，上缴税金7.16亿元，同比增长24.31%，低于全国白酒税金平均增长值14.92个百分点，反应出我省白酒行业呈现出两头尖，中间大的梭状产品价格结构特点。一方面由于受品牌力的影响，相对高端的市场难以维系，只能定位于中高端市场、中端市场，另一方面由于受0.5元从量计税的制约，许多企业对低端产品生产量减少，有些企业甚至放弃低端产品市场，产生很不协调的市场效应，这种发展状况不利于行业发展，不利于企业做大做强。也不利于满足市场需求，提升品牌影响力和美誉度，必须引起全行业高度警觉和重视。啤酒行业实现利润1.91亿元，同比增长19.11%，高于全国啤酒利润平均增长值5.28个百分点，上缴税金3.19亿元，同比增长7.40%，低于全国啤酒税金平均增长值6.24个百分点，反映出全省啤酒行业产品价格呈现出普遍上涨的稳定态势，市场秩序进一步改善规范，营销策略提升，不良恶性竞争逐步被扼制。

二、品牌建设情况

近年来全行业全面实施品牌战略，加强品牌建设力度，2011年取得了显著成绩。章贡王、堆花、清华婺、临川贡、宜丰洞山、九江封缸荣获商务部第二批“中华老字号”殊荣。加上第一批荣获中华老字号的四特品牌，全省酒类产品中华老字号达7个，占目前全省22个中华老字号的近三分之一。全省新增认定赣州京都啤酒有限公司、江西井冈酒业有限责任公司、婺源星河酒业有限公司、樟树古城酒业有限公司、吉安市豪阳酒业有限公司、泰和武山凤酒业有限公司、井冈山市鹃花红米酒厂七个企业“江西省著名商标”，延续认定江西樟树啤酒集团有限公司、信丰恒隆麦饭石酒业有限公司、江西丽春酒业有限公司、江西陶令酒业有限公司四个企业“江西省著名商标”。2011年9月在第三届“华樽杯”中国酒类品牌价值研究成果发布会上，四特酒有限责任公司荣获“2011年度中国酒类十大最具投资价值品牌”和“2011年度中国酒类十大最具竞争力品牌”荣誉。品牌建设增强了企业活力，提高了企业效益。

三、资本运作情况

随着酿酒行业景气度的上升，越来越多的资本进入酿酒行业领域。2011年全省并构速度、投资力度呈现加速态势。江苏群英集团整体收购婺源星河酒业有限公司，并投入近亿元资金异地扩建新厂房。江西观山月集团注资控股全良液酒业有限责任公司。福建民营资本控股九江啤酒厂。江西赣泉啤酒有限公司兼并重组永丰啤酒厂。四特酒业有限公司与临川贡酒业有限公司“联姻”达成战略合作，先期注资1.5亿元，初步规划200亩建设新厂，把临川贡酒品牌做大做强，同时进一步提升四特酒的总体规模量级，集团化发展的道路迈上了新的台阶。江西百花仙酒业有限公司投资四亿元，征地600亩，新建年产15000吨生产厂房。堆花实业有限公司征地150亩，投资1.6亿元进行年产3万吨白酒生产线异地改造项目，竣工后预计年销售额达10亿元。2011年十月南昌亚啤60万吨生产线第一期工程顺利通过峻工验收。资本的涌入，不仅为行业注入了新的活力、新的理念，夯实了基础，而且促进了行业现代化的进程，更为行业的持续稳定发展增添了后劲。

四、科技进步

经国家标准化管理委员会批准，2011年6月全国标准化技术委员会特香型白酒分技术委员会在我省成立，秘书处设四特酒有限责任公司。特香型白酒分技术委员会的成立标志着以我省白酒香型为代表的特香型白酒在充分得到国家有关部门和行业认可的同时，特香型白酒的研究和发展工作翻开了崭新的一页，迈向了新的台阶，对于探讨特香型白酒的形成机理，丰富特香型白酒的基础理论，完善特香型白酒的标准体系框架将起到积极的推动作用，对于进一步规范特香型白酒企业的操作工艺、质量控制、食品安全控制、检测分析技术的提高，起到良好的促进作用，从而加速特香型白酒更好地发展壮大。2011年10月由四特酒有限责任公司承担的省级科技支撑项目“特型大曲微生物及其酶系对特型酒风格风味影响的研究”顺利通过由省科技厅组织的专家组验收和成果鉴定。该成果对于改善提高特型酒优质酒出酒率将起到重大的指导作用。为适应快速发展的需要，使经营管理再上新的台阶，2011年9月南昌亚啤携手江西金碟研究院，启动南昌亚啤k/3生产信息化项目，通过高级业务蓝图实施及排产业务分析以优化服务上线APS系统，实现产销协同联动，将物流、资金流、信息流实施全面一体化管理，实现企业资源整合，提升企业集中管理的准确性、实效性和可控性。

五、社会责任

企业的发展与社会的文明进步息息相关，近年来越来越多的企业融入到社会发展当中，勇于承担社会责任。2011年我省酿酒行业企业社会责任感有了长足的进步。南昌亚啤倾力支持全国第七届城市运动会180万元倒计时牌赞助费，100万元现金人民币及200万元等价实物。四特酒业投资数千万元全程冠名2011年中国红歌会，弘扬红文化，四特慈善基金会每年还安排专项资金对困难家庭和贫困学子进行帮扶，2011年资助贫困学子75名。江西燕京啤酒有限责任公司协办了吉安市首届博爱助学活动，受资助贫困生32名。章贡王酒业有限公司，捐资38万元助学，帮助贫困学子圆大学梦，并且将品牌宣传和弘扬江西红色旅游文化有机结合，开展了丰富多彩的“喝章贡王，红动江西”的销售旅游活动。还有相当多的企业在贡献社会，奉献爱心方面做了很多有意义的工作，充分体现了酿酒企业承担社会责任，弘扬中华民族优秀传统文化精神的本色。企业在自我发展，贡献社会，回报人民，承担社会责任的同时不仅展示了良好的企业形象，而且提升了企业的品牌价值，提高了企业品牌的知名度和美誉度，对于促进酿酒行业健康发展有着深远意义。

2011年江西酒业协会工作情况

2011年全省酿酒行业经历了不平凡的一年，面对复杂多变的国内外经济环境，敏感的舆论环境，全国关注的食品安全、快速膨胀的生产成本等因素，在省轻工行业管理办公室、当地政府的正确领导和中国酿酒工业协会的精心指导下，在各有关部门的关心支持帮助下，经过全行业团结拼博，创新发展思路，创新工作机制，创新营销模式，创新服务方式，依靠科技进步，加快转变经济增长方式，产业结构和产品结构进一步优化，品牌建设成效显著，全行业充满生机，呈现出蓬勃发展的态势，为“十二五”时期的规划发展奠定了坚实的基础，实现了良好的开局。

（1）参加中酒协第四届理事会第三次扩大会议和全国酒协秘书长工作座谈会。了解全国酿酒行业发展动态，学习和探讨兄弟省市协会工作的先进经验，明确协会工作重点，创新为行业服务的理念，促进行业的发展。

（2）召开省酒协第一届四次理事扩大会。会议传达学习了中酒协第四次理事会第三次扩大会议精神，学习解读了中国酒业“十二五”发展规划。对2011年全省酒业发展经济运行情况，进行了分析阐述，与会代表广泛交流了企业生产经营情况。会议强调了食品安全，食品添加剂使用问题，大家对今后的安全生产、质量控制统一了认识，会议还通报了2010年度啤酒、白酒行业质量检评情况，颁发了2010年四省一市白酒质量检评金奖、优质奖牌及2010届江西省白酒评委证书。

（3）承办2011年度湘、鄂、赣三省啤酒质量检评交流活动，来自三省的酒协领导、国家评委、省级评委和企业代表共72人参加了会议，检评酒样67个，其中湖南22个；湖北15个；江西30个。酒样特点7度啤酒（含7.5度）7个；8度啤酒45个；9度啤酒6个；10度啤酒9个，检评结果89分以上产品12个，占46.1%，同比上升42个百分点；87～89分产品11个，占40%，同比上升7个百分点；85～87分产品5个，同比下降16.8个百分点；85分以下产品1个，同比下降12.2个百分点。从检评结果看，啤酒行业整体产品质量稳定提高，呈上升势头，各企业产品质量差距进一步缩小。

（4）组织参与2011年湘、鄂、赣、渝、闽白酒质量检评交流会，江西共有20个企业，24个样品参检，参会人员及评委38人，为鼓励企业不断提高产品质量，扩大对外宣传，对在检评中品质优异的产品由四省一市分别授予“2011年湘、鄂、赣、渝、闽白酒质量检评金奖产品”和“2011年湘、鄂、赣、渝、闽白酒质量检评优质产品”荣誉称号并颁发奖牌。江西有12家企业的14个产品荣获金奖产品称号，有10家企业的10个产品荣获优质产品称号。

（5）与省内发行量最大的报业江南都市报达成战略合作，携手江南都市报《农产品专版》策划对赣酒进行系列宣传推广活动，着力打造江西“品牌生态赣酒”，让消费者了解具有江西本土特色的酒产品，弘扬传承赣酒文化，推广赣酒企业，从而有效地提高企业的知名度和品牌影响力，该活动得到了企业的热烈响应，积极参与。

（6）组织审核推荐“第二届中国酿酒大师”申报工作。2011年10月经中轻联、中酒协批准，四特酒有限责任公司董事长、总经理廖昶被评为“第二届中国酿酒大师”之一，成为江西酒业历史上首次唯一获此殊荣的行业精英。

（7）选拔推荐英博雪津啤酒南昌分公司陈忠兴等3人参加由中国酿酒工业协会，中国就业培训技术指导中心、中国轻工业职业技能鉴定指导中心，中国财贸轻纺烟草工会联合举办的“赛诺杯”第二届全国啤酒职业技能竞赛活动。陈忠兴同志被中国酿酒工业协会、中国财贸轻纺烟草工会授予“全国酿酒行业技术能手”荣誉称号。

（8）参与审核由省科技厅组织，四特酒业有限责任公司承担的省级科技支撑项目“特型大曲微生物及其酶系对特型酒风格风味影响的研究”项目验收和成果鉴定。

（9）强化服务意识，深入企业调研。2011年协会先后深入南昌、樟树、吉安、赣州、万安、婺源、鄱阳、南丰、上高、万载等地20多家啤酒、白酒生产企业调查研究，及时掌握企业生产经营情况，就行业热点、焦点问题与企业交换建议，密切与企业关系，增强服务水平，掌握协会工作的主动性，努力开创协会工作的新局面。

山东

2010年山东啤酒行业综述

2010年汇总了36个啤酒企业和3个麦芽企业（啤酒厂麦芽车间）的主要经济技术资料。在2010年全省共生产啤酒4182274.25千升（2009年为3774178.72千升），比2009年增加10.26%；省统计局统计的啤酒产量为536.1千升，比2009年507.75万千升（调整后为495.1万千升）增加5.58%。在2010年，啤酒产品的销售收入为1795457.74万元，税收总额为221621.9万元，利润总额为161489.28万元，分别比2009年增加20.48%、17.23%、11.5%。利税总额为383111.18万元，比2009年增加14.75%。在2010年啤酒产品的销售收入和税收、利润三项指标增加幅度较大，与2009年有两个较大的企业没有报经济指标有一定关系。在有报表的36个啤酒企业中，有2个企业亏损，有10个企业没报利润数。3个麦芽企业（啤酒厂麦芽车间）在2010年共生产麦芽105965.77吨。

在2010年，啤酒产量增加的企业是青岛啤酒股份有限公司（青岛本地）、山东新银麦啤酒有限公司、青岛啤酒五厂、华润山东区域公司、烟台啤酒青岛朝日、青岛啤酒（寿光）、青岛啤酒（济南）、青岛啤酒第三有限公司、山东华狮、燕京啤酒（曲阜三孔）、青岛啤酒（薛城）、青岛啤酒（菏泽）、青岛啤酒（日照）公司等。

在2010年，我省啤酒行业取得比较好的成绩，与各企业加强管理、加强营销、大力调整产品结构、降低消耗分不开。

2010年山东啤酒工业协会工作情况

（1）汇总了山东省啤酒行业经济技术指标并印刷发给各有关单位。

（2）于2010年3月30日召开了啤酒新技术与管理研讨会。研讨会的主要内容有：

① 啤酒原料品质控制与原料研究进展——青岛啤酒科研中心原料研究室主任林艳博士。

② 啤酒醛类化合物的测定及其在老化研究中的应用——燕京啤酒集团林智平副总工。

③ 国际啤酒技术研究概要——中国食品发酵研究院啤酒研究中心主任张彦青博士。

④ 无醇啤酒的生产——江南大学陆健教授。

⑤ 强化目标管理促进质量提高——山东新银麦啤酒有限公司刘敬忠总工。

⑥ 管理创新 优化运行 实践低碳经济发展模式——青岛啤酒二厂孟庆尚副厂长。

⑦ 泰山啤酒工业园节能设备及部分管理——山东泰山啤酒有限公司张兆安副总经理。

⑧ 激发啤酒酿造新灵感——诺维信公司啤酒工业技术经理朱明光。

（3）与中国酿酒工业协会合作举办了省啤酒评酒委员培训和考评，对省啤酒评酒委员进行了换届。共有57人参加考试，有12个通过一级评酒师资格，33个通过三级评酒师资格，12个没有通过。有10人被聘为2010届国家评酒委员，他们是朱蕾、苏永福、单连菊、皮向荣、王海霞、席景水、李桂玲、齐保卿、姜伟、张倩。

省啤酒评酒委员聘任：国家评委全部聘任，另外也考虑到企业分布，特别是小企业。小企业有的人员考试不及格，也聘为省啤酒评酒委员，原因是：①他们很少参加培训，这方面的知识很少，特别是他们没有参加去年的培训，直接参加考试，成绩不好。②这些企业非常需要这方面的人员来控制产品质量。③现在的啤酒质量鉴定，已经主要不是评价哪种产品好与坏，而是在于给评酒委员提供一个交流的平台，通过这样的活动使评酒委员能了解全省的整个产品质量情况及发展趋势，从而能更好地做好质量鉴定工作。

（4）配合省轻工业协会举办了2010年山东省啤酒质量鉴定会，并将每种产品的评酒员扣分表汇总发给各送样单位参考。

（5）完成了省政府交给的第十二个五年规划的任务。

（6）汇总山东省啤酒行业季度交换资料，并发给有关单位。在三季度报来交换资料的11个企业中，大多数企业产量和经济效益比去年同期好。

（7）组织19人到台湾进行考察，参观了台湾青岛啤酒厂，考察了啤酒市场。

（8）印刷出版《啤酒世界》6期。

（9）12月17日在泰安召开山东省啤酒工业协会2010年常务理事会，交流今年生产经营情况。

2011年山东啤酒行业综述

2011年汇总了33个啤酒企业和3个麦芽企业（啤酒厂麦芽车间）的主要经济技术资料。在2011年全省共生产啤酒4504758千升（2010年为4182274.25千升），比2010年增加7.7%；省统计局统计的啤酒产量为647.59万千升，比2010年536.1万千升（调整后为495.1万千升）增加19.40%。在2011年，啤酒产品的销售收入为1989227万元，税收总额为236427.2万元，利润总额为179605.4万元，分别比2010年增加10.79%、6.68%、11.2%。利税总额为416032.6万元，比2010年增加8.59%。在有报表的33个啤酒企业中，有5个企业亏损，有6个企业没报利润数。3个麦芽企业（啤酒厂麦芽车间）在2011年共生产麦芽107764吨。

在2011年，啤酒产量增加的企业是青岛啤酒股份有限公司（青岛本地）、华润雪花啤酒山东区域公司、青岛啤酒五厂、烟台啤酒青岛朝日、青岛啤酒（寿光）、青岛啤酒（济南）、青岛啤酒第三有限公司、山东华狮、青岛啤酒（日照）、燕京啤酒（曲阜三孔）、青岛啤酒（薛城）、青岛啤酒（菏泽）公司等。在2011年青岛啤酒在山东的啤酒生产公司（厂）达到16个，共生产啤酒3278295千升，占全省啤酒总产量的72.77%(协会汇总数)，占国家统计局统计数的50.62%。华润雪花啤酒山东区域公司在山东的啤酒产量增加幅度较大，为55.46%。

在2011年，我省啤酒行业取得比较好的成绩，这与各企业加强管理、加强营销、大力调整产品结构、降低消耗分不开。在2012年，希望各企业仍然加强管理、调整产品结构、发展循环经济，争取更好的效益。

2011年山东啤酒工业协会工作情况

（1）汇总了2010年山东省啤酒行业经济技术指标并印刷发给各有关单位。

（2）2011年4月20日在济南召开啤酒新技术与经营管理研讨会。研讨会的主要内容：

① 啤酒企业技术创新与可持续发展——江南大学 陆健教授

② 啤酒泡沫稳定性及挂杯性研究——青岛啤酒科研中心 余俊红博士

③ 荧光原位杂交技术对啤酒有害菌检测和溯源性的研究和应用——燕京啤酒集团郭立芸高工

④ 关于啤酒大麦生产形势及技术分析——中国食品发酵研究院啤酒研究中心郝建秦主任

⑤ 加强班组建设实现绩效提升——金星啤酒集团 王海明总工

⑥ 顺应低碳经济潮流 打造国际化青岛啤酒形象工厂——青岛啤酒二厂王嘉副厂长

⑦ 建立学习型组织 打造高绩效团队之实践——山东新银麦啤酒有限公司刘敬忠总工

⑧ 夯实管理基础 不断求新——燕京啤酒（曲阜三孔）有限公司技术部岳鹏部长

（3）配合山东省人力资源和社会保障厅、山东省轻纺工会委员会、山东省轻工业协会于2011年5月17～20日在济南联合举办了“山东省第二届啤酒品酒职业技能竞赛”，评选出优秀团体组织企业8个，并公布了大赛成绩前30名名单。

（4）与“山东省第二届啤酒品酒职业技能竞赛”结合举办了2011年山东省啤酒质量鉴定会，并将每种产品的评酒员扣分表汇总发给各送样单位参考。

（5）推荐了参加“‘赛诺杯’第二届全国啤酒品酒职业技能竞赛”的人选，我省共推荐27名参加，青岛啤酒二厂朱蕾获得第二名，有15名进入前70名。

（6）对啤酒企业回收自用的二氧化碳需要办理生产许可证的问题，协会倪慧、蒋彬秘书长多次向省技术监督局、省长反应，向中国酿酒工业协会啤酒分会专题报告说明啤酒企业回收自用的二氧化碳不应该办理生产许可证的原因，使该问题基本得到解决。

（7）受省政府的委托，起草了山东啤酒振兴规划，山东省“十二五”发展规划。9月份，在烟台市，组织省内重点三大啤酒集团参加了省经信委组织的山东白酒行业“十二五”规划论证会暨2008山东省白酒行业振兴规划回头看汇报会。

（8）汇总山东省啤酒行业季度交换资料，并发给有关单位。

（9）印刷出版《啤酒世界》6期。

特色区域

蓬莱：向葡萄酒高端产区迈进

蓬莱是中国葡萄酒产业的一个重要产区，多年来，在市委、市政府的正确领导和强力推动下，依托自身优势，坚持科学发展理念，顺应国际国内发展大势，将葡萄及葡萄酒作为“百年立市”产业倾力培育，以建设“优质产区、特色葡园、精品酒庄”为主攻方向，实现了葡萄与葡萄酒产业由低端向高端迈进、由单一型向复合型发展、由量的扩张向量质并重转变，形成了以精品酒庄为引领，集苗木繁育、葡萄种植、葡萄酒生产、酒庄酒堡观光旅游于一体、涵盖一二三次产业的复合产业链条，产生了显著的联动效应，逐渐成为国内葡萄与葡萄酒产业发展的地标城市。葡萄与葡萄酒产业带给蓬莱的，不仅是城市品牌的提升，更多的是财政增收、企业增效、农民致富，形成社会经济又好又快发展的多赢格局。

一、以优质产区为核心，推动产业步入转型时代

蓬莱产区的土壤、光照和温度都非常适合葡萄生长，是种植酿酒葡萄的最佳区域之一。尤其是海岸葡萄优势明显，是“世界七大葡萄海岸之一”，也是亚洲唯一的海岸葡萄酒产区，完全符合阳光（SUN）、沙砾（SAND）、海洋（SEA）“3S法则”，所产葡萄酒醇和自然、果香浓郁，有天生的优雅。

近几年来，我国的葡萄与葡萄酒产业逐渐步入健康、成熟、高速、规范化发展的时期，与国际接轨的步伐也越来越快，特别是中国加入WTO后，葡萄酒关税逐步下降，国外葡萄酒企业和产品加快进入我国的步伐。蓬莱作为中国葡萄与葡萄酒产业国际化发展的前沿，从2005年成功召开“世界七大葡萄海岸高峰论坛”以来，大量引入国外先进理念、精湛的技术工艺、成功的种植模式，加快了产区与国际接轨的步伐。从国内各产区发展情况看，目前蓬莱葡萄与葡萄酒产业发展总体水平处于国内领先地位，截止2011年底，全市葡萄酒行业预计实现销售收入30亿元，利税6.5亿元，葡萄酒年产量14万吨，优质酿酒葡萄基地种植面积达16万亩，葡萄酒生产企业70家。

培育行业正气，促进产业和谐发展。近年来，蓬莱市政府不断加大行业整治力度，规范葡萄酒行业生产经营秩序，净化产业发展环境，严厉打击违法生产经营行为，取得明显实效。虽然葡萄酒企业众多，但是行业秩序井然。企业内修品质，外塑品牌，产品质量与品牌知名度不断提升，竞争力进一步增强，整个产业迈入稳步、快速、健康的发展轨道。

截止目前，蓬莱市相继获得了“中国葡萄酒名城”、“山东十大（农业）产业集群”、“山东省县域经济十大高效农业聚集园区”、“最具竞争力葡萄酒产业之都”、“中国百佳产业集群”、“山东葡萄酒卓越大奖”等荣誉称号。荣誉的获得是社会各界对蓬莱产区多年来科学发展的肯定，不仅提升了整个产区的形象和档次，也为产区的对外推介奠定了良好的基础。

统一产区标志，形成产区合力。蓬莱产区整合资源，联合产品质量有保证的中小葡萄酒企业建立起统一的品牌联盟，共同打造和推广产区品牌，以减少企业间的不必要竞争，提高中小企业整体竞争力。设计了蓬莱产区商会专用标识，于2008年1月1日起正式启用，企业联合打造蓬莱产区品牌，这在国内葡萄酒界尚属先例。

联合企业参会参展，推进产区营销。蓬莱产区在国内众多葡萄酒产区中率先采用了葡萄酒产区整体营销模式，通过组团参加全国糖酒会，举办2008第二届中国葡萄酒经济年会，举办国际知名的VINITECH博览会、VINALIES品评赛等一系列活动，以整体形象向消费者、经销商和国内外投资者展示产区。产区品牌知名度得到一再提升，使当地葡萄酒企业获益的同时，吸引了众多国内外葡萄酒企业前来加盟。

扩大规模、膨胀总量，促进产业集群化发展。葡萄与葡萄酒产业作为一个融合三次产业的复合型产业，具有产业链条长、涵盖内容广的特点。蓬莱注重深挖资源潜力，狠抓产业延伸，不断拉长产业链条，丰富产业内涵。依托葡萄与葡萄酒产业的集群效应，在重点引进葡萄酒生产企业和特色酒庄的基础上，积极发展酒瓶、制盖、木塞、印刷、

包装等配套企业，全面提高产业的整体配套能力。截止目前，全市已引进橡木桶制作、木塞加工等企业4家，发展各类配套项目21家，初步形成了种类齐全、分工明确的产业配套体系。

政府鼓励企业争创名牌。品牌是企业发展的核心。为培植壮大葡萄酒生产企业，蓬莱市加大扶持力度，制订一系列鼓励争创名牌产品和驰名商标的措施，鼓励企业争创名牌、独立发展，努力实现由“做酒”到“创牌”的转变。通过品牌化运作，蓬莱的葡萄酒品质也得到了极大提高。2008年，在蓬莱举办的中国国际葡萄酒•烈酒品评赛中，蓬莱产区葡萄酒获得1金9银，位居各产区之首。2011年，蓬莱产区葡萄酒再获3金13银的佳绩，获奖数占国内获奖总数的60%。截止目前，全市葡萄酒行业拥有中国名牌1家、中国驰名商标2家、山东省名牌产品5家、山东省著名商标7家。

招才引智加速产业转型升级。随着产业的集聚和科学发展，产区注重招才引智，加强人才队伍建设，培养一批专业人才，建立人才资源储备库，为葡萄与葡萄酒产业的可持续发展提供专业人才保障。目前，全市共有葡萄酒人才近千名，国家级品酒师13名，从法国、德国、意大利等国引进高级园艺师、酿酒师15人次，聘请国内专家顾问10人。设立专业葡萄酒学院一所，培养产业复合型人才。这些专家以及专业技术人才在葡萄种植、葡萄酒酿造及产区的发展规划方面发挥着重要的作用，为产业转型升级注入了活力。

二、以建设特色葡萄园为根本，夯实产业持续发展基础

好葡萄酒是种出来的，葡萄酒产业的根基就是葡萄基地建设。经过近几年的发展，蓬莱80%的基地实现了标准化种植，70%的基地是企业自有基地。其中，嫁接苗面积、标准化基地比例、企业自有基地比例在国内均居首位。经过几年的发展，蓬莱葡萄基地逐渐呈现出独具特色的“六化”特点。

种植模式标准化。积极倡导标准化种植，大力研究和推广各种新技术，葡萄种植方式逐步由小行距、大密度转变为大行距、中密度；扇形架式转变为干型架式；大多新建基地亩株数均控制在350株左右，葡萄的采光、通风条件得到极大的提高。同时，严格控制采摘的时间和产量，有效提高了葡萄质量。目前，葡萄基地中已有80%的面积实现了标准化种植。

苗木选择优质化。突出强调使用抗性强、生命周期长的优质脱毒嫁接苗建园，逐步减少使用生命周期短、葡萄质量不高的扦插苗，从根本上提高了酿酒葡萄的品质。目前，蓬莱已成为国内嫁接苗种植面积最大的产区。

管理模式多样化。在种植模式上，在已有的中粮模式、合作社模式、订单模式等几种模式相互共存、优势互补的基础上，继续探索新型管理模式，即“公司+种植大户合作社”大辛店中粮模式。这种模式主要是土地仍归农民所有，由企业和种植户共同承担风险。经过运营效果观察，这种管理模式是比较成功的。

基地配套企业化。近几年来，产区充分运用科学的政策导向，鼓励企业建设自有基地，使葡萄基地由大部分控制在农民手中转变为70%以上控制在企业手中，避免了“价格高种葡萄、价格低砍葡萄”的现象发生，从根本上解决了小生产与大市场的矛盾，既保护了种植户的利益，也保证企业得到稳定优质的原料。2010—2011年，新上的葡萄基地，企业配套率均达到了100%。

管理服务规范化。严格执行《蓬莱产区葡萄栽培管理规程》和《蓬莱市酿酒葡萄种植技术标准》，制订《酿酒葡萄病虫害防治年历及防治方案》和《恶劣天气应急预案》，从栽培模式、施肥浇水、农药使用、采摘时间、产量控制、病虫害防治等各个环节，严格按照酿酒葡萄种植规范标准、无公害标准和绿色食品标准进行操作，从管理层次上保证酿酒葡萄的品质。在服务上，以园艺师协会为服务平台实地指导，不定期地深入田间地头进行现场指导，帮助葡萄种植户解决生产中遇到的技术问题。同时，还邀请高等院校和科研机构的专家教授不定期来蓬莱举办专业技术讲座，有效提高了种植户的栽培管理技术水平。

品种培育特色化。为有效解决葡萄品种同质化问题，近年来，除优化本地主栽的赤霞珠、蛇龙珠、贵人香、霞多丽等品种外，还依托中粮阿海威苗木公司，积极选育出适合本地区栽培的优质新品种，目前，泰纳特、泰姆比罗、马萨兰等一些特色品种正逐步得到推广。此外，经过国内外专家品鉴，采用蓬莱产区的白色品种酿造的葡萄酒，具有香气细腻、富于变化、口感均衡的特点，较其他产区的同品种葡萄酒，个性鲜明。所以蓬莱市提倡大力发展白葡萄品种。截止2010年底，全市白葡萄品种已达到3.9万亩，占全市总面积的25.7%。

每个葡萄酒产区都有自身的气候、资源等优势，都有最适宜本产区发展的模式。国内葡萄酒市场竞争日趋激烈，产业发展环境越来越苛刻。为保持产业的持久竞争力和旺盛生命力，蓬莱市适时转变发展思路，注重提升产业发展的效益和质量，推动整个产业步向高端，确保产业发展始终位列时代前沿。

蓬莱产区凭借优越的自然禀赋和浓厚的产业发展氛

围，高端酒庄集群规模已初见端倪。2007年君顶酒庄的开幕开启了蓬莱产区酒庄发展的新纪元。法国顶级酒庄之一——拉菲酒庄的正式落户，标志着蓬莱已成为国际高端酒庄进驻的热土。目前，蓬莱市已经建成酒庄9个，在建、待建酒庄14个。

在酒庄的建设中，蓬莱产区注重酒庄的建筑设计、园林设计以及对周边景观的控制。各具特色的酒庄依托自身的优势条件、各自的背景和文化底蕴，形成了风格迥异的的酒庄建筑群。具有东方神韵的中粮君顶酒庄、法国庄园风情的瑞枫奥塞斯酒庄、欧陆风情的瑞事临酒庄、别具苏格兰风情的苏格兰酒庄等一批特色酒庄已经矗立在十八公里葡萄长廊绿色产业带上，组成了一道亮丽的风景线。浪漫典雅的拉菲酒庄、充满现代感元素的水镜酒庄、怡情怡性的华东骑士酒庄、唐韵古风的国宾酒庄……将进一步带动蓬莱产区高端酒庄的发展热潮。一个以高档精品酒庄为旗帜，带动整个产业向集群化、优质化和国际化发展的新格局正在形成，高档精品酒庄集群正在成为带动产业升级的“动力之源”。

精品酒庄群的发展，不仅使蓬莱产区发展了一批各具特色的葡萄酒企业，也铺就了葡萄酒旅游的发展道路。产区凭借高档酒庄为平台，结合当地丰富的历史文化资源，开发了与葡萄酒产业相关的旅游项目，如葡萄采摘、葡萄酒自酿、美食与商务休闲、葡萄酒文化沙龙等，使游客在观光体验中领悟具有产区特色的葡萄酒文化。目前具有产区特色的酒庄旅游每年接待游客以35%以上的速度递增，葡萄旅游年收入突破3000万元。

河南

2010年河南酒业综述

一、豫酒行业情况概况

经过产业结构调整，我省白酒产量有较大幅度的增长，产品结构得到了合理改善，尤其是在我省白酒消费的中高端市场，豫酒份额在不断扩大，日益受到消费者的青睐；啤酒产量稳中有升，自从2009年以来，中美矿业、华润雪花、燕京、青岛啤酒、百威英博等国内外啤酒巨头先后入驻河南啤酒市场，对改善豫啤低价倾销、低层次竞争的局面起到了一定的促进作用；葡萄酒也逐步摆脱不利的行业影响，产量和经济效益在逐步提高，黄酒和其它酒种也有不同程度的提升。

企业改制效果显著，尤其是以宋河、杜康、赊店、林河等骨干企业为主的豫酒白酒企业体制改革进入了实质性进展。

2009年3月，汝阳杜康、伊川杜康实现战略联盟，组建洛阳杜康控股，结束了长达三十多年的两伊大战，2010年5月，再与河南祥龙四五组建杜康控股，并借助祥龙四五2008年9月成功在新加坡上市的基础上挂牌新加坡交易所，在台湾发行存托凭证，为杜康酒业做强做大，奠定了资本保障。

2009年7月，深圳鹏威集团收购赊店酒业实现了彻底改制，宋河于2010年6月底完成了产权改革，林河、张弓、仰韶、宝丰及豫坡、富平春、乌龙、朗陵罐、棠河、君利、卧龙等二线河南白酒企业也实现了企业产权制度改革，为豫酒轻装上阵，提供了可能。

健全酒类安全标准，强化食品安全意识，进一步增强企业社会责任感在豫酒企业中不断得到加强，循环经济、清洁生产、节能减排已经成为豫酒发展的共识。

二、主要经济指标完成情况

2010年，我省在河南省商务厅的正确领导下，在各职能部门的关心支持和广大会员的积极努力下，经济指标稳步增长。

1. 产量

2010年完成饮料酒总产量599.03万千升，比2006年增长85.48%，其中：2010年白酒实现产量84.43万千升；啤酒总产量突破400万千升，达到408.63万千升；酒精实现产量85.22万千升；葡萄酒实现产量15.03万千升；黄酒实现产量5.72万千升。

2. 生产工业总产值

2010年完成饮料酒工业生产总值446.56亿元，比2006年增长163%。其中：2010年白酒工业生产总值173.43亿元；啤酒工业生产总值119.21亿元；酒精工业生产总值129.20亿元；葡萄酒工业生产总值13.10亿元；黄酒工业生产总值1.99亿元；其他酒种9.63亿元。

3. 工业销售产值

2010年全省饮料酒实现工业销售产值436.44亿元，比2006年净增161%，其中：2010年白酒工业销售产值170亿元；啤酒工业销售产值117.97亿元；酒精工业销售产值123.96亿元；葡萄酒工业销售产值13.08亿元；黄酒工业销售产值1.97亿元；其它酒种工业销售产值9.46亿元。

4. 利润情况

2010年饮料酒利润总额为近40亿元。分酒种来看，豫酒中白酒的利润增幅显著，2010年白酒经营利润达到16多亿元；啤酒利润总额超过10亿元，利润年增长速度在20%以上；酒精利润总额为约7亿元；葡萄酒利润总额为2亿多元；黄酒利润总额为近亿元；其它酒种的经营利润也有一定的提高。

5. 税收情况

税收总额2010年达到近20亿元；其中白酒从2006年的4.74亿元，提高到2010年的近8亿元；啤酒税收由2006年的5.13亿元提高到2010年的6亿多元，葡萄酒由2006年的0.16亿元提高到2010年1亿多元，酒精由2006年2.54亿元提高到2010年的近5亿元，黄酒和其它酒种也有一定程度的提高。

三、产品结构进一步调整，呈现出多样化和高端化的发展趋势

为适应市场需要，增强企业核心竞争力和豫酒的行业影响力，各酒种的产品结构进一步调整，中高端产品逐步

成为豫酒参与市场竞争的核心。

白酒　产品升级换代速度加快，各白酒企业都把提高中高端产品的市场占有率作为提升企业经济效益和核心竞争力的突破口和切入点。仰韶的彩陶坊自上市以来，销售收入连创纪录，2009年达到5000万元，2010年实现销售收入1.65亿元，宋河的国字系列、赊店的中国赊酒和今年开发的赊店青花瓷、宝丰的国色清香、张弓的度之度、杜康国花系列、中华杜康和新近开发的酒祖杜康系列、皇沟御酒、豫坡老基酒、富平春的贾湖系列、林河的中国XO等产品都在豫酒市场上有不俗的表现，市场占有率逐年提高，市场影响力和行业美誉度不断提升。

啤酒　传统的啤酒产品仍是豫酒市场的主流，但越来越多的个性化产品层出不穷，金星推出了纯生啤酒等，市场知名度和美誉度在不断提高。自2009年末，豫啤纷纷被国内外啤酒巨头重组后，产品结构正在经历着一系列较大的调整，豫产啤酒的价格将进一步打破低价循环的怪圈，豫啤形象也将从根本上将得以改变。

葡萄酒　受2003年央视曝光的阴影还没有从根本上得以清除，整个豫产葡萄酒行业的发展增幅低于其它酒种，低于全国平均水平，葡萄种植面积、葡萄酒生产技术等因素还直接制约着河南葡萄酒产业的发展。同时，进口葡萄酒自从2008年至今，每年以35%以上的增长速度直接影响着豫产葡萄酒的市场份额。

酒精　优级食用酒精比率增加，为豫产白酒企业开发生产固液结合的产品提供了更多的选择空间，使得豫产白酒的质量不断提高。2010年10月，焦作河阳酒精优级食用酒精生产线的问世，为豫酒调整产业结构提供了更多的空间。

产品结构的调整，不仅提升了豫酒的产品档次，满足了消费者的不同消费需求，更重要的是增强了豫酒的核心竞争力，尤其是豫酒在中高端市场的占率有了进一步的提高。

四、培育品牌意识进一步增强

豫酒企业加快培育品牌建设步伐，中国名酒宋河、宝丰、民权葡萄酒得到了进一步的加强和巩固，中国优质酒张弓、林河、杜康，中国名牌金星啤酒行业影响力得到进一步的提升，中国驰名商标宋河、仰韶、杜康、金星及四十多个河南名牌等一大批名优产品使豫酒锦上添花，形成了誉满中外的豫酒板块。

五、抓两头带中间，促进豫酒全面繁荣

根据豫酒发展的实际，我们提出了“抓两头带中间”的经营管理理念。抓两头即抓“生产源头”和“销售龙头”，带中间是带动企业生产环节的精细化管理。我们提出加大原酒生产力度，加大原酒储存力度，加大技术投入力度，千方百计提高原酒产量；同时，我们倡导做好家门口市场，张弓在商丘销售额达到2亿元，赊店在南阳市场销售额达到2亿元，宝丰在平顶山市场销售收入近3亿元，皇沟在永城市销售收入超过1亿元，卧龙、乌龙、鸡公山、豫坡、棠河、富平春、汉华等精耕细作家门口市场，取得了显著成绩。

六、全省酒类流通秩序明显好转

我省是全国酒类消费大省，每年的酒类消费额超过200亿元，协会成立了流通委员会，规范全省酒类流通秩序，配合省商务厅进一步规范了酒类市场管理，受省商务厅委托做好诚信经营示范企业（店）的评审工作，从2009年10月至今开展了二批诚信经营示范企业（店）的评审，诚信经营示范企业67个，示范店80个。向经销商普及酒类知识，提高酒类食品质量安全意识；宣传《酒类流通管理办法》，推动备案登记和《酒类随附单》的使用。目前全省共备案登记酒类经营企业、商户7万多家，使用《随附单》的企业（商户）6000多个。全省没有发生重大饮酒事故。

2010年河南酒业协会工作情况

2010年，河南省酒业协会继续紧紧围绕“一（服务宗旨）二（增加业务、经济两个实力）三（树立信息、协调、指导三个权威）”的办会宗旨，工作领域由单一的生产领域向生产、流通相关、进口酒等领域拓展，协会影响力、凝聚力、向心力不断提升，荣获了不少荣誉。主要表现在以下几个方面：

一、上传下达，反映行业诉求，在政府和企业之间架起沟通的桥梁

为提升豫酒，河南省酒业协会先后向周口市人民政府、洛阳市人民政府发函，建议将周口市鹿邑县枣集镇更名为宋河镇，在洛阳市组建杜康市或杜康区等，先后被采纳，2009年3月，周口市鹿邑县枣集镇已经正式更名为宋河镇，对放大杜康资源的相关建议已由有关部门正在调研之中。

同时，协会配合省直有关部门做好中华老字号、河南老字号、河南名牌、食品生产许可证审查、淘汰落后产能、质量信用A等工业企业评价等工作。

二、拓展服务领域，维护行业利益

河南省酒业协会一直把维护行业及企业利益作为协会义不容辞的责任和义务，为此协会成立了维权和公平交易法律服务部，出面代表行业和企业维护自身利益。2010年8月，湖北某企业侵权河南养生殿酒业合法权益，协会会同养生殿在郑州召开新闻发布会，全力维护企业合法权益。协会的维权行动赢得了企业的高度肯定。

三、加强行业组织建设，建立健全全省酒类行业组织体系

加强协会组织团队建设，是提升河南省酒业协会的战略举措，截止目前，协会十个分会都聘请了政府官员、社会专家、院校教授、研究学者、企业老总等担任协会及分支机构会长、副会长、秘书长等职务，促进了我会的可持续发展。

协会加强自身建设，通过引进、招聘等形式，优化协会干部员工队伍，使协会组织更加年轻化、综合化、专家化，从根本上丰富了我会的行业综合管理职能。2010年6月，成立了进口酒分会，并于郑州晚报联办了2010•中原首届葡萄酒行业评选，通过民意调查、报纸选票、网上选票及手机短信等形式，收到有效选票11839张，综合读者投票及专家的各方意见，评出了中原最受欢迎的十大葡萄酒酒庄、十六风云人物。2010年12月，我会联合进口酒分会副会长单位等在大河报上公开签署的全国第一个进口酒行业规范——《河南省进口酒行业自律公约》，成立省级进口酒行业组织和出台自律会约，在全国是首创。2010年12月，协会又成立了原辅材料及机械装备工作委员会等分支机构，进一步拓展了协会的服务职能。

建立健全省酒类行业组织体系。2010年12月，我会专门组织全省酒类行业协会赴厦门，与厦门市酒类同业公会进行了交流，实地学习厦门市酒类行业管理的先进经验，为促进我省酒类市场管理跨上新台阶、保障酒我省类食品安全起到了有力的推动作用。南阳市酒业协会在厦门学习后，积极与南阳市商务局沟通，承担了酒类市场管理的相关职能，丰富了酒类行业组织管理工作；郑州市酒业协会建立了庞大、稳定的经销商队伍，并不断加强与经销商的沟通与交流，将他们有力地团结在一起，促进了郑州酒类市场的健康发展；安阳市糖酒商会积极向政府有关部门建言献策，以酒类生产企业为基础，以流通为切入点，将安阳酒类市场管理有机地融合在一起。濮阳、洛阳、漯河、鹤壁、驻马店等地酒业协会均开展了卓有成效的工作，受到了酒类企业的好评。

四、培育“豫满中国”会展品牌，打造中部糖酒商品交易会

为展示豫酒新形象、新面貌，河南酒企业以“豫满中国”为品牌，组团参加全国糖酒会，除此之外，河南酒协还千方百计提升中部糖酒会的行业影响力，2010年的中部糖酒会移师郑州国际会展中心举办，借助中原经济区核心地带和交通发达的枢纽优势，使中部糖酒会成为我国中部地区唯一的国际化、专业化、权威性的酒类行业展会，日益受到世界各国酒类企业的关注，中部糖酒会已经成为引领中部糖酒食品发展的风向标。

2011年河南酒业综述

2011年是实施“十二五”发展规划的开局之年，也是中原经济区上升为国家战略的第一年，又是河南省酒业协会（以下简称协会）八届理事会产生的第一年，协会把这变革、调整、升级发展的一年确定为“豫酒发展-跨越年”。这一年，通过全行业的共同努力，豫酒结构、产品质量、经济效益跨上了一个新台阶；这一年，河南酒类流通大繁荣，全省酒类市场秩序更加规范；这一年，协会秉承“一（坚持一个宗旨：服务宗旨）二（增强两个实力：经济实力和业务实力）三（树立三个权威：信息、协调和指导权威）”的办会宗旨，以行业管理（服务）为基础，以会展经济为抓手，以拓宽经营思路为切入点，不断提高服务的深度、广度、力度和质量，做强、做大协会品牌，提升协会的凝聚力、向心力、影响力和执行力，开展了大量的服务工作，推动了河南酒业健康、快速、可持续发展。

一、河南省酒类生产基本情况

国家统计局数据显示，2011年，河南省实现饮料酒总产量599.03万千升，同比增长10.85%；完成工业总值554.27亿元，同比增长29.34%；实现销售收入540.72亿元，同比增长29.35%；实现利润47.56亿元，同比增长25.46%；实现税金26.25亿元，同比增长16.25%。

白酒行业：

2011年度，河南省123个规模以上白酒企业实现产量105.23万千升，同比增长30.55%；实现工业总产值222.19亿元，同比增长28.53%；实现销售收入215.61亿元，同比增长34.68%；实现利润25.81亿元，同比增长42.76%；实现税金13.74亿元，同比增长30.17%。

从白酒行业来看，行业景气度持续上升，受居民收入和财政收入持续增长的影响，酒类消费升级步伐进一步加快。继茅台、五粮液、洋河之后，泸州老窖和郎酒先后步入百亿元俱乐部，湖北稻花香、山西汾酒销售收入也直逼百亿元大关。二线白酒企业利用根据地优势，逐步向省外扩展，同时高端白酒市场价格涨声一片，从而也带动了中低端白酒的市场竞量。

从河南白酒市场情况来看，宋河销售收入锦上添花，杜康、仰韶直逼10亿元俱乐部，其中高端产品在河南市场逐步占据优势，彩陶坊单品破3亿元，杜康酒祖系列也受到市场欢迎，赊店青花瓷放量河南市场，尤其在其家门口南阳市场，占据绝对优势，张弓收购山东金贵，宝丰G系列产品更是在河南中高端市场占据一席之地；在豫产二线白酒品牌企业中，乌龙年销售收入突破3亿元大关，卧龙、皇沟区域市场一年一个新台阶，淮源、新平川相继进入豫酒亿元俱乐部，为进一步丰富豫酒市场和提升行业美誉度凝心聚力，倾时放量；养生殿、豫坡、姚花春、君利、富平春、鸡公山、傅潭等豫酒企业也加大了攻坚力度，产量、效益均取得了不俗的业绩。

啤酒行业：

2011年，河南省规模以上42个啤酒企业实现产量428.76万千升，同比增长达8.20%；实现销售收入134.79亿元，同比增长24.67%；实现利润11.15亿元，同比增长12.91%；上缴税金7.01亿元，同比增长0.75%。

2011年的河南啤酒市场，可以用群雄逐鹿来描述，豫啤经历了新一轮的洗牌，经历了数年的市场博弈，成就了豫啤新生。3月7日，百威英博与维雪签订收购协议，7月21日，华润雪花收购悦泉和奥克之后，第三次将橄榄枝伸向了河南蓝牌，同时，燕京收购月山，饱受困扰的金星啤酒也于当年9月顺利完成了企业改制，为金星全面发力奠定了坚实的基础，河南啤酒业真正实现了国外啤酒、国内啤酒、河南本土啤酒三足鼎立的格局。

葡萄酒行业：

2011年，河南省规模以上25个葡萄酒企业实现产量17.69万千升，同比增长17.85%。全年实现销售收入15.09亿元，同比增长12.95%；实现利润2.73亿元，同比增长7.76%；上缴税金0.30亿元，同比增长10.18%。

从河南地产的葡萄酒来看，地产葡萄酒增长势头较为明显，尤其是民权和兰考葡萄酒产区基本形成规模，如民权葡萄酒进驻黄河迎宾馆，成为政商务接待用酒，河南葡萄酒形象发生了根本性的改变。

黄酒、其它酒行业：

2011年，河南省黄酒和其它酒产量较低，虽有12个规模以上企业，但统计部门尚未对其产量进行有效统计，但是从全年的生产经营情况来看，河南黄酒出现了较为强劲的发展势头，省酒协黄酒会正在酝酿成立，南阳三顾堂黄酒、五朵山黄酒正日益受到消费者的欢迎，木瓜、麦饭石等口味的黄酒也次第上市，南阳一些黄酒企业主动走出去、请进来，在黄酒工艺上下功夫，在质量上有突破，在效益上有提高，全年实现销售收入1.80亿元，同比增长30.43%；实现利润0.34亿元，同比增9.67%；上缴税金0.15亿元，较上年也有一定幅度的提高。

河南其它酒行业实现年销售收入10.44亿元，同比增长32.99%；实现利润1.13亿元，同比增长39.26%；上缴税金0.46亿元，同比增长43.44%。

酒精行业：

河南省发酵酒精规模以上企业有19家，全年实现产量167.17万千升，同比增长97.16%；实现销售收入162.99亿元，同比增长38.19%，居全国第1位；实现利润6.40亿元，同比增长27.25%；上缴税金4.59亿元，同比增长7.49%。

由以上统计数据可知，2011年，全国酿酒产业各酒种行业的销售收入、利润、上缴税金大部分实现了两位数的增幅，创造了平稳增长的喜人态势，河南省酿酒行业也保持了整体稳中有进的发展态势，为“十二五”期间豫酒的跨越式发展开好了头、起好了步。

二、河南省2011年度酒类流通情况

截止2011年底，全省酒类流通企业达39.8万家，实际登记在册的酒类流通企业约7万家。从酒种上分析，河南白酒年销售收入400亿元，而河南本土规模以上白酒企业销售收入215.61亿元，同比增长34.68%，其余大部分被外省酒类企业分割，其中居于白酒销售前三位的外地白酒企业分别是：四川、江苏、贵州；三省白酒企业在河南的销售额均已突破20亿元，低端外省白酒主要是来自东北的中低端白酒，如老村长等。

从2011年河南酒类流通市场的情况来看，本土白酒企业也加大了家门口市场的产品推介力度，尤其是中高端酒市场占有率也有一定的提升，如仰韶的彩陶坊、宋河的国字系列、杜康的酒祖系列、赊店的青花瓷、宝丰的G系列产品和张弓的度之度等都在全省酒类市场中扮演着重要的角色。

在做好家门口市场的同时，酒协流通委员会加大酒类市场的引导力度，多次组织豫酒流通企业董事长、总经理外出取经，促进了河南酒类流通市场的繁荣。

三、进口葡萄酒情况

2011年，我国葡萄酒进口总量为36.16万千升，同比增长27.60%；进口金额为13.93亿美元，同比增长80.9%。其中，瓶装葡萄酒（2升以下）进口量为24.14万千升，同比增长65%；进口金额为12.73亿美元，同比增长94.05%；散装葡萄酒（2升以上）进口量为12.02万千升，同比下降12.32%，进口金额为1.2亿美元，同比下降20%。

从2011年我国进口酒包装状况看，进口散装葡萄酒首次呈现下滑趋势；从进口酒源地来看，最大的进口国是法国，进口量为11.79万千升，同比增长74.15%，占进口瓶装酒总量的48.84%；散装葡萄酒最大的进口国是西班牙，进口量是5.46万千升，同比增长44.83%，占进口散装酒总量的45.42%。

随着消费者对进口葡萄酒认知度的提升，消费者对进口葡萄酒的产地、年份、品质、价格等各方面的因素认知也在不断加深。在价格方面，消费者已经褪去不求最好但求最贵的非理智消费心态，更多的是从适合自己口感与追求的产品个性入手，并由此而享受进口葡萄酒带来的快乐，这部分以80、90后为主的葡萄酒消费人群正日益成为国内进口葡萄酒消费的中坚力量。但河南的进口酒市场仍为进口葡萄酒初级市场，行业内稍具规模的葡萄酒窖、酒行都在不惜余力地提高客户对葡萄酒的认知、推广葡萄酒文化、倡导健康品质生活。

从消费特点来看，河南进口酒消费多为试探式消费，消费商品价位大量集中在100～300元，远比沿海省份低得多，而河南的进口葡萄酒经营者为了适应市场需求，所经营的产品除世界知名品牌酒水外，零售价基本上维持在中低价位，零售价在300～1000元的酒水很多情况下，都是被用来陈列，只能孤芳自赏，大部分进口葡萄酒经销商依靠薄利多销的团购渠道在夹缝中艰难地生存。

从整个行业发展来看，业外资本大量涌入葡萄酒市场，一批专业葡萄酒会所此伏彼起，进口酒市场也出现了放缓的增长趋势。

2011年河南酒业协会工作情况

2011年，河南省酒业协会主要做了以下几方面工作：

一、围绕信息交流、技能培训等做好行业管理基础工作

行业管理是酒协的立会之本、兴会之基，因此，在每年的工作中，协会都把行业管理工作列入协会工作的重要议程。2011年，协会行业管理主要做了以下工作：

（1）5月28日，河南省酒业协会第八次会员代表大会暨八届一次理事会在郑州市召开，熊玉亮会长代表协会七届理事会做了《抓住机遇，创新服务，促进酒业科学发展》的工作报告，选举产生了河南省酒业协会八届一次理事会，选举熊玉亮为会长，王杰士、朱云武、侯建光等26名副会长，蒋辉兼任秘书长。

会上还表彰了先进协会和先进协会工作者；表彰了2010届国家级白酒评酒委员及2010年河南省葡萄酒品评竞赛省五一劳动奖章和省技术能手获得者，为他们颁发了奖杯、奖金和证书。

（2）圆满完成了有关部门交办的名优产品认定、产品鉴定和项目论证等工作，参加食品生产许可证（QS）现场审查。配合省名牌战略推进委员会完成了2011年河南省名牌产品、质量诚信等级的认定工作，仰韶、张弓、豫坡、君利、皇沟等12个豫酒企业产品先后被认定为2011年度河南省名牌产品。经过努力，协会被河南省安全生产监督管理局授权开展河南酒业安全生产标准化唯一评审单位；组织参加河南省财贸轻纺烟草工会与13家行业协会联合举办的“关爱职工示范企业”评选活动，洛阳杜康控股等8家豫酒企业荣获殊荣；与省财贸轻纺烟草工会联合召开酒类生产企业工会主席座谈会，交流酒类生产企业工会工作，特别是开展工资集体协商工作的经验和做法，得到了行业的肯定；联合举办了“赛诺杯”第二届全国啤酒品酒职业技能竞赛河南赛区选拔赛，金星啤酒集团的张学军、孟先霞分获全国第8名、40名，并被授予“全国酿酒行业技术能手”称号，为豫啤争得了荣誉。

（3）组织开展全省啤酒、白酒、葡萄酒产品质量鉴评活动，全年共组织白酒、啤酒、葡萄酒、进口酒等各种培训鉴定3期，400多人参加了培训，300多人取得了国家职业技能资格证书，对改善全省酒业技术人才结构起到了积极的推动作用。2011年10月，张弓酒业总经理孙西玉获河南省白酒行业第一位“中国酿酒大师”称号，并被授予“河南省酒业功勋奖”称号，赊店酒业总工王贤获得了“第十一届河南省青年科技奖”，为豫酒争得了荣誉。

（4）开展区域交流合作，组织参观考察。6月，组织金星等河南啤酒企业参加了在广西桂林召开的、由广东省酒类行业协会啤酒分会承办的2011年度中南六省区啤酒生产信息交流工作会议，促进了中南六省区啤酒企业间的沟通与交流。协会先后两次组团去台湾考察，11月21～25日又组织白酒骨干企业负责人50多人去山东考察，学到了许多宝贵经验。

二、做好会展经济，增强协会综合竞争力

（1）做好参加春、秋季全国糖酒商品交易会的组织参展工作。先后多次召开企业座谈会，征求企业对参加全国糖酒会的意见和建议，圆满完成了豫酒企业参加春季、秋季全国糖酒会任务，达到了预期目的。

（2）根据省商务厅的要求，我们倾协会之力，千方百计办好2011中部糖酒商品交易会，提升中部糖酒会的品牌价值和行业影响力。2011中部糖酒会首次移师郑州国际会展中心于5月27～29日举办，会期三天。展馆设有酒类区、进口酒区、食品饮料调味品区、食品机械和原辅材料区、酒文化区，700多个国际标准展位，按照专业性、行业性、国际性、实效性的办会原则，以“创新、共赢、发展”为主题，以“品牌展示、信息交流、共赢发展”为目的，以“交流与合作”为宗旨，举办“中部崛起——2011酒业高峰论坛”、全国酒文化形象大使选拔大赛、金星啤酒大胃王挑战赛、酒类品鉴等十多场活动。展会期间，来自法国、匈牙利、美国、阿根廷、西班牙等国及国内600多家名优企业参展参会，参展面积1.2万平方米，20多个省、市、自治区及台湾、香港等地的5000多名经销商、采购商和专业观众云集中原，完成交易及意向金额38亿元。

（3）组织会员参观中国国际糖酒商品交易会和广州国际名酒展等知名展会。

（4）接待西班牙大使馆商务参赞龙澍考察中部糖酒会。

三、配合省商务厅做好《河南省酒类管理条例》的立法推进工作

在2011年河南省两会期间，协会第11次组织人大代表、政协委员向省人大常委会、省政协提交了《关于尽快制定河南省酒类管理条例的议案》，得到了省人大常委会及有关部门的高度重视，《河南省酒类管理条例》再次被省人大常委会列为2011年度河南省重点立法调研项目。

4月12～13日，省人大常委会在南阳淅川县召开了河南省人大常委会立法研讨会，协会专门向会议做了《关于河南省酒类管理条例立法调研情况的汇报》，受到了与会各方的肯定，有力地推动了我省酒类立法进程。

四、以创建诚信经营示范企业（店）活动为抓手，拓宽协会酒类流通管理新领域

从2005年开始，协会的工作重点由单一的生产领域逐步向生产、流通领域转变，形成以生产、流通同步发展的综合管理服务体系，轰轰烈烈地开展了河南省酒类流通行业“诚信经营示范企业（店）”评选活动，2011年，协会组织专门人员对已经荣获“诚信经营示范企业（店）”进行了复查，奖惩分明；5月28日，在协会第八次会员大会上表彰了20家2010年度优秀“诚信经营示范企业（店）”，同时还为63家荣获2011年河南省“诚信经营示范企业（店）”颁发了奖牌和证书；组织10家生产流通企业参加6月25日在广州市由中国酒类流通协会组织的全国酒类优秀营销商及酒类生产企业放心酒、放心店自律承诺公约签署活动。

五、强化了经营管理的服务拓展工作

2011年，省酒协成立河南省酒业协会名优酒推介中心，将经营列入了增强协会综合效益的重点和突破口，协会由一位副秘书长专门负责这项工作。截止目前，名优酒推介中心已经完成了产品的定制和设计，瓶型、酒液生产企业已经确定，市场推广计划已经制定。

六、加大宣传推介豫酒力度

豫酒不缺知名度，缺乏的是美誉度和忠诚度，2011年，协会重磅出击做好豫酒宣传工作，千方百计提高豫酒的美誉度和忠诚度。一方面，协会全力以赴办好“河南酒业”网站，对协会会刊《河南酒业》进行了全新改版，除实现全彩色印刷外，丰富了刊物栏目和版面；另一方面，协会配合河南日报、大河报、华夏酒报联办专栏、专题、专版，全年共在各级各类新闻媒体刊发宣传稿件2000多篇（条）。

1月18日，在河南省两会期间，协会联合仰韶、宋河、杜康、张弓、宝丰、赊店、皇沟、富平春、乌龙等河南省十大名酒利用河南日报、大河报、河南商报三个整版发出了“我们一起喝豫酒”的倡议。

12月19日，协会再度牵手宋河、宝丰、杜康、张弓、金星、仰韶、皇沟、君利、乌龙、豫坡、姚花春、养生殿等12家豫酒企业投入200多万元，在河南卫视黄金时段，以“我们一起喝豫酒”为导向，集中宣传两个月，开创了我国酒类行业协会抱团推介酒类产品的先河，也是省酒协集中宣传豫酒史上最大的一次投入，在社会引起了强烈反响。协会这种创新宣传模式，被河南省商务厅评为2010—2011年度河南省商务厅创新成果奖。

七、主办行业会议及活动

召开了会长（扩大）会议，全省酒类协（商）会会长、秘书长联席会，进口酒分会会长办公会，评酒委员年会，主办了谭咏麟2011郑州演唱会等众多行业会议及活动。

八、开展咨询服务

为企业的活动出谋划策，邀请组织领导专家参加企业的开业庆典、品鉴、上市发布会等活动，陪同介绍豫企领导去外省名优酒业参观，为企业申报有关荣誉出示证明等。

九、加强协会自身建设

出台了有关管理制度，调整了部分分支机构秘书处成员，征集了协会会微、会歌、会旗、进口酒分会会微，在赊店酒业设立了国家级白酒评委技术交流中心等。

湖北

2010年湖北酒业综述

在全球经济转危复苏、我国经济持续发展，“十一五”规划圆满收官的2010年，湖北省酒业协会在上级有关部门的正确指导和各副会长单位、各理事单位的大力支持下，以主动积极、目标明确、重点突出、克难奋进的精神，继续围绕一个目标：振兴湖北酒业；把握两条主线：为行业服务、为企业服务；突出三个重点：培训考核、质量检评和推进企业产品结构调整，使协会工作取得了明显成绩，较好完成了2010年的工作任务。

2010年，湖北省白酒、露酒行业继续保持良好的发展势头。据协会统计，1月份至11月份，17家白酒、露酒企业完成产量35.4万千升，同比增长14%；实现销售收入158亿元，利税总额23.5亿元，其中利润9.4亿元，同比分别增长31%、30%和51%。其中枝江酒业集团、白云边集团、稻花香集团、劲牌有限公司发展势头强劲。枝江酒业集团完成产量7.2万千升，实现销售收入32亿元，利税3.5亿元，同比分别增长10%、29%和33%；白云边集团完成产量3.5万千升，实现销售收入24亿元，利税4.8亿元，同比分别增长32%、43%和62%；稻花香集团完成产量11.9万千升，实现销售收入61亿元，利税5.4亿元，同比分别增长18%、31%和17%；劲牌公司完成产量8.2万千升，实现销售收入34亿元，利税7.3亿元，同比分别增长15%、25%和25%。一批中小企业经过改革改制、结构调整后，也形成了快速发展态势，黄山头酒业公司完成产量0.14万千升，实现销售收入1.6亿元，利税0.19亿元，同比分别增长8%、55%和187%；石花酒业公司完成产量0.8万千升，实现销售收入2.5亿元，利税0.4亿元，同比分别增长4%、53%和21%；楚园春酒业公司完成产量0.4万千升，实现销售收入2.1亿元，利税0.27亿元，同比分别增长13%、159%和159%。2010年啤酒行业仍未摆脱缓慢徘徊的经营形势，一方面表现出产品结构不断优化，在产量基本持平的情况下，销售收入增长达到14%，但经济效益较低，虽然利税总额同比增长4%，但利润同比下降67%，说明啤酒市场竞争形势严峻，销售成本不断上升，造成经济效益明显下降。全行业1～11月份完成啤酒产量179万千升，实现销售收入68亿元，利税9.9亿元，其中利润1.1亿元。

列入协会统计的17家白酒、露酒和8家啤酒企业，2010年1～11月份共实现销售收入226亿元，比去年同期的180亿元增长22%；实现利税33亿元，比去年同期的30亿元增长10%，其中利润10.5亿元，比去年同期的9.6亿元增长9%。

2010年湖北省酿酒行业在保持发展速度、经济效益提高的同时，产品质量稳步上升。从7月上旬协会组织的啤酒检评和7月中旬在江西组织的首届《渝、闽、湘、鄂、赣白酒质量检评会》情况来看，全省啤酒、白酒质量继续稳步提高。啤酒参检的15家企业24个样品，评分90以上的22个，占参检产品的92%，比上年度提高2个百分点，为鼓励各企业争创优质名牌产品，协会对本次检评中得分90分以上的产品生产企业予以通报表彰。参检的22家白酒企业39个酒样，评分90分以上的23个，占参检酒样的60%，特别是龙头骨干企业的产品质量稳定领先，如枝江酒业的“大师原酌”、“五星枝江”，白云边酒业的“53°白云边”，稻花香酒业的“世纪经典”、“珍品一号”，以及黄鹤楼酒业的“黄鹤楼珍品”，劲牌公司的“半壶酒”等，均代表了各自香型的质量水平，得分都较高。为鼓励各企业继续加强质量管理，不断提高产品质量，扩大品牌知名度和影响力，促进白酒行业稳步健康发展，决定对在检评中质量突出的17家企业的28个白酒授予“首届渝、闽、湘、鄂、赣白酒质量检评金奖产品”，对9家企业的10个产品授予“首届渝、闽、湘、鄂、赣白酒质量检评优质产品”荣誉称号，并分别由渝、闽、湘、鄂、赣五省市酒协联合颁发荣誉奖牌。

2010年湖北省酿酒行业在生产经营持续发展、产品质量稳步提高的同时，结构调整、扩建改造、技术创新、节能减排等有了新的突破，行业发展后劲进一步增强。重点龙头企业通过大力调整产品结构，高端产品比重加大，使全行业在产量增长幅度不高（白酒、露酒增长14%，啤酒下降1%）的情况下，销售收入大幅度增长（白酒、露酒增长31%，啤酒增长14%）。

枝江酒业：投资2亿多元的基酒生产扩建项目已于9

月份正式投产。该项目的建成，可新增基酒2万吨/年，销售收入3亿元，实现利税8000万元，还可解决500多人的就业，将使枝江酒业的产能达到12万吨。枝江酒业公司完成的“浓香型白酒酿造微生物研究与应用”科技项目5月份由省政府颁发科技进步二等奖，该项目于2009年4月通过省科技厅组织的专家鉴定，一致认为，该科技成果填补了国内空白，达到国际领先水平。8月27日，枝江酒业集团与中石化湖北石油分公司签署《战略合作协议书》，根据协议规定，石油公司将在所有加油站便利店中销售枝江系列白酒，石油公司将向枝江酒业提供优惠供油，此举将为枝江酒业每年增加1000多万元的销售收入。

白云边集团：继去年包装中心6条电子定量全自动白酒灌装线投入运行后，白云边工业园二期生产性项目今年上半年已全部竣工投产。园区行政中心、营销中心土建工程已完工，新增三、四号包装联合生产车间已完成土建工程，将于明年10月份投入生产。白云集团公司引进的“超低温白酒冷冻过滤机”高新技术设备于9月份安装运行，该设备具有高效、环保、节能、除浊彻底等效果。该公司近年来先后引进了“白酒自动化勾兑系统”、“白云边信息化平台”等高新技术装备，致力于以技术创新来推动企业发展。

稻花香集团：3月份，稻花香集团与湖北荆玻股份有限公司签订合资经营协议，共同出资组建荆门宏龙玻璃制品有限公司，携手打造国内最大乳白料白酒瓶生产基地。4月份，投资5亿元的重庆稻花香酒业项目盛大开工，项目占地293亩，投产达效后，可年生产高档商品白酒3万吨、实现销售收入20亿元、创利税3亿元、提供就业岗位1000个。5月份，与湖北省盐业公司签署《战略合作框架协议书》，正式建立战略合作伙伴关系。根据协议，稻花香集团与湖北盐业公司在平等互利、共同发展的原则上，通过发挥双方的品牌、网络资源和服务优势，通过盐业渠道销售酒类和日化用品等。7月份，与宜昌市政府签订《宜昌三峡物流园项目投资协议》，项目占地1154亩，总建筑面积72万平方米，计划2013年建成并投入运营，该项目是稻花香集团打造百亿企业、创立百年品牌、带动百万农民致富的重点项目。11月份，稻花香投资的黄冈千年缘酒业有限公司二期工程奠基，该项目总投资1亿元，新增白酒生产线3条，将实现年销售收入3亿元，利税3000万元，提供就业岗位1000个。

劲牌有限公司：近年来狠抓清洁生产、节能减排，着力打造“资源节约型、环境友好型”企业，从2008年开始，以创建湖北省清洁生产标杆企业为目标来推进清洁生产审核工作。几年来，共投入资金5000多万元，每年减少废水排放20万吨，减少废气排放1300万立方米，减少烟尘排放5吨，减少二氧化硫排放4吨，年节电200万度，节约天然气47万立方米，节水30万吨，节标煤5200吨，年增加经济效益1000万元。2010年9月，该公司的清洁生产通过了湖北省环保厅组织的专家审查验收。劲牌公司开展的中药数字化制造技术在传统保健酒中的应用研究项目，用于生物单药提取生产，被省科技厅鉴定为“国际领先水平”，以此为基础的技术研究中心，今年11月通过专家评审，被省科技厅命名为“湖北省保健酒工程技术研究中心”，这是国内第一个获批的以保健酒以及保健食品为主营业务的工程技术中心。

襄樊古隆中演义酒业公司：年产2万吨固态白酒发酵生产基地于12月份正式奠基开工建设，该项目总投资3.6亿元，占地500亩，将建设标准化厂房、酒文化博物馆、科研中心、行政办公大楼等，项目建成后，可年产优质固态白酒2万吨，年工业产值10亿元。武汉天龙黄鹤楼酒业公司投资5亿元，在湖北咸宁建设黄鹤楼酒业生态工业园项目，项目建成后，预计年产白酒2万吨，产值6亿元，实现利税6000万元。

全省酿酒行业近年来以振兴鄂酒为己任，通过不断努力，实现了一年一个新台阶，行业不断发展壮大，龙头骨干企业不断做大做强，枝江酒业集团、稻花香集团等已稳居全国白酒十强企业，圆满完成了“十一五”发展规划和振兴湖北酒业阶段性目标，为全省经济发展做出了重要贡献，为实现“十二五”规划打下了坚实基础。在今年11月8日省政府召开的2010湖北企业100强发布会上，枝江酒业集团、稻花香集团、劲牌有限公司和百威（武汉）国际啤酒公司等4家企业荣誉上榜。枝江酒业集团、稻花香集团还荣获中国民营企业500强；劲牌公司、白云边股份有限公司、稻花香集团等3家企业荣获“湖北农业产业化龙头企业”；劲牌公司获“2009中国轻工业酿酒十强企业”等荣誉称号。

2010年湖北酒业协会工作情况

2010年，省酒业协会在省民间组织管理局等有关部门的指导下，在各会员单位、特别是副会长单位的大力支持下，围绕振兴湖北酒业、完成湖北酒业“十一五”规划的总目标，坚持为行业服务、为企业办实事，做到目标明确、重点突出、主线清晰，重点做了以下几方面工作。

一、召开省酒业协会理事会议

3月10日，在公安县召开湖北省酒业协会理事会议，参加会议的有省酒业协会理事单位26家共33名代表。省酒业协会会长喻赋广出席了会议并做了2009年协会工作报告，总结分析了2009年全省酿酒行业生产经营、技术改造、改革发展等方面取得的成绩，提出了2010年协会工作意见。

二、召开全省白酒行业统计工作会议

3月25日，在武汉召开白酒行业统计工作会议，参加会议的有15家白酒、露酒企业的15名统计人员，会议由省酒协张淑文副主任主持，宫金山秘书长出席会议并做了讲话。他介绍了白酒行业统计工作情况和存在的不足，提出了对下一步统计工作的要求，会议对在2009年度统计工作成绩突出的10名优秀统计员进行了表彰。

三、举办全省啤酒评酒委员培训考评班

4月9～12日，在荆门市举办全省啤酒评委培训考评班，参加培训的有13家啤酒企业40名学员。培训考评工作由省酒业协会组织主持，英博金龙泉（湖北）有限公司具体承办。培训考评全部按国家啤酒评酒委员的培训考评方案进行，啤酒风味物质采用中国食品发酵研究院的标准试剂，培训考评工作科学严谨，学员学习训练刻苦认真，成绩优异。根据择优选聘的原则，35名同志选聘为“2010届湖北省啤酒评酒委员”。在培训的基础上，共推荐16名选手参加中酒协“2010届国家啤酒评酒委员”选拔暨“《品酒师》国家职业资格鉴定”。其中2名选手被聘为“2010届国家啤酒评酒委员”，4名选手获国家一级品酒师资格证书，10名选手获国家三级品酒师资格证书。

四、举办白酒行业酿造工技能培训鉴定班

5月9～11日，在松滋白云边集团举办了全省白酒行业部分企业酿造工技能培训鉴定班，参加培训鉴定班的共37名学员，分别来自白云边、通山野养酒厂、老河口光化特酒厂和梨花村酒厂等4家企业，其中白云边派出30名学员参加培训。在3天的培训鉴定中，分别进行了理论培训、考试，品酒技能考试。通过培训，全部学员考试成绩都在及格以上，顺利通过了技能鉴定。省酒业协会会长喻赋广到培训现场并做了讲话，中酒协培训部唐小雨主任到现场监督指导。

五、组织全国白酒品酒职业技能竞赛湖北赛区初赛

6月30日至7月3日，根据中酒协《关于举办第二届全国白酒品酒职业技能竞赛的通知》要求，省酒协与省轻纺燃化烟草财贸工会、省职业技能鉴定指导中心联合在武汉组织举办了全国白酒品酒职业技能竞赛湖北赛区初赛活动。参加这次技能培训竞赛的共有23家企业72名选手，竞赛按照《品酒师国家职业标准》和《白酒品酒师职业（资格）培训教材》的内容命题，进行了理论测试和十二轮的品评实践测试。中酒协培训部唐小雨主任及省轻纺燃化烟草财贸工会的领导亲自到现场进行指导、监考，省酒业协会顾问陶家驰、省酒业协会技术委员会主任熊小毛、副主任谢永文、李净、杨强等有关专家参与阅卷评分等技术工作。竞赛活动纪律严明，做到了公平、公正、公开。经过竞赛选拔，枝江酒业的胡格、稻花香酒业的马红等11名（其中有2名并列第八）获得前10名，他们由省酒业协会、省轻纺燃化烟草财贸工会、省职业技能鉴定指导中心联合授予“湖北省酿酒行业技术能手”荣誉称号；获前三名的枝江酒业的胡格、稻花香的马红、朱俊伶由省酒业协会向省职业技能鉴定指导中心申报授予“湖北省行业技术能手”荣誉称号，获第一名的胡格由省酒业协会向省轻纺燃化烟草财贸工会申报“湖北省五一劳动奖章”。

六、组织2010年度全省啤酒质量检评

7月6～7日，省酒协在武汉组织了2010年度全省啤酒质

量检评与交流活动。参检的共有15家企业24个酒样，2010届省啤酒评委（包括国家级评委）及有关企业的工程技术人员共30名代表参加了检评交流活动。

七、组织参加“首届渝、闽、湘、鄂、赣白酒质量检评会”

7月13～17日，在江西省婺源县举办了首届渝、闽、湘、鄂、赣白酒质量检评与交流活动，参加这次检评活动的有江西省轻工行业管理办公室、湖北省轻工行业协会、湖南省商务厅、福建省轻工联合会和婺源县政府、县政协等有关领导、四省一市酒业协会领导和四省一市国家白酒评委、省级白酒评委，以及部分白酒企业技术人员共170余人出席了会议。四省一市69家企业共提供酒样143个（其中湖北省参加的22家企业共提供酒样39个）。从检评结果来看，参检产品总体质量水平稳定，得分90分以上的53个，占37.06%，85～90分的89个，占62.24%。本次检评活动是四省一市酒业协会为区域内白酒生产企业及技术人员提供的一次扩大视野、相互学习、共同进步、共谋发展、加强合作的盛大交流平台，对促进区域内白酒行业的技术进步和技术创新，加快结构调整步伐，加速行业发展起到了积极的推动作用。

八、组织中南六省（区）啤酒统计工作会议

7月26～29日，中南六省（区）啤酒统计工作会议在宜昌市召开，参加会议的有广东酒类行业协会啤酒分会、湖南省酒业协会、广西酿酒协会、河南省酒业协会、湖北省酒业协会和六省（区）啤酒企业统计人员共30多人。会议由今年的轮值主席湖北省酒业协会组织召开，宫金山秘书长主持会议，广东省啤酒分会郭营新会长通报了2010年啤酒行业情况，该协会办公室刘主任对六省（区）啤酒生产统计信息工作的具体操作要求提出了建议并做了讲解，会议交流了各省（区）2009年啤酒行业生产经营情况，提出了改进生产统计信息的方法，特别是能源消耗指标的统计方法，会议还评选表彰了2010年啤酒企业优秀统计员及统计工作贡献奖。

九、参加全国酿酒行业信息工作会议

2010年8月26～27日，全国酿酒行业统计信息工作会议在上海召开，会议由中国酿酒工业协会组织主持。省酒业协会喻赋广会长率领石花酒厂、稻花香集团、金龙泉集团等单位派出的代表参加了会议。中国酿酒工业协会王琦秘书长在会上作了全国酿酒行业信息工作报告。大会交流了信息工作开展的经验，表彰了2009年度全国酿酒行业优秀信息员，我省白云边的王小波、英博金龙泉啤酒（湖北）有限公司的刘艳等榜上有名。会议还对白云边集团、省酒业协会、金龙泉集团等全国24家在2009年度信息工作中表现突出的单位进行了表扬。

十、召开酿酒行业科技交流会

10月11～13日，在大冶市劲牌公司召开了全省酿酒行业第四次科技交流会。参加会议的有20家企业41名代表，会议共收到论文43篇，其中白酒、露酒36篇，啤酒7篇。论文内容涉及原料、生产、工艺设备、综合利用、节能减排等方面，充分体现了我省酿酒行业技术发展趋势和研究方向，会议共评选出论文一等奖6篇，二等奖12篇，优秀奖25篇，会后将全部论文汇编成册，以便收藏保存和对外交流。

十一、参加全国啤酒统计工作会议

11月8～11日，中国酿酒工业协会在广州市召开全国啤酒统计工作会议，中国酿酒工业协会副理事长肖德润在会上做了工作报告。省酒协办公室张淑文同志参加了这次会议。

十二、举办品酒技能强化培训班

11月16～20日，为参加中国酿酒工业协会举办的白酒品酒技能决赛，湖北省酒业协会在武汉组织举办了品酒技能强化培训班。受江西省酒业协会委托，代培了该省5名选手，加上湖北的10人，共15名选手参加培训。他们都是经过各省初赛成绩居前而选拔出赴北京参加决赛的选手。通过5天的强化培训，对白酒呈香化合物的识别、酒度、典型性、质量、重复再现等共进行了20多轮的训练，并在此基础上进行测试，使参加培训人员进一步熟练掌握了品酒技能，为参加决赛打下了坚实的基础和树立了信心。在随后北京举办的第二届全国白酒品酒职业技能竞赛决赛中，湖北参赛选手过关斩将，10名选手有9名顺利通过了决赛，并获得第二届国家级白酒评委资格，在全国名列前茅。特别是劲牌公司的童国强，竞赛成绩突出，在全国高手如云的200多名选手中进入前20名，被授予“全国酿酒行业技术能手”荣誉称号。

2011年湖北酒业综述

乘“十一五”快速发展之势，开“十二五”跨越发展之局，湖北酿酒行业在改革创新、调整转型中以辉煌的业绩走过了2011年，为湖北酒业新一轮振兴迈出了坚实的步伐。一年来，省酒业协会紧密团结全体理事、会员单位，在上级有关部门的正确指导和各副会长单位的大力支持下，以主动积极、开拓创新、迎难而上、团结奋进的精神，围绕振兴湖北酒业这一中心任务，坚持抓住为行业服务、为企业服务这一工作主线，突出对外交流、质量检评、调查研究、结构调整、咨询服务几大工作重点，使协会工作在人员减少、竞争压力加大的情况下取得了明显成绩，较好地完成了2011年的工作任务。

2011年，湖北省白酒、露酒行业继续保持良好的发展势头。据协会统计，1～12月份，17家白酒、露酒企业完成产量487181千升，同比增长18%，实现销售收入270.5亿元，利税总额44亿元，其中利润22.3亿元，同比分别增长45%、42%和56%。白云边集团、枝江酒业集团、稻花香集团、劲牌有限公司发展势头强劲，白云边集团完成产量38132千升，实现销售收入32.6亿元，利税7.51亿元，同比分别增长-1%、24%和25%；枝江酒业集团完成产量103610千升，实现销售收入55.3亿元，利税5.3亿元，同比分别增长19%、38%和48%；稻花香集团完成产量149739千升，实现销售收入119亿元，利税10.1亿元，同比分别增长18%、68%和42%；劲牌有限公司完成产量130985千升，实现销售收入41亿元，利税16.6亿元，同比分别增长21%、25%和46%。一批中小企业通过结构调整，扩大市场宣传，加强销售力度，发展势头良好。黄山头酒业公司完成产量2420千升，实现销售收入2.57亿元，利税1.35亿元，同比分别增长76%、57%和613%；石花酿酒有限公司完成产量12241千升，实现销售收入6.2亿元，利税0.65亿元，同比分别增长40%、115%和53%；湖北楚园春酒业公司完成产量9020千升，实现销售收入4.5亿元，利税0.76亿元，同比分别增长87%、79%和135%。2011年啤酒行业（统计的8家企业）1～12月份完成产量1858820千升，实现销售收入78.77亿元，利税13.6亿元，其中利润2.08亿元，与去年同期相比，啤酒产量基本持平，销售收入增长7%，利税增长22%，其中利润增长61%。一方面表明啤酒市场竞争仍然激烈，销售成本上升，市场份额难以扩大，另一方面说明产品结构优化成效明显，在产量持平情况下，销售收入、利税增长幅度较大。

列入协会统计的17家白酒、露酒企业和8家啤酒企业，2011年1～12月份共实现销售收入349亿元，比2010年的260亿元增长34%；实现利税57.57亿元，比2010的42.05亿元增长37%；其中利润24.4亿元，比2010年的15.6亿元增长56.4%。2011年全省酿酒行业的发展表现出以下特点。

一、产品质量稳步提高

从5月下旬湘、鄂、赣三省组织的啤酒质量检评和6月上旬湘、鄂、赣、渝、闽四省一市组织的白酒质量检评情况来看，湖北参加啤酒检测的10家企业15个酒样，90分以上的产品达到20%，三省平均只有10.4%（由于2011年啤酒质量检评是几个省评委共同品评，对评分普遍掌握较严，评分90分以上的与往年相比较少），而且我省没有86分以下的产品。参检的24家白酒企业37个酒样，评分90分以上的13个，占参检产品的35%，高出四省一市平均水平30%5个百分点。为鼓励各企业参加区域性行业质量检评交流的积极性，促进四省一市白酒产品质量稳步提高，对在本次检评中品质优异的产品，分别授予“2011湘、鄂、赣、渝、闽白酒质量检评金奖产品”和“2011湘、鄂、赣、渝、闽白酒质量检评优质产品”荣誉称号，并由四省一市酒业协会联合颁发奖牌和荣誉证书。湖北有23家企业的28个产品获得金奖产品称号，有7家企业的9个产品获得优质产品称号。

二、产品结构优化趋势明显，高端产品比重加大

在产量增长幅度不大的情况下（白酒、露酒增长18%，啤酒基本持平），销售收入大幅增长（白酒、露酒增长45%，啤酒增长7%）。天龙黄鹤楼酒业发掘“天成坊”历史文化，开发四款黄鹤楼天成坊系列产品，在黄鹤楼龙家族爱心拍卖会暨“与爱同行”欢唱会上，一坛“天成坊1898”黄鹤楼酒拍卖价高达130万元；襄樊三九酿酒厂发掘三国文化，开发古隆中系列洞藏原浆酒，在武汉市场初战告捷；石花酒业围绕打造“中国第一高度”白酒霸王醉品牌，推出的“封藏版”霸王醉，售价每瓶高达8898元，进

军武汉市场；枝江酒业开发的窖藏产品枝江小窖、老窖、珍品窖和尚品窖，深受当地消费者喜爱；黄山头酒业公司着力打造“楚文化第一酒”，开发的富有浓郁楚文化特色的楚韵大典、楚藏、楚酿系列新品黄山头高端白酒于9月份面世，市场反应良好；白云边集团推出的白云边30年陈酿，市场售价达到3680元/瓶，即将面市的白云边“公元759”、“凤舞楚天”价格定位将过万元，成为最贵鄂酒；稻花香集团开发的升级版小珍品一号、劲牌公司的追风酒等也各具风格特点。

三、技术进步加快，投资力度加大

劲牌有限公司投资6亿元的四期小曲原酒生产基地，年产小曲原酒5万吨，成为国内最大的小曲酒生产基地。采用的自动化生产线，用了3年时间自行开发获得成功。露酒生产采用医药标准、数字化提取技术，在全国同行业稳居领先地位。枝江酒业、稻花香酒业在加入中国酿酒工业协会“169计划工程”的同时，还积极准备参加“158计划”。枝江酒业投资3000万元的玖源包装制品有限公司的二期工程7月竣工投产，年产陶瓶将达到2900万个，实现产值1亿元，利税2000万元。天龙黄鹤楼酒业公司咸宁生态工业园投资3亿元年产原酒2万吨项目，采用先进的发酵理念、洞藏技术，具有较强的技术进步特点。关公坊酒业公司自主研发的毛刷洗瓶机投入使用，大幅度提高了生产效率。白云边酒业公司通过加强基础研究、技术攻关、新产品开发，实现科技成果向生产力转化，经济效益明显。企业列入开发科研课题24项，已完成21项，其中达到国际领先水平1项，先后有7项科研成果获得国家、省级科技进步奖。开发的具有白云边独特风格的幽雅型白酒，被中国酿酒工业协会授予“中国白酒创新典范产品”称号。楚园春酒业投资3亿元的三期扩建工程，采用先进的酿造工艺技术，总体规模将形成年产白酒2万吨、黄酒5000吨的规模，2013年上半年建成投产，可实现年销售收入20亿元。武汉华润集团收购潜江园林青酒厂，投资1亿元、征地100亩进行改造扩建，生产高品质白酒、露酒，年销售收入将达到5亿元。百威（武汉）国际啤酒有限公司投资3.25亿元，采用美国AB公司先进的工艺技术和啤酒标准进行扩建改造，新增高档啤酒45万吨，总生产能力将达到100万吨，将于2013年3月竣工投产。石花酒业投资1亿元，占地100亩，新增生产能力1.5万吨的新厂于6月份建成投产，2011年销售收入突破6个亿。珍珠液酒业公司征地150亩，投资1.5亿元扩建工程，一期工程11月投产，到2012年9月工程全部竣工投产后，新增酱香型原酒1万吨，商品酒4万吨。

2011年湖北酒业协会工作情况

2011年，省酒业协会在省民间组织管理局、中国酿酒工业协会等有关部门的指导下，在理事单位的大力支持下，围绕振兴湖北酒业，为“十二五”开好局、起好步，为行业服务、为企业办实事，克服工作人员减少、外部环境复杂、工作压力加大等不利因素，重点做了以下几方面工作。

一、召开省酒业协会理事会议

3月8日，在荆门市召开了湖北省酒业协会理事会议，会议由英博金龙泉啤酒（湖北）有限公司承办。参加会议的有协会27家理事单位共39名代表，省政府参事朱光才、省经信委轻纺处吴奇宝处长参加了会议。喻赋广会长出席了会议并做了2010年协会工作报告，提出了2011年协会工作意见。

二、陪同中国酿酒工业协会领导到湖北考察

3月15～20日，中国酿酒工业协会王延才理事长一行到湖北，先后考察了天龙黄鹤楼酒业公司、劲牌有限公司、白云边股份有限公司、黄山头酒业公司和枝江酒业股份公司等企业。喻赋广会长陪同考察，并汇报了湖北酿酒行业“十二五”发展规划。王延才理事长对湖北酒业的发展充分肯定，对枝江酒业进入维维集团后健康发展、天龙黄鹤楼咸宁生态工业园2万吨原酒基地建设项目给予积极评价；

对白云边股份公司投产的万吨原酒、仓储、灌装等项目的设计布局、储酒能力、独到的工艺、优雅的品质表示赞赏；对劲酒历时5年自行研制的小曲清香白酒机械化、自动化生产线取得成功表示祝贺，认为劲酒为全国白酒机械化生产闯出了一条新路子，为中国酿酒工业协会实现“158”计划创建了示范和样板，并现场确定9月份在劲牌公司召开全国白酒机械化现场会；对黄山头酒业积极推进上市工作表示支持。王理事长对我省酿酒行业“十二五”规划给予肯定，认为规划全面、条理清晰、目标明确，有跨越式发展的气概，并指出，规划的实现关键是要依靠地方政府的支持，企业的自主发展。

三、召开会议

出席中国酿酒工业协会在北京举行的第四届理事会第二次扩大会议，湖北省酒业协会被增补为中国酿酒工业协会白酒分会副会长单位。

4月下旬，全省白酒行业统计工作会议在武汉召开，会议由省酒协办公室主任张淑文主持，宫金山秘书长在会上总结了2010年白酒行业统计工作取得的成绩和需要进一步加强的环节，提出了下一步工作的要求。

3月下旬，中酒协在宜昌召开中国白酒“169计划”工作会议，五粮液、茅台、郎酒、杏花村、中国食品发酵研究院等25家单位65名代表参加了会议。会议由省酒业协会、枝江酒业股份有限公司承办。

9月下旬，由劲牌公司、省酒业协会承办召开了劲牌白酒小曲清香机械化、自动化全国现场技术交流会，会议由中国酿酒工业协会主持。参会的有全国白酒技术委员会全体成员，重点企业负责人，重点轻工机械制造厂商共308人，会期2天。

四、组织培训

4月下旬参加中国酿酒工业协会举办的全国酿酒行业国家级职业技能竞赛裁判员培训班，湖北选派6名技术人员参加培训，经培训考试合格，全部录取为国家级技能竞赛裁判员。

五、举办质量检评会

5月下旬与湖南、江西联合举办2011年度啤酒质量检评会，湖北参会企业10家，15个酒样，参会评委19人；6月上旬，参与组织举办湘、鄂、赣、渝、闽四省一市年度白酒质量检评会，湖北24家企业共37个酒样，参会评委67人。

六、赴四川酿酒行业参观考察

2011年9月11～18日省酒协组织白酒行业8家企业负责人到酿酒大省四川进行考察交流。通过这次考察，学到了经验，看到了差距，明确了方向，增强了信心，收获很大。撰写的考察报告，受到了有关部门和企业的一致好评。企业间的相互学习交流也很密切，稻花香酒业、白云边酒业、石花酒业、劲牌公司也先后组织到汾酒、五粮液、泸州老窖、古井贡酒业参观；枝江酒业在11月份由市领导带队、公司主要负责人参加的一行19人分别到江苏洋河、双沟、今世缘酒厂和省内劲牌公司、白云边酒业考察参观，起到了相互学习，共同提高的效果。

七、召开第二届湖北酿酒大师评审工作会议

11月下旬，省酒协在武汉组织召开第二届湖北酿酒大师评审会，经过企业申报，专家评审，共评选出第二届湖北酿酒大师17人，并颁发奖牌和荣誉证书。为了发挥酿酒大师的积极性和创造性，为发展湖北酿酒行业建功立业，湖北省酒业协会专门成立了“湖北酿酒大师委员会”，此举得到了中国酿酒工业协会的高度重视和充分肯定，成立“湖北酿酒大师委员会”的通知在中酒协网站上全文刊载。

八、技术开发和技能竞赛工作卓有成效

白云边幽雅型白酒获2011年度全国十大技术创新品牌；黄山头酒业循环利用研究获全国食品工业一等奖。白云边酒业公司举办制曲技能竞赛和浇酒花估酒度、品酒、维修技能等岗位技能竞赛；还开展踩曲、包装折盒、贴标、销售实践等演讲比赛。通过大力开展岗位练兵，技能竞赛，掀起创优质、创高效、钻技术的竞技和学习热潮。

九、改进工作方式，深入企业调研

协助百威（武汉）国际啤酒有限公司邀请中国食品发酵研究院与百威联姻，成立中国啤酒研发中心。除陪同上级部门领导到企业考察外，喻会长还先后3次带队深入襄樊、宜昌等地的10多家企业调查研究。通过调研，掌握了信息，研究了问题，密切了关系，使协会工作更具有主动性和针对性。

湖南

2010年湖南酒业综述

2010年，在省商务厅、省酒管办的正确领导下，通过全行业的共同努力，我省酒类商品产销量平稳增长，酒类市场秩序不断规范，产业结构和产品结构进一步优化，全行业呈现初步繁荣的态势。

一、酒类商品产销量平稳增长

全年共生产酒类商品约120万千升，其中啤酒约100万千升，白酒（含散装白酒）约15万千升，其他酒类产品约5万千升，实现销售收入约85亿元，利税近8亿元。

二、白酒品牌建设取得新成效

酒鬼、湘窖、武陵等湘酒骨干品牌相约亮相上海世博会，特别是湖南省湘窖酒业有限公司，去年10月以3546万人民币的价格成功拍得上海世博会湖南馆以及馆藏醴陵釉下五彩陶瓷艺术花瓶和安化黑茶，使得湘酒的品牌形象大为提升。

三、啤酒行业稳步发展

燕京啤酒（衡阳）有限公司2010年11月40万吨啤酒扩能（三期）工程正式奠基，成为全省规模最大、工艺装备最先进、环境最优美的啤酒生产企业；湖南燕京啤酒有限公司装备了我省第二条纯生啤酒生产线；百威（英博）望城新生产基地投产，高档啤酒品牌形象很快树立，并且当年实现了盈利；湖南重庆啤酒澧县20万千升新基地和永州10万千升新基地建成投产，华润雪花20万千升新基地在湖南娄底即将建设，这些大手笔必将为我省啤酒行业再上新台阶打下坚实的基础。

四、其它酒类生产形势喜人

湖南胜景山河生物科技股份有限公司2万吨黄酒基地建成投产，业绩稳步提升；湖南神州庄园葡萄酒业采取公司加农户的现代经营模式初见成效；古汉养生酒业发展势头良好；永州异蛇酒业增速喜人。

2010年湖南酒业协会工作情况

一、贯彻执行国家酒类产业政策，积极协调本省有关政策落实，促进行业又好又快发展

1．积极配合业务主管部门参与《湖南省酒类管理条例》修订调研

《条例》出台四年多来，为湖南酒业发展发挥了重要作用，但是，由于《条例》出台时的特殊背景，特别是四年多来社会发展的巨大变化，《条例》中的部分内容已不适应新时期的发展形势，有的甚至不利于行业发展，因此，在省人大相关部门的支持下，积极配合业务主管部门对《湖南省酒类管理条例》进行修订调研，现《条例》修订建议稿已由业务主管部门提交相关部门。

2．积极开展行业自律工作

啤酒行业自律工作，一直以来是我会的重要工作内容之一，2010年，在有关企业的提议下，省酒业协会啤酒分会组织全省部分重点啤酒企业负责人聚首燕京啤酒（衡阳）有限公司，召开了“做大啤酒蛋糕，共创美好未来”的专题研讨会，会后形成了一个《湖南省啤酒行业反不正当竞争、反商业贿赂、反垄断自律大会会议决议》，这对促进行业的健康发展起了很好的作用。

3．配合业务主管部门积极促进湘酒发展

为促进湘酒发展，省商务厅专门抽调力量，组织调研，并在相关部门的支持下，代省政府起草了《湖南省人民政府关于促进湘酒发展的意见》，该《意见》代拟稿已提交省政府办公厅，正在组织相关部门进行协调和修订。

二、组织召开了第三次会员代表大会暨三届一次理事会

湖南省酒业协会第三次会员代表大会暨三届一次理事会，于2010年4月27日在长沙五华大酒店隆重召开，选举产生了新一届理事会领导班子，组建了协会分支机构（白酒、啤酒、果露酒、黄酒分会、流通分会和专家技术委员会）。全省酒类生产、流通企业以及各市州酒办、酒协的代表约120人参加了大会。大会选举产生了新一届理事会和新一届理事会的组织领导机构，易昌伦先生当选新一届理事会会长，新一届理事会增添了新鲜血液，特别是吸收了酒类流通行业的骨干企业加盟，大大拓展了协会的服务空间，这必将大幅度增强协会的活力和凝聚力，我们相信，在国家政策支持和主管部门的具体指导下，协会必将为广大会员单位提供更加全面的服务，秘书处一定不负使命，在理事会的正确领导下，积极主动地“为会员、为行业、为媒体、为社会”履行好服务职能。

三、狠抓产品质量和行业技术进步工作

1．开展质量检评，向社会推荐我省名优酒类产品

2010年5月19～21日，在永州永丰华天大酒店举行了2010年度湘赣两省啤酒质量检评交流活动，来自两省的专家评委及各酒类企业代表共63人参加了会议，通过专家评委的认真评比，8°P哈尔滨啤酒（冰爽）等18个规格品种的啤酒产品被评为“2010年度湖南省酿酒行业优质产品”。7月13～17日，湘鄂赣渝闽四省一市白酒质量检评会议在江西婺源举行，来自四省一市的白酒专家、评委以及白酒企业的代表共200余人参加了会议。检评会议结束后，根据检评结果，经研究决定授予53°武陵酒（上酱）等19个规格品种的白酒产品为“2010年度湖南省酿酒行业优质产品”的称号。检评工作结束后，协会和省酒管办联合召开了新闻发布会，对获奖产品进行授牌，并在湖南日报等权威媒体进行公告，大大提高了本土产品的品牌知名度。

2．开展行业技能竞赛，促进行业技术进步

由湖南省酒业协会、湖南省经贸建设工会、湖南省酒管办、轻工行业特有工种职业技能鉴定湖南站共同主办，湖南省酒业协会承办、酒鬼酒股份有限公司协办的“第二届全国白酒品酒职业技能竞赛湖南选拔赛暨湖南省级白酒评酒委员换届培训考试”于8月13日在酒鬼酒股份有限公司圆满落下帷幕，彭德君选手获得“湖南省技术能手”光荣称号，彭德君、李志海等十位选手获得“湖南省酿酒行业技术能手”光荣称号，有关部门领导宣读了表彰决定并向获奖选手颁发了荣誉证书。协会获得“第二届全国白酒品酒职业技能竞赛优秀组织奖”荣誉称号。

3．积极开展职业技能鉴定工作

为提高酿酒行业职工队伍的技术水平，培养高技能人才，按照酿酒行业国家职业资格标准要求，湖南省酒业协会于12月6～9日在吉首市酒鬼酒股份有限公司举办了白酒行业“高级酿酒师”、“高级技师”等国家职业资格培训班。酒鬼酒、武陵酒、德山酒业等8家企业共87名学员参加了培训和鉴定，共有82人获得国家职业资格证书，其中：22人获得高级酿酒师、2人获得酿酒师、3人获得助理酿酒师证书，7人获得高级技师、34人获得技师。

通过培训和鉴定活动，大大提高了企业对职业技能培训与鉴定工作的认识，对促进湖南酒类企业整体素质的提高具有重大意义。整个活动组织有序、纪律严明，达到了预期效果。

四、积极承办上级有关部门交办的各项工作

1. 信息统计与交流工作

协助中国酿酒工业协会做好2009年度啤酒生产经营情况调查，贯彻执行《全国啤酒工业主要经济技术指标统一计算方法中“啤酒综合能耗”》指标的修改意见，转发了“关于加入中国啤酒信息网的通知”；在行业内部发布了2009年度啤酒行业运行形势报告，按月统计了全省啤酒行业的生产经营情况，并将《交流汇总表》及时反馈给企业，以指导企业的生产经营工作。

2. 参加中部六省的啤酒资料交换工作

每月按时将本省企业的产量数据汇总报到广州啤酒协会，六省汇总后再反馈给企业，指导企业的生产经营工作。

2011年湖南酒业综述

2011年又是不平凡的一年，我省酒类行业和其它行业一样，经受了各种因素的影响，在省商务厅、省酒管办的正确领导和中国酿酒工业协会的精心指导下，行业发展整体平稳，酒类商品产销量平稳增长，酒类市场秩序不断规范，产业结构和产品结构进一步优化，全行业呈现出初步繁荣的态势。据不完全统计，2011年我省酒类商品销售额与去年基本持平，约160亿人民币。其中，白酒90亿，啤酒40亿，其它酒30亿。在激烈的竞争态势下，我省地产名优酒开始崭露头角，产量约达120万千升。其中，白酒15万千升，啤酒100万千升，其它酒5万千升；地产酒销售额约60亿元。

2011年湖南酒业协会工作情况

一、积极协调本省有关政策落实，为行业发展争取政策支持

为促进湘酒发展，协会积极配合省商务厅组织对全省酒业及其周边省市进行调研，并将调研结果和有关政策建议及时上报省政府，省政府办公厅2011年5月10日正式印发《湖南省人民政府关于促进湘酒发展的意见》，政府将从财政、金融、土地使用等方面入手，解决湘酒目前所面临的瓶颈问题，使湘酒从规模、硬件、人才、营销手段等方面都上一个新台阶，助力湘酒做强做大。并明确提出了将重点扶持内参、酒鬼、湘窖、开口笑、武陵、德山、浏阳河、天之衡、润帝、胜景山河等品牌发展，扶持具有地方

特色的古汉、异蛇等保健酒品牌的建设，形成一批在全国具有较大影响力的湘酒品牌。力争到2015年，培育年销售收入超过30亿元和20亿元的白酒生产企业各1家，超过10亿元的啤酒生产企业5家，超过5亿元的黄酒生产企业1家，超过1亿元的葡萄酒生产企业1家，湘酒年产量达到160万千升；培育一批大型酒类经销企业，湘酒年销售收入达到120亿元，实现跨越式发展。湘酒产业战略发展意见的出台，对湘酒的发展具有里程碑式的意义，必将对湘酒的腾飞起到积极的作用。

二、积极做好会员服务工作，增强协会凝聚力

会员是协会赖以生存的基础。努力为会员服务，是增强协会凝聚力和向心力、营造和谐社团的重要途径；积极组织协会会员开展各种活动，是提升协会整体活力的重要举措。一年来，秘书处坚持协会的办会宗旨，积极做好会员服务工作：一是积极组织技术交流等活动；二是继续推进酒类行业自律工作，协助政府部门规范市场秩序；三是积极协助企业做好省著名商标和国家驰名商标的申报工作，提升湖南酒业品牌竞争力。

三、根据实际情况，调整协会组织结构，增强协会活力

随着消费者对葡萄酒文化的进一步认识和理解，更多的消费者开始接受葡萄酒产品，市场进一步扩大。据有关资料显示，2010年的中国葡萄酒市场在生产、进口、营销、流通、投资等各个方面都有了巨大的增长，而进口葡萄酒尤为突出，增长超过65%。为规范葡萄酒市场，协会及时组织成立了湖南省酒业协会葡萄酒分会，标志着湖南葡萄酒行业步入制度化、规范化和新的发展阶段，也为协会发展增强了活力。

四、积极促进行业产品质量和科技进步

1. 开展质量检评，向社会推荐我省名优酒类产品

为推动啤酒行业的技术进步和产品质量的稳定提高，我会组织全省啤酒企业参加了2011年度湘、鄂、赣三省啤酒质量检评交流活动，并授予8°P燕京鲜啤等5个规格品种的啤酒产品为“2011年湘、鄂、赣啤酒行业优质产品金质奖”。2011年6月13～18日，作为东道主，我会组织并承办了中国四省一市白酒质量检评大会，来自湘、鄂、赣、渝、闽四省一市的协会领导、白酒专家、评委以及白酒企业的代表共232人参加了会议。协会根据这次检评结果，评选出52° 60年代御品德山等白酒产品为“2011年湘、鄂、赣、渝、闽白酒行业优质产品金质奖”， 授予10° 胜景山河黄酒等果露（黄）酒产品为“2011年湘、鄂、赣、渝、闽酿酒行业优质产品金质奖”。同时组织了新闻发布会，对获奖产品进行授牌，并在湖南日报等权威媒体进行公告，提高了本土产品的品牌知名度。

2. 开展行业技能竞赛，促进行业技术进步

根据中国酿酒工业协会、中国财贸轻纺烟草工会全国委员会、中国就业培训技术指导中心、中国轻工业职业技能鉴定指导中心关于举办“‘赛诺杯’第二届全国啤酒品酒职业技能竞赛”的通知（中酒协[2011]27号）精神，经各啤酒生产企业推荐，省酒业协会、省经贸建设工会、轻工行业特有工种职业技能鉴定站共同选拔，决定推荐雷双武等7名选手参加决赛。通过激烈的角逐，华润雪花啤酒（湖南）有限公司的黄平安和燕京啤酒（衡阳）有限公司的贺宁取得了好成绩，并获得“中国酿酒行业技术能手”光荣称号。

3. 开展行业从业人员培训工作

去年，协会根据上级部门的要求，承办了相关培训服务工作，在全省范围开展不同工种、不同层次的培训，取得了很好的成效。通过办班培训，普遍提高了酒类从业人员依法经营和辨别真假酒的能力，进一步增强酒类从业人员对酒类生产、经营的守法经营意识，为今后加强对酒类市场的有效监管打下良好的基础。

五、积极承办上级有关部门交办的各项工作

协会积极完成了政府部门交办的其它各种工作任务，如协助组织企业参加贵州酒博会，围绕实施“放心酒工程”和酒类管理有关法律法规开展培训，围绕政府机构改革，承担政府转变职能委托协会的工作等。

广东

2010年广东酒业综述

一、生产情况

广东省的酒类生产，在白酒方面是一个生产弱省，在啤酒方面是一个生产大省，在葡萄酒方面几近为零。广东一年的白酒产量27万千升，但在价格和品质方面，相对较低，价格多为10元/瓶。主要的市场被广东以外的省份所占领。广东啤酒生产能力为400万千升，排全国第二，是一个生产和销售大省。广东因为不适合种植葡萄，所以没有葡萄酒生产的条件，纯为消费省份。

1．地产白酒，凤凰涅磐

广东地产白酒经过了几年拼搏，在产品包装、价格定位、市场营销上都有新的突破，其市场的占有率最高，知名度深入人心。其中，以顺德酒厂、九江酒厂和佛山太吉酒厂为代表的广东豉香型白酒生产企业，以清远酒厂为代表的酱、浓香型生产企业，以长乐烧酒厂为代表的米香型生产企业等，2010年发展的势头异常迅猛，产品的质量不断提高，销量、利税等都保持稳定增长。从这次参评广东酒类市场最佳品牌产品的样品也可以看出，地产酒的包装质量的确比往年有了很大的改观。目前，广东地产酒的发展态势已引起了国内外业界的普遍关注，已有日本、南韩等国家的商人来洽谈合作事宜。

2．高端品牌，开始发力

去年，我省白酒市场虽然受金融风暴、白酒消费税调整以及限酒令“三座大山”的影响，但各香型白酒龙头生产企业及时调整企业发展的新思路，落实加强加快高端地产品牌酒纵深研究，解决行业产品结构偏低和消费者结构单一的现状，在“高端”领域发力，取得不俗的业绩。例如佛山石湾、南海九江和梅州长乐烧等厂，均以产能扩张、不断推出高端新品、资本运作等方式，将高端白酒市场推向更高端，与中低档白酒的距离越拉越远。目前，梅州长乐烧推出的“高度尊贵”远远供不应求，佛山石湾推出的“石湾酒”和南海九江的“粤宴”，在市场上也享有一定声誉。可以肯定，随着龙头企业在广东地产酒高端领域的破局，广东地产酒实现低产量、高效益已指日可待。

3．啤酒生产，颇具规模

我省是啤酒生产大省，啤酒的产能居全国第二位。据统计，2010年全省有13家啤酒生产企业18家啤酒厂，啤酒生产企业数约占全国总数的5.2%，啤酒厂家占全国总数的2.5%。全省啤酒总产量为400万千升，比2009年增产35万千升。在我省的啤酒生产企业中，广州的珠江啤酒、深圳的金威啤酒和肇庆的蓝带啤酒，早已久负盛名。珠啤是我国第一家规模化生产纯生啤酒的厂家，同时也是纯生啤酒销量最大的厂家，目前已经拥有4条纯生啤酒生产线，产能占据了国内纯生市场的半壁江山。金威啤酒拥有目前国内乃至世界上最先进的现代化啤酒生产技术和设备，在中国啤酒界享有“科技金威”的美誉。肇庆蓝带啤酒厂是国内第一个引用外国品牌的啤酒厂，也是第一个出产高档啤酒品牌的啤酒厂，同时又是第一个改变中国啤酒单一风味的啤酒厂。

4．果酒生产，前景广阔

近年来，我省及时调整产业发展方向，鼓励各地充分利用地产水果资源，大力发展果酒生产。至2010年，全省的果酒生产企业由20世纪90年代末期的6家增至20多家，年设计生产能力总计将近5万千升。

我省生产的果酒主要为干型、半干型、半甜型和甜型类型的荔枝酒、青梅酒、枇杷酒、杨桃酒、菠萝酒和芒果酒等品种。其中荔枝酒和青梅酒分别占全省果酒产量的57.6%和33.3%，在市场上较受欢迎。尽管目前我省的果酒在生产的过程中仍碰到种种困难，但广东果酒业还是不断壮大。目前，广东果酒正处于第一个高峰期的前夜，发展广东果酒生产，前景十分广阔。

5．露酒产业，蓄势待发

虽然目前露酒市场的形势不容乐观，但广东人素有药食同源的传统，对露酒认识较为成熟，加上酒业的未来走势必然是由普通酒向保健酒转化，追求天然，崇尚健康的消费需求是人们由盲目走向理性的回归，这一大主流注定了露酒业是一个充满机遇与挑战的行业。基于这样的认识，我省顺德酒厂、湛江三角威力神酒厂、肇庆宏强保健厂以及广东东河酒厂等生产的产品，敢于与外来露酒拼高低，在国内市场占有一席之地，有的还出口东南亚国家和地区。目前，许多露酒生产厂家，已充分估计将来露酒市场竞争之激烈，已在各方面做好应对的准备。广东的露酒业，正蓄势待发。

6．黄酒开发，任重道远

据统计，目前广东黄酒厂家仅有40多家，主要分布在粤东梅州、河源、惠州等地。虽然至目前为止，广东黄酒的生产仍未形成规模，但黄酒产区的政府部门都提出要发挥地缘优势，加大开发黄酒的步伐。梅州、河源等地一些黄酒企业已开始对产品结构进行升级，逐步改变了黄酒在消费者心目中低档酒的形象。但是，要真正开发广东客家黄酒业，还任重道远。黄酒行业应团结一致，进行组织创新，抱团发展，积极实施大公司、大集团战略。只有这样，才能逐步打开黄酒的销售市场。

二、流通情况

从总体来说，广东的酒类消费一年超过360亿元，啤酒一年的产值约60亿元，白酒36亿，远远低于消费量。因此，广东是一个“消费大省”、“生产小省”。

1．“茅台现象”引领高端市场

“茅台现象”是整个白酒行业高速成长的缩影。茅台涨价来由不外乎是：市场供给量小，品牌和资本稀缺。因为出厂价和零售价之间存在200元价差，茅台的经销商在终端价钱上独霸空间很大，在求过于供时经销商可自行调价，这就呈现了茅台每年仅公开发布提价一次，并多次发布限价令，但终端零售市场上却呈现多次涨价的现象难以遏制。由于有茅台的引领，省内省外的白酒高端市场异常活跃，其它高端白酒如五粮液、国窖1573、水井坊等也跟风而上。同时，因茅台酒连年的涨价，引起目前国内掀起一股名酒收藏热。

2．受影响中端市场有所下降

2009年由于出台限酒令，中端市场是最受打击的部分，经历了2009年的急剧下跌之后，在2010年，随着消费者对限酒令的消化，其对市场的影响也渐趋缓和。另一方面，在“茅台”、“五粮液”等高端白酒的领涨下，部分中端产品趁势涨价进入高端市场，造成部分中端市场空白，致使中端产品的市场份额减少，总体销售有所下降。

3．低端市场总体保持稳定

在2010年，广东酒类低端市场基本保持稳定，在这一块市场里，地产酒占绝大部分，其产量、销量、利税等都能保持稳定上升的势头，但由于广东众多地方性小酒厂绝大部分都是做低端市场，所以造成低端酒类繁多，竞争激烈。

4．葡萄酒销量连年不断增长

在过去几年，国内葡萄酒每年正以20%的速度递增，进口葡萄酒也在以每年50%的速度增长。随着消费者对葡萄酒文化的进一步认识和理解，将有更多地区的消费者接受葡萄酒产品，市场将进一步扩大。据有关资料显示，2010年的中国葡萄酒市场在生产、进口、营销、流通、投资等各个方面都有了巨大的增长，而进口葡萄酒尤为特出，增长超过60%。在2009年，进口葡萄酒已与国产葡萄酒平分秋色，而到了2010年凭借强劲的增长速度，进口葡萄酒势头已压倒国产葡萄酒。

5．洋酒消费俨然成为广东特色

随着对外交流的不断增加和广东经济的影响力，国外酒商一直关注着广东酒类市场的销售情况，并根据广东酒类市场的发展趋势，采用更适合广东人文需求的销售模式，比如体验营销、服务营销和综合推广等，搏得了广东消费者对洋酒的喜爱，同时也造就了广东进口酒销售占全国销售总量之半的局面。洋酒从20世纪90年代进入广东市场至今，短短十几二十年，已经从文化、价格、渠道等方面全面进入本土化运作的过程，悄然渗透广东市场，导致时下许多时尚的宴会，每每指定要喝洋酒。洋酒消费俨然已成广东一大特色。

6．酒类流通新业态不断涌现

随着广东酒类市场的不断壮大，流通模式也随之不断创新，我省酒类营销方式呈现多样化。在流通方式的创新方面做了一些有益和成功的尝试。一是电子商务。比如烟酒在线的电子商务做得非常好。二是连锁经营。广中外名酒专卖行、广州酒类专卖店有100家连锁经营店。三是保税区红酒一条街。它把国外进口葡萄酒汇集到保税区里面进行保税，然后买家买酒的时候再交50%的税，卖家不用全部交税，这也是一种营销方式的优势。广东的酒类流通从传统的酒类连锁经营、品牌专卖店、物流配送、电子商务等形式，逐渐发展到品酒、休闲、体验为一体的综合销售模式，以及会员制的酒窖销售方式等，创造了广东酒类流通新的发展思路。

7．新的营销思路：“农村包围城市”

如今的中国白酒主要征战地还是在城市，然而城市人口占全国人口总数仅仅是30%左右，8亿农村人口才真正是中国消费的主流。随着中国农村城市化进程的步伐日益加快，县级城市的消费水平正处在上升阶段，消费潜力较大，对酒类的需求也在不断增长，特别是对中低端酒水的需求。因此，一些具有先见之明的酒企，把营销的视角投向农村，找准农村消费领域的口味，培养和引导农村消费者的思维习惯与消费模式，采用“农村包围城市”的模式经营，将自己的品牌先入为主地打进农村市场。

三、管理情况

2010年我省各级酒类主管部门积极探索有效的管理方式，加强对酒类市场的管理，取得了明显的社会效果。

1. 从严抓流通，推进使用随附单，加强随附单溯源制度的实施力度。

实施《随附单》制度是加强酒类流通监督管理，规范酒类流通秩序，防止假冒伪劣酒流入市场，维护酒类生产者、经营者和消费者的合法权益的有效手段。一年来，各级酒类管理部门，切实贯彻商务部的指示，加强对酒类流通随附单使用情况的监督与跟踪，完善市场准入制度，严格规范酒类流通秩序，对假冒伪劣酒类商品进行跟踪溯源。通过实施随附单溯源制度，使我省酒类经营环境得到明显改善，社会效益和经济效益都在不同程度上有了提高。

2. 开展专项检查，创造和谐亚运酒类市场环境。

为着力做好2010广州亚运食品安全保障工作，在省经信委、省打假办的指导下，我省酒类专卖管理部门纷纷加大市场监管力度，对亚运指定接待的地区、区域和酒店进行深入检查，开展各类打击生产、销售假冒伪劣酒类商品专项行动，有效地为亚运会的召开创造了和谐的酒类消费环境，维护了企业和消费者的合法权益，进一步规范了我省酒类经营秩序，行动取得了良好效果。

3. 打假维权齐头并进，重拳打击制售假冒伪劣酒不法行为。

去年，各级酒类管理部门加大对制售假冒伪劣酒类商品的打击力度，将生产、运输、存储假冒伪劣酒类商品的源头切断，保障酒类消费安全，维护酒类生产、经营者的合法权益和消费者的身体健康。同时开展企业维权行动，通过酒类执法为企业创造良好的经营氛围，有效地维护企业和消费者的合法权益。据统计，全年全省酒类专卖管理系统共出动行政执法人员18万人次，查处案件7820宗，捣毁制假窝点810个，没收假冒伪劣酒类产品货值约9872.6万元。

四、面临挑战

1. 国产葡萄酒面临与进口葡萄酒的博弈

由于2009年我国对酒类的税收政策进行调整，葡萄酒进口关税税率从原来的65%降至14%（瓶装）和20%（散装），进口葡萄酒的税收成本大幅度下降，使进口葡萄酒的销售价格趋向平民化，加之国内对进口葡萄酒的需求迅速增长，进口步伐明显加快。据海关统计，2010年1～11月份由海关进口的葡萄酒（含瓶装和散装）24.60万千升，比前年同期增长59.43%。进口葡萄酒大举进入中国市场，这无疑是对国内葡萄酒一大挑战。目前市场份额虽然国内葡萄酒四大品牌企业的整体市场占有率达到全行业的80%，一线品牌和二线品牌占据着大部分市场份额。但市场是动态的，这种格局很难长期维持。国内葡萄酒厂商应该从新兴市场寻找机会，通过酒庄来渗透，让消费者转变生活方式。只有这样，国内葡萄酒业才会获得突破性的发展。

2. 国产白酒面临与进口白兰地的博弈

随着进口关税的进一步降低，近年来，进口白兰地酒大举向中国市场攻城掠地。进口酒对中国市场的消费培育主要通过两种途径来进行——品鉴与赞助。通过与美食、时尚杂志和高端酒店、西式餐厅合作，开展频繁的主题品鉴活动，是国外酒水企业一直坚持奉行的营销策略。此外，进口酒还通过商业或者非商业性质的赞助活动，把消费培育推向了另一个“润物细无声”的境界。虽然，目前整个进口烈性酒占到的中国酒水市场份额只有1%，但是中国市场的进口酒水消费量近几年来一直有着30%的增长量，其中以针对年轻消费群体的中高端进口品牌增长最为显著。可见，白酒企业面临着的将是一场围绕新兴市场的“中外会战”。面对这一势头，中国白酒企业应该居安思危，沉着应对。

3. 地产酒面临与外来酒的博弈

由于市场高度开放，加上经济繁荣，消费水平相对较高，如今广东已俨然成为全国酒企必争之市场，仅白酒市场容量保守估计也已超过100亿元，另外，洋酒、葡萄酒、啤酒更无需多言。面对如此巨大的蛋糕，招致全国各路酒企垂涎三尺、蜂拥而来。时下，广东地产酒面临各种酒的挑战，已无法回避。但市场机遇与风险永远并存，对于广东地产酒来说，也是如此。作为广东酒企，绝不能像过去那样显露弱势状态，而应挖掘自己的潜能，从容应战。自然，在这方面，研发具有地方特色的高端产品，应是最有效的一招。

2010年广东酒业协会工作情况

2010年是不平凡的一年。由于受各种因素的影响，酒类行业经历了很大的考验。据不完全统计，2010年我省酒类商品销售额与去年基本持平，约360亿人民币。其中，进口酒120亿元，啤酒120亿元，国产酒（啤酒除外）120亿元。在激烈的竞争态势下，我省地产酒产量约达412万千升。其中，白酒27万千升，啤酒400万千升，其它酒5千升；地产酒销售额约36亿元。在此不平凡的一年中，省酒协在政府各有关部门的指导下，本着服务第一的宗旨，积极为会员、行业和政府服务，在推动行业自律、规范酒类市场运行以及完成政府部门交办的各项工作任务等方面，做了大量工作，并取得了一定的成绩，为构建和谐社会做出了积极的贡献。

一、继续推进特色生产基地建设

2010年，协会在推进特色生产基地建设方面做了大量工作。一是协会的专业技术人员，经常深入生产基地，帮助基地生产企业解决生产技术问题，为基地企业提供技术服务。二是抓紧时机，全力扶助梅州米香型白酒生产基地的升级和发展，争取申报"中国米香型白酒"注册商标。三是多次与中国酿酒工业协会沟通，积极协助佛山申报中国豉香型白酒生产基地，并获批准。

二、积极开展酒类培训工作

2010年，协会根据上级部门的要求，积极挖掘潜力，在全省范围开展不同工种、不同层次的培训，取得了很好的成效。一是于2010年5月份到梅州举办了一期酿造工培训班，共培训学员47人。其中四级酿造工41人，五级酿造工6人。经过培训，全部学员都获得了人力资源和社会保障部颁发的技术等级证书。二是先后举办了两期品酒师培训班，总共有121人参加。其中一级品酒师3人，二级品酒师60人，三级品酒师58人。2010年4月份啤酒分会也在广州举办了品酒师专业技术培训，通过培训，选拔推荐赴京参加首届品酒师国家职业资格鉴定及2010届国家级啤酒评酒委员考评人员。三是于2010年9月在从化荔圃宾馆举办首期酿酒师培训班，培训高级酿酒师39人，二级酿酒师1人。四是全年举办7期酒类从业人员培训班，有1346人参加。根据各地反馈的意见，通过办班培训，普遍提高了酒类从业人员依法经营和辨别真假酒的能力，进一步增强了酒类从业人员对酒类生产、经营的守法经营意识，为今后加强对酒类市场的有效监管打下了良好的基础。

三、成功通过行业协会等级评定

2009年，我们根据《广东省民政厅关于社会组织评估管理的暂行办法》规定要求，向省民政厅申请协会等级评估。省民政厅根据我协会的申请，委派省社会组织评估中心于2009年8月19日开始对我协会进行考察。经过一段时间的考察审定，我协会被评为4A级。协会能取得这样的等级称号，是我会全体会员多年来付出巨大努力的结果，也和各位领导一直以来积极支持省酒协开展各项工作分不开。

四、成功举办第二届技能大赛

为深入贯彻落实党中央、国务院关于加强培养高技能人才工作的指示精神，进一步激发广大职工"学知识、练技术、比技能、创一流"的工作热情，促进我省白酒行业的技术交流和技术创新，9月3～4日，我们在从化广州军区招待所举办了广东省第二届品酒技能大赛决赛。本次技能竞赛，由于准备充分，组织严密，协调得力，服务周到，裁判公平，赛事十分圆满。

五、成功举办第五届广东国际酒饮博览会

为搭建专业平台，为酒企牵针引线，让国内生产商到广东来展示，同时把国外的葡萄酒、烈性酒也引到广东来，举办了这届国际酒饮博览会。在以往的基础上，今年协会投入大量的人力和精力，倾注振兴地方经济和发展地方酒业的极大热情，精心组织第五届酒博会。通过举办酒博会，不断积累了行业资源，推动了行业进步，使本项工作得到社会的认可和经营者的赞赏，有效地树立了协会良好的形象。

六、积极推动放心酒工程的实施

为了推动我省“放心酒工程”工作的深入开展，积极打造广东市场酒类质量安全和诚信消费平台，我们对认定的放心酒生产基地和流通示范批发企业进行了严格监管。为保证人民群众喝上放心酒，提高酒类产品的知名度和美誉度，我们连续举办年度“广东酒类市场最佳品牌”评选活动，向社会推荐广东名优品牌，推荐著名商标，培育名牌企业。

七、啤酒分会积极做好会员服务工作

会员是协会赖以生存的基础。努力为会员服务，是增强协会凝聚力和向心力，营造和谐氛围的重要途径。组织协会各种活动，又是提升协会整体活力的重要举措。一年来，啤酒分会坚持协会的办会宗旨，积极做好会员服务工作，几乎每一月都组织会员开展技术交流或其它活动，并做好啤酒的统计工作，办好《今日啤酒》杂志，深获会员的好评。

八、积极协助政府部门开展各类活动

2010年9月，我们积极配合中小企业局举办第七届中小企业博览会。在本届中博会上，为了拓展中外中小企业交流的舞台，让国外的企业家了解我国酒类管理的相关政策和营销模式，我会专门组织了“进口葡萄酒的中国发展机遇”论坛，邀请有关专家讲解我国酒类的监管政策和保税政策，介绍葡萄酒的运营模式和未来的发展趋势，深获30多家澳大利亚企业代表和100多国内葡萄酒经销商的好评。

此外，我们还积极完成了政府部门交办的其它各种工作任务，如围绕中央扩大内需拉动经济增长开展调查研究，围绕实施“放心酒工程”和酒类管理有关法律法规开展培训，围绕政府机构改革，承担政府转变职能委托协会的工作等。

2010年我们虽然做了不少工作，取得了一定成效，但毋庸讳言，仍存在不少问题，主要表现在下面几方面：

（1）工作人员的思维方式、工作方法还没法适应新形势发展的需要，缺少必需的理论研究，业务素质仍有待于提高。

（2）面对经济形势的变化，没有完全转变思想观念，不能及时发现企业存在的潜在问题。

（3）协调作用发挥不够，处理会员的诉求能力不强，导致行业间内耗问题仍较突出。

（4）工作执行力不够，几个分会的秘书长集中办公的决议长期落空，协会的运作功能有待于进一步发挥，工作效率有待于进一步提高。

（5）协会的基础工作特别是统计工作还没有做好，致使协会的功能作用没有得到充分发挥，长期缺少有说服力的统计资料。

所有的这些问题和不足之处，都有待于在今后的实际工作中加以解决。

2011年广东酒业综述

一、生产情况

2011年，全国酒类行业总产量为7103万千升，同比增长13.42%；全行业总产值为6699亿元，同比增长33.21%；实现销售产值6489.29亿元，同比增长32.11%，产销率96.87%；其中白酒增速最为明显，同比增长30.7%，销售收入同比增长39.4%。与全国其它地区一样，我省酒类生产企业通过特色生产基地的建设，加强管理，形成生产规模，不断提高产品档次，打造高端品牌，酒品质量不断提高，企业发展势头良好。

1. 白酒生产，高奏凯歌

2011年，是广东地产白酒高奏凯歌之年。首先是1月份，佛山市授牌为“中国豉香型白酒产业基地”，随即佛山白酒产业振兴工程十大项目也正式启动。该十大项目建成后，佛山市白酒产能规模预计将超过20万吨，其中中高端酒品产量3万吨，产值将达40亿元，税收超过16亿元，佛山将打造成为名副其实的“南国酒都”。其次是12月份，梅州市授牌为“中国客家米香型白酒生产基地”、广东长乐烧酒业股份有限公司授牌为“中国酿酒工业协会果酒研发生产示范基地”。目前，随着佛山市《白酒产业振兴规划》的出台以及梅州市振兴酒业相关项目的上马，广东酒业开始进入全面提升的快车道，本土市场占有率不断扩大。

目前广东白酒行业整体向好。过去广东地产酒售价低廉，现在价格已经提升至几百元一瓶，未来甚至可以超过千元。长乐烧酒厂的“高度尊贵”、石湾酒厂的“石湾酒”、九江酒厂的“粤宴”和顺德酒厂的“凤城液”在市场上都有不俗的表现，说明广东地产酒完全有提升的基础，只需在产品质量、包装设计、品牌推广等方面再强化，未来中高端白酒市场定会有广东地产酒的一席之地。

2．啤酒生产，更上层楼

广东是全国啤酒产销大省。2011年，广东啤酒生产更上一层楼，位居两个全国第二。一是产量在全国排名第二。据统计，2011年，全省19家啤酒厂生产啤酒总产量为418.83万千升，比2010年增产39.2万千升，增幅为10.34%。全省啤酒产量和实际增加产量双创历史新高。二是成为全国第二个产量超400万千升的省（市、区）。

在广东的啤酒生产企业中，广州的珠江啤酒厂以121.2万千升的产量业绩稳坐头把交椅。紧随其后的是来势迅猛的青岛啤酒。2011年青啤在广东投产的三个厂的总产量高达97.8万千升，已逼近百万千升的水平。排名第三的是本土品牌金威啤酒，产量已升至57万千升。金威啤酒拥有先进的现代化啤酒生产技术和设备，在中国啤酒界享有“科技金威”的美誉。

3．果酒生产，前景看好

果酒营养丰富、酒精含量较低、符合健康消费潮流，且有国家政策扶持。因此这一产品的市场前景十分美好，投资果酒项目，将有良好的市场回报率。

目前，我省不少地区都建有果酒厂，共有生产厂家20多家，生产能力在6万千升之上。其中，广东长乐烧酒业股份有限公司、广东桑醇酒业有限公司及广东帝浓酒业有限公司等的果酒生产已颇具规模。但总体上说，我省大多数果酒生产企业的规模还是比较小，缺乏突出的知名品牌，因此，果酒市场的潜力仍有待发掘，这对于有意进军果酒生产领域的投资者来说，是一个很好的发展机遇。但我省要更好地发展果酒产业，还需采取多种措施：一要积极创新，不断提高果酒产品的科技含量；二要做好市场调研工作，摸清消费需求，开发出适销对路的果酒产品；三要加强宣传工作，让更多的消费者了解果酒的特点和营养价值，引导更多的消费者来购买果酒。

4．露酒产业，已露曙光

据统计，我省大大小小的露酒厂约有上百家，产地集中在湛江、阳江、肇庆和珠三角等地。年产量约3万千升，产值2亿元，税收约3千万元。目前，我省露酒产业的发展过程中依然存在的这样那样的问题和不足，但随着我国加入世贸组织和GMP标准的实施，我省露酒企业已经开始高度关注产品质量，利用可供开发的强大资源优势开发差异性产品，开始了品牌和品质的塑造。一些企业已经在酒类行业有了相当的知名度，在市场上也具有了较高的占有率。露酒产业整体向好。一是露酒独具的健康诉求，以及广东丰富的药材资源和药食同源的传统，使露酒具备了走出去的有利条件；二是在国家的酿酒产业政策中，露酒是一个被支持鼓励发展的产业；三是从我国整个酿酒工业发展方向看，露酒也是一个非常有希望的朝阳产业。总之，露酒产业只要面对现实，正视困难，充分利用资源优势不断开发新产品，就一定会绽放出灿烂的奇葩。可以肯定的是，如果广东省被授予第三块酒类特色生产基地牌匾，那很有可能是落在露酒产业上。

5．振兴黄酒，前程漫漫

据统计，目前广东黄酒厂家约有40多家，主要分布在粤东梅州、河源、惠州等地。年产量约1万千升。虽然我省的客家黄酒曾经有过非常辉煌的历史，兴宁出产的珍珠红早已家喻户晓，紫金县出品的“三谷围”牌客家黄老酒也深受广东客属消费者的偏爱。但从总体上说，目前广东黄酒的发展似乎底气不足，举步维艰。要振兴广东黄酒，仍然前程漫漫。振兴黄酒的核心问题就是要从改变消费者的消费观念入手，彻底改变当前消费者在黄酒消费上存在的一些认知误区，从源头上为黄酒振兴正本清源。同时，我们还必须多下苦功，提高品质：一是降低含糖量。客家黄酒糖分偏高口味偏甜，从健康的角度来看不利于消费。二是降低酒精度。应适当降低黄酒的酒精度，使黄酒能像啤酒一样为大众消费者所接受，使黄酒成为一种时尚化消费品。三是促进口味多样化。黄酒的口味种类比较单一，必须增加黄酒品种，促进黄酒口味风格的多样化发展。这样才能更加能够迎合大众消费者的口味，尤其是年轻消费人群的口味。四是加大品牌宣传力度。广东目前的黄酒企业大部分都是中小企业，财不大气不粗，品牌宣传方面投入不足。我们必须加大黄酒的品牌宣传力度，提高消费者对黄酒的品牌认知度。

二、流通情况

我省是全国人口大省，加上流动人口和外来人口众多，市场高度开放且包容性好，经营渠道畅通，经营方式灵活，因此，酒类市场向来十分活跃。据估算，2011年，我省市场酒类总销售额440亿元，约占到全国的1/10，位居全国前茅。2011年，我省酒类市场的总体情况是：

1．白酒市场，涨声一片

2011年我省乃至全国白酒市场的一个突出现象是涨声一片，尤其是高端白酒如茅台、五粮液、国窖1573涨势更猛。据资料显示，在近10年期间，茅台的涨幅超过945%。而且目前茅台2000多元的价格还未到天花板，往后还有上涨的空间。一线白酒持续涨价现象可说是整个白酒行业高速成长的缩影，也是企业品牌价值的体现。虽然茅台的价格在外界看来已经背离了他的价值，但是对于茅台来说，做奢侈品更是需要价格的支撑。另外，从品牌沉淀来看，茅台和五粮液、泸州老窖、剑南春、郎酒、汾酒、洋河等企业的涨价可以看作是企业战略性涨价行为，这是白酒行业发展趋势的外在凸显，是营销要素变革的体现。

2．中端市场，竞争激烈

近年来，由于出台限酒令，中端市场曾受严重打击，经历了一番急剧下跌之后，随着消费者对限酒令的消化，现已慢慢恢复市场元气。目前，在“茅台”、“五粮液”等高端白酒的领涨下，部分中端产品趁势涨价进入高端市场，区域品牌“稻花香”、“诸葛酿”、“泰山特曲”、“百年糊涂”、“孔府家”剑指中高端，新出品的中端品牌也层出不穷，陆续登陆广东市场，意欲通过商业模式创新，分得市场一杯羹。但广东毕竟是全国酒类行业最早出现渠道形态碎片化的市场，各类销售终端走向均势，呈现出多元化，使得营销资源很难聚焦传统终端。传统终端的竞争早就进入了白热化、同质化。因此，中端品牌在广东的竞争十分激烈。

3．低端市场，稳中有升

我省农村人口众多，农村的酒类市场潜力很大。就白酒的消费群来看，虽然占人口总量20%的城市人口白酒消费占55%，而占人口总量80%的农村人口消费占45%。而且，随着消费者收入的提高，低端白酒的消费群体比重将有逐步摊薄的趋势。但是，在乡村市场，由于消费者对地产酒消费的忠诚度很高，致使很多全国性品牌几乎无所作为，因此，在过去一年，广东酒类低端市场稳中有升。在这一块市场里，地产酒占绝大部分，其产量、销量、利税等继续保持稳定上升的势头。

4．进口红酒，增长迅猛

随着经济的发展，生活质量的提高，进口红酒在广东的消费增长异常迅猛。时下，中高档干红俨然已是广东葡萄酒市场的俏货。

据海关统计，2011年我国进口葡萄酒比上年增加三成多，进口量已经占到国产葡萄酒产量的34%，占据中国葡萄酒市场1/4的份额。进口红酒的这种增长趋势，使国内产业发展遭受严重挑战。业内专家表示：现在进口葡萄酒和国产葡萄酒还没达到平衡的地位，但未来5年内双方将完成动态的平衡，进口葡萄酒或将占据40%的市场份额。葡萄酒进口量的大幅攀升以及外资品牌的急剧扩张加剧了葡萄酒行业的竞争，为处于成长初期的国内葡萄酒产业带来沉重压力，不利于自主品牌实现盈利和成长，或将进一步造成市场份额缺失和产业发展动力不足。

致使我国葡萄酒进口量价齐升的主要原因，一是国内消费需求旺盛，带动进口规模扩大；二是国际葡萄酒消费增长疲软，国外酒商积极开拓中国市场；三是葡萄酒市场投资升温，游资炒作助推价格大幅上涨。

作为进口酒桥头堡的广东，进口葡萄酒的销量已经超越国产葡萄酒，主要有以下几个方面的原因：一、在性价比方面，国产葡萄酒落后于进口葡萄酒，无论是价格还是品质方面都不如进口葡萄酒有优势；二、葡萄酒文化宣传方面，各个国家的进口葡萄酒酒商看到广东葡萄酒市场潜力巨大，近几年来都加大了宣传推广力度，从葡萄酒的文化、饮用等方面着手进行一系列的推广活动。

5．洋酒消费，继续升温

随着对外交流的不断增加和广东经济的影响力，广东的洋酒消费继续在升温。目前在我省市场上活跃的洋酒种类主要有白兰地、威士忌、伏特加、朗姆酒、杜松子、龙舌兰。其市场价从上百元到几千元甚至到上万元不等。

洋酒推销，奉行精品高端路线，活跃在夜场、酒楼和礼品市场。这些洋品牌以其优良原料、纯正口感、品牌形象和精美包装，用惊人的速度迅速“俘获”了一批批消费者，其中最重要的是一大批年轻、时尚的白领、精英消费者。

洋酒消费之所以在广东节节攀升，广受消费者的喜爱，我们认为主要有以下几个原因：一、广东毗邻港澳台，受他们的饮酒消费习惯影响较大；二、洋酒的文化推广力度较大，特别是在广告宣传方面有独到之处，针对的消费人群很明确；三、政府和老板层面的营销公关开展得较好，形成了“领导消费带动商务消费，商务消费带动社会消费”的潮流，对于洋酒的快速推广具有非常重要的意义；四、在产品外包装方面，迎合国人的审美观念，特别是在礼品包装方面，比很多国产酒更加适合节日礼品酒市场的消费。

6．流通业态，不断翻新

从20世纪80年代中期到现在，不到30年的时间，我省酒类流通业态从原始单一的批、零业迅速发展到今天连锁经营、品牌专卖店、物流配送、电子商务，甚至于品酒、休闲、体验为一体的综合销售以及会员制的酒窖销售方式等等，业态变革成绩斐然。多种流通业态群雄并起，在一定程度上创造了广东酒类流通新的发展思路。但与目前国际最大的酒类流通企业帝亚吉欧、保乐力加相比，流通业态还有相当距离，因为我们所经销的品牌还无法在全世界范围内流通。

7．酒类展会，目不暇接

随着消费市场的深度变革，尤其是渠道扁平化、酒类消费多元化、渠道竞争白热化的进一步加深，酒类展会经济正在我省崛起并呈多元化发展的趋势。2011年，我省和省内各地市举办的各类糖酒交易会、葡萄酒展等专业的展会、国际性酒展等如雨后春笋，令人目不暇接。尤以省经济和信息化委于6月26～28日在广州市琶洲保利世贸博览馆主办，省酒类专卖管理局和省酒类行业协会协办的2011广东国际酒类商品展销会最具代表性。该届展销会突出“专业化、国际化、大型化”的特点。业界普遍认为，目前我省主办的酒类展会现已成为我国酒类行业最专业的采购交易会之一，在国际酒类行业专业展会中占有极为重要的地位。

2011年广东酒业协会工作情况

2011年，由于受国际金融环境和国内酒驾等各种因素的影响，酒类行业经历了很大的考验，但我省酒类商品销售额反而较去年有了一定程度的增长。据不完全统计，2011年我省酒类商品销售额约为440亿人民币，较2010年增长了20%以上，其中，进口酒160亿元，啤酒130亿元，国产白酒150亿元。在激烈的竞争态势下，我省地产酒产量约达456.8万千升。其中，白酒32.4万千升，啤酒418.8万千升，其它酒5.6千升；地产酒销售额约162亿元。2011年，经过全体秘书处工作人员和广大会员的共同努力，我们克服各种困难，做了大量工作，取得了一定的成绩，现将主要情况汇报如下：

一、积极协办2010年全国酒协秘书长座谈会

中国酿酒工业协会于2011年1月12～15日在广州市召开2010全国酒协秘书长座谈会，旨在促进国家和地方协会的沟通和交流。由于我们的后勤接待工作做得深入细致，服务周到，本次座谈会开得非常成功，深获主办单位和与会代表的一致好评。

二、成功召开2011广东酒业年会

本次年会全面总结了2010年广东酒类行业的基本情况，提出了2011年酒协工作的思路和计划，表彰了年度先进单位和个人以及荣获“2010年度广东酒类市场最佳品牌产品”奖的企业。由于协会领导高度重视，会务筹备工作认真细致，因而本次年会开得相当成功，获得有关领导的高度肯定，也赢得了与会代表的一致称赞。

三、协办2011广东国际酒类商品展销会

为贯彻落实省委省政府《关于实施扩大内需战略的决定》精神，推进广东省酒类行业发展，保障酒类食品安全，积极协助省经信委于6月26～28日在广州市琶洲保利世贸博览馆成功举办2011广东国际酒类商品展销会，在业界引起强烈反响。

四、编制“酒企高级管理人员轮训五年规划”

为贯彻落实汪洋书记关于“要加强面向民营企业的人才队伍建设……实施企业家素质提升工程，争取5年内对民营骨干企业的高层经营管理人员轮训一遍”的指示，根据省中小企业局的要求，积极开展调查研究，编制《广东省酒类行业民营骨干企业高级管理人员轮训五年规划》，为我省民营酒企做实实在在的服务工作。

五、与地方政府通力合作打造广东地产酒品牌

在各方努力下，2011年1月13日，佛山市正式被授予

“中国豉香型白酒生产基地”，佛山市政府也出台了关于如何加快佛山市白酒产业发展的有关决定。并且将签署十个项目，发展地产酒产业。省酒协授予了佛山市“南国酒都”牌匾，以此带动广东地产酒的全面发展。此外，协会的专业技术人员，经常深入生产基地，帮助基地生产企业解决生产技术问题，为基地企业提供技术服务，全力扶助特色香型白酒生产基地的升级和发展，做好佛山“中国豉香型白酒生产基地”的后续工作，协助梅州申报“中国客家米香型白酒生产基地”和长乐烧酒业股份有限公司申报“中国果酒研发生产示范基地”，并获得批准。

六、继续推动放心酒工程实施

举办年度“广东酒类市场最佳品牌”评选活动，向社会推荐广东名优品牌，推荐著名商标，培育名牌企业，对认定的放心酒生产基地和流通示范批发企业进行严格监管。

七、开展培训提高整个行业素质

2011年，我会除了开展常态的从业人员、酿造工、品（评）酒师和其它工种技能等培训之外，还开拓了培训工作的一个新亮点，即与国家有关部门共同举办国家葡萄酒三级品酒师培训和中国酒业营销师培训。据统计，2011年我会举办各类培训班12期，全省酒类行业将近1298人受到培训。通过培训，企业从业人员的素质有了很大提高。经过国家有关部门审查认定，我协会有望成为国家人力资源和社会保障部培训基地。

八、主办首届酒具、酒械发展与文化研讨会

随着酒类市场持续升温，多元化与个性化的消费需求日益明显，消费者越来越注重从酒类产品中获得的精神愉悦体验，由此衍生出对酒类包装、酒具酒器的更高要求，因此，协会顺应消费潮流，主办首届酒具、酒械发展与文化研讨会，研讨成立酒具、酒械分会有关事宜。

九、达成九省市酒业联盟

加强与国内省级、省内地市级酒类协会的沟通和联系，目前已初步达成九省市酒业联盟（包括广东、江苏、河南、河北、山东、四川、北京、天津、黑龙江）。

十、组织我省酒类营销商参加全国酒类优秀营销商大会

2011年年底，由中国酒类流通协会联合各省市酒类行业（流通）协会共同主办，江苏省酒类行业协会承办的第二届全国酒类优秀营销商（企业）代表大会在南京召开。在我会的统一组织下，我省的广州雅云坊、广州君奕、广东诺凯投资、广州南非谷、肇庆奔马、广东新粤北、佛山百家德、广州鼎极、广州龙程、广州鼎奥、深圳本业等11家酒类营销商代表广东出席了该次大会。

此外，我们还积极完成了政府部门交办的其它各种工作任务，承担政府转变职能委托协会的工作等。

2011年广东啤酒行业综述

在我国社会经济蓬勃发展的拉动下，广东作为全国人口和经济大省，啤酒工业也有着不俗的表现。据行业统计的数据显示，2011年全省12家啤酒企业的19家啤酒厂完成产量418.83万千升，比上年有10.34%的增长，实际增加产量39.2万千升，增长幅度比上年提升了1.74个百分点，全省啤酒产量和实际增加产量再创历史新高。广东啤酒2011年摘取了两个老二的桂冠，一是成为第二个产量超400万千升的省（市、区）；二是产量排名全国第二位。鉴于广东有地理、气候、经济和市场等诸多优势，因而发展成为我国啤酒的一方热土，青岛、燕京、雪花、金星和百威、喜力、嘉士伯等境内外知名品牌企业在广东安营扎寨，建厂生产，本土品牌珠江、金威等企业也毫不相让，以攻为守，拓展发展空间，形成繁花竞放，群雄逐鹿，共存共荣，促进发展的格局。

2011年，珠江啤酒以121.2万千升的产量稳坐头把交椅（指本土厂家的产量，未包括珠啤在外省分厂的产量），也是目前我省唯一一家百万千升级以上的厂家，产量比上年有近5%的增长。

紧随其后的是青岛啤酒，产量年年攀升，2011年的产量已逼近百万千升的水平，达97.8万千升，同比增长7.8%（青啤产量含青岛朝日、青岛珠海、青岛三水3厂总和），尤其是青岛朝日啤酒公司，自在深圳建厂以来，生产一路飚升，上年产量达46.7万千升，几乎占了青啤在广东总产量的半壁江山。

第三位的是本土品牌的金威啤酒，产量已升至57万千升（指金威集团中的广东本土厂家产量），同比增长近6%，金威家族成员中，以佛山金威最高，产量领先于其他家族成员。

排名第四位的广东新秀百威啤酒，产量达到41.8万千升，比上年大幅度增长48.22%。百威啤酒自从三年前在广东落地生根以来，可谓旗开得胜，年年发威，产量从2009年投产当年的20.5万千升，增至上年的41.8万千升，三年产量翻了一倍有多，为推进广东啤酒业发展立下了汗马功劳。

名列第五的也是大名鼎鼎的燕京啤酒，广东燕京产量为33.3万千升，比上年有二位数的增长，增幅为10.7%，燕京鲜啤已成为市场新宠。

此外，嘉士伯啤酒、蓝带啤酒和华润雪花啤酒都斩获颇丰，产量增幅分别为16%、9.6%和8.1%。

又有一颗新星落户广东，广州亚太酿酒公司于2011年5月投产，当年产量5.74万千升，从此，广东消费者已可喝上地产的国际知名品牌喜力啤酒和虎牌啤酒，该公司二期扩建工程已在紧锣密鼓地进行中，以满足不断拓展的市场需求。

展望未来，形势不容乐观，啤酒企业要承受原材料和能源价格上涨、劳动力成本增加和营销费用增长等种种压力，挑战无处不在，需要我们认真应对。啤酒企业还可在新产品，尤其是有特色的新产品研发、改进产品包装、拓展家庭消费等方面多做探索与尝试。

新的一年，又将是“无限风光在险峰”！

2011年广东啤酒分会工作情况

一、组织学术交流与研讨

（1）2011年3月上旬在广州举办“啤酒低碳酿造技术研讨会”，北京伊斯蒙特啤酒技术中心、广州珠江啤酒公司、KHS•广二轻公司和乐惠实业集团等多家知名企业做专项技术讲座，会议期间还组织代表现场参观了“中国国际啤酒、饮料及液态包装工业展览会”，来自省内外、境内外的150多位业界人士出席会议。

（2）出现劳动力短缺的问题已在啤酒行业显露出来，眼下啤酒包装仍以玻璃瓶占主导地位，占总量的90%以上，重复使用的旧瓶清洗、整理需要占用很大的场地和耗用大批劳力，给企业在劳力、场地和费用方面都带来很大的压力，理瓶已成为啤酒企业一个急待解决的问题。为此，分会、中心于6月下旬在桂林组织召开了“啤酒产业理瓶机应用技术研讨会”，深圳“金刚手”机电公司对已获多项专利技术的第二代理瓶机技术性能做了论述，该公司杨晖伟总经理在大会发表的题为“啤酒瓶理瓶机技术研发创新与应用”论文被评为特等奖。现场参观了燕京啤酒（桂林漓泉）股份公司正在使用的3台3.6万瓶/时的理瓶机，对啤酒理瓶技术的推广应用有积极的意义。

（3）2011年10月下旬在广州组织召开了“第二十届啤酒学术交流会”，美国雅基玛酒花公司陈桉经理做了“三种评估酒花香气的方法”的专项技术讲座，有29篇论文在大会发表，现场参观了广州亚太酿酒公司。在大会发表的论文，经专家委员会评定，肇庆蓝带啤酒公司周秋娥、陈家明发表的题为“粉体生物质燃料锅炉在啤酒制造行业的应用”论文荣获特等奖，是我省继珠江、金威之后，第三家荣获特等奖论文的厂家。分会、中心为获奖论文的作者颁发了荣誉证书和奖金，会后编印出版了“第二十届（2011）啤酒学术交流会论文集”，在全国啤酒行业发行，以拓展学术交流的成果。

二、编印发行《今日啤酒》

为搭建啤酒行业信息与技术交流的平台，推进行业的技术进步与生产的发展，分会、中心自1996年以来，每月一期编印发行行业专业刊物《今日啤酒》，内容涵盖协会信息、政策法规、生产报道、市场动态、营销方略、观察与思考、经营管理、现代科技、新品研发、啤酒文化、啤酒人物志、企业之窗、行业动态、海外简讯和啤酒文摘，还有啤酒与健康、参考消息和展会快讯等，既专业，又多姿多彩，其足迹遍及全国31个省（市、区）和港、台地区。为办好《今日啤酒》，每年组织召开编委会和通讯工作会议，评选表彰优秀通讯工作人员。

三、做好统计、汇总、交换工作

当今社会是一个信息化时代，一切用数据说话，没有数据的概念是一个模糊不清的概念。生产统计资料对于政府制订产业发展规划和促进行业发展的政策法规，对于企业制订正确无误的经营决策，都是不可或缺的，有积极的意义。为此，分会、中心自20世纪80～90年代以来，就逐步建立和健全啤酒产业生产资料的统计、汇总、交换工作的网络和制度，依照《全国啤酒行业经济技术指标统一计算方法》统计资料，按月度、季度、年度汇总、上报、交换，并在《今日啤酒》刊发产量统计数据。自2005年以来，生产统计、交换资料已拓展至中南六省(区)。为做好统计工作，中南六省(区)生产协作组每年组织召开一届统计信息工作会议，总结交流工作经验和研究有关问题，评选表彰优秀统计工作人员。

四、组织啤酒品酒职业技能培训和“第二届‘赛诺杯’全国啤酒品酒职业技能竞赛广东省初赛”

通过培训和初赛，我省有10名选手荣获 “广东省酿酒行业技术能手”称号，推荐参加全国总决赛的13名选手(含高级品酒师和国家级评酒委员)中，有7名选手成绩优秀，荣获“全国酿酒行业技术能手”称号，竞赛成绩优于“第一届‘诺维信杯’全国啤酒品酒职业技能竞赛”。

特色区域

梅州：中国客家米香型白酒生产基地

2011年6月2日，梅州市被中国酿酒工业协会授予“中国客家米香型白酒生产基地”称号。这是继2008年8月被广东省酒协授予“广东米香型白酒生产基地”称号后，梅州市酒业发展取得的又一硕果，标志着梅州市打造米香型白酒生产基地工作取得新突破。米香型白酒生产是梅州市的特色传统产业。近年来，梅州市委、市政府把酿酒产业列为重点支持发展的传统产业，专门制订了梅州市酒类发展规划，积极打造米香型白酒生产基地，加快推进酿酒传统工业绿色转型，加大科技投入改造提升酒业。同时，积极扶持龙头企业、骨干企业做大做强，加强品牌建设和保护，将客家米香型白酒生产工艺列入梅州市非物质文化遗产名录。梅州市酒产品产量不断提高，质量不断提升，市场日益拓展，品牌效应越来越强。梅州市现有米香型白酒生产持证企业48家，其中龙头企业：广东长乐烧酒业股份有限公司；骨干企业：广东明珠珍珠红酒业有限公司、广东大埔县三河酒业有限公司、广东蕉岭一线天酒业有限公司、广东蕉岭南国白珍珠酒业有限公司、梅州市八乡情酒业有限公司、广东南台酒业股份有限公司、梅县莲泉酒液酿制有限公司、广东吴师傅酒业有限公司等8家；基地企业：梅州市龙轩实业有限公司、广东梅县客乡酿酒有限公司、五华县客属酒业有限公司、兴宁市阳天酒厂、梅州市鎏峰酒业有限公司、五华五稻酒业有限公司、梅州市玉纯酒业有限公司、五华县华东酒厂、五华县溢群酒业有限公司、梅州市客联酒业有限公司、五华县元生堂酒业有限公司、蕉岭县安定酒厂、蕉岭县三里酒厂、大埔县新泰酒厂等14家。梅州市米香型白酒设计生产能力12.1万吨，2011年白酒产量预计4万吨，同比增长15%，产值预计达5.5亿元，同比增长20%；生产量占全国客家地区的70%以上。2009—2010年度梅州酒业获广东省酒协多项奖：梅州市经济和信息化局副局长、梅州酒协名誉会长江剑欧获“2009年、2010年广东酒类行业优秀工作者”称号；大埔三河酒业有限公司总经理姚金喜获“2009年广东酒类行业风云人物”、 广东长乐烧酒业有限公司总经理曾钧、广东明珠珍珠红酒业有限公司副总经理罗振波评为2010年广东酒业（生产）风云人物称号；广东长乐烧酒业有限公司获“2009年、2010年广东酒类行业贡献奖企业”称号、广东长乐烧酒业有限公司、大埔三河酒业限公司、梅州市玉纯酒业有限公司、蕉岭一线天酒业有限公司、蕉岭南国白珍珠酒业有限公司、五华县客属酒业有限公司、梅县客乡酿酒有限公司等7家企业获“广东省放心酒生产企业”称号。

梅州市具有优越的地理区位优势。梅州地处广东省东北部，北邻赣南，东连闽西，是沟通珠三角、对接海西经济区和长三角等沿海经济带的重要门户和桥梁。全市总面积1.59万平方公里，户籍人口507万人，辖8个县（市、区），是全世界最具有代表性的客家人聚居地，有“世界客都”之称。目前，梅揭、梅河、天汕三条高速公路已建成通车，广梅汕铁路、梅坎铁路也并入了全国铁路网，梅县机场开通至广州、香港的航线。梅州正在从广东的边远地区，一跃成为次沿海地带，成为泛珠三角区域内产业转移的重要承接地和珠三角地区通往内陆省份的重要门户。当前，全市上下正深入贯彻落实中央政治局委员、省委汪洋书记对梅州提出的“全力提高‘双转移’水平，加快实现绿色的经济崛起”的重要指示精神，站在建设粤东北区域性中心城市的战略高度，以新型特色工业、精致高效农业、旅游先锋产业、特色文化产业、健康疗养产业和现代物流业为重点，推动产业结构优化升级，构建具有梅州特色的生态型、循环型、低碳型绿色现代产业体系，力争实现三年大提速、五年上台阶、十年大跨越，努力建设广东重要的绿色现代产业基地和粤东北区域性中心城市，全力加快绿色的经济崛起，建设富庶美丽幸福新梅州，争当广东山区科学发展的先行市。

梅州市具有良好的发展酒业的环境资源条件。名山佳泉出好酒，由于酿酒行业对生态环境的要求较高，因此世界范围的名酒、好酒都产自自然生态环境保护很好的地区。梅州素有“八山一水一分田”之称，全市土地总面积1.59万平方公里（2379.68万亩）。森林覆盖率69%，境内有2000多种高等植物，有武夷山脉、莲花山脉、凤凰山脉，山上绿树成荫，空气清新。有优质的水系、水质洁净，境内多年平均降雨总量252.29亿立方米，多年平均径流量128.7亿立方米，过境客水量127亿立方米；境内有韩江、梅江、汀江三大河流。这种良好的生态环境使梅州自古以来就成为生产佳酿的好地方。改革开放三十多年来，梅州没有发展高污染、高能耗的产业，并且非常注重生态环境保护，使得梅州成为广东省酒产业发展的极佳地区。优越的自然生态环境也保证了梅州拥有丰富的酒产业发展资源，梅州是全国的粮食生产先进单位，2009年耕地面积183.45万亩，年产粮食139.44万吨。此外，梅州还盛产各类水果，据统计，2009年全市水果产量88.51万吨。其中主要有：金柚产量56.12万吨；龙眼产量8.67万吨；橙产量10.2万吨，其它水果13.52万吨。丰富的无污染绿色农产品为梅州酒产业发展提供了资源保障。

梅州市具有深厚的酿酒历史传承。中国是酒文化积淀非常深厚的国家。九千年前，中原人就开始酿酒，酒祖仪狄、杜康造酒始于河南，宋河道教文化、仰韶文化、大河文化都与造酒有关。中原客家的迁徙深刻影响了中国的酿酒业，梅州米香型白酒客家传统酿酒工艺是中国白酒类最古老的酒品种传统酿酒工艺之一。梅州是世界客都，是中国客家人的重要聚集地，酒文化非常发达，家家酿黄酒，人人喝黄酒，黄酒的普遍性成为客家农村极为普遍而有特色的一种社会现象。有研究表明，唐末温氏人家为避战乱，南迁至梅州长乐县（现五华县），开基创业，成了广东的客家人，同时把中原的酿酒技术带到南粤，以经营烧酒坊为生，温氏家族不少传人都专事酿酒，在中国酿酒史上写下了重要的一笔。我国销售占总香型75%的浓香型白酒，鼻祖就是500年前从长乐县移居四川泸州的十四世祖温荣盛。而著名的张裕葡萄酒开山始祖张弼士则来自梅州大埔。而现在的五华县等地方的老房子里存放的古酒瓮、酒缸、簸箕、蒸饭竹器，还有那尘封的族谱，都一一验证了梅州悠久的酿酒历史。

客家酿酒坊，位于客家民族的聚居地梅县，迄今已有一百多年历史。据了解，如五华的长乐烧酒、大埔的三河坝酒、平远的南台酒、兴宁的珍珠红酒、梅县的客家娘酒、梅江区的磊花烧酒、蕉岭的南国白珍珠酒、一线天酒等，都是在客家地区久销不衰的名酒。而客家娘酒，含丰富的氨基酸、微量元素、维生素，并有行气活血等功能，“长乐烧”米香型白酒曾被评为国家优质酒，是广东省名牌产品。

梅州市具有浓郁的客家文化。梅州市素有“文化之乡、华侨之乡、足球之乡”和“山歌之乡、金柚之乡、单丛茶之乡”的美称，是国家历史文化名城、国家优秀旅游城市。物华天宝，人杰地灵，山清水秀，风景优美，古迹众多，风情浓郁。游览梅州，你可以瞻仰叶剑英、黄遵宪、丘逢甲等客家名人的故居，参观中国五大民居形式之一的客家围屋，欣赏原汁原味的客家山歌，品尝正宗的客家美食，学说古代汉语的“活化石”客家话，感受客家人尊师重教、勤劳热诚的人文精神，还可以游览新建成的“绿野明珠”雁南飞茶田度假村、客天下旅游产业园及文化精品千佛塔寺，泡一泡有益身心的温泉，品尝一下客家酒产品，都会给你留下美好的回忆。随着梅州“中国客家米香型白酒生产基地”的建立和酒类产业的发展，“长乐烧”、“珍珠红”、“三河坝”、“南国白珍珠”、“一线天”、“南台”“八乡情”等品牌的酒文化将构成梅州独特的旅游资源，作为到梅州旅游的另一亮点——“香格里拉”呈现给世界游人，使“饮客家酒、吃客家菜、品客家茶、唱客家山歌、游客家风情”成为旅游度假的时尚。

梅州市具有良好的政务环境。自从中央政治局委员、省委汪洋书记提出梅州经济发展“要充分利用自身的后发优势和生态优势，积极探索新的发展模式，勇敢担负起广东省山区探索科学发展道路的历史重任”的期望，为贯彻落实好中央政治局委员、省委汪洋书记的重要指示，梅州市委、市政府决定着力构建开发适度、结构合理、低耗高效的新型绿色产业体系，力求在绿色产业发展上取得新突破，出台了《关于推动绿色崛起实现科学发展的决定》等一系列鼓励政策，把酿酒产业列为重点支持发展的传统产业，加快推进酿酒传统工业绿色转型，加大科技投入改造提升酒业，这些都为加快梅州酒业发展提供了有利的政务环境。同时，市委、市政府还出台了许多直接扶持酒产业的政策，如将“中国客家米香型白酒生产基地”和“广东米香型白酒生产基地”建设列入市政府的重点工作，并以《关于梅州市与省共建广东米香型白酒生产基地的请示》呈报省经信委，要求把梅州酒产业发展列入省市共建项目，得到了省信贸委领导的重视和支持，项目已列入省财政扶持对象，支持梅州酒产业发展。

广西

2010年广西酒业综述

据自治区统计局统计，2010年全自治区共生产饮料酒187.88万千升，比上年增长0.9%。其中规模以上企业38家，产量149.24万千升，同比增长13.5%。规模以上企业实现主营业务收入50.88亿元，同比增长18.02%。利润总额6.77亿元，税金总额8.04亿元，同比分别增长20.18%和7.35%。

2010年全自治区共生产发酵酒精69.06万千升（折96度商品量），同比上年下降4.0%。其中规模以上企业28家，生产发酵酒精68.78万千升（折96度商品量），比上年下降11.7%。规模以上企业实现主营业务收入31.73亿元，同比增长20.01%。利润总额1.03亿元，税金总额1.22亿元，同比分别增长77.69%和下降13.05%。

2010年广西酒业协会工作情况

在自治区民政厅、自治区工信委的正确领导和关怀下，在中国酿酒工业协会的指导下，2010年我协会认真学习、实践科学发展观，坚持为政府、为行业、为企业服务，积极开展行业活动，现总结如下：

一、认真配合政府有关部门做好行业管理服务工作

（1）受中国酿酒工业协会、国家食用酒精生产许可证审查部派遣，完成了对广西凤糖生化股份有限公司、广西农垦思源酒业有限公司、百色甘化股份有限公司、南宁糖业股份有限公司蒲庙造纸厂等4个酒精生产企业食用酒精生产许可证换证审查。受广西技术监督局派遣，完成对广西金源生物化工实业有限公司食用酒精生产许可证申证现场审查。

（2）根据广西工业和信息化委员会的要求，我协会推荐本协会和企业2名人选进入广西清洁生产专家库。

（3）根据广西工商局申报广西著名商标规定要求，协会应企业要求，经调查审核，为柳州古岭酒厂，桂平市一芝灵酒厂出具了推荐意见。

（4）逐步扩大信息网络，扩大了与各企业有关人员的邮件通讯。网站及时发布我协会的活动信息，中国酿酒工业协会通知及培训通知等和下载材料，及时公布广西有关酒种国家职业资格鉴定合格人员名单。

二、组织开展行业交流活动

（1）接受中国酿酒工业协会的指导，配合中国酿酒工业协会做了以下几项具体工作：

① 参加中国酿酒工业协会第四届会员代表大会暨第四届理事会第一次会议。

② 组织会员单位参加中国酿酒工业协会开展的首届中国酒业“仪狄奖”评选活动。向中国酿酒工业协会推荐桂林三花股份有限公司、广西丹泉酒业有限公司、梧州市龙山酒业有限公司参加评选。

③ 推荐相关企业参加中国酿酒工业协会2010届国家高级啤酒评酒委员选拔。

④ 参加2010年全国酿酒协会信息工作会议，组织协会工作人员参观世博会。并通知有关企业参加2010上海世博

会期间联合国相关机构和国际组织“千年金奖”、“优秀奖”、“世界特供”产品评选活动，提高产品知名度。

⑤ 配合中国酿酒工业协会，做好传统果露酒产品备案及新资源食品申报准备工作。

（2）我协会是2010年广西第三届、第四届食品交易博览会暨糖酒会的协办单位。协会充分利用这个专业性强，层次高，交易量大，国内外知名酒业参展的盛会，组织相关单位积极参展，宣传企业形象，推广新产品，为拓宽销售渠道增加销售业绩提供了有效的平台，通过广西的独特地理优势，促进产品走进东盟国家的市场，使未入会中小酒企认识协会，积极入会，参加协会活动。

（3）协会领导应邀参加了广西桂平乳泉液有限公司六十周年、广西梧州龙山酒业公司七十周年庆典活动，进一步了解企业发展历程和前景规划，以便为企业的发展做好服务工作。

协会领导应邀参加了桂林全州文化节和湘山酒文化高层论坛，鉴评了湘山酒业开创米酱兼香先河的桂3、6、9号产品。

（4）组织啤酒企业参加由湖北酒协承办的“第五届[2010]中南六省区啤酒生产统计信息工作会议”，交流行业统计工作先进经验，表彰统计工作的先进单位和个人。

（5）协会热烈祝贺《酿酒科技》创刊30周年。电贺广东啤协成立25周年庆典，并赠送花篮。

三、组织进行人才培训

（1）9月26～28日在南宁市举办广西第二届白酒品酒师国家职业技能考核辅导培训班暨第二届全国白酒品酒职业技能大赛广西赛区初赛，共有12个单位40人参加，经考核合格的共有32人。推荐参加初赛的前3名和原白酒国家评委2名参加全国白酒品酒职业技能大赛。

（2）11月19～21日在南宁市举办广西首批酒精酿酒师、酿造工国家职业技能考核辅导培训班共有12个单位28人。经考核合格的共有28人。

（3）12月16～18日，在南丹县举办广西第六期白酒酿酒师、酿造工国家职业技能考核辅导培训班，共有7个单位46人，经考核合格的共有35人。

2010年共培训114人，考核合格95人，合格人数占83.3%。合格人员经中国酿酒工业协会，中国轻工业联合会人事教育部、中国轻工业职业技能鉴定指导中心、中国轻工酿酒行业职业技能培训和鉴定管理总站审核批准，取得由中华人民共和国人力资源和社会保障部颁发的职业资格证书。

四、提高协会自身服务水平

（1）参加自治区民政厅民间组织管理局组织的“自治区本级行业协会会长秘书长培训班”。提高了做好协会日常管理工作的能力。

（2）参加全区工业和交通工作会议，认真学习会议文件，在实际的工作中努力地发挥政府和企业之间的桥梁纽带作用。

（3）协会组织财务人员参加区物价局、财政厅、民政厅举办有关治理规范社会团体收费的培训班学习，进一步规范财务工作。

（4）协会做到“经费自筹、人员自聘、工作自主”的要求，财务管理规范，无违纪现象。

2011年广西酒业综述

2011年广西酿酒工业产量利税同步增长，发展态势良好，据自治区统计局统计：

一、饮料酒产量和主要经济指标完成情况

1. 产量

2011年全自治区共生产饮料酒210.47万千升，比去年同期增长12%。其中白酒产量是58.58万千升，比去年同期增长42.9%，20家规模以上白酒生产企业共生产白酒7.32万千升，比去年同期增长36.4%，占全区白酒总量的12%左右。啤酒产量150.72万千升，比去年同期增长9%。葡萄酒产量3876千升，比去年同期增长25.5%。

2. 主要经济指标

据对29家规模以上企业统计，2011年主营业务收入、利润总额、税金总额分别比上年同期增长27.05%、0.1%、15.45%。

其中13家白酒企业的主营业务收入、利润总额和税金总额分别比上年涨29.19%、32.2%、23.73%。

6家啤酒的主营业务收入同比增长21.54%，税金总额增长10.28%，但利润总额下降10.48%。

二、发酵酒精产量和主要经济指标

2011年全自治区共生产发酵酒精（折96度商品量）69.58万千升比上年同期增长0.8%，28家规模以上企业产量为69.54万千升，比上年同期增长2.2%。

据对15家规模以上酒精生产企业统计，主营业务收入、利润总额和税金总额与去年同比分别增长12.5%、9.45%、8.37%。

2011年广西酒业协会工作情况

2011年广西酒业协会在自治区民政厅、自治区工信委的领导下，在中国酿酒工业协会的关怀指导下，本着为会员、行业和政府服务的宗旨，认真开展行业活动，取得较好的成绩，总结如下：

一、为政府行业管理工作提供服务

（1）参加自治区工业和信息化工作会议，学习领会自治区2011年实施“十二五”规划开局之年的工作要求，在协会工作中予以贯彻。

（2）参加“广西食品工业发展‘十二五’规划”评审，对相关广西酒业发展规划部分提出补充修改建议意见。

（3）按照自治区工信委“十二五”期间在全区行业企业推行循环经济发展模式的要求，组织规模以上生产企业，对广西啤酒、白酒、葡萄酒行业循环经济指标（修订稿）提出修改意见，汇总上报。

（4）向会员单位转发自治区工信委“工业和信息部关于组织观看中国打击侵犯知识产权和制造假冒伪劣商品专项行动成果展览”文件，扩大展览社会影响和教育效果。

（5）受自治区工信委委托，协会组织酒企等七个单位共七人参加由中食协在广西举办的“首期全国食品工业企业诚信管理体系师资培训班”，为推进自治区酿酒行业“企业诚信体系建设”培养合格工作人员和专家。

二、为行业服务，组织开展行业交流活动

1. 配合中国酿酒工业协会做好具体工作

（1）参加中国酿酒工业协会第四届理事会第三次扩大

会议和全国各省酒协秘书长工作座谈会，全国酿酒行业信息工作会议。了解行业发展态势，明确协会全年工作重点和要求。通过沟通和交流，加深协会工作“集行业之力，办行业之事，为行业服务，促行业发展”的理念。

（2）协会会同自治区财贸工会工作委员会组织全区啤酒职业技能初赛，选拔推荐6人参加由中国酿酒工业协会、中国就业培训技术指导中心、中国轻工业职业技能鉴定指导中心、中国财贸轻纺烟草工会等单位联合举办的“赛诺杯”第二届全国啤酒职业技能竞赛活动。燕京啤酒（桂林漓泉）有限公司、燕京啤酒（玉林）有限公司劳玉和、何榕钧分别获得排位18和24的好成绩，被授予全国技术能手称号。协会通过网站发文号召行业广大职工向他们学习。

（3）及时转发中酒协关于“进一步加强酒类质量安全工作”文件，并要求会员单位按各酒种生产环节食品安全管理要求认真贯彻落实，加强行业自律。

（4）推荐6人参加中轻联组织的“第二届中国酿酒大师评选”。燕京啤酒（桂林漓泉）公司胡建飞总经理被评选为中国酿酒大师。

（5）推荐葡萄酒生产企业1人参加中酒协2011届国家级葡萄酒评酒委员换届考试。

（6）组织企业派员参加中酒协举办的“国家级职业技能竞赛裁判员培训班”，2人取得人社部国家级职业技能竞赛裁判员资格证书，并被中国酿酒工业协会聘为全国酿酒行业国家级职业技能竞赛裁判员。

（7）组织推荐6人参加中国酿酒工业协会举办的白酒品酒师、白酒酿酒师兼酿造工教师上岗资格证考试，1人取得上岗资格。

2．组织开展行业交流活动

（1）召开广西酿酒协会第二届理事会第五次（扩大）会议，参加会议的有来自企业和科研院等41个单位理事和代表48人。

会议结合广西食品工业“十二五”发展规划，学习解读中国酿酒产业“十二五”发展规划。会议通过了“广西酿酒协会2010年工作报告和2011年协会工作计划”，通过了对协会副理事长、常务理事、理事人选的增补和调整，发展新会员单位3个。

（2）召开“广西酿酒行业2011年信息工作会议”，代表来自酒业骨干企业共21人。会议传达了中国酿酒工业协会信息工作会议精神，讨论交流了信息化工作经验和问题，燕京啤酒（桂林漓泉）有限公司、安宁淀粉有限公司、梧州龙山酒业有限公司代表分别介绍了生产计算机控制系统、办公管理系统、产品跟踪溯源系统、远程监控、查询系统的建立和应用技术。代表们探讨了企业在市场销售、产品防伪、溯源系统建设开发等方面存在的困难和问题。代表们还参观了第八届中国东盟博览会。

（3）发挥协会网站作用，通过下载相关材料、图片报道，发布协会活动信息和会议培训等通知共23项，通过即时信息、发邮件加强了与企业有关部门的联系。

（4）组织企业参加第六届中南六省（区）啤酒生产统计信息工作会议。协会对会议评定荣获“优秀统计员奖”、“统计信息工作贡献奖”的6人，颁发了奖金，以资鼓励。

（5）配合广西食品工业协会，继续协办第五届、第六届广西食品交易博览会和广西糖酒会，为企业拓宽销售渠道提供平台，组织40多个单位和企业代表参观了第五届展会。

（6）结合上海酒类专卖局一行16人赴广西接受革命传统教育“走红路”活动，组织参观指导广西百色石龙酒业公司、桂林三花股份有限公司，并和桂平乳泉液、丹泉酒业公司相关领导交流座谈。

（7）协会领导受邀参加了广西农垦总公司利用甘蔗糖优势开发朗姆酒的项目论证，广西农垦明阳生化集团揭牌，年产10万吨木薯变性淀粉高技术产业化示范工程竣工、木薯废渣及黄浆综合利用项目竣工仪式；广西轻工业科学技术研究院成立50周年庆典和“酒精论坛”交流活动。

三、为提高行业整体素质水平服务，做好职业资格技能培训和鉴定工作

（1）受自治区工信委委托授权负责广西酿酒高技能人才培训考核工作。

（2）召开“酿酒行业国家职业资格技能培训鉴定工作会议”20个会员单位，27名企业相关领导和人力资源部负责同志参会。

（3）2011年协会开展白酒和酒精行业国家职业资格考核鉴定工作，共举办了两期辅导培训考核班。9个单位申请参加取证人员共67人，经考核鉴定合格55人，合格率为82%。其中白酒高级酿酒师2人，酿酒师2人，助理酿酒师6人，高级技师3人，技师2人，高级工10人，中级工16人。酒精酿酒师1人，助理酿酒师1人，高级技师7人，技师4人，高级工1人 。

（4）为已取得国家职业资格证书的酿酒行业高技能人才争取权益。广西酒业迄今为止取得国家高级技师职业资格的共有196人，现已陆续有人退休，协会多次向自治区人社厅的领导、相关处室、部门反映，并行文要求退休的高级技师能和自治区人社厅发证的高技能人才一样享受同等的养老保险待遇。

四川

2010年四川酒业综述

2010年，全省白酒产业按照省委、省政府“打造长江上游名酒经济带”和“中国白酒金三角”的战略部署，抢抓机遇，高位求进，取得了令人瞩目的发展成绩。全年全省规模以上白酒企业达257户，比上年增加25户；实现工业增加值405.35亿元，同比增长38.69%；实现主营业务收入1056.81亿元，突破千亿大关，提前两年实现千亿产业目标，在四川白酒发展史上谱写下了光辉篇章。

产量增幅创近5年来新高。1～12月，全省规模以上白酒企业实现产量229.80万千升，突破200万千升大关，同比增长47.12%，增幅比去年同期提高6.42个百分点，创近5年来新高。共有57户企业产量超过1万千升，56户企业产量实现成倍增长。

利税利润占据全省食品工业半壁江山。1～12月，全省规模以上白酒企业实现利税261.32亿元，同比增长54.31%，其中利润151.86亿元，同比增长60.22%。两项指标增幅分别比上年同期提高20.08和15.66个百分点，分别比全省食品工业高出8.07和12.25个百分点。在全省食品工业中，利税比重达41.91%，利润比重达49.68%，分别比去年同期提高1.57和2.06个百分点。

产业保持旺盛创新活力。1～12月，全省规模以上白酒企业实现新产品产值169.78亿元，同比增长46.21%，增幅比三季度末有较大回落，但仍是全省食品工业中最具创新活力的产业，新产品产值排名前4位的均为白酒企业。25户企业新产品产值上亿元，比上年同期增加8户，其中泸州老窖、郎酒、剑南春、五粮液、水井坊排名前5位，新产品产值全部超过10亿元。

龙头企业进一步发展壮大。1～12月，全省规模以上白酒企业资产总额达896亿元，同比增长24.93%。户均资产达3.49亿元，比去年同期增加0.43亿元，比全省食品工业平均水平高出2.46亿元。主营业务收入上亿元的有115户，比去年同期增加52户。“六朵金花”、江口醇、小角楼、高洲、丰谷、仙潭等11户企业超过10亿元，共实现主营业务收入720.05亿元，利税207.11亿元，利润129.02亿元，占全省白酒产业比重分别达到68.13%、79.26%和84.96%。其中，五粮液迈上400亿台阶，顺利实现“十一五”发展目标，泸州老窖进入百亿企业行列，郎酒超过50亿，均保持了两位数的增速。

核心地区做出突出贡献。宜宾、泸州两市作为白酒金三角核心地区，对全省白酒产业快速发展起到了至关重要的作用。1～12月，两市白酒产业实现主营业务收入852.20亿元，同比增长34.09%；实现利税223.26亿元，同比增长60.79%，其中利润136.32亿元，同比增长65.53%，对全省白酒产业主营业务收入增长的贡献率达到82.46%。两市白酒产业在全省的比重：企业数占52.92%，产量占70.25%，增加值占77.93%，新产品产值占65.29%，出口交货值占94.71%，主营业务收入占80.64%，利税占85.44%，利润占89.77%。

2011年四川酒业综述

2011年，四川酿酒产业充分利用打造“中国白酒金三角”战略良好的政策环境，紧紧把握加快酒业发展难得的国际国内市场机遇，始终坚持务实、开拓、创新的工作作风，酿酒产业发展实现了新的突破。

一、白酒产业发展迅猛

2011年底，全省257户规模以上白酒生产企业产量迈上300万千升新台阶，达309.39万千升，同比增长37.90%，占全国的比重30%；实现主营业务收入1478.60亿元，同比增长41.52%，占全国的比重39%；实现利税359.37亿元，同比增长38.21%；其中利润207.43亿元，同比增长37.99%。实现主营业务收入5亿元以上的共有41户，100亿元以上的3户。

二、骨干名酒企业产业贡献突出

2011年，川酒“六朵金花”发展呈现稳步增长趋势。全年“六朵金花”共完成产量57.29万千升，同比增长39.79%；完成主营业务收入859.16亿元，同比增长34.35%；完成利税总额260.53亿元，同比增长37.54%，其中利润完成165.79亿元，同比增长35.77%。“六朵金花”主营业务收入、利税、利润分别占全省规模以上白酒企业的比重达58.10%、72.49%、79.92%。其中五粮液完成主营业务收入487.00亿元，泸州老窖完成主营业务收入167.12元，郎酒完成主营业务收入100.56亿元，剑南春完成主营业务收入60.20亿元，沱牌完成主营业务收入30.43亿元，水井坊完成主营业务收入13.84亿元。

三、地方名酒企业发力强劲

2011年，全省白酒行业地方名酒企业发展迅速，整体发力：除“六朵金花”外其它规模白酒企业主营业务收入、利税、利润分别完成619.44亿元、98.84亿元、41.64亿元，同比分别增长52.81%、39.99%、47.60%，增速相较“六朵金花”分别快18.45、2.45、11.83个百分点。四川江口醇酒业（集团）有限公司、四川小角楼酒业有限责任公司、四川省宜宾高洲酒业有限责任公司和四川省绵阳市丰谷酒业有限责任公司4家公司进入四川白酒企业前十强。

四、重点产区核心作用明显

2011年，宜宾、泸州作为我省打造“中国白酒金三角”核心区域，整体表现抢眼：2011年，宜宾市31户主要白酒企业完成主营业务收入621.80亿元，同比增长27.06%，占全省规模以上白酒企业总量的42.05%；泸州114户主要白酒企业完成主营业务收入554.34亿元，同比增长53.52%，占全省的37.49%。两市合计主营业务收入占全省规模以上白酒企业总量的79.54%。

五、园区建设集聚作用突出

2011年，五粮液产业园区、泸州酒业集中发展区、邛崃中国名酒工业园、剑南春酒业园区和沱牌生态酿酒园区进一步加快了建设步伐。其中宜宾五粮液产业园区现有入园企业14户，2011年实现销售收入487.29亿元、利税139.18亿元。其中，主导产品名优白酒的生产能力达45万吨，居全国同行业首位。泸州酒业集中发展区2011年产值和服务性收入159.5亿元。目前，入园企业已达105家，其中灌装企业42家，包材企业34家，物流企业5家，其它企业24家，协议投资59.9亿元，员工人数1.5万人。通过园区的建设和入驻名酒企业的带动，加速了全省白酒产业布局调整和产业整合，推动白酒产业向重点区域、园区集中，加速了产业的集聚集约化发展，提升了资源利用效率。

六、其它酒种发展喜忧参半

全省葡萄酒实现主营业务收入1.81亿元，同比增长63.06%；黄酒实现主营业务收入4.01亿元，同比增长68.48%；啤酒实现主营业务收入86.21亿元，同比增长17.74%；食用酒精实现主营业务收入51.43亿元，同比增长17.39%。随着原料人工成本持续上涨、进口品牌市场竞争激烈等因素，啤酒行业出现产值、收入增长，利税、利润下滑的局面。四川23家规模以上啤酒制造企业实现利润7.74亿元，同比下滑4.56%，实现利税17.89亿元，同比下滑4.41%。

2011年四川酒业协会工作情况

2011年，全省酿酒工业实施“中国白酒金三角”战略，在品牌建设、行业管理指导、市场营销拓展、科技创新、人才培养等方面取得了较大成绩，为推动酿酒工业持续快速发展发挥了重要作用。

一、实施打造“中国白酒金三角”品牌建设工作取得阶段性成就

（1）近几年白酒产业发展迅猛，成绩斐然。2011年全省规模以上白酒产业产量、主营业务收入、利税、利润较2008年分别增加了176.83%、150.76%、188.11%、217.65%。

（2）品牌建设工作取得突出成效。我省五粮液、泸州老窖和郎酒等名优白酒企业加快了着力打造世界品牌的步伐，为四川名酒品牌国际市场影响力的提升，区域品牌打造出世界级的区域品牌迈出了坚实一步。五粮液2011年以586.26亿元的品牌价值位居中国最有价值品牌榜单第三位，连续17年领跑食品行业榜首。泸州老窖2011年品牌价值也已达397.45亿元，在“2011最佳中国品牌价值排行榜”中名列第22位，位居全国白酒前三位。

（3）名酒名镇建设初见成效。至2011年，二郎镇、泸州、宜宾、绵竹、成都和遂宁等地中国白酒金三角“六朵金花”名酒项目建设全面启动，同时宜宾、泸州作为核心区也积极探索实践现代名镇与新农村建设相结合的新模式新路径，酿酒用高粱种植面积已扩大近百万亩。

二、加强行业管理工作，编制行业发展规划

（1）设立省级酒管部门，推动《规划》出台。2011年我省设立酒业发展处，负责酒类行业的监督管理，进一步地完善了白酒产业的组织管理系统。年内完成《中国白酒金三角品牌建设中长期发展规划》和《四川省白酒工业“十二五”发展规划》的编写制定工作，并在2012年4月以省政府名义印发和组织实施。

（2）建立产业监测系统。我委定期组织市场调研，建立酿酒工业运行统计监测系统，研究全国白酒业发展新动向，提出加快川酒产业发展建议意见。编发月报，定期向省委、省政府，以及省级相关部门报送。

（3）筹备组建中国白酒金三角协会。按照省委省政府主要领导对协会组建的重要批示和要求，我省迅速成立了以省经信委为业务主管单位、“六朵金花”企业为发起单位的筹备组，并组织相关人员草拟了协会章程，初步确定协会的组织架构和工作机构。

三、积极开展品牌推广和市场拓展活动

（1）组织各类品牌推广活动。2011年，我省继续组织“六朵金花”白酒企业和二三线知名白酒企业参加中国西部国际博览会、“中国白酒金三角”2012泸州酒业博览会、宜宾“中国白酒文化节”、春季糖酒交易会等重大活动，为世界了解川酒，为川酒走出国门提供重要的交流和展示平台。

（2）积极推广区域品牌，强化市场营销。为进一步贯彻实施“中国白酒金三角”战略，我省在国内部分省、市、区开设“中国白酒金三角”精品店和旗舰店，积极构建区域品牌国内市场营销体系。目前开发出中国白酒金三角•六朵金花“双品牌”系列酒共14个品种，今年计划在全国新建150家专卖店。

四、搭建服务平台，创新服务模式

（1）支持企业创优创牌，加强对酒类企业申报四川著名商标、中国驰名商标等商标品牌的服务工作，认真进行初审，积极进行推荐。

（2）创新酒类金融服务模式，设立原酒鉴评中心、政银企联络办公室，加强与金融企业合作，推广原酒质押贷款模式，解决原酒企业融资难的问题，筑牢行业发展基础。

（3）继续支持重点白酒企业技术进步，强化人才培养。积极创建中国白酒金三角网站，建立全省酿酒行业服务平台，支持省内酿酒专业的大专院校开展专业人才的培养，选择条件较好的大学院校作为中国白酒金三角酒业专业人才的培训基地。

五、重视科技进步，强化人才培训

（1）在成都、宜宾、泸州开展了三期浓香型大曲酒标

准化生产片区培训会，共计培训学员700余名。

（2）通过严格考核评审，五粮液、泸州老窖等“六朵金花”和江口醇、小角楼、高洲等24户白酒企业，荣获四川省首批浓香型、酱香型大曲酒标准化生产示范企业称号，四川白酒标准化生产走在了全国前列。

（3）抓好重点产区规划，加强技术中心建设。本年度邛崃“中国名酒工业园”、泸州酒业集中发展区、宜宾“中国白酒之都”建设取得重大进展。建立了五粮液、剑南春两个国家级技术中心，泸州老窖、水井坊、叙府、高洲等省级技术中心。

（4）行业人才培训取得新突破。5～9月，先后对成都、宜宾、广汉三期品酒师培训班进行培训鉴定，在成都举办了白酒品酒师教师培训班，在宜宾举办五粮液白酒酿造工培训鉴定班，在泸州举办首届白酒酿酒师培训鉴定班，全年共培训鉴定专业技术人才1100余名。

（5）重视高端人才的认定与输送。2011年共推荐38人参加“中国酿酒大师”的认定，其中8名获得第二届“中国酿酒大师”资格。推荐15人参加中食协国家评委考试，其中8人考取中食协国家评委，2人考取资格评委。推荐我省7名选手参加“第二届全国啤酒品酒职业技能竞赛”，雪花啤酒田宗奇夺得全国第四名的佳绩。

特色区域

宜宾：中国白酒之都

2010年，宜宾市按照党中央、国务院《关于深入实施西部大开发战略的意见》中提出的“大力发展优势特色产业”要求，全面贯彻落实省委、省政府打造“中国白酒金三角”的战略部署，全面加强“中国白酒之都”的建设，坚持把酒类产业作为“一号产业”来倾力打造。

一、主要经济指标完成情况

据统计，2010年规模以上酒类企业实现工业增加值157.42亿元，同比增长25.98%；主营业务收入488.89亿元，同比增长22.89%；工业总产值382.54亿元，同比增长25.98%；利润总额80.86亿元，同比增长71.50%；利税总额124.97亿元，同比增长64.55%；出口交货值10.55亿元，同比增长36.65%。销售收入、利税总额和出口交货值分别占四川省同行业的46.26%、47.82%、94.62%，占全国同行业的20.19%、18.43%、77.80%。截止2010年底，规模以上酒类企业资产合计490.20亿元，同比增长27.74%。五粮液集团实现销售收入403.61亿元，位居四川省食品行业第一名。

二、科学规划

2010年3月9日，省委常委、省国资委党委书记王少雄率领省经信委、省国资委等部门负责同志来宜宾调研，对宜宾建设“中国白酒金三角”核心区、促进酒类产业和经济社会发展提出了新的要求。8月13日，市委副书记、市长吴光镭主持召开《中国白酒金三角——酒都宜宾建设总体规划》编制工作会议，正式启动《中国白酒金三角——酒都宜宾建设总体规划》的编制工作。编制工作历时4个月，由市政府研究室、市经济和信息化委员会和原宜宾市酒类产业促进办公室牵头，市商务局、市住建局、市文化局、市科技局、市农业局、市环保局、市旅游局、市人事局等部门参与编制的《中国白酒金三角——酒都宜宾建设总体规划》已完成初稿，正待审定。《中国白酒金三角——酒都宜宾建设总体规划》中明确提出了通过5～10年的努力把宜宾打造成享誉全球的“中国白酒金三角•酒都宜宾”。主要支撑是：拥有知名度和美誉度极高的“中国白酒金三角•酒都宜宾”区域品牌；世界顶级白酒生产基地；“中国白酒金三角”核心区；中国最具特色的酒文化主题形象城市；中国酒类产品展示和交易的最大平台；世界白酒文化体验和酒旅游的最佳目的地。

三、品牌建设

2010年，国家质检总局批准对宜宾酒实施地理标志产品的保护；全球中小企业联盟授予宜宾“全球白酒产业国际合作基地”。四川省宜宾高洲酒业有限责任公司“金潭玉液”商标被国家工商总局认定为“中国驰名商标”，截止2010年底，我市酒类企业创白酒类中国驰名商标共7件；宜宾五粮液集团有限公司“尊”、四川省宜宾市华夏酒业有限公司“华夏春”、重庆啤酒集团宜宾啤酒有限公司“向家坝及图”被认定为四川省著名商标；“五粮液”品牌价值2010年再创新高，达526.16亿元，连续16年位居全国饮料食品行业第一品牌。2010中国宜宾酒圣节于2010年12月17日在宜宾南岸体育场开幕，开幕式上，国家质检总局裴晓颖副巡视员宣读《关于批准对宜宾酒实施地理标志产品保护的公告》并授牌，市委常委、副市长葛燎原接牌；本届酒圣节共有2010中国宜宾酒圣节酒类（食品）展示展销会暨中国白酒金三角•酒都宜宾•五粮液文化特色街区规划展、酒都宜宾特色景观建设开工仪式、酒都宜宾打造中国最佳酒文化旅游目的地媒体推介会、酒圣祭祀大典、五粮液经销商经济贸易洽谈会、“中国酒都”论坛——中外酒文化对话、五粮液酒藏品拍卖活动等13项议程，本届酒圣节再获成功，影响力越来越大，已成为酒都宜宾的城市名片，为打造“中国白酒金三角”区域品牌丰富了内涵。

四、质量保障

酒类企业加强标准化和质量管理工作，健全并完善质量保证体系。2010年，四川宜宾市叙府酒业有限公司、四川省宜宾高洲酒业有限责任公司、四川省宜宾市华夏酒业有限公司、四川省宜宾红楼梦酒业集团有限公司、四川省宜宾竹海酒业有限公司等5户企业通过四川省浓香型大曲酒标准化生产示范评审，成为全省浓香型大曲酒标准化生产示范企业；四川宜宾红楼梦酒业集团有限公司企业技术中心、宜宾新宇酒业有限公司企业技术中心、四川宜宾金南福酒业有限责任公司企业技术中心等被认定为市级企业技术中心；四川省宜宾市华夏酒业有限公司华夏春牌系列酒通过中食联盟（北京）认证中心优级酒质量认证。

五、新产品开发

宜宾五粮液股份有限公司开发出“永福”酱酒，产品一上市，即获广大消费者喜爱，并被沈怡方、季克良、高景炎、高月明、曾祖训、胡永松等十二名行业知名专家品鉴赞赏，鉴评结论：永福酱酒“微黄透明，酱香典雅，幽雅细腻、绵润醇厚、丰满怡畅、回味悠长、空杯留香持久，具有本品固有风格”。四川宜宾市叙府酒业有限公司开发出的兼香型“柔雅叙府”系列酒市场反映良好，产品供不应求；四川省宜宾君子酒业有限公司开发出“老狼牌”酱香型酒，宜宾新宇酒业有限公司开发出“戎德坊牌”系列酒，四川省宜宾市长兴酒业有限公司开发出“天寨牌”系列酒等，宜宾酒类企业新产品开发的积极性高涨。2010年，全市酒类企业实现新产品销售收入17.51亿元，同比增长23.36%。新产品开发已成为企业利润新的增长点。

六、市场营销

为提高“宜宾酒”的市场占有率，各酒类企业积极参加全国糖酒会、西博会等各种交易会，以冠名举办明星演唱会、到销区举办产品推介会等形式，充分利用电视、广播、报纸、网络等媒体，组织营销力量，加大市场营销力度，企业产品市场占有率逐年提高，五粮液集团继续保持两位数（15.22%）的速度增长，高洲酒业、叙府酒业、红楼梦酒业、华夏酒业等二线品牌企业分别同比增长64.33%、39.25%、98.21%、41.59%。产品遍及东北三省、华东六省市、两广、重庆、四川及西北市场。

七、产能扩张

2010年，酒类生产企业产能扩张步伐加快。五粮液集团6万吨陈酿工程项目、高洲酒业第二期5万吨原酒生产车间建设项目、叙府酒业整体迁建李庄酒类食品园区项目、红楼梦酒业1万吨原酒生产车间建设项目、君子酒业1.8万吨原酒生产车间建设项目、吉鑫酒业与湖北白云边酒业共同投资建设的10000吨原酒生产车间建设项目、丝丽雅酒业5000吨原酒生产车间建设项目等全面开工建设。标志着宜宾酒业进入新一轮扩能投资高潮。

八、人才培养

2010年，组织各类培训5期，培训人员847人。新增国家级白酒评委3人，完成了国家一、二级品酒师培训及鉴定换证。首次评审通过宜宾市非公有制酒类企业酿酒工程类中级职称73人，人才队伍不断发展壮大。截止2010年底，全市酒业拥有国家级酿酒大师3名，省级酿酒大师7名，省级酿酒业营销大师4名，教授级高级工程师3名，酿酒类工程师350名，国家级白酒评委17名、高级酿酒师460余名，高级品酒师120余名。

九、原料基地建设

2010年，按照省委、省政府打造“中国白酒金三角”和市委、市政府建设“酒都宜宾优质白酒原料之乡”的战略部署，全市以翠屏区、江安、长宁酿酒高粱核心示范片建设为突破口，全力推进酿酒高粱产业发展和基地建设，取得了明显成效。全市高粱种植面积达到21.18万亩，比去年增加12.36万亩，增长140.14%；高粱总产量达到7.11万吨，同比增长183%。

十、重大活动

2010年9月19日，由四川省经济和信息化委员会、宜宾市人民政府主办的中国白酒金三角•酒都宜宾•五粮液文化特色街区开工仪式在五粮液集团厂区白岩寺举行，省委常委、省工业化城镇化领导小组组长、省国资委党委书记王少雄出席并宣布开工，同时开工的项目还有五粮液集团6万吨酱酒陈酿工程建设项目、大型电视剧《大酒商》；2010年7月18日，由四川省科技厅、宜宾市人民政府主办的2010四川宜宾科技成果转化对接洽谈会暨首届“中国白酒金三角”产业技术创新推进会在市委党校江南会堂召开；2010年12月，由市委副书记、市长吴光镭主编的《中国酒都》（宜宾酒史上第一部品牌文化图书）出版发行，由市科技局局长高一川、宜宾学院教授魏琴主编的《“中国白酒金三角”产业技术创新文集》出版发行。

陕西

2010年陕西酒业综述

2010年我省认真贯彻科学发展观，积极克服金融危机带来的不利影响，行业形势和企业面貌均取得明显进步，产品产量和经济效益有了较大幅度增长，预计12月底全省饮料酒总产量可达110万千升，同比增长10%，其中啤酒95万千升，同比增长5.2%；白酒增长11%，全行业预计可实现销售收入65亿元，同比增长18%，其中啤酒30亿元，同比增长9%，白酒33亿元，同比增长16.6%。其中西凤酒股份有限公司预计完成30亿的销售收入。

2010年陕西酒业协会工作情况

2010年我会在省轻工协会的直接关怀和领导下，主要做了以下几方面的工作：

一、开展咨询服务，倡导科技创新

协会始终将为企业服务作为中心工作来抓，经常深入企业进行调研，为企业提供创新信息，组织专家到企业进行调研服务，带动全行业扎实开展创新活动。通过创新，加大了技术与产品创新力度；继续在全省白酒行业开展以风格个性化，香型复合化，酒度系列化，价位层次化“四化”创新活动，对原有的凤香和浓香型传统产品，进行深层次的创新改造，全省白酒既有凤香和浓香，又创新出凤兼浓、凤浓酱、浓兼酱、凤浓酱芝等新的复合香型白酒；协会还针对市场和消费者的新需求，协助企业创新开发出多个口味、淡雅型的高端酒；举办了全省创新型白酒的质量检评，树立典型，表彰先进，带动了全行业创新活动向纵深发展。

创新产品得到了消费者的好评，销售量已占到了白酒总销量的80%左右，为全行业经济效益的提高，做出了重要贡献。

二、全行业人才队伍建设效果显著

2010年我会先后两次组织各类品酒、勾调、酿酒技能等培训与考核鉴定工作，受培人数多达600多人次，一大批中青年科技人才脱颖而出。目前全省酿酒行业共有各类科技人员1200多名，其中报批中国酿酒大师4名，获高级酿酒师职称120多名，高级品酒师40多名。今年9月份经考核择优选聘80名白酒品酒优秀人才，组建了陕西省第八届白酒评酒委员会；10月，配合全国白酒品酒技能大赛，与陕西省总工会共同组织了有近百名品酒人员参加的全国品酒技能预赛，择优选拔出8名选手参加全国大赛，取得了较好成绩。在11月全国组织的国家白酒品评考核中，我省6名选手考取了全国评酒委员，有1名被选为国家特邀评委，同时其中3名选手被省总工会推荐为陕西省技术能手。通过培养建设这批技术骨干，为全行业的技术进步做出重要贡献。

三、积极稳妥地帮助企业开展技术改造工作

为了改变陕西酿酒行业产能过小的落后面貌，缩小与全国平均水平的差距，壮大实力，2010年先后积极稳妥地

协助企业开展了技改工作，目前西凤酒的百亿技改工程项目进展顺利；太白酒的5000千升/年产优质基酒技改项目已峻工，投产前的准备工作已就绪；志丹县的2000千升/年产糜子黄酒和1000千升/年产清香白酒技改扩建工程即将收尾；商洛5万千升/年产发酵酒精迁建工程已经启动；神木的2000千升/年产浓香白酒工程已顺利投产；榆林普惠全资收购停产多年的北京密云酒企已恢复生产。这些技改项目的完成将为陕西酿酒行业的发展夯实牢固基础。

四、开展省际交流

由我协会发起倡议成立的西北地区白酒技术交流与产品鉴评组织，为开展省际交流，宣传陕西，扩大影响搭建了平台。通过在陕西、甘肃、新疆、宁夏四个届次会议，展示了陕西白酒在科技进步，人才培养和产品创新等方面的水平，得到了西北同行的赞誉，为陕西白酒扩展西北市场奠定了良好基础。

2011年陕西酒业协会工作情况

一、举办了西北地区白酒、葡萄酒行业经验交流会

2011年在西安西海宾馆举办了西北地区白酒、葡萄酒行业经验交流会。来自新疆、甘肃、宁夏、青海和我省的40多个企业参加了会议，在该次会议上评选出了50个西北地区创新产品。会议的成功举办，受到了西北地区同行的赞誉。

二、积极开展咨询服务工作，为企业提供帮助

一年来我们先后深入西凤、太白、秦洋、泸康、普惠、定边、丹凤、闯府等酿酒企业进行调研和咨询，对企业的创新和增效提供了帮助。为了提高我省白酒机械化水平，先后为轩辕酒业、西安等驾两个白酒企业的技改项目提供了设计咨询，西安等驾酒业投资6千万元的白酒机械化工程和轩辕投资3亿元的技改工程目前已完成了设计，进入实施阶段。

三、认真开展职业技能培训和鉴定工作

为了适应培训和鉴定工作的需要，我们先后选派了多人参加全国酿酒总站的培训和鉴定教师以及考评员的培训和考试，目前我省共有持证教师6名，高级考评员7名。同时还分别强化了西凤集团和青啤汉斯公司的培鉴基地建设。现已能满足白酒酿造工种、品酒工种和啤酒酿造工种各级别的技能培训和鉴定工作的需要。

2011年我们先后开展了白酒酿造工的高级技师和白酒品酒的高级品酒师的培鉴工作，多名参鉴人员顺利通过了考评。目前我省共有白酒酿造高级技师80多名，高级品酒师30多名，已有四名同志获得陕西省技术能手称号。通过培鉴，提高了全省白酒技术人员的职业技能水平，带动了全行业科技创新工作的开展，为全省白酒行业持续健康发展做出了贡献。今年9月我们还组织了全省啤酒行业的啤酒品酒职业技能培训，并选拔出4名选手参加全国“赛诺杯”技能大赛，其中3名选手被聘为全国啤酒评酒委员。同时还组建了由26名啤酒品酒技能人员组成的首届陕西省啤酒评酒委员会。

四、经济运行情况

2011年全行业完成销售收入70多亿元，同比增长8.2%，其中：啤酒完成近28亿元，同步增长16%，白酒完成近40亿元，同步增长13%。全行业实现税收14亿多元。

甘肃

2010年甘肃酒业综述

2010年全国人民在党中央领导下，使我国经济走出金融危机的影响，经济迈上正常发展轨道。我省酒行业也经历了跌宕起伏的重大变化。白酒企业通过重组改制，改变了以国营为主的单一所有制形式，企业结构日趋现代化。啤酒企业经过并购、重组、强强联合，在我省形成以黄河、华润、青岛“三足鼎立”的格局。葡萄酒企业在大型企业注资下，得到快速发展。酒用葡萄种植面积快速增加。随着行业经济体制改革不断深化，企业技术改造力度的加强，循环经济、清洁生产、节能减排的环保意识进一步提高，企业以市场需求为导向，在激烈的市场竞争中，取得了良好的经济效益。2010年，全省酒行业完成工业总产值57.74亿元，与上年相比增长18.9%，销售收入完成50.1亿元，同比增长33.95%，工业增加值20.56亿元，同比增长18.9%。全行业完成利税6.87亿元，同比增长67.5%，利润1.99亿元，同比增长4.2倍。2010年底白酒产量完成35106千升，比上年增长11.5%；啤酒65.52万千升比上年同期增长10.7%；葡萄酒16751千升比去年同期增长22.8%。今年葡萄酒产量增长最快，这与今年葡萄种植遇到风调雨顺的天气有关。全省葡萄逐年进入丰产期，产量会逐年增加，将来葡萄酒的葡萄种植存在的冻害和产品销售是葡萄酒行业遇到的瓶颈问题。2010年金徽酒业公司销售收入将突破5亿元，华润雪花啤酒甘肃有限公司产量达到设计规模20万吨/年。

2010年甘肃酒业协会工作情况

2010年，协会以服务企业为宗旨，根据新形势不断变化要求，深入开展行业调查研究，积极向政府部门反映行业和企业诉求，提出行业发展意见和建议，参与行业相关质量、标准、宏观调控、产业政策的研究、制定、审核等工作。加强与政府和企业的沟通，及时掌握政策和信息，把握行业发展趋势。根据协会自身力量，努力完成了今年的各项任务。

一、深入企业调研，掌握行业发展动态

今年根据省名牌战略推进委员会（以下简称名推委）秘书处的安排，由行业专家担任组长，参与省名牌产品现场测评。通过到甘肃兰州、庆阳、临夏、甘南、定西等市州酿酒企业现场测评，详细了解企业存在的问题，发展中的亮点。掌握行业发展动态。根据企业的要求，到张掖、古河州进行技术咨询服务时，与企业交流，摸清企业情况，提出可行的建议，打开企业发展思路。

二、积极开展全省酒类行业产品质量鉴评活动，加强产品质量交流，提高企业技术人员品评水平

酒类产品质量能否合格出厂，其理化指标必须符合国家标准。但企业能否生产出品质较高的产品，除了企业必须具备生产的条件外，鉴评勾兑人员的勾调鉴评起着很重要的作用。所以，加强企业评酒人员的培训交流，是行业

协会很重要的工作。我协会坚持每年都组织酒行业产品质量鉴评活动，一方面对企业评酒人员进行培训交流，另一方面通过推荐优秀产品，让社会消费者进行监督。对促进企业提高产品质量，起到很好的作用，得到大家的认可。今年六月，协会在临夏市组织召开全省白酒产品质量鉴评活动。通过鉴评，推荐35个产品在甘报上公告。

11月举办了葡萄酒、啤酒产品质量鉴评会议。通过产品鉴评交流考核，补充了部分葡萄酒和啤酒评委及资格评委。

三、积极开展行业职业技能培训和鉴定工作

自2004年经国家人力资源和社会保障部批准，中国轻工业联合会授牌我协会成立酿酒专业职业技能鉴定站以来，使我省酒协具备了培训鉴定资格，对我省酒企业技术人员的身份确认多了一条渠道，解决了酒类企业职工在工资、奖励、以及退休后的待遇问题（获得高级技师证书的人员，退休后可享受高级工程师待遇）。2009年品酒师纳入国家职业技能分类大典，国家职业标准已颁布实施。根据中酒协安排，我协会于2010年6月在临夏市古河州酒业公司举办了国家白酒品酒师培训考试，经理论和品评考核，有27名同志取得国家人力资源和社会保障部颁发的一级白酒品酒师资格，24名同志取得二级白酒品酒师资格，10名同志取得三级白酒品酒师资格。今年11月我协会在青海互助青稞酒业公司举办了甘青两省品酒师培训考核班，有14名同志通过二级白酒品酒师、20名同志通过三级白酒品酒师考试，上报中国酿酒工业协会待批。

四、积极承担政府有关部门交办的工作

根据省名推委秘书处的安排，参与省名牌产品的现场测评打分，对企业生产管理的优良表现给予肯定，对企业存在的问题和不足提出改进建议，并对企业的发展提出咨询意见，得到企业的好评。参与省工信委、质监局提出的节能减排标准的审核和清洁生产报告的审核。

五、顺利完成协会换届工作

经过一年多的筹备，甘肃省酿酒工业协会第四届会员代表大会于2010年11月8日在兰州市召开。大会通过了第三届协会工作报告、第四届协会领导成员及常务理事、理事人员单位组成名单、协会章程修改意见、协会会费收缴办法及其他事项。

2011年甘肃酒业综述

2011年全省酒行业完成工业总产值71.1亿元，同比增长24.63%，工业销售产值完成65.34亿元，同比增长27.8%；其中白酒完成工业总产值18.1亿元，同比增长34.6%，工业销售产值完成16.12亿元，同比增长36%；啤酒完成工业总产值33.18亿元，同比增长17.2%，工业销售产值30.36亿元，同比增长17.3%；葡萄酒完成工业总产值17.86亿元，同比增长29.7%，工业销售产值17.42亿元，同比增长38.86%；酒精完成工业总产值1.96亿元，同比增长12.76%，工业销售产值完成1.44亿元，同比增长25%。白酒完成产量2.97万千升，同比增长17.89%；啤酒完成产量61.06万千升，同比下降4.19%；葡萄酒完成1.41万千升，同比增长43.79%；酒精完成1.33万千升，同比下降9.89%。2011年全省酒行业实现利税9.58亿元，其中利润完成2.94亿元，同比增长19.93%。税金完成6.64亿元，同比增长56.1%。

今年是我省酒行业经济效益增长幅度最大的一年，其原因主要是产品销售比较旺盛，白酒和葡萄酒增幅较大，受全国通胀的影响，产品提价较快，收益也较高。2011年度甘肃省纳税百强排行中，金徽酒业、雪花甘肃啤酒、黄河啤酒名列其中，在全省非公有制经济纳税百强排行中有8户酒企业。有6家白酒企业年销售收入超过亿元。明年酒行业将处于高峰期的拐点，下滑的趋势将在所难免，需要全行业引起高度重视。

2011年全省酒行业基本建设投入较大，技术改造扩建进入高潮。莫高在兰州高新开发区建成2万吨葡萄酒酒庄；青岛啤酒在武威开工新建年产20万吨啤酒生产线；黄河天水啤酒公司10万吨啤酒生产线扩建已完成；酒泉汉武酒业、武威武酒公司、金徽酒业、古河州酒业等公司都相继进行扩建改造，这为我省酒业“十二五”发展奠定了基础。

2011年甘肃酒业协会工作情况

2011年协会在省轻工业联合会领导和大力支持下，积极投入到“争先创优”活动中。通过学习交流，不断探索创新协会工作，扎实做好每一项工作任务。现将一年来的工作总结如下：

根据协会工作安排，酒协组织部分省内白酒企业参加了在西安召开的西北五省区白酒、葡萄酒产品技术质量鉴评会，有5户企业的产品获得了西北地区优秀产品奖。

今年8月酒协在酒泉市召开了全省白酒、葡萄酒行业产品质量鉴评会，同时还组织省内酒企业技术人员品酒培训。通过专家评委的鉴评，表彰了企业生产的产品质量优秀奖。根据企业技术人员的申请，通过培训考核，吸收了11名企业技术人员为省级资格评委。

2011年11月在兰州组织全省啤酒评委，进行训练考核，推荐5名省级评委参加全国啤酒品酒大赛。

2011年12月受省质监局食品质检研究中心委托，组织省内葡萄酒国家评委和部分省级评委，对全省抽检的葡萄酒样，进行了感官鉴评，写出鉴评报告。

11月初积极筹备甘肃省轻工业协会换届的各项准备工作，修改《章程》，起草《会费管理办法》、拟定协会换届理事会及理事会领导成员名单，上报省民政厅换届会议日程及换届工作资料等，使协会顺利完成了换届工作。

督促协会做好协会年检工作，换届筹备工作以及年会准备工作。与省民间组织管理局做好协调工作，为协会顺利开展工作而服务。

做好技术咨询服务是协会工作的基础。在酒泉开会期间，受酒泉汉武御酒业公司的邀请，协会专家组成员到企业参观，并与企业技术人员、企业中层以上领导进行技术交流，收到企业的欢迎。同时，根据金塔航天酒业公司领导的一再邀请，专家到现场进行技术咨询，指导企业异地改造项目工程，使企业技术改造少走弯路，对企业启发很大。

配合政府有关部门开展工作，是协会工作的重要内容。今年8月协会被省质量技术监督局聘请为省名牌产品现场审核组专家组长，奔赴全省各个市、州、县、区有关企业，进行现场打分审核，写出评审意见，为省名推委开会提供参考依据。通过到各市、州的企业现场考核，也为协会了解企业现状提供了机会。对掌握行业发展动态，企业存在的问题得到及时了解，为行业开展服务工作奠定了基础。

协会积极参与政府的行业准入制度、企业诚信、行业规划等工作，发挥协会对行业熟悉的优势，帮助政府有关部门做好相关工作，起到积极的作用。

宁夏

2010年宁夏酒业综述

2010年宁夏酿酒行业总体运行平稳，经济效益呈现增长态势，各酒种产量有升有降。规模以上企业生产发酵酒精2063.79千升，下降82.04%。饮料酒19.47万千升，同比增长30.20%。其中白酒2.10万千升，下降8.01%；啤酒14.10万千升，增长23.18%；葡萄酒2.19万千升，增长416.93%；枸杞酒7714千升，增长21.75%。完成工业总产值19.80亿元，同比增长23.97%。其中白酒5.83亿元，同比增长11.36%；啤酒2.82亿元，增长34.64%；葡萄酒1.95亿元，增长8.77%；枸杞酒8.92亿元，增长31.39%。

规模以上企业实现主营业务收入12.42亿元，增长22.64%。其中白酒实现主营业务收入3.59亿元，增长3.12%；啤酒2.96亿元，增长24.48%；枸杞酒4.02亿元，增长20.88%；葡萄酒1.80亿元，增长103.87%。实现利税3.05亿元，增长22.71%，其中白酒增长14.39%，啤酒增长36.35%，枸杞酒增长20.85%；实现利润1.71亿元，增长20.23%，其中白酒增长15.80%，啤酒增长68.75%，枸杞酒增长17.50%，葡萄酒同比增亏102.02%。

白酒行业稳健发展。银川昊王酒业公司继续巩固龙头带动效应，全年白酒产量占白酒总量的76.65%，带动了白酒行业生产总值、经济效益的持续增长。在区域市场基于饱和的情况下，企业加大市场宣传力度，巩固宁夏市场份额，对周边地区市场份额持续增加。

啤酒行业全年生产效益双增长，利润大幅增加。西夏嘉酿啤酒有限公司强化市场营销，市场和渠道控制力不断提升。

枸杞酒行业继续保持了快速发展的良好势头。2010年9月，宁夏红枸杞产业集团核心企业——宁夏红中宁枸杞制品有限公司通过了国家高新技术企业认定，成为枸杞深加工行业中唯一获得高新技术企业认定的企业。先后攻克“枸杞酒杂醇油控制技术研究”、“枸杞保健酒新产品研发”、“枸杞渣烘干工艺参数的研究”等多项专业技术。承担了国家科技支撑项目“中药材枸杞资源研究与特色产品开发”的枸杞功能保健食品的研制与开发课题，完成了枸杞功能饮料项目的技术研究课题，为2011年建设5万吨枸杞眼保健功能饮料项目实施开通了技术研发的通道。为公司实现产品创新、技术领先、市场领先奠定了良好的基础。

葡萄酒产量、工业总产值、主营业务收入同步增长。葡萄原酒价格稳中带升，瓶装酒销量增加，使得企业盈利水平得到提升。

2010年宁夏酒业协会工作情况

一、葡萄酒企业联袂亮相德国斯图加特

2010年3月24～28日，宁夏西夏王葡萄酒业有限公司、广夏（银川）葡萄酿酒有限公司、宁夏红枸杞产业集团、御马国际葡萄酒业（宁夏）有限公司、贺兰晴雪酒庄及圣路易•丁酒庄等6家企业组团赴德国斯图加特展览中心参加国际葡萄酒、水果、果汁和烈酒技术展览会。CHINA NINGXIA（中国宁夏）首次亮相，作为本次展会上唯一的中国代表，借助国际性的展览平台扩大了对宁夏优势特色产业的宣传，直观地展现了中国宁夏葡萄酒的产品形象。

二、举办宁夏首届葡萄酒发酵原酒品尝及技术交流会

2010年5月，宁夏酿酒协会举办了宁夏首届葡萄酒发酵原酒品尝及技术交流会。此次品评及技术交流会是自治区葡萄酒评酒委员技术队伍建立以来的首次活动。自治区轻纺工业局、科技厅、农牧厅、林业局有关领导，我区国家级、省级葡萄酒评酒委员、自治区葡萄与葡萄酒专家服务团成员以及13家企业的技术骨干共计61人出席了会议。与会代表对我区各生产企业提供的27个酒样从感官、风格、产品典型性及酒体协调诸方面进行品评，并给出了评价分数与评语。5位国家级评委从不同角度分别对2009年度的原酒质量进行了综合总结与评价。为了提升活动的激励作用，会议还对达到85分以上的7家企业11个产品颁发了“2009年度葡萄原酒优秀品质奖”。

三、举办宁夏第二届白酒品酒职业技能竞赛

8月10日，由自治区轻纺工业局、自治区总工会主办，宁夏酿酒协会、宁夏农林水财工会协办的全区第二届白酒品酒技能大赛在银川沙湖宾馆落下帷幕。本次白酒品酒技能大赛按照《品酒师》国家职业标准有关内容命题，分理论考试和实际操作两个部分。来自我区白酒生产、营销、教学等单位的44名选手参加了培训和竞赛。经过严格的理论考试和7个轮次的品评角逐，银川昊王酒业有限公司高彩燕最终夺得技能大赛冠军，宁夏红枸杞产业集团有限公司罗文华、宁夏雄牛酒业有限公司任贵军分获大赛二、三名。

四、举办法国CAFA葡萄酒侍酒师学院（宁夏）培训班

2010年10月，法国CAFA葡萄酒侍酒师学院（宁夏）培训班开课，聘请法国CAFA专业品酒侍酒师学院教授来宁授课，银川市葡萄产业局、宁夏大学、北方民族大学、宁夏职业技术学院、葡萄产业协会及区内16家企业与酒庄的高层管理者共36人参加了培训。

本次培训针对企业高管和技术人员，结合我区葡萄酒产业发展特点，以法国葡萄酒产业成功经验为切入点，系统全面地介绍了法国葡萄酒产业的构成，各部门的职能及法规制度，葡萄酒的分级制度、酒庄的列级制度。开发酒庄旅游必备的条件和组织方式。培训期间，学员们在葡萄酒酒体创造理念、酿造技术与质量控制、葡萄酒分级制度、国际葡萄酒行业管理及法规、专业品鉴、酒庄建设、酒庄酒设计和酒庄酒的可持续发展、成品酒产品价格制定战略等方面进行广泛的沟通与交流。

五、轻纺工业局与法国CAFA专业品酒师侍酒师学院达成产学研合作意向

10月21日，宁夏轻纺工业局与法国CAFA专业品酒师侍酒师学院签订了合作意向书，CAFA学院为宁夏葡萄酒产业发展进行境外人才培训，并每年派遣教师来宁授课，提供葡萄酒行业发展战略、发展规划、产品定位、葡萄酒旅游开发和持续发展、葡萄酒营销策略方面的咨询与指导。双方不定期组织业内相关人员互访，开展餐酒搭配研究。研究宁夏菜品与葡萄酒的搭配，扩大葡萄酒消费市场。

2011年宁夏酒业综述

全区白酒企业25家，啤酒企业1家，葡萄酒企业11家，已建和在建酒庄27家，枸杞酒企业4家。

2011年酿酒行业总体运行平稳，生产效益呈现同步增长。其中规模以上企业共生产啤酒16.22万千升，增长15.07%；葡萄酒2.52万千升，增长150.31%；白酒1.54万千升，下降16.97%；枸杞酒1.02万千升，增长200%。完成工业总产值20.93亿元，同比增长12.06%。其中啤酒完成产值3.42亿元，增长21.14%，白酒产值5.56亿元，增长1.54%；枸杞酒9.52亿元，增长6.72%，葡萄酒2.43亿元，增长66.76%。

规模以上企业实现主营业务收入14.19亿元，增长18.23%。其中白酒3.1亿元，下降3.41%；啤酒3.68亿元，增长24.31%；葡萄酒2.01亿元，增长15.88%；枸杞酒5.31亿元，增长32.15%。实现利税4.12亿元，增长34.83%，其中白酒6651万元，啤酒1.51亿元，葡萄酒2333万元，枸杞酒1.71亿元。

2011年宁夏酒业协会工作情况

一、组织企业参加培训

组织企业参加首届葡萄酒品酒职业技能培训鉴定。共有20人参加，取得葡萄酒一级（高级）品酒师资格3人，二级（中级）15人，三级（初级）2人，6人当选葡萄酒国家评委。

二、举办第5届白酒、葡萄酒技术研讨暨产品质量鉴评会

与陕西、甘肃、新疆酿酒工业协会共同举办了西北五省第5届白酒、葡萄酒技术研讨暨产品质量鉴评会，研究探讨西北五省白酒行业的发展以及存在的问题，交流了各地产品开发、技术创新、节能减排等方面的经验与做法，引导企业确定发展方向，学习先进技术、规范生产工艺，做出具有地方特色及风格的白酒产品。

三、举办技术交流会

组织由宁夏国家级、省级葡萄酒评酒委员、自治区葡萄与葡萄酒专家服务团成员以及企业的技术骨干参加的全区葡萄酒发酵原酒品尝及技术交流会，全面考察葡萄原酒质量，总结我区各葡萄酒企业在酿造技术上的经验与不足。成为行业内学习交流的良好平台和提升行业整体水平的制度化措施。

四、举办产品推介活动

举办2011年宁夏（香港）经贸活动周葡萄酒产品推介活动。与其它部门共同组织举办了宁夏贺兰山东麓葡萄酒推介会，组织自治区评酒委员，对准备参加推介会的产品进行了品鉴，精选出10款能够彰显宁夏贺兰山东麓产区特点的产品精选推介，获得了香港业内人士的一致好评。

新疆

2010年新疆酒业综述

新疆酿酒行业经受住了国际金融风暴、食品安全危机、原材料涨价等重重考验，取得了稳健而长足的发展，产能规模、经济效益、产品结构以及产业格局都实现了不同程度的良性发展，行业综合竞争力得到提升。2010年是新疆酿酒行业不断进取的一年，也是承上启下的一年。

随着人民收入的日益增加和生活方式的多元化，酒类产品已经成为广大消费者日常生活中不可或缺的消费品。2010年，新疆酿酒工业发展又取得了累累硕果，饮料酒生产速度和效益大幅提升，产品结构明显改善。

一、生产持续稳步增长

截止11月末，全区饮料酒完成总量为50.68万千升，同比增长了21.75%，净增9.05万千升。其中，白酒（折65度，商品量）4.97万千升，同比增长了万千升，同比增长了18.93%，净增加6.76万千升；啤酒42.49万千升，同比增长了18.93%，净增加6.76万千升；葡萄酒3.17万千升，同比增长了203.23%，净增加2.12万千升；发酵酒精4.54万千升；同比增长72.97%，净增加1.9160万千升。

二、产品结构进一步优化

2010年，我区饮料酒产量不仅较上年大幅增长，而且产品结构发生了明显改变。2010年饮料酒总量中，白酒所占份额为9.81%，比2009年的11.6%，下降了1.79个百分点；葡萄酒所占比重为6.25%，较2009年的2.52%，提高了3.73个百分点；主要产品啤酒变化不大，占比保持在85%左右。

1～11月，统计的酿酒行业44家规模以上企业，实现工业总产值39亿元，同比增长35.48%；实现工业销售产值35.24亿元，同比增长34.72%。产品产销率超过90%。产销增速同比分别较上年提高19.6个和18.37个百分点。

分产品看，白酒行业15家规模以上企业，实现工业总产值15.44亿元，同比增长25.41%；实现工业销售产值14.65亿元，同比增长28.51%，产品产销率为94.88%。啤酒行业14家规上企业，实现工业总产值14.5亿元，同比增长24.01%；实现工业销售产值13.67亿元，同比增长21.86%，产品产销率为94.28%。葡萄酒行业15家规上企业，实现工业总产值9.08亿元，同比增长89.31%；实现工业销售产值6.91亿元，同比增长95.58%，产品产销率为76.1%。

三、行业贡献率显著提高

2010年，新疆酿酒行业继续调整产业结构，白酒生产相对稳定，啤酒产量稳步上升，葡萄酒产量特别是原酒快速增长。酿酒行业整体实力进一步增强，在轻工业和食品工业中的地位更加突出。

1. 工业产值

截止11月末，酿酒行业产值已占轻工业产值总量的12.63%，占比由上年的11.06%提高了1.57个百分点，在所有行业中位次升至第二；在食品工业中，酿酒行业产值份额高达23.31%，位居第一，比上年的19.36%提高了3.95个百分点。

2. 经济效益

今年以来，酿酒行业以市场为导向，根据不同地区的消费者的需求，积极调整产品结构，在注重社会效益的同时，也取得了良好的经济效益。1～11月，酿酒行业44家规模以上企业实现利税5.81亿元，列烟草加工之后，位居全行业第二，约占全行业利税总额的五分之一，同比增长了22.75%，高出全行业利税增速17%近6个百分点，成为拉动全行业经济持续增长的中坚力量。其中，白酒行业15家规模以上企业实现利税2.96亿元，同比增长了22.75%；葡萄酒行业15家规模以上企业实现利税0.96亿元，同比增长了87.8%；啤酒行业14家规模以上企业实现利税1.89亿元，同比增长了19%。1～11月，同口径酿酒企业盈亏相抵后实现利润3.56亿元，位居全行业第一，在全行业利润总额中的比重占两成，同比增速为16%。其中，白酒行业实现利润2.08亿元，同比增长了31.93%；啤酒行业实现利润2.3亿元，同比增长了3.65%；葡萄酒行业因中信国安葡萄酒业公司亏损，同比增亏956万元。

2010新疆酒业协会工作情况

2010年在新疆维吾尔自治区工信委和轻工行业管理办公室领导下，在自治区政府有关部门、中国酿酒工业协会及企业的大力支持下，协会在为企业服务、在为政府服务方面做了一定的工作，其所做主要工作是：

一、召开新疆酿酒工业协会相关会议

（1）根据《新疆酿酒工业协会章程》规定会员代表大会每四年一届，第四届理事会已圆满完成预定工作目标，经上级主管部门批准，认真筹备第五届会员代表大会。根据协会工作安排，于2010年7月13～14日在乌鲁木齐召开新疆酿酒工业协会第五届会员代表大会，戚升科代表第四届理事会做工作报告；通过了新的协会章程及有关文件；选举产生了新一届理事、常务理事、副理事长、理事长、秘书长；选举戚升科为理事长，王莹为秘书长。会议对协会今后的工作进行了讨论，企业进行了经验交流，会议代表对新疆酿酒工业今后的发展充满信心。会议号召全行业广大职工团结一致，努力工作，为新疆酿酒行业的发展做出新的贡献。

（2）配合中国酿酒工业协会果露酒分会在吐鲁番举办的“国家级果露酒评委年会”，动员我区果露酒生产企业参加。通过参加本次会议，我区参加会议的企业学习了兄弟省区企业许多有益的经验，该会议必将对新疆果露酒工业的发展产生一定的影响。

（3）12月28日召开了理事长、副理事长及部分理事单位座谈会，参会代表汇报了各企业生产经营情况，共同分析2010年我区酿酒行业发展趋势及所面临的困难以及协会今后工作发展思路。大家认识到当前必须振奋精神，树立信心，提高抗击困难的能力，在困难中寻找机遇，保证新疆酿酒工业的健康发展。

二、做好自治区对白酒行业的专项整治工作

根据国家针对酒类虚假广告、标签标注、食品添加剂等开展整治工作精神，2010年初由新疆维吾尔自治区技监局、工信委、工商局、食药监局等部门联合下发了《自治区白酒专项整顿工作方案》的文件，协会积极配合。在2010年7月召开新疆酿酒工业协会会员代表大会上认真传达了文件精神，要求白酒企业按文件要求认真自我检查，对不足之处进行整改；协会还派人到企业进行工作指导。2010年11月按照白酒整改工作进度要求，自治区技监局、工信委、工商局、食药监局等部门联合成立督查组对各地区及企业进行检查，协会副会长贾文豪参加督查组。此次专项整治工作力度大，通过本次整治工作，对企业的生产、经营起到规范作用，对我区白酒行业健康发展将会产生重大作用。

三、参加企业生产现场审查工作

2010年自治区有78家白酒生产企业的许可证到期，在自治区技术监督局的组织下，目前已对大部分企业现场进行了审查。通过对企业的现场质量管理职责、场所要求、生产资源提供、采购质量控制、过程质量管理、产品质量检验的审查，进一步规范国家对白酒企业生产的要求。按照自治区技术监督局和轻工行办的安排，在3～12月协会先后派人员参加了24家企业的现场审查，更加深入地了解行业发展的状况以及目前存在的问题。

四、加强人才培训工作

（1）积极配合支持中国酿酒工业协会开展职业技能鉴定工作。2010年4月23～27日，中国酿酒工业协会啤酒分会在山东省济南市举办了“2010届国家级啤酒评酒委员”考评选拔暨“《品酒师》国家职业资格鉴定”活动，通过考核，我区乌苏啤酒有限责任公司的叶红获得三级品酒师称号。同期中国酿酒工业协会酒精分会在北京举办了“酒精高级酿酒师进修培训班”，新疆博圣酒业酿造有限责任公司夏德舜通过了高级酿酒师（一级酿酒师）职业资格鉴定，国家人力资源保障部颁发了相应的证书。

（2）为进一步激发我区广大职工“学知识、练技术、比技能、创一流”的工作，促进我区白酒行业的技术交流和技术创新，加快培养高技能人才，全面提高职工队伍的技术技能水平和整体素质，根据中国酿酒工业协会、中国财贸轻纺烟草工会、中国就业培训技术指导中心、中国轻工业职业技能鉴定指导中心联合下发的《关于举办第二届

全国白酒品酒职业技能竞赛的通知》精神，新疆酿酒工业协会和轻工行业特有工种职业技能鉴定站第11站于2010年8月16～22日举办白酒品酒技能鉴定培训班。参加培训和技能鉴定共53人，大部分人员是企业从事产品质量管理工作的骨干，都较好地掌握了品酒理论并有一定的实际工作经验，为参加这次品酒技能鉴定创造了较好的条件，绝大部分人员通过考核取得了较好的成绩，并选拔3名45岁以下优秀人员参加"第二届全国白酒品酒职业技能大赛"。

（3）迎接11月22～24日由中国酿酒工业协会、中国财贸轻纺烟草工会、中国就业培训技术指导中心、中国轻工业职业技能鉴定指导中心在北京共同主办的第二届全国白酒品酒职业技能大赛。按照中酒协10月26日在北京召开的各省区协会会议精神，以提高我区参赛选手竞技水平为目的，协会积极和参赛选手企业领导进行沟通，为参赛选手创造必要的条件；同时与河南省酒协联系并在他们的支持下，我区6名选手参加由河南省酒协在郑州举办为期10天的强化训练，最终新疆伊力特实业股份公司刘新宇、新疆第一窖古城酒业陈萍和陈艳梅、新疆肖尔布拉克酒业公司黎贤书以优异的成绩荣获了"国家级白酒评委"称号，达到了"保三争一"的目标（保住三位国家老评委，争取考进一位年轻国家评委）。

五、对本行业内经济运行进行调研

（1）对部分葡萄酒企业的酿酒基地进行实地调研，及时掌握了解原料的种植、成熟情况以及需求量，了解企业在经营中发生的新情况、新问题，为政府机关提供决策依据。

（2）白酒行业税赋重，积极争取国家和自治区对酿酒行业政策的支持，目的是为了减轻企业负担，增加企业抗风险能力。根据自治区工信委和自治区轻工行办的要求，协会提出了酒类差别政策的实施方案（草案）。

六、认真做好信息工作

（1）对重点企业继续做好统计工作。在重点企业的支持下协会统计报表统计数据的行业代表性不断增强，数据质量也得到一定程度的提高，有助于进一步了解重点企业的生产经营情况。

（2）新疆酿酒信息是新疆酿酒工业协会主办的行业内部信息刊物，旨在为会员单位提供酿酒行业的政策法规、经济技术、市场开发等方面的信息资料，为广大企业提供一个交流的平台。根据实际情况编写了四期新疆酿酒工业信息并发往企业及政府有关部门。

七、完成了轻工"十二五"规划中酿酒部分的修改工作

在轻工行办的领导和组织下，参与轻工"十二五"规划中酿酒部分的修改工作，规划确定了"十二五"期间酿酒行业实现科技创新、经营创新和文化创新的酿酒产业发展总体目标；着力培育龙头企业，推进产品结构调整，增强自主创新能力，强化企业社会责任，推进行业清洁生产低碳发展进程，加快人才培养以适应我区酿酒行业的发展。要充分发挥新疆酿酒葡萄资源优势，努力发展葡萄酒加工业，大力扶持和培育新疆自己的品牌，把新疆打造成名符其实的葡萄酒生产基地。

八、完成行政部门交办的各项工作

（1）参与新疆名牌的评审工作。对轻工部分中的酒类产品进行了认真的审核，并将最终资料上报新疆名牌战略推进委员会。

（2）组织相关企业参加自治区产学研成果推荐会。

（3）完成今年年初制定的《酿酒葡萄种植与葡萄酒产业政策研究》课题工作。

（4）参与自治区新产品开发项目的推荐和评审工作。

（5）有关企业产品标准审查工作。

（6）完成了新疆《关于传统产业升级和新兴产业发展的实施方案》中啤酒花部分材料汇编工作。

（7）编写了新疆酿酒行业实行差别政策的建议。

九、参加中酒协及企业举办的各项活动

积极参加中国酿酒工业协会第四届理事会换届大会等有关活动，通过参加这些活动，向兄弟省区学习了许多有用的经验，为新疆酒协更好开展工作学有榜样，在干中深有体会。协会还参加了"新疆第一窖古城酒业有限公司的千亩生态园奠基"等企业举办的各项活动。

2011年新疆酒业协会工作情况

2011年协会工作的总体思路是：积极组织调研、强化服务意识、提高服务水平，围绕“五体系、两制度、一责任、一转变”（即：酿酒产业安全体系、技术保障体系、人力资源体系、法律法规体系、新型服务体系，生产许可制度和酒类流通准入制度，倡导企业社会责任、转变发展模式）的工作模式，开展了以下几方面工作：

一、召开新疆酿酒工业协会相关会议

（1）根据《新疆酿酒工业协会章程》规定于5月9～10日在乌鲁木齐市召开了新疆酿酒工业协会五届二次理事会（扩大）会议，出席会议的有自治区经信委、自治区轻工行办、自治区质量技术监督局、自治区总工会、中食联盟认证中心相关部门的领导及白酒、啤酒、葡萄酒、食用酒精生产企业的负责同志共70多人。

（2）配合中国酿酒工业协会葡萄酒分会在8月3～5日，以“生态产业、有机葡萄、活力焉耆”为主题的中国葡萄酒行业年会在新疆焉耆回族自治县召开。本次会议由中国酿酒工业协会葡萄酒分会、中国农学会葡萄分会、中国园艺学会葡萄与葡萄酒分会、国家葡萄产业技术体系、新疆焉耆回族自治县人民政府共同主办。巴州领导、中酒协王延才理事长、王琦秘书长、葡萄酒分会王祖民秘书长、中国农学会葡萄酒分会、中国园艺学会葡萄与葡萄酒分会、国家葡萄产业技术体系领导及相关部门的负责人参加了会议。200余位来自国内外的知名葡萄酒界专家；北京、上海、山东、贵州、宁夏等地葡萄酒生产企业；我区中信国安葡萄酒业有限公司等15家企业领导齐聚焉耆参加本次盛会。与会代表深度交流葡萄酒行业发展经验，探讨西北新产区的葡萄酒产业模式和发展方向，代表们一致认为，中国葡萄产业发展将向西部转移，新疆是大有可为的产区，焉耆县在酿酒葡萄种植和葡萄酒发展方面具有得天独厚的条件，受到代表们的肯定。

（3）召开了理事长、副理事长及部分理事单位座谈会，参会代表汇报了各企业生产经营情况，共同分析2011年我区酿酒行业发展趋势及所面临的困难，以及协会今后工作发展思路。大家认识到当前必须振奋精神，树立信心，提高抗击困难的能力，在困难中寻找机遇，保证新疆酿酒工业的健康发展。

二、加强人才培训工作

（1）由新疆酿酒工业协会主办，新疆第一窖古城酒业有限公司协办的“新疆白酒酿造工职业技能培训鉴定”工作于7月26～30日在奇台县举办，来自全疆4个地区7个白酒生产企业的78名生产一线骨干参加为期一周的理论和实践培训。此次培训特邀河南酒业协会白酒分会赵书民副秘书长，伊力特实业股份公司四分厂梅阒副厂长为大家授课和辅导，期间学员们还参观了古城酒业的生产现场，同时对酿造中存在的一些问题进行技术交流和学习。通过培训进一步提升酿酒行业技术人员及生产管理人员的技术水平，培养高技能人才，提高从业者职业素质。他们将通过培训和严格的职业资格考试，申请取得由国家人力资源和社会保障部颁发的各级别职业资格证书。

（2）推荐15人参加中酒协葡萄酒分会6月9日在北京举办的国家评委换届和一级、二级品酒师职业技能鉴定工作，经过培训考核最终8名同志入选葡萄酒国家评委。

（3）推荐选拔4人参加中国食品工业协会10月18～21日在北京召开的第八届国家评委的考评工作，通过考评2人录取为国家评委，1人为资格评委。

（4）经初赛选拔推荐乌苏啤酒集团公司2名同志参加由全国总工会、中国轻工业联合会、中国财贸轻纺烟草总会、中国酒业培训技术指导中心、中国轻工业职业技能鉴定指导中心于11月18～23日在天津举办的“赛诺杯”第二届全国啤酒品酒职业技能竞赛。

三、组织企业学习考察

（1）6月30日在西安召开的西北地区白酒、葡萄酒技术研讨会暨产品质量鉴评，新疆酿酒工业协会、新疆第一窖古城酒业有限公司、新疆三台酒业集团有限公司、吐鲁番白粮液酒业有限公司参加本次会议，通过鉴评提高产品质量，参观了西凤、太白酒厂，也向其它省会的同仁们学习酿造方面的知识。

（2）全国第四届清香型白酒高峰论坛于8月27～28日在包头市金驼酒店隆重召开，新疆酿酒工业协会理事长戚升科、新疆第一窖古城酒业有限公司技术总监郭刚、酒体设计部部长付丰军参加了本次会议。本次会议聚集了来自全国白酒行业的14个省市的51个企业代表，9个省市酿酒协会的领导以及行业专家、高等院校及新闻媒体等总计68个单位的140余人，对我国清香型白酒今后的发展方向及生产技术等问题进行了广泛的交流和研讨，在内蒙古骆驼酒业股份公司支持下及与会人员共同努力，论坛取得了圆满的成功，对推动清香型白酒发展有重要意义。

（3）中国酿酒工业协会白酒分会技术委员会（扩大）会议于9月23～24日在湖北省大冶市召开，本次会议聚集了来自全国白酒行业及包装机械企业代表300余名，我区新疆伊力特实业股份公司总工刘新宇、新疆第一窖古城酒业有限公司技术总监郭刚、新疆肖尔布拉克酒业公司董事长王天兵、新疆酿酒工业协会秘书长王莹参加了会议。会上专家、代表们对中国传统白酒融入现代科技、推动白酒走新型工业化和机械化道路进行了深入的研究，同时还参观了劲酒集团的机械化生产现场，从酿造、勾贮、包装、物流等环节都实现了全国白酒行业机械化生产的领先水平，尤其是在传统白酒生产过程中成功应用低压蒸酿等新工艺和无菌化生产。

（4）为深入贯彻落实国家对信息化战略的要求，同时也为了加快酿酒行业信息化建设进程，促进企业信息化成果交流与共享，及时掌握酿酒行业信息化现状和发展思路，新疆第一窖古城酒业有限公司、新疆肖尔布拉克酒业公司、新疆酿酒工业协会参加了于10月18～21日在云南省丽江市召开2011年度全国酿酒行业信息化工作会议。

四、建立专家队伍为行业发展建言献策

为了提高疆酒质量，协会成立第一届白酒、葡萄酒专家委员会，成员分别由白酒专家委员会12名，葡萄酒专家委员会12名组成，进一步发挥他们在新疆酿酒行业技术进步方面领军作用。

（1）组织国家级、自治区级白酒评委于9月16日对哈密公司的生产的大枣酒产品进行鉴评。

（2）经协会推荐和协调新疆伊力特实业股份公司董事长徐勇辉同志荣获“中国酿酒大师”称号，这是西北地区第二位获此殊荣的人员。

（3）参加和协调有关部门对新疆第一窖古城酒业清雅型产品企业标准的制定和产品鉴定工作。

（4）为表彰我区酿酒行业做出突出贡献的人员，促进酿酒事业的繁荣与发展，更好地为我国社会主义物质文明和精神文明建设服务。协会将开展首届“新疆酿酒大师”的评定，参选人员为我区酿酒行业（包括白酒、啤酒、葡萄酒、果露酒、酒精等）中的科研、生产、技术方面取得显著成绩并具有管理经验的专家。目前参评的资料已全部上报，正在进行前期的评审工作。

五、对本行业内经济运行进行调研

（1）对焉耆盆地、石河子地区的部分葡萄酒企业的酿酒基地进行实地调研，及时掌握了解原料的种植、受灾、成熟情况以及需求量，了解企业在经营中发生的新情况、新问题，为政府机关提供决策依据。

（2）对东三县的白酒企业进行现场调研，及时掌控企业产品在市场的占有率。

六、认真做好信息及其他工作

（1）对重点企业继续做好统计工作。在重点企业的支持下协会统计报表范围在不断扩大，统计数据的行业代表性不断增强，数据质量也得到一定程度的提高，有助于进一步了解重点企业的生产经营情况。

（2）新疆酿酒信息是新疆酿酒工业协会主办的行业内部信息刊物，旨在为会员单位提供酿酒行业的政策法规、经济技术、市场开发等方面的信息资料，为广大企业提供一个交流的平台。根据实际情况编写了4期新疆酿酒工业信息并发往企业及政府有关部门。

（3）根据中国酿酒工业协会年鉴编写委员会的要求，协会为其编写了2010年新疆酿酒工业发展情况的稿件。

七、完成行政部门交办的各项工作

（1）参与新疆名牌的评审工作。对轻工部分中的酒类产品进行了认真的审核，并将最终资料上报新疆名牌战略推进委员会。

（2）协助做好产业转移对接活动食品专场的筹备工作。

（3）完成新疆轻工志中酿酒工业内容的编写工作。

（4）完成今年年初制定的《新疆白酒在市场的地位》课题工作。

（5）参与自治区新产品开发项目的推荐和评审工作。

（6）参与有关企业产品标准审查工作。

特色区域

焉耆：推动酿酒葡萄产业发展

一、基本情况

焉耆县位于北纬42度，在葡萄种植“黄金地带”北纬30～50度，与世界著名葡萄酒产区法国波尔多地区处于同一纬度。源于该区域的乡都酒业葡萄种植基地的葡萄所生产的系列绿色、有机、无公害葡萄酒，得到了葡萄酒界的高度赞誉，2011年4月16日乡都在北京联合举办了以“国投金融走进新疆，乡都酒业迈向全国”为主题的新闻发布会，建立了基于乡都酒业酿造的“阿耆尼”葡萄酒的国内第一只管理型葡萄酒基金产品——国投信托葡萄酒基金，有力提升了焉耆葡萄酒的市场形象，实现了国内信托品牌与高端红酒品牌的首次融合，充分证明了焉耆县得天独厚的酿酒葡萄种植条件。焉耆县全年平均无霜期186天，年均气温8.5℃，年均日照2980小时，平均降水量79.8mm，年蒸发量1876mm，是降水量的23.5倍，相对湿度56%。全县地下水年可开采量2.2亿立方米，拥有20万亩未开发的霍拉山洪水冲积平原，土壤以沙质土为主，质地疏松、酸碱度适中，易于进行规模化、集约化、机械化生产，周边大气纯净，无工业污染。这些水土光热资源为焉耆酿酒葡萄产业发展提供了优良条件。

二、酿酒葡萄产业发展现状

截止目前，全县共引进酿酒葡萄种植企业（户）30家，累计投入葡萄基地建设资金3.2亿元，其中整合项目资金投入0.8亿元，拉动企业及种植户投资2.4亿元，酿酒葡萄种植规模达到10万亩。全县酿酒葡萄长势良好，基地基础设施日趋完善，葡萄产业发展已初具规模。乡都酒业形成了年加工1万吨葡萄酒的生产规模。乡都酒堡创建为国家3A级景区。海瑞盛生物科技葡萄酿酒副产物综合开发利用项目正在建设；丰裕公司万吨葡萄酒厂项目建设前期工作抓紧进行，目前选址已经确定，正在进行厂房设计和设备订购；望中酒业2000吨葡萄酒堡开工建设；葡萄科技示范园葡萄酒堡图纸设计和设备订购工作已完成，即将开工建设，丰裕公司10000吨酒厂已完成设计。葡萄产业园区规划工作启动实施，酿酒葡萄地理标识、产区商标注册和葡萄种植基地与葡萄酒有机认证工作扎实推进，相关资料已分别上报至国家质量技术监督总局、国家工商总局商标局和国环有机产品认证中心，10个葡萄酒标已被国家工商总局商标局受理。

三、酿酒葡萄产业发展历程

焉耆县从1999年开始发展葡萄产业。经过10年努力，形成2.3万亩种植基地和年加工1万吨葡萄酒生产规模，并开发了系列高中端酒，创建了乡都品牌。

第一期建设时间为1999—2008年。在这一期间主要以乡都酒业和建盛农业为主开发建设，经过10年的发展达到2.3万亩的种植规模，其中乡都酒业1.8万亩，建盛农业0.5万亩。同时，乡都酒业形成了年加工1万吨葡萄酒的生产规模，为葡萄基地建设和葡萄产业的发展积累了宝贵经验。

第二期建设时间为2008—2009年，主要在七个星镇东戈壁开发建设。为加快葡萄产业发展，我县加大了葡萄基地的建设力度。2008年完成二期基地基础设施建设，引进种植企业15家。2009年定植葡萄3.3万亩。投资542万元启动了集科技示范园区、苗圃区、品种区、种植示范区、生产区等五大功能区为一体的800亩葡萄科技示范园建设，共引进21个葡萄品种、35个品系进行品性和种植模式对比试验。

第三期建设时间为2009—2010年，主要在七个星西戈壁开发建设。在充分借鉴第二期葡萄基地建设经验的基础上，按高标准的规范和要求完成三期基地勘测、设计和基础设施建设，共引进种植企业11家，定植葡萄2.9万亩。启动建设了丰裕公司年加工1万吨葡萄酒厂。

前三期葡萄基地建设我县共投入0.56亿元，拉动企业投资1.99亿元，共计投入2.55亿元。现葡萄基地种植面积达到8.5万亩。

第四期建设时间为2010年至2011年，将继续在七个星镇西戈壁开发建设，定植面积1.5万亩。经过四期建设，实现10万亩葡萄种植基地的目标。

四、发展酿酒葡萄采取的措施

切实加强组织领导。成立了以县委主要领导任组长、14名县级领导任副组长，各部门及相关企业负责人为成员的葡萄产业发展领导小组。设立了1个办公室和5个工作小组（综合协调组、宣传组、招商引资组、组织实施组和技术保障组）。制定了《焉耆县葡萄产业发展规划》，抽调得力干部，成立天都葡萄开发有限公司，2009年5月组建东、西戈壁葡萄基地管理委员会， 2010年8月改设为葡萄产业园区管理委员会，下设综合办公室、规划建设股、社会发展事务股等3个股室。将葡萄产业发展工作纳入全县各级党政领导重点工作和目标责任制，定期汇报和考核，统一思想，加大宣传，营造了良好的发展氛围，形成了工作合力。

强化科技支撑。聘请了国内著名葡萄种植及葡萄酒专家、北京农学院李德美教授为我县的葡萄产业发展顾问。投资542万元建成了集科技示范园区、苗圃区、品种区、种植示范区、生产区等五大功能区为一体的、全国规模最大的800亩葡萄科技示范园，引进27个葡萄品种、41个品系进行品性和种植模式对比试验，从中筛选出了7个适宜优质品种。组织开展了编织带、秸秆、棉被等9项不同材料、不同深度埋土防寒对比实验。组织研发了葡萄开沟、埋土、出土、施肥等大型机械。在葡萄定植前，多次聘请国内知名专家在葡萄基地现场讲课和培训。选派4名技术人员分赴内地葡萄酒主产区进行跟班学习，组织45名葡萄种植管理人员赴西北农林大学举办了一期培训班。在县职业中学开设葡萄专业，现已招收4个班222名学生。根据专家意见，结合我县葡萄产业发展情况，编印了《酿酒葡萄知多少》宣传手册，为种植户编印了《酿酒葡萄栽培技术手册》和《焉耆县酿酒葡萄栽培技术规范》，编发《焉耆葡萄》简报48期。

制定完善优惠政策。制定了《关于自治县葡萄基地开发建设的实施意见》，由政府无偿提供土地，并出资免费配套完成 “一平二备三通”（平整土地、完备防风林带和防洪工程、通路通电通水）等基础设施建设，酿酒葡萄产业园区的种植基地及生产加工区由县人民政府统一规划、建设和管理，主要基础设施建设由县政府投入负责，主要包括道路沙石化、林网、高压主电网、防洪工程等建设。对酿酒葡萄产业园区内种植企业（户）给予滴灌和种苗补贴，具体补贴标准为：按标准要求完成打井、滴灌、开沟、种植等，并使用许可苗木且葡萄种植成活率达到85%以上的，经验收合格后，每亩地给予滴灌补贴300元，种苗补贴300元。按照葡萄基地建设技术规范进行酿酒葡萄种植的酿酒葡萄产业园区内种植企业（户）所种植酿酒葡萄由园区管委会负责办理林权证，使用期限为70年，其间免收土地租赁金，允许出租、抵押、继承和依法转让。葡萄产业园区内各种植企业（户）防护林，按园区管委会要求规划、种植的，管委会免费提供苗木。葡萄产业园区管委会负责对酿酒葡萄产业园区内种植企业（户）酿酒葡萄种植技术指导，聘请酿酒葡萄种植专家及技术员进行产前、产中、产后技术指导服务。葡萄产业园区内各种植企业（户）生活住房给予200元/平方米补贴，生产性用房根据企业加工规模给予补贴。葡萄产业园区内各种植企业（户）购置农机具，首部享受国家农机补贴政策。制定了《自治县酿酒葡萄产业中、长期用工优惠办法》，对引进的务工人员，特别是专业技术人员在办公条件、工资待遇、住房、社会保障、子女就学、解决夫妻分居问题等方面都给予优先考虑和照顾，着力解决葡萄产业发展对劳动力的需求问题。在酿酒葡萄产业园区内建设酿酒葡萄加工企业或者相关企业的，通过一事一议和直通车等形式给予政策支持。至2011年初，我县共投入资金8000余万元（折合每亩1200元），为加快葡萄产业发展奠定了基础。

营造发展环境。利用一切可利用的机会，向国家有关部委和自治区、自治州党政领导及有关厅局汇报葡萄产业发展情况，寻求支持。县政府网、流沙河网播出有关葡萄产业的新闻100余条，在新疆日报、新疆经济报、新疆天山网、新疆新闻在线等媒体刊登文字及图片宣传稿件10余篇，在巴州电视台、广播电台，制作刊播视频和广播宣传新闻20余条。积极争取并成功承办了2009年全国葡萄酒行业年会，极大地扩大了我县葡萄产业的知名度。今年8月，由中国酿酒工业协会葡萄酒分会、中国农学会葡萄酒分会、中国园艺学会葡萄酒分会和国家葡萄产业技术体系主办、由县人民政府承办的行业年会将在我县召开，届时，我们还将同时举办自治县首届葡萄酒文化节。目前，两项活动的各项筹备工作正在有序进行。焉耆县人民政府作为新疆唯一一个政府机构被选为第四届中国工业酿酒协会葡萄酒分会的常务理事单位，乡都酒业作为新疆两个企业之一被选为该分会的理事单位。

五、泰葡庄酿酒葡萄种植基地建设情况

该区块东起良种场5队，南与丰裕公司葡萄基地、建盛公司葡萄基地及七个星镇老城村接壤，西靠七个星镇呼尔东村5组，北与21团交界，南北宽2.8公里，东西长9.3公里。2010年对东戈壁17条路主路进行命名，东西方向6条名称为纬1路至纬6路，南北方向11条路名称为经1路至经11路，道路总长度为59.2公里。泰葡庄葡萄基地的建设从2007年12月开始启动，按照 “三通一平一完备”

（通路、通电、通林带、平整土地、防洪工程完备）进行财政配套，完成了道路、条田、林网和机井规划，道路主、次干道规划；条田呈南北走向，按每块面积为120亩（500m×160m）布局，防护林按照条田、道路规划，机井按照地块和条田布置，原则上700～800亩一眼井；2008年完成了基地的路网建设、防护林的滴管铺设、防护林栽植、土地平整和电网架设等工作，启动了葡萄科技园的建设工作，确定了葡萄苗木的繁育方案，完成了打井和滴灌管网的建设工作，2009年6月完成了3.3万亩酿酒葡萄的栽植，越冬出土后苗木成活率在85%以上。同年10月完成了15公里的主干道柏油化建设。

六、科技示范园情况介绍

示范园2009年建立，北京农学院教授李德美担任技术顾问，农二师建工设计院设计。科技示范园共分为品种选育区、种植示范区、种植方式示范园、苗圃及酿造区五大功能区。修建道路2.9公里，种植防护林104亩，新打机井2眼、温室大棚2座，大棚作用发挥明显。种植示范区定植葡萄340亩，其中：赤霞珠160亩，美乐40亩，马瑟兰60亩，霞多丽40亩，西拉20亩。品种园占地140亩，共有品种27个、品系41个。其中红色品种14个，品系25个；白色品种10个，品系13个；砧木品种3个。全部品种定植于2010—2011年春季。完成种植方式示范区定植220亩，进行试验，比较各种适合酿酒葡萄的架式、架形。120亩苗圃地用于扩大繁殖筛选出的优良品种种苗，供应生产应用，2011年扦插苗木180万株。

七、华萄园酿酒葡萄种植基地建设情况

华萄园葡萄基地位于七个星镇218国道以西，与乡都葡萄基地相连，北与七个星镇呼尔东村接壤，东至县乡都工业园，南北长约9.94公里，东西宽约9.46公里。2010年对华萄园葡萄基地26条路主路进行命名，东西方向18条名称为纬1路至纬18路，南北方向8条路名称为经1路至经8路，道路总长度为88.7公里。华萄园葡萄基地充分借鉴了泰葡庄葡萄基地建设的成功经验，提出了高标准的建设规范，一是基地按500亩一个区块划分，每一个区块又由林网分割为8个条田，每个条田64亩；二是路网、林网统一规划，横平竖直，整齐划一；三是条田平整，80厘米以上深沟种植，要求每亩施农家肥3立方米以上，做到土肥混合；四是统一设计井位和滴灌管网，高标准实施；五是葡萄苗木选用自根苗和营养袋苗两种，自根苗按75厘米株距种植，营养袋苗按50厘米株距种植，基地建设高标准完成，效果明显。

种植基地做到高标准林网化，种植基地的防护林用地按照15%进行规划，基干林按15～25行、30～50米宽进行规划，道路林网按5～6行、10～12米宽进行规划，区块条田林网按3～4行、6～8米进行规划。发挥项目区经济林和绿洲农区生态屏障，在达到防灾减灾改善生态的同时，产生巨大经济效益。种植基地道路高标准设计，达到横平竖直，路网与国道、省道、高速公路连通，与基地之间、加工区、生活区相互连通，原则上按东西750米，南北500米的路网构架规划，主干道10米以上、次干道8米以上。

八、今后的奋斗目标

“十二五”末，葡萄产业园区形成5万吨葡萄酒、汁加工规模，实现产值30亿元，贡献地方财政1.5亿元，实现再造一个焉耆县域经济和财政收入总量的目标。2020年产业园区形成10万吨以上葡萄酒、汁加工规模，实现产值70亿元，贡献地方财政3.5亿元。

中国驰名商标
纯粮固态发酵白酒
古贝春
酒
中国白酒工业百强企业
低度领袖　高度舒适
中国驰名商标
千年金奖
古贝春
古贝春集团有限公司
古贝春集团有限公司　电话：400-100-9736　网址：www.gubeichun.cc

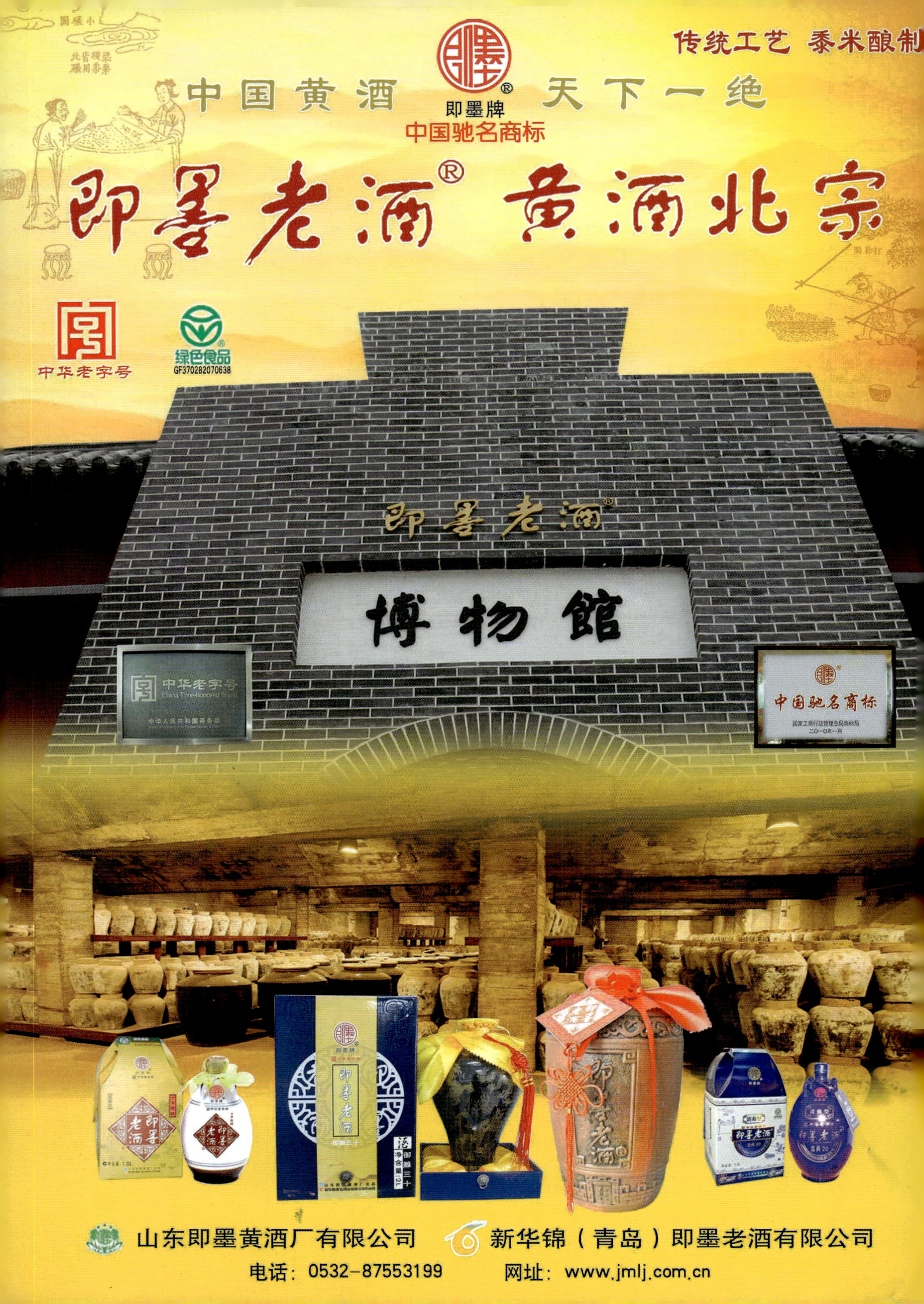

传统工艺 黍米酿制
中国黄酒 天下一绝
即墨牌
中国驰名商标
即墨老酒® 黄酒北宗
中华老字号
绿色食品
GF370282070638
即墨老酒®
博物館
中华老字号
China Time-honored Brand
中华人民共和国商务部
中国驰名商标
山东即墨黄酒厂有限公司
新华锦（青岛）即墨老酒有限公司
电话：0532-87553199
网址：www.jmlj.com.cn

中粮
COFCO

中粮生化能源（肇东）有限公司

中粮生化能源（肇东）有限公司创建于1993年，前身是黑龙江华润酒精有限公司，是华润集团在内地投资最早的玉米深加工企业，2005年末归属中粮集团旗下，纳入生化能源事业部管理。公司位于黑龙江省哈大齐工业走廊著名的玉米主产区——肇东市，以玉米为主要原料，通过生物工程生产燃料酒精、食用酒精、DDGS高蛋白饲料、玉米油、食用级二氧化碳等产品。近十年来，上缴税金达14亿元人民币，为促进地方繁荣、解决“三农”问题做出了重大贡献。

公司总资产27亿元人民币，厂区占地面积78万平方米，自备10条铁路专用线，2座装机容量1.5万千瓦时的自备电站，11条专业化生产线，年销售收入达30亿元。拥有员工2800多人，其中博士、硕士学历的高级工程师和高级技术人才及大中专毕业生950多人。

2006年4月投资6.8亿元人民币，扩建三期年产15万吨乙醇项目，从美国引进世界先进水平的德尔塔－T工艺，在产品质量、原料消耗、节能等方面处于国内行业领先水平，并实现污水零排放。

公司年加工玉米120万吨，其中有70%以上的玉米是从农民手中直接收购的，被国家列为农业产业化龙头企业，对拉动周边市县农村经济发展，解决“三农”问题起到了重要作用。

公司销售团队本着“为客户解决方案式”的营销理念，拥有稳定的忠诚客户群体，在强有力的物流保障下，行业竞争力强，产品销售遍布全国，占国内市场份额的10%以上。并远销日本、韩国、台湾、泰国、澳大利亚、土耳其、美国等多个国家和地区。

为进一步开发非粮可再生能源，服务于国家能源战略，公司积极探索纤维素燃料乙醇研发之路。纤维素燃料乙醇是以纤维类生物质为原料，经高科技方法加工生产的可再生的、环保的新型液体汽车燃料。公司的技术研发达到国际先进、国内领先的水平，且独家获得国家级“国家能源生物质液体燃料研发（实验）中心”资质，将在近年实现产业化。

中粮黑龙江酿酒有限公司隶属中粮生化能源（肇东）有限公司，公司历史悠久，最早可追溯到1943年，由肇东市五站镇的“王家烧锅”沿袭而来，几经改名换址，发展至今。20世纪90年代，“肇东白酒”获中国首届博览会银奖。

2005年末，中粮黑龙江酿酒有限公司归属中粮集团旗下，依托中粮集团的臂膀，公司快速发展壮大。

中粮黑龙江酿酒有限公司系北方传统固态发酵纯粮酿造的优质白酒生产企业，六十多年来，经过几代酿酒人不懈的努力和创新，公司已拥有优质浓香、酱香、浓酱兼香三种香型的系列产品及传统固态发酵普通白酒。采用传统工艺与现代科技相结合的生产方法，博采众家之长，利用得天独厚的地理资源，先后研制出老古酒、老古坊酒及多种专供酒等系列产品，具有酒色清透、芳香醇厚、香味浓郁、绵甜爽净、回味悠长，饮后幽香的独特风格，获得国家、省、地区级优质产品称号。产品销往全国十多个省市，以其不同的风格特点，诸味协调的香气成分，深受不同层次消费者的欢迎。

公司始终如一地贯彻“以人为本”的经营理念，秉承“诚信、团队、专业、创新”的企业精神，坚持“奉献营养健康的食品，高品质的生活空间及生活服务，使客户、股东、员工价值最大化”的中粮使命，不断推陈出新，以上乘的品质、良好的信誉，周到的服务赢得了广大消费者的认可和好评。

中粮 COFCO 自然之源 重塑你我

中粮黑龙江酿酒有限公司

红楼梦酒，中国之文化名酒。红楼梦酒以国之瑰宝《红楼梦》为依托，
深入发掘中国传统文化精髓，以醇香、内蕴成就中国文化名酒。
一杯酒，一回梦，红楼梦酒，梦回红楼。
红楼夢®
国之瑰宝
酒
中国宜宾酒都名片
联合国官方指定用酒·中国文化名酒 中国驰名商标
中国·四川宜宾红楼梦酒业股份有限公司
中国白酒之都·文化名酒奇葩
红楼夢

政策篇

收录了2010—2011年中国酿酒行业、酿酒企业发展规划的政策法规。包括国家各部委颁布的有关酒类行业的政策法规文件、酿酒行业地方法规与管理办法等。

吴向东

Wu Xiangdong

YEARBOOK FIGURE

吴向东，金六福品牌创始人，现华泽集团董事长，湖南省工商联副主席，中国酒界知名企业家，中国营销界最高奖项“第二届营销金鼎奖”获得者，“第二届杰出湘商”获得者，他也是被誉为世界企业界“奥斯卡奖”——“安永企业家奖”的获得者。

吴向东创立的企业经过近二十年的发展，现已拥有十三家白酒厂，三家红酒厂，在香港主板市场拥有一家上市公司。

卫　生　部
工业和信息化部
工商总局质检总局
国家食品药品监督管理局

食品安全风险监测管理规定（试行）

（卫监督发〔2010〕17号　2010年1月25日发布）

第一章 总 则

第一条 为有效实施食品安全风险监测制度，规范国家食品安全风险监测工作，根据《中华人民共和国食品安全法》、《中华人民共和国食品安全法实施条例》，制定本规定。

第二条 食品安全风险监测，是通过系统和持续地收集食源性疾病、食品污染以及食品中有害因素的监测数据及相关信息，并进行综合分析和及时通报的活动。

第三条 卫生部会同国务院质量监督、工商行政管理和国家食品药品监督管理以及国务院工业和信息化等部门本着及时性、代表性、客观性和准确性的原则制定、实施国家食品安全风险监测计划。

第四条 卫生部会同国务院有关部门在综合利用现有监测机构能力的基础上，根据国家食品安全风险监测工作的需要，制定和实施加强国家食品安全风险监测能力的建设规划，建立覆盖全国各省、自治区、直辖市的国家食品安全风险监测网络。

省、自治区、直辖市卫生行政部门会同省级有关部门，根据国家和本地区食品安全风险监测工作的需要，制定和实施本地区食品安全风险监测能力建设规划，建立覆盖各市（地）、县（区），并逐步延伸到农村的食品安全风险监测体系。

第二章 监测计划的制定

第五条 国家食品安全风险监测计划应根据食品安全风险评估、食品安全标准制定与修订和食品安全监督管理等工作的需要制定。

国务院有关部门根据食品安全监督管理等工作的需要，提出列入国家食品安全风险监测计划的建议。建议的内容应包括食源性疾病、食品污染和食品中有害因素的名称、相关食品类别及检测方法、经费预算等。

第六条 国家食品安全风险评估专家委员会负责根据食品安全风险评估工作的需要，提出制定国家食品安全风险监测计划的建议，于每年6月底前报送卫生部。

卫生部会同国务院有关部门于每年9月底以前制定并印发下年度国家食品安全风险监测计划。

在制定国家食品安全风险监测计划时，应征求行业协会、国家食品安全标准审评委员会以及农产品质量安全评估专家委员会的意见。

第七条 国家食品安全风险监测应遵循优先选择原则，兼顾常规监测范围和年度重点，将以下情况作为优先监测的内容：

（一）健康危害较大、风险程度较高以及污染水平呈上升趋势的；

（二）易于对婴幼儿、孕产妇、老年人、病人造成健康影响的；

（三）流通范围广、消费量大的；

（四）以往在国内导致食品安全事故或者受到消费者关注的；

（五）已在国外导致健康危害并有证据表明可能在国内存在的。

食品安全风险监测应包括食品、食品添加剂和食品相关产品。

第八条 制定国家食品安全风险监测计划的同时应制定国家食品安全风险监测计划实施指南，供相关技术机构参照执行。

第九条 国家食品安全风险监测计划应规定监测的内容、任务分工、工作要求、组织保障措施和考核等内容。

第十条 国家食品安全风险监测计划应规定统一的检测方法。

食品安全风险监测采用的评判依据应经卫生部会同国务院有关部门确认。

第十一条 卫生部根据医疗机构报告的有关疾病信息和国务院有关部门通报的食品安全风险信息，会同国务院有关部门对国家食品安全风险监测计划进行调整。

第三章 监测计划的实施

第十二条 承担国家食品安全风险监测工作的技术机构应由卫生部会同国务院质量监督、工商行政管理和国家食品药品监督管理等部门确定。

承担食品安全风险监测工作的技术机构应具备食品检验机构资质认定条件和按照规范进行检验的能力，原则上应当按照国家有关认证认可的规定取得资质认定（非常规的风险监测项目除外）。

第十三条 承担国家食品安全风险监测工作的技术机构应根据有关法律法规的规定和国家食品安全风险监测计划实施指南的要求，完成监测计划规定的监测任务，按时向卫生部等下达监测任务的部门报送监测数据和分析结果，保证监测数据真实、准确、客观。

第十四条 卫生部指定的专门机构负责对承担国家食品安全风险监测工作的技术机构获得的数据进行收集和汇总分析，向卫生部提交数据汇总分析报告。卫生部应及时将食品安全风险监测数据和分析结果通报国务院农业行政、质量监督、工商行政管理和国家食品药品监督管理以及国务院商务、工业和信息化等部门。

第十五条 卫生部会同国务院质量监督、工商行政管理、国家食品药品监督管理及国务院工业和信息化等部门制定国家食品安全风险监测质量控制方案并组织实施。

第十六条 省、自治区、直辖市卫生行政部门组织同级质量监督、工商行政管理、食品药品监督管理、工业和信息化等部门，根据国家食品安全风险监测计划，结合本地区人口特征、主要生产和消费食物种类、预期的保护水平以及经费支持能力等，制定和实施本行政区域的食品安全风险监测方案。

省、自治区、直辖市卫生行政部门应将食品安全风险监测方案、方案调整情况报卫生部备案，并向卫生部报送监测数据和分析结果。

国务院卫生行政部门应当将备案情况、风险监测数据分析结果通报国务院农业行政、质量监督、工商行政管理和国家食品药品监督管理以及国务院商务、工业和信息化等部门。

第四章 附 则

第十七条 本规定相关术语定义如下：

食源性疾病监测：指通过医疗机构、疾病控制机构对食源性疾病及其致病因素的报告、调查和检测等收集的人群食源性疾病发病信息。

食品污染：指根据国际食品安全管理的一般规则，在食品生产、加工或流通等过程中因非故意原因进入食品的外来污染物，一般包括金属污染物、农药残留、兽药残留、超范围或超剂量使用的食品添加剂、真菌毒素以及致病微生物、寄生虫等。

食品中有害因素：指在食品生产、流通、餐饮服务等环节，除了食品污染以外的其他可能途径进入食品的有害因素，包括自然存在的有害物、违法添加的非食用物质以及被作为食品添加剂使用的对人体健康有害的物质。

第十八条 本规定自发布之日起实施。

中华人民共和国海关总署关于规范进口葡萄酒有关事项的公告

（总署公告〔2010〕17号）

为进一步规范葡萄酒（2010年《中华人民共和国进出口税则》税则号列22042100）的进口申报，便利企业通关和海关管理，根据《海关进出口货物申报管理规定》（海关总署令第103号）及其他有关规定，现就有关事宜公告如下：

一、进口货物收货人及其代理人应严格按照《海关进出口商品规范申报目录》的要求填报，并应当根据实际进口葡萄酒的酒标，在“商品名称”栏目填报品名、品牌（中、外文），如“干红葡萄酒，十字木桐古堡CHATEAU CROIX MOUTON”；在“规格型号”栏目中填报葡萄酒的容器容积、年份和产区，如“瓶装750ML，2004年，波尔多产区”，如果酒标上已注明等级的（如AOC、VDQS、VIN DE PAYS等），应当在该栏目填报。

二、进口货物收货人及其代理人申报进口时除提交目前海关规定要求的单证和资料外，还应向海关提交下列资料：

（一）内容完整、文字清晰的进口葡萄酒酒标（包括正标、背标）彩色照片或电子照片（不低于300万像素）彩色打印件。

（二）原厂商发票。对于通过境外贸易商进口无法提交原厂商发票的，进口货物收货人及其代理人申报进口时应提交由境外贸易商制发的商业发票，发票上应当包括生产厂商名称和原厂商发票的编号。

三、对于不能提交上述资料的，海关按相关规定处理；对于报关单申报的内容与酒标内容不符的，海关将按申报不实处理。

四、本公告自2010年4月1日起施行。

特此公告。

二〇一〇年三月十五日

中华人民共和国卫生部食品添加剂新品种管理办法

（卫生部令第73号　2010年3月30日发布）

第一条 为加强食品添加剂新品种管理，根据《食品安全法》和《食品安全法实施条例》有关规定，制定本办法。

第二条 食品添加剂新品种是指：

（一）未列入食品安全国家标准的食品添加剂品种；

（二）未列入卫生部公告允许使用的食品添加剂品种；

（三）扩大使用范围或者用量的食品添加剂品种。

第三条 食品添加剂应当在技术上确有必要且经过风险评估证明安全可靠。

第四条 使用食品添加剂应当符合下列要求：

（一）不应当掩盖食品腐败变质；

（二）不应当掩盖食品本身或者加工过程中的质量缺陷；

（三）不以掺杂、掺假、伪造为目的而使用食品添加剂；

（四）不应当降低食品本身的营养价值；

（五）在达到预期的效果下尽可能降低在食品中的用量；

（六）食品工业用加工助剂应当在制成最后成品之前去除，有规定允许残留量的除外。

第五条 卫生部负责食品添加剂新品种的审查许可工作，组织制定食品添加剂新品种技术评价和审查规范。

第六条 申请食品添加剂新品种生产、经营、使用或者进口的单位或者个人（以下简称申请人），应当提出食品添加剂新品种许可申请，并提交以下材料：

（一）添加剂的通用名称、功能分类，用量和使用范围；

（二）证明技术上确有必要和使用效果的资料或者文件；

（三）食品添加剂的质量规格要求、生产工艺和检验方法，食品中该添加剂的检验方法或者相关情况说明；

（四）安全性评估材料，包括生产原料或者来源、化学结构和物理特性、生产工艺、毒理学安全性评价资料或者检验报告、质量规格检验报告；

（五）标签、说明书和食品添加剂产品样品；

（六）其他国家（地区）、国际组织允许生产和使用等有助于安全性评估的资料。

申请食品添加剂品种扩大使用范围或者用量的，可以免于提交前款第四项材料，但是技术评审中要求补充提供的除外。

第七条 申请首次进口食品添加剂新品种的，除提交第六条规定的材料外，还应当提交以下材料：

（一）出口国（地区）相关部门或者机构出具的允许该添加剂在本国（地区）生产或者销售的证明材料；

（二）生产企业所在国（地区）有关机构或者组织出具的对生产企业审查或者认证的证明材料。

第八条 申请人应当如实提交有关材料，反映真实情况，并对申请材料内容的真实性负责，承担法律后果。

第九条 申请人应当在其提交的本办法第六条第一款第一项、第二项、第三项材料中注明不涉及商业秘密，可以向社会公开的内容。

食品添加剂新品种技术上确有必要和使用效果等情况，应当向社会公开征求意见，同时征求质量监督、工商行政管理、食品药品监督管理、工业和信息化、商务等有关部门和相关行业组织的意见。

对有重大意见分歧，或者涉及重大利益关系的，可以举行听证会听取意见。

反映的有关意见作为技术评审的参考依据。

第十条 卫生部应当在受理后60日内组织医学、农业、食品、营养、工艺等方面的专家对食品添加剂新品种技术上确有必要性和安全性评估资料进行技术审查，并作出技术评审结论。对技术评审中需要补充有关资料的，应当及时通知申请人，申请人应当按照要求及时补充有关材料。

必要时，可以组织专家对食品添加剂新品种研制及生产现场进行核实、评价。

需要对相关资料和检验结果进行验证检验的，应当将检验项目、检验批次、检验方法等要求告知申请人。安全性验证检验应当在取得资质认定的检验机构进行。对尚无食品安全国家检验方法标准的，应当首先对检验方法进行验证。

第十一条 食品添加剂新品种行政许可的具体程序按照《行政许可法》和《卫生行政许可管理办法》等有关规定执行。

第十二条 根据技术评审结论，卫生部决定对在技术上确有必要性和符合食品安全要求的食品添加剂新品种准予许可并列入允许使用的食品添加剂名单予以公布。

对缺乏技术上必要性和不符合食品安全要求的，不予许可并书面说明理由。

对发现可能添加到食品中的非食用化学物质或者其他危害人体健康的物质，按照《食品安全法实施条例》第四十九条执行。

第十三条 卫生部根据技术上必要性和食品安全风险评估结果，将公告允许使用的食品添加剂的品种、使用范围、用量按照食品安全国家标准的程序，制定、公布为食品安全国家标准。

第十四条 有下列情形之一的，卫生部应当及时组织对食品添加剂进行重新评估：

（一）科学研究结果或者有证据表明食品添加剂安全性可能存在问题的；

（二）不再具备技术上必要性的。

对重新审查认为不符合食品安全要求的，卫生部可以公告撤销已批准的食品添加剂品种或者修订其使用范围和用量。

第十五条 本办法自公布之日起施行。卫生部2002年3月28日发布的《食品添加剂卫生管理办法》同时废止。

国家质量监督检验检疫总局食品生产许可管理办法

（总局令第129号　2010年4月7日发布）

第一章 总 则

第一条 为了保障食品安全，加强食品生产监管，规范食品生产许可活动，根据《中华人民共和国食品安全法》和其实施条例以及产品质量、生产许可等法律法规的规定，制定本办法。

第二条 在中华人民共和国境内，企业从事食品生产活动以及质量技术监督部门实施食品生产许可，必须遵守本办法。

第三条 企业未取得食品生产许可，不得从事食品生产活动。

第四条 国家质量监督检验检疫总局（以下简称国家质检总局）在职责范围内负责全国食品生产许可管理工作。

县级以上地方质量技术监督部门在职责范围内负责本行政区域内的食品生产许可管理工作。

第五条 食品生产许可必须严格按照法律、法规和规章规定的程序和要求实施，遵循公开、公平、公正、便民原则。

第二章 程 序

第六条 设立食品生产企业，应当在工商部门预先核准名称后依照食品安全法律法规和本办法有关要求取得食品生产许可。

第七条 县级以上地方质量技术监督部门是食品生产许可的实施机关，但按照有关规定由国家质检总局实施的食品生产许可除外。

省级质量技术监督部门按照有关法律法规和国家质检总局有关规定要求，确定本行政区域内质量技术监督部门分别实施许可的品种范围。

第八条 取得食品生产许可，应当符合食品安全标准，并符合下列要求：

（一）具有与申请生产许可的食品品种、数量相适应的食品原料处理和食品加工、包装、贮存等场所，保持该场所环境整洁，并与有毒、有害场所以及其他污染源保持规定的距离；

（二）具有与申请生产许可的食品品种、数量相适应的生产设备或者设施，有相应的消毒、更衣、盥洗、采光、照明、通风、防腐、防尘、防蝇、防鼠、防虫、洗涤以及处理废水、存放垃圾和废弃物的设备或者设施；

（三）具有与申请生产许可的食品品种、数量相适应的合理的设备布局、工艺流程，防止待加工食品与直接入口食品、原料与成品交叉污染，避免食品接触有毒物、不洁物；

（四）具有与申请生产许可的食品品种、数量相适应的食品安全专业技术人员和管理人员；

（五）具有与申请生产许可的食品品种、数量相适应的保证食品安全的培训、从业人员健康检查和健康档案等健康管理、进货查验记录、出厂检验记录、原料验收、生产过程等食品安全管理制度。

法律法规和国家产业政策对生产食品有其他要求的，应当符合该要求。

第九条 拟设立食品生产企业申请食品生产许可的，应当向生产所在地质量技术监督部门（以下简称许可机关）提出，并提交下列材料：

（一）食品生产许可申请书；

（二）申请人的身份证（明）或资格证明复印件；

（三）拟设立食品生产企业的《名称预先核准通知书》；

（四）食品生产加工场所及其周围环境平面图和生产加工各功能区间布局平面图；

（五）食品生产设备、设施清单；

（六）食品生产工艺流程图和设备布局图；

（七）食品安全专业技术人员、管理人员名单；

（八）食品安全管理规章制度文本；

（九）产品执行的食品安全标准；执行企业标准的，须提供经卫生行政部门备案的企业标准；

（十）相关法律法规规定应当提交的其他证明材料。

申请食品生产许可所提交的材料，应当真实、合法、有效。申请人应在食品生产许可申请书等材料上签字确认。

第十条 许可机关对收到的申请，应当依照《中华人民共和国行政许可法》第三十二条等有关规定进行处理。

对申请决定予以受理的，应当出具《受理决定书》。决定不予受理的，应当出具《不予受理决定书》，并说明不予受理的理由，告知申请人享有依法申请行政复议或者提起行政诉讼的权利。

第十一条 许可机关受理申请后，应当依照有关规定组织对申请的资料和生产场所进行核查（以下简称现场核查）。

现场核查应当由许可机关指派二至四名核查人员组成核查组并按照国家质检总局有关规定进行，企业应予以配合。

第十二条 许可机关应当根据核查结果，在法律法规规定的期限内作出如下处理：

（一）经现场核查，生产条件符合要求的，依法作出准予生产的决定，向申请人发出《准予食品生产许可决定书》，并于作出决定之日起十日内颁发设立食品生产企业食品生产许可证书。

（二）经现场核查，生产条件不符合要求的，依法作出不予生产许可的决定，向申请人发出《不予食品生产许可决定书》，并说明理由。

除不可抗力外，由于申请人的原因导致现场核查无法在规定期限内实施的，按现场核查不合格处理。

第十三条 拟设立的食品生产企业必须在取得食品生产许可证书并依法办理营业执照工商登记手续后，方可根据生产许可检验的需要组织试产食品。

第十四条 新设立的食品生产企业应当按规定实施许可的食品品种申请生产许可检验。

许可机关接到生产许可检验申请后，应当及时按照有关规定抽取和封存样品，并告知申请企业在封样后七日内将样品送交具有相应资质的检验机构

第十五条 检验机构收到样品后，应当按照规定要求和标准进行检验，并准确、及时地出具检验报告。

第十六条 检验结论合格的，许可机关根据检验报告确定食品生产许可的品种范围，并在食品生产许可证副页中予以载明。

在未经许可机关确定食品生产许可的品种范围之前，禁止出厂销售试产食品。

第十七条 检验结论为不合格的，可以按照有关规定申请复检。

复检结论为部分食品品种不合格的，不予确定该类食品的生产许可范围，在食品生产许可证副页中不予载明；禁止出厂销售该类食品。

复检结论为全部食品品种不合格的，应当按照有关规定注销食品生产许可；禁止出厂销售全部品种的食品。

第十八条 已经设立的企业申请取得食品生产许可的，应当持合法有效的营业执照，按照本章规定的有关条件和要求办理许可申请手续。

许可机关按照本章规定的有关条件和要求，受理已经设立的企业从事食品生产的许可申请，并根据现场核查结果和检验报告决定是否准予许可以及确定食品生产许可的品种范围，颁发食品生产许可证书。

第十九条 食品生产许可证有效期为三年。

有效期届满，取得食品生产许可证的企业需要继续生产的，应当在食品生产许可证有效期届满六个月前，向原许可机关提出换证申请；准予换证的，食品生产许可证编号不变。

期满未换证的，视为无证；拟继续生产食品的，应当重新申请，重新发证，重新编号，有效期自许可之日起重新计算。

第二十条 食品生产许可证有效期内，有以下情形之一的，企业应当向原许可机关提出变更申请：

（一）企业名称发生变化的；

（二）住所、生产地址名称发生变化的；

（三）生产场所迁址的；

（四）生产场所周围环境发生变化的；

（五）设备布局和工艺流程发生变化的；

（六）生产设备、设施发生变化的；

（七）法律法规规定的应当申请变更的其他情形。

有前款第（三）项至第（六）项情形之一的，原许可机关应当按照本办法的规定组织进行核查和检验；符合条件的，依法办理变更手续。

第二十一条 企业提出变更食品生产许可申请，应当提交下列申请材料：

（一）变更食品生产许可申请书；

（二）食品生产许可证书正、副本；

（三）与变更食品生产许可事项有关的证明材料。

申请变更食品生产许可所提交的材料，应当真实、合法、有效，符合相关法律法规的规定。申请人应当在变更食品生产许可申请书等材料上签字确认，并对其内容的合法性、真实性负责。

第二十二条 食品生产许可有效期内，有关法律法规、食品安全标准或技术要求发生变化的，原许可机关可以根据国家有关规定重新组织核查和检验。

第二十三条 有下列情形之一的，原许可机关应当依法办理食品生产许可证书注销手续：

（一）生产许可被依法撤回、撤销，或者生产许可证

书被依法吊销的；

（二）企业申请注销的或者生产许可证有效期满未换证的；

（三）企业依法终止的；

（四）因不可抗力导致生产许可事项无法实施的；

（五）法律法规规定的应当注销生产许可证书的其他情形。

第二十四条 企业申请注销食品生产许可证书的，应当向原许可机关提交下列申请材料：

（一）注销食品生产许可申请书；

（二）食品生产许可证书正、副本；

（三）与注销食品生产许可事项相关的证明材料。

第三章 证书与标识

第二十五条 食品生产许可证书分为正本和副本，证书及其副页式样由国家质检总局统一规定。

第二十六条 企业应当妥善保管食品生产许可证书，并在生产场所显著位置予以悬挂或者摆放。

食品生产许可证书遗失或者损毁的，企业应当及时在省级以上媒体声明，并及时申请补证。

第二十七条 企业应当在其食品或者其包装上标注食品生产许可证编号和标志；没有食品生产许可证编号和标志的，不得出厂销售。

第二十八条 食品生产许可证编号和标志均属企业获得食品生产许可的标识。食品生产许可证编号规则和标志式样由国家质检总局统一规定。

第二十九条 企业不得出租、出借或者以其他形式转让食品生产许可证书和编号。 禁止伪造、变造食品生产许可证书、食品生产许可证编号和食品生产许可证标志。

第四章 监督检查

第三十条 企业应当在食品生产许可的品种范围内从事食品生产活动，不得超出许可的品种范围生产食品。

第三十一条 企业应当保证生产条件持续符合规定要求，并对其生产的食品安全负责。

第三十二条 各级质量技术监督部门在各自职责范围内依法对企业食品生产活动进行定期或不定期的监督检查。

第三十三条 各级质量技术监督部门应当建立食品生产许可和监督检查档案管理制度。档案保存期限按国家有关规定执行。

第三十四条 各级质量技术监督部门应当建立食品生产许可和监督检查信息平台，便于公民、法人和其他社会组织查询。

第五章 法律责任

第三十五条 违反本办法第三条、第十六条第二款、第十七条第二款、第十七条第三款、第三十条等规定，或者已取得食品生产许可但被依法注销的，按照《中华人民共和国食品安全法》第八十四条规定处罚。

第三十六条 违反本办法第二十条、第二十七条、第二十九条等规定，构成有关法律法规规定的违法行为的，按照有关法律法规的规定实施行政处罚。

第三十七条 各级质量技术监督部门及有关工作人员、核查人员、检验机构及检验人员在食品生产许可管理工作中，滥用职权、玩忽职守、循私舞弊的，依法追究相关法律责任。

第三十八条 本办法规定的行政处罚由县级以上地方质量技术监督部门在职权范围内决定并实施。 决定吊销食品生产许可证的，应当在作出行政处罚决定之前逐级上报许可机关核准。

第三十九条 当事人对依据本办法所实施的行政许可和行政处罚不服的，可以依法提出行政复议或者行政诉讼。

第六章 附 则

第四十条 本办法所称食品是指《中华人民共和国食品安全法》第九十九条等规定的食品，但不包括食用农产品、声称具有保健功能的食品。

法律、行政法规对乳品、转基因食品、生猪屠宰、酒类和食盐的食品生产许可另有规定的，依照其规定。

第四十一条 本办法规定的实施生产许可的食品品种的划分，按照法律法规和国家质检总局有关规定执行。

第四十二条 取得餐饮服务许可的餐饮服务提供者在其餐饮服务场所制作加工食品，不需要取得本办法规定的食品生产许可。

第四十三条 小作坊等其他食品生产者从事食品生产活动，按照有关法律法规的规定执行。

第四十四条 本办法所规定的核查人员、检验机构资质及其管理，按照有关规定执行。

第四十五条 本办法由国家质检总局负责解释。

第四十六条 本办法自2010年6月1日起施行。国家质检总局在本办法施行前公布的有关食品生产许可的规章、规范性文件与本办法不一致的，以本办法为准。

财政部 国家税务总局 取消出口退税的商品清单

（财税[2010]57号 2010年6月22日发布）

经国务院批准，自2010年7月15日起取消下列商品的出口退税：

1. 部分钢材；
2. 部分有色金属加工材；
3. 银粉；
4. 酒精、玉米淀粉；
5. 部分农药、医药、化工产品；
6. 部分塑料及制品、橡胶及制品、玻璃及制品。

具体执行时间，以"出口货物报关单（出口退税专用）"海关注明的出口日期为准。

取消出口退税的商品清单

序号	商品编码	商品名称
1	1108120000	玉米淀粉
2	2207100000	酒精浓度在80%及以上的未改性乙醇
3	2207200010	任何浓度的改性乙醇
4	2207200090	任何浓度的其他酒精
5	2812101000	氯化亚砜(亚硫酰氯,氧氯化硫)
6	2812102000	氧氯化磷〔即磷酰氯,三氯氧磷〕
7	2825101010	纯度85%及以上的水合肼
8	2825101090	纯度85%以下的水合肼
9	2827491000	锆的氯氧化物及氢氧基氯化物
10	2827499000	其他氯氧化物及氢氧基氯化物
11	2835100000	次磷酸盐及亚磷酸盐
12	2835220000	磷酸一钠及磷酸二钠
13	2835240000	钾的磷酸盐
14	2835259000	其他正磷酸氢钙(磷酸二钙)
15	2835260000	其他磷酸钙
16	2835291000	磷酸三钠
17	2835299000	其他磷酸盐
18	2835391900	其他六偏磷酸钠
19	2835399000	其他多磷酸盐
20	2839110000	偏硅酸钠
21	2840110000	无水四硼酸钠
22	29031500001	按13%征税的1,2-二氯乙烷(ISO)
23	29031500002	按17%征税的1,2-二氯乙烷(ISO)
24	29036990401	按13%征税的稗草烯
25	29036990402	按17%征税的稗草烯
26	29049030001	按13%征税的氯化苦
27	29049030002	按17%征税的氯化苦
28	29049090111	按13%征税的氯硝丙烷
29	29049090112	按17%征税的氯硝丙烷
30	29049090121	按13%征税的四氯硝基苯
31	29049090122	按17%征税的四氯硝基苯
32	29049090131	按13%征税的五氯硝基苯
33	29049090132	按17%征税的五氯硝基苯
34	29071990111	按13%征税的邻苯基苯酚及其盐
35	29071990112	按17%征税的邻苯基苯酚及其盐
36	29071990121	按13%征税的邻烯丙基苯酚及盐

序号	商品编码	商品名称
37	29071990122	按17%征税的邻烯丙基苯酚及盐
38	29072990101	按13%征税的毒菌酚
39	29072990102	按17%征税的毒菌酚
40	29081990211	按13%征税的格螨酯
41	29081990212	按17%征税的格螨酯
42	29081990221	按13%征税的双氯酚
43	29081990222	按17%征税的双氯酚
44	29081990231	按13%征税的五氯酚钠
45	29081990232	按17%征税的五氯酚钠
46	29089910901	按13%征税的对硝基苯酚钠
47	29089910902	按17%征税的对硝基苯酚钠
48	29089990211	按13%征税的芬螨酯
49	29089990212	按17%征税的芬螨酯
50	29089990221	按13%征税的消螨酚
51	29089990222	按17%征税的消螨酚
52	29089990231	按13%征税的戊硝酚
53	29089990232	按17%征税的戊硝酚
54	29089990241	按13%征税的特乐酚
55	29089990242	按17%征税的特乐酚
56	29093000111	按13%征税的甲氧滴滴涕、除草醚
57	29093000112	按17%征税的甲氧滴滴涕、除草醚
58	29143990121	按13%征税的鼠完
59	29143990122	按17%征税的鼠完
60	29147000111	按13%征税的氯鼠酮
61	29147000112	按17%征税的氯鼠酮
62	29147000121	按13%征税的二氯萘醌
63	29147000122	按17%征税的二氯萘醌
64	29147000131	按13%征税的四氯对醌
65	29147000132	按17%征税的四氯对醌
66	29147000141	按13%征税的六氯丙酮
67	29147000142	按17%征税的六氯丙酮
68	29153900141	按13%征税的灭螨醌
69	29153900142	按17%征税的灭螨醌
70	2915400010	一氯醋酸钠
71	29159000111	按13%征税的茅草枯
72	29159000112	按17%征税的茅草枯
73	29159000121	按13%征税的抑草蓬
74	29159000122	按17%征税的抑草蓬
75	29163100201	按13%征税的2-(乙酰氧基)苯甲酸
76	29163100202	按17%征税的2-(乙酰氧基)苯甲酸
77	29163600001	按13%征税的乐杀螨(ISO)
78	29163600002	按17%征税的乐杀螨(ISO)
79	29163990131	按13%征税的5-硝基邻甲氧基苯酸钠
80	29163990132	按17%征税的5-硝基邻甲氧基苯酸钠
81	29163990151	按13%征税的三碘苯甲酸
82	29163990152	按17%征税的三碘苯甲酸
83	29171900101	按13%征税的驱虫特
84	29171900102	按17%征税的驱虫特
85	29172090101	按13%征税的驱蚊灵
86	29172090102	按17%征税的驱蚊灵
87	29173410101	按13%征税的驱蚊叮
88	29173410102	按17%征税的驱蚊叮
89	29181990411	按13%征税的丙酯杀螨醇
90	29181990412	按17%征税的丙酯杀螨醇
91	29199000331	按13%征税的巴毒磷、杀虫畏
92	29199000332	按17%征税的巴毒磷、杀虫畏
93	29199000341	按13%征税的毒虫畏、甲基毒虫畏
94	29199000342	按17%征税的毒虫畏、甲基毒虫畏
95	29199000351	按13%征税的庚烯磷、特普
96	29199000352	按17%征税的庚烯磷、特普
97	29199000371	按13%征税的氯瘟磷、伐草磷
98	29199000372	按17%征税的氯瘟磷、伐草磷

序号	商品编码	商品名称
99	29201900121	按13%征税的氯氧磷、虫螨畏
100	29201900122	按17%征税的氯氧磷、虫螨畏
101	29201900171	按13%征税的碘硫磷、苯稻瘟净
102	29201900172	按17%征税的碘硫磷、苯稻瘟净
103	29209090111	按13%征税的硫丹
104	29209090112	按17%征税的硫丹
105	29209090121	按13%征税的治螟磷
106	29209090122	按17%征税的治螟磷
107	29209090131	按13%征税的消螨通
108	29209090132	按17%征税的消螨通
109	29209090151	按13%征税的浸种磷
110	29209090152	按17%征税的浸种磷
111	29209090161	按13%征税的赛松
112	29209090162	按17%征税的赛松
113	29211990311	按13%征税的2-氨基丁烷
114	29211990312	按17%征税的2-氨基丁烷
115	29211990321	按13%征税的二氯丙烯胺
116	29211990322	按17%征税的二氯丙烯胺
117	29214300311	按13%征税的溴鼠胺
118	29214300312	按17%征税的溴鼠胺
119	29224999131	按13%征税的兹克威、灭害威、除害威
120	29224999132	按17%征税的兹克威、灭害威、除害威
121	29241990121	按13%征税的百治磷
122	29241990122	按17%征税的百治磷
123	29241990131	按13%征税的溴乙酰胺
124	29241990132	按17%征税的溴乙酰胺
125	29241990151	按13%征税的叶枯炔
126	29241990152	按17%征税的叶枯炔
127	29310000411	按13%征税的草甘膦
128	29310000412	按17%征税的草甘膦
129	2932999021	紫杉醇

序号	商品编码	商品名称
130	3601000010	模压的胶质推进剂
131	3601000020	含硝化粘接剂及铝粉＞5%的推进剂
132	3601000090	其他发射药
133	3602001010	符合特定标准的硝铵炸药〔硝胺类物质超过2%，或密度＞1.8g/cm^3、爆速＞8000m/s〕
134	3602001090	其他硝铵炸药，但发射药除外
135	3602009010	符合特定标准的其他配制炸药〔含六硝基芪＞2%，或密度＞1.8g/cm^3、爆速＞8000m/s〕
136	3602009090	其他配制炸药，但发射药除外
137	3603000010	爆炸桥
138	3603000020	爆炸桥丝
139	3603000030	冲击片
140	3603000040	爆炸箔起爆器
141	3603000050	使用单个或多个雷管的装置〔由单一点火信号同时起爆，不包括仅使用起药的雷管〕
142	3603000060	炸药雷管点火装置〔用于引爆上述品目3603各子目列名的爆炸配件的雷管〕
143	3603000090	其他安全导火索导爆索等引爆器件〔包括火帽或雷管、引爆器、电雷管〕
144	3605000000	火柴，但品目3604的烟火制品除外
145	3606100000	打火机等用液体或液化气体燃料〔其包装容器的容积≤300立方厘米〕
146	3606901100	已切成形可直接使用的铈铁〔包括其他引火合金〕
147	3606901900	未切成形不可直接使用的铈铁〔包括其他引火合金〕
148	3606909000	其他易燃材料制品〔本章注释二所述的〕
149	3801100010	核级石墨〔纯度高于百万分之五硼当量，密度大于1.50g/cm^3〕
150	3801100020	人造细晶粒整体石墨〔20℃下的密度、拉伸断裂应变、热膨胀系数符合特殊要求〕
151	3801100090	其他人造石墨
152	3801200000	胶态或半胶态石墨
153	3801300000	电极用碳糊及炉衬用的类似糊
154	3801900000	其他以石墨或其他碳为基料的制品〔呈糊状、块状、板状的制品（包括半制品）〕
155	3803000000	妥尔油，不论是否精炼

序号	商品编码	商品名称
156	3804000010	未经浓缩、脱糖或经过化学处理的木浆残余碱液（妥尔油除外）
157	3804000090	经浓缩、脱糖或经过化学处理的木浆残余碱液，包括木素磺酸盐（妥尔油除外）
158	3805901000	以α萜品醇为基本成分的松油
159	3806102000	树脂酸
160	3806300000	酯胶
161	3806900010	歧化松香及松香衍生物
162	3806900090	其他松香及树脂酸衍生物（包括松香精及松香油；再熔胶）
163	3807000000	木焦油木杂酚油粗木精植物沥青等（包括以松香、树脂酸植物沥青为基料的啤酒桶沥青及类似）
164	3809100000	以淀粉为基料的纺织等工业用制剂（纺织、造纸、制革等工业用整理剂、固色剂及其他制剂）
165	3809910000	纺织工业用其他未列名产品和制剂（包括整理剂、染料加速着色或固色助剂及其他制剂）
166	3809920000	造纸工业用其他未列名产品和制剂（包括整理剂、染料加速着色或固色助剂及其他制剂）
167	3809930000	制革工业用其他未列名产品和制剂（包括整理剂、染料加速着色或固色助剂及其他制剂）
168	3810900000	焊接用的焊剂及其他辅助剂等（包括作焊条芯子或焊条涂料用的制品）
169	3811110000	以铅化合物为基本成分的抗震剂
170	3811190000	其他抗震剂
171	3811210000	含有石油的润滑油添加剂（包括含有从沥青矿物提取的油类的润滑油添加剂）
172	3811290000	不含石油的润滑油添加剂
173	3811900000	其他矿物油用的配制添加剂（抗氧剂、防胶剂、粘度改良剂、防腐剂及其他配制添加剂）
174	3813001000	灭火器的装配药
175	3813002000	已装药的灭火弹
176	3814000000	有机复合溶剂及稀释剂，除漆剂（指其他编号未列名的）
177	3815110000	以镍为活性物的载体催化剂（包括以镍化合物为活性物的）
178	3815120010	载铂催化剂（为了从重水中回收氚或为了生产重水而专门设计或制备，用于加速氢和水之间的氢同位素交换反应）
179	3815120090	其他以贵金属为活性物的载体催化剂
180	3815190000	其他载体催化剂
181	3815900000	其他未列名的反应引发剂、促进剂（包括反应催化剂）
182	3816000000	耐火水泥、灰泥及类似耐火材料（耐火混凝土及类似耐火混合制品，但品目3801的产品除外）
183	3817000000	混合烷基苯和混合烷基萘（品目2707及2902的货品除外）
184	3819000000	闸用液压油及其他液压传动用液体（按重量计石油或从矿物提取的油类含量低于70%）
185	3820000000	防冻剂及解冻剂
186	3821000000	制成的供微生物（包括病毒及类似品）生长或维持用培养基（及制成的供植物、人体或动物细胞生长或维持用的培养基）
187	3822001000	附于衬背上的诊断或实验用试剂（包括不论是否附于衬背上的诊断或实验用配制试剂）
188	3822009000	其他诊断或实验用配制试剂
189	3823120000	油酸
190	3823130000	妥尔油脂肪酸
191	3823190001	植物酸性油（酸性油仅指精炼所得的）
192	3823190090	其他工业用单羧脂肪酸、酸性油（酸性油仅指精炼所得的）
193	3823700000	工业用脂肪醇
194	3824409000	其他水泥、灰泥及混凝土用添加剂
195	3824500000	非耐火的灰泥及混凝土
196	3824600000	子目号290544以外的山梨醇
197	3824710011	二氯二氟甲烷和二氟乙烷的混合物（R-500）
198	3824710012	一氯二氟甲烷和二氯二氟甲烷的混合物（R-501）
199	3824710013	一氯二氟甲烷和一氯五氟乙烷的混合物（R-502）
200	3824710014	三氟甲烷和一氯三氟甲烷的混合物（R-503）
201	3824710015	二氟甲烷和一氯五氟乙烷的混合物（R-504）
202	3824710016	二氯二氟甲烷和一氟一氯甲烷的混合物（R-505）
203	3824710017	一氟一氯甲烷和二氯四氟乙烷的混合物（R-506）
204	3824710018	二氯二氟甲烷和二氯四氟乙烷的混合物（R-400）

序号	商品编码	商品名称
205	3824710090	其他含甲烷、乙烷或丙烷的全氯氟烃(CFCs)混合物〔不论是否含甲烷、乙烷或丙烷的氢氯氟烃(HCFCs)、全氟烃(PFCs)或氢氟烃(HFCs)〕
206	3824720000	含溴氯二氟甲烷、溴三氟甲烷或二溴四氟乙烷的混合物
207	3824730000	含甲烷、乙烷或丙烷的氢溴氟烃(HBFCs)的混合物
208	3824740011	二氟一氯甲烷、二氟乙烷和一氯四氟乙烷的混合物〔R-401〕
209	3824740012	五氟乙烷、丙烷和二氟一氯甲烷的混合物〔R402〕
210	3824740013	丙烷、二氟一氯甲烷和八氟丙烷的混合物〔R403〕
211	3824740014	二氟一氯甲烷、二氟乙烷、一氯二氟乙烷和八氟环丁烷的混合物〔R405〕
212	3824740015	二氟一氯甲烷、2-甲基丙烷（异丁烷）和一氯二氟乙烷的混合物〔R406〕
213	3824740016	五氟乙烷、三氟乙烷和二氟一氯甲烷的混合物〔R408〕
214	3824740017	二氟一氯甲烷、一氯四氟乙烷和一氯二氟乙烷的混合物〔R409〕
215	3824740018	丙烯、二氟一氯甲烷和二氟乙烷的混合物〔R411〕
216	3824740019	二氟一氯甲烷、八氟丙烷和一氯二氟乙烷的混合物〔R412〕
217	3824740021	二氟一氯甲烷、一氯四氟乙烷、一氯二氟乙烷和2-甲基丙烷的混合物〔R414〕
218	3824740022	二氟一氯甲烷和二氟乙烷的混合物〔R415〕
219	3824740023	四氟乙烷、一氯四氟乙烷和丁烷的混合物〔R416〕
220	3824740024	丙烷、二氟一氯甲烷和二氟乙烷的混合物〔R418〕
221	3824740025	二氟一氯甲烷和八氟丙烷的混合物〔R509〕
222	3824740026	二氟一氯甲烷和一氯二氟乙烷的混合物
223	3824740090	其他含甲烷、乙烷或丙烷的氢氯氟烃混合物〔不论是否含甲烷、乙烷或丙烷的全氟烃或氢氟烃,但不含全氯氟烃〕
224	3824750000	含四氯化碳的混合物
225	3824760000	含1,1,1-三氯乙烷(甲基氯仿)的混合物
226	3824770000	含溴化甲烷(甲基溴)或溴氯甲烷的混合物
227	3824790000	其他含甲烷、乙烷或丙烷的卤化衍生物的混合物
228	3824810000	含环氧乙烷(氧化乙烯)的混合物
229	3824820000	含多氯联苯(PCBs)、多氯三联苯(PCTs)或多溴联苯(PBBs)的混合物
230	3824830000	含三(2,3-二溴丙基)磷酸酯的混合物
231	3824901000	杂醇油
232	3824902000	除墨剂、蜡纸改正液及类似品
233	3824903000	增炭剂
234	3824909901	高钛渣〔二氧化钛质量百分含量>70%的〕
235	3824909920	混胺〔二甲胺和三乙胺混合物的水溶液〕
236	3912110090	初级形状的未塑化醋酸纤维素〔未塑化二醋酸纤维素和未塑化三醋酸纤维素除外〕
237	3912120000	初级形状的已塑化醋酸纤维素
238	3912200000	初级形状的硝酸纤维素〔包括棉胶〕
239	3912310000	初级形状的羧甲基纤维素及其盐
240	3912390000	初级形状的其他纤维素醚
241	3912900000	初级形状的其他未列名的纤维素〔包括化学衍生物〕
242	3913100000	初级形状的藻酸及盐和酯
243	3915100000	乙烯聚合物的废碎料及下脚料
244	3915200000	苯乙烯聚合物的废碎料及下脚料
245	3915300000	氯乙烯聚合物的废碎料及下脚料
246	3915901000	聚对苯二甲酸乙二酯废碎料及下脚料
247	3915909000	其他塑料的废碎料及下脚料
248	4002199090	其他丁苯橡胶及羧基丁苯橡胶板,片,带〔4002199001项下的除外〕
249	4002209000	丁二烯橡胶板、片、带
250	4002319000	异丁烯-异戊二烯橡胶板,片,带
251	4002399000	卤代丁基橡胶板、片、带
252	4002499000	氯丁二烯橡胶板、片、带
253	4002599000	丁腈橡胶板、片、带
254	4002609000	异戊二烯橡胶板、片、带
255	4002709000	乙丙非共轭二烯橡胶板、片、带
256	4002800000	天然橡胶与合成橡胶的混合物
257	4002910000	本税号其他未列名的胶乳

序号	商品编码	商品名称
258	4002991900	其他合成橡胶板、片、带〔胶乳除外〕
259	4002999000	从油类提取的油膏
260	4004000010	废轮胎及其切块
261	4004000020	硫化橡胶废碎料、下脚料及其粉、粒〔硬质橡胶的除外〕
262	4004000090	未硫化橡胶废碎料、下脚料及其粉、粒
263	4005100000	与碳黑等混合的未硫化复合橡胶〔包括与硅石混合,初级形状或板,片带〕
264	4005200000	未硫化的复合橡胶溶液及分散体〔分散体指子目400510以外的〕
265	4005910000	其他未硫化的复合橡胶板、片、带
266	4005990000	其他未硫化的初级形状复合橡胶
267	4006100000	未硫化轮胎翻新用胎面补料胎条
268	4006901000	未硫化橡胶的杆,管,型材及异型材〔初级形状或板、片、带以外形状〕
269	4006902000	未硫化橡胶制品〔盘、环等〕
270	7001000010	废碎玻璃
271	7001000090	玻璃块料
272	7002100000	未加工的玻璃球〔品目7018的微型玻璃球除外〕
273	7002209000	其他未加工的玻璃棒
274	7002319000	熔凝石英或熔凝硅石制其他玻璃管
275	7003120000	铸、轧制着色的非夹丝玻璃板、片〔不透明,镶色或有吸收反射或非反射层的,未经其他加工〕
276	7003190090	铸、轧制的其他非夹丝玻璃板、片〔未着色,透明及不具吸收层的,未经其他加工〕
277	7003200000	铸、轧制的夹丝玻璃板、片〔未经其他加工〕
278	7003300000	铸、轧制的玻璃型材及异型材〔未经其他加工〕
279	7004200000	拉、吹制的着色玻璃板、片〔不透明,镶色或有吸收或非反射层的,未经其他加工〕
280	7004900001	光学平板玻璃,厚度0.7mm以下〔未着色,透明及不具吸收层的,未经其他加工〕
281	7004900090	拉、吹制的其他玻璃板、片〔未着色,透明及不具吸收层的,未经其他加工〕
282	7005100000	有吸收层非夹丝浮法或抛光玻璃板〔包括有反射或非反射层的玻璃板、片〕
283	7005210000	其他着色非夹丝浮法玻璃板、片〔整块着色,不透明,镶色或仅表面研磨的〕
284	7005290001	浮法玻璃〔气泡,杂质的大小≤30微米〕
285	7005290090	其他非夹丝浮法玻璃板、片
286	7005300000	夹丝浮法玻璃板、片〔包括表面研磨或抛光的,不论是否有吸收或反射层〕
287	7011100000	电灯用未封口玻璃外壳及玻璃零件〔未装有配件〕
288	7011909000	其他类似品用未封口玻璃外壳零件〔未装有配件〕
289	7015901000	钟表玻璃〔未经光学加工的〕
290	7015909000	品目7015的其他未经光学加工玻璃
291	7020001200	绝缘子用玻璃伞盘
292	7020001901	半导体晶片生产用石英反应管及夹持器〔用于插入熔化和氧化炉内〕
293	7020001990	其他工业用玻璃制品
294	7020009901	石英玻璃,平整度小于等于1微米
295	7020009990	其他非工业用玻璃制品
296	7106101100	平均粒径<3微米非片状银粉
297	7106101900	平均粒径≥3微米的非片状银粉
298	7106102100	平均粒径<10微米片状银粉
299	7106102900	平均粒径≥10微米的片状银粉
300	7208100000	轧有花纹的热轧卷材〔除热轧外未进一步加工的〕
301	7208250000	厚≥4.75mm其他经酸洗的热轧卷材〔除热轧外未进一步加工,宽≥600mm,未包、镀、涂层〕
302	7208261000	4.75mm>厚≥3mm其他大强度热轧卷材〔经酸洗,宽≥600mm,屈服强度大于355牛顿/平方毫米〕
303	7208269000	其他4.75mm>厚≥3mm热轧卷材〔经酸洗,宽≥600mm,屈服强度小于等于355牛顿/平方毫米〕
304	7208271000	厚度<1.5mm其他的热轧卷材〔经酸洗,宽≥600mm,未包、镀、涂层〕
305	7208279000	1.5mm≤厚<3mm其他的热轧卷材〔经酸洗,宽≥600mm,未包、镀、涂层〕
306	7208360000	厚度>10mm的其他热轧卷材〔除热轧外未进一步加工,宽≥600mm,未包、镀、涂层〕
307	7208370000	10mm≥厚≥4.75mm的其他热轧卷材〔除热轧外未进一步加工,宽≥600mm,未包、镀、涂层〕

序号	商品编码	商品名称
308	7208381000	4.75mm>厚度≥3mm的大强度卷材〔宽≥600mm,屈服强度大于355牛顿/平方毫米〕
309	7208389000	其他4.75mm>厚度≥3mm的卷材〔宽≥600mm,屈服强度小于等于355牛顿/平方毫米〕
310	7208391000	厚度<1.5mm的其他热轧卷材〔除热轧外未进一步加工宽≥600mm,未包、镀、涂层〕
311	7208399000	1.5mm≤厚<3mm的其他热轧卷材〔除热轧外未进一步加工宽≥600mm,未包、镀、涂层〕
312	7208400000	轧有花纹的热轧非卷材〔除热轧外未进一步加工,宽≥600mm,未包、镀、涂层〕
313	7208511000	厚度>50mm的其他热轧非卷材〔宽≥600mm,未包、镀,涂层〕
314	7208512000	20mm<厚≤50mm的其他热轧非卷材〔宽≥600mm,未包、镀,涂层〕
315	7208519000	10mm<厚≤20mm的其他热轧非卷材〔宽≥600mm,未包、镀,涂层〕
316	7208520000	10mm≥厚度≥4.75mm的热轧非卷材〔除热轧外未进一步加工,宽≥600mm,未包、镀,涂层〕
317	7208531000	4.75mm>厚≥3mm大强度热轧非卷材〔宽≥600mm,屈服强度大于355牛顿/平方毫米〕
318	7208539000	其他4.75mm>厚≥3mm的热轧非卷材〔宽≥600mm,屈服强度小于等于355牛顿/平方毫米〕
319	7208541000	厚<1.5mm的热轧非卷材〔除热轧外未进一步加工,宽≥600mm,未包、镀,涂层〕
320	7208549000	1.5≤厚<3mm的热轧非卷材〔除热轧外未进一步加工,宽≥600mm,未包、镀,涂层〕
321	7208900000	其他热轧铁或非合金钢宽平板轧材〔除热轧外经进一步加工,宽≥600mm,未经包,渡,涂层〕
322	7209151000	厚度≥3mm的大强度冷轧卷材〔宽≥600mm,屈服强度大于355牛顿/平方毫米〕
323	7211130000	未轧花纹的四面轧制的热轧非卷材〔150mm<宽<600mm,厚≥4mm,未包,镀,涂层〕
324	7211140000	厚度≥4.75mm的其他热轧板材〔宽<600mm,未包,镀,涂层〕
325	7211190000	其他热轧铁或非合金钢窄板材〔宽<600mm,未包,镀,涂层〕
326	7211230000	含碳量低于0.25%的冷轧板材〔宽<600mm,未包,镀,涂层〕
327	7211290000	其他冷轧铁或非合金钢窄板材〔宽<600mm,未经包,镀,涂层,含碳量≥0.25%〕
328	7211900000	冷轧的铁或非合金钢其他窄板材〔宽度<600mm,未经包,镀,涂层〕
329	7212100000	镀(涂)锡的铁或非合金钢窄板材〔宽<600mm〕
330	7212200000	电镀锌的铁或非合金钢窄板材〔宽<600mm〕
331	7212300000	其他镀或涂锌的铁窄板材〔包括非合金钢的,宽度<600mm〕
332	7212400000	涂漆或涂塑的铁或非合金钢窄板材〔宽度<600mm〕
333	7212500000	涂镀其他材料的铁或非合金钢窄板材〔宽度<600mm〕
334	7212600000	经包覆的铁或非合金钢窄板材〔宽度<600mm〕
335	7216310000	截面高度≥80mm槽钢〔除热加工外未经进一步加工〕
336	7216321000	截面高度>200mm工字钢〔除热加工外未经进一步加工〕
337	7216329000	80mm≤截面高度≤200mm工字钢〔除热加工外未经进一步加工〕
338	7216331100	截面高度>800mmH型钢〔除热加工外未经进一步加工〕
339	7216331900	200mm<截面高度≤800mmH型钢〔除热加工外未经进一步加工〕
340	7216339000	80mm≤截面高度≤200mmH型钢〔除热加工外未经进一步加工〕
341	7216401000	截面高度≥80mm角钢〔除热加工外未经进一步加工〕
342	7216402000	截面高度≥80mm丁字钢〔除热加工外未经进一步加工〕
343	7216610000	平板轧材制的角材、型材及异型材〔除冷加工外未经进一步加工〕
344	7216690000	冷加工的角材、型材及异型材〔除冷加工外未经进一步加工〕
345	7216910000	其他平板轧材制角材、型材、异型材〔冷成型或冷加工制的〕
346	7228200000	其他硅锰钢的条、杆
347	7229200000	硅锰钢丝
348	7407100000	精炼铜条、杆、型材及异型材
349	7407210000	铜锌合金(黄铜)条、杆、型材及异型材
350	7407290000	其他铜合金条、杆、型材及异型材〔包括白铜或德银的条、杆、型材及异型材〕
351	7408110000	最大截面尺寸>6mm的精炼铜丝
352	7408190000	截面尺寸≤6mm的精炼铜丝
353	7408210000	铜锌合金(黄铜)丝
354	7408220000	铜镍合金(白铜)丝或铜镍锌合金(德银)丝
355	7408290000	其他铜合金丝
356	7412100000	精炼铜管子附件

序号	商品编码	商品名称
357	7412201000	铜镍合金或铜镍锌合金管子配件
358	7412209000	其他铜合金管子配件
359	7413000000	非绝缘的铜丝绞股线、缆、编带等
360	7415100000	铜钉,平头钉,图钉U型钉及类似品〔包括钢铁制带铜头的〕
361	7415210000	铜垫圈(包括弹簧垫圈)
362	7415290000	铜制其他无螺纹制品
363	7415331000	铜制木螺钉〔包括钢铁制带铜头的〕
364	7415339000	铜制其他螺钉螺栓螺母〔包括钢铁制带铜头的〕
365	7415390000	其他铜制螺纹制品
366	7419100000	铜链条及其零件
367	7419911000	工业用铸造,模压,冲压其他铜制品〔未进一步加工〕
368	7419999100	工业用其他铜制品
369	7501201000	镍湿法冶炼中间品
370	7506200000	镍合金板、片、带、箔
371	7507110000	纯镍管
372	7507200000	镍及镍合金管子附件
373	7508101000	镍丝制的布
374	7508108000	工业用镍丝制的网及格栅
375	7508109000	其他镍丝制的网及格栅
376	7508908000	其他工业用镍制品〔镍丝布、网及格栅除外〕
377	7508909000	其他非工业用镍制品〔镍丝布、网及格栅除外〕
378	7804190000	铅及铅合金板〔包括厚度>0.2mm的箔〕
379	7806001000	铅及铅合金条、杆、丝、型材、异型材
380	7806009000	其他铅制品
381	7904000000	锌及锌合金条、杆、型材、丝
382	7905000000	锌板、片、带、箔
383	7907002000	锌管及锌制管子附件〔例如:接头、肘管、管套〕
384	7907003000	电池壳体坯料(锌饼)
385	7907009000	其他锌制品
386	8003000000	锡及锡合金条、杆、型材、丝
387	8007002000	锡板、片及带,厚度超过0.2毫米
388	8007004000	锡管及管子附件〔例如,接头,肘管,管套〕
389	8007009000	其他锡制品
390	8101999000	其他钨制品
391	8102950000	锻轧钼条、杆、型材〔不包括简单烧结的条、杆〕
392	8102990000	钼制品
393	8103909010	钽坩埚〔容积在50ml至2L之间、钽纯度≥98%〕
394	8104901000	锻轧镁
395	8104902090	其他镁制品
396	8105900000	其他钴及制品
397	8106009090	其他铋及铋制品
398	8109900090	其他锻轧锆及锆制品
399	8110900000	其他锑及锑制品
400	8111009000	其他锰及制品
401	8112190000	其他铍及其制品
402	8112290000	其他铬及其制品
403	8112590000	其他铊及其制品
404	8112922001	未锻轧、废碎料或粉末状的钒氮合金
405	8112992001	其他钒氮合金
406	8112992090	其他钒及其制品

国家质量监督检验检疫总局
白酒产品质量监督抽查实施规范

（CCGF 103.1—2010　2010年8月1日实施）

一、范围

本规范适用于白酒产品质量国家监督抽查，针对特殊情况的专项国家监督抽查、省级质量技术监督部门组织的监督抽查可参照执行。本规范内容包括产品分类、术语和定义、生产企业规模划分、检验依据、抽样、检验要求、判定原则、异议处理复检及附则。

注：针对特殊情况的专项国家监督抽查是指应急工作需要而进行的或者由于某种特殊情况（或原因）仅需要对部分项目进行抽样检验的专项监督抽查。

二、产品分类

2.1 产品分类及代码

产品分类及代码见表1 。

表1 产品分类及代码

产品分类	一级分类	二级分类	三级分类
分类代码	1	103	103.1
分类名称	食品	酒类	白酒

2.2 产品种类

2.2.1 按产品的发酵工艺分为：固态法白酒、液态法白酒、固液法白酒。

2.2.2 按产品的酒精度分为：高度酒、低度酒。

2.2.3 按产品的香型分为：浓香型、清香型、米香型、凤香型、豉香型、特香型、芝麻香型、老白干香型、酱香型、兼香型等。

三、术语和定义

下列术语和定义适用于本规范。

3.1 白酒

以粮谷为主要原料，用大曲、小曲或麸曲及酒母等为糖化发酵剂，经蒸煮、糖化、发酵、蒸馏而制成的。

3.2 固态法白酒

以粮谷为原料，采用固态（或半固态）糖化、发酵、蒸馏，经陈酿、勾兑而成的，未添加食用酒精及非白酒发酵产生的呈香呈味物质，具有本品固有风格特征的白酒。

3.3 液态法白酒

以含淀粉、糖类物质为原料，采用液态糖化、发酵、蒸馏所得的基酒（或食用酒精），可用香醅串香或用食品添加剂调味调香，勾调而成的白酒。

3.4 固液法白酒

以固态法白酒（不低于30%）、液态法白酒勾调而成的白酒。

四、企业规模划分

根据白酒产品行业的实际情况，生产企业规模以白酒产品年销售额为标准划分为大、中、小型企业。见表2。

表2 企业规模划分

企业规模	大型企业	中型企业	小型企业
销售额/万元	≥10000	≥2000且＜10000	＜2000

五、检验依据

下列文件凡是注明日期的，其随后所有的修改单或修订版均不适用于本规范。凡是不注明日期的，其最新版本适用于本规范。

GB 2757　蒸馏酒及配制酒卫生标准
GB 2760　食品添加剂使用卫生标准
GB/T 5009.28　食品中糖精钠的分析方法
GB/T 5009.48　蒸馏酒及配制酒卫生标准的分析方法
GB/T 5009.140　饮料中乙酰磺胺酸钾的测定
GB/T 10345　白酒分析方法
GB/T 10346　白酒检验规则和标志、包装、运输、贮存
GB/T 10781.1　浓香型白酒
GB/T 10781.2　清香型白酒
GB/T 10781.3　米香型白酒
GB/T 14867　凤香型白酒
GB/T 16289　豉香型白酒
GB 18356　茅台酒
GB/T 20821　液态法白酒
GB/T 20822　固液法白酒
GB/T 20823　特香型白酒
GB/T 20824　芝麻香型白酒
GB/T 20825　老白干香型白酒
GB/T 23495　食品中苯甲酸、山梨酸和糖精钠的测定高效液相色谱法
GB/T 23547　浓酱兼香型白酒
相关的法律法规、部门规章和规定
经备案现行有效的企业标准及产品明示质量要求

六、抽样

6.1 抽样型号或规格

预包装或称量销售产品。

6.2 抽样方法、基数及数量

在企业的成品库内或流通领域随机抽取经企业检验合格或以任何方式表明合格的产品，所抽取产品的保质期应能满足检验工作的进行。

在企业成品库抽样时，同一批次产品抽样基数应不少于30瓶，称量销售产品不少于20L。从同一批次样品堆的4个不同部位随机抽取4个或4个以上的大包装，分别取出相应的小包装样品。对称量销售白酒应考虑所抽样品的均匀性和代表性，从贮酒罐的上、中、下不同部位取样、混匀，分装成小包装。抽取样品量至少为2000 mL，且不少于4个包装单位。

在流通领域抽样时，抽样基数应不少于抽取样品量，抽取样品量要求与企业成品库抽样时相同。

所抽取样品中3/4为检验样品，1/4为备用样品。备用样品封存在检验机构。

注：在本规范的规定中，检验机构在检验过程中对检验结果进行复验所采用的样品，应是抽取的检验样品，不能采用备用样品。备用样品仅是指被抽查企业或者经过确认了样品的生产企业对检验结果提出异议，需要对不合格项目进行复检时采用的样品。

6.3 样品处置

应当对检验样品和备用样品进行签封。运输时应避免强烈振荡、日晒、雨淋、装卸时应轻拿轻放、不得与有毒、有害、有腐蚀性物品和污染物混贮、混运。白酒应贮存在阴凉、干燥、通风的库房中。

6.4 抽样单

应按有关规定填写抽样单，并记录被抽查产品及企业相关信息。同时记录被抽查企业上一年度生产的白酒产品销售总额，以万元计；若企业上一年未生产，则记录本年度实际销售额，并加以注明。

七、检验要求

7.1检验项目及重要程度分类

检验项目及重要程度分类见表3。

表3 检验项目及重要程度分类

序号	检验项目	依据标准法或标准	强制性/推荐性	检测方法	重要程度及不合格程度分类	
					A类[a]	B类[b]
1	酒精度	GB/T10781.1 GB/T10781.2 GB/T10781.3 产品明示质量要求	推荐性	GB/T 10345		●

序号	检验项目	依据标准法或标准	强制性/推荐性	检测方法	重要程度及不合格程度分类	
					A类[a]	B类[b]
2	总酸	GB/T10781.1 GB/T10781.2 GB/T10781.3 产品明示质量要求	推荐性	GB/T 10345		●
3	总酯					●
4	乙酸乙酯					●
5	己酸乙酯					●
6	固形物					●
7	甲醇	GB 2757	强制性	GB/T 5009.48	●	
8	铅				●	
9	锰				●	
10	糖精钠	GB 2760	强制性	GB/T 5009.28 GB/T23495		●
11	乙酰磺胺酸钾（安赛蜜）	GB 2760	强制性	GB/T5009.140		●

[a] 极重要质量项目 [b] 重要质量项目

注：极重要质量项目是指直接涉及人体健康、使用安全的指标；重要质量项目是指产品涉及环保、能效、关键性能或特征值的指标。

7.2 检验应注意的问题

7.2.1 检验机构接收样品应当有专人负责检查、记录样品的外观、状态、封条有无破损及其他可能对检测结果或者综合判定产生影响的情况，并确认样品与抽样单的记录是否相符，对检测和备用样品分别加贴相应标识后入库。

7.2.2 若被检产品明示的质量要求高于本规范中检验项目依据的标准要求时，应按被检产品明示的质量要求判定。若被检产品明示的质量要求低于本规范中检验项目依据的国家或行业强制性标准要求时，应按国家或行业强制性标准要求判定。若被检产品明示的质量要求缺少本规范中的检验项目（主要是产品通用重要特征值）时，应按本规范中检验项目依据的标准要求进行检验并判定。

7.2.3当同一检验项目存在多种检测方法时，应优先采用表3的“依据法律法规或标准”中所指定的检测方法。

八、判定原则

经检验，所检项目全部合格，判定为被抽查产品合格；所检项目中任一项或一项以上不合格，判定为被抽查产品不合格c，当产品存在A类项目不合格时，属于严重不合格；当产品仅有B类项目不合格时，属于一般不合格。

注c：若产品标签上标注为“优级”品，总酸、总酯、己酸乙酯、乙酸乙酯有一项不符合“优级”，但符合“一级”指标要求，可单项判定为不合格，综合判定结论为：经检验，所检项目符合一级品规定的要求，判定为被抽查产品合格。

九、异议处理和复检

对判定不合格产品进行复检时，按以下方式进行：

9.1核查不合格项目相关证据，能够以记录（纸质记录或电子记录或影像记录）或与不合格项目相关联的其它质量数据等检验证据证明。

9.2 需对不合格项目的复检时，采用备用样检验。当复检结果仍不合格，维持原检验结果不变。当复检结果合格，以复检结果为准。

9.3 不进行复检的情况：

9.3.1.被检方提出复检时，产品在复检有效期内于正常贮存条件下已变质的；

9.3.2. 法律、法规规定不得复检的其它情况。

十、附则

本规范代替CCGF 103.1—2008版。

本规范编写单位：国家食品质量监督检验中心（尹建军）、国家酒类及饮料质量监督检验中心（寻思颖）、国家农副加工食品质量监督检验中心（邵栋梁）、国家果蔬产品及加工食品质量监督检验中心（黄奔）。

本规范由国家质量监督检验检疫总局产品质量监督司管理。

国家质量监督检验检疫总局 啤酒产品质量监督抽查实施规范

（CCGF 103.2—2010　2010年8月1日实施）

一、范围

本规范适用于啤酒产品质量国家监督抽查，针对特殊情况的专项国家监督抽查、省级质量技术监督部门组织的监督抽查可参照执行。监督抽查产品范围包括淡色啤酒、浓色啤酒、黑色啤酒。本规范内容包括产品分类、术语和定义、生产企业规模划分、检验依据、抽样、检验要求、判定原则、异议处理复检及附则。

注：针对特殊情况的专项国家监督抽查是指应急工作需要而进行的或者由于某种特殊情况（或原因）仅需要对部分项目进行抽样检验的专项监督抽查。

二、产品分类

2.1 产品分类及代码

产品分类及代码见表1 。

表1 产品分类及代码

产品分类	一级分类	二级分类	三级分类
分类代码	1	103	103.2
分类名称	食品	酒类	啤酒

2.2 产品种类

啤酒按色度分为：淡色啤酒、浓色啤酒、黑色啤酒。按加工工艺分为熟啤酒、生啤酒、鲜啤酒和特种啤酒。特种啤酒主要包括干啤酒、冰啤酒、低醇啤酒、无醇啤酒、小麦啤酒、浑浊啤酒、果蔬类啤酒（包括果蔬汁型和果蔬味型）。

三、术语和定义

下列术语和定义适用于本规范。

3.1 淡色啤酒

色度2EBC～14EBC的啤酒。

3.2 浓色啤酒

色度15EBC～40EBC的啤酒。

3.3 黑色啤酒

色度大于等于41EBC的啤酒。

3.4 熟啤酒

经过巴氏灭菌或瞬时高温灭菌的啤酒。

3.5 生啤酒

不经巴氏灭菌或瞬时高温灭菌，而采用其他物理方法除菌，达到一定生物稳定性的啤酒。

3.6 鲜啤酒

不经巴氏灭菌或瞬时高温灭菌，成品中允许含有一定量活酵母菌，达到一定生物稳定性的啤酒。

3.7 特种啤酒

由于原辅材料、工艺改变，使之具有特殊风格的啤酒。

3.7.1 干啤酒

真正（实际）发酵度不低于72%，口味干爽的啤酒。除特征性外，其他要求应符合相应类型啤酒的规定。

3.7.2 冰啤酒

经冰晶化工艺处理，浊度小于等于0.8EBC的啤酒。除特征性外，其他要求应符合相应类型啤酒的规定。

3.7.3 低醇啤酒

酒精度为0.6% vol～2.5% vol的啤酒，除特征性外，其他要求应符合相应类型啤酒的规定。

3.7.4 无醇啤酒（脱醇啤酒）

酒精度小于等于0.5%（vol），原麦汁浓度大于等于3.0° P的啤酒。除特征性外，其他要求应符合相应类型啤酒的规定。

3.7.5 小麦啤酒

以小麦芽（占麦芽的40%以上）、水为主要原料酿制，具有小麦麦芽经酿造所产生的特殊香气的啤酒。除特征性外，其他要求应符合相应类型啤酒的规定。

3.7.6 浑浊啤酒

在成品中含有一定量酵母菌或显示特殊风味的胶体物质，浊度大于等于2.0EBC的啤酒。除特征性外，其他要求应符合相应类型啤酒的规定。

3.7.7 果蔬类啤酒

3.7.7.1 果蔬汁型

添加一定量的果蔬汁，并具有其特征性理化指标和风味，并保持啤酒基本口味。除特征性外，其他要求应符合相应类型啤酒的规定。

3.7.7.2 果蔬味型

在保持啤酒基本口味的基础上，添加少量的食用香精，具有相应的果蔬风味。除特征性外，其他要求应符合相应类型啤酒的规定。

3.8 柏拉图度

原麦汁浓度的一种国际通用表示单位，符号为° P，即表示100克麦芽汁中含有浸出物的克数。

3.9 冰晶化

将啤酒经过专用的冷冻设备进行超冷冻处理，形成细小冰晶的再加工过程。

四、企业规模划分

根据啤酒产品行业的实际情况，生产企业规模以啤酒产品年销售额为标准划分为大、中、小型企业。见表2。

表2 企业规模划分

企业规模	大型企业	中型企业	小型企业
销售额/万元	≥40000	≥10000且＜40000	＜10000

五、检验依据

下列文件凡是注明日期的，其随后所有的修改单或修订版均不适用于本规范。凡是不注明日期的，其最新版本适用于本规范。

GB 2758　发酵酒卫生标准

GB 4544　啤酒瓶

GB/T 4789.25　食品卫生微生物学检验酒类检验

GB 4927　啤酒

GB/T 4928　啤酒分析方法

GB 5009.12　食品安全国家标准　食品中铅的测定

GB/T 5009.49　发酵酒卫生标准的分析方法

相关的法律法规、部门规章和规定

经备案现行有效的企业标准及产品明示质量要求

六、抽样

6.1 抽样型号或规格

优先抽取瓶装或听装的啤酒。根据实际情况，可抽取桶装及其他规格型号的各种啤酒。

6.2 抽样方法、基数及数量

在企业的成品库内或流通领域随机抽取经企业检验合格或以任何方式表明合格的产品，所抽取产品的保质期应能满足检验工作的进行。

在企业成品库抽样时，同一批次产品抽样基数应不少于50箱（桶），从同一批次样品堆的4个不同部位随机抽取4个或4个以上的大包装，分别取出相应的小包装样品。瓶（听）装啤酒抽取样品量至少为7000mL，且不少于12个单位包装；桶装啤酒抽样数量不得少于3桶（净含量应≥15L）。

在流通领域抽样时，抽样基数应不少于抽取样品量，抽取样品量要求与企业成品库抽样时相同。

所抽取样品中2/3为检验样品，1/3为备用样品。备用样品封存在检验机构。

注：在本规范的规定中，检验机构在检验过程中对检验结果进行复验所采用的样品，应是抽取的检验样品，不能采用备用样品。备用样品仅是指被抽查企业或者经过确认了样品的生产企业对检验结果提出异议，需要对不合格项目进行复检时采用的样品。

6.3 样品处置

应当对检验样品和备用样品进行签封。啤酒不得与有毒、有害、有腐蚀性、易挥发或有异味的物品混装、混贮、混运。啤酒宜在5℃～25℃下运输和贮存，否则应采取相应的防护措施。

6.4 抽样单

应按有关规定填写抽样单，并记录被抽查产品及企业相关信息。同时记录被抽查企业上一年度生产的啤酒产品销售总额，以万元计；若企业上一年未生产，则记录本年度实际销售额，并加以注明。

七、检验要求

7.1 检验项目及重要程度分类

检验项目及重要程度分类见表3。

表3 检验项目及重要程度分类

序号	检验项目	依据标准法规或标准	强制性/推荐性	检测方法	重要程度及不合格程度分类	
					A类[a]	B类[b]
1	酒精度	GB 4927	强制性	GB/T 4928		●
2	原麦汁浓度					●
3	二氧化碳[c]					●
4	双乙酰					●
5	甲醛	GB 2758	强制性	GB/T 5009.49		●
6	菌落总数			GB/T 4789.25		●
7	大肠菌群					●
8	肠道致病菌（沙门菌、志贺菌、金黄色葡萄球菌）				●	
9	铅			GB 5009.12	●	
10	蔗糖转化酶活性（生、鲜啤酒）	GB 4927	强制性	GB/T 4928		●
11	特种啤酒的特征性指标					●
12	警示语标注	GB 4927	强制性	检查是否标注“切勿撞击，防止爆瓶”		●
13	包装	GB 4544 GB 4927	强制性	检查是否有B字瓶标记；检查是否用绳捆扎瓶装啤酒出售	●	

[a] 极重要质量项目
[b] 重要质量项目
[c] 桶装啤酒不检二氧化碳

注：极重要质量项目是指直接涉及人体健康、使用安全的指标；重要质量项目是指产品涉及环保、能效、关键性能或特征值的指标。

7.2 检验应注意的问题

7.2.1 检验机构接收样品应当有专人负责检查、记录样品的外观、状态、封条有无破损及其他可能对检测结果或者综合判定产生影响的情况，并确认样品与抽样单的记录是否相符，对检测和备用样品分别加贴相应标识后入库。

7.2.2 若被检产品明示的质量要求高于本规范中检验项目依据的标准要求时，应按被检产品明示的质量要求判定。若被检产品明示的质量要求低于本规范中检验项目依据的国家或行业强制性标准要求时，应按国家或行业强制性标准要求判定。若被检产品明示的质量要求缺少本规范中的检验项目（主要是产品通用重要特征值）时，应按本规范中检验项目依据的标准要求进行检验并判定。

八、判定原则

经检验，所检项目全部合格，判定为被抽查产品合格；所检项目中任一项或一项以上不合格，判定为被抽查产品不合格，当产品存在A类项目不合格时，属于严重不合格；当产品仅有B类项目不合格时，属于一般不合格。

九、异议处理和复检

对判定不合格产品进行复检时，按以下方式进行：当复检结果仍不合格，维持原检验结果不变。当复检结果合格，以复检结果为准。

9.1核查不合格项目相关证据，能够以记录（纸质记录或电子记录或影像记录）或与不合格项目相关联的其它质量数据等检验证据证明。

9.2 需对不合格项目的复检时，采用备用样检验。当复检结果仍不合格，维持原检验结果不变。当复检结果合格，以复检结果为准。

9.3 不进行复检的情况

9.3.1被检方提出复检时，产品在复检有效期内于正常贮存条件下已变质的；

9.3.2产品微生物检验项目不合格的；

9.3.3法律、法规规定不得复检的其它情况。

十、附则

本规范代替CCGF 103.2—2008版。

本规范编写单位：国家食品质量监督检验中心（尹建军）、国家啤酒及饮料质量监督检验中心（武千钧）。

本规范由国家质量监督检验检疫总局产品质量监督司管理。

国家质量监督检验检疫总局
葡萄酒产品质量监督抽查实施规范

（CCGF 103.4—2010　2010年8月1日实施）

一、范围

本规范适用于葡萄酒产品质量国家监督抽查，针对特殊情况的专项国家监督抽查、省级质量技术监督部门组织的监督抽查可参照执行。本规范内容包括产品分类、术语和定义、生产企业规模划分、检验依据、抽样、检验要求、判定原则、异议处理复检及附则。

注：针对特殊情况的专项国家监督抽查是指应急工作需要而进行的或者由于某种特殊情况（或原因）仅需要对部分项目进行抽样检验的专项监督抽查。

二、产品分类

2.1 产品分类及代码　　产品分类及代码见表1 。

表1 产品分类及代码

产品分类	一级分类	二级分类	三级分类
分类代码	1	103	103.4
分类名称	食品	酒类	葡萄酒

2.2 产品种类

按色泽分类可分为白葡萄酒、桃红葡萄酒、红葡萄酒；按含糖量分类可分为干葡萄酒、半干葡萄酒、半甜葡萄酒、甜葡萄酒；按二氧化碳含量分类可分为平静葡萄酒、起泡葡萄酒、高泡葡萄酒、低泡葡萄酒。

三、术语和定义

下列术语和定义适用于本规范。

3.1葡萄酒

以鲜葡萄或葡萄汁为原料，经全部或部分发酵酿制而成的，含有一定酒精度的发酵酒。

3.1.1 干葡萄酒

含糖（以葡萄糖计）小于或等于4.0g/L的葡萄酒。或者当总糖与总酸（以酒石酸计）的差值小于或等于2.0g/L时，含糖最高为9.0g/L的葡萄酒。

3.1.2 半干葡萄酒

含糖大于干葡萄酒，最高为12.0g/L的葡萄酒，或者当总糖与总酸（以酒石酸计）的差值小于或等于2.0g/L时，含糖最高为18.0g/L的葡萄酒。

3.1.3 半甜葡萄酒

含糖大于半干葡萄酒，最高为45.0g/L的葡萄酒。

3.1.4 甜葡萄酒

含糖大于45.0g/L葡萄酒。

3.1.5 平静葡萄酒

在20℃时，二氧化碳压力小于0.05MPa的葡萄酒。

3.1.6 起泡葡萄

在20℃时，二氧化碳压力等于或大于0.05MPa的葡萄酒。

3.1.6.1 高泡葡萄酒

在20℃时，二氧化碳（全部自然发酵产生）压力大于等于0.35MPa（对于容量小于250mL的瓶子二氧化碳压力等于或大于0.3MPa）的起泡葡萄酒。

3.1.6.1.1 天然高泡葡萄酒

酒中糖含量小于或等于12.0g/L（允许差为3.0g/L）的高泡葡萄酒。

3.1.6.1.2 绝干高泡葡萄酒

酒中糖含量为12.1～17.0g/L（允许差为3.0g/L）的高泡葡萄酒。

3.1.6.1.3 干高泡葡萄酒

酒口糖含量为17.1～32.0g/L（允许差为3.0g/L）的高泡葡萄酒。

3.1.6.1.4 半干高泡葡萄酒

酒中糖含量为32.1～50.0g/L的高泡葡萄酒。

3.1.6.1.5 甜高泡葡萄酒

酒中糖含量大于50.0g/L的高泡葡萄酒。

3.1.6.2 低泡葡萄酒

在20℃时，二氧化碳（全部自然发酵产生）压力在0.05～0.34MPa的起泡葡萄酒。

3.2 特种葡萄酒

用鲜葡萄或葡萄汁在采摘或酿造工艺中使用特定方法酿制而成的葡萄酒。

3.2.1 利口葡萄酒

由葡萄生成总酒度为12%（体积分数）以上的葡萄酒中，加入葡萄白兰地、食用酒精或葡萄酒精以及葡萄汁、浓缩葡萄汁、含焦糖葡萄汁、白砂糖等，使其终产品酒精度为15.0%～22.0%（体积分数）的葡萄酒。

3.2.2 葡萄汽酒

酒中所含二氧化碳是部分或全部由人工添加的，具有同起泡葡萄酒类似物理特性的葡萄酒。

3.2.3 冰葡萄酒

将葡萄推迟采收，当气温低于-7℃使葡萄在树枝上保持一定时间，结冰，采收，在结冰状态下压榨，发酵，酿制而成的葡萄酒（在生产过程中不允许外加糖源）。

3.2.4 贵腐葡萄酒

在葡萄的成熟后期，葡萄果实感染了灰绿葡萄孢，使果实的成分发生了明显的变化，用这种葡萄酿制而成的葡萄酒。

3.2.5 产膜葡萄酒

葡萄汁经过全部酒精发酵，在酒的自由表面产生一层典型的酵母膜后，可加入葡萄白兰地、葡萄酒精或食用酒精，所含酒精度等于或大于15.0%（体积分数）的葡萄酒。

3.2.6 加香葡萄酒

以葡萄酒为酒基，经浸泡芳香植物或加入芳香植物的浸出液（或馏出液）而制成的葡萄酒。

3.2.7 低醇葡萄酒

采用鲜葡萄或葡萄汁经全部或部分发酵，采用特种工艺加工而成的，酒精度为1.0%～7.0%（体积分数）的葡萄酒。

3.2.8 脱醇葡萄酒

采用鲜葡萄或葡萄汁经全部或部分发酵，采用特种工艺加工而成的、酒精度为0.5%～1.0%（体积分数）的葡萄酒。

3.2.9 山葡萄酒

采用鲜山葡萄（包括毛葡萄、刺葡萄、秋葡萄等野生葡萄）或山葡萄汁经过全部或部分发酵酿制而成的葡萄酒。

3.3 年份葡萄酒

所标注的年份是指葡萄采摘的年份，其中年份葡萄酒所占比例不低于酒含量的80%（体积分数）。

3.4 品种葡萄酒

用所标注的葡萄品种酿制的酒所占比例不低于酒含量的75%（体积分数）。

3.5 产地葡萄酒

用所标注的产地葡萄酿制的酒所占比例不低于酒含量的80%（体积分数）。

注：所有产品中均不得添加合成着色剂、甜味剂、香精、增稠剂。

四、企业规模划分

根据葡萄酒产品行业的实际情况，生产企业规模以葡萄酒产品年销售额为标准划分为大、中、小型企业。见表2。

表2 葡萄酒生产企业规模划分

企业规模	大型企业	中型企业	小型企业
销售额/万元	≥50 000	≥3 000且<50 000	<3 000

五、检验依据

下列文件凡是注明日期的，其随后所有的修改单或修订版均不适用于本规范。凡是不注明日期的，其最新版本适用于本规范。

GB 2758　发酵酒卫生标准
GB 2760　食品添加剂使用卫生标准
GB/T 4789.25　食品卫生微生物学检验酒类检验
GB 5009.12　食品安全国家标准　食品中铅的测定
GB/T 5009.28　食品中糖精钠的测定
GB/T 5009.29　食品中山梨酸、苯甲酸的测定
GB/T 5009.34　食品中亚硫酸盐的测定
GB/T 5009.35　食品中合成着色剂的测定
GB/T 5009.49　发酵酒卫生标准的分析方法
GB/T 5009.97　食品中环已基氨基磺酸钠的测定
GB/T 5009.140　饮料中乙酰磺胺酸钾的测定
GB/T 5009.141　食品中诱惑红的测定
GB 15037　葡萄酒
GB/T 15038　葡萄酒、果酒通用分析方法
GB/T 23495　食品中苯甲酸、山梨酸和糖精钠的测定　高效液相色谱法
QB/T 1982　山葡萄酒
相关的法律法规、部门规章和规定
经备案现行有效的企业标准及产品明示质量要求

六、抽样

6.1 抽样型号或规格

瓶装、桶装葡萄酒。

6.2 抽样方法、基数及数量

在企业的成品库内或流通领域随机抽取经企业检验合格或以任何方式表明合格的产品，所抽取产品的保质期应能满足检验工作的进行。

在企业成品库抽样时，同一批次的瓶装产品基数应不少于50瓶，桶装产品不得少于20桶，从同一批次样品堆的4个不同部位随机抽取4个或4个以上的大包装，分别取出相应的小包装样品。抽取不少于6个包装单位（总量不少于4500mL），净含量大于2000mL/瓶的产品，抽样数量为3个包装单位。

在流通领域抽样时，抽样基数应不少于抽取样品量，抽取样品量要求与企业成品库抽样时相同。

所抽取样品中2/3为检验样品，1/3为备用样品。备用样品封存在检验机构。

注：在本规范的规定中，检验机构在检验过程中对检验结果进行复验所采用的样品，应是抽取的检验样品，不能采用备用样品。备用样品仅是指被抽查企业或者经过确认了样品的生产企业对检验结果提出异议，需要对不合格项目进行复检时采用的样品。

6.3 样品处置

应当对检验样品和备用样品进行签封，不得与有毒、有害、有腐蚀性、易挥发或有异味的物品混装、混贮、混运，样品应贮存在阴凉、干燥、通风的库房中。

6.4 抽样单

应按有关规定填写抽样单，并记录被抽查产品及企业相关信息。同时记录被抽查企业上一年度生产的葡萄酒产品销售总额，以万元计；若企业上一年未生产，则记录本年度实际销售额，并加以注明。

七、检验要求

检验项目及重要程度分类

表3 检验项目及重要程度分类

序号	检验项目	依据法律法规或标准	强制性/推荐性	检测方法	重要程度及不合格程度分类	
					A类[a]	B类[b]
1	酒精度	GB 15037 QB/T 1982	强制性/推荐性			●
2	干浸出物	GB 15037 QB/T 1982	强制性/推荐性	GB/T 15038		
3	甲醇	GB 15037	强制性		●	
4	苯甲酸	GB 15037	强制性	GB/T 5009.29 GB/T 23495		●
5	山梨酸	GB 15037	强制性			●
6	糖精钠		强制性	GB/T 5009.28 GB/T 23495		●
7	环已基氨基磺酸钠（甜蜜素）	GB 2760	强制性	GB/T 5009.97		●
8	乙酰磺胺酸钾（安赛蜜）		强制性	GB/T 5009.140		●
9	合成着色剂[c]	GB 2760	强制性	GB/T 5009.35 GB/T 5009.141		●
10	总二氧化硫		强制性	GB/T 5009.34		●
11	铅		强制性	GB 5009.12	●	
12	菌落总数	GB 2758	强制性			●
13	大肠菌群		强制性	GB/T 4789.25		●
14	肠道致病菌（沙门氏菌、志贺氏菌、金黄色葡萄球菌）强制性		强制性		●	

[a] 极重要质量项目　[b] 重要质量项目　[c] 合成着色剂具体检测项目视产品色泽而定

注：极重要质量项目是指直接涉及人体健康、使用安全的指标；重要质量项目是指产品涉及环保、能效、关键性能或特征值的指标。

7.2 检验应注意的问题

7.2.1 检验机构接收样品应当有专人负责检查、记录样品的外观、状态、封条有无破损及其他可能对检测结果或者综合判定产生影响的情况，并确认样品与抽样单的记录是否相符，对检测和备用样品分别加贴相应标识后入库。

7.2.2 若被检产品明示的质量要求高于本规范中检验项目依据的标准要求时，应按被检产品明示的质量要求判定。若被检产品明示的质量要求低于本规范中检验项目依据的国家或行业强制性标准要求时，应按国家或行业强制性标准要求判定。若被检产品明示的质量要求缺少本规范中的检验项目（主要是产品通用重要特征值）时，应按本规范中检验项目依据的标准要求进行检验并判定。

7.2.3 当同一检验项目存在多种检测方法时，应优先采用表3的“依据法律法规或标准”中所指定的检测方法。

八、判定原则

经检验，所检项目全部合格，判定为被抽查产品合格；所检项目中任一项或一项以上不合格，判定为被抽查产品不合格d，当产品存在A类项目不合格时，属于严重不合格；当产品仅有B类项目不合格时，属于一般不合格。

注d：执行QB/T 1982—1994的产品若仅有酒精度指标不合格时，可单项判定为不合格，综合判定结论为：经检验，所检项目符合规定的要求，判定为被抽查产品合格。

九、异议处理和复检

对判定不合格产品进行复检时，按以下方式进行：

9.1核查不合格项目相关证据，能够以记录（纸质记录或电子记录或影像记录）或与不合格项目相关联的其它质量数据等检验证据证明。

9.2 需对不合格项目的复检时，采用备用样检验。当复检结果仍不合格，维持原检验结果不变。当复检结果合格，以复检结果为准。

9.3 不进行复检的情况

9.3.1被检方提出复检时，产品在复检有效期内于正常贮存条件下已变质的；

9.3.2产品微生物检验项目不合格的；

9.3.3法律、法规规定不得复检的其它情况。

十、附则

本规范代替CCGF 103.4—2008版。

本规范编写单位：国家食品质量监督检验中心（尹建军）、国家葡萄酒及白酒、露酒产品质量监督检验中心（卫晓红）。

本规范由国家质量监督检验检疫总局产品质量监督司管理。

国家质量监督检验检疫总局
黄酒产品质量监督抽查实施规范

（CCGF 103.3—2010　2010年8月1日实施）

一、范围

本规范适用于黄酒产品质量国家监督抽查，针对特殊情况的专项国家监督抽查、省级质量技术监督部门组织的监督抽查可参照执行。监督抽查产品范围包括黄酒、绍兴酒（绍兴黄酒）、烹饪黄酒。本规范内容包括产品分类、术语和定义、生产企业规模划分、检验依据、抽样、检验要求、判定原则、异议处理复检及附则。

注：针对特殊情况的专项国家监督抽查是指应急工作需要而进行的或者由于某种特殊情况（或原因）仅需要对部分项目进行抽样检验的专项监督抽查。

二、产品分类

2.1 产品分类及代码

产品分类及代码见表1。

表1 产品分类及代码

产品分类	一级分类	二级分类	三级分类
分类代码	1	103	103.3
分类名称	食品	酒类	黄酒

2.2 产品种类

主要包括三种类型：黄酒、绍兴酒（绍兴黄酒）、烹饪黄酒。

三、术语和定义

下列术语和定义适用于本规范。

3.1 干黄酒

总糖含量等于或低于15.0g/L的酒。

3.2 半干黄酒

总糖含量在15.1～40.0g/L的酒。

3.3 半甜黄酒

总糖含量在40.1～100g/L的酒。

3.4 甜黄酒

总糖含量高于100g/L的酒。

四、企业规模划分

根据黄酒产品行业的实际情况，生产企业规模以黄酒产品年销售额为标准划分为大、中、小型企业。见表2。

表2 企业规模划分

企业规模	大型企业	中型企业	小型企业
销售额/万元	≥9000	≥3000且<9000	<3000

五、检验依据

下列文件凡是注明日期的，其随后所有的修改单或修订版均不适用于本规范。凡是不注明日期的，其最新版本适用于本规范。

GB 2758　发酵酒卫生标准
GB 2760　食品添加剂使用卫生标准
GB/T 4789.25　食品卫生微生物学检验酒类检验
GB 5009.12　食品安全国家标准　食品中铅的测定
GB/T 5009.28　食品中糖精钠的测定
GB/T 5009.29　食品中山梨酸、苯甲酸的测定
GB/T 5009.97　食品中环已基氨基磺酸钠的测定
GB/T 5009.140　饮料中乙酰磺胺酸钾的测定
GB/T 13662　黄酒
GB/T 17946　地理标志产品 绍兴酒（绍兴黄酒）
GB/T 23495　食品中苯甲酸、山梨酸和糖精钠的测定高效液相色谱法
QB/T 2745　烹饪黄酒
相关的法律法规、部门规章和规定
经备案现行有效的企业标准及产品明示质量要求

六、抽样

6.1 抽样型号或规格

各类瓶（袋）装或坛装黄酒。

6.2 抽样方法、基数及数量

在企业的成品库内或流通领域随机抽取经企业检验合格或以任何方式表明合格的产品，所抽取产品的保质期应能满足检验工作的进行。

在企业成品库抽样时，同一批次的瓶装产品基数应不少于40瓶或袋或10坛，从同一批次样品堆的4个不同部位随机抽取4个或4个以上的大包装，分别取出相应的小包装样品。净含量小于2000mL的瓶装或袋装产品抽样数量为6瓶（袋），其中4瓶（袋）用作检验，2瓶（袋）作为备样，样品总量不得少于2500mL。净含量大于2000mL的坛装黄酒从不同部位抽取3坛，2坛用作检验，1坛作为备样。备用样品封存在检验机构。

在流通领域抽样时，抽样基数应不少于抽取样品量，抽取样品量要求与企业成品库抽样时相同。

注：在本规范的规定中，检验机构在检验过程中对检验结果进行复验所采用的样品，应是抽取的检验样品，不能采用备用样品。备用样品仅是指被抽查企业或者经过确认了样品的生产企业对检验结果提出异议，需要对不合格项目进行复检时采用的样品。

6.3 样品处置

应当对检验样品和备用样品进行签封，不得与有毒、有害、有腐蚀性、易挥发或有异味的物品混装、混贮、混运，样品应贮存在阴凉、干燥、通风的库房中。

6.4 抽样单

应按有关规定填写抽样单，并记录被抽查产品及企业相关信息。同时记录被抽查企业上一年度生产的黄酒产品销售总额，以万元计；若企业上一年未生产，则记录本年度实际销售额，并加以注明。

七、检验要求

7.1 检验项目及重要程度分类

检验项目及重要程度分类见表3。

表3 检验项目及重要程度分类

序号	检验项目	依据法律法规或标准	强制性/推荐性	检测方法	重要程度及不合格程度分类	
					A类[a]	B类[b]
1	非糖固形物	GB/T 13662 GB/T 17946 QB/T 2745	推荐性	GB/T 13662		●
2	酒精度		推荐性			●
3	氨基酸态氮		推荐性			●

序号	检验项目	依据法律法规或标准	强制性/推荐性	检测方法	重要程度及不合格程度分类	
					A类[a]	B类[b]
4	铅	GB 2758	强制性	GB 5009.12	●	
5	苯甲酸	GB 2760	强制性	GB/T 5009.29 GB/T 23495		●
6	山梨酸		强制性			●
7	糖精钠		强制性	GB/T 5009.28 GB/T 23495		●
8	环已基氨基磺酸钠（甜蜜素）		强制性	GB/T 5009.97		●
9	乙酰磺胺酸钾（安赛蜜）		强制性	GB/T 5009.140		●
10	菌落总数	GB 2758	强制性	GB/T 4789.25		●
11	大肠菌群		强制性			●
12	肠道致病菌（沙门菌、志贺菌、金黄色葡萄球菌）	GB 2758	强制性		●	

[a] 极重要质量项目　[b] 重要质量项目

注：极重要质量项目是指直接涉及人体健康、使用安全的指标；重要质量项目是指产品涉及环保、能效、关键性能或特征值的指标。

7.2 检验应注意的问题

7.2.1 检验机构接收样品应当有专人负责检查、记录样品的外观、状态、封条有无破损及其他可能对检测结果或者综合判定产生影响的情况，并确认样品与抽样单的记录是否相符，对检测和备用样品分别加贴相应标识后入库。

7.2.2 若被检产品明示的质量要求高于本规范中检验项目依据的标准要求时，应按被检产品明示的质量要求判定。若被检产品明示的质量要求低于本规范中检验项目依据的国家或行业强制性标准要求时，应按国家或行业强制性标准要求判定。若被检产品明示的质量要求缺少本规范中的检验项目（主要是产品通用重要特征值）时，应按本规范中检验项目依据的标准要求进行检验并判定。

7.2.3当同一检验项目存在多种检测方法时，应优先采用表3的“依据法律法规或标准”中所指定的检测方法。

八、判定原则

经检验，所检项目全部合格，判定为被抽查产品合格；所检项目中任一项或一项以上不合格，判定为被抽查产品不合格，当产品存在A类项目不合格时，属于严重不合格；当产品仅有B类项目不合格时，属于一般不合格。

九、异议处理和复检

对判定不合格产品进行复检时，按以下方式进行：

9.1核查不合格项目相关证据，能够以记录（纸质记录或电子记录或影像记录）或与不合格项目相关联的其它质量数据等检验证据证明。

9.2 需对不合格项目的复检时，采用备用样检验。当复检结果仍不合格，维持原检验结果不变。当复检结果合格，以复检结果为准。

9.3 不进行复检的情况

9.3.1被检方提出复检时，产品在复检有效期内于正常贮存条件下已变质的；

9.3.2产品微生物检验项目不合格的；

9.3.3法律、法规规定不得复检的其它情况。

十、附则

本规范代替CCGF 103.3—2008版。

本规范编写单位：国家食品质量监督检验中心（尹建军）、国家食品质量监督检验中心（上海）（周泽琳）、国家黄酒产品质量监督检验中心（李博斌）。

本规范由国家质量监督检验检疫总局产品质量监督司管理。

国家质量监督检验检疫总局 果酒、配制酒（露酒）产品质量监督抽查实施规范

（CCGF 103.6—2010　2010年8月1日实施）

一、范围

本规范适用于果酒、配制酒（露酒）产品质量国家监督抽查，针对特殊情况的专项国家监督抽查、省级质量技术监督部门组织的监督抽查可参照执行。监督抽查产品范围包括果酒、配制酒（露酒）。本规范内容包括产品分类、术语和定义、生产企业规模划分、检验依据、抽样、检验要求、判定原则、异议处理复检及附则。

注：针对特殊情况的专项国家监督抽查是指应急工作需要而进行的或者由于某种特殊情况（或原因）仅需要对部分项目进行抽样检验的专项监督抽查。

二、产品分类

2.1 产品分类及代码

产品分类及代码见表1 。

表1 产品分类及代码

产品分类	一级分类	二级分类	三级分类
分类代码	1	103	103.6
分类名称	食品	酒类	果酒、配制酒（露酒）

2.2 产品种类

2.2.1 果酒分类

2.2.1.1 平静果酒

a. 干果酒

b. 半干果酒

C. 半甜果酒

d. 甜果酒

2.2.1.2 起泡果酒

a. 高泡果酒

b. 低泡果酒

2.2.1.3 特种果酒

2.2.2 配制酒（露酒）分类

2.2.2.1 按生产工艺应包括:浸泡法、热回流法、复蒸馏法、渗漉法、配制法。

2.2.2.2 按添加物来源分为

a. 植物类配制酒(植物类露酒)

b. 动物类配制酒(动物类露酒)

c. 动植物类配制酒(动植物类露酒)

d. 其他类配制酒(露酒)

三、术语和定义

下列术语和定义适用于本规范。

3.1 果酒

以新鲜水果或果汁为原料，经全部或部分发酵酿制而成的、含有一定酒精度的发酵酒。

3.2 配制酒(露酒)

以发酵酒、蒸馏酒或食用酒精为酒基，加入可食用的辅料或食品添加剂，进行调配、混合或再加工制成的、已改变了其原有酒基风格的酒。

3.2.1 植物类配制酒(植物类露酒)

利用植物的花、叶、根、茎、果为香源及营养源，经

再加工制成的、具有明显植物香及有效成分的配制酒。

3.2.2 动物类配制酒(动物类露酒)

利用食用动物及其制品为香源及营养源，经再加工制成的、具有明显动物有效成分的配制酒。

3.2.3 动植物类配制酒(动植物类露酒)

同时利用动物、植物有效成分制成的配制酒。

3.2.4 其他类配制酒(露酒)

除上述以外的配制酒。

四、企业规模划分

根据果酒、配制酒（露酒）产品行业的实际情况，生产企业规模以果酒、配制酒（露酒）产品年销售额为标准划分为大、中、小型企业。见表2。

表2 企业规模划分

企业规模	大型企业	中型企业	小型企业
销售额/万元	≥3000	≥300且＜3000	＜300

五、检验依据

下列文件凡是注明日期的，其随后所有的修改单或修订版均不适用于本规范。凡是不注明日期的，其最新版本适用于本规范。

GB 2757 蒸馏酒及配制酒卫生标准

GB 2758 发酵酒卫生标准

GB 2760 食品添加剂使用卫生标准

GB/T 4789.25 食品卫生微生物学检验 酒类检验

GB 5009.12 食品安全国家标准 食品中铅的测定

GB/T 5009.28 食品中糖精钠的测定

GB/T 5009.29 食品中山梨酸、苯甲酸的测定

GB/T 5009.34 食品中亚硫酸盐的测定方法

GB/T 5009.35 食品中合成着色剂的测定方法

GB/T 5009.48 蒸馏酒与配制酒卫生标准的分析方法

GB/T 5009.49 发酵酒卫生标准的分析方法

GB/T 5009.97 食品中环已基氨基磺酸钠的测定

GB/T 5009.140 饮料中乙酰磺胺酸钾的测定

GB/T 5009.141 食品中诱惑红的测定

GB 10343 食用酒精

GB/T 15038 葡萄酒、果酒通用试验方法

GB/T 23495 食品中苯甲酸、山梨酸和糖精钠的测定高效液相色谱法

QB/T 1981 露酒

QB/T 1983 山楂酒

QB/T 2027 猕猴桃酒

相关的法律法规、部门规章和规定

经备案现行有效的企业标准及产品明示质量要求

六、抽样

6.1 抽样型号或规格

预包装产品。

6.2 抽样方法、基数及数量

在企业的成品库内或流通领域随机抽取经企业检验合格或以任何方式表明合格的产品，所抽取产品的保质期应能满足检验工作的进行。

在企业成品库抽样时，同一批次产品抽样基数应不少于50瓶，从同一批次样品堆的4个不同部位随机抽取4个或4个以上的大包装，分别取出相应的小包装样品。抽取样品量至少为3000mL，且不少于6个包装单位。

在流通领域抽样时，抽样基数应不少于抽取样品量，抽取样品量要求与企业成品库抽样时相同。

所抽取样品中2/3为检验样品，1/3为备用样品。备用样品封存在检验机构。

注：在本规范的规定中，检验机构在检验过程中对检验结果进行复验所采用的样品，应是抽取的检验样品，不能采用备用样品。备用样品仅是指被抽查企业或者经过确认了样品的生产企业对检验结果提出异议，需要对不合格项目进行复检时采用的样品。

6.3 样品处置

应当对检验样品和备用样品进行签封。运输时应避免强烈振荡、日晒、雨淋、装卸时应轻拿轻放，不得与有毒、有害、有腐蚀性物品和污染物混贮、混运。

6.4 抽样单

应按有关规定填写抽样单，并记录被抽查产品及企业相关信息。同时记录被抽查企业上一年度生产的果酒、配制酒（露酒）产品销售总额，以万元计；若企业上一年未生产，则记录本年度实际销售额，并加以注明。

注：记录的“产品销售总额”中的产品是指计划抽查的产品，如计划抽查“果酒、配制酒（露酒）”，应记录被抽查企业的所有果酒、配制酒（露酒）销售总额；计划抽查果酒，应记录对应的被抽查企业的果酒年销售总额。

七、检验要求

7.1 检验项目及重要程度分类

7.1.1 果酒检验项目及重要程度分类见表3。

表3 果酒检验项目及重要程度分类

序号	检验项目	依据法律法规或标准	强制性/推荐性	检测方法	重要程度及不合格程度分类	
					A类[a]	B类[b]
1	酒精度	产品明示质量要求	推荐性	GB/T 15038		●
2	干浸出物	产品明示质量要求	推荐性			●
3	总二氧化硫	GB 2758	强制性	GB/T 5009.34		●
4	铅		强制性	GB 5009.12	●	
5	苯甲酸	GB 2760	强制性	GB/T 5009.29 GB/T 23495		●
6	山梨酸		强制性			●
7	糖精钠		强制性	GB/T 5009.28 GB/T 23495		●
8	环已基氨基磺酸钠（甜蜜素 ）		强制性	GB/T 5009.97		●
9	乙酰磺胺酸钾（安赛蜜）		强制性	GB/T 5009.140		●
10	合成着色剂[c]		强制性	GB/T 5009.35 GB/T 5009.141		●
11	菌落总数		强制性	GB/T 4789.25		●
12	大肠菌群	GB 2758	强制性			●
13	肠道致病菌（沙门菌、志贺菌、金黄色葡萄球菌）		强制性		●	

[a]级重要质量项目
[b]重要质量项目
[c]合成着色剂具体检测项目视产品色泽而定

7.1.2配制酒(露酒)检验项目及重要程度分类见表4。

表4 配制酒(露酒)检验项目及重要程度分类

序号	检验项目	依据法律法规或标准	强制性/推荐性	检测方法	重要程度及不合格程度分类	
					A类[a]	B类[b]
1	酒精度[c]	产品明示质量要求	推荐性	GB/T 15038		●
2	铅	GB 2757	强制性	GB 5009.12	●	
3	锰		强制性	GB/T 5009.48	●	
4	苯甲酸[c]	GB 2760	强制性	GB/T 5009.29 GB/T 23495		●
5	山梨酸[c]		强制性			●
6	糖精钠		强制性	GB/T 5009.28 GB/T 23495		●

序号	检验项目	依据法律法规或标准	强制性/推荐性	检测方法	重要程度及不合格程度分类	
					A类[a]	B类[b]
7	环已基氨基磺酸钠（甜蜜素 ）	GB 2760	强制性	GB/T 5009.97		●
8	乙酰磺胺酸钾（安赛蜜）		强制性	GB/T 5009.140		●
9	合成着色剂[d]		强制性	GB/T 5009.35 GB/T 5009.141		●
10	菌落总数[c]	QB/T 1981	推荐性	GB/T 4789.25		●
11	大肠菌群[c]		推荐性			●

[a] 极重要质量项目
[b] 重要质量项目
[c] 酒精度≤20% vol的产品，需检验菌落总数、大肠菌群、苯甲酸、山梨酸。
[d] 合成着色剂具体检测项目视产品色泽而定

注：极重要质量项目是指直接涉及人体健康、使用安全的指标；重要质量项目是指产品涉及环保、能效、关键性能或特征值的指标。

7.2 检验应注意的问题

7.2.1 检验机构接收样品应当有专人负责检查、记录样品的外观、状态、封条有无破损及其他可能对检测结果或者综合判定产生影响的情况，并确认样品与抽样单的记录是否相符，对检测和备用样品分别加贴相应标识后入库。

7.2.2 若被检产品明示的质量要求高于本规范中检验项目依据的标准要求时，应按被检产品明示的质量要求判定。若被检产品明示的质量要求低于本规范中检验项目依据的国家或行业强制性标准要求时，应按国家或行业强制性标准要求判定。若被检产品明示的质量要求缺少本规范中的检验项目（主要是产品通用重要特征值）时，应按本规范中检验项目依据的标准要求进行检验并判定。

7.2.3 当同一检验项目存在多种检测方法时，应优先采用表3、表4的“依据法律法规或标准”中所指定的检测方法。

八、判定原则

经检验，所检项目全部合格，判定为被抽查产品合格；所检项目中任一项或一项以上不合格，判定为被抽查产品不合格e，当产品存在A类项目不合格时，属于严重不合格；当产品仅有B类项目不合格时，属于一般不合格。

注e：执行QB/T 1981-1994、QB/T 1983-1994、QB/T 2027-1994的产品若仅有酒精度指标不合格时，可单项判定为不合格，综合判定结论为：经检验，所检项目符合规定的要求，判定为被抽查产品合格。

九、异议处理和复检

对判定不合格产品进行复检时，按以下方式进行：

9.1 核查不合格项目相关证据，能够以记录（纸质记录或电子记录或影像记录）或与不合格项目相关联的其它质量数据等检验证据证明。

9.2 需对不合格项目的复检时，采用备用样检验。当复检结果仍不合格，维持原检验结果不变。当复检结果合格，以复检结果为准。

9.3 不进行复检的情况

9.3.1 被检方提出复检时，产品在复检有效期内于正常贮存条件下已变质的；

9.3.2 产品微生物检验项目不合格的；

9.3.3 法律、法规规定不得复检的其它情况。

十、附则

本规范代替CCGF 103.5—2008版。

本规范编写单位：国家食品质量监督检验中心（尹建军）、国家农副产品质量监督检验中心（新疆）（冉文生）、国家果酒及果蔬饮品质量监督检验中心（姜自军）。

本规范由国家质量监督检验检疫总局产品质量监督司管理。

国家质量监督检验检疫总局 白兰地产品质量监督抽查实施规范

（CCGF 103.5—2010　2010年8月1日实施）

一、范围

本规范适用于白兰地产品质量国家监督抽查，针对特殊情况的专项国家监督抽查、省级质量技术监督部门组织的监督抽查可参照执行。本规范内容包括产品分类、术语和定义、生产企业规模划分、检验依据、抽样、检验要求、判定原则、异议处理复检及附则。

注：针对特殊情况的专项国家监督抽查是指应急工作需要而进行的或者由于某种特殊情况（或原因）仅需要对部分项目进行抽样检验的专项监督抽查。

二、产品分类

2.1 产品分类及代码

产品分类及代码见表1 。

表1 产品分类及代码

产品分类	一级分类	二级分类	三级分类
分类代码	1	103	103.5
分类名称	食品	酒类	白兰地

2.2 产品种类

2.2.1 特级（XO）：最低酒龄为六年。

2.2.2 优级（VSOP）：最低酒龄为四年。

2.2.3 一级（VO）：最低酒龄为三年。

2.2.4 二级（VS）：最低酒龄为两年。

三、术语和定义

下列术语和定义适用于本规范。

3.1 酒龄

白兰地原酒在橡木桶中陈酿的时间（年）。

3.2 非酒精度挥发物总量

白兰地中除酒精之外的挥发性物质（挥发酸、酯类、醛类、糖醛及高级醇）的总含量。

四、企业规模划分

根据白兰地产品行业的实际情况，生产企业规模以白兰地产品年销售额为标准划分为大、中、小型企业。见表2。

表2 企业规模划分

企业规模	大型企业	中型企业	小型企业
销售额/万元	≥3 000	≥300且<3 000	<300

五、检验依据

下列文件凡是注明日期的，其随后所有的修改单或修订版均不适用于本规范。凡是不注明日期的，其最新版本适用于本规范。

GB 2757　蒸馏酒及配制酒卫生标准

GB/T 5009.48　蒸馏酒及配制酒卫生标准的分析方法

GB/T 11856　白兰地

相关的法律法规、部门规章和规定

经备案现行有效的企业标准及产品明示质量要求

六、抽样

6.1 抽样型号或规格

预包装产品

6.2 抽样方法、基数及数量

在企业的成品库内或流通领域随机抽取经企业检验合格或以任何方式表明合格的产品，所抽取产品的保质期应能满足检验工作的进行。

在企业成品库抽样时，同一批次产品抽样基数应不少于20瓶，从同一批次样品堆的4个不同部位随机抽取4个或4个以上的大包装，分别取出相应的小包装样品。抽取样品量至少为2000mL，且不少于4个包装单位。

在流通领域抽样时，抽样基数应不少于抽取样品量，抽取样品量要求与企业成品库抽样时相同。

所抽取样品中3/4为检验样品，1/4为备用样品。备用样品封存在检验机构。

注：在本规范的规定中，检验机构在检验过程中对检验结果进行复验所采用的样品，应是抽取的检验样品，不能采用备用样品。备用样品仅是指被抽查企业或者经过确认了样品的生产企业对检验结果提出异议，需要对不合格项目进行复检时采用的样品。

6.3 样品处置

应当对检验样品和备用样品进行签封。运输时应避免强烈振荡、日晒、雨淋、装卸时应轻拿轻放，不得与有毒、有害、有腐蚀性物品和污染物混贮、混运。

6.4 抽样单

应按有关规定填写抽样单，并记录被抽查产品及企业相关信息。同时记录被抽查企业上一年度生产的白兰地产品销售总额，以万元计；若企业上一年未生产，则记录本年度实际销售额，并加以注明。

七、检验要求

7.1 检验项目及重要程度分类

检验项目及重要程度分类见表3。

表3 检验项目及重要程度分类

序号	检验项目	依据标准法规或标准	强制性/推荐性	检测方法	重要程度及不合格程度分类	
					A类[a]	B类[b]
1	酒精度	GB/T 11856	推荐性	GB/T 11856		●
2	非酒精挥发物总量	GB/T 11856	推荐性	GB/T 11856		●
3	甲醇	GB 2757	强制性	GB/T 5009.48	●	
4	铅	GB 2757	强制性	GB/T 5009.48	●	
5	锰	GB 2757	强制性	GB/T 5009.48	●	

[a] 极重要质量项目
[b] 重要质量项目

注：极重要质量项目是指直接涉及人体健康、使用安全的指标；重要质量项目是指产品涉及环保、能效、关键性能或特征值的指标。

7.2 检验应注意的问题

7.2.1 检验机构接收样品应当有专人负责检查、记录样品的外观、状态、封条有无破损及其他可能对检测结果或者综合判定产生影响的情况，并确认样品与抽样单的记录是否相符，对检测和备用样品分别加贴相应标识后入库。

7.2.2 若被检产品明示的质量要求高于本规范中检验项目依据的标准要求时，应按被检产品明示的质量要求判定。若被检产品明示的质量要求低于本规范中检验项目依据的国家或行业强制性标准要求时，应按国家或行业强制性标准要求判定。若被检产品明示的质量要求缺少本规范中的检验项目（主要是产品通用重要特征值）时，应按本规范中检验项目依据的标准要求进行检验并判定。

八、判定原则

经检验，所检项目全部合格，判定为被抽查产品合格；所检项目中任一项或一项以上不合格，判定为被抽查产品不合格，当产品存在A类项目不合格时，属于严重不合格；当产品仅有B类项目不合格时，属于一般不合格。

九、异议处理和复检

对判定不合格产品进行复检时，按以下方式进行：

9.1核查不合格项目相关证据，能够以记录（纸质记录或电子记录或影像记录）或与不合格项目相关联的其它质量数据等检验证据证明。

9.2 需对不合格项目的复检时，采用备用样检验。当复检结果仍不合格，维持原检验结果不变。当复检结果合格，以复检结果为准。

9.3 不进行复检的情况：

9.3.1.被检方提出复检时，产品在复检有效期内于正常贮存条件下已变质的；

9.3.2. 法律、法规规定不得复检的其它情况。

十、附则

本规范代替CCGF 103.5—2008版。

本规范编写单位：国家食品质量监督检验中心（尹建军）、国家葡萄酒及白酒、露酒产品质量监督检验中心（卫晓红）。

本规范由国家质量监督检验检疫总局产品质量监督司管理。

国家质量监督检验检疫总局
食品生产许可审查通则

（国家质检总局公告第88号　2010年8月23日发布）

一、总则

为规范申请人按规定条件设立食品生产企业，落实质量安全主体责任，保障食品质量安全，依据《中华人民共和国食品安全法》及其实施条例、《中华人民共和国工业产品生产许可证管理条例》、《食品生产许可管理办法》等有关法律、法规、规章，制定本通则。

二、适用范围

本通则适用于对申请人生产许可规定条件的审查工作，包括审核资料、核查现场和检验食品。

三、使用要求

本通则应当与《食品生产许可管理办法》、相应食品生产许可审查细则结合使用。《食品生产许可管理办法》及本通则涉及的相关责任主体，均应依照规定使用相应格式文书，不得缺失。

四、审查工作程序及要点

4.1 申请受理

收到申请人食品生产许可申请后，材料齐全并符合要求的发给申请人《食品生产许可申请受理决定书》；申请材料不符合要求，应一次告知申请人补正材料；不属于食品生产许可事项的或不符合法律法规要求的，应发给申请人《食品生产许可申请不予受理决定书》。

4.2 组成审查组

审查组织部门根据申请生产食品品种类别和审查工作量，确定审查组长和成员，并通知确定的人员及其所在单位。

4.3 制定审查计划

审查组拟定开展审查的时间，熟悉需要审查的申请材料，与申请人沟通，形成审查计划，报告审查组织部门确定。审查组织部门通知申请人，告知需要配合的事项。

4.4 审核申请资料

4.4.1 审核食品安全管理制度

审查组依据法律法规规定，审核申请人制定的组织生产食品的各项质量安全管理制度是否完备，文本内容是否符合要求。

4.4.2 审核岗位责任制度

审核申请人制定的专业技术人员、管理人员岗位分工是否与生产相适应，岗位职责文本内容、说明等对相关人员专业、经历等要求是否明确。

4.4.3 必要时审核申请材料可以与现场核查结合进行。

4.5 实施现场核查

核查申请人生产现场实际具备的条件与申请材料的一致性，以及与申请生产的食品相关的卫生规范、条件及审查细则规定要求的合规性。

4.5.1 核查厂区环境。主要核查厂区内外环境是否与申请材料申述情况一致，是否符合相关卫生规范及条件的要求。

4.5.2 核查生产车间。主要核查车间布局及环境是否与申请材料申述情况一致，以及车间布局的合规性。

4.5.3 核查原辅料及成品库房。主要核查各功能库房面积、防护条件、温湿度控制等是否与申请材料申述情况一致，以及是否能满足生产食品品种数量存放要求等。

4.5.4 核查生产设备设施。主要核查所具有的生产设备设施是否与申请材料申述情况一致，以及对申请生产食品品种、数量的生产工艺和质量安全要求的满足性。

4.5.5 核查检验条件。申请材料中申明自行出厂检验的，主要核查出厂检验设备是否齐全、精度是否满足要求、是否与申请材料申述情况一致。申明委托检验的，核查委托合同是否满足要求及其与申请材料的符合性。

4.5.6 核查工艺流程。主要核查工艺流程布局、设备布局是否与申请材料申述情况一致，及其与审查细则的合规性。

4.5.7 核查相关技术人员，主要核查专业技术人员与管理人员是否与申请材料申述情况一致。

4.6 形成初步审查意见和判定结果

在组长组织下，审查人员应当汇总、合并、讨论资料审核和现场核查情况，确定符合、基本符合和不符合项，形成初步审查意见和判定结果。

4.7 与申请人交流沟通

在组长主持下，审查组应当对4.5.1～4.5.7的初步审查意见和判定结果与申请人沟通。审查组全体人员应当参加沟通，申请人相关管理人员及技术人员可以参加沟通。

4.8 审查组应当填写对设立食品生产企业的申请人规定条件审查记录表。

4.9 判定原则及决定

对设立食品生产企业的申请人规定条件审查记录表中审查结论分为符合、基本符合、不符合。当全部项目的审查结论均为符合的，许可机关依法作出准予食品生产许可决定；当任何一个至八个项目审查结论为基本符合的，申请人应对基本符合项进行整改，整改应在10日内完成，申请人认为整改到位的，由当地县局予以审查确认并签字，许可机关作出准予食品生产许可决定；当任何一个项目的审查结论为不符合或者八个以上项目为基本符合、预期未完成整改或整改不到位的，许可机关依法作出不予食品生产许可决定。

4.10 形成审查结论

在组长主持下，审查组应当根据审查情况及与申请人的沟通情况，讨论形成审查结论，填写对申请人规定条件的审查报告。申请人应署名或签署意见，参加审查人员应一并签署。

4.11 报告和通知

审查结论应报审查组织单位，审查组织单位应将审查结论书面告知申请人。需要申请人改进的，审查组织单位应在食品生产许可改进表中明确。

4.12 意见反馈

申请人有权对审查全过程进行监督，并反馈现场核查意见。

五、生产许可检验工作程序及要点

5.1 通知检验事项

资料审核和现场核查结论符合规定条件要求的，许可机关应当向申请人送达准予生产许可决定书和食品生产许可证及副本。告知申请人批量食品抽样基数、检验项目等食品审查细则规定的事项。

5.2 样品抽取

许可机关接到申请人生产许可检验申请后，审查组织部门及时安排人员按细则规定的抽样方法实施抽样。样品一式两份，并加贴封条，填写抽样单。抽样单及样品封条应有抽样人员和申请人签字，并加盖申请人印章。

5.3 选择检验机构

申请人在公布的检验机构名单中选择作为生产许可的检验机构。

5.4 样品送达

5.4.1封存的两份样品由申请人在7日内送达检验机构，一份用于检验，一份用于样品备份。

5.4.2 申请人应当充分考虑样品的保质期，确定样品送达时间。

5.5 样品接收

5.5.1 检验机构接收样品时应认真检查。对符合规定的，应当接受；对封条不完整、抽样单填写不明确、样品有破损或变质等情况的，应拒绝接收并当场告知申请人，及时通知审查组织部门。

5.5.2 对接收或拒收的样品，检验机构应当在抽样单上签章并做好记录。

5.5.3 检验机构应当妥善保管已接收的样品。

5.6 实施检验

检验机构应当在保质期内按检验标准检验样品，并在10日内完成检验。

5.7 检验结果送达

检验完成后2日内检验机构应当向审查组织部门及申请人递送检验报告。

5.8 许可检验复检

检验结果不合格的，申请人可以在15日内向许可机关提出生产许可复检申请。许可机关接到申请人的生产许可复检申请后，参照本规定5.3-5.7执行。

5.9 食品生产许可证副页

食品检验合格后，许可机关发放《食品生产许可证》副页。

六、已设立食品企业、食品生产许可证延续换证，审查工作和许可检验工作可同时进行。

七、本通则由国家质量监督检验检疫总局负责解释。

八、本通则自公布之日起施行，《食品质量安全市场准入审查通则（2004版）》同时废止。

中华人民共和国卫生部
食品安全国家标准管理办法

（卫生部令第77号　2010年10月20日发布）

第一章 总 则

第一条 为规范食品安全国家标准制（修）订工作，根据《中华人民共和国食品安全法》及其实施条例，制定本办法。

第二条 制定食品安全国家标准应当以保障公众健康为宗旨，以食品安全风险评估结果为依据，做到科学合理、公开透明、安全可靠。

第三条 卫生部负责食品安全国家标准制（修）订工作。

卫生部组织成立食品安全国家标准审评委员会（以下简称审评委员会），负责审查食品安全国家标准草案，对食品安全国家标准工作提供咨询意见。审评委员会设专业分委员会和秘书处。

第四条 食品安全国家标准制（修）订工作包括规划、计划、立项、起草、审查、批准、发布以及修改与复审等。

第五条 鼓励公民、法人和其他组织参与食品安全国家标准制（修）订工作，提出意见和建议。

第二章 规划、计划和立项

第六条 卫生部会同国务院农业行政、质量监督、工商行政管理和国家食品药品监督管理以及国务院商务、工业和信息化等部门制定食品安全国家标准规划及其实施计划。

第七条 食品安全国家标准规划及其实施计划应当明

确食品安全国家标准的近期发展目标、实施方案和保障措施等。

第八条 卫生部根据食品安全国家标准规划及其实施计划和食品安全工作需要制定食品安全国家标准制(修)订计划。

第九条 各有关部门认为本部门负责监管的领域需要制定食品安全国家标准的，应当在每年编制食品安全国家标准制（修）订计划前，向卫生部提出立项建议。立项建议应当包括要解决的重要问题、立项的背景和理由、现有食品安全风险监测和评估依据、标准候选起草单位，并将立项建议按照优先顺序进行排序。

任何公民、法人和其他组织都可以提出食品安全国家标准立项建议。

第十条 建议立项的食品安全国家标准，应当符合《食品安全法》第二十条规定。

第十一条 审评委员会根据食品安全标准工作需求，对食品安全国家标准立项建议进行研究，向卫生部提出制定食品安全国家标准制（修）订计划的咨询意见。

第十二条 卫生部在公布食品安全国家标准规划、实施计划及制(修)订计划前，应当向社会公开征求意见。

第十三条 食品安全国家标准制(修)订计划在执行过程中可以根据实际需要进行调整。

根据食品安全风险评估结果和食品安全监管中发现的重大问题，可以紧急增补食品安全国家标准制（修）订项目。

第三章 起 草

第十四条 卫生部采取招标、委托等形式，择优选择具备相应技术能力的单位承担食品安全国家标准起草工作。

第十五条 提倡由研究机构、教育机构、学术团体、行业协会等单位组成标准起草协作组共同起草标准。

第十六条 承担标准起草工作的单位应当与卫生部食品安全主管司局签订食品安全国家标准制（修）订项目委托协议书。

第十七条 起草食品安全国家标准，应当以食品安全风险评估结果和食用农产品质量安全风险评估结果为主要依据，充分考虑我国社会经济发展水平和客观实际的需要，参照相关的国际标准和国际食品安全风险评估结果。

第十八条 标准起草单位和起草负责人在起草过程中，应当深入调查研究，保证标准起草工作的科学性、真实性。标准起草完成后，应当书面征求标准使用单位、科研院校、行业和企业、消费者、专家、监管部门等各方面意见。征求意见时，应当提供标准编制说明。

第十九条 起草单位应当在委托协议书规定的时限内完成起草和征求意见工作，并将送审材料及时报送审评委员会秘书处（以下简称秘书处）。

第四章 审 查

第二十条 食品安全国家标准草案按照以下程序审查：

（一）秘书处初步审查；

（二）审评委员会专业分委员会会议审查；

（三）审评委员会主任会议审议。

第二十一条 秘书处对食品安全国家标准草案进行初步审查的内容，应当包括完整性、规范性、与委托协议书的一致性。

第二十二条 经秘书处初步审查通过的标准，在卫生部网站上公开征求意见。公开征求意见的期限一般为两个月。

第二十三条 秘书处将收集到的反馈意见送交起草单位，起草单位应当对反馈意见进行研究，并对标准送审稿进行完善，对不予采纳的意见应当说明理由。

第二十四条 专业分委员会负责对标准科学性、实用性审查。审查标准时，须有三分之二以上（含三分之二）委员出席。审查采取协商一致的方式。在无法协商一致的情况下，应当在充分讨论的基础上进行表决。参会委员四分之三以上（含四分之三）同意的，标准通过审查。

专业分委员会应当编写会议纪要，记录讨论过程、重大分歧意见及处理情况。

未通过审查的标准，专业分委员会应当向标准起草单位出具书面文件，说明未予通过的理由并提出修改意见。标准起草单位修改后，再次送审。

审查原则通过但需要修改的标准，由秘书处根据审查意见进行修改；专业分委员会可以根据具体情况决定对修改后的标准再次进行会审或者函审。

第二十五条 专业分委员会审查通过的标准，由专业分委员会主任委员签署审查意见后，提交审评委员会主任会议审议。

第二十六条 审评委员会主任会议审议通过的标准草案，应当经审评委员会技术总师签署审议意见。

审议未通过的标准，审评委员会应当出具书面意见，说明未予通过的理由。

审议决定修改后再审的，秘书处应当根据审评委员会提出的修改意见组织标准起草单位进行修改后，再次送审。

第二十七条 标准审议通过后，标准起草单位应当在秘书处规定的时间内提交报批需要的全部材料。

第二十八条 秘书处对报批材料进行复核后，报送卫生部卫生监督中心。

第二十九条 卫生部卫生监督中心应当按照专业分委员会审查意见和审评委员会主任会议审议意见，对标准报批材料的内容和格式进行审核，提出审核意见并反馈秘书处。

审核通过的标准由卫生部卫生监督中心报送卫生部。

第三十条 遇有特殊情况，卫生部可调整食品安全国家标准草案公开征求意见的期限，并可直接由专业分委员会会议、审评委员会主任会议共同审查。

第三十一条 食品安全国家标准草案按照规定履行向世界贸易组织（WTO）的通报程序。

第五章 批准和发布

第三十二条 审查通过的标准，以卫生部公告的形式发布。

第三十三条 食品安全国家标准自发布之日起20个工作日内在卫生部网站上公布，供公众免费查阅。

第三十四条 卫生部负责食品安全国家标准的解释工作。食品安全国家标准的解释以卫生部发文形式公布，与食品安全国家标准具有同等效力。

第六章 修改和复审

第三十五条 食品安全国家标准公布后，个别内容需作调整时，以卫生部公告的形式发布食品安全国家标准修改单。

第三十六条 食品安全国家标准实施后，审评委员会应当适时进行复审，提出继续有效、修订或者废止的建议。对需要修订的食品安全国家标准，应当及时纳入食品安全国家标准修订立项计划。

第三十七条 卫生部应当组织审评委员会、省级卫生行政部门和相关单位对标准的实施情况进行跟踪评价。

任何公民、法人和其他组织均可以对标准实施过程中存在的问题提出意见和建议。

第七章 附 则

第三十八条 食品安全国家标准制（修）订经费纳入财政预算安排，并按照国家有关财经制度和专项资金管理办法管理。

第三十九条 发布的食品安全国家标准属于科技成果，并作为标准主要起草人专业技术资格评审的依据。

第四十条 食品中农药、兽药残留标准制（修）订工作应当根据卫生部、农业部有关规定执行。

食品安全国家标准的编号工作应当根据卫生部和国家标准委的协商意见及有关规定执行。

第四十一条 食品安全地方标准制（修）订可参照本办法执行。

第四十二条 本办法自2010年12月1日起施行。

国家质量监督检验检疫总局进出口食品接触产品检验监管工作规范（试行）

（国质检检〔2010〕683号　2010年12月17日发布）

一、总则

1.1 目的

为规范和加强进出口食品接触产品检验监管工作，确保进出口食品接触产品的质量安全，维护消费者的健康安全，根据《中华人民共和国食品安全法》及其实施条例、《中华人民共和国进出口商品检验法》及其实施条例、《国务院关于加强食品等产品安全监督管理特别规定》等法律法规，制定本规范。

1.2 适用范围

1.2.1 本规范适用于《出入境检验检疫机构实施检验检疫的进出境商品目录》内，且检验监管条件为“M、N、R、S”的进出口食品接触产品的检验和监督管理。主要包括：与食品或食品添加剂接触的纸、竹木、金属、搪瓷、陶瓷、塑料、橡胶、天然纤维、化学纤维、玻璃等材质及其复合材质的容器、用具和餐具。

1.2.2 进出口食品包装及预期与食品接触机械、电器产品的检验监管按照相关规定执行。

1.3 职责

1.3.1 国家质量监督检验检疫总局（以下简称国家质检总局）主管全国进出口食品接触产品的检验监督管理工作。

1.3.2 国家质检总局设在各地的出入境检验检疫机构（以下简称检验检疫机构）负责辖区内进出口食品接触产品的检验监督管理工作。

1.4 管理方式

1.4.1 进口食品接触产品检验监督管理工作包括产品备案、产品检验及后续监管三项内容。

1.4.2 出口食品接触产品检验监督管理工作包括企业分类、风险分级、产品检验、监督管理四项内容。

1.5 检验依据

1.5.1 进口食品接触产品按照我国对食品相关产品的规定和标准实施检验（相关标准目录可参见附件1）。尚未制定食品相关产品安全标准的，按照卫生行政部门相关规定执行。

1.5.2 出口食品接触产品按照进口国家（地区）相关技术法规和标准实施检验；进口国家（地区）没有相关技术法规和标准的，按照我国相关技术法规和标准实施检验，若贸易合同要求高于我国相关技术法规和标准的，按照贸易合同要求实施检验。

二、进口食品接触产品检验监督管理

2.1 产品备案

2.1.1 国家质检总局对进口食品接触产品实施备案管理。国家质检总局下设的各直属检验检疫局（以下称备案机构）负责辖区内进口食品接触产品的备案工作。

2.1.2 食品接触产品进口商或者进口代理商（以下称备案申请人）可根据需要，持以下资料向入境口岸备案机构申请备案。

（一）《进口食品接触产品备案申请表》（附件2）；

（二）备案申请人的《企业法人营业执照》的复印件（加盖公章）；

（三）备案申请人出具的《进口食品接触产品符合性声明》（附件3）。

（四）进口食品接触产品的材质说明，应明确主要成分的构成和化学名称。与食品直接接触部分的材质与产品其他部分材质不同的，应对与食品直接接触部分的材质单独进行说明。

（五）进口产品的品牌、型号、产地、照片、标签及说明书等资料。

（六）进口尚无食品安全标准或者含有我国安全标准

规定以外物质的食品接触产品，备案申请人应当按照规定提供卫生行政部门的许可文件。

（七）进口食品接触产品追溯制度文件。

（八）其他需要提供的材料。

2.1.3 备案机构收到备案申请后，应对备案申请人资格及其提供资料进行审核，审核合格的，在5个工作日内向备案申请人签发《进口食品接触产品备案申请受理通知书》（附件4），审核不合格的，应及时通知备案申请人进行补充或整改。

2.1.4 备案申请人取得《进口食品接触产品备案申请受理通知书》后，应按照检验检疫机构所规定的要求，将与申请内容一致、具有代表性的样品送具有资质的实验室进行检测。备案申请人提供的样品数量应当满足专项检测和留样的需要。

备案申请人取得实验室检测报告后，应及时将其提交备案机构审核。

2.1.5 备案申请人资格、备案申请资料和产品检测报告均通过审核的，备案机构应在其全部通过审核之日起5个工作日内向备案申请人签发《进口食品接触产品备案书》（附件5）。

2.1.6 进口食品接触产品备案书代码编号规则：采用阿拉伯数字和英文大写字母共10位表示，前两位为产品代码JS,中间2位为各直属局代码（各直属局代码见附件6），之后两位是年份，最后4位为备案流水号。如北京局2010年第1份准予备案的进口食品接触产品备案书代码为“JS11100001”。

2.1.7 备案机构应当将备案情况及其后续变更情况及时向国家质检总局主管部门汇报，由国家质检总局主管部门统一公布。

2.1.8 《进口食品接触产品备案书》有效期为2年。有效期内，备案人有下列情形之一的，备案机构可取消其《进口食品接触产品备案书》，并在6个月内对申请人备案申请不予受理：

（一）伪造、变造或使用伪造、变造的《进口食品接触产品备案书》；

（二）经检验检疫机构检验，发现申请人申报的备案产品与其《进口食品接触产品备案书》不符的；

（三）经检验检疫机构抽查检验，发现不符合食品相关产品安全标准的；

（四）发现申请人未建立食品接触产品追溯制度或未按照制度要求对食品接触产品的进口、销售和使用进行记录的。

2.2 产品检验

2.2.1 进口食品接触产品在进口报检时除按照规定提交相关资料外，还应提供《进口食品接触产品符合性声明》（附件3）。已经备案的进口食品接触产品，还应同时提交《进口食品接触产品备案书》（复印件加盖公章）。

2.2.2 对已备案进口食品接触产品，检验检疫机构应逐批核查进口产品与《进口食品接触产品备案书》的符合性。

检验检疫机构对已备案并经货证核查合格的进口食品接触产品抽查检验检测。同一进口商、同一品牌、材质的进口食品接触产品的年度抽查比例不少于进口批次的10%，每个批次抽查不少于当次进口规格型号种类的10%。

2.2.3 对未经备案的进口食品接触产品，检验检疫机构接受报检后，实施逐批检验检测。

2.2.4 进口食品接触产品或其销售包装上的标签、说明书内容应使用规范的汉字，但不包括商标，同时应符合以下要求：

（一）应标注产品名称、材质、生产国家或地区、国外生产企业名称、进口代理商的名称、联系方式以及地址；

（二）限期使用的产品，应当在显著位置清晰地标明使用期限；

（三）由于使用不当，容易造成产品本身损坏或者可能危及人身、财产安全的产品，应当有适用条件、警示标志或者中文警示说明；

（四）对于加工使用的半成品，应按照第（一）款的要求标注。

2.2.5 经检验不合格的进口食品接触产品，涉及安全、卫生、环境保护项目不合格的，由检验检疫机构出具《检验检疫处理通知单》，责令当事人退运或销毁。其他项目不合格的，可以在检验检疫机构的监督下进行技术处理，经重新检验合格后，方可销售、使用。

2.3 后续监管

2.3.1 备案机构应保存进口食品接触产品有关备案资料，保存期限不得少于2年。

2.3.2 检验检疫机构应要求进口食品接触产品的进口商或者代理商建立食品接触产品追溯管理制度文件，如实记录进口食品接触产品品名、规格、数量、批号、进口日期、制造商和分销商名称及联系方式、交货日期等内容。记录保存期限不得少于2年。

2.3.3 检验检疫机构应定期对本辖区内进口食品接触产品的收货人的进口、销售和使用记录进行检查。

三、出口食品接触产品检验监督管理

检验检疫机构按照《出口工业产品企业分类管理办法》

（总局第113号令）、《出口工业产品企业分类指南（试行）》以及相关工作规范，对出口食品接触产品实施检验监督管理，包括企业分类、风险分级、产品检验、监督管理。

3.1 企业分类

检验检疫机构按照《出口食品接触产品企业分类评定表》（附件7）对出口食品接触产品生产企业实施分类评定。企业分类期限一般为三年，检验检疫机构可根据企业具体情况进行动态调整。

3.2 风险分级

检验检疫机构应根据产品特性、敏感因子、质量数据等因素，对出口食品接触产品进行风险评估，实行风险分级。

产品特性包括：材质和生产工艺、使用特性、使用对象等；

质量数据包括：产品不合格情况、国内外质量安全风险预警、国内外退货、索赔和投诉情况等；

敏感因子包括：进口国或地区的技术法规和标准、产品的社会关注度、贸易方式、产品使用方式等。

3.3 产品检验

检验检疫机构应根据企业分类评定及产品风险分级结果，选择确定出口食品接触产品生产企业检验监管方式，分为特别监管、严密监管、一般监管、验证监管和信用监管。

如果同一家企业生产多种不同风险等级的出口食品接触产品，按照风险等级最高的产品确定检验监管方式。

3.3.1 检验检疫机构应要求食品接触产品出口企业报检时，除按《出入境检验检疫报检规定》及有关要求提供相应的报检资料外，还应提供《出口食品接触产品符合性声明》（附件8）、产品检测报告等符合性证明文件。检验检疫机构应对符合性证明文件的真实性、符合性及有效性进行审核。对审核发现不符合的，应通知企业及时补正。

3.3.2 企业提供的产品检测报告中材质、器型、生产工艺等信息应与报检产品相符，且应按照产品输往国家和地区技术法规标准实施检测。检测报告认可有效期由各直属检验检疫局根据企业对应的检验监管方式确定，检测报告认可有效期最长为一年。

3.3.3 抽批检验

3.3.3.1 抽检频次和比例

检验检疫机构应结合辖区实际情况，根据企业检验监管方式确定抽批检验的频次或比例，决定是否对报检批实施抽批检验。其中，对需出具检验证书的出口食品接触产品必须实施检验。

3.3.3.2 抽检内容

抽批检验的主要内容有：产品与企业提供检测报告的一致性核查、按标准进行现场检验以及抽样送实验室检测。

3.3.3.3 抽检不合格处理

出口食品接触产品抽检不合格的，检验检疫机构应出具《出境货物不合格通知单》。企业可以在检验检疫机构的监督下进行技术处理，经检验检疫机构重新检验合格的，方准出口。不能进行技术处理或者技术处理后重新检验仍不合格的，不准出口。

对抽批检验不合格的企业，应对其出口产品实施逐批检验，直至连续三批抽批检验合格后，方可恢复原有抽检频次或比例。

3.4 监督管理

3.4.1 日常监督检查内容

检验检疫机构应结合辖区实际情况，根据企业检验监管方式确定日常监督检查的频次。日常监督检查可采取定期检查和不定期检查两种方式，并应填写《出口食品接触产品生产企业日常监督检查记录表》（附件9），记录应真实完整并及时归档保存。日常监督检查记录保存期限不得少于2年。

3.4.2 日常监督检查结果评定

日常监督检查的评定结论分为合格、合格待整改及不合格三种。日常监督检查中未发现不符合项的，评定为"合格"；只有一般不符合项，评定为"合格待整改"；出现严重不符合项的，评定为"不合格"。

3.4.3 整改要求

3.4.3.1 日常监督检查发现企业存在不符合项的，检验检疫机构应告知企业，督促其限期整改并提交整改报告，整改期限原则上不超过一个月。收到企业整改报告后，检验检疫机构应当对企业的整改有效性进行跟踪验证。

3.4.3.2 日常监督检查评定结果为"合格待整改"的，整改期限内仍按原检验监管方式实施检验；未在规定期限内完成整改的，在整改完成前按照严密监管方式实施检验。对超期完成整改的企业，应加严其检验监管方式、措施直至降低分类类别。

日常监督检查评定结果为"不合格"的，整改期内按严密监管方式实施检验。在企业完成整改后，检验检疫机构应在原基础上对其加严检验监管方式、措施直至降低分类类别。

3.4.4 动态调整

3.4.4.1 出口食品接触产品生产企业有下列情形之一的，应当视情节轻重加严检验监管方式、措施和降低企业分类类别：

（一）违反检验检疫法律、行政法规及规章规定，受到检验检疫机构行政处罚的；

（二）企业质量保证能力存在隐患的；

（三）连续两批检出不合格的；

（四）因产品质量或者安全问题受到相关风险预警通报、通告、公告、国外召回、退货或者造成不良影响，属于企业责任的；

（五）超过一年未出口产品的；

（六）发生其他不诚信行为的。

3.4.4.2 企业分类调整

降类处理可以逐级调整，也可以越级调整。降类企业可在完成整改工作半年后，向所在地检验检疫机构报告，检验检疫机构应当在20个工作日内对企业分类类别进行重新评定。

3.4.4.3 检验监管方式和措施调整

检验检疫机构应结合日常监管及抽查检验情况，对实施加严检验监管方式和措施3个月以上，且产品质量安全状况确实改善的出口企业，逐步恢复到原有的检验监管方式和措施。

3.4.5 企业档案

检验检疫机构对出口食品接触产品企业应建立企业检验监管档案，企业档案可以电子形式保存。档案内容至少应包括以下信息：

（一）企业的基本信息：企业营业执照（复印件）；主要质量检验人员资料；质量管理体系及其他管理体系认证证书（复印件）；

（二） 企业分类评定信息：包括分类评定考核表，分类评定结果等。

（三）企业检验监管方式、措施相关信息；

（四）产品风险评定信息；

（五）日常监督检查记录；

（六）产品检测报告；

（七）企业信用记录；

（八）质量反馈及其他信息。

四、风险预警

4.1 风险信息的收集

4.1.1 检验检疫机构负责收集辖区内进出口食品接触产品质量安全信息，并在核实、整理、归纳及分析后，上报国家质检总局主管部门。

4.1.2 国家质检总局和检验检疫机构应及时收集国际组织、国内外政府机构、媒体发布的以及行业协会、消费者反映的食品接触产品风险预警信息、不合格信息和其他安全信息，并及时向相关检验检疫机构通报。

4.2 风险预警措施

4.2.1 国家质检总局和检验检疫机构可以根据风险类型和程度，发布风险预警通报或者风险预警通告，并采取以下控制措施：

（一）对食品接触产品的进出口采取限制措施，包括严密监控、加严检验、责令召回等；

（二）禁止食品接触产品的进出口，并就地销毁或者作退运处理；

（三）启动进出口商品安全应急处置预案。

4.3 风险预警措施的解除

4.3.1 规定实施期限的风险预警通报或通告，在期满后自动解除。

4.3.2 未规定实施期限的风险预警通报或通告，由发布单位在确认安全风险已不存在或者已降低到可接受的程度后予以解除。

五、附则

5.1 对援外物资、用作样品、礼品、展示品等非贸易性的出口食品接触产品、以市场采购形式出口的食品接触产品以及根据双边合作协议需实施装运前检验的出口食品接触产品，按照有关规定执行。

5.2 各直属检验检疫局应将进出口食品接触产品检验监管工作情况、质量分析、重大典型案例等及时上报国家质检总局主管部门。

5.3 本工作规范所引用的法律、法规、标准及规范性文件在新规范下发时有效，但所有法律、法规、标准及规范性文件都会被修订，故使用本规范的各方应关注法律、法规、标准及规范性文件的最新版本。

5.4 本工作规范由国家质检总局负责解释。

5.5 本工作规范自发布之日起试行。

国家质量监督检验检疫总局产品质量监督抽查管理办法

（质检总局令第133号　2010年12月29日发布）

第一章 总 则

第一条 为规范产品质量监督抽查（以下简称监督抽查）工作，根据《中华人民共和国产品质量法》等法律法规规定，制定本办法。

第二条 本办法所称监督抽查是指质量技术监督部门为监督产品质量，依法组织对在中华人民共和国境内生产、销售的产品进行有计划的随机抽样、检验，并对抽查结果公布和处理的活动。

第三条 监督抽查分为由国家质量监督检验检疫总局（以下简称国家质检总局）组织的国家监督抽查和县级以上地方质量技术监督部门组织的地方监督抽查。

第四条 监督抽查应当遵循科学、公正原则。

第五条 国家质检总局统一规划、管理全国监督抽查工作；负责组织实施国家监督抽查工作；汇总、分析并通报全国监督抽查信息。

省级质量技术监督部门统一管理、组织实施本行政区域内的地方监督抽查工作；负责汇总、分析并通报本行政区域监督抽查信息；负责本行政区域国家和地方监督抽查产品质量不合格企业的处理及其他相关工作；按要求向国家质检总局报送监督抽查信息。

第六条 监督抽查的产品主要是涉及人体健康和人身、财产安全的产品，影响国计民生的重要工业产品以及消费者、有关组织反映有质量问题的产品。

第七条 监督抽查不得向被抽查企业收取检验费用。国家监督抽查和地方监督抽查所需费用由同级财政部门安排专项经费解决。

第八条 对依法进行的监督抽查，企业应当予以配合、协助，不得以任何形式阻碍、拒绝监督抽查工作。

第九条 凡经上级部门监督抽查产品质量合格的，自抽样之日起6个月内，下级部门对该企业的该种产品不得重复进行监督抽查，依据有关规定为应对突发事件开展的监督抽查除外。

第十条 组织监督抽查的质量技术监督部门（以下简称组织监督抽查的部门）负责发布监督抽查信息。未经批准，任何单位和个人不得擅自发布监督抽查信息。

监督抽查信息发布办法由省级以上质量技术监督部门负责组织制定。

第二章 监督抽查的组织

第十一条 国家质检总局负责制定年度国家监督抽查计划，并通报省级质量技术监督部门。

省级质量技术监督部门负责制定本行政区域年度监督抽查计划，报国家质检总局备案。

第十二条 组织监督抽查的部门应当依据法律法规的规定，指定有关部门或者委托具有法定资质的产品质量检验机构（以下简称检验机构）承担监督抽查相关工作。

委托检验机构承担监督抽查相关工作的，组织监督抽查的部门应当与被委托的检验机构签订行政委托协议书，明确双方的权利、义务、违约责任等内容。

被委托的检验机构应当保证所承担监督抽查相关工作的科学、公正、准确，如实上报检验结果和检验结论，并对检验工作负责，不得分包检验任务，未经组织监督抽查的部门批准，不得租赁或者借用他人检测设备。

组织监督抽查的部门应当加强对抽样人员和检验机构的监督管理，制定相应的考核办法，对监督抽查实施过程及相关机构和人员开展监督检查。对存在违反本办法相关规定的检验机构，必要时可暂停其3年承担监督抽查任务资格，并按照第四章的有关规定处罚。

第十三条 国家质检总局依据法律法规、有关标准、国家相关规定等制定并公告发布产品质量监督抽查实施规范（以下简称实施规范），作为实施监督抽查的工作规范。

组织监督抽查的部门，可以根据监管工作需要，依据实施规范确定具体抽样检验项目和判定要求。

对尚未制定实施规范的产品，需要组织实施监督抽查时，组织监督抽查的部门应当制定实施细则。

第十四条 组织监督抽查的部门应当根据监督抽查计划，制定监督抽查方案，将监督抽查任务下达所指定的部门或者委托的检验机构。监督抽查方案应当包括以下内容：

（一）适用的实施规范或者制定的实施细则；

（二）抽查产品范围和检验项目；

（三）拟抽查企业名单或者范围。

第三章 监督抽查的实施

第一节 抽 样

第十五条 抽样人员应当是承担监督抽查的部门或者检验机构的工作人员。抽样人员应当熟悉相关法律、法规、标准和有关规定，并经培训考核合格后方可从事抽样工作。

第十六条 抽样人员不得少于2名。抽样前，应当向被抽查企业出示组织监督抽查的部门开具的监督抽查通知书或者相关文件复印件和有效身份证件，向被抽查企业告知监督抽查性质、抽查产品范围、实施规范或者实施细则等相关信息后，再进行抽样。

抽样人员应当核实被抽查企业的营业执照信息，确定企业持照经营。对依法实施行政许可、市场准入和相关资质管理的产品，还应当核实被抽查企业的相关法定资质，确认抽查产品在企业法定资质允许范围内后，再进行抽样。

抽样人员现场发现被抽查企业存在无证无照生产等不需检验即可判定明显违法的行为，应当终止抽查，并及时将有关情况报送当地质量技术监督部门和相关部门进行处理。

抽样人员抽样时，应当公平、公正，不徇私情。

第十七条 监督抽查的样品应当由抽样人员在市场上或者企业成品仓库内待销的产品中随机抽取，不得由企业抽样。抽取的样品应当是有产品质量检验合格证明或者以其他形式表明合格的产品。

监督抽查的样品由被抽查企业无偿提供，抽取样品应当按有关规定的数量抽取，没有具体数量规定的，抽取样品不得超过检验的合理需要。

第十八条 有下列情形之一的，抽样人员不得抽样：

（一）被抽查企业无监督抽查通知书或者相关文件复印件所列产品的；

（二）有充分证据证明拟抽查的产品是不用于销售的；

（三）产品不涉及强制性标准要求，仅按双方约定的技术要求加工生产，且未执行任何标准的；

（四）有充分证据证明拟抽查的产品为企业用于出口，并且出口合同对产品质量另有规定的；

（五）产品或者标签、包装、说明书标有“试制”、“处理”或者“样品”等字样的；

（六）产品抽样基数不符合抽查方案要求的。

第十九条 有下列情形之一的，被抽查企业可以拒绝接受抽查：

（一）抽样人员少于2人的；

（二）抽样人员无法出具监督抽查通知书、相关文件复印件或者有效身份证件的；

（三）抽样人员姓名与监督抽查通知书不符的；

（四）被抽查企业和产品名称与监督抽查通知书不一致的；

（五）要求企业支付检验费或者其他任何费用的。

第二十条 抽样人员封样时，应当采取防拆封措施，以保证样品的真实性。

第二十一条 抽样人员应当使用规定的抽样文书，详细记录抽样信息。抽样文书必须由抽样人员和被抽查企业有关人员签字，并加盖被抽查企业公章。对特殊情况，双方签字确认即可。

抽样文书应当字迹工整、清楚，容易辨认，不得随意涂改，需要更改的应当由双方签字确认。

抽样文书分别留存企业和检验机构，并报送组织监督抽查的部门。国家监督抽查抽样文书同时由承担抽样工作的检验机构报送企业所在地的省级质量技术监督部门。

第二十二条 因企业转产、停产、破产等原因导致无样品可以抽取的，抽样人员应当收集有关证明材料，如实记录相关情况，并经当地质量技术监督部门确认后，及时上报组织监督抽查的部门。

第二十三条 抽取的样品需送至承担检验工作的检验机构的，应当由抽样人员负责携带或者寄送。需要企业协助寄、送样品时，所需费用纳入监督抽查经费。对于易碎品、危险化学品、有特殊贮存条件等要求的样品，抽样人员应当采取措施，保证样品运输过程中状态不发生变化。

抽取的样品需要封存在企业的，由被检企业妥善保管。企业不得擅自更换、隐匿、处理已抽查封存的样品。

第二十四条 被抽查企业无正当理由拒绝监督抽查的，抽样人员应当填写拒绝监督抽查认定表，列明企业拒绝监督抽查的情况，由当地质量技术监督部门和抽样人员共同确认，并报组织监督抽查的部门。

第二十五条 在市场抽取样品的，抽样单位应当书面通知产品包装或者铭牌上标称的生产企业，依据第十六条第二款规定确认企业和产品的相关信息。

生产企业对需要确认的样品有异议的，应当于接到通知之日起15日内向组织监督抽查的部门或者其委托的异议处理机构提出，并提供证明材料。逾期无书面回复的，视为无异议。

组织监督抽查的部门应当核查生产企业提出的异议。样品不是产品标称的生产企业生产的，移交销售企业所在地的相关部门依法处理。

第二节 检 验

第二十六条 检验机构接收样品时应当检查、记录样品的外观、状态、封条有无破损及其他可能对检验结果或者综合判定产生影响的情况，并确认样品与抽样文书的记录是否相符，对检验和备用样品分别加贴相应标识后入库。

在不影响样品检验结果的情况下，应当尽可能将样品进行分装或者重新包装编号，以保证不会发生因其他原因导致不公正的情况。

第二十七条 检验机构应当妥善保存样品。制定并严格执行样品管理程序文件，详细记录检验过程中的样品传递情况。

第二十八条 检验过程中遇有样品失效或者其他情况致使检验无法进行的，检验机构必须如实记录即时情况，提供充分的证明材料，并将有关情况上报组织监督抽查的部门。

第二十九条 检验原始记录必须如实填写，保证真实、准确、清晰，并留存备查；不得随意涂改，更改处应当经检验人员和报告签发人共同确认。

第三十条 对需要现场检验的产品，检验机构应当制定现场检验规程，并保证对同一产品的所有现场检验遵守相同的规程。

第三十一条 除第二十八条所列情况外，检验机构应当出具抽查检验报告，检验报告应当内容真实齐全、数据准确、结论明确。

检验机构应当对其出具的检验报告的真实性、准确性负责。禁止伪造检验报告或者其数据、结果。

第三十二条 检验工作结束后，检验机构应当在规定的时间内将检验报告及有关情况报送组织监督抽查的部门。国家监督抽查同时抄送生产企业所在地的省级质量技术监督部门。

第三十三条 检验结果为合格的样品应当在检验结果异议期满后及时退还被抽查企业。检验结果为不合格的样品应当在检验结果异议期满三个月后退还被抽查企业。

样品因检验造成破坏或者损耗而无法退还的，应当向被抽查企业说明情况。被抽查企业提出样品不退还的，可以由双方协商解决。

第三节 异议复检

第三十四条 组织监督抽查的部门应当及时将检验结果和被抽查企业的法定权利书面告知被抽查企业，也可以委托检验机构告知。

在市场上抽样的，应当同时书面告知销售企业和生产企业，并通报被抽查产品生产企业所在地的质量技术监督部门。

第三十五条 被抽查企业对检验结果有异议的，可以自收到检验结果之日起15日内向组织监督抽查的部门或者其上级质量技术监督部门提出书面复检申请。逾期未提出异议的，视为承认检验结果。

第三十六条 质量技术监督部门应当依法处理企业提出的异议，也可以委托下一级质量技术监督部门或者指定的检验机构处理企业提出的异议。

对需要复检并具备检验条件的，处理企业异议的质量技术监督部门或者指定检验机构应当按原监督抽查方案对留存的样品或抽取的备用样品组织复检，并出具检验报告，于检验工作完成后10日内作出书面答复。复检结论为最终结论。

第三十七条 复检结论表明样品合格的，复检费用列入监督抽查经费。复检结论表明样品不合格的，复检费用由样品生产者承担。

第三十八条 检验机构应当将复检结果及时报送组织监督抽查的部门。国家监督抽查应当同时抄报企业所在地省级质量技术监督部门。

第四节 结果处理

第三十九条 组织监督抽查的部门应当汇总分析监督抽查结果，依法向社会发布监督抽查结果公告，向地方人民政府、上级主管部门和同级有关部门通报监督抽查情况。对无正当理由拒绝接受监督抽查的企业，予以公布。

对监督抽查发现的重大质量问题，组织监督抽查的部门应当向同级人民政府进行专题报告，同时报上级主管部门。

第四十条 负责监督抽查结果处理的质量技术监督部门（以下简称负责后处理的部门）应当向抽查不合格产品生产企业下达责令整改通知书，限期改正。

监督抽查不合格产品生产企业，除因停产、转产等原因不再继续生产的，或者因迁址、自然灾害等情况不能正常办公且能够提供有效证明的以外，必须进行整改。

企业应当自收到责令整改通知书之日起，查明不合格产品产生的原因，查清质量责任，根据不合格产品产生的原因和负责后处理的部门提出的整改要求，制定整改方案，在30日内完成整改工作，并向负责后处理的部门提交整改报告，提出复查申请；企业不能按期完成整改的，可以申请延期一次，并应在整改期满5日前申请延期，延期不得超过30日；确因不能正常办公而造成暂时不能进行整改的企业，应当办理停业证明，停止同类产品的生产，并在办公条件正常后，按要求进行整改、复查。企业在整改复查合格前，不得继续生产销售同一规格型号的产品。

第四十一条 监督抽查不合格产品生产企业应当自收到检验报告之日起停止生产、销售不合格产品，对库存的不合格产品及检验机构按照本办法第三十三条的规定退回的不合格样品进行全面清理；对已出厂、销售的不合格产品依法进行处理，并向负责后处理的部门书面报告有关情况。

对因标签、标志或者说明书不符合产品安全标准的产品，生产企业在采取补救措施且能保证产品安全的情况下，方可继续销售。

监督抽查的产品有严重质量问题的，依照本办法第四章的有关规定处罚。

第四十二条 负责后处理的部门接到企业复查申请后，应当在15日内组织符合法定资质的检验机构按照原监督抽查方案进行抽样复查。

监督抽查不合格产品生产企业整改到期无正当理由不申请复查的，负责后处理的部门应当组织进行强制复查。

复查检验费用由不合格产品生产企业承担。

第四十三条 监督抽查不合格产品生产企业有下列逾期不改正的情形的，由省级以上质量技术监督部门向社会公告：

（一）监督抽查产品质量不合格，无正当理由拒绝整改的；

（二）监督抽查产品质量不合格，在整改期满后，未提交复查申请，也未提出延期复查申请的；

（三）企业在规定期限内向负责后处理的部门提交了整改报告和复查申请，但并未落实整改措施且产品经复查仍不合格的。

第四十四条 监督抽查发现产品存在区域性、行业性质量问题，或者产品质量问题严重的，负责后处理的部门可以会同有关部门，组织召开质量分析会，督促企业整改。

第四十五条 各级质量技术监督部门应当加强对监督抽查不合格产品生产企业的跟踪检查。

第四十六条 监督抽查不合格产品及其企业的质量问题属于其他行政管理部门处理的，组织监督抽查的部门应当转交相关部门处理。

第四章 法律责任

第四十七条 企业无正当理由拒绝接受依法进行的监督抽查的，由所在地质量技术监督部门按照《中华人民共和国产品质量法》第五十六条规定处理。

第四十八条 被抽查企业违反本办法第二十三条规定，擅自更换、隐匿、处理已抽查封存的样品的，由所在地质量技术监督部门处以3万元以下罚款。

第四十九条 监督抽查不合格产品生产企业违反本办法第四十一条规定，收到检验报告后未立即停止生产和销售不合格产品的，由所在地质量技术监督部门按照《中华人民共和国产品质量法》第四十九条、第五十条、第五十一条、第六十条规定处理。

第五十条 监督抽查不合格产品生产企业经复查其产品仍然不合格的，由所在地质量技术监督部门责令企业在30日内进行停业整顿；整顿期满后经再次复查仍不合格的，通报有关部门吊销相关证照。

第五十一条 监督抽查发现产品存在严重质量问题的，由生产企业所在地质量技术监督部门按照《中华人民共和国产品质量法》第四十九条、第五十条、第五十一条、第六十条规定处理。

第五十二条 检验机构违反本办法第十二条、第三十二条和第三十八条规定，分包检验任务的，或者未经组织监督抽查部门批准，租借他人检测设备的，或者未按规定及时报送检验报告及有关情况和复检结果的，由组织监督抽查的部门责令改正；情节严重或者拒不改正的，由所在地质量技术监督部门处3万元以下罚款。

第五十三条 检验机构违反本办法第三十一条规定，伪造检验结果的，由所在地质量技术监督部门按照《中华人民共和国产品质量法》第五十七条规定处理。

第五十四条 组织监督抽查的部门违反本办法第九条规定，重复进行监督抽查的，由上级主管部门或者监察机关责令改正；情节严重的，对直接负责的主管人员和其他直接责任人员依法给予行政处分。

第五十五条 组织监督抽查的部门违反第十五条至二十五条规定，违规抽样的，由上级主管部门或者监察机关责令改正；情节严重或者拒不改正的，对直接负责的主管人员和其他直接责任人员依法给予行政处分。

检验机构有前款所列行为的，由组织监督抽查的部门责令改正；情节严重或者拒不改正的，由所在地质量技术监督部门处3万元以下罚款。

第五十六条 组织监督抽查的部门违反本办法第七条和第十七条规定，向被抽查企业收取费用或者超过规定的数量索取样品的，由上级主管部门或者监察机关按照《中华人民共和国产品质量法》第六十六条规定处理。

检验机构有前款所列行为的，由组织监督抽查的部门责令改正；情节严重或者拒不改正的，由所在地质量技术监督部门处3万元以下罚款；涉嫌犯罪的，移交司法机关处理。

第五十七条 参与监督抽查的产品质量监督部门及其工作人员，有下列违反法律、法规规定和有关纪律要求的情形，由组织监督抽查的部门或者上级主管部门和监察机关责令改正；情节严重或者拒不改正的，依法给予行政处分；涉嫌犯罪的，移交司法机关处理。

（一）违反第十条规定，擅自发布监督抽查信息；

（二）在开展抽样工作前事先通知被抽查企业；

（三）接受被抽查企业的馈赠；

（四）在实施监督抽查期间，与企业签订同类产品的有偿服务协议或者接受企业同种产品的委托检验；

（五）利用监督抽查结果参与有偿活动，开展产品推荐、评比活动，向被监督抽查企业发放监督抽查合格证书或牌匾；

（六）利用抽查工作之便牟取其他不正当利益。

检验机构有前款所列行为的，由组织监督抽查的部门责令改正；情节严重或者拒不改正的，由所在地质量技术监督部门处3万元以下罚款；涉嫌犯罪的，移交司法机关处理。

第五十八条 组织监督抽查的部门和承担监督抽查任务的检验机构，向社会推荐生产者的产品或者以监制、监销等方式参与产品生产经营活动的，按照《中华人民共和国产品质量法》第六十七条规定处理。

第五章 附 则

第五十九条 《中华人民共和国食品安全法》及其实施条例对食品监督抽查另有相关规定的，从其规定。

第六十条 国家监督抽查不合格产品生产企业注册地与实际经营地不在同一省（自治区、直辖市）的，可以由企业注册地的相应省级质量技术监督部门与企业实际经营地所在省级质量技术监督部门进行协商，共同开展处理工作。有关处理结果由企业注册所在地的省级质量技术监督部门负责汇总。

地方监督抽查不合格产品生产企业注册地与实际经营地不在同一市（地、州）的，可以参照上款规定，由相应的市级质量技术监督部门负责处理工作和处理结果汇总工作。

第六十一条 组织地方监督抽查中，发现不合格产品生产企业在其他省（自治区、直辖市）的，应当由本省（自治区、直辖市）质量技术监督部门移交企业所在地同级质量技术监督部门；在本省（自治区、直辖市）内的其他市（地、州）的，应当由市级质量技术监督部门移交企业所在地同级质量技术监督部门。

第六十二条 本办法由国家质检总局负责解释。

第六十三条 本办法自2011年2月1日起施行。2001年12月发布的《产品质量国家监督抽查管理办法》同时废止。

中华人民共和国卫生部
食品安全国家标准
食品添加剂使用标准

（GB2760—2011　2011年6月20日实施）

一、范围

本标准规定了食品添加剂的使用原则、允许使用的食品添加剂品种、使用范围及最大使用量或残留量。

二、术语和定义

2.1 食品添加剂

为改善食品品质和色、香、味，以及为防腐、保鲜和加工工艺的需要而加入食品中的人工合成或者天然物质。营养强化剂、食品用香料、胶基糖果中基础剂物质、食品工业用加工助剂也包括在内。

2.2 最大使用量

食品添加剂使用时所允许的最大添加量。

2.3 最大残留量

食品添加剂或其分解产物在最终食品中的允许残留水平。

2.4 食品工业用加工助剂

保证食品加工能顺利进行的各种物质，与食品本身无关。如助滤、澄清、吸附、脱模、脱色、脱皮、提取溶剂、发酵用营养物质等。

2.5 国际编码系统（INS）

食品添加剂的国际编码，用于代替复杂的化学结构名称表述。

2.6 中国编码系统（CNS）

食品添加剂的中国编码，由食品添加剂的主要功能类别（附录E）代码和在本功能类别中的顺序号组成。

三、食品添加剂的使用原则

3.1 食品添加剂使用时应符合以下基本要求：

a）不应对人体产生任何健康危害；

b）不应掩盖食品腐败变质；

c）不应掩盖食品本身或加工过程中的质量缺陷或以掺杂、掺假、伪造为目的而使用食品添加剂；

d）不应降低食品本身的营养价值；

e）在达到预期目的前提下尽可能降低在食品中的使用量。

3.2 在下列情况下可使用食品添加剂：

a）保持或提高食品本身的营养价值；

b）作为某些特殊膳食用食品的必要配料或成分；

c）提高食品的质量和稳定性，改进其感官特性；

d）便于食品的生产、加工、包装、运输或者贮藏。

3.3 食品添加剂质量标准

按照本标准使用的食品添加剂应当符合相应的质量规格要求。

3.4 带入原则

在下列情况下食品添加剂可以通过食品配料（含食品添加剂）带入食品中：

a）根据本标准，食品配料中允许使用该食品添加剂；

b）食品配料中该添加剂的用量不应超过允许的最大使用量；

c）应在正常生产工艺条件下使用这些配料，并且食品中该添加剂的含量不应超过由配料带入的水平；

d）由配料带入食品中的该添加剂的含量应明显低于直接将其添加到该食品中通常所需要的水平。

四、食品分类系统

食品分类系统用于界定食品添加剂的使用范围，只适用于本标准，见附录F。如允许某一食品添加剂应用于某一食品类别时，则允许其应用于该类别下的所有类别食品，另有规定的除外。

五、食品添加剂的使用规定

食品添加剂的使用应符合附录A的规定。

六、营养强化剂

营养强化剂的使用应符合GB14880和相关规定。

七、食品用香料

用于生产食品用香精的食品用香料的使用应符合附录B的规定。

八、食品工业用加工助剂

食品工业用加工助剂的使用应符合附录C 的规定。

九、胶基糖果中基础剂物质及其配料

胶基糖果中基础剂物质及其配料的使用应符合附录D的规定。

中华人民共和国卫生部
食品安全国家标准
食品中真菌毒素限量

（GB2761—2011　2011年10月20日实施）

一、范围

本标准规定了食品中黄曲霉毒素B1、黄曲霉毒素M1、脱氧雪腐镰刀菌烯醇、展青霉素、赭曲霉毒素A 及玉米赤霉烯酮的限量指标。

二、术语和定义

2.1 真菌毒素

真菌在生长繁殖过程中产生的次生有毒代谢产物。

2.2 可食用部分

食品原料经过机械手段（如谷物碾磨、水果剥皮、坚果去壳、肉去骨、鱼去刺、贝去壳等）去除非食用部分后，所得到的用于食用的部分。

注1：非食用部分的去除不可采用任何非机械手段（如粗制植物油精炼过程）。

注2：用相同的食品原料生产不同产品时，可食用部分的量依生产工艺不同而异。如用麦类加工麦片和全麦粉时，可食用部分按100%计算；加工小麦粉时，可食用部分按出粉率折算。

2.3 限量

真菌毒素在食品原料和（或）食品成品可食用部分中允许的最大含量水平。

三、应用原则

3.1 无论是否制定真菌毒素限量，食品生产和加工者均应采取控制措施，使食品中真菌毒素的含量达到最低水平。

3.2 本标准列出了可能对公众健康构成较大风险的真菌毒素，制定限量值的食品是对消费者膳食暴露量产生较大影响的食品。

3.3 食品类别（名称）说明（附录A）用于界定真菌毒素限量的适用范围，仅适用于本标准。当某种真菌毒素限量应用于某一食品类别（名称）时，则该食品类别（名称）为的所有类别食品均适用，有特别规定的除外。

3.4 食品中真菌毒素限量以食品通常的可食用部分计算，有特别规定的除外。

3.5 干制食品中真菌毒素限量以相应食品原料脱水率或浓缩率折算。脱水率或浓缩率可通过对食品的分析、生产者提供的信息以及其他可获得的数据信息等确定。

四、指标要求

4.1 黄曲霉毒素B_1

4.1.1 食品中黄曲霉毒素B_1限量指标见表1。

表1 食品中黄曲霉毒素B_1限量指标

食品类别（名称）	限量μg/千克
谷物及其制品	
玉米、玉米面（渣、片）及玉米制品	20
稻谷[a]、糙米、大米	10
小麦、大麦、其他谷物	5.0
小麦粉、麦片、其他去壳谷物	5.0
豆类及其制品	
发酵豆制品	5.0
坚果及籽类	
花生及其制品	20
其他熟制坚果及籽类	5.0
油脂及其制品	
植物油脂（花生油、玉米油除外）	10
花生油、玉米油	20
调味品	
酱油、醋、酿造酱（以粮食为主要原料）	5.0
特殊膳食用食品	
婴幼儿配方食品	
婴儿配方食品[b]	0.5（以粉状产品计）
较大婴儿和幼儿配方食品[b]	0.5（以粉状产品计）
特殊医学用途婴儿配方食品	0.5（以粉状产品计）
婴幼儿辅助食品	
婴幼儿谷类辅助食品	0.5

[a] 稻谷以糙米计。 [b] 以大豆及大豆蛋白制品为主要原料的产品。

4.1.2 检验方法：婴幼儿配方食品及婴幼儿辅助食品按GB 5009.24 规定的方法测定，其他食品按GB/T 18979 规定的方法测定。

4.2 黄曲霉毒素M_1

4.2.1 食品中黄曲霉毒素M1限量指标见表2。

表2 食品中黄曲霉毒素M_1限量指标

食品类别（名称）	限量μg/千克
乳及乳制品[a]	0.5
特殊膳食用食品	
婴儿配方食品[b]	0.5（以粉状产品计）
较大婴儿和幼儿配方食品[b]	0.5（以粉状产品计）
特殊医学用途婴儿配方食品	0.5（以粉状产品计）

[a] 乳粉按生乳折算。 [b] 以乳类及乳蛋白制品为主要原料的产品。

4.2.2 检验方法：婴幼儿配方食品按GB 5009.24 规定的方法测定，乳及乳制品按GB 5413.37规定的方法测定。

4.3 脱氧雪腐镰刀菌烯醇

4.3.1 食品中脱氧雪腐镰刀菌烯醇限量指标见表3。

表3 食品中脱氧雪腐镰刀菌烯醇限量指标

食品类别（名称）	限量μg/千克
谷物及其制品	
玉米、玉米面（渣、片）	1000
大麦、小麦、麦片、小麦粉	1000

4.3.2 检验方法：按GB/T 23503 规定的方法测定。

4.4 展青霉素

4.4.1 食品中展青霉素限量指标见表4。

表4 食品中展青霉素限量指标

食品类别（名称）	限量μg/千克
水果及其制品	
水果制品（果丹皮除外）	50
饮料类	
果蔬汁类	50
酒类	50
[a] 仅限于以苹果、山楂为原料制成的产品。	

4.4.2 检验方法：按GB/T 5009.185规定的方法测定。

4.5 赭曲霉毒素A

4.5.1 食品中赭曲霉毒素A 限量指标见表5。

表5 食品中赭曲霉毒素A限量指标

食品类别（名称）	限量μg/千克
谷物及其制品	
谷物[a]	5.0
谷物碾磨加工品	5.0
豆类及其制品	
豆类	5.0
[a] 稻谷以糙米计。	

4.5.2 检验方法：按GB/T 23502 规定的方法测定。

4.6 玉米赤霉烯酮

4.6.1 食品中玉米赤霉烯酮限量指标见表6。

表6 食品中玉米赤霉烯酮限量指标

食品类别（名称）	限量μg/千克
谷物及其制品	
小麦、小麦粉	60
玉米、玉米面（渣、片）	60

4.6.2 检验方法：按GB/T 5009.209 规定的方法测定。

中华人民共和国卫生部
食品安全国家标准
预包装食品标签通则

（GB7718—2011　2012年4月20日实施）

一、范围

本标准适用于直接提供给消费者的预包装食品标签和非直接提供给消费者的预包装食品标签。

本标准不适用于为预包装食品在储藏运输过程中提供保护的食品储运包装标签、散装食品和现制现售食品的标识。

二、术语和定义

2.1 预包装食品

预先定量包装或者制作在包装材料和容器中的食品，包括预先定量包装以及预先定量制作在包装材料和容器中并且在一定量限范围内具有统一的质量或体积标识的食品。

2.2 食品标签

食品包装上的文字、图形、符号及一切说明物。

2.3 配料

在制造或加工食品时使用的，并存在（包括以改性的形式存在）于产品中的任何物质，包括食品添加剂。

2.4 生产日期（制造日期）

食品成为最终产品的日期，也包括包装或灌装日期，即将食品装入（灌入）包装物或容器中，形成最终销售单元的日期。

2.5 保质期

预包装食品在标签指明的贮存条件下，保持品质的期限。在此期限内，产品完全适于销售，并保持标签中不必说明或已经说明的特有品质。

2.6 规格

同一预包装内含有多件预包装食品时，对净含量和内含件数关系的表述。

2.7 主要展示版面

预包装食品包装物或包装容器上容易被观察到的版面。

三、基本要求

3.1 应符合法律、法规的规定，并符合相应食品安全标准的规定。

3.2 应清晰、醒目、持久，应使消费者购买时易于辨认和识读。

3.3 应通俗易懂、有科学依据，不得标示封建迷信、色情、贬低其他食品或违背营养科学常识的内容。

3.4 应真实、准确，不得以虚假、夸大、使消费者误解或欺骗性的文字、图形等方式介绍食品，也不得利用字号大小或色差误导消费者。

3.5 不应直接或以暗示性的语言、图形、符号，误导消费者将购买的食品或食品的某一性质与另一产品混淆。

3.6 不应标注或者暗示具有预防、治疗疾病作用的内容，非保健食品不得明示或者暗示具有保健作用。

3.7 不应与食品或者其包装物（容器）分离。

3.8 应使用规范的汉字（商标除外）。具有装饰作用的各种艺术字，应书写正确，易于辨认。

3.8.1 可以同时使用拼音或少数民族文字，拼音不得大于相应汉字。

3.8.2 可以同时使用外文，但应与中文有对应关系（商标、进口食品的制造者和地址、国外经销者的名称和地址、网址除外）。所有外文不得大于相应的汉字(商标除外)。

3.9 预包装食品包装物或包装容器最大表面面积大于35cm^{2}时（最大表面面积计算方法见附录A），强制标示内容的文字、符号、数字的高度不得小于1.8mm。

3.10 一个销售单元的包装中含有不同品种、多个独立包装可单独销售的食品，每件独立包装的食品标识应当分别标注。

3.11 若外包装易于开启识别或透过外包装物能清晰地

识别内包装物（容器）上的所有强制标示内容或部分强制标示内容，可不在外包装物上重复标示相应的内容；否则应在外包装物上按要求标示所有强制标示内容。

四、标示内容

4.1 直接向消费者提供的预包装食品标签标示内容

4.1.1 一般要求

直接向消费者提供的预包装食品标签标示应包括食品名称、配料表、净含量和规格、生产者和（或）经销者的名称、地址和联系方式、生产日期和保质期、贮存条件、食品生产许可证编号、产品标准代号及其他需要标示的内容。

4.1.2 食品名称

4.1.2.1 应在食品标签的醒目位置，清晰地标示反映食品真实属性的专用名称。

4.1.2.1.1 当国家标准、行业标准或地方标准中已规定了某食品的一个或几个名称时，应选用其中的一个，或等效的名称。

4.1.2.1.2 无国家标准、行业标准或地方标准规定的名称时，应使用不使消费者误解或混淆的常用名称或通俗名称。

4.1.2.2 标示“新创名称”、“奇特名称”、“音译名称”、“牌号名称”、“地区俚语名称”或“商标名称”时，应在所示名称的同一展示版面标示4.1.2.1 规定的名称。

4.1.2.2.1 当“新创名称”、“奇特名称”、“音译名称”、“牌号名称”、“地区俚语名称”或“商标名称”含有易使人误解食品属性的文字或术语（词语）时，应在所示名称的同一展示版面邻近部位使用同一字号标示食品真实属性的专用名称。

4.1.2.2.2 当食品真实属性的专用名称因字号或字体颜色不同易使人误解食品属性时，也应使用同一字号及同一字体颜色标示食品真实属性的专用名称。

4.1.2.3 为不使消费者误解或混淆食品的真实属性、物理状态或制作方法，可以在食品名称前或食品名称后附加相应的词或短语。如干燥的、浓缩的、复原的、熏制的、油炸的、粉末的、粒状的等。

4.1.3 配料表

4.1.3.1 预包装食品的标签上应标示配料表，配料表中的各种配料应按4.1.2 的要求标示具体名称，食品添加剂按照4.1.3.1.4 的要求标示名称。

4.1.3.1.1 配料表应以“配料”或“配料表”为引导词。当加工过程中所用的原料已改变为其他成分（如酒、酱油、食醋等发酵产品）时，可用“原料”或“原料与辅料”代替“配料”、“配料表”，并按本标准相应条款的要求标示各种原料、辅料和食品添加剂。加工助剂不需要标示。

4.1.3.1.2 各种配料应按制造或加工食品时加入量的递减顺序一一排列；加入量不超过2%的配料可以不按递减顺序排列。

4.1.3.1.3 如果某种配料是由两种或两种以上的其他配料构成的复合配料（不包括复合食品添加剂），应在配料表中标示复合配料的名称，随后将复合配料的原始配料在括号内按加入量的递减顺序标示。当某种复合配料已有国家标准、行业标准或地方标准，且其加入量小于食品总量的25%时，不需要标示复合配料的原始配料。

4.1.3.1.4 食品添加剂应当标示其在GB 2760 中的食品添加剂通用名称。食品添加剂通用名称可以标示为食品添加剂的具体名称，也可标示为食品添加剂的功能类别名称并同时标示食品添加剂的具体名称或国际编码（INS号）（标示形式见附录B）。在同一预包装食品的标签上，

表1 配料标示方式

配料类别	标示方式
各种植物油或精炼植物油，不包括橄榄油	“植物油”或“精炼植物油”；如经过氢化处理，应标示为“氢化”或“部分氢化”
各种淀粉，不包括化学改性淀粉	“淀粉”
加入量不超过2%的各种香辛料或香辛料浸出物(单一的或合计的)	“香辛料”、“香辛料类”或“复合香辛料”
胶基糖果的各种胶基物质制剂	“胶姆糖基础剂”、“胶基”
添加量不超过10%的各种果脯蜜饯水果	“蜜饯”、“果脯”
食用香精、香料	“食用香精”、“食用香料”、“食用香精香料”

应选择附录B 中的一种形式标示食品添加剂。当采用同时标示食品添加剂的功能类别名称和国际编码的形式时，若某种食品添加剂尚不存在相应的国际编码，或因致敏物质标示需要，可以标示其具体名称。食品添加剂的名称不包括其制法。加入量小于食品总量25%的复合配料中含有的食品添加剂，若符合GB 2760 规定的带入原则且在最终产品中不起工艺作用的，不需要标示。

4.1.3.1.5 在食品制造或加工过程中，加入的水应在配料表中标示。在加工过程中已挥发的水或其他挥发性配料不需要标示。

4.1.3.1.6 可食用的包装物也应在配料表中标示原始配料，国家另有法律法规规定的除外。

4.1.3.2 下列食品配料，可以选择按表1 的方式标示。

4.1.4 配料的定量标示

4.1.4.1 如果在食品标签或食品说明书上特别强调添加了或含有一种或多种有价值、有特性的配料或成分，应标示所强调配料或成分的添加量或在成品中的含量。

4.1.4.2 如果在食品的标签上特别强调一种或多种配料或成分的含量较低或无时，应标示所强调配料或成分在成品中的含量。

4.1.4.3 食品名称中提及的某种配料或成分而未在标签上特别强调，不需要标示该种配料或成分的添加量或在成品中的含量。

4.1.5 净含量和规格

4.1.5.1 净含量的标示应由净含量、数字和法定计量单位组成（标示形式参见附录C）。

4.1.5.2 应依据法定计量单位，按以下形式标示包装物（容器）中食品的净含量：

a）液态食品，用体积升（L）、毫升（mL），或用质量克（g）、千克（kg）；

b）固态食品，用质量克（g）、千克（kg）；

c）半固态或黏性食品，用质量克（g）、千克（kg）或体积升（L）、毫升（mL）。

4.1.5.3 净含量的计量单位应按表2 标示。

表2 净含量计量单位的标示方式

计量方式	净含量（Q）的范围	计量单位
体积	Q < 1000mL Q ≥ 1000mL	毫升（mL） 升（L）
质量	Q < 1000g Q ≥ 1000g	克（g） 千克（kg）

4.1.5.4 净含量字符的最小高度应符合表3 的规定。

表3 净含量字符的最小高度

净含量（Q）的范围	字符的最小高度mm
Q ≤ 50mL；Q ≤ 50g	2
50mL < Q ≤ 200mL；50g < Q ≤ 200g	3
200mL < Q ≤ 1L；200g < Q ≤ 1 kg	4
Q> 1kg；Q>1L	6

4.1.5.5 净含量应与食品名称在包装物或容器的同一展示版面标示。

4.1.5.6 容器中含有固、液两相物质的食品，且固相物质为主要食品配料时，除标示净含量外，还应以质量或质量分数的形式标示沥干物（固形物）的含量（标示形式参见附录C）。

4.1.5.7 同一预包装内含有多个单件预包装食品时，大包装在标示净含量的同时还应标示规格。

4.1.5.8 规格的标示应由单件预包装食品净含量和件数组成，或只标示件数，可不标示“规格”二字。单件预包装食品的规格即指净含量（标示形式参见附录C）。

4.1.6 生产者、经销者的名称、地址和联系方式

4.1.6.1 应当标注生产者的名称、地址和联系方式。生产者名称和地址应当是依法登记注册、能够承担产品安全质量责任的生产者的名称、地址。有下列情形之一的，应按下列要求予以标示。

4.1.6.1.1 依法独立承担法律责任的集团公司、集团公司的子公司，应标示各自的名称和地址。

4.1.6.1.2 不能依法独立承担法律责任的集团公司的分公司或集团公司的生产基地，应标示集团公司和分公司（生产基地）的名称、地址；或仅标示集团公司的名称、

地址及产地，产地应当按照行政区划标注到地市级地域。

4.1.6.1.3 受其他单位委托加工预包装食品的，应标示委托单位和受委托单位的名称和地址；或仅标示委托单位的名称和地址及产地，产地应当按照行政区划标注到地市级地域。

4.1.6.2 依法承担法律责任的生产者或经销者的联系方式应标示以下至少一项内容：电话、传真、网络联系方式等，或与地址一并标示的邮政地址。

4.1.6.3 进口预包装食品应标示原产国国名或地区区名（如香港、澳门、台湾），以及在中国依法登记注册的代理商、进口商或经销者的名称、地址和联系方式，可不标示生产者的名称、地址和联系方式。

4.1.7 日期标示

4.1.7.1 应清晰标示预包装食品的生产日期和保质期。如日期标示采用"见包装物某部位"的形式，应标示所在包装物的具体部位。日期标示不得另外加贴、补印或篡改（标示形式参见附录C）。

4.1.7.2 当同一预包装内含有多个标示了生产日期及保质期的单件预包装食品时，外包装上标示的保质期应按最早到期的单件食品的保质期计算。外包装上标示的生产日期应为最早生产的单件食品的生产日期，或外包装形成销售单元的日期；也可在外包装上分别标示各单件装食品的生产日期和保质期。

4.1.7.3 应按年、月、日的顺序标示日期，如果不按此顺序标示，应注明日期标示顺序（标示形式参见附录C）。

4.1.8 贮存条件

预包装食品标签应标示贮存条件（标示形式参见附录C）。

4.1.9 食品生产许可证编号

预包装食品标签应标示食品生产许可证编号的，标示形式按照相关规定执行。

4.1.10 产品标准代号

在国内生产并在国内销售的预包装食品（不包括进口预包装食品）应标示产品所执行的标准代号和顺序号。

4.1.11 其他标示内容

4.1.11.1辐照食品

4.1.11.1.1 经电离辐射线或电离能量处理过的食品，应在食品名称附近标示"辐照食品"。

4.1.11.1.2 经电离辐射线或电离能量处理过的任何配料，应在配料表中标明。

4.1.11.2 转基因食品

转基因食品的标示应符合相关法律、法规的规定。

4.1.11.3 营养标签

4.1.11.3.1 特殊膳食类食品和专供婴幼儿的主辅类食品，应当标示主要营养成分及其含量，标示方式按照GB 13432 执行。

4.1.11.3.2 其他预包装食品如需标示营养标签，标示方式参照相关法规标准执行。

4.1.11.4 质量（品质）等级

食品所执行的相应产品标准已明确规定质量(品质)等级的，应标示质量(品质)等级。

4.2 非直接提供给消费者的预包装食品标签标示内容

非直接提供给消费者的预包装食品标签应按照4.1 项下的相应要求标示食品名称、规格、净含量、生产日期、保质期和贮存条件，其他内容如未在标签上标注，则应在说明书或合同中注明。

4.3 标示内容的豁免

4.3.1 下列预包装食品可以免除标示保质期：酒精度大于等于10%的饮料酒；食醋；食用盐；固态食糖类；味精。

4.3.2 当预包装食品包装物或包装容器的最大表面面积小于10cm2 时（最大表面面积计算方法见附录A），可以只标示产品名称、净含量、生产者（或经销商）的名称和地址。

4.4 推荐标示内容

4.4.1 批号

根据产品需要，可以标示产品的批号。

4.4.2 食用方法

根据产品需要，可以标示容器的开启方法、食用方法、烹调方法、复水再制方法等对消费者有帮助的说明。

4.4.3 致敏物质

4.4.3.1 以下食品及其制品可能导致过敏反应，如果用作配料，宜在配料表中使用易辨识的名称，或在配料表邻近位置加以提示：

a）含有麸质的谷物及其制品（如小麦、黑麦、大麦、燕麦、斯佩耳特小麦或它们的杂交品系）；

b）甲壳纲类动物及其制品（如虾、龙虾、蟹等）；

c）鱼类及其制品；

d）蛋类及其制品；

e）花生及其制品；

f）大豆及其制品；

g）乳及乳制品（包括乳糖）；

h）坚果及其果仁类制品。

4.4.3.2 如加工过程中可能带入上述食品或其制品，宜在配料表临近位置加以提示。

五、其他

按国家相关规定需要特殊审批的食品，其标签标识按照相关规定执行。

中华人民共和国卫生部
食品安全国家标准
复配食品添加剂通则

（GB26687—2011　2011年9月5日实施）

一、范围

本标准适用于除食品用香精和胶基糖果基础剂以外的所有复配食品添加剂。

二、术语和定义

2.1 复配食品添加剂

为了改善食品品质、便于食品加工，将两种或两种以上单一品种的食品添加剂，添加或不添加辅料，经物理方法混匀而成的食品添加剂。

2.2 辅料

为复配食品添加剂的加工、贮存、溶解等工艺目的而添加的食品原料。

三、命名原则

3.1 由单一功能且功能相同的食品添加剂品种复配而成的，应按照其在终端食品中发挥的功能命名。即“复配”＋“GB2760 中食品添加剂功能类别名称”，如：复配着色剂、复配防腐剂等。

3.2 由功能相同的多种功能食品添加剂，或者不同功能的食品添加剂复配而成的，可以其在终端食品中发挥的全部功能或者主要功能命名，即“复配”＋　“GB2760 中食品添加剂功能类别名称”，也可以在命名中增加终端食品类别名称，即“复配”＋　“食品类别”＋“GB2760 中食品添加剂功能类别名称”。

四、要求

4.1 基本要求

4.1.1 复配食品添加剂不应对人体产生任何健康危害。

4.1.2 复配食品添加剂在达到预期的效果下，应尽可能降低在食品中的用量。

4.1.3 用于生产复配食品添加剂的各种食品添加剂，应符合GB2760 和卫生部公告的规定，具有共同的使用范围。

4.1.4 用于生产复配食品添加剂的各种食品添加剂和辅料，其质量规格应符合相应的食品安全国家标准或相关标准。

4.1.5 复配食品添加剂在生产过程中不应发生化学反应，不应产生新的化合物。

4.1.6 复配食品添加剂的生产企业应按照国家标准和相关标准组织生产，制定复配食品添加剂的生产管理制度，明确规定各种食品添加剂的含量和检验方法。

4.2 感官要求：应符合表1 的规定

4.3 有害物质控制

4.3.1 根据复配的食品添加剂单一品种和辅料的食品安全国家标准或相关标准中对铅、砷等有害物质的要求，按照加权计算的方法由生产企业制定有害物质的限量并进

表1 感官要求

要求	检验方法
不应有异味、异臭，不应有腐败及霉变现象，不应有视力可见的外来杂质	取适量被测样品于无色透明的容器或白瓷盘中，置于明亮处，观察形态、色泽，并在室温下嗅其气味。

表2 有害物质限量要求

项目	指标	检测方法
砷（以As 计），（mg/kg)≤	2.0	GB/T 5009.76
铅（Pb），（mg/kg）≤	2.0	GB/T 5009.75

行控制。终产品中相应有害物质不得超过限量。

例如：某复配食品添加剂由A、B和C三种食品添加剂单一品种复配而成，若该复配食品添加剂的铅限量值为d，数值以毫克每千克（mg/kg）表示，按公式（1）计算：

$$d = a\times a_1+b\times b_1+c\times c_1 \quad (1)$$

式中：

a—A的食品安全国家标准中铅限量，单位为毫克每千克（mg/kg）；

b—B的食品安全国家标准中铅限量，单位为毫克每千克（mg/kg）；

c—C的食品安全国家标准中铅限量，单位为毫克每千克（mg/kg）；

a_1—A在复配产品所占比例，%；

b_1—B在复配产品所占比例，%；

c_1—C在复配产品所占比例，%。

其中，$a_1+b_1+c_1=100\%$ 。

4.3.2 若参与复配的各单一品种标准中铅、砷等指标不统一，无法采用加权计算的方法制定有害物质限量值，则应采用表2中安全限量值控制产品中的有害物质。

4.4 致病性微生物控制

根据所有复配的食品添加剂单一品种和辅料的食品安全国家标准或相关标准，对相应的致病性微生物进行控制，并在终产品中不得检出。

五、标识

5.1 复配食品添加剂产品的标签、说明书应当标明下列事项：

a）产品名称、商品名、规格、净含量、生产日期；

b）各单一食品添加剂的通用名称、辅料的名称，进入市场销售和餐饮环节使用的复配食品添加剂还应标明各单一食品添加剂品种的含量；

c）生产者的名称、地址、联系方式；

d）保质期；

e）产品标准代号；

f）贮存条件；

g）生产许可证编号；

h）使用范围、用量、使用方法；

i）标签上载明“食品添加剂”字样，进入市场销售和餐饮环节使用复配食品添加剂应标明“零售”字样；

j）法律、法规要求应标注的其他内容。

5.2 进口复配食品添加剂应有中文标签、说明书，除标识上述内容外还应载明原产地以及境内代理商的名称、地址、联系方式，生产者的名称、地址、联系方式可以使用外文，可以豁免标识产品标准代号和生产许可证编号。

5.3 复配食品添加剂的标签、说明书应当清晰、明显，容易辨识，不得含有虚假、夸大内容，不得涉及疾病预防、治疗功能。

国务院食品安全委员会办公室关于进一步加强酒类质量安全工作的通知

（食安办〔2011〕23号）

各省、自治区、直辖市人民政府，国务院食品安全委员会各成员单位：

根据国务院办公厅《关于印发2011年食品安全重点工作的通知》（国办发〔2011〕12号）有关要求，为进一步加强酒类质量安全监管，保障消费者身体健康和生命安全，促进酒类产业健康发展，经国务院食品安全委员会领导同志同意，现就有关事项通知如下：

一、严格落实各环节监管制度，强化全过程监管

（一）严格酒类生产环节监管。质检部门要严把酒类生产许可关，从严审核新建酒类生产企业，依法关停不符合生产许可条件的企业。完善酒类生产许可相关规定，严禁酒类非法分装，对使用外购原酒加工灌装的企业进一步严格许可条件，并将其列为生产许可证单独审核项目。加强日常监管，制定监督检查操作规范，全面检查原料采储、生产记录、出厂检验、生产环境条件等，严厉查处打击使用工业酒精等非食用物质以及滥用甜味剂、色素等食品添加剂违法行为。对主要原料无进货记录或原料数量与据产品数量测算所需原料数量明显不符的酒类生产企业，一律严肃追查，依法严惩制售假冒伪劣行为。重点开展对使用外购原酒加工灌装企业的专项检查，加强对外购原酒来源和质量安全的监管；对进口原酒要核查进口单证、检验检疫机构出具的卫生证书等有关文件，并重点核查出厂销售数量与进口原酒数量是否相符、出厂产品标签与进口原酒信息是否一致，严厉打击弄虚作假行为。

（二）严格流通环节监管。工商部门要严格酒类经营主体市场准入，细化和完善相关流通许可制度，依法查处取缔无证无照酒类经营者。加大市场巡查力度，督促酒类经营者认真查验供货者的许可证、营业执照和酒类产品合格证等文件，并做好相关记录，从严惩处违法经营行为。举办酒类相关交易会、展销会、博览会等活动的地方政府和主办单位，要严格审核参展单位资格，实施全程驻场监管，严厉查处在会展场所内及周边展售假冒伪劣酒类产品的行为。

（三）严格餐饮服务环节监管。食品药品监管部门要组织开展餐饮服务环节酒类产品专项整治，对餐饮服务单位外购及自酿或调配的酒类产品进行全面检查。督促餐饮服务单位切实加强酒类产品采购管理，严格执行索证索票和进货查验制度。对不落实索证索票、进货查验制度，以及采购、销售和使用来源不明、超过保质期限和假冒伪劣酒类产品的单位，依法从严处罚。

（四）严格进出口环节监管。海关、质检等部门要强化酒类进口监管。严厉打击酒类走私行为，规范进口酒类申报，充实价格信息等资料，查处原产地瞒骗等不法行为。加强监督检验和标签核对，对检验不合格、标签不规范的产品依法采取监督销毁、退运、技术整改等处理措施。对从事酒类进口业务的境内外企业和个人实施备案管理，进一步明确相关资质要求，督促进口酒收货人建立进口和销售记录。加强酒类出口企业备案管理，严格监督检验和产地核查，防止不合格酒类产品出口。

（五）强化重点部位监管。工商、质检、食品药品监管等部门要加大对酒类生产加工小作坊、专营店、批发市场、酒吧等重点场所的监管力度，严厉查处制售假冒伪劣酒类产品的行为。对酒类生产加工小作坊相对集中的地区，当地政府要认真组织开展专项整治。各市、县政府重点加强对农村和城乡结合部的监督巡查，切实防止其成为假冒伪劣酒类产品的生产、经营集散地。

二、加强检验检测和监测评估，健全追溯体系

（一）加强检验检测。各地区、各有关部门要加大对生产、流通、餐饮服务环节酒类产品质量安全抽检范围

和频次，强化对重点地区、重点企业及甲醇、游离二氧化硫、糖精钠、甜蜜素、苯甲酸、色素等重点指标的监督抽检，严格落实随机抽检制度，逐步推行异地检验，督促企业严格落实出厂检验制度。研究推广假冒伪劣酒类产品鉴别检测技术，完善酒类生产用菌种鉴定技术。

（二）做好风险监测评估。卫生部要会同有关部门将酒类列为国家食品安全风险监测计划重点内容，加强对白酒、葡萄酒、黄酒等生产加工过程产生的氨基甲酸乙酯、生物胺等物质的风险监测和评估，并根据监测和监督检查情况及时调整监测范围和重点。

（三）完善酒类安全标准。卫生部要抓紧修订《蒸馏酒及其配制酒》、《发酵酒及其配制酒》等食品安全国家标准以及葡萄酒等酒类生产卫生规范，研究制定氨基甲酸乙酯等限量和检测方法标准。开展酒类食品添加剂使用标准跟踪评估，完善添加剂使用管理规定。

（四）健全质量安全追溯体系。有关部门要强化各环节查验、记录的衔接，提高可追溯性。建立全国统一的酒类生产经营单位信息数据库，以白酒和葡萄酒为重点，开展酒类电子追溯体系建设试点工作，逐步实现从原料采购、生产、仓储、运输、批发到销售终端的全程有效监管，实现酒类产品来源可追溯、去向可查证、责任可追究，确保在各个环节都能快速辨别产品真伪。

三、加大侦办惩处力度，严厉打击制假售假行为

（一）有效堵塞制假原料来源。各地区、各有关部门要严格原酒流通管理，严禁向不具备酒类生产经营资质的单位销售原酒。加强对酒类包装材料生产企业的监督管理，全面清理取缔不具备相关资质的酒类包装材料生产、印刷单位，严厉打击生产假冒酒类产品包装、标签等违法行为。餐饮服务经营者不得将废旧酒瓶、瓶盖、外包装等销售给不具备再生资源回收资质的经营单位和个人，销售时必须查验营业执照等相关证照、留存复印件，并详细记录销售品种、数量等信息。餐饮服务经营者、再生资源回收经营者不得向制售假冒伪劣酒类产品的单位和个人销售废旧酒瓶、瓶盖、外包装等。

（二）严厉打击非法制售行为。在省级人民政府统一领导下，各市、县由政府分管负责同志牵头，统筹协调有关部门，严格落实责任，分片包干，全面彻底清剿无证生产酒类产品和非法制售假冒伪劣酒类产品的“黑窝点”；严厉查处假冒注册商标、企业名称、认证标志、名优标志、产地、年份，以及擅自使用知名商品特有的或与其近似的名称、包装、装潢等违法行为；严厉打击在酒类生产经营中以“国家机关特供”、“军队特供”等名义进行虚假宣传的行为。要高度重视社会举报和案件通报线索，全面核清原辅材料来源、产品销售去向，及时通报有关地区开展追查工作，查清违法犯罪链条，严厉惩处包材印制、原料提供、生产加工、储存运输、流通销售等各个环节的违法犯罪分子。对辖区内长期存在非法制售窝点未及时查处的，要依法严肃追究分片包干责任人和政府分管领导责任。严密监测、坚决打击通过互联网方式销售假冒伪劣酒类产品的行为。鼓励酒类生产企业与政府监管部门共同研发、推广假酒鉴别技术，联合开展打假行动。

（三）加大惩处震慑力度。各级监管部门对制售假冒伪劣酒类产品的生产经营者要按照法定幅度的上限实施处罚，并向社会公布违法单位和个人信息及处罚结果，涉嫌犯罪的要及时移送公安机关，严禁以罚代刑。各地公安机关和有关部门要相互支持，密切配合，提高调查取证和刑事立案效率，严厉追究制售假冒伪劣酒类产品违法犯罪分子的刑事责任，对重大犯罪案件公安部要挂牌督办。各地区要细化完善假冒伪劣酒类产品投诉赔偿监督机制，特别要对酒吧、酒类专营店、批发市场、大型餐饮服务单位等销售量大的单位加大监督力度，明确监督员和监督电话，及时受理消费者投诉，依法严格监督落实“假一赔十”规定。酒类相关交易会、展销会、博览会出现严重制假售假问题的，要对举办地、举办方进行通报批评，并取消该地区举办类似活动的资格。酒类生产企业有制售假冒伪劣行为的，在严厉查处问题品牌产品的同时，还要依法暂停该企业所有品牌产品销售并向社会公告，经查明情况并批批检验合格后方可继续销售。

四、严格落实各方责任，强化保障政策措施

（一）落实企业责任。强化酒类生产经营者的食品安全主体责任。酒类生产经营者要建立完善质量安全控制体系，依法严格执行进货查验、生产经营记录、过程控制、检验检测和自查自纠等制度。加强从业人员培训，强化法制观念，树立责任意识和诚信意识。建立酒类产品安全控制关键岗位责任制，依法配备食品安全管理人员，明确其为质量安全直接责任人。酒类经营者应严格落实不向未成年人售酒的规定，并在经营场所明显位置设置相关标识。加快推进酒类生产经营企业诚信体系建设，抓紧建立酒类生产经营单位、进出口商的信用档案，对有失信记录的单位和个人要加强监管，将其纳入“黑名单”向社会公示，对有过食品安全犯罪和严重失信记录的要依法实行行业禁

入。强化行业协会作用，促进行业自律，开展“放心酒”示范店建设。

（二）加强组织领导。地方各级政府要将酒类监管列为食品安全监管工作的重要内容，切实加大人力、物力和经费投入，保障监管工作需要。公安、商务、卫生、海关、工商、质检、食品药品监管等有关部门要认真履行职责，密切协调配合。各级食品安全综合协调机构要加强综合协调和督查指导。监察机关要加大行政监察和问责力度，对监管不力、失职渎职等行为要严肃追究责任。

（三）完善保障政策。各地区、各有关部门要根据《产业结构调整指导目录》等产业政策，从严审核白酒生产企业新扩建项目。工业和信息化等部门要加快制定实施葡萄酒产业发展规划和行业准入条件，合理规划葡萄酒产业布局，推进酿酒葡萄种植规模化，加强葡萄育种、采后处理等技术研发和优良品种推广。商务部门要加强酒类流通行业管理，完善酒类经营者备案登记和酒类流通随附单制度，鼓励酒类连锁经营，建设现代物流配送体系，强化酒类市场运行监测和酒类进口统计分析。工商部门要研究制定进一步严格酒类商标注册管理的具体措施和办法。质检部门要完善我国酒类地理标志和原产地命名制度。

（四）强化社会监督。充分发挥社会监督作用，鼓励酒类企业从业人员、假冒伪劣酒类产品生产销售人员等主动提供线索。各地区、各有关部门要完善举报奖励制度，加大奖励力度，有效保护举报人。积极支持新闻媒体对酒类行业的舆论监督，畅通信息交流渠道，高度重视媒体反映的制售假冒伪劣酒类产品新闻线索，及时核查并回应社会关切。

（五）深入科普宣教。各地区、各有关部门要通过多种形式，向酒类生产经营者、餐饮服务经营者以及从业人员广泛宣传相关法规标准、假冒伪劣酒类产品危害以及惩处措施，开展案例警示，使其知法守法，自觉规范生产经营行为。积极向公众普及食品安全知识和识别假酒常识，切实提高广大群众识假辨假和防范风险的意识和能力，倡导健康饮酒、文明饮酒的良好风气。

国务院食品安全委员会办公室
二〇一一年六月九日

中国国家认证认可监督管理委员会
出口食品生产企业安全卫生要求

（认监委2011年第23号公告　2011年10月1日实施）

第一条 为规范出口食品生产企业的安全卫生管理，提高食品的安全卫生质量水平，根据《中华人民共和国食品安全法》及其实施条例、国际食品法典委员会《食品卫生通用规范》等有关规定，制定本要求。本要求是对出口食品生产企业在食品安全卫生方面的一般性原则和规定。

第二条 申请出口备案的食品生产、加工、储存企业（以下简称出口食品生产企业）应依照国家和相关进口国（地区）法律、法规及食品安全卫生标准进行生产、加工、储存、运输等，并遵守以下基本原则：

（一）承担食品安全的主体责任；

（二）建立和实施以危害分析和预防控制措施为核心的食品安全卫生控制体系，并保证体系有效运行；

（三）保留食品链的食品安全信息，保持产品的可追溯性；

（四）配备与生产相适应的专业技术人员和卫生质量管理人员；

（五）评估生产过程中存在的人为故意污染风险及可能的突发问题，建立预防性控制措施，必要时实施食品防护计划；

（六）建立诚信机制，确保提供的资料和信息真实有效。

第三条 出口食品生产企业应建立并有效运行食品安全卫生控制体系，并达到如下要求：

（一）分析产品的来源、预期用途、包装方式、消费方式及产品工艺流程等信息，识别食品本身和生产加工过程中可能存在的危害，采取相应的预防控制措施；对影响食品安全卫生的关键工序，应制定明确的操作规程，保证控制有效、及时纠正偏差、持续改进不足，做好记录；

（二）建立并有效执行原辅料、食品添加剂、食品相关产品的合格供应商评价程序；

（三）建立并有效执行食品加工卫生控制程序，确保加工用水（冰）、食品接触表面、加工操作卫生、人员健康卫生、卫生间设施、外来污染物、虫害防治、有毒有害物质等处于受控状态，并记录；

（四）建立并有效执行产品追溯系统，准确记录并保持食品链相关食品安全信息和批次、标识信息，实现产品追溯的完整性和有效性；

（五）建立并有效执行产品召回制度，确保出厂产品在出现安全卫生质量问题时及时发出警示，必要时召回；

（六）建立并有效执行对不合格品的控制制度，包括不合格品的标识、记录、评价、隔离和处置等内容；

（七）建立并有效执行加工设备、设施的维护程序，保证加工设备、设施满足生产加工的需要；

（八）建立并有效执行员工培训计划并做好培训记录，保证不同岗位的人员熟练完成本职工作；

（九）建立管理体系内部审核制度，持续完善改进企业的安全卫生控制体系；

（十）对反映产品安全卫生控制情况的有关记录，应制定并执行标记、收集、编目、归档、存储、保管和处理等管理规定。所有记录应真实、准确、规范并具有可追溯性，保存期不少于2年。

第四条 列入必须实施危害分析与关键控制点（HACCP）体系验证的出口食品生产企业范围的出口食品生产企业，应按照国际食品法典委员会《HACCP体系及其应用准则》的要求建立和实施HACCP体系。

第五条 出口食品生产企业应保证其生产和管理人员适合其岗位需要，并符合下列要求：

（一）进入生产区域应保持良好的个人清洁卫生和操作卫生；进入车间时应更衣、洗手、消毒；工作服、帽和鞋应消毒并保持清洁卫生；

（二）与食品生产相关的人员应经体检合格后方可上岗并每年进行健康检查，凡出现伤口感染或者患有可能污染食品的皮肤病、消化道疾病或呼吸道疾病者，应立即报告其症状或疾病，不得继续工作；

（三）从事监督、指导、员工培训的卫生质量管理人员，应熟悉国家和相关进口国（地区）的相关法律法规、食品安全卫生标准，具备适应其工作相关的资质和能力，考核合格后方可上岗。

第六条 出口食品生产企业的厂区环境应避免污染，并符合下列要求：

（一）企业选址应远离有毒有害场所及其他污染源，其设计和建造应避免形成污垢聚集、接触有毒材料，厂区内不得兼营、生产、存放有碍食品卫生的其他产品；

（二）生产区域宜与非生产区域隔离，否则应采取有效措施使得生产区域不会受到非生产区域污染和干扰；

（三）建有与生产能力相适应并符合卫生要求的原料、辅料、成品、化学物品和包装物料的储存设施，以及污水处理、废弃物和垃圾暂存等设施；

（四）主要道路应铺设适于车辆通行的硬化路面（如混凝土或沥青路面等），路面平整、无积水、无积尘；

（五）避免存有卫生死角和蚊蝇孳生地，废弃物和垃圾应用防溢味、不透水、防腐蚀的容器具盛放和运输，放置废弃物和垃圾的场所应保持整洁，废弃物和垃圾应及时清理出厂；

（六）卫生间应有冲水、洗手、防蝇、防虫、防鼠设施，保持足够的自然通风或机械通风，保持清洁、无异味；

（七）排水系统应保持畅通、无异味；

（八）应有防鼠、防虫蝇设施，不得使用有毒饵料；不宜饲养与生产加工无关的动物，为安全目的饲养的犬只等不得进入生产区域；

（九）生产中产生的废水、废料、烟尘的处理和排放应符合国家有关规定。

第七条 食品生产加工车间及设施均应设置合理，易于进行适当的维护和清洗，与食品接触的物品、装置和设备表面均应保持清洁、光滑，以合适的频次进行有效清洗和消毒，并符合下列要求：

（一）车间的面积、高度应与生产能力和设备的安置相适应，满足所加工的食品工艺流程和加工卫生要求；车间地面应用防滑、密封性好、防吸附、易清洗的无毒材料修建，具有便于排水和清洗的构造，保持清洁、无积水，确保污水从清洁区域流向非清洁区域；车间出口及与外界连通处应有防鼠、防虫蝇措施；

（二）车间内墙面、门窗应用浅色、密封性好、防吸附、易清洗的无毒材料修建，保持清洁、光滑，必要时应消毒，可开启的窗户应装有防虫蝇窗纱；

（三）车间屋顶或者天花板及架空构件应能防止灰尘、霉斑和冷凝水的形成以及脱落，保持清洁；

（四）车间内应具备充足的自然或人工照明，光线以不改变被加工物的本色为宜，光线强度应能保证生产、检验各岗位正常操作；固定的照明设施应具有保护装置，防止碎片落入食品；

（五）在有温度、湿度控制要求的工序和场所安装温湿度显示装置；

（六）车间应具有适宜的自然或机械通风设施，保持车间内通风良好。进排风系统在设计和建造上应便于维护和清洁，使空气从高清洁区域流向低清洁区域；

（七）在车间内适当的地点设足够数量的洗手、消毒、干手设备或者用品、鞋靴消毒设施，洗手水龙头应为非手动开关，必要时车间还应供应用于洗手的适宜温度热水；

（八）设有与车间连接并与员工数量相适应的更衣室，不同清洁要求的区域设有单独的更衣室，视需要设立符合卫生要求的卫生间，更衣室和卫生间应保持清洁卫生、无异味，其设施和布局应避免对车间造成污染；

（九）车间内宜有独立区域用于食品容器和工器具的清洗消毒，防止清洗消毒区域对加工区域的污染，清洗消毒设施应易于清洁，具有充分的水供应和排水能力，必要时供应热水；

（十）与食品接触的设备和容器（一次性使用的容器和包装除外），应用耐腐蚀、防锈、防吸附、易清洗的无毒材料制成，其构造应易于清洗消毒，摆放整齐并维护良好；

（十一）盛装废弃物及非食用产品的容器应由防渗透材料制成并予以特别标明。盛装化学物质的容器应标识，必要时上锁；

（十二）应设有充分的污水排放系统并保持通畅，应设有适宜的废弃物处理设施，避免其污染食品或生产加工用水；

（十三）原辅料库应满足储存要求，保持卫生和整洁，必要时控制温度和湿度；不同原辅料分别存放，避免受到损坏和污染。

第八条 生产加工用水（包括冰、蒸汽）应确保安全卫生，并符合以下要求：

（一）属于城市供水的，应按当地卫生行政部门要求每年检测并取得官方出具的检测合格证明；

（二）属于自备水源的，应在使用前经当地卫生行政部门检测合格；使用中应至少每半年检测一次并取得官方出具的检测合格证明；

（三）进口国（地区）对水质有明确要求的，按相关要求执行；

（四）储水设施、输水管道应用无毒材料制成，出水口应有防止回流的装置。储水设施应建在无污染区域，定期清洗消毒，并加以防护；

（五）非生产加工用水应在充分标识的独立系统中循环，不得进入生产加工用水系统。

第九条 出口食品生产企业应采取有效措施保证原辅料、食品添加剂、食品相关产品的安全性，符合下列要求：

（一）根据原辅料特性，应避免其初级生产过程中受到环境污染物、农业投入品、化学物质、有害生物和动植物病害等污染；

（二）应采购、使用符合安全卫生规定要求的原辅料、食品添加剂、食品相关产品，要求供应商提供许可证和产品合格证明文件，并对供应商进行全面评价；对无法提供合格证明文件的食品原辅料，应依照食品安全标准进行检验；

（三）二次加工的动物源性原料应来自检验检疫机构备案的出口食品生产企业；

（四）不改变食品性状或仅进行简单切割、不使用其他物理或化学方法处理食品的分包装出口食品生产企业，其原料应来自检验检疫机构备案的出口食品生产企业；

（五）进口原辅料应提供有效的出口国（地区）证明文件及检验检疫机构出具的进口检验合格证明；

（六）应建立食品原辅料、食品添加剂、食品相关产品进货查验记录制度，如实记录其名称、规格、数量、供货者名称及联系方式、进货日期等内容；食品的原辅料、食品添加剂、食品相关产品经进厂验收合格后方准使用；超过保质期的原辅料、食品添加剂、食品相关产品不得用于食品生产，非食品用途的物质不得用于食品生产；

（七）应依照国家和相关进口国（地区）标准中食品添加剂的品种、使用范围、用量的规定使用食品添加剂。

第十条 食品生产加工过程应防止交叉污染，确保产品适合消费者食用，并符合下列要求：

（一）加工工艺应设计合理，防止交叉污染；根据加工工艺和产品特性，通过物理分隔或时间交错，将不同清洁卫生要求的区域分开设置，控制加工区域人流、物流方向，防止交叉污染；

（二）根据加工工艺、产品特性和预期消费方式，控制加工时间、产品温度和车间的环境温度，保证温度测量装置的准确性并定期进行校准；

（三）应对速冻、冷藏、冷却、热处理、干燥、辐照、化学保藏、真空或改良空气包装等与食品安全卫生密切相关的特殊加工环节进行有效控制，应有科学的依据或国际公认的标准证明该环节采取的措施能够满足安全卫生要求；

（四）建立并有效执行生产设备、工具、容器、场地等清洗消毒程序，班前班后进行卫生清洁工作，专人负责检查；

（五）盛放食品的容器不得直接接触地面；对加工过程中产生的不合格品、跌落地面的产品和废弃物，用有明显标志的专用容器分别收集盛装，并由专人及时处理，其容器和运输工具及时消毒；

（六）加工过程中产生的废水、废料不得对产品及车间卫生造成污染；

（七）内外包装过程应防止交叉污染，必要时内外包装间应分开设置；用于包装食品的内、外包装材料符合安全卫生标准并保持清洁和完整，防止污染食品；再次利用的食品内外包装材料要易于清洁，必要时要进行消毒；包装标识应符合国家和相关进口国（地区）有关法律法规标准要求；包装物料间应保持干燥，内、外包装物料分别存放，避免受到污染。

第十一条 出口食品的储存、运输过程应卫生清洁，并符合下列要求：

（一）储存库应保持清洁，定期消毒，有防霉、防鼠、防蝇虫设施；库内产品应有明显标识以便追溯，并与墙壁、地面保持一定距离；库内不得存放有碍卫生的物品；

（二）预冷库、速冻库、冷藏库应满足产品温度、湿度控制要求，配备自动温度记录装置并定期校准；定期除霜，除霜操作不得污染库内产品或造成库内产品不符合温度要求；

（三）运输工具应保持卫生清洁并维护良好，根据产品特点配备防雨、防尘、制冷、保温等设施；运输过程中保持必要的温度和湿度，确保产品不受损坏和污染，必要时应将不同食品进行有效隔离。

第十二条 企业使用化学物品应避免污染产品，并符合下列要求：

（一）厂区、车间和实验室使用的洗涤剂、消毒剂、杀虫剂、燃油、润滑油、化学试剂等应专库存放，标识清晰，建立并严格执行化学品储存和领用管理规定，设立专人保管并记录，按照产品的使用说明谨慎使用；

（二）在生产加工区域临时使用的化学物品应专柜上锁并由专人保管；

（三）避免对食品、食品接触表面和食品包装物料造成污染。

第十三条 企业应通过检测监控产品的安全卫生，并符合下列要求：

（一）企业如内设实验室，其应布局合理，避免对生产加工和产品造成污染，应配备相应专业技术资格的检测人员，具备开展工作所需要的实验室管理文件、标准资料、检验设施和仪器设备；检测仪器应按规定进行检定或校准；应按照规定的程序和方法抽样，按照相关国家标准、行业标准、企业标准等对产品进行检测判定，并保有检测结果记录；

（二）企业如委托社会实验室，其承担的企业产品检测项目，应具有经主管部门认定或批准的相应资质和能力，并签订合同。

第十四条 新技术/新工艺应提供科学的依据或国际公认的标准证明其符合安全卫生要求，经主管部门批准后方可应用。

在保证食品安全卫生的前提下，必要时可按传统工艺生产加工产品。

第十五条 本要求由国家认证认可监督管理委员会负责解释。

环境保护部 国家质量监督检验检疫总局 发酵酒精和白酒工业水污染物排放标准

（GB 27631-2011　2012年1月1日实施）

一、适用范围

本标准规定了发酵酒精和白酒工业企业或生产设施水污染物排放限值、监测和监控要求，以及标准的实施与监督等相关规定。

本标准适用于现有发酵酒精和白酒工业企业或生产设施的水污染物排放管理。

本标准适用于对发酵酒精和白酒工业建设项目的环境影响评价、环境保护设施设计、竣工环境保护验收及其投产后的水污染物排放管理。

本标准适用于法律允许的污染物排放行为。新设立污染源的选址和特殊保护区域内现有污染源的管理，按照《中华人民共和国环境影响评价法》、《中华人民共和国水污染防治法》、《中华人民共和国海洋环境保护法》、《中华人民共和国大气污染防治法》、《中华人民共和国固体废物污染环境防治法》等法律、法规、规章的相关规定执行。

本标准规定的水污染物排放控制要求适用于企业直接或间接向其法定边界外排放水污染物的行为。

二、规范性引用文件

本标准内容引用了下列文件或其中的条款。

GB/T 6920—1986 水质 pH 值的测定 玻璃电极法

GB/T 11893—1989 水质 总磷的测定 钼酸铵分光光度法

GB/T 11894—1989 水质 总氮的测定 碱性过硫酸钾消解紫外分光光度法

GB/T 11901—1989 水质 悬浮物的测定 重量法

GB/T 11903—1989 水质 色度的测定 稀释倍数法

GB/T 11914—1989 水质 化学需氧量的测定 重铬酸盐法

HJ/T 195—2005 水质 氨氮的测定 气相分子吸收光谱法

HJ/T 199—2005 水质 总氮的测定 气相分子吸收光谱法

HJ/T 399—2007 水质 化学需氧量的测定 快速消解分光光度法

HJ 505—2009 水质 五日生化需氧量（BOD_5）的测定 稀释与接种法

HJ 535—2009 水质 氨氮的测定 纳氏试剂比色法

HJ 536—2009 水质 氨氮的测定 水杨酸分光光度法

HJ 537—2009 水质 氨氮的测定 蒸馏-中和滴定法

《污染源自动监控管理办法》（国家环境保护总局令 第28号）

《环境监测管理办法》（国家环境保护总局令 第39号）

三、术语和定义

下列术语和定义适用于本标准。

3.1 发酵酒精工业

指以淀粉质、糖蜜或其他生物质等为原料，经发酵、蒸馏而制成食用酒精、工业酒精、变性燃料乙醇等酒精产品的工业。

3.2 白酒工业

指以淀粉质、糖蜜或其他代用料等为原料，经发酵、蒸馏而制成白酒和用食用酒精勾兑成白酒的工业。

3.3 现有企业

本标准实施之日前已建成投产或环境影响评价文件已通过审批的发酵酒精和白酒工业企业或生产设施。

3.4 新建企业

本标准实施之日起环境影响评价文件通过审批的新建、改建和扩建的发酵酒精和白酒工业建设项目。

3.5 排水量

指生产设施或企业向企业法定边界以外排放的废水的量，包括与生产有直接或间接关系

的各种外排废水(含厂区生活污水、冷却废水、厂区锅炉和电站排水等)。

3.6 单位产品基准排水量

指用于核定水污染物排放浓度而规定的生产单位酒精或原酒（原酒按65 度折算）的废水排放量上限值。

3.7 公共污水处理系统

指通过纳污管道等方式收集废水，为两家以上排污单位提供废水处理服务并且排水能够达到相关排放标准要求的企业或机构，包括各种规模和类型的城镇污水处理厂、区域（包括各类工业园区、开发区、工业聚集地等）废水处理厂等，其废水处理程度应达到二级或二级以上。

3.8 直接排放

指排污单位直接向环境排放污染物的行为。

3.9 间接排放

指排污单位向公共污水处理系统排放污染物的行为。

表1 现有企业水污染物排放限值

单位：mg/L（pH、色度除外）

序号	污染物项目	限值		污染物排放监控位置
		直接排放	间接排放	
1	pH 值	6～9	6～9	企业废水总排放口
2	色度（稀释倍数）	60	80	
3	悬浮物	70	140	
4	五日生化需氧量（BOD_5）	40	80	
5	化学需氧量（COD_{Cr}）	150	400	
6	氨氮	15	30	
7	总氮	25	50	
8	总磷	1.0	3.0	
单位产品基准排水量（m^3/t）	发酵酒精企业	40	40	排水量计量位置与污染物排放监控位置一致
	白酒企业	30	30	

表2 新建企业水污染物排放限值

单位：mg/L（pH、色度除外）

序号	污染物项目	限值		污染物排放监控位置
		直接排放	间接排放	
1	pH 值	6～9	6～9	企业废水总排放口
2	色度（稀释倍数）	40	80	
3	悬浮物	50	140	
4	五日生化需氧量（BOD_5）	30	80	
5	化学需氧量（COD_{Cr}）	100	400	
6	氨氮	10	30	
7	总氮	20	50	
8	总磷	1.0	3.0	
单位产品基准排水量（m^3/t）	发酵酒精企业	30	30	排水量计量位置与污染物排放监控位置一致
	白酒企业	20	20	

四、水污染物排放控制要求

4.1 自2012年1月1日起至2013年12月31日止，现有企业执行表1规定的水污染物排放限值。

4.2 自2014年1月1日起，现有企业执行表2规定的水污染物排放限值。

4.3 自2012年1月1日起，新建企业执行表2规定的水污染物排放限值。

4.4 根据环境保护工作的要求，在国土开发密度较高、环境承载能力开始减弱，或水环境容量较小、生态环境脆弱，容易发生严重水环境污染问题而需要采取特别保护措施的地区，应严格控制企业的污染排放行为，在上述地区的企业执行表3规定的水污染物特别排放限值。

执行水污染物特别排放限值的地域范围、时间，由国务院环境保护主管部门或省级人民政府规定。

4.5 水污染物排放浓度限值适用于单位产品实际排水量不高于单位产品基准排水量的情况。若单位产品实际排水量超过单位产品基准排水量，须按式（1）将实测水污染物浓度换算为水污染物基准水量排放浓度，并以水污染物基准水量排放浓度作为判定排放是否达标的依据。产品产量和排水量统计周期为一个工作日。

在企业的生产设施同时生产两种或两种以上类别的产品、可适用不同排放控制要求或不

同行业国家污染物排放标准，且生产设施产生的污水混合处理排放的情况下，应执行排放标

准中规定的最严格的浓度限值，并按式（1）换算水污染物基准水量排放浓度。

表3 水污染物特别排放限值

单位：mg/L（pH、色度除外）

序号	污染物项目	限值		污染物排放监控位置
		直接排放	间接排放	
1	pH	6～9	6～9	企业废水总排放口
2	色度（稀释倍数）	20	40	
3	悬浮物	20	50	
4	五日生化需氧量（BOD_5）	20	30	
5	化学需氧量（COD_{Cr}）	50	100	
6	氨氮	5	10	
7	总氮	15	20	
8	总磷	0.5	1.0	
单位产品基准排水量（m^3/t）	发酵酒精企业	20	20	排水量计量位置与污染物排放监控位置一致
	白酒企业	10	10	

$$\rho_{基}=\frac{Q_{总}}{\sum Y_i \times Q_{i基}}\times \rho_{实} \qquad \cdots\cdots\cdots\cdots\cdots\cdots\cdots\cdots (1)$$

式中：

$\rho_{基}$—水污染物基准水量排放浓度，mg/L；

$Q_{总}$—排水总量，m^3；

Y_i—第i种产品产量，t；

$Q_{i基}$—第i种产品的单位产品基准排水量，m^3/t；

$\rho_{实}$—实测水污染物排放浓度，mg/L。

若$Q_{总}$与$\sum Y_i \times Q_{i基}$的比值小于1，则以水污染物实测浓度作为判定排放是否达标的依据。

五、水污染物监测要求

5.1 对企业排放废水的采样应根据监测污染物的种类，在规定的污染物排放监控位置进行，有废水处理设施的，应在该设施后监控。企业应按国家有关污染源监测技术规范的要求设置采样口，在污染物排放监控位置应设置永久性排污口标志。

表4 水污染物测定方法标准

序号	污染物项目	方法标准名称	方法标准编号
1	pH	水质 pH值的测定 玻璃电极法	GB/T 6920—1986
2	色度	水质 色度的测定	GB/T 11903—1989
3	悬浮物	水质 悬浮物的测定 重量法	GB/T 11901—1989
4	五日生化需氧量（BOD_5）	水质 五日生化需氧量（BOD_5）的测定 稀释与接种法	HJ 505—2009
5	化学需氧量（COD_{Cr}）	水质 化学需氧量的测定 重铬酸盐法	GB/T 11914—1989
		水质 化学需氧量的测定 快速消解分光光度法	HJ/T 399—2007
6	氨氮	水质 氨氮的测定 蒸馏-中和滴定法	HJ 537—2009
		水质 氨氮的测定 纳氏试剂比色法	HJ 535—2009
		水质 氨氮的测定 水杨酸分光光度法	HJ 536—2009
		水质 氨氮的测定 气相分子吸收光谱法	HJ/T 195—2005
7	总氮	水质 总氮的测定 碱性过硫酸钾消解紫外分光光度法	GB/T 11894—1989
		水质 总氮的测定 气相分子吸收光谱法	HJ/T 199—2005
8	总磷	水质 总磷的测定 钼酸铵分光光度法	GB/T 11893—1989

5.2 新建企业和现有企业安装污染物排放自动监控设备的要求，按有关法律和《污染源自动监控管理办法》的规定执行。

5.3 对企业水污染物排放情况进行监测的频次、采样时间等要求，按国家有关污染源监测技术规范的规定执行。

5.4 企业产品产量的核定，以法定报表为依据。

5.5 对企业排放水污染物的测定采用表4 所列的方法标准。

5.6 企业须按照有关法律和《环境监测管理办法》的规定，对排污状况进行监测，并保存原始监测记录。

六、实施与监督

6.1 本标准由县级以上人民政府环境保护主管部门负责监督实施。

6.2 在任何情况下，发酵酒精和白酒生产企业均应遵守本标准规定的水污染物排放控制要求，采取必要措施保证污染防治设施正常运行。各级环保部门在对企业进行监督性检查时，可以现场即时采样或监测的结果，作为判定排污行为是否符合排放标准以及实施相关环境保护管理措施的依据。在发现企业耗水或排水量有异常变化的情况下，应核定企业的实际产品产量和排水量，按本标准规定，换算水污染物基准水量排放浓度。

中国国家认证认可监督管理委员会
有机产品认证实施规则

（认监委2011年第34号公告　2012年3月1日实施）

一、目的和范围

1.1 为规范有机产品认证活动，根据《中华人民共和国认证认可条例》、《有机产品认证管理办法》等有关规定制定本规则。

1.2 本规则规定了从事有机产品认证的认证机构（以下简称认证机构）实施有机产品认证的程序与管理的基本要求。

1.3 对在中华人民共和国境内销售的有机产品进行的认证活动，应当遵守本规则的规定。

对从与国家认证认可监督管理委员会（以下简称“国家认监委”）签署了有机产品认证体系等效备忘录或协议的国家/地区进口的有机产品进行的认证活动，应当遵守备忘录或协议的相关规定。

1.4 遵守本规则的规定，并不意味着可免除其所承担的法律责任。

二、认证机构要求

2.1 从事有机产品认证活动的认证机构，应当具备《中华人民共和国认证认可条例》规定的条件和从事有机产品认证的技术能力，并获得国家认监委的批准。

2.2 认证机构应在获得国家认监委批准后的12个月内，向国家认监委提交其实施有机产品认证活动符合本规则和GB/T 27065《产品认证机构通用要求》的证明文件。认证机构在未提交相关证明文件前，每个批准认证范围颁发认证证书数量不得超过5张。

三、认证人员要求

3.1 从事认证活动的人员应当具备必要的个人素质；具有相关专业教育和工作经历；接受过有机产品生产、加工、经营、食品安全及认证技术等方面的培训，具备相应的知识和技能。

3.2 有机产品认证检查员应取得中国认证认可协会的执业注册资质。

3.3 认证机构应对本机构的认证检查员的能力做出评价，以满足实施相应认证范围的有机产品认证活动的需要。

四、认证依据

GB/T 19630《有机产品》

五、认证程序

5.1 认证申请

5.1.1 认证委托人应具备以下条件：

（1）取得国家工商行政管理部门或有关机构注册登记的法人资格；

（2）已取得相关法规规定的行政许可（适用时）；

（3）生产、加工的产品符合中华人民共和国相关法律、法规、安全卫生标准和有关规范的要求；

（4）建立和实施了文件化的有机产品管理体系，并有效运行3个月以上；

（5）申请认证的产品种类应在国家认监委公布的《有机产品认证目录》内；

（6）在五年内未因8.5中（1）至（4）的原因，被认证机构撤销认证证书；

（7）在一年内，未因8.5中（5）至（11）的原因，被认证机构撤销认证证书。

5.1.2 认证委托人应提交的文件和资料：

（1）认证委托人的合法经营资质文件复印件，如营业执照副本、组织机构代码证、土地使用权证明及合同等。

（2）认证委托人及其有机生产、加工、经营的基本情况：

a）认证委托人名称、地址、联系方式；当认证委托人不是产品的直接生产、加工者时，生产、加工者的名称、地址、联系方式；

b）生产单元或加工场所概况；

c）申请认证产品名称、品种及其生产规模包括面积、产量、数量、加工量等；同一生产单元内非申请认证产品和非有机方式生产的产品的基本信息；

d）过去三年间的生产历史，如植物生产的病虫草害防治、投入物使用及收获等农事活动描述；野生植物采集情况的描述；动物、水产养殖的饲养方法、疾病防治、投入物使用、动物运输和屠宰等情况的描述；

e）申请和获得其它认证的情况。

（3）产地（基地）区域范围描述，包括地理位置、地块分布、缓冲带及产地周围临近地块的使用情况等；加工场所周边环境描述、厂区平面图、工艺流程图等。

（4）有机产品生产、加工规划，包括对生产、加工环境适宜性的评价，对生产方式、加工工艺和流程的说明及证明材料，农药、肥料、食品添加剂等投入物质的管理制度以及质量保证、标识与追溯体系建立、有机生产加工风险控制措施等。

（5）本年度有机产品生产、加工计划，上一年度销售量、销售额和主要销售市场等。

（6）承诺守法诚信，接受行政监管部门及认证机构监督和检查，保证提供材料真实、执行有机产品标准、技术规范的声明。

（7）有机生产、加工的管理体系文件。

（8）有机转换计划(适用时)。

（9）当认证委托人不是有机产品的直接生产、加工者时，认证委托人与有机产品生产、加工者签订的书面合同复印件。

（10）其它相关材料。

5.2 认证受理

5.2.1 认证机构应至少公开以下信息：

（1）认证资质范围及有效期；

（2）认证程序和认证要求；

（3）认证依据；

（4）认证收费标准；

（5）认证机构和认证委托人的权利与义务；

（6）认证机构处理申诉、投诉和争议的程序；

（7）批准、注销、变更、暂停、恢复和撤销认证证书的规定与程序；

（8）获证组织使用中国有机产品认证标志、认证证书和认证机构标识或名称的要求；

（9）获证组织正确宣传的要求。

5.2.2 申请评审

对符合5.1要求的认证委托人，认证机构应根据有机产品认证依据、程序等要求，在10个工作日内对提交的申请文件和资料进行评审并保存评审记录，以确保：

（1）认证要求规定明确、形成文件并得到理解；

（2）认证机构和认证委托人之间在理解上的差异得到解决；

（3）对于申请的认证范围，认证委托人的工作场所和任何特殊要求，认证机构均有能力开展认证服务。

5.2.3 评审结果处理

申请材料齐全、符合要求的，予以受理认证申请。

对不予受理的，应当书面通知认证委托人，并说明理由。

5.3 现场检查准备与实施

5.3.1 根据所申请产品的对应的认证范围，认证机构应委派具有相应资质和能力的检查员组成检查组。每个检查组应至少有一名相应认证范围注册资质的专业检查员。

对同一认证委托人的同一生产单元不能连续3年以上（含3年）委派同一检查员实施检查。

5.3.2 检查任务

认证机构在现场检查前应向检查组下达检查任务书，内容包括但不限于：

（1）认证委托人的联系方式、地址等；

（2）检查依据，包括认证标准、认证实施规则和其他规范性文件；

（3）检查范围，包括检查的产品种类、生产加工过程和生产加工基地等；

（4）检查组成员，检查的时间要求；

（5）检查要点，包括管理体系、追踪体系、投入物的使用和包装标识等；

（6）上年度认证机构提出的不符合项（适用时）。

5.3.3 文件评审

在现场检查前，应对认证委托人的管理体系文件进行评审，确定其适宜性、充分性及与认证要求的符合性，并保存评审记录。

5.3.4 检查计划

5.3.4.1 检查组应制定检查计划，并在现场检查前得到认证委托人的确认。

认证监管部门对认证机构检查方案、计划有异议的，应至少在现场检查前2天提出。认证机构应当及时与该部门进行沟通，协调一致后方可实施现场检查。

5.3.4.2 现场检查时间应当安排在申请认证产品的生产、加工的高风险阶段。因生产季等原因，初次现场检查不能覆盖所有申请认证产品的，应当在认证证书有效期内实施现场补充检查。

5.3.4.3 应对生产单元的全部生产活动范围逐一进行现场检查；多个农户负责生产（如农业合作社或公司+农户）的组织应检查全部农户。应对所有加工场所实施检查。需在非生产、加工场所进行二次分装/分割的，也应对二次分装/分割的场所进行现场检查，以保证认证产品的完整性。

现场检查还应考虑以下因素：

——有机与非有机产品间的价格差异；

——组织内农户间生产体系和种植、养殖品种的相似程度；

——往年检查中发现的不符合项；

——组织内部控制体系的有效性；

——再次加工分装分割对认证产品完整性的影响（适用时）。

5.3.5 检查实施

根据认证依据的要求对认证委托人的管理体系进行评审，核实生产、加工过程与认证委托人按照5.1.2条款所提交的文件的一致性，确认生产、加工过程与认证依据的符合性。检查过程至少应包括：

（1）对生产、加工过程和场所的检查，如生产单元存在非有机生产或加工时，也应对其非有机部分进行检查；

（2）对生产、加工管理人员、内部检查员、操作者的访谈；

（3）对GB/T 19630.4所规定的管理体系文件与记录进行审核；

（4）对认证产品的产量与销售量的汇总核算；

（5）对产品和认证标志追溯体系、包装标识情况的评价和验证；

（6）对内部检查和持续改进的评估；

（7）对产地和生产加工环境质量状况的确认，并评估对有机生产、加工的潜在污染风险；

（8）样品采集；

（9）对上一年度提出的不符合项采取的纠正和/或纠正措施进行验证(适用时)。

检查组在结束检查前，应对检查情况进行总结，向受检查方及认证委托人明确并确认存在的不符合项，对存在的问题进行说明。

5.3.6 样品检测

5.3.6.1 应对申请认证的所有产品进行检测，并在风险评估基础上确定检测项目。认证证书发放前无法采集样品的，应在证书有效期内进行检测。

5.3.6.2 认证机构应委托具备法定资质的检测机构对样品进行检测。

5.3.6.3 有机生产或加工中允许使用物质的残留量应符合相关法规、标准的规定。有机生产和加工中禁止使用的物质不得检出。

5.3.7 产地环境质量状况

认证委托人应出具有资质的监（检）测机构对产地环境质量进行的监（检）测报告以证明其产地的环境质量状况符合GB/T 19630《有机产品》规定的要求。土壤和水的检测报告委托方应为认证委托人。

5.3.8 有机转换要求

5.3.8.1 未能保持有机认证的生产单元，需重新经过有机转换才能再次获得有机认证。

5.3.8.2 有机转换计划须获得认证机构批准，并且在开始实施转换计划后每年须经认证机构核实、确认。未按转换计划完成转换的生产单元不能获得认证。

5.3.9 投入品

5.3.9.1 有机生产或加工过程中允许使用GB/T 19630.1附录A、附录B及GB/T 19630.2附录A、附录B列出的物质。

5.3.9.2 对未列入GB/T 19630.1附录A、附录B或GB/T19630.2附录A、附录B的投入品，认证委托人应在使用前向认证机构提交申请，详细说明使用的必要性和申请使用投入品的组分、组分来源、使用方法、使用条件、使用量以及该物质的分析测试报告（必要时），认证机构应根据GB/T 19630.1附录C或GB/T 19630.2附录C的要求对其进行评估。经评估符合要求的，由认证机构报国家认监委批准后方可使用。

5.3.9.3 国家认监委可在专家评估的基础上，公布有机生产、加工投入品临时补充列表。

5.3.10 检查报告

5.3.10.1 认证机构应规定检查报告的格式。

5.3.10.2 应通过检查记录、检查报告等书面文件，提供充分的信息使认证机构能做出客观的认证决定。

5.3.10.3 检查报告应包括检查组通过风险评估对认证委托人的生产、加工活动与认证要求符合性的判断，对其管理体系运行有效性的评价，对检查过程中收集的信息以及对符合与不符合认证要求的说明，对其产品质量安全状况的判定等内容。

5.3.10.4 检查组应对认证委托人执行标准的总体情况做出评价，但不应对认证委托人是否通过认证做出书面结论。

5.4 认证决定

5.4.1 认证机构应基于对产地环境质量在现场检查和产品检测评估的基础上做出认证决定。认证决定同时应考虑的因素还应包括：产品生产、加工特点，企业管理体系稳定性，当地农兽药管理和社会整体诚信水平等。

对于符合认证要求的认证委托人，认证机构应颁发认证证书（基本格式见附件1、2）。

对于不符合认证要求的认证委托人，认证机构应以书面的形式明示其不能通过认证的原因。

5.4.2 认证委托人符合下列条件之一，予以批准认证：

（1）生产加工活动、管理体系及其他审核证据符合本规则和认证标准的要求；

（2）生产加工活动、管理体系及其他审核证据虽不完全符合本规则和认证依据标准的要求，但认证委托人已经在规定的期限内完成了不符合项纠正或（和）纠正措施，并通过认证机构验证。

5.4.3 认证委托人的生产加工活动存在以下情况之一，不予批准认证：

（1）提供虚假信息，不诚信的；

（2）未建立管理体系或建立的管理体系未有效实施的；

（3）生产加工过程使用了禁用物质或者受到禁用物质污染的；

（4）产品检测发现存在禁用物质的；

（5）申请认证的产品质量不符合国家相关法规和（或）标准强制要求的；

（6）存在认证现场检查场所外进行再次加工、分装、分割情况的；

（7）一年内出现重大产品质量安全问题或因产品质量安全问题被撤销有机产品认证证书的；

（8）未在规定的期限完成不符合项纠正或者（和）纠正措施，或者提交的纠正或者（和）纠正措施未满足认证要求的；

（9）经监（检）测产地环境受到污染的；

（10）其它不符合本规则和（或）有机标准要求，且无法纠正的。

5.4.4申诉

认证委托人如对认证决定结果有异议，可在10个工作日内向认证机构申诉，认证机构自收到申诉之日起，应在30个工作日内进行处理，并将处理结果书面通知认证委托人。

认证委托人如认为认证机构的行为严重侵害了自身合法权益，可以直接向认证监管部门申诉。

六、认证后管理

6.1 认证机构应当每年对获证组织至少实施一次现场检查。认证机构应根据申请认证产品种类和风险、生产企业管理体系的稳定性、当地诚信水平总体情况等，合理确定现场检查频次。同一认证的品种在证书有效期内如有多个生产季的，则每个生产季均需进行现场检查。

此外，认证机构还应在风险评估的基础上每年至少对5%的获证组织实施一次不通知的现场检查。

6.2 认证机构应及时获得获证组织变更信息，对获证组织有效管理，以保证其持续符合认证的要求。

6.3 认证机构在与认证委托人签订的合同中，应明确约定获证组织需建立信息通报制度，及时向认证机构通报以下信息：

（1）法律地位、经营状况、组织状态或所有权变更的信息；

（2）组织和管理层变更的信息；

（3）联系地址和场所变更的信息；

（4）有机产品管理体系、生产、加工、经营状况或过程变更的信息；

（5）认证产品的生产、加工、经营场所周围发生重大动、植物疫情的信息；

（6）生产、加工、经营的有机产品质量安全重要信息，如相关部门抽查发现存在严重质量安全问题或消费者重大投诉等；

（7）获证组织因违反国家农产品、食品安全管理相关法律法规而受到处罚；

（8）采购的原料或产品存在不符合认证依据要求的情况；

（9）不合格品撤回及处理的信息；

（10）其他重要信息。

6.4 销售证

6.4.1 认证机构应制定销售证申请和办理程序，要求获证组织在销售认证产品前向认证机构申请销售证。

6.4.2 认证机构应对获证组织与顾客签订的供货协议、销售的认证产品范围和数量进行审核。对符合要求的，颁发有机产品销售证。

6.4.3 销售证由获证组织在销售获证产品时转交给购买单位。获证组织应保存销售证的复印件，以备认证机构审核。

6.4.4 销售证基本格式见附件3。

七、再认证

7.1 获证组织应至少在认证证书有效期结束前3个月向认证机构提出再认证申请。

获证组织的有机产品管理体系和生产、加工过程未发生变更时，可适当简化申请评审和文件评审程序。

7.2 认证机构应当在认证证书有效期内进行再认证检

查。因不可抗拒力的原因，不能在认证证书有效期内进行再认证检查时，获证组织应在证书有效期内向认证机构提出书面申请，说明原因。经认证机构确认，再认证可在认证证书有效期后的3个月内实施，但不得超过3个月。延长期内生产的产品，不得作为有机产品进行销售。

7.3 不能在认证证书有效期内进行现场检查，在3个月延长期内未实施再认证的生产单元需重新进行转换认证。

八、认证证书、认证标志的管理

8.1 认证证书基本格式

有机产品认证证书有效期为一年，认证证书基本格式应符合本规则附件1、2的规定。认证证书的编号应当从“中国食品农产品认证信息系统”中获取，认证机构不得自行编制认证证书编号发放认证证书。

8.2 认证证书的变更

获证产品在认证证书有效期内，有下列情形之一的，认证委托人应当向认证机构申请认证证书的变更：

（1）有机产品生产、加工单位名称或者法人性质发生变更的；

（2）产品种类和数量减少的；

（3）有机产品转换期满的；

（4）其他需要变更的情形。

8.3 认证证书的注销

有下列情形之一的，认证机构应当注销获证组织认证证书，并对外公布：

（1）认证证书有效期届满前，未申请延续使用的；

（2）获证产品不再生产的；

（3）认证委托人申请注销的；

（4）其他依法应当注销的情形。

8.4 认证证书的暂停

有下列情形之一的，认证机构应当暂停认证证书1～3个月，并对外公布：

（1）未按规定使用认证证书或认证标志的；

（2）获证产品的生产、加工过程或者管理体系不符合认证要求，且在30日内不能采取有效纠正或（和）者纠正措施的；

（3）未按要求对信息进行通报的；

（4）认证监管部门责令暂停认证证书的；

（5）其他需要暂停认证证书的情形。

8.5 认证证书的撤销

有下列情况之一的，认证机构应当撤销认证证书，并对外公布：

（1）获证产品质量不符合国家相关法规、标准强制要求或者被检出禁用物质的；

（2）生产、加工过程中使用了有机产品国家标准禁用物质或者受到禁用物质污染的；

（3）虚报、瞒报获证所需信息的；

（4）超范围使用认证标志的；

（5）产地（基地）环境质量不符合认证要求的；

（6）认证证书暂停期间，认证委托人未采取有效纠正或者（和）纠正措施的；

（7）获证产品在认证证书标明的生产、加工场所外进行了再次加工、分装、分割的；

（8）对相关方重大投诉未能采取有效处理措施的；

（9）获证组织因违反国家农产品、食品安全管理相关法律法规，受到相关行政处罚的；

（10）获证组织不接受认证监管部门、认证机构对其实施监督的；

（11）认证监管部门责令撤销认证证书的；

（12）其他需要撤销认证证书的。

8.6 认证证书的恢复

认证证书被注销或撤销后，不能以任何理由予以恢复。

被暂停证书的获证组织，需认证证书暂停期满且完成不符合项纠正或（和）纠正措施并经认证机构确认后方可恢复认证证书。

8.7 证书与标志使用

认证证书和认证标志的管理、使用应当符合《认证证书和认证标志管理办法》、《有机产品认证管理办法》和《有机产品》国家标准的规定。

中国有机产品认证标志分为中国有机产品认证标志和中国有机转换产品认证标志。获证产品或者产品的最小销售包装上应当加施中国有机产品认证标志及其唯一编号（编号前应注明“有机码”以便识别）、认证机构名称或者其标识。

初次获得有机转换产品认证证书一年内生产的有机转换产品，只能以常规产品销售，不得使用有机转换产品认证标志及相关文字说明。

认证证书暂停期间，认证机构应当通知并监督获证组织停止使用有机产品认证证书和标志，暂时封存仓库中带有有机产品认证标志的相应批次产品；获证组织应将注销、撤销的有机产品认证证书和未使用的标志交回认证机构或获证组织应在认证机构的监督下销毁剩余标志和带有有机产品认证标志的产品包装。必要时，召回相应批次带有有机产品认证标志的产品。

九、信息报告

认证机构应当按照要求及时将下列信息通报相关政府监管部门：

（1）认证机构应当按要求，及时向“中国食品农产品认证信息系统”填报认证活动信息，现场检查计划应在现场检查5个工作日前录入信息系统。

（2）认证机构应当在10个工作日内将撤销、暂停认证证书的获证组织名单和原因，向国家认监委和该组织所在地的省级质量监督、检验检疫、工商行政管理部门报告，并向社会公布；

（3）认证机构在获知获证组织发生产品质量安全事故后，应当及时将相关信息向国家认监委和获证组织所在地的省级质量监督、检验检疫、工商行政管理部门通报；

（4）认证机构应当于每年3月底之前将上年度有机产品生产/加工（如包含加工企业时）企业认证工作报告报送国家认监委，报告内容至少包括：颁证数量、获证产品质量分析、暂停和撤销认证证书清单及原因分析等。

十、认证收费

认证机构应根据相关规定收取认证费用。

国家质量监督检验检疫总局进出口食品安全管理办法

（质检总局令第144号　2011年9月13日发布）

第一章 总则

第一条 为保证进出口食品安全，保护人类、动植物生命和健康，根据《中华人民共和国食品安全法》（以下简称食品安全法）及其实施条例、《中华人民共和国进出口商品检验法》及其实施条例、《中华人民共和国进出境动植物检疫法》及其实施条例和《国务院关于加强食品等产品安全监督管理的特别规定》等法律法规的规定，制定本办法。

第二条 本办法适用于进出口食品的检验检疫及监督管理。

进出口食品添加剂、食品相关产品、水果、食用活动物的安全管理依照有关规定执行。

第三条 国家质量监督检验检疫总局（以下简称国家质检总局）主管全国进出口食品安全监督管理工作。

国家质检总局设在各地的出入境检验检疫机构（以下简称检验检疫机构）在国家质检总局的统一领导下，依法做好进出口食品安全监督管理工作。

第四条 国家质检总局对进口食品境外生产企业实施注册管理，对向中国境内出口食品的出口商或者代理商实施备案管理，对进口食品实施检验，对出口食品生产企业实施备案管理，对出口食品原料种植、养殖场实施备案管理，对出口食品实施监督、抽检，对进出口食品实施分类管理、对进出口食品生产经营者实施诚信管理。

第五条 进出口食品生产经营者应当依法从事生产经营活动，对社会和公众负责，保证食品安全，诚实守信，接受社会监督，承担社会责任。

第六条 检验检疫机构从事进出口食品安全监督管理的人员（以下简称检验检疫人员）应当具有相关的专业知识，尽职尽责。

第二章 食品进口

第七条 国家质检总局依据中国法律法规规定对向中国出口食品的国家或者地区的食品安全管理体系和食品安全状况进行评估，并根据进口食品安全监督管理需要进行回顾性审查。

国家质检总局依据中国法律法规规定、食品安全国家标准要求、国内外疫情疫病和有毒有害物质风险分析结果，结合前款规定的评估和审查结果，确定相应的检验检疫要求。

第八条 进口食品应当符合中国食品安全国家标准和相关检验检疫要求。食品安全国家标准公布前，按照现行食用农产品质量安全标准、食品卫生标准、食品质量标准和有关食品的行业标准中强制执行的标准实施检验。

首次进口尚无食品安全国家标准的食品，进口商应当向检验检疫机构提交国务院卫生行政部门出具的许可证明文件，检验检疫机构应当按照国务院卫生行政部门的要求进行检验。

第九条 国家质检总局对向中国境内出口食品的境外食品生产企业实施注册制度，注册工作按照国家质检总局相关规定执行。

向中国境内出口食品的出口商或者代理商应当向国家质检总局备案。申请备案的出口商或者代理商应当按照备案要求提供企业备案信息，并对信息的真实性负责。

注册和备案名单应当在总局网站公布。

第十条 进口食品需要办理进境动植物检疫审批手续的，应当取得《中华人民共和国进境动植物检疫许可证》后方可进口。

第十一条 对进口可能存在动植物疫情疫病或者有毒有害物质的高风险食品实行指定口岸入境。指定口岸条件及名录由国家质检总局制定并公布。

第十二条 进口食品的进口商或者其代理人应当按照规定，持下列材料向海关报关地的检验检疫机构报检：

（一）合同、发票、装箱单、提单等必要的凭证；

（二）相关批准文件；

（三）法律法规、双边协定、议定书以及其他规定要求提交的输出国家（地区）官方检疫（卫生）证书；

（四）首次进口预包装食品，应当提供进口食品标签样张和翻译件；

（五）首次进口尚无食品安全国家标准的食品，应当提供本办法第八条规定的许可证明文件；

（六）进口食品应当随附的其他证书或者证明文件。

报检时，进口商或者其代理人应当将所进口的食品按照品名、品牌、原产国（地区）、规格、数/重量、总值、生产日期（批号）及国家质检总局规定的其他内容逐一申报。

第十三条 检验检疫机构对进口商或者其代理人提交的报检材料进行审核，符合要求的，受理报检。

第十四条 进口食品的包装和运输工具应当符合安全卫生要求。

第十五条 进口预包装食品的中文标签、中文说明书应当符合中国法律法规的规定和食品安全国家标准的要求。

第十六条 检验检疫机构应当对标签内容是否符合法律法规和食品安全国家标准要求以及与质量有关内容的真实性、准确性进行检验，包括格式版面检验和标签标注内容的符合性检测。

进口食品标签、说明书中强调获奖、获证、产区及其他内容的，或者强调含有特殊成分的，应当提供相应证明材料。

第十七条 进口食品在取得检验检疫合格证明之前，应当存放在检验检疫机构指定或者认可的监管场所，未经检验检疫机构许可，任何单位和个人不得动用。

第十八条 进口食品经检验检疫合格的，由检验检疫机构出具合格证明，准予销售、使用。检验检疫机构出具的合格证明应当逐一列明货物品名、品牌、原产国（地区）、规格、数/重量、生产日期（批号），没有品牌、规格的，应当标明“无”。

进口食品经检验检疫不合格的，由检验检疫机构出具不合格证明。涉及安全、健康、环境保护项目不合格的，由检验检疫机构责令当事人销毁，或者出具退货处理通知单，由进口商办理退运手续。其它项目不合格的，可以在检验检疫机构的监督下进行技术处理，经重新检验合格后，方可销售、使用。

第十九条 检验检疫机构对进口食品的进口商实施备案管理。进口商应当事先向所在地检验检疫机构申请备案，并提供以下材料：

（一）填制准确完备的进口商备案申请表；

（二）工商营业执照、组织机构代码证书、法定代表人身份证明、对外贸易经营者备案登记表等的复印件并交验正本；

（三）企业质量安全管理制度；

（四）与食品安全相关的组织机构设置、部门职能和岗位职责；

（五）拟经营的食品种类、存放地点；

（六）2年内曾从事食品进口、加工和销售的，应当提供相关说明（食品品种、数量）；

（七）自理报检的，应当提供自理报检单位备案登记证明书复印件并交验正本。

检验检疫机构核实企业提供的信息后，准予备案。

第二十条 进口食品的进口商应当建立食品进口和销售记录制度，如实记录进口食品的卫生证书编号、品名、规格、数量、生产日期（批号）、保质期、出口商和购货者名称及联系方式、交货日期等内容。记录应当真实，保存期限不得少于2年。

检验检疫机构应当对本辖区内进口商的进口和销售记录进行检查。

第二十一条 国家质检总局对进口食品安全实行风险监测制度，组织制定和实施年度进口食品安全风险监测计划。

检验检疫机构根据国家质检总局进口食品安全风险监测计划，组织对进口食品进行风险监测，上报结果。

检验检疫机构应当根据进口食品安全风险监测结果，在风险分析的基础上调整对相关进口食品的检验检疫和监管措施。

第二十二条 进口食品原料全部用于加工后复出口的，检验检疫机构按照出口食品目的国（地区）技术规范的强制性要求或者贸易合同要求进行检验。

第二十三条 检验检疫机构发现不符合法定要求的进口食品时，可以将不符合法定要求的进口食品境外生产企业和出口商、国内进口商、报检人、代理人列入不良记录名单；对有违法行为并受到行政处罚的，可以将其列入违法企业名单并对外公布。

第三章 食品出口

第二十四条 出口食品生产经营者应当保证其出口食品符合进口国家（地区）的标准或者合同要求。

进口国家（地区）无相关标准且合同未有要求的，应当保证出口食品符合中国食品安全国家标准。

第二十五条 出口食品生产企业应当建立完善的质量安全管理体系。

出口食品生产企业应当建立原料、辅料、食品添加剂、包装材料容器等进货查验记录制度。

出口食品生产企业应当建立生产记录档案，如实记录食品生产过程的安全管理情况。

出口食品生产企业应当建立出厂检验记录制度，依照本办法规定的要求对其出口食品进行检验，检验合格后方可报检。

上述记录应当真实，保存期限不得少于2年。

第二十六条 国家质检总局对出口食品生产企业实施备案制度，备案工作按照国家质检总局相关规定执行。

第二十七条 检验检疫机构负责对辖区内出口食品生产企业质量安全管理体系运行情况进行监督管理。

第二十八条 国家质检总局对出口食品原料种植、养殖场实施备案管理。出口食品原料种植、养殖场应当向所在地检验检疫机构办理备案手续。

实施备案管理的原料品种目录（以下称目录）和备案条件由国家质检总局另行制定。出口食品的原料列入目录的，应当来自备案的种植、养殖场。

国家质检总局统一公布备案的原料种植、养殖场名单。

第二十九条 备案种植、养殖场所在地检验检疫机构对备案种植、养殖场实施监督、检查，对达不到备案要求的，及时向所在地政府相关主管部门、出口食品生产企业所在地检验检疫机构通报。

生产企业所在地检验检疫机构应当及时向备案种植、养殖场所在地检验检疫机构通报种植、养殖场提供原料的质量安全和卫生情况。

第三十条 种植、养殖场应当建立原料的生产记录制度，生产记录应当真实，记录保存期限不得少于2年。备案种植、养殖场应当依照进口国家（地区）食品安全标准和中国有关规定使用农业化学投入品，并建立疫情疫病监测制度。备案种植、养殖场应当为其生产的每一批原料出具出口食品加工原料供货证明文件。

第三十一条 国家质检总局对出口食品安全实施风险监测制度，组织制定和实施年度出口食品安全风险监测计划。

检验检疫机构根据国家质检总局出口食品安全风险监测计划，组织对本辖区内出口食品实施监测，上报结果。

检验检疫机构应当根据出口食品安全风险监测结果，在风险分析基础上调整对相关出口食品的检验检疫和监管措施。

第三十二条 出口食品的出口商或者其代理人应当按照规定，持合同、发票、装箱单、出厂合格证明、出口食品加工原料供货证明文件等必要的凭证和相关批准文件向出口食品生产企业所在地检验检疫机构报检。报检时，应当将所出口的食品按照品名、规格、数/重量、生产日期逐一申报。

第三十三条 直属检验检疫局根据出口食品分类管理要求、本地出口食品品种、以往出口情况、安全记录和进口国家（地区）要求等相关信息，通过风险分析制定本辖区出口食品抽检方案。

检验检疫机构按照抽检方案和相应的工作规范、规程以及有关要求对出口食品实施抽检。

有双边协定的，按照其要求对出口食品实施抽检。

第三十四条 出口食品符合出口要求的，由检验检疫机构按照规定出具通关证明，并根据需要出具证书。出口食品进口国家(地区)对证书形式和内容有新要求的，经国家质检总局批准后，检验检疫机构方可对证书进行变更。

出口食品经检验检疫不合格的，由检验检疫机构出具不合格证明。依法可以进行技术处理的，应当在检验检疫机构的监督下进行技术处理，合格后方准出口；依法不能进行技术处理或者经技术处理后仍不合格的，不准出口。

第三十五条 出口食品的包装和运输方式应当符合安全卫生要求，并经检验检疫合格。

第三十六条 对装运出口易腐烂变质食品、冷冻食品的集装箱、船舱、飞机、车辆等运载工具，承运人、装箱单位或者其代理人应当在装运前向检验检疫机构申请清洁、卫生、冷藏、密固等适载检验；未经检验或者经检验不合格的，不准装运。

第三十七条 出口食品生产企业应当在运输包装上注明生产企业名称、备案号、产品品名、生产批号和生产日期。检验检疫机构应当在出具的证单中注明上述信息。进口国家（地区）或者合同有特殊要求的，在保证产品可追溯的前提下，经直属检验检疫局同意，标注内容可以适当调整。

需要加施检验检疫标志的，按照国家质检总局规定加施。

第三十八条 出口食品经产地检验检疫机构检验检疫符合出口要求运往口岸的，产地检验检疫机构可以采取监视装载、加施封识或者其他方式实施监督管理。

第三十九条 出口食品经产地检验检疫机构检验检疫符合出口要求的，口岸检验检疫机构按照规定实施抽查，口岸抽查不合格的，不得出口。

口岸检验检疫机构应当将有关信息及时通报产地检验检疫机构，并按照规定上报。产地检验检疫机构应当根据不合格原因采取相应监管措施。

第四十条 检验检疫机构发现不符合法定要求的出口食品时，可以将其生产经营者列入不良记录名单；对有违法行为并受到行政处罚的，可以将其列入违法企业名单并对外公布。

第四章 风险预警及相关措施

第四十一条 国家质检总局对进出口食品实施风险预警制度。

进出口食品中发现严重食品安全问题或者疫情的，以及境内外发生食品安全事件或者疫情可能影响到进出口食品安全的，国家质检总局和检验检疫机构应当及时采取风险预警及控制措施。

第四十二条 国家质检总局和检验检疫机构应当建立进出口食品安全信息收集网络，收集和整理食品安全信息，主要包括：

（一）检验检疫机构对进出口食品实施检验检疫发现的食品安全信息；

（二）行业协会、消费者反映的进口食品安全信息；

（三）国际组织、境外政府机构发布的食品安全信息、风险预警信息，以及境外行业协会等组织、消费者反映的食品安全信息；

（四）其他食品安全信息。

第四十三条 检验检疫机构对经核准、整理的食品安全信息，按照规定的要求和程序向国家质检总局报告并向地方政府、有关部门通报。

第四十四条 国家质检总局和直属检验检疫局按照相关规定对收集到的食品安全信息进行风险分析研判，确定风险信息级别。

第四十五条 国家质检总局和直属检验检疫局应当根据食品安全风险信息的级别发布风险预警通报。国家质检总局视情况可以发布风险预警通告，并决定采取以下控制措施：

（一）有条件地限制进出口，包括严密监控、加严检验、责令召回等；

（二）禁止进出口，就地销毁或者作退运处理；

（三）启动进出口食品安全应急处置预案。

检验检疫机构负责组织实施风险预警及控制措施。

第四十六条 国家质检总局可以参照国际通行做法，对不确定的风险直接发布风险预警通报或者风险预警通告，并采取本办法第四十五条规定的控制措施。同时及时收集和补充有关信息和资料，进行风险分析。

第四十七条 进出口食品安全风险已不存在或者已降低到可接受的程度时，应当及时解除风险预警通报和风险预警通告及控制措施。

第四十八条 进口食品存在安全问题，已经或者可能对人体健康和生命安全造成损害的，进口食品进口商应当主动召回并向所在地检验检疫机构报告。进口食品进口商应当向社会公布有关信息，通知销售者停止销售，告知消费者停止使用，做好召回食品情况记录。

检验检疫机构接到报告后应当组织核查，根据产品影响范围按照规定上报。

进口食品进口商不主动实施召回的，由直属检验检疫局向其发出责令召回通知书并报告国家质检总局。必要时，国家质检总局可以责令其召回。国家质检总局可以发布风险预警通报或者风险预警通告，并采取本办法第四十五条规定的措施以及其他避免危害发生的措施。

第四十九条 发现出口的食品存在安全问题，已经或者可能对人体健康和生命安全造成损害的，出口食品生产经营者应当采取措施，避免和减少损害的发生，并立即向所在地检验检疫机构报告。

第五十条 检验检疫机构在依法履行进出口食品检验检疫监督管理职责时有权采取下列措施：

（一）进入生产经营场所实施现场检查；

（二）查阅、复制、查封、扣押有关合同、票据、账簿以及其他有关资料；

（三）查封、扣押不符合法定要求的产品，违法使用的原料、辅料、添加剂、农业投入品以及用于违法生产的工具、设备；

（四）查封存在危害人体健康和生命安全重大隐患的生产经营场所。

第五十一条 检验检疫机构应当按照有关规定将采取的控制措施向国家质检总局报告并向地方政府、有关部门通报。

国家质检总局按照有关规定将相关食品安全信息及采取的控制措施向有关部门通报。

第五章 法律责任

第五十二条 违反本办法第十七条指定场所监管相关规定，没有违法所得的，由检验检疫机构责令改正，处1万元以下罚款。

第五十三条 销售、使用经检验不符合食品安全国家标准的进口食品，由检验检疫机构按照食品安全法第八十九条、第八十五条的规定给予处罚。

第五十四条 进口商有下列情形之一的，由检验检疫机构按照食品安全法第八十九条、八十七条的规定给予处罚：

（一）未建立食品进口和销售记录制度的；

（二）建立的食品进口和销售记录没有如实记录进口食品的卫生证书编号、品名、规格、数量、生产日期（批号）、保质期、出口商和购货者名称及联系方式、交货日期等内容的；

（三）建立的食品进口和销售记录保存期限少于2年的。

第五十五条 出口食品原料种植、养殖场有下列情形之一的，由检验检疫机构责令改正，有违法所得的，处违法所得3倍以下罚款，最高不超过3万元；没有违法所得的，处1万元以下罚款：

（一）出口食品原料种植、养殖过程中违规使用农业化学投入品的；

（二）相关记录不真实或者保存期限少于2年的。

出口食品生产企业生产出口食品使用的原料未按照规定来自备案基地的，按照前款规定给予处罚。

第五十六条 有下列情形之一的，由检验检疫机构按照食品安全法第八十九条、第八十五条的规定给予处罚：

（一）未报检或者未经监督、抽检合格擅自出口的；

（二）擅自调换经检验检疫机构监督、抽检并已出具检验检疫证明的出口食品的。

第五十七条 进出口食品生产经营者、检验检疫机构及检验检疫人员有其他违法行为的，按照相关法律法规的规定处理。

第六章 附 则

第五十八条 进出口食品生产经营者包括进出口食品的生产企业、进出口商和代理商。

第五十九条 进出海关特殊监管区域的食品以及边境小额和互市贸易进出口食品的检验检疫监督管理，按照国家质检总局有关规定办理。

第六十条 以快件、邮寄和旅客携带方式进出口食品的，应当符合国家质检总局相关规定。

第六十一条 进出口用作样品、礼品、赠品、展示品等非贸易性的食品，进口用作免税经营的、使领馆自用的食品，出口用作使领馆、中国企业驻外人员等自用的食品，按照国家有关规定办理。

第六十二条 供香港、澳门特别行政区、台湾地区的食品，国家有另行规定的，从其规定。

第六十三条 本办法由国家质检总局负责解释。

第六十四条 本办法自2012年3月1日起施行。

鄂尔多斯酒业
ORDOS LIQUOR
鄂尔多斯敬酒
秉承传统的“清蒸二次清工艺”
清蒸清楂　地缸发酵　纯粮酿造
赋予了鄂尔多斯酒清爽怡人，绵甜净爽的独特风格
万正投资集团是中国民营企业500强，集
团产业集城市基础设施投资与建设、房地产
开发、路桥建设与经营、酒业、园林绿化、
商贸等，现拥有成员企业20家，总资产120.7
亿元，员工3000多人，白酒产业是集团的主
导产业之一。“鄂尔多斯”粮食白酒创牌于
1953年，被认定为“改革开放30年内蒙古自
治区最具影响力品牌”称号。被誉为“北方
清香型白酒典范”的鄂尔多斯敬酒为“内蒙古
名酒”，荣获“全国白酒质量优秀产品”奖。
鄂尔多斯酒业集团为中国酿酒工业百强企业
之一，是内蒙古食品行业的重点骨干企业。
著名商标
鄂尔多斯
敬
净含量：500ml
酒精度：38%vol
真情共享　诚敬天下
鄂尔多斯酒业将以一流的的品质、一流的服务诚邀优秀经销商加盟
鄂尔多斯酒业园区项目
位于鄂尔多斯市东胜区正在建设当中的现代化酿酒工业园区，投资近百亿元。首期投资35亿元，年
酒生产能力20万吨，该项目是集白酒生产加工、产品研发、包装制造、酒文化博物馆、酒文化旅游、商
办公、职工宿舍、农业种养殖、绿色食品加工为一体的大型现代化酒业园区。
鄂尔多斯酒业网址：www.erdosjiu.com

国酒风采 红色茅台
VIP[珍藏版]
茅台®
高级干红葡萄酒
MOUTAI DRY RED WINE
茅台VIP珍藏版高级干红葡萄酒精选“中国酿酒葡萄之乡”昌黎盛产的葡萄品系，采用国际先进酿酒工艺，并经橡木桶陈酿精制而成，该酒成宝石红色，酒香和谐优雅，口感丰满圆润，余味悠长。
MOUTAI
贵州茅台集团
高级干红葡萄酒
茅台®
[珍藏版]
·VIP·
贵州茅台酒厂(集团)昌黎葡萄酒业有限公司
KWEICHOW MOUTAI DISTILLERY GROUP CHANGLI WINERY CO.,LTD.
MOUTAI
贵州茅台集团
贵州茅台酒厂(集团)昌黎葡萄酒业有限公司
郑州茅台葡萄酒销售有限公司
地址：郑州市金水区金水路24号润华商务G座二楼209室
电话：0371-63581827
传真：0371-63581821 邮编：450012

茅台
国酒
贵州茅台酒
MOUTAI
AGED 80 YEARS
53%vol
500ml
贵州茅台酒
贵州茅台酒

劲牌公司科技楼

劲牌公司原酒基地

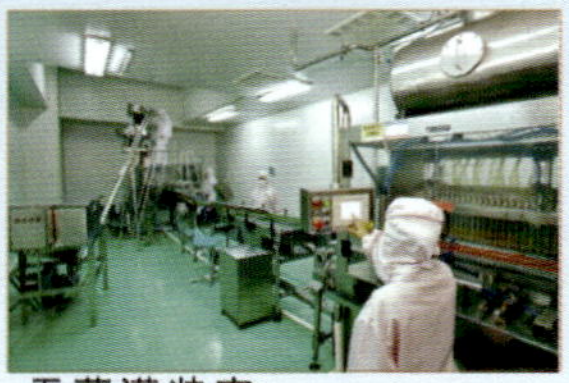
无菌灌装室

中药现代化提取车间

中央控制室

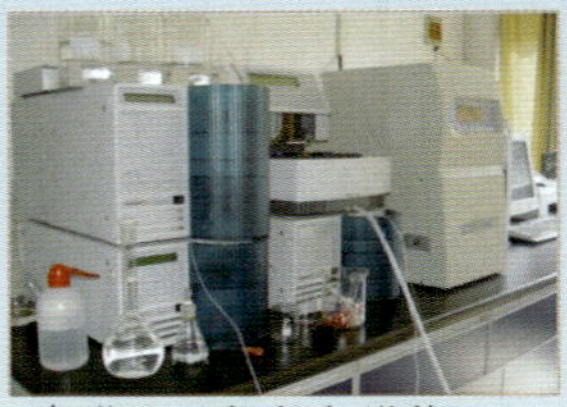
惠谱6890气象色谱仪

劲酒之源—双龙泉

吉林双阳梅花鹿场

联合生产车间

GMP标准生产基地外景

专述篇

包括国家各部委领导同志关于发展酿酒工业经济的讲话；中国酿酒工业协会领导关于酿酒经济发展的专述文章；专家、学者关于酿酒经济发展的论文；知名企业家关于酿酒经济发展的专稿。

蔡宏柱

Cai Hongzhu

YEARBOOK FIGURE

蔡宏柱，湖北稻花香集团党委书记、董事长，高级工程师，高级经济师，享受国务院特殊津贴，第十一届全国人大代表，全国五一劳动奖章获得者，中国酿酒工业协会白酒分会副理事长，湖北省食品工业协会会长，湖北省工商联副会长。

主要著作有《稻花香精神文化》、《白酒不会毁灭》、《中国白酒行业力量战略探索与思考》、《农业循环经济理论与实践》、《稻花香精神论》等。

建立健全规范有序的食品安全法治秩序

国务院食品安全委员会办公室主任　张　勇

食品安全关系到人民群众的身体健康和生命安全，保障广大人民群众的食品安全是党和政府的一项重要工作。今年以来，中央领导同志多次对食品安全工作提出明确要求，做出重要批示、指示。国务院相继召开国务院食品安全委员会第三次全体会议、严厉打击食品非法添加和滥用食品添加剂专项工作电视电话会议、全国食品安全工作专题会议，对食品安全工作作出安排部署。《国民经济和社会发展第十二个五年规划纲要》将食品安全工作纳入国家经济社会发展的总体布局，明确了今后五年的发展目标。食品安全工作已成为国家经济社会发展战略全局中的重要环节，其重要位置日益凸显。

健全法治，是解决食品安全问题的必由之路，也是从根本上提升食品安全保障水平的治本之策。本次论坛以"通过法治实现食品安全"为主题，围绕食品安全立法、执法、司法等方面的重大理论和实践问题进行深入探讨，集思广益、凝聚共识，有利于加快推动食品安全法治建设。

近年来，食品安全工作的法制建设不断得到加强。全国人大常委会于2009年公布实施了《食品安全法》，对食品安全监管工作和食品生产经营行为进行了全面规范。今年又出台了《刑法修正案（八）》，为加大对食品安全违法犯罪活动的打击力度提供了更加有力的法律依据。全国人大常委会还先后两次组织食品安全执法检查，促进了法律规定的进一步落实。在中央政法委的协调下，公检法机关不断完善宽严相济的刑事政策，加强执法、司法措施衔接，对食品安全违法犯罪活动进行了严惩重处，为完善法律制度和改进监管部门的行政执法提出了许多对策建议。在各方面的共同努力下，我国食品安全法治建设取得积极进展。

一、食品安全法制体系逐步完善

为确保《食品安全法》落实到位，国务院及有关部门先后修订发布了《食品安全法实施条例》、《乳品质量安全监督管理条例》、《饲料和饲料添加剂管理条例》等一系列配套法规。国务院食品安全办、农业部、卫生部、工商总局、质检总局、食品药品监管局等部门陆续制定修订了《国家食品安全应急预案》、《关于进一步加强食品安全有奖举报制度的指导意见》等一系列规范性文件和各环节的监管制度。同时，各地区普遍加快了对食品小作坊、小摊贩等食品安全监管的立法工作，宁夏、浙江、山东、安徽等地已通过地方立法或省政府发文的方式明确监管部门。目前，我们已经初步形成了以《食品安全法》为核心，各专项法律为支撑，与环境保护、产品质量、进出口商品动植物检验检疫等法律相衔接的综合性食品安全法律体系。这套法律体系充分体现了预防为主、科学监管、明确责任、综合治理的指导思想，为全面加强和改进食品安全工作，实现全程监管、科学监管，提高监管成效、提升食品安全水平，提供了法律制度保障。

二、重要法律制度得到积极落实

根据《食品安全法》规定的统一协调和分工负责相结合的食品安全监管体制要求，各级食品安全综合协调机制建设进展顺利。目前，全国31个省（区、市）、新疆生产建设兵团，以及大部分市、县都已建立了议事协调机构并明确了办事机构。河北、吉林、山东、河南、四川、云南等省政府还单设了办事机构。根据《食品安全法》关于实施食品安全风险监测和检验检测制度的要求，10月13日，国家食品安全风险评估中心正式成立，风险监测网络初步形成；食品出厂强制检验制度全面落实，各监管部门的执法抽检力度不断加大，国务院食品安全办会同有关监管部门还对乳制品等重要食品实行出厂批批检验和加强企业自检完善了制度要求。一系列重要法律制度的落实对提高监管能力、落实企业主体责任发挥了重要作用。

三、食品安全执法力度不断加大

为确保法律规定得以落实，严厉打击食品安全领域的违法违规行为，国务院食品安全办会同有关部门在全国范围内陆续组织开展了打击食品非法添加和滥用食品添加剂、"瘦肉精"、"地沟油"违法犯罪等专项整治和乳制品、食用油、肉类、酒类、保健食品等重点品种综合治理。开展严厉打击食品非法添加专项行动以来，各级监管部门共检查相关生产经营单位669万余次，取缔、关闭各类违规违法企业5000多家，查处案件1.8万多起。公安机关在打击“地沟油”犯罪破案会战中，侦破了多起案件，摧毁了涉及多地的制售链条和网络。“瘦肉精”专项治理行动中，破获案件120余起，抓获犯罪嫌疑人989人，基本摧毁了全国“瘦肉精”研发生产源头和主要销售网络。通过一系列综合治理和专项整治工作，消除了大量食品安全隐患，规范了食品生产经营秩序，增强了广大消费者食品安全信心。在开展整治行动的过程中，各级监管部门坚持集中治理与日常监管相结合、解决突出问题与长效机制建设相结合，针对普遍性、多发性、规律性问题，及时完善日常监管制度，加强监管措施的衔接，有力推动了预防关口前移、监管重心下移，提高了常态监管的有效性和科学性。

四、加强对刑事司法的支持配合

为严厉惩处食品安全违法犯罪活动，国务院食品安全办公室会同各监管部门加强对司法机关的支持配合，强化行政执法和刑事司法衔接。今年以来及时向司法机关移送涉嫌犯罪案件430多起，从深查固定违法证据、提供检验检测结论、做好技术鉴定等方面主动配合公安机关的侦查、检察机关的审查批捕、审查起诉、诉讼监督和法院的审理工作。今年各级人民法院以制售有毒有害食品罪，生产、销售伪劣产品罪，以危险方法危害公共安全罪，非法经营罪等罪名，审结了一大批危害食品安全类案件，其中以死缓和无期徒刑判处了多起严重犯罪案件，同时以200万元到400万元的罚金处罚了数起案件中的不法企业，极大地震慑了食品安全领域的不法分子。

五、广泛开展法制宣传教育

为促进食品生产经营企业和从业人员学法、知法、守法、用法，自觉履行食品安全法定义务和主体责任，国务院食品安全办会同有关部门开展了形式多样、主题鲜明的食品安全法制宣传教育活动。今年3月，国务院食品安全办商情中央宣传部、司法部将食品安全法列入了“六五”普法规划。5月，国务院食品安全办制定印发了《食品安全宣传教育工作纲要（2011—2015年）》，对全国食品安全宣传教育工作作出全面部署，要求食品企业负责人和主要从业人员每人每年接受不少于40小时的食品安全培训。6月，在中宣部、新闻办的大力支持下，食品安全办会同有关部门组织开展了全国食品安全宣传周、食品安全法律知识竞赛、中国食品安全论坛等大型活动，配合中央电视台录制播放了“食品安全在行动”系列节目。

同志们，虽然食品安全法治建设取得很大进展，但是我们也要清醒看到，目前在法律落实还有不到位的地方，监管工作中执法不严，失之于宽的现象时有发生，相当一部分食品生产经营者有法不依甚至目无法纪、故意违法的问题还十分突出，法律规定的体制机制、监管制度、监管能力建设还需要加快推进，食品安全法治建设依然任重道远。加强食品安全工作，必须要大力弘扬法治精神，进一步把“依法治国”方略落实到食品安全领域，坚持依法监督、重典治乱，继续加快推进食品安全法治建设，建立健全规范有序的食品安全法治秩序。

第一，适应新形势、新要求，进一步完善食品安全法律体系。在当前食品安全违法问题多发易发的实际情况下，要顺应人民群众关于严厉惩处食品安全违法犯罪的强烈愿望，从有效遏制违法犯罪活动的根本目的出发，进一步完善有利于加大违法成本的法律规定，切实将人民意志和监管经验上升为法律制度。要高度重视好认真研究司法实践中存在的取证难、定性难、定罪难等问题，推动有关法律的修订，进一步细化明确食品安全违法犯罪的种类、罪名、罚则，使食品安全法律体系更加贴近实际、更具操作性。

第二，准确把握法律精神，狠抓食品安全重要法律规定的贯彻落实。根据食品安全法关于强化食品安全综合协调、落实地方属地管理的要求，加快推进各级食品安全综合协调机构建设，形成密切配合、相互支持的工作机制，提高监管合力。查找、梳理食品安全监管的薄弱环节，对未能实现监管覆盖和存在监管边界交叉的食品生产经营行为，逐项明确监管分工和监管要求，不断消除监管漏洞和盲区。大力开展基层监管体系建设，重点落实乡镇政府、各监管部门和基层派出所、工商所、农技站、卫生所等机构的联动联防机制，建立食品安全信息员、协管员等群众性队伍，构建分区划片、包干负责的监管责任网和群众监督网，填补基层监管空白。

第三，强化执法措施，严厉打击各种食品安全违法犯罪活动。继续狠抓治理整顿这个食品安全工作的重中之重，针对问题多发场所、单位和监管薄弱领域以及重点品种，深入开展风险大排查、隐患大治理、问题大整改，治隐患、抓反复、防反弹，坚决遏制危害人民群众身体健康的违法违规问题。强化行政执法，健全办案机制，支持刑事司法，确保违法必究、执法必严、惩处从重，进一步加大对食品安全违法犯罪活动的打击力度。

第四，加强执法主体自身建设，切实提高食品安全监管能力。进一步加强食品安全监管队伍建设，积极争取资金投入，强化执法技术装备，配齐配强执法人员，加强执法人员的法律、业务培训，努力提高食品安全监管队伍履职能力。加快完善食品安全标准、风险监测、检验检测体系，切实提高食品安全监管的技术支撑能力。建立健全行政执法责任制和执法监督机制，规范行政执法程序和监管行为，切实做到严格执法、公正执法、廉洁执法。

第五，加大宣教力度，广泛普及食品安全法律知识。进一步创新宣传方式，拓宽宣传渠道，重点通过集中培训、制发法治读物、公布典型案例等方式，加大对食品安全法律法规的宣传普及力度，深入宣传国家打击食品安全违法犯罪活动的决心和措施，使食品生产经营者认清食品安全违法犯罪危害性和必须承担的法律后果，进一步形成强大的震慑声势，增强食品生产经营者守法意识。提高广大人民群众对食品安全法律知识的知晓率，倡导消费者通过法律途径维护自身权益。通过建立健全食品安全有奖举报制度、畅通举报投诉渠道、公开表彰先进典型等多种方式，广泛发动群众积极反映食品安全违法线索，使广大群众成为食品安全的信息员、监督员。

食品安全工作是一项复杂的系统工程，需要各级食品安全监管部门付出长期艰辛的努力。同时，也需要全社会给予理解、关心和支持，形成工作合力。特别需要立法机关、政协机关、司法部门及法律界的朋友们，在推进食品安全法治建设中给予宝贵支持。衷心希望在我们的共同努力下，尽快形成完善的食品安全法治秩序，依靠法治早日实现食品安全形势的根本好转。*（转摘于张勇主任在2011年中国食品安全法治高峰论坛上的讲话。）*

合力监管 同保食品安全

国务院食品安全委员会办公室副主任　刘佩智

食品安全关系到人民群众身体健康和生命安全，关系到经济健康发展和社会稳定，越来越受到国家和社会各方面的高度重视。为切实加强和改进食品安全工作，2009年我国颁布实施了《食品安全法》及其实施条例，以法律的形式进一步明确了各有关部门的监管职责，进一步规范了食品企业和相关组织的责任、义务。2010年2月份，国务院食品安全委员会依法成立，并单设国务院食品安全委员会办公室作为办事机构，对全国食品安全工作履行综合协调和督查指导职能。

目前，国务院食品安全办公室与各有关监管部门建立了密切的联系机制，综合协调和分工负责相结合的监管体制正在逐步形成和完善。新的监管体制形成后，国务院食品安全办将和各有关监管部门一起，全面加强和改进食品安全工作，着力构建全程监管机制，努力提高监管成效，促进我国食品安全整体水平的快速提高。目前，食品安全办将重点做好以下工作：

一是加强对国务院食品安全委员会决策部署落实情况的督促检查，确保各项政策措施落到实处。

二是加强对涉及多部门工作的协调，促进部门间的横向联系，确保各环节监管措施的有效衔接。

三是加强对联合执法、治理整顿等重大食品安全事故的协调指导，解决食品安全的突出问题。

四是按照“标本兼治、重在治本”的原则，分析食品安全形势，研究影响和制约我国食品安全的矛盾和问题，探索食品安全监管规律，提出有效提高食品安全整体水平的对策建议，加快完善食品安全治本政策体系。

党的十七届五中全会提出，“十二五”期间要加快转变经济方式，促进经济结构战略性调整。食品产业既是朝阳产业，又是生命产业，而食品安全是食品产业调整和发展的根基，转变食品产业发展方式是解决食品安全问题的治本之策，我们要紧紧抓住并充分利用“十二五”重要战略机遇期，深入贯彻落实《食品安全法》，牢固树立企业负主体责任、地方政府负总责、监管部门各负其责的食品安全责任理念，完善扶持政策，加快食品产业转变发展方式，推进食品工业规模化、标准化、现代化生产，倡导生产经营者诚信守法，依法规范各项生产经营活动，切实提高质量安全控制水平，从源头上消除食品安全隐患，快速提高我国食品安全整体水平，促进食品产业健康有序发展。

食品安全是全社会面临的共同任务，食品安全是一项为了人民，也必须紧紧依靠人民才能做好的工作。做好食品安全工作，需要社会各方面同心协力，为之奋斗。在政府加强和改进食品安全工作的同时，我们衷心希望各位专家学者、科技工作者和新闻界的朋友们继续关心、支持食品安全工作，积极为政府的工作建言献策，让我们携手并进，为促进我国食品安全形势持续稳定好转、切实保障人民群众身体健康做出积极的贡献！*（转摘于《中国食品质量报》）*

认清形势 明确责任 依法全力做好商务系统食品安全工作

中华人民共和国商务部副部长 姜增伟

党中央、国务院历来高度重视食品安全工作，采取了一系列强化监管的政策措施，取得了明显成效，我国食品安全形势总体趋于稳定。但也必须清醒地认识到，我国食品安全的基础仍比较薄弱，影响和制约食品安全的因素很多，部分领域食品安全问题比较突出，形势相当严峻。近年来，“三聚氰胺问题奶粉”、“毒豇豆”、“发光肉”、“地沟油”等问题的发生，充分说明我国目前处于食品安全风险隐患凸显期和食品安全事故高发易发阶段。

一、充分认识保障食品安全的重要性和紧迫性

我们必须要充分认识保障食品安全的重要性和紧迫性，切实增强责任感和使命感。

（一）保障食品安全是落实科学发展观的必然要求

科学发展观的核心是以人为本。健康是人的基本权利，食品直接关系人民群众的生命健康安全。随着经济发展和社会进步，人民群众对食品的需求已经由“吃的饱”向“吃的好、吃的安全”转变，更多地考虑是否有营养，是否有利于健康，食品安全已经成为人们最关心、最直接、最现实的利益问题之一。调查表明，城乡消费者食品安全关注度分别达到95.8%和94.5%。要“让人民生活得更加幸福、更有尊严”，必须要切实保障食品安全。对此，党中央、国务院高度重视。党的十七大和十七届二中、三中、四中全会都把确保食品安全作为改善民生的重要内容作出部署。胡锦涛总书记多次强调要把人民群众的生命安全放在至高无上的地位，要求切实做好食品安全工作。温家宝总理指出“三鹿奶粉这个教训应该说是很深刻的，不是一个企业，也不是一个地方，是我们整个民族应该汲取的”，决不能以牺牲人的生命健康来换取经济发展。我们必须要深刻领会，结合贯彻落实科学发展观，把保障食品安全融合到商务工作中来，时刻把人民群众的生命健康安全放在心上，切实把食品安全这一重大民生工程抓紧抓好。

（二）保障食品安全是建设责任政府的重要举措

食品安全工作涉及政府市场监管、社会管理和公共服务等诸多职能，能否让群众吃上安全放心食品，是衡量政府工作水平的重要标尺。我国已经建立了分段监管综合协调的食品安全监管体系。农业、质检、工商和食药监等部门分段监管农产品及食品生产、流通、餐饮服务；工业和信息化、商务部门分别负责食品生产、经营行业管理；国务院卫生行政部门承担食品安全综合协调职责。为进一步加强统筹协调，国务院成立了食品安全委员会，李克强、回良玉、王岐山三位副总理任正副主任，负责研究部署、指导协调全国食品安全工作。《食品安全法》规定县级以上地方人民政府统一负责、领导、组织、协调本行政区域的食品安全监督管理工作。食品安全监督管理责任制和评议、考核制度也日趋完善。地方各级政府把食品安全工作摆上了重要议事日程，一级抓一级，层层抓落实，责任到人；将食品监管纳入了政绩考核范围，与奖惩及职级晋升直接挂钩。《食品安全法》实施当年，全国人大常委会就组织了专项执法检查，这在我国人大执法检查史上还是第一次，充分体现了对各级政府落实食品安全监管责任的高度关注。作为政府组成部门，商务主管部门要认真理解建设责任政府的相关要求，切实转变职能，认真解决工作中存在的突出问题，加强食品流通和餐饮的行业管理工作，履行好法律赋予的神圣职责。

（三）保障食品安全是经济发展、社会稳定的现实需要

扩大内需是转变经济发展方式的重要内容，也是我国经济长远的发展的战略方向。扩大内需最主要的就是扩大消费需求。食品人人都消费，每天都消费，促进食品消费对于扩大内需具有重要意义。同时，食品产业链条长，涉及利益群体广，社会关注度高，一旦出现食品安全事件，一经媒体披露，就迅速扩散、放大成为社会热点，产生连锁反应，不仅会使广大消费者身体受害、经济受损，而且往往导致企业产品滞销，甚至导致企业关闭破产、职工失业，成为引发社会矛盾、影响和谐稳定的导火索。“毒豇

豆”曝光后，豇豆价格大幅下降，一些地方甚至出现了零交易，菜农损失惨重，豇豆产地遭遇信用危机，消费者深受其害。一些食品安全事件影响范围广、处置难度大，都不同程度地引发了经济纠纷、群体上访、媒体炒作、社会恐慌等社会问题。我们一定要深刻吸取教训，把保障食品安全作为流通、餐饮行业发展的重要工作，以实际行动维护好改革发展稳定大局。

二、商务主管部门在食品安全方面负有重要职责

依据食品安全法及其实施条例，商务部门负责促进食品流通、餐饮行业健康发展；加强生猪屠宰监督管理，做好酒类流通行业管理工作；配合相关监管部门做好食品安全标准制订、事故处置、信息通报、监测评估等工作。这些职能之所以赋予商务主管部门，是由商务部门的性质和食品流通行业的特点决定的，必须要依法履行职责，突出工作重点，针对主要矛盾，攻艰克难，有序推进。

（一）督促流通、餐饮企业依法规范经营

食品的价值通过流通和餐饮实现。相关食品经营企业是保障食品安全的第一责任人，必须严格执行食品安全标准和相关管理制度，把问题食品堵在流通环节之外；要按照相关规范要求，配备保障食品安全的基本设施、设备，防止出现二次食品污染；要严格诚信经营，主动承担社会责任，力争食品在批发市场、货架期、餐饮饭店不出问题，出现问题立即依法处置。真正实现以上目标，仅靠监管是不够的，关键还要靠行业发展、靠企业道德把关，这些都是行业主管部门的责任所在。一要督促企业真正落实食品安全管理制度。要发挥商务主管部门熟悉行业、了解法律和政策的优势，通过推动商务信用建设、指导企业改造升级、采用可追溯等先进管理技术和方法、加强宣传培训等多种方式，督促企业建立并执行进货查验登记、货架库存期定期巡查、从业人员健康管理等制度。二要制订并推动执行标准化操作规范。要根据农产品批发市场、连锁超市、农贸市场、菜市场及餐饮企业等不同流通业态的特点，制定相应的食品安全操作规范，为经营者规范经营、政府部门实施监管提供指引和依据。要出台配套措施，对切实做到规范经营的，要给予必要的政策支持。三要把保障食品安全作为落实搞活流通扩大消费政策的重要内容。在推进“万村千乡市场工程”、“双百市场工程”、“三绿工程”、“早餐示范工程”、“农超对接”、“标准化菜市场改造”等政策时，将食品安全作为一项重要考核指标，督促企业完善管理制度，改善食品安全设施。对制度不健全、执行不到位、设施陈旧落后的，要指导其及时整改，消除安全方面的隐患。

（二）促进食品流通、餐饮行业健康发展

食品行业产业化、组织化、规模化程度低是导致食品安全风险的重要原因。小企业、小作坊仍是我国食品生产的主体，流通、餐饮领域小摊贩、小饭店、小店铺数量居多。受经营状况、资金实力、税收制度等诸多因素影响，大部分企业无力或不愿改进生产经营条件，食品安全控制水平低，监督管理困难，大大增加了食品安全风险。同时，我国食品批发体系不健全、购销渠道混乱、集中配送不成规模、连锁经营水平偏低，一些不法分子趁虚而入，致使一些假冒伪劣食品进入流通、餐饮领域。从长远看，要真正提高食品安全保障水平，必须要鼓励发展大型商贸流通、餐饮企业，鼓励、引导食品连锁经营、配送，引导食品摊贩进入固定交易场所经营。

各地要按照国家有关文件精神，结合实际制订促进食品规模化生产和连锁经营、配送的具体办法，出台鼓励食品摊贩进入集中交易市场、店铺等固定场所经营的具体措施。建立政府投资为引导、企业投资为主体的多元投入机制，支持农产品批发市场、农贸市场、菜市场、生鲜超市等配备必要的检验检测、冷藏保鲜和冷链物流等食品安全设施，餐饮企业配备食品加工、冷藏、陈列及清洗消毒等设施，提高流通、餐饮行业食品安全保障水平。

（三）加强行业自律，推进行业诚信体系建设

诚实守信是流通、餐饮企业履行社会责任、保障食品安全的基础。从全国人大食品安全执法检查情况看，一些食品经营领域行业协会缺失，行业自律水平低；一些食品经营者责任意识淡漠，不严格依照法律、法规和食品安全标准从事经营活动，经营不符合安全标准的食品，有的甚至制假售假，扰乱正常的市场经济秩序，严重损害人民群众的身体健康和社会稳定。商务主管部门不是食品安全监管部门，但要在引导行业协会发展、督促行业严格自律、推动信用体系建设上下功夫。

要引导行业协会围绕规范食品安全这一中心，健全自律性管理制度，制订并组织实施行业、职业道德准则，大力推动行业诚信评价和“诚信经营示范创建”活动，建立完善行业自律性管理约束机制，规范会员行为，协调会员关系，营造食品安全诚信环境。要依法加强自我约束和自我管理，在为会员提供各项服务、维护会员利益的同时，及时发现和举报违反法律法规或者行规行约、危害食品安全的经营者，提升整个行业的自律和诚信品质。要积极配合有关部门，建立食品流通、餐饮企业信用档案，配套相应的征信、评价、披露、服务、奖惩制度，发挥对食品安全工作的规范、引导和督促作用。要加强统筹协调，加强沟通合作，推动信用资源共享，建立统一的食品安全信用制度。

（四）加强与相关部门的协同配合

依据《食品安全法实施条例》，商务部门在食品安全风险监测评估、标准制定、事故处置、信息通报等方面，负有配合监管部门的法定责任。一要做好食品安全信息通报工作。政府部门如果对食品安全信息不保持高度敏锐，不采取果断措施，小问题有可能演化为大的公共卫生事件。商务部门发现或获知食品安全相关信息，要立即通报相关部门，做到早发现、早预防、早整治、早解决。二要配合有关部门做好食品安全风险监测评估工作。要发挥12312商务公共服务及举报投诉中心作用，加强对流通领域食品安全的动态监测，及时提出将有关食源性疾病、食品污染以及食品中有害因素纳入国家或地方食品安全风险监测计划的建议，并配合做好相关工作。三要按照本地政府食品安全事故应急预案的总体要求，制订流通领域食品安全事故应急预案，明确规定适用范围、工作原则、应急处理指挥机构、监测预警报告制度、应急响应、后期处置及应急保障等。要督促有关商贸、餐饮企业制订企业内部食品安全事故处置方案，定期检查本企业各项食品安全防范措施落实情况，及时消除食品安全隐患。四要完善落实食品安全召回制度。商务主管部门在日常工作中发现或接到投诉举报获知安全隐患信息的，要及时通报有关监管部门，并督促企业履行社会责任。食品经营者发现其经营的食品不符合食品安全标准的，要立即停止销售，通知相关生产经营者和消费者，并记录停止销售和通知情况，配合生产者做好召回工作；发现可能存在风险但一时难以定性的食品，也要停止销售，及时报有关部门进行检验、评估。

近期，按商务部党组要求，成立了商务部食品安全领导小组，由我和钟山副部长、房爱卿部长助理任组长和副组长，成员由10个司局的负责同志组成，办公室设在市场秩序司，形成了综合协调、各司其职的工作格局。各地要参照商务部食品安全领导小组模式，把领导小组成立起来，从组织机构上对食品安全工作提供强有力的保障。同时，尽快开展各项基础工作，制定工作规则和工作计划，建立严格的责任制和责任追究制，将任务、责任落实到岗、到人，把工作尽快开展起来，依法全力做好商务系统的食品安全工作。*（转摘于姜增伟副部长在全国商务系统食品安全暨屠宰行业管理工作会议上的讲话。）*

深入推进企业诚信建设 加快提升食品安全水平

中华人民共和国工业和信息化部党组成员、总工程师　朱宏任

这次食品工业企业诚信体系建设试点工作交流暨培训会，恰逢党的十七届六中全会召开之际，对深入推进食品企业诚信建设，构建食品安全长效机制，加快提升食品安全水平更加具有重要意义。这次会议主要任务就是动员学习领会六中全会精神，认真贯彻国务院食品安全委员会第三次全体会议部署，进一步落实《国务院办公厅关于印发2011年食品安全重点工作安排的通知》和《食品工业企业诚信体系建设工作实施方案（2010-2012年）》要求，座谈交流开展诚信建设试点工作经验，培训地方诚信管理体系建设师资人员，研讨下一步工作重点。

食品工业企业诚信体系建设自2009年开展以来，得到了国务院食安办的指导和部门联席会议各成员单位的大力支持，各地对这项工作高度重视，积极推动落实。在此，我代表工业和信息化部对国务院食安办同志莅临指导表示热烈的欢迎！对部门联席会议成员单位、地方各级工业和信息化主管部门、行业协会及新闻界朋友们的工作支持表示衷心感谢！对试点省份和试点企业在诚信体系建设方面取得的可喜成绩表示祝贺！

消费品工业司同志介绍了近两年来食品工业企业诚信体系建设工作开展情况，提出了深入推进企业诚信体系建设工作的具体意见。黑龙江、河南等试点先行省和江苏、北京、广东等试点省份，完达山等部分试点企业汇报了去年以来开展诚信体系建设工作的做法和经验，部软件与集成电路促进中心的同志介绍了国家食品工业企业诚信信息公共服务平台的有关情况，国家认监委认证认可技术研究所的同志介绍了诚信管理体系评价工作开展情况。同志们讲的都很好，既有认识的升华，也有实践的感悟；既有诚信文化精心培育的启示，也有制度规范严格实施的体会；既有可被学习复制的成功经验，也有应被充分汲取刻骨铭心的工作教训。反映出这项工作得到了各地、各有关部门、食品企业和相关单位的积极响应，工作初见成效并且正在全面深入推进。这些工作经验的交流，这些交流培训的重要内容，希望大家认真体会领会。下面，我就做好诚信体系建设工作再讲两点意见：

一、进一步提高认识，增强使命感、责任感和紧迫感

（一）以确保食品生产安全为使命，无限荣光。民以食为天，食以安为先。食品安全关系着广大人民群众身体健康和生命安全，关系着经济健康发展和社会和谐稳定。做好食品安全工作，是深入贯彻落实科学发展观、维护人民根本利益的必然要求，是保障群众健康安全、维护社会和谐稳定的现实需要。党中央、国务院高度重视食品安全工作，把食品安全摆在关系国计民生、关系新阶段经济和社会发展的重要位置。特别是2008年“婴幼儿奶粉事件”发生后，国务院部署开展了一系列卓有成效的食品安全整顿工作，并着重加快了长效机制建设步伐。应该说，经过各地各部门共同努力，我国食品安全理念深入人心，总体状况好转，食品安全法律法规和标准监管体系不断加强，诚信建设稳步推进，食品生产技术水平和产品质量不断提高，食品安全整体水平得到了显著提升。

（二）以培育完善诚信体系为责任，任重道远。应清醒看到，我国食品安全面临的形势依然严峻，近年来，发生的食品安全事件给人民群众身心健康和生命安全造成严重伤害。特别是少数企业面对市场诱惑和利益驱动，违背法律法规和社会诚信原则，制假售假，严重损害了我国食品行业的声誉和形象。维护食品安全既是全社会的责任，更是食品工业企业必须遵守和承担的社会责任。遵守法律、依法经营、质量承诺、履行社会责任是食品工业企业诚信的标志，建立食品工业企业诚信体系是保障食品质量安全、促进行业健康发展的治本之策。在大家的共同努力下，食品企业诚信建设工作取得了较好进展和成效，但与食品安全形势的需求，与党中央、国务院的部署和要求，与广大人民群众的期望还有很大距离。作为良心产业、道德产业的食品产业大力贯彻实施食品安全法及其实施条例，做到“安全为基、诚信为本”不能有丝毫松懈。

（三）以加快诚信推动食品安全质量提升为号令，刻不容缓。“十二五”是我国全面建设小康社会的关键时期，是深化改革开放、加快转变发展方式的攻坚时期，实现经济稳定增长，维护社会和谐发展是这一时期的主要任务。我国拥有13多亿人口，食品工业经济总量占全国工业经济的十分之一，保障食品安全是实现“十二五”目标任务、满足人民群众对美好生活新期待的重要基础和有力支撑。各地工业和信息化主管部门、有关行业组织和食品企业要把食品安全作为食品产业健康发展的首要标志，必须高度重视食品质量安全，进一步提高新形势下对加快推进食品企业诚信体系建设、维护人民群众利益重要性的认识。把增强企业诚信意识、加强企业诚信体系建设，作为强化企业质量安全主体责任的重要内容；把落实科学发展观、加快转变发展方式、全面提高企业管理水平作为实现食品工业可持续发展的重要任务；把保安全、保民生、促和谐，作为实施扩大内需、促进消费战略的重要措施。以高度负责的态度，积极的行动，有力的措施，大力推进企业诚信建设，加快构建食品质量安全长效机制。

二、狠抓责任落实，全面推进食品企业诚信建设工作

在全国范围内开展食品工业企业诚信体系建设是一项复杂、艰巨而长期的任务，是一项探索和创新性的工作。虽然通过开展试点工作摸索出了一些可行的做法，工作有了一定成效，但在实施中还面临一些亟待破解的问题。一是企业主体责任落实还不到位。个别企业缺乏诚信责任意识，企业诚信管理制度不健全，质量安全管理存在薄弱环节，食品安全隐患突出。二是诚信建设工作的进展还不均衡。一些地区对推动企业诚信建设的紧迫性缺乏深刻认识，指导和协同推动力度不够，企业全面建立诚信制度工作尚未展开。三是诚信机制建设步伐有待加快。对企业守信激励和失信惩戒措施研究不够，没有充分有效发挥协调机制，需要通过充分发挥市场机制作用，调动企业参与的积极性，实现诚信建设由“要我做”到“我要做”的转变。

破解工作难题，需要群策群力，在实践中寻找答案。推动工作落实，需要同心协力，贵在持之以恒。对深入推进食品企业诚信建设，国务院食安办全力支持，张勇主

任、刘佩智副主任多次给予重要指示，并全力支持工信部开展的各项工作。工信部党组高度重视，苗部长多次在部长办公会、工信系统年度工作会以及相关文件的批示中给予强调、提出要求。下一步，我们要继续按照国务院及国务院食品安全委员会工作部署和要求，进一步加强组织协调和工作推动，加大宣传贯彻和培训教育工作力度，更加注重发挥好典型的示范和带动作用，指导企业加快建立诚信管理体系，有效落实企业食品安全主体责任。在推动工作中更加注重遵循事物的客观规律，建立和完善相关工作机制，促进企业诚信建设取得实效。

（一）要充分发挥部门协调工作机制作用。食品工业企业诚信体系建设已成为我国构建食品安全长效机制的重要内容，各地要进一步建立健全地方部门协调工作机制，加强沟通和协作配合，共同推进食品工业企业诚信体系建设工作。

（二）要落实工作责任制。各地要按照我部印发的三年工作实施方案及地方的工作方案采取有力措施，一级抓一级，层层抓落实，督促并指导食品企业全面落实主体责任。食品企业是诚信大厦的根基，要遵守《食品安全法》等法律法规，按照诚信标准加快建立和完善管理制度，任务到人，责任到岗，实现企业全过程、全岗位的全覆盖。

（三）要建立诚信信息管理共享机制。目前，各相关部门在对食品企业行使管理职能过程中，积累了大量的企业信息，并建立了各自的信息系统，有很好的诚信信息管理基础。要进一步充分利用国家中心平台的信息服务功能，实现诚信信息资源管理的共建共享互联互通，把有效利用诚信信息资源，作为诚信体系工作中的重要内容。促进企业诚信自律，发挥社会监督作用。

（四）要建立企业信用奖惩保障机制。在国务院食品安全委员会的统一部署下，综合运用法律、经济和行政手段，研究实施守信激励和失信惩戒措施，建立违法违规企业“黑名单”制度，完善市场退出机制。

（五）要建立诚信宣传教育机制。配合宣传部门，采取多种形式，抓好企业文化创建和诚信宣传教育，努力营造全社会“以讲诚信为荣，不讲诚信为耻”的诚信体系建设氛围；组织开展诚信标准培训，指导企业建立诚信体系，组织开展诚信评价。

（六）要形成全社会关注支持诚信建设的良好氛围。充分发挥行业组织作用。在部门协同推动食品工业企业诚信体系建设工作的同时，要充分发挥行业组织在行业自律、人才培训、舆论宣传等方面的优势，发挥社会团体和单位评价机构以及专家学者专业特长，合力推动食品工业企业诚信体系建设工作；要充分发挥科研机构、大专院校在理论研究、教学相长、应用拓展、输送人才方面的作用；要充分发挥媒体在弘扬先进、宣传理念、社会监督、鞭挞劣行等方面的作用。*（转摘于国家工信部网）*

认真开展打击违法添加非食用物质和滥用食品添加剂专项整治行动切实保障食品质量安全

中华人民共和国质量监督检验检疫总局副局长　蒲长城

一、充分认识开展专项整治的紧迫性，增强工作责任感

违法添加非食用物质和滥用食品添加剂是导致加工食品质量安全问题的重要原因。近年发生的三鹿牌婴幼儿奶粉重大食品安全事件，以及近年来发生的多起食品安全事件，反映出当前在加工食品中违法添加非食用物质和滥用食品添加剂的问题十分严重。开展全国打击违法添加非食用物质和滥用食品添加剂的专项整治行动，具有十分重要的现实意义。各级质检部门务必要高度重视，以科学发展观为统领，以开展学习实践科学发展观活动为契机，从讲政治、讲大局的高度，以对党负责、对人民负责的高度责任感和强烈紧迫感，紧密围绕有效遏制违法行为、切实保护人民群众身体健康、大力促进行业发展的阶段性目标，切实加强领导，周密部署安排，依法履行职责，认真落实专项整治行动方案中质检部门的各项任务。

二、突出监管重点，落实生产加工环节的各项整治任务

各地质检部门要在地方政府领导下，按照专项整治方案的指导意见，围绕专项整治行动的目标和任务，结合当地生产加工企业的实际情况，制定具体工作方案，做到在自查自纠、清理整顿和规范巩固三个阶段目标明确、任务具体、措施落实、效果明显。为此，强调以下几点：

第一，监督生产加工企业落实第一责任人的责任。各地质检部门在制定当地的具体工作方案中，要依法进一步明确食品及食品添加剂生产加工企业第一责任的具体要求。要配合当地工业主管部门依法督促食品和食品添加剂生产加工企业，严格按照法律法规和有关规章及公告要求，开展自查自纠。对在食品中违法添加和使用非食用物质，以及不规范使用食品添加剂的行为，要求企业彻底检查，依法纠正，形成可以追溯的记录。要依法责令生产加工企业，必须于规定时间报告自查自纠主要过程和结果，并再次明确承诺不使用非食用物质加工食品、不滥用食品添加剂。

第二，突出整治重点。根据以往发生过的情况，卫生部、工业和信息化部、公安部、监察部、农业部、商务部、工商总局、质检总局和食品药品监管局提出了一个可能违法添加非食用物质和滥用食品添加剂的名单，供各地质检部门在开展整治工作中参考。各地质检部门一定要结合名单突出整治的重点，认真抓好落实。

一是突出重点食品。对那些容易出现质量安全问题的、敏感的、高风险的食品，比如肉制品、乳制品、酿造食品和蛋白质含量高的食品等，要结合当地实际作为重点。

二是突出重点非食用物质和食品添加剂。各级质检部门既要密切关注那些多年整治过的高风险问题，比如吊白块、苏丹红、碱性橙、工业染料、工业硫磺等非食用物质，防止复发，也要注意调查生产加工环节出现非食用物质和滥用食品添加剂的新情况、新动态，坚决杜绝三聚氰胺污染乳制品这样的系统性问题。

三是突出重点企业。生产加工小企业小作坊容易出现质量安全问题，必须作为整治的重点对象。对那些不重视质量安全问题，没有把保障质量安全的各项条件、制度、措施等落在实处的企业，也应当列入整治的重点对象。

四是突出重点区域。各地质检部门要结合本地实际，开展区域性专项整治。要把那些具有地方特色、区域生产明显的“一地一品”、“一地多品”食品加工集中地区，以及城乡结合部和加工食品质量安全隐患较多的地区，作为重点整治区域。

五是突出重点环节。各地出入境检验检疫部门要重点加强进出口食品和食品添加剂的专项整治，健全进出口食品的监管制度，进一步提高监管水平。

第三，加大整治工作力度。要按照职责分工，突出五个环节，集中解决重点隐患。一是用好12365投诉举报电话。对人民群众举报的每一件违法犯罪线索，都要一查到底，件件有结果。二是加大监督抽查力度。总局和各省级局都要专门安排抽查计划，把整治名单中所列的安全项目和食品，作为抽查的主要对象，加大抽查的覆盖面。三是监督检查企业的自查自纠过程和结果。要以企业提交的自查自纠报告为基础，监督检查企业自查自纠的记录、管理现场和各项规章制度，核实企业自律质量安全的诚信程度。四是依法严肃处理。对于查实的每一个违法案件、每一个失信行为，都要依法处理、依法公开。触犯刑法的，依法移送司法机关。五是及时报告工作信息。专项整治期间，各级质检部门要定期报送规定的报表，及时反映工作动态。重要信息要在第一时间报告当地政府和总局。

三、加强组织领导，持续探索建立长效监管机制

各级质检部门要遵循“全国统一领导、地方政府负责、部门指导协调、各方联合行动”的原则，在各级政府统一领导下，与各相关部门加强协调配合和信息沟通，顾全大局，严格履行质检部门职责，为形成监管合力和长效机制尽职尽责。

一是严格落实区域监管责任制。要保障每个单位食品安全监管工作目标明确、任务清楚、措施具体、责任到人，确保监管到位。

二是健全完善食品质量安全市场准入制度。要针对在食品中违法添加非食用物质和滥用食品添加剂的行为，探索形成对企业生产加工过程进行有效追溯的监督检查制度，严格准入条件，坚决落实不合格主体的退出机制。

三是健全完善监督抽查制度。重点是各省级局要进一步依靠当地政府，落实专项抽查经费，发挥监督抽检的威力。

四是继续探索建立风险监控制度。重点是进一步加大对高风险食品的风险监控，扩大监控项目和品种，力争早发现、早控制。

五是健全完善执法打假各项制度。严厉打击生产加工食品中的掺杂使假、以假充真等违法活动和行为。

六是健全完善不安全食品召回制度。研究制订配套措施，降低不安全食品可能带来的危害，切实维护广大消费者健康安全。

同志们，在党中央、国务院的正确领导下，在地方各级人民政府和有关部门的共同努力下，有广大企业和人民群众的大力支持，我们质检部门一定要再接再厉，认真开展打击违法添加非食用物质和滥用食品添加剂的专项整治行动，不断提高食品质量安全监管水平。*（转摘于蒲长城副局长在全国打击违法添加非食用物质和滥用食品添加剂专项整治电视电话会议上的讲话，题目是编者所加。）*

紧密结合实际 推动轻工发展

中国轻工业联合会会长 步正发

为深入学习贯彻党的十七届六中全会精神，中轻联、总社党委举办了领导干部学习班，虽然时间不长，在同志们的努力下达到了预期的目的，取得了较好的学习效果。一是通过收看学习辅导报告和专题讨论，较为系统地把握、领会六中全会精神实质，提高了认识，形成了共识。二是联系经工业和各单位实际，研讨、交流了贯彻六中全会精神、推动文化发展的思路。三是围绕行业组织、直属单位的职能和工作，讨论研究了以贯彻落实六中全会为动力，推进各单位各项工作的意见。会上许多同志对文化大发展大繁荣提出了许多好的意见和建议，会后我们将整理大家的意见，在今后工作中予以采纳和借鉴。下面，我就下一步学习贯彻十七届六中全会精神谈几点意见。

一、深入学习贯彻十七届六中全会精神，把思想统一到中央决策和部署上来

党的十七届六中全会是在中国共产党成立90周年之际、在全面建设小康社会的关键时期和文化改革发展重要阶段召开的一次十分重要的会议，胡锦涛总书记在全会上发表了重要讲话。会议通过了《中共中央关于深化文化体制改革推动社会主义文化大发展大繁荣若干重大问题的决定》，是当前和今后一个时期指导社会主义文化建设的纲领性文件。全会通过了《关于召开党的第十八次全国代表大会的决议》。认真学习宣传贯彻党的十七届六中全会精神，是当前和今后一个时期全党全国的一项重大政治任务。我们要深入学习贯彻十七届六中全会精神，把思想统一到中央决策和部署上来。

（一）深刻认识推进文化改革发展的重要性和紧迫性

文化内涵丰富，外延宽泛。文化是民族的血脉，是人民的精神家园，是政党的精神旗帜，是民族凝聚力的重要源泉，是经济社会发展的重要支撑，是综合国力、竞争力的重要因素。当今世界正处在大发展大变革大调整时期,各种思想文化交流交融交锋更加频繁，文化在综合国力竞争中的地位和作用更加凸显，维护国家文化安全任务更加艰巨，增强国家文化软实力、中华文化国际影响力要求更加紧迫。改革开放以来，我国文化事业和文化产业取得巨大成就。同时，我国文化发展面临诸多突出矛盾和挑战。一是文化发展同人民群众日益增长的精神文化需求不相适应的矛盾突出。我国人均GDP已达4200美元，正处在向全面建设小康转变时期，文化需求迅猛上升。据测算，全国文化需求4万亿，而实际供给只有1万亿。二是一些领域道德失范，诚信缺失，影响人民团结奋斗的共同思想基础和社会和谐。近些年来，假冒伪劣产品屡禁不止，严重食品安全事件时有发生，社会不良风气和典型案例引起社会和人民群众强烈反应和忧虑。三是我国社会主义市场经济深入发展和全球化进程给我国文化发展带来巨大的挑战。美国只有200多年历史，我国有5000多年文明史，有深厚的文化底蕴，但没有转化为竞争力。文化产业占本国GDP的比重，美国23.78%，我国2.75%。文化产业占世界文化市场的份额，美国43%，我国不到4%。世界市场85%的图书、74%的音像制品，由发达国家向发展中国家出口。美国大片占我国大片市场的70%，韩国、日本动漫占我国市场的80%。四是现代传播技术迅猛发展为我国文化发展提出许多新的课题。发达国家利用其技术优势抢占文化传媒制高点，影响争夺年轻一代。截止到6月底，我国有4.85亿网民，9.3亿手机用户，1.95亿博客，但互联网阵地同发达国家仍存在较大差距。五是我国文化发展在体制机制和人才队伍方面还存在许多问题和薄弱环节。

物质贫乏不是社会主义，精神空虚也不是社会主义。没有社会主义文化繁荣发展，就没有社会主义现代化。我们要准确把握我国经济社会发展新要求，准确把握当今时代文化发展新趋势，准确把握各族人民精神文化生活新期待，增强责任感和紧迫感，解放思想，转变观念，抓住机遇，乘势而上，在全面建设小康社会进程中、在科学发展道路上奋力开创社会主义文化建设新局面。

（二）深刻认识文化改革发展的指导思想和重要方针

推动社会主义文化大发展大繁荣，必须全面贯彻党的十七大精神，高举中国特色社会主义伟大旗帜，以马克思列宁主义、毛泽东思想、邓小平理论和“三个代表”重要思想为指导，深入贯彻落实科学发展观，坚持社会主义先进文化前进方向，以科学发展为主题，以建设社会主义核心价值体系为根本任务，以满足人民精神文化需求为出发

点和落脚点，以改革创新为动力，发展面向现代化、面向世界、面向未来的，民族的科学的大众的社会主义文化，培养高度的文化自觉和文化自信，提高全民族文明素质，增强国家文化软实力，弘扬中华文化，努力建设社会主义文化强国。坚持以马克思主义为指导、坚持社会主义先进文化前进方向、坚持以人为本、坚持把社会效益放在首位、坚持改革开放，是指导文化改革发展的重要方针。必须深刻领会和全面贯彻推进文化改革发展的指导思想和重要方针，确保文化改革发展始终沿着正确方向前进。

（三）深刻认识文化改革发展的主要任务和重大举措

《决定》围绕建设社会主义文化强国和实现到2020年文化改革发展的奋斗目标，从推进社会主义核心价值体系建设、为人民提供更好更多的精神食粮、大力发展公益性文化事业、加快发展文化产业、进一步深化文化领域改革开放、建设宏大文化人才队伍等六个方面，提出了一系列新举措新要求，明确了文化改革发展的主要任务。这些重大部署和重大举措，紧扣影响我国文化改革发展的突出矛盾和深层次问题，涵盖了文化改革发展的各个领域，是加强文化建设必须抓好的基础性战略性任务。我们必须全面落实全国提出的各项任务和政策举措，以卓有成效的工作，推动文化改革发展不断取得新进展新成绩。

二、紧密结合轻工业实际，为推动我国文化改革发展做出贡献

社会主义文化大发展大繁荣，绝不仅仅是文化战线的任务，而是全党全国的一项重大的政治任务，结合轻工业的实际，贯彻落实党的六中全会精神，要着力抓好以下几项工作。

（一）推进社会主义核心价值体系建设，提升轻工行业和产品的信誉和竞争力

社会主义核心价值体系是兴国之魂，是社会主义先进文化的精髓，决定着中国特色社会主义发展方向。要坚持用中国特色社会主义理论体系武装全党、教育人民，不断提高广大干部群众掌握和运用科学理论的能力。要深入开展理想信念教育，开展形势政策教育、国情教育、革命传统教育、改革开放教育、国防教育，进一步坚定广大干部群众对中国特色社会主义的信心和信念。要广泛开展民族精神和时代精神、社会主义荣辱观宣传教育，开展道德领域突出问题专项教育，培育文明风尚。

轻工业是与人民群众生活息息相关的重要民生产业，企业诚信经营、履行社会责任，直接关系到群众的生活品质和质量，关系到企业信誉、竞争力。产品安全特别是食品安全，越来越成为群众的社会关注的热点。总体看，我国轻工产品质量和安全是好的，但确有一些企业和不法分子见利忘义，道德沦丧，诚信缺失，非法添加有毒有害物质或滥用食品添加剂，假冒伪劣产品和有害食品事件时有发生，严重危害群众健康。我们要进一步加强对企业的诚信经营和履行社会责任的教育，针对存在问题和薄弱环节，积极配合有关部门解决产品安全特别是食品安全中的突出问题，切实加强产品标准等基础建设和健全质量管理体系、执法监督等体制机制建设，确保消费者消费安全，提升轻工行业和产品的信誉和竞争力。

（二）培育发展社团文化，增强行业组织的凝聚力和服务能力

社团文化是增强会社和行业协会凝聚力和员工创造力的重要源泉。许多协会和单位结合创先争优活动，在培育建立本单位文化方面进行了多年的探索，取得了积极成果。我们要将会社社团文化建设放到文化发展的大背景中来思考，认真总结发展已有的成果，继续大胆实践。一是总结丰富行业发展史中的文化内涵和当代行业发展展现的精神。二是培育行业协会体现服务宗旨、履行职能的优秀成果，营造尊重人才、鼓励创新良好环境的协会文化和协会精神。三是积极探索讲求实效，被广大员工所接受，用员工喜闻乐见、丰富多彩的活动方式和载体，组织主题鲜明、形式多样的思想教育、知识技能拓展、文化体育、联谊交流等活动，启迪思路、升华境界、振奋精神、凝聚力量、促进工作。四是认真贯彻国资委全面推进行业品牌协会建设工作的要求，推动品牌协会建设迈上新的台阶，以提高行业组织的服务能力和水平，促进行业发展和推动文化大发展大繁荣。

（三）坚持不断创新，加快轻工文化产业的发展

轻工产品既有主要满足人们物质需求的消费品，也有主要满足精神文化需求的消费品。即使是主要满足物质需求的轻工产品也都记载着外观的工业设计、艺术造型特别是内在的历史和文化内涵。随着人们生活水平的提高，轻工产品满足物质需求和精神文化需求相互融合，人们对其要求越来越高，相当部分轻工产品具有使用价值、艺术价值、欣赏价值、收藏价值，发展轻工文化创意产业，潜力巨大。我们必须加快轻工文化创意产业的发展。一是要不断提升工业设计水平。大力发展工业设计，是推动生产性服务业与现代制造业融合、扩大消费需求的迫切要求，是丰富轻工产品品种、提升产品附加值的重要手段，是创建轻工自主品牌，提升工业竞争力的有效途径。我们要引导企业着力增强企业设计创新能力，促进形成以企业为主体、市场为导向、产学研相结合的工业设计创新体系，支持工业设计创新成果产业化。支持工业企业和工业设计

企业加强多种形式合作，鼓励工业设计企业加强研发和服务能力建设，创新服务模式，提高专业化服务水平。通过与国际设计服务机构的合作，建立设计战略联盟，充分利用国际资源。发展国际设计服务贸易，积极参与国际竞争。支持设计服务公司不断提高规模、层次和水平，积极承接国际工业设计服务外包业务，提升自主品牌在国际市场的影响力。二是加快工艺美术、文房四宝、文体用品、乐器、陶瓷艺术、玻璃艺术、珠宝等产业发展，既继承传统技艺，又开拓创新，吸收借鉴先进的技术成果，充分发挥技艺人才的作用，大力培养年轻人才，创造出更多的传承中华民族文化，具有鲜明民族风格和中国特色，反映时代精神的艺术精品，满足不同群体多元化物质文化需求。三是加大教育、休闲、健身等新的轻工消费需求产品的研发、制造、经营和服务。四是注重新材料、新能源、新技术在轻工文化创意产业中的应用。

（四）积极稳妥推进轻工出版和报刊的改革

深化事业单位改革是党中央作出的重大战略政策。轻工出版社作为第一批深化出版社体制改革单位，精心组织，周密安排，工作深入细致，将改制转企工作积极稳步推进。消费日报、中国食品报、中国轻工业年鉴社等列入非时政类报刊单位改革，新闻出版总署正在按照“统筹规划、分类指导、突出重点、稳步推进”原则推进非时政类报刊出版单位体制改革，要求在2012年9月底前完成转企改制任务。中轻联成立了报刊转制领导小组。我们要充分认识报刊改革的重大意义，坚定不移贯彻中央决策，把改革作为本单位改革发展的重要契机和难得机遇。各有关单位要深刻把握有关改革的规定和政策，摸清本单位家底，从实际出发，按照有利于单位发展，有利于职工发展的思路，提出切实可行的改革改制方案，扎扎实实推进各项改革工作，做到改革同本单位业务等各项工作两不误，通过改革增强本单位内在活力和持续发展的能力。

三、以学习贯彻全会精神为动力，扎实做好当前各项工作

（一）准确把握面临的形势，提出明年工作思路和重点工作安排

今年以来，轻工行业认真贯彻中央宏观调控政策和各项促进经济发展的决策，总体保持了平稳较快发展。行业协会为反映企业和行业诉求，帮助解决行业经济运行中的突出问题，促进行业科学发展，做了大量有成效的工作。我们要认真做好全行业和行业协会年度总结工作，以不断积累新鲜经验，促进行业和行业协会发展的各项工作。同时，我们要清醒看到轻工业面临的国际、国内环境，面临的许多严峻挑战和不确定因素。世界经济主权债务危机进一步深化和恶化，主权债务风险及通货膨胀影响当前经济走势。全球主要经济体政策选择和协调难度加大，各种贸易保护主义愈演愈烈，不同国家利益诉求差异加大，矛盾和摩擦增多，致使经济复苏进程愈加艰难曲折和复杂。我国轻工业下半年特别是第四季度以来，生产、出口、效益增速回落，企业亏损增加，小企业困难加剧。我们要高度重视面临的困难和不利因素，准确把握形势，充分看到和发挥我们的有利条件和自身优势，化危为机，把自己的事情办好。国际环境总体上有利于我国和平发展，全球范围内调结构的大环境总体上有利于推动我们把握好在全球经济分工中的新定位，积极创造参与国际经济合作和竞争新优势。我国经济长期增长的内生动力仍在不断增强，当前和今后相当长的时期内，我国仍将处于工业化、信息化、城镇化、市场化、国际化深入发展的阶段，特别是我国城镇化蕴含着巨大的内需空间，这将为我国经济长期可持续发展提供强有力的动力。今年以来，我国经济增长由政策刺激向自主增长有序转变，我国对未来经济发展进行宏观调控的回旋余地很大。发达的实体经济，是一个国家经济发展的坚实基础，也是应对危机，立于不败之地的关键。我们应该积极推动采取更有利于实体经济的举措，促进轻工行业的发展。

最近中央将召开经济工作会议，各单位要认真学习贯彻中央经济工作会议精神，结合单位实际，提出工作思路和主要工作安排，中轻联将广泛听取各单位意见，集思广益，提出联合会明年工作思路和主要工作安排。

（二）做好今年重点工作与明年工作安排相衔接

各单位要对照今年工作计划和重点工作，做好各项重点工作与明年工作的衔接。要始终抓紧推进结构调整、科技创新、节能减排、质量标准工作，始终抓紧帮助企业解决实际问题。要组织做好产业集群、特色区域建设、行业表彰等工作，认真做好理事会的各项准备工作。

（三）进一步加强自身建设和规范管理

今年以来，联合会和各行业协会在自身建设和规范管理方面做了大量富有成效的工作，取得了新的进展。但仍有许多值得我们高度重视和认真解决的问题，当前和今后一段时间，在加强自身建设和规范管理方面要切实做好以下几项工作。

一是要以财务管理为重点，着力解决财务工作中的突出问题和薄弱环节。比如，成立个人公司，将协会业务资源转给个人公司；资金体外循环，对外投资及收益不入账，形成“小金库”；巨额资金外借或投入高风险股票市场；财务管理不规范，违反国家政策规定，资金往来不清

晰；财务人员素质不高，甚至没有从业资格的同志从事财务工作；重大财务决策缺乏规定和程序。各单位要严格执行中央关于清查小金库的规定，严格执行国家有关法规，要以对事业、对员工高度负责的精神，严格管理，加强教育，防范于未然。凡有上述问题的要立即予以纠正和整改。

二是要以评估工作为动力，提升规范管理水平。到目前为止，轻工联合会、行业协会有9各单位明确评估等级，5A级1个，4A级1个，3A级7个。今年有4个协会参加了评估，还在明确等级工作过程中。已参加评估的办会占协会总数的27.27%。我们要按照国资委《关于开展品牌协会培育和建设工作的指导意见》，加大评估工作力度和进度，以评估工作为契机和动力，加强协会自身建设。

三是要为持续发展提供组织保证和人才支撑。结合单位实际，明确“十二五”期间人才建设规划，进一步加强班子建设和后备干部队伍建设，以培训优秀年轻人才为重点，建设专业化、职业化协会人才队伍。

（四）统筹安排好岁末年初工作

元旦春节将近，各单位要切实安排好岁末年初工作，做到经济工作同节日有关工作两不误，认真做好年终考核、慰问老同志、看望病号、保卫保密、安全检查等工作，过一个喜庆、安全、和谐的节日。

2011年即将过去，我们要认真学习贯彻落实十七届六中全会以及即将召开的中央经济工作会议精神，为推动轻工业结构调整和促进社会主义文化大发展大繁荣做出新的贡献，以优异的成绩迎接党的十八大的召开。*（转摘于中国轻工业网）*

规范酒类流通环境 促进行业健康发展

中华人民共和国商务部市场运行和消费促进司 副司长
中华人民共和国商务部酒类流通管理办公室 副主任
路政闽

我国是酒的故乡，酒文化源远流长。在五千年中华文明发展史中，酒文化渗透到社会生活各个领域，无论是国家财税还是粮食安全，无论是风俗习惯还是社会交往，无论是文明礼仪还是文化传承，酒与社会始终密不可分。

改革开放以来，随着酿酒工业快速增长、酒类对外开放不断深化，我国酒类流通行业蓬勃发展，目前已经发展成为年销售额超过8000亿元、年进口额超过24亿美元的特殊内贸行业。酒类生产、流通行业为经济和社会发展做出贡献的同时，也存在制假售假屡禁不止、部分酒品价格虚高等问题。我国是酒类生产和消费大国，消费者对安全消费、放心消费、健康消费的需求日益强烈。在当前推进科学发展、建设和谐社会、强化食品安全的背景下，深入探讨酒与社会的关系，显得尤为必要。

“诚信•自律•责任•关爱”，我认为这四个关键词很好地体现了社会对酒类行业的要求，体现了广大酒类企业勇于承担社会责任的决心，也与商务部酒类管理工作思路不谋而合。

一、恪守诚信

古人说：内诚于心，外信于人。要在行业中占据一席之地，在社会中得到消费者认可，就要做到诚实不欺，讲求信用。诚信是处理好酒类企业与社会大众之间关系的基本准则。我们在《商务部关于“十二五”期间加强酒类流通管理的指导意见》中提出，要大力开展诚信体系工程。这个工程有两项基本要求，即“真品售酒、实价售酒”；有四个工作要点，即对示范企业要实行“能进能出”的动态管理，对从业人员要建立执业行为信用档案，对不守信经营单位要推行“黑名单”制度，对销售假冒伪劣酒类商品的经营单位，要在依法处理的同时，向社会公示。我们也提出，要在保障消费者安全、实惠、便利消费的前提下，推行酒类生产企业和流通企业互利共赢、和谐发展的新型合作模式，让消费者购买到“货真价实”的酒类商品。

二、加强自律

简单讲，自律就是遵守法规、自加约束，这是处理酒类行业与社会之间关系的准则。我们在《“十二五”指导意见》中提出，要支持行业协会充分发挥桥梁纽带作用，推进行业诚信自律，督促企业遵守行规行约。我们高兴地看到，中国酿酒工业协会在政府有关部门的支持和指导下，着力推进行业自律，树立了一批自觉遵纪守法、履行社会责任的企业典型。这些酒类企业通过自我约束、自我监督，以优质的产品、优质的服务赢得消费者信任，进而得到市场份额，收获“自律红利”。

三、履行责任

企业在创造利润的同时，还要承担对员工、对消费者、对环境、对社会的责任。比如说，上海市60多家连锁餐饮企业积极响应政府部门和行业协会的倡议，自觉推行名优酒酒瓶当日销毁制度，并建立可核查的台账，充分体现了酒类行业对广大消费者负责任的态度。在《“十二五”指导意见》中，我们提出要推进酒类适度包装，指导酒类流通企业不采购、不销售过度包装酒类商品，引导酒类生产企业节能减排、实行绿色包装，倡导消费者购买适度包装酒类商品。我们高兴地看到，这一意见得到了中国酿酒工业协会成员企业的积极响应，通过适度包装，切实承担起对生态环境的责任。近年来，一些酒类生产企业运用RFID、二维码等信息化技术，推进从原料采购、生产、仓储、运输、批发到销售终端的全过程电子追溯，从以往被动的防伪打假，转为自觉地落实企业对产品质量和食品安全的第一责任。此外，一些酒类生产企业主动利用展销会、品鉴会、培训会等活动，积极向大众普及酒类识假防骗知识，履行了企业社会责任。

四、付出关爱

回报社会、付出关爱，正得到越来越多的酒类企业家认同和实践。针对未成年人饮酒问题日益凸显，我们在《“十二五”指导意见》重申，要严格监督酒类经营者不得向未成年人销售酒类商品。针对酒后驾车导致安全事故多发，我们积极倡导酒类经营者向消费者提示“饮酒不开车”。我们了解到，作为酒类行业的一项社会关爱行动，中国酿酒工业协会也正在和国际酒精政策中心开展合作，着力推进酒后驾驶干预项目。

下一步，商务部将按照国务院食品安全委员会的工作部署，在法规、规划、标准、电子追溯、日常监管、专项整治等方面全力推进，加强对各地商务主管部门贯彻落实《关于“十二五”期间加强酒类流通管理的指导意见》的指导，支持包括中国酿酒工业协会在内的行业协会加强自我管理，使“诚信•自律•责任•关爱”这些准则成为行业普遍共识和自觉行动，为行业的可持续发展营造良好的环境。

酒是社会的产物。在当前的时代背景下，酒类行业应当恪守诚信、加强自律、履行责任、付出关爱，以高度的责任感和使命感来回馈社会，切实让消费者安心购酒、放心饮酒、舒心品酒。让我们共同努力，促进酒类行业健康发展，实现酒业与社会的共赢！

"十二五"规划下的中国酒业

中国酿酒工业协会理事长　王延才

第一部分：《中国酿酒产业"十二五"发展规划》编制的历史背景和依据，主要包括以下四个方面：

一、国民经济快速发展和酿酒行业健康运转是编制《规划》的总体要求

2011年是我国实施"十二五"规划的开局之年，是党中央全面建设小康社会的关键时期，是深化改革、加快转变经济发展方式的攻坚时期。作为我国食品工业的重要组成部分，中国酿酒产业始终与国家经济建设保持同步，深刻认识并准确把握国内外形势新变化新特点，继续抓住和用好重要战略机遇期，努力开创科学发展新局面，确保整个产业保持健康、稳定、持续地发展态势。

为了深入贯彻落实科学发展观，实现产业转型和技术升级，推进品牌国际化发展，满足全面建设小康社会对酿酒产业发展的需求，促进我国酿酒产业又好又快发展，中国酿酒工业协会按照《国民经济和社会发展的第十二个五年规划目标》和《中共中央关于制定国民经济和社会发展第十二个五年规划的建议》的精神及《国家中长期科学和技术发展规划纲要（2006～2020年）》的总体要求，结合酿酒产业现状和趋势，组织编制了《中国酿酒产业"十二五"发展规划》。

《十二五》规划的编制，是在回顾总结"十一五"的发展成果和经验中完成的。我们在分析风云变幻的外部环境和机遇与瓶颈并存的内部发展过程中，站在更具全局性和战略性的高度，把握国家未来五年的经济发展走向，解析国家振兴规划和产业发展政策，为酒类企业发展找准战略定位；以高屋建瓴的气魄和前瞻性的思维，创新企业发展模式，提升管控水平，实现转型升级，保持酿酒行业持续平稳较快发展成为了酿酒产业共同关注的重要内容。

《十二五》规划的编制，经过了认真、仔细和充分的过程。2009年初，国家发改委提出了包含8大领域39个题目的"十二五"规划前期重大问题，向全社会公开招标，其中最重要的选题就是《"十二五"规划总体思路和目标研究》，这个课题的发布，也标志着国家《十二五》规划制定的开始。为积极配合政府部门产业规划的制定，协会积极与发改委、工信部、中轻联等有关部门先后衔接，将中国酿酒产业"十二五"规划纳入到了轻工业规划和轻工产业布局规划范围。同时提出了完成编制《中国酿酒产业"十二五"发展规划》的目标。

2009年，在协会召开的第三届理事会第七次会议上，我们确定了编制"十二五"规划的主体思想。为编制一个更具全局性、战略性和指导性的产业规划，协会经过组建编写队伍、开展行业企业调研、统筹收集资料素材，形成基本思路、编写规划提纲、正式编写规划、邀请专家论证、审定，总共历时一年半的时间，制定出了《中国酿酒产业"十二五"规划》，于2011年4月协会第四届理事会上向会员正式发布。

由此可见，《规划》的编制经过了近一年的深入调研，是在广泛征求企业意见，认真分析和总结酿酒产业"十一五"发展现状的基础上完成的。《规划》的编制得到了国家发改委、工信部、商务部、质检总局等政府职能部门的高度重视，在协会组织的《规划》讨论会上，会员单位和政府职能部门围绕《规划》的指导思想、发展方向、主要目标和主要任务提供了积极的建议。因此，《规划》的形成过程，是科学决策、民主决策的过程，是统一认识、形成行业共识的过程。

二、"十一五"期间我国酿酒行业发展情况和面临的形势是编制《规划》的重要依据

"十一五"是不平凡的五年，从宏观讲，是党和国家深入贯彻落实科学发展观、转变发展方式、建设创新型国家、为全面建设小康社会而奋斗的五年，从我们行业角度看，它是我国酿酒产业整体走出阴霾，逐渐复苏，取得长足发展的五年。

五年来，在市场经济的大环境下，酿酒产业遭遇了市场竞争的历炼，国外品牌的强势竞争，结构调整的阵痛，可谓困难重重，举步维艰。但是，这一切并没有阻挡行业的发展和进步，经过全体同仁的不懈努力和大胆创新，我们积

极调整结构、改变经济增长方式，行业经济运行质量稳步提高，保持了健康、稳定、快速的发展势头，取得了令人满意的成绩。在创造价值、增加税收、吸纳劳动就业等方面做出了努力。各酒种的产量、销售收入、利税等经济指标呈现了逐年递增的良好态势，实现了销售增长超过产量增长的良性循环，取得了社会效益与经济效益的双丰收。

根据国家统计局统计数据，截至2010年底酿酒行业规模以上企业2963家，完成工业总产值5245亿元，实现销售收入5093亿元，利税1093亿元，从业人数75万人，其中，企业数量、产值、销售收入、利税、从业人数分别占全国规模以上工业企业的0.65%、0.74%、0.74%、1.52%和0.83%。另据行业协会统计，全行业现有企业总数约20000多家，从业人数约350万人。

以白酒为例，我国白酒产量从1996年的最高峰801.3万千升开始连续八年每年下降，至最低点2004年为311.70万千升。“十一五”期间，走过了缓慢回升到长足增长的发展过程。去年国家公布数达到890.83万千升，而且所有经济指标都好于产量的增长。

五年来，产品结构得到调整和优化，成效显著。各酒种在保证产品品质稳定的基础上，以市场需求为导向，以满足人民群众消费为主线，加大了技术创新和产品开发力度，根据市场变化开发出的不同档次、不同风格的新产品，充分满足了消费者日益增长的个性化、多元化的需求，受到了消费者的青睐。白酒产量稳定增长，低度白酒有了较大的市场空间，品质稳定的优质白酒越来越受到消费者的青睐；啤酒产量稳步上升，连续九年居世界第一，风味向低浓度、低色泽、不同口味、多品种方向发展；葡萄酒产量多年来保持两位数的快速增长，干型葡萄酒仍占绝大部分份额，但其他类型的葡萄酒也逐步见诸市场，多样化趋势已经展开；黄酒产品通过科研开发、设备改造、提高了机械化生产水平；果露酒行业充分利用各地资源优势，尝试从产品色、香、味、美方面着手调整，发展势头良好。

五年来，产业结构调整的方式也发生了深刻的变化，形成了国有、民营、外商独资、中外合资、股份制等多种所有制并存的经济格局。通过资本力量为主导的并购、重组、强强联合，酒类区域集群化、企业集团化、规模化正在形成，对有效利用行业资源、提升品牌效应、强化行业综合竞争力起到了明显的促进作用，已经成为行业的榜样和中坚，引领和规范着行业的发展。

五年来，在市场需求多元化、细分化的趋势下，酒类品牌化进程不断深入，品牌竞争已经成为市场竞争的主流，越来越多酿酒企业开始重视并且着力推进品牌建设，无论是在世界上具有影响力的品牌价值，还是在国内范围具有影响力的品牌数量，都有大幅增长。2005年“中国500最具价值品牌”中酿酒行业品牌25个，品牌价值合计1528.8亿元；2010年“中国500最具价值品牌”中酿酒行业品牌达29个，比2005年增加了4个，增长幅度16%；品牌价值合计2785.6亿元，比2005年高出1256.8亿元，增长幅度82.2%。其中五粮液、茅台、青岛啤酒三个世界品牌价值由2005年的739.5亿元上升至1166.3亿元，五年间升值426.8亿元，增长幅度57.7%。

五年来，酿酒行业深入开展科学技术研究，重视技术创新体系建设，骨干企业在上产量、上规模同时，始终把技术进步和产品创新放在首位，通过建立产、学、研合作关系，提升科技创新能力，促进产业升级，推动了酿酒行业产品质量的提高。“十一五”期间，酿酒行业国家级企业技术中心增加近50%。截至2010年底，拥有国家级企业技术中心13个，为提升企业核心竞争力提供了保障。

五年来，酿酒行业积极推广循环经济的理念和生产方式，自觉淘汰落后产能，倡导清洁生产，发展低碳经济，不但促进了酿酒行业实现经济增长方式的转变，而且有利于突破行业发展过程中的资源和环境瓶颈，截至2010年底，仅酒精行业即累计淘汰落后产能160万吨，为建设节约型社会做出了应有的贡献。

五年来，酿酒行业社会责任感逐步增强，食品安全

表1 2005—2010年酿酒行业各子行业产量增长情况

子行业	2005年（万千升）	2010年（万千升）	增长（%）	年均增长（%）
酒精	368	826	125	25
白酒	349	890	155	31
啤酒	3062	4483	46	9.2
黄酒	50	134	168	33.6
葡萄酒	43	109	153	30.6

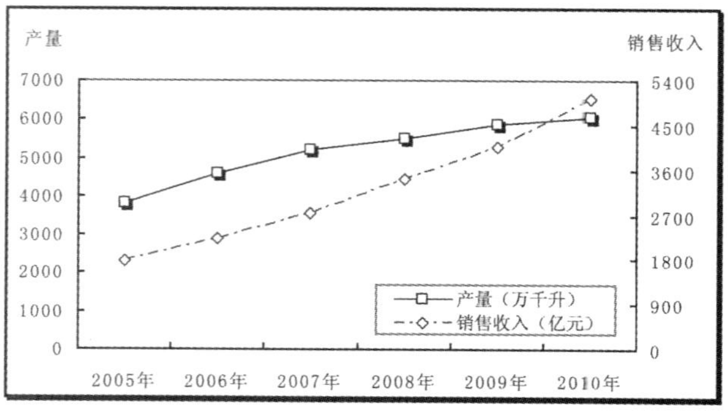

图1 2005～2010年酿酒行业产量、销售收入完成情况

意识普遍提高，健康饮酒，理性饮酒，酒后禁驾已经成为行业共识；与此同时，酿酒企业在国家遭遇重大灾难的时刻，积极履行社会责任，主动奉献爱心已蔚然成风。在2008年5.12汶川地震、2010年4.14玉树地震、2010年8.7甘肃舟曲特大泥石流等重大灾难面前，酿酒企业纷纷捐款捐物，充分显示了勇于担当、大爱无疆的行业风范。

纵观“十一五”，酿酒行业取得的成绩来之不易，积累的经验弥足珍贵，创造的精神和物质财富影响深远。实践证明，过去的五年是整个酿酒行业冲破自然灾害、国际金融风暴、食品安全危机等重重阻力，积极应对复杂多变的市场环境，综合竞争力得到极大提升的五年，也是我国酿酒产业整体复苏，步入快速发展的五年。我们可以用“产业结构得到调整，技术进步速度加快，产品创新能力不断增强，产业链优势正在逐步形成，经济增长方式转变显著，整体经济运行指标得到稳步提高”作为对“十一五”期间整个酿酒产业的成就的概括。“十一五”期间酿酒行业保持的健康发展势头，必然为整个酿酒产业的长远可持续发展奠定重要基础。

三、酿酒行业面临的冲击和挑战是《规划》编制中需要引起高度重视和着力解决的问题

酿酒行业在“十一五”期间战胜了自然灾害、国际金融风暴、食品安全危机等重重困难，取得了巨大的成就，同时也面临着各种挑战和冲击，主要表现在以下几个方面：

（1）我国食品安全基础研究缺乏系统性，风险评估体系尚未完全建立。近年来不断发生的食品安全事件，造成公众对这一问题越发敏感，食品标准成为关注的焦点。如何提高标准制修订过程的科学水平，加强食品安全风险评估，加大针对安全性基础研究的力度，成为自《食品安全法》实施以来标准科研领域中亟需解决的问题。

（2）过程监控是提高酒类质量安全水平的重要措施，但由于过程监控需要实时在线检测，对检测方法的简便性、精确性、时效性、检测仪器的便携性都有较高要求，一直是酿酒生产过程检测技术标准化的难点。过程监控手段和水平的滞后对我国酿酒产业的可持续发展造成不利影响。

（3）目前我国低碳经济和环保标准制定工作才刚刚起步，酿酒行业亟需了解和掌握世界循环经济和技术创新的前沿动态，为构建酿酒产业低碳经济标准体系做好技术储备。

（4）流通市场监管体系尚不健全，酒类产品市场竞争日趋激烈，不正当竞争现象时有发生。

（5）受传统工业生产模式的影响，酿酒行业的工业机械化、现代化进程缓慢。

（6）我国酿酒产业是相对开放和充分竞争的行业，部分酒类产品的进口关税已经降为零，国外酒类产品的大量涌入，海外资本的不断渗透，使得国内酿酒产业面临着更多的生存压力。

（7）受文化差异、贸易壁垒等因素的影响，我国酒类品牌走出国门进入国际市场的步伐依然缓慢。

四、酿酒产业“十二五”期间的发展环境和消费需求预测是编制《规划》的重要参考

（一）发展环境

由国际环境带来的影响：未来几年，在发达经济体稳步复苏和新兴经济体快速增长的带动下，全球贸易将稳步回升。我国酿酒产业将面临国外强势酒文化渗透，进口酒产品迅猛增加，新的消费理念、消费结构发生变化带来的压力。

国内方面：“十二五”期间，党和政府将坚持把经济结构战略性调整作为加快转变经济发展方式的主攻方向，促进经济增长向依靠消费、投资、出口协调拉动转变。随着宏观政策的进一步深化，包括酒类在内的与民生有关的轻工、纺织、服务类行业将成为发展的重点和方向。

食品安全方面：针对近两年重大食品安全事件暴露出的突出问题，国家陆续出台了《食品安全法》等相关的政策法规，加强了食品安全监管力度。对酿酒产业而言，倡导企业诚信经营，不用、慎用、少用食品添加剂和加工助剂，严格执行标准规定的品种、范围和用量，是对企业和行业的考验。

综合影响方面：酒类作为特殊的终端消费品，一方面要面对原材料、能源、劳动力成本大幅上升的压力，另一方面要努力适应低碳经济、节能减排、食品安全、环境保护变化的要求，同时还必须与其他产业一样担负起改善民生、稳定价格、保障消费、扩大内需、促进区域协调发展的责任和义务，这都将考验企业的综合实力和抗风险能力。

（二）消费趋势

消费需求决定市场容量，市场容量决定产品销量，酒类产品的产销量之所以能够保持旺盛的需求，究其根本原因是我国拥有世界上最大的消费市场和拉动内需市场的经济发展政策。

预计未来我国酒类市场将表现为：葡萄酒增速较快，年增长15%左右；白酒平稳发展，增长幅度将逐年放缓；啤酒的产销量由于基数较大，增速最缓，年增长4%左右。

白酒行业预测：健康饮酒、理性饮酒的消费理念将深入人心，消费者的品牌意识将进一步增强，高端白酒区域化趋势明显，中端白酒消费量大幅度提升，低端白酒品牌化步伐逐渐加快；个性化、功能性产品需求加大，低度、优质的白酒产品将是未来消费的方向。

啤酒行业预测：城市啤酒消费趋于平衡，农村市场快速崛起；较发达地区增速变缓，欠发达地区增长提速。

葡萄酒行业预测：世界葡萄酒年人均消费水平为7升，美国年人均消费45升，阿根廷年人均消费38升，而中国年人均消费约为世界平均水平的6%。因此，经过近几年的市场培育和文化推广，葡萄酒将越来越被消费者接受，国内市场对葡萄酒的消费总量将会逐步提升。

果露酒行业预测：消费量将继续保持现有的发展速度，少数全国性品牌的强势地位近期内不会改变，大部分

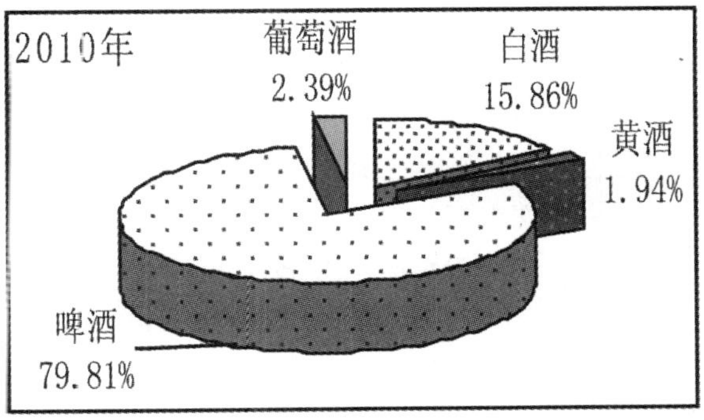

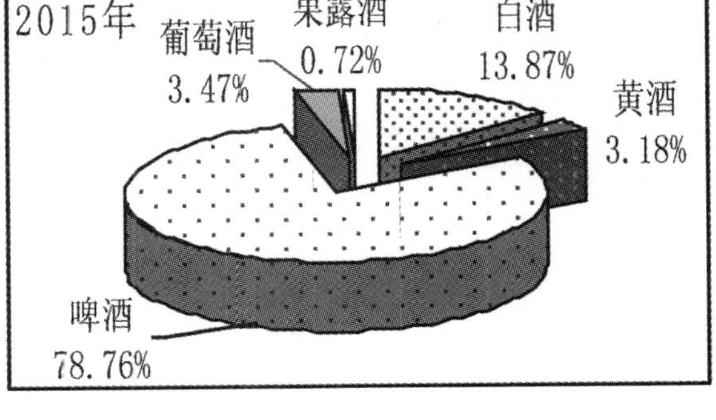

图2 2015年预计酒类产品产销量所占比例

产品继续保持地域性格局。

黄酒行业预测：黄酒的养生保健功能逐渐为国内消费者所认识，消费趋势将明显提升；随着国际贸易的不断扩大，黄酒出口量将继续增长，消费空间和行业利润有望逐步提升。

发酵酒精行业预测：食用酒精随白酒产量的扩大将继续保持增长，工业酒精将随着国民经济的快速发展，保持较快的增长势头，燃料乙醇受国家政策影响，将形成以“非粮”原料为主的多元化格局。

第二部分：《中国酿酒产业“十二五”规划》下的中国酿酒产业发展的目标、任务以及行业协会的作用。

一、“十二五”发展规划制定的主要目标和任务

在紧密结合酿酒产业实际的基础上，我们认为，在“十二五”期间需树立“以加快转变经济发展方式，适应国内外经济形势新变化，顺应各族人民物质文化和精神文化需求为己任，按照保增长、扩内需、调结构、保障和改善民生、促进经济长期平稳较快发展和社会和谐稳定的总体要求，实现创新型产业发展的总体目标”的指导思想。就是要号召全行业把满足“各族人民物质文化和精神文化需求”作为发展产业的主题，通过“保增长、扩内需、调结构”的主线推动行业发展，最终实现创新型产业发展。要号召全行业始终把国计民生放在首位，把食品安全作为头等大事，把社会责任和消费者需要铭记于心，以此赢得社会效益和经济利益的双丰收。

基于此我们在“十二五”规划中也明确提出了“优化结构推动产业升级，传承发展弘扬民族文化；诚实守信践行社会责任，自主创新挑战国际竞争”的行业发展方向。具体而言就是要实现“诚实守信”与“社会责任”、“自主创新”与“国际竞争”的进取精神。在科技工艺上，全面实现以理论指导生产的产业升级；在行业理念上，提倡行业自律和社会责任；在经营思路上，构建新型工商合作关系和和谐的市场流通环境；在文化传承上，以弘扬名族产业为己任，开创中国酒业向世界名酒迈进的新纪元。

以此为基础，我们提出了中国酿酒产业“十二五”期间的“七项目标、七大任务”。

（一）主要目标

1. 经济指标目标

“十二五”期间，全球发达经济体稳步复苏，新兴

经济体快速增长，世界贸易将稳步回升。随着我国宏观政策进一步深化，整体经济形势将保持积极的发展态势。我们认真分析了“十二五”期间酿酒产业所面临的国内外形势，总结了近几年来的消费规律，梳理了酒行业历年来的经济数据变化情况，对“十二五”期间的主要经济指标做出了具体测算和设想。

预计到2015年，全行业将实现酿酒总产量8120万千升（含酒精及白、啤、黄、葡、果露酒等六个子行业），比“十一五”末（以2010年计，以下同）增长25%，年均递增4.6%；销售收入达到8300亿元，比“十一五”末增长63%，年均递增10%；利税1660亿元，比“十一五”末增长52%，年均递增8.7%。

其中，白酒行业，预计到2015年产量达到960万千升，比“十一五”末增长8%，年均递增1.5%；销售收入达到4300亿元，比“十一五”末增长60%，年均递增10%；利税990亿元，比“十一五”末增长46%，年均递增8%。

经过分析可以看出，白酒产量的增速远远低于2005～2010年的155%的增长数和31%的年均增长数，说明随着白酒量的逐渐饱和，产量增长速度将逐步放缓，这既符合产业政策，又符合市场规律。这里需要说明的是，年均1.5%是建立认可2010年总量为890万千升的基础上的，实际测为960万千升是以消费需求预测的，与现在年消费量相比较，每年增长约3%；另一方面，随着人们生活水平的提高，人们对优质产品的需求在不断上升，提高优质酒的生产比例的要求不断加大。但是产量增速缓慢并不影响年均递增10%的销售收入和8%的利税递增，这是因为白酒行业已经基本扭转了过去单纯以量取胜的经营方式，随着企业科技创新能力的增强，产品结构得到进一步调整，更多的质量好、档次高的白酒产品将不断推向市场，这些产品在为行业赢取声誉和增加利税方面将起到重要的作用。

啤酒行业，预计到2015年产量达到5450万千升，比“十一五”末增长21%，年均递增4%；销售收入达到2000亿元，比“十一五”末增长55%，年均递增9%；利税400亿元，比“十一五”末增长50%，年均递增8.4%。

我国啤酒产量已经连续9年为世界第一，产量基数已经很高，因此今后的增幅将逐级变小，增量相对稳定；但是我国又是最大的啤酒消费国，随着农村市场的快速崛起，随着多元化、多品种、个性化等特色啤酒的开发，随着国际化、高端化啤酒比例的提高，啤酒将逐步提高附加值产品比例，并积极开拓国际市场，仍然具有继续增加收入和利税的空间。啤酒基数大，同时工业化、规模化进程较快，现在我国正成为世界上单个生产酿造能力全世界最大的国家。国内比较而言，相对发达的地区人均消费已大幅度超过世界平均水平，甚至超过一些啤酒消费大国产量的增长。近两年也已逐步向消费洼地倾斜。“十二五”提高产品技术含量和附加值将成为结构调整的重心，在大型集团继续扩大规模的同时，中小型企业全面转向生产风格独特、个性突出的产品，形成市场互补。

黄酒行业，预计到2015年产量达到240万千升，比“十一五”末增长79%，年均递增12%；销售收入达到230亿元，比“十一五”末增长1.2倍，年均递增17%；利税40亿元，比“十一五”末增长1.4倍，年均递增19%。实际上我国黄酒社会量已近200万千升左右，由于传统作坊式生产的小企业较多，产品单价较低，所以按国家规模划分，统计数为134万千升，规划量也按规模以上确定，预计全社会平均“十二五”增长为9%～10%。

相比之下，黄酒是最具卖点的产品，其养生保健功能逐渐为消费者所认知，消费趋势明显提升。比较2005～2010年，黄酒产量增长了168%，年均增长了33.6%，是各个酒种中增长比例最高的行业。黄酒行业“十二五”

表2 “十二五”行业经济指标预计（2010—2015年）

子行业	产量（万千升）		销售收入（亿元）		利税总额（亿元）	
	2010年	2015年	2010年	2015年	2010年	2015年
白酒	890	960	2713	4300	678	990
啤酒	4483	5450	1294	2000	267	400
黄酒	134	240	103	230	17	40
葡萄酒	109	220	325	600	64	120
果露酒	—	50	141	220	23	40
酒精	826	1200	517	950	44	70
全行业	6442	8120	5093	8300	1093	1660

的重点必须放在创新上，在产品、定位、营销、文化各方面下大力气创新，使这一最古老的酒种与时代发展相适应。提高产品科技含量和现代文化元素，以提高产品附加值和消费区域。因此，只要黄酒企业进一步加大宣传力度，打破区域羁绊，开发和推广符合当代饮酒潮流、适应广大消费者需要的低度清爽型黄酒和特型黄酒，力求产品多元化和多样化，同时准确把握品牌定位，努力改善产品口感，继续增加出口量，消费空间和行业利润有望逐步提升。

葡萄酒行业，预计到2015年产量达到220万千升，比“十一五”末增长100%，年均递增15%；销售收入达到600亿元，比“十一五”末增长85%，年均递增13%；利税120亿元，比“十一五”末增长88%，年均递增13%。

“十二五”中葡萄酒重点关注文化建设、区域化建设、准确的产品定位三个方面。目前，中国葡萄酒市场上是外国葡萄酒文化强势的状态，我国自己的葡萄酒文化并未形成体系，同时葡萄酒行业诚信体系建设任务亦相对当繁重，这些必然影响我国葡萄酒“十二五”发展的方向。世界葡萄酒产业过剩的状态现在并没有改变，在外国强势葡萄酒文化的推动下，近几年进口葡萄酒迅猛增加，去年达到28.34万千升，其中2升及以下包装的为14.63万千升，而我国出口仅0.14万千升。葡萄酒文化建设将是全面提高我国葡萄酒行业国际化地位必修的功课。

世界葡萄酒年人均消费水平为7升，发达国家达到40升左右，而中国年人均消费约为世界平均水平的6%。因此，经过近几年的市场培育和文化推广，葡萄酒将越来越被消费者接受，国内市场对葡萄酒的消费总量将会逐步提升。相比2005-2010年葡萄酒产量的增长（153%）和年均增长幅度（30.6%），本次《规划》的指标有所回落，是考虑到我国葡萄酒行业在推广和普及中档葡萄酒和佐餐酒时，其利润空间有限的原因。所以，葡萄酒行业应加大产品结构调整力度，科学调配高档、中档葡萄酒与佐餐葡萄酒合理的产品比例，实现品种多样化发展的产品结构。虽然近几年我国进口葡萄酒平均价格散装的低于1美元/升，瓶装的也低于5美元/升，但受国外葡萄酒文化和进口酒市场定位的影响，国内葡萄酒产品市场定位奢侈品化倾向非常明显，国外名庄酒的神话、葡萄酒拍卖天价的纪录，淡化了葡萄酒正常佐餐饮料酒的本质，而靠名庄的概念带动不了中国葡萄酒产业的持续发展，回归正常佐餐酒定位，在发展高端产品的同时，扩大质优价廉的百姓佐餐饮用葡萄酒是“十二五”葡萄酒行业必要的选择。所以“十二五”规划中，葡萄酒产量增长大于产值、利税增长，因为葡萄酒对原料的依赖性远大于其他酒种，其中也是含有让利于果农、让利于原料产业的因素。

果露酒行业，预计到2015年产量在50万千升左右；销售收入达220亿元，比“十一五”末增长56%，年均递增9.3%；利税40亿元，比“十一五”末增长74%，年均递增12%。

果酒业中单独企业较少，大部分为其他酒种企业的一个品种，现在产量约40多万千升，销售收入为141亿元左右。

受口感、消费习惯、地域特征的影响，果露酒消费量将继续保持现有的发展速度，但随着全国性品牌的增加，以及产品本身在感官、口味上的改良，其增长速度仍然有望得到提升。

酒精行业，预计到2015年产量达到1200万千升，比“十一五”末增长45%，年均递增8%；销售收入达到950亿元，比“十一五”末增长84%，年均递增13%；利税70亿元，比“十一五”末增长60%，年均递增10%。

食用酒精随白酒产量的扩大将继续保持增长，工业酒精将随着国民经济的快速发展，保持较快的增长势头，燃料乙醇受国家政策影响，将形成以非粮原料为主的多元化格局。

2. 结构调整目标

“十二五”期间，中国酿酒产业将继续坚持把经济结构战略性调整作为加快转变酿酒产业经济增长方式的主攻方向。

在产业结构方面，力争做到优化酿酒产业布局，建设先进制造业基地和现代产业集群，提高产业集中度和企业竞争能力：培育优质酿酒原辅料产区，推动西部原料产区建设；继续鼓励、支持和引导酿酒企业的改组改制；继续推动酿酒企业进入资本市场，优化多种所有制并存的产业经济格局；促进企业内部结构调整，支持企业通过收购、控股、并购、重组、强强联合，形成集团化、规模化的大型企业集团等。

产品结构方面，要以保障民生、拉动内需为己任，重视产品的差异化创新，深入研究产品感官感受和酒体特质，针对不同区域、不同市场、不同消费群体的需求，精心研发行销对路的品种。

3. 品牌和诚信体系建设目标

全力支持名优酿酒企业实施品牌战略，挖掘创新中华酒文化，创立世界品牌，培养一批酿酒企业进入世界500强，引导一批知名品牌参与全球竞争，打造一批具有自主知识产权、具有国际影响力的民族品牌走向国际市场。

首先，要挖掘创新中华酒文化，创立世界品牌，使中国白酒成为世界的白酒；其次，要推动2～3个民族啤酒品牌成为国际性的啤酒品牌，鼓励有实力、有影响的啤酒企业到境外生产中国品牌啤酒，龙头企业集团产量在1000万千升以上，品牌产量300万千升以上，要实现其中高档品牌在国内高档市场占15%以上。100万千升以上企业产量占全国总产量的80%。

葡萄酒方面，加强我国葡萄酒产业自主品牌建设，引导、鼓励葡萄酒产区和企业参与国际性活动，树立我国葡萄酒产业整体形象，推动我国葡萄酒行业与国际全面接轨。

另外，还要在黄酒和酒精企业的品牌建设方面实现突破。

4. 清洁生产和低碳发展目标

清洁生产和低碳发展是酿酒行业科技创新和科技进步的重要步骤和手段，也是促进酿酒行业经济发展和方式转变的需要。未来五年要从生产、流通、消费等各个环节入手，强调“减量化、再利用、资源化”，减少资源消耗和污染排放。

要在“十二五”期间，开展并完成“中国白酒158计划”，“158计划”是推动中国白酒机械化发展的重要举措，包括制曲机械化研究、发酵工艺机械化研究、蒸馏工艺机械化研究、调酒计算机集成制造技术研究和灌装、包装、成品库、智能管理的研究等，并实现在全国60%规模以上白酒企业推广实施，力争降低劳动强度60%以上、节煤35%、节水45%、提高优质品率15%以上。

啤酒行业要在资源消耗水平方面实现：单位产品取水量5.0m^3/千升，比“十一五”末年下降9.1%；综合能耗68千克/千升，比“十一五”末年下降9.3%；水的重复利用率达到95%等成绩。

推广葡萄酒生产废水深度处理技术；提高黄酒生产自动化装备水平；推进酒精行业浓醪发酵技术、离心清液回用等节能减排技术。

推行产品包装的简约化，减少资源浪费。

5. 标准和信息化发展目标

标准方面：推动酿酒产业质量、过程监控标准与食品安全标准体系的协调配套，支撑酿酒产业稳定、持续发展；加快感官品评、真实性识别与判定、清洁生产等标准的制定，完成酿酒产业重点领域的技术研究和标准研制；针对各个酒种特点梳理和确定标准化工作重点，进一步完善酿酒产业标准体系，制定中国酿酒产业标准国际化发展战略，促进传统酒种走向世界。

在白酒香型标准的基础上，探讨制定具有工艺技术特征的质量标准；加快葡萄酒技术标准与国际葡萄酒标准的接轨；在建立我国黄酒技术标准及规范的基础上，不断研究黄酒传承与创新的标准化；加快果露酒产品尤其是保健类产品标准的制修订，满足果露酒行业快速发展的需要。

信息化方面：贯彻落实国家信息化发展战略，推进酿酒行业企业信息化建设和公共信息服务与资源共享平台建设，采用先进的信息化技术，改造酿酒产业传统落后的生产模式，在大中型企业实现生产设备数字化、生产过程智能化和经营管理网络化，推动行业走上科学发展的新型工业化道路。

6. 人才建设目标

通过实施人才战略，加快专业技术人才队伍建设，努力培养一支满足酿酒产业发展需要的、具有较强国际竞争力的高素质的专业技术人员队伍，为实现我国创新型酿酒产业提供人才保证。

实现白酒行业由过去数量大、技能要求不高的数量型就业向数量精、技能性强的质量型就业的转变，达到每个白酒生产企业全部配备具有国家职业资格的酿造工、酿酒师、品酒师等专业人才；啤酒行业通过国家职业资格鉴定人员达5000人；葡萄酒行业通过国家职业资格鉴定人员达1000人，同时开展侍酒师培训和资质鉴定工作；黄酒行业通过国家职业资格鉴定人员达4200人，并协助相关高等院校培养黄酒专业博士生和硕士生；果露酒行业要保证在职技术人员持证上岗；酒精行业实现持证上岗人员约3000人，为行业可持续发展提供人才保障。

7. 产业链融合目标

“十二五”期间，按照“从田间到餐桌”的思路，构建“全产业链酿酒产业”，包括有机原料基地、酒类生产、包装、物流、销售、旅游等价值环节，以工业带动文化、旅游产业，反哺农业，回馈社会。

完善酿酒装备行业创新支持体系的建设，加快酿酒装备行业技术进步，实现酿酒装备国产化、系列化、工程化、机械化、自动化、高速化和配套化突破，实现机电一体化、智能化向产品信息化发展，推动中国酿酒装备制造业的产品技术水平达到国际先进水平。

充分发挥白酒产业对农业发展和建设社会主义新农村的重要作用，促进白酒产业以大带小、以工促农等产业链的发展，形成一条农业－粮食－酿酒业－饲料业或肥料业－畜牧（饲养）业－农业的良性生物循环链。

抓好酿酒葡萄基地建设，重点推动西部地区葡萄酒产区的基地建设，筛选、引进适合本产区的酿酒葡萄品种和栽培方式，形成酿酒葡萄种植到葡萄酒生产的完整产业链。

在重点地区建立果酒技术研发、生产基地建设示范区；推广黄酒原料基地化；推动啤酒大麦、麦芽和啤酒花为主的啤酒原料产业良性发展，建立“啤酒－麦芽－大麦”的产业链条良性互动机制。

酒精产业要进一步向玉米、薯类等原料优势地区转移，同时引导企业向有市场的乙醇下游产品发展。

（二）主要任务

1．培育龙头企业，构建产业集群，提升品牌竞争力

积极推动组建大型企业集团，扶持具有区域优势的地方骨干企业做大做强，形成以大中型企业为主导、以其他企业为补充的产业格局。

大力推动酿酒产业制造基地集群建设，积极建立酿酒生态园区，鼓励和规范酿酒产业特色区域的科学发展，推动中国白酒之都、中国白酒县、中国啤酒城、中国黄酒之都、中国黄酒县（镇）及中国葡萄酒城的认定工作。

支持知名酿酒企业实施品牌战略，引导名优品牌参与全球竞争，进一步加快国际化战略的实施步伐。

2．调整产品结构，提高产品质量，转变增长方式

坚持走“以市场为导向，以节粮，满足消费为目标，走优质、低度、多品种、低消耗、少污染、高效益”的道路，建立产品质量安全保障机制，严格生产准入和市场准入制度，完善产品质量监督抽查制度；加快建立质量安全风险监测、预警、预案、信息通报、快速处置以及产品溯源、召回和退市体系；建立规范的企业质量信用评价制度和产品质量信用记录发布制度，落实企业对产品质量安全的主体责任，从原料采购、生产加工、出厂检验等环节控制产品质量。

3．加大科技投入，增强自主创新能力

坚持行业引导、企业为主的原则开展科技创新，把开发新技术，利用新能源，研发新产品，提高装备水平和增强自主创新能力作为中心环节。

实施产、学、研结合模式，加大白酒行业关键技术的研发和推广力度，进一步推广“中国白酒169计划”成果，引导企业加快实施科技创新和技术改造，同时通过开展“中国白酒158计划”研究项目，组织行业骨干企业及机械设备研究单位合力进行技术攻关，重点研究白酒生产机械化水平的提升，满足中国白酒工业对于机械化生产技术创新的强烈需求，加快中国白酒机械化进程。

啤酒行业的技术交流与改造从学习借鉴国外技术，向学习吸收与自我创新转变，形成独立自主并具有一定自主创新能力的现代化科研体系；促进行业整体自动化水平的提高。

葡萄酒、果露酒要加大科技研发投入，调动科研机构的积极性，加强对酿酒葡萄、本地水果或原料及生产工艺的研究，提高产业自主创新能力。

对黄酒基础科学，安全潜在问题和前沿生产技术进行深入研究，不断开发技术含量高和附加值高的产品，如：富含γ-氨基丁酸黄酒、富含硒、钙、镁、钾等元素的黄酒、富含多肽黄酒、富含赖氨酸黄酒、低杂醇黄酒、富含“他汀”（耐莫可林）黄酒；同时适度拉长产业链，开发多功用黄酒。

建立酒精生产技术支撑体系。引导酿酒装备制造业的科技投入，支持一批重大关键技术开发项目和关键设备的研制工作，促进酿酒工业的现代化发展。

4．加强产业标准制定，完善食品安全保障体系

进一步建立健全酿酒产业标准化体系，加强质量标准基础工作研究，加强感官品评技术研究和标准制定，加强酒精饮料真实性识别技术研究和标准研制；在食品安全标准框架下，根据我国国情以及产业发展的特色，密切跟踪借鉴国外标准，提高和完善我国酿酒产业标准体系，为酿酒产业提供科学、安全、准确、实用的生产依据。

中国特色酒种的国际化是酿酒产业今后发展的重点方向之一。应从国际化的战略角度考虑我国酿酒产业技术标准体系的构建，加强酒类质量、安全标准体系的完善，以标准化、规范化的生产、管理、检测、质量控制手段提升中国酒精饮料的品质形象；积极谋求白酒、黄酒在海外市场的法律地位和技术理论支撑，推动白酒、黄酒标准在世界范围内得到认可。

深入贯彻落实《中华人民共和国食品安全法》，切实执行有关食品安全的法律法规，全力配合国家推行的食品添加剂专项整治工作，改善国家产品质量检测技术服务平台，建立行业食品安全监管体系，加大酿酒产业标准的实施力度。

5．倡导清洁生产低碳发展，完成节能减排目标

在保证产品质量的前提下，严格控制水、电、煤等资源能源消耗，控制排放总量和排放浓度，实现污染防治由末端治理向预防防范转变，改变重生产、轻环保的现状。

白酒产业将着力解决降低粮耗、提高出酒率，废水综合利用，旧瓶循环利用，建立生态园区和解决PET瓶的应用等问题，实现社会、经济和环境的和谐发展。

啤酒工业要推进行业麦汁煮沸新技术（包括低压煮沸、低压动态煮沸技术、煮沸锅二次蒸汽回收技术），麦汁冷却过程真空蒸发回收二次蒸汽技术，沼气的综合利用技术，再生水的回用技术，碱液回收循环利用技术、提高CO_2回收率技术等6项清洁生产技术，达到行业普及率分别提高到50%、50%、45%、90%、90%、100%。

黄酒行业到2015年达到清洁生产指标的企业95%，做到废水治理达标后方可排放；纳入地方废水管网的企业，也要逐年减少排放量。

推进酒精行业清洁发展战略，引导企业积极开发清洁发展机制（CDM）项目。努力完成“轻工振兴规划”中酒精行业淘汰落后产能的目标；到2015年，实现吨酒精（95%，体积分数）玉米消耗在3.1吨以下、能源消耗在500千克标准煤以下、一次水消耗在20千克以下；主要污染物排放总量减少20%，污染物排放达标率100%。

6. 重视人才培养，加快信息化建设

以服务产业经济发展为宗旨，以建设高技能人才队伍为重点，健全、完善技能人才评价体系，规范职业技能鉴定工作，提高职业技能鉴定质量，实现职业培训的针对性和有效性；通过举办短训班、提高班、业余班，对在职人员进行培养，努力完成10万高技能人才的目标，使酿酒行业的高级技术人员占全行业从业人员的5～10%。

要加快我国酿酒产业信息化进程，充分发挥信息技术的渗透性、倍增性和创新性，推动传统产业结构升级；继续发挥行业组织的协调优势，完善行业信息中心功能，建立酿酒行业统计信息发布平台、酿酒行业企业公共信息服务与资源共享平台，为酿酒产业实施信息化战略提供基础资料。

7. 倡导社会责任，建设诚信体系，构建良好市场秩序

以社会责任和诚信经营为基础的良好市场秩序，作为未来五年乃至更为长远的工作重点，积极推动企业提高社会责任意识，正确处理酒业与社会、环境和资源的关系，提高企业的诚信经营意识，形成遵纪守法，依法办事，行业自律，诚信为本的行业风气，自觉抵制不正当竞争，严厉打击假冒伪劣，共同构建公平有序的市场环境，维护酿酒产业的良好声誉。

二、行业协会的作用与政策性建议

（一）行业协会的作用

谈到未来五年中国酒业的发展就不得不说到行业协会的作用和影响力。行业协会本身就具有组织职能、协调职能、服务职能和监管职能。行业协会这种非行政机构在对同行业的组织与管理方面具有独到作用。它依据共同制定的章程体现其组织职能：增强企业抵御市场风险的能力，维护企业共同的经济权益，规范市场行为，调配市场资源。作为行业整体的代表，行业协会能利用自己的整体实力较好地处理和协调各类关系，从而减少单个企业的运作成本，提高效率。最重要的是，可以为会员单位提供各类专业服务，维护成员企业利益，实现公正公平。

“十一五”的五年是酿酒产业迅猛发展的五年，也是我们协会快速成长自我完善的五年。五年来，协会以服务为核心，努力适应新形势新要求，着力推进政府与企业沟通机制，深入开展行业调查研究，积极向政府部门反映行业、会员诉求，提出行业发展和立法等方面的意见和建议。通过促进完善行业标准体系、建立具有酒行业特色的信用体系、进一步完善食品安全检测检验体系、完善酒行业应急机制等方面积极构建酒类产业的安全体系。促进行业人才队伍建设，完善行业人力资源体系；加强技术保障体系建设，促进行业科技创新；积极倡导企业社会责任等。在协会工作能力建设、为会员以及行业服务两方面，都做出了一定的成绩。

同时，协会凭借在行业中的权威和对行业充分的了解，参与了相关法律法规、宏观调控和产业政策的研究、制定，参与完成制、修订行业标准和行业发展规划等。而协会制定的行业政策往往也会成为国家制定相关政策的依据。比如本次《中国酿酒产业“十二五”发展规划》就是由协会根据行业的发展情况献计献策，取得国家对行业的正确认识和重视。

（二）政策性的建议

作为最了解行业情况，为行业出谋划策的协会，我们也在积极的争取国家相关的扶持政策、经济政策，有如下建议：

（1）农民种植啤酒大麦、酿酒葡萄和啤酒花应享受与大宗粮食作物同样的政策性补贴，或纳入国家“退耕还林”体系，将啤酒大麦、葡萄酒、果露酒纳入农产品管理体系。

（2）对我国西部经济不发达但有较好酿酒葡萄种植自然条件、发展潜力巨大、果农利用非基本农田种植酿酒葡萄的地区，建议享受与其他农产品相同的直补政策。对引进新品种或新品系的酿酒葡萄苗木给予政策扶持，对酿酒葡萄苗木繁殖、调运进行规范。

（3）为提升我国葡萄酒产业的国际竞争力，促进产业的可持续发展，建议“十二五”期间对全国范围内的葡萄酒产区进行区划。

（4）取消大麦和麦芽等酿酒原料的铁路运输基金。

（5）将酿酒产业的科技开发和技术创新纳入国家科学研究范围，通过科研经费的申请、划拨，解决资金困难，增强企业自主创新能力，提高行业核心竞争力。

（6）充分发挥行业协会在产业发展、技术进步、标准制订、贸易促进、行业准入和信息服务等方面的作用，支持行业协会组织开展行业性和公益性的基础性研究工作。

（7）在推动骨干企业通过产品结构调整提升白酒质量的同时，鼓励中小型企业酿造优质低价白酒产品，取消对白酒产品每瓶0.5元的从量计税政策，起到拉内需、保增长、重视民生，满足普通百姓消费需求的作用。

（8）研究并完善现行酒精税收政策，建议取消酒精5%消费税，解决酒精企业的原料进项税和成品酒精销项税不平等问题。

（9）支持和帮助有发展潜力的酿酒企业进行融资、上市，进入资本运作渠道。

这些任务和目标，涉及到整个酿酒产业发展的方方面面，涵概了酒类产品从田间到餐桌的每一个环节，既有行

业内部管理体系的建立健全，又有产业链的外延和融合，既有科技创新的提升，又有品牌竞争力的彰显。都是紧紧围绕了保增长、扩内需、调结构，满足各族人民物质文化和精神文化需求的产业发展主题，出发点都是为了满足全面建设小康社会对酿酒产业发展的需求，实现促进我国酿酒产业又好又快发展的基本目标。

实现这些目标，对于我们酿酒行业的每一位干部职工来说，都是一个考验和挑战，都需要我们在今后的工作中付出更多的努力。

事实上，经过全行业的努力，我们在“十二五”的开局之年已经为未来打好了基础，开创了喜人的局面。

根据国家统计局数据，2011年1～8月，全行业规模以上企业总产量达4832万千升（含饮料酒及发酵酒精），同比增长11.9%。其中，饮料酒产量4307万千升，同比增长12.49%；发酵酒精产量524万千升，同比增长7.28%。

白酒：1～8月，全国白酒累计产量达617.6万千升（折65度，商品量），同比增长29.76%，继续保持较高增长水平。

啤酒：1～8月，全国啤酒产量再创历史新高，达到3494.31万千升，同比增速达9.57%。

啤酒原料方面，2011年作物的价格仍然处于历史高位。特别是8月进口大麦平均单价骤然回升，达348.58美元/吨，较上月环比上升4.29%，导致大麦进口数量急剧下降，不足10万吨，累计进口增速也降低至-30.35%。

葡萄酒：1～8月，全国葡萄酒累计产量67.73万千升，同比增长19.6%。

黄酒、其他酒：1～8月黄酒、其他酒合计产量约128万千升。从工业总产值、工业销售产值数据看，两个行业的产销保持旺盛增长，其中黄酒规模以上企业工业总产值、工业销售产值、出口交货值增速分别为19.22%、19.41%、-0.76%，其中工业总产值和工业销售产值增速高于上期水平，呈加快趋势，出口交货值较上年同期有所下降；其他酒行业规模以上企业总产值、销售产值、出口交货值增速分别为38.5%、37.78%、-49.07%。

酒精：1～8月，全国发酵酒精产量524.27万千升，同比增长7.28%。1～8月行业完成工业总产值403.75亿元，实现工业销售产值391.74亿元，同比增速均在25%以上；行业出口交货值3.37亿元，同比增长16.86%，出口交货值有大幅回升。

经济效益方面，1～7月份全国酿酒行业规模以上企业完成销售收入3569.3亿元，比上年同期增长29.85%；实现利润417.9亿元，比上年同期增长40.92%；上交税金384.12亿元，比上年同期增长27.35%。行业平均销售利润率11.7%，比上年同期平均水平（10.78%）提高了0.92个百分点，行业整体形势喜人。

对比销售收入增长水平，六个子行业中以其他酒行业增速最高，达到39.48%，白酒次之，为36.85%；对比利润总额增长水平，其他酒行业依然占据领先优势，达到107.57%，黄酒行业和白酒行业增速水平相当，分别为47.81%和45.13%，均高于行业平均水平；对比各子行业上交税金的增长速度，以白酒行业最高，达到36.55%，葡萄酒次之，增速达到26.59%。

从行业亏损情况看，啤酒、葡萄酒行业亏损较上年度均有所减轻，酒精行业、白酒行业、黄酒行业和其他酒行业的亏损额较上年度平均水平有不同程度加剧。从亏损面看，啤酒行业的亏损面依然较大，达到了29.09%。

可以看到的是，未来的中国经济将继续保持高速增长的态势，未来的中国酿酒产业将充满希望和期待。随着我国市场经济秩序的不断健全和完善，中国酒类行业的形势是良好的，只要我们始终不渝地坚持科学发展观的指导思想，深刻领会国务院《食品安全重点工作安排》的核心，认真贯彻执行国家有关食品安全的方针和政策，树立信心，大胆创新，扎实工作，锐意进取，中国酿酒产业“十二五”规划的宏伟目标就一定能够实现。中国酿酒产业的未来之路就一定会越走越宽广！

鼓励酒业和资本的有机融合 促进中国酿酒产业结构调整

中国酿酒工业协会理事长　王延才

2010年，是我国酿酒工业继续保持健康、稳定发展的一年，风云变幻的经济形势没有阻挡行业的整体进步，酿酒企业们经过不懈努力，大胆创新，取得了令人满意的成绩。在经济指标方面，各个酒种均保持良好的增长态势；在市场环境方面，各级政府、职能部门密切配合、齐抓共管，正在逐步建立健康、有序的市场环境；广大经销商通过辛勤耕耘、从容应对，取得了较好的经济效益；在食品安全方面，协会和骨干企业密切联系，推动了安全、健康、高质量产品的创新；在资本市场方面，酿酒行业通过深化改革，不断优化多种所有制并存的产业格局，积极探索与资本市场的有机结合，取得了可喜的成绩。

下面，我就中国酿酒行业2010年经济运行形势、中国酿酒行业与资本融合的总体状况及“十二五”期间的产业结构调整趋势和方向做简要介绍。

一、中国酒业2010年经济运行形势

2010年，中国酿酒行业的生产、销售、经营企业在以市场需求为导向，以满足消费为目标的方针指导下，在注重社会效益的同时，赢得了良好的经济效益。

据国家统计局数据显示，2010年全国规模以上企业饮料酒总产量6442.82万千升，同比增长9.62%，其中：

种类	产量（万千升）	同比增长
酒精	825.93	6.06%
白酒	890.83	26.80%
啤酒	4483.04	6.28%
黄酒	134.14	29.68%
葡萄酒	108.88	12.38%

2010年饮料酒和发酵酒累计实现工业总产值5245.27亿元，同比增长21.20%，其中：

种类	产值（亿元）	同比增长
酒精	547.69	15.01%
白酒	2793.34	34.06%
啤酒	1320.65	10.56%
黄酒	116.82	20.73%
葡萄酒	309.52	29.85%
其它酒种	157.25	33.33%

根据行业测算，2010年饮料酒和发酵酒累计实现销售收入5093亿元，其中：

种类	产值（亿元）
酒精	517
白酒	2713
啤酒	1294
黄酒	103
葡萄酒	325
其它酒种	141

从上述产量、工业总产值、销售收入三个经济指标可以看出，行业各项经济指标总体上均有不同程度的增长，增速稳中有升，符合产业政策总的发展方向，初步达到我们预测的发展目标。

具体而言，白酒、葡萄酒的经济运行形势较为乐观，各项指标均保持了20%以上的增长幅度，这与这两个酒种在增加企业规模、提高产品质量的同时，注重品牌创新、重视营销建设，精确价格定位，积极开拓市场密不可分。

啤酒在2010年产量增幅放缓，为6.28%，但我国啤酒从2002年以2386.8万千升的规模超过美国居世界第一位，至2010年已连续九年保持世界产量首位，实属难能可贵。随着行业集中度的日益提高，今后啤酒行业将进入稳定低速增长时期。

黄酒在2010年的各项指标均有较大增长，说明我国黄酒行业2010年总体发展形势良好，但产值增长幅度不及产量增长，又说明我国黄酒企业在产品结构调整、品牌定位等方面依然不容乐观，需要生产企业和广大经销商深入研究，共同解决。

值得注意的是，随着人民生活水平的提高，健康饮酒的消费理念已深入人心，包括果露酒、保健酒在内的其他

酒种的市场表现令人欣喜，各项经济指标均保持在30%上下，说明这些酒种还有很大的市场开发空间。

总的看来，我国酒类骨干生产企业在各方面都已更加理性和成熟。通过努力，既满足了广大消费者的需要，也增强了企业的竞争能力，提高了企业的经济效益，保证了行业的持续、健康、稳定的发展态势。

二、中国酒业与资本融合的总体状况

2010年，中国酒业在总体良好的经济环境下，也发生了许多较具影响力的资本大事，众多业内外资本和知名企业频繁、密集的资本动作，使2010年的中国酒业精彩不断。

其实，中国酒行业的资本运作浪潮由来已久，如今已逐步走向成熟。

1．白酒方面

业内外资本近年来频频涉足白酒行业，而且呈快速上升之势。根据资本介入白酒的时间和程度，资本与白酒业的结合历程大致可分为两个阶段：第一阶段为2000年前后的资本试水期；第二阶段为2006年至今的资本实质性整合期。

2000年前后，受亚洲金融危机影响，各类资本为寻找出路，纷纷试水白酒业。这一阶段，资本更多的是“试水”，表现出的特点是，缺乏战略性规划，具有较大的盲目性，含有较强的投机色彩。由于没有先行者的经验可以借鉴，这期间的资本运作多以失败而草草收场。当然，此阶段也有比较成功的案例，如1997年广州电器经销商云峰集团在茅台镇开发的小糊涂仙系列酒，1998年新华联集团与五粮液集团合作推出的金六福酒、并且陆续收购国内13家酒类企业等。这些资本与酒业的成功整合，给各类资本投资白酒提供了范本，进一步刺激了资本市场大量涌入白酒业，形成了第一波资本浪潮，同时也极大地促进了中国白酒业的发展。

第二阶段是资本与白酒业实质性介入期。这一阶段，资本介入的更加理性，具有一定的战略规划和明确的目的，对白酒格局的影响也更加深远。如：2006年，水井坊与帝亚吉欧的“跨国联姻”；2010年，洋河与双沟两大苏酒巨头强强联合后共同组建了“苏酒集团”；今年初，红星与龙徽等北京酒企整合成立“首都酒业”等。这个时期，多数资本投入实现了自己的既定目标，获得了比较理想的收益。同时也昭示着中国白酒业的资本运作正日益成熟，资本运作对中国白酒业的整体贡献也更加显著。

2．啤酒方面

在几大酒种中，针对啤酒行业的资本运作可以说是最为频繁的，尤其是并购重组，可谓接连不断、风生水起。

自2001年起，国内啤酒市场发生了超过80次的收购、兼并、参股事件，平均每年发生9起。华润雪花、青岛啤酒、燕京啤酒和百威英博四大啤酒巨头，已占据了约60%的市场份额。

可以看到，经过改革开放30多年的发展，我国啤酒行业已经由学习型行业转变为成熟型行业，行业集中度逐步提高。资本已经成为啤酒企业占据国内市场的重要影响因素。

从目前来看，中国啤酒行业基本上完成了它的市场化进程，而且完全像外国资本开放。未来中国啤酒行业的资本运作还会继续，但随着行业集中度的提高，并购重组的速度将会放缓。

3．葡萄酒方面

由于市场前景看好，中国葡萄酒业赢得了不少资本的“青睐”。

1980年，与世界著名的法国人头马集团亚太有限公司合资的中法合营王朝葡萄酿酒有限公司创建；1998年，新天国际集团进入中国葡萄酒业，随后又被中信收购；2000年，香港通恒集团开始打造云南红酒业；2002年，香港梁氏集团收购苏武庄园、江中集团收购西夏王酒业、华融亿元打造“印象系”等。

知名葡萄酒企业的资本行为更是可圈可点。2005年1月，王朝葡萄酿酒公司在香港主板成功上市；2010年，张裕集团出资控股天珠酒业；中粮集团收购智利酒庄；都在业内外掀起了一番波澜；近期中粮收购波尔多酒庄一事，也广受行业关注。可以看到，国内葡萄酒企业在充分利用资本运作“引进来”壮大自身的同时，也利用资本手段积极实现“走出去”的战略目标。

值得强调的是，近年来国内葡萄酒企业掀起的西部酿酒葡萄基地建设，其实也是葡萄酒企业进行资本运作的必经之路。中国葡萄酒企业想要跟进口葡萄酒进行市场竞争，在葡萄酒市场立于不败之地，就必须在抓好产品质量的前提下，调整结构、扩大规模、做大做强。

4．黄酒方面

近些年来资本整合动作也不少：比如金枫整合上海黄酒资产、会稽山收购嘉善黄酒加速推进分拆上市、古越龙山收购女儿红等。

从以上各个酒种的情况可以看到，包括同业资本、境内外战略投资、地方政府注资，以及民间、个人投资在内的资本，已经深刻地影响着中国酒业，推动着酒行业的历史进程，并已成为一股不可忽视的“资本影响力”。

各类资本之所以看好酿酒产业，主要基于以下几个方面的原因：

（1）酒类产品在中国具有悠久的历史和灿烂的文化，

具有广阔的消费市场，前景不容置疑；

（2）酿酒产业整体发展态势良好，各项指标连续多年保持了良好的增长态势；

（3）全球金融危机背景下，中国酒类市场消费仍坚挺稳进，表现出很强的“抗灾”能力，品牌企业均具备可观的增长空间；

（4）在证券市场，酒类企业普遍市盘不大，控股所需资金相对较少，而收益却不低。提到证券市场，作为传统产业的酒类行业，面对当前的资本浪潮，也是迎头赶上，力图借助股市强大的融资功能与先进的融资模式做大做强。中国酒类企业已经拥有了海内外约40家上市公司的强大阵营，如山西汾酒、湖南酒鬼酒、水井坊、王朝酒业、五粮液、茅台等。

当前，中国酒业与资本融合的深度和广度有增强之势，这是好事，但是中国酒类企业如何与资本进行更为有机的融合，促进整个酿酒行业的发展与壮大，仍是各方均需关注与实践的课题。协会在促进酒类企业与资本的有机融合方面，作了不少努力。在行业“十二五”规划中，我们对这方面也进行了明确规划。

三、“十二五”阶段产业结构调整趋势和方向

“十一五”期间，中国经济发生了深刻的变化，而酿酒产业在科学发展观的引领下，在行业组织和优秀企业的带动下，保持了良好的发展态势——产业结构得到调整，技术进步速度加快，产品创新能力不断增强，产业链优势正在逐步形成，整体经济运行指标得到稳步提高。中国酿酒产业正在走上健康、稳定、持续发展的道路。“十二五”期间，中国酿酒产业各酒种将按照“白酒适度增长，啤酒缓慢增长，葡萄酒快速增长，果露酒平稳增长，黄酒和酒精较快增长”的经济运行态势健康发展。行业将坚持把经济结构战略性调整作为加快转变酿酒产业经济增长方式的主攻方向。

在产业结构调整方面：优化酿酒产业布局，建设先进制造业基地和现代产业集群，支持酿酒行业和资本的有机融合，提高产业集中度和企业竞争能力。要达到这个目标，行业将主要做好以下几点：

（1）建设酿酒工业生产基地，打造特色经济区域集群；

（2）培育优质酿酒原辅料产区，推动西部原料产区建设；

（3）继续鼓励、支持和引导酿酒企业的改组改制，继续推动酿酒企业进入资本市场，优化多种所有制并存的产业经济格局；

（4）促进企业内部结构调整，继续支持企业通过收购、控股、并购、重组、强强联合等资本运作，形成集团化、规模化的大型企业集团；

（5）规范中小企业产销经营，拓展中小企业生存发展空间，达到大中小酒企和谐发展；

（6）支持和帮助有发展潜力的酿酒企业进行融资、上市，进入资本运作渠道，借助“资本影响力”推动酿酒产业的结构性调整。

总体看来，随着我国市场经济秩序的不断健全和完善，中国酿酒行业的大形势是良好的。只要我们始终不渝地坚持以邓小平理论和“三个代表”重要思想以及科学发展观为指导，强化食品安全意识，积极提高酿酒产业的自主创新能力，推动中国酿酒产业结构调整，合力构建和谐的厂商关系，就一定能够开创健康、有序、和谐的发展未来。

合力构建新型厂商关系 推动中国酒业创新竞争力

中国酿酒工业协会副理事长兼秘书长　王 琦

在目前不断变化的经济环境下，特别是在市场竞争和金融危机的双重压力下，行业发展和企业创新都会遇到新的困难，仍然需要我们想方设法地去解决。

中国酒业经济运行形势、市场表现情况及未来发展方向等方面倍受关注。

一、中国酒业经济运行形势及分析

中国酿酒行业的生产企业和销售、经营企业在以市场需求为导向，以满足消费为目标的方针指导下，在注重社会效益的同时，赢得了良好的经济效益。

具体而言，白酒、葡萄酒的经济运行形势较为乐观，各项指标均保持了两位数的增长幅度，这与这两个酒种在增加企业规模、提高产品质量的同时，注重品牌创新、重视营销建设，精确价格定位，积极开拓市场的不懈努力密不可分。

啤酒受金融危机影响，产量增幅放缓，仅为7.09%，但我国啤酒从2002年以2386.8万千升的规模超过美国居世界第一位，至2009年已经连续八年保持世界产量首位，而且其他指标均为两位数增长，实属难能可贵。

就黄酒而言，产量上有了明显的增加，但销售收入、实现利润增幅不大，税金总额出现了负增长，说明我国黄酒企业在产品结构调整、品牌定位、特别是市场开发力度方面依然不容乐观，需要生产企业和广大经销商深入研究，共同解决。

值得注意的是，随着人民生活水平的提高，健康饮酒的新型理念已深入人心，包括果露酒、保健酒在内的其他酒种的市场表现令人欣喜，销售收入、利润和税金的增长率均在30%以上，说明这些酒种还有很大的市场开发空间。

总的看来，我国骨干酒类生产企业在优化产品结构、开展品牌创新，掌握消费心理、捕捉市场需求、注重营销方式、开发区域市场、生产行销对路的酒类产品等方面更加理性和成熟。通过努力，既满足了广大消费者的需要，也增强了企业的竞争能力，提高了企业的经济效益，保证了行业的持续、健康、稳定的发展态势。

不容忽视的是，我国酒类产品走出国门的步伐依然缓慢。加入WTO以来，进口酒关税逐步下调，为洋酒进驻中国市场创造了机会，特别是2008年下半年以来的金融风暴，使得国外酒商纷纷把目光转向中国市场，特别是葡萄酒进口的数量和金额大幅攀升，2009年我国酒类产品进口额高达1047百万美元；而受消费需求限制以及口感、文化等影响，我国酒类产品出口形势不甚乐观，2009年出口金额仅370百万美元。因此可见，我国酒类产品出口数量占国内产量的比重很低，而且产品出口价格偏低，出口国家和地区单一，以周边亚洲地区为主，欧美主流市场仍未进入。这是我国酿酒行业值得思考和关注的问题。

二、中国酒业市场表现情况及分析

在市场经济环境下，中国酒业的市场表现具有明显的市场化竞争特点。依据经济学中市场经济的自然发展规律，酒业市场正从几年前的无序竞争过渡到有序竞争，从过去的被动销售过渡到品牌化营销。中国酒业市场的发展，推动了企业品牌的升华，推动了市场格局的变化，具体表现在以下方面：

（一）白酒市场：区域品牌崛起的格局

站在市场角度观察中国白酒品牌，全国性品牌和区域性品牌正在处于蓬勃发展阶段。全国性知名品牌实力雄厚，依然是行业的排头兵；逐步崛起和壮大的区域品牌，给白酒行业带来了新的生机。在迅猛发展的区域性品牌中，有的以扩张为战略，正在向全国性品牌靠近；有的以防守为策略，加强和巩固了区域市场，并适时拓展外围市场。

从白酒品牌的市场占有率来分析：茅台、五粮液等一线品牌，仍然占据着超高端市场份额；而区域品牌也有着巨大的发展机遇，他们不仅占据着本地的中低端酒市场，而且抢得了越来越多的中高端市场份额。随着区域品牌的进一步振兴，中国酒业市场将迎来区域品牌崛起的新格局。

从区域品牌的市场表现来分析：区域品牌的崛起是中国白酒产业整体进入品牌化竞争的时代，是地产酒业的华美乐章，它更多地借助了消费者的地方情结和市场辖区内便捷渠道，占尽了本地酒市的天时、地利、人和，在终端、促销、资本、人力、物力、精力的投入上均具有优势，在产品价值、品牌价值、消费价值上的创新，都显示了其独有的力量。相对高高在上的名酒而言，地面的拦截、阻击、甚至覆盖，都证明了区域消费群体是不可小视的基础势力，成为了快速成长的“酒势”。

从资本的市场倾向来分析：中国白酒行业持续高增长的势头对资本市场产生了很大的吸引力，尤其是一些区域强势品牌，其较高的品牌价值、市场占有率以及突出的增值潜力，受到了资本市场的格外关注。特别是金融危机发生以来，资本更是加速了向传统白酒行业的渗透；与此同时，迫于资金的压力，一些白酒企业也主动向资本市场伸出了橄榄枝。目前，白酒行业及市场已进入了资本竞争的加速时代，未来一段时间内，资本必将深刻影响白酒行业及市场的发展。

从流通渠道的变化来分析：越来越多的酒水运营商意识到，能让自己获得最大利益的品牌是成长型品牌。这些品牌为了吸引更多的经销商，在利益分配时，会给经销商多一些优惠，所以有能力、有魄力的经销商，愿意冒着风险去经营成长型品牌的产品。随着生产环节格局的变化，流通领域的格局也在发生变化。一个成功的经销商，或者新生力量、新的“渠道王者”，大多是通过代理和运营区域品牌或成长型品牌强大起来的。

（二）啤酒市场：国内品牌竞合的格局

中国啤酒规模化的趋势、两极分化的趋势越来越明显。按市场占有率来看，青岛啤酒、燕京啤酒、华润雪花啤酒三大品牌凭借其深厚的品牌积淀和资本实力，已经确立了市场领军地位，形成了“三足鼎立”之势。与此同时，在一些区域市场，依然活跃着一批啤酒行业的骨干品牌，他们对推动我国的啤酒产业发展，对丰富消费者的选择需要，都做出了很大的贡献。随着啤酒行业集团化进程的加速，中国啤酒业的格局，正经历着一个从竞争到并购，再到发展，最终进入相对平衡的阶段。

（三）葡萄酒市场：中外品牌竞争的格局

中国巨大的葡萄酒消费潜力，吸引了越来越多的国外葡萄酒品牌，进口葡萄酒品牌明显加快了进入中国市场的步伐。去年，原装酒进口量的增长速度比前年提高一倍多。按照这种发展状况，短期内国产葡萄酒还能在市场中保留一些主场优势，但随着进口酒的不断涌入，加上进口酒的文化推广效果的逐步显现，对国产葡萄酒而言将是一个需要认真对待的挑战。

在国产葡萄酒品牌中，过万吨产能的企业目前为张裕、王朝、长城、金星、威龙、丰收、通化等。其中长城、张裕、王朝三分天下，市场占有率合计已高达52%，拥有资产占全行业的38%，销售收入占到了全行业的约56%，行业集中度非常高。虽然进口酒品牌将成为国产品牌不可小视的竞争对手，但是国内品牌的产品口感更加接近消费者的饮用习惯，中国消费者对国内品牌的亲近度和忠诚度比洋品牌高。因此，国内葡萄酒尽管面对国外品牌的强势进攻，从地域上仍占据有利条件，仍然是中国葡萄酒市场的主流。

（四）黄酒市场：多样化竞争的格局

黄酒是我国传统的酒类产品，其主要市场在江浙一代。绍兴黄酒一直是我国黄酒品牌的主流，随着“绍兴黄酒”产区概念的推广，绍兴地产品牌通过合作竞争，将加大共同开拓国内市场的力度。与此同时，其他区域的黄酒品牌也在竞相崛起，如湖南黄酒、江苏黄酒、上海黄酒、山东黄酒、陕西黄酒，这些区域黄酒品牌的复兴与崛起，都使得中国黄酒市场呈现出了多样化竞争的格局，也为我国黄酒产业的推广和普及做出了努力。

但是我们应该清醒地认识到，由于受地域、文化、口感、饮食习惯的制约，黄酒在全国市场的占有率和普及率还不高，如何改变传统黄酒产品的保守、古板印象，吸引一批跟随潮流、消费潜力较大的年轻消费群体，将时尚化、高档化的概念融入到产品当中，依然是需要我们研究的课题。

三、中国酒业未来发展前景预测及分析

按照经济学的规律，发展速度决定竞争能力，竞争能力决定市场份额，市场份额决定市场格局。未来几年，是中国酒业品牌整合的关键时期，对于酒类品牌而言，仍然有快速增长的机遇，中国酒业必将有一些新的变化，影响未来的市场格局。这主要体现在四个方面，即区域品牌继续强势，市场竞争更加激烈，产品多样化更加明显，外来资本进一步加大投入。

具体而言，白酒行业将呈现百舸争流的态势。全国知名品牌与区域新兴品牌将会在竞争中共存、在竞争中共进。全国性品牌在保持总量的基础上，更加注重优质、高端白酒的培养和开发；区域性品牌根据企业自身优势和产品特点，在深入研究各个地区的文化差异和消费习惯的基础上，打造具有针对性的区域产品，适时开发区域市场，

竞争能力和市场地位将进一步得到提升；以量赢利的低端产品将继续补充和满足中、低端消费人群的需要，仍然占据着相当大的市场份额。

“一线品牌覆盖全国，二线品牌抢占大区，地方品牌自守家门”的市场格局在短时间内不会被打破。

啤酒行业将呈现新一轮竞争态势。由于原料价格两年以来大幅上涨，进口大麦和啤酒花价格都在成倍增涨，迫使国内众多啤酒企业开始调整价格。为了获得较大的利润空间，一些骨干啤酒企业都提出扩大产能计划，国内啤酒行业新一轮竞争已经开始。而受益于国民经济的持续快速发展和城市化水平的提高，啤酒市场需求增长空间依然广阔，内需增长将消化啤酒的涨价效应，保证啤酒行业的景气指数。

葡萄酒行业将呈现中外品牌竞争互进的态势。目前，世界知名葡萄酒品牌纷纷在中国开拓市场，法国葡萄酒品牌和五大酒庄的产品将全部进入中国，其他酒庄的产品也分别在各个区域市场找到了经销商；意大利葡萄酒除了向我国输入原酒外，同时也出售成品酒，其第一品牌优尼特及其他品牌正在加大推广力度；葡萄牙国家葡萄酒将以整体打包的方式进行中国，占领中低端市场；澳大利亚葡萄酒将以品牌入股的方式和中国企业合作；智利葡萄酒除了成为中国重要的原酒输出者外，将利用此便利条件，把国内知名品牌打入中国；西班牙不但扩大了在中国的分装线，还将和中国品牌以合资的方式进入终端市场；美国、阿根廷等国家也都纷纷磨拳檫掌，进军中国市场。在这种情况下，国内优秀的葡萄酒企业正在加强葡萄酒的产业化生产，通过选择适合于生产酿酒葡萄的产区，打造这一朝阳产业。随着社会经济的进一步发展，葡萄酒行业会与经济增长同步，与人民生活水平的提高同步。葡萄酒市场也将由原来单一的高端品种向高、中、低三个方向发展。

黄酒行业将呈现集中整合的态势。在国家经济发展的大环境下，黄酒企业的发展环境良好，加上消费习惯的逐渐形成，地域特征正逐渐被打破，黄酒消费有不断向全国扩张的机会；行业整合是黄酒未来发展的一个趋势，龙头企业将通过资产置换、剥离、收购等方式来实现专注主业，提高品牌竞争力的愿望。未来几年，正是黄酒行业进行低成本扩张的最佳时期，行业集中度必然得到明显提高。

进口葡萄酒尚无明显竞争优势

中国酿酒工业协会副理事长兼秘书长　王 琦

中国进口葡萄酒呈现出了来势汹汹的发展态势，已经占据了中国葡萄酒市场近20%的市场份额。仅2010年上半年葡萄酒进口量就达12.07万千升，比去年同期增长69.7%。中国葡萄酒行业在飞跃发展中面临着“兵临城下”的严峻挑战。

一、进口葡萄酒量大 增长速度快

随着中国人喝葡萄酒意识的逐渐提高，中国近两年每年的葡萄酒消费量都在以两位数的速度递增，中国的葡萄酒市场空间巨大。同时，国际葡萄酒面临严峻形势。一项最新的研究表明，未来5年，全球烈酒与葡萄酒市场可能会出现缓慢下跌的趋势。

尤其是欧洲国家，法国、意大利等传统葡萄酒生产国的葡萄酒市场已经饱和甚至开始萎缩，这些国家近年来经济不景气，葡萄酒厂商境况不佳，于是他们纷纷把市场转移到了正在快速成长中的中国。加上中国对进口葡萄酒的关税不断下降，由此就出现了近两年来进口葡萄酒来势汹汹的状况。

进口葡萄酒大量进入中国，一定程度上丰富了中国葡萄酒市场的品种，给不同消费群体提供了不同品牌、不同口味的葡萄酒，也让少有出国机会的中国人坐在家里就能体验到外国葡萄酒。从这点来说，中国老百姓是欢迎进口葡萄酒的，进口葡萄酒在中国有很大的市场，这也促使了进口葡萄酒的加速前进。

2009年全年中国进口葡萄酒总量为17.1万千升，但是截止2010年8月份就已经达到了这个数目，数量之大和增长速度之快可想而知。

二、没有统一标准是最大的问题

进口葡萄酒增长速度如此之快，市场也开始变得火爆和混乱，以至于很多人表现出了担忧，当前中国进口葡萄酒市场确实存在一些问题：

首先，是品质好坏的问题。我在天津参加一个法国波尔多地区葡萄酒的推荐会。波尔多一个庄园的庄主一直在介绍他们的葡萄酒如何之好，品质如何始终如一。会上有个提问环节，我向庄主提了三个问题。

一是，现在全球气候变化，传统葡萄酒产区的酿酒葡萄品质现在都受到了不同程度的影响。我们中国原来优良的葡萄酒产区是烟台、昌黎、怀来等，但现在渐渐转移至宁夏、新疆南疆、陕西等西部地区，其他很多国家的产区也在转移。那请问，全球气候变化，波尔多就不在这个地球上？跟中国的地球还不同？

二是，中国现在有年份酒，法国也有，法国之前的年份是实实在在的真实年份。但现在这些年份酒大批大批进入中国，源源不断，与你们的实际产量貌似不符，这如何解释？

三是，中国的葡萄酒产品每个都要经过严格的认证和检验才能进入市场。但现在进口葡萄酒入关，前面的批次是有了一定保证的，但我们不知道后来的还是不是那么好？你们的产品没有跟我们国产酒一起进行同等的认证。

另一次，我们带着一批专家和经销商去法国葡萄酒庄园考察。最开始庄主给我们品尝的酒都是很一般的酒，后来我说这样的酒在我们中国多的是，要求给我们品尝他们的高档酒。于是他们把我们带到了庄园的地下酒窖，果然都是高档酒，但是价格都很高，他们说这些都是要出口到美国和日本的。

我终于知道，他们给我们出口的都不是最好的酒。

列举以上两个例子，我想要说明的是，中国的消费者不要迷信进口酒，其实进口葡萄酒也有好坏之分，品牌太混杂，很多时候其品质也不能保障，消费者要学会辨别。而且我们希望进口商们能多进口一些真正的好酒。

其次，是价格泡沫的问题。现在很多媒体都在谈论进口葡萄酒的价格泡沫问题，其实在市场经济环境下，这些问题在一定程度上是市场需求使然，当前市场对进口葡萄酒的需求量大，供求不平衡，所以就出现了价格偏高的情况。那些名庄酒出现“天价”，也是多年积累的品牌效应的结果；而很多不知名品牌的进口葡萄酒也价格虚高，是因为我们消费者对之不了解，不会鉴别进口葡萄酒的真实价值，给了他们可趁之机。当然也不排除市场炒作的因素。

此外，进口葡萄酒还存在有标准混乱、市场监管不到位、区域发展不平衡等诸多问题。进口葡萄酒没有统一的标准，这是最大的问题。

三、进口葡萄酒还有很长的路要走

进口葡萄酒进入中国葡萄酒市场，占据了很大的市场份额，一定程度上挤占了国产酒的市场空间，可以说对国产葡萄酒产生了不小的影响，主要体现以下几个方面：

首先，进口葡萄酒进入中国葡萄酒市场是对我国葡萄酒产区和政府的打击，这是必然的。

其次，对大企业是一个挑战。可以看到，现在国内很多大型葡萄酒企业都在圈地建设葡萄基地，提高其竞争力，这其实是国内企业在挑战面前的对策。

再次，有一定积极影响。进口葡萄酒参与国内葡萄酒市场竞争，对我国酿酒生产水平、品牌提升、观念改变、酿造技术的提高和改进有积极的推动作用。这就如一剂催化剂，迫使我们必须不断前进，向更高的层级迈进。

可以说，进口葡萄酒对我国葡萄酒行业的影响是双面的，有利也有弊，总体是挑战与机遇共存。不过我们进口速度过快，任何事物发展太快都是不健康的，再加上市场经济环境下，一切都靠市场自我调节，一时还无法调节好。

但是我们也不必过于担忧，当前进口葡萄酒的发展还处于初级阶段，还不会太顺利，若想要取得像本土葡萄酒那样的成熟发展，还有很长的一段路要走。由于文化、消费观念以及消费模式都和他们自己的国家不一样，目前很多进口葡萄酒自己销售或者在专卖店销售，情况都不是很好，开始趋向于让国内的大经销商代理。

同时我们现在也开始发现，外国人对中国人的消费心理摸得越来越透了，所以他们的运作模式将来应该会越来越成熟。而随着市场的进一步发展，中国葡萄酒行业将会面临“洗牌”，好的终究能生存下来，不管是国产的，还是进口的，最后这个市场将会趋于成熟和稳定，但这至少需要三至五年时间。

四、行业要“抱团”发展

进口葡萄酒的大量涌入，对我们而言是一个不小的挑战。国内企业应该如何行动才能在与进口葡萄酒的“博弈”中获得胜利？政府和行业方面应该怎样做才能让这个市场更加洁净与规范？

首先，要靠政府引导，给企业创造条件，从国家层面对国内大企业、大品牌加以保护，推进其国际化，让我们中国葡萄酒品牌也能在世界上有立足之地，这样就不必担心与别人的竞争能否获胜；

其次，大企业要特别注重培养人才，人才是企业提高产品质量、提高工艺的前提，一切的竞争归根结底是人才的竞争；

再次，我们行业内应该“抱团”发展，相互扶持前进，不要互相诋毁，互相残杀；

最后，我国葡萄酒的标准要与国际接轨。前几年我国葡萄酒标准出来的时候，国际上说我们的标准太严了，不能执行。这其中有很多原因，需要我们思考。而其中中国的国力还不够强大也是一大原因，所以我们也要一起努力来提高我国的综合实力，使我们在国际上越来越有话语权。

而且我们非常希望，进口葡萄酒能和国产葡萄酒站在同一个平台进行同等认证，目前我们正与国家认监委等相关部门共同推进这项工作。“十二五”期间，协会将会研究制定相应的规范，以及与国家标准配套的管理办法，使我国的葡萄酒产业和市场更加规范。*（转摘于《中国酒业》杂志《王琦：进口葡萄酒尚无明显竞争优势》）*

以酒类为代表打开内需增长空间

国务院发展研究中心金融研究所副所长　巴曙松

酒业是酒业，资本是资本，这是初级阶段。下一次发展到资本有影响力的时候，可以设立基金管理机构，我们的基金非常懂酒业，希望通过这个平台培养更多的金融产业资本，懂酒类产业的金融资本，甚至共同发起大家做GP、LP，可以提行业交易导向，产业链的发展重点。所以我希望今天只是一个起点，酒是酒，产业资本是产业资本，金融资本是金融资本作为第一届，留点遗憾。下一届我希望演讲的构成布局一比一。我们可以由酒业的老总来评业内今年哪一个方案做得对行业有冲击力，有改变的力量，我们评它为年度最佳并购奖；由基金公司来评哪一个上市对资本市场的运用熟练，对资本市场是负责任的，可持续的有投资价值的，我们互相评一下。

第一，2000年是试水，2006年开始整合，2010年开始资本运作风起云涌。我们记得在禅宗里有三个阶段：第一阶段，看山是山，看水是水，酒业资本是酒业资本，金融资本是金融资本。第二阶段，看山不像山，看水不像水。第三阶段，山还是山，水还是水，进一步的专业化。所以我想能不能下一届，向第二步迈进一下。

第二，未来中国的金融业会出现哪些重大变革？如果我们就只自己看自己，很容易鼠目寸光，近视眼一样，眼镜一摘什么都看不见。我们酒业从十年前被称为夕阳产业到今天这么火爆，我想它有我们在座各位的智慧，但是更大原因是中国经济是在从出口和投资导向转向消费和内需导向这个大背景下进行的，脱离这个背景来谈会容易夸大自己所做的努力。所以下一步我们要谈资本影响力，资本市场会出现哪些变化？我想谈两点。

2010年，一方面是我们酒业资本整合风起云涌，你看我们今天这个活动，我以前参加资本影响力的会基本上是房地产行业，我们跨界参加了，房地产开得多，酒业开得少，现在房地产不开的，被调控了。酒业开始开了，这个会有非常深长的意味和含义，房地产的主升接近尾声了，内需以酒类为代表的内需增长空间打开了，所以资本关注了。怎么看资本市场的走势呢？给大家报一个数，2010年中国经济大家关注的一个数，GDP超过日本，成为世界第二。还有另外一个数字容易被忽视，去年底，中国的广义货币M2的供应量，印了多少票子？给大家报一个数，去年底72万亿人民币。按照现在6.58的汇率算一下，超过10万亿美元。大家记住第一个概念，我们的广义货币M2达到10万亿美元在2010年正式超过美国，成为第一大货币发行国。美国在量化宽松之前，他的M2是多少？8.3万亿。到今年6月份量化宽松M2是6000亿。我们今年宏观紧缩，M2的增长速度是12%，我们不要严厉批评美国发行货币多，谁发行得多谁自己清楚。我们GDP只有美国的1/3，货币发行量也多。刚才酒鬼酒的老总说了，不要去炒葱姜蒜，还有抢盐的。我倒不认为一定会带来通胀的压力，那只是局部的噪音。一个非常大的新格局正在我们面前展开，那就是你在继续靠大量的货币发行进入银行，然后走传统的信贷推动M2增长这条道路应该说接近尾声了。货币发行量还少吗？

我们再跟美国做对照，我们可能M2比他多，但美国有M3、M4多种多样的金融资产，做酒庄的基金、酒类电子连锁的机构、原材料的投资等等多种多样。所以我想说的第二点就是在当下的中国金融市场，未来最大的增长空间就是我们要把银行体系庞大的货币发行量储蓄转换为多种多样的金融资产，谁抓住了这样的机会谁就获得了资本发展杠杆的影响力。这就取决于不同行业对转换趋势的把握能力，这既是我们的机会也是对我们的考验。大家能想象，再往前五年，我们开一个酒类的业内会议能有那么多金融机构来吗，我看下一届会来得更多，如果按照这个评价来评的话，我估计这一排全部坐的金融机构。PE机构国内有5000家，有10%来会产生什么作用？所以下次报名还得控制，酒类没有投资的不能来。也希望下一次金融界的演讲嘉宾多几个，四个酒类的，四个金融机构的，找国际一流的专门做酒投资的基金给我们讲一讲。

第三，我们尝试给今天的这个题目“资本影响力”做点诠释和归纳，做一点学习心得体会。“资本影响力”我们怎么理解，我谈几点：

1. 杠杆力

也可以说它是一个评价机制。刚才酒鬼酒老总以他自己酒鬼酒的案例讲了资本市场的放大作用，企业出问题，往往是钱多的就出问题，钱少的谨小慎微谁会出问题；再一个没有见过那么多钱也会出问题。资本市场也不成熟，谁要你给那么多钱，给那么多溢价。但是资本市场的特点是它短期是投票机，长期是称重机。资本市场短期一窝蜂容易犯错误，假以时日，有几斤几两就是几斤几两，资本市场会给一个比较客观的评价。同时这个评价是带着放大镜评价的，比原来的技术好一点放大很多，比原来坏一点也放大很多。这种放大效应给了优秀的公司以杠杆，也给了劣质的公司以压力。比如我们现在上市一个有机的公司，金融界给他的PE，30倍或者40倍，他看好你，把未来40年的盈利交给你，让你发展现在的业务。

2．推广力

现在我们的酒业同仁为了在中央电视台争几个广告可不容易。但如果你是上市公司，哪天无论哪个电视台，各大财经报纸每天都要至少登一次贵公司的名字，某某酒，大家都会关心走势，分析它的图表。资本市场还有一个所谓叫做免费咨询效应，你说你自己在一个地方安安静静做自己的酒，你要去研究整个行业，国际国内的各种行业的发展动向，你要去请什么这个那个很贵的，完了以后我们金融机构去的研究员，银行、证券公司都花很贵的费用养这个研究员，就专门研究，全是免费的，会想方设法打听行业的变化，然后评估你在行业中的变化，每天去写那个研究报告，分析你的影响力，你的专业形态触及到的特定的人群。

3．整合力

在没有资本介入的情况下，要想完成用现金去做并购整合，基本上是千年等一回，哪里有那么多资金在那么短的时间内筹集。全世界称得上经典的并购是通过股权，有了资本市场的平台，不用去找银行借很多钱，定向增发股份，交易点现金，就很容易获得整合的稳定。而且资本市场，刚才企业家都讲了非常厌恶盲目的多元化。你盲目多元化对你的估值就低，资本市场逻辑很简单，在你的能力范围内，比如说酒业老总，你们的酒非常专业非常优秀，大家认可你，但是跟我们一样都是普通的人，你怎么可能以你的能力能在酒类做得出类拔萃，如果你的能力在这个领域做得很好，就是不断投入，把其他低回报的砍掉，一直到资本市场认为你和另外一个上下游的整合回报率更高。那个时候为止，无论集团化还是规模化，无论原材料、酒庄、销售这些集群，我想背后推动的力量将会非常大。我不太相信人为的规划。市场经济条件下相信产业政策的人不多，我们酒类发展到今天是哪个人规划出来的吗？是市场的力量激发出来的，我们只能顺应总结推动它，这些资本通过参与、评估、流入或者流出，不同的酒类就推动了产业的整合并购。

4．集聚力

不要以为资本影响力就是上市，金融要这么简单就不用学习，从本科一直学到博士后，还要熬十几年才能当研究员，一定有复杂的原因，所以针对不同环节都有资本介入方式。从原材料、生产环节、销售、酒庄的建设、银行信贷方案设计、到租赁信托方案等等，都是多样化的。我希望今天只是一个起步。*（转摘于巴曙松副所长在“资本影响力——第二届中国酒业高峰论坛暨年度颁奖盛典”上的讲话）*

责任引领未来

山西杏花村汾酒集团有限责任公司董事长、总经理　李秋喜

企业主动承担起社会责任，是市场经济发展的必然要求，是当今时代赋予企业的使命，也是企业走向世界的不断进步之路。古人云：“大商谋道，小商求利。谋道者，道与利兼得。求利者，道与利俱失。”这就是在讲企业要想做大做强，需兼顾利益和责任，不应只偏颇某一方面。全球500强企业大都把社会责任的履行作为企业长期发展的战略之一。据此可以预见，未来具有国际竞争力的企业，不仅是技术领先、管理先进的企业，同时也是对社会负责任的企业，以及能将社会、环境以及企业利益相关者等多方责任，成功地融入到企业战略、组织结构和商业经营过程中的企业。

2010年央视3.15晚会曝光的“国美工作人员骗取顾客赠品、随意买卖以旧换新凭证”的事件，双汇“瘦肉精”事件，引起了媒体广泛的关注。关于商业利益与消费者权益的冲突，再次引发了媒体的极大关注和人们的广泛讨论。而2008年的汶川大地震，当时王老吉捐款1亿，该举动随即引起了广泛的热议和好评，这件事也大大提升了消费者对王老吉的品牌忠诚度，从而使王老吉品牌获得了更强劲的发展动力。对于企业责任缺失的品牌，消费者对于其价值的认同度会大大降低，而有责任的企业将会受到消费者的支持，使品牌得到更长远的发展，从而让品牌有了更强的生命力。通过这些，我们可以看到，虽然盈利是企业的目的，但要保障企业的长远战略和可持续发展更要体现出自己的人文关怀与社会责任。

30年的改革发展历程，让中国白酒企业成功实现了市场转型，很多白酒企业都获得了高额的利润。但随着竞争格局的变化和社会意识的普遍增强，汾酒集团如何担当更多的社会责任，如何用实际行动向公众交出一份满意的答卷呢？我认为，责任引领未来！没有社会责任，就没有消费者的信任；没有社会责任，就没有企业的未来。所以，为了实现汾酒的百亿目标，也为了成就汾酒未来的宏伟蓝图，汾酒将从以下两个方面积极履行企业的社会责任：

首先，从保证产品品质和产品安全方面履行对消费者的责任。

千年漫漫的历史长河，汾酒能够经受历史考验走到今天，靠的就是它独一无二的品质。继承和发扬汾酒的品质是汾酒最根本的企业责任，也是对消费者认真负责的基本义务。汾酒的品质可用“纯”和“净”两个字来概括，这是由汾酒独特的工艺决定的。所谓“纯”是指汾酒生产的水纯、原料纯、工艺纯，生产出来的产品品格纯。不浓不艳，清香纯正。所谓“净”，是因为汾酒采用清蒸二次清，一清到底的地缸发酵工艺。因此，汾酒在将来仍将继续保持汾酒是“最纯净、最安全、最适宜人体饮用的白酒”这个方向，让纯净品质久远常青，让全中国的消费者都能喝到高品质的汾酒。

同时，汾酒还十分注重全产业链的绿色环保，通过全程无污染的绿色品质保证体系，打造“绿色汾酒”，让汾酒的品质得到更有效的保证。“绿色汾酒”就是要从原材料到消费者饮用整个过程，都要进行严格管控，做到低碳、环保。我们将会把汾酒打造成全产业链、全生态企业，通过有机原料基地、地缸发酵生产、陶坛储存老熟、推行文化包装、自控渠道销售五个价值环节的助推，让“清香、绿色”汾酒畅通无阻地走上消费者餐桌。

在前不久的央视3.15晚会上，汾酒也以一位公益事业的积极参与者身份，投入了这场公益行动中。汾酒集团不仅与央视合作拍摄了一个主题为“开启新生活•护航新消费”的公益广告，还在该公益广告中也提出了自己的“3.15理念”，即“绿色汾酒，责任护航”，我们用这八个字来显示出了汾酒2011年的一种企业承诺。

对消费者安全负责，还包括对消费者进行饮酒安全教育。近年来发生了很多因为“酒驾”导致的交通事故，发人深省。企业不能只做一个追逐利益的主体，也应成为一个对消费者的生命安全充满人性和关爱的组织。本着“但愿天下人无病，宁可架上药蒙尘”的大爱情怀，汾酒集团联合中国石化集团，在其200多家加油站网点上开展了“驾车不饮酒，饮酒不驾车”的公益广告宣传活动。汾酒希望可以通过这个公益行动为驾车人提供温馨提示和真情关怀，唤起他们对生命的关注。

未来，汾酒集团将继续坚持保证产品品质和产品安全的理念，继续推动汾酒产品质量的提升，继续关注消费者的饮酒安全，从而推动汾酒品牌更好更快地发展。真正把承担社会责任，视为企业核心竞争力与软实力提升的不竭动力。

其次，从开展公益活动、传播优秀传统文化方面履行对社会的责任

今年的2月21日，我们汾酒集团在北京人民大会堂隆重召开了山西省汾酒集团公益基金会成立大会暨2015年世界酒文化博览会筹备活动的启动会。该公益基金会以“诚信中国、理想中国”为最高宗旨，以倡导“诚信企业做诚信宣传、诚信经营促社会和谐”为核心理念。主要开展三项公益活动：除了资助后面讲到的“2011全球华人华裔文言文大赛”和前面提到的以“适量饮酒、健康饮酒、拒绝酒驾、珍爱生命”为主题的系列宣传活动外，还将开展“密切关注贫困大学生升学问题和贫困儿童上学问题并尽其所能对其合适对象给予有效资助”的公益活动，该项活动已通过有关学校和相关大学展开了模底甄选工作。

为了让这项公益事业蓬勃开展，成为一种长期持久的行动，今后“从每瓶国藏汾酒销售中提取200元投入到公益基金中”。作为我国烟酒类行业的第一个公益基金会，我们将继续坚守着自己的慈善理念、努力实践自己的公益之路，用自己的责任与义务不断壮大公益基金会，为推动中国公益事业的健康发展做出应有的贡献，为中国社会的团结和谐、持续发展尽一份力量。同时我们也希望有更多的白酒企业加入到社会公益活动中来，共同推动中国慈善事业的发展。

中国优秀传统文化是中华民族的灵魂。中国传统酒文化又是中华民族传统文化重要组成部分，已经成为中华民族的精神血液。但是，目前中国的很多消费者对于中国酒文化并不是很了解，也不能体会到白酒的精髓魅力。因此，作为中华酒文明代表的汾酒文化，有义务为弘扬中国传统酒文化做出努力：汾酒集团建立了汾酒博物馆，这个博物馆保存了中国很多与酒有关的文物和资料，对于中国酒文化的保护与继承有着重要的意义，其档次和规模在中国白酒行业可以说是首屈一指。另外，汾酒还正在积极筹备2015年在山西举办的世界酒文化博览会，希望借助这个盛会加强中国白酒文化的传播，让世界对中国的白酒有更多地了解，更深刻地感受到中国白酒的精神和内涵。

国家对非物质文化遗产越来越重视，建立了保护机制以让文化遗产可以长久流传下来。汾酒也积极参与了这个保护行动。汾酒酿造技艺是中国最具代表性的传统制酒工艺之一，孕育了中国很多名酒的诞生，它对中国的白酒酿造工艺有着非同寻常的意义。目前，汾酒传统酿制技艺已被列入“国家级非物质文化遗产名录”。汾酒计划与国家非物质文化遗产中心建立战略合作关系，希望可以更多地参与到国家非文化遗产宣传与保护的工作中。通过国家遗产表现形式弘扬中华传统文化，彰显汾酒勇担社会责任的公益形象。

汾酒公益基金会正在开展的“以弘扬中国传统文化为目标的‘2011全球华人华裔文言文大赛’”。前人很多的智慧、才艺和累积的经验都是以文言文的形式流传下来的，不懂文言文或者让文言文消失，这将是中国传统文化的一大损失。所以说只有把中华传统文化弘扬传播出去，才能使中华文化更加生机勃勃、更加灿烂夺目。

在履行以上两个方面责任的同时，我们永远不会忘却我们对员工的责任。人力资源是社会的宝贵财富，也是企业发展的支撑力量。保障企业职工的生活质量不仅关系到企业的持续健康发展，而且也关系到社会的发展与稳定。因此，汾酒今后将进一步关注职工生活，让职工分享到企业的发展成果，继续改善职工的生活质量。

昔日，晋商用“汇通天下”实现了自己的理想。今天，汾酒人要用‘德行天下’的人文理念和作为，去实现未来‘清香天下’的美好未来。因此，承担社会责任，为社会做更大的贡献，这是汾酒在重铸“大清香”辉煌过程中，义不容辞的神圣历史使命和时代责任。

对于国有企业来讲：履行社会责任是我们提高竞争力，实现可持续发展的良心选择，也是企业树立形象、铸造品牌、扩大影响的道德途径。我们将会以创建中国乃至世界一流企业为目标，更加自觉、主动的担当社会责任，从而实现多赢互惠的完美目标！

中国白酒的公信力

山西杏花村汾酒集团有限责任公司董事长、总经理　李秋喜

什么样的品牌值得尊敬？什么样的品牌可以为中国赢得尊敬？一定是具有公信力的品牌，一定是诚信的品牌。

企业实施品牌战略，首先应当考虑的就是品牌的“文化诚信”。改革开放以后，尤其是近十年来，名酒企业获得快速发展，经济效益也得到极大提升。经济发展推动了酒文化的广为传播，其中也不乏某些企业捏造的“伪文化”。这些“伪文化”无中生有，欺骗广大消费者，大大削弱了酒文化的公信力。这样的功利主义我是很不认同的。所以，“汾酒”旗帜鲜明提出了“诚信企业做诚信宣传、诚信经营促社会和谐”的传播理念。

未来“大清香”汾酒的“王者归来”，必将是坚持诚信理念的品牌崛起。

拥有深厚的文化底蕴，对于一个品牌而言还远远不够，还应当用心去传承、创新和发展，还应当不遗余力地弘扬其独特的品牌价值。什么是独特的价值？就是无法取代。“汾酒”品牌的独特价值，我用三句话来概括，叫做“国酒之源、清香之祖、文化之根”，就是说汾酒文化是中国酒文化之根。

“汾酒”有着独特地位和价值，但是地位要去争取，价值要去实现。我们过去对“汾酒”的价值认识不清，对地位的争取作为不够，以至于品牌价值与市场表现脱节。

从去年开始，我们对“汾酒”品牌进行了全面梳理，初步搭建了科学的品牌框架。汾酒集团有两个国家名酒，一个“汾酒”，一个“竹叶青”。“汾酒”是“老八大”名酒中清香型白酒的唯一代表；“竹叶青”是国家名酒中唯一的保健酒。以这两个名酒为中心，我们搭建了以“国藏汾酒”、“青花瓷汾酒”、“二十年陈酿汾酒”、“老白汾”为主体的“汾酒”品牌构架，和以“国酿竹叶青酒”、“精酿竹叶青酒”、“特酿竹叶青酒”为主体的“竹叶青”品牌构架。我相信，未来十年，世界将与汾酒集团一同见证这两大品牌的崛起。

汾酒集团的五年发展目标是销售收入达到100个亿，10年目标是200个亿。现在来看，到2015年达到100个亿问题不大。这两年，我们一直在补市场的课。今年补课补得扎实一点，销售收入从去年的38亿增长至今年的50多个亿。未来五年，我们将以更高的标准、更新的模式、更快的效率，实现汾酒发展的更大突破。汾酒的未来必将是“文化崛起，儒雅归来；品牌崛起，诚信归来；市场崛起，价值归来；和谐崛起，责任归来”。

我们已经意识到，光靠文化诚信和品牌价值还不够，汾酒集团还应当让市场充分了解清香型白酒的真实面貌，告诉消费者一个真实的“汾酒”。在漫漫历史长河中，“清香”一直是最高贵名酒的代名词，这种消费趋势从上古时期一直保持到1990年代。清香型白酒还是最干净、最卫生、最适宜人体养生、酒体风味最容易与国际市场接轨的白酒品类。

未来几年，我们在推动企业快速实现规模扩张的同时，将以“复兴大清香”为己任，以“品质、文化、坚持”为宗旨，积极承担培养清香型白酒消费群体的历史重任，让中国白酒品牌赢得世界的尊敬。

未来白酒行业发展趋势展望

华泽集团董事长　吴向东

近5年来，随着国家宏观经济的增长所带动的消费升级，使得我国白酒消费也随之水涨船高。2004年，白酒业利润总额为58.66亿元，2009年白酒业利润总额则达到234.89亿元，增长超过300%，占酒类行业的65%。白酒业5年来收入和利润的复合增长率领先整个酒类行业：销售收入复合增长率为33.47%，领先行业的25.09%；利润总额复合增长率为46.67%，领先行业的36.26%。

2010年上半年，全国白酒总产量约400万千升，同比增长23.10%；累计销售收入约1200亿元，同比增长41.96%；累计实现利润约180亿元，同比增长45.18%。销售收入和利润增速均创10年来新高，成长性和稳定性继续领先整个酒类行业。在通胀的大环境下，白酒行业持续表现出收入增长大于产量增长，利润增长大于收入增长的良好发展势头。

我国白酒行业能够得到如此迅猛的发展，其主要原因是广大白酒企业特别是名优酒企业抓住消费升级机遇，不断创新，调整产品结构，转变增长方式，提高赢利能力实现的；并且宏观经济增长带动白酒消费的大盘上涨；再者，白酒是较早从计划经济向市场经济过渡的行业，通过充分竞争，淘汰落后产能，产业结构得到了优化；第四，国家“扶优限劣”的产业政策因素为白酒行业长期稳定发展奠定了基础。

那么在未来的时间内，我国白酒行业将会呈现出哪些发展趋势呢？

一、白酒行业未来仍会稳定高速增长

白酒行业未来的增长主要是来自价格的提升。未来5年，从出厂价估计，销售额的增长会在8%～10%左右，符合GDP在整个消费行业的增长。

并且白酒未来几年稳定增长的另一原因是它的消费年龄层比较稳定。中国第一次人口高峰出现在1965年到1973年之间，而酒的消费群体主要是30岁到55岁人群，这就意味着到2020年，也就是未来10年，这个群体会非常稳定。并且，随着80后在社会上的成长，在60及70后人们的熏陶下，势必也会成为白酒消费群体的一部分。第二点，中国烈性酒人均消费目前不到14美元，日本是50美元，美国90美元，俄罗斯世界最高，是130美元。所以随着中国财富的增加，消费能力的增加，烈性酒的消费应该是逐步增加的。

二、次高端、中高端白酒未来发展空间大

2006年高端白酒前十名所占份额不到70%，仅仅3年，到2009年已经超过了80%。因此，可以这样认为，高端白酒的竞争格局已经形成，新进入者想进入并且获取大规模的市场份额是不太可能的。但是，中高端白酒则不同，一方面它以12%左右的增长率在健康稳定增长，另一方面市场集中度要比高端白酒低很多。现在前四名的品牌，在该领域所占份额不到20%，保守估计4、5年以后，会占到30%以上。可以这么推断，中高端白酒将会是新名酒未来有所作为的领域。

从价位细分看，超高端市场（零售价在800元以上）市场销售绝对额增长，但是增速相对下降。次高端市场（200～800元），未来将有50%的井喷式增长。其原因是今年年初，茅台出厂价格上调20%后，茅台已突破千元大关，五粮液的终端售价也提到了800元以上。所以，在次高端白酒市场就有了一个很大的成长空间。中高端市场（50～200元），将会有约30%的增长。洋河股份的天之蓝、海之蓝分别是次高端和中高端的典型代表，未来有望成为相应价位的全国化品牌。山西汾酒的青花瓷也属于次高端。从国际经验来看，利润率最高的企业的利润额和市值不一定最大。原因是次高端、中高端的容量要比超高端大好多倍。

三、品牌集中化是必然趋势

现在将近60%多的白酒消费是在商超渠道进行的，随着城镇化的加快，大部分的农民、小城镇人口会向中等城市、大城市和超大城市集中，在这些一线、二线、三线城市里现代化的渠道慢慢地肯定会替代传统的零售渠道。这个现象不仅在白酒行业里发生，在其他的行业也在发生，必然会造成品牌集中度的变化。现在的终端渠道，华联、家乐福、沃尔玛包括其它便利店，它们慢慢地在从地方性的连锁向区域性连锁，乃至向全国性的连锁转变，而终端渠道能够放在架上的品牌是有限的，这样造成品牌集中化是个必然的趋势。

茅台：传统结合现代创造生命力

茅台集团董事长、总工程师　季克良

传统与现代，对立抑或融合？相信人类自有文字的历史记载开始，就面临着这样的困惑。毕竟，我们的人类文明，我们的社会进步就是这样一部交织着传承与创新矛盾的历史，融合的历史。

然，当几千年前的“学而时习之，不亦悦乎？”今天仍在汽车穿行的摩天大楼间回响，我们看到的是，互联网的迅猛发展，让中华民族最具核心价值和主体性的孔孟思想传播地域更加宽广。

于是乎，人们看到传统与现代奇异、完美融合，产生了一种更强大的生命力，超乎以往。

这么多年，我们专注于茅台酒——中华古老酿酒文明的传承与发展，也在时时思考、摸索、实践如何将传统与现代结合的问题，并在实践中收获经验和成功。

实践是检验真理惟一的标准。

无数事实证明，坚守从实践中得出的经验是我们惟一的选择。

传统与现代是矛盾统一的

时下，有一种观点，似乎认为传统与现代是两个独立的主体，在分析问题时总喜欢将二者割裂开来看。

我认为，这种观点至少是片面的，不完整的。

让我们先来分析，何谓传统？

所谓传统，即是世代相传、具有特点的社会因素，如文化、道德、思想、制度等，这些社会因素能统得下来，传得下去。

而何又谓现代呢？

词典有云：现在这个时代。

现代，应是一个现在进行时的存在状态。

分析至此，若用通俗的习惯表达，那么传统就可以理解为“旧”的，现代应是“新”的。

在人们的习惯思维里，“新”与“旧”是一对反义词，固然是一对矛盾的关系。

但试作深度思考，没有“旧”，又何来“新”？没有“新”，又如何能显示出“旧”呢？

这就是哲学里的唯物辩证法观点：任何表面矛盾的事物，其实内在都存在辨证统一关系。

就如同，“新”与“旧”是互为存在的前提，传统与现代亦是矛盾统一的有机整体。

所以，任何将传统与现代割裂开来看待的观点和方法都是错误的，或者说是不全面的。

并且，正是毕生致力于茅台酒酿造工艺的研究，经历反复琢磨、总结，我才深感：不仅传统与现代不是对立的，同时，传统的，也必定是现代的。

这样的观点，或许会让初闻者感到困惑不解。

不妨听我说说。

举个例子：茅台酒酿造工艺精髓为世人所广泛认知的是——回沙工艺。

追溯茅台酒的酿造历史，近年考古发现证明，远古时代在赤水河流域茅台河谷生活劳作的濮人就已经掌握了酿酒技术，而对其酿造技艺有明确文字记载的应是在清朝年间，时，贵州大儒郑珍、莫有之在其编纂的《遵义府志》中有此记载：茅台酒，仁怀城西茅台村制酒，黔省称第一，其用料纯高粱者上，用杂粮者次之，制法，煮料和曲即纳入地窖中，弥月出窖烤之，其曲用小麦，谓之白水曲，黔人通称大曲酒，一曰“茅台烧”……

民国杨思元等编写的《续修遵义府志》中也写到“……纯用高粱作沙，蒸熟和小麦面三分纳酿地窖中，经月而出蒸烤之，即而烤而复酿，必经数回然后成。初曰生沙，三四轮曰燧沙，六七轮曰大回沙……”

两段史志均对茅台酒回沙工艺进行了描述。

时间，匆匆流过。数十年，数百年，弹指一挥间。

直到今天，我们的国酒茅台仍然采用的是大曲回沙工艺。即我们通常所说的季节性生产、端午踩曲、重阳下沙、七次取酒、八次摊凉、九次蒸煮。

而当郑珍吟咏：“酒冠黔人国，盐登赤虺河。”诗句时，那时的茅台酒并未见有多大名气，至多是贵州境内的土特产一类，甚至连巴拿马万国博览会的金奖都还未曾获得。

而他却做出了一个精准的判断——酒冠黔人国。

我们在叹服他眼光独到的同时，也获得了一个重要的信息：在那时，大曲回沙工艺已经是一门成熟的技艺，或许当时，这也已经是传统工艺了。

那它——大曲回沙工艺又为什么能穿越数百年或者是上千年的时空向下延绵至今，而被酿酒人一直奉为经典？

那就是因为，这个所谓的传统工艺是经实践检验证明，为最适合当地酿造出独具酱香风格茅台酒的工艺，这个工艺是根据酿酒的基本原理，同时根据茅台的自然条件，并吸取了其它发酵食品的优秀工艺而设计出来的。

有些东西经历时间检验，是不变且被时时需要的，这样的东西无论社会发展到哪一个阶段都将被运用，从这个意义上说，它既是传统的，也是现代的。

试想，若不能在历史的长河里一路踏浪行来，至今还在人们的生产生活里存在和发挥作用，至今还在人们的意识空间里运转，那样的东西还能称作传统吗？

显然不能，就如同秦始皇兵马俑和铜车马，那些被滚滚历史尘埃淹没到地底下的是古董，需要到博物馆里去开启记忆，而不是在生活里可以时时触摸。

传统，就是这样一个活在当下的历史。

若它不具备现代性，又如何在现代生活中行走。

所以我说，传统的，也必定是现代的。

同时，我们也应当看到传统与现代是相对的，而不是绝对的。

它们，是一对相对的时间概念。

举个例子，中华民族引以为傲的古代四大发明：指南针、火药、活字印刷术、造纸术。

若把历史回放，无论是战国时出现的指南针，还是秦汉时炼丹偶得的火药，或是东汉开始广泛使用的造纸术，以及宋人发明的活字印刷术，在当时绝对算是世界最先进生产力的代表，因而也才能载入史册。

但在今日，当日推动社会进步的先进生产力代表，却成为了记载中华民族传统文化的记忆符号之一。

再作一下发散性延伸思维，我们今天广泛应用的电脑技术，会不会在未来的某一天会成为下一个传统呢？

社会在不断地向前行进，技术手段总是日新月异，许多在过往让人充满浪漫幻想的假设，一一被变为了现实，例如，嫦娥奔月……

由此看出，在时空的不断转换间，传统与现代这对矛盾统一体是相对的，也是在不断运动变化的。

回过头来看茅台酒的发展。1964年，我大学毕业进入茅台酒厂工作，当时茅台酒厂的生产状况是——基本全手工作坊式生产，年产量不过区区二百多吨。当年发生的一件被视作现代化的重大事件就是：350千瓦汽轮机发电机组安装后正式发电。

这在当时被视作现代化的标志性事件，放在今天的发展语境里来看，只是一个“过去”的现代。

相对于我们所坚守的传统酿造工艺而言，这样的现代辅助技术手段总会层出不穷，当有更精尖的技术出现，之前的每一个里程碑式的“现代”又将成为“传统”。

但我们得始终明确地知道，哪些传统是我们的核心竞争力，是我们发展动力的基本支撑。

只有明白了这个传统的要义，才能把握好传统与现代这一矛盾对立关系，并在发展中处理好这一关系。

传统结合现代才有生命力

如何在发展中把握好传统与现代这一对矛盾关系？

对于国酒茅台——这种集历史感、荣誉感、文化感于一身的企业而言，并不是一件容易的事。

因为历史积淀得太深，所以不敢轻易突破，但一味抱陈守旧，又意味着将在发展中固步不前。

历史总在重复上演这样的故事。

而那些善于在传统基础上吸纳现代元素的创举，却往往能诞生新的生命力，迸发出夺目的光彩。

例如，另一让贵州人民乃至中国人民引以为傲的宝贵传统文化遗产——侗族大歌。

这份被世人誉为“天籁之音”的世界非物质文化遗产，有一支非常动听的歌——《蝉之歌》。但为多数人所不知的是，从这支歌诞生到今天频频亮相各类侗族大歌表演场合，赢得国内外观众喝彩和青睐，其间歌曲就经历了4次调整和再创作，使其在模仿大自然的蝉歌同时，和声更加优美，更具层次感。

而相比较之下，一些侗族大歌中的古歌旋律就显得比较简单，也不那么动听。

这说明了一个什么问题呢？

说明了，传统的侗族大歌在发展演变中，不断将现代元素融入其中，才使其更优美、动听，具有了更强大的生命力，得到了更大范围的集体认同。

在现实生活中，此类例子，比比皆是。

又如汽车，如不是在诞生后的漫长岁月里，其性能得到不断优化和提高，也许今天的汽车也如牛车般，早被淘汰。

还有电灯，今日人们使用之电灯，若还是爱迪生当日之发明，没有后来者的改进，那么估计也不会是家家户户日常生活的必需品。

……

在茅台酒沿袭的千百年酿造工艺基础上，我们也在时时思考，哪些是可以运用现代技术提高的，而哪些又是不能改变的。

我们在不断的摸索中前行。

过去，我们烤酒是人工下甑、人工发火烧水、人工下甑、人工背糟、人工切粮、篼篼下窖。在3米深的窖坑里，用背篼一次次将糟子背上地面，又一铲一铲地将其装入烤酒的酒甑。曾有人做过统计，当时，每一个工人一天的劳动搬运量大约在50吨左右。在今天听来，这是一个令人感到匪夷所思的数字，但在当时这就是现实。

还有烤酒需要大量用水，没有电，用不了水泵抽水，即使赤水河的水近在咫尺，仍需要工人艰辛地将河水一桶一桶挑上岸。

如此劳动强度，在当时生产力水平下，国营茅台酒厂的年产量仅几百吨也是情理之中的事。

但这样的一个生产力状况明显跟不上时代发展的需求。

尤其是毛主席在上世纪50年代提出茅台酒搞它个10000吨之后，我们倍受激励，也倍感压力。

若还是保持这样的传统手工作坊式生产，势必跟不上形势发展的需求。

变，是发展；变，是需要。

变则通。

但该如何变？

1964年，我初来时，只有柴油小型发电机，当年第一台350千瓦汽轮机发电机组安装发电，开始电动抽水烤酒。

1978年5月1日，由茅台酒厂“七二一”工人大学在一车间安装行车并试车成功，开启半机械半人工作业时代。

1980年10月，茅台酒包装车间引进了射流灌装机，实行半机械化“一条龙”生产，有效地提高了包装质量和效益。

在其间还通过了很多的小改小革，活动甑、鼓风机、打糟机、拉耙、拌曲机。

……

我们在摸着石头过河，但所幸的是，这些有益的尝试，大部分取得了成功，极大地将工人从繁重的体力劳动中解放出来，成倍地提高了劳动效率。

数十年后，伴随着茅台酒厂的发展壮大，这些现代化手段经历了实践的检验，成为茅台酒传统工艺与现代技术手段相结合的完美典范，至今仍在发挥巨大作用。

众所周知，从1915年获得巴拿马万国博览会金奖到今日，上百年的时间里，茅台酒从一个散发着浓郁地方特色的小作坊产品，一步步迈向世界一流白酒品牌。茅台集团也在新中国成立后的短短60余年间快速成长起来，进入了中国五百强企业，向着世界500强企业迈进。

这当中，除了某些可以运用到现代化生产手段的生产环节得到逐步改善外，我们的管理体制，也在顺应国际发展的市场环境中经历了一次又一次破茧化蝶的涅槃，向着现代企业转身。

1991年，国家一级企业的牌子，挂在了茅台酒厂的大门口。

1992年，申报中国企业管理最高奖金马奖成功。

1997年，中国贵州茅台酒厂（集团）有限责任公司成立

2001年，贵州茅台（600519）成功上市。

2002年，成功申报国家质量管理奖，当年5S、六西格玛等管理标准广泛运用到企业生产管理中。

变的，还不仅于此……

于是，人们今日看到的茅台集团，不再是当日那个赤水河边不通电、完全依靠人力完成各项作业的小作坊式企业。

因而，茅台集团的发展被誉为中国民族工业发展的具象。这当中除了彰显出中国人随着祖国日渐强大而树立的民族自信心、自豪感而外，更深层次反映出的问题是：类似于茅台集团这类传统企业，如何在发展中找到传统与现代的结合点，是关乎这类企业创造新的生命力、赢得新生的关键因素。

事实胜于雄辩。

让我们来看看茅台集团在传统结合现代成功后，取得的发展事实。

1978年，茅台集团一车间安装行车成功后，当年生产突破千吨大关，创历史最好水平，一举结束连续16年的亏损。

1980年，茅台酒包装实行半机械化“一条龙”生产，当年荣获贵州省先进企业称号。

……1985年，茅台酒荣获巴黎国际美食及旅游委员会颁发的国际商品金桂奖。1986年，茅台跨入贵州省7家创汇50万美元以上企业行列。2003年，茅台酒产量突破1万吨……

时至今日，已跻身百亿企业行列的茅台集团，身集各项荣誉：福布斯2010中国最佳品牌价值排行榜前十、中国饮料企业第一名、中国最具投资价值上市公司……

茅台集团每一次成功经历传统与现代的结合，都犹如凤凰涅槃，获得新的生命力。

传统与现代结合具有选择性

曾经有人问我：“你说传统要与现代结合才有生命力，那为什么你们茅台集团随时随地都在强调自己是传统工艺？”

我认为，要从两个层面来解释这个问题。

首先，强调传统工艺，和将传统工艺和现代技术手段结合并不存在矛盾。

茅台酒的酿造工艺，是赤水河流域的先民在反复的酿酒活动实践中总结出来的，是非常科学合理的，例如我们近年所总结出的从“一”到“十”酿造工艺要点——

一：严格的季节性生产，一年一个生产周期。

二：两次投料。

三：茅台酒有醇甜、窖底、酱香3种典型体，三年贮存。

四：四十天制曲发酵。

五：五月端午制曲。

六：六个月存曲。

七：七次取酒。

八：八次摊凉、加曲、堆积、入池发酵。

九：九次蒸煮、九月重阳投料。

十：十个独特勾兑工艺——高温制曲、高温堆积、高温接酒、轮次多、用粮多、用曲多、出酒率低、糖化率低、入窖水份低、辅料少。

这些技术经验和要领是被我们明确肯定，并一直在生产中运用的。

新中国建立，成立国营茅台酒厂后，从中央到地方都极其关注茅台酒传统酿造工艺的传承和发展。

1954年，朱德总司令就亲自电话指示贵州省委，茅台酒的生产还是用传统工艺为好。

1956年，国家食品工业部发出通知，要求茅台酒必须储存三年后才能勾兑销售。

1959年，轻工业部、贵州省轻工研究所、茅台酒厂、中国科学院贵州分院化工所和贵州农学院等单位，组成“贵州茅台酒总结工作组”，对茅台酒的生产工艺进行总结。

1964年，在轻工部主持下，成立了茅台酒试点委员会，一大批国内著名的专家学者投身茅台酒酿造工艺的研究，其中包括了中国科学院微生物所所长方心芳、轻工业部科学研究所发酵所所长秦含章、茅台酒厂著名老酒师郑义兴等。也是在那一年，我刚刚从无锡轻工业学院食品发酵专业毕业，就被分配到了茅台酒厂工作。

1966年，在轻工业部的主持下，茅台酒试点委员会经过两个生产周期的试验，基本掌握了茅台酒的生产规律，从根本上肯定了传统操作规程。

再后来的几十年时间里，我与我的同事们，继续前行在破译茅台酒博大精深酿造工艺的道路上。直到今日，虽然我们已经基本掌握了茅台酒传统酿造工艺中一些规律性的东西，但要把它完全弄明白却还有一段更长的路要走。

所以，我们积极引入现代化破译手段。

早在1956年，贵州省工业厅就指示茅台酒厂要筹建化验室。

而今天，我们拥有国内一流的白酒实验室和检测设备，以及一批专业的科研人员，成立了白酒企业第一个国家级技术中心。

也正是这些现代技术手段的研究介入，才使神秘的茅台酒酿造工艺逐渐从感性认识向理性认识过渡，从“知道怎样做”向“知道为什么这样做”转变。

只有知道了为什么这样做，我们才能更好地把握住传统里面的精髓，确保那些规律性的东西能够被原滋原味地传承下去。

这也是我将从第二个层面来回答上面那个问题的思想主旨。

自茅台酒诞生的那一刻开始，经历了数百年甚至上千年的传承与发展。不断的传承历史，必定也是历代酿酒人在技术上不断创新的历史。我们无从去想像没有明确文字记载的历史里曾发生了什么，但从1964年我进厂后，在我们探索传统结合现代的过程中，却有几件事时刻在提醒我们：传统与现代结合也是具有选择性的，什么样的现代技术手段能与传统结合？用什么样的方式结合？结合到什么程度？都需要人们去认真思考、实践以及总结。

1967年，厂里第一台自制制曲机组试制成功投入使用，大家曾为之欢呼雀跃，因为这极大地减轻了制曲工人的劳动强度。

但是，后来经过反复的生产实践，大家觉得还是人工踩曲制出来的曲子更好。

为什么呢？

这当中就有一个微生物环境的问题。

去参观过我们踩曲车间的人都知道，茅台酒的曲块是制曲女工一脚一脚踩出来的，踩好的曲块四边紧、中间松、呈龟背型。

在踩曲的过程中，曲块的松紧、密度与后面进行的微生物发酵程度紧密关联。机器生产却无法完全复制工人们的经验和感觉，做到如人工一般的精密。所以，到了1989年，我们又全面恢复了人工踩曲。

还有另外一个大家所熟知的例子——茅台酒的异地搬迁试验。

出于对茅台酒发展的热切期盼，在中央重视下，上世纪曾开展了大规模的茅台酒异地试验。

酒师、设备、工艺被一一搬迁到了遵义市近郊一个与茅台镇环境极其相似的地方，搬过去的甚至还有老厂房里房梁上的灰尘。

但是，经过了几轮生产试验下来，人们发现，无论怎样，生产出来的酒都与茅台酒相差甚远。

这时，人们才意识到：茅台酒只能在茅台镇生产也是一个规律性的传统。

最后，上级部门只能将那个当年的异地茅台酒重新命名，它就是今天的珍酒。

再举个例子：茅台酒的勾兑工艺。

传统的茅台酒勾兑是完全依赖于人工完成的。

但目前，茅台酒每年的产量已经超过2万吨，在“十二五”末，还将确保年产3.8万吨，力争达到4万吨。

若是几十年前，年产几百吨的时候，人工勾兑或许还能完成。

但几万吨，就很难了。首先是选取样本的问题，在上百个楼房几十万坛中选样本很难。

其次是人力，需要多少勾酒人员？

再者是质量，不能确保质量的恒定。

所以我们采取了一系列措施，如信息化管理、微机勾兑、大容器勾兑等。

这是不是就意味着，我们完全用现代化手段取代了人工勾兑的传统呢？

显然不是。

茅台酒的勾兑是一项极其复杂，还要求有一定天赋的工作。

众所周知的是，茅台酒是7次取酒，那就意味着每一年烤酒就有7个轮次的酒，同时还有不同的车间、班次，由于是酒师操作，产酒品质和风格也不尽相同，还有不同年份的老酒。不同香型的酒，不同酒精浓度的酒，这就在现实生产中，使茅台酒存在了许多许多种不同风格和口感的基酒。

茅台酒的勾兑是以酒勾酒，具体一点说就是要用100多种不同的基酒勾兑出一批茅台酒，并且不能添加任何香气香味物质和水分。

每一年生产的基酒因气候、温度、湿度、风力、风向、微生物等具体因素都会存在不同，因此酒质也有差异，因而勾兑也是必须实时地进行着调整。

显然，微机还不能具备这样的分析能力和智能。

所以我们加强了信息化管理，使用微机勾兑，还扩大容器勾兑，并精心挑选了8个技术过硬的勾酒师，组成小型勾兑室，由他们先进行小样勾兑，成功后，再根据他们的勾兑结果进行微机大型勾兑。

光这样还是不够，我们一方面引进了世界上最先进的分析技术和分析设备，采取自主研发和实行产学研共同研发的办法，找出贵州茅台酒的重要的、最关键的香气香味物质，找出骨架成份和功能性成份，各种香型酒特征成份和年份酒的特征。

这样不仅保障了茅台酒的质量稳定，同时又满足了扩大产能的市场需求。

多年来，茅台酒一直让世人感到神秘，尤其是在经历市场大风大浪考验中，一直以健康的、良好的上升态势，给人以诚信度高、发展潜力大、充满生命力之感。

总结来时路上的收获与感悟，我最大的感受就是：对于像茅台集团这类的传统企业而言，在探索传统与现代结合，谋取企业更大的发展中，我们每走一步都是在摸着石头过河。但我们得始终明确地知道，哪些传统是我们的核心竞争力？需要什么样的现代技术手段才能将茅台酒——这份人类共同的文化遗产发扬光大？

在这点上，我们还有很长的路要走。

诚信誓言 做绿色健康食品

湖北稻花香集团党委书记、董事长　蔡宏柱

稻花香集团30年前白手起家。30年来，始终坚持以人为本，牢记社会责任，视质量为生命，以实际行动向广大消费者奉献安全、绿色、健康食品。我们的方针，是高起点、高质量、高效益实施全面质量管理，即高起点——瞄准世界科技前沿，努力向企业注入新的科技含量，在工艺技术上保持行业最先进水平，质量管理体系与国际接轨；高质量——实行从土地到餐桌的全要素品质打造，确保绿色、健康、安全、高品质与高品位；高效益——坚持质量首倡、诚信首誉、安全首责，造福社会，做道德食品。

三维管控——从源头上打造绿色健康食品身份证

我们对于产品的基本认识是：产品是设计出来，品牌是打造出来的，质量是生产出来的；抓质量要从源头抓起，抓住了源头就抓住了根本；只有对生产的投入品进行规范化管理，治“标”先治“本”，才能真正生产出安全、健康食品。因此，着力实施粮食、水源、工艺“三维管控”，抓标治本、标本兼治，成为稻花香打造绿色健康食品的三大基础工程。

按照绿色食品标准选用原料。稻花香一直采用优质红高粱、小麦、大米、糯米、玉米五种粮食酿酒，玉米浆和凝清茶饮料分别以优质甜玉米和湖北海棠为原料，所有原料选用要求非常严格，一律按照绿色食品标准生产和采购。主要采取“公司+基地+农户”模式，建立绿色粮食种植基地和湖北海棠种植基地，从种子、技术、田间管理到收割入库，进行全程指导和监督，不允许使用化肥和农药。对于采购的投入品，坚持在国家标准基础上制定更为严格的企业内控标准，进行各种理化指标检测，检测合格的才予以采购。粮食储存上，引进低温冷冻储粮系统，采用自动控温、除湿、除杂的纯物理储存方式，确保营养成分不被破坏和丢失。这种严格的原料选用方式，30年来始终如一。

采用天然优质矿泉水酿酒。稻花香地处三峡，有着良好的自然生态环境。距我们企业8公里处有一个“法官泉”，冬季蒸腾，夏季寒彻，遇雨不浊，甘甜如露，是酿酒最理想的水源。我们采用全封闭地下管道，将泉水引到龙泉镇，既用来酿酒和生产饮料，也为当地居民饮用水提供保障。经检测，泉水中含有多种对人体有益的微量元素。粮为酒之肉，水为酒之骨。稻花香白酒之所以不能复制，很重要的因素，即在于这个得天独厚的自然环境、气候条件和天然水源不可复制。

采用独特酿造工艺进行生产。在白酒品质把握上，多年来人们一直沿用四个标准，即：色、香、味、格，后来由酒界泰斗秦含章先生创意，再增加一个“卫”字，这是一个重大贡献。酒之“卫”即卫生，体现的是酿造工艺环境，是质量的源头性管理。在生产责任制中，我们不但实行产品质量否决权，而且实行环卫质量否决权。工艺环境质量上，设立了“6道关口、10道防线、120个细化指标”，坚持产品出厂合格率100%、环卫质量合格率100%。一般白酒酿造车间都用瓷砖、红砖或水泥铺地，力求美观与行动便利，我们却采用一色的青石板，重点把握微生物生长的原生态与杂质阻断。制曲工艺上，以独特的“包包曲”为糖化发酵剂，采用“分层起槽，分层蒸馏，量质摘酒，分级并坛”的独创工艺，与多数白酒企业整窖糟醅、一次起出、混合堆糟、混合蒸馏的工艺截然不同，不仅效果更好，环卫质量也得到了显著提高。

三个领先——增强绿色健康食品技术保障

技术是质量的坚强后盾；科技创新，企业之本；低层次发展，恶性循环。稻花香绿色、健康食品的强大保障力，也来自于在技术上着力构建的“三个领先”优势。

自动化生产管理系统领先。早在2006年，我们就已建成了中南最大优质白酒酿造基地，企业标准化生产程度、规模、年生产能力在中南地区都首屈一指。在年生产能力上，目前已经升级到最高可达25万吨。稻花香白酒勾兑成型计算机集散控制系统，实现了国内白酒生产控制技术质的飞跃；生产管理自动控制系统，实现了存量、勾兑、过滤、计量、输送、灌装等生产全过程的监测、控制和管理；发明的白酒勾兑余量温度补偿装置和方法，攻克了白酒生产自动化的许多关键技术难题，在全国白酒自动化生产发展史上具有里程碑意义。

灌装、包装、入库系统领先。稻花香白酒和饮料生产线，全部是国内最先进的生产设备。包装控制系统，包括对车间每一台洗瓶机和自动水循环的运行情况、每条灌装线的耗水量，都能做到全景控制。稻花香灌装系统和原酒窖藏系统，灌装储存能力达到6.9万吨，原酒储藏总量已接近4万吨。稻花香窖藏原酒有长达20年的，有15年、10年和5年的，每年都有储藏；除了窖藏，还有洞藏。我们兴建的16个藏酒洞，可以储藏原酒几万吨。原酒储备需要时间成本，只有达到一定的储藏期，商品酒的质量个性才能得以保持和延续，品牌之树才能长青。而在这个方面，稻花香处于国内行业领先地位。

自动检测技术领先。我们建立了省级科技中心和质量检测中心，在生物化工技术、信息技术、现代酿酒技术、分析检测技术、节能减排技术方面，都具有领先优势。尤其在产品科研、质量检测技术和检测能力上，目前能够超过稻花香的白酒企业，在全国没有几家。稻花香拥有从美国进口的国际上最尖端的分析检测设备，能检测出几十种微量成分，不仅能检测出生产原料中的农药残留量，而且能够检测出成品酒与成品饮料中所含原料成分的各种农药转化量。而这一技术，目前连好多技术监督检测部门也难以做到。

三个结合——建立绿色健康食品管理长效机制

产品质量没有终身制，质量管理需要贯彻终身；一个企业最初的产品质量可能没有问题，但忽视经常性管理就肯定会出问题。在质量管理的长效机制上，我们重点抓了“三个结合”。

把质量管理与质量目标结合起来。稻花香的质量目标是“确保产品质量，追求行业领先，保证顾客满意，永保驰名商标”。围绕这一目标，我们始终以生产绿色、安全、健康食品为生命线，着眼长远，造福社会，反对急功近利、见利忘义。不但建立了良好的质量安全管理“三体系”，而且建立了绿色食品管理体系。稻花香清样、世纪经典、活力型、珍品一号、金珍品二号等8款系列产品获得国家绿色食品认证。在此基础上，还率先建立了保健食品生产管理体系，从而使稻花香酒剂符合国家保健食品规范要求，通过了保健食品认证。这项认证，填补了目前白酒行业空白。

把质量管理与提高员工素质结合起来。采取“学、教、帮、查、评”五种形式，实现员工质量管理“四最五落实”。“学”即组织学习质量规定和要求；“教”即教育集训和选送培训；“帮”就是开展比学赶帮超活动；“查”是查职责、查岗位、查环节、查漏洞、查产品；“评”是评比和奖惩。“四最”就是人人将质量安全作为最重视、措施最得力、奖惩最严厉和最持之以恒的工作；“五落实”是思想落实、体系落实、制度落实、教育培训落实、责任追究落实。通过多形式学习教育和培训，员工的整体素质得到了强化和提升，确保了质量管理一抓到底，常抓不懈。

把质量管理与各部门职能结合起来。我们将生产、计划、人事、财务等企业所有职能管理，一并纳入质量管理体系，不但解决效率问题，而且解决始终围绕产品及其质量提高效益的问题。重点实行“四一致，六监管”，即质量标准一致、产品研发一致、材料采购一致、生产销售一致；原料监管、生产质量监管、分析检测监管、出厂监管、销售服务监管、安全责任监管。这种管理曲线的下移，使得所有的职能部门都找到了确保质量安全的确切坐标，在科技、质量、价格、销售、服务等各个要素方面，实现了质量控制、设备控制、过程控制、生产营销控制的“管控一体化”。

三个一流——不断提升绿色健康食品研发力

质量创新，品牌之魂；一个企业要赢，赢在质量，要输，也输在质量；质量以消费者为根本，以技术为基础，以管理为保障，以创新为动力。在质量创新力和研发力上，我们着力打造“三个一流”。

建立一流的人才队伍。质量是企业的生命，人才是质量品牌的基石。我们通过引进高层次人才、重用科研人才、招聘高学历人才、培育企业现有人才，建立了一支专业齐全、技术顶尖、年富力强的人才队伍。拥有7名国家级白酒评委，23名省级白酒评委、13名国家注册高级品酒师；会集了国内一流的白酒技术人才，拥有白酒研发人员120名、各类技术人才400多名；建立了白酒专家和科研人才库，聘请白酒权威专家、教授、研究员、高工为技术顾问。稻花香能够在短短30年中成为“中国新八大名酒”之一，巨大的创造力，首先来自于强大的人才智力支撑。

建立一流的研发机构。与国家和省市级科研单位、高校联合建立产学研合作基地、绿色食品研发基地、阳光工程培训基地，成立产品研发、质量攻关、知识产权和信息网络机构，形成了以企业自主研发、行业专家指导研发、国家科研单位合作研发的模式。稻花香每一款产品研发，都力求论证更充分、更科学、更严密、更完备，从而以一流的研发平台、一流的技术手段、一流的质保体系，开发出一流的产品。

开展一流的质量创新。坚持走“生产一代，储备一代，研发一代、构思一代”路子，在新技术工艺研究与应用、酒体研究、香气成分、风格特征等许多领域，都有自己的独创，科研成果相继获得国家、省、市级科技进步和质量安全奖项130余项，其中多项为国内首创。稻花香清样酒、珍品系列酒、关公坊等一系列品牌白酒和玉米浆饮料、凝清茶饮料，拥有多项专利技术，居于国内行业前列。我们与科研单位合作开展的“稻花香活力型酒生产工艺和保健作用研究”，获得省重大科技成果认定，“稻花香活力型”获得国家商标局商标注册，这项成果符合国家白酒工业健康发展政策，在全国白酒行业属首创。

电子商务助力白酒产业发展模式转型

湖北稻花香集团副董事长、总经理　蔡开云

酒类企业是社会商品流通和媒体广告传播的重要组成部分，也是时代发展和人们生活变迁的重要见证。如何利用电子商务加强与消费者的接触，建立与新生代人群的沟通，巩固并扩大产品的市场份额，现已成为了酒类行业共同关心的一个话题。从1996年到2010年的十几年间，中国大市场、大流通的局面逐渐形成，消费者需求和媒体格局不断推陈出新，酒类企业的品牌营销也不知不觉到了突破的关口。但目前，白酒类电子商务尚处于起步阶段，没有成熟的方式方法借鉴，运用电子商务助力白酒产业发展模式转型，是一个机遇与挑战并存的课题。

网络媒体异军突起，酒类电子商务利弊共存

当下，网络已经成为一个高度满足大众需求的信息媒体，与电视媒体收视率和平面媒体触及率不断下降的现实相反，越来越多的人将更多的时间和注意力转移到了网络上。截止2010年上半年，中国网民的人数已达4.04亿，互联网普及率达到28.9%，超过世界平均水平，使用手机上网的网民达到2.33亿人。网络已经成为一个高度凸显品牌价值的广告媒体，覆盖了中国消费能力最强的“三高”人群和消费行为最为活跃的年轻人群，一个好的网络营销和创意，必定会引起消费者的广泛关注和参与。而大型白酒企业有着遍布全国各地的网络销售基础，为白酒电子商务的发展提供了先决条件。

但与此同时，电子商务在中国起步晚，技术薄弱的弊端仍然明显。首先，电子商务的无缝连接尚需时日，与外经贸的网络连接还不能一步到位，还不能完全做到数据水平分流；其次就是金融机构对酒类网络营销缺乏技术支撑，对酒类电子商务发展极其不利。因此，如何加大电子商务的技术支撑，提高投资效益，是当前白酒类电子商务应用普及的首要问题。同时，白酒类企业经营方式、理念和手段的局限，也在很大程度上制约了白酒网络营销的发展和进步。

其次，物流成本高。虽然我国在“十二五”期间提出要大力发展物流业，但当前国内的物流水平依旧很低，一个产品从生产线到终端的物流成本所占比例为20%～30%，远远高于国外的物流费用。

再次，网络营销的诚信危机。在没有购物体验的网民中，71.1%的网民表示不放心在网上购物。报告还显示，网络诚信已成为电子商务和酒类电子商务进一步发展的重要因素。这个怪圈一天不打破，中国的电子商务和酒类电子商务就不可能取得根本性的突破。从酒类电子商务发展过程来看，它又必然经历一个从简单的商情查询到网上购物、实现交易的阶段。建立畅通快速的购物网络并不困难，但建立成熟可靠的消费体系和互相信任的市场运作方式，绝不是一蹴而就的事情。

白酒电子商务如雨后春笋，发展模式自成格局

对于现阶段的酒类电子商务，各酒类厂家、商家纷纷进行了尝试，并探索出各具特色的发展模式。

第一种是建立大型酒类网络平台，并使物流、资金流、信息流三权分离。向谁发货，是否发货，发多少货，交易条件这些要素，全部由酒类企业的营销总部相应级别的管理者直接与交易对象即经销商远程操控，或有限向下授权。至于出库和配送，在全国各地建立的货场来控制和完成。生产企业的酒，是以“寄存”的形式存放到全国各个货场，只要酒还没有转移到经销商手中，其所有权仍属于酒厂。酒一旦发出货场，货场和银行就要要求经销商立即通过网上和网下完成支付或支付保证。这一切都是在网上完成的，实现了厂商的“远程交易”。同时，物流和资金流分离，由有保障的交易平台，第三方配送和银行完成，不再依赖自己的销售人员去冒各种风险。销售人员要做的工作就是信息流的工作：如何传播产品信息、如何开展终端促销，即广告宣传、新闻统筹、终端陈列、终端促销、市场调查等方面。这样运作市场，销售人员获得了极大的解放。更重要的是，三权分离后，减少了营销环节，白酒营销将更简洁，现有的白酒营销弊病将迎刃而解。

三权分离后的营销体系，是一种高度中央集权的营销管理模式，能够使总部的决策最快速地在各市场得到贯彻，可以使总部最快速地了解到市场的终端出货状况。

第二种是通过经销商免费入网的方式吸引全国各市场

的实力经销商入网，只要你的酒存在货场，所有经销商在大型网络平台上都可以看到价格、数量、产品信息、优惠方式等。只要你的酒在当地能卖，所有经销商都有可能与你进行远程交易。这就是说，只要你一旦上网，全国的经销商都成为了你潜在的经销商，无形中成十倍或成百倍地扩大厂家的经销商队伍。经销商的队伍建设不再是什么制约条件。这样可以减少或避免了建立经销商队伍所发生的各种销售费用，很显然就节省了资金。

建立这种电子商务体系，可以对经销商实行不同级别的信用管理，包括价格、付款时间、优惠方式等。不同级别的经销商看到的交易条件不一样，即经销商只能看到他自己相应级别的交易条件，除非他经过努力获得厂家对他的升级。这种信用管理是厂家自己完成的，同时可以随时修改，交易条件的修改也是可以随时进行的，更为喜人的是，这样修改后的交易条件几乎是在修改的同时就传遍全国所有的经销商，并立即执行。就像是做电视现场直播一样，这在传统营销时期几乎是不可想象的。营销管理变得简单多了，可以留出更多时间从事策略的制定、人力资源培训和激励。

在电子商务应用上，稻花香集团目前也已经做出了许多有益的尝试。如今，稻花香集团已经建立起了集团内部的办公自动化系统，企业内部信息传递更加迅速快捷，集团企业大型电子商务网络亦正在紧锣密鼓的筹建之中。目前，稻花香还与当地政府合作投资15亿元，打造国际先进物流园“宜昌三峡物流园”，为稻花香今后电子商务的发展提供有力支撑。

传统营销方式转型迫在眉睫，白酒电子商务任重道远

当前白酒类企业电子商务发展刚刚起步，方兴未艾，要在白酒电子商务有所作为，首先要提高酒类企业员工对电子商务应用的认识，多数企业和个人认为电子商务就是在互联网上做广告而已，认识上的错误大致行动上的迟缓。因此，应该让企业决策者清楚地认识到由传统买卖方式转型到电子商务方式的重要意义。

白酒行业作为传统行业，很多白酒生产厂家一直以来采用经营粗放的经营模式，集约化程度不高，中间环节多，供应链效率低下；更兼企业内部管理低效、责任不明、流程不规范，导致企业生产管理成本高、耗费高。而电子商务最大的特点，就是可以将粗放的过程集约化，大大降低白酒流通环节的交易成本，有助于企业优化流程，建立起完善的现代企业制度。

白酒企业的决策偏向集中化，而企业的电子商务转型往往要求企业将决策层下放到基层。这是因为电子商务的交易市场中，市场信息变化极快。员工要经常面对各种瞬息即逝的信息，如大笔交易的价格变化、消费者需求的突变，因此，要求领导将部分决策权下放给负责的人，自己专注于企业的战略决策。公司只有在与供应链中的伙伴共享有关需求、决策、生产信息时，才能获得电子商务的全部益处。戴尔公司就是一个很好的例子，它能始终保持供应链信息的透明，在每一刻，它的合适供应商都能知道公司生产系统中订单等级、库存情况，因此，就能在合适的时候，将合适数量的产品运送给公司。

未来，电子商务的发展将在白酒销售中发挥越来越重要的作用，营销方向将越来越趋于专一化、融合化、区域化、大众化、延伸化和国际化。个性鲜明的专业销售平台，全方位、多层次的消费需求，以及更广泛更普及的消费受众，都将是白酒电子商务发展的必然结果。同时，随着白酒电子商务的发展，向酒类电子商务实务扩展和延伸、向产业化扩展和延伸、向技术管理的需求扩展和延伸，激活和带动关联产业，向更广阔市场的迈进。将来的白酒电子商务，将会是集获取信息、运营决策等多种功能于一体大平台，成为跨国集团和国外企业的首选目标、投资热点和开发热点，国外资本的注入，又会进一步改善和加强国外新技术的介入。宽带技术、交易安全技术等支撑技术，将更快地进入中国，必将进一步推动我国酒类电子商务的整体实力以及技术水平、装备水平的迅速提高。

当今世界，电子商务已经进入了一个告诉发展时期。未来三五年的时间内，白酒企业也将由传统经营模式向电子商务模式迅速转变，众多白酒类主流的商务平台也将逐渐登上舞台，助力白酒企业走上更好更快转型发展之路。

开启酒的王朝 成就我的王朝

中法合营王朝葡萄酿酒有限公司董事长　白智生

或许，世界上除了葡萄酒，没有任何一样东西能将平衡感诠释得这样完美——无论是色泽、香味、口感还是余味，无一不饱含着鲜活的生命气息。一杯王朝葡萄酒，流溢着上帝的奥秘、东方人的睿智、天地间的精华以及王者的沉静与豪放。

中法合营王朝葡萄酿酒有限公司成立于1980年，合资的外方为世界著名的法国人头马集团亚太有限公司。到2011年，王朝公司已发展了30余载。“开启酒的王朝 成就我的王朝”是王朝在公司三十周年时打出的全新广告语，它寓意着王朝在积淀三十年辉煌业绩之时，继续发力，重新扬起风帆，树立新的起点，打开中国葡萄酒业新的篇章。

王朝公司刚成立时，在生产技术方面由法国人头马作为股东进行全力支持，可谓在技术上和理念上都占得了先机。但是仅靠别人的支持是不足以让王朝有今天的成就的，王朝快速迅猛的发展得益于王朝人自己坚持科技改革和自主创新，走出了一条“引进、消化、吸收”的道路。王朝公司发展到今天，主要靠自己的几个“坚持”。

第一、坚持原料优质。葡萄酒是一个基地先行的产业，葡萄酒质量的好坏主要取决于葡萄原料的质量，中国跟国外葡萄酒存在差距的最大原因在原料。30年来，王朝公司在国内酿酒葡萄品种筛选、良种区域化、无病毒化、梅鹿辄栽培难题的解决、栽培技术规范化等方面一直居于国际先进国内领先地位。并且经过公司领导班子多次实地考察，在天津汉沽茶淀玫瑰香产区、津冀燕山南麓产区、山东蓬莱产区、宁夏贺兰山产区和新疆产区建立了王朝葡萄原料合同基地，并在这些基地周边建立了5000至10000吨生产能力的葡萄原酒加工厂，为王朝酒的产品质量和中高端定位提供了强有力的原料支持和技术支持。

第二、坚持产品质量优质。建厂初期，国内的葡萄酒市场还不规范，很多都是“三精一水”，而王朝却坚持学习国外的葡萄酒酿造技术，致力于生产真正意义上中国人自己的葡萄酒，产品定位为高档产品。随着中国经济持续发展，城市中产阶层的规模迅速扩大和收入水平的大幅提高，百姓对葡萄酒的需求增加。在此形势下，王朝积极开发新产品，使产品逐渐向多元化、立体化发展。现在王朝公司已可生产干白、干红、起泡、白兰地、冰酒等五大系列200多个具有不同风格的葡萄酒品种，先后荣获14枚国际金奖，8枚国家级金奖，1992年被布鲁塞尔第30届国际评酒会授予“国际最高质量奖”。

第三、坚持科技创新推动企业发展。30年中，通过不断加大科研资金投入、积极引进技术人才、建立与科技院校技术合作平台等途径，王朝公司结出一连串丰硕的科技果实："王朝全汁型干型葡萄酒规模化生产工艺技术"荣获1996年国家科技进步三等奖；2001年"高档干红葡萄酒酿造技术与原料设备的保障体系的研制与开发"荣获国家科技进步二等奖，填补了国内陈酿型干红葡萄酒系统工艺的空白，成为我国酿酒行业唯一获此殊荣的企业。2005年，公司的技术中心经国家有关部门审查批准，正式升格为国家级葡萄酒技术中心。

第四、坚持推广葡萄酒文化。在向世界进军的道路上，王朝御苑酒堡的竣工与投入使用让整个王朝品牌如虎添翼，在塑造国际形象方面大踏步前进。作为全国工业旅游定点单位，王朝公司打造了400亩精品葡萄示范园，王朝御苑酒堡内设有王朝公司葡萄酒文化教育博物馆、葡萄酒技术研发中心、员工培训中心、旅游接待中心和高档葡萄酒生产中心等，能够更加完整的向观光游客和消费者展示王朝葡萄酒的生产流程。王朝公司将以"把真正的好酒介绍给消费者，传播国外成熟的葡萄酒文化，引导国内葡萄酒市场走向正确方向"为历史使命，力争将王朝葡萄酒推向世界葡萄酒的顶峰，使王朝的历史成为改写世界葡萄酒文化发展的刻铭碑。

近几年来，王朝提出了“国际化、现代化、一流的大型企业集团”的战略定位。公司不断加大国际合作力度，先后与世界上最大葡萄酒设备制造商意大利贝德拉索公司、法国最大的橡木桶制造商圣哥安集团、欧洲最大世界第三大零售商德国麦德龙集团及欧洲最大葡萄酒分销商法国吉赛孚集团等知名企业签订了战略合作协议，形成了从国际一流设备，到世界先进技术、市场销售的高端产业战略联盟。我们有理由相信，将来的王朝，定能秉承三十年辉煌之业绩，继续发力，取得新的更好的业绩，打开王朝事业发展新的篇章。

大道至简　责任至上

贵州茅台酒厂集团习酒有限责任公司董事长、总经理　张德芹

习酒的发展道路就像奔腾不息的赤水河，蜿蜒曲折而又一往无前。

如果说30多年前在赤水河二郎滩拔地而起的“贵州习酒城”，是习酒发展史上的一座“里程碑”，那么习酒在茅台集团统帅下历经12年艰苦奋斗，重新崛起于中国白酒之林的嬗变，则可谓是贯彻落实贵州省委、省政府“振兴黔酒”战略决策的一篇瑰丽诗章。

事物的发展总是一种阶段性演进的过程，每一个新阶段的开始，都是一个新的起点。站在今天的时间截面回溯历史、展望未来，习酒正走到一个创新发展的“关键点”：即在持续10年实现经济高速增长的起点上，如何把握发展机会、破解发展难题、提高发展质量，续写习酒又好又快发展的新辉煌。

一、压力与挑战并存

任何企业的发展都不是一种孤立的社会形象。习酒之所以能够突破当年那么艰难的困境，并迅速地成长成为茅台集团旗下的一支劲旅，体现了贵州省各级党委、政府对于振兴黔酒大业的高度重视与支持，同时也反映了茅台集团在引领习酒实践科学发展方面所发挥的重要作用。

在贵州白酒工业体系中，习酒无疑是一个最具发展潜力的企业。习酒的员工很朴实、很勤劳、很敬业，是一个奋发向上、励精图治的团队；习酒的酿造工艺成熟独到，质量控制体系健全严密；习酒还拥有赤水河中游得天独厚的自然生态环境资源。这些优势，是习酒创新“差异化”战略制胜市场竞争，实现企业永续发展的极其宝贵的根基。

今天，习酒正在走进一个发展机遇期。但要在历史发展的高起点上持续推进企业经济又好又快增长，习酒也亟待化解一些来自内部环境与外部环境的压力。

来自企业内部环境的压力主要反映在：一些生产基础设施及设备已趋于逐渐老化的状态；由于地域偏僻、交通不便、信息闭塞等历史原因造成的人才培养滞后，在一定程度上给企业的管理创新、技术创新带来了知识与技能的不适应性；此外，企业员工队伍（包括中层管理干部）的年龄、知识、技能、体能结构，也存在着一个需要优化的问题。这些压力如不能得到及时化解，势必会给企业解放和发展生产力带来不利的影响，甚至还可能阻碍企业经济实现有效增长。

来自外部环境的压力，也使习酒保持快速、优质、稳定的经济增长面临严峻着挑战。例如：国际金融危机对中国经济发展宏观环境的影响尚未“见底”；外国资本大鳄和酒业巨头对中国白酒产业实施的资本渗透及品牌蚕食战略，已使得产业环境出现的“国内竞争国际化，国际竞争国内化”趋势日益向纵深扩展；中国白酒因过去盲目规模扩张带来的供大于求格局未得到根本性的破解，以及由此滋生的一些行业不正当竞争的“潜规则”还没有彻底消除等等。尽管我们难以预测和掌控外部环境变化的不确定性，但我们却需要对此保持一种警省，并从已发生的重大变化中积极地去寻求应对之策。

“发展才是硬道理”。这是一个已为中国经济社会30多年改革开放伟大历史实践检验了的真理。习酒在开展学习实践科学发展观的活动中，也从自身的成长过程深刻地感受到，发展，只有发展，才是习酒实现基业常青的“大道”。从这个意义上讲，习酒坚持发展，近期是执行经营兴企战略的首要任务，也是应对市场竞争的必然选择；远期则是谋求实现全面协调可持续发展的根本途径。

当前，随着国内白酒市场呈现的“酱香走红”趋势，许多国内知名白酒大企业，包括一些内外资本运营企业，都十分看好“酱香蛋糕”，争相插足酱香型白酒领域。显然，这是要与黔酒整体争夺贵州市场乃至改写全国白酒市场的版图。

习酒作为中国白酒行业鲜见的兼具生产浓酱两种香型白酒资源优势的国家二级大型企业，不管是出于自身应对竞争和谋求未来发展的需要，抑或着眼促进中国白酒产业结构的优化，还是站在巩固茅台集团酱香领先地位的立场考虑，都迫切地需要通过加快发展来增强企业的基础实力，否则就难以获得化解新矛盾、应对新挑战的主动权。

二、力求实现“好字当头，能快就快”

习酒走进茅台集团赢得又好又快发展的实践，揭示了

一个不可违拗的企业生存法则和客观经济规律："好"与"快"两者之间，是一种"互为条件，相互促进，相互制约"的辩证统一关系。不管是应对现实竞争，还是面向未来发展，习酒都需要遵循科学发展观，力求实现"好字当头，能快就快"。

我们讲"好字当头，能快就快"，是指要以企业内部环境能与外部环境形成一种"和谐互动"为前提条件，切实把握好发展的节奏，使经济增长速度保持在一个比较合理的区间，以防止陷入"重速度，轻质量效益"的增长陷阱。

根据习酒在过去十多年间的经济增长规律，此后较长时期，企业主要经济发展指标的增长幅度应控制在20%～30%/年。增长幅度太高，将使企业的资源要素支撑力不堪重负；增长幅度太低，则又可能导致企业与发展机遇失之交臂。

从习酒当前的实际情况看，要开创又好又快发展的新格局，从经济角度考虑，需要认真把握和处理好三个内在联系紧密的问题：第一，要坚守白酒生产的纯粮固态发酵的酿造工艺"底线"，第二，要顺应市场需求变化适时适度调整和优化习酒产品结构。第三，要把巩固本土市场与开拓省外纵深战略市场有机结合起来。

我们始终认为，坚守科学、合理的纯粮固态发酵酿造工艺，是中国白酒质量的生命源泉，也是切实保证白酒具备优质、安全、健康品质属性的根本保障。因此，习酒诚信承诺，无论在什么时候、什么情况下，都不会背离或超越纯粮固态发酵酿造工艺的"底线"。

具体来说，即是：坚定不移地走质量效益型发展道路，认真贯彻执行国酒茅台提出的"产量服从质量，成本服从质量，效益服从质量，速度服从质量"的生产方针，恪守"贮足老酒，不卖新酒"的质量第一铁律，把坚守纯粮固态发酵的酿造工艺"底线"列为确保习酒质量稳定不变的关键性目标。同时，还要通过开展科技创新，力求最大限度地减轻生产一线工人的劳动强度，逐步降低生产成本，实现白酒生产的优质高效。

在调整和优化习酒产品结构方面，我们将立足于适应市场需求变化，持续深入地开展以"创造顾客价值，不断提高顾客满意度"为核心的品牌价值创新，不断地科学优化习酒产品的结构体系。对浓香型习酒，要依靠科技进步，致力创新打造质量优秀、品味风格独具差异化竞争优势的中高档产品系列；对酱香型习酒，则在茅台酒已与其它酱香型白酒拉开的市价空间，架构一个市场销售价格低起100元、高至400元左右的"金字塔"产品结构体系。

我们采取这些举措，一方面是为满足国内中低端消费群体对酱香型白酒的需求，另一方面则藉此弥补茅台酒的"供不应求"及培育酱香型白酒的潜在消费者群体，进而捍卫国酒茅台的至尊地位。为此，在短期内，我们将不会对浓酱两种香型习酒的品类结构作"分化定位"。

要致力提高企业营销队伍的市场运营能力，继续执行"无贵州主体市场不稳，无省外重点战略市场不大"的市场开发战略。一方面，要对贵州主体市场进行深耕细作，构筑抵御外来品牌蚕食本土市场的牢固防线；另一方面，要精心选择与习酒有历史消费渊源的外省中心城市，实施纵深战略市场的开拓与建设，加快习酒走进中国白酒品牌"国家队"的前进步伐。

三、承担责任

当今时代，正处于转型期的中国经济社会对企业发展提出了更新、更高的要求。这就是：企业在创造利润以对股东负责的同时，还必须担当起对员工、对社会、对环境的社会责任——其中包括：恪守诚信、注重安全生产、保障职业健康、保护劳动者合法权益、保证食品安全与健康、节约资源能源、维护生态环境等法律责任及道德责任。

面对这一时代发展命题，习酒基于应对未来战略竞争的需要，确立了以"爱人"、"敬商"、"回馈"、"和谐"为中心内容的企业社会责任观。

所谓"爱人"，是指坚持以人为本的思想，把关注民生作为实践企业宗旨和使命、履行企业社会责任的核心。实践目标为：一要把提高企业员工的年均收入水平和生活质量，摆在与谋求企业发展同等重要的位置来对待；二要积极地推进社会公平与正义，关心群众的利益，竭尽所能把企业所在地周边群众带富起来，使之能分享到习酒发展的成果，享受到现代工业文明带来的良好生活氛围。

所谓"敬商"，是指要真心诚意地尊敬习酒的经销商和供应商。我们强调"敬商"，是要进一步丰富企业原来确立与践行的以尊商、亲商、扶商、富商、安商、乐商为核心元素的习酒"情商文化"；同时还包含着要以"尊崇商德"的伦理观念，认真垂范"经营诚信"，让每一个与习酒打交道、做生意的人，都对习酒的社会公信度、经营诚信度形成一种高度的文化认同，使更多具有一定经济实力和市场资源的经销商和供应商走进习酒的"营销链"和"供应链"，从而构成一个"资源共享，品牌共创，市场共建，利益共赢"的和谐习酒利益共同体。

所谓"回馈"，是指习酒在加速自身经济发展的同时，要把积极主动地执行工业反哺农业的方针，充分发挥支柱产业带动地方经济发展，以及热心公益事业、参与慈善事业和赈灾活动，当成一项企业社会责任来履行。

当然，这并非意味着习酒要“大包大揽”，去做一些自身实力不济和客观环境条件尚未成熟的事，而是本着“责任至上”的原则，力求量力而行，脚踏实地，把习酒资助贫困子弟解决入学难的“习酒，我的大学”社会公益事业，帮助地方政府建设“四在农家”，以及扶贫济困、慷慨赈灾等社会慈善活动持久深入地开展下去。

所谓“和谐”，是指要把科学利用资源能源、保护环境的“生态文明”发展观，纳入习酒的发展战略、企业组织结构、生产管理及市场运营的全过程，致力把习酒打造成为一个资源节约型、环境友好型的现代化新型工业企业。

站在未来发展的远景构想框架下，如同业界专家所描绘的那样，从赤水河上游的茅台镇至中游的“贵州习酒城”这一线流域的自然生态资源环境，是中国最能产出好酒的地方。如果能采取类似法国波尔多地区发展葡萄酒产业的模式来整合资源，完全可以构造一个以茅台集团为“龙头”，牵引酿酒原粮生产基地建设、开发产品包装及交通运输业等同步发展的“产业链”，从而建成一个具有赤水河流域资源环境特色的黔北酒类经济区。

诚然，在这一远景发展构想还缺乏现实可能性的阶段，习酒也不能采取观望等待的态度。我们要以一种积极进取的科学发展观，立足自身经济基础实力，从眼前做起，从身边做起，把“贵州习酒城”作为一个推动周边地区经济发展的“辐射点”，从带动和推进周边乡村发展酿酒原粮生产起步，逐渐地向其它相关产业的纵深领域发展，最终构成一个以“贵州习酒城”为中心的白酒产业经济区。

四、面临的问题

在当今知识经济时代，企业之间的经济竞争，不仅仅反映在环境资源、规模实力、产品质量、市场能力的竞争，更重要的还表现为队伍素质、管理制度、企业文化等软实力层面的较量。习酒要在新的起点上实现又好又快发展，当务之急，需要切实解决好如是三个方面的问题：

第一，加强企业干部队伍建设，提高企业团队整体的政治思想素质、经营管理素质、业务知识素质、生产技能素质、市场能力素质。

习酒企业团队经过改革开放30多年来，特别是融入茅台集团以来的市场经济淬炼，整体素质得到了比较全面的提高，已成为习酒发展的中坚力量。但我们也清醒地认识到，在新知识经济时代，企业之间的竞争从根本上说来，是一种人的素质的竞争，也是一种企业团队整体素质结构的深层面博弈。这就迫切地要求我们，必须提高员工个人的政治思想素质和业务技术素质，优化企业团队整体的知识结构、生产技能结构、市场能力结构及年龄和体能结构。

为此，我们于不久前按照“公平公正”的干部选拔原则，以“优化结构”为目标，对企业中层管理干部队伍做了相应调整，并腾出10个中层管理领导职位来进行“竞聘上岗”；同时还对企业营销队伍进行了适当的岗位调换；为培养企业后备人力资源，我们把新录用的60名大学生都安插到了生产第一线去磨炼。采取这些举措，就是为给肯做事、能做事、做成事的员工，提供一个施展才干、释放能量的发展平台，进而打造一支遵循市场经济规律、适应社会环境变化、致力企业发展的高素质的企业团队。

第二，加强企业管理制度建设，以建成一个“依制度管理人，用制度约束人，藉制度激励人”的现代新型企业管理模式。在企业管理创新上，著名管理学家彼得•德鲁克提出了一个值得借鉴的观点——“从表面看，管理似乎离不开以商品为主的范畴，然而‘人’才是管理的全部内容。不能只对商品的行为感兴趣，必须把重点摆在关心人的行为上。”为达到这一目的，我们首先从更新管理思想观念入手，把以人为本的管理思想和理念融入企业的管理创新、制度创新、方法创新的全过程。致力推进企业管理突破传统管理的“窠臼”，真正地转化为培育人、提高人的“人性化”管理模式。

第三，加强企业文化建设，构建一个以企业文化认同作为基点的企业价值观体系。我们从习酒“凤凰涅槃”的经历中感悟到，企业文化从其本质内涵来讲，是企业所要倡导、信奉和真正付诸实践的一种物质文明、精神文明、行为文明。它在企业生产、经营和管理的过程中，是一种以精神感召、道德感染、人生价值体验为特征的“软实力”。

我们强调在企业发展进程中切实加强企业文化建设，目的是通过建立一种以文化认同感为支撑的企业价值观体系，促使企业团队上至决策者、下到普通员工，每个人都能够自觉地依照企业文化所提倡的精神文明、行为文明来约束和规范自身的行为举止。从而促进企业团队蔚成一种敬业、爱岗、诚实、进取的和谐氛围，构成一种对企业发展充满必胜信念的巨大向心力、凝聚力和发展力。

回顾习酒的成长史，我们甚感欣慰；展望习酒的未来，我们倍感任重道远。因之，延承历史，齐心协力，共创习酒美好未来，已成为我们每个习酒人肩负的一个历史使命。

全力把蓝莓酒这个朝阳产业做大做强

黑龙江越橘庄园生物科技有限公司董事长　王晓辉

目前，在我国乃至全世界，蓝莓酒都是一个新兴产业。从国家当前的产业政策、市场潜力、产品产量质量等方面对蓝莓酒产业进行全面分析，可以得出一个明确的结论：蓝莓酒产业是朝阳产业，市场广阔、前景光明。

发展蓝莓酒产业顺应现代酒类消费的发展趋势，被越来越多的消费者接受

随着国家经济实力的不断增强，人民生活水平与过去相比有了质的飞跃。与之相适应的，人们的饮酒观念也发生了很大的改变。过去饮酒注重精神享受，现在饮酒更注重身体健康，“80年代喝味道，90年代喝品质，21世纪喝健康”，形象地表达了人们饮酒观念的这种变化。人们的饮酒习惯也逐渐由传统的饮用粮食酒向饮用浆果发酵酒转变，即业内所说的酒精革命的四个方向：粮食酒向果酒转变、低档酒向高档酒转变、蒸馏酒向发酵酒转变、高度酒向低度转变。

回归自然，饮用天然果汁发酵配制的具有营养和保健功能的低度果酒，已成为当今消费者追求的时尚。营养学家指出，与白酒、啤酒相比，果酒的营养价值更高，对健康的好处更大。果酒因为汲取了水果中的全部营养而富含丰富的维生素和人体所需的氨基酸。甚至生吃水果也不能吸收的营养，通过果酒却可以吸收。果酒里含有大量的多酚，可以起到抑制脂肪在人体中堆积的作用。由于果酒所具有的这些优势，符合现代人的消费心理与需求，所以，近年来，葡萄酒和其它果酒在全世界和我国都得到较快发展。

目前，我国消费者正在由嗜好型饮酒向交际型饮酒和品尝型饮酒过渡。随着生活水平的日益提高和健康意识的不断增强，人们开始接受、喜欢低度果酒，尤其是高档低度果酒，希望通过饮酒不仅能够陶冶情操、结交朋友，而且能够摄取营养，达到调试身体、养护身心的目的。这种趋势正在由城市向农村扩展，由高文化群体向普通群众扩展。从现代酒类消费发展趋势来看，全世界果酒年产量约为3000万吨，世界人均年消费量为6升。我国果酒年产量只占世界年产量的0.8%，而市场需求量则占世界年产量的2%以上，即人均年消费量已经大约上升为0.5升，总计年需求量大约为60万吨。随着我国人民群众生活水平的提高和中产阶层的迅速扩大，果酒销售市场呈现稳中有升的态势，优质全汁果酒的市场尤其看好。据专家保守估计，今后10年我国果酒人均年消费量将上升为1升。虽然仅为世界平均水平的1/6，却可使我国果酒市场年销售量扩大到约150万吨。如果没有进口，我国果酒目前的实际生产能力应该扩大6～7倍，才能适应市场的需要。可见，中国果酒市场的需求潜力是十分巨大的。发展蓝莓酒顺应了现代酒类消费的大趋势，是大有前途的。

发展蓝莓酒产业符合国家产业政策，得到国家和各级地方政府的支持

在刚刚实施的国家“十二五”规划中，提出推进农业结构战略性调整，发展高产、优质、高效、生态、安全农业的目标，把生物农业作为战略性新兴产业，加强政策支持支持和引导。黑龙江省和伊春市已经把黑龙江越橘庄园生物科技有限公司认定为省、市农业产业化重点龙头企业，把公司蓝莓饮品产业化列为省、市重点推进产业项目，在资金、信贷、税收等方面给予大力支持。

国家发改委、国家林业局依据《国务院关于进一步实施东北地区等老工业基地振兴战略的若干意见》精神，制定下发了《大小兴安岭林区生态保护和经济转型规划》，规划明确提出，要加快绿色食品产业发展，建设绿色生态食品生产加工基地，提高蓝莓等野生浆果产业化水平，设立野生蓝莓产地保护基地。黑龙江省出台了关于加快大小兴安岭生态功能区建设的意见，并将其作为当前和今后一个时期建设“八大经济区”、实施“十大工程”战略构想的重要组成部分。伊春市颁布了《关于大力发展森林食品产业的意见》，提出大力发展山野果产业，对笃斯越橘等野生浆果实行保护性采集，野生浆果主要用于开发高档果酒、饮品的要求，并在项目开发建设过程中提供一系列优惠政策。

国家《21世纪食品发展纲要》提出，我国酿酒行业的产业政策是“控制（限制）高度酒的发展，鼓励低度酒、发酵酒和非食用粮酿酒的发展，支持水果酒的发展”。此外，我国国宴不用白酒而改用果酒的举措，也向全国发出了明确的信息。

总之，发展蓝莓酒产业，完全符合国家制定的产业政策，也得到各级政府的大力支持。

把握机遇，大力发展蓝莓酒产业

黑龙江越橘庄园生物科技有限公司是以小兴安岭野生浆果为原料，研发生产中高档山野果饮品的科技创新型民营企业。主导产品为高档野生蓝莓半干酒、野生蓝莓甜酒、野生蓝莓OPC酒和野生蓝莓白兰地等系列产品。经国家级专家鉴定，产品属国内首创，填补国内空白，整体技术为国内领先水平。野生蓝莓OPC酒还被评为中国酒业最具竞争力产品创新奖，野生蓝莓干红酒、利口酒获黑龙江省第六届优秀新产品一等奖，越橘庄园野生蓝莓酒被评为黑龙江省名牌产品，越橘庄园被评为中国驰名商标和黑龙江省著名商标，野生蓝莓白兰地质量达到XO级，填补了国内空白。越橘庄园野生蓝莓酒作为上海世博会参展产品，受到广泛好评。公司产品主要销往以北京为中心的京津唐环渤海市场、以上海为中心的长三角和江浙市场、以深圳为中心的珠三角及港澳市场。公司现已在北京、上海、广州建立了直销酒庄，在深圳、东莞、大连、沈阳、哈尔滨等20多个城市建立了营销网络。越橘庄园野生蓝莓酒还开始进入欧美、日本和东南亚国际市场。

“十一五”期间，公司完成了产品研发、生产、销售各项工作，实现了销售收入、利税逐年较快增长，总资产由初创时的1.2亿元增加到现在的5.6亿元。公司研发出先进的酿酒工艺和技术，拥有了自主知识产权和自有品牌，为公司今后的发展奠定了坚实基础。

“十二五”期间，公司将继续秉承“以人为本、以德兴业、科技创新”的理念，以“酿中国名酒、创世界名牌”为奋斗目标，走“研发国际化、生产规模化、管理科学化、销售网络化、经营产业化”之路。到“十二五”末，公司将形成年产值超15亿元的生产能力，成为队伍精干、设备一流、工艺先进、产品高档，并具有自主知识产权和自主原料基地的全国最大的蓝莓饮品生产企业。

加大科技投入，加快自主研发与国际合作相结合的步伐。在充分发挥公司科研技术力量作用的基础上，不断加大与国内高校、科研院所的合作力度；进一步加强国际合作，联合国际知名果酒企业，引入世界一流的酿酒技术，进一步研发蓝莓酒酿造新技术、新工艺，增加蓝莓酒的产量，提高蓝莓酒的质量。

积极扩大生产规模，进行产能提升。投资建设越橘庄园二期工程和蓝莓酒堡工程。新建一条蓝莓饮品生产线和一条花青素提取生产线，建立蓝莓示范种植基地。建设具有欧式建筑风格和伊春林区，建设集旅游、论坛、品酒、餐饮、参观、销售为一体的酒堡、观光塔、综合高档会所、家庭主题宾馆、地下酒窖及一条供参观的微型红酒生产线。这两个项目将分别于2013年前后完工并投入使用。项目完成后，公司的生产能力、旅游接待能力和产品销售量将大幅提高。

加大保护力度，建立野生蓝莓生产基地。野生蓝莓是世界稀缺资源。我国的野生蓝莓资源也十分稀少，主要分布在大、小兴安岭地区的永冻层、地表半湿地的林缘及疏林地带，对生长环境要求非常苛刻，生长在无任何污染的自然环境中。野生蓝莓是一种待开发的第三代水果，营养保健功能十分突出，具有消除眼睛疲劳、增加视力、降血脂、抗氧化功能；增强自身免疫力；防癌、抗癌功能；增强心脏功能，延缓人类衰老等，被联合国粮农组织列为人类五大健康食品之一。近年来，国家高度重视对野生蓝莓资源的保护，不断加大保护力度。公司依据国家的有关政策，与野生蓝莓主产地的农户签订了长期购销合同，建立了稳定、可靠的原料基地。公司还向国家有关部门申报了野生蓝莓酒生态原产地产品认证。通过这一系列的举措，将有效地保护野生蓝莓资源，为公司的可持续发展奠定坚实基础。

严格质量管理，加强品牌建设。公司将继续狠抓食品安全，确保产品质量。食品安全事关消费者生命安全和身体健康，责任重大，政府和社会各界高度关注。公司将一如既往地把产品质量放在首位，认真贯彻《中华人民共和国食品安全法》和《中华人民共和国产品质量法》，建立健全食品安全监管体系，加大食品安全监管力度，严格把好生产每一道程序，尤其要严把原料入口关，防止发生食源性危害，切实保护消费者利益，维护企业在社会上的良好声誉。深入挖掘企业历史与文化要素，突出自身的历史和文化特质。

加强技术培训，提高员工的素质。企业的发展，人是关键因素，职工的整体素质和能力决定着企业的综合竞争力。因此，加强培训，提高员工队伍的整体素质，对于促进企业科学发展具有重要而长远的意义。所有的一线操作人员，包括中层管理干部，都要经过专业知识的培训，掌握蓝莓加工酿造、质量安全、法规标准等专业知识，并严格进行技术考核，努力造就一支高素质、高技术水平的职工队伍。

增强品牌意识，重视品牌建设，努力打造自主品牌，争创中国名牌和世界品牌。加大宣传力度，千方百计扩大品牌的知名度，提升品牌的市场影响力。不断提高产品市场竞争力，创新营销模式和手段，努力开拓国内外市场。三年之内，要将产品市场扩大到国内西南、西北地区。五年之内，产品直销网络要遍布全国所有地市级以上城市。进一步开拓国际市场，提高产品在国际市场的知名度和占有率。

TONHWA
通化
TONHWA
1937
世纪通化 国宴品质
打造中国星级干红
葡萄酒的质量标准
通化葡萄酒股份有限公司
TONHWA WINERY LIMITED
通化
TONHWA
1937
OAK AGED
DRY RED WINE
干红葡萄酒
大橡木桶 308

泰山五岳独尊——中国航天专用庆功酒
泰山酒业集团的酿酒微生物菌种搭乘“神八”
凯旋归来，成为继茅台酒曲之后的又一太空酿酒菌种。
携手中科院，品质再提升！
泰山五嶽獨尊
泰山五岳独尊
浓香型白酒
中国航天专用庆功酒
酒精度:42%vol 净含量:500ml
泰山酒業
中国航天事业合作伙伴
A COOPERATIVE PARTNER OF CHINA SPACE
泰山酒業集团股份有限公司
（原山东泰山生力源集团股份有限公司）
市场热线：0538-6628219

『十一五』回顾与『十二五』展望篇

收录了酿酒行业「十一五」以来发展综述；酒类企事业单位「十一五」发展专题报道；酿酒行业「十二五」发展规划；酒类企事业单位「十二五」规划专题报道。

乔天明

Qiao Tianming

YEARBOOK FIGURE

四川省绵竹市人，中共党员，全国人大代表，享受国务院特殊津贴专家，高级经济师，现任四川剑南春股份有限公司董事长、党委书记、总经理。

乔天明多次获省、市优秀共产党员和优秀党务工作者称号，省市优秀企业家称号；1996-1999年获德阳市突出贡献专家；1999年获四川省依靠职工办企业好厂长；2001年被评为全国内贸系统劳动模范；2002年被评为全国食品工业科技进步先进管理者；2002-2004年被评为德阳市突出贡献经营者和杰出的企业家；2005年被评为四川省中国特色社会主义建设者先进个人；2007年被评为全国关爱员工优秀民营企业家；2008年被四川省委统战部、四川省工商联合会授予“四川统一战线抗震救灾先进个人”荣誉称号。第十一届全国人民代表大会代表。

岁月峥嵘五春秋，服务行业结硕果

——中国酿酒工业协会三届理事会回望

在人类文明的历史长河中，五年只是沧海一粟；在千年文化的酿酒历程中，五年只是短暂一瞬。然而，就是这短短的五年，让我们真实地领略到了市场的纷繁；就是这短短的五年，让我们深刻地感受到了行业的进步；就是这短短的五年，让我们真切地体会到了中国酿酒工业协会三届理事会引领行业、服务企业的峥嵘岁月和诚挚之心。

回望和梳理中国酿酒工业协会三届理事会五年来的工作，我们看到，协会走过的五年，正是党和国家深入贯彻落实科学发展观、转变发展方式、建设创新型国家、为全面建设小康社会而奋斗的五年，也是我国酿酒行业整体走出阴霾，逐渐复苏，取得长足发展的五年。五年来，在市场经济的大环境下，酿酒行业遭遇了市场竞争的历炼，国外品牌的分割，结构调整的阵痛，可谓困难重重，举步唯艰。但是，我们欣慰地看到，这一切并没有阻挡行业的发展和进步，经过协会三届理事会和全体行业同仁的不懈努力，大胆创新，酿酒行业保持了健康、稳定、快速的发展势头，取得了令人满意的成绩，令人鼓舞，使人振奋。

中国酿酒工业协会三届理事会五年来的桥梁、纽带作用也开展地有声有色，硕果累累，在产业政策、社会责任、食品安全、行业信用、品牌创新、科技创新、循环经济、标准修订、生产准入、人才建设等诸多方面均开展了一系列卓有成效的工作。

一、推动产业政策调整，引领行业健康发展

行业组织的身份决定了行业协会在工作中一定要以维护行业利益、会员利益为己任，敢于向政府反映行业的实际情况和会员的呼声，维护企业正当权益。五年来，协会三届理事会在事关行业和企业的产业政策调整上，从来就是旗帜鲜明地为企业据理力争。如在税收问题上，根据酒精产品的用途性质，建议免除酒精产品消费税；对啤酒，应维持生产企业从量计征消费税不变，在营销过程中按销售额加征从价消费税，以平衡高低悬殊的零售价；对白酒从量消费税，由于征管措施不到位等原因形成的负面效应，应该予以取消；对葡萄酒，广告费税前列支比例应相应提高等。

协会三届理事会多次邀请政府部门有关领导和行业专家、企业负责人等针对税收政策、产业政策等召开座谈会、研讨会，完成了《关于对白酒消费税政策调整的建议报告》、《酒精产品消费税现状和政策调整的可行性研究》、《关于恢复酒精产品出口退税政策的建议》、《关于对酒类出口退税率的意见》、《关于调整啤酒产品消费税的建议报告》、《白酒调整产业政策研究》、《酿酒葡萄种植与葡萄酒产业政策》等文件，通过文件报告和口头汇报等多种形式、多种途径，多次向国务院、全国人大、国家政协、经贸委、财政部、税务总局等有关领导部门，反映酒类企业税赋负担情况，建议国家改革税制，公平税赋，减轻大中型企业、守法企业的负担。

二、勇于担当社会责任，危难时刻体现爱心

2008年，我国经历了雪灾、冰冻、地震等自然灾害和食品安全、金融危机等一系列问题的考验和挑战。在这些历史事件面前，协会三届理事会与行业共同承担社会责任，舍行业小家、顾国家大局，交出了令人满意的答卷。

2008年5月12日，汶川地震发生后，协会三届理事会在第一时间向灾区酒企业发去了慰问信，向全国酒类生产企业、酒类流通企业发出倡议：号召酒类企业担负社会责任，发扬中华民族的传统美德，与灾区人民同舟共济、患难与共。

2008年6月1日，协会三届理事会联合数十家知名酒企业，与中华慈善总会共同举办了"众生大爱、似酒天长——世界名酒赈灾慈善义（拍）卖会"。许多酒企业的主要负责人纷纷到场，慷慨解囊，表达对灾区儿童的关爱。活动筹得的全部善款，现场通过中华慈善总会捐献给了灾区儿童。

患难见真情，我们酒行业在雪灾、冰冻、地震等自然灾害面前，纷纷采取自救、互助、救助的方式实现行业的社会价值。据不完全统计，酒行业捐款捐物累计达五亿余元。值得我们欣慰的是，通过自然灾害的洗礼，我国酿酒行业增强了社会责任感、提高了行业凝聚力，形成了追求经济效益和社会效益的平衡发展的新价值观。

三、强化食品安全意识，构建行业检测体系

食品安全事关人民群众身体健康和生命安全，事关经济发展与社会和谐；酒类产品作为食品范畴的重要产业，理所当然地应该把好安全关。

长期以来，协会三届理事会都非常重视完善食品标准体系的建设，努力健全食品安全检测检验体系，健全事故预防和应急处置机制，加快食品安全诚信体系建设，积极构建科学的食品安全体系。经过专项调查、研究和课题申报工作，协会充分发挥桥梁、纽带作用，建议政府出资重点加强酒行业食品安全检验检测中心建设，使其基本达到具有定量检测农药残留、药物残留、重金属残留、激素类药物、添加剂等食品安全项目检测的手段和能力；由协会起草的《酿酒行业食品安全检测设备升级方案》，已经上报至国家发改委和工信部，得到了有关部门的高度重视。

四、搭建行业信用平台，倡导诚信经营理念

2005年，协会三届理事会组织召开了“全国酒类产品质量安全诚信推荐品牌”表彰大会。向221个企业品牌颁发了“全国酒类产品质量安全诚信推荐品牌”证书和铜牌。发布了《诚信宣言》，300多名代表在大会诚信宣言上签名，号召更多的企业加入到诚信建设的行列中，做中国酒业诚信体系最坚定的执行者和捍卫者。

2007年，协会三届理事会被国家整规办确定为酒行业首批开展行业信用评价的试点单位。经过协会多年努力，已经在酒行业基本形成以政府部门共同指导推动、协会组织实施、第三方评价机构介入、企业积极参与的诚信体系运行机制。目前已经有67家酒类生产企业参加信用评价工作，评出AAA级信用企业56家，AA级信用企业9家、A级信用企业2家。

2009年，工业和信息化部会同发展改革委、监察部、农业部、商务部、卫生部、人民银行、工商总局、质检总局、食品药品监管局等部门共同发布了《食品工业企业诚信体系建设工作指导意见》，为协会继续开展诚信体系建设工作指明了方向。

五、推动酒类品牌建设，打造酒类“中国创造”

在商品经济时代，行业和企业竞争的核心是产品的品牌，因此，树立一批具有行业代表性的品牌，是推动整个行业进步的必然需要。协会三届理事会在抓好产品质量的同时，非常重视全行业品牌形象的维护。

为了加强对中国各香型白酒品牌的宣传，向全国和世界介绍中国白酒的悠久历史，推动酒类行业“中国创造”的品牌形象。2006年4月19日，协会三届理事会联合《中国酒业》杂志推出了“中国白酒香型代表酒”，选择了各种香型的16款白酒品牌，满足了商务部馈赠国外友人，宣传中国白酒品牌的需要，也为树立白酒品牌形象做出了努力。

2009年9月12日，协会三届理事会联合中国轻工业联合会、山东省政府在济南举行的“芝麻香•中国香”中国芝麻香型白酒发展论坛，认定山东景芝酒业有限公司、山东趵突泉酿酒有限公司、山东扳倒井集团有限公司、山东泰山生力源集团股份有限公司为“中国芝麻香型白酒领军企业”，山东省副省长王军民、中国轻工业联合会会长步正发向这四家获奖企业颁发了奖牌。这标志着鲁酒全力打造山东特色白酒知名品牌，发挥低度浓香和芝麻香两个酒种的优势，尽快打造出全国知名的形象品牌，实现山东白酒“走出去”和“由大到强”的双重转变。

为了鼓励和规范我国行业特色区域和产业集群的发展，弘扬区域品牌，促进行业结构调整和产业升级，根据国务院《轻工业调整和振兴规划》和中国轻工业联合会《关于下发〈关于共建和授予中国轻工行业特色区域称号的行业规范〉的通知》精神。2009年12月19日，中国轻工业联合会和中国酿酒工业协会联合向四川省宜宾市授予“中国(宜宾)白酒之都”。希望宜宾继续打造好酒类品牌，为白酒产业发展和地方经济腾飞做出更大贡献。

六、努力开展科技创新，探索传统工业奥秘

五年来，协会三届理事会开展了形式多样、内容丰富科技创新活动。白酒行业召开了 “白酒产业技术政策及论文交流”、“低度白酒如何健康发展”、“白酒香型的健康、创新、持续发展”、“完善白酒标准，解决质量安全问题”为主题的技术委员会年会；啤酒行业召开了“促进啤酒行业循环经济的发展，加速推动行业内的节能减排进程”、“啤酒品种如何发展”为主题的技术委员会年会；酒精行业召开了“如何开展酒精行业生产技术重点课题研究”为主题的技术委员会年会；葡萄酒、果露酒行业召开了“西部葡萄酒产业发展”、“市场与营销”、“国际葡萄酒生产前沿技术”、“规范年份葡萄酒和食品添加剂使用”、“弘扬葡萄酒文化，促进国际间交流与合作”为主题的葡萄酒、果露酒分会技术委员会年会。

2007年4月26日，白酒分会技术委员会开展了“中国白酒169计划”。项目组按产、学、研合作的模式，由协会白酒分会技术委员会、江南大学生物工程学院和四川剑南春集团有限责任公司、山西杏花村汾酒厂股份有限公司等九

个大型企业共同组成，对深入探索中国白酒微量元素成分做出了有益的研究。

七、顺应循环经济潮流，打造绿色食品工业

随着人们低碳经济和环保意识的觉醒，酿酒行业开展节能、降耗、清洁生产的先进工艺和技术已蔚然成风，协会三届理事会理所当然地担当起了行业的倡导者。

2006年6月，协会三届理事会在四川宜宾五粮液集团公司召开"白酒产业循环经济现场经验交流会"，学习推广五粮液酒厂实行循环经济的先进经验，提出白酒产业发展循环经济的关键环节。

2006年9月，协会三届理事会组织召开了"2006中国啤酒产业循环经济技术报告会"。邀请业内知名专家学者和先进企业代表作专题报告，并且编辑出版了《中国啤酒工业的循环经济》专辑，供啤酒企业生产实践中参考借鉴。

2006年10月，酒精分会在河南省南阳市组织召开"酒精行业循环经济现场经验交流会"，总结推广天冠集团先进经验；探讨落实国家有关循环经济等方面的政策，研究酒精行业今后的发展方向。

2009年9月，由国家工业和信息化部、中国轻工业联合会主办、中国酿酒工业协会承办的"酿酒行业推行清洁生产现场交流会"在广州珠江啤酒集团公司召开，通过树立清洁生产典型企业、总结清洁生产经验、加强企业交流，推动酿酒行业清洁生产工作迈向新台阶。

与此同时，协会三届理事会积极参与编写《我国玉米加工业发展现状与展望》、《酿酒行业"十一五"科技发展需求》、《推动酒精行业节能减排、转变经济增长方式的综合性政策研究》、《酒精行业清洁生产专项》等倡导循环经济的技术报告，方便企业的实践应用。

协会三届理事会与北京工商大学等单位联合，组织相关技术工作人员50多人，开展了调查工作完成了白、啤、果、黄和酒精行业的产排污系数制定工作，及时、准确地测算相应行业的污染物产生量和排放量。为我国第一次全国污染源普查提供了产排污系数。

八、不断完善标准修订，明确产品质量规则

随着我国酿酒工业规模的不断增长，我国酒业标准化工作已取得较大成就，初步建立了相对较高的完善的标准体系。

五年来，协会三届理事会接受原国家轻工局、原国家经贸委、国家发改委、国家质检总局、商务部、国标委、酿酒标准化分技术委员会等有关部门的委托，参与和承办了大部分酒类标准的修制订工作。在修制订标准的过程中，发挥协会拥有专家人才，熟悉行业发展趋势，了解企业要求的优势，及时向政府和企业提供中国酒类企业的实际情况和世界标准化新动向，配合国家酒类产品标准化中心，整合制修订了一批结构不合理的标准，提高了标准的先进性和适用性，推动了我国酒类标准化体系建设。到目前为止，我国原有的酒类标准大部分都已经修、制订过；标令过长，要求水平偏低的问题基本得到了解决，新订的标准也由过去以技术为主转变为更多关注健康、安全、节能、环保和知识产权等方面，逐步和国际接轨。

九、建立生产准入体系，完成生产许可审查

为了控制行业盲目发展，遏制假冒伪劣泛滥，保障酒类消费者安全，整顿酒类生产销售秩序，提高全行业经济效益，国家质监总局在全国开展白酒产品生产许可工作，实行生产准入管理。国家质监总局在中国酿酒工业协会白酒分会设立"全国工业产品许可证办公室白酒生产许可证审查部"，开始白酒产品生产许可证技术审查工作。生产准入体系的建立，作为我国以法治酒的开端，从源头进行治理，为我国酿酒行业持续健康发展奠定了新的良好的基础。为了搞好这项工作，协会三届理事会投入了大量的人力和物力，从建立机构、收集档案、制定文件、建设队伍、宣贯培训等方面入手，全面协助国家职能部门开展白酒生产许可证审查工作，及时进行了发证后的监督检查工作。随着国家对酒类产品市场准入制度的全面展开，遏制了不规范、无证企业一度泛滥的状况。在白酒生产许可证工作取得经验之后，国家质监总局又在协会成立了"食用酒精产品生产许可证审查部"，并且得到了顺利进行，协会也因此被国家质监总局食品生产监管司推荐任命为酒类专业技术委员会主任单位，负责全国酒类生产准入和市场准入技术管理工作。

十、加强行业技能培训，促进人才队伍建设

现代社会的发展的核心是人才队伍的建设，酿酒行业是一个传统行业，特有工种职业技能鉴定和职业培训相对滞后，成为影响职工努力学习技术和推行就业准入制度的瓶颈。为了解决这一问题，协会三届理事会按照国家劳动和社会保障部提出的"全面提高劳动者素质，推行劳动预备制和就业准入制度"的工作方向，在中国轻工业职业技能鉴定指导中心的组织下，开始组建全国酿酒行业特有工种职业技能培训体系，同时完成了《白酒酿造工》、《啤酒酿造工》、《黄酒酿造工》、《果露酒酿造工》、《酒精酿造

工》的国家职业标准制定工作，由国家劳动和社会保障部颁布。一个酿酒行业职业培训和人才教育体系初步形成。

现在，经国家劳动和社会保障部批准，已建立20个酿酒行业鉴定站，总站设在协会，负责协调指导各酿酒专业职业技能鉴定站的建站、运行、鉴定、培训工作。

在此基础上，为了表彰行业高、精、尖人才，发挥其导向和激励作用，提高行业人力资源水平，2005至2009年期间，协会三届理事会与全国总工会中国财贸轻纺烟草工会、人力资源和社会保障部中国就业指导中心、中国轻工业职业技能鉴定指导中心共同举办了“枝江杯”全国首届品酒技能（白酒）大赛；“诺维信杯”首届全国啤酒评酒技能大赛；“诺玛科杯”全国首届葡萄酒品酒职业技能竞赛活动。通过竞赛，有3人获得全国总工会授予的“全国五一劳动奖章”荣誉称号；有9人获得人力资源和社会保障部授予的“全国技术能手”荣誉称号；有46人获得“全国轻工（酿酒）行业技术能手”荣誉称号。

2006年，协会三届理事会开展了“中国酿酒大师”评定活动。从地方协会和企业推荐140位行业精英中评选出32位在行业中有威望、有造诣、有贡献的行业带头人和专家学者。“中国酿酒大师”的评选，有利于促进行业技术水平的提高，鼓励行业人才培养，推动企业技术创新，为酿酒行业的持续发展储备优秀人才，将对行业起到模范带头作用。

之后，协会三届理事会陆续举办了“秦含章老先生百岁寿辰活动”；授予河南张弓酒厂的郭宗武同志“白酒行业特殊贡献奖”；授予五粮液的王国春同志“中国酒业功勋奖”；授予郭其昌“中国葡萄酒突出贡献奖”。通过对行业杰出人物褒奖，实现促使酿酒行业内形成尊重知识、尊重人才的氛围。

总体而言，中国酿酒工业协会三届理事会的五年，是不平凡的五年；是积极进取、不断探索的五年；是为国家分忧、为行业谋利的五年；是真抓实干、推动行业进步和发展的五年。我们相信，在党和国家深入贯彻落实科学发展观、全面建设创新型国家的正确方针指引下，在协会三届理事会的继续努力下，我国酿酒工业的未来将更加和谐、有序，广大酿酒企业的干部职工必将为社会做出更大的贡献，酿造出更加甘醇的美酒。

中国酿酒产业“十二五”发展规划

前 言

我国是世界上最大的饮料酒生产和消费国，是酒类品种最全、酿造历史最长、产业规模最大的国家。酿酒产业是我国的传统产业，也是我国食品工业的重要组成部分，与广大人民生活息息相关。长期以来，酿酒产业在扩大就业、繁荣市场、服务三农、促进区域经济建设和带动相关产业发展等方面发挥了重要作用。改革开放以来，酿酒产业在重点发展葡萄酒、果酒，积极发展黄酒，稳步发展啤酒，控制白酒总量，加快酿酒葡萄种植基地及啤酒用大麦基地建设的产业政策指导下，以市场需求为导向，以节粮和满足消费为目标，认真贯彻“控制总量、提高质量、治理污染、增加效益”的总体方针，在产业规模、技术改造、节能减排、产品质量、食品安全、人才建设、社会责任、经济效益等诸多方面都取得了长足的进步。

酿酒产业的健康发展为我国财政、税收做出了重要贡献，已经成为国民经济发展中增长最快、最具活力的产业之一。特别是“十五”、“十一五”时期，酿酒产业呈现出快速发展的势头，为“十二五”发展奠定了良好的基础。

“十二五”时期是酿酒产业把握机遇，实现产业转型和技术升级，推进品牌国际化发展的关键时期。为了深入贯彻落实科学发展观，满足全面建设小康社会对酿酒产业发展的需求，促进我国酿酒产业又好又快发展，按照《国民经济和社会发展的第十二个五年规划目标》和《中共中央关于制定国民经济和社会发展第十二个五年规划的建议》的精神及《国家中长期科学和技术发展规划纲要（2006～2020年）》的总体要求，结合酿酒产业现状和趋势，编制《中国酿酒产业“十二五”发展规划》。

中国酿酒产业发展成就与面临形势

“十一五”期间，中国经济发生了深刻的变化。酿酒产业在科学发展观的引领下，在行业组织和优秀企业的带动下，保持了良好的发展态势，产业结构得到调整，技术进步速度加快，产品创新能力不断增强，产业链优势正在逐步形成，整体经济运行指标得到稳步提高。中国酿酒产业正在走上健康、稳定、持续发展的道路。

一、发展成就

（一）经济发展贡献突出

酿酒行业经济发展成绩突出，在创造价值、增加税收、吸纳劳动就业等方面做出了努力。

根据国家统计局统计数据，截至2010年底酿酒行业规模以上企业2963家，完成工业总产值5245亿元，1-11月份实现销售收入4615亿元，利润485亿元，税金502亿元，从业人数75万人，其中，企业数量、产值、销售收入、利润、税金、从业人数分别占全国规模以上工业企业的0.65%、0.74%、0.74%、1.25%、1.86%和0.83%。另据行业协会统计，全行业现有企业总数约20000多家，从业人数约350万人。

2009年，酿酒行业主营业务收入超过10亿元的企业总计49家，其中四川宜宾五粮液、贵州茅台集团、泸州老窖、青岛啤酒、燕京啤酒、烟台张裕等6家企业超过50亿元。2010年，有8家酿酒企业入选全国五百强企业。

表1 2010年酿酒行业各子行业规模以上企业各项指标情况

子行业	规模以上企业数量	产值（亿元）	销售收入（亿元）
酒精	198家	548	474
白酒	1609家	2793	2422
啤酒	593家	1320	1224
黄酒	128家	117	90
葡萄酒	245家	310	286
其他酒	187家	157	120

数据来源：国家统计局

说明：销售收入为国家统计局公布的1～11月份数据，其他为截至12月底数据。

表2 2005—2009年酿酒行业各子行业产量增长情况

子行业	2005年（万千升）	2010年（万千升）	增长（%）	年均增长（%）
酒精	368	826	125	25
白酒	349	890	155	31
啤酒	3062	4483	46	9.2
黄酒	50	134	168	33.6
葡萄酒	43	109	153	30.6

数据来源：国家统计局

（二）结构调整成效显著

产品结构调整方面，白酒产量稳中有增，低度白酒有了较大的市场空间，品质稳定的优良白酒越来越受到消费者的青睐；啤酒产量稳步上升，连续八年居世界第一，风味向低浓度、低色泽、不同口味、多品种方向发展；葡萄酒产量多年来保持两位数的快速增长，干型葡萄酒仍占绝大部分份额，但不同风格的其他酒也逐步见诸市场，多样化趋势已经展于；黄酒产品通过科研开发、设备改造、提高了机械化生产水平；果露酒行业充分利用各地资源优势，尝试从产品色、香、味、美方面着手调整，发展势头良好。"十一五"期间，全行业较圆满地完成了《中国酿酒工业"十一五"计划要点》的发展目标，实现了销售增长超过产量增长（见图表），经济增长方式得到根本性转变。

产业结构调整方面，经过改革、改制，企业结构日趋现代化，以国营为主的单一所有制形式发生了很大变化，形成了国有、民营、外国独资、中外合资、股份制等多种所有制并存的经济格局。经过并购、重组、强强联合，企业集团化、规模化正在形成，这些酿酒企业集团的形成与壮大，引领和规范了行业的发展，成为行业的榜样和中坚。

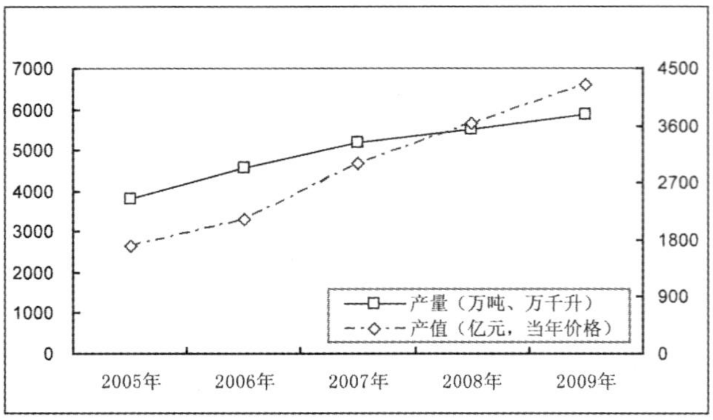

数据来源：国家统计局

图1 2005—2010年酿酒行业产量、销售收入完成情况

（三）品牌建设成果凸显

“十一五”期间，酿酒企业着力推进品牌建设，无论是在世界上具有影响力的品牌价值，还是在国内范围具有影响力的品牌数量，都有大幅增长。根据相关机构对中国品牌的评选结果，2005年“中国500最具价值品牌”中酿酒行业品牌25个，品牌价值合计1528.8亿元； 2010年“中国500最具价值品牌”中酿酒行业品牌达29个，比2005年增加了4个，增长幅度16%；品牌价值合计2785.6亿元，比2005年高出1256.8亿元，增长幅度82.2%。其中五粮液、茅台、青岛啤酒三个世界品牌价值由2005年的739.5亿元上升至1166.3亿元，5年间升值426.8亿元，增长幅度57.7%。

（四）科技创新能力提升

大型酒类生产企业依靠自身实力，深入开展科学技术研究，对产品酿造技术、微生物技术、勾兑技术、分析技术、风格特点、健康因子、质量控制等进行了全面系统的研究，形成了科学的理论体系和技术规范，提高了产品的质量信誉，推动了酿酒行业产品质量的提高。 “十一五”期间，酿酒行业国家级企业技术中心增加近50%。截至2010年底，拥有国家级企业技术中心13个，为促进行业技术创新体系建设，提升企业核心竞争力提供了保障。

在标准化技术委员会建设方面，酿酒行业先后组建了全国酿酒和白酒标准化技术委员会，通过联合行业内外的技术力量，建立了标准化信息技术资源的共享服务平台。

（五）节能减排初见成效

酿酒行业积极贯彻落实《国务院关于印发节能减排综合性工作方案的通知》，履行淘汰落后产能任务，在酒精、白酒、啤酒、黄酒、葡萄酒、果露酒等行业积极推广循环经济的理念和生产方式，提倡综合利用，搞好“三废”治理，实现清洁生产，取得了显著的效果。截至2010年底，仅酒精行业即累计淘汰落后产能160吨，为建设节约型社会做出了应有的贡献。

（六）社会责任积极履行

酿酒行业社会责任感逐步增强，食品安全意识普遍提高，健康饮酒，理性饮酒，酒后禁驾已经成为行业共识。在2008年5.12汶川地震、2010年4.14玉树地震、2010年8.7

表3 酿酒行业国家级企业技术中心一览表

子行业	企业名称	通过时间
酒精	河南天冠企业集团有限公司	2005年
	安徽丰原生物化学股份有限公司	2006年
白酒	贵州茅台酒股份有限公司	1998年
	山西杏花村汾酒集团	2007年
	四川剑南春集团有限责任公司	2008年
	宜宾五粮液集团	2009年
啤酒	青岛啤酒股份有限公司	1996年
	燕京啤酒股份有限公司	2002年
	广州珠江啤酒集团有限公司	2002年
葡萄酒	烟台张裕葡萄酿酒股份有限公司	2003年
	王朝葡萄酿酒有限公司	2005年
	中国长城葡萄酒有限公司	2007年
果露酒	宁夏红枸杞产业集团	2009年

甘肃舟曲特大泥石流等重大灾难面前，酿酒企业纷纷捐款捐物，积极履行社会责任，显示了勇于担当、大爱无疆的行业风范。据不完全统计，汶川地震期间酿酒行业累计捐款达5亿多元；青海玉树地震期间酿酒行业累计捐款约2亿多元。

二、面临形势

"十一五"的五年发展中，中国酿酒产业冲破了自然灾害、国际金融风暴、食品安全危机等重重阻力，综合竞争力得到极大提升。但是也同时面临着诸多冲击与挑战。

——我国食品安全基础研究缺乏系统性，风险评估体系尚未完全建立。近年来不断发生的食品安全事件，造成公众对这一问题越发敏感，食品标准成为关注的焦点。如何提高标准制修订过程的科学水平，加强食品安全风险评估，加大针对安全性基础研究的力度，成为自《食品安全法》实施以来标准科研中亟需解决的问题。

——过程监控是提高酒类质量安全水平的重要措施，但由于过程监控需要实时在线检测，对检测方法的简便性、精确性、时效性、检测仪器的便携性都有较高要求，一直是酿酒生产过程检测技术标准化的难点。过程监控手段和水平的滞后对我国酿酒产业的可持续发展造成不利影响。

——目前我国低碳经济和环保标准制定工作才刚刚起步，酿酒行业亟需了解和掌握世界循环经济和技术创新的前沿动态，为构建酿酒产业低碳经济标准体系做好技术储备。

——流通市场监管体系尚不健全，酒类产品市场竞争日趋激烈，不正当竞争现象时有发生。

——受传统工业生产模式的影响，酿酒行业的工业机械化、现代化进程缓慢。

——我国酿酒产业是相对开放和充分竞争的行业，部分酒类产品的进口关税已经降为零，国外酒类产品的大量涌入，海外资本的不断渗透，使得国内酿酒产业面临着更多的生存压力。

——受文化差异、贸易壁垒等因素的影响，我国酒类品牌走出国门进入国际市场的步伐依然缓慢。

中国酿酒产业"十二五"发展规划

一、发展环境和消费需求预测

（一）发展环境

国际方面：未来几年，在发达经济体稳步复苏和新兴经济体快速增长的带动下，世界贸易将稳步回升。我国酿酒产业将面临外国强势酒文化渗透，进口酒产品迅猛增加，新的消费理念、消费结构发生变化带来的压力。

国内方面："十二五"期间，党和政府将坚持把经济结构战略性调整作为加快转变经济发展方式的主攻方向，促进经济增长向依靠消费、投资、出口协调拉动转变。随着宏观政策进一步深化，包括酒类在内的与民生有关的轻工、纺织、服务类行业将成为发展的重点和方向。

食品安全方面：针对近两年重大食品安全事件暴露出的突出问题，国家陆续出台了《食品安全法》等相关的政策法规，加强了食品安全监管力度。对酿酒产业而言，倡导企业诚信经营，不用、慎用、少用食品添加剂和加工助剂，严格执行标准规定的品种、范围和用量，是对企业和行业的考验。

综合影响方面：酒类作为特殊的终端消费品，一方面要面对原材料、能源、劳动力成本大幅上升的压力，另一方面要努力适应低碳经济、节能减排、食品安全、环境保护变化的要求；同时还必须与其他产业一样担负起改善民生，稳定价格，保障消费，扩大内需，促进区域协调发展的责任和义务。这都将考验企业的综合实力和抗风险能力。

（二）消费趋势

消费需求决定市场容量，市场容量决定产品销量，酒类产品的产销量之所以能够保持旺盛的需求，究其根本原因是我国拥有世界上最大的消费市场和拉动内需市场的经济发展政策。

未来我国酒类市场将表现为：葡萄酒增速较快，年增长15%左右；白酒平稳发展，增长幅度将逐年放缓；啤酒的产销量由于基数较大，增速最缓，年增长4%左右。

白酒：健康饮酒、理性饮酒的消费理念将深入人心，消费者的品牌意识将进一步增强，高端白酒区域化趋势明显，中端白酒消费量大幅度提升，低端白酒品牌化步伐逐渐加快；个性化、功能性产品需求加大，低度、优质的白酒产品将是未来消费的方向。

啤酒：城市啤酒消费趋于平衡，农村市场快速崛起；较发达地区增速变缓，欠发达地区增长提速。

葡萄酒：世界葡萄酒年人均消费水平为7升，美国年人均消费45升，阿根廷年人均消费38升，而中国年人均消费约为世界平均水平的6%。因此，经过近几年的市场培育和文化推广，葡萄酒将越来越被消费者接受，国内市场对葡萄酒的消费总量将会逐步提升。

果露酒：消费量将继续保持现有的发展速度，少数全国性品牌的强势地位近期内不会改变，大部分产品继续保持地域性格局。

黄酒：黄酒的养生保健功能逐渐为国内消费者所认识，

消费趋势将明显提升；随着国际贸易的不断扩大，黄酒出口量将继续增长，消费空间和行业利润有望逐步提升。

发酵酒精：食用酒精随白酒产量的扩大将继续保持增长，工业酒精将随着国民经济的快速发展，保持较快的增长势头，燃料乙醇受国家政策影响，将形成以非粮原料为主的多元化格局。

二、指导思想、发展方向和主要目标

（一）指导思想

认真贯彻落实《中共中央关于制定国民经济和社会发展第十二个五年规划的建议》，以邓小平理论和“三个代表”重要思想和科学发展观为指导，以加快转变经济发展方式，适应国内外经济形势新变化，顺应各族人民物质文化和精神文化需求为己任，按照保增长、扩内需、调结构、保障和改善民生、促进经济长期平稳较快发展和社会和谐稳定的总体要求，实现创新型产业发展的总体目标。

（二）发展方向

优化结构推动产业升级，传承发展弘扬民族文化；

诚实守信践行社会责任，自主创新挑战国际竞争。

科技创新：发挥酿酒企业创新主体作用，改变经验性管理和经验型工艺技术指导生产的现状，全面实现以理论指导生产的产业升级；推动酿酒产业技术联盟建设，支持产、学、研合作，深度研究酿酒产业共性课题和个性课题；开发应用先进的检测装备，建立产品溯源技术体系，确保酿酒产品的质量安全。

理念创新：关注自然资源、生态环境、劳动者权益和社会责任；加强行业引导，提倡行业自律，担负起促进酿酒工业和谐健康发展的社会责任。

经营创新：正确处理成长速度与理性经营的关系，积极探索市场经济形势下的经营模式；构建新型的工商合作关系，自觉维护市场秩序，营造公平、规范、透明的市场准入体制和理性、和谐的流通环境。

文化创新：以优质、安全、生态、健康、情感、快乐为综合理念，传承发展中国酿酒产业的文化内涵；以弘扬民族产业和民族文化为己任，开创中国酒业向世界名酒迈进的新纪元。

（三）主要目标

1．经济指标目标

到2015年，全行业将实现酿酒总产量8070万千升（含酒精及白、啤、黄、葡等五个子行业），比“十一五”末（以2010年计，以下同）增长25%，年均递增4.6%；销售收入达到8300亿元，比“十一五”末增长63%，年均递增10%；利税1660亿元，比“十一五”末增长52%，年均递增8.7%。

其中，白酒行业产量为960万千升，比“十一五”末增长8%，年均递增1.5%；销售收入达到4300亿元，比“十一五”末增长60%，年均递增10%；利税990亿元，比“十一五”末增长46%，年均递增8%。

啤酒行业产量为5450万千升，比“十一五”末增长21%，年均递增4%；销售收入达到2000亿元，比“十一五”末增长55%，年均递增9%；利税400亿元，比“十一五”末增长50%，年均递增8.4%。

黄酒行业产量为240万千升，比“十一五”末增长79%，年均递增12%；销售收入达到230亿元，比“十一五”末增长1.2倍，年均递增17%；利税40亿元，比“十一五”末增长1.4倍，年均递增19%。

葡萄酒行业产量为220万千升，比“十一五”末增长100%，年均递增15%；销售收入达到600亿元，比“十一五”末增长85%，年均递增13%；利税120亿元，比“十一五”末增长88%，年均递增13%。

果露酒行业，到2015年实现销售收入220亿元，比“十一五”末增长56%，年均递增9.3%；利税40亿元，比

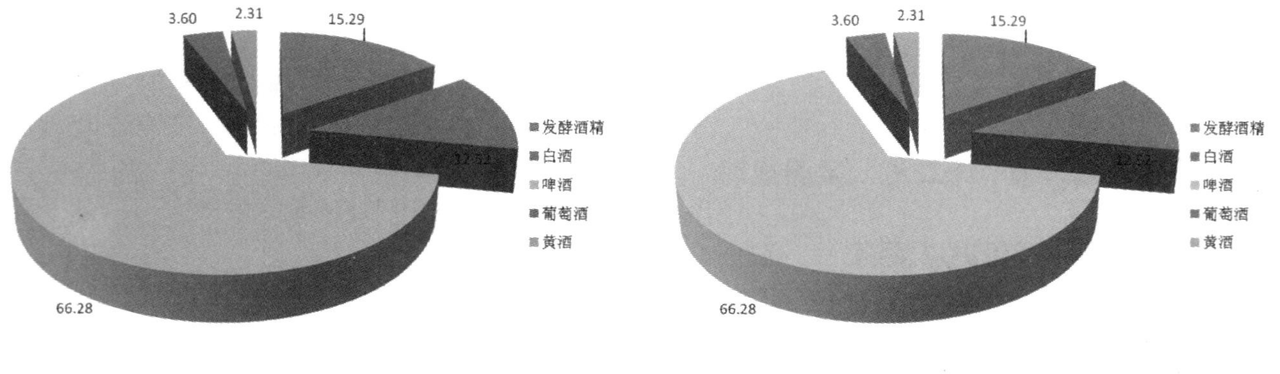

图2 2015年预计酒类产品产销量所占比例

“十一五”末增长74%，年均递增12%。

酒精行业产量为1200万千升，比“十一五”末增长45%，年均递增8%；销售收入达到950亿元，比“十一五”末增长84%，年均递增13%；利税70亿元，比“十一五”末增长60%，年均增长10%。

2. 结构调整目标

坚持把经济结构战略性调整作为加快转变酿酒产业经济增长方式的主攻方向，构建扩大内需长效机制，促进酿酒产业经济增长向依靠第一、第二、第三产业协同带动转变。发挥农产品加工与新农村建设的有机结合，统筹城乡共同发展，促进区域良性互动。

产业结构方面：优化酿酒产业布局，建设先进制造业基地和现代产业集群，提高产业集中度和企业竞争能力。

——建设酿酒工业生产基地，打造特色经济区域集群。

——培育优质酿酒原辅料产区，推动西部原料产区建设。

——继续鼓励、支持和引导酿酒企业的改组改制；继续推动酿酒企业进入资本市场，优化多种所有制并存的产业经济格局。

——促进企业内部结构调整，支持企业通过收购、控股、并购、重组、强强联合，形成集团化、规模化的大型企业集团。

——规范中小企业产销经营，拓展中小企业生存发展空间，达到大中小酒企和谐发展。

产品结构方面：以保障民生、拉动内需为己任，重视产品的差异化创新，深入研究产品感官感受和酒体特质，针对不同区域、不同市场、不同消费群体的需求，精心研发行销对路的品种，为人民群众提供更好的精神和物质的酒类产品。

——白酒行业继续作好“169计划”，积极探索白酒产品深层次的微生物机理的研究，推广和扩大固液结合产品比例；打破白酒按香型分类的方法；生产新风格、新品种、新口味等个性化白酒，给消费者提供更广泛的选择空间。

——啤酒产品向国际化、高端化方向发展，逐步提高附加值产品比例；啤酒风味向多元化、多品种等个性化方向发展；鼓励中小型啤酒企业生产特色啤酒。

——葡萄酒行业实现产品品种多样化，高档、中档葡萄酒和佐餐酒同步发展的产品结构调整目标；实行葡萄酒产品的合理分级，改变干红一统天下的局面，以满足不同消费者的消费需求。

——露酒产品要从感官上进行改良，更贴近大众消费的口味。

——果酒应根据水果特性，生产半甜、甜型等不同类型的产品。

——黄酒要扩大半干酒产量，压缩半甜酒产量，研发适宜北方地区的创新产品。

——酒精行业要向有原料优势、能源丰富的地区转移；用粮规模保持合理水平，占玉米消费总量的比例应控制在8%左右。

3. 品牌和诚信体系建设目标

支持名优酿酒企业实施品牌战略，培养一批酿酒企业进入世界500强，引导一批知名品牌参与全球竞争，打造一批具有自主知识产权、具有国际影响力的民族品牌走向国际市场。

——挖掘创新中华酒文化，创立世界品牌，使中国白酒成为世界的白酒。

——推动2～3个国内啤酒品牌成为国际性的啤酒品牌，鼓励有实力、有影响的啤酒企业到境外生产中国品牌啤酒，龙头企业集团产量在1000万千升以上，品牌产量300万千升以上，其中高档品牌在国内高档市场占15%以上，100万千升以上企业产量占全国总产量的80%。

——加强我国葡萄酒产业自主品牌建设，引导、鼓励葡萄酒产区和企业参与国际性活动，树立我国葡萄酒产业整体形象，推动我国葡萄酒行业与国际全面接轨。

——弘扬传统文化，推动黄酒品牌建设，培育具有核心自主知识产权的高端品牌，带动黄酒扩大区域性消费。

——积极培育酒精企业的著名名牌获得中国驰名商标，实现在品牌建设上的突破。

——建立酒业诚信评价体系，树立诚信理念，培育酒类产业发展良好的社会和谐氛围。

4. 清洁生产和低碳发展目标

清洁生产和低碳发展是酿酒行业科技创新和科技进步的重要步骤和手段，也是促进酿酒行业经济发展和方式转变的需要。要从生产、流通、消费等各个环节入手，强调“减量化、再利用、资源化”，减少资源消耗和污染排放。

——开展并完成“中国白酒158计划”；即开展包括制曲机械化研究、发酵工艺机械化研究、蒸馏工艺机械化研究、调酒计算机集成制造技术研究和灌装、包装、成品库、智能管理的研究等，并在全国60%规模以上白酒企业推广实施，力争降低劳动强度60%以上、节煤35%、节水45%、提高优质品率15%以上。

——啤酒行业资源消耗水平实现：单位产品取水量5.0立方米/千升，比“十一五”末年下降9.1%；综合能耗68千克/千升，比“十一五”末年下降9.3%；水的重复利用率达到95%；开发废硅藻土的回收处理技术；发展啤酒酵母综合利用；CO_2回收普及率达到100%，回收率提高30%。

——推广葡萄酒生产废水深度处理技术达到废水直接排

表4 “十二五”行业经济指标预计（2010—2015年）

指标	年度	全行业	白酒	啤酒	黄酒	葡萄酒	果露酒	酒精
产量（万千升）	2010年	6442	890	4483	134	109	—	826
	2015年	8070	960	5450	240	220	—	1200
销售收入（亿元）	2010年行业测算	5093	2713	1294	103	325	141	517
	2015年	8330	4300	2000	230	600	220	950
利税（亿元）	2010年行业测算	1093	678	267	17	64	23	44
	2015年	1660	990	400	40	120	40	70

放；COD低于80mg/L、氨氮10mg/L、单位产品排水量2.5 m^3。

——提高黄酒生产自动化装备水平，有效降低能源指标，机械化黄酒生产蒸汽回收80%以上，废水排放实行100%处理达标或纳入城市排污管网。

——推进酒精行业浓醪发酵技术、离心清液回用、糟液全糟处理等节能减排技术；浓醪发酵技术发酵终了时酒精含量在15%（V/V）左右，推广范围达50%以上企业；通过节水、节电、节汽技术，节约综合能耗0.3吨标准煤/千升。

——酒类产品包装要推行简约化，减少资源浪费。

5．标准和信息化发展目标

标准方面：推动酿酒产业质量、过程监控标准与食品安全标准体系的协调配套，支撑酿酒产业稳定、持续发展；加快感官品评、真实性识别与判定、清洁生产等标准的制定，完成酿酒产业重点领域的技术研究和标准研制；针对各个酒种特点梳理和确定标准化工作重点，进一步完善酿酒产业标准体系，制定中国酿酒产业标准国际化发展战略，促进传统酒种走向世界。

在白酒香型标准的基础上，探讨制定具有工艺技术特征的质量标准；加快葡萄酒技术标准与国际葡萄酒标准的接轨；在建立我国黄酒技术标准及规范的基础上，不断研究黄酒传承与创新的标准化；加快果露酒产品尤其是保健类产品标准的制修订，满足果露酒行业快速发展的需要。

信息化方面：贯彻落实国家信息化发展战略，推进酿酒行业企业信息化建设和公共信息服务与资源共享平台建设，采用先进的信息化技术，改造酿酒产业传统落后的生产模式，在大中型企业实现生产设备数字化、生产过程智能化和经营管理网络化，推动行业走上科学发展的新型工业化道路。

6．人才建设目标

通过实施人才战略，加快专业技术人才队伍建设，努力培养一支满足酿酒产业发展需要的、具有较强国际竞争力的高素质的专业技术人员队伍，为实现我国创新型酿酒产业提供人才保证。

实现白酒行业由过去数量大、技能要求不高的数量型就业向数量精、技能性强的质量型就业的转变，达到每个白酒生产企业全部配备具有国家职业资质的酿造工、酿酒师、评酒师等专业人才；啤酒行业通过国家职业资格鉴定人员达5000人（酿造工1000人、酿酒师3000人、品酒师1000人）；葡萄酒行业通过国家职业资格鉴定人员达1000人（酿酒师400人、品酒师600人），同时展开侍酒师培养和资质鉴定工作；黄酒行业通过国家职业资格鉴定人员达4200人（酿造工1800人、酿酒师1600人、品酒师800人），并协助相关高等院校培养黄酒专业博士生和硕士生；果露酒行业要保证在职技术人员持证上岗；酒精行业实现持证上岗人才约3000人，为行业可持续发展提供人才保障。

7．产业链融合目标

按照“从田间到餐桌”的思路，构建“全产业链酿酒产业”，包括有机原料基地、酒类生产、包装、物流、销售、旅游等价值环节，以工业带动文化、旅游产业，反哺农业，回馈社会。

完善酿酒装备行业创新支持体系的建设，加快酿酒装备行业技术进步，实现酿酒装备国产化、系列化、工程化、机械化、自动化、高速化和配套化突破，实现机电一体化、智能化向产品信息化发展，推动中国酿酒装备制造业的产品技术水平达到国际先进水平。

——充分发挥白酒产业对农业发展和建设社会主义新农村的重要作用，促进白酒产业以大带小、以工促农等产业链的发展，形成一条农业—粮食—酿酒业—饲料业或肥料业—畜牧（饲养）业—农业的良性生物循环链；通过白酒产业与其他相关产业的有机结合，推动和提升设备加工业、印刷业等一系列相关产业的快速发展。

——抓好酿酒葡萄基地建设，重点推动西部地区葡萄酒产区的基础建设，筛选、引进适合本产区的酿酒葡萄品种和栽培方式，形成酿酒葡萄种植到葡萄酒生产的完整产业链。

——在重点地区建立果酒技术研发、生产基地建设示范区，研究果酒产品适用水果品种的种植及不同水果生产果酒的技术、工艺，带动全国果酒行业的发展。

——黄酒行业要推广原料基地化，倡导绿色、有机理念，杜绝农药残留，保证产品质量安全。

——酒精行业要进一步向玉米、薯类等原料优势地区转移，同时引导企业向有市场的乙醇下游产品发展。

——推动啤酒大麦、麦芽和啤酒花为主的啤酒原料产业良性发展的轨迹，建立"啤酒—麦芽—大麦"的产业链条良性互动机制，实现国产啤酒大麦810万亩面积、260万吨产量，先进麦芽产能350万吨、优质麦芽产品300万吨。

三、主要任务

（一）培育龙头企业，构建产业集群，提升品牌竞争力

积极推动组建大型企业集团，扶持具有区域优势的地方骨干企业做大做强，形成以大中型企业为主导、以其他企业为补充的产业格局。

大力推动酿酒产业制造基地集群建设，积极建立酿酒生态园区，鼓励和规范酿酒产业特色区域的科学发展，推动中国白酒之都、中国白酒县、中国啤酒城、中国黄酒之都、中国黄酒县（镇）及中国葡萄酒城的认定工作。

支持知名酿酒企业实施品牌战略，引导名优品牌参与全球竞争，进一步加快国际化战略的实施步伐。

——加强白酒民族品牌和自主品牌保护，弘扬优秀的白酒文化，推进中国白酒国际化进程，"十二五"期间，使中国白酒成为世界的白酒取得突破性进展，使中国白酒文化成为人类文明的重要组成部分。

——在中国的啤酒企业大部分都有外资背景下，产量占全国近50%的三大集团华润雪花、青岛啤酒、燕京啤酒均为国有控股的民族品牌；要通过政策引导与倾斜，进一步支持民族啤酒品牌的建设。

——逐步形成全国酿酒葡萄产区的产业集群，树立一批产区品牌，同时打造好葡萄酒行业的产品品牌形象。

——果露酒行业要以现有的品牌为核心，带动更多的企业建立全国或区域性品牌；针对露酒产品的特点，联合已获得保健食品（保健酒）批号的产品，利用其共性提高此类产品整体的品牌影响力。

——黄酒应加大宣传力度，培育知名品牌，增强企业保护自主知名品牌的意识和责任感；要加强品牌的海外宣传，扩大国际社会对黄酒的认知度，不断增加出口量。

——打造酒精产业制造基地集群建设，形成东北、中原、华东和广西等酒精主产集群区。

（二）调整产品结构，提高产品质量，转变增长方式

坚持走"以市场为导向，以节粮，满足消费为目标，走优质、低度、多品种、低消耗、少污染、高效益"的道路，建立产品质量安全保障机制，严格生产准入和市场准入制度，完善产品质量监督抽查制度；加快建立质量安全风险监测、预警、预案、信息通报、快速处置以及产品溯源、召回和退市体系；建立规范的企业质量信用评价制度和产品质量信用记录发布制度，落实企业对产品质量安全的主体责任，从原料采购、生产加工、出厂检验等环节控制产品质量。

——本着传承、创新的原则发掘白酒文化，加大对白酒科学、健康消费的有效引导，加强与现代消费者之间的理念沟通；在确保产品质量的前提下，推广固液结合的产品结构调整，打破原有的白酒分类方式，适应消费者对白酒品牌和口感的要求，实现由香型到品类的转变，由注重香气到注重口味的转变。

——继续抓好啤酒质量的稳定和品种的多样化发展，有计划地引导啤酒企业调整产品结构，提高中高档啤酒产品比例，提高产品附加值，改变啤酒行业低盈利模式的现状，使啤酒产品体现出多元化、个性化、小型化和新鲜化的特点；调整啤酒产品包装形式，推广非玻璃质包装，改变玻璃瓶装啤酒一统天下的局面，使其比例下降至85%；推广500mL以下小型化啤酒瓶，使其比例占玻璃瓶装啤酒的50%以上。

——加大葡萄酒产品结构调整力度，科学调配高档、中档葡萄酒与佐餐葡萄酒合理的（金字塔型）的产品比例，并逐步形成干型、半干型、半甜型、甜型、起泡葡萄酒等各类葡萄百花齐放的格局；探索中国特有葡萄品种的种植和酿酒技术，开发适合市场的葡萄酒产品品种。

——以消费者需求的口味为依据，在保留传统产品优势的基础上，开发适于佐餐以及现代消费习惯的露酒产品，形成合理的产品档次和结构；要根据原料的特性，生产出能充分体现原料个性的干型、半甜型、甜型果酒产品。

——从"人文黄酒、绿色黄酒、科技黄酒、和谐黄酒"理念出发，传承传统技艺，维护国粹精髓，使传统黄酒发扬光大；要大力发展符合当代饮酒潮流、适应广大消费者需要的低度清爽型黄酒和特型黄酒，力求产品多元化和多样化发展。

——通过改进工艺装备，进一步提高优级食用酒精产品比例。

（三）加大科技投入，增强自主创新能力

坚持行业引导、企业为主的原则开展科技创新，把开

发新技术，利用新能源，研发新产品，提高装备水平和增强自主创新能力作为中心环节。

——实施产、学、研结合模式，加大白酒行业关键技术的研发和推广力度，进一步推广“中国白酒169计划”成果，引导企业加快实施科技创新和技术改造，同时通过开展“中国白酒158计划”研究项目，组织行业骨干企业及机械设备研究单位合力进行技术攻关，重点研究白酒生产机械化水平的提升，满足中国白酒工业对于机械化生产技术创新的强烈需求，加快中国白酒机械化进程。

——啤酒行业的技术交流与改造从学习借鉴国外技术，向学习吸收与自我创新转变，形成独立自主并具有一定自主创新能力的现代化科研体系；促进行业自动化水平的提高。

——葡萄酒、果露酒要加大科技研发投入，调动科研机构的积极性，加强对酿酒葡萄、本地水果或原料及生产工艺的研究，提高产业自主创新能力。

——对黄酒基础科学，安全潜在问题和前沿生产技术进行深入研究，不断开发技术含量高和附加值高的产品如：富含γ一氨基丁酸黄酒、富含硒、钙、镁、钾等元素的黄酒、富含多肽黄酒、富含赖氨酸黄酒、低杂醇黄酒、富含“他汀”（耐莫可林）黄酒；同时适度拉长产业链，开发多功用黄酒。

——建立酒精生产技术支撑体系，提高行业技术装备水平和自主创新能力，缩小与国外先进水平的差距。

——引导酿酒装备制造业的科技投入，支持一批重大关键技术开发项目和关键设备的研制工作，促进酿酒工业的现代化发展；要加强酿酒装备工业领域国家重大科学工程，重点实验室，重点技术中心的建设；要加大对现有酿酒装备制造企业的扶持，鼓励和支持企业建立自己的科研开发机构，使企业逐步成为酿酒装备科技开发的主体；要本着自主研发与引进、消化国外先进技术相结合的原则，充分利用好国际科技资源，广泛开展酿酒装备科技的国际合作与交流。

（四）加强产业标准制定，完善食品安全保障体系

进一步建立健全酿酒产业标准化体系，加强质量标准基础工作研究，加强感官品评技术研究和标准制定，加强酒精饮料真实性识别技术研究和标准研制；应在食品安全标准框架下，根据我国国情以及产业发展的特色，同时跟踪借鉴国外标准，提高和完善我国酿酒产业标准体系，为酿酒产业提供科学、安全、准确、实用的生产依据。

中国特色酒种的国际化是酿酒产业今后发展的重点方向之一。应从国际化的战略角度考虑我国酿酒产业技术标准体系的构建，加强酒类质量、安全标准体系的完善，以标准化、规范化的生产、管理、检测、质量控制手段提升中国酒精饮料的品质形象；积极谋求白酒、黄酒在海外市场的法律地位和技术理论支撑，推动白酒、黄酒标准在世界范围内得到认可。

深入贯彻落实《中华人民共和国食品安全法》，切实执行有关食品安全的法律法规，全力配合国家推行的食品添加剂专项整治工作，改善国家产品质量检测技术服务平台，建

表5 啤酒花发展目标（2015年）

省区	种植面积（万亩）	啤酒花产量（万千升）
甘肃	5.4	0.9
新疆	5.6	1.0
合计	11.0	1.9

表6 啤酒大麦发展目标（2015年）

省区	种植面积（万亩）	大麦产量（万千升）
甘肃	200	90
新疆	80	25
内蒙古	150	35
江苏	250	70
云南	100	30
其他省区	30	10
合计	810	260

立行业食品安全监管体系，加大酿酒产业标准的实施力度。

——白酒标准体系改革应紧跟行业技术进步速度，强化标准之间系统科学的研究，改变我国白酒的技术标准体系不健全，技术标准发展缓慢，标准内容丰富但又缺乏条理的现状；建立适应食品安全和技术进步的新产品技术标准体系，着力解决白酒质量等级划分、食品添加剂、食用酒精原料使用及产品标注、年份酒鉴定等标准体系。

——制定酿酒葡萄种植和葡萄酿酒技术规范，引导各产区制定酿酒葡萄种植规范，为规范酿酒葡萄种植、葡萄酒产品生产提供技术依据；参照国际上主要葡萄酒生产国对特种葡萄酒（如品种葡萄酒、产区葡萄酒、年份葡萄酒和冰酒等）的管理模式，制定适合中国特色的葡萄酒管理办法。

——改变果酒产品没有统一标准的局面，从通用的基础标准入手，逐步建立果酒标准体系；通过标准的制定，总结出相应的理化指标，理清露酒、配制酒、保健酒之间的差异和概念。

——建立健全黄酒产品安全指标体系；制订黄酒中重要风险因子预防控制技术指南，完善黄酒中微量成份的测定方法；制订无机元素，挥发性醇类、酯类、尿素的测定标准，完成黄酒酒糟蒸馏白酒—糟烧的类型划分和行业标准。

（五）倡导清洁生产低碳发展，完成节能减排目标

在保证产品质量的前提下，严格控制水、电、煤等资源能源消耗，控制排放总量和排放浓度，实现污染防治由末端治理向预防防范转变，改变重生产、轻环保的现状。

——白酒产业将着力解决：（1）降低粮耗，提高出酒率；（2）废水综合利用；（3）旧瓶循环利用；（4）建立生态园区和解决PET瓶的应用等问题，实现社会、经济和环境的和谐发展。

——啤酒工业要推进行业麦汁煮沸新技术（包括低压煮沸、低压动态煮沸技术、煮沸锅二次蒸汽回收技术），麦汁冷却过程真空蒸发回收二次蒸汽技术，沼气综合利用利用技术，再生水的回用技术，碱液回收循环利用技术、提高CO_2回收率技术等6项清洁生产技术，达到行业普及率分别提高到50%、50%、45%、90%、90%、90%。

——黄酒行业到2015年达到清洁生产指标的企业95%，做到废水治理达标后方可排放；纳入地方废水管网的企业，也要逐年减少排放量。

——推进酒精行业清洁发展战略，引导企业积极开发清洁发展机制（CDM）项目。努力完成“轻工振兴规划”中酒精行业淘汰落后产能的目标，坚决淘汰和关闭落后小企业和环保不达标企业，减少污染物排放，降低单位产品能耗、粮耗和水耗；到2015年，实现吨酒精（95%体积分数）玉米消耗在3.1吨以下、能源消耗在500千克标准煤以下、一次水消耗在20千克以下；主要污染物排放总量减少20%，污染物排放达标率100%。

（六）重视人才培养，加快信息化建设

以服务产业经济发展为宗旨，以建设高技能人才队伍为重点，健全、完善技能人才评价体系，规范职业技能鉴定工作，提高职业技能鉴定质量，实现职业培训的针对性和有效性；通过举办短训班、提高班、业余班，对在职人才进行培养，努力完成10万高技能人才的目标，使酿酒行业的高级技术人员占全行业从业人员的5～10%。

要加快我国酿酒产业信息化进程，充分发挥信息技术的渗透性、倍增性和创新性，推动传统产业结构升级；继续发挥行业组织的协调优势，完善酿酒行业信息中心，建立酿酒行业统计信息发布平台、酿酒行业企业公共信息服务与资源共享平台，为酿酒产业实施信息化战略提供基础资料。

（七）倡导社会责任，建设诚信体系，构建良好市场秩序

以社会责任和诚信经营为基础的良好市场秩序，作为未来五年乃至更为长远的工作重点，积极推动企业提高社会责任意识，正确处理酒业与社会、环境和资源的关系，提高企业的诚信经营意识，形成遵纪守法，依法办事，行业自律，诚信为本的行业风气，自觉抵制不正当竞争，严厉打击假冒伪劣，共同构建公平有序的市场环境，维护酿酒产业的良好声誉。

四、政策性建议

（一）扶持政策建议

1．农民种植啤酒大麦、酿酒葡萄和啤酒花应享受与大宗粮食作物同样的政策性补贴，或纳入国家“退耕还林”体系，将啤酒大麦、葡萄酒、果露酒纳入农产品管理体系。

2．对我国西部经济不发达但有较好酿酒葡萄种植自然条件、发展潜力巨大、果农利用非基本农田种植酿酒葡萄的地区，建议享受与其他农产品相同的直补政策。对引进新品种或新品系的酿酒葡萄苗木给予政策扶持，对酿酒葡萄苗木繁殖、调运进行规范。

3．为提升我国葡萄酒产业的国际竞争力，促进产业的可持续发展，建议 “十二五”期间对全国范围内的葡萄酒产区进行区划。

4．取消大麦和麦芽等酿酒原料的铁路运输基金。

5．将酿酒产业的科技开发和技术创新纳入国家科学研究范围，通过科研经费的申请、划拨解决资金困难，以增强企业自主创新能力，提高行业核心竞争力。

6．充分发挥行业协会在产业发展、技术进步、标准制订、贸易促进、行业准入和公共服务等方面的作用，支持行业协会组织开展行业性和公益性的各项基础性研究工作。

（二）经济政策建议

1．在推动骨干企业通过产品结构调整提升白酒质量的同时，鼓励中小型企业酿造优质低价白酒产品，取消对白酒产品每瓶0.5元的从量计税政策，起到拉内需、保增长、重视民生，满足普通百姓消费需求的作用。

2．研究并完善现行酒精税收政策，建议取消酒精5%消费税，解决酒精企业的原料进项税和成品酒精销项税不平等问题。

3．支持和帮助有发展潜力的酿酒企业进行融资、上市，进入资本运作渠道。

结束语

本规划是中国酿酒行业发展进程中的重要组成部分，系统地总结了我国酿酒产业的发展成就和面临形势，勾划了未来五年酿酒产业发展的战略目标和措施。

作为规划的起草者，中国酿酒工业协会将号召全行业紧紧围绕全面建设小康社会、走新型工业化道路和建设创新型国家的要求，落实科学发展观，振奋精神，扎实工作，锐意进取，开拓创新，为实现酿酒产业“十二五”规划的宏伟目标而努力奋斗。

中国酿酒产业“十二五”发展规划编制说明

2011年是我国实施“十二五”规划的开局之年，是党中央全面建设小康社会的关键时期，是深化改革、加快转变经济发展方式的攻坚时期。作为我国食品工业的重要组成部分，中国酿酒产业始终与国家经济建设保持同步，深刻认识并准确把握国内外形势新变化新特点，继续抓住和用好重要战略机遇期，努力开创科学发展新局面，确保整个产业保持健康、稳定、持续地发展态势。

为了深入贯彻落实科学发展观，实现产业转型和技术升级，推进品牌国际化发展，满足全面建设小康社会对酿酒产业发展的需求，促进我国酿酒产业又好又快发展，中国酿酒工业协会按照《国民经济和社会发展的第十二个五年规划目标》和《中共中央关于制定国民经济和社会发展第十二个五年规划的建议》的精神及《国家中长期科学和技术发展规划纲要(2006～2020年)》的总体要求，结合酿酒产业现状和趋势，组织编制了《中国酿酒产业“十二五”发展规划》(简称：《规划》)。规划已上报国家各相关政府部门，在对规划稿件格式进行相应调整之后争取再由主管部门发布。

《规划》的编制经过了近一年的深入调研，是在广泛征求企业意见，认真分析和总结酿酒产业“十一五”发展现状的基础上完成的。《规划》的编制得到了国家发改委、工信部、商务部、卫生部、国家食品药品监督管理局、国家质检总局等政府职能部门的高度重视，在协会组织的《规划》讨论会上，会员单位和政府职能部门围绕《规划》的指导思想、发展方向、主要目标和主要任务提供了积极的建议。因此，《规划》的形成过程，是科学决策、民主决策的过程，是统一认识、形成行业共识的过程。

下面，对《中国酿酒产业“十二五”发展规划》的编制情况作几点说明。

一、关于“十一五”时期中国酿酒产业的发展成就与面临形势

“十一五”是不平凡的五年，是党和国家深入贯彻落实科学发展观、转变发展方式、建设创新型国家、为全面建设小康社会而奋斗的五年，也是我国酿酒产业整体走出阴霾，逐渐复苏，取得长足发展的五年。五年来，在市场经济的大环境下，酿酒产业遭遇了市场竞争的历炼，国外品牌的强势竞争，结构调整的阵痛，可谓困难重重，举步维艰。但是，这一切并没有阻挡行业的发展和进步，经过全体同仁的不懈努力和大胆创新，我们积极调整结构、改

变经济增长方式，行业经济运行质量稳步提高，保持了健康、稳定、快速的发展势头，取得了令人满意的成绩，令人鼓舞，使人振奋。以白酒为例，产量从1996年的最高峰801.3万吨(万千升)开始连续八年每年下降，至最低点2004年为311.70万吨(万千升)“十一五”期间，走过于缓慢回升到长足增长的发展过程。去午国家公布数达到890.83万千升，而且所有经济指标都好于产量的增长。

五年来，酿酒行业取得了全方位的创新和突破，经济发展成绩突出，增长方式得到根本性转变，在创造价值、增加税收、吸纳劳动就业等方面做出了努力；各酒种的产量、销售收入、利税等经济指标呈现了逐年递增的良好态势，实现了销售增长超过产量增长的良性循环，取得了社会效益与经济效益的双丰收。

五年来，产品结构得到调整和优化，各酒种在保证产品品质稳定的基础上，以市场需求为导向，以满足人民群众消费为主线，加大了技术创新和产品开发力度，根据市场变化开发出的不同档次、不同风格的新产品，充分满足了消费者日益增长的个性化、多元化的需求，受到了消费者的青睐。

五年来，产业结构调整发生了深刻的变化，通过资本力量为主导的并购、重组、强强联合，酒类区域集群化、企业集团化、规模化正在形成，对有效利用行业资源、提升品牌效应、强化行业综合竞争力起到了明显的促进作用，已经成为行业的榜样和中坚，引领和规范着行业的发展。

五年来，在市场需求多元化、细分化的趋势下，酒类品牌化进程不断深入，品牌竞争已经成为市场竞争的主流，越来越多酿酒企业开始重视并且着力推进品牌建设，无论是在世界上具有影响力的品牌价值，还是在国内范围具有影响力的品牌数量，都有大幅增长。

五年来，酿酒行业深入开展科学技术研究，重视技术创新体系建设，骨干企业在上产量、上规模的同时，始终把技术进步和产品创新放在首位，通过建立产、学、研合作关系，提升科技创新能力，促进产业升级，推动了酿酒行业产品质量的提高，为提升企业核心竞争力提供了保障。

五年来，酿酒行业积极推广循环经济的理念和生产方式，自觉淘汰落后产能，倡导清洁生产，发展低碳经济，不但促进了酿酒行业实现经济增长方式的转变，而且有利于突破行业发展过程中的资源和环境瓶颈，为建设节约型社会做出了应有的贡献。

五年来，酿酒行业社会责任感逐步增强，食品安全意识普遍提高，健康饮酒，理性饮酒，酒后禁驾已经成为行业共识；与此同时，酿酒企业在国家遭遇重大灾难的时刻，积极履行社会责任，主动奉献爱心已蔚然成风，充分显示了勇于担当、大爱无疆的行业风范。

纵观“十一五”，酿酒行业取得的成绩来之不易，积累的经验弥足珍贵，创造的精神和物质财富影响深远。实践证明，过去的五年是整个酿酒行业克服自然灾害、国际金融风暴、食品安全危机等重重困难，积极应对复杂多变的市场环境，综合竞争力得到极大提升的五年，也是我国酿酒产业整体复苏，步入快速发展的五年。虽然我们仍然面临着诸多需要解决的问题和困难，但是，“十一五”期间酿酒行业保持的健康发展势头，必然为整个酿酒产业的长远可持续发展奠定重要基础。

基于此，《规划》认为，通过酿酒行业广大干部职工的努力，全行业较圆满地完成了《中国酿酒工业“十一五”计划要点》的发展目标，已经成为国民经济发展中增长最快、最具活力的产业之一。“产业结构得到调整，技术进步速度加快，产品创新能力不断增强，产业链优势正在逐步形成，经济增长方式转变显著，整体经济运行指标得到稳步提高”可以作为“十一五”时期整个酿酒产业取得成就的概括和总结。

二、关于中国酿酒产业“十二五”发展规划的指导思想、发展方向和主要目标

“十二五”时期是全面建设小康社会的关键时期，是深化改革开放、加快转变经济发展方式的攻坚时期。《中共中央关于制定国民经济和社会发展第十二个五年规划的建议》的指导思想中鲜明地提出：“高举中国特色社会主义伟大旗帜，以邓小平理论和‘三个代表’重要思想为指导，深入贯彻落实科学发展观，适应国内外形势新变化，顺应各族人民过上更好生活新期待，以科学发展为主题，以加快转变经济发展方式为主线，深化改革开放，保障和改善民生，巩固和扩大应对国际金融危机冲击成果，促进经济长期平稳较快发展和社会和谐稳定，为全面建成小康社会打下具有决定性意义的基础”。

《中国酿酒产业“十二五”发展规划》以此为宗旨，紧密结合酿酒产业实际，提出了“以加快转变经济发展方式，适应国内外经济形势新变化，顺应各族人民物质文化和精神文化需求为己任，按照保增长、扩内需、调结构、保障和改善民生、促进经济长期平稳较快发展和社会和谐稳定的总体要求，实现创新型产业发展的总体目标”的指导思想，就是要号召全行业把满足“各族人民物质文化和精神文化需求”作为发展产业的主题，通过“保增长、扩内需、调结构”的主线推动行业发展，最终达到“促进行业长期平稳较快发展和与社会关系和谐稳定的总体要求，

实现创新型产业发展的总体目标”。指导思想的深刻内涵，就是要号召全行业始终把国计民生放在首位，把食品安全作为头等大事，把社会责任和消费者需要铭记于心，以此赢得社会效益和经济利益的双丰收。

《规划》明确提出“优化结构推动产业升级，传承发展弘扬民族文化；诚实守信践行社会责任，自主创新挑战国际竞争”的发展方向，既有深远的民族内涵，又有鲜明的时代特征，既高度概括了“优化结构”与“产业升级”的辨证关系，又深刻揭示了“传承发展”与“民族文化”的因果效应；同时强调了“诚实守信”与“社会责任”、“自主创新”与“国际竞争”的进取精神。这一发展方向的提出，是充分顺应市场经济新形势要求的结果，也是进一步指导和推动我国酿酒产业可持续发展的必然。

《规划》还从改变传统经验为主的粗放式生产方式的科技创新，跳山单纯酒业产销的圈子，放眼社会发展、时代进步，定位酒业地位的理念创新；建立稳定的、和谐的、利益相关的工商关系基础上，从机制上克服各种市场不规范行为的经营创新；正确认识酒类产品的属性，从满足精神和物质两方面需求，研究酒文化传承和创新的文化创新四个方面对酿酒产业的“十二五”发展方向予以了进一步阐述，提出了在新的经济环境下，产业发展必须处理好的几个问题，是“十二五”时期确保行业和谐发展的努力方向。

在理性分析了酿酒产业发展环境和消费需求的基础上，《规划》综合考虑了酿酒产业的现实情况和未来发展趋势，本着“大胆设想，小心求证”的原则，提出了“十二五”时期产业发展的主要目标，包括经济指标目标、结构调整目标、品牌和诚信体系建设目标、清洁生产和低碳发展目标、标准和信息化发展目标、人才建设目标、产业链融合目标七个方面。运用大量数据，从多个侧面、多个角度予以论证，按照各酒种的不同特点，详细分析和预测了产业发展轨迹，提出了包括经济增长指标在内的一拦子发展计划。这些目标的提出，充分体现了战略性、前瞻性、指导性的特点，为行业发展提供了依据，也留下了进一步升华的空间。

三、关于中国酿酒产业“十二五”规划的经济指标

“十二五”期间，全球发达经济体稳步复苏，新兴经济体快速增长，世界贸易将稳步回升。随着我国宏观政策进一步深化，整体经济形势将保持积极的发展态势，包括酒类在内的与民生有关的轻工、纺织、服务类行业将成为发展的重点和方向。

作为特殊的终端消费品，酿酒行业一方面要承受原材料、能源、劳动力成本大幅上升的压力：另一方面要努力适应和应对低碳经济、节能减排、食品安全、环境保护、消费理念和消费结构变化、以及外国强势酒文化渗透等诸多压力；同时还必须与其他产业一样担负起改善民生，稳定价格，保障消费，扩大内需，促进区域协调发展的责任和义务。这都将考验企业的综合实力和抗风险能力，也势必会影响整个行业的经济运行状况。

《规划》认真分析了“十二五”期间酿酒产业所面临的国内外形势，总结了近几年来的消费规律，梳理了酒行业历年来的经济数据变化情况，对“十二五”期间的主要经济指标做出了具体测算和设想。

到2015年将实现酿酒总产量8120万千升(含酒精及白、啤、黄、葡和果露酒六个子行业)，比“十一五”末(以2010年计，以下同)增长25%，年均递增4.6%；销售收入达到8300亿元，比“十一五”末增长63%，年均递增10%；利税1660亿元，比“十一五”末增长52%，年均递增8.7%。

从产业大盘上来看，酿酒行业的整体经济运行状态将保持良性、健康、稳步上升的态势，生产总量、创造价值、利税总额等经济指标表现优良，呈现出逐年递增的趋势；从增长方式上实现了销售增长和利税增长超过产量增长的良性循环，体现了产品附加值的不断提升，争取社会效益与经济效益的双丰收。这主要得益于外部宏观经济形势的总体向好，以及行业内部技术创新、产品优化等因素的不断进步。

白酒行业：产量为960万千升，比“十一五”末增长8%，年均递增1.5%；销售收入达到4300亿元，比“十一五”末增长60%，年均递增10%；利税990亿元，比“十一五”末增长46%，年均递增8%。

可以看出，白酒产量的增速远远低于2005—2010年的155%的增长数和31%的年均增长数，说明随着白酒量的逐渐饱和，产量增长速度将逐步放缓，这既符合产业政策，又符合市场规律。这里需要说明的是，年均递增1.5%是建立在2010年总量为890万千升的基础上的，960万千是以消费需求预测的，与现在年消费量相比较，每年增长约3%；另一方面，随着人们生活水平的提高，人们对优质产品的需求在不断提升，提高优质酒的生产比例的要求。但是产量增速缓慢并不影响年均递增10%的销售收入和8%的利税递增，这是因为白酒行业已经基本扭转了过去单纯以量取胜的经营方式，随着企业科技创新能力的增强，产品结构得到进一步调整，更多的质量好、档次高的白酒产品将不断推向市场，这些产品在为行业赢取声誉和增加利税方面将起到重要的作用。

啤酒行业：产量为5450万千升，比"十一五"末增长21%，年均递增4%；销售收入达到2000亿元，比"十一五"末增长55%，年均递增9%；利税400元，比"十一五"末增长50%，年均递增8.4%。

我国啤酒产量已经连续9年为世界第一，产量基数已经很高，因此今后的增幅将逐级变小，增量相对稳定；但是我国又是最大的啤酒消费国，随着农村市场的快速崛起，随着多元化、多品种、个性化等特色啤酒的开发，随着国际化、高端化啤酒比例的提高，啤酒将逐步提高附加值产品比例，并积极开拓国际市场，仍然具有继续增加收入和利税的空间。啤酒基数大，同时工业化、规模化进程较快，现在我国已经成为世界上单个工厂生产酿酒能力全世界最大的国家。国内比较而言，相对发达地区的人均消费已大幅度超过世界平均水平，甚至超过一些啤酒消费大国，近两年也逐步向消费"洼地"倾斜。"十二五"提高产品技术含量的同时，中小型企业全面转向生产风格独特、个性突出的产品，形成市场互补。

黄酒行业：产量为240万千升，比"十一五"末增长79%，年均递增12%；销售收入达到230亿元，比"十一五"末增长1.2倍，年均递增17%；利税40亿元，比"十一五"末增长1.4倍，年均递增19%。实际上，我国黄酒社会量已近200万千升左右，由于传统作坊式生产的小企业较多，产品单价较低，所以按国家规模划分，统计数为134万千升，规划量也按规模以上确定，预计全社会平均"十二五"增长为9%～10%。

相比之下，黄酒是最具卖点的产品，其养生保健功能逐渐为消费者所认知，消费趋势明显提升。比较2005—2010年，黄酒产量增长了168%，年均增长了33．6%，是各个酒种中增长比例最高的行业。黄酒行业"十二五"的重点必须放在创新上，在产品、定位、营销、文化各方面下大力气创新，使这一最古老的酒种与时代发展相适应。提高产品科技含量和现代文化元素：以提高产品附加值和拓展消费区域。因此，只要黄酒企业进一步加大宣传力度，打破区域羁绊，开发和推广符合当代饮酒潮流、适应广大消费者需要的低度清爽型黄酒和特型黄酒，力求产品多元化和多样化，同时准确把握品牌定位，努力改善产品口感，继续增加出口量，消费空间和行业利润有望逐步提升。

葡萄酒行业：产量为220万千升，比"十一五"末增长100%，年均递增15%；销售收入达到600亿元，比"十一五"末增长85%，年均递增13%；利税120亿元，比"十一五"末增长88%，年均递增13%。"十二五"中葡萄酒重点关注：文化建设、区域化建设、准确的产品定位三个方面。目前，中国葡萄酒市场是外国葡萄酒文化强势的状态，我国自己的葡萄酒文化并未形成体系，同时葡萄酒行业诚信体系建设任务亦相当繁重，这些必然影响我国葡萄酒"十二五"发展的方向。世界葡萄酒产业过剩的状态现在并没有改变，在外国强势葡萄酒文化的推动下，近几年，进口葡萄酒迅猛增加，去年达到28.34万千升，其中2升及以下包装的为14.63万千升，而我国出口仅为0.14万千升。葡萄酒文化建设将是全面提高我国葡萄酒行业国际化地位必修的功课。

世界葡萄酒年人均消费水平为7升，发达国家达到40升左右，而中国年人均消费约为世界平均水平的6%。经过近几年的市场培育和文化推广，葡萄酒将越来越被消费者接受，国内市场对葡萄酒的消费总量将会逐步提升。相比2005—2010年葡萄酒产量的增长(153%)和年均增长幅度(30.6%)，本次《规划》的指标有所回落，是考虑到我国葡萄酒行业在推广和普及中档葡萄酒和佐餐酒时，其利润空间有限的原因。所以，葡萄酒行业应加大产品结构调整力度，科学调配高档、中档葡萄酒与佐餐葡萄酒合理的产品比例，实现品种多样化发展的产品结构。虽然近几年我国进口葡萄酒平均价格散装的低于1美元／升，瓶装的也低于5美元／升，但受国外葡萄酒文化和进口酒市场定位的影响，国内葡萄酒产品市场定位奢侈品化倾向非常明显，国外名庄酒的神话、葡萄酒拍卖天价的纪录，淡化了葡萄酒正常佐餐饮料酒的本质，而靠名庄的概念带动不了中国葡萄酒产业的持续发展，回归正常佐餐酒定位，在发展高端产品的同时，扩大质优价廉的百姓佐餐饮用葡萄酒是"十二五"葡萄酒行业必要的选择。所以"十二五"规划中，葡萄酒产量增长大于厂值、利税增长，因为葡萄酒对原料的依赖性远大于其他酒种，其中也是含有让利于果农、让利于原料产业的因素。

果露酒行业：实现销售收入220亿元，比"十一五"末增长56%，年均递增9.3%；利税40亿元，比"十一五"末增长74%，年均递增12%。果酒业中单独企业较少，大部分为其他酒种企业的一个品种，现在产量约40万千升，销售收入141亿元左右。

受口感、消费习惯、地域特征的影响，果露酒消费量将继续保持现有的发展速度，但随着全国性品牌的增加，以及产品本身在感官、口味上的改良，其增长速度仍然有望得到提升。

酒精行业：产量为1200万千升，比"十一五"末增长45%，年均递增8%；销售收入达到950亿元，比"十一五"末增长84%，年均递增13%；利税70亿元，比"十一五"末增长60%，年均增长10%。

食用酒精随白酒产量的扩大将继续保持增长，工业酒精将随着国民经济的快速发展，保持较快的增长势头，燃料乙醇受国家政策影响，将形成以非粮原料为主的多元化格局。

需要向大家特别报告的是，在结构调整目标中专列了“规范中小企业产销经营，拓展中小企业生存发展空间，达到大中小酒企和谐发展”一段。按照国家“十二五”规划纲要大力发展中小企业，促进中小企业加快转变发展方式的精神，促进中小企业发展也同样要列入酒行业的日标任务之中。

酒行业的特点一直是企业数量多、分散性大，仅白酒企业就有两万家左右，国家白酒生产许可证获证企业中，10人以下企业1569家，10～30人企业2464家，30～50人的企业1675家，合计占总数66.77%，不规范小企业一直是行业资源利用率不高、环境影响大、产品质量和安全隐患人等问题的根源之一。但中小企业在国家社会发展、增加就业、提高社会发展总体水平、强国富民各方面起到重要甚至决定性的作用，酒类中小企业的规范发展是全行业真正实现新型工业化、全行业整体水平提升的基础。“十二五”期间我们也要力所能及的推动中小企业结构调整，提升专业化分工水平，引导中小企业集群发展，提高创新能力和管理水平，鼓励中小企业研发特色突出的酒类产品。在拓宽融资渠道方面，我们首先得到华夏银行的支持，将开展企业原酒抵押贷款的渠道。

四、关于中国酿酒产业“十二五”规划的主要任务

在确立了指导思想、明确了发展方向、树立了主要目标的基础上，《规划》对“十二五”期间的产业发展任务进行了具体解析，确定了下一步工作的重心和重点，即：培育龙头企业，构建产业集群，提升品牌竞争力；调整产品结构，提高产品质量，转变增长方式；加大科技投入，增强自主创新能力；加强产业标准制定，完善食品安全保障体系；倡导清洁生产低碳发展，完成节能减排目标；重视人才培养，加快信息化建设；倡导社会责任，建设诚信体系，构建良好市场秩序等七个方面。

这些任务的明确，涉及到整个酿酒产业发展的方方面面，涵概了酒类产品从田间到餐桌的每一个环节，既有行业内部管理体系的建立健全，又有产业链的外延和融合，既有科技创新的提升，又有品牌竞争力的彰显。可以看出，《规划》所提出的这些基本任务，都紧紧围绕了保增长、扩内需、调结构，满足各族人民物质文化和精神文化需求的产业发展主题，其出发点都是为了满足全面建设小康社会对酿酒产业发展的需求，实现促进我国酿酒产业又好又快发展的基本目标。

实现这些目标，对于我们酿酒行业的每一位干部职工来说，都是一个考验和挑战，都需要我们在今后的工作中付出更多的努力。尽管如此，我们依然看到，未来的中国经济将继续保持高速增长的态势，未来的中国酿酒产业将充满希望和期待。随着我国市场经济秩序的不断健全和完善，中国酒类行业的形势是良好的，只要我们始终不渝地坚持科学发展观的指导思想，深刻领会国务院《食品安全重点工作安排》的核心，认真贯彻执行国家有关食品安全的方针和政策，树立信心，大胆创新，扎实工作，锐意进取，中国酿酒产业“十二五”规划的宏伟目标就一定能够实现。中国酿酒产业的未来之路就一定会越走越宽广！

茅台"十一五"工作回顾

刚刚过去的五年，是茅台集团发展历史上极不平凡的五年。

五年栉风沐雨。五年来，面对惊涛骇浪的国际金融危机，面对日益加剧的行业竞争形势，面对各种自然灾害的严峻考验，茅台沉着而从容，前进的步伐势不可挡。

五年再创辉煌。五年来，企业各项经济指标屡创新高，企业总资产不断突破，企业综合实力显著提升，企业影响力空前加强，创造了一个个发展奇迹。

五年人企共进。五年来，广大员工在收入分配、教育培训、子女就业、社会保障、文化生活等方面充分享受到企业高速发展的成果，员工幸福指数明显提高。

五年引领潮流。五年来，茅台酒及系列酒消费群体呈井喷态势涌现，带动全国白酒行业刮起了"酱香旋风"，推动了整个白酒产业的发展，国酒地位日益巩固。

五年彪炳史册。五年来，茅台以人为本，科学发展，创造了巨大的经济效益和社会效益，推动了地方经济社会的全面发展。一个管理先进、环境优美、效益卓著、社会贡献巨大的现代化企业正在美丽的赤水河畔乘势崛起……

这五年，是思想大解放、观念大更新、经济指标大增长、企业规模大扩张、企业管理大加强、企业结构大调整、企业改革大深化、人力资源大发展、市场建设大突破、生态文明大增强、对外投资大扩展、科学研究大深入、文化影响大彰显、党的建设大推进、品牌形象大提升、员工收入大提高、各项工作大繁荣、企业和谐大发展的五年。

一、高歌猛进展豪情，经济指标大增长

"十一五"期间，我公司主要经济指标保持了较快的增长幅度。茅台集团共计实现白酒产量205952吨，较"十五"期间增长107%，年均增长14.68%，其中，茅台酒基酒产量105680吨，较"十五"期间增长113%，年均增长17.98%；葡萄酒产量14503吨，较"十五"期间增长4175.3吨，年均增长39.15%；啤酒产量215579吨，较"一五"期间增长57%，年均增长15%。白酒销量164050吨，较"十五"期间增长111%，年均增长14.41%；实现销售收入（含税）551.44亿元，较"十五"期间增长230%，年均增长25.94%；实现利税404.30亿元，较"十五"期间增长294%，年均增长31.16%；实现利润277.86亿元，是"十五"期间的四倍，年均增长30.84%；上缴税收209.2亿元，较"十五"期间增长222%，年均增长22.60%。"十一五"期间，共计投入建设资金49.9亿元，新增茅台酒产能10000吨。

"十一五"以来，茅台集团人均利润率、人均利税率等主要经济指标高居行业榜首，企业创造了行业18%的利税、11%的税金，贵州酿酒行业95%的税收。"贵州茅台"股票一直表现强劲。五年来，企业人均创利税达309万元，资产负债率为21.84%，企业总资产增长3.16倍。

五年来，职工收入由2006年的3.99万元增加到2010年的8.3万元，年均增长21%；职工居住环境大大改善，不少员工住房有"冬宫"、"夏宫"；轿车广泛进入普通员工家庭，员工现拥有轿车3500辆；社会保障及医疗保险制度进一步完善，为员工提留保险金额达11亿元，基本做到了应保尽保。

二、凝心聚力促发展，企业规模大扩张

五年来，公司坚持不懈地实施"发展壮企"战略，不断做大做强主业，新建投产茅台酒生产能力10000吨；新增五个制酒车间，两个制曲车间；建成投产年包装2万吨的新包装车间和年生产能力上万吨的低度酒车间；新建了茅台酒大型勾兑罐群；新增储酒能力5万吨；新建5台20吨锅炉；累计完成投资49亿元。301车间、201车间改制建厂；茅台循环经济科技示范园得到了国家发改委专项资金1000万元支持，第一期工程已顺利投产。

五年来，公司本部占地面积由3411亩增加到5000余亩，建筑面积由113.62万平方米增加到近300万平方米；企业总资产由105亿元增加到331.56亿元，在岗员工由6847人增加到12915人。当前，集团公司以贵州茅台酒股份有限公司为核心企业，拥有全资、控股、参股公司30余家，集团化规模不断提升。各子公司立足自身战略定位，取得了长足发展，对集团公司的利税、资产贡献等指标逐年攀升。

三、追求卓越谋长远，企业管理大加强

五年来，公司坚持不懈地实施"管理固企"战略，不

断引进先进管理思想和方法，通过一系列的管理创新，企业管理体制、经营机制发生了较大变化，企业运营效率大大增强。

首抓战略管理。战略决定成败，战略引导发展。“十一五”期间，公司针对不断变化的复杂形势，及时调整和修订战略规划，采取有力措施保证战略目标的实现。提前两年实现了百亿集团目标，茅台酒产量提前两年突破两万吨大关。结合内外形势，拟定了“三步走 三跨越”的中长期战略目标，制定了“十二五”发展规划。

狠抓质量管理。五年来，公司始终坚持“质量立企”。“质量第一”、“以质求存”和“质量四服从”原则深入人心。广大员工站在维护企业健康发展和茅台品牌形象的高度，始终坚持“崇本守道，坚守工艺，贮足陈酿，不卖新酒”的质量理念，以持续追求卓越的精神不断提高产品质量、服务质量和工作质量。加强了食品安全体系管理，切实履行了食品安全承诺。大力推广QC活动，并广泛应用于生产实践。五年来，累计注册QC小组1250个，参加人数达10000多人次。25个QC成果分别获得全国、行业和省级表彰。

稳抓财务管理。五年来，公司不断健全财务制度，加强以资金管理为核心的财务管理，加强经济活动分析，不断优化财务结构，不断改善财务状况，提高资金使用效率，控制成本费用，提高了企业总体创利水平和经济运行效率，降低了风险，企业资产保值增值率保持在较高水平。

重抓体制机制创新。五年来，公司不断推进各项体制机制改革。股份公司成功完成股权分置改革；实施了企业法律总顾问制度；加强和完善了公司治理结构，引入了外部董事，优化了董事会结构，提升了董事会科学决策和内部监督执行的能力和水平。修订完善了三大标准及部门规章制度，规范了管理体系建设，“六大体系”进一步整合，通过了全国质量管理奖复评等各项认证。设立了特级班组评选制度，推进了班组管理整体水平。大力推广应用5S、7S管理、6西格玛管理、精细化管理、敏捷型管理等先进的管理方法；机关推行了大部门制，销售公司推行了大片区制，生产车间实行了片区管理，决策更加有效，执行力不断加强。

大抓品牌管理。实施品牌战略，狠抓品牌管理，加强了品牌的清理整顿管理力度，出台了《贵州茅台酒厂集团品牌管理办法》和一系列措施。进一步完善了专用茅台酒开发制度，制定了《封坛酒管理办法》；规范了个性化品牌和区域品牌开发管理，坚决淘汰不符合公司规定的个性化品牌和区域品牌；规范了产品广告宣传用语；理顺了价格体系。加强了子公司企业名称、品牌及产品的规范力度，规范了子公司的专卖店和形象店；建立健全了子公司产品的审批程序。加大了商标、专利的注册和保护力度，目前公司拥有国内商标297件，国外商标128件，中国驰名商标4件，贵州省著名商标9件。

常抓安全管理。坚持“安全第一，预防为主、综合治理”的方针，深入开展“安全三项行动”，扎实推进“安全三项建设”，切实落实两个安全主体责任，坚持“谁主管，谁负责”、“谁在岗，谁负责”的原则，加强领导、强化责任、深化隐患排查与整治，加强了社会治安综合治理，有效减少了安全事故的发生，持续确保了“二零三低两个100%”安全生产目标的实现。

四、人企共进聚民智，人力资源大提升

五年来，公司坚持不懈地实施“人才强企”战略，大力实施《人才强企计划》，不断健全以品德、能力和业绩为重点的人才评价、选拔任用机制。不断建立学习型企业，将人力资源转化为人才资源。不断发现、招聘、培养各种人才，大力进行人才储备；努力做到人尽其才、才尽其用，实现员工与企业的同步发展。

用工制度改革方面。实行了以录用短期临时合同工为主体的用工改革。理顺了公司各类劳动关系，废止“生产协议工，车间临时工，宾馆、环卫临时工”等用工称谓，统一为“劳动合同工”；对全公司53个单位进行了岗位测评，定员、定编、定岗；不断完善劳务派遣制度，节约了用工成本；用工来源逐步采取面向社会公开招录，共招录了871名大学生充实到生产一线，员工整体素质明显提升。

人事制度改革方面。逐步完善了中级管理人员“两年一聘”和“末位淘汰”制；推行了中级管理人员试用期制和任前公示制；加强了对一般管理人员的考核管理；进一步加强了人才储备，推行了见习助理制度；完善了职称评聘和考核机制；初步建立了员工成长“三通道”。

分配制度改革方面。进一步完善了薪酬制度，打破了原有的等级工资制，实行岗位工资、绩效工资、年功工资和资质工资，工资分配更加合理，增强了企业抵御风险的能力；对一般员工实行岗位绩效工资制，中级管理人员实行准年薪制；在制酒车间、销售公司、投资公司等部门实行了单项风险承包责任制；各子公司实行了领导班子年薪制；不断完善《工资管理实施办法》，实行绩效工资二级分配，进一步增强了员工积极性。

加强员工教育培训，成立了茅台学院；坚持与高校联合办学，采取多种形式加快人才培养；狠抓“三基”教育，强化“三层”培训，大力培养制酒、制曲、勾兑、管理等各类技术技能人才，为公司的跨越式发展奠定了坚实

的人才基础。五年来，累计投入员工教育培训经费2770万元，举办各级各类培训1397期，培训员工约十万多人次，培训率达102%；目前，管理岗位中获得各类技术职称的有1164人，占管理人员总数的66%；生产及辅助岗位中获得专业技术职称的有2061人，占员工总数的22%；拥有大专以上文化程度员工2270人，占员工总数的20.3%，本科以上学历员工占员工总数的11.6%。拥有研究生以上学历的员工有17人。

五、八个营销赢顾客，市场建设大突破

五年来，我们坚持以市场和顾客为中心，视消费者为上帝，大力实施“八个营销”，建立了独具茅台特色的市场营销模式。

营销理念不断提升。率先在中国酒界提出的“文化酒”、“健康酒”理念，由争论到共识，有力推动了茅台自身的发展，极大地促进了行业营销方式的转变。坚持亲商、安商、助商，统筹兼顾国家、企业、经销商、供应商、消费者、投资者等多方利益，不断追求和谐共赢。五年来，不断丰富提升“八个营销”理念，深度实践“八个营销”，取得了显著成绩。

在工程营销上，努力培养酱香型白酒消费群体，拓展酱香型白酒在市场中的份额和影响力，引导了酱香型酒消费潮流；在事件营销上，始终站在“国酒”的制高点，参与各种重大的政治、经济、社会文化等事件，强化茅台在重大事件中的影响力，如2008年北京奥运会，2009年建国60周年庆典、2010年上海世博会等，国酒茅台都推出了纪念酒，取得了非凡的市场反响；在文化营销上，不断研究、传播、渗透国酒文化、健康文化、诚信文化、社会责任文化等系列茅台文化，提升了国酒茅台的文化影响力。2010年上海世博会，公司推出了五大系列82款纪念酒，东方文化与世博文化交相辉映，书写了新的传奇；在服务营销上，坚持“行动换取心动，超值体现价值”的服务理念，注重服务创新，加强了客户关系管理和亲情服务；在网络营销上，坚持把最好的经销商嫁接到茅台的营销网络上来，现已建成一个自成体系、基础巩固、运行灵敏的国酒营销网络体系。同时，建立网上商城，网上销售已取得较好效果；在感情营销上，坚持和创新“八一”慰问活动，在行业内首创“军企共建”模式；充分利用各种平台，不断加强与党、政、军、企业、团购客户的沟通交流，邀请茅台酒忠实消费者、社会名流、书画名家、作家诗人等知名人士到茅台参观、考察，感知国酒文化，加强感情沟通，增进情谊，使之成为消费茅台的“回头客”。在诚信营销上，坚持“百年老店，百年信誉”至上的原则，通过诚信宣誓、签订诚信协议，公示经销商名录等措施，做到质量诚信、价格诚信、经营诚信、推介诚信；在个性营销上，重点开发符合当今人们求新、求异、求变的个性化消费潮流的产品，推出了孔子纪念酒、“十二生肖”酒、中国企业家酒等新产品，在市场上引起强烈反响。

营销战略不断推进。不断深化品牌战略、文化战略、差异化战略，实现品牌的健康、可持续发展。着力提升客户对茅台产品和文化的价值体验，着力打造茅台品牌优势，不断提升品牌价值，品牌知名度、美誉度、忠诚度不断增加。产品市场占有率、顾客满意度不断提高，2010年，顾客满意度达88.9%。

营销网络不断健全。统筹国内国外两个市场共同发展，构建了独具特色的茅台营销网络。目前，国内国酒茅台共有客户1383家，其中经销商293家，专卖店956个，专卖柜7个，个性化客户132家，团购客户148家。国外（境外）代理商45家，市场覆盖亚洲、欧洲、美洲、大洋洲、南部非洲及中国重要口岸的免税市场，茅台酒的国际市场营销网络逐步形成。出口创汇逐年攀升，2010年达到6700多万美元。建立在互联网基础之上的“网上商城”，形成了以实体网络为根本，虚拟网络为突破，信息、资金快速流动的销售通道系统。

文化影响不断彰显。茅台酒厚重的历史和深厚的文化内涵历久弥新，使其成为当之无愧的中华“文化酒”典型代表。五年来，我们加强了对“茅台酒为什么是国酒”、“茅台是什么”、“茅台酒为什么喝出健康”等的宣传，努力引领消费潮流，构筑独特、先进的国酒文化体系，极大地提高了国酒茅台的知名度、美誉度，极大地提升了国酒茅台的文化影响力。

产品结构不断调整。不断开发适应国内外市场需求的个性化品种，拓展酱香型白酒在市场中的份额和影响力，进行了多档次、多品牌、多规格的产品开发。2006年来，开发区域性系列酒9款、专销酒11款、专供酒236款、总经销品牌20款。公司现有417个产品规格，形成了较为合理的高、中、低端梯次“茅家军”阵容。

营销管理不断加强。进一步加强营销制度建设，加强市场监管，切实维护茅台酒及系列酒价格体系，维护市场秩序。进一步加强市场调控，合理配置市场资源。进一步加强营销网络管理，夯实营销基础，追求卓越和争先创优，开展争创品牌片区、“六好营销员”活动，加强了营销管理。

打假保知不断突破。不断加强打假队伍建设，现有专职打假员79人。大力实施“七个打假”，不断净化市场环

境。不断提高防伪水平，三次升级换代防伪技术。形成了国家执法部门关注，社会各界支持，公司内部齐心协力的全方位打假网络。五年来，查获假冒贵州茅台酒335.5吨，假冒系列酒47.9吨，各种侵权酒168吨，各种假冒包装材料212.1万件，端掉制假窝点433个，刑事拘留犯罪嫌疑人707人。

营销队伍不断发展。不断加强营销队伍建设，进一步提高营销人员素质，强化服务意识，做好服务工作。引导片区和营销人员努力做市场的强者、智者和创新者、开拓者。现有茅台酒营销人员288人（含本地营销员），销售片区由8个发展31个，9个驻外公司，2010年成立了9个大区。

各子公司立足自身实际，采取各自的营销策略，在激烈的行业竞争中占据了一席之地。

六、节能减排重责任，生态文明大推进

五年来，公司坚持不懈地实施“环境护企”战略，牢固树立“生态文明”理念，强化生态环境保护，切实推进环境友好型和资源节约型企业建设。“十一五”期间，集团本部厂区新增13.4万平方米绿化面积，共投入资金8114.3万元。新区绿化率从2006年的28%提升到40%，整个厂区绿化面积达到20%，在环境建设中主要以国酒文化为背景，使厂区绿起来、亮起来、美起来、彩起来、文起来、撑起来，向着生态型、文化型企业迈出了坚实的一步。

五年来，公司共投入资金34385万元，完成了新老厂区污水综合治理管网建设，生产、生活污水全面达标排放；投入500万元建成201厂污水处理系统；协助地方政府开展赤水河流域环境整治工作，补偿1800万元取缔了五马河流域202家手工造纸作坊和二家造纸企业；预付茅台镇环境整治资金4.3亿元，目前，已完成了4号地块和7号地块的拆迁工作；锅炉烟气脱硫除尘设施逐步安装，降低了烟尘和二氧化硫排放；全面实施厂区空气质量监测，厂区空气质量处于二级标准（良好），各类污染物排放指标均符合国家环保要求。

在节能减排方面，坚持提高资源利用率，实现经济与资源、环境的协调发展。不断加强管理，改进设备设施，大力开展节水、节电、节气、节煤等节能工作。“十一五”期间，茅台酒生产综合能耗平均每年下降3%以上。

七、多元发展兴伟业，对外投资大发展

“十一五”期间，公司坚持“一品为主，多品开发，做好酒的文章；一业为主，多种经营，走出酒的天地”的战略定位，逐步对已投资项目进行清理和规范，完善了投资管理办法，加大了对外投资管理力度。对收益较好的金融、证券等项目进行了增资扩股，逐步涉足房地产、酒店等行业；在贵阳、北京购买了楼盘，打造茅台标志性建筑；对能源性、资源性产业进行了投资前期的可行性调研分析；加大了对增加员工财产性收入的项目投资。到2010年，投资公司接受托管投资项目总额7.1亿元，投资净额12.4亿元，投资绝对值增加5.3亿元，增长36.22%。五年来，实现对外投资收益8.6亿元。

八、科技兴企求跨越，科研信息化大提高

大力推进技术创新机制建设，为技术创新工作搭建良好平台。继2005年在全国设立“茅台科研基金”之后，2006年初，公司与贵州省科技厅联合出资1000万元设立了“贵州茅台科技联合基金”。成立了“贵州茅台（白酒）检测实验室”，并获得国家认可。“十一五”期间，公司累计投入近2000万元，用于引进先进技术，改进科研设备设施，在研发能力、技术水平、人员素质、思想观念上都得到全面提高。

结合技术创新方向，不断充实科研队伍，加强科研人员培训。目前，茅台集团拥有白酒行业最强大的评酒团队——酿酒大师3人，国家评酒委员8人，特邀评委4人，高级评酒师13人，省级评委47人。

“十一五”期间，公司开展了国家项目“白酒风味物质研究平台建设”，获得国家补助资金300万元，得到了“国际先进”的评定意见，填补了公司在省级科研成果鉴定方面的空白；开展了白酒品质及食品安全保证体系关键技术研究及应用项目，为食品安全工作提供技术支撑；实施了茅台地域微生物研究项目，建立了茅台酒地域环境与生产环境微生物菌种库；持续开展茅台酒传统工艺的研究，初步得出了三大类主要微生物的消长规律，揭示了不同类别的微生物在高温堆积发酵过程中的变化趋势；开展了茅台酒生产过程功能菌的选育培养及生长代谢初步研究。

“十一五”期间，公司加大了信息化建设投入，大力开展信息技术的应用，加快信息技术向传统产业的渗透，用信息化提升传统产业水平，加快了传统企业的现代化进程。五年来，公司共投入信息化建设资金11650万元。完成了5000门程控电话扩容改造及全公司骨干光纤布放，建成了覆盖整个公司10000MB骨干网络光纤系统。建成了涵盖生产、营销、财务、人事、行政办公、信息宣传、安全监控等主要业务管理信息系统；建成了GPS全球定位车辆监控系统；开展了营销网络视频专控系统建设，初步建成了“数字茅台”专网平台；建成了数据灾备存储系统，实现了业

务级的同域灾备；开发了信息编码体系，为实现精细化管理打下了基础。当前，茅台信息化建设处于行业领先水平，引领了信息化建设和技术应用在传统产业中的推广和发展。

九、文化扬企上台阶，文化软实力大彰显

五年来，公司坚持不懈实施“文化扬企”战略，不断改革文化管理体制，不断挖掘茅台文化底蕴，丰富茅台文化内涵，提升茅台文化品味，拓展茅台文化影响力、辐射力和凝聚力。理顺了文化管理渠道，建立了文化管理档案，开展了企业文化宣导，发挥了企业文化的导向功能、激励功能、教育功能、约束功能，让企业价值理念为全体员工、经销商和其他相关方所共享。五年来，坚持每周一和重大节日举行升国旗、唱国歌、升厂旗、唱厂歌活动，确立了国酒茅台理念系统，三次修订《企业文化手册》，颁布《员工手册》，编辑出版《企业文化故事集》，“二刊一报一台”等传媒不断提升品位质量；充分利用北京国酒茅台文化研究会、香港茅台之友协会等高层次文化平台的辐射功能，加大了国酒文化的传播力度，国酒文化理念广为传播，提升了企业文化软实力。

广泛开展各种形式文化知识竞赛，努力使全体员工基本文化权益得到更好保障，企业文化生活更加丰富多彩，廉政文化更加广泛深入，员工精神风貌更加昂扬向上。近年来，企业文化知识竞赛、演讲比赛、辩论对抗赛、歌咏比赛、普通话大赛、书美影大赛等各种赛事不断，“送文化下车间”和各种文化演出活动异彩纷呈；知名文学家、书画家、艺术家采风献艺络绎不绝；职工运动会和茅台艺术节交相辉映；茅台酒节、建国60周年庆典、茅台酒荣获巴拿马万国博览会金奖90周年等大型庆典活动催人奋进……员工喜闻乐见的精神文明建设活动越来越吸引员工参与，满足了员工求知、求乐、求发展的需求，加强了员工之间的沟通交流，营造了团结和谐的企业环境，增强了员工的主人翁意识，企业的凝聚力和向心力不断增强。

十、和谐旺企惠民生，各项工作大繁荣

五年来，坚持不懈实施“和谐旺企”战略，加大了物质文明、政治文明、精神文明、生态文明建设力度，努力构建“酒香、风正、文明、和谐”的社会主义新型企业。

切实加强党建工作。扎实开展了“深入学习实践科学发展观”、“党的基层组织建设年”、“忠实践行宗旨，勤政廉政为民”、“争先创优”等一系列活动，加强了思想政治工作，建立了保持共产党员先进性教育的长效机制，充分发挥党组织的政治核心作用，进一步增强了各基层党组织的凝聚力、战斗力和为员工群众服务的意识。

加强党风廉政建设。全面贯彻“标本兼治、综合治理、惩防并举、注重预防”的方针，建立健全了教育、制度、监督并重的惩治和预防腐败体系；强化了社会公德、职业道德、家庭美德教育，开展了廉政文化建设活动和反商业贿赂专项行动，开展了“小金库”专项治理活动，进一步健全了党风廉政建设制度和效能监察制度。

群众性经济技术创新活动有序开展；“五五”普法、计生工作成效显著；民主管理不断深化，厂务公开向纵深发展。始终坚持“权为民所用，情为民所系，利为民所谋”，真正做到想员工之所想，急员工之所急，时刻关注员工切身利益，切实解决员工关心的热点、焦点、难点等实际问题。设立了“员工互助合作基金”、“115国酒员工爱心基金”，共资助困难员工500多人次，发放补助资金180多万元。

积极履行社会责任。五年来，公司上下积极开展爱心帮扶和社会捐助活动，累计向社会捐助3.9亿元。其中，出资3934万元捐助汶川地震灾区，出资2191.6万元成立“心基金”，出资500万捐助青海玉树地震灾区，出资1300多万元捐助西南特大旱灾，出资370万元捐助贵州省困难企业职工等等，彰显了茅台人强烈的社会责任感和博爱无私的情怀。加大工业反哺农业力度，引导仁怀市及周边地区发展特色农业，带动地方经济发展。仅种植高粱一项，就使当地农民人均每年增收数百元。自2009年以来，公司连续两年在人民大会堂向社会公开发布企业社会责任报告，向外界树立了良好的企业公民形象。

在充分肯定成绩的同时，我们也要清醒地看到，企业内部还存在一些突出的问题。主要表现在：一是思想不够解放，观念不够创新，少数员工小富即安、小胜即欢，少数管理人员瞻前顾后，迈不开步子，甩不开手臂；二是经济总量小，整体环境弱依然是我们的厂情，与国外帝亚吉欧、保乐力加等国际酒业巨头差距很大，与国内同行业主要竞争对手比，经济总量依然偏小。且我们的生态环境还较脆弱，市场竞争环境不容乐观，原辅材料环境需进一步加强，能源环境、交通环境、税收环境等弱于竞争对手。三是虽然公司主业保持着跨越式发展的良好势头，但“六个统筹”协调发展还有差距，子公司综合竞争能力和生存能力弱，行业地位和品牌影响力不强。四是竞争意识、市场意识和驾驭市场的能力有待增强，对市场的管理、对价格的控制，还有不到位的地方，对市场变化情况的反应不够灵敏；五是机关作风有待加强，部分管理人员的发展

意识、大局意识、责任意识、服务意识、忧患意识不强，执行力不够，部分机关部门办事效率低、工作节奏慢，权利私有化，部门、个人利益至上；掌控复杂局面、应对突发事件的能力不强，反应迟钝；存在着形式主义、享乐主义、不思进取、遇难而退等现象，还有一些人作风浮躁、急功近利、好大喜功，甚至弄虚作假，贪图享受，讲排场，比阔气，奢侈浪费。六是假冒侵权仍是困扰茅台发展的一个突出问题，公司内部品牌清理整顿工作有待加强。少数员工参与同业竞争，请人代班顶班，从事与本岗位有关联的第二职业。七是2010年度董事报告中部分目标任务没有如期完成。如开工修建多功能会议中心，启动老县府片区酒库以及中枢老怀酒厂员工住房建设和职工医院搬迁项目，成立财务公司、召开科技工作大会，全面启用RFID物流和防伪技术等等。

对于这些问题，我们要高度重视、认真对待，采取有效措施加以解决。

茅台“十二五”主要目标和任务

“十二五”时期既是公司可以紧紧抓住并且大有作为的战略机遇期，又是实现各项指标历史性跨越，使国酒人过上美好生活新期待的加速期；更是加速发展，加快转型、缩小与国内外竞争对手差距的攻坚期。公司全体员工要增强机遇意识、忧患意识和责任意识，增强使命感、责任感、危机感、紧迫感，坚定信心，求真务实，埋头苦干，敢拼敢闯，开拓进取，创先争优，使“十二五”时期成为公司改革开放以来发展最好最快的时期；成为调整经济结构，转变发展方式，综合实力快速提升，“加速发展、加快转型、推动跨越”取得重大突破的时期；成为公司全体员工美好生活改善最为显著的时期。

“十二五”时期公司发展的总体要求是：高举中国特色的社会主义伟大旗帜，以邓小平理论和“三个代表”重要思想为指导，深入贯彻落实科学发展观，深入贯彻落实党的十七届三中、四中、五中全会精神和省委、省政府的各项会议精神，解放思想，更新观念，紧扣科学发展的主题，围绕转变经济发展方式的主线，突出加速发展、加快转型、推动跨越的主基调，重点实施并推进新型工业化道路，大力提高经济总量，统筹集团各子公司协调发展。

“十二五”时期公司发展的主要预期目标是：到2015年，茅台酒生产达到4万吨，力争多一点；销售收入突破260亿元，力争多一点；利税指标突破200亿元。员工收入年均增长10%以上，单位生产总值能耗和二氧化硫、汽车尾气排放量控制在国家下达的指标范围内，全公司员工受教育程度明显提高，公司综合实力进一步增强，绿化、美化厂区，使环境保护更加有力，员工生活更加美好，使公司物质文明建设、精神文明建设、政治文明建设、生态文明建设、党的建设、廉政建设上一个大台阶。

强劲跨越铸辉煌 五年巨变起宏图

——湖北稻花香集团"十一五"跨越发展纪实

风正一帆悬，五年成巨变。

盛世之下，湖北稻花香集团抢抓机遇，强劲出击，在"十一五"期间交出了一份满意的答卷——

从2006年至2010年，稻花香的品牌价值增长了71.59亿元，增幅高达593.62%；在市场营销上，产品畅销全国28个省、自治区、直辖市；在发展战略上，从产业集群演绎成了堪称全国新农村建设典范的"农业循环经济"……销售收入从当年的15亿元，一步步跨越，到2010年实现销售收入73.16亿元。2011年，稻花香集团成为湖北省首家销售收入过百亿元的农字号企业。

在蔡宏柱的率领下，稻花香集团又好又快的发展，实现了由大到强、饮誉荆楚、名动中国。其辉煌成就与历史性贡献，不仅在白酒界具有里程碑意义，"稻花香现象"更在全国引起广泛关注。

规模跨越：综合实力不断攀升，从领军宜昌到中国白酒十强

稻花香集团是由董事长蔡宏柱一手创办的民营企业。回望和盘点稻花香的发展历程，我们发现，1992年，由村办小作坊变成年产千吨白酒的乡镇酒厂；1997年，变成年产万吨白酒县域酒厂；2003年，成长为年产3万吨白酒宜昌市大型白酒企业；2005年，成为年产5万吨白酒的湖北最大白酒企业集团。

随后，稻花香更驶入了跨越式发展的快车道，一跃成为中国大型工业企业、中国驰名商标。同时，由于"农业产业化循环经济"战略的确立和全面推进，稻花香"百亿"企业进入超常发展期。

从2006年至今的一组数字，就是稻花香集团跨越式发展的生动写照——

2006年，销售收入突破15亿元；

2007年，销售收入突破25亿元；

2008年，销售收入突破35亿元；

2009年，销售收入突破50亿元；

2010年，销售收入突破70亿元；

2011年，销售收入突破100亿元。

2011年，稻花香集团实现销售收入124.86亿元、创利税10.28亿元。

稻花香人不仅创造了一个白手起家的现代版商业神话，更以追星赶月的速度，谱写了创造机遇、超常发展的雄壮史诗。如今，稻花香集团的综合实力不断攀升，从宜昌领军企业变成了叫响全国的中国白酒十强、全国农业产业化重点龙头企业、中国大型工业企业……

稻花香超常发展的强劲之旅，处处以精彩着笔，每一步都气势如虹、石破天惊，尽显快速发展之美。

市场跨越：从"1+3"全国市场战略，到产品畅销全国28个省、自治区、直辖市

"市场是企业的命脉，舞活了市场，才能舞活整个企业。"蔡宏柱有句名言："市场不是百米冲刺，而是万米赛跑！"

稻花香人把对市场关注的目光放在市场战略、操作模式和促销方式的变革中，通过强有力的探索，实现了新的突破。

战略破局。在很长的一段时间里，白酒营销是"顺其自然"，跟着感觉走，多走了许多弯路，白白地消耗掉了一些宝贵资源，稻花香人对此深有感触。近年来，稻花香人在市场开发上，从"全国市场攻略"到"金网工程"；从"1+3"市场战略到营销的"红色行动"，构筑了"以宜昌、武汉为中心的湖北本土市场为根据地，以'长三角'、'珠三角'和'京津唐三角'为主战场"的战略格局，从而实现了"一年开发一个省，两年成功一个省"的营销胜利。

模式破局。白酒营销模式千变万化，会议招商、展会招商、广告招商、"零风险"经营等等模式让人眼花缭乱，随着时代文化的变迁，必须突破在酒店、商超、便利店、名烟名酒店等终端售点上悬挂红灯笼和与酒店特色菜肴捆绑宣传的旧经营模式，进行渠道嫁接，策划集体活

动，创新营销通路。目前白酒“定制营销”大行其道，对于陷入营销困局的中国白酒企业来说，不失为一种破局制胜的好方法，成为营销发展的一种新趋势。

促销破局。对于白酒新品上市或在新市场开拓时，要么是内容创新，要么是形式或概念上的创新，才能快速激发酒店终端氛围，激活区域市场。

近年来，稻花香集团策划、开展了一系列促销和宣传活动，扩大产品的市场占有率，增加品牌的知名度，在稳定强势市场的同时，努力发展新市场，多渠道、多方式地全面开展营销活动。经过不懈努力，“十一五”期末，稻花香已完成六大核心市场向全国市场的扩张升级，国内市场综合占有率快速提高。稻花香酒业公司已建立了近50万的网络客户群；关公坊酒业公司形成以湖北市场为核心，向江苏、湖南、江西、重庆等省市辐射的市场格局。

稻花香敏锐觉察到市场需要转型、产品需要进一步升级，大胆改革，打破传统的市场网络模式，实行厂家分别与代理商、批发商、终端商构成三线直达关系，使市场网络由单线转向平面，由平面转向立体，进而形成以厂家为塔尖、以终端为塔基、以中间商为塔身的立体金字塔网络结构——稻花香“金网工程”模式的创立，不仅成为稻花香开疆拓土的法宝，也为现代营销理论的创新发展作出了贡献。

燎原全国的稻花香“红色行动”，更把稻花香的市场运作提升到战略层面。星火燎原、农村包围城市、求新求变求异、品牌制胜、集中优势各个击破的稻花香“五大商战兵法”，出奇制胜，所向披靡。

如今“金网工程”、“红色行动”已成为现代营销最锐利的武器。稻花香以宜昌和武汉为中心的湖北本土市场，加上“长三角”、“珠三角”和“京津唐三角”，稻花香已在全国28个省、自治区、直辖市拥有稳固市场……

品牌跨越：从“中国驰名商标”到“中国500最具价值品牌”，品牌价值飞速增长

与稻花香集团规模跨越相得益彰的是，“稻花香”的品牌价值也凭着过硬的产品质量和媒介传播，更是一品独香、饮誉荆楚、名动中国，其知名度、美誉度大大提升，品牌价值更是一路飙升……

自1992年“稻花香”酒横空出世后，品牌价值一路上扬。2004年，“稻花香”首次入选“中国500最具价值品牌”，2006年，被国家工商总局认定为“中国驰名商标”。随后，从12.06亿元、20.45亿元、35.45亿元到55.89亿元，“稻花香”的品牌价值一路飙升。2010年，“稻花香”的品牌价值达到83.65亿元。2011年，稻花香以140.71亿元的品牌价值入选“中国新八大名酒”。

“产品质量，是企业发展、品牌建设的基础和本源。”品牌总是与产品品质相依相存、共生共荣的。

稻花香在技术上着力构建了“三个领先”优势，即自动化生产管理系统领先，灌装、包装、入库系统领先，自动检测技术领先。早在2006年，稻花香就建成了中南最大优质白酒酿造基地，目前，稻花香基酒储备已达到5万吨，白酒年生产能力最高可达25万吨；其研发的白酒勾兑成型计算机集散控制系统、生产管理自动控制系统、白酒勾兑余量温度补偿装置和方法等，有效填补了中国白酒行业空白；公司建立省级科技中心和质量检测中心，从美国引进气相色谱仪、液相色谱仪、原子吸收分光光度计等设备，先进的技术、高端的检测设备，进一步确保了稻花香产品品质。

目前，稻花香集团已经集聚了稻花香、清样、关公坊、三麦、林酒等一批优势白酒品牌，打造了浓香型、兼香型、酱香型、清香型等白酒产品，建立新的产品竞争优势，满足了不同层次的消费需求。

稻花香全面质量体系的建设，提升了产品质量，为开拓市场打出了高品质的产品名片。目前，稻花香酒在国内业界名列前十强。先进的工艺技术装备、雄厚的研发实力有效地保证了产品质量，使稻花香酒已具有了国际市场竞争能力。

在打造中国白酒航母这一宏伟战略的驱动下，“稻花香”这一主打品牌一路高歌，迅速成为鄂酒的一面旗帜、中国白酒十强，成功跨越了一代名酒通常需要上百年才能走过的路。

战略跨越：从产业集群到“农业循环经济”，成就企业助建新农村的典范

2006年以来，稻花香更是不断实现战略跨越，从而迈向了新的高度。

稻花香集团成功实施金网工程后，又先后实施了“人才工程”、“凝聚力工程”，并以“金网工程”为主轴，先后发起“蝗虫行动”、“三寸行动”等一系列战役，使市场销售取得了辉煌战果。

2006年，稻花香集团再次跃向新的发展制高点，提出“打造百亿企业、创建百年品牌、带动百万农民致富”的“三百战略”，并确定“打造中国白酒航母”的宏伟目标。董事长蔡宏柱深知，要打造“中国白酒航母”、带领企业顺利完成升级蜕变，绝不能只满足于眼前的“一城一池”。当年，他很快又确立了新的理想：“151”，他的解

读是：抓好一个主业——白酒，新增5万吨商品酒，带动一批配套产业发展；"十一五"期末实现产值50亿元、利税5亿元；"一二五"期末实现产值100亿元，利税10亿元。

他心底一直存有一个梦想：让稻花香跻身中国白酒前五强，把龙泉镇建成中国的酒城。为了这个梦想，他要加快步伐。

就这样，5年100亿！蔡宏柱把进军百亿线路图整整缩短了一半！

瞄准目标，他创造性地提出了以农产品加工业（白酒）为龙头，向饮料产业延伸，向饲料产业拓展，向养殖和有机肥料产业扩张，向生物化工产业推进，构建了"五级循环"产业链，打造农业产业化循环经济，助建社会主义新农村的战略并付诸实施。

随着这一战略的全面推进，稻花香已建立起以三峡坝（库）区农村为基地、以周边县市及其它地区为带动和辐射区域的湖北省最大的农业产业化循环经济园。

这一战略创新，不仅为企业"以工哺农"提供了范例，也为农村经济改革发展提供了借鉴，影响巨大而深远，成了企业助建新农村的典范。

当选全国人大代表后，蔡宏柱很快提交了《关于将农业循环经济项目纳入新农村建设重点扶持的建议》，新华社对他进行了现场采访，并在全国新闻媒体播发通稿，引起极大反响。

央视"新闻30分"、新华网、人民网等30多家媒体相继予以播发和转载。《人民日报》还专门派出记者采访，指出这一建议在全国新农村建设上是一个创举！

同时，他深知中国企业成为昙花一现的泡影，原因就是没有百年品牌的脊梁——精神！正是带着这个问题，轰动业界和理论界的《稻花香精神论》著作问世了。在书中，蔡宏柱以企业战略家的眼光，高屋建瓴，从理论与实践的多个层面，诠释了"敢冒风险，自我加压，创造机遇，超常发展"这一稻花香精神的深刻内涵。

如今，"稻花香精神"已引起全国关注，同时成为稻花香"打造中国白酒航母"的坚强支撑和内在动力。

当今社会，政治经济改革波澜壮阔，民营经济渐渐成为中流砥柱，稻花香在中国经济建设的大潮中，在中国白酒百花齐放的背景下，无疑留下了最绚丽的一页。五年来，稻花香以一变十、以十聚百，以异常强劲的态势，实现了超常发展。

五年辉煌，五年巨变。如今，稻花香已成了宜昌企业界一面鲜亮的大旗，成了中国白酒界一颗耀眼的明珠。

拓展大产业 剑指500亿

——湖北稻花香集团"十二五"发展规划

"十二五"期间，是稻花香集团全面提升企业品牌、加快产品转型和上档升级、提高驾驭市场能力、拓展全国市场、高速发展的关键时期。

一、指导思想

以科学发展观为指导，高举"团结•效益"旗帜，加强企业文化建设，坚定不移走人才兴企、管理兴企、科技兴企、创新兴企、市场兴企、发展兴企、团结兴企、效益兴企的"八兴"发展之路，以白酒产业为核心，做大做强五大产业，加快"三百工程"进程，坚持"实施品牌发展战略，整合全国营销网络，提高驾驭市场能力，打造中国白酒航母"的发展战略不动摇，确保"十二五"期间"515"目标的实现。

二、总体规划

坚持以科学发展观统揽全局，以发挥企业规模效应、经济效益、强势产业、核心品牌为重点，增强骨干企业对配套产业的带动能力，推进农业产业化循环经济快速发展，形成强大的五大产业集团，即以白酒产业为核心，以配套产业为支撑，向物流产业发展，向房地产业推进，向能源产业扩张。

确保“十二五”期间“515”计划的实现，即做大做强五大产业，实现年销售收入500亿元、年创利税50亿元、集团成员企业达到100家、培育1家上市公司、争创5个驰名商标、进入全国500强。

三、总体发展思路

进一步优化产业布局。加快以白酒为主体的食品工业园建设。壮大食品产业集群，做大做优浓香型白酒，培育清香型、兼香型、酱香型白酒。加速酿酒规模扩建和白酒自动化包装生产线建设，加快园区环境建设，把稻花香建设成三峡食品工业旅游园。同时，加快发展物流产业，拓展包装工业园，大力推进农业产业化循环经济，做大做强房地产业等，努力打造绿色、天然食品生产基地和环境友好型企业。

全面推进企业现代化管理。以完善现代化企业制度，强化以人为本，规范管理机制为重点，树立现代化的管理思想，健全现代化的管理组织，完善现代化管理机制，完善信息管理系统，全面推进绿色、环保、安全管理理念，实施增产增效、增收节支，推进企业规范管理。

加速推进市场发展战略。坚持“金网工程”营销模式，以“深度分销，网络下沉，精耕市场”为核心思想，深化“红色行动”，全面推进“三个彻底化”；不断创新市场营销手段，着力推进市场信息管理，健全网络营销体系，培养高素质营销队伍，强化品牌服务意识；完成全国白酒销售市场布局，集中人力、物力、财力，到2015年，确保全集团实现白酒年销售收入120亿。

着力抓好人才队伍建设。建立以人为本的现代企业用人机制，着力搭建一个充满凝聚力和竞争力的平台。努力打造一支具备战略规划、组织指挥、具体实施能力的高层管理团队，一支具备实际工作能力，具有丰富工作经验的中层管理团队，一支具备高职业素养、能独当一面的销售团队，一支基本功扎实、熟悉和掌握本行业先进技术的专业团队。

扎实推进科技创新与发展。坚持引进、消化、吸收与自主研发相结合，高新技术产业化与传统产业高新化相结合，产、学、研相结合，信息化与工业化相融合的发展原则，致力于劳动密集型产业向工业自动化转变，传统产业向高新技术产业转变，传统管理向信息化管理转变，加速灌装系统自动化建设，快速掌握先进的酿造自动化、食品安全检测系统化、生产工艺管理信息化等先进技术，着重研发自主知识产权的核心技术，全面提高企业自动化装配水平和信息化管理水平，切实形成行业领先的技术创新实力。

全力推进品牌发展战略。深度挖掘品牌文化内涵，探索多元化品牌塑造模式，主动出击，积极做好品牌塑造、品牌保护、品牌延伸三篇大文章。“十二五”期末，拥有注册商标累计量达到300件以上，打造强势品牌集群，力争实现5件中国驰名商标。通过循环监测跟进、防御性注册、申报认定保护，切实保护商标专用权。建立“品牌预警系统”，积极向国外拓展，避免品牌危机事件。

加强企业文化建设。遵循企业文化建设的基本规律，坚持自上而下、循序渐进、全员参与、联系实际、突出特色、整体协调的原则，构建符合新时代需要、符合现代企业制度需要、符合稻花香长远发展需要的文化体系，打造高素质团队，不断提升企业软实力。

强化监督制约机制。充分发挥集团监事会、职工代表大会、监察部、审计部的职能作用，着力解决职能交叉、责任不明、监管缺位等难点，提升管理水平，提高管理效率，确保集团战略目标得到坚决落实。

辉煌"十一五"

——燕京啤酒集团"十一五"发展回顾

燕京1980年建厂，1993年组建集团。在发展中本着"以情做人、以诚做事、以信经商"的企业经营理念，始终坚持以市场为导向，以经济效益为中心，以调整产品结构、品牌结构、市场结构为效益增长途径，以"四个做强"、"六个创新"为方针指导，不断深化改革，努力完善适应市场经济条件下的企业新机制，确保了企业快速、健康、稳定、高质的发展。历经30年，燕京已经成为中国最大的啤酒生产基地之一，员工近4万人，啤酒生产企业40家，相关和附属产品企业7家。目前，燕京啤酒在全国市场占有率达到12%以上，华北市场50%，北京市场85%以上。自2005年以来，燕京已连续五年进入世界啤酒产销量前十名；连续三年进入世界啤酒产销量前八名，成为我国啤酒行业第一集团军中唯一没有外资控股参股的大型啤酒集团。用世界最大的啤酒饮料装备制造商德国克朗斯公司总裁宫喜德先生的话说，"燕京啤酒集团的发展是个奇迹，燕京用20年的时间跨越了世界大型啤酒集团100年的奋斗历程。"

从五年实际运营来看，燕京圆满完成"十一五"规划。2010年，啤酒产销量503万千升，比2005年增长60.3%；燕京四大品牌集中度90%，其中燕京品牌的占比提高到61%；销售收入144.20亿元，比2005年增长78.3%；利润总额10.52亿元，比2005年增长184.3%；无形资产245.23亿元，比2005年增长60.9%；资产负债率保持在40%以下。在"十一五"期间，燕京无论是资产总量、产业规模，还是创造效益水平均实现了大幅度提高，发展速度与质量较比十五规划期也有了很大的进步。此外，燕京股份公司总市值在2010年达到最高287.1亿元，年终收盘市值为230亿，是2006年年初46.8亿元的近五倍，说明燕京的发展获得了广大股东的认可。

一、产业规模扩大，全国性战略布局初步完成

在"十一五"期间，燕京充分利用自身的管理、品牌、资金、市场优势，认真遵循总体发展战略，坚持内涵式发展与外延式发展相结合，逐步完善全国市场战略布局，做大做强企业。公司先后在多地建新厂，对多个公司追加投资，进行扩建或填平补齐工程，并先后收购多家地方啤酒企业，使燕京啤酒在十七个省市拥有38家啤酒企业和2家原料基地，为燕京"十一五"规划顺利实现奠定了良好的产能基础，同时也使燕京整体竞争力得到提高。其中收购河南月山啤酒有限公司是燕京进军河南市场，完善全国布局的又一重大举措。另外，在新疆、赤峰两地建设2家麦芽生产基地，进一步降低了生产成本，有效防止原料供应商的垄断市场行为。

面对日益激烈的竞争形势，燕京按照"牢牢控制北京市场，不断扩大华北市场，积极开发全国市场，逐步进入国际市场"的市场开发战略，深入扩大五大优势竞争区域，积极培育新的市场增长点，取得了新市场格局下的新突破。在五大优势市场之一的北京市场，着力于产品结构调整与市场结构调整，顺利实现清爽啤酒向10度清爽啤酒的过渡，不断扩大燕京清爽型啤酒在北京及华北地区的主导地位，既维护了经销商、终端客户的商业利润，又提高了单一品种的产品效益。2010年北京市场总体销量达到了121万千升，超额完成北京地区"十一五"规划目标。而外埠市场整体推进步伐加快，全国发展战略布局已发生显著变化。在广西市场，燕京连年保持强势地位，啤酒产销量近百万千升，市场占有率提高到87%以上；在内蒙古市场，燕京包头雪鹿与赤峰公司两家企业市场占有率长年保持在75%以上；在福建市场和湖北市场，燕京品牌的影响力不断增强。"十一五"期间，除五大优势市场区蓬勃发展，多个市场实现重点突破，成为公司新的利润增长点。特别是两广市场整合后，强力促进了燕京在广东市场的发展。新疆市场迅速扭转局面，进入良性上升通道；山东市场作为燕京深入青岛腹地的战略性市场，大力进行品牌结构调整，取得了较大的成绩。

二、以奥运营销为主的品牌建设取得突出成效，品牌建设推向新高

作为北京奥运会啤酒赞助商，燕京实施了一系列品牌

宣传运作，提升了燕京品牌的国际化形象。为实现“以奥运促发展，以发展促奥运”的战略，提出了“感动世界，超越梦想，燕京啤酒，为中国干杯”的品牌主张。在产品经营上，按照“新北京、新奥运、燕京新形象”的战略目标，进一步优化生产工艺，加大产品结构升级换代步伐，不仅注入奥运元素，同时以消费者为本，提高啤酒风味一致性和稳定性。

2005年以来，燕京举办了多项品牌提升活动，包括赞助北京女排、支持奥运水上项目、为首都治安志愿者订做71万件服装、重奖中国水军、举办“饮燕京啤酒，看奥运盛典”活动等。“十一五”的后两年，燕京进入后奥运营销时代，先后赞助花博会、中国女足，并成为中国探月工程官方合作伙伴。一系列的大型营销活动，促进啤酒销售的同时，更重要的是提升了燕京品牌形象，打造出了一个具有自主知识产权和较强竞争力的知名品牌，实现了中国知名品牌向国际化品牌的有效提升。

三、股权分置改革圆满完成，资本市场融资能力提升

为全面贯彻国务院关于股权分置改革的指示精神，开创资本市场良性循环、健康发展的新局面，燕京于2006年上半年进行并完成了股权分置改革。同时，价值4.5亿元的“燕京转债”顺利转股。此后，燕京惠泉公司的股权分置改革工作也于2006年7月圆满完成。股权分置改革使燕京所有的大小股东做到了同股同权、同股同责、同股同利，也使燕京法人治理结构进一步完善，企业持续良性发展能力不断增强，在资本市场中树立了良好的企业形象。

为适应规模扩大的形势，公司先后多次从资本市场顺利实施再融资，为企业轻装上阵，战胜金融风暴奠定了良好的基础，也有效解决了发展中所需资金问题，同时最大化地降低财务成本。

四、科研中心迈上新水平，技术装备全面进步

燕京啤酒科研中心拥有世界领先水平的技术检测设备，一方面为促进科研水平的提升起到了重要作用，另一方面使生产工艺指标的控制完全达到了“CT和核磁共振”的水平，确保了产品质量的稳定和均衡。

“十一五”期间，燕京科研建设再获成果。公司开展了多项技术开发，成功开发10度清爽型啤酒，进行了无醇啤酒新工艺的调整、黑啤酒的酿造、冰啤纯生的制备，并承担国家及省部级多项研究项目。相继成功开发啤酒和相关副产品（饲料、酵母粉）的三聚氰胺检测方法、啤酒老化醛类物质的检测方法等多项检测方法，顺利完成富含黄腐酚啤酒的酿造技术。特别是燕京在全国率先实行矿泉水的绿色生产新工艺，用微孔过滤技术取代臭氧杀菌方式，使产品更加绿色、安全、健康，这项技术得到北京市技术质量监督局的充分肯定和赞扬。2010年9月，燕京“十一五”国家科技支撑计划项目——“国产啤酒大麦及麦芽质量控制体系的建立与应用”成功获得中国轻工业联合会科技成果鉴定，该项目整体技术达到国际先进水平。

目前，燕京拥有实用新型专利、发明专利和外观设计专利近230项，并于2007年获得CNAS国家实验室认可证书，2009年底通过CNAS专家组的现场评审，燕京啤酒股份有限公司被国家科技部认定为高新技术企业。

五、履行社会责任，开展节能减排，提高经济效益和社会效益

作为经济建设的主体单位，燕京较好地履行了社会责任。一是生产高质量的产品。长期以来，燕京坚持贯彻质量第一的方针，秉承 “以全优质量的取信于民，以独特的风味取悦于民，以诚挚的态度服务于民”的质量宗旨，倡导“实力打造精品，科技铸就名牌”的思想，发挥国家级科研中心的资源优势，不断提升产品品质，为消费者提供安全、健康、绿色的产品。二是坚持为股东负责，努力为股民提供良好的投资回报，积极构建与股东的和谐关系，使广大投资者充分分享企业经营成果。三是为国家多纳税。作为经济建设的主体单位，企业有责任也有义务为国家财政提供支持，创造更多的财富，这也是企业经营最重要的任务之一。2010年，公司上缴税金24.6亿元，为国家财政做出较大贡献。四是提供更多的就业岗位。目前，燕京集团就业人数近40000人，在繁荣地区经济的同时，解决了当地劳动力就业问题。五是大力发展循环经济、低碳经济、绿色经济，实现社会效益最大化。公司积极推进以节能降耗为重点的设备更新和技术改造，加快淘汰高耗能、高耗水、高耗材的工艺设备，根据实际情况，进行集成式创新和自主创新，并且通过在集团内营造学习先进企业经验的氛围，推动集团能源消耗总量明显下降。2010年集团综合能耗达到65.24千克/千升，其中北京区内企业截止到2010年，已经超额完成了北京市发展和改革委员会下达的“十一五”期间“实现节能3.04万吨标准煤，万元产值能耗为0.49吨标准煤”任务指标。

六、企业文化建设再结硕果

"十一五"期间，公司不断加强企业文化建设，积极倡导"尽心尽力的奉献精神、艰苦奋斗的创业精神、敢打硬仗的拼搏精神、顾全大局的协作精神、为厂分忧的主人翁精神"的五种燕京精神，坚持"以情做人，以诚做事，以信经商"的经营理念，坚持"以全优的质量取信于民，以独特的风味取悦于民，以诚挚的态度服务于民"的质量宗旨，坚持"改革是根本出路，管理是永恒主题，创新是企业灵魂，顾客是衣食父母"的办企方针，逐步建立了新型的人才激励机制，进一步完善了燕京独具特色的企业文化。

"十一五"期间，燕京的整体形象宣传上也有了质的提高。燕京再次被列为中宣部重点宣传的十家企业之一，先后三次与中央电视台高端品牌栏目合作，包括"想挑战"、"同一首歌"、"欢乐中国行"等节目，从不同侧面展示了燕京多年来的发展历程，全面体现了30年来燕京改革开放所取得的成果，展示了中国民族啤酒工业的新形象。

实践证明，燕京长期坚持的"振奋民族精神，发展民族工业，争创民族品牌"的战略方针是正确的，也是成功的。"十一五"期间，燕京获得前所未有的发展，取得了令人可喜的成绩，产业规模进一步扩大，整体竞争力不断增强，经济效益实现较快增长，不仅较好地保持在中国啤酒行业的优势地位，而且在世界啤酒行业具有较强的影响力。同时，燕京的团队得到锻炼，企业文化获得丰富，这些都为燕京实施下一个五年规划，进一步做强做大奠定了坚实的发展基础。

审时度势，展望未来

——燕京啤酒集团"十二五"规划

"十二五"时期，我们所处的发展阶段、面临的发展环境、面对的发展要求都有了很大的变化，各方面的环境更加复杂，发展标准更高，规划的约束更强，市场竞争更加激烈。

大的宏观经济环境方面，"十二五"期间，我国面临着复杂多变的宏观经济环境。从外部环境看，国际金融危机的影响难以完全消除，全球经济复苏增速放缓，世界经济步入后国际金融危机时期，进入新的调整。其间，全球经济较大可能维持低速增长、供求结构将发生较大的变化，世界经济的发展将更具不确定性。从内部环境看，经济回升内在动力不足，结构性矛盾突出，加快转变经济发展方式成为发展的重要方针，国家将加大产业政策调整力度，大力发展新能源、节能环保等战略性新兴产业。

行业发展环境方面，与发达国家啤酒市场基本饱和的局面相反，中国的啤酒市场仍处在产业周期的成长期，显示出巨大的活力，行业产量获得持续、稳定的提升。我国啤酒行业通过大量收购兼并活动，市场集中度迅速提升，已形成具备规模实力、资本实力和品牌优势的特大型啤酒集团。随着国外资本的进入，国内主要大型啤酒企业利用资本和规模的实力继续进行合纵连横，企业之间的竞争更加直接化、表面化。行业整合力度加大，中国啤酒市场的竞争已经成为不出国门的国际市场竞争，资本实力、品牌实力、市场规模成为企业间全方位、高层次竞争的关键。

综合分析宏观经济环境与行业发展现状，"十二五"期间公司面临着机遇与挑战并存，机遇大于挑战的态势。因此，燕京啤酒将审时度势，围绕"振奋民族精神，发展民族工业，争创民族品牌"的理想，以做强做大啤酒业务为目标，制定了集团公司"十二五"发展规划。在规划的总体战略中，把燕京啤酒定位为专业化的现代食品制造企业，以"振奋民族精神、振兴和发展民族啤酒工业、满足人们日益增长的物质文化生活需要"为己任，坚持把啤酒主业做强做大。在"十二五"期间，把燕京啤酒打造成为具有国际市场竞争力的世界知名品牌，在世界啤酒行业占有一席之地。具体目标为2015年啤酒产销量达到800万吨，销售收入达到230亿元，在世界啤酒行业排名进入前六名，力争进入前五名。

为了很好地完成战略规划目标，必须合理配置集团资源，集各方力量，共同向战略目标努力。具体而言，主要从以下几个方面着力：

一是扩张策略为内涵式发展与外延式发展相结合，即采取资本运作的手段，通过新建、扩建与收购兼并多种渠道，扩大生产规模，完善网络布局。目前公司已经基本完成全国市场战略布局，在全国17个省市拥有28家子公司、40家生产企业，“十二五”期间，公司将实施市场结构调整，响应国家西部大开发的号召，加大中西部投资力度，促进中西部经济发展的同时，培育啤酒市场，最终实现共同发展的目标。

二是品牌策略是继续坚持“1+3”品牌战略，即主品牌为“燕京”，辅品牌为“漓泉”、“惠泉”、“雪鹿”。目前燕京“1+3”的品牌集中度已经达到90%，其中“燕京”牌占总销量的60%以上。“十二五”期间，要通过取消价格低、销量小、没有市场竞争力的弱势地方品牌，扩大燕京品牌的影响力，进一步提高品牌集中度。燕京在中国啤酒行业大型啤酒集团中是唯一一家没有引进和依赖外国资本，拥有自主知识产权的企业，要通过清理、整合产品品种，形成科学合理的金字塔产品系列，进一步丰富品牌内涵和文化，不断提升品牌价值，把燕京啤酒打造成为国际化的世界知名品牌。

三是市场策略按照“牢牢巩固基地市场，不断扩大省会市场，积极开发农村市场，逐步进入国际市场”的方针，进一步提高市场覆盖率和市场占有率。目前，燕京啤酒已经形成五个优势竞争区，在北京市场的占有率保持在85%以上，广西市场的占有87%以上，内蒙市场占有率75%以上，全国的市场占有率12%以上。“十二五”期间，通过在集团内推广漓泉的先进经验，创新营销管理和营销模式，进一步深化三大结构调整，从而提高市场占有率。

四是科技策略继续坚持“科学技术是第一生产力”的发展观，为适应消费观念、市场竞争形势等方面的变化，以及《食品安全法》和相应的配套法律法规相继出台的行业环境，公司将继续贯彻燕京啤酒“以独特的风味取悦于民，以全优的质量取信于民，以诚挚的态度服务于民”的质量宗旨，立足于国家级科研中心，进一步加大研发力度，促进研究成果向实践的转化，进一步提升检测水平、研发水平，以及质量管控水平，从而提高产品力与经济效益。进一步加大外埠企业产品质量和工艺流程的监控，在全国范围内统一燕京清爽怡人的风味特征和品牌形象。

五是可持续发展策略遵循国家政策，推广低碳经济、绿色经济、循环经济。通过加大投入，引进先进设备和先进技术，减少有害物质的排放量，实现清洁生产。通过各种技术改造和技术创新，进一步加强节能降耗工作，以节约成本，提高经济效益与社会效益，保持企业与环境的协调发展。

六是加强企业文化建设，把企业文化塑造为核心竞争力。适应建设新国企的要求，积极培育企业价值观和经营理念，构筑具有燕京特色的企业文化体系。一方面延续并发扬已有的优秀企业文化，让企业的经营理念、五种精神、企业方针、质量宗旨、人才战略等深入人心；另一方面通过高度总结生产实践的先进理念与管理方法，在原有文化的基础之上，创新企业文化。

未来的五年，是中国经济转型的关键时期，也将是燕京啤酒集团在已取得成绩的基础上进一步跨越的重要阶段，任务艰巨，使命光荣。燕京啤酒的全体员工将坚持科学发展理念，坚持绿色低碳经济发展方向，努力提高燕京品牌的国际市场竞争力，提高产品的科技含量，提高企业的赢利能力，提高企业的可持续发展能力，为发展中国民族啤酒工业而不懈努力，确保企业基业长青。

汾酒集团辉煌成就"十一五"

山西杏花村汾酒集团有限责任公司（简称"汾酒集团"）为国有独资公司，是国家520户重点企业和山西省12户授权经营企业之一，是全省"513"工程农产品加工龙头企业。

汾酒集团地处驰名中外的山西杏花村，杏林成荫，美酒飘香，占地面积230万平方米，建筑面积76万平方米，公司在册员工8000余人。汾酒集团下属3个全资子公司，7个控股子公司，3个参股子公司，3个隶属单位。其中山西杏花村汾酒厂股份有限公司（山西汾酒，600809）为集团核心子公司，于1993年在上海证券交易所挂牌上市，为中国白酒第一股，山西第一股。

汾酒集团以生产经营中国名酒——汾酒、竹叶青酒为主营业务，年产销白酒50000千升，是我国最大的名白酒生产基地之一，是全国工业旅游示范点，中国企业文化示范活动基地，国家级酒文化学术活动示范基地。此外，汾酒集团还被评为或授予"全国五一劳动奖章"、"全国质量奖"、"全球百佳儒商企业"等380余项国家级、省部级荣誉称号。杏花村汾酒酿造作坊遗址是全国重点文物保护单位，汾酒酿造工艺是国家级非物质文化遗产，并与茅台、泸州老窖联合申报世界非物质文化遗产。

汾酒历史悠久，文化源远流长，和华夏文明、黄河文明、晋商文化同根同源，一脉相承，堪称中国白酒产业的奠基者，传承中华五千年白酒文化的火炬手，中国白酒酿造技艺的教科书，见证中国白酒历史发展的活化石。据考古发现，杏花村的制酒历史可追溯到仰韶文化时期，距今有4000～6000年；1500年前，汾酒就作为宫廷御酒受到北齐武成帝的推崇而一举成名，被载入廿四史；晚唐大诗人杜牧的千古绝唱"借问酒家何处有，牧童遥指杏花村"，使杏花村汾酒再度扬名；1915年，汾酒在巴拿马万国博览会上一举荣获中国白酒品牌唯一甲等大奖章，使汾酒扬名海内外；明清时期，汾酒伴随着晋商的足迹传遍了祖国的大江南北，派生出异彩纷呈的中国酒类品牌，成为酒品至尊；新中国成立后的，汾酒五次蝉联国家名酒称号，竹叶青酒三次被评为中国名牌产品。

刚刚过去的"十一五"时期，是汾酒事业不断发展的五年。五年来，汾酒集团在省委、省政府和省国资委的正确领导下，以科学发展观为指导，全体干部职工万众一心，锐意进取，改革创新，全面推进，取得了不俗的业绩。尤其是2009年，汾酒集团新一届领导班子上任以来，高屋建瓴，科学决策，创造性提出了"七个明确"和"七大支撑"，为汾酒事业的中长期发展指明了方向。在新的发展战略的科学指引下，全体汾酒人斗志昂扬，奋发有为，各项工作全面推向了历史最好水平，主要表现在以下几个方面：

企业实力显著增强。五年来，销售收入、实现利税和利润均创历史新高，尤其是2010年实现了大幅度的飞跃。见表一。

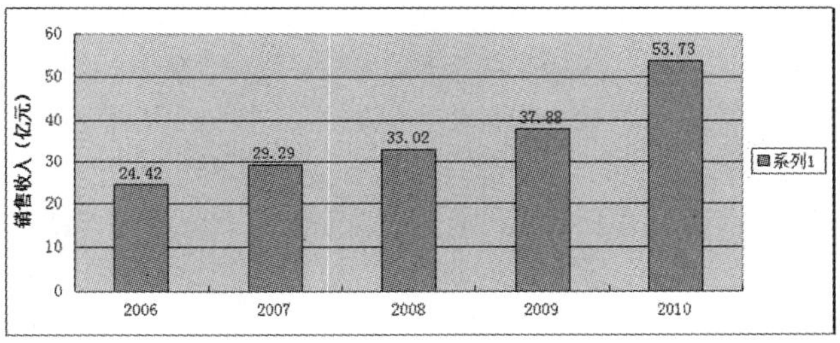

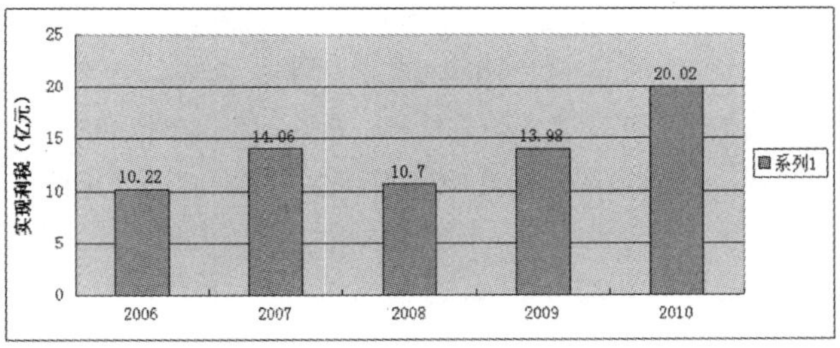

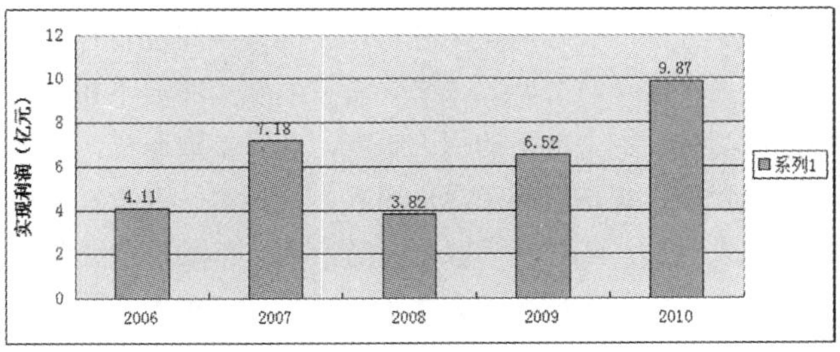

销售收入、实现利税、实现利润柱状图

战略转折顺利完成。五年来，特别是近两年来，汾酒的战略思维逐渐清晰，并得到科学论证和实践检验，提出了"创建和谐、凝聚力量、奋起直追、再铸辉煌"的指导思想，"国酒之源、清香之祖、文化之根"的战略定位，

"清香汾酒、文化汾酒、绿色汾酒"的经营理念，"追赶、超越、领先"三步走发展战略，"百年大奖之际、实现百亿汾酒"的战略目标等，为汾酒集团的中长期发展指明了方向。集团公司制定了《汾酒集团十二五发展战略规划》，《汾酒集团十二五文化发展战略规划》和《汾酒集团十二五营销战略规划》，并组织有关专家、学者进行了科学论证。

市场营销步步为盈。五年来，市场营销稳步推进，市场占有不断扩大，市场基础不断夯实，市场秩序日趋规范，市场氛围逐渐上升。

特别值得一提的是，集团公司高层真正集体行动起来，高效展开了一系列的公关、慰问、推介活动，在政府、部队、大型企事业单位中产生了积极的影响。

企业文化有力复苏。酒文化博物馆、国藏酒库和醉仙楼的落成，形象地展示了汾酒的深厚文化底蕴，汾酒酿造遗址被授予全国重点文物保护单位，汾酒博物馆被授予国家级酒文化学术活动示范基地，成功举办了中国山西杏花村汾酒文化节，集团公司被授予全国企业文化示范基地。成功实施汾酒文化力向销售力的转化，在人民大会堂成功举办了"汾酒唯一荣获1915年巴拿马万国博览会甲等大奖章95周年"大型纪念活动，向世人解开了巴拿马万国博览会获奖的谜团，在全社会引起了关于诚信经营和诚信宣传的热议。积极承担社会责任，奉献回报社会。除经常性的"送温暖、献爱心"等活动和为特大自然灾害捐款捐物外，成功举办了国藏汾酒拍卖会，20瓶纪念版国藏汾酒历史性地拍出了3076万元的总价和单瓶209万元的最高价。并全部用于成立中国烟酒行业首家公益基金会——"山西省汾酒集团公益基金会"，同时今后至少五年内每销售1瓶高端国藏汾酒都将提取200元注入基金会。

人力资源战略实施。开展了人力资源的动力机制创新，对职能部门领导岗位、分厂厂长等重要岗位实行竞聘上岗，建立起了"公开、公平、公正"和"赛马不相马"的充满活力、能上能下的用人机制。同时下放职权，激活了层级管理，真正做到了"谁用人、谁提名、谁考核"的灵活用人机制。实行产学联合，夯实人才基础，加强包括经营管理人才、工程技术人才和营销人才三类人才的储备和培养，与清华大学、山西大学、江南大学等名校进行合作，联合培养。初步建立起来了符合现代企业管理制度要求的人力资源管理体系。

科技研发扎实推进。加强基础研究，与中国农科院作物所鉴定"竹叶青酒功能与活性成分研究"，与中国人民解放军总医院等开展了竹叶青酒人体功能试验，取得了第一手的宝贵资料和科学结论。加强科研力向生产力的转化，成功研发出国藏汾酒、醇柔老白汾酒、封坛老白汾酒、芦清王酒、酒如泉酒、国酿竹叶青酒、精酿竹叶青酒、特酿竹叶青酒等新品并成功上市。集团公司被授予山西省质量大奖，科技创新优秀团队等荣誉，以及汾酒工程研究生教育创新中心，汾酒集团博士后流动站。

内部管理不断夯实。以加强劳动纪律、工作纪律、工艺纪律为重点，细节化管理工作不断向纵深推进，工作作风明显改观；以工作的制度化、标准化、规范化、流程化为重点，各项管理制度不断健全，工作标准有章可循，工作流程不断优化，管理水平大幅提升；以推进办公自动化为重点，财务系统软件、办公自动化软件、物流系统软件等成功运用，实现了无纸化办公，扩大了办公的时空范围，降低了办公成本，提高了管理效率。

职工生活水平大幅提高。五年来，职工的经济收入连年增长，社会保障不断加强，生活环境日趋完美，生活水平显著提高，文体设施日臻健全，文艺生活异彩纷呈，幸福指数逐年提高。

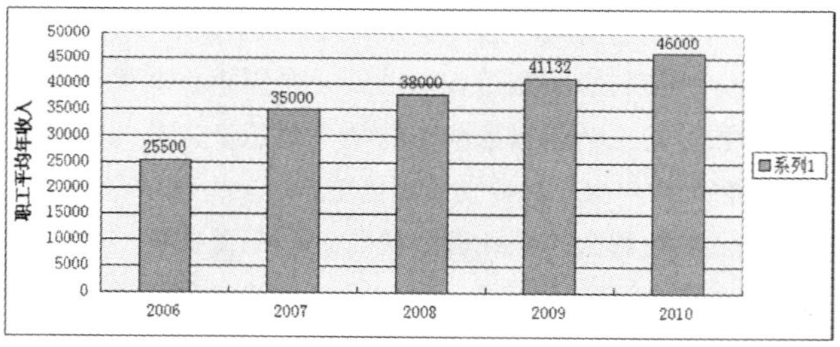

职工操场、职工文体活动中心体育馆顺利竣工并投入使用，歌咏比赛、演讲比赛、书画大赛丰富多彩，公司被评为全国职工模范之家，形成了和谐融洽、活泼向上的职工生存、生活的优美环境。

随着2010年公司营业收入的大幅攀升，取得了"十一五"的完美收官，汾酒集团逐步迈向了加速跨越发展的快车道。"十二五"规划蓝图已经绘就，奋发有为的汾酒人必将以更加饱满的工作热情再铸汾酒辉煌，开启"十二五"新篇章。

汾酒集团跨越发展"十二五"

2010年7月29日，袁纯清书记在全省领导干部大会上的讲话明确提出了，山西省在新形势下要实现转型跨越式发展，在"十二五"期间以工业新型化、农业现代化、市域城镇化、城乡生态化为重点，加快推动转型发展和跨越发展。7月30日，省国资委朱晓明主任在"贯彻落实全省领导干部大会精神暨经济运行分析会上的讲话"中也明确提出了，要全力以赴推动省属企业转型跨越发展。

汾酒作为山西轻工业的典型代表，是山西能够在全国叫响的一张靓丽名片，对于山西的产业结构调整，经济增长方式转型，汾酒集团有着当仁不让，责无旁贷的责任。为了更好的加快汾酒集团转型跨越发展，集团公司针对汾酒所面临的现状，对国际、国内形势以及行业动态开展外部调研，并在企业内部调研企业发展所面临的问题，在科学分析指导下，绘制出汾酒在"十二五"期间跨越发展的新蓝图。

一、环境分析——机遇和挑战并存

1. 国家形势

中国政局稳定，而且政府深化改革，积极推进服务型政府建设，为企业发展特别是国有企业发展带来了良好的政治环境。

从全国看，为应对全球金融危机的不利影响，中央政府相继出台了十大产业振兴规划，轻工业振兴规划是其中之一，为促进酿酒行业发展提供了良好的宏观政策环境。

2. 省内形势

从山西省看，按照国家产业振兴规划的要求，省委、省政府相继出台了八大产业振兴规划，食品产业是其中之一。2009年5月发布的《山西省食品产业调整和振兴规划》首次明确提出把食品行业作为新的支柱产业来重点培育，将为山西省的食品产业发展注入新的动力。在山西省八大振兴行业中，食品产业是唯一一个与能源原材料不直接相关或者相关性较低的产业。并且，食品产业是八个产业中政策限制最少的。因此，对于山西省这样一个以大宗能源原材料生产和输出为主的省份来讲，食品产业首次被省委、省政府确定为新的支柱产业来重点培育。

为振兴山西省食品工业，《山西省食品产业调整和振兴规划》明确提出"做大做强三大传统食品产业"，发挥山西省在酒类、食醋、乳品等传统行业的比较优势，通过进一步优化整合、自主创新、引进技术、政策引导和资金扶持，做强品牌、壮大规模和提升竞争力，做大做强以知名品牌为支撑的三大传统食品产业。其中，酒类排在三大传统食品产业之首，并明确提出"以汾酒集团为龙头，推进对省内和周边白酒资源的有效整合，促进资源集聚，壮大汾酒规模，进一步提高汾酒在白酒市场的占有率，确保晋酒在国内白酒市场上的品牌地位；扶持具有潜在优势的保健酒、葡萄酒、黄酒，搞好产品定位，提升产品品质，扩大产品规模"。王君省长也在十一届人大五次会议的《政府工作报告》中要求："做大做优汾酒、陈醋、乳品、小杂粮等特色食品工业"。这都给汾酒再铸辉煌带来了重要契机。

3. 行业形势

白酒市场竞争日趋激烈，食品安全要求越来越严格，品牌力量越来越强，行业竞争对手的发展速度越来越快。茅台酒所在地贵州仁怀市投入20亿元，打造10万吨酒业及旅游一体化名酒园区，其口号是"十二五"期间再造一个茅台；五粮液集团建成了10平方公里的厂区，占四川宜宾市城区面积的四分之一，"十里酒城"一跃成为全球最大的白酒生产基地，出口量占到中国白酒出口总量的95%，要在"十二五"期间实现销售收入1000亿元；泸州老窖所在地四川泸州市从2007年开始建设5平方公里的酒业集中发展区，到2013年将形成100家企业、300亿元收入的规模；洋河并购双沟，整合成为苏酒集团，开始大规模的扩张。"十二五"期间，将有一大批知名酒企规模达到百亿以上。

更重要的是，白酒企业的商业模式已经悄然发生变化，企业通过并购、重组以及产业集群式发展迅速扩大规模。以华泽集团为代表，通过完善酒水产业价值链来不断拓宽商业模式。白酒产业与资本市场的有机结合等等都是我们不容小视的挑战。

而且，白酒行业是一个市场化程度极高的竞争性行业，中低端酒的竞争早已白热化，高端酒市场基本上形成了寡头垄断格局。在激烈竞争时代，白酒行业的企业淘汰和产品替代频率很快、周期较短，企业需要在战略定位、企业文化、产品细分、勾兑技术、公共关系、营销手段、财力储备、时机把握等方面有比较充分的准备，并积极引导市场潮流，如此方能实现业绩持续快速增长和可持续发展。而无论是哪一方面稍有松懈，企业或者产品的生命力都将遭遇严峻考验。

同时，我们也面临着重大的发展机遇，如白酒消费向名优品牌靠拢，行业利润率高，白酒市场尚未形成完全的寡头垄断格局等等，政府的大力支持也为我们未来发展打开了广阔的空间。

4．企业现状

汾酒集团拥有“杏花村”、“竹叶青”两个中国驰名商标，拥有清香型白酒生产的质量优势和主导产品的组合优势，源远流长的酒文化是集团公司的核心竞争力。但是，核心品牌不突出，品牌的核心价值不明确，精品意识淡薄，体制机制不能适应市场竞争的需求，人才缺乏，省外市场的开拓缓慢等因素又制约着我们的发展。

总体上看，汾酒集团具有如下优势：首先，公司高管层领导开拓创新，有再铸汾酒辉煌的战略雄心和能力；其次，汾酒酿造技艺源远流长，品牌知名度较高，酒文化底蕴深厚。处于山西省白酒市场上无与伦比的领导地位；并且，汾酒酒质纯净，是清香型白酒的代表，符合现代消费者的健康需求。保健酒竹叶青等发展潜力巨大。白酒的利润率高，企业的现金流好也是重要的优势之一。

从外部条件看，公司面临如下机遇：山西省政府及各级地方政府对汾酒发展高度支持；消费者健康意识增强，为保健酒的发展创造了先决条件；汾酒口感与国际白酒相接近，利于开拓国际市场；城乡居民消费水平提高，白酒消费向名优品牌靠拢；国家政策和市场竞争有利于行业资源向优势企业、名优白酒集中；市场资金渴望插足白酒行业。

从外部条件看，公司又面临着挑战：

首先，行业竞争加强，可谓“前有强敌，侧有群雄，后有追兵”，稍有不慎，汾酒集团的行业地位还有可能下滑，目前行业第六的位置都难以保住；其次，受红酒、啤酒等替代品竞争的影响，行业销售量增长速度下降，汾酒集团扩大销售量难度增加；再次，汾酒集团的消费群主要集中在40岁以上的消费者，年轻消费者对汾酒的认可有待提高。

综合起来看，未来的十年特别是“十二五”期间的五年，对于汾酒集团是优势和劣势并存，优势大于劣势；机遇和挑战同在，挑战大于机遇。

二、指导思想和发展战略

通过广泛而深入的调研，我们更加清晰的认识到了汾酒发展所面临的现状，我们能够更科学的把握发展的方向。针对企业面临的机遇与挑战，集团公司明确了汾酒的中长期发展思路：到2015年将汾酒集团建设成一个与资本市场和国际标准接轨的管理体制、人才结构和动力机制，有较强的市场开拓能力和专业化运作能力，主业突出，效益良好，具备较强核心竞争力和品牌知名度的现代化大型国有集团公司。到2020年，使汾酒集团成为一家法人治理结构完善，内控制度合规健全，激励约束机制规范有效，企业透明度、竞争力和盈利能力突出，国内一流的大型国有企业集团，实现年营业收入200亿元。

汾酒集团公司制定了“十二五”期间的战略指导思想：以把汾酒打造成具有国际影响力、核心竞争力、最有文化力的“山西名片”为中心，充分挖掘汾酒“国酒之源，清香之祖，文化之根”的深厚底蕴，正确处理改革、发展和稳定的关系，以“追赶、超越、领先”三步走为主线，牢固树立品牌为先的经营思想，加快品牌建设，加快投资项目建设，加快产业发展与资本运作有机结合，加快企业发展步伐，努力使汾酒成为引领世界酒文化发展的第一品牌，成为山西省转型发展的轻骑兵、跨越发展的先锋队、国际化经营的先行者，实现汾酒事业新的腾飞。

汾酒集团的发展战略可以描述为：一本、两源、三大。

一本是指酒业为本。在做好酒企业的基础上，依据产业集群理论做好酒产业，主要是清香酒产业和保健酒产业。

二源是指全产业链+产融互动。全产业链按照“从田间到餐桌”的思路，构建“全产业链企业”，包括有机原料基地、白酒生产、销售、零售酒庄四个价值环节。让“清香汾酒，绿色汾酒，文化汾酒”畅通无阻地走进消费者餐桌。

汾酒集团的全产业链，强调产业链各环节战略联盟单位的“合和共赢”，汾酒集团通过全产业链关键环节的关键点如品牌、技术、标准、渠道等的精确设计，构建法律上不是一个集团的利益共同体，实质地影响和掌握产业链。

利用上市公司平台，利用与金融企业的合作经验，组建并运作好食品产业投资基金，实现白酒产业与资本市场的有机结合，实现产融互动，做好汾酒发展的“乘法”。

三大是指大市场、大品牌、大企业。

大市场：汾酒要坚定不移地走向全国市场，覆盖全国全部区域；积极开拓国际市场，成为山西省企业国际化的排头兵。

大品牌：基于市场导向，以汾酒为“龙头”，致力于成为世界级品牌；以两个驰名商标杏花村和竹叶青为“两翼”，致力于成为全国性品牌。汾酒定位为高端清香白酒，杏花村定位为中低端清香白酒；竹叶青定位为高中端养生酒。

大企业：体现在价值大、收入大和资产大。以大企业的要求，优化业务规划。

企业发展指导思想可以概括为：坚持科学发展观，正确处理改革、发展和稳定的关系，以再铸汾酒辉煌为根本目标，以"追赶、跨越、领先"三步走为主线，加快品牌建设，加快投资项目建设，加快产业发展与资本运作有机结合，加快企业发展步伐，实现汾酒事业新的腾飞。

整个指导思想强调四个方面：一是强调一个"快"字，时不我待！二是抓好两个基本点：管理和队伍。在管理方面，引入标杆管理，实施对标登高。在队伍建设方面，通过行动学习，提升能力素质，带动战略性人力资源体系建设。三是以把汾酒打造成有国际影响力、有核心竞争力、最有文化力的"山西名片"为中心，充分挖掘汾酒"国酒之源，清香之祖，文化之根"的深厚底蕴，迎难而上，努力使汾酒成为世界清香型白酒大王。四是以追赶、超越、领先三步走为具体步骤。从具体时间维度的安排上，总体部署为"一年奋力开端，三年换新面貌，五年实现营收和资产双过百亿"。

三、分步骤实施发展战略

战略不能仅停留在书面上，更重要的是落实到行动上。

2009年低汾酒集团新一届领导班子上任后以"七个明确"为企业的中长期发展指明了方向：（1）明确提出了汾酒发展的总体指导思想是"创建和谐，凝聚力量，奋起直追，再铸辉煌"；（2）明确提出了到2015年百年大奖之际，实现百亿汾酒的中期目标和到2020年实现200亿的长期目标；（3）明确提出了"国酒之源、清香之祖、文化之根"的战略定位；（4）明确提出了"清香汾酒、文化汾酒、绿色汾酒"的经营理念；（5）明确提出了"追赶、超越、领先"三步走的赶超战略；（6）明确提出了"实现百亿目标、建立符合现代企业制度的管理秩序、带好汾酒这支队伍"的三大工作任务；（7）明确提出了2010年度集团公司"夯实基础、创新管理、深度营销、加速发展"的经营方针。并以体制机制支撑、人才支撑、科技质量支撑、文化支撑、市场营销支撑、财务资金支撑、项目支撑等"七大支撑"来确保目标如期实现。

通过"七大支撑"的有力落实。2010年集团公司完成销售收入53.73亿元，同比增长41.52%；实现利税20.02亿元，同比增长40.71%；实现利润9.87亿元，同比增长53.78%。各项经济指标均超计划完成，实现了"十一五"的完美收官。企业实现了从小步慢走到加速发展的重大转折。以上的成绩充分说明了汾酒发展思路的科学性，以及所制定的发展战略的可行性。

2011年作为"十二五"的开局之年，至关重要。汾酒集团以"十二五"发展战略为指导，制定了"强化责任、加强技改、深度营销、提升品牌"的年度经营方针。集中精力重点抓好九个方面的工作，概括起来讲，就是"9个重点9个新"：

一是以战略管理为重点，确立以品质、文化、耐力为竞争力的差异化战略竞争新思维。实施差异化竞争和耐力比拼。二是以规模发展为重点，两区建设要有新进展。推进企业快速做大规模。三是以财务管理为重点，全面预算管理要有新突破。强化以财务为核心的企业管理。四是以文化建设为重点，再塑汾酒新形象。着力提升汾酒品牌知名度、美誉度。五是以价格管理为重点，市场营销再创新佳绩。以高质量的市场拓展，提高市场占有率。六是以强化责任为重点，干部职工队伍整体能力建设要有新提高。七是以资源整合为重点，品牌建设要开创新局面。八是以计量管理和流程再造为重点，基础管理要上新台阶。夯实基础，为汾酒大品牌、大市场、大发展做好前期准备。九是以提高职工生活质量为重点，创造和谐发展、跨越发展新环境。

九个方面工作的全面开展，将为汾酒集团"十二五"攻坚战取得良好开局，也将为既定目标的实现打下坚实的基础。

四、汾酒集团明天更美好

"十二五"期间是汾酒集团发展的重要战略机遇期，有着良好的政策环境，但同时也面临着行业内的激烈竞争。可喜的是，以李秋喜为董事长的新一届汾酒集团领导班子，为汾酒集团"十二五"乃至中长期的发展提出了科学、明确的发展目标、发展思路和发展举措，带领全体汾酒职工从小步慢走驶入了转型跨越、加速发展的快车道，实现了汾酒集团"十一五"的完美收官，为"十二五"的发展奠定了坚实的基础。

我们坚信，在省委、省政府和省国资委的坚强领导下，在汾酒集团新一届领导班子团结带领下，在社会各界关心、关爱和支持下，朝气蓬勃、奋发有为的汾酒人一定能够不断克服前进中的一切艰难显著，在山西全面转型跨越发展中谱写更加美好的新华章，铸造更加灿烂的新辉煌！

红星酒业“十一五”回顾

“十一五”时期是红星发展道路上不平凡的五年。在股东单位全力支持下、在董事会正确领导下，经理班子团结广大干部职工艰苦奋斗，实现了跨越式发展。我们有效抑制经营中出现的不稳定因素，成功战胜金融危机、自然灾害以及重大食品安全事件的挑战，从容应对后金融危机时代经济形势的新变化；实现经营业绩连续五年增长，“十一五”规划制定的经营指标全面完成；红星品牌影响力不断扩大，科技创新能力不断提升，可持续发展能力不断增强；现代企业制度不断完善，公司治理水平不断提高，人才队伍建设和组织保障能力不断加强。

“十一五”规划的完成情况可以简要概括为“3个3”，即3个翻番，3项荣誉，3项突破。“3个翻番”指与“十五”末相比销售收入、实现利润和中高档产品销量实现翻番；“3项荣誉”指获得中国驰名商标认定、入选国家级非物质文化遗产名录、被评为“中华老字号”；“3项突破”指市场综合占有率荣列同类产品市场销量第一、巩固“两头在内，中间在外”的运营模式，构建“六地经营，九地生产，六地储存”生产经营新格局、2007年第二次启动IPO项目，并于2008年7月7日在中国证监会北京监管局完成了上市辅导备案工作，正式进入上市辅导期。

此外，红星在“十一五”期间还获得了多项荣誉，包括：“全国五一劳动奖状”、“全国守合同重信用企业”、“全国用户满意产品”、“中国信息化500强”、“中国白酒工业十大影响力品牌”等称号；荣获“北京用户满意产品”、“北京十大名企、十大名牌”、“北京纳税百强企业”、“纳税A级企业”、“怀柔区经济贡献十佳企业”、“首都文明单位标兵”、“北京市质量管理贡献奖——优秀企业”、“北京市创建学习型企业先进单位”、“中国白酒制造业十强企业”等称号。2008年，红星产品光荣入选了北京奥运会“奥运菜谱”，成为唯一入选的北京产白酒产品。

红星酒业“十二五”展望

一、行业发展形势分析

“十二五”期间，白酒行业将呈如下趋势：寡头垄断带来高端市场竞争壁垒提高、整体消费升级带来中端市场扩张加速、成本压力加剧带来低端市场升级需求；行业由离散向集中的速度加快，资本运作成为企业发展的重要手段；低碳经济成为主题。

行业整体将处于稳定发展期，并向规模化、集约化、集团化、高档化、品牌化和健康化方向发展。行业发展的主要机会在于：一是由离散走向集中的趋势为名优企业带来了整合集中的机会；二是消费升级带来了产品结构提升的机会。把握这两大机会促进企业腾飞，将是红星下一阶段工作的核心内容。

二、“十二五”工作构想

按照“人文北京、科技北京、绿色北京”的首都发展战略，和做强做大北京都市工业的要求，“十二五”期间，红星要在两条战线上取得突破：一是以调整产品结构为主线，以提高经济效益为中心，以“二锅头”为根本，在产品经营上取得突破；二是以运作首都酒业集团项目为主线，以实现上市目标为中心，以资本运作为手段，在资本经营上取得突破。坚持成本领先战略、人才兴企战略、市场聚焦战略，实现红星又好又快发展。

产品经营上，要将产品研发与市场营销结合起来，实现产品结构不断升级。以技术进步为保障、以品牌宣传为推手，植入文化因子，宣传策略上由功能导向为主向情感导向为主进化，提升中高档产品销售比例，实现企业发展方式由“外延式”向“内涵式”的转变。

资本经营上，要以品牌、市场为核心，组建首都酒业集团。整合其他酒业资产，加快实施战略性资源基地的建设，与原料基地建立战略联盟，努力提高盈利能力和业绩水平，力争实现上市目标。

三、发展目标

战略发展目标：“十二五”末，白酒产量、销售收入、纳税总额进入中国白酒企业第一阵营；资产总额、利润总额、净利润、工业总产值、增加值保持中国白酒企业第二阵营。

市场竞争力目标：实现“红星”品牌影响力保持中国白酒前三名的目标，保持产品销量全国第一的目标，继续巩固发展国内市场，大力发展国际市场。

品牌发展目标：使“红星”成为二锅头第一联想品牌，成为最有价值的品牌。

可持续发展目标：加快在核心技术领域和调整产品结构及创新营销等方面确保在国内领先地位，重点解决盈利能力和业绩水平这一上市的核心问题，为上市发展打好基础和创造条件。将北京市级技术中心升级为国家级技术中心。

坚实的起步 可喜的成就

——越橘庄园“十一五”回顾

“十一五”时期，对黑龙江越橘庄园生物科技有限公司来说，是日益成长壮大的五年，是不断取得辉煌成就的五年。

黑龙江越橘庄园生物科技有限公司（原名黑龙江兴安红酒业有限公司）成立于2005年。公司认真贯彻落实科学发展观，秉承“以人为本、以德兴业、科技创新”的理念，以“酿中国名酒、创世界品牌”为奋斗目标，经过多年的努力，逐步走上了“研发国际化、生产规模化、管理科学化、销售网络化、经营产业化”的企业发展之路。截止2010年末，公司拥有的总资产由初创时的1.2亿元增加到5.6亿元。

公司位于黑龙江省伊春市工业园区内，占地面积211200平方米，建筑面积19400平方米，各类先进生产、检验检测设备及辅助设备1496台套。年生产能力：野生蓝莓酒1500千升，山野果饮品50000千升。公司已通过ISO9001质量管理体系认证和GB/T22000食品安全管理体系认证。公司下设“伊春市小兴安岭山野果开发利用研究所”，有各类研究室、检测室、微生物研究室、专业品酒室及科技成果展厅。公司现有职工156人，其中中、高级管理和专业技术人员36人。

公司成立以来，为加快产品研发速度，提高产品档次，公司以本土科技力量为依托，与江南大学、中国食品发酵研究所、哈工大食品研究院、黑龙江商大等专家科研人员组成了一支强有力的产学研相结合的科研队伍。尤其在全国业内首开先河，成立了省级企业技术中心——小兴安岭山野果开发利用研究所。在此基础上，公司引入世界一流酿酒技术，联合国际知名酿酒企业共同研发，聘请德国科格勒葡萄酒实业集团总裁、雷司令酒第五代传人科格勒先生为公司首席高级酿酒师，聘请荷兰、比利时、美国等国外知名品酒师为公司品酒顾问和品酒师，逐步实现了自主研发与国际合作的紧密结合，加快了产品的国际化进程，同时，努力成为国内野生果酒制造业的领跑者。

在酿造技术上，借鉴鄂伦春先民传统酿造方法，采用国内独有的低温发酵生物技术，百分之百原汁发酵，2～6年低温酝酿窖藏，辅以德国酿酒的精湛技艺，酿造出具有自主知识产权和自有品牌的高档野生蓝莓半干酒、野生蓝莓甜酒、野生蓝莓特酿酒、野生蓝莓OPC酒和野生蓝莓白兰地等系列产品。在2008年黑龙江省发改委和经委共同组织的国家级专家鉴定会上，上述产品被认定为“属国内首创，填补国内空白，整体技术为国内领先水平”，野生蓝莓OPC酒先后被评为“中国酒业最具竞争力产品创新奖”，“黑龙江省优秀新产品一等奖”。野生蓝莓白兰地酒已达到XO级，是中国的白兰地。两款酒的生产工艺、配方，已申报国家专利。“越橘庄园”被评为黑龙江省著名商标和省名牌产品。

在产品销售上，由于越橘庄园系列产品既保持了有效的营养、药用成分，又品味滋润和谐、果香浓郁、甘醇可口，适合高档消费者追求个性、独特、猎奇的心理需求，因此，受到国内精英阶层的普遍欢迎和青睐。目前，蓝莓酒主要销往以北京为中心的京津唐环渤海市场、以上海为中心的长三角和江浙市场、以深圳为中心的珠三角及港澳市场。公司现已在北京、上海、广州三市建立了直销酒庄；在深圳、东莞、大连、沈阳、哈尔滨等20余城市建立了营销网络。由于国际环保潮流的兴起，越橘庄园野生蓝莓酒更以其独特的天然品质和优良品味得到了国外消费者的认知和喜爱，已经逐步进入欧美、日本、东南亚市场。

“十一五”期间，公司取得了骄人的业绩。公司产品产量逐年上升，销售收入和利税水平逐年提高。2008年，产品产量达到180千升，实现销售收入5138万元，实现净利润951万元，上缴税金870万元；2009年，产品产量达到210千升，实现销售收入7423万元，实现净利润2013万元，上缴税金1260万元；2010年，产品产量达到400千升，实现销售收入12135万元，实现净利润2479万元，上缴税金2162万元。公司取得的成绩得到各级政府的充分肯定，先后被评为黑龙江省零排放企业、黑龙江省绿色环保企业、黑龙江省农业产业化重点龙头企业、黑龙江省食品工业50强企业、省守合同重信用企业、银行信用AAA级企业，荣获黑龙江省五一劳动奖状。

把握机遇　加快发展 创造新的更大的辉煌

——越橘庄园"十二五"展望

刚刚开始的"十二五"时期，是我国改革和发展十分重要的历史时期，也是企业加快发展的重要历史机遇期。首先，"十二五"期间，党和国家更加关注民生，把保障和改善民生放在更加突出的重要位置，以更大的决心和力度，加强社会建设，不断提高人民群众的生活水平和质量。国家将进一步深化改革，调整结构，扩大内需，促进科学发展。其次，为保护大小兴安岭森林资源，恢复提升其生态功能，表彰东北乃至华北地区的生态安全，促进林区经济转型和可持续发展，国家正式启动了《大小兴安岭林区生态保护和经济转型规划》，国家新设专项资金以推进林区转型和吸纳再就业，重点支持绿色食品、清洁能源、北药、林木深加工、生态文化旅游、商贸服务等产业以及产业园区、集聚区建设。再次，黑龙江省将大小兴安岭生态功能区建设作为当前和今后一个时期建设"八大经济区"、实施"十大工程"战略构想的重要组成部分。伊春市对森林食品产业的发展也十分重视，出台了《关于大力发展森林食品产业的意见》，明确提出："大力发展山野果产业，对笃斯越橘、蓝靛果、山葡萄、狗枣猕猴桃、山丁子、山梨等野生浆果、仁果实行保护性采集"，"野生浆果主要用于开发高档果酒、饮品，减少乃至取消低档产品生产"。最后，随着我国经济的发展，人民生活水平的提高，人们的饮酒习惯也在发生着重大变革：由白酒向果酒转换、由低档向中高档转换、由蒸馏向发酵转换、由高度向低度转换。回归自然，饮用天然果汁发酵配制的具有营养和保健防病功能的低度果酒，已成为当今消费者追求的时尚。经济的发展和人们消费观念的转变加快了我国酿酒行业产品结构优化的进程，优质全汁发酵酿造的果酒的消费量逐年增长，展示了我国果酒业发展的美好前景。

面对千载难逢的大好机遇，越橘庄园将乘势而上，加快发展，积极扩大生产规模，进行产能提升，拓宽营销渠道，进一步扩大销售网络的覆盖面。力争在"十二五"时期，形成年产值过15亿元，设备一流、工艺先进、品质高档、风味独特、具有自主原料基地的全国最大的蓝莓生产企业，成为中国野生蓝莓酒专业研究与推广领域的领导者。

"十二五"期间，公司将建设蓝莓酒堡庄园和越橘庄园二期工程，目前，这两个项目已经开工。在建的蓝莓酒堡庄园项目，占地面积2.3公顷，总建筑面积达13900多平方米，具有欧式建筑风格。建设内容包括集旅游、论坛、品酒、餐饮、销售、参观为一体的蓝莓酒堡、观光塔、综合高档会所、家庭主题宾馆、供参观用的微型红酒生产线及地下酒窖。该项目已于2010年5月开工建设，预计2012年5月竣工投入使用。全部项目建成后，蓝莓酒堡庄园除进行小兴安岭野生浆果的检测研发外，还可年销售红酒达到20吨，全年旅游接待能力达到10000人次。越橘庄园二期建设项目占地面积9.85公顷，建筑面积36000多平方米。主要建设内容包括：建设一条年产50000千升的蓝莓饮品生产线和一条年产15吨、36%纯度花青素提取生产线；购置果实清选、花青素提取、能源动力等设备875台套；建设蓝莓示范种植基地5000亩，购置蓝莓培育、检验、农机设备407台套。该项目已于2011年4月开工，计划2013年8月竣工投入使用。该项目完成后，公司生产能力将显著提高。

"十二五"期间，公司继续将主要消费对象定位为有较高的健康理念、较高的文化水准、时尚的消费观念、有相当消费影响力的精英阶层和成功人士。公司将进一步努力开拓销售渠道，形成覆盖全国的营销网络。计划三年内，将产品销售市场由目前的以北京为中心的京津唐环渤海市场、以上海为中心的长三角和江浙市场、以深圳为中心的珠三角和港澳市场扩大到西南、西北地区省级城市，五年之内产品直销网络实现全国地市级以上城市全覆盖。此外，公司还将有计划的进一步开拓国外市场，使产品进入更多的发达国家和地区。

"十二五"期间，公司将继续狠抓食品安全，确保产品质量。食品安全事关消费者生命安全和身体健康，责任重大，政府和社会各界高度关注。公司将一如既往地把产品质量放在首位，认真贯彻《食品安全法》和《产品质量法》，建立健全食品安全监管体系，加大食品安全监管力度，尤其要严把原料人口关，防止发生食源性危害，切实保护消费者利益，维护企业在社会上的良好声誉。

华泽集团“十一五”发展回顾

回顾“十一五”我们可以清晰的发现，“十一五”时期是华泽集团发展道路上不平凡的五年。在宏观经济高速增长与高速发展的态势下、在各单位全力支持下、在各领导正确的领导下、在广大职工艰苦奋斗下，实现了华泽集团跨越式的发展。

一、通过“十一五”五年的发展，华泽集团不仅取得了良好的经济效益和社会效益，还为社会主义经济建设地方发展做出了突出的贡献

在过去的发展中，华泽集团通过自身的努力和创新，连续10年保持两位数增长，金六福酒连续8年保持两位数增长。集团不包括生产型企业，在流通领域上交国家税收超亿元，每年金六福品牌在五粮液酒厂占据40%的生产能力，缴纳消费税和增值税超过5亿元，而且随着集团的发展壮大，税收贡献逐年迅速增长，这十年来，为国家的商业繁荣和经济发展做出了突出的贡献，有力地支持了地方经济的发展，创造了良好的经济效益和社会效益。

在此同时，华泽集团积极响应政府号召，积极参与国有企业改制，振兴地方经济。在保留改制企业传统工艺、原有品牌的基础上，通过一系列有力措施，将这些地方品牌重焕新机，通过强大的品牌打造能力和销售策划能力，实现集团化规模经营，使地方企业步入高速发展的新阶段。

二、通过“十一五”五年的摸索与实践，华泽集团成功成为中国白酒行业品牌战略模式与资本运作相结合最成功的企业之一

在过去的5年中，我们发现，每一个与资本发生关系的企业，品牌价值是资本运作成功的一个关键。

华泽集团是以品牌战略驱动模式为主导核心而成长起来的伟大企业，它的品牌战略驱动模式在每一个阶段都与资本运作关联在一起。只不过资本运作作为一个战略的高度，放在了企业发展的关键阶段。通过分析发现，华泽集团通过品牌战略驱动模式进行资本运作，一方面通过品牌组合战略，实现了全国市场网络的布局；另一方面，通过并购、控股等资本运作的方式建立起了华泽集团的品牌家族系统。实际上，华泽集团的增长引擎就在于此，通过品牌组合战略实现了其业务组合增长、市场份额的增加，通过并购、控股实现了规模增长、业绩的规模驱动。

2011年6月，世界品牌实验室品牌价值评选活动，“金六福”品牌价值达到了92.86亿元，华泽集团正是通过“金六福”这个品牌完成了其品牌组合战略布局的第一步。同时华泽集团也在开始构建它的品牌家族，启用多核心品牌，并围绕酒水产业构建了一个立体式的结构系统化运营。

三、通过持续的慈善事业，使华泽集团成为一个有血有肉的企业的、一个拥有强烈社会责任心的酒企，获得了社会各界的认同

多年来，华泽集团一直热心于公益事业。2001—2004年是中国奥组委合作伙伴，2005年，成立了“华泽集团爱心基金”；2006年，在湖南省特大洪灾中，捐款捐物；2007年，在邵阳建立见义勇为奖励基金；2008年，向湖南省遭受几十年罕见雪灾的省市捐献善款；2008年，四川汶川地震，集团上下本着“全国人民有大爱，华泽人又小爱”的企业理念，向灾区捐款捐物；2008年底以及2009年，华泽集团向“中华慈善总会•金六福99爱心基金”捐献4所学校；2010年，青海玉树地震，华泽集团第一时间为灾区送去捐款，支持咱灾区人民渡过难关，向甘肃舟曲灾区捐款20万元，帮助灾区人民重建家园……

此外，华泽集团“十一五”期间还获得了多项荣誉，包括：“中国优秀企业”、“全国消费者用户满意企业”、“品牌中国总榜《中国品牌建设杰出贡献奖》”、“2006中古品牌年度大奖”、“湖南慈善奖”、“新中国60年 最具综合实力领军企业”、“亚洲最具价值品牌500强”、“中国500最具价值品牌（品牌价值71.75亿元）”、“年度最佳广告语、最佳营销活动”、“体育营销最具实效奖”、“十大创新营销案例”、“菲利普科特勒营销案例奖、“2007广告人 中国案例奖企业类银奖”、“中国白酒工业十大竞争力品牌”等殊荣。

“十一五”已经过去，“十二五”华泽集团将在“中国酿酒工业十二五发展规划”的指引下，继续扬帆前行。

剑南春集团"十一五"发展回顾

"十一五"是剑南春发展历史上极不平凡的五年，五年来，剑南春人既经历了成功的喜悦，也经受了灾难的历炼。在公司董事长、党委书记、总经理乔天明的团结带领下，七千多名剑南春员工发扬"团结拼搏、锐意进取、励志奉献、勇争一流"的剑南春精神和伟大的抗震救灾精神，在灾难中历炼成长，在发展中创造奇迹，书写了剑南春人在"十一五"期间的壮丽辉煌的篇章。

坚持发展不动摇。一直以来，剑南春人始终将发展作为一条最重要的原则，不管在任何时候，都没有动摇过。这也是剑南春在50多年来的发展中，从小到大，由弱到强，并跻身中国白酒前三强的原因所在。

2008年"5.12"大地震前，剑南春一直保持着稳健高速的发展势头。不管是剑南春的年营业额，还是顾客的忠诚度、市场的美誉度，剑南春都一直位居中国白酒业的前列。2007年，剑南春实现销售收入31亿元，税利9.7亿元。按照公司的发展规划，2008年剑南春的销售收入将突破45亿元，冲刺50亿元目标。但是，天有不测风云，2008年的"5.12"特大地震，让处于高速发展中的剑南春突然遭遇了"急刹车"，公司因灾直接损失达10亿元，当年仅完成销售收入25亿元，为计划的60%；实现税利5亿元，为计划的50%。面对突如其来的特大灾难，剑南春人深知，在灾难面前眼泪是最没有价值的东西，只有奋起自救，加快重建才是唯一出路。于是，剑南春人发扬抗灾自救精神，一手抓自救，一手抓重建，书写了重生的奇迹。震后第2天，乔天明董事长在帐篷里借着电筒发出的微弱光芒，制定包括新建和改建临时包装中心在内的救灾自救、生产自救规划；震后第16天，占地40余亩全钢结构的新包装中心进入全面施工；震后第26天，"天益老号"等部分曲酒车间恢复运转；震后第44天，新安装的两条剑南春系列酒灌装线投入生产，开始局部市场供应；震后第56天，酿酒生产全面恢复；震后第96天，总面积达38000平方米、采用2条法国进口线、8条国产线的新包装中心全面竣工投产，标志着剑南春的基本恢复生产和市场供应。这就是速度，这就是奇迹。三年多来，剑南春投资15亿元，实施的以包装中心一号工程、万吨精酿车间、五粮粉碎车间、集团新办公大楼、剑南老街等为代表的灾后重建工程建设取得了重大成果，生产销售取得重大突破，品牌知名度与影响力得到了极大提升。2010年，剑南春实现销售收入36亿元，税费6.72亿元。2011年，公司计划实现销售收入42亿元。按照今年的强劲发展势头，公司销售收入有望突破50亿元大关。

坚持创新不动摇。"创新是一个民族发展的不竭动力"，更是一个企业发展的不竭动力。剑南春将创新作为保持企业持续发展的重要法宝。在创新中发展，在发展中创新，使企业长期保持着发展的活力，始终跻身中国白酒业发展的前列。

在"十一五"期间，由于国外资本的陆续进入，使中国白酒业的竞争变得更加激烈。剑南春要适应生存，必须坚持走创新之路。为此，剑南春人在追求管理创新，主动参与追求卓越绩效模式，争创全国质量奖活动的同时，继续在科技创新方面下大力气。由剑南春集团历时8年时间，独家首创的"挥发系数鉴别年份白酒的方法"获得了国家专利局发明技术专利，荣获四川省科技进步二等奖，破解了困扰行业多年的世界性技术难题，为剑南春赢得了"高分"；同时，剑南春开创性地建立了酒体风味设计学的科学体系。这为酿酒科技创新与人才培养、名优白酒独特风味的形成、白酒质量的提高、中国酿酒事业的发展，推动中国白酒走向世界产生了积极作用，是中国白酒工业工艺技术继承、创新和发展的里程碑；"酿酒微生物研究"破解了酿酒微生物群落"天书"。"酒体质量风味特征及与人体健康关系研究"、"卫星搭载酒曲及窖泥"微生物诱导技术研究、"秒持值衡定评酒法"等在业界引起了广泛关注并获得肯定。2008年，剑南春技术中心被国家五部委认定为"国家认定企业技术中心"。剑南春6以自身的努力，为中国酿酒行业的技术进步作出了贡献，也为剑南春在创新求变中赢得了发展的主动，立于了发展的不败不地。

坚持人才强企不动摇。人才资源是企业最可宝贵的资源。剑南春一直把人才作为强企的关键。在"十一五"期间，剑南春根据企业发展需要，采取内部培养与外部引进相结合的方法，加速公司的人才储备与使用。五年来，公司通过校园招聘、社会成熟人才引进和内部培养的方式，引进、培养各类人才96人。这些人才分布于剑南春的管理、科研、基建、生产等各个岗位，成为了企业持续发展的重要力量。目前，剑南春在继续拓宽、畅通人才外引渠道的同时，积极探索通过教育培训、竞争上岗、挂职锻炼、轮岗交流等多种措施，提升全员素质，搭建人才成长的平台，形成人竞其才、活力奔涌的良好氛围。让人才强企的力量在“十二五”期间得以更加完美的显现。

坚持政治思想工作不动摇。思想政治工作是企业的灵魂。作为大型民营企业，剑南春非常重视思想政治工作。在“十一五”期间，公司不但进一步强化了工会在企业中的作用，而且充实了共青团、女工委等群团组织的力量。在“5.12”大地震发生后，在公司党委的领导下，工会、团委、女工委等及时深入到员工中间，在了解员工家庭受灾、个人受伤等情况的同时，给予员工物质及精神上的帮助，让其感受到来自公司的温暖。在2009年，剑南春遭受巨大经济损失的情况下，剑南春高层不但没有作出“减薪、裁员”之举，反而还主动地与工会签订了《不降低员工2009年度工资收入的协议》。2010年，剑南春职工人均增资额在300元以上，增幅达20%。2010年，剑南春又在德阳全市率先响应全总号召，开展“工资集体协商”工作，与职工协商签订劳动工资协议，为所有职工办理“五险一金”。同时，从基层一线选拔了3名没有“背景”的中层干部。剑南春“用能力说话，把‘后门’堵死”的用人观念，让基层员工看到了个人成长的希望，激发了其爱岗敬业、自觉学习、努力创造、勇争第一的工作热情。剑南春将思想政治工作的“说教”寓于实实在在的为员工“着想”的行动之中，取得了很好的效果。“十一五”期间，特别是“5.12”大地震后，剑南春员工与企业的向心力、凝聚力更进一步地增强了。包括普通员工（含劳务工）在内的员工总流失率不到1.5%，思想政治工作真正发挥了其神奇威力。

历经风雨，终见彩虹。在“十一五”，剑南春人在经历大灾磨难后变得更加坚强，剑南春集团在经历大灾之后走得更加稳健，发展更好更快。在“十二五”，在剑南春人正瞄准在“十二五”末销售收入过100亿，利润总额过30亿元的目标不断迈步。

新疆三宝乐农业科技开发有限公司是由新疆阜北农工商联合企业公司、日本三宝乐啤酒株式会社、日本丰田通商株式会社共同出资组建而成。主要从事香型啤酒花的科研、生产、加工和国际贸易以及瓜菜良种繁育。

自1987年创业以来，我们以向顾客提供安全绿色的高品质啤酒花及制种原料为根本，以雄厚的科研开发能力为后盾，拥有一支高效专业的农业技术人才团队及一套先进的农业生产管理系统。2010年多次荣获国内外知名酒厂颁发的最佳供应商奖及产品质量免检优质奖。我们一直在全球范围开展业务，目前拥有两个品种商标及品种注册的专利权、储备50多种啤酒花新品系，每年都有10多个酒花新品系问世。

旗下“札一”（SA-1）高级香型啤酒花品种作为国内的高级香型啤酒花品种，可与世界著名的优质香型酒花捷克“萨兹”相媲美。“札一”产品70%出口日本、欧美、东南亚国家。同时，随着国内各大啤酒集团对“札一”的了解和试用，“札一”国内销售量也逐年攀升，行情日渐看好。

旗下“马克·波罗”超高α-酸苦型啤酒花是在美国开发的啤酒花品种，由我公司在国内独家生产和销售。该品种α-酸含量高，香气浓烈、愉快，综合农业性状优良，在国内苦型酒花行业中处于领先水平。

公司从1993年开始，以定单委托生产、土地租赁生产、土地入股等方式先后在南北疆多个农牧团场建立了近20000亩酒花园基地及近3000亩外繁制种基地。按GAP（良好农业操作规范）管理为公司提供稳定的原料。且我公司是国内拥有自建冷库的啤酒花公司，3000m^2冷库保证了啤酒花原料及酒花制品的优良贮存条件，并拥有自己的酒花烘烤厂房，为公司酒花产品的加工保鲜保存提供优质的场所。

公司从1993年至今连续被国家、自治区、兵团评为外商投资双优企业和履行社会责任优秀企业，是农业产业化兵团重点龙头企业。1998年以来被海关认定为A类企业。公司是业内获得绿色食品认证、ISO9001质量体系认证、HACCP食品安全卫生认证、ISO14001环境管理体系认证以及出口食品卫生注册许可证的企业。

作为亚洲地区大规模香型酒花出口基地，公司将本着以农业为中心的方针，依托新疆自然优势和丰富的特色农业资源，充分发挥外向型企业优势，做精做强啤酒花产业，积极扩大良种繁育规模，实施相关产品多元化战略，使企业成为集科研、种植、农产品加工、国际国内贸易的“科、农、工、贸”四位一体的现代化农业企业。

景陽岡酒　英雄的酒
中国驰名商标　中国十大名酒
精品赖茆
中国赖茆　百年传奇
景阳冈陈酿
中国兼香第一酒
景阳冈一号酒
市接待专用酒　聊城人的国酒
英雄景阳冈
情义山东人
景陽岡酒業董事长徐怀谦偕全体员工向广大消费者致意！
址：阳谷县城紫石街17号　电话：0635-6383115　网址：www.jingyanggang.com

中国酒业协会行业指导刊物
攀登
永无止境
《中国酒業》杂志
地 址：北京市朝阳区新源西里中街甲15号
电 话：010-64654788 64651607 84485301
传 真：010-64670934
邮 箱：zg91@vip.sina.com
：898988457 596529426
新浪微博 weibo.com ：http://weibo.com/zg91

统计篇

通过国家统计部门公布的酿酒工业经济指标、产值、产量等统计数据与分析，反映中国酿酒工业2010年、2011年的发展状况。

白智生

Bai Zhisheng

YEARBOOK FIGURE

白智生，男，汉族，高级经济师，正局级。1984年毕业于北京大学，主修国际政治；1998年完成中央党校的研究生课程，主修法律；1991年任天津农垦集团总公司副总经理；2004年8月任王朝酒业集团有限公司执行董事；2005年9月任天津农垦集团总公司总经理；2005年11月任王朝酒业集团董事会主席、执行董事；2005年11月任中法合营王朝葡萄酿酒有限公司董事长。

在白智生同志的领导下，王朝始终不渝地坚持走引进、消化、吸收、再创新的科技自主创新之路，吸收世界葡萄酒生产的先进工艺、先进技术，在更精、更细、更高的技术层面上保持世界级产品的特点。结合葡萄酒市场的竞争态势，白智生同志提出了把王朝公司建设成“现代化、国际化、一流的大型企业集团”的战略定位。30年来，王朝持续、快速、健康发展，实现了中国制造向中国“智”造的转变。

2010年全国各省、自治区、直辖市酒业产量数据

表1 2010年全国各省、自治区、直辖市酒精产量

单位:千升

产 地	累计产量	去年同期累计产量
全国总计	8259336. 62	7455685. 73
天津市	6267. 00	24252. 00
河北省	175836. 00	157093. 00
山西省	52095. 00	51774. 00
内蒙古	1219893. 06	789205. 47
辽宁省	8092. 00	7477. 00
吉林省	1487114. 57	1546484. 00
黑龙江	818856. 56	589352. 00
江苏省	950099. 60	896501. 00
浙江省	221. 63	268. 83
安徽省	679463. 50	599694. 00
山东省	488181.42	438908. 00
河南省	852167. 40	750550. 50
湖北省	70756. 00	52652. 00
湖南省	11918. 00	20033. 00
广东省	126776. 42	145784. 00
广 西	687760. 41	778517. 45
海南省	2087. 00	3677. 00
四川省	358888. 78	329869. 00
贵州省	252. 00	1870. 08
云南省	173605. 84	182507. 17
陕西省	20746. 29	28853. 00
甘肃省	14778. 00	12486. 00
宁 夏	2063. 79	11488. 30
新 疆	51416. 35	36388. 93

表2 2010年全国各省、自治区、直辖市白酒产量

单位:千升

产 地	累计产量	去年同期累计产量
全国总计	8908343.33	7025184.98
北京市	198480.13	179722.08
天津市	48304.52	41015.26
河北省	261374.15	230357.96
山西省	112022.25	99945.67
内蒙古	368589.90	326670.98
辽宁省	642907.86	502584.97
吉林省	462231.08	345367.48
黑龙江	164582.58	115606.86
上海市	7835.00	7667.00
江苏省	563874.46	342026.15
浙江省	24345.77	24111.62
安徽省	479881.50	409554.61
福建省	34005.54	21439.43
江西省	126332.53	114876.47
山东省	969041.12	829770.61
河南省	844345.20	677778.00
湖北省	427417.52	414235.39
湖南省	129476.17	88819.22
广东省	102688.49	93014.21
广 西	51756.06	38554.22
海南省	6248.00	6631.00
重庆市	154811.37	169648.86
四川省	2297972.04	1561967.42
贵州省	160383.19	142404.15
云南省	60610.07	49898.50
陕西省	83311.50	73321.28
甘肃省	35105.73	31482.81
青海省	12046.88	10639.45
宁 夏	21037.41	22868.08
新 疆	57325.31	53205.24

表3 2010年全国各省、自治区、直辖市啤酒产量

单位:千升

产 地	累计产量	去年同期累计产量
全国总计	44830448. 93	42180798. 53
北京市	1646256. 76	1611728. 19
天津市	319744. 00	316905. 31
河北省	1344403. 31	1254772. 65
山西省	332105. 90	254204. 88
内蒙古	1130257. 57	1012744. 80
辽宁省	2479532. 23	2440798. 16
吉林省	1421683. 00	1237046. 34
黑龙江	1867735. 65	1693216. 23
上海市	653587. 90	673950. 70
江苏省	2580418. 46	2850884. 10
浙江省	2830862. 40	2616645. 92
安徽省	1541116. 63	1499567. 07
福建省	1887766. 76	1902268. 71
江西省	1237005.61	1125196. 92
山东省	5361273. 66	4951133. 62
河南省	4086319. 20	3840610. 50
湖北省	1866675. 03	1768266. 86
湖南省	1040995. 96	856072. 00
广东省	4013989.13	3602263. 00
广 西	1381342. 00	1237851. 00
海南省	161109. 00	170529. 00
重庆市	751859. 66	727667. 40
四川省	1582980. 93	1583085. 81
贵州省	326585. 32	273076. 56
云南省	547161. 98	481696. 57
西 藏	133310. 75	113038. 70
陕西省	942560. 00	899791. 00
甘肃省	655152. 43	591953. 66
青海省	125038. 00	104844. 00
宁 夏	140966. 69	114443. 84
新 疆	440653.01	374545.03

表4 2010年全国各省、自治区、直辖市黄酒产量

单位:千升

产 地	累计产量	去年同期累计产量
全国总计	1341354. 87	1209196. 41
北京市	3373. 00	4493. 00
天津市	1922. 32	1921. 67
河北省	312. 00	223. 00
内蒙古	4991. 00	4775. 00
吉林省	3921. 60	1714. 80
上海市	117630. 86	120469.80
江苏省	117483. 31	115920. 61
浙江省	728832. 89	659468. 67
安徽省	164895. 35	153737. 00
福建省	30562. 44	14431. 92
江西省	3000.60	2920. 92
山东省	35187.00	30181. 14
河南省	57193. 00	31720. 00
湖北省	3921. 00	1797. 00
湖南省	31205. 80	26998. 00
广东省	3511. 70	3262. 20
广 西	3420. 70	3039.68
海南省	21616. 00	24686. 00
四川省	1942. 00	1125. 00
贵州省	144.00	233. 00
云南省	90. 00	56. 00
陕西省	4053.00	3976.00
甘肃省	2069. 00	2006. 00
宁 夏	76. 30	40. 00

表5 2010年全国各省、自治区、直辖市葡萄酒产量

单位:千升

产　地	累计产量	去年同期累计产量
全国总计	1088799. 74	968822. 27
北京市	10185.86	12508. 32
天津市	63466. 10	49572. 60
河北省	99526. 35	113015.35
山西省	571. 43	479. 33
内蒙古	6507. 41	5249. 50
辽宁省	26781. 20	27424. 93
吉林省	208284. 20	218996.72
黑龙江	13093.00	4827. 50
上海市	1381. 48	1420. 57
江苏省	2034. 10	1105. 30
福建省	87.47	30.33
江西省	1565. 23	0. 00
山东省	375440. 86	358276. 05
河南省	150305. 60	103328. 70
湖北省	1160. 50	420. 60
湖南省	22888. 00	15596.00
广　西	1908. 27	1088. 22
重庆市	162. 00	456. 50
四川省	934. 98	455. 20
贵州省	62. 00	32. 00
云南省	15288. 00	11832. 50
陕西省	15062. 00	13136. 00
甘肃省	16751. 27	13644. 48
宁　夏	21886. 70	4234. 00
新　疆	33465.73	11691.57

2010年按省分全年工业总产值价格、工业销售产值价格数据

表1 2010年全国各省、自治区、直辖市分地区酒精行业工业总产值价格

地 区	企业单位数	本年工业总产值(千元)	去年工业总产值(千元)
全国总计	198	54769250	47621126
北京市	1	15094	15311
天津市	3	106333	278185
河北省	5	2905313	2100756
山西省	3	315482	264857
内蒙古	8	2350146	2432280
辽宁省	6	683577	460300
吉林省	13	8752521	10337301
黑龙江	18	5461115	3674748
江苏省	32	6229503	5028690
浙江省	1	184778	137631
安徽省	5	898100	755841
福建省	1	64000	45410
山东省	10	3277776	3100395
河南省	22	12920014	10541708
湖北省	5	237487	194870
湖南省	7	778209	611565
广东省	7	545895	378053
广 西	28	3880813	3449047
海南省	1	11562	14468
四川省	10	4543517	3311166
云南省	6	213006	259359
陕西省	2	27524	33500
甘肃省	2	171057	106900
新 疆	2	196428	88785

表2 2010年全国各省、自治区、直辖市分地区酒精行业工业销售产值价格

地 区	企业单位数	本年工业销售产值(千元)	去年工业销售产值(千元)
全国总计	198	52964896	45885939
北京市	1	16686	17436
天津市	3	103551	253275
河北省	5	2858302	2115442
山西省	3	301169	238714
内蒙古	8	2329346	2409005
辽宁省	6	674771	443376
吉林省	13	8535499	9466134
黑龙江	18	4863424	3446072
江苏省	32	6245872	5055579
浙江省	1	175333	134446
安徽省	5	898643	708253
福建省	1	64000	45410
山东省	10	3226978	3060673
河南省	22	12396350	10302319
湖北省	5	244235	194136
湖南省	7	773637	604811
广东省	7	503830	348163
广 西	28	3724628	3373683
海南省	1	4690	8680
四川省	10	4495068	3272103
云南省	6	207493	206645
陕西省	2	25746	25100
甘肃省	2	107746	77137
新 疆	2	187899	79347

表3 2010年全国各省、自治区、直辖市分地区白酒行业工业总产值价格

地 区	企业单位数	本年工业总产值(千元)	去年工业总产值(千元)
全国总计	1609	279333861	208364696
北京市	7	3066092	2681871
天津市	6	750700	713831
河北省	60	7204630	5785325
山西省	17	4515430	3318327
内蒙古	65	8512297	7090361
辽宁省	107	10535245	6779032
吉林省	87	4988960	3479339
黑龙江	61	3155225	1921313
上海市	2	77931	95216
江苏省	80	17850493	12237778
浙江省	11	309934	304209
安徽省	104	14779745	10967586
福建省	17	976105	1078831
江西省	21	3821138	3268015
山东省	208	24952785	20211612
河南省	140	17343262	13165366
湖北省	72	18699953	13391027
湖南省	42	4103290	2916833
广东省	34	2140608	1795997
广 西	20	1243235	963513
重庆市	31	2900123	1986363
四川省	259	98504593	71023788
贵州省	68	20349955	16649177
云南省	19	633152	493126
陕西省	22	3888226	2688308
甘肃省	24	1441168	1239547
青海省	3	536808	371073
宁 夏	9	595617	530472
新 疆	13	1457161	1217460

表4 2010年全国各省、自治区、直辖市分地区白酒行业工业销售产值价格

地 区	企业单位数	本年工业销售产值(千元)	去年工业销售产值(千元)
全国总计	1609	266114080	196868803
北京市	7	2920610	2616769
天津市	6	721903	671466
河北省	60	6762375	5393227
山西省	17	4350499	3069230
内蒙古	65	8415177	6956095
辽宁省	107	10181759	6479349
吉林省	87	4847376	3356976
黑龙江	61	3112768	1822931
上海市	2	76629	91569
江苏省	80	16911705	9774095
浙江省	11	286414	289090
安徽省	104	13521896	10536813
福建省	17	953483	1023058
江西省	21	3783265	3083081
山东省	208	24778426	19899424
河南省	140	16999872	12752299
湖北省	72	18309471	13363206
湖南省	42	3712926	2480885
广东省	34	2142870	1744695
广 西	20	921212	719205
重庆市	31	2681130	1840052
四川省	259	94368117	68444543
贵州省	68	16953648	14008963
云南省	19	636820	451655
陕西省	22	4114369	2847290
甘肃省	24	1257453	1125094
青海省	3	617835	502768
宁 夏	9	367320	347653
新 疆	13	1406752	1177322

表5 2010年全国各省、自治区、直辖市分地区啤酒行业工业总产值价格

地 区	企业单位数	本年工业总产值(千元)	去年工业总产值 (千元)
全国总计	593	132064893	119450437
北京市	9	4963814	4775151
天津市	3	554137	593059
河北省	29	3877041	3839799
山西省	9	599355	543279
内蒙古	14	2664037	2361247
辽宁省	26	7899701	7397746
吉林省	14	3411713	2887059
黑龙江	30	4457548	4040150
上海市	7	2000575	1687144
江苏省	46	8376904	8550981
浙江省	37	5371408	5322193
安徽省	23	3449897	3188595
福建省	17	4536092	4392238
江西省	20	2179408	2264363
山东省	74	17829954	16519757
河南省	55	11920909	10233908
湖北省	22	9206032	6363023
湖南省	16	3329338	2559946
广东省	28	11146832	10608496
广 西	5	4563221	3953389
海南省	1	596126	630689
重庆市	7	1751600	1632793
四川省	25	7113731	6062292
贵州省	5	571182	471564
云南省	14	1673926	1505581
西 藏	3	652180	537898
陕西省	8	2302006	2146881
甘肃省	30	2999641	2656054
青海省	1	251000	284500
宁 夏	1	282274	209654
新 疆	14	1533311	1231008

表6 2010年全国各省、自治区、直辖市分地区啤酒行业工业销售产值价格

地 区	企业单位数	本年工业销售产值(千元)	去年工业销售产值(千元)
全国总计	593	137194600	122911519
北京市	9	4939414	4808982
天津市	3	560393	589509
河北省	29	3851556	3720575
山西省	9	582780	547873
内蒙古	14	2617628	2267962
辽宁省	26	8045195	7358471
吉林省	14	3403510	2830836
黑龙江	30	4551626	3790771
上海市	7	1973375	1633723
江苏省	46	8260044	8444822
浙江省	37	5377560	5320970
安徽省	23	3254182	3047342
福建省	17	4588427	4409934
江西省	20	1922870	2235448
山东省	74	23160340	20537618
河南省	55	11796603	10126728
湖北省	22	9238399	6299684
湖南省	16	3341535	2509354
广东省	28	11064319	10705694
广 西	5	4515362	3862552
海南省	1	560343	614599
重庆市	7	1738853	1620468
四川省	25	7012231	5983734
贵州省	5	550322	460374
云南省	14	1573926	1305978
西 藏	3	634453	531564
陕西省	8	3422915	3185759
甘肃省	30	2709328	2496966
青海省	1	245980	273875
宁 夏	1	271192	206708
新 疆	14	1429939	1182646

表7 2010年全国各省、自治区、直辖市分地区黄酒行业工业总产值价格

地 区	企业单位数	本年工业总产值（千元）	去年工业总产值（千元）
全国总计	128	11681732	9676297
北京市	1	70436	60395
天津市	2	14989	13664
内蒙古	4	612902	593827
辽宁省	2	11558,	10902
上海市	5	1155556	1092188
江苏省	8	837117	754891
浙江省	52	4380689	3631833
安徽省	9	1610732	1175069
福建省	14	695321	448500
江西省	1	29185	23000
山东省	5	647091	615285
河南省	4	198980	174273
湖北省	3	59738	16650
湖南省	6	970631	773199
广东省	3	38584	26231
广 西	2	38539	25021
海南省	1	29964	9784
四川省	3	233659	194164
陕西省	2	39870	31249
甘肃省	1	6191	6172

表8 2010年全国各省、自治区、直辖市分地区黄酒行业工业销售产值价格

地 区	企业单位数	本年工业销售产值(千元)	去年工业销售产值(千元)
全国总计	128	10748334	9029713
北京市	1	77578	48539
天津市	2	15251	14237
内蒙古	4	600349	573776
辽宁省	2	11112	9701
上海市	5	1077923	1041851
江苏省	8	801846	679033
浙江省	52	4069552	3483631
安徽省	9	1376994	1054661
福建省	14	437021	278663
江西省	1	26375	20720
山东省	5	625652	577849
河南省	4	197102	172532
湖北省	3	58330	15936
湖南省	6	968586	768522
广东省	3	56129	28609
广 西	2	38059	22492
海南省	1	28308	11163
四川省	3	231878	183232
陕西省	2	44390	37772
甘肃省	1	5899	6794

表9 2010年全国各省、自治区、直辖市分地区葡萄酒行业工业总产值价格

地 区	企业单位数	本年工业总产值(千元)	去年工业总产值(千元)
全国总计	248	30951514	23836806
北京市	6	321596	304715
天津市	8	1136790	1208631
河北省	29	2635681	2428657
山西省	2	73790	61601
内蒙古	3	334354	247864
辽宁省	18	1906594	1028305
吉林省	22	1978177	1777179
上海市	3	65765	53300
江苏省	2	26818	18912
安徽省	6	304062	27985
福建省	3	87498	94067
江西省	1	27079	0
山东省	68	16662693	12901913
河南省	26	1309940	985159
湖北省	3	117865	62988
湖南省	2	95198	94315
广东省	3	71325	19236
广 西	2	38469	20949
重庆市	1	4849	6871
四川省	5	143153	81063
云南省	4	599890	457601
陕西省	3	197240	192618
甘肃省	7	1356746	989411
宁 夏	6	194730	179023
新 疆	15	1261212	594443

表10 2010年全国各省、自治区、直辖市分地区葡萄酒行业工业销售产值价格

地 区	企业单位数	本年工业销售产值(千元)	去年工业销售产值(千元)
全国总计	248	29476709	22823887
北京市	6	352141	264156
天津市	8	1126314	1283343
河北省	29	1937889	2269604
山西省	2	75112	60508
内蒙古	3	324020	220114
辽宁省	18	1856572	964580
吉林省	22	1872457	1660337
上海市	3	59961	50838
江苏省	2	25499	17800
安徽省	6	299161	27985
福建省	3	87498	87621
江西省	1	25160	0
山东省	68	16605493	12854078
河南省	26	1307846	978564
湖北省	3	102827	51511
湖南省	2	94601	94315
广东省	3	78326	19382
广 西	2	24411	14190
重庆市	1	4725	7026
四川省	5	131973	56396
云南省	4	531062	339365
陕西省	3	131271	136786
甘肃省	7	1182813	824706
宁 夏	6	176398	82844
新 疆	15	1063179	457838

表11 2010年全国各省、自治区、直辖市分地区其他酒行业工业总产值价格

地 区	企业单位数	本年工业总产值（千元）	去年工业总产值（千元）
全国总计	187	15725131	11793593
北京市	1	36810	30073
天津市	1	500	0
河北省	2	141430	108162
山西省	3	14596	19318
内蒙古	5	306751	463177
辽宁省	3	93107	61951
吉林省	6	338329	241325
黑龙江	10	754899	409847
上海市	5	146940	125034
江苏省	5	365363	253428
浙江省	7	210124	196775
安徽省	6	251663	168005
福建省	11	343078	406765
江西省	4	239994	235770
山东省	14	1206560	1136675
河南省	14	963069	677614
湖北省	11	3742710	2649755
湖南省	20	1910499	1362306
广东省	18	658362	531594
广 西	9	497672	182275
海南省	2	340972	301803
重庆市	5	116876	39170
四川省	13	1292831	862880
云南省	2	563340	427500
西 藏	2	70486	68451
陕西省	5	198838	149520
宁 夏	3	919332	684420

表12 2010年全国各省、自治区、直辖市分地区其他酒行业工业销售产值价格

地 区	企业单位数	本年工业销售产值(千元)	去年工业销售产值(千元)
全国总计	187	14615815	11365231
北京市	1	35897	30692
天津市	1	80	0
河北省	2	141305	106811
山西省	3	12171	17124
内蒙古	5	297586•	446314
辽宁省	3	91989	64860
吉林省	6	328225	236686
黑龙江	10	714196	396739
上海市	5	140681	124867
江苏省	5	354370	243337
浙江省	7	189592	182014
安徽省	6	250512	167669
福建省	11	342166	404198
江西省	4	233443	231973
山东省	14	1206988	1123970
河南省	14	945792	672853
湖北省	11	3430777	2594938
湖南省	20	1880218	1351625
广东省	18	627127	503240
广 西	9	310585	174441
海南省	2	338029	288287
重庆市	5	115315	38207
四川省	13	1267049	844409
云南省	2	539500	475600
西 藏	2	67236	53151
陕西省	5	193400	145782
宁 夏	3	561586	445444

2010年按注册类型分工业总产值价格、工业销售产值价格数据

表1 2010年全年分注册类型酒精行业工业总产值价格

注册类型	企业单位数	本年工业总产值（千元）	去年工业总产值(千元)
全国总计	198	54769250	47621126
国有	4	386810	418398
集体	1	0	20622
国有独资公司	1	5612761	4073412
其他有限责任公司	60	12305214	11817989
股份有限公司	8	3983777	2801666
私营独资	23	5382150	5291309
私营合伙	1	29801	6750
私营有限责任公司	83	18776258	16983698
私营有限股份公司	5	2005108	1297397
其他内资	1	112696	116287
与港澳台商合资经营	3	313168	297490
港澳台商独资	2	1386108	1134276
中外合资经营	2	351471	144231
外资企业	4	4123928	3217601

表2 2010年全年分注册类型酒精行业工业销售产值价格

注册类型	企业单位数	本年工业销售产值（千元）	去年工业销售产值（千元）
全国总计	198	52964896	45885939
国有	4	375910	366118
集体	1	0	20622
国有独资公司	1	5257011	3863417
其他有限责任公司	60	11821844	11144580
股份有限公司	8	3857832	2754097
私营独资	23	5228642	5301978
私营合伙	1	20382	6750
私营有限责任公司	83	18359701	16322965
私营有限股份公司	5	1980996	1286154
其他内资	1	110361	110203
与港澳台商合资经营	3	294204	322827
港澳台商独资	2	1357485	1112290
中外合资经营	2	334149	143780
外资企业	4	3966379	3130158

表3 2010年全年分注册类型白酒行业工业总产值价格

注册类型	企业单位数	本年工业总产值（千元）	去年工业总产值（千元）
全国总计	1609	279333861	208364696
国有	38	25121505	20777388
集体	30	4606176	3603646
股份合作	25	1826098	1229972
集体联营	3	344155	198894
其他联营	1	71652	36342
国有独资公司	8	34941713	29461491
其他有限责任公司	305	67104685	48412584
股份有限公司	91	53767370	41471785
私营独资	369	26900187	17256474
私营合伙	33	2075228	1758846
私营有限责任公司	629	56076514	39401670
私营有限股份公司	48	3812938	2698984
其他内资	7	299899	164855
与港澳台商合资经营	8	1221481	802535
与港澳台商合作经营	2	110049	90300
港澳台商独资	3	413393	333258
中外合资经营	5	226814	266794
外资企业	4	414004	398878

表4 2010年全年分注册类型白酒行业工业销售产值价格

注册类型	企业单位数	本年工业销售产值（千元）	去年工业销售产值（千元）
全国总计	1609	266114080	196868803
国有	38	23188854	19102163
集体	30	4477860	3468986
股份合作	25	1763652	1184889
集体联营	3	340603	197451
其他联营	1	69169	35264
国有独资公司	8	34082004	28604030
其他有限责任公司	305	62964289	45027082
股份有限公司	91	51453510	38259356
私营独资	369	25611632	16583194
私营合伙	33	2023752	1723818
私营有限责任公司	629	53773931	38090451
私营有限股份公司	48	3795293	2654037
其他内资	7	298034.	164085
与港澳台商合资经营	8	1149881	753274
与港澳台商合作经营	2	108397	89174
港澳台商独资	3	382888	315539
中外合资经营	5	217394	223365
外资企业	4	412937	392645

表5 2010年全年分注册类型啤酒行业工业总产值价格

注册类型	企业单位数	本年工业总产值(千元)	去年工业总产值(千元)
全国总计	593	132064893	119450437
国有	21	7610949	6992553
集体	8	1556071	1365621
股份合作	6	1339975	1713838
国有联营	1	33500	28241
国有独资公司	5	613254	600674
其他有限责任公司	162	23866949	21159334
股份有限公司	37	9199148	9127406
私营独资	26	3194323	2771902
私营合伙	2	261863	285183
私营有限责任公司	122	11751960	9742830
私营有限股份公司	13	2416046	2444572
其他内资	2	1079801	797617
与港澳台商合资经营	23	8276604	7538548
与港澳台商合作经营	1	151596	207745
港澳台商独资	32	7683668	7360022
港澳台商投资股份有限公司	2	451223	416792
中外合资经营	55	22372334	18657514
中外合作经营	2	435827	425413
外资企业	62	19747131	18192427
外商投资股份有限公司	11	10022671	9622205

表6 2010年全年分注册类型啤酒行业工业销售产值价格

注册类型	企业单位数	本年工业销售产值（千元）	去年工业销售产值（千元）
全国总计	593	137194600	122911519
国有	21	7593963	6911319
集体	8	1549282	1357243
股份合作	6	1305620	1691366
国有联营	1	32075	23062
国有独资公司	5	600388	607985
其他有限责任公司	162	24406227	21557456
股份有限公司	37	9103565	9039779
私营独资	26	3179719	2763536
私营合伙	2	258293	282053
私营有限责任公司	122	11349226	9427296
私营有限股份公司	13	2357391	2353139
其他内资	2	1077450	794367
与港澳台商合资经营	23	8086025	7488897
与港澳台商合作经营	1	131657	165841
港澳台商独资	32	7759002	7313605
港澳台商投资股份有限公司	2	489378	438665
中外合资经营	55	22406482	18859987
中外合作经营	2	436295	425323
外资企业	62	19732545	17636322
外商投资股份有限公司	11	15340017	13774278

表7 2010年全年分注册类型黄酒行业工业总产值价格

注册类型	企业单位数	本年工业总产值（千元）	去年工业总产值（千元）
全国总计	128	11681732	9676297
国有	3	398959	371317
集体	2	50934	45140
股份合作	2	68034	66762
国有联营	1	9452	3318
国有独资公司	2	1086411	955968
其他有限责任公司	25	4123696	3328611
股份有限公司	4	1560051	1307582
私营独资	14	449419	357180
私营合伙	4	91379	31252
私营有限责任公司	55	2633543	2131036
私营有限股份公司	8	798239	651512
其他内资	1	31693	28693
与港澳台商合资经营	3	169542	195010
中外合作经营	2	156003	142306
外资企业	2	54377	60610

表8 2010年全年分注册类型黄酒行业工业销售产值价格

注册类型	企业单位数	本年工业销售产值（千元）	去年工业销售产值（千元）
全国总计	128	10748334	9029713
国有	3	382689	347243
集体	2	48100	41682
股份合作	2	60233	57688
国有联营	1	9613	5454
国有独资公司	2	1212439	1038346
其他有限责任公司	25	3496679	2911994
股份有限公司	4	1541558	1291557
私营独资	14	456156	352222
私营合伙	4	89564	31214
私营有限责任公司	55	2257354	1914265
私营有限股份公司	8	796778	645754
其他内资	1	31790	28118
与港澳台商合资经营	3	149890	172233
中外合作经营	2	155966	134041
外资企业	2	59525	57902

表9 2010年全年分注册类型葡萄酒行业工业总产值价格

注册类型	企业单位数	本年工业总产值（千元）	去年工业总产值（千元）
全国总计	248	30951514	23836806
国有	4	201665	163589
其他有限责任公司	48	10381043	7341399
股份有限公司	8	721765	486896
私营独资	25	1362150	1106364
私营合伙	3	109114	110569
私营有限责任公司	106	9229085	6836427
私营有限股份公司	8	535643	373168
与港澳台商合资经营	8	738838	720303
港澳台商独资	5	1864099	1735769
中外合资经营	22	3603592	2975567
中外合作经营	2	142404	92006
外资企业	9	2062116	1900749

表10 2010年全年分注册类型葡萄酒行业工业销售产值价格

注册类型	企业单位数	本年工业销售产值（千元）	去年工业销售产值（千元）
全国总计	248	29476709	22823887
国有	4	204452	121439
其他有限责任公司	48	10042957	6715935
股份有限公司	8	705364	489558
私营独资	25	1343906	1084514
私营合伙	3	88444	85161
私营有限责任公司	106	8816047	6501218
私营有限股份公司	8	510062	371681
与港澳台商合资经营	8	710847	704418
港澳台商独资	5	1856583	1803557
中外合资经营	22	3565259	3024163
中外合作经营	2	137657	86757
外资企业	9	1495140	1835486

表11 2010年全年分注册类型其他酒行业工业总产值价格

注册类型	企业单位数	本年工业总产值(千元)	去年工业总产值(千元)
全国总计	187	15725131	11793593
国有	1	38655	29314
集体	4	159463	108844
其他有限责任公司	41	2108236	1798217
股份有限公司	6	541315	542103
私营独资	22	1594574	1128677
私营合伙	3	38489	24389
私营有限责任公司	82	9105028	6323501
私营有限股份公司	11	659014	549435
与港澳台商合资经营	2	148062	228782
港澳台商独资	1	11160	0
中外合资经营	6	744320	587690
外资企业	8	576815	472641

表12 2010年全年分注册类型其他酒行业工业销售产值价格

注册类型	企业单位数	本年工业销售产值(千元)	去年工业销售产值(千元)
全国总计	187	14615815	11365231
国有	1	13980	46750
集体	4	163681	109204
其他有限责任公司	41	2022394	1745444
股份有限公司	6	524239	507416
私营独资	22	1408740	999298
私营合伙	3	35323	25161
私营有限责任公司	82	8537478	6183331
私营有限股份公司	11	653789	541722
与港澳台商合资经营	2	146364	226452
港澳台商独资	1	8561	0
中外合资经营	6	716589	627053
外资企业	8	384677	353400

2010年海关进出口数据

表1 2010年全年海关出口数据

产品名称	单位	累计数量	累计金额（美圆）
其他大麦	千克	13412077	4030930
已焙制的麦芽	千克	129855779	54881330
啤酒花，未经研磨也未制成团粒	千克	5601	25916
啤酒花，经研磨或制成团粒；蛇麻腺	千克	409571	1187522
啤酒花液汁及浸膏	千克	92471	1660470
别特酒，按体积计酒精含量44.2%	千克	44771	136267
制造饮料用的复合酒精制品	千克	577600	568177
麦芽酿造的啤酒	升	194096886	112342585
葡萄汽酒	升	91271	636436
装入2升及以下容器的鲜葡萄酿造的酒	升	1165450	23571045
装入2升以上容器的鲜葡萄酿造的酒	升	195951	209369
装入2升及以下容器的味美思酒等酒	升	420580	765494
装入2升以上容器的味美思酒等酒	升	9450	19290
黄酒	升	17565924	24774681
未改性乙醇，按容量计酒精浓度在80%及以上	升	143739763	91560026
任何浓度的改性乙醇及其他酒精	升	12279657	8198018
蒸馏葡萄酒制得的烈性酒	升	2040461	63609207
威士忌酒	升	137570	1029387
朗姆酒及蒸馏已发酵甘蔗制得的烈性酒	升	4011800	3350810
杜松子酒	升	593	1364
伏特加酒	升	149958	665687
利口酒及柯迪尔酒	升	16037	180028
龙舌兰酒	升	1674	15367
白酒	升	5594925	89856863
未改性乙醇，按容量计酒精浓度<80% 其他酒精饮料	升	19200894	99161364
中药酒	千克	901979	3214572

表2 2010年全年海关进口数据

产品名称	单位	累计数量	累计金额(美圆)
其他大麦	千克	2367155820	536133411
已焙制的麦芽	千克	7040200	4771384
啤酒花，经研磨或制成团粒；蛇麻腺	千克	1094913	10247368
啤酒花液汁及浸膏	千克	32452	761220
别特酒，按体积计酒精含量44.2%	千克	39223	103815
制造饮料用的复合酒精制品	千克	2790	85054
麦芽酿造的啤酒	升	46718360	58310309
葡萄汽酒	升	2702687	28034250
装入2升及以下容器的鲜葡萄酿造的酒	升	146295788	656087764
装入2升以上容器的鲜葡萄酿造的酒	升	137061187	113956233
2009以外的酿酒葡萄汁	升	57078	89475
装入2升及以下容器的味美思酒等酒	升	85540	223674
装入2升以上容器的味美思酒等酒	升	665	3319
黄酒	升	506406	621991
未改性乙醇，按容量计酒精浓度在80%及以上	升	391538	683425
任何浓度的改性乙醇及其他酒精	升	3219595	2696375
蒸馏葡萄酒制得的烈性酒	升	18699877	534946852
威士忌酒	升	18074890	115673674
朗姆酒及蒸馏已发酵甘蔗制得的烈性酒	升	6192906	7086874
杜松子酒	升	533567	1411796
伏特加酒	升	2588747	7930641
利口酒及柯迪尔酒	升	1473948	6303986
龙舌兰酒	升	330971	1495440
白酒	升	1392441	14363528
未改性乙醇，按容量计酒精浓度<80% 其他酒精饮料	升	7241473	13781936
中药酒	千克	1606	6185

2011年全国各省、自治区、直辖市酒业产量数据

表1 2011年全国各省、自治区、直辖市酒精产量

单位:千升

产 地	累计产量	去年同期累计产量
全国总计	8337335.78	7480891.46
河北省	215261.00	175141.00
山西省	52237.00	52095.00
内蒙古	597664.07	1174579.06
辽宁省	11045.00	5092.00
吉林省	1479829.32	1231327.57
黑龙江	1011037.00	786198.56
江苏省	880036.26	927376.60
浙江省	187.04	491.63
安徽省	197390.00	210808.00
山东省	500904.20	454237.42
河南省	1671728.00	847935.10
湖北省	27144.00	28664.00
湖南省	32850.00	9408.00
广东省	158257.76	121031.42
广 西	695423.52	680622.76
海南省	747.00	2087.00
四川省	525468.05	500842.78
贵州省	0.00	252.00
云南省	171544.19	187353.92
陕西省	32551.70	19263.29
甘肃省	13336.00	14778.00
新 疆	62694.67	51306.35

表2 2011年全国各省、自治区、直辖市白酒产量

单位:千升

产 地	累计产量	去年同期累计产量
全国总计	10255507. 66	7846329. 05
北京市	205693. 27	187508. 48
天津市	42750. 11	44780. 52
河北省	323855. 65	213101. 42
山西省	145722. 00	110587. 94
内蒙古	522786. 11	385595. 91
辽宁省	680532. 98	569036. 66
吉林省	424475. 09	283589. 59
黑龙江	208820. 00	103460. 00
上海市	10798. 00	7835. 00
江苏省	678548. 48	538266. 97
浙江省	20510. 59	19811. 10
安徽省	394974. 68	322949. 60
福建省	33270. 74	36956. 97
江西省	145816. 58	112281. 59
山东省	991679. 67	845503. 37
河南省	1052783. 90	806411. 10
湖北省	298070. 73	227678. 08
湖南省	129497. 58	101389. 22
广东省	100349. 36	84886. 07
广　西	73242. 03	53684. 80
海南省	4236. 00	3230. 00
重庆市	173495. 95	147348. 68
四川省	3093865. 20	2243637. 25
贵州省	246590. 44	167100. 51
云南省	58634. 00	53162. 00
陕西省	79865. 93	71157. 34
甘肃省	29652. 56	25177. 24
青海省	17055. 09	12046. 88
宁　夏	15374. 00	18515. 60
新　疆	52560. 94	49639. 16

表3 2011年全国各省、自治区、直辖市啤酒产量

单位:千升

产 地	累计产量	去年同期累计产量
全国总计	48988168. 46	44265719. 97
北京市	1647869. 41	1646239. 54
天津市	332032. 00	319744. 00
河北省	1602598. 39	1331030. 31
山西省	426767. 12	313950. 77
内蒙古	1163520. 45	1134757. 57
辽宁省	2622063. 90	2347304. 23
吉林省	1485437. 00	1331198. 00
黑龙江	2224313. 97	1786442. 65
上海市	508821. 55	653587. 90
江苏省	2347375. 27	2506720. 46
浙江省	2810873. 62	2809847. 12
安徽省	1675443. 05	1526136. 63
福建省	1965087. 80	1849719. 76
江西省	1294665. 58	1181265. 51
山东省	6475888. 88	5423760. 09
河南省	4287629. 10	3962931. 20
湖北省	1983233. 76	1662062. 35
湖南省	1309158. 16	1031585. 96
广东省	4822407. 82	4141663. 48
广 西	1505824. 00	1381342. 00
海南省	101463. 00	161109. 00
重庆市	773138. 22	719305. 66
四川省	1920526. 67	1762536. 62
贵州省	362173. 00	326585. 32
云南省	757940. 96	543707. 98
西 藏	181720. 36	133310. 75
陕西省	989780. 29	942650. 00
甘肃省	648539. 31	668005. 41
青海省	88700. 00	85600. 00
宁 夏	162216. 26	140966. 69
新 疆	510959. 56	440653. 01

表4 2011年全国各省、自治区、直辖市葡萄酒产量

单位:千升

产 地	累计产量	去年同期累计产量
全国总计	1156864. 95	1023569. 82
北京市	12174. 72	10134. 95
天津市	41095. 00	59999. 00
河北省	93713. 18	98968. 87
山西省	1923. 60	571. 43
内蒙古	8536. 60	6495. 41
辽宁省	20174. 73	22559. 71
吉林省	206519. 00	180026. 00
黑龙江	21490. 00	13071. 00
上海市	1218. 40	1381. 48
浙江省	3. 90	0. 00
江西省	4421. 74	1565. 23
山东省	446085. 52	383369. 30
河南省	176900. 70	150055. 80
湖北省	484. 00	344. 00
湖南省	24433. 00	22888. 00
广 西	2436. 23	1908. 27
四川省	516. 14	319. 98
贵州省	47. 17	62. 00
云南省	23866. 00	15288. 00
陕西省	15289. 00	11927. 00
甘肃省	14074. 46	9795. 27
宁 夏	25204. 73	10069. 39
新 疆	16257. 13	22769. 73

表5 2011年全国各省、自治区、直辖市饮料酒产量

单位:千升

产地	累计产量	去年同期累计产量
全国总计	62697283. 23	55146249. 36
北京市	1870001. 40	1847404. 97
天津市	418148. 59	426789. 92
河北省	2021870. 62	1701637. 34
山西省	579407. 26	428409. 51
内蒙古	1707322. 72	1537924. 89
辽宁省	3324842. 89	2940718. 47
吉林省	2123490. 69	1800057. 22
黑龙江	2470687. 97	1915727. 65
上海市	629014. 23	770478. 68
江苏省	3142783. 53	3152081，80
浙江省	3700415. 42	3460011，07
安徽省	2228502. 73	1999221. 23
福建省	2051297. 62	1927364. 23
江西省	1456035. 88	1303826. 95
山东省	8016015. 16	6752125. 76
河南省	5624402. 50	5082260. 30
湖北省	2757031. 61	2317289. 26
湖南省	1574131. 24	1188625. 98
广东省	4957604. 58	4263734. 80
广　西	1565139. 26	1479993. 90
海南省	159707. 00	188973. 00
重庆市	948414. 36	868203. 53
四川省	5044816. 68	4020377. 94
贵州省	609042. 11	493922. 21
云南省	844682. 96	614455. 98
西　藏	181720. 36	133310. 75
陕西省	1097779. 52	1039438. 34
甘肃省	696033. 63	703832. 92
青海省	105755. 09	97646. 88
宁　夏	211407. 99	177341. 98
新　疆	579777. 63	513061. 90

2011年按省分全年工业总产值价格、工业销售产值价格数据

表1 2011年全国各省、自治区、直辖市分地区酒精行业工业总产值价格

地 区	企业单位数	本年工业总产值（千元）	去年工业总产值（千元）
全国总计	159	66833750	50309950
天津市	1	35688	26640
河北省	3	1379763	834719
山西省	3	361452	315482
内蒙古	7	2842313	2301271
辽宁省	5	789780	683577
吉林省	10	10393069	7036423
黑龙江	12	7231851	5122984
江苏省	30	7117329	6102113
浙江省	1	207627	184778
安徽省	5	2060747	1495456
福建省	1	85120	64000
山东省	12	3754041	3435219
河南省	19	16819715	12311045
湖北省	4	569325	240110
湖南省	7	1342257	777565
广东省	6	885215	520090
广 西	15	4859953	3759795
海南省	1	4639	11562
四川省	9	5381131	4500686
云南省	3	206383	197453
陕西省	1	17636	21497
甘肃省	2	196016	171057
新 疆	2	292700	196428

表2 2011年全国各省、自治区、直辖市分地区酒精行业工业销售产值价格

地区	企业单位数	本年工业销售产值(千元)	去年工业销售产值(千元)
全国总计	159	64837355	48878853
天津市	1	42007	27872
河北省	3	1438512	857258
山西省	3	325258	301169
内蒙古	7	2825298	2278384
辽宁省	5	745288	674771
吉林省	10	10307374	7012834
黑龙江	12	6836248	4616170
江苏省	30	7018073	6122887
浙江省	1	204469	175333
安徽省	5	2031338	1493277
福建省	1	85120	64000
山东省	12	3701664	3387619
河南省	19	16299093	11794767
湖北省	4	569325	246523
湖南省	7	1326276	773451
广东省	6	785588	480006
广　西	15	4426182	3606694
海南省	1	4639	4690
四川省	9	5239616	4453012
云南省	3	188443	191940
陕西省	1	17321	20551
甘肃省	2	144282	107746
新　疆	2	275941	187899

表3 2011年全国各省、自治区、直辖市分地区白酒行业工业总产值价格

地区	企业单位数	本年工业总产值(千元)	去年工业总产值(千元)
全国总计	1233	383126891	270951898
北京市	3	1139466	975566
天津市	6	892415	787524
河北省	47	11881011	9493752
山西省	17	6688830	4560484
内蒙古	58	10305979	8479373
辽宁省	75	14426319	9778198
吉林省	67	7108353	4213665
黑龙江	32	3680766	2585171
上海市	1	110861	77931
江苏省	50	23260477	17114038
浙江省	4	231859	188781
安徽省	58	21369979	13533687
福建省	13	1117293	932748
江西省	15	4900976	3509849
山东省	156	30040607	24500911
河南省	123	22218568	17286762
湖北省	45	29635806	18307817
湖南省	38	6758323	4093705
广东省	14	2288963	1791723
广　西	13	2177935	1211273
海南省	1	20070	29964
重庆市	17	3712112	2782901
四川省	257	139151877	96179457
贵州省	66	29121003	20328164
云南省	9	691332	582993
陕西省	18	5148706	3757181
甘肃省	13	1805597	1183149
青海省	2	836919	536808
宁　夏	2	556124	547664
新　疆	13	1848365	1600659

表4 2011年全国各省、自治区、直辖市分地区白酒行业工业销售产值价格

地 区	企业单位数	本年工业销售产值(千元)	去年工业销售产值(千元)
全国总计	1233	361840308	258393176
北京市	3	1080201	1011309
天津市	6	831412	759536
河北省	47	11301422	9069397
山西省	17	6375472	4362555
内蒙古	58	9967540	8400147
辽宁省	75	13962638	9451935
吉林省	67	6926364	4073118
黑龙江	32	3486919	2514525
上海市	1	106809	76629
江苏省	50	23270466	16434125
浙江省	4	217589	176241
安徽省	58	19722854	12398381
福建省	13	1008793	910983
江西省	15	4674039	3474587
山东省	156	29533122	24332975
河南省	123	21845942	16936781
湖北省	45	28665691	17935594
湖南省	38	6007381	3709601
广东省	14	2237380	1744487
广 西	13	1241562	895571
海南省	1	21599	28308
重庆市	17	3425301	2562918
四川省	257	132903555	92109105
贵州省	66	23163917	16925608
云南省	9	669742	594255
陕西省	18	4950004	3988490
甘肃省	13	1612412	1032533
青海省	2	587809	617459
宁 夏	2	311643	321745
新 疆	13	1730730	1544278

表5 2011年全国各省、自治区、直辖市分地区啤酒行业工业总产值价格

地 区	企业单位数	本年工业总产值(千元)	去年工业总产值 (千元)
全国总计	497	154957402	129009992
北京市	8	6158588	5074762
天津市	3	569793	554137
河北省	22	4449486	3828731
山西省	7	961705	543714
内蒙古	14	3527293	2678563
辽宁省	22	9263478	7537225
吉林省	11	3038375	3114030
黑龙江	22	5460191	4093016
上海市	6	1675391	2000575
江苏省	37	8781501	8282459
浙江省	26	5639029	5114209
安徽省	21	4203922	3386162
福建省	12	5267527	4482038
江西省	16	2633572	2093512
山东省	62	20999515	17803397
河南省	42	13631282	10977459
湖北省	16	10430617	9100231
湖南省	16	4295792	3350674
广东省	27	14870542	11129723
广 西	6	5675222	4563221
海南省	1	355489	596126
重庆市	4	1981052	1711683
四川省	25	8472499	6909649
贵州省	4	755655	571182
云南省	12	2448338	1659287
西 藏	3	1018208	652180
陕西省	9	2545890	2302006
甘肃省	26	3410211	2810958
青海省	1	278000	251000
宁 夏	1	341956	282274
新 疆	15	1817283	1555809

表6 2011年全国各省、自治区、直辖市分地区啤酒行业工业销售产值价格

地 区	企业单位数	本年工业销售产值(千元)	去年工业销售产值(千元)
全国总计	497	159662062	134210668
北京市	8	5399182	5066767
天津市	3	562740	560393
河北省	22	4308807	3812626
山西省	7	942968	536046
内蒙古	14	3331763	2640269
辽宁省	22	9282306	7685091
吉林省	11	2985788	3105408
黑龙江	22	5392848	4205680
上海市	6	1662657	1973375
江苏省	37	8688323	8169201
浙江省	26	5611745	5111347
安徽省	21	4173706	3202183
福建省	12	5141907	4539276
江西省	16	2492575	1837706
山东省	62	27899764	23127186
河南省	42	13479418	10812192
湖北省	16	10230827	9135397
湖南省	16	4301751	3362821
广东省	27	14312943	11035996
广 西	6	5604595	4515362
海南省	1	393807	560343
重庆市	4	1975469	1698736
四川省	25	8255007	6808149
贵州省	4	730073	550322
云南省	12	2308485	1550611
西 藏	3	815183	634453
陕西省	9	3878234	3423146
甘肃省	26	3125035	2580491
青海省	1	272436	245980
宁 夏	1	342039	271192
新 疆	15	1759681	1452923

表7 2011年全国各省、自治区、直辖市分地区黄酒行业工业总产值价格

地 区	企业单位数	本年工业总产值(千元)	去年工业总产值(千元)
全国总计	73	12630139	10569348
内蒙古	2	377037	493386
上海市	2	1017997	929785
江苏省	4	913518	772160
浙江省	28	4391205	3991716
安徽省	7	2090620	1557090
福建省	7	812140	631148
江西省	2	131262	29185
山东省	3	685766	614984
河南省	2	180077	138059
湖北省	3	297970	96609
湖南省	7	1196393	993521
广 西	2	49747	38539
四川省	2	408390	243296
陕西省	2	78017	39870

表8 2011年全国各省、自治区、直辖市分地区黄酒行业工业销售产值价格

地 区	企业单位数	本年工业销售产值(千元)	去年工业销售产值(千元)
全国总计	73	11813980	9733525
内蒙古	2	371057	483237
上海市	2	1045937	842793
江苏省	4	832466	748113
浙江省	28	4066965	3776480
安徽省	7	1995756	1342179
福建省	7	555808	367236
江西省	2	129334	26375
山东省	3	659862	599951
河南省	2	179977	137689
湖北省	3	267342	95201
湖南省	7	1191075	991476
广 西	2	46869	38059
四川省	2	401460	240346
陕西省	2	70072	44390

表9 2011年全国各省、自治区、直辖市分地区葡萄酒行业工业总产值价格

地 区	企业单位数	本年工业总产值(千元)	去年工业总产值(千元)
全国总计	179	35023814	28977088
北京市	4	366759	306758
天津市	4	817886	1082523
河北省	14	2563303	2345879
山西省	3	156701	73790
内蒙古	3	446611	334354
辽宁省	10	1674138	1661618
吉林省	16	2520581	1731837
上海市	1	23800	26982
江苏省	1	22346	17341
安徽省	4	389630	301401
福建省	1	65349	64000
江西省	1	162853	27079
山东省	52	18993273	15403543
河南省	25	1518290	1339839
湖北省	4	169822	113865
湖南省	2	120313	95198
广东省	1	42178	34700
广 西	2	53836	38469
四川省	3	222245	111653
云南省	5	1548480	1163230
陕西省	2	258131	122235
甘肃省	7	1786261	1256875
宁 夏	5	242804	145600
新 疆	9	858224	1178319

表10 2011年全国各省、自治区、直辖市分地区葡萄酒行业工业销售产值价格

地 区	企业单位数	本年工业销售产值(千元)	去年工业销售产值 (千元)
全国总计	179	34208433	27778798
北京市	4	334929	322641
天津市	4	1036285	1074861
河北省	14	2233416	1781753
山西省	3	194942	75112
内蒙古	3	406246	324020
辽宁省	10	1568441	1610211
吉林省	16	2487708	1634424
上海市	1	22094	23037
江苏省	1	21531	16444
安徽省	4	381625	296771
福建省	1	65349	64000
江西省	1	147170	25160
山东省	52	18679122	15340621
河南省	25	1508762	1336236
湖北省	4	152314	96677
湖南省	2	112182	94601
广东省	1	41564	35297
广 西	2	51318	24411
四川省	3	202380	106699
云南省	5	1496591	1070562
陕西省	2	252464	117200
甘肃省	7	1742277	1064919
宁 夏	5	201468	152316
新 疆	9	868257	1090825

表11 2011年全国各省、自治区、直辖市分地区其他酒行业工业总产值价格

地 区	企业单位数	本年工业总产值(千元)	去年工业总产值(千元)
全国总计	113	17352434	13091950
北京市	1	42549	36161
河北省	1	91121	49580
内蒙古	2	393056	301934
辽宁省	1	63772	44718
吉林省	4	455354	310695
黑龙江	8	643775	603613
上海市	2	132459	102390
江苏省	1	393515	298100
浙江省	4	166039	170174
安徽省	2	318829	162545
福建省	5	323428	292551
江西省	3	311918	195949
山东省	9	557151	519377
河南省	10	1059423	802463
湖北省	5	4708708	3643460
湖南省	17	2765265	1772642
广东省	8	561367	458137
广 西	6	482765	380912
海南省	2	455844	340972
重庆市	3	487945	204130
四川省	10	1593681	1237772
西 藏	1	41050	31956
陕西省	6	351365	239615
宁 夏	2	952055	892104

表12 2011年全国各省、自治区、直辖市分地区其他酒行业工业销售产值价格

地 区	企业单位数	本年工业销售产值（千元）	去年工业销售产值（千元）
全国总计	113	16567134	12203510
北京市	1	42687	35897
河北省	1	91094	49560
内蒙古	2	383615	294432
辽宁省	1	63772	45283
吉林省	4	448382	301114
黑龙江	8	628389	572910
上海市	2	135405	96747
江苏省	1	386391	286730
浙江省	4	140360	154715
安徽省	2	318829	162512
福建省	5	314244	291583
江西省	3	302450	189684
山东省	9	557598	519812
河南省	10	1044271	785295
湖北省	5	4491310	3335027
湖南省	17	2780948	1748760
广东省	8	552578	446774
广 西	6	440065	340842
海南省	2	374332	338029
重庆市	3	481648	199704
四川省	10	1549801	1214456
西 藏	1	41047	32071
陕西省	6	346293	231832
宁 夏	2	651625	529741

2011年按注册类型分工业总产值价格、工业销售产值价格数据

表1 2011年全年分注册类型酒精行业工业总产值价格

注册类型	企业单位数	本年工业总产值(千元)	去年工业总产值(千元)
全国总计	159	66833750	50309950
国有	3	727088	486416
国有独资公司	1	6995358	5612761
其他有限责任公司	49	13876987	9704558
股份有限公司	4	3456626	2032840
私营独资	17	6797537	4870148
私营合伙	1	44850	29801
私营有限责任公司	68	25225837	19169368
私营股份有限公司	6	2049779	2310183
其他内资	1	141815	112696
与港澳台商合资经营	1	158005	119672
港澳台商独资	2	1760407	1386108
中外合资经营	2	510384	351471
外资企业	4	5089077	4123928

表2 2011年全年分注册类型酒精行业工业销售产值价格

注册类型	企业单位数	本年工业销售产值 (千元)	去年工业销售产值(千元)
全国总计	159	64837355	48878853
国有	3	751053	485101
国有独资公司	1	6678217	5257011
其他有限责任公司	49	13586390	9478619
股份有限公司	4	3232186	1965329
私营独资	17	6831244	4716302
私营合伙	1	26910	20382
私营有限责任公司	68	24486922	18800451
私营股份有限公司	6	2027623	2278184
其他内资	1	136172	110361
与港澳台商合资经营	1	126337	109100
港澳台商独资	2	1729257	1357485
中外合资经营	2	427902	334149
外资企业	4	4797142	3966379

表3 2011年全年分注册类型白酒行业工业总产值价格

注册类型	企业单位数	本年工业总产值(千元)	去年工业总产值(千元)
全国总计	1233	383126891	270951898
国有	24	32407138	24792530
集体	18	5163978	4153088
股份合作	20	1788106	1616732
集体联营	3	292089	345421
国有独资公司	6	44189527	33803179
其他有限责任公司	253	98317416	66516047
股份有限公司	73	75858190	52577098
私营独资	279	35937210	25275542
私营合伙	23	2392004	1996329
私营有限责任公司	470	75939945	52994608
私营股份有限公司	42	7253428	4458192
其他内资	6	637529	194724
与港澳台商合资经营	5	1545784	1132745
与港澳台商合作经营	1	50873	101892
港澳台商独资	3	707529	413393
中外合资经营	3	195930	166374
外资企业	4	450215	414004

表4 2011年全年分注册类型白酒行业工业销售产值价格

注册类型	企业单位数	本年工业销售产值（千元）	去年工业销售产值（千元）
全国总计	1233	361840308	258393176
国有	24	27949728	22887975
集体	18	5023018	4038085
股份合作	20	1705033	1550358
集体联营	3	290696	340654
国有独资公司	6	42544949	32995235
其他有限责任公司	253	90363330	62478963
股份有限公司	73	73540012	50654333
私营独资	279	34824148	24035789
私营合伙	23	2341721	1936889
私营有限责任公司	470	72897172	50759595
私营股份有限公司	42	7024254	4425498
其他内资	6	630360	173747
与港澳台商合资经营	5	1345176	1058647
与港澳台商合作经营	1	50207	101146
港澳台商独资	3	673795	382888
中外合资经营	3	193607	160437
外资企业	4	443102	412937

表5 2011年全年分注册类型啤酒行业工业总产值价格

注册类型	企业单位数	本年工业总产值(千元)	去年工业总产值(千元)
全国总计	497	154957402	129009992
国有	21	10361274	8312211
集体	6	1182228	890898
股份合作	5	921773	706615
国有联营	1	21244	33500
国有独资公司	5	834219	717606
其他有限责任公司	141	29232994	23287876
股份有限公司	26	9448922	9041229
私营独资	20	4134800	3327764
私营合伙	1	206957	156863
私营有限责任公司	77	13700123	10712037
私营股份有限公司	11	2095102	1485335
其他内资	1	1125071	975261
与港澳台商合资经营	22	11433278	8622264
与港澳台商合作经营	2	279733	390484
港澳台商独资	27	7208975	6897345
港澳台商投资股份有限公司	2	984969	697022
中外合资经营	51	24993420	21584141
中外合作经营	1	400898	429274
外资企业	64	23253964	20553420
外商投资股份有限公司	13	13137458	10188847

表6 2011年全年分注册类型啤酒行业工业销售产值价格

注册类型	企业单位数	本年工业销售产值(千元)	去年工业销售产值(千元)
全国总计	497	159662062	134210668
国有	21	9462687	8204530
集体	6	1183992	884375
股份合作	5	912315	680170
国有联营	1	20443	32075
国有独资公司	5	812596	784758
其他有限责任公司	141	29674608	24026163
股份有限公司	26	9346217	8949331
私营独资	20	4109295	3349471
私营合伙	1	206957	156863
私营有限责任公司	77	13292979	10343899
私营股份有限公司	11	2065034	1396709
其他内资	1	1126021	972910
与港澳台商合资经营	22	10947666	8501814
与港澳台商合作经营	2	279682	377619
港澳台商独资	27	7257871	6949006
港澳台商投资股份有限公司	2	975492	677835
中外合资经营	51	24656057	21630237
中外合作经营	1	400897	429267
外资企业	64	22916263	20356113
外商投资股份有限公司	13	20014990	15507523

表7 2011年全年分注册类型黄酒行业工业总产值价格

注册类型	企业单位数	本年工业总产值(千元)	去年工业总产值(千元)
全国总计	73	12630139	10569348
国有	2	391515	372292
集体	1	55943	45384
股份合作	1	64990	61962
国有独资公司	1	1172841	1068661
其他有限责任公司	18	4422546	3717212
股份有限公司	3	1788271	1548561
私营独资	5	273360	238626
私营合伙	1	26890	20010
私营有限责任公司	30	2858358	2354761
私营股份有限公司	5	1026624	777412
与港澳台商合资经营	2	111364	111067
港澳台商独资	1	100151	58475
中外合作经营	1	166710	146564
外资企业	2	170576	48361

表8 2011年全年分注册类型黄酒行业工业销售产值价格

注册类型	企业单位数	本年工业销售产值 (千元)	去年工业销售产值 (千元)
全国总计	73	11813980	9733525
国有	2	386699	367716
集体	1	57757	41990
股份合作	1	55477	54150
国有独资公司	1	1252187	1196950
其他有限责任公司	18	4050485	3168360
股份有限公司	3	1692886	1530068
私营独资	5	270482	237533
私营合伙	1	26790	19640
私营有限责任公司	30	2487551	2008115
私营股份有限公司	5	1007999	763927
与港澳台商合资经营	2	96561	92354
港澳台商独资	1	99698	57536
中外合作经营	1	159868	146825
外资企业	2	169540	48361

表9 2011年全年分注册类型葡萄酒行业工业总产值价格

注册类型	企业单位数	本年工业总产值(千元)	去年工业总产值(千元)
全国总计	179	35023814	28977088
国有	5	1642161	1631041
其他有限责任公司	36	11785896	9016249
股份有限公司	7	2101200	1517879
私营独资	21	1924675	1489629
私营合伙	3	108230	109114
私营有限责任公司	70	9019215	7576888
私营股份有限公司	7	1266528	1262858
与港澳台商合资经营	7	821153	715545
港澳台商独资	3	793061	1062790
中外合资经营	14	3212433	2566641
外资企业	6	2349262	2028454

表10 2011年全年分注册类型葡萄酒行业工业销售产值价格

注册类型	企业单位数	本年工业销售产值 (千元)	去年工业销售产值 (千元)
全国总计	179	34208433	27778798
国有	5	1588018	1647564
其他有限责任公司	36	11543110	8797649
股份有限公司	7	2122551	1483393
私营独资	21	1899854	1488640
私营合伙	3	88865	88444
私营有限责任公司	70	8707880	7299277
私营股份有限公司	7	1265815	1256407
与港澳台商合资经营	7	778085	692550
港澳台商独资	3	986710	1056435
中外合资经营	14	3143154	2502271
外资企业	6	2084391	1466168

表11 2011年全年分注册类型其他酒行业工业总产值价格

注册类型	企业单位数	本年工业总产值(千元)	去年工业总产值(千元)
全国总计	113	17352434	13091950
集体	2	142241	133445
其他有限责任公司	30	3095706	2050460
股份有限公司	4	676939	505972
私营独资	14	1077047	862684
私营合伙	1	25388	10250
私营有限责任公司	48	10900227	8215078
私营股份有限公司	6	666127	590871
与港澳台商合资经营	2	129418	148062
中外合资经营	1	42549	36161
外资企业	5	596792	538967

表12 2011年全年分注册类型其他酒行业工业销售产值价格

注册类型	企业单位数	本年工业销售产值(千元)	去年工业销售产值(千元)
全国总计	113	16567134	12203510
集体	2	142241	133445
其他有限责任公司	30	2994994	1969518
股份有限公司	4	594309	502725
私营独资	14	1081350	846072
私营合伙	1	25388	10250
私营有限责任公司	48	10476599	7644384
私营股份有限公司	6	648255	569618
与港澳台商合资经营	2	118539	146364
中外合资经营	1	42687	35897
外资企业	5	442772	345237

2011年全年不同规模企业工业总产值价格、工业销售产值价格数据

表1 2011年全年不同规模企业工业总产值价格

酒种	企业规模	企业单位数	本年工业总产值（千元）	去年工业总产值（千元）
酒精	全国总计	159	66833750	50309950
	大型企业	3	12009959	9256018
	中型企业	27	25504027	20012185
	小型企业	129	29319764	21041747
白酒	全国总计	1233	383126891	270951898
	大型企业	30	165771119	118211173
	中型企业	154	78568770	58157699
	小型企业	1049	138787002	94583026
啤酒	全国总计	497	154957402	129009992
	大型企业	13	28341931	23829503
	中型企业	245	93312125	79775991
	小型企业	239	33303346	25404498
黄酒	全国总计	73	12630139	10569348
	大中型企业	11	5387724	4795492
	小型企业	62	7242415	5773856
葡萄酒	全国总计	179	35023814	28977088
	大中型企业	8	10172757	8007217
	小型企业	171	24851057	20969871
其他酒	全国总计	113	17352434	13091950
	大中型企业	10	6814524	5535065
	小型企业	103	10537910	7556885

表2 2011年全年不同规模企业工业销售产值价格

酒种	企业规模	企业单位数	本年工业销售产值（千元）	去年工业销售产值（千元）
酒精	全国总计	159	64837355	48878853
	大型企业	3	11306117	8707939
	中型企业	27	25082423	19718159
	小型企业	129	28448815	20452755
白酒	全国总计	1233	361840308	258393176
	大型企业	30	154857581	112181133
	中型企业	154	74172265	55709076
	小型企业	1049	132810462	90502967
啤酒	全国总计	497	159662062	134210668
	大型企业	13	34488785	29484910
	中型企业	245	92782965	79720004
	小型企业	239	32390312	25005754
黄酒	全国总计	73	11813980	9733525
	大中型企业	11	4994629	4343965
	小型企业	62	6819351	5389560
葡萄酒	全国总计	179	34208433	27778798
	大中型企业	8	10028746	7864712
	小型企业	171	24179687	19914086
其他酒	全国总计	113	16567134	12203510
	大中型企业	10	6198391	4841817
	小型企业	103	10368743	7361693

2011年按省分酒行业效益指标

表1 2011年分地区酒精行业效益指标（一）

地 区	企业单位数	本年本月止累计主营业务收入当年价格(千元)	去年同月止累计主营业务收入当年价格(千元)	本年本月止累计主营业务成本当年价格(千元)	去年同月止累计主营业务成本当年价格(千元)	本年本月止累计主营业务税金及附加当年价格(千元)
全国总计	159	56589375	45655139	49280251	40675980	1105935
天津市	1	28992	31512	15661	14217	5668
河北省	3	1283325	788060	1153693	690593	4927
山西省	3	293372	250786	269596	226306	7061
内蒙古	7	2539614	1972762	2244853	1764067	21853
辽宁省	5	631880	546852	509354	443775	6439
吉林省	10	9396498	7348051	8183577	6530623	329493
黑龙江	12	5924158	4706407	4905409	4157381	142546
江苏省	30	6128062	5480906	5374915	4892162	185109
浙江省	1	191060	149993	182639	129341	11246
安徽省	5	1530154	1252191	1384973	1141141	37726
福建省	1	77543	56860	71995	52708	1805
山东省	12	3783226	3259333	3423687	3009614	35748
河南省	19	14074478	10965752	12513226	9713843	83045
湖北省	4	526360	210978	472027	173119	2853
湖南省	7	624346	665342	509961	534103	6291
广东省	6	652863	356980	591161	316628	12150
广 西	15	3579269	3224575	2776923	3010927	75965
海南省	1	4640	2591	4268	2381	206
四川省	9	4808277	3964923	4276100	3520432	112787
云南省	3	153698	159875	132960	141566	8194
陕西省	1	17321	15428	9008	7792	91
甘肃省	2	97381	94168	87909	69987	3468
新 疆	2	242858	150814	186356	133274	11264

（数据截止到2011年11月）

表2 2011年分地区酒精行业效益指标（二）

地区	企业单位数	去年同月止累计主营业务税金及附加当年价格(千元)	本年本月止累计利润总额当年价格(千元)	去年同月止累计利润总额当年价格(千元)	本年本月止累计应交增值税当年价格(千元)	去年同月止累计应交增值税当年价格(千元)
全国总计	159	794641	2816708	1891325	1416179	1187832
天津市	1	6623	-26380	729	2214	2952
河北省	3	10341	96141	35519	8957	7091
山西省	3	5246	-61	21	2536	3050
内蒙古	7	17109	141031	89913	23581	20450
辽宁省	5	5526	25572	15277	2993	2686
吉林省	10	194074	488314	274525	260109	107296
黑龙江	12	77692	356019	310876	167735	94550
江苏省	30	189133	180845	219091	176209	215835
浙江省	1	7577	-15305	2189	6749	9104
安徽省	5	30235	7062	24678	22332	17718
福建省	1	1206	1013	746	4205	2690
山东省	12	23701	167811	165070	116328	79491
河南省	19	76052	580275	469726	333635	319340
湖北省	4	858	10489	8375	3655	2645
湖南省	7	5527	16258	10371	11054	7409
广东省	6	12148	-15465	-5251	6934	7769
广　西	15	66865	488671	82579	34189	38440
海南省	1	114	-604	-706	206	114
四川省	9	48156	306260	179014	230027	247430
云南省	3	7812	-599	2049	1158	1137
陕西省	1	90	2467	642	512	251
甘肃省	2	1936	418	721	54	50
新　疆	2	6620	6476	5171	807	334

（数据截止到2011年11月）

表3 2011年分地区白酒行业效益指标（一）

地 区	企业单位数	本年本月止累计主营业务收入当年价格(千元)	去年同月止累计主营业务收入当年价格(千元)	本年本月止累计主营业务成本当年价格(千元)	去年同月止累计主营业务成本当年价格(千元)	本年本月止累计主营业务税金及附加当年价格(千元)
全国总计	1233	330112208	236808756	217367362	155407885	20856940
北京市	3	986710	943303	617538	597437	287126
天津市	6	936234	895929	598300	573530	124393
河北省	47	8864309	7054050	6158173	4941593	823429
山西省	17	8282224	5978454	4568353	3358353	907335
内蒙古	58	8550550	7217662	6219189	5124897	494544
辽宁省	75	12519490	8988423	10367931	6798478	237962
吉林省	67	6126215	3360633	5175773	2767160	176546
黑龙江	32	2853240	1932148	2343042	1527438	146447
上海市	1	93592	67853	60631	44286	6199
江苏省	50	20134181	14150264	10149319	7452427	1033111
浙江省	4	210479	193547	153778	136300	5443
安徽省	58	14712587	10862834	7754318	5816040	1783435
福建省	13	940238	791982	731085	617232	72512
江西省	15	3826519	3014371	2056354	1461274	364698
山东省	156	26523649	21565343	20630332	16767246	1788512
河南省	123	18913091	13885371	14435704	10623101	626737
湖北省	45	23579135	14545103	17628313	9986912	747556
湖南省	38	5087129	3081780	3432152	2012023	218197
广东省	14	1988052	1535407	1301449	977493	384596
广 西	13	919659	641983	591708	382067	129052
海南省	1	21867	13324	22620	11783	2525
重庆市	17	2775309	1992072	2023090	1501291	83906
四川省	257	130187999	93262972	90731524	65324464	6454106
贵州省	66	23147252	14029782	4999342	2747840	3036681
云南省	9	603120	501741	382556	329523	44648
陕西省	18	3425604	3394132	2111751	1831286	370273
甘肃省	13	1191089	761107	731903	551863	155273
青海省	2	763210	552778	244733	180880	144972
宁 夏	2	284319	282455	198217	194814	8652
新 疆	13	1665156	1311953	948184	768854	198074

（数据截止到2011年11月）

表4 2011年分地区白酒行业效益指标（二）

地 区	企业单位数	去年同月止累计主营业务税金及附加当年价格(千元)	本年本月止累计利润总额当年价格(千元)	去年同月止累计利润总额当年价格(千元)	本年本月止累计应交增值税当年价格(千元)	去年同月止累计应交增值税当年价格(千元)
全国总计	1233	15565203	49754433	31574900	17163624	12423064
北京市	3	278360	23202	7752	70897	86726
天津市	6	119102	58786	50287	47658	54053
河北省	47	584279	640398	477452	337660	201125
山西省	17	621017	1280134	1183188	632737	456413
内蒙古	58	439145	724215	477532	301768	318964
辽宁省	75	142899	766609	414250	126847	94860
吉林省	67	148943	250319	144582	88631	47955
黑龙江	32	136275	116081	121609	142285	77189
上海市	1	5415	2907	1997	0	0
江苏省	50	986435	5972353	2772449	1837508	1205771
浙江省	4	4226	24378	16921	8506	9414
安徽省	58	1309982	2120788	1478535	1118070	753713
福建省	13	63976	16037	29191	19206	18087
江西省	15	301276	556657	573379	200750	203500
山东省	156	1521938	1690182	1301310	917862	769670
河南省	123	459707	2170917	1512752	559732	462078
湖北省	45	526595	1027924	756199	599319	447507
湖南省	38	152035	291321	147114	222258	127407
广东省	14	329343	231892	172952	112334	92325
广 西	13	107207	110416	46760	48927	33327
海南省	1	1434	-3414	120	912	0
重庆市	17	77795	260148	172643	70644	54368
四川省	257	4622192	17913627	11844580	6054920	4630794
贵州省	66	1887806	12442137	7226148	2980709	1868381
云南省	9	37529	66449	56646	16538	16053
陕西省	18	291656	306053	132286	177928	194946
甘肃省	13	117908	104914	-15472	52667	36391
青海省	2	107921	250348	189129	41752	38825
宁 夏	2	8080	46572	57319	4980	4387
新 疆	13	174727	292083	225290	369619	118835

（数据截止到2011年11月）

表5 2011年分地区啤酒行业效益指标（一）

地 区	企业单位数	本年本月止累计主营业务收入当年价格(千元)	去年同月止累计主营业务收入当年价格(千元)	本年本月止累计主营业务成本当年价格(千元)	去年同月止累计主营业务成本当年价格(千元)	本年本月止累计主营业务税金及附加当年价格(千元)
全国总计	497	147454499	120316299	104938775	82538765	10184753
北京市	8	5149085	4808206	3538016	3357621	411601
天津市	3	594942	504991	402521	319831	88608
河北省	22	3904333	3286056	2914427	2451893	348560
山西省	7	910027	533110	663084	338668	90306
内蒙古	14	3221294	2339132	2186546	1453304	230830
辽宁省	22	7611383	6894962	4660461	3731219	617153
吉林省	11	2568043	2305180	1606845	1398043	307030
黑龙江	22	4301200	3550886	2848168	2352364	459056
上海市	6	1997602	1967589	1173077	1181528	156038
江苏省	37	7968331	7224898	5934631	5300350	583249
浙江省	26	5088886	4861078	3080702	2867408	691215
安徽省	21	3685509	3097173	2598002	2077576	398263
福建省	12	4832070	4302121	2727593	2398051	512020
江西省	16	2433270	1956329	1707271	1300101	171563
山东省	62	26907947	22981658	20518121	17328395	1190928
河南省	42	12644962	9676510	10487144	7813040	338922
湖北省	16	9582737	4195868	7331910	2734200	423408
湖南省	16	3453553	2685650	2642756	1903395	157283
广东省	27	13278846	9987664	9365802	6656339	1097622
广 西	6	4452653	3761221	3072482	2375072	406803
海南省	1	374426	622007	163835	316515	29101
重庆市	4	2109695	1813969	1120871	947776	207503
四川省	25	8044752	7068391	5495065	4976184	494407
贵州省	4	766772	514879	407349	276058	73236
云南省	12	2212583	1389427	1677791	993916	138122
西 藏	3	807457	586627	467310	352448	5370
陕西省	9	3754629	3293612	2888360	2499054	218786
甘肃省	26	2516563	2219979	1864138	1617270	150339
青海省	1	159243	231280	103438	194275	15768
宁 夏	1	350458	281141	169781	132265	39314
新 疆	15	1771248	1374705	1121278	894606	132349

（数据截止到2011年11月）

表6 2011年分地区啤酒行业效益指标（二）

地区	企业单位数	去年同月止累计主营业务税金及附加当年价格(千元)	本年本月止累计利润总额当年价格(千元)	去年同月止累计利润总额当年价格(千元)	本年本月止累计应交增值税当年价格(千元)	去年同月止累计应交增值税当年价格(千元)
全国总计	497	8585530	10571067	9522832	7591214	6976797
北京市	8	396301	790752	572788	326296	307692
天津市	3	64625	-33588	-27404	45471	36158
河北省	22	278908	315	41889	167064	160360
山西省	7	64338	-41545	-53901	14647	21978
内蒙古	14	211460	401940	331142	155375	235486
辽宁省	22	451714	855481	862574	532917	339562
吉林省	11	254482	81558	-40019	165227	162724
黑龙江	22	361616	95836	163336	246869	206002
上海市	6	173440	8922	93310	56170	89513
江苏省	37	550991	393749	219494	427862	479442
浙江省	26	612185	96093	-209257	400057	350951
安徽省	21	349385	81008	100099	174247	157441
福建省	12	433653	588467	507617	419097	412857
江西省	16	147548	156018	172668	137337	134790
山东省	62	1009208	2230403	1898510	1359240	1235890
河南省	42	310541	978640	907897	310344	333882
湖北省	16	339283	429818	495882	326431	268006
湖南省	16	113369	85054	67078	132809	111006
广东省	27	851461	683240	811803	632690	556813
广　西	6	361522	541491	589383	280800	257637
海南省	1	36188	50116	9153	27332	57792
重庆市	4	184186	336632	320625	163752	143398
四川省	25	409285	643057	742032	520406	368337
贵州省	4	55070	44300	44101	52321	34249
云南省	12	96207	124862	105173	57405	62954
西　藏	3	2507	215525	136136	36589	46124
陕西省	9	188253	340371	343082	202533	165087
甘肃省	26	137794	51186	41791	78252	109971
青海省	1	12849	6365	11337	400	10933
宁　夏	1	29479	77238	57346	35403	27024
新　疆	15	97682	257763	207167	105871	92738

（数据截止到2011年11月）

表7 2011年分地区黄酒行业效益指标（一）

地　区	企业单位数	本年本月止累计主营业务收入当年价格(千元)	去年同月止累计主营业务收入当年价格(千元)	本年本月止累计主营业务成本当年价格(千元)	去年同月止累计主营业务成本当年价格(千元)	本年本月止累计主营业务税金及附加当年价格(千元)
全国总计	73	9915995	8147105	7009018	5880471	281539
内蒙古	2	218129	416385	216099	391092	43
上海市	2	768806	587489	449906	338933	30888
江苏省	4	736946	668624	449457	394632	24335
浙江省	28	3688883	3332894	2478252	2367243	135027
安徽省	7	1441486	933969	1158462	766021	45334
福建省	7	462519	279666	316094	196548	3620
江西省	2	115038	24065	109463	21214	332
山东省	3	565656	504551	430800	364746	14008
河南省	2	163545	128906	125017	93445	1609
湖北省	3	245197	82007	195265	72192	805
湖南省	7	1066246	886958	782604	668738	13354
广　西	2	37976	31363	27368	22444	2164
四川省	2	324188	216446	223670	153559	8887
陕西省	2	81380	53782	46561	29664	1133

（数据截止到2011年11月）

表8 2011年分地区黄酒行业效益指标（二）

地　区	企业单位数	去年同月止累计主营业务税金及附加当年价格(千元)	本年本月止累计利润总额当年价格(千元)	去年同月止累计利润总额当年价格(千元)	本年本月止累计应交增值税当年价格(千元)	去年同月止累计应交增值税当年价格(千元)
全国总计	73	247235	1113361	761015	490654	408565
内蒙古	2	5300	185	13403	177	17997
上海市	2	25457	133875	89065	64629	46931
江苏省	4	21179	171966	154732	41946	40588
浙江省	28	132893	441453	298499	213724	185630
安徽省	7	28008	101605	32665	31597	23492
福建省	7	2964	49652	35619	15859	4716
江西省	2	51	3756	2078	3160	187
山东省	3	13584	39736	34089	18337	16564
河南省	2	1227	31526	28253	11921	16648
湖北省	3	176	7035	4226	5093	2296
湖南省	7	8159	77288	46227	60924	41603
广　西	2	2458	1415	1211	1450	1278
四川省	2	5071	35866	15538	16697	10145
陕西省	2	708	18003	5410	5140	490

（数据截止到2011年11月）

表9 2011年分地区葡萄酒行业效益指标（一）

地区	企业单位数	本年本月止累计主营业务收入当年价格(千元)	去年同月止累计主营业务收入当年价格(千元)	本年本月止累计主营业务成本当年价格(千元)	去年同月止累计主营业务成本当年价格(千元)	本年本月止累计主营业务税金及附加当年价格(千元)
全国总计	178	32456559	26696130	22615972	18162047	1178223
北京市	4	319189	292247	188030	157300	33216
天津市	4	860026	807689	689956	566257	72495
河北省	14	1822409	1635211	1031099	1008534	149635
山西省	3	166447	62783	71426	27585	7499
内蒙古	3	339599	302332	261724	239995	10523
辽宁省	10	1534621	1337073	1259446	1021294	43444
吉林省	16	2171975	1468971	1703698	1108625	56376
上海市	1	19538	20584	14419	14680	1954
江苏省	1	19792	15284	15830	11316	196
安徽省	4	82908	53271	56560	36044	1832
福建省	1	65349	64000	57856	56356	45
江西省	1	138294	12092	126526	16201	1435
山东省	52	20648644	17447375	13970967	11594668	660577
河南省	25	1327585	1108397	1069894	881579	9903
湖北省	4	116057	88659	90595	65793	3810
湖南省	2	108220	93380	65462	68068	4095
广东省	1	28995	30797	21378	13662	97
广　西	2	42069	15845	38238	12379	672
四川省	3	139824	95555	109007	57991	5164
云南省	4	744653	422561	522022	289698	16047
陕西省	2	172735	94651	131392	71505	11279
甘肃省	7	824002	552057	610043	366978	26863
宁　夏	5	135365	130025	101405	116213	7620
新　疆	9	628263	545291	408999	359326	53446

（数据截止到2011年11月）

表10 2011年分地区葡萄酒行业效益指标（二）

地 区	企业单位数	去年同月止累计主营业务税金及附加当年价格(千元)	本年本月止累计利润总额当年价格(千元)	去年同月止累计利润总额当年价格(千元)	本年本月止累计应交增值税当年价格(千元)	去年同月止累计应交增值税当年价格(千元)
全国总计	178	1024680	4276054	3359779	1351185	1141082
北京市	4	30671	12011	33096	19232	27017
天津市	4	69252	5629	107448	675	2384
河北省	14	144860	289789	199572	89334	90522
山西省	3	6061	49304	25525	5394	3500
内蒙古	3	6120	40723	18457	3132	3013
辽宁省	10	27494	123097	78191	11917	7247
吉林省	16	36245	159934	135472	49179	51187
上海市	1	2058	621	857	0	1061
江苏省	1	115	2777	365	593	620
安徽省	4	525	6331	6072	1380	1004
福建省	1	80	1886	2600	65	36
江西省	1	1520	249	311	904	869
山东省	52	571197	3080216	2494804	1032895	840716
河南省	25	6517	222262	196966	17131	11201
湖北省	4	2647	6568	6404	4910	5006
湖南省	2	5441	20270	5790	3021	3074
广东省	1	50	777	110	355	210
广 西	2	574	722	-710	446	496
四川省	3	4457	16158	12106	13380	11625
云南省	4	10777	87304	45385	10662	5881
陕西省	2	8297	13878	10657	5155	4057
甘肃省	7	18920	46233	57701	45177	30205
宁 夏	5	7955	11450	-10637	1600	1271
新 疆	9	62847	77865	-66763	34648	38880

（数据截止到2011年11月）

表11 2011年分地区其他酒行业效益指标（一）

地 区	企业单位数	本年本月止累计主营业务收入当年价格(千元)	去年同月止累计主营业务收入当年价格(千元)	本年本月止累计主营业务成本当年价格(千元)	去年同月止累计主营业务成本当年价格(千元)	本年本月止累计主营业务税金及附加当年价格(千元)
全国总计	114	13648945	10407806	9725196	6990712	359967
北京市	1	41840	37469	25455	24072	2410
河北省	1	82186	46270	72806	41635	39
内蒙古	2	310024	187595	300832	179074	855
辽宁省	1	35737	44325	31091	42995	109
吉林省	4	440914	277173	388530	236581	1267
黑龙江	8	530971	512721	412789	430180	11401
上海市	2	122187	91026	72822	54001	12645
江苏省	1	361891	251530	302271	188579	3618
浙江省	4	118643	128750	77252	77716	7347
安徽省	2	250239	153734	207406	132441	16902
福建省	5	283843	238286	221984	180268	9536
江西省	3	266264	166191	240173	142916	3892
山东省	9	506422	478532	442420	417208	3286
河南省	10	940256	693192	734572	542463	14470
湖北省	5	3431882	2636813	1446367	1048768	156525
湖南省	17	1901540	1538935	1613601	1245217	13096
广东省	8	441705	333922	354158	243271	7145
广 西	6	325711	171186	255256	143056	19713
海南省	2	224129	239858	195317	201671	22088
重庆市	3	426234	158023	385206	136257	1396
四川省	10	1282804	1081557	1076505	905418	20843
云南省	1	545650	415500	364620	68079	3815
西 藏	1	54208	22248	36946	9050	189
陕西省	6	286200	200819	212299	118447	12267
宁 夏	2	437465	302151	254518	181349	15113

（数据截止到2011年11月）

表12 2011年分地区其他酒行业效益指标（二）

地 区	企业单位数	去年同月止累计主营业务税金及附加当年价格(千元)	本年本月止累计利润总额当年价格(千元)	去年同月止累计利润总额当年价格(千元)	本年本月止累计应交增值税当年价格(千元)	去年同月止累计应交增值税当年价格(千元)
全国总计	114	287748	1570189	922173	734264	537016
北京市	1	1371	4090	2233	3713	3228
河北省	1	29	3981	1682	689	420
内蒙古	2	451	356	102	608	397
辽宁省	1	108	578	1596	0	0
吉林省	4	1050	16135	12023	5299	3079
黑龙江	8	16441	40445	37369	6183	10492
上海市	2	10837	10471	1895	8743	6923
江苏省	1	4024	35396	20127	19208	17609
浙江省	4	8650	13311	3584	4835	8481
安徽省	2	7899	8907	2539	1130	1795
福建省	5	11566	8116	10369	4403	5400
江西省	3	2211	14838	12821	7935	3950
山东省	9	2916	29671	27146	17117	17560
河南省	10	6420	97646	77850	27266	22545
湖北省	5	135167	416141	261528	361358	320795
湖南省	17	9262	54459	51223	31878	27925
广东省	8	11044	12814	11123	15298	11693
广 西	6	5209	31247	11658	8242	5584
海南省	2	17491	366568	193154	64	256
重庆市	3	730	18297	18036	1689	3933
四川省	10	16562	58515	35680	33824	30891
云南省	1	825	190977	23701	136412	3086
西 藏	1	185	6396	6599	1897	480
陕西省	6	7539	34687	34447	11222	10349
宁 夏	2	9761	96147	63688	25251	20145

（数据截止到2011年11月）

2011年按注册类型分酒行业效益指标

表1 2011年分注册类型酒精行业效益指标（一）

注册类型	企业单位数	本年本月止累计主营业务收入当年价格(千元)	去年同月止累计主营业务收入当年价格(千元)	本年本月止累计主营业务成本当年价格(千元)	去年同月止累计主营业务成本当年价格(千元)	本年本月止累计主营业务税金及附加当年价格(千元)
全国总计	159	56589375	45655139	49280251	40675980	1105935
国有	3	488443	424266	406995	349336	19126
国有独资公司	1	5238051	4775262	4474620	4079416	29270
其他有限责任公司	49	12373897	9294720	11017539	8477916	309887
股份有限公司	4	2816691	1933206	2575304	1713277	11859
私营独资	17	5382047	4704176	4636617	4208385	63799
私营合伙	1	14000	10866	10000	8145	600
私营有限责任公司	68	21586932	16911176	18535924	15045635	494954
私营股份有限公司	6	1884777	2063622	1679091	1782464	35274
其他内资	1	77041	76441	58632	62099	6026
与港澳台商合资经营	1	120531	100337	115278	95624	7125
港澳台商独资	2	1609310	1175499	1474296	1060566	25476
中外合资经营	2	363269	285754	313471	266278	5968
外资企业	4	4634386	3899814	3982484	3526839	96571

（数据截止到2011年11月）

表2 2011年分注册类型酒精行业效益指标（二）

注册类型	企业单位数	去年同月止累计主营业务税金及附加当年价格(千元)	本年本月止累计利润总额当年价格(千元)	去年同月止累计利润总额当年价格(千元)	本年本月止累计应交增值税当年价格(千元)	去年同月止累计应交增值税当年价格(千元)
全国总计	159	794641	2816708	1891325	1416179	1187832
国有	3	17137	-20686	3941	5272	6579
国有独资公司	1	24601	92384	129220	106839	96032
其他有限责任公司	49	211326	356825	112259	289461	196899
股份有限公司	4	9181	58953	74771	5045	6364
私营独资	17	57632	277444	229555	158771	177895
私营合伙	1	679	500	864	0	0
私营有限责任公司	68	361773	1614965	865043	521478	399205
私营股份有限公司	6	32833	111967	83644	146727	169346
其他内资	1	5189	955	889	2169	3501
与港澳台商合资经营	1	5120	-4636	-5691	4321	4174
港澳台商独资	2	14785	52421	60623	25173	36235
中外合资经营	2	7770	157	-16004	0	0
外资企业	4	46615	275459	352211	150923	91602

（数据截止到2011年11月）

表3 2011年分注册类型白酒行业效益指标（一）

注册类型	企业单位数	本年本月止累计主营业务收入当年价格(千元)	去年同月止累计主营业务收入当年价格(千元)	本年本月止累计主营业务成本当年价格(千元)	去年同月止累计主营业务成本当年价格(千元)	本年本月止累计主营业务税金及附加当年价格(千元)
全国总计	1233	330112208	236808756	217367362	155407885	20856940
国有	24	28488144	19849316	8067872	6034156	3362703
集体	18	4580149	3611327	3779999	2973649	268467
股份合作	20	1406589	1338084	940145	958272	103366
集体联营	3	237898	312094	197827	265152	1580
国有独资公司	6	57312789	45928025	36763613	30707980	2900976
其他有限责任公司	253	76623901	53832230	49946596	34623765	5575741
股份有限公司	73	59630611	41787095	36724050	24452954	4037355
私营独资	279	29092573	19788576	23627393	15766643	746581
私营合伙	23	1997636	1705942	1559816	1335892	28723
私营有限责任公司	470	61954292	43235674	48977823	34226084	3430392
私营股份有限公司	42	6060480	3813105	4767417	2941391	214670
其他内资	6	586897	155897	433057	112461	21324
与港澳台商合资经营	5	935056	490573	712418	337141	49565
与港澳台商合作经营	1	75472	75272	72443	71221	384
港澳台商独资	3	589860	381799	423655	260140	23589
中外合资经营	3	162814	137811	125953	100188	19277
外资企业	4	377047	365936	247285	240796	72247

（数据截止到2011年11月）

表4 2011年分注册类型白酒行业效益指标（二）

注册类型	企业单位数	去年同月止累计主营业务税金及附加当年价格(千元)	本年本月止累计利润总额当年价格(千元)	去年同月止累计利润总额当年价格(千元)	本年本月止累计应交增值税当年价格(千元)	去年同月止累计应交增值税当年价格(千元)
全国总计	1233	15565203	49754433	31574900	17163624	12423064
国有	24	2280901	13174528	7821145	3356506	2234067
集体	18	199174	435960	343983	113307	96588
股份合作	20	57651	111968	79907	88148	39703
集体联营	3	4766	31992	36398	9599	11622
国有独资公司	6	2192139	10630554	7396497	3771415	2756329
其他有限责任公司	253	4177096	9277274	6652992	3195292	2666026
股份有限公司	73	3470850	8843012	4689639	3713526	2615592
私营独资	279	467989	2274139	1433847	737915	488157
私营合伙	23	22550	173234	102963	34387	25309
私营有限责任公司	470	2389363	4157033	2613235	1868888	1317135
私营股份有限公司	42	160438	509767	305291	191534	117020
其他内资	6	3795	23150	1079	14525	3375
与港澳台商合资经营	5	43752	31933	18470	11389	8851
与港澳台商合作经营	1	499	68	71	522	1252
港澳台商独资	3	14888	78667	76004	19398	8888
中外合资经营	3	13751	-7688	-7925	8427	6185
外资企业	4	65601	8842	11304	28846	26965

（数据截止到2011年11月）

表5 2011年分注册类型啤酒行业效益指标（一）

注册类型	企业单位数	本年本月止累计主营业务收入当年价格(千元)	去年同月止累计主营业务收入当年价格(千元)	本年本月止累计主营业务成本当年价格(千元)	去年同月止累计主营业务成本当年价格(千元)	本年本月止累计主营业务税金及附加当年价格(千元)
全国总计	497	147454499	120316299	104938775	82538765	10184753
国有	21	8427996	7328736	5971262	5187048	610462
集体	6	1047782	795954	936950	680152	25511
股份合作	5	901288	674123	728237	527881	63674
国有联营	1	23031	14043	19852	10621	9760
国有独资公司	5	726008	649865	567707	525725	30754
其他有限责任公司	140	26950281	21647810	21370823	16699082	1591208
股份有限公司	27	8599036	7490540	5897479	4884377	788848
私营独资	20	3520094	2855689	2871600	2294303	64618
私营合伙	1	178367	141253	29320	26802	600
私营有限责任公司	77	11941811	9060839	10115910	7581777	267661
私营股份有限公司	11	1970554	1138943	1712903	985457	51516
其他内资	1	959021	930910	792527	801134	20388
与港澳台商合资经营	22	9523323	8020591	6247982	4501216	922007
与港澳台商合作经营	2	368071	364962	262632	222193	24222
港澳台商独资	27	7390988	6990439	4317455	3938959	817823
港澳台商投资股份有限公司	2	656090	666666	437193	508976	78756
中外合资经营	51	23407790	16194403	16921250	10521933	1719158
中外合作经营	1	394596	425122	260859	270430	47927
外资企业	64	21554592	18576331	12993555	11657343	1953121
外商投资股份有限公司	13	18913780	16349080	12483279	10713356	1096739

（数据截止到2011年11月）

表6 2011年分注册类型啤酒行业效益指标（二）

注册类型	企业单位数	去年同月止累计主营业务税金及附加当年价格(千元)	本年本月止累计利润总额当年价格(千元)	去年同月止累计利润总额当年价格(千元)	本年本月止累计应交增值税当年价格(千元)	去年同月止累计应交增值税当年价格(千元)
全国总计	497	8585530	10571067	9522832	7591214	6976797
国有	21	598109	1071718	806614	524535	469665
集体	6	14320	47835	77490	22964	17500
股份合作	5	53244	64767	51869	32447	26394
国有联营	1	3088	-7485	-7800	1561	647
国有独资公司	5	27790	-8641	-12221	13974	25508
其他有限责任公司	140	1416023	1360836	1311766	1103367	1053466
股份有限公司	27	757088	792463	641096	576723	550627
私营独资	20	67270	346226	278009	160255	156336
私营合伙	1	452	750	650	300	260
私营有限责任公司	77	233014	719408	516607	445449	410111
私营股份有限公司	11	15055	91444	84341	49700	17501
其他内资	1	17779	18435	2980	31562	19247
与港澳台商合资经营	22	691733	866153	1017112	598866	442546
与港澳台商合作经营	2	50007	9173	10028	3667	14208
港澳台商独资	27	684340	475982	265308	487614	468765
港澳台商投资股份有限公司	2	68623	-6107	17437	49311	56341
中外合资经营	51	1396283	1351337	1565976	1135821	997579
中外合作经营	1	43514	50432	76470	28309	31814
外资企业	64	1540996	1433498	1121982	1290224	1228731
外商投资股份有限公司	13	906802	1892843	1697118	1034565	989551

（数据截止到2011年11月）

表7 2011年分注册类型黄酒行业效益指标（一）

注册类型	企业单位数	本年本月止累计主营业务收入当年价格(千元)	去年同月止累计主营业务收入当年价格(千元)	本年本月止累计主营业务成本当年价格(千元)	去年同月止累计主营业务成本当年价格(千元)	本年本月止累计主营业务税金及附加当年价格(千元)
全国总计	73	9915995	8147105	7009018	5880471	281539
国有	2	300745	274428	183825	175206	8023
集体	1	52416	38464	46338	33167	3315
股份合作	1	49280	46290	44350	41770	690
国有独资公司	1	1228579	1116897	810268	816342	36445
其他有限责任公司	18	3389433	2607859	2401579	1827897	82026
股份有限公司	3	1479169	1337807	954641	914409	37195
私营独资	5	251261	219318	196623	166327	3734
私营合伙	1	21370	15710	16944	12510	387
私营有限责任公司	30	2036963	1775969	1524876	1367217	56706
私营股份有限公司	5	641273	422303	488632	339673	41410
与港澳台商合资经营	2	85455	81475	65373	61270	3681
港澳台商独资	1	89041	41036	67664	30264	30
中外合作经营	1	140101	127174	63492	55311	7591
外资企业	2	150909	42375	144413	39108	306

（数据截止到2011年11月）

表8 2011年分注册类型黄酒行业效益指标（二）

注册类型	企业单位数	去年同月止累计主营业务税金及附加当年价格(千元)	本年本月止累计利润总额当年价格(千元)	去年同月止累计利润总额当年价格(千元)	本年本月止累计应交增值税当年价格(千元)	去年同月止累计应交增值税当年价格(千元)
全国总计	73	247235	1113361	761015	490654	408565
国有	2	7510	21628	18220	10084	9080
集体	1	2633	-395	61	3800	2353
股份合作	1	640	2800	2460	540	330
国有独资公司	1	31091	173154	125108	85574	71550
其他有限责任公司	18	69135	419554	299585	157584	115746
股份有限公司	3	44889	212354	106415	101672	87741
私营独资	5	3731	37052	34508	13963	18318
私营合伙	1	278	2815	2080	630	510
私营有限责任公司	30	53254	150024	121022	71473	69863
私营股份有限公司	5	25883	56028	13270	26251	21505
与港澳台商合资经营	2	2923	3739	6419	202	452
港澳台商独资	1	11	8905	5869	3435	30
中外合作经营	1	5238	21866	23964	11842	10155
外资企业	2	19	3837	2034	3604	932

（数据截止到2011年11月）

表9 2011年分注册类型葡萄酒行业效益指标（一）

注册类型	企业单位数	本年本月止累计主营业务收入当年价格(千元)	去年同月止累计主营业务收入当年价格(千元)	本年本月止累计主营业务成本当年价格(千元)	去年同月止累计主营业务成本当年价格(千元)	本年本月止累计主营业务税金及附加当年价格(千元)
全国总计	178	32456559	26696130	22615972	18162047	1178223
国有	5	1448433	1325906	630663	784347	68800
其他有限责任公司	36	13229326	10865491	8117983	6133534	500770
股份有限公司	7	1896203	1623196	1331316	1146361	149348
私营独资	21	1728587	1311099	1534349	1169940	14940
私营合伙	3	76110	72044	48329	46616	2621
私营有限责任公司	70	7609127	5943479	6410679	5011087	81040
私营股份有限公司	7	1047665	1058991	847472	912593	9673
与港澳台商合资经营	7	736227	616535	471129	341611	45091
港澳台商独资	3	795807	775063	642339	523944	73038
中外合资经营	13	2272621	1737928	1762311	1318250	86741
外资企业	6	1616453	1366398	819402	773764	146161

（数据截止到2011年11月）

表10 2011年分注册类型葡萄酒行业效益指标（二）

注册类型	企业单位数	去年同月止累计主营业务税金及附加当年价格(千元)	本年本月止累计利润总额当年价格(千元)	去年同月止累计利润总额当年价格(千元)	本年本月止累计应交增值税当年价格(千元)	去年同月止累计应交增值税当年价格(千元)
全国总计	178	1024680	4276054	3359779	1351185	1141082
国有	5	66835	202885	195309	136223	76650
其他有限责任公司	36	445259	2249029	1640237	800095	704054
股份有限公司	7	132951	197188	160647	88700	64256
私营独资	21	7704	135731	99109	16141	8719
私营合伙	3	1625	15024	15513	0	0
私营有限责任公司	70	49270	667316	564588	142503	123790
私营股份有限公司	7	13373	153158	90541	8016	7462
与港澳台商合资经营	7	36402	90754	106141	38213	41798
港澳台商独资	3	74362	-2937	108960	4418	945
中外合资经营	13	66817	294479	221874	36121	30063
外资企业	6	130082	273427	156860	80755	83345

（数据截止到2011年11月）

表11 2011年分注册类型其他酒行业效益指标（一）

注册类型	企业单位数	本年本月止累计主营业务收入当年价格(千元)	去年同月止累计主营业务收入当年价格(千元)	本年本月止累计主营业务成本当年价格(千元)	去年同月止累计主营业务成本当年价格(千元)	本年本月止累计主营业务税金及附加当年价格(千元)
全国总计	114	13648945	10407806	9725196	6990712	359967
集体	2	122402	112096	109206	96281	1923
其他有限责任公司	30	2557363	1666910	2115142	1311172	58764
股份有限公司	4	458232	424095	340590	322814	32766
私营独资	14	971674	759736	759318	591697	10457
私营合伙	1	20422	8885	10063	3978	2027
私营有限责任公司	48	8023173	6123938	5287975	3893526	224429
私营股份有限公司	6	510506	483677	439317	408613	2812
与港澳台商合资经营	2	103877	131283	62358	79903	7446
中外合资经营	2	587490	452969	390075	92151	6225
外资企业	5	293806	244217	211152	190577	13118

（数据截止到2011年11月）

表12 2011年分注册类型其他酒行业效益指标（二）

注册类型	企业单位数	去年同月止累计主营业务税金及附加当年价格(千元)	本年本月止累计利润总额当年价格(千元)	去年同月止累计利润总额当年价格(千元)	本年本月止累计应交增值税当年价格(千元)	去年同月止累计应交增值税当年价格(千元)
全国总计	114	287748	1570189	922173	734264	537016
集体	2	1077	7845	9602	4097	6581
其他有限责任公司	30	40471	118707	77714	55146	42969
股份有限公司	4	25703	392847	217607	1408	1405
私营独资	14	12622	82707	82965	33472	35534
私营合伙	1	1909	4835	620	1452	1509
私营有限责任公司	48	173110	699233	456916	471131	406390
私营股份有限公司	6	4898	27893	20126	11123	20136
与港澳台商合资经营	2	13686	4243	6721	5072	7693
中外合资经营	2	2196	195067	25934	140125	6314
外资企业	5	12076	36812	23968	11238	8485

（数据截止到2011年11月）

2011年不同规模企业效益指标

表1 2011年不同规模企业效益指标（一）

酒种	企业规模	企业单位数	本年本月止累计主营业务收入当年价格(千元)	去年同月止累计主营业务收入当年价格(千元)	本年本月止累计主营业务成本当年价格(千元)	去年同月止累计主营业务成本当年价格(千元)	本年本月止累计主营业务税金及附加当年价格(千元)
酒精	全国总计	159	56589375	45655139	49280251	40675980	1105935
	大型企业	3	9967839	8372129	8410046	7145286	110595
	中型企业	27	22035216	19150592	19112355	17286505	574839
	小型企业	129	24586320	18132418	21757850	16244189	420501
白酒	全国总计	1233	330112208	236808756	217367362	155407885	20856940
	大型企业	30	156577685	113013513	86181480	63153548	10553927
	中型企业	155	61652557	47302726	42652729	32169742	5612833
	小型企业	1048	111881966	76492517	88533153	60084597	4690180
啤酒	全国总计	497	147454499	120316299	104938775	82538765	10184753
	大型企业	13	31634942	28291982	19840659	17196291	2240130
	中型企业	244	85935012	69635191	60735837	47167575	6847806
	小型企业	240	29884545	22389126	24362279	18174899	1096817
黄酒	全国总计	73	9915995	8147105	7009018	5880471	281539
	大中型企业	11	4327392	3704162	2789346	2455005	144852
	小型企业	62	5588603	4442943	4219672	3425466	136687
葡萄酒	全国总计	178	32456559	26696130	22615972	18162047	1178223
	大中型企业	8	12707439	10909354	7644383	6205638	586258
	小型企业	170	19749120	15786776	14971589	11956409	591965
其他酒	全国总计	114	13648945	10407806	9725196	6990712	359967
	大中型企业	10	4714134	3788884	2421956	1915417	192836
	小型企业	104	8934811	6618922	7303240	5075295	167131

（数据截止到2011年11月）

表2 2011年不同规模企业效益指标（二）

酒种	企业规模	企业单位数	去年同月止累计主营业务税金及附加当年价格(千元)	本年本月止累计利润总额当年价格(千元)	去年同月止累计利润总额当年价格(千元)	本年本月止累计应交增值税当年价格(千元)	去年同月止累计应交增值税当年价格(千元)
酒精	全国总计	159	794641	2816708	1891325	1416179	1187832
	大型企业	3	62123	412799	424953	243265	175474
	中型企业	27	404380	1362352	808887	695681	653003
	小型企业	129	328138	1041557	657485	477233	359355
白酒	全国总计	1233	15565203	49754433	31574900	17163624	12423064
	大型企业	30	7866387	36721755	23031440	11476491	8179659
	中型企业	155	4649348	4765984	3400085	2363117	1935135
	小型企业	1048	3049468	8266694	5143375	3324016	2308270
啤酒	全国总计	497	8585530	10571067	9522832	7591214	6976797
	大型企业	13	1907172	4369166	3546968	2094482	1888787
	中型企业	244	5848442	5173706	5159517	4453143	4233030
	小型企业	240	829916	1028195	816347	1043589	854980
黄酒	全国总计	73	247235	1113361	761015	490654	408565
	大中型企业	11	139963	672788	465292	268320	228826
	小型企业	62	107272	440573	295723	222334	179739
葡萄酒	全国总计	178	1024680	4276054	3359779	1351185	1141082
	大中型企业	8	529816	2269492	1737909	786612	693101
	小型企业	170	494864	2006562	1621870	564573	447981
其他酒	全国总计	114	287748	1570189	922173	734264	537016
	大中型企业	10	172487	913820	570755	401152	361907
	小型企业	104	115261	656369	351418	333112	175109

（数据截止到2011年11月）

2011年海关进出口数据

表1 2011年海关出口数据

产品名称	单位	累计数量	累计金额(美圆)
其他大麦	千克	5733721	2077563
已焙制的麦芽	千克	84614425	43948127
啤酒花，未经研磨也未制成团粒	千克	12350	38984
啤酒花，经研磨或制成团粒；蛇麻腺	千克	21220	88896
啤酒花液汁及浸膏	千克	2175	34073
别特酒，按体积计酒精含量44.2%	千克	20984	58374
制造饮料用的复合酒精制品	千克	16140	40963
麦芽酿造的啤酒	升	201557506	119033187
葡萄汽酒	升	95757	1048224
装入2升及以下容器的鲜葡萄酿造的酒	升	1394019	19906980
装入2升以上容器的鲜葡萄酿造的酒	升	173344	195564
装入2升以及以下容器的味美思酒等酒	升	384965	680255
黄酒	升	17797015	24554985
未改性乙醇，按容量计酒精浓度在80%及以上	升	33985450	30301019
任何浓度的改性乙醇及其他酒精	升	7167270	5353079
蒸馏葡萄酒制得的烈性酒	升	1013428	43541370
威士忌酒	升	142689	1772714
朗姆酒及蒸馏已发酵甘蔗制得的烈性酒	升	19749041	16289251
杜松子酒	升	6555	17837
伏特加酒	升	178828	725504
利口酒及柯迪尔酒	升	19400	202341
龙舌兰酒	升	2404	7880
白酒	升	6534177	124613441
未改性乙醇，按容量计酒精浓度<80%其他酒精饮料	升	17348587	106567037
中药酒	千克	789222	3110292

（数据截止到2011年11月）

表2 2011年海关进口数据

产品名称	单位	累计数量	累计金额(美圆)
其他大麦	千克	1651897200	565006659
已焙制的麦芽	千克	9571236	5376384
啤酒花，经研磨或制成团粒；蛇麻腺	千克	989860	9352394
啤酒花液汁及浸膏	千克	25391	639511
别特酒，按体积计酒精含量44.2%	千克	14305	47817
制造饮料用的复合酒精制品	升	456	2683
麦芽酿造的啤酒	升	56717320	80834346
葡萄汽酒	升	3509870	34563184
装入2升及以下容器的鲜葡萄酿造的酒	升	210222049	1115877522
装入2升以上容器的鲜葡萄酿造的酒	升	111606687	114681423
2009以外的酿酒葡萄汁	升	349	1575
装入2升及以下容器的味美思酒等酒	升	198087	594367
装入2升以上容器的味美思酒等酒	升	2408	4573
黄酒	升	737543	891732
未改性乙醇，按容量计酒精浓度在80%及以上	升	156152	T19031
任何浓度的改性乙醇及其他酒精	升	5000219	4329767
蒸馏葡萄酒制得的烈性酒	升	22861887	661490224
威士忌酒	升	16083988	107584322
朗姆酒及蒸馏已发酵甘蔗制得的烈性酒	升	19050480	17410010
杜松子酒	升	507589	1375576
伏特加酒	升	1680040	5481278
利口酒及柯迪尔酒	升	1543429	6505937
龙舌兰酒	升	439831	1801697
白酒	升	1401172	19203810
未改性乙醇，按容量计酒精浓度<80%其他酒精饮料	升	5264919	9555667
中药酒	千克	1	19

（数据截止到2011年11月）

全国酿酒行业运行形势分析

行业运行情况通报

一、宏观经济形势

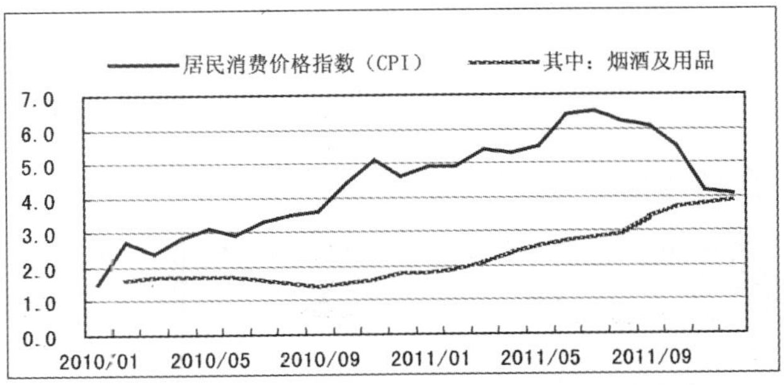

数据来源：国家统计局

图1 2010—2011年居民消费价格指数变化情况

2011年1～12月份，全社会消费品零售总额达181226亿元，累计增长17.1%，其中粮油、食品饮料、烟酒10323亿元，累计增速达到25.3%。整体显示社会消费水平依然沿着稳定增长的轨道运行。全国居民消费价格总水平同比上涨4.1%，回归平稳。12月12～14日，中央经济工作会议在北京召开，为2012年宏观经济政策定调。会议提出，2012年我国经济工作的总基调是“稳中求进”。在继续实施积极的财政政策和稳健的货币政策的同时，把稳增长、控物价、调结构、惠民生、抓改革、促和谐更好地结合起来。

二、酿酒行业生产形势

根据国家统计公布数据显示，1～12月酿酒行业总产量7103万千升（含饮料酒及发酵酒精），同比增长13.42%；全行业完成工业总产值6699亿元，同比增长33.21%；1～11月实现利润701亿元，同比增长45.95%。

白酒：1～12月，全国规模以上企业白酒产量达1025.55万千升（折65度，商品量），同比增长30.7%，总产量突破千万关口。12月份，白酒产量继续攀升，达到121.34万千升，同比上涨34.72%，环比11月上涨14.88%。传统白酒生产大省四川省白酒产量309.39万千升，累计增速达37.9%，高于行业平均水平；河南和山东两省累计白酒产量分别为105.28万千升和99.17万千升，增速分别达30.55%和17.29%，增速低于行业平均水平；另外，贵州省2011年全年白酒产量达24.66万千升，增速达47.57%，也保持了较高的增长水平；除传统白酒产区外，黑龙江、河北、吉林等省份白酒产量也保持了较高的增长水平。

啤酒：1～12月，全国啤酒总产量达到4898.82万千升，与上年同期相比产量增长10.67%。12月啤酒产量297.27万千升，环比11月下降4.37%。分省市看，山东、广东等啤酒产量较高的省份继续保持高增长速度，除此之外，辽宁、吉林、黑龙江等东北三省，湖北、湖南、河北、山西等中部地区，以及新疆、云南、西藏、宁夏等西部欠发达地区2011年啤酒产量增速也保持较高的增长水平。继续关注啤酒大麦走势，大麦价格维持高位稳定，本月进口大麦平均单价骤然回升，达383.40美元/吨，环比上涨10.67%。全年啤酒大麦进口数量177.55万吨。

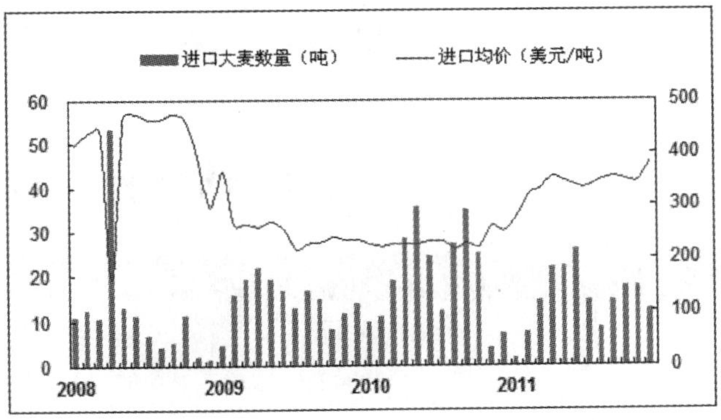

数据来源：中国海关

图2 2010—2011年进口大麦量价变化情况

葡萄酒：1～12月，全国葡萄酒累计产量115.69万千升，同比增长13.02%。12月葡萄酒产量为12.09万千升，同比上年增长10.20%。分区域看，本月山东省葡萄酒产量4.4万千升，同比增长8.97%；累计产量44.61万千升，同比增长16.36%。吉林省、河南省本月葡萄酒产量分别为1.50万千升和1.78万千升；河北省、天津市的葡萄酒本月产量分别为0.92万千升和0.52万千升，保持以往的生产水平。累计产量增速中，山东、吉林、河南依然保持较高的增长水平；河北、天津与上年同比发生不同程度下降。统计数据显示：西部产区中，云南、甘肃、内蒙古保持了较高的增长水平，新疆地区葡萄酒产量同比大幅下降。

黄酒、其他酒：1～12月黄酒、其他酒合计产量约230万千升。从工业总产值、工业销售产值数据看，1～12月黄酒行业完成工业总产值126.3亿元，同比增长19.5%；实现工业销售产值118.14亿元，同比增长21.37%；产销率达到93.54%。其他酒行业1～12月份完成工业总产值173.52亿元，同比增长32.54%；实现工业销售产值165.67亿元，同比增长35.76%；产销率达到95.48%。

酒精：1～12月，全国发酵酒精产量833.73万千升，同比增长11.45%，增速回升至10%以上，且超过上年同期增速水平。12月单月产量继续攀升，达85.11万千升。1～12月行业完成工业总产值668.34亿元，实现工业销售产值648.37亿元，同比增速均在32%以上；行业出口交货值5.55亿元，同比增长34.21%。海关数据显示，1～12月酒精浓度高于80%的未改性乙醇出口数量同比下降75.28%，改性乙醇出口数量同比下降36.74%，降幅与上期持平。从出口单价看，受人民币升值等因素影响，未改性乙醇和改性乙醇出口单价同比上年分别上涨39.06%和11.94%。

行业数据整理

表1 2011年度1～12月酿酒行业产量统计

子行业	累计产量（万千升）	同比（%）	三季度同比（%）	二季度同比（%）	一季度同比（%）	2010年同比（%）
酒精	833.73	11.45	8.46	7.46	9.12	10.78
饮料酒	6269.73	13.69	11.68	13.95	10.81	9.54
其中：白酒	1025.55	30.70	29.20	27.99	27.09	26.81
啤酒	4898.82	10.67	8.55	11.40	7.75	6.28
葡萄酒	115.69	13.02	17.93	16.44	25.73	12.38

数据来源：国家统计局

表2 2011年度1～12月主要产品产量时序图

月份	酒精（万千升）	白酒（万千升）	啤酒（万千升）	葡萄酒（万千升）	合计（万千升）
1月	74.57	82.55	292.41	9.44	459
2月	72.48	67.09	263.18	7.60	410
3月	75.34	83.74	362.97	9.34	531
4月	65.01	73.08	390.84	7.02	536
5月	62.75	80.62	475.12	8.09	627
6月	67.75	91.76	553.88	10.04	723
7月	53.55	69.66	580.40	8.43	712
8月	62.18	71.37	562.80	9.14	705
9月	65.66	94.66	461.31	9.97	632
10月	75.79	100.18	341.22	10.60	528
11月	83.51	105.62	310.84	13.14	534
12月	85.11	121.34	297.27	12.09	516

数据来源：国家统计局

表3 2011年1～12月白酒行业部分省市产量增长情况（按照累计产量排序）

省市	当月（万千升）	累计（万千升）	当月同比（%）	累计同比（%）
总计	121.34	1025.55	34.72	30.70
四川省	42.45	309.39	48.38	37.90
河南省	10.96	105.28	3.20	30.55
山东省	9.70	99.17	7.23	17.29
辽宁省	4.76	68.05	3.31	19.59
江苏省	8.31	67.85	57.70	26.06
内蒙古	4.74	52.28	18.28	35.58
吉林省	5.50	42.45	122.59	49.68
安徽省	4.87	39.50	24.33	22.30
河北省	4.92	32.39	33.93	51.97
湖北省	2.91	29.81	32.33	30.92
贵州省	3.09	24.66	62.01	47.57
黑龙江	4.24	20.88	276.52	101.84
北京市	1.69	20.57	-2.23	9.70
重庆市	1.91	17.35	35.29	17.75
江西省	1.78	14.58	52.82	29.87

数据来源：国家统计局

表4 2011年1～12月啤酒行业部分省市产量增长情况（按照累计产量排序）

省市	当月（万千升）	累计（万千升）	当月同比（%）	累计同比（%）
总计	297.27	4898.82	23.56	10.67
山东省	36.36	647.59	22.72	19.40
广东省	28.53	482.24	-5.78	16.44
河南省	26.60	428.76	19.06	8.19
浙江省	12.27	281.09	11.33	0.04
辽宁省	19.68	262.21	44.32	11.71
江苏省	10.17	234.74	63.06	-6.36
黑龙江	22.89	222.43	66.20	24.51
湖北省	10.87	198.32	6.30	19.32
福建省	12.18	196.51	33.40	6.24
四川省	12.77	192.05	31.85	8.96
安徽省	6.09	167.54	25.35	9.78
北京市	8.49	164.79	11.77	0.10
河北省	10.91	160.26	42.04	20.40
广　西	10.49	150.58	83.02	9.01
吉林省	13.30	148.54	30.60	11.59
湖南省	5.86	130.92	-9.11	26.91

数据来源：国家统计局

表5 2011年1～12月葡萄酒行业部分省市产量增长情况（按照累计产量排序）

省市	当月（万千升）	累计（万千升）	当月同比（%）	累计同比（%）
总计	12.09	115.69	10.20	13.02
山东省	4.40	44.61	8.97	16.36
吉林省	1.50	20.65	5.05	14.72
河南省	1.78	17.69	99.10	17.89
河北省	0.95	9.37	-27.62	-5.31
天津市	0.52	4.11	-44.34	-31.51
宁　夏	0.67	2.52	10.60	150.31
湖南省	0.31	2.44	23.10	6.75
云南省	0.28	2.39	-1.12	56.11
黑龙江	0.42	2.15	110.28	64.41
辽宁省	0.18	2.02	-33.25	-10.57
新　疆	0.20	1.63	68.07	-28.60
陕西省	0.15	1.53	41.05	28.19
甘肃省	0.19	1.41	13.06	43.69
北京市	0.25	1.22	70.47	20.13
内蒙古	0.19	0.85	69.23	31.43
江西省	0.03	0.44	-49.30	182.50
广　西	0.03	0.24	32.08	27.67
山西省	0.03	0.19	89.85	236.63

数据来源：国家统计局

表6 2011年1～12月发酵酒精行业部分省市产量增长情况（按照累计产量排序）

省市	当月（万千升）	累计（万千升）	当月同比（%）	累计同比（%）
总计	85.11	833.73	13.81	11.45
河南省	14.58	167.17	94.92	97.15
吉林省	13.19	147.98	34.01	20.18
黑龙江	12.39	101.10	100.94	28.60
江苏省	11.42	88.00	39.36	-5.10
广　西	7.11	69.54	-29.27	2.17
内蒙古	5.18	59.77	-58.50	-49.12
四川省	4.38	52.55	-26.70	4.92
山东省	3.36	50.09	-3.23	10.27
河北省	1.77	21.53	-0.99	22.91

数据来源：国家统计局

表7 2011年1～12月份酿酒行业产值统计

子行业	总产值（亿元）	同比增长（%）	销售产值（亿元）	同比增长（%）	出口交货值（百万元）	同比增长（%）
酒精	668.34	32.84	648.37	32.65	555.04	34.21
白酒	3831.27	41.40	3618.40	40.03	1761.53	17.52
啤酒	1549.57	20.11	1596.62	18.96	979.81	-8.70
黄酒	126.30	19.50	118.14	21.37	237.85	-5.31
葡萄酒	350.24	20.87	342.08	23.15	280.08	60.45
其他酒	173.52	32.54	165.67	35.76	9.76	-42.69
合计	6699.24	33.21	6489.29	32.11	3824.06	11.54

数据来源：国家统计局

表8 2011年1～12月份主要产品出口统计

商品名称	单位	出口量	同比增长（%）	平均单价（美元/升）	上年单价（美元/升）
麦芽酿造的啤酒	万升	22090.61	13.81	0.59	0.58
葡萄汽酒	万升	8.93	-2.14	12.40	6.97
2L及以下鲜葡萄酿造的酒	万升	164.16	40.85	12.77	20.22
2L以上鲜葡萄酿造的酒	万升	18.49	-5.62	1.13	1.07
味美思	万升	41.87	-0.44	1.77	1.82
黄酒	万升	1946.10	10.79	1.38	1.41
蒸馏葡萄制得的烈性酒	万升	110.49	-45.85	42.76	31.17
威士忌	万升	14.58	6.01	12.30	7.48
朗姆酒	万升	1999.56	398.42	0.82	0.84
杜松子酒	万升	0.68	1040.13	2.98	2.30
伏特加酒	万升	19.70	31.38	4.19	4.44
利口酒及柯迪尔酒	万升	1.97	22.60	10.40	11.23
龙舌兰酒	万升	0.52	212.25	11.36	9.18
白酒	万升	834.41	49.14	28.59	16.06
未改性乙醇，酒精浓度≥80%	万升	3553.25	-75.28	0.89	0.64
改性乙醇	万升	780.08	-36.47	0.75	0.67
中药酒	吨	918.37	1.82	3.90	3.56
其他大麦	吨	6279.33	-53.18	0.37	0.30
已焙制的麦芽	吨	92025.79	-29.13	0.52	0.42
啤酒花，未经研磨也未制成团粒	吨	12.35	120.50	3.16	4.63
啤酒花，经研磨或制成团粒;蛇麻腺	吨	21.32	-94.79	4.26	2.90
啤酒花液汁及浸膏	吨	2.18	-97.65	15.67	17.96

数据来源：中国海关

表9 2011年1～12月份主要产品进口统计

商品名称	单位	进口量	同比增长（%）	平均单价（美元/升）	上年单价（美元/升）
麦芽酿造的啤酒	万升	6420.30	37.43	1.41	1.25
葡萄汽酒	万升	394.12	45.83	9.86	10.37
2L及以下鲜葡萄酿造的酒	万升	24137.46	64.99	5.28	4.48
2L以上鲜葡萄酿造的酒	万升	12023.54	-12.28	1.04	0.83
味美思	万升	23.26	169.83	3.05	2.63
黄酒	万升	78.60	55.21	1.21	1.23
蒸馏葡萄制得的烈性酒	万升	2521.15	34.82	29.40	28.61
威士忌	万升	1738.93	-3.79	6.86	6.40
朗姆酒	万升	1938.96	213.09	0.92	1.14
杜松子酒	万升	58.70	10.01	2.71	2.65
伏特加酒	万升	183.78	-29.01	3.25	3.06
利口酒及柯迪尔酒	万升	163.13	10.68	4.21	4.28
龙舌兰酒	万升	47.30	42.90	4.05	4.52
白酒	万升	154.19	10.73	13.97	10.32
未改性乙醇，酒精浓度≥80%	万升	16.05	-59.02	4.74	1.75
改性乙醇	万升	514.54	59.81	0.88	0.84
其他大麦	吨	1775519.96	-24.99	344.92	226.49
已焙制的麦芽	吨	10642.45	51.17	0.56	0.68
啤酒花，经研磨或制成团粒;蛇麻腺	吨	1127.42	2.97	9.56	9.36
啤酒花汁液及浸膏	吨	25.39	-21.76	25.19	23.46

数据来源：中国海关

表10 2011年1～11月份酿酒行业效益情况

子行业	销售收入（亿元）	同比增长（%）	利润总额（亿元）	同比增长（%）	税金总额（亿元）	同比增长（%）
酒精	565.89	23.95	28.17	48.93	25.22	27.22
白酒	3301.12	39.40	497.54	57.58	380.21	35.84
啤酒	1474.54	22.56	105.71	11.01	177.76	14.22
黄酒	99.16	21.71	11.13	46.30	7.72	17.75
葡萄酒	324.57	21.58	42.76	27.27	25.29	16.79
其他酒	136.49	31.14	15.70	70.27	10.94	32.67
合计	5901.78	31.73	701.02	45.95	627.14	27.52

数据来源：国家统计局

表11 2011年1～11月份酿酒行业亏损情况

子行业	规模以上企业数量	亏损企业数量	亏损额[百万元]	同比增长[%]
酒精	159	31	227.62	35.30
白酒	1233	60	263.61	6.72
啤酒	497	150	2072.18	6.61
黄酒	73	5	2.04	71.20
葡萄酒	178	13	30.30	-79.12
其他酒	114	3	0.27	-95.47
合计	2254	262	2596.01	3.38

说明：亏损额同比负增长说明亏损程度减轻。

数据来源：国家统计局

专题分析
——我国酿酒行业规模以上企业分布情况

《中国酿酒产业“十二五”发展规划》中这样描述我国的酿酒产业：“我国是世界最大的饮料酒生产和消费国，是酒类品种最全、酿造历史最长、产业规模最大的国家。酿酒产业是我国的传统产业，也是我国食品工业的重要组成部分，与广大人民生活息息相关。长期以来，酿酒产业在扩大就业、繁荣市场、服务三农、促进区域经济建设和带动相关产业发展等方面发挥了重要作用”。

据不完全统计，全行业现有企业总数20000多家，从业人数达350万。同样是由于传统行业，在规模化水平、技术进步等方面与高新企业存在着很大差距，使得规模以上企业的数量占行业总量的比重不大。根据国家统计局统计制度改革要求，2011年开始，规模以上工业企业统计标准由过去的年主营业务收入500万元提高到2000万元。本文就规模以上酿酒企业的分布情况，从不同子行业分布、不同地区分布、不同所有类型分布等方面进行分析梳理，勾勒行业发展现状。

一、子行业间规模以上企业分布情况

以2011年11月份数据作为参考对象，与上年同期相比，全国规模以上工业企业数量减少比例达30.79%，酿酒行业企业数量减少比例为23.83%，低于全国平均值6.96个百分点；在一定程度上说明酿酒行业整体规模水平好于全国平均水平，也说明销售收入在500万元～2000万元的酿酒企业数量占比约为1/4左右。

表1 2010—2011年规模以上企业变化情况

指标	2010年企业数	2011年企业数	企业数减少情况	减少比例
全国总计	452538	313220	-139318	-30.79%
酒企业合计	2959	2254	-705	-23.83%
酒 精	198	159	-39	-19.70%
白 酒	1607	1233	-374	-23.27%
啤 酒	592	497	-95	-16.05%
黄 酒	127	73	-54	-42.52%
葡萄酒	248	178	-70	-28.23%
其他酒	187	114	-73	-39.04%

数据来源：国家统计局

分酒种看：

白酒行业：2011年规模以上企业1233家，占行业比重54.7%，与上年同期相比，比重提高0.4个百分点（上年同期比重为54.3%）；规模以上企业数量减少23.27%，低于行业平均水平约0.56个百分点。

啤酒行业：2011年规模以上企业497家，占行业比重22.04%，与上年同期相比，比重提高2.04个百分点（上年同期比重为20%）；规模以上企业数量减少16.05%，低于行业平均水平7.78个百分点，低于全国平均水平14.74个百分点。说明经过近些年的发展，啤酒行业规模化水平显著提高，且销售收入在500万元～2000万元的规模企业数量相对较少。

酒精行业：2011年规模以上企业159家，占行业比重7.05%，与上年同期相比，比重提高0.36个百分点（上年同期比重为6.69%）；规模以上企业数量减少19.7%，低于行业平均水平4.13个百分点，低于全国平均水平11.09个百分点。说明酒精行业规模化水平比较高，销售收入在500万元～2000万元的规模企业数量相对较少。

相较而言，葡萄酒、黄酒、其他酒三个子行业中销售收入在500万元～2000万元的规模以上企业数量较大，这三个行业的规模以上企业数量减少幅度都远大于行业平均水平，甚至大于全国平均水平。具体来看：

黄酒行业：2011年规模以上企业73家，占行业比重3.25%，与上年同期相比，比重下降1.04个百分点（上年同期比重为4.29%）；规模以上企业数量减少42.52%，高出行业平均水平18.69个百分点，高出全国平均水平11.73个百分点。说明黄酒行业整体规模化水平较低，销售收入在500万元～2000万元的规模企业数量相对较多。

葡萄酒行业：2011年规模以上企业178家，占行业比重7.89%，与上年同期相比，比重下降0.49个百分点（上年同期比重为8.38%）；规模以上企业数量减少28.23%，高出行业平均水平4.96个百分点，低于全国平均水平2.56个百分点。

其他酒行业：2011年规模以上企业114家，占行业比重5.05%，与上年同期相比，比重下降1.26个百分点（上年同期比重为6.31%）；规模以上企业数量减少39.04%，高出行业平均水平15.21个百分点，高出全国平均水平8.25个百分点。说明其他酒行业整体规模化水平较低。

二、不同规模企业分布情况

销售收入在2000万元以上的2254家规模以上企业中，大型企业50家，占行业比重2.21%；中型企业451家，占行业比重20%；小型企业1753家，占行业比重77.77%。从企业规模分布情况看，大型企业有60%分布在白酒行业，26%分布在啤酒行业，其他14%散布在酒精行业、葡萄酒行业、黄酒行业和其他酒行业中；中型企业中，白酒和啤酒分别有34.36%和54.10%，其余11.54%中，酒精占5.98%，黄酒占2.21%，葡萄酒占1.55%，其他酒占1.77%；小型企业中，白酒行业占59.78%，啤酒行业占13.69%，酒精行业占7.35%，黄酒行业占3.53%，葡萄酒行业占9.69%，其他酒行业占5.93%。

表2 大中小型企业分布情况

指标	大型企业	中型企业	小型企业	合计
酒 精	3	27	129	159
白 酒	30	155	1048	1233
啤 酒	13	244	240	497
黄 酒	1	10	62	73
葡萄酒	1	7	170	178
其他酒	2	8	104	114
合计	50	451	1753	2254

数据来源：国家统计局

说明：大、中、小型企业的划分标准：

大型企业：从业人数2000人及以上、销售额30000万元及以上、资产总额40000万元及以上；中型企业：从业人数300～2000人以下、销售额3000～30000万元以下、资产总额4000～40000万元以下；小型企业：从业人数300人以下、销售额3000万元以下、资产总额4000万元以下。

三、不同地区企业分布情况

从酿酒生产企业分布地区看，四川、河南、山东是名副其实的酒类生产大省，规模以上企业合计821家，占行业比重36.42%；位列第二梯队的江苏、辽宁、吉林三省，酒类生产企业数量均在100家以上，占行业比重分别为9.80%、5.01%、4.79%。从不同酒种的地区分布情况看，也表现出一定的行业特殊性和地域差异性。

表3 不同地区企业分布情况

指标	酒精制造	白酒制造	啤酒制造	黄酒制造	葡萄酒制造	其他酒制造	合计
总 计	159	1233	497	73	178	114	2254
四 川	9	257	25	2	3	10	306
山 东	12	156	62	3	52	9	294
河 南	19	123	42	2	25	10	221
江 苏	30	50	37	4	1	1	123
辽 宁	5	75	22	0	10	1	113
吉 林	10	67	11	0	16	4	108
安 徽	5	58	21	7	4	2	97
河 北	3	47	22	0	14	1	87
湖 南	7	38	16	7	2	17	87
内蒙古	7	58	14	2	3	2	86
湖 北	4	45	16	3	4	5	77
黑龙江	12	32	22	0	0	8	74
贵 州	0	66	4	0	0	0	70
浙 江	1	4	26	28	0	4	63
广 东	6	14	27	0	1	8	56
甘 肃	2	13	26	0	7	0	48
广 西	15	13	6	2	2	6	44
福 建	1	13	12	7	1	5	39
新 疆	2	13	15	0	9	0	39
陕 西	1	18	9	2	2	6	38
江 西	0	15	16	2	1	3	37
山 西	3	17	7	0	3	0	30
云 南	3	9	12	0	4	1	29
重 庆	0	17	4	0	0	3	24
北 京	0	3	8	0	4	1	16
天 津	1	6	3	0	4		14
上 海	0	1	6	2	1	2	12
宁 夏	0	2	1	0	5	2	10
海 南	1	1	1	0	0	2	5
西 藏	0	0	3	0	0	1	4
青 海	0	2	1	0	0	0	3

数据来源：国家统计局

以酒精制造业为例，主要分布在原料丰富地区，如河南、吉林、黑龙江等地的小麦、玉米原料丰富，江苏地区的港口优势，连云港木薯集散地，广西地区则依靠其丰富的木薯资源和糖厂的废糖蜜原料优势；另外，四川地区规模以上酒精厂达9家，是由于其白酒生产基地，需要大量基础酒，应运而生的酒精厂大部分是为白酒生产企业提供中间产品的。再来看有着广泛市场基础的白酒和啤酒企业，几乎在全国32个省市都有分布，而白酒酿造需要独特的自然环境和微生物环境，使得西南地区成为我国高档白酒的生产基地，仅四川、贵州两省的白酒企业就达323家，占行业比重达26.19%；作为快速消费品的啤酒行业，其生产的工业化程度较高，对原料需求没有过多的特殊性，因此各大集团在各个地区建立自己的啤酒生产厂，以期保证产品品质和新鲜程度，因此啤酒企业的分布较为平衡，各地区企业数量基本上以地区人口总量的多少而有所区别。

黄酒的生产消费存在一定的地域性，江浙沪地区分布较为广泛，这三地规模以上企业34家，占行业比重达46.57%；葡萄酒酿造对原料需求较为严格，因此主要分布在原料资源丰富的地区，如山东、吉林、河南、河北等地区，西部葡萄产区宁夏、新疆、甘肃近年来葡萄酒制造业发展也较为迅速。

四、不同地区企业分布情况

表4 不同控股类型企业分布情况

指标	酒精制造	白酒制造	啤酒制造	黄酒制造	葡萄酒制造	其他酒制造	合计
港澳台商控股	2	6	46	3	11	2	70
国有控股	11	67	100	4	14	1	197
集体控股	1	43	26	5	3	2	80
其它	3	32	21	3	0	5	64
私人控股	136	1078	193	55	136	101	1699
外商控股	6	7	111	3	9	8	144
总计	159	1233	497	73	173	119	2254

数据来源：国家统计局

酿酒行业的企业控股形式：私人控股占绝对比重，达75.37%；另有8.74%由国有控股，6.38%由外商控股，其他类型不足10%。说明酿酒行业的市场化程度很高，进入门槛相对较低，因此私人控股比例较高；各酒种的表现也大致如此，只是在权重上有所区别。相反，国有控股的企业数量比例虽不占优势，但基本上都是规模较大、运营状况良好的企业。

从以上分析可以看出，我国酿酒行业企业规模程度、地区分布程度以及不同子行业之间还存在较大差异。《中国酿酒产业“十二五”发展规划》提出，“十二五”期间，要积极推动组建大型企业集团，扶持具有区域优势的地方骨干企业做强做大，形成以大中型企业为主导、以其他企业为补充的产业格局。支持以民族品牌建设，逐步形成全国葡萄酒产区、酒精制造基地等产业集群。

老龙口始建于清朝康熙元年，即1662年。因座落于盛京（今沈阳）城东内治门（今小东门），皇城东门乃龙城之口，因而御封得名 “老龙口”。 老龙口内有古井一眼，地占其灵，位于长白山余脉天柱山与辽河冲积平原的过渡地带，水源充沛，百年不竭。水质清澈透明，甘甜爽净。古有“万隆泉”、“龙潭水”之美誉。老龙口白酒清朝多贡奉朝廷，曾为康熙、乾隆、嘉庆、道光四帝十次东巡盛京御用贡酒，素有“朝廷贡酒”之称。

老龙口白酒曾作为清朝征战时期清兵的壮行酒、出征酒，当时流传“飞觞曾鼓八旗勇”之说；据光绪三十三年《奉天商务总会卷宗》记载，万隆泉等烧锅代表奉天省内十四城为感恩光绪皇帝减捐献贡酒税；民国时期，老龙口白酒作为东北大帅张作霖及东北军的征用酒；抗日战争和解放战争时期，东北爱国将士和人民解放军，把老龙口白酒作为庆功酒、英雄酒；1950年，60吨老龙口白酒发往朝鲜，支援抗美援朝；1959年，建国十周年大庆，10吨老龙口白酒调入北京人民大会堂作为国宴招待用酒。

老龙口酿酒历史悠久，酿酒工艺独特。老龙口传统白酒酿造技艺被列入国家级非物质文化遗产名录；老龙口老窖池被列入沈阳市文物保护单位；老龙口是“沈阳老字号”、“中华老字号”企业；老龙口白酒被国家质检总局认定为“中华人民共和国地理标志保护产品”。

老龙口酒文化博物馆是沈阳工业旅游景点；全国工业旅游示范点；AAA级国家旅游景区。开馆至今已接待来自日本、韩国、马来西亚、香港、台湾等多个国家和地区的国内外旅游团500余个，年参观达10万余人。

老龙口是东北地区民族工业的著名品牌，老龙口白酒属浓香型白酒，产品有三大系列：青（红）花龙系列、御酒系列、大白龙系列，200余个品种。产品独特的品质曾荣获“第29届布鲁塞尔国际博览会金奖”、“全国国货精品消费者最满意奖”、“轻工部酒类大赛银杯奖”和辽宁省、沈阳市名牌产品等。2008年老龙口青花龙酒和一帆风顺酒被确定为供奥食品；2009年老龙口雕花龙酒、青（红）花龙酒被确定为全国十一运会辽宁体育代表团专用酒；2010年老龙口15年陈酿、30年陈酿和50年陈酿三款年份白酒被确定为辽宁省政府系统接待用酒。

老龙口营销市场以沈阳为中心，白酒销量排在首位。辽宁省内市场已具规模，销售网络延伸到各市、县。辽宁省外市场已辐射到哈尔滨、长春、天津、河南、山东、深圳、兰州、广州、新疆、承德等地。产品远销台湾、香港、澳门等地区，以及韩国、朝鲜、日本、俄罗斯等国家。

老龙口曾获得“国家大型一级企业”、“全国饮料制造业500强”、“国家一级档案管理企业”、“国家一级设备管理企业”、“中国轻工总会200家最大企业”、“东北三省行业十强企业”和“沈阳市特色企业文化典型单位”等荣誉称号。

CCTV合作品牌
中华老字号
China Time-Honored Brand
古城酒
600年成就经典
新疆第一窖
第一窖
新疆第一窖
地龍窖特釀
古城
王窖
古城
王窖

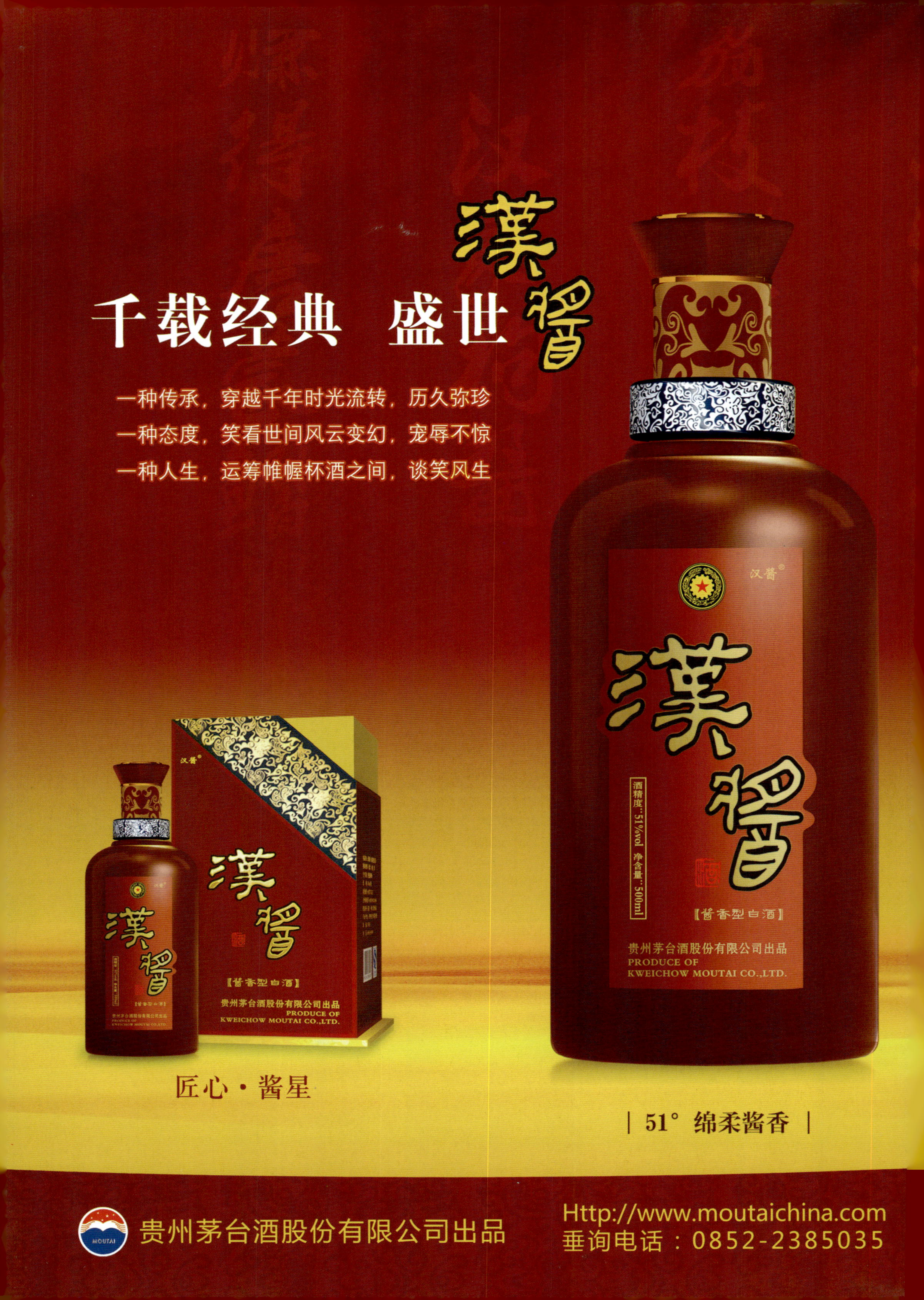
千载经典 盛世漢醬
一种传承，穿越千年时光流转，历久弥珍
一种态度，笑看世间风云变幻，宠辱不惊
一种人生，运筹帷幄杯酒之间，谈笑风生
汉酱®
漢醬
酒精度：51%vol 净含量：500ml
【酱香型白酒】
贵州茅台酒股份有限公司出品
PRODUCE OF
KWEICHOW MOUTAI CO.,LTD.
匠心·酱星
51° 绵柔酱香
贵州茅台酒股份有限公司出品
Http://www.moutaichina.com
垂询电话：0852-2385035

企业篇

介绍酿酒工业重点优秀企业的综合发展情况、产品情况、市场情况、科技成果、环保节能成果，以及由国家各部委、中国酿酒工业协会组织的酿酒行业优秀企业评选结果名单等。

于吉广
Yu Jiguang

YEARBOOK FIGURE

于吉广，现任北京首都酒业有限公司总经理，北京红星股份有限公司总经理。

于吉广以企业家敏锐的思维和广阔的视野，为红星把握住了市场的每一个机遇；以军人固有的执着和勇气，为红星扛起了从生存到发展的重担。

在于吉广同志的领导下，公司先后获得“中国驰名商标”、“中华老字号”、“全国五一劳动奖状”、“全国守合同重信用企业”、“全国三绿工程畅销品牌”、“全国用户满意产品”、“中国信息化500强”、“中国白酒工业十大影响力品牌”、“中国食品行业百强企业”、“国家级纳税信用A级企业”等称号；同时荣获“北京用户满意产品”、“北京十大名企、十大名牌”、“北京纳税百强企业”、“纳税A级企业”、“怀柔区经济贡献十佳企业”。

全国重点文物保护单位名单

（酒 类）

中华人民共和国文物保护法及第76号主席令公布：文物认定的标准和办法由国务院文物行政部门制定，并报国务院批准。

一、在中华人民共和国境内，下列文物受国家保护：

（一） 具有历史、艺术、科学价值的古文化遗址、古墓葬、古建筑、石窟寺和石刻、壁画；

（二）与重大历史事件、革命运动或者著名人物有关的以及具有重要纪念意义、教育意义或者史料价值的近代现代重要史迹、实物、代表性建筑；

（三） 历史上各时代珍贵的艺术品、工艺美术品；

（四） 历史上各时代重要的文献资料以及具有历史、艺术、科学价值的手稿和图书资料等；

（五） 反映历史上各时代、各民族社会制度、社会生产、社会生活的代表性实物。

具有科学价值的古脊椎动物化石和古人类化石同文物一样受国家保护。

二、全国重点文物保护单位申报，要根据国家文物局有关规定执行。最后由国家文物部门分批报国务院核定，经国务院批准同意后，对社会公布。

截至2011年底，国务院共公布6批全国重点文物保护单位，其中涉及酒文物保护单位名单如下：

第四批公布时间：1996.11.20 国务院颁发文件号：[（国发〔1996〕47号）]

第四批中，泸州大曲老窖池荣获全国重点文物保护单位荣誉。

编号	分类号	名称	时代	地址
249	1	泸州大曲老窖池	明	四川省泸州市

第五批公布时间：2001.6.25 国务院颁发文件号：[（国发〔2001〕25号）]

第五批中，水井街酒坊遗址荣获全国重点文物保护单位荣誉。

序号	分类号	名称	时代	地址
514	1	水井街酒坊遗址	明、清	四川省成都市

第六批公布时间：2006.5.25 国务院颁发文件号：[（国发〔2006〕19号）]

第六批中，刘伶醉烧锅遗址、 李渡烧酒作坊遗址、剑南春酒坊遗址、杏花村汾酒作坊，青岛啤酒厂早期建筑，以上荣获全国重点文物保护单位荣誉。

序号	编号	名称	时代	地址
16	Ⅰ－16	刘伶醉烧锅遗址	金至元	河北省徐水县
102	Ⅰ－102	李渡烧酒作坊遗址	元至清	江西省进贤县
184	Ⅰ－184	剑南春酒坊遗址	清	四川省绵竹市
476	Ⅲ－179	杏花村汾酒作坊	清	山西省汾阳市
977	Ⅴ－104	青岛啤酒厂早期建筑	清	山东省青岛市

中国酒业“仪狄奖”获奖名单

（企 业）

为了弘扬传统文化，倡导企业社会责任，总结我国酒业近几年来的成果和经验，表彰在贯彻科学发展观工作中为中国酒业作出卓越贡献的企业和个人，进一步发挥业内广大员工的积极性和创造性，促进中国酒业更好、更快地发展，中国酿酒工业从2009年起开展了首届中国酒业“仪狄奖”评选活动。

根据《中国酒业“仪狄奖”评选办法（试行）》和《关于开展首届中国酒业“仪狄奖”活动的通知》精神，全国各酿酒企业以及各省、自治区、直辖市酿酒工业（酒业）协会非常重视，并积极投入申报、审查和推荐工作，中国酿酒工业协会各分会以及评审领导小组分别对各地推荐的名单进行了初审和终审，并于2010年4月1～7日在中国酿酒工业协会网站上进行了公示，共评出19个集体奖、12个个人奖、5个特别奖。企业获奖名单：

一、集体奖

经济效益奖

贵州茅台酒厂集团有限公司
华润雪花啤酒（中国）有限公司
上海金枫酒业股份有限公司
烟台张裕集团有限公司
中粮生化能源（肇东）有限公司

环境友好奖

山西杏花村汾酒集团有限责任公司
珠江啤酒集团有限公司
浙江塔牌绍兴酒有限公司
新疆乡都酒业有限公司

社会责任奖

四川宜宾五粮液集团有限公司
百威英博啤酒投资（中国）有限公司
中粮酒业有限公司
吉林省新天龙酒业有限公司

二、特别奖 企业腾飞奖

江苏洋河酒厂股份有限公司
威龙葡萄酒股份有限公司
蓝贝酒业集团有限公司
梅河口市阜康酒精有限公司
江苏张家港酿酒有限公司

创新竞争力·第一届中国酒业高峰论坛暨年度颁奖盛典获奖名单

2010年3月17日，由《中国酒业》杂志社主办，中国酿酒工业协会、中国酿酒工业协会市场委员会支持的首届“中国酒业创新竞争力高峰论坛暨2009金牌酒水运营商颁奖典礼”在四川成都城市名人大酒店26层会议中心隆重举行。

北京市糖业烟酒公司、北京朝批商贸有限公司等113家单位荣获“中国酒业金牌酒水运营商”称号；山西杏花村汾酒集团有限责任公司、湖北稻花香酒业股份有限公司等5家单位荣获“中国酒业创新竞争力品牌”称号。获奖名单如下：

“中国酒业金牌酒水运营商”名单

北京市糖业烟酒公司
江苏省苏糖糖酒食品有限公司
河北省石家庄桥西糖烟酒食品股份有限公司
浙江省杭州新友贸易有限公司
湖北省人人大经贸有限公司
浙江省温州市中源副食品有限公司
辽宁省津享逸实业有限公司
广东省东莞华盛实业有限公司
山东省潍坊永拓经贸公司
湖南省武陵商贸有限公司
云南省昆明世佳副食有限公司
河南省郑州喜洋洋商贸有限公司
重庆诗仙太白酒类销售有限公司
浙江省杭州华糖酒业有限公司
山东省潍坊百货集团股份有限公司
福建省厦门宇龙意达酒业有限公司
江苏省吴江泰山经贸有限公司
福建省泉州嘉太中外名酒有限公司
广东省广州市鼎奥贸易有限公司
浙江省宁波新威糖烟酒食品有限公司
陕西省府谷西祥商贸有限公司
山东省曲阜汇兴酒业有限公司
四川省宜宾市泽丰商贸公司
广东省深圳大唐元享酒业公司
河北省石家庄方宇进出口贸易有限公司
河南省平顶山市保华酒业有限公司
山东省东明华宇烟酒有限公司
北京朝批商贸有限公司
浙江省商源食品饮料有限公司
山东省新星集团有限公司
陕西天驹投资集团有限公司
江苏省绿色工贸有限公司
山西省融升祥国际贸易有限责任公司
四川省成都吉湘实业有限公司
甘肃兰州义顺工贸有限责任公司
山西省晋城糖酒副食批发有限公司
陕西省鼎信商贸有限责任公司
山东省鲁糖经贸有限公司
广东省广州市龙泉酒业有限公司
广东省汕头市锦玛有限公司
江苏省无锡市汇通永利商贸公司
上海恒丰工贸公司
天津北翔酒业有限责任公司
湖北省武汉建鹏商贸有限责任公司
云南省昆明润玺商贸有限公司
黑龙江省大庆市宏昌隆经贸有限公司
江苏省无锡市苏锡副食品有限公司
上海杰圣酒业有限公司
天津市米兰商业有限公司
名品世家浙江营运中心
山东省济南盛水商贸有限公司
山东省青岛怡兴源商贸有限公司
云南省玉溪代记副食品经营部
四川省成都威斯特营销有限公司

山东省新宝真酒业有限公司
河北省保定市诚润商贸有限公司
河南省郑州市皓铭酒业公司
江苏大众贸易公司
新疆泰昌商贸有限公司
湖北省仙桃市凯龙商贸有限公司
天津市大港区滨城物流配送有限公司
安徽省腾飞糖酒经营部
天津市百叶商贸有限公司东方红超市
云南省昆明市勇全酒业有限公司
辽宁省沈阳兴江源贸易有限公司
江苏省无锡市锡山区盛威商行
河南省巩义市长城烟酒商贸公司
浙江省义乌古越楼台专卖店
河南省郑州市和君商贸有限公司
云南省安宁怡和副食品商店
黑龙江省哈尔滨永润经济贸易有限责任公司
安徽省中夏糖酒经营部
北京君之源伟业商贸有限公司
江苏省东台金信商贸有限公司
安徽省马鞍山市雨山恒恒经营部
贵州省贵阳鹏翔营销有限公司
湖南省长沙市鼎盛名酒经营部
湖南省卡斯特酒业有限公司
吉林省金田食品有限责任公司
山东省东营瑞祥酒水批发部
安徽省合肥市瑞景名酒有限责任公司
湖南省同舟商贸有限公司
北京恒尊伟业营销中心
北京华诚益美投资顾问有限公司
江苏省兴化陈氏贸易商行
山东省青岛京都商贸有限公司
山东省淄博鑫胜酒水经营部
河南省道合酒业营销有限公司
黑龙江省佳木斯兆亿酒业有限公司
山东省济南鲁源酒水商行
河南省郑州云飞酒业有限公司
吉林省松原市郭尔罗斯宾馆
新疆维新商贸有限公司
河南省郑州市金誉酒业有限公司
黑龙江省裕丰酒业有限公司
山东省东营腾达酒水商行
云南省芳源酒类经营部
北京市永成酒业公司
新疆鑫卓航科技商贸有限公司
浙江省泰丰副食品有限公司
广东省深圳市长粤鑫贸易有限公司
湖南省常德市华业商贸公司
山东省济南博利恒商贸有限公司
河南省周口市兴达商贸公司
名品世家广东营运中心
湖北省洪湖市诚信副食公司
北京隆海鹏程商贸有限公司
浙江省乐清元丰贸易有限公司
安徽省合肥皖鸿商贸有限公司
辽宁省丹东市鸿毅酒水行
贵州省浚铭商贸有限公司
名品世家福建营运中心
郑州鑫伟商贸有限公司

“中国酒业创新竞争力品牌”企业名单

山西杏花村汾酒集团有限责任公司
中法合营王朝葡萄酿酒有限公司
上海神仙酒厂
湖北稻花香酒业股份有限公司
北京白金至尊酒业有限公司

资本影响力·第二届中国酒业高峰论坛暨年度颁奖盛典获奖名单

2011年3月23日，由中国酿酒工业协会《中国酒业》杂志社主办，中国轻工企业投资发展协会、国家食品行业生产力促进中心、中华民族食品发展工作委员会、四川省食品工业协会协办的“资本影响力·第二届中国酒业高峰论坛暨年度颁奖盛典”在成都隆重召开。

“资本影响力”论坛以“资本影响酒业”为主题展开了热烈的讨论。年度颁奖盛典共产生了2010年度资本影响力奖3个、品牌影响力奖12个、渠道影响力奖40个。

资本影响力奖

山西杏花村汾酒集团有限责任公司

中法合营王朝葡萄酿酒有限公司

重庆啤酒集团有限责任公司

品牌影响力奖

贵州茅台酒股份有限公司

酒鬼酒股份有限公司

广州珠江啤酒集团有限公司

山东景芝酒业股份有限公司

中国食品工业（集团）公司

湖北枝江酒业股份有限公司

安徽迎驾集团有限公司

河南宝丰酒业有限公司

四川水井坊股份有限公司

北京红星股份有限公司

内蒙古河套酒业集团股份有限公司

渠道影响力奖

北京市糖业烟酒公司

江苏苏糖糖酒食品有限公司

杭州新友贸易有限公司

山西糖酒副食有限责任公司

重庆闽奥商贸有限公司

河南华储实业有限公司

泉州市嘉太中外名酒有限公司

河南正道酒业有限公司

广汉市源泉副食有限公司

江苏苏疆商贸有限公司

吉林省长春市沁园经贸有限公司

云南熊谷生物工程开发有限公司

河南道合酒业营销有限公司

南京金兴实业有限公司

北京朝批双隆酒业公司

广州龙泉酒业有限公司

兰州义顺工贸有限公司

郑州喜洋洋商贸有限公司

广东盛唐酒业有限公司

名品世家江苏运营中心

天津市普海商贸有限公司

湖北人人大经贸有限公司

云南大理泉源商贸公司

宜宾市泽丰商贸有限公司

安徽金顺达酒业有限公司

河南中牟雅康商贸有限公司

石家庄市华业糖酒有限公司

上海海烟物流发展有限公司

山东新星集团有限公司

河南亿星实业集团公司

广州友谊酒业有限公司

北京邦文伟业商贸中心

广州鼎奥贸易公司

潍坊市灏泉经贸有限公司

山东省洪济商贸有限公司

北京维维海福鑫商贸公司

河南云飞酒业有限公司

湖南新宏基贸易有限公司

济南井旺商贸有限公司

华山论剑西凤酒品牌运营公司

执著与果敢 茅台奇迹背后的成长密码

——记茅台国营60周年

在贵州工业史上，1951年11月8日是不能忽视的重要节点。

那天，新中国成立一年有余的茅台镇百废待兴，人民政府以赎买私人作坊的方式，宣告地方国营茅台酒厂成立。

尽管用当下的眼光看，国营茅台酒厂蹒跚起步时，不过是几栋作坊式的破败小屋。然而，正是从这一跨，令国酒茅台步入了她历史上第一次转型——告别农耕，转向工业时代。

斗转星移、沧海桑田，转眼六十年过去，国酒茅台已然成长为中国酒业最有影响力的企业。而在贵州工业的版图中，国酒茅台更是最具品牌价值的重要领军者。

今天的人们很难想象，国营茅台酒厂成立时，茅台镇上的人们，还没见过汽车的模样。而今天，在世界所有重要都市，你都能看到这个让人熟悉的中国国酒。

诚如一篇评论所言，一部国酒茅台的历史，深刻映照出中华民族工商业由草根发端到日益成长壮大、播荣光于环球的足迹。

今天，在新世纪步入第二个十年之际，茅台再一次站在历史的转型路口——就在一年前，贵州首次以“全省工业发展大会”的方式，响亮提出“工业强省”战略。而贵州白酒工业的振兴，则被提到空前突出的地位——“十年后，中国白酒看贵州”。茅台未来的目标，首度被提到“世界蒸馏酒第一品牌”的高度。

这无疑在释放一个民族品牌走向世界，瞄准全球一流企业的意志与决断。

“茅台是大型企业，也是知名企业，要做世界一流企业，就必须有世界眼光，更要有一流的人才队伍，一流的管理队伍，一流的规章制度，”贵州茅台集团党委书记陈敏这样期许，“抓住难得的发展机遇，把茅台做得更大更强，努力打造世界蒸馏酒第一品牌”。

“茅台之所以成为中国白酒工业的领跑者，并不是靠机缘与运气的眷顾，”贵州茅台集团董事长、党委副书记、贵州茅台酒股份有限公司董事长袁仁国认为，“茅台的成功，靠崇本守道的继承创新，靠追求卓越的持续改进，靠勇往直前的企业精神，靠稳定提高的产品质量，靠勇于担当的道德约束，靠传承弘扬的企业文化”。

一、影响力凸现

1951年11月8日。成立不久的仁怀县人民政府经上级部门同意，斥资1.3亿人民币旧币购买历史悠久的民间烧房“成义烧房”，在此基础上成立贵州省专卖事业公司仁怀茅台酒厂。

此后又整合仁怀当地著名烧房——荣和烧房、恒兴烧房，至1953年，国营贵州茅台酒厂初具雏形。

茅台酒的历史，由此翻开崭新一页。而由国营化带来的，是推动茅台酒生产，从私人小作坊正式进入工业化时代。工厂，作为一种先进的组织模式，出现在尚未通汽车的茅台古镇。

1952年9月，新中国的首届全国评酒会上，茅台酒被评为“八大名酒”之首。这一年，茅台酒年产75吨。

在茅台国营化渐入正轨的1953年，正逢生机勃勃的第一个“五年计划”启动。对工业的投入和重视，是提升国家实力、改善人民生活的重要途径。就在这一年，茅台酒厂被划为省直管企业，广州商行也来函，希望办理茅台的海外销售。港澳台同胞则不断来信，称“茅台酒”为“祖国之光”。

尽管计划经济色彩浓厚，但茅台酒厂早期的工业化变革给古老的酿酒生产带来了革命性的变化，从过去的口传心授向强调标准化、正规化的现代工厂迈进。

到了2010年，茅台酒及系列酒产量32611吨，时间跨越近60年，产能的跨越则是434倍，相当于每年以7倍的速度增长。

茅台国营一甲子间翻天覆地的巨变，其既非单纯数字上的变化，也非单纯厂貌的变迁，这是由内而外的全方位塑造与升华。

茅台集团名誉董事长、技术总顾问季克良感慨，“茅台的成长，是这个伟大时代创造的奇迹——对于如茅台这般身处中国大西南腹地，曾长期为交通不便所困的中国传统白酒企业而言，我们的奋发恰逢国家整体飞速发展时期，所以成就了今日茅台的辉煌。”

解密茅台辉煌60年，那些沉淀于岁月尘风之下的拼搏之举推动的每一个前行步伐，都是发展中最为生动的注解。

1954年，周恩来总理在日内瓦以茅台酒宴请与会贵宾，后来他说，在日内瓦会议上，助他成功的有两台，一为茅台酒，二为电影《梁山伯与祝英台》。

1964年，茅台酒试点委员会成立，多位专家入住开展茅台酒工艺总结与研究，后成功总结出茅台酒三大典型体，找到茅台酒质量恒定基因；1966年，茅台酒改包装，由陶瓶改为乳白玻璃瓶、红色塑料旋盖，此形象一直保留至今。

1978年，改革开放第一年，茅台酒生产突破千吨；1984年，茅台酒扩建年产800吨指挥部组建完毕，茅台迎来第一个产能扩建高潮。

1989年，茅台酒销售突破亿元大关；1991年，茅台酒厂成功晋级国家一级企业；1993年，冲击“全国优秀企业金马奖”成功，就在这一年，茅台还首度打破“皇帝女儿不愁嫁”的计划经济时代惯例，到成都参加糖酒交易会推销自己。这在茅台历史上是一次重要的转折。此后，茅台酒从单一品种，向多样化、系列化发展，形成了较为完整的产品图谱。

直到1997年，亚洲金融危机爆发，国酒茅台迎来发展的第二个转折，从传统的计划经济时代，冲进全国竞争最为激烈的快消市场，在内外夹击中，寻找企业的生存之道。

1998年的茅台正经历着一场蔓延全国的“酒殇”，亚洲金融危机、山西朔州假酒案……连锁反应下的中国白酒产业遭受重创，贵州大部分白酒企业因此一蹶不振。

市场的倒逼之下，向来参与市场竞争的国酒茅台逆势而上，组建了茅台历史上第一支17人的销售队伍，“生产围绕销售转，销售围绕市场转”——正是从这一年开始，茅台正式逐鹿市场。

从那时起，茅台的领军者不断摸索适合茅台自身发展的经营哲学，从“八个营销”、“有机茅台，科技茅台，人文茅台”、“四自精神”，到“五个创新”、“六个统筹”……每年都有新的理念注入，给茅台行动上的开拓创新，带来精神基础。

1998年的危机，给茅台带来的不是灭顶之灾，反而是持续至今的高速增长，从成功兼并习酒，到茅台股份公司上市，再到连年进入英国《金融时报》、美国《福布斯》杂志的评选排行名单，——从推健康理念，到宣布迎接文化酒的春天；从茅台酒坚持质量铁律的“四服从原则”（即产量服从质量、速度服从质量、成本服从质量、效益服从质量），到总结“包容性增长”的成功理念——国酒的发展模式和企业哲学，渐渐成为同行观察和分析的热点。

过往一甲子，犹如大浪淘沙，无数企业在浮沉中消逝，甚至包括一些昔日的知名品牌。然而，茅台不仅在1915年巴拿马万国博览会的闪亮一现后继续前行，更在建国后深刻的社会变迁中，稳步上扬，产生了越来越大的影响力。

二、影响力持续覆盖

2010年，上海世博会盛大开幕，作为白酒惟一高级赞助商的茅台盛装登台，隆重推出81款世博纪念酒，让世人看到的是中国民族工业荣耀的百年回归。

2011年4月，博鳌亚洲论坛年会开幕式上，来自茅台的袁仁国应邀在年会开幕式上与各国政要及500强企业代表同台发言，分享一家来自东亚新兴国家的传统企业，如何面对世界，寻找包容性增长之路。

六十年后的今天，贵州茅台在产品市场和资本市场上创下的业绩，长期成为业界关注的焦点。

人们惊奇，在股价排名前十的中国上市企业中，贵州茅台的地理位置，无疑是最为偏远的。是什么让这个来自遥远贵州高原的白酒企业，在市场竞争最为激烈的快消品领域，一路高歌猛进，成为同业的领军者？

中国经济、社会在过去半个多世纪，尤其是近三十余年的飞速发展，催生了日益庞大的富裕阶层，他们追求高品位的生活，为强调绿色、健康、环保理念的贵州茅台提供了巨大的消费市场。

某种意义上说，茅台酒已经成为中国悠久的白酒文化的高端象征，一位业内观察人士这样分析。

一组来自贵州省经信委的最新统计数据显示：茅台集团2011年1～7月主营业务收入118.6亿元，同比增长43.2%，实现利润74.2亿元，同比增长47.9%。茅台一支独秀，占据目前贵州省规模以上白酒企业工业产值的73.7%，占据大半江山。

茅台集团2010年公布的数据显示：茅台集团公司共生产茅台酒及系列产品32611吨，同比增长11.42%；实现营业收入1163328万元，同比增长20.30%；营业利润716090万元，同比增长17.86%；实现净利润505119万元，同比增长17.13%。

不仅如此，过去十余年间，茅台更像白酒业的巨星，频频亮相——

2005年，茅台上榜中国“十佳最具投资价值上市公司”。2006年，“茅台酒酿制技艺”入选国家级首批“非物质文化遗产代表作”名录。2006年，《财富》杂志推出“最受赞赏的中国公司”排行榜，茅台集团公司位列全明星榜，为白酒行业惟一上榜企业。2008年，《福布斯》杂志评选出全球上市公司2008强排行榜，茅台位列1253位，进入2000强行列。2010年，入选由世界品牌组织、美国世界著名企业联盟等组织联合在东京推选的2009年度“中国市场最受欢迎世界著名品牌150强”。2010年，财富中文网发布“2010年最受赞赏的中国公司”榜单，茅台再上明星榜，名列第11位。

在著名的英国《金融时报》全球500强评选中，茅台更是连年入选。就在2011年11月，贵州茅台又再度荣获全国质量奖。

与此同时，贵州茅台遍布全国各地以及港澳的专卖店，更像一扇扇特殊的窗口，把国酒茅台的影响力持续覆盖。

“茅台模式”的核心，是对品牌和市场影响力的提升，并由此培养消费者的信赖度和忠诚度，将健康理念、文化理念以及高品质的理念带入人们心中，使得茅台酒成为白酒市场上的首选和必选产品。

茅台集团总经理、副董事长刘自力分析说，茅台的发展，不仅打造了一个具有良好声誉的百亿企业集团，其影响更超越了企业本身，超越了经济范畴。

三、茅台精神铸就茅台奇迹

熟悉茅台过去60余年发展经历的观察者评论说，茅台人身上有股与众不同的“气”——在这里随便找一个员工，哪怕是制曲车间劳动强度最大的一线踩曲工人，你也能从其脸上看到自信的光泽——这种自信，源自1915年茅台酒第一次走向世界即一鸣惊人的不凡经历，也源自1951年国营化以后，茅台在长达60年历程中所经历的天翻地覆的深刻变化。

“我们酿的是世界上最好的白酒”，今天，这种自豪感和归属感在国酒茅台更为凸显。

茅台人身上的这股“气”，正是全世界的企业家们，都乐于塑造的团队氛围。茅台人自己，则爱用“茅台精神”来总结他们最为珍视的企业价值——这种源自茅台悠久历史文化形成的企业精神，包含了一家企业成长所必须的进取之心和远大抱负。

20世纪中叶后，世界经济格局发生剧烈变化。亚洲国家的崛起，代表着新型工业化进程对世界的影响和推动。开放、勤勉、对质量一丝不苟，对营销的精细化管理，这是诸多知名亚洲企业成功走向世界的核心武器。

在茅台过去六十年的历程中，你亦可看到类似的特质：

由于国酒茅台在中国广受关注的特殊地位，即便在封闭的计划经济时代，这里的工人对产品的工艺和质量要求，也从未改变近乎苛刻的一丝不苟。尽管地处大山的深沟腹地，茅台也从未停止拥抱世界的理想，早在国营化启动的第二年，首批出口的茅台酒就到达香港，为年轻的共和国换取宝贵的外汇。

再看一段茅台人津津乐道的传奇——

在1960年初，长达四年的时间里，酿酒师李兴发成天泡在酒库里，一只大手上，吊着十数个小酒杯，装了不同年份、不同轮次的茅台酒，勾兑、品尝，再勾兑、再品尝……如是反复，然后把结果记录在笔记本上。他通常一天要尝取五六十坛酒，最多一天要品尝上百坛。原茅台酒厂党委书记兼厂长邹开良回忆说，有一次，李兴发甚至在品酒的过程中吐血。

为了保持勾酒时的灵敏味觉，身为贵州人的李兴发，一直拒绝吃辣椒、醋等刺激性食物，仅就蔬菜蘸点酱油。

1964年，在保持这种几近走火入魔的状态4年以后，并无太多文化基础的李兴发终于发现了构筑今天茅台酒香味的香型密码：酱香味好，口感幽雅细腻的称为“酱香”；用窖底酒醅酿烤，有突出窖泥香味的称为“窖底”；香味不及酱香型但味道醇甜协调的称为“醇甜”。

李兴发的故事，只是千万个茅台人的典型缩影，也是映射“茅台精神”的生动个例。

如果细心翻阅最新版的贵州茅台集团公司史志，从那些细小的历史碎片中回放茅台过去六十年的发展经历，任何一位观察者都会给这家中国企业身上所发生的翻天覆地变化以赞叹和喝彩——

直到1956年，遵义到茅台的公路方才修通。这一年，茅台历史上第一次有了两台前苏联产的“嘎斯”汽车。那之前，生产茅台酒的所有原料和产品都靠人背马驮或用木船在赤水河运送。

至今，季克良仍清晰记得，就在1956年，遵茅公路修通前，酿酒工人王绍彬被评为“全国先进生产者”，进京接受表彰，走出当时不通公路的茅台镇坐的居然是牛车和马车。

从1951年到现在，正是凭借这种特殊的企业精神，使得贵州茅台经历了计划经济时代的艰难岁月，完成了面向市场经济的深刻转型，也冲破了包括1997年亚洲金融危机、2007年的全球经济衰退等带来的巨大挑战，不离不弃、锲而不舍，成长为今天中国最热销的白酒品牌，产值、销售收入均过百亿的知名企业。

六十年的短暂历史，国酒茅台从小到大，由弱变强——巨大的变革历程背后，是无数张鲜活的面容：从打破神秘行规奉献酿造技艺的郑义兴到老技术骨干王绍彬、李兴发；从铁腕终结茅台长期亏损历史的周高廉，到带着茅台步入改革时代的邹开良；从破解神秘茅台引领健康酒时代的季克良，到谋略制胜开创文化酒时代春天的袁仁国等等，名单远远不止这些。

今天，人们更多看到的是茅台的荣耀和珍奇，而对茅台曾经有过的曲折和迷惘却不甚了解。如果一路走来只是鲜花和掌声，怎能有背水一战艰苦卓绝的开拓？

茅台精神铸就茅台奇迹，这一对互为表里的核心要素，陪伴着国酒茅台国营六十年来发展的整个历程。

四、中国的茅台，世界的茅台

今天，国酒茅台不止走过了国营六十年，更已迈进新世纪的第二个十年，再一次站在了新的发展路口——未来十年，茅台会怎样？

贵州省委省政府提出，长期落后的贵州，要实现“又好又快、更好更快”的发展，在2020年与全国同步实现全面小康目标。

这个期许，对于贵州经济版图上的主将茅台而言，势必面临更大的压力。

国营化之初，茅台酒的年产量不过百余吨。如今，在上一个五年规划中，茅台的产能以每年2000吨的速度增加；未来的“十二五”规划中，每年将新增3000吨以上的产能，到2020年时，茅台酒的年产量，或将突破六万吨。

“今天，贵州茅台集团的目标，是要成长为有世界影响的一流企业，真正实现世界蒸馏酒第一品牌。”茅台集团党委书记陈敏如是说。

这是六十年前的先辈们绝不敢想的蓝图。但与六十年前一样的，是那股已经浸入茅台人血脉的锲而不舍的劲头。

一年前，贵州省工业大会召开，工业强省战略一问世，即广受关注。在迅疾而出的《贵州十大产业振兴规划》，白酒产业赫然在列。规划中，作为贵州名片产业的白酒产业至2015年的发展目标是，打造千亿元产业。

作为贵州白酒领头雁、主力军的茅台集团，再次站到聚光灯下。

2011年4月9日，在茅台历史上，注定要被写入重要的一页。

就在这天，省委书记栗战书、省长赵克志率领包括五名省委常委在内的七名省领导齐聚仁怀，在茅台集团召开专题会议，惟一议题是支持国酒茅台做大做强。会议提出要把茅台酒打造成“世界蒸馏酒第一品牌”、把茅台镇打造成“中国国酒之心”、把仁怀市打造成“中国国酒文化之都”，努力做到“未来十年中国白酒看贵州”。

对一家企业，来了如此庞大的领导阵容，在中国白酒业的发展史上，殊为罕见。

远大目标，寄托的是上至政府高层，下至寻巷布衣的殷殷期待。

茅台不仅是贵州的，更是中国的，也是世界的宝贵财富。

茅台自身发展的经验充分证实了工业化发展对区域对全局产生的巨大影响。位于黔北的仁怀市，经济、社会的很多指数，不仅在遵义地区领先，甚至在全省也名列前茅。用仁怀市委书记房国兴的话说，仁怀市的经济发展、社会进步，百分之百地享受到国酒茅台发展带来的收益。

因茅台的成长，带动了当地数十万农民靠种植高粱原料致富，并形成了一个庞大的供应体系。工业反哺农业，推动社会经济飞跃式发展，茅台是一个好例子。

放大到全省，工业对社会发展的推动，也是如此。

据最新数据显示：今年1至9月，全省生产总值同比增长15%，创近20年来同期最高增速，固定资产投资增速全国排名第三，城镇居民人均可支配收入和农民人均现金收入分别增长15.9%和22.9%，经济发展呈现出速度较快、效益较好、位次前移、后劲增强、民生改善的良好态势。

事实具备强大的说服力。

茅台是一个品牌，也是一张名片。透过它，世界看到的是具有数千年历史底蕴沉淀的中国文化表达；透过它，世界看到的是崛起的中国民族工业发展的自信；透过它，世界感受到的是中国名牌转身国际化的强大磁场。

翻开茅台的历史，我们便知，茅台酒的全球视野，早在1915年的巴拿马世界博览会即已埋下。而在国营化之初，尽管没有明确的经营目标，但出于为新中国发展换取外汇的朴素心态，茅台即开始走向海外：1954年，茅台酒赴印尼及中国香港展出。1955年，茅台酒在中国香港、澳门及马来西亚、新加坡等国家注册销售。31年后的1986年，茅台集团成为贵州省首家创汇50万美元企业，获得省政府表彰。

2009年，茅台集团与全球最大干邑世家法国卡慕酒业集团在北京签订5年海外营销战略协议。卡慕集团承诺，将茅台酒分销到全球25个销量最高的免税一半以上数量店面，以打造国际免税市场中国白酒第一品牌高端形象。此次签约双方是第二阶段的合作，2004年双方曾签订为期5年的合作业务。

可以说，茅台国营60年间，由全球视野发展至海外战略，是随着发展底气不断壮大的自然调整以及形势发展所需。

所谓，顺势而为。

而此时，在贵州工业强省一浪高过一浪的发展主旋律中，把茅台酒打造成“世界蒸馏酒第一品牌”，已绝对不只是一句口号。

我们看到，除了千年历史积淀，还有来自现实的强大依托。

为了促进茅台酒更好更快发展，贵州省启动了茅台镇历史上最大的一次工业移民，数以万计的人迁离茅台，被安置到更适合居住和发展的仁怀市中心城区，为国酒茅台发展腾出宝贵的发展空间。步入今天的茅台酒厂厂区，绿树成荫，鸟语花香，那个曾经让世界期待许久的东方第一酒镇，正徐徐掀起盖头，露出美丽容颜。

事实上，那沿着赤水河畔逶迤延绵的厂房和酒库，不仅是在无声地向这个世界展示国酒茅台的强大底气和依托，还在讲述着那关于国酒茅台的传奇动人故事。

“多年积累让茅台具备了转身世界品牌的实力和底蕴，”茅台集团党委书记陈敏认为，近20年来，茅台的快速崛起已经证实，茅台不仅是中国的茅台，也成为了世界的茅台。“因此，我们一定会牢记责任，为做强做大茅台作出积极贡献。要积极进取，开拓创新，推动企业不断增强核心竞争力。”

“未来五年乃至十年我们所要经历的，必将是一段充满希望、充满压力的成长之路。”茅台集团董事长、党委副书记、贵州茅台酒股份有限公司董事长袁仁国这样表示，“我们的责任就是不断提升茅台的品牌价值，茅台做大做强一直是党和国家领导人的期望以及中国国人的梦想，也是国酒人的决心和信心。”

长城桑干 三十载国宴之路光荣绽放

长城，一个中华民族的代名词。桑干，一个黄种人的渊源地。在这样神圣的交汇点起步前行的正是无数次以“国酒”之姿款待世界宾朋的长城桑干酒庄酒。30年前，当第一瓶浓醇的长城桑干酒庄酒从有着“黄种人源头”传说的桑干河与中国“龙脉”之迹的交汇融合处酝酿而出时，不知是否已经预知了自己宿命中承载的无上尊贵与荣耀？

作为开创中国酒庄酒历史的鼻祖，作为葡萄酒东方世界的杰出品牌代表，品味桑干，在浓醇酒香之外还将品到长城桑干三十年荣耀绽放的国酒历程；举杯桑干，在心神怡然之际更能悦享一曲无比壮丽迤逦的大国崛起赞歌。

品质——“龙脉”上的传世佳酿

时至今日，溯本逐源。长城桑干酒庄酒乃至中国葡萄酒行业能取得如此辉煌的成绩，赶超世界水平，还要感谢美国前总统尼克松1972年访华时一句“中国很大，但缺少葡萄酒和时尚女性”的戏言。正是这样一句玩笑话，却让中国葡萄酒人励精图志，意识到葡萄酒不仅是一种世界性的饮品，更可以是一个国家经济及社会生活发展水平的缩影。1978年，国家五部委联合组织专家组通过比较阳光、土壤、水分等各方面综合因素，认定河北沙城怀涿盆地桑干河畔是我国最理想的葡萄原料基地，长城桑干酒庄应运而生。

葡萄酒行业向来有一句话叫：“三分酿造，七分产地”。因此，酒庄酒也被看作是高端酒的代名词，在国外早已经盛名远扬。长城桑干酒庄就是这样一个上天无比眷顾的酒庄——北纬40度世界公认的葡萄黄金生长带、200万年沉积的泥河古化石土壤、独特的微气候、30年黄金树龄的葡萄树……再加上从全球引进的13个品种的名种葡萄、用来储酒的百年树龄法国橡木桶以及与紫禁城中轴线这条中国“龙脉”不期而遇的天造之合，得天独厚、独一无二的珍稀条件注定这里将成为顶级葡萄酒的诞生之地。

上天尽其所能的厚待，并未让长城桑干酒庄放弃后天的精耕细作。通过定点、定人、定时的全程监控，首先保证了葡萄的精细化成长。临近采收的每一天，经验丰富的酿酒师用舌头舔尝葡萄的成熟情况，用精密的尖端化验仪器捕捉恰到好处的采收时间，手工采摘，逐粒精选。同时配合传统压榨与现代技术，细心呵护葡萄酒的天然成份，再经过百年树龄的法国橡木桶存储改善葡萄酒的香气和内在结构。这种严格按照国际葡萄酒组织OIV规定，从葡萄种植到采摘、酿造、存储等一体化的控制流程，确保了葡萄酒的超群品质，一瓶瓶层次丰富、骨架清晰、口感浓郁的长城桑干酒庄酒传世佳酿在精雕细琢之下孕育而生。

也许是酿酒师的虔诚唤醒了古老的葡萄产地，也许是天赐的葡萄产地成就了酿酒师酝酿顶级葡萄酒的理想。长城桑干酒庄30年的酿酒岁月，不仅开启了中国酒庄酒的辉煌历史，开创了民族葡萄酒款待世界的荣耀篇章，同时也拉开了长城桑干代表中国葡萄酒行业演绎品牌强国梦的历程。

荣耀——征服世界的东方美酒

长城桑干酒庄酒刚一诞生，当时的国家领导人李先念就难掩心头的喜悦与自豪，将它作为出访的国礼赠送给外国元首，让更多的世界宾朋鉴赏这份中国荣耀。很快，长城桑干酒庄酒就以其非凡的品质和口感取代传统烈性白酒，成为中国款待众多外国元首要客时国宴场合的必选酒。

希拉克首次访华的国宴上，这位曾经品过无数美酒的来自葡萄酒故乡的法国总统被长城桑干酒庄酒的中国风格所陶醉，评价该酒毫不逊色于世界名门佳酿。1984年，美国总统里根访华。当他在国宴上品饮长城桑干酒庄酒后，饶有兴致地对记者说，从酒中他看到了不一样的北京。1986年，在为英国女王伊丽莎白二世举行的国宴上，长城桑干酒庄酒再次展现了自身的魅力。尊贵的英国女王坦言，这款酒的味道会让她永远铭记。1989年，刚刚就职1个月的美国总统布什访华，当他在中国的国宴上品尝到了长城桑干酒庄酒的时候，同样掩饰不住对这款中国国酒的赞美，以至于多年之后，刚刚卸任美国总统的小布什在博鳌召开私人酒会时，弃各国美酒而不用，独独钟情于中国长城桑干酒庄出品的葡萄酒。 2004年中法文化年引来了法国总统希拉克的“中国行”，长城桑干酒庄酒再次在国宴上征服了这位法国绅士。

2008北京奥运会期间，长城桑干酒庄葡萄酒为来自全球的100多个国家的元首、政府首脑、皇室成员、数万奥运代表团官员、超过3万名的媒体记者提供了美酒巅峰体验。国际奥委会主席罗格畅饮美酒后，愉快地评价：“我在长城桑干酒庄酒里品到了世界的味道。” 2009年以来，长城桑干酒庄酒不仅出现在了新任美国总统奥巴马访华的国宴上，更得到了各种国际重大经济会议的钟爱，陆续在中欧商学院15周年校庆、商业周刊2009年全球CEO年会、2009年中国CEO高峰论坛、博鳌亚洲论坛等顶级商业活动中亮相，成为了国内外财富精英的至臻之选。

长城桑干酒庄酒葡萄酒在2010年的上海世博会上，开、闭幕式国宴和175个国家馆日晚宴及中国馆日最高级别晚宴上的惊艳亮相；在广州亚运会开、闭幕国宴及亚残运会开幕欢迎宴会上华彩登场；在中非合作论坛10周年招待国宴、中美欧学术论坛等国际重大活动庆典上的频频出镜，让长城桑干酒庄酒在世界宾朋的面前大展托举中国力量与东方荣耀的国酒风范。

赞誉——傲立全球第一阵营的大国美酒

翻开30年中国外交史，凡里程碑事件发生，必有长城；凡中国势力出现，必有长城。一次次国家盛宴用酒的经历，不仅是对长城桑干酒庄酒国酒身份的印证，更是中外政商精英对长城桑干酒庄酒的检阅。

三十年前，第一瓶长城桑干酒庄酒如惊世孤鸿般问世，当国人还在沉寂于终于可以饮到纯正的、本土产国际标准葡萄酒的愉悦时，从第14届伦敦国际评酒会上，已经传来了长城干白葡萄酒在强手如林中脱颖而出荣获银奖，并被欧洲专家誉为“东方美酒”的捷报。这是中国葡萄酒70年来在国际评酒会上获得的最高荣誉。惊叹声尚未停息，在1984年西班牙马德里举行的国际葡萄酒比赛上，长城干白葡萄酒以自己卓尔不凡的品质征服了挑剔的国际评委，最终夺魁金奖。从此，长城桑干酒庄酒便一扫中国葡萄酒曾经落后的阴霾，开始各种国际评酒会上摘金夺银——伦敦国际评酒会银奖、法国国际品酒会特别奖、布鲁塞尔国际品酒会金奖，亚洲葡萄酒质量大赛两项金奖，英国品醇客大赛特别推荐奖、马德里国际评酒会金奖、伦敦国际评酒会金奖……无数荣耀与嘉奖加冕于长城桑干酒庄酒的身上。

事实证明，这款来自中国的东方美酒已经彻底征服了他们挑剔的品味和专业的权威。在以大国美酒身份宣告着属于中华民族的自信与骄傲的同时，长城桑干酒庄酒也缔造了历届评酒会获奖次数和奖项规格之最的传奇。这是国际葡萄酒殿堂内赢得最多尊重的中国葡萄酒，这是远销20多个国家和地区的中国唯一出口葡萄酒，这是托举中国力量的高品质酒庄酒，这是代表东方世界顶级美酒，跻身葡萄酒世界的第一阵营的中国葡萄酒。

这荡气回肠的成绩单激扬着国人，更撼动了那尘封已久的葡萄酒世界格局。当长城大品牌引领着中国葡萄酒行业从后来者成长为拥有话语权的主导者，重构葡萄酒世界三足鼎立的全新版图之时，长城桑干酒庄酒三十年峥嵘岁月中篆刻下的传奇与精彩，也成为品饮者悦享桑干时，值得深深回味与感动的不朽丰碑。

中法合营王朝葡萄酿酒有限公司

中法合营王朝葡萄酿酒有限公司始建于1980年，是我国制造业第一家中外合资企业。2005年1月，公司在香港主板成功上市。企业投资总额为8.2亿元人民币。公司建有种植基地6万多亩，具有国际一流的葡萄酒生产设备和工艺，现生产五大系列不同风格的葡萄酒品种200多个，生产能力8万吨/年。公司地下酒窖面积5000余平方米，是国内设施最先进的酒窖；王朝酒堡面积2万多平方米，是世界单体面积最大的酒堡。

公司始终重视产品质量，使王朝酒享誉海内外，王朝葡萄酒曾先后荣获14枚国际金奖，8枚国家级金奖，被布鲁塞尔国际评酒会授予国际最高质量奖，农业部将王朝葡萄酒确定为无污染、无公害、无病毒、营养丰富的绿色食品。王朝葡萄酒被指定为国宴用酒，供应231个我国驻外使领馆。王朝葡萄酒还远销美国、加拿大、英国、法国、日本、澳大利亚等20多个国家和地区，同时深受国内消费者的青睐。

公司具有现代化的管理运营机制，是我国首家获得ISO9002质量管理体系和ISO14001环境管理体系双认证的葡萄酒企业。王朝公司技术中心被认定为国家级技术开发中心，有强劲的科技开发能力。1996年“王朝全汁干型葡萄酒规模化生产工艺技术”荣获国家科技进步三等奖，在全国全汁干白葡萄酒的生产中起了重要的示范作用；2001年“王朝高档干红葡萄酒酿造技术与原料设备保障体系的研制与开发”荣获国家科技进步二等奖，填补了国内陈酿型干红葡萄酒的空白。2010年，王朝公司荣获首届酿酒行业“仪狄奖”中的科技创新奖。成为我国酿酒行业唯一获两项国家级科技奖励殊荣的企业。公司的经营成果得到了社会各界的认可，近年来曾先后多次获得全国五一劳动奖章，并连续多年获得全国双优外商投资企业、全国质量效益型先进企业、中国食品行业质量效益型先进企业、天津市优秀外商投资企业、天津市优秀企业等荣誉称号。

“DYNASTY王朝”是具有自主知识产权的品牌，品牌名称简洁、高雅。隽永、易记，同时寓意了王朝公司要在我国葡萄酒业的腾飞之际大展宏图的壮志雄心。领先的技术、优异的质量，使“DYNASTY王朝”的品牌知名度和无形资产价值不断提升。2000年“DYNASTY王朝”商标被国家工商局认定为中国驰名商标，2002年被国家质量监督检疫总局评定为中国名牌产品；在2010年中国酒类品牌价值评价中，“DYNASTY王朝”的品牌价值已达61.58亿元人民币。

王朝公司对葡萄酒事业的发展充满信心，全球经济一体化发展为机遇，大力拓展国内、国际两个市场，把“DYNASTY 王朝”品牌培育成国际知名品牌，把王朝公司建设成现代化、国际化、一流的大型企业集团。

湖北稻花香集团

湖北稻花香集团位于湖北省宜昌市龙泉镇。该集团是以白酒产业为龙头，集生产经营绿色食品、饮料、牲畜饲料、包装制品、生物化工、现代物流、房地产、矿产开发、生态农业、养殖等循环经济产业为一体配套发展的企业集团。

集团现有37家成员企业、15400名员工，占地1.1万亩，其中工业占地面积5200亩，物流产业占地面积2154亩，生态农业占地面积2000亩，房地产占地面积2000亩。企业规模和综合经济实力位居全国白酒行业前八强，是中国大型工业企业、中国民营企业500强、全国文明单位、农业产业化国家重点龙头企业、全国首批农产品加工业示范企业、全国酿酒行业先进单位、全国发展县域经济突出贡献企业、国家扶贫龙头企业、湖北省农产品加工业“四个一批”工程首家过百亿元企业、湖北省循环经济试点企业、湖北省白酒制造业龙头企业、湖北省高新技术改造传统产业示范企业、湖北省“两化融合”试点示范企业。“稻花香”、“关公坊”、“清样”先后被国家工商总局认定为“中国驰名商标”、“稻花香”被国家商务部认定为“中华老字号”，并以140.71亿元的品牌价值入选中国新八大名酒，连续八年蝉联“中国500最具价值品牌”。2008年2月，集团党委书记、董事长蔡宏柱当选为第十一届全国人大代表，2011年5月，荣获“全国五一劳动奖章”。2011年7月，集团党委被中共中央授予“全国先进基层党组织”荣誉称号。

2011年，集团实现销售收入124.86亿元，创利税10.28亿元，同比分别增长70.65%、60.38%，超额实现了“10010”年度目标。

2012年，集团的经营目标是实现销售收入160亿元，创利税16亿元。

“十二五”期间，是湖北稻花香集团深化转型、跨越发展的关键时期。集团将坚持以科学发展观统揽全局，以发挥企业规模效益、经济效益、强势产业、核心品牌为重点，增强骨干企业对配套产业的带动能力，推进农业产业化循环经济快速发展，形成强大的五大产业集群（即：以白酒产业为核心，以配套产业为支撑，向物流产业发展，向房地产业推进，向能源产业扩张），确保“十二五”期间“515”计划的实现，即：做大做强五大产业，实现年销售收入500亿元、年创利税50亿元、集团成员企业达到100家、培育1家上市公司、争创5个驰名商标、进入全国500强。

燕京啤酒节 推进企业发展

清爽夏日，燕京制造。6月6日上午，第二十届燕京啤酒节在燕京啤酒集团体育中心隆重开幕。最高人民检察院原检察长贾春旺，全国政协常委、社会和法制委员会主任、国家司法部原部长张福森，十届全国政协常委、国家轻工部原部长、中国机械工业联合会名誉会长于珍，国家财政部原部长金人庆，国土资源部副部长、国家测绘地理信息局局长徐德明，中国轻工业联合会会长步正发，原中共北京市委常委、原常务副市长翟鸿祥，原北京市副市长、原北京控股董事局主席胡昭广，北京市委常委、市委统战部部长牛有成，北京市人大常委会副主任赵凤山、吴世雄，北京市副市长苟仲文、夏占义，北京市政协副主席王永庆、马大龙、蔡国雄，中国酿酒协会理事长王延才和顺义区领导张延昆、王刚、马庚良、陶宝金等出席了开幕式。开幕式由顺义区委常委、副区长林向阳主持。

集团公司董事长李福成致欢迎辞。他首先代表燕京啤酒集团4万名员工对各位领导、各位嘉宾的光临表示热烈欢迎，并对各位领导、各位朋友对燕京事业给予的大力支持和帮助表示衷心感谢。他说，多年来，燕京干部职工始终坚持“以情做人，以诚做事，以信经商”的经营理念，认真秉承“以全优的质量取信于民，以独特的风味取悦于民，以诚挚的态度服务于民”的质量宗旨，贯彻落实“六个创新、四个做强”的战略方针，全面实现了燕京事业的快速发展。新时代，孕育新希望；新征程，铸造新辉煌。展望未来，燕京人充满信心。燕京集团“十二五”战略规划目标已经确立，要在2015年啤酒产销量达到800万千升，进入世界啤酒行业前六名，力争第五名，将燕京啤酒打造成为具有国际市场竞争力的世界知名品牌。

顺义区长王刚在致辞中说，长期以来，顺义着力加强品牌培育，大力发展品牌经济，涌现出一批以燕京啤酒为代表的民族企业和知名品牌，为促进区域发展，提升顺义影响力，发挥了重要作用。淳朴好客、务实进取的顺义人民，将继续用真诚和热情，与各界朋友携手共进，建设顺义更加美好灿烂的明天。

北京市政府副市长苟仲文代表北京市委、市政府对第二十届燕京啤酒节的开幕表示热烈祝贺。他希望燕京啤酒集团继往开来、再接再厉，以打造世界啤酒名牌为己任，坚持发展啤酒主业的经营方针，进一步整合资源，打造核心竞争优势，巩固燕京在世界啤酒行业的领先位置。在“十二五”时期，实现啤酒产销量800万千升，进入世界啤酒前六名，成为世界级的大型啤酒企业集团，为中国民族啤酒工业的发展和“人文北京、科技北京、绿色北京”建设作出更大的贡献。

随后，水晶乐坊、风乐团的开场《激情飞扬》，拉开了大型文艺演出的帷幕。当天晚上，一场名为《炫舞世界风》的大型演唱会激情上演，北京卫视现场录制，择机播出。陶喆、刘欢、宋祖英、刘斌、陈思思、周晓欧等大陆、港台明星齐聚燕京，用《好汉歌》、《相信自己》、《我爱你中国》、《顺义我可爱的家乡》、《好日子》等歌曲，抒发对祖国和中国共产党的热爱之情，歌颂燕京发生的巨大变化。来自顺义社会各界的8000多名观众度过了一个激情和难忘的夜晚。

以燕京啤酒节为纽带，加强和消费者的互动与交流，是燕京啤酒节办节宗旨之一。本届燕京啤酒节为广大消费者在炎炎夏日再次提供了一个消暑休闲、畅饮燕京啤酒、感受啤酒文化的好去处。6月7日至10日晚18点至22点，花博会主场馆2万平米中心广场再次向广大市民开放。人们在这里喝鲜啤、品美食、看演出、玩游艺，欣赏滑稽魔术秀、明星模仿秀、歌曲串烧等精彩节目，尽情享受着燕京啤酒带来的清爽和惬意，感受着啤酒文化的魅力。顺义区领导王刚、陶宝金、肖韵竹、周颖博、李友生、林向阳和集团公司董事长李福成走进啤酒文化广场，和百姓举杯欢庆，共同庆祝第二十届燕京啤酒节胜利召开。四天的时间里，啤酒文化广场共接待游客3万多人次。门票收入捐给顺义区红十字会，以实际行动支持慈善事业。

本届啤酒节期间，顺义区共签订项目33个，协议投资额高达532.2亿元，协议投资总额之大创历届啤酒节之最。同时顺义区商务委在顺义乡村高尔夫俱乐部举办了“燕京杯”高尔夫球联谊赛。

华泽集团金六福事业部

金六福事业部下辖四川金六福酒业有限公司、四川金六福酒业销售公司，拥有金六福、六福人家、大元帅等全国知名品牌，主要致力于全国性品牌及部分地方品牌的打造和推广。业务范围主要遍及全国31个省、市、自治区（港澳台除外）。“金六福”品牌于2004年荣膺中国驰名商标称号，2011年金六福品牌价值达92.86亿。

四川金六福酒业有限公司

四川金六福酒业有限公司位于四川省邛崃市金六福大道6号，是一家白酒生产企业。由收购原“中华中恒华醇酒厂”组建而成。原酒厂始建于1985年，占地面积130余亩，厂区绿化面积达60%以上，是“川酒六朵金花”之一的酿酒基地。

华泽集团金六福投资于2005年7月收购后，先后投入2000多万元资金进行了改扩建设，对原有窖池进行改造，恢复窖池280个；新建了两条全自动包装生产线；增加总容量为3000吨的不锈钢酒罐40个；对办公楼和厂房进行全面改造。

随着市场不断扩大，原有生产能力不能满足市场需求。2007年，华泽集团投资2.5亿元新建四川金六福酒业有限公司包装中心，历时五个月的紧张建设后全面竣工投产。该中心占地170余亩、建筑面积5万余平方米、储酒能力2.1万吨、年包装能力6万吨以上。安装有六条国内最先进的自动化灌装线，其中勾贮中心装配了国内先进的白酒酒液生产自动化系统，是全国自动化程度最高的四个白酒勾贮中心之一，完成了从基酒入库、勾兑过滤、计量等环节自动监测、自动控制作业，从而确保各个品种各批次的口感与风格的稳定。

四川金六福依托于邛崃得天独厚的黄色黏土、优质红粱、纯净无污染的天然泉水等自然条件和独特的微生物环境，秉承厚积千年的酿酒工艺，由国家级专家酿酒师倾心把控品评，上等宜兴麻坛陈年贮藏老熟，精酿出了地道的好酒。同时公司已取得“C”标志——定量包装能力认证，并坚持推行“6S”管理，推动ISO9001：2000国际质量管理体系认证工作，确保产品质量始终领先于同行业。下一步，四川金六福将在邛崃建设一座占地1000余亩的生态酿酒工业园。届时，一座美丽的酒城将拔地而起。

四川金六福现有员工千余人，设有办公室、人事部、财务部、生产部、质量管理部、酿造车间、包装车间、物流部、设备动力部等部门。组织机构科学、健全，各部门协调配合，有序运行，确保高品质、高效率为市场服务，为客户服务。

金六福销售

金六福销售诞生于1996年。自成立以来，凭借先进的营销模式，与中国白酒行业龙头五粮液集团强强联手，现已发展成为国内最好的白酒专业销售企业。

经过十余年的潜心打造，金六福酒业现拥有一支100余名高级管理人才，1000多名销售精英，3000多名促销人员组成的素质队过硬的专业销售团队。

在销售网络上，金六福销售下辖14个销售大区，2000余家一级代理商，10000多家重点二批经销商，直接辐射的大中型卖场近5000个，酒店8000余家，零售网点15万个，网络覆盖到31个省市自治区（港澳台除外），拥有中国最好的白酒分销覆盖网络。金六福品牌价值达71.75亿。

“始于自信，终于坚持”。短短十余年，金六福销售迅速走出了一条从代理品牌、创造品牌、到拥有品牌的发展之路。

华泽集团事业三部

华泽集团事业三部下辖香港金六福投资有限公司、香格里拉酒业股份有限公司、香格里拉销售公司、黑龙江省玉泉酒业有限责任公司、玉泉销售公司、吉林榆树钱酒业有限公司、榆树钱销售公司、品牌部及人力资源部，拥有香格里拉、大藏秘、天籁、玉泉、榆树钱5个自有品牌。

其中，香港金六福投资有限公司控股香格里拉酒业股份有限公司和黑龙江玉泉酒业有限责任公司，在香港主板市场上市，股票代码HK00472。作为华泽集团在香港的窗口企业，香港金六福投资全面管理并发展以香格里拉、玉泉为核心品牌的红酒及白酒业务，涉及范围包括生产酿造、市场销售与品牌建设。

香格里拉酒业股份有限公司

香格里拉酒业股份有限公司是香港金六福投资控股的企业，是华泽集团红酒业务的核心平台。

2000年1月，香格里拉酒业股份有限公司在云南创立，作为国家商务部批准设立的外商投资股份制企业，以生产销售“香格里拉葡萄酒”和“大藏秘青稞干酒”为主。自成立以来，公司先后投资建立了香格里拉迪庆酿酒厂、香格里拉昆明灌装厂、香格里拉秦皇岛葡萄酒有限公司、烟台香格里拉玛桑酒庄有限公司，引进了国内外一流的酿酒技术专家和葡萄酒生产设备，已形成年产数万吨葡萄酒、青稞干酒生产规模。

凭借不断创新一流产品，香格里拉酒业屡获殊荣，多次被评为云南省纳税先进企业；被云南省卫生厅授予“食品生产经营放心企业”，以及“云南省质量效益型先进企业”和“执行标准先进单位”。公司所生产的葡萄酒和青稞干酒系列产品经中国中轻产品质量保障中心审核认定为“国家权威检测•质量合格产品”重点推广企业。2009年，公司顺利通过中国质量认证中心ISO9001:2008、GB/T 19001-2008质量管理体系认证及ISO22000:2005、GB/T 22000-2006食品安全管理体系认证。同年，香格里拉酒业股份有限公司在生产与加工领域通过中国质量认证中心有机产品认证。

“香格里拉”、“大藏秘”、“藏秘”、“香格里拉•藏秘”商标更是“云南省著名商标”。其中，“香格里拉”牌葡萄酒作为“云南十佳名酒”，先后被评为中国红酒行业十大影响力品牌及亚洲品牌500强。“香格里拉•藏秘”、“大藏秘”青稞干酒则是“云南省名牌产品”。

香格里拉销售公司

香格里拉销售公司总部位于北京，是华泽集团事业三部下属负责香格里拉、大藏秘、天籁品牌的专业销售公司。销售网络遍及福建、浙江、江苏、云南、湖南、河南、河北、江西、广东、贵州、湖北、上海、安徽等地，拥有销售精英及后勤人员140余人，客户数量300余家。

黑龙江省玉泉酒业有限责任公司

1959年，由国家商业部投资、黑龙江省政府组织下，“黑龙江省玉泉酒厂”正式成立。酒厂位于黑龙江省阿城市玉泉镇，占地面积15万平方米，是国家二级企业，省级文明单位标兵，东北白酒行业的龙头，省内最大的白酒厂家。

好酒必有佳泉。玉泉镇是中国蒸馏酒发源地之一。 早在850多年前，道教太一道创始人萧抱珍为报皇恩，将太一道制取药露的秘籍蒸馏法传给金皇室。金熙宗敕令在京郊玉泉建立皇家御酒坊，取当地玉泉水用蒸馏法酿制御酒，中国北方最早的蒸馏酒由此在玉泉诞生。自此以后，玉泉便酒坊林立，闻名天下而近千年不断。

酒厂建立后，在继承和发扬金代酿酒技术基础上，不断改革创新酿造工艺。1975年，全国白酒泰斗周恒刚领导的全国白酒技术精英专家小组，历经一年的苦心研制，首创出既有酱香、浓香型风味，又有地方特点的兼香型玉泉方瓶，成为当时中国第五大白酒香型。2002年9月，酒厂由国营企业改制为民营股份制，更名为“黑龙江玉泉酒业有限责任公司”。改制后，酒厂主要经济指标以年均30%的速度增长，核心产品“玉泉方瓶”屡获殊荣，捷报频传。

2008年6月，华泽集团旗下香港金六福投资正式控股了“黑龙江省玉泉酒业有限公司”。并购后华泽集团将致力于将玉泉继续做强，确保并扩大省内领先优势，同时稳步拓展省外市场，力争成为东北三省第一品牌。

2009年，集团斥资5000万元，在玉泉酒业建起了东北规模最大的1.1万吨的自动化勾储中心。2010年，集团再度投资5000万元，引进国内最先进的白酒自动化生产线和建设全新包装车间。未来五年内，集团将继续通过固定资产投资和改造，形成以玉泉酒业为核心的，集农业开发与工业旅游为一体的大型循环经济企业。

依托于华泽强大的品牌管理能力、业务实体及市场运作经验，通过发掘产品自身价值、注入资金、加强品牌建设、拓展销售网络、健全管理制度、提升管理水平、引进尖端技术、输入先进文化等全方位举措，玉泉酒业将进入崭新的黄金发展期。

所获荣誉：

2002年，玉泉方瓶酒被中国轻工业联合会、国家标准研究中心定为“中国浓酱兼香型代表酒”，从而与茅台、五粮液等名酒并列为白酒的香型代表酒。

2004年，在中国酿酒工业协会举办酒类大赛上玉泉方瓶酒被评为兼香型白酒总分第一名。

2005年6月，玉泉方瓶被评为“中华老字号”名优特产品。

2007年8月，玉泉酒获“国家地理标志保护产品”，为东北三省第一家获此殊荣的白酒品牌。

2008年，玉泉酒被认定为“中国驰名商标”。

黑龙江省玉泉酒业销售公司

黑龙江省玉泉酒业销售公司，系2008年6月全新组建而成，是一支经验丰富、创新进取、富有活力的团队，现有销售员工60余人，客户100余家。销售网络遍布全国各地，销售业绩连续两年实现30%以上增长。

在营销战略上，玉泉销售公司确定了“品牌升级、区域为王”的战略，即通过实施“产品升级、渠道升级、传播升级、组织升级”的四大升级策略，全力将玉泉酒打造成为“龙江白酒代表之作”。

在区域布局上，玉泉销售公司以东北三省为重点市场，在黑龙江省实施“一县一商”扁平化运作，在辽宁、吉林以地级市为单位进行招商。同时在全国其它区域实施广泛招商布局。

在产品策略上，玉泉销售公司形成了高、中、低的完善产品线。先后推出了以“玉泉和谐清雅”、“足年年份酒”为核心的中高档系列；以“红色经典”、“老方瓶”等为主导的中低档“方瓶酒”系列，以“玉泉二两半”为主导的小酒系列等。

在渠道模式上，玉泉销售公司根据不同产品，导入了“复合渠道模式”。其中在中低档流通产品上采取“1+X”的深度分销模式，重点进行市场秩序、价格管控和密集化分销；在中高档产品推广上，则采用“酒店盘中盘”和“消费者盘中盘”双盘互动模式，通过“核心酒店、公关团购和自建专卖店”的互动运作，进行核心消费者的引导和培育。

在品牌塑造上，玉泉酒立足于“中国兼香代表酒”的自身优势，实施差异化品牌占位策略。2009年，通过冠名黑龙江卫视的王牌栏目——“本山快乐营”，有效的实现了玉泉品牌的激活。

玉泉酒业销售公司，力争实现5年内销售额过10亿的目标，成为东北三省最大的白酒企业。

吉林榆树钱酒业有限公司

吉林省榆树钱酒业有限公司座落在以 “天下第一粮仓”、“粮豆之乡” 美誉而闻名于全国的吉林省榆树市。公司由始建于1812年（清嘉庆年间）的“聚成发烧锅”发展而来，距今已有197年的酿酒历史。榆树钱酒业拥有七代传承的二百年传统工艺，是东北地区酒史之源，酒文化之根。

公司占地面积7.8万平方米，现有员工346人，是吉林省老字号企业，拥有白酒产品生产许可证，是融生产、科研、服务于一体的中国北方酒业基地龙头企业。公司最早的酿酒车间在嘉庆年间建成沿用至今，在继承传统酿酒技艺的基础上，为保证高效率、专业化生产，公司拥有专业实验室、品酒室和多台先进检测仪器，采用先进的生产设备和生产线。

公司技术力量雄厚，拥有全国白酒优秀科技专家1名，国家酿酒协会白酒委员会委员1名，国家白酒评委1名，国家高级品酒师7名，国家高级酿酒师1名，国家高级检验师2名，酿酒工程师3名，包括高级经济师、会计师、高级政工师等在内的中、高级人才30人。

榆树大曲酒自1974年获得吉林省名酒称号以来，产品屡获省优、部优称号，曾被国家评为绿色食品。1992年荣获巴黎国际博览会特别金奖，榆树钱酒系列产品、榆树大曲酒系列产品荣获“吉林省名酒”和“吉林省名牌产品”称号，榆树钱牌系列酒被中国技术监督检验协会评为驰名品牌，2006年10月榆树钱酒在国家质检总局对全国白酒质量监抽查中红榜名列第一名，并被评为吉林省十大畅销品牌。2004、2005年度荣获中国工业百强企业称号，跻身于中国名酒之林。2010年1月15日，“榆树钱”商标被国家工商总局认定为中国驰名商标，榆树钱酒酿造技艺进入吉林省级和长春市级非物质文化遗产名录，企业信用等级为AAA级。

2009年，华泽集团（金六福企业）整合榆树钱酒业，使古老的酿酒企业跨入了一个崭新的起点。华泽集团拥有中国最好的白酒分销覆盖网络，遍及31个省市自治区，借助集团的全国营销网点，榆树品牌的销售网络建设将实现质的飞跃。依托于集团强大的品牌运营能力、业务实体及市场运作经验，通过注入资金、发掘产品自身价值、加强品牌建设、健全管理制度、提升管理水平、引进尖端技术、输入先进文化等全方位举措，榆树钱酒业即将进入崭新的黄金发展期。

榆树钱销售公司

榆树钱销售公司成立于2010年4月，主销百年老号品牌——榆树钱。旗下包括榆树钱年份系列酒、榆树钱号码系列酒、榆树钱星级系列酒、榆树钱鸿运系列酒、榆树大曲系列酒、榆树白酒六个系列一百余款产品。2010年1月15日，“榆树钱”荣获中国驰名商标称号。

榆树钱销售公司下设6个市场部、1个高端酒类营销部、1个招商部、1个市场督察部。公司现阶段，主打长春、榆树两个根据地市场，配合吉林、白山、延边等区域，立足当地、放眼周边，计划在3～5年内，销售额超5亿元，将“榆树钱”打造成为吉林省第一品牌。

中粮君顶酒庄有限公司

中粮君顶酒庄有限公司由中粮集团有限公司与隆华集团有限公司在世界七大葡萄海岸之一的中国蓬莱•南王山谷合资兴建，是最具创新意义与东方神韵的个性化葡萄酒庄。

君顶酒庄是中粮集团进军中国高端葡萄酒市场、提升国际竞争力的重要战略举措，君顶酒庄将倾力打造以顶级葡萄酒生产为核心，涵盖优质酿酒葡萄苗木研发和种植、葡萄酒文化推广、世界葡萄酒文化交流、葡萄酒主题休闲旅游、俱乐部及会所经营等产业集群，创新了葡萄酒企业发展模式和商业模式，开创了中国高端葡萄酒新纪元。

追求创新的君顶酒庄，以五千年华夏文明蕴涵的“天人合一”理念，融合旧世界上千年葡萄酒的传统文化和新世界葡萄酒的现代意识，使君顶葡萄酒完美体现人与自然的和谐，进而树立东方葡萄酒典范，引领东方葡萄酒生活方式。

君顶酒庄

君顶酒庄融合传统工艺与现代科技，博采新旧世界众家之长，潜心酿造独具东方神韵的顶级葡萄酒。酒庄采用小型不锈钢罐和橡木桶两种不同特色的发酵工艺，小型不锈钢罐以全自动发酵控温系统对发酵参数进行全方位的数字化监测，橡木桶发酵工艺则增加可溶性丹宁含量，丰富葡萄酒香气的层次感，使葡萄酒更加柔和、深沉。通过不同的工艺，使酒庄酒更具个性和差异化。

同时，君顶酒庄开展葡萄酒文化的多层次交流与推广：从葡萄的采摘、压榨、酿造、贮存到灌装，直至葡萄酒品鉴，使游客获得葡萄酒的全方位体验。

8000平米地下酒窖：君顶地下酒窖面积达8000平米，深10米，酒窖温度常年稳定在15度，湿度保持在70%～75%。君顶酒庄将南王山谷地产岫玉设于地下酒窖用于养酒，岫玉具有热容量大和辐射散热好的低温物理特性，以其对温度和湿度的微妙调节，使陈酿于此的葡萄酒更加细腻、平衡。

葡萄酒文化交流中心：拥有4个专业品酒室，2个放映厅，1个葡萄酒文化长廊，1个酒吧。以此为依托，不定期举办葡萄酒文化沙龙。

君顶酒庄内主题专卖店——美酒荟：精选包括君顶酒庄在内的世界名庄俱乐部旗下筛选出的精品葡萄酒，以及葡萄酒专业用具、葡萄酒文化商品以及酒庄旅游纪念品等。以主题场景展示的体验方式，体现葡萄酒专卖店的专业性，使游客在购买商品过程中体验到东方葡萄酒文化氛围。

君顶会所

君顶会所是以葡萄酒文化为主题的酒庄度假酒店，集美酒、美食、休闲、娱乐为一体。中西合璧风格的建筑，坐落于风景如画的凤凰湖畔，置身其中，可尽览绵延山水，万亩葡园，环境清幽，是高端商务会议、休闲度假的最佳场所。

客房：92间客房，每个房间均拥有不同角度的湖景和葡园风光；美食：美酒美食精心搭配的中、西餐厅；商务：拥有一个多功能宴会厅、三个会议室、商务中心；休闲：葡萄与葡萄酒主题SPA、特色酒吧、户外网球场、户外泳池等；庆典广场：3000平米剧院式庆典广场。

君顶高尔夫

君顶高尔夫是亚洲唯一的以葡萄酒庄为主题的丘陵高尔夫球场，占地1500亩，内有近200亩的果园，春有百花，秋有硕果。球场临湖而建，湖光山色，丘陵绿地，遥相呼应，宛如仙境。18洞72杆国际标准高尔夫运动场地，球道连绵起伏，风格多变，是大型比赛和高尔夫爱好者的上佳之选。

葡萄海岸•南王山谷

中国蓬莱完美符合“3S”法则（阳光SUN、沙砾SAND、海洋SEA），与法国波尔多梅多克、意大利托斯卡纳、美国加州纳帕山谷、智利卡萨布兰卡谷、澳大利亚布鲁萨山谷、南非开普敦并称世界七大葡萄海岸；南王山谷凝聚了蓬莱海岸所有灵气的精华所在，也是君顶酒庄酿造东方美酒的灵性之地。南王山谷地处北纬37.25°～37.50°；日照：年均日照总时数2816.9小时，日照百分率64%；热量：年均温度12.5℃，年有效积温2486℃，无霜期216.6天；水份：年均降水量531.8mm；气候：属北温带东亚季风区大陆性气候，大陆度54.6%，具有某些海洋性气候的特点；土壤：以沙砾石、山岭砾石、壤质砾石为主。

葡萄酒的典型性取决于不同产区及土壤，南王山谷这片神奇的土壤，蕴藏着独特的岫玉，造就君顶与众不同的玉石葡园，孕育东方葡萄酒的温润如玉。南王山谷及其南部的龙山、虎山沿脉是蓬莱岫玉的主要集中分布地。岫玉岩石风化后形成的玉石土壤含有丰富的镁、铁等矿物质元素，有利于葡萄植株的生长；玉石土壤具有良好的透气性、排水性，能够反射阳光改善光照质量，同时调节热量分布，有利于葡萄养分的积累，使葡萄的色泽、糖度、风味达到最佳。

葡萄苗木

自1998年开始，君顶酒庄从法国、意大利、德国精心引进优良嫁接葡萄苗木，以严格的酒庄酒标准建立亚洲目前最大的嫁接苗木葡萄园，目前种植面积6000亩。2005年，与法国阿海威公司成立国内首家脱毒嫁接苗木的专业公司，更从根本上改变了中国酿酒葡萄苗木的品种、品质和历史。葡萄园不仅拥有赤霞珠、西拉、美乐、霞多丽、雷司令等国际优良酿酒品种，还引进泰纳特、紫大夫、小芒森等特有品种，总引进和收集国内外优良酿酒葡萄品种207个、品系237个、砧木31个，成为中国最大的酿酒葡萄母本园，为君顶酒庄的发展提供了高品质的酿酒葡萄苗木和原料，进而成就了与世界顶级葡萄酒相媲美的东方美酒。

凤凰湖

君顶酒庄三面为凤凰湖水环绕，延绵起伏的丘陵坡地与凤凰湖形成了复杂多变的独特小气候。

凤凰湖的广阔水域能较多地吸收太阳辐射能量，使邻近的葡萄园气候比较温和，无霜期长，能满足晚熟、极晚熟品种葡萄的充分成熟；同时湖泊反射出的大量蓝紫光和紫外线，有利于葡萄果实的着色和品质提升，为生产优质酿酒葡萄创造了有利条件。

山西杏花村汾酒集团有限责任公司

就中国白酒业而言，大约从上个世纪80年代中后期以来，中国酒文化基本上呈现的是一种各自为阵的状态，有的企业宣传明显背离了诚信的基本底线。2010年，汾酒明确提出了“诚信企业做诚信宣传，诚信经营促社会和谐”的理念。诚信宣传、诚信经营，不光对中国酒企，乃至其它行业都是至关重要的。不做诚信宣传，本身就是对消费者的愚弄。不搞诚信经营，必然会对社会和谐直接造成伤害，必然会使消费者在食品安全乃至其他涉及民生安全的问题上丧失安全感。所以，要以诚信为立企之本，诚信宣传，诚信经营。

2010年6月18日，山西汾酒集团在首都北京召开了“汾酒唯一荣获1915年巴拿马万国博览会中国白酒品牌甲等大奖章95周年纪念大会”，以详实的史料恢复了历史的本来面目。2011年9月21日，山西汾酒再次隆重召开纪念大会，庆祝“汾酒•共和国第一国宴用酒62周年”。以史料和历史相关人员佐证，当时被选为第一国宴用白酒的只有山西汾酒。

山西杏花村是我国蒸馏白酒的发源地。早在6000多年前的仰韶文化时期，该地区就有了酿酒的习俗，其酿造工艺也沿黄河流域及通商之路逐渐传遍全国。早在1500多年以前的北齐武成帝时期，汾酒已经成为宫廷御酒而备受推崇；晚唐大诗人杜牧脍炙人口的《清明》诗更使山西杏花村家喻户晓；在1915年巴拿马万国博览会上，山西高粱汾酒一举夺魁、蜚声海内外。建国后蝉联国家五届“中国名酒”称号。1948年6月，汾阳地区全境解放，在党和政府关怀下，历史悠久的汾酒恢复了生产，并担负起新中国国宴用酒重任。共和国成立62周年，也是见证汾酒事业历史性飞跃发展的62年。汾酒的酿制技艺被录入世界非物质文化遗产名录；汾酒成为中国国家博物馆永久珍藏的中国名酒；2006年，杏花村汾酒酿造作坊遗址被评为全国重点文物保护单位。

1949年9月21日，第一届全国政治协商会议在北京开幕。第一届政协会议代行全国人民代表大会职权，通过了具有临时宪法性质的《中国人民政治协商会议共同纲领》，确定了新中国的名称、纪年、国歌和国旗，并选举产生了中央人民政府和政协第一届全国委员会成员。10月1日，根据第一届政协会议议定的内容，在天安门广场举行了隆重的开国大典。第一届政协会议开闭幕日和开国大典之日，举行了三次国宴，这三次国宴是新中国成立伊始最早的国宴，即共和国第一国宴。

为再现汾酒这一民族品牌的辉煌历史，还原历史真相，彰显企业诚信，汾酒集团搜集了当年举办新中国第一国宴时，周恩来和彭真等国家领导关于国宴用酒的批示；多方走访了当年参与国宴举办过程的亲历者；参考了大量的历史文献资料，并展示了当时时任汾酒厂恢复生产时的负责人杨汉三的笔记。多方资料证明，当年国宴采用的白酒就是汾酒。实际上，新中国建立之前，无论在延安还是西柏坡，招待外宾采用的都是汾酒。

汾酒是中国白酒产业的奠基者，是传承中华白酒文化的火炬手，是中国白酒酿造技术的教科书，是见证中国白酒历史发展的活化石；汾酒文化有着诚信天下的名酒风范和儒雅浪漫的人文情怀，汾酒是中国的酒魂。到2015年，汾酒集团还将在山西举办世界酒文化博览会。汾酒会秉承“诚信宣传，诚信经营”，承担起清香白酒发展的重任，努力振兴汾酒事业！

源远流长杏花村

——山西杏花村汾酒集团有限责任公司

滚滚黄河东逝水，浪花淘尽英雄。在不尽的黄河流淌中，创造了底蕴深厚的华夏文明。位于黄河中游地区的三晋大地是华夏文明的重要发祥地之一。在山西省境内吕梁山脉与太行山脉之间有一片肥沃的平原，是原始人类赖以生存的重要的农业区之一。驰名中外的汾酒产地——山西汾阳杏花村，就坐落在这片土地上。

千年酿酒史——源远流长独杏花

杏花村具有得天独厚的酿酒条件。此地气候温和湿润，土地肥沃，盛产的高粱子粒饱满，淀粉含量高，是酿酒上品。而且地下水贮量丰富，质优味甜，自古便有“河东桑落不足比其甘馨，禄裕梨春不足方其清冽”的美誉。作为中国酒的发源地之一，从杏花村古人类文化遗址出土的大量古代酒具，可知此地酿酒历史至少可追溯到4000年前的龙山文化时期，且代代相传。

1500年前的魏晋南北朝时期，北方游牧民族入主中原后，迷恋上中原地区的美酒，王侯将相，饮酒成风，促进了酿造业的发展。杏花村改进过滤工艺，由浊酒变成清酒。由于其产于汾州(其州署位于现汾阳市)，该酒被称为“汾清”，《北齐书》（卷11）有北齐武成帝“吾饮汾清二杯，劝汝于邺酌两杯”记载，由于该酒受到帝王推荐被载入正史。同时期北周诗人庚信有“三春竹叶酒，一曲鹍鸡弦”的诗句，这是竹叶青酒的最早的文字记载。

唐朝盛世，杏花村酒业兴旺，曹树谷的《汾酒曲》描写了当时的繁华景象。在名酒“汾清”的基础上，杏花村采用了熟料拌曲、乾（干）和入瓮发酵的技术，形成了中国传统白酒的酿造工艺雏形，由于其特殊工艺，所产酒被称为“乾酿”或“乾和”。元代，杏花村酿酒业继续发展，元代宋伯仁《酒小史》列举全国名酒时仍记载着“乾和酒”。明代，杏花村普遍使用了蒸馏法，其酒色如冰清，味赛甘露，乃酒中佳品，从而产生了真正意义上的蒸馏白酒，并很快驰名中外。明王世贞《酒品》载着汾酒美酒“色莹澈如冰清，美饶风味远出襄陵之上”。“乾酿”、“乾和”名称逐渐以“汾州白酒”、“汾酒”、“山西汾酒”所代替。

清代，山西晋商兴起，经济交流频繁，杏花村酒业随之兴旺。在康乾盛世，杏花村的酒坊达到120家之多，汾酒畅销全国，远销国外。清朝袁枚所著《随园食单》中有“既吃烧酒，以狠为佳，汾酒乃烧酒之至狠者”的评价。清朝李汝珍的《镜花缘》九十六回则有：淮南西水关外一酒肆中粉牌所列第一名酒即为汾酒。明末清初著名文人傅山则亲临杏花村手书“得造花香”。

1875年，杏花村汾酒史上第一个具有资本主义性质的酿酒作坊——“宝泉益”在北宋名店“甘露堂”旧址上开业，后易名“义泉泳”。1915年义泉泳所产“高粱汾酒”，在美国举办的“巴拿马万国博览会”上荣获甲等金质大奖章，成为中国有史料记载唯一走出国门，获此殊荣的中国白酒，把我国这一传统行业带上了世界级高峰。1948年6月，汾阳地区全境解放，在党和政府关怀下，历史悠久的汾酒恢复了生产，并担负起新中国国宴用酒重任。1949年10月1日，第一届政协会议开闭幕日和开国大典之日，举行的三次国宴上，都是使用了汾酒作为国宴用酒。新中国成立后，中国政府组织评了五次国家名酒，汾酒五次榜上有名，竹叶青酒亦连续三次荣获中国名酒称号，1997年“杏花村”商标被国家工商局评为“中国驰名商标”，2006年“竹叶青”被评为“中国驰名商标”，杏花村汾酒酿造作坊遗址被评为全国重点文物保护单位。汾酒的酿制技术被录入世界非物质文化遗产名录，汾酒成为中国国家博物馆惟一珍藏的中国名酒。千百年来，汾酒竹叶青酒以其纯正清香的品质和独特的历史文化积淀，成为汾酒持续发展的不竭动力。这种拥有至少1500年延绵不断的酿酒史的酿酒基地，在中国历史上可以说是绝无仅有的。

杏花村几千年的酿酒史使千年名酒——汾酒的诞生成为一种必然。

酿造工艺精——杏花天娇独一枝

汾酒是中国传统白酒中清香型酒的典型代表，口感清纯，自然脱俗，品质高贵。以色、香、味“三绝”为特征，酒液晶莹透明，散发着一种淡淡的清香。秦含章、周恒刚、辛海庭等著名酿酒专家都一致认为：“汾酒卫生指标好，清纯自然，是最容易与国际接轨的中国传统名酒。”汾酒秉承了杏花村传统酿酒工艺，以高粱、大麦、豌豆为主要原料，配以深层地下水，地缸分离发酵，清蒸二次清，形成独特的酿造工艺。1915年担任“义泉泳”总经理的杨德龄，根据《礼记•月令篇》中的记述，创汾酒酿造七大秘诀：“人必得其精，水必得其甘，曲必得其时，粮必得其实，器必得其洁，缸必得其湿，火必得其缓”。后来汾酒的继承者、管理者又增加了“料必得其准，工必得其细，管必得其严”成为汾酒酿造的“十大秘诀”。

汾酒酿造技术的博大精深，体现在一个“清”字：人要神清，气分清新，水要清净，原料要清选，酒醅要清蒸，工用具要清洁，大曲固态地缸发酵、清蒸二次清，一清到底，水纯工艺巧，终酿出千年名酒——汾酒。新酿汾酒至少需经两年半的酒库贮存，方可出厂。汾酒按公司内部品质标准分为一级、二级、三级，由于清香型汾酒具有“历久弥香”的特点，汾酒按贮存时间可分为：普通产品（贮存2～3年），5年陈酿，10年陈酿，20年陈酿，30年陈酿。现已形成以“国藏汾酒”、“青花瓷汾酒”、“二十年陈酿汾酒”、“老白汾”为主体的“汾酒”品牌构架。

竹叶青酒是以汾酒为基酒，加泡十余味中药材精心配制而成，具有汾酒的清香和自然药香相融合的特殊风格，其特点是：酒液金黄微翠，芳香浓郁，味道醇厚，兑加汽水、冰块和冷开水饮用，更具风味，是调制鸡尾酒的绝佳用酒。经名医研究，对心脏病、高血压、关节炎具有疗效，据专家试验分析，具有改善人体肠道菌群，排毒养颜之功效。1998年被国家卫生部批准为保健酒。按所用基酒的品质不同，形成了以“国酿、精酿、特酿竹叶青”为主体的“竹叶青”品牌构架。竹叶青酒是国家名酒中唯一的保健酒，曾连续3次荣获中国名酒称号，1987年荣获法国巴黎国际酒类展评会金奖第一名。

天地禾要素——得天独厚我杏花村

酿酒是一项复杂的微生物化学工程。除了工艺技术的重大作用外，自然条件是极其重要的。离开杏花村，尽管按汾酒酿造工艺在异地如法炮制，总也酿不出汾酒一般的佳酿来。说到底，并非工艺不精，而是天、地、禾不同。

构成汾酒独特风格的关键性因素，是杏花村这一地区空气和土壤中，含有多种极利于汾酒生产的微生物。著名的微生物专家秦含章先生曾于1964年到1965年用了一年零四个月对此进行了专门考察研究，共研究了226个项目，进行了2611次分析化验，取得了14992个数据，解剖了汾酒的主要物质成份，分离鉴定了汾酒大曲和酒醅中的微生物。结果表明，正是这几种微生物经过长期的选择、淘汰、繁衍，在汾阳地区，特别是杏花村一带“安家落户”，使汾酒生产所需要的发酵母体——大曲中，形成了一个适合汾酒生产的微生物体系，且代代相传，绵绵不绝。因而，决定了汾酒独有的风格和特色。

地者，水也。

名酒产地，必有佳酿。水质好，曲中微生物会生长的更好。杏花村的水质优良是出了名的。那传说中的“古井”至今犹在。现代科学揭开了古井水的奥秘：杏花村一带地下水源丰富、水质优良，其含水层为第四系松散岩类孔隙水，地层中锶、碘、锌、钙、钼、镁、铁等等元素含量较高，尤其是汾酒厂于1991年新打的5号井，井深840米，经分析鉴定，属优质天然饮用矿泉水，对人体有较好的医疗保健作用，更利于汾酒生产。

禾者，粮也。酿制汾酒的主要原料是高粱、大麦、豌豆，为晋中、吕梁之特产。吕梁山、汾河水孕育了丰富的粮食资源，为汾酒人大规模生产提供了可靠的原料保证。

得天独厚的酿酒三要素，使得杏花村汾酒品质超群、清香典雅。

担当社会责任积极投身公益

“汾酒”对于社会责任的担当，最根本的在于对消费者负责、对国家负责、对股东负责、对员工负责。在承担基本责任的同时，“汾酒”还要为社会做更大贡献，承担更大责任。在这样的情况下，只有汾酒主动的、自觉地、更广泛地承担自己的社会责任，才能促进白酒行业的健康发展。2010年6月18日，山西汾酒举办了“山西汾酒品牌唯一荣获1915年巴拿马万国博览会甲等大奖章95周年纪念大会”，引起了强烈反响。之后，公开拍卖20瓶95周年纪念酒，拍卖创造了当时的好几个第一，拍卖总额达3000余万元，全部作为汾酒集团公益基金，并于12月9日正式成立的“山西省汾酒集团公益基金会”。明确了以“诚信中国，理想中国”为主旨平台的三大资助方向：一是对中国传统文化项目进行资助；二是对健康饮酒、拒绝酒驾的公益宣传项目进行资助；三是给贫困大学生助学及其它社会公益救助活动提供资金。

北京的骄傲 中国的名片

——北京红星股份有限公司

国之重器，谁主大地沉浮；行业兴衰，谁为中流砥柱。一个时代有一个时代的脊梁，他们推动着时代的进程与发展；一个行业有一个行业的丰碑，他们续写着行业的传奇与高峰。从这个意义上来说，作为共和国开国献礼的扛鼎者，红星二锅头的诞生不仅具有非凡的时代意义，同时也承担着非凡的历史使命。

共和国的历史中将永远镌刻这个名字，白酒业的历史中将永远记住这个名字——红星，一个从诞生到发展每一步都与共和国的发展血脉相连的品牌，一个以第一瓶二锅头开启一个白酒时代的企业。

事实上，在白酒行业的发展史上还没有一个企业和共和国的历史如此的血脉相连，还没有一个品牌一经诞生就成为一个时代的经典，唯有红星从诞生到发展的每一步都打下了共和国的时代烙印，唯有红星从产品到品牌的每一部分都记录着共和国的时代文化。

62年岁月，谱写共和国62年的盛世华章；62年里程，谱写二锅头62年的红色传奇。红星，一个62年来响彻中国大地的名字，一个开启时代大幕的经典品牌，一个揭开历史画卷的国之重器。

红星，上承800年酿造精华，下启二锅头辉煌盛世，成就一代名酒宗师，打造一个传承民族文化的企业；成就一代国酒经典，一个承载民族功勋的品牌。

国之重典：红星自诞生即成为时代经典

红星酒厂，共和国的献礼之作，新中国酒厂第一家。历史拉开1949年那个融铸光荣的岁月，北平刚刚和平解放，正是一派人心振奋、百业待兴的社会景象。随着开国大典日益临近，为这个举世瞩目的盛典献上美酒也成了迫在眉睫的生产课题。革故鼎新的社会巨变、开国大典的迫切需求，为红星二锅头创造了破土而出的历史机缘。

1949年4月，中央税务总局决定成立新中国第一家酒厂，下发《关于成立华北酿酒实验厂的通知》的红头文件。中央决定：对白酒实行专卖，停止私人生产经营，全面关闭北京各地的老烧锅，同时成立华北酒业专卖公司实验厂（即红星前身），为开国大典准备献礼酒。红星酿酒厂应时而生，北京酿酒业的大变革就这样轰轰烈烈地展开了。5月，红星收编了“龙泉”、“同泉涌”、“永和成”、“同庆泉”等十二家京城著名烧锅老字号，并在北京建国路90号创建工业化酒厂。

历史应该永远铭记这一刻：1949年10月1日，新中国“开国大典”震撼了世界。伴随着这一历史性的事件，共和国开国献礼第一酒，红星二锅头——第一瓶二锅头酒也荣耀出世。

作为“开国献礼酒”，红星不仅见证了共和国成立的历史时刻，为开国大典做出了特殊的历史贡献，同时也为中国白酒界做出了卓越的贡献——首创以酿酒工艺名命名白酒，开辟中国白酒的二锅头品类。

正是从那一刻开始，红星以开创性的姿态，真正把二锅头酒从“烧酒”中升华起来，造就一个全新的名称；真正把二锅头酒从传统白酒中独立出来，成为一个全新的品类；真正把二锅头酒作为一个行业发扬光大，极大影响了此后中国白酒业的格局。

红星，自诞生即成为时代经典，与开国大典那一重大历史事件一起印记在中华民族的血脉当中。红星无愧于国酒之尊，无愧于国酒之名。

国之贡献：第一瓶二锅头源自红星

中华白酒文化的深厚滋养，历代酿酒技师的革故鼎新，红星二锅头，以其植根于北京的浓郁京味儿，超越了以香型划分的畛域，传承800年二锅头传统酿制技艺，成就国家级非物质文化遗产，堪称北京的骄傲，中华民族文化之精粹。

大象无形，厚德载物。循着中华白酒史的脉络溯流而下，红星二锅头传承至少已有800余年，历经了元代、清代、建国初三个重要的转折点，并罕见地保留了完整的传承谱系。

据确切的史料记载，“烧酒，非古法也，自元时始创其法。其法用浓酒和糟，蒸令汽上，用器承取滴露，凡酸坏之酒，皆可蒸烧。”（明代李时珍《本草纲目·谷部》卷二十五）此外，元代文献中已有蒸馏酒及蒸馏器的记载，如作于1331年的《饮膳正要》。故最晚在14世纪初，我国已有蒸馏酒，也就是俗称的“烧酒”。有关专家证实，二锅头源于北京烧酒至少已有800年的历史。

到了清朝康熙十九年，京城前门外“源升号”酿酒技师赵存仁、赵存义、赵存礼三兄弟进行大胆创新，采用掐头去尾工艺，只选取第二锅冷却流出的烧酒，大大提高了酒质。赵氏兄弟此举宣告了“二锅头工艺”的正式诞生，此后二锅头“掐头去尾取中段”的技艺被京城乃至全国各地的酿酒业广为采用，堪称中国酿酒史上的一大创新。可以说，赵氏兄弟的创举为红星二锅头奠定了“二锅头宗师”的工艺基础。

时代的巨变赋予了红星千载难逢的历史机遇。建国前夕，红星酒厂成立，一举收编“龙泉”、“同泉涌”、“永和成”、“同庆泉”等十二家京城著名烧锅老字号，集京城传统酿酒工艺和文化于一身，成为二锅头传统酿制技艺的传承者。不仅如此，红星还保持着完整的传承谱系，成为二锅头技艺的正宗嫡传者。二锅头酿造技艺历来都是师徒口传心授，秘不外宣。源升号、李记酒坊、聚隆泉、泰和泉、天裕泉、义和永、景泉茂、龙泉……代代相承，至今已是九代嫡传。第七代传人王秋芳女士，见证了共和国的诞生和红星酒厂的成立。第八代传人高景炎先生，从事二锅头传统酿制技术多年，为发扬光大红星二锅头做出了突出贡献。如今，二锅头技艺的正宗传人是北京红星股份有限公司副总经理艾金忠，为赵氏的第九代嫡传弟子。

1965年，红星接受政府的委托，向北京郊县大兴、门头沟、顺义牛栏山等19家酒厂无私传授二锅头酿制技艺，并全力帮助扶植这些乡镇企业发展，使得二锅头这一品类不断的发展壮大，成为中国白酒行业中重要的组成部分之一。

时至上世纪80年代初期，红星更是展示出开山鼻祖、一代宗师的气度与风范，从行业大局出发，主动放弃将“二锅头”独家注册使用的权利，与同行共享“二锅头”商标，一起做大做强。

红星人常说：“二锅头是北京的，是中国的，更是世界的，但第一瓶二锅头源自红星”。

不拘门户，大爱无言，弘扬国粹，传承文化。红星以前无古人、后无来者的大胸襟、大格局、大智慧传承着二锅头酿造技艺的薪火，巅覆着民族传统技艺的保存发展，也推动着“二锅头”这一品类白酒迈向一个全新的高峰，特别看到兄弟酒厂正宗二锅头地道北京味快速的进步和发展，红星人非常的欣慰和高兴，昔日的播种今天有了收获。在红星的奉献和引领下，二锅头酒的发展取得了辉煌的成绩，业已成为我国产销量第一的白酒品种。

根植于博大精深的中华酿酒文明，历史选择了红星传承二锅头的精深技艺，历史同样赋予了红星厚重的使命，荣耀与使命尽归于红星。

国之记忆：红星承载共和国的文化

红星，是一个荣耀的名字；红星是一个响亮的名字。红星，承载着一个民族的历史，承载着一个时代的烙印，承载着共和国的气脉与文化。

“我爱北京天安门，往东两公里，红星照我去战斗”。红星，记录着那个令人激情澎湃的岁月，记录着这段令人热血沸腾的历史。红星二锅头，它不但存储在那绿色的酒瓶里，也存留在北京人的血脉中。

红星，融铸着共和国的颜色，铭刻着共和国的图腾。

“红”，是中国的颜色。中国红既象征着喜庆、吉祥，记载着中华民族的心路历程，经过世代承启、沉淀、深化和扬弃，传统精髓逐渐嬗变为中国文化的底色，弥漫着浓得化不开的积极入世情结，象征着热忱、奋进、团结的民族品格；又融铸着中国革命的精魂，融铸着红旗的颜色、红领巾的颜色、革命烈士鲜血的颜色、共和国的颜色。中国红无处不在，无时不在。

“星”，是革命的标志，成功的象征。从“八一南昌起义”、到八路军、解放军，是他们帽徽上的红星指引着中国人从胜利走向胜利，从成功走向成功——新中国成立，五星红旗迎风飘扬，宣告中国屹立在世界的东方。

自诞生之时起，红星就与共和国同步成长。在62年波澜壮阔的历史画卷里，红星不仅见证着共和国的每一步，更不断做出历史性的巨大贡献，引领着二锅头行业的发展，引领着二锅头行业走向成功，成为这幅画卷里一抹引人瞩目的红色风景。

红星，融合中国革命的思想，集成中国红色文化的灵魂，谱写共和国的气象，展示共和国的血脉。

红星，因共和国的成立而横空出世，因共和国的发展而腾飞，红星文化就是共和国文化，红星文化就是红色文化。

国之尊荣：南有茅台，北有红星

“南有茅台，北有红星”，红星与茅台共同引领着中国白酒行业清香型和酱香型两大品类的旗帜，被业界誉为中国白酒行业的双子星座。

茅台既是我国民族工业史上最早走出国门、最早获得国际金奖的世界性品牌，又是近百年来在国际市场上始终享有极高声誉、始终代表中华民族酿酒艺术最高境界的中国自主品牌，其成长历程，见证了中国传统产业中的自主品牌跨入市场经济后的成功蜕变，成功奏响了中国民族品牌的百年华章！

红星，扎根于深厚的京味文化，源于八百年的正宗传承，经历时代的光辉洗礼，是民族酿酒文明与共和国同行的见证，将国粹传承与时代发展相得益彰并发扬光大，开创中国白酒中独具特色的二锅头品类，开创一个独具特色的二锅头白酒时代，续写中华民族文化与时代变革交融共生的经典传奇！

茅台，红星共同代表了中华民族酿酒艺术的两座高峰，一南一北，遥相呼应，共同引领中国白酒品牌走出国门、走向世界！

“红星照我去战斗”的精神是中华民族自强不息的品格，是共和国国脉奔流不息的象征。红星，国之重器，国之精魂，一代国酒，一代传奇。

拥有红星，走向成功。红星不仅照耀着与共和国共同成长的人们，更将一直闪耀到永远的未来，闪耀到世界的每一个角落。在未来的发展道路上，红星人缔造的“红星二锅头”传奇必将永远传续，将红色文化发扬光大，红遍中国，红火世界！红星人骄傲的说：“拥有红星，我们走向成功，要成功喝红星。我们相信温度不到水不开，季节不到花不开，我们红星人不断的努力和创新，全世界都喝红星定是我们的荣誉和未来！”

“红星”——北京的骄傲，中国的名片。

贵州茅台酒厂(集团)习酒有限责任公司

贵州茅台酒厂（集团）习酒有限责任公司，是中国贵州茅台酒厂有限责任公司的全资子公司，始建于1952年。公司位于贵州省习水县习酒镇境内，地处赤水河中游、红军长征“四渡赤水”的二郎滩渡口，距茅台酒厂50公里。公司现有员工2200余人，总资产9.06亿元，占地面积2800亩，建筑面积45万平方米，具有年产酱香型、浓香型优质白酒上万吨的能力。

“十一五”以来，在贵州省委、省政府振兴“黔酒”战略的指引下，在茅台集团的坚强领导下，公司坚持以“继续解放思想，坚持改革创新，推进科学发展，做强做大企业，构建和谐习酒”为主题，坚持走“优质化、个性化、低消耗、高效益”的质量效益型发展道路，大力推进经济建设、文化建设和企业党的建设，积极承担社会责任，完成了公司“十一五”目标任务，企业保持较好的发展态势。

2010年，习酒公司销售创历史新高，突破10个亿，主要指标较快增长，员工人均工资收入4.7万元，与“十五”期末的2005年相比，销售、税金、利润、员工工资分别增长了4.4倍、5.6倍、12.5倍、2.1倍，实现了企业增盈、税收增长、员工增收。

展望“十二五”，习酒公司坚定不移地高举发展、团结、奋斗的旗帜，着力打造和宣传“君品”文化，践行落实“崇道务本，敬商爱人”的企业核心价值观，加强管理团队建设、工作作风建设、企业制度建设、企业文化建设，建立健全民主决策机制，加快全国性市场的开发建设，把习酒从区域品牌打造为全国知名品牌，力争2015年实现年销售30～50亿元的发展目标，把习酒建成推动茅台集团发展的一支重要力量。

贵州茅台酒厂（集团）昌黎葡萄酒业有限公司

贵州茅台酒厂（集团）昌黎葡萄酒业有限公司系贵州茅台酒厂有限责任公司、唐山昌盛河实业有限公司、泉州德生投资有限公司三家共同投资设立，也是中国贵州茅台酒厂（集团）有限责任公司投资在贵州省外唯一创办的一家企业，公司注册资金人民币12202.5万元。贵州茅台酒厂（集团）昌黎葡萄酒业有限公司正式成立于2002年7月30日，企业法人由中国贵州茅台酒厂（集团）有限责任公司党委书记、副董事长、总经理，茅台酒股份有限公司董事长袁仁国先生兼任。公司占地36729.1平方米，选用法国、意大利的先进设备，目前已形成年生产成品酒10000吨，拥有固定资产1.5亿元的规模；现有员工197人，大中专毕业生占87%以上。公司产品采用昌黎出产的赤霞珠、品丽珠、霞多丽等优良酿酒葡萄为原料，共有干红、干白、礼品酒三大类80多个品种，并在口味设计上，充分考虑了东方人的特点，努力把茅台系列葡萄酒做成“中国人最爱喝的葡萄酒”。2006年该公司在河南省郑州市成立了郑州茅台葡萄酒销售有限公司，面向全国进行销售。

贵州茅台酒厂（集团）昌黎葡萄酒业有限公司自2002年筹建到2007年间，不断积累探索利用五年时间开拓自已的销售渠道，并在2008年起开始盈利，逐年递增，从2008年生产总量2993吨上升到2010年的5099吨，上升幅度为70.36%；年销售总量由2008年的2518吨到2010年的5523吨；上升幅度为119.34%；年销售收入由2008年的6330万元到2010年的14575万元；利税由2008年的561万元到2010年的5075万元。

葡萄酒是个百年产业，只有立足提质量增效益，加快转变葡萄酒产业发展方式，才能使葡萄酒产业更好更快地发展。随着国家对葡萄酒品质要求越来越高，葡萄酒机械设备生产也进入全面更新的阶段，贵州茅台酒厂（集团）昌黎葡萄酒业有限公司在不断提升自动化程度的基础上，使产品的质量更趋完善。为了提升茅台葡萄酒品质，积极探索如何改变葡萄酒产业方式，公司派遣技术人员去欧洲的葡萄酒庄园进行考察、学习，借鉴国外先进技术，同时积极筹措资金，对灌装车间进行彻底性改造，从意大利引进了目前世界上最先进的6000瓶/小时的全自动灌装生产线（目前正处于调试阶段，预计在今年9月份安装完毕）。在未来的发展中，贵州茅台酒厂（集团）昌黎葡萄酒业有限公司将不断改进生产流程、工艺设计，引进更加精密、分工更加细致的先进设备，以促进企业的发展；并把提高设备的利用率、节能环保的宗旨纳入公司的产业改革之中。

贵州茅台酒厂（集团）昌黎葡萄酒业有限公司下一步发展思路是兴建茅台葡萄酒庄园，在集团公司“一品为主，多品开发，一业为主，多种经营”的发展战略下，集团公司对茅台葡萄酒公司寄予厚望，茅台集团在“十二五”规划中明确提出，将打造高端葡萄酒生产研发工作做为茅台集团的又一项重点任务来抓。为了更好的烘托“茅台葡萄酒”，充分展示茅台品牌价值，顺应市场的需求，加速企业的发展，集团公司确定再次追加投资，新建“茅台葡萄酒精品庄园项目”打造茅台集团北戴河后花园，集“生产、旅游、观光、休闲”为一体。庄园选址在昌黎县十里铺乡耿庄村凤凰山北坡，俯瞰万亩葡萄园，环境优美，比邻秀美的昌黎“葡萄沟”景区，计划投资5亿元人民币，占地约100亩，设计年产高档优质干红葡萄酒1000吨，目前该项目手续办理工作已经完成，预计将于今年7月正式开工。根据“茅台集团”制订的方针目标，结合公司实际发展，预计在“十二•五”末贵州茅台酒厂（集团）昌黎葡萄酒业有限公司将进入国内葡萄酒企业前“五强”。

河南省宋河酒业股份有限公司

公司简介

河南省宋河酒业股份有限公司，是我国著名的大型酿酒骨干企业，公司所在地——河南省鹿邑县枣集镇，是我国著名的传统酒乡，是道家鼻祖老子李耳的诞生地和道教文化的发祥地。工业园区占地面积80万平方米，建筑面积45万平方米，整体规模在全国同行业中雄居前三位。主要生产中国名酒“宋河粮液”、河南名牌“鹿邑大曲”及其系列产品。主导产品“宋河粮液”，1979年被评为河南省名优产品，1984年获轻工部银杯奖，1988年在全国名酒评比中，荣获国家金质奖和“中国名酒”称号。2004年荣获“中国驰名商标”，2005年荣获“中国消费者十大满意品牌”及广东省首届国际酒饮博览会金奖。公司拥有现代化的酿酒生产设施及严密的质量检测手段和完善的质量保证体系，并通过了ISO9001：2000国际质量认证。

飘香千年的宋河酒业，本世纪初，实施具有划时代意义的转机换制工程，其先进的营销理念，成功的运营模式，堪称国内传统名企实现历史性跨越的典范。面对白酒市场激烈的竞争大潮，宋河酒业在不断进行管理创新、技术创新、理念创新的基础上，坚持走质量效益型可持续发展之路，以大手笔、大投入、高起点、高回报运作大品牌、大网络、大市场，有效进行资源整合与优势扩张，顺应市场，与时俱进，永铸辉煌。

发展历程

宋河酿酒有着深厚的历史渊源，始于春秋、盛于隋唐。公元前518年孔子问礼于老子，曾酒醉枣集，留下“惟酒无量，不及乱”的处世箴言。公元743年唐玄宗躬亲鹿邑，拜谒先祖，用“宋河酒”祭祀老子李耳，“宋河酒”从此名扬天下。改革开放后，宋河酒业发展迅速，现已成为一个庞大的现代化企业。2002年以来，宋河酒业经过辅仁集团全方位的资源整合及深层意义的转机换制后，注入了先进的市场运作经验和超前的经营理念，同时吸收一大批优秀的企业管理人才，组建了一支有实战经验的营销团队，与广大经销商结成利益共同体，力求建立长久的战略合作同盟，经销商得到足够的利润，企业实现长足的发展。

今天的宋河，已经不是过去消费者心目中的老宋河，改制后的宋河扬弃了国有企业陈旧的管理机制，如今我们看到的是面目一新、令人振奋的新形象、新面孔。宋河酒业进行重组，由辅仁药业集团控股，进行了大刀阔斧的调整改造，引进了全新的经营机制，注入了先进的市场运作经验和超前的经营理念，组建了一支有实战经验的营销团队。同时辅仁药业雄厚的经济实力也为宋河的再次腾飞奠定了坚实的基础。

企业理念

“致力于客户的成功”——宋河人表示，所有宋河的客户，将从现在起，真正体验到“上帝”是什么感觉。以前经销商为提货跑断腿、磨破嘴的现象将不复存在。如今的经销商只需一个电话，要办什么事，全由公司的人员来办，每一个环节，每一个步聚都由公司的人去完成，环环相扣，一直到客户满意为止。宋河提出“多赢”的营销理念——合作、共享、包容、多赢。公司重点推行终端直销和通路经销联动发展的运营模式，为确保经销商的经营利润和市场操作方向，公司开发出特定的终端直销产品，专供终端商向终端供货。终端直销注重口碑传播与消费带动，通路经销实惠推广，规模上量，实现客户让渡价值最大化。

技术创新

宋河酒业注重白酒酿造新技术的开发研究与创新，在国内，同享有盛名的多个名优白酒厂家，进行技术交流，结合自身实际，博采众长，先后在人工老窖的培育与应用、强化大曲的研制、酶促反应，在黄浆水酯化技术中的应用，酒曲发生规律及预防技术研究等多项技术方面获得了突破，重点项目获省科技成果奖。在保证中国名酒“宋河粮液”内在品质稳中有升的同时，不断实施科研创新和技术改造，把传统工艺和现代技术有机结合起来，推陈出新，不断进取，高档商务酒“共赢天下”系列的隆重推出，就是以技术创新为核心的创新结晶。技术人员经过无数次的反复筛选和精心调配，以“精雕细刻”的绝妙手笔，适时地推出了继“共赢天下”系列酒之后的又一高档产品——“平和五年宋河粮液”，该酒具有窖香幽雅、醇甜净爽、香味协调、余味绵长、回味舒适的风格特色，进一步平衡了决定白酒协调柔和因素的酸、酯含量，增加了回甜感、醇厚感和醇和度，突出了以味为主的豫酒风格，产品一上市，很快就受到广大消费者的一致好评。主导产品“宋河粮液共赢天下、平和系列”，以愈研愈精的传统酿制工艺与现代化科技的完美结合，使千年佳酿具有“窖香典雅细腻、入口绵甜平和，余味爽净自然的独特风格”。今年在扩大原酒生产能力的同时，为确保原酒质量的稳步提高，遵循“提高质量、保证产量，稳定工艺”的十二字方针，广泛借鉴优秀企业的成熟技术，采用单粮与五粮相结合，长期发酵与短期发酵相结合等多样化的工艺规程，技术人员大胆对酿酒有益功能菌的分离与应用工艺进行现场试验，总结数据，先后在制曲、黄浆水的应用、量质摘酒、窖香工艺、小麦制酒进行创新与探索，取得了明显效果，全分厂平均优质品率达到25.4%，成品曲6300吨。

产品口感有香到味的创新。根据市场消费变化的需求，为迅速适应市场，公司从原酒工艺抓起，组织产品感官评审和技术公关小组，以勾兑调味为课题，开发了10余个以浓香绵柔为风格，区别于其他浓香型厂家的新产品，实现了宋河产品由香到味的转变，为提升宋河品牌形象，树立品牌的高度，通过技术创新，使宋河产品内在品质的特性与品牌的形象相吻合。真正树立起质量第一的思想观念。在企业内部树立起任何人都不能超越质量行使权，任何人都不能因为眼前的利益而放弃质量的观念。

运营情况

2010年，宋河酒业，销售收入12.2亿元，年增长速度48.9%，实现税收8105万，并荣获“全国工人先锋”称号、“中华老字号”、河南突出贡献先进单位等荣誉。

2011年，宋河酒业在“豫酒复兴”的大旗下， 继“共赢天下”和“平和” 系列产品之后，适时推出了“国字系列”、“秘藏系列”开始进军高中档市场，在巩固河南、稳健发展的战略方针指导下，河南市场得到巩固，省外得到发展，打造一批河北、长沙为重点的样板市场。省外销售总量增加，亮点突出，样板市场效果明显，利润空间进一步扩大。

随着近年来宋河品牌影响力的凸显，2011年宋河酒业主要做的是提高产品质量，夯实基础，在原酒的储存能量上，增加了15000吨，原酒产量提高了将近2万吨，在原酒生产能力上，宋河已步入全国十强，在长江以北稳居第一位，这些都为宋河生产优质白酒做好了后盾；在产品质量上，宋河酒业一直加紧产品研发、技术创新方面的工作，特别是口味平和素雅的平和系列酒的推出，经过反复不停地调试、不同消费者的品尝和时间的考验，使宋河的口感形象和技术能力得到了大大的提升；在市场服务方面，宋河酒业为广大经销商朋友保证产品质量和市场供应的同时，根据不同消费者的需求，也调动了各种因素，研发新品，确保公司和广大客户的共赢。

品牌建设

在宋河品质建设上，公司制定了一整套严格的质量管理体系。一是增加原酒生产能力和储量；二是按比例对原酒进行长期战略储备，生产出的新酒都按固定比例进行一定年限封存陈熟，为进一步打造巅峰质量奠定基础；三是针对宋河的销售能力和生产能力的同步增长趋势，宋河高层要求，把市场过剩的人力和资源全部投入到服务中去，创建服务型营销；四是在生产管理上，公司调整了产品价值结构，增加原料和工艺支出，减少流通损耗。精选优质高粱小麦，采用纯粮固态泥池发酵生产工艺，确立重点保护窖池，鼎级产品实行定点发酵。每年作为制度强制保留500吨以上优质原酒，保证可持续发展，对原有10年以上的陈存原酒进行计划勾兑、限量生产。经过产品结构、营销理念的调整和直分销模式的导入，鹿邑大曲系列07年已成功创造了光瓶酒在价格上和短期上量的突破。

几年来，宋河酒业每年都实现销售额1～2亿元的增长，共赢天下、平和系列宋河粮液、鹿邑大曲都获得了消费者的高度认可。2009年年初，酝酿时间长达6年之久的宋河粮液新品已挟《赤壁》、《建国大业》隆重登场，新品宋河粮液——盛世系列，沿中华圣贤之道，承钦定御酒之尊，幻化天地日月之精华，现曼妙绝伦之味。浑然天成，巧夺天工，彰显华夏至尊之酒中王者大气风范，威仪庄重；外师造化，内得心源，实乃万世敬仰之酒中旷古之作；谨遵古艺章法，深汲地下甘泉，纯粮醇曲，百密不漏，以得无暇之质。凝香入怀，心舒神怡，观品皆为超越，似珠联璧合之魅；采中原精粮，传统混蒸混烧老五甑工艺，历经老窖深藏而出，酒体醇香扑鼻，入口平和清冽，回味甘怡绵长，如余音绕梁之美。

发展战略

随着市场经济的变革，宋河人依靠“质量第一”的理念去赢得消费者的信任。凭借胆略和气魄，靠科学的发展战略，以科技为先导，以质量求生存。数十年来，宋河对科技投入毫不吝啬，以质量制胜一如既往。科技的巨大投入，换来的是丰厚回报。宋河改制后，尤其辅仁集团经营宋河酒业以来，对宋河酒业再次进行了大规模技术改造，为宋河插上了新的腾飞翅膀。

宋河酒业，以市场为导向，全面贯彻实施“以绩效为核心的人本管理”战略，坚持走名牌持续发展之路，积极发掘宋河文化内涵，注重品牌建设与优势扩张，不断深化营销理念创新、科技创新、管理创新、全面提升企业综合管理水平和市场运营质量，继续遵循可持续性发展产略，传承五千年美酒文化，创新经营，优化管理，不断增强企业综合竞争力，追求卓越，永创一流，向国酒品牌的全球化道路迈进。

牛栏山 打造中国二锅头第一品牌

北京顺鑫农业股份有限公司牛栏山酒厂是北京地区最大规模保持自主酿造的白酒企业，同时也是北京地区白酒业最早拥有“中华老字号”和“中国驰名商标”的企业；还是北京地区白酒业唯一获得“原产地标记保护产品”认定、唯一获准使用“纯粮固态发酵白酒标志”、唯一拥有“中国酿酒大师”、唯一具有“全国工业旅游示范点”、唯一具备国际认可企业实验室、唯一将“二锅头工艺标准”纳入国家标准的企业。

作为中国白酒二锅头的代表，牛栏山酒传承了一种特色酒文化；作为北京的城市符号，牛栏山酒打造了独具一方的特色品牌；作为清香型白酒的代表，牛栏山酒创建了别具一格的特色品质。中国驰名商标；打造中国二锅头第一品牌；向世界级品牌进军；牛酒人在探索，在实践，在创造……

传统技艺，演绎中国酒文化

牛栏山酒厂始终秉承了传统的酿酒工艺，坚持自主酿造。采用过去牛栏山老烧锅的传统酿酒工艺，有效地保证了牛栏山酒的纯正和风格。为了不断挖掘和演绎酒文化，加大对传统酿酒技艺的保护和创新，酒厂举办了“京城酒脉、百载传承”的拜师大会，此次拜师大会的规模之大在行业内尚数首次，得到了相关行业协会领导的大力支持和媒体的广泛关注；酒厂率先提出“传承链”概念，在全国的老字号企业中影响深远。通过举办奥运庆功酒开坛仪式等大型活动，进一步提升了牛栏山品牌价值。2008年6月，牛栏山二锅头传统酿制技艺入选国家级非物质文化遗产名录。

质量优先，打造全程无忧服务体系

在产品质量控制方面，酒厂坚持“重在落实，重在持之以恒，重在严格管理”的原则，处理好产品质量提升与降低成本的关系，坚持“质量优先权”；处理好产品质量提升与发展速度、扩大规模的关系；处理好产品质量提升与履行社会责任的关系，树立起“提升产品质量是履行社会责任”的思想。

在打造全程无忧的服务体系方面，酒厂将从原材料选择开始，直到产品面向市场为止，全面向消费者公开，让消费者喝的放心。并承诺：消费者在饮用牛栏山产品时产生的质量或其他问题，企业售后服务人员将在第一时间帮助解决处理，让消费者喝得称心。为了让消费者对牛栏山更有信心，更加了解企业的生产经营状况，企业提出了打造观光式企业的理念，向消费者展示“后厨”，把消费者接到厂内，让他们亲身体验牛栏山的企业文化，亲临酿酒生产现场，尝一尝真正纯粮酿造的牛栏山二锅头酒。 近几年，到酒厂观光旅游、购物的游客年均达到了20万人次，很好地向外界展示了企业的形象。

不断追求管理和技术创新，实现可持续发展

为持续提高绩效，增强顾客满意度，牛栏山酒厂多年来坚持推进管理创新，推行全面质量管理，使质量水平和经济效益同步提高。成立了质量管理领导小组，建立健全了厂、车间、班组三级质量管理网络，聘请技术专家定期来厂指

导，进行标准培训学习，提高了全员质量、安全意识。根据行业经验、有关的标准、法律法规及企业实际情况制定了关键限值，建立了监控、纠偏和验证程序，做到每个过程有指导性文件、有质量纪录、有检查记录，配备了30多名专职质检人员，实行从原辅料进厂到成品出厂的一条龙过程控制。结合体系标准和酒厂实际情况，制定了企业管理、技术、质量标准，保证了全面质量管理的标准化、科学化。

为了从根本上提升原酒的质量，开发出个性化产品。酒厂通过建设国际认可的企业实验室，引进国际先进的科研设备，参与国家白酒169计划等方式，大幅提高了企业的科研实力，先后建立起冷冻实验车间、华北地区最大的微生物实验室、原子吸收实验室科研场所，无论在规模、设备方面均居全国白酒行业领先水平。牛栏山酒厂检测中心还获得了中国合格评定国家认可委员会颁发的实验室认可证书，成为中国白酒行业继茅台酒厂之后第二个通过认可的企业实验室，为今后做大做强奠定了坚实的技术基础。截止目前，牛栏山酒厂企业实验室通过国家认可委认可的项目已达11项。借助先进的科研设备，酒厂科研人员先后完成了52度经典二锅头、53度珍品三十年等高端产品的研发工作；分离、保藏各类菌种232株；在《酿酒科技》等专业杂志发表科研论文20余篇。

牛栏山酒厂还积极响应国家号召，大力开展清洁生产审核工作，组建了能源管理小组，而且制定了切实可行的能源管理制度，加大节能宣传力度、开展清洁生产审核。牛栏山酒厂建立了污水处理站，日处理污水的能力达到每天2500吨，处理后的中水达到国家二级排放标准，可以重复利用。北京市科委通过对酒厂进行考察后，联手北京市可持续发展促进会，制订了一整套循环水再利用方案，用过一次的冲瓶水经过预处理、精过滤、臭氧和紫外线消毒，达到循环再利用。此项技术从2010年起实施，每天可减少600吨的冲瓶水排水量。一年算下来可节约新鲜水15万吨，节约资金30万元，节约污水处理费15万元。在带来经济效益的同时，做到了减少污水的排放量，为减排工作做出了贡献。

正是多年来坚持不懈地以科技为先导、以质量为基础、以文化为依托，创新经营理念，牛栏山酒厂形成了有别于其他白酒企业及其产品品牌的核心竞争能力，不但企业各项经济数据以20%～50%的速度逐年递增，而且“牛栏山”品牌获得了广大消费者和专家的认可：“牛栏山牌”珍品二锅头荣获中国食品工业协会颁发的中国白酒典型风格金杯奖；牛栏山酒厂成功与外交部签约，经典、珍品三十年等5个产品入选外交部采购名录，成为我国247个驻外机构的特供酒，为酒厂产品和品牌成功登上国际舞台奠定了良好的基础；“地理标志产品 牛栏山二锅头酒”国家标准由国家标准化管理委员会正式批准发布，并于5月开始实施。此次国家标准的批准发布，意味着牛栏山酒厂成为唯一将二锅头酒写入国家标准的酒厂，同时将在推广民族精品、提升产品国际竞争力方面发挥不可替代的作用；2009年6月，“牛栏山”以35.09亿的品牌价值，荣登世界品牌实验室发布的“2009中国500最具影响力品牌”榜，同时，这也是国内以生产二锅头为主的品牌首次入围；2010年11月，牛栏山酒厂荣获中国食品安全年会组委会颁发的“中国食品安全最具社会责任感企业”奖杯，并被评为“中国食品安全十强企业”，并连续两年获得世界品牌实验室颁发的“中国品牌年度大奖”——中国最具影响力品牌Top10殊荣。

我们可以这样去比喻今天的百年牛酒：它披着一身沧桑的尘色，悬挂着一个世纪又一个世纪的荣耀，从岁月深处款款走来，穿过风雨，穿过记忆，穿过时间的河流，愈显光泽。当市场潮汐冲入牛栏山酒文化的历史河床，“百年牛酒”肩负着中国二锅头第一品牌的重任；天时、地利、人和造就了百年牛酒，也注定了中国二锅头第一品牌非其莫属。

科技立企，管理立业，实现可持续健康发展

——昌黎地王酿酒有限公司

昌黎地王酿酒有限公司是一家大型民营企业，前身是中化河北地王集团公司，始建于1919年，有着近一个世纪的酿造史，是中国最大500家饮料制造企业之一，也是我国第一家生产干红葡萄酒的企业，河北省第一家葡萄酒生产企业。

地王公司占地6万平米，资产总额1.3亿，生产能力3万吨，公司主导产品包括地王牌干红、干白葡萄酒，北戴河干红葡萄酒，白兰地及饮料酒，地王牌系列白酒等160个品种。产品曾荣获国家及国际金奖12枚，河北省优质产品奖47枚。产品内销北京、天津、上海、广州、深圳、哈尔滨等27个省市自治区，外销南韩、日本等国家和地区。

地王公司现有员工220名，专业技术人员35名，其中高级工程师2名，中级职称12名，管理人员21名。公司内设总经理办公室、生产技术处、供应处、财务处、人力资源处、销售公司和试化室，在北京、上海、南京、广州、福州等地均设立办事机构，组织机构健全，规章制度完善。

地王公司不仅保持了20年的“省重合同守信用”单位称号，而且被评为省市农业产业化经营重点龙头企业和食品安全生产企业，“地王”商标被评为河北省著名商标，“地王牌”干红葡萄酒被定为国家指定的原产地域保护产品，“地王庄园”干红葡萄酒被评为中国葡萄酒十大A级产品之一，地王神白酒获河北食品著名畅销品牌，地王被省商务厅评为自主品牌建设重点培育品牌企业，2008年被中国食品工业协会授予龙头企业称号，2009年被昌黎县授予纳税大户称号，2010年地王公司生产的中国第一瓶干红葡萄酒被河北省食品协会授予“河北第一”的称号，地王公司被评为河北省诚信企业。

多年来，地王始终坚持“以质量求生存，以服务求发展”的质量方针，坚持党和国家食品安全有关方针政策，严格实施食品质量安全市场准入制度，从原辅材料收购到各个生产流程，从生产场地到检验仪器、项目及方法等，认真查找存在的不安全因素，解决容易出现的质量安全问题，努力把握好关键控制环节。在积极开展食品安全放心工程的同时，配合工商、技术监督部门坚决打击假冒伪劣行为，维护消费者的合法权益，信守对消费者及用户的承诺。

在抓好产品质量管理的同时，公司也非常重视诚信管理制度建设和实施。对内实行诚信管理，对外诚信履约，对社会诚信自律，对客户信用信息和信用评估管理的制度健全；各项规章制度能够认真执行，效果明显，诚信理念深入人心。

内部挖潜是科技创新的基本动力。作为具有百年历史的酿酒企业，地王公司始终坚持“以市场为导向，以科技为动力，以创新求发展”的科学观念，力求企业的高速、快速发展。在内部大力开展技术改造、技术革新、技术工艺攻关活动，技改项目多达42项，革新项目达到59条，达到了节能、降耗、减污、增效的最终目的。

另外，地王公司与河北科技师范学院共同组建了“技术研发中心”，科研人员根据市场需求积极开发新产品，先后开发研制出了地王明珠系列、地王特酿系列、地久天长系列、经典地王神系列、盛世地王系列、蓝海湾系列等白酒。葡萄酒方面开发出了中国一红、波仑系列、菲尼基系列、零度冰酒，地王半甜白、地王半干白及地王醋爽、无糖醋爽等二十多个品种及甜酒等新产品。

今后，地王将积极开展企业文化建设，丰富员工生活，陶冶员工情操，增强企业团队精神，树立集体观念，塑造企业形象，培育企业精神，建立现代化企业模式，不断探索和创新，继续坚持诚信经营，以人为本，利用科学的管理、先进的生产技术为发展民族工业、更好地服务于社会做出更大的贡献。

香格里拉酒业股份有限公司

香格里拉酒业股份有限公司自1999年10月开始筹建，2000年1月经省工商局注册成立，后期又由华泽集团下的香港上市的香港金六福投资（0472）收购，现为商务部批准的外资投资企业，其主要控制方为华泽集团。公司注册地为云南省迪庆藏族自治州香格里拉经济开发区，注册资本为5656万元，其主要进行新型青稞干酒、葡萄酒系列产品的研究开发、生产和销售以及相关原料基地的培育建设，主导产品为“香格里拉”、“香格里拉•藏秘”、“大藏秘”等品牌的葡萄酒和青稞酒。是云南省首批农业产业化经营龙头企业和食品生产经营放心企业。

公司现有专职的研发机构，有实验室、小试、中试设备，有国家葡萄酒、果酒专家委员会委员1名为技术带头人，国家评酒委员2人，工程师6人，专兼职研发人员10余人，拥有葡萄栽培、酿酒、微生物发酵、机电一体化、市场策划与营销、品牌策划与推广、分析与检验等专业的知识结构，有研发设备仪器46台（套），具备实施青稞酒、葡萄酒从实验室、小试、中试到产业化的全套试验，是目前全球唯一实现青稞干酒产业化生产的单位。公司已经获得54个商标和国家专利8项，其中发明专利一项，“青稞干酒生产技术的研究与应用”被云南省政府授予“技术发明三等奖”。

公司自成立以来，按照“用心酿美酒，诚信铸品牌”的理念，建立了一套完整的质量管理体系。2003年已通过了ISO9001：2000质量管理体系和HACCP食品安全认证。在省委、省政府和迪庆州委、州政府等各级领导的大力支持和关心下，依托迪庆丰富的自然资源及香格里拉独特地域和文化，专心致力于特色农业产业化经营，使企业获得快速发展，近3年平均销售额均过亿元、利税过千万元大关，连续两年被评为省级农业产业化龙头企业。

2002年5月公司在金六福收购后，在原有青稞干酒产品的基础上，利用国家产业政策的调整并结合迪庆州独特的气候资源优势，与德钦县政府合作，采用“公司＋基地＋种植公司＋农户”模式，在海拔2780米的“三江并流”的澜沧江、金沙江干热河谷地带投资建设酿酒葡萄栽培基地，目前已完成面积4000余亩，并及时推出“香格里拉”品牌的高原系列葡萄酒。从此，“香格里拉”转战大江南北，驰骋神州大地，在广东、福建、江苏、浙江、上海、湖南等诸多省份叱咤风云，于2006年成功跻身“全国十大影响力红酒品牌”，在2007年3月又荣获“云南十佳名酒”榜首，同时成为唯一入选“第六届中国名酒”的云南品牌而结束云南没有国家名酒的历史。同时与州农牧局签定了万亩青稞推广种植及收购保护协议，培育了青稞栽培基地。葡萄基地和青稞基地的建设和产品的稳定收购，既配合了产业结构的调整，又延伸了绿色食品产业链，稳定增加了农户的收入，加快了脱贫致富步伐，培植了地方新的财源，为建设新藏区起到了积极作用。培育和打造企业核心的民族品牌，是企业赖以生存和发展的关键。9年来，公司诚实守信，全力打造“香格里拉”品牌神秘、尊贵、圣洁、时尚的气质形象，先后将“香格里拉•藏秘”、“大藏秘”青稞酒系列产品和“香格里拉”葡萄酒系列产品打造成为了“云南省名牌产品”、“云南省著名商标”、“国家免检产品”、“云南十佳名酒”和“中国名酒”。此期间企业先后获得了“云南省食品生产经营放心企业”、“迪庆州十五优强企业”、“云南省质量效益型先进企业”、“执行标准先进单位”、“云南省农业产业化经营重点龙头企业”、“云南十佳雇主”、“质量信誉双满意”、“云南省优强工业企业”、“迪庆州十五期间环境保护优秀企业”，连续多年被评为香格里拉经济开发区“先进企业”、“纳税先进企业”等一系列荣誉和称号。公司所生产的葡萄酒和青稞干酒系列产品经中国中轻产品质量保障中心审核认定为“国家权威检测•质量合格产品”重点推广企业。2009年，公司顺利通过中国质量认证中心ISO9001：2008、GB/T19001-2008质量管理体系认证及ISO22000:2005、GB/T22000-2006食品安全管理体系认证。2010年，香格里拉酒业股份有限公司在生产与加工领域再次通过中国质量认证中心有机产品认证。

香格里拉高原系列1900干红葡萄酒也相继获得“2008亚洲葡萄酒质量大赛金奖”、“中国国际葡萄酒、烈酒品评赛(VINALIES CHINA)金奖”。2009年，香格里拉高原系列1700干红葡萄酒在“克隆宾杯”第三届烟台国际葡萄酒大赛上一举获得“特别金奖”。同年，在香港美酒品评大赛上，香格里拉高原系列1900与2800干红葡萄酒两度荣获铜奖。2010年，高原系列1900及2100干红葡萄酒成为云南省政府接待用酒。同年，香格里拉高原系列产品高原赤霞珠干红葡萄酒在亚洲葡萄酒质量大赛上荣获金奖。

展望未来，香格里拉酒业股份有限公司正朝着更大、更宽广的空间蓬勃发展，明天的香格里拉将会更美好！

国曲玉林泉，经典云南味

——云南玉林泉酒业有限公司

公司发展历程

云南三林泉酒业有限公司坐落于玉溪市峨山县玉林泉水资源自然保护区内，距省城昆明120公里，玉溪市30公里。玉林泉酒，源于三国时期，扬名于清朝中叶，民国初期享誉滇中。

1977年正式组建“玉林泉酒厂”，结束了数百年来民间零散作坊状态。

1984年，玉林泉酒厂转制为地方国有企业。

1997年按照《公司法》组建成立有限责任公司。

2002年公司以拍卖形式转制为民营企业。

2005年9月，泰国TCC集团独资并购成立了“云南玉林泉酒业有限公司”，成为了中国白酒行业第一家外商独资企业。泰国TCC集团（泰乍仑集团）是东南亚赫赫有名的大财团，是泰国最大的企业集团之一，世界500强企业。下辖工商企业300多家，资产总额超过450亿美元。经营领域主要有酿酒、酒店、保险、金融、制造、房地产、农业、旅游业等多个行业，市场和产业遍布世界各地。董事长苏旭明为泰籍华人，有着 “酒业大王”之称。

2009年5月15日，云南玉林泉酒业纳入TCC集团旗下“国际饮品控股有限公司（英泰博）”，在新加坡成功上市，成为“云南酒业第一股”。国际饮品控股有限公司，隶属于泰国TCC集团，总部位于泰国，并在全球范围内设有不同的运营分部，分别位于英国、新加坡和北美等地，出口品牌超过80个国家。2005年泰国TCC独资收购玉林泉后，于2009年纳入国际饮品控股有限公司（英泰博）在新加坡成功上市，并于同年在中国成立了英泰博（云南）贸易有限公司，负责旗下包括威士忌、啤酒、白酒及其他饮料品牌在中国大陆的业务运营。

公司自成立以来，玉林泉酒业始终坚持玉林泉的品牌不变、品质不变、传统工艺不变、纯粮酿造不变、生产场地不变，在传承的基础上创新发展。

酿酒工艺，独树一帜

云南小曲清香型白酒是中国白酒的一朵奇葩，玉林泉酒传承了云南小曲白酒独具的酿酒秘艺：小罐发酵、木甑蒸馏、掐头去尾。

小罐发酵：与国内白酒大多采用窖池发酵不同，玉林泉酒采用陶罐作为发酵容器，罐容仅30～35千克，封闭性好，罐身特有的微孔网状结构，透气性好，促进酒体均匀老熟。发酵周期长达32～38天，使酒香蕴育得更为充分、浓厚。

木甄蒸馏：木甑可吸收多余水分，又兼散热慢，蒸馏出来的酒体纯粹，隐带有清新的木质香。

掐头去尾：蒸馏出来的酒，“头酒”过烈，“尾酒”嫌淡，玉林泉酒摘取中间段部分酒，微量成分比例协调，酸酯协调度好，是酿造好酒的最佳选择。

技术领先，实力保证

玉林泉拥有强大的技术研发中心，该中心拥有国家级白酒专家1名，国家级白酒评委2名，国家注册高级品酒师和省级白酒评委多名，其整体技术实力居云南白酒行业乃至中国小曲白酒行业的前列,并于2010年10月通过了省级技术中心认证。

技术中心带头人、副总经理、总工程师普必恩先生，从事小曲白酒生产研究二十多年，是云南省白酒行业唯一的国家级技术专家。他在全国首先彻底解决了低度白酒水解技术难题，其研究开发的系列低度白酒获多项科技进步成果奖，其中12度超低度“怡人缘”白酒被中国白酒专家鉴评为“全国首创，中国唯一”。现任中国白酒专家技术委员会委员、中国白酒标准化技术委员会委员、云南省酒业协会副会长等职务。为发展云南白酒业、提升云南小曲白酒的整体地位做出了卓越的贡献。

专家点评、同业赞誉

“玉林泉酒工艺独树一帜，很有个性，很有潜力，想不到云南还有这么好的酒。”——中国白酒专家组组长 梁邦昌

“玉林泉酒兼有四川、贵州、重庆、湖北等地清香型白酒的优点，但又有它独到的一面，是中国小曲清香型白酒的典型代表。”——酒鬼酒股份有限公司总工程师、国家级白酒评委 吴晓萍

"这里的生态环境非常适宜酿酒微生物的生长和发育，是生产好酒的地方。玉林泉酒难以复制。"——剑南春集团总工程师、中国白酒纳米技术奠基人 徐占成

国曲荣耀，享誉中华

国标：2008年7月，中国酿酒工业协会、中国白酒标准化技术委员会在重庆召开的 "中国小曲白酒标准制定会议"上，确定云南玉林泉酒业为"小曲白酒国家标准"的主要制定企业。

国礼：2009年9月，国家商务部、中国酿酒工业协会共同授予玉林泉酒为"小曲白酒香型代表"，并作为"国家礼品酒"而成为国家名片。

国优：2009年12月，成为小曲固态白酒企业里首家通过中食联盟(北京)认证中心认证的"国家酒类产品优级认证"，成为"国优产品"。

黑龙江越橘庄园生物科技有限公司

黑龙江越橘庄园生物科技有限公司（原黑龙江兴安红酒业有限公司）是以纯天然野生蓝莓为原料，酿造高档红酒、白兰地及系列高档饮品的科技型民营企业。公司位于伊春市工业园区内，占地面积211200平方米，建筑面积19400平方米，有各类先进生产、检验检测设备及辅助设备1496台套。公司总资产5.6亿元，共有员工156人，其中，具有中、高级技术职称的技术人员和管理人员36人。公司年设计生产能力为：野生蓝莓红酒1500千升，山野果饮品50000千升。公司下设的"伊春市小兴安岭山野果开发利用研究所"被认定为省级企业技术中心。研究所有各类研究室、检测室、微生物培养室、专业品酒室及科技成果展厅。公司2009年已通过ISO9001质量管理体系认证和GB/T22000食品安全管理体系认证。

公司秉承"以人为本、以德兴业、科技创新"的理念，以"酿中国名酒、创世界品牌"为奋斗目标，经过多年的努力，逐步走上了"研发国际化、生产规模化、管理科学化、销售网络化、经营产业化"的良性发展之路。

公司以本土科技力量为依托，与国内多家高校、科研院所的专家、学者组成了一支强有力的产学研为一体的科研队伍。在此基础上，引入世界一流的果酒酿制技术，联合国际知名酿酒企业共同研发新产品。公司聘请德国科格勒葡萄酒实业集团总裁、雷司令第五代传人费迪南德•科格勒先生为公司首席高级酿酒师，聘请荷兰、比利时、美国等国知名品酒师为公司品酒顾问和品酒师。

公司借鉴小兴安岭鄂伦春先人的传统酿造方法，采用国内独有的低温发酵生物技术，百分之百原汁发酵，2～6年低温酝酿发酵，辅以德国酿酒师的精湛技艺，生产出具有自主知识产权和自有品牌的高档野生蓝莓半干酒、野生蓝莓甜酒、野生蓝莓特酿酒、野生蓝莓OPC酒和野生蓝莓白兰地等系列产品。这些产品既保持了有效的营养药用成分，又使果酒品味滋润和谐、果香浓郁、甘醇可口，各种营养成分及各项指标均达到或超过国内红酒的指标。在2008年黑龙江省发改委和省经委共同组织的国家级专家鉴定会上，产品被认定为"产品属国内首创，填补国内空白，整体技术领先于国内先进水平"，先后获得黑龙江省第六届优秀新产品一等奖、2008中国酒业最具竞争力产品创新奖，"越橘庄园"野生蓝莓酒被评为黑龙江省著名商标和黑龙江省名牌产品。

越橘庄园系列产品具有高品质、高附加值、高科技含量的特点，适合高档消费者追求个性、独特、猎奇的心理需求。产品一投放市场，就受到精英阶层的青睐。目前，产品主要销往以北京为中心的京津唐环渤海市场、以上海为中心的长三角和江浙市场、以深圳为中心的珠三角及港澳市场。公司现已在北京、上海、广州建立了直销酒庄，在深圳、东莞、大连、沈阳、哈尔滨等20余个城市建立了营销网络。由于国际环保潮流的兴起，越橘庄园野生蓝莓酒以其独特的天然品质和优良的品味赢得了国外消费者的认知和喜爱，已经逐步进入欧美、日本及东南亚等地的市场。在国内，越橘庄园野生蓝莓酒正在成为赠送贵宾的高级礼品和重要活动的高档酒品。

公司是黑龙江省农业产业化重点龙头企业、黑龙江省食品工业50强企业、黑龙江省守合同重信用企业、黑龙江省环保零排放企业、黑龙江省绿色环保企业、黑龙江省五一劳动奖状获得者。

中粮生化能源（肇东）有限公司

成立背景

中粮生化能源（肇东）有限公司创建于1993年，前身是黑龙江华润酒精有限公司，是华润集团在内地投资最早的玉米深加工企业，05年末归属中粮集团旗下，纳入生化能源事业部管理。公司位于黑龙江省哈大齐工业走廊著名的玉米主产区——肇东市，以玉米为主要原料，通过生物工程生产燃料酒精、食用酒精、DDGS高蛋白饲料、玉米油、食用级二氧化碳等产品。近十年，上缴税金达14亿元人民币，为促进地方繁荣、解决"三农"问题做出了重大贡献。

整体概况

公司总资产27亿元人民币，厂区占地面积78万平方米，自备10条铁路专用线，2座装机容量1.5万千瓦时的自备电站，11条专业化生产线，年销售收入达30亿元。拥有员工2800多人，其中博士、硕士学历的高级工程师和高级技术人才及大中专毕业生950多人。

2006年4月投资6.8亿元人民币，扩建三期年产15万吨乙醇项目，从美国引进世界先进水平的德尔塔－T工艺，在产品质量、原料消耗、节能等方面处于国内行业领先水平，并实现污水零排放。

公司年加工玉米120万吨，其中有70%以上的玉米是从农民手中直接收购的，被国家列为农业产业化龙头企业，对拉动周边市县农村经济发展，解决"三农"问题起到了重要作用。

公司年产酒精40万吨，其中燃料酒精25万吨。酒精以玉米为原料，经液化、发酵、蒸馏等工序生产而成，食用酒精主要用于白酒生产等行业。燃料酒精主要用于车用汽油的替代能源，添加到车用汽油当中，形成新型混合燃料。

年产33万吨DDGS饲料。采用国内最先进的五效蒸发工艺生产的DDGS是最理想的牲畜饲料。其DDGS蛋白质含量超过27%，在广大客户中有高级饲料的美誉。

年产2.9万吨玉米原油。用玉米脐子做原料采用先进的半湿法粉碎脱脐技术，并通过预榨、浸出、负压蒸发等工艺生产而成。

年产1.5万吨食用二氧化碳。生产线全套引进丹麦尤宁公司的工艺、设备，产品质量高，指标均达到国际饮品二氧化碳及新国标GB10621－2006的标准，并符合可口可乐、百事可乐等公司食用级二氧化碳的质量要求。

公司销售团队本着"为客户解决方案式"营销理念，拥有稳定的忠诚客户群体，在强有力的物流保障下，行业竞争力强，产品销售遍布全国，占国内市场份额的10%以上。并远销日本、韩国、台湾、泰国、澳大利亚、土耳其、美国等多个国家和地区。

为进一步开发非粮可再生能源，服务于国家能源战略，公司积极探索纤维素燃料乙醇研发之路。纤维素燃料乙醇是以纤维类生物质为原料，经高科技方法加工生产的可再生的、环保的新型液体汽车燃料。公司的技术研发达到国际先进、国内领先的水平，且独家获得国家级"国家能源生物质液体燃料研发（实验）中心"资质，将在近年实现产业化。

新能源探索

公司注重科学发展，鼓励技术创新，尤其是在低碳经济时代，更加强调以技术创新发展循环经济。2006年初与丹麦诺维信、加拿大桑普达等多家国际大企业、高科技研发机构合作，投资4800万元人民币建设年产500吨纤维素乙醇试验装置，即研究用植物秸秆转化酒精，用于燃料乙醇的生产，并于当年9月末一次性试车投料成功。当前，随着纤维素燃料乙醇生产成本的逐步降低，已计划向产业化发展迈进。

企业文化

公司高度重视企业文化建设，坚持经济发展与企业文化两手抓，努力打造企业软实力。公司每年确定年度文化主题，以此开展各类文化活动，增强员工凝聚力、向心力，提高员工归属感。每年定期组织公司全体员工召开"职工运动会"、"迎新春联欢会"及其他各类活动，活动全部都由员工自行组织、自行演出，展现了公司良好的精神风貌和优秀文化素质。

卓越管理

近年来，在提高质量、开拓市场、产品创新的同时，公司也着力打造专业化管理团队，全体员工开拓进取，勇于创新，内部挖潜、内涵增长，逐步摸索出与自身相匹配的经营模式，运用经济运营分析会、6S管理、平衡计分卡、ISO9001质量管理等科学管理工具，使公司各项业务流程都得以优化，并以此巩固和提高了企业的竞争优势。总经理刘文信，作为企业的经营者和管理者，他带领全体员工努力提升企业经营业绩，实现企业稳步、快速发展。

公司恪守“以人和流程的卓越管理是企业无法被竞争对手复制的核心竞争力”的经营理念，通过“建体系、带队伍、抓培训”的有效方式，将企业经营成像军队、家庭、学校一样。以团队小组研讨为主要学习方式，不断提升员工的学习能力和认识能力，学习型团队已形成并不断成为推动企业向前发展的强大动力。

社会责任

公司在注重自身发展的同时，不断开展各种慈善活动，感恩社会，服务社会，体现良好的社会责任感和使命感。以解决“三农”问题为己任，根据企业发展实际情况，尽最大努力改善农村经济发展，做到为富一方，造福一方，为地方经济的繁荣做出了自己不懈的努力。

公司多年来对当地一家慈善机构“阳光慈托站”提供全方位资助活动；自2003年开始响应“春蕾桥”爱心资助活动，截止到目前，公司已资助各类贫困学生近200余名，累计资助金额达50万余元，以实际行动诠释企业对社会的高度责任感和使命感。

在03年抗“非典”期间，向当地及省内各大高校和医院捐赠数十万元的医药酒精；04年，向绥化市“一帮一”扶贫基金捐助5万元；05年向肇东市海城乡原野村受冰雹灾害的村民捐款5万元用于灾后生产；06年，支持肇东市海城乡社会主义新农村建设，捐赠筑路用红砖32万块；07年出资100多万元为海城乡农民打两眼井，在三年内为全乡农民安装自来水；2008年，向汶川大地震灾区捐资110万元；2009、2010年积极响应肇东市“慈善救助一日捐”活动，共计捐款45.3万元；连续三年投资2亿余元用于公司环保工作。

在中粮集团“全产业链”战略目标的方向下，在生化能源事业部“成为中国生物质能源的主要领导者、提供者”的指导下，秉承“诚信、团队、专业、创新”企业发展理念，勇于创新拼搏，不断超越自我，中粮生化能源（肇东）有限公司必将成为国内乃至国际一流的酒精生产企业，书写新的篇章，创造新的辉煌，展现新的风采，走向持续、快速、健康发展的光芒大道。

金威啤酒集团有限公司

金威啤酒集团有限公司为香港上市公司（股票代码0124），是广东省政府在香港最大企业粤海投资控股有限公司的下控股企业。2004年8月金威啤酒成为香港恒生综指成份股。金威啤酒集团专业从事啤酒酿造和销售，下辖深圳金威啤酒有限公司、深圳金威啤酒酿造有限公司、金威啤酒（汕头）有限公司、金威啤酒（东莞）有限公司、金威啤酒（天津）有限公司、金威啤酒（西安）有限公司、金威啤酒集团（成都）有限公司、金威啤酒（佛山）有限公司、粤海金威啤酒销售有限公司等全资子公司。2004年1月，国际知名企业喜力集团通过喜力亚太酿酒（中国）私人有限公司加盟金威，持有金威啤酒集团约21%的股份，成为金威啤酒的战略合作伙伴。

至2009年，金威已拥有一百七十万吨产能，成为国内大型啤酒集团之一，是粤啤全国战略扩张的第一品牌。金威啤酒拥有目前国内乃至世界上最先进的现代化啤酒生产技术和设备，享有“科技金威”的美誉。2003年3月金威啤酒绿色工艺应用研究正式通过国家级权威专家鉴定，并于2004年6月成为科技部国家科技成果重点推广项目。金威成为国内“不添加甲醛酿造”的绿色啤酒首倡者。

金威啤酒是国内首家获得ISO9000质量保证体系

（BSI）国际认证的啤酒生产企业，以“让每瓶啤酒都得100分”为企业的质量方针，建立起了以顾客为导向的品质保证体系，产品以健康、安全、时尚的形象深受广大消费者的青睐。2005年4月金威通过HACCP、ISO14001、OHSAS18001三项认证，是全国啤酒行业中首家一次性通过该三项认证的企业。

金威啤酒产品主要销售广东、天津、陕西、成都，同时销往广西、福建、湖南、江西、江苏、安徽、黑龙江等20多个省市自治区及香港、澳门、东南亚等地区，在香港市场上连续多年居内地产啤酒销量第一位。

从2002年开始，金威啤酒获“中国名牌产品”称号，并连续5年获得“香港超级品牌”称号，2004年，金威啤酒产品通过国家“绿色食品”认证； 2005年11月，获 “全国企业文化优秀奖”；2007年4月，金威啤酒荣获“全国五一劳动奖状”。2008年荣获“广东省食品行业突出贡献奖”称号，荣获“广东省最具社会责任企业”称号，荣获“广东省酿酒产业最具影响力品牌”称号；2009年金威啤酒荣获2008深圳百强企业；获“广东标杆企业”称号；连续五年蝉联“全国食品安全示范单位”。2010年荣获广东啤酒行业25年明星企业和全国全面质量管理先进单位。

广东长乐烧酒业股份有限公司

广东长乐烧酒业股份有限公司位于广东省梅州市五华县岐岭镇，背靠风光秀丽的粤东名山玳瑁山，是首家获得“国家优质酒”称号的米香型生产企业，是广东省唯一获得“全国29家名优白酒厂”称号的企业，并在2000年由广东瑞华集团有限公司正式收购并接管经营，2011年完成股份改造，正式成立为广东长乐烧酒业股份有限公司。在瑞华集团的带领下，公司以做大做强中国米香第一窖酒为目标，以效益为中心强化管理，精心打造粤酒第一品牌。近年来屡创佳绩，荣获“中国知名白酒信誉品牌”、“广东省著名商标”、“中国名优食品”等多项殊荣。2008年公司被确定为“广东省米香型白酒生产基地龙头企业”，相继在2011年进一步被确定为“中国客家米香型白酒生产基地龙头企业”。在保持优良传统产品的同时，公司更全面推进果酒产业化，先后荣获“广东省果酒生产标准示范基地”、“广东现代产业500强（农业100强）企业”等多项荣誉，并成为首家荣获“中国果酒研发生产示范基地”称号的企业。现公司占地面积约50000平方米，其中建筑面积约24000平方米，员工达350多人。

长乐烧酒酿造技艺发轫于东汉，成熟于明、清，纯青于今，因西汉时期南越王赵佗所筑的“长乐台”而得名。清道光二十五年的《五华县志》记载：“县属出产烧酒甚多，以长乐烧著称，岐岭为最佳”。目前公司已拥有多条国内先进、省内首创饼曲和酿酒的白酒及黄酒机械生产线，传统米香型白酒、黄酒土法生产线，进口高端的果酒生产线。公司以白酒、黄酒、滋补酒、果酒4个系列40个品种为主要经营产品，年产饮料酒1000吨，是“广东省民营科技企业”、“广东省现代化管理民营示范企业”、“连续三十年守合同重信用企业”。

素有“南粤佳酿”美称的长乐烧酒，是五华民间的传统名产，至今已有近400年的历史。历史悠久的长乐烧以得天独厚的粤东名山——玳瑁山，穿石而出之甘泉，融客家先民与今人的智慧，加之精湛酿技，使长乐烧酒更胜一筹。经权威机构化验得玳瑁山泉水的PH值为6.5～6.7，属中性偏酸，且硬度较低，无异物，未有污染，确是酿酒的最佳之水，可使酒质长期保持醇厚适口。

公司自成立以来，始终坚持树立企业形象，实施名牌战略的经营宗旨：以“为市场提供精品、为客户创造价值”的市场竞争观全面推进产业升级。独具“蜜香幽雅、醇厚绵柔、舒适引口、回味怡畅、醉不上头”特点的长乐烧酒已闻名遐迩，驰名中外，并在嘉应五属、潮汕地区乃至南洋及港澳享有盛名，诚为中国米香型白酒的典型代表、中华民族的好酒。

北京龙徽酿酒有限公司

北京龙徽酿酒有限公司（简称龙徽公司）隶属于北京一轻控股有限责任公司，系国有（一轻）控股企业，注册资本达到22491.2098万元。

龙徽公司是中国最早创建的专业生产葡萄酒的企业之一，拥有百年的历史。1910年，法国圣母天主教法籍修士沈蕴璞先生，在北京阜外马尾沟教堂建立了北京市第一家葡萄酒窖，生产法国风格的葡萄酒。百年来，龙徽公司历经教会酒坊、北京市公私合营上义果酒厂、北京葡萄酒厂、中法合资企业、国有控股企业等发展阶段。

经过百年的发展，龙徽公司已经发展成为拥有自有品牌、自主知识产权、自主创新能力的生产、销售葡萄酒的专业化公司；拥有在中外葡萄酒行业中具有较高知名度的“龙徽”、“中华”、“夜光杯”三大品牌；拥有北京龙徽文化发展有限责任公司和怀来龙徽庄园葡萄酒有限公司两家全资子公司，控股北京盛世国华酒业有限公司和北京桂花陈酒业有限公司，参股北京夜光杯葡萄酒有限公司和北京龙徽物流有限公司。公司严格质量管理，通过了ISO9001国际质量管理体系认证和HACCP食品安全体系认证。

龙徽公司百年发展史上的每一个阶段，都延续着这个百年酿酒圣地的荣耀与辉煌：1912年,教会酒坊生产出中国第一瓶 “大香槟”；1959年，北京葡萄酒厂生产出新中国第一瓶国宴用酒“中国红”；北京葡萄酒厂研制、生产享誉世界的中国“马蒂尼”桂花陈酒；1963年，夜光杯“中国红”荣获轻工业部葡萄酒评比唯一金奖；1988年，“龙徽”以标志性的五龙印章正式载入中国葡萄酒名录；2001年上海APEC峰会、2005年北京全球财富论坛、2010年北京王府井国际品牌文化节，龙徽葡萄酒是惟一指定宴会用酒；2005年至2010年，龙徽公司连续六年荣获亚洲“最有价值的葡萄酒厂”第一名；龙徽葡萄酒先后在世界各地的著名葡萄酒大赛上荣获70多项大奖，在国内外葡萄酒界享有崇高声誉。

龙徽公司系列产品覆盖北京及国内主要城市，公司产品以其高品质在国内星级酒店备受推崇；在大型卖场、高档餐饮声名卓著。龙徽葡萄酒出口到法国、比利时、美国等三十多个国家和地区，进入法国卡慕集团在全球设立的免税店，是出口瓶装葡萄酒最多的中国葡萄酒厂。2010年，龙徽公司销售额近2亿元，名列中国葡萄酒行业前列。

2005年底，龙徽公司以北京市都市型文化创意产业发展规划为指导，以百年历史积淀的葡萄酒文化底蕴为依托，以地下酒窖和旧厂房为基础，将文化创意产业和工业生产进行有机的结合，筹建北京龙徽葡萄酒博物馆并于2006年6月26日建成开馆。龙徽博物馆是龙徽公司文化创意产业的创新成果；是北京市工业特色旅游示范点；是北京市青少年校外科普教育基地；是展示北京地区百年葡萄酒历史和文化的重要场所；是宣传龙徽公司企业文化、品牌文化，普及葡萄酒知识，扩大中外葡萄酒界交流的平台。龙徽公司创新文化营销理念，以龙徽葡萄酒博物馆为文化营销平台开展特色文化营销，以龙徽红酒俱乐部、龙徽红酒会所为服务平台，为客户提供特色服务。建设中的北京龙徽国际红酒品鉴中心、龙徽国际红酒会所等项目，拉开了龙徽文化创意产业连锁经营的序幕，为龙徽公司的文化创意产业规模化扩张探索道路、积累经验，成为龙徽公司文化创意产业发展的新起点和新的经济增长点。

河北省怀来县与法国著名波尔多葡萄产区同纬度，是中国最好的酿酒葡萄产区。早在1987年，龙徽公司就引进法国纯种赤霞珠、美乐、西拉、夏多内等优质葡萄苗木，种植在怀来县自己的（近万亩）葡萄基地上。2008年，龙徽公司启动《怀来龙徽庄园葡萄酒项目》。《项目》位于河北省怀来县小南辛堡镇定州营村，是集葡萄种植、葡萄酒生产、科研等为一体的工业建设项目。《项目》占地面积96318平方米，设计建筑面积28100平方米，设计生产能力为年产干型葡萄酒5000吨。2009年，《项目》一期工程5135平方米发酵车间及1200平方米配套措施已经建成投产，形成每年3500吨原酒的生产能力。《项目》为龙徽公司高档优质原产地葡萄酒提供了充足的原料保障，是龙徽公司长远发展的坚实物质基础。

2010年6月8日，龙徽公司在北京人民大会堂举办盛大的“百年华诞”庆祝大会，向世人宣告：“龙徽走向新的一百年！”

山东景芝酒业股份有限公司

——中国“芝麻香”白酒研发历程

中国芝麻香白酒从景芝开始。景芝从发现“芝麻香”，研究“芝麻香”，到芝麻香型白酒的最终确立，用了整整半个多世纪。

1957年，芝麻香白酒最初在山东景芝酒厂被发现。

1965年，国家轻工部临沂试点首次对“芝麻香”进行了研究。

1980年，“芝麻香型白酒的研究”课题被山东省科委立项研究。

1983年，第七届全国名优白酒协作会议上，景芝芝麻香的典型性引起了与会同行及专家们的高度重视。

1984年，景芝芝麻香型白酒在全国酒类质量大赛中荣获轻工部优质产品称号。

1985年，全国白酒专家在山东景芝酒厂召开的科研成果评定会上，对芝麻香白酒给予充分肯定：“芝麻香型白酒”有别于浓、清、酱三大香型，山东是酿酒大省，可以发展芝麻香型白酒作为鲁酒的代表香型。中国酿酒大师、茅台集团董事长季克良题写了“芝麻香有了”，对芝麻香研究给予期望与鼓励。

1988年，在第五届全国评酒会上，芝麻香型白酒单独列组评比，获得一致好评。

1991年10月，轻工部食品发酵研究所和山东景芝酒厂在武汉联合召开的芝麻香型白酒项目研讨会上，以著名白酒分析专家胡国栋为首的课题组，在对各种香型白酒的数据用微机进行了数据统计分析后发现，白酒的各种香型大体上可以包括浓、清、酱为端点的一个三角形之内，芝麻香型处于三角形的中心点上，这一结论得到了与会专家的一致首肯。

1993年，景芝酒业为主，着手行业标准的起草工作，几经修改，“芝麻香型白酒”行业标准于1995年经中国轻工总会发布实施。

2001年，一品景芝（景芝神酿）荣获“中国白酒著名创新品牌”。

2003年，景芝酒业公司提出以创建“百年景酒”为目标的宏伟构想，加大了芝麻香型白酒的科研力度，健全完善科研机构，培养能工巧匠和“醉世神工”，芝麻香型的典型性研究有了新的飞跃。

从2004年景芝酒品牌高层研讨会，到2006年的中国芝麻香型白酒高峰论坛和中国芝麻香型白酒授牌仪式，以及全国著名酿酒专家频频亲临景芝酒业公司鉴赏指导，芝麻香型白酒愈加显示出其独特的魅力。

2006年，山东省科技厅组织全国著名酿酒专家对景芝酒业“芝麻香型白酒的研制”成果进行科技鉴定，鉴定意见一致认为：景芝芝麻香幽雅纯正、醇和细腻、香气协调、余味悠长、风格典雅，符合当前白酒幽雅、爽净的消费趋势，产品质量达到国家优级酒水平，多年来研究总结出的芝麻香工艺特点，居国内领先水平。芝麻香型白酒的五项技术成果申报了国家专利。

2007年4月20日，一品景芝等全国36个白酒品牌被公示为“中国名酒”。

2007年1月1日，由山东景芝酒业股份有限公司和中国食品发酵工业研究院联手起草的芝麻香型白酒国家标准，经国家质量监督检验检疫总局和国家标准化管理委员会批准，于7月1日正式颁布实施。

2007年10月8日，山东省芝麻香型白酒生产技术研讨会在景芝酒业公司召开。与会的近20家白酒企业和酿酒专家对一品景芝的芝麻香典型性风格给予一致肯定，在所有参评的芝麻香型白酒品种中，一品景芝亮出了最高分。

2007年11月8日，全国最大的芝麻香酿造车间在景芝酒业公司落成投产。中国酿酒工业协会理事长王延才、白酒分会秘书长赵建华以及著名酿酒专家沈怡方、栗永清、高月明和全国十几家新闻媒体的记者参加了投产仪式。

2008年7月1日，以一品景芝（景芝神酿）为代表的芝麻香型白酒，被国家确认为山东省白酒业第一个国家地理标志保护产品。

2009年3月，“芝麻香型白酒的研制”项目被中国轻工业联合会授予中国轻工业科技进步一等奖，该奖是对景芝酒业半个世纪以来研究芝麻香成果的肯定。

2009年9月11日，中国酿酒大师、茅台集团董事长季克良在时隔25年后再次莅临景芝酒业考察，对芝麻香的研究成果予以充分肯定，欣然题写了“一品景芝，芝麻香鼻祖”， 这不仅是权威专家的鼓励，并真实的肯定了景芝酒业是中国芝麻香型白酒鼻祖的地位。

2010年5月，一品景芝被列为上海世博会山东入展白酒，充分展示出芝麻香一品景芝的独特魅力，芝麻香•中国香，香冠全球。

2010年12月， 在中国景芝复合香白酒研讨会上，中国酿酒工业协会理事长王延才先生给予殷切期望与赞语：“世人认知景芝，多源于景芝美酒。每每提及景芝，酒业同行便不假思索的脱口而出，这是诞生芝麻香的地方。”并与中国酿酒大师沈怡方、高月明，中国科学院教授庄名扬一起为景芝酒业写下“中国芝麻香，从景芝开始”的光辉题词。中国芝麻香型白酒的原产地地位再次被权威性的肯定。

2011年8月11日，由中国酿酒工业协会主办，山东省轻工业协会、山东省白酒工业协会、山东景芝酒业股份有限公司协办的“中国芝麻香型白酒科学技术表彰暨中国芝麻香型白酒研究院成立大会”在济南山东大厦隆重举行。会议对全国芝麻香型白酒科技进步做出突出贡献的周恒刚、于树民、沈怡方、高月明、王海平五位专家进行了表彰和奖励；为全国唯一正式成立的“中国芝麻香型白酒研究院”举行了揭牌仪式；聘请季克良、沈怡方、高月明等酿酒专家为中国芝麻香型白酒研究院院士；同时召开了中国芝麻香型白酒研究院第一次会议，通过了研究院章程、组织机构，提出了下步研究方向和研究课题。

中国芝麻香型白酒研究院是中国酿酒工业协会的内设机构，研究院办公及研究机构设在山东景芝酒业股份有限公司。研究院汇聚了国内最著名酿酒专家、多所高等院所组成的强大科研力量；山东“景芝”、 江苏“梅兰春”、黑龙江“富裕老窖”， 山东“趵突泉”、“泰山”、“兰陵”、“孔府家”、“古贝春”、 “花冠”、“琅琊台”，哈尔滨龙滨酒业，内蒙古新奥淳酒业，四川春源酒业，成都蜀之源酒业，河南傅潭酒业，安徽宣酒等近20家有芝麻香白酒特点及致力于科研参与的生产企业加盟研究院，充分确立了“中国芝麻香型白酒研究院”在全国芝麻香产学研用各方面的权威地位。

中粮黑龙江酿酒有限公司

中粮黑龙江酿酒有限公司隶属中粮生化能源（肇东）有限公司，公司历史悠久，最早可追溯到1943年，由肇东市五站镇的“王家烧锅”沿袭而来，几经改名换址，发展至今。90年代，“肇东白酒”获得过中国首届博览会银奖。由于行业竞争激烈，2002年宣布破产。

2005年末，中粮黑龙江酿酒有限公司归属中粮集团旗下，依托中粮集团的臂膀，公司快速发展壮大。

中粮黑龙江酿酒有限公司系北方传统固态发酵纯粮酿造的优质白酒生产企业，六十多年来，经过几代酿酒人不懈的努力和创新，公司已拥有优质浓香、酱香、浓酱兼香三种香型的系列产品及传统固态发酵普通白酒。采用传统的工艺与现代科技相结合的生产方法，博采众家之长，利用得天独厚的地理资源，先后研制出老古酒、老古坊酒及多种专供酒等系列产品，具有酒色清透、芳香醇厚、香味浓郁、绵甜爽净、回味悠长，饮后幽香的独特风格，获得国家、省、地区级优质产品称号。产品销往全国十多个省市，以其不同的风格特点，诸味协调的香气成分，深受不同层次消费者的欢迎。

公司始终如一地贯彻“以人为本”的经营理念，秉承“诚信、团队、专业、创新”的企业精神，坚持“奉献营养健康的食品，高品质的生活空间及生活服务，使客户、股东、员工价值最大化”的中粮使命，不断推陈出新，以上乘的品质、良好的信誉，周到的服务赢得广大消费者的认可和好评。

青海互助青稞酒股份有限公司

青海互助青稞酒股份有限公司(以下简称“互助青稞酒”)是在原青海青稞酒业（集团）有限责任公司基础上改制组建的股份制企业，是青稞酒的原产地，也是青海省首家通过IS09001国际质量体系认证的食品企业。公司主导产品互助青稞酒至今已有400余年悠久历史，据史料记载，早在明末清初，互助县民间已在小规模土法酿造青稞白酒。解放初期，在互助县威远镇地区已出现具有一定规模的青稞酒八大作坊，其中“天佑德”最为出名。1952年，政府以“天佑德”为主整合八大作坊组建国营互助县酒厂，1992年更名为青海青稞酒厂，1995年组建青海青稞酒集团公司，2005年改制组建青海互助青稞酒有限公司，2011年元月改制为股份有限公司。至2010年底，公司注册资本3.9亿元，固定资产1.4亿元，资产总额7.08亿元，职工人数800人，营业范围为白酒的生产、销售，年设计生产能力3万吨。

互助青稞酒系列产品以青藏高原特有的粮食作物——青稞为原料，采用传统工艺经科学配料、精心酿造、久储自然老熟而成，地理环境独特，酿酒原料独特，大曲配料独特，发酵设备独特，生产工艺独特，形成“香气清雅纯正，怡悦馥合，口感绵甜爽净，醇厚丰满，香味谐调，回味怡畅”的独特产品风格，深受广大消费者的喜爱。2004年11月，“互助”商标被国家工商总局认定为“中国驰名商标”；2005年4月，互助青稞酒被国家质监总局核定为“中华人民共和国地理标识产品”；2006年10月，互助青稞酒被中国酿酒工业协会认定为“中国白酒清香型（青稞原料）代表；2009年9月，荣获“华樽杯”中国第一青稞酒品牌荣誉称号；2010月1月，“天佑德”商标被国家工商总局认定为“中国驰名商标”；2010年6月，公司被国家工商总局认定为“国家商标战略实施示范企业”，进入青海企业50强、中国白酒行业百强；2011年元月，“互助”商标被国家商务部认定为“中华老字号”。

目前，公司已开发出“互助”、“天佑德”、“八大作坊”、“永庆和”四大品牌系列80余个品种，形成覆盖省内绝大部分消费市场的三级通路销售网络，在省内白酒市场处于垄断性地位，并在山东、云南、北京、甘肃、西藏等地有良好的市场信誉和销售前景，在全国青稞酒行业产销量第一。2010年度实现销售收入7亿元（含税），实现税金2.57亿元，利润总额1.83亿元。

在“十二五”期间，公司将继续突出“互助”及“天佑德”牌青稞酒的战略品牌地位，成功实现上市，全面拓展全国市场，计划在“十二五”末销售额达到20亿元（含税），实现税金7亿元，实现利润4.5亿元，为地方经济发展做出更大贡献。

万昌印刷包装集团有限公司

万昌集团是一家以标签印制为主营业务的大型企业，拥有广东万昌印刷包装有限公司、济南万昌印刷包装有限公司、万昌印刷包装（沈阳）有限公司、广东万昌科艺材料有限公司和成都万昌印刷包装有限公司等五个生产基地。公司投资总额超过9亿元，现有员工1300多人。公司拥有世界最先进的印刷和配套的印前、印后设备以及高档包装纸材生产设备，以啤酒标签印制为主营业务，产品涵盖酒品与食品类标签、包装箱（盒）以及高档包装纸材等三大系列。

目前企业的标签业务市场覆盖全国及东南亚和中亚地区，辐射韩国及欧洲部分区域，是百威-英博、青岛、华润、燕京、珠江、金威、重啤、嘉士伯、金龙泉等180多家啤酒企业和海天味业、顺德米酒、天地一号等近40多家白酒、葡萄酒、食品等类别企业长期信赖的合作伙伴。万昌被公认为亚洲最大的啤酒标签专业印制企业。

作为万昌集团总部的广东万昌印刷包装有限公司，是一家总投资约5亿元的外资企业，始建于1987年。在改革开放的浪潮里，经过顽强拼搏，企业得到持续健康发展，并构成了万昌集团发展的根基。目前厂区占地约30亩，建筑面积8万多平方米，是一座由办公大楼、员工生活服务区、生产区等几大区域构成的现代化工厂。

2005年12月，万昌印刷包装（沈阳）有限公司正式投产，揭开了万昌布局东北的新篇章。2008年5月，已雄驻于齐鲁大地的济南万昌印刷包装有限公司异址新建占地60亩的新工厂。2008年10月，一期竣工5万平方米厂房的广东万昌科艺材料有限公司进入大规模生产阶段，迈开了万昌新型材料发展战略的新步伐。2011年3月，地处西南腹地的成都万昌印刷包装有限公司正式投产运行，标志着万昌全国性战略布局全速迈入新阶段。目前，万昌已具备印刷业务就近服务客户的能力，并且实现从包装材料到标签产品生产线的全线贯通，从而将业务触角纵深到更广阔的产业链中拓展。

依托广东万昌印刷包装有限公司组建有广东省级企业技术中心、广东省印刷标准化技术委员会、佛山市绿色与数字印刷技术工程中心、佛山市顺德区标签印刷技术工程中心。“中心”目前已拥有总值达4900多万元的实验、检测和技术转化的研发设备，年独立承担研发课题8项以上，创造了巨大的经济和社会效益。本公司2010年6月被顺德区认定为顺德区300家优质成长工程（龙腾计划）重点扶持企业（龙腾企业）之一，是广东省现代产业五百强企业，是全国标签技术标准委员会等三家国家(行业)技术标准委员会的核心单位,是广东省专业标准化技术委员会筹建单位，以本公司为核心组建的“广东省教育部绿色包装与数字印刷产学研战略联盟”有力促进了企业技术的进步和创新能力的提升。

万昌印刷包装有限公司凭借自己的实力和各界的支持，荣获 “中国印刷业百强企业”、“广东省乡镇百强企业”、“重合同守信用企业”、“农业银行黄金客户”、“国家高新技术企业”、“佛山纳税大户”、“广东省两个密集型企业”、“中国创新百强企业”、“广东著名商标 ”、“山东诚信守法示范单位” 、“佛山市劳动关系和谐企业”、“佛山市节能减排先进单位”等称号。

万昌印刷包装有限公司管理规范、科学，管控体系持续提升，在生产经营过程中已建立起一整套适合企业和市场特点的严谨管理制度和管理流程。2001年公司通过ISO9001质量管理体系认证、2003年公司导入ERP管理系统。目前公司已实现管理标准化、办公自动化。在以“万昌企业、员工事业”为核心价值的企业文化的感召和吸引下，公司凝聚了一大批德才兼备的优秀人才。

万昌将坚持以标签印刷为核心产业、实施低度多元化发展的经营战略，在印刷包装行业创建万昌品牌。在全球经济一体化的过程中，企业本着“务实拼搏、追求进取”的经营理念，以深厚的文化、超群的技术、先进的设备、精益的品质及服务，在“信赖万昌、信赖专业”的目标指引下，正朝着国际化的目标迈进。

生态酿造 责任为先

——安徽迎驾贡酒股份有限公司

中国有句谚语："一方水土养一方人"。这句话用在酿酒行业上，就是"一方水土酿一方酒"。中国白酒是典型的地域生态资源特色产业，对生态环境等自然条件有着天然的依赖性。白酒生产地的气候、植被、水、土壤等自然要素在很大程度上决定着白酒产品的风格特征和品质。

迎驾贡酒就是大别山的水土酿出的"生态好酒"。迎驾贡酒公司位于安徽霍山县的佛子岭镇，地处大别山北麓，安徽的西部，淮河的上游，背依大别山，面向江淮平原。气候温和湿润，植被茂盛，降水丰沛，生态环境优良。

近年来，迎驾贡酒公司一直倡导并践行生态酿酒，依托于自身独特的四个方面的优势：

一、从大的生态圈来看，霍山县地处大别山区，山区面积占70%，森林覆盖率为73%，人口密度低，是中西部惟一的国家生态县，生物呈多样性分布，生态环境优良。从迎驾酒业所在地的小生态圈来看，那里青山环抱，绿水长流，是国家4A级风景区和大别山国家地质公园的组成部分。

二、气候土壤条件。霍山县位于北纬30°线附近，处于北亚热带和北温带的过度带上，春暖、秋爽，气候温和，雨量充沛，植被茂盛。大气质量为国家一级标准，年平均降水1500mm左右，全年相对湿度≥80%的天数在200天以上，有雾的天数在180天以上，有利于酿酒微生物的生长繁殖，造就了迎驾优良酿造环境。

三、山泉剐水。迎驾酒业位于东淠河上游，属于国家一级饮用水源保护区，一千多平方公里的范围内没有一家工厂。大别山区的山泉水清澈纯净、清冽甜润，含有丰富的锶、硒、锌等多种有益于酿酒的微量元素，水的硬度在1mg/L以下，pH呈弱碱性，被称为 "山泉剐水"，符合国家优质山泉饮用水标准，是十分难得的酿酒好水源。

四、酿造工艺。迎驾贡酒精选优质小麦、高粱、大米、糯米、玉米为原料，用偏高温大曲为糖化发酵剂，用山泉剐水为酿造用水，在泥池老窖里进行长周期发酵，让酿造技艺与酿造环境达到最完美的结合，再经恒温窖藏，从而酿造出窖香幽雅、绵甜爽口的迎驾贡酒。

多年来，公司一直坚持走"生态酿造"之路，致力于酿造"生态好酒"。通过公司的持续宣传，通过申报"国家地理标志产品"保护等手段，特别是通过邀请消费者和意见领袖到厂参观体验酿造环境和酿造过程，使消费者对生态酿造有了清晰的了解，对生态好酒的品质坚信不疑。

从"生态酿酒"到"生态好酒"，虽然明晰了白酒生产和自然生态环境之间密切的依存关系，强化了白酒产品的健康品质，在一定程度上改变了人们对白酒这个传统产业的认识，改变了对白酒产品的印象，但白酒产业想要拓展生存和发展的空间，必须形成低投入、低消耗、高效率的良性循环的生产链，对于产前、产中、产后等生产全过程严格按照食品卫生安全规范要求来做，更多地承担社会责任，建设企业效益、生态效益与社会效益三者和谐统一的绿色企业。在这方面，迎驾酒业进行了一些积极的探索。

2010年迎驾酒业启动了曲酒技改和扩建项目。在规划设计之初，我们就把节能减排，低碳环保作为重要的理念和指导思想，并具体体现在以下几个方面：

一是降低白酒生产煤耗。通过工艺改进和工艺流程的优化，提高了出酒率，降低了吨酒煤耗，直接达到了节能的效果。

二是提高水循环使用率。对生产过程中产生的水进行清污分离，分离出来的清水能直接使用的就循环使用，节约了水资源。

三是废弃物的循环利用。主要是对酒糟通过适当的方法进行固液分离，可产生糠壳和高浓度液体。其含水较低的糠壳经清洗后可做燃料来烧锅炉；高浓度液体可用来产生沼气。这样既降低了酒糟的处理成本，又产生了可以循环利用的新能源。

四是收集沼气代替燃料。把固液分离产生的高浓度液体以及酿酒生产过程中产生的废水用于沼气发酵，产生的沼气同样用于锅炉燃烧。这样既实现了废弃物的循环利用，也减少了煤的消耗。

五是蒸汽发电尾汽蒸酒。用锅炉产生的高温蒸汽直接用来发电，发电之后的尾汽用来蒸酒。

这样，白酒生产过程中产生的固、液体二种传统意义上的废弃物，都能得到很好的利用，最大限度地减少了对环境的污染。同时，产生了很好的经济效益，实现了真正意义上的低碳、环保和循环利用。

安徽文王集团

安徽文王集团前身是安徽省临泉县酒厂，至今已有50多年的发展历史。这里古称“沈子国”，是周文王的故乡。“美酒贡文王，文王得姜尚（姜子牙）”的传说，即生动地反映了文王故里长于酿酒，乐于豪饮的习俗。

文王集团规模宏大，设备先进，技术力量雄厚，拥有4000多名员工，占地600多亩，数千条发酵池，几十条现代化瓶酒灌装生产线，并有自己的获得国家认定的企业技术中心、质量中心、化验中心，年生产白酒3万多吨，年创税收9000多万元，净资产2亿元。2001年，公司位列阜阳纳税前五强，2003年，迈入安徽省民营企业十强，中国白酒企业百强行列。集团拥有“文王”壹枚中国驰名商标、“文王”、“正一品”两枚省著名商标，系列产品被国家许可使用绿色食品标志。集团实现了产销分离，生产基地设在临泉县，营销总部设在合肥。集团以白酒的制造与销售为主，主销安徽、河南、广西、广东、海南、福建、江西、上海、湖北、浙江等十多个省份，目前正在尝试多元化经营。

集团拥有国家级白酒评委一名，省级白酒评委六名。其生产的文王系列白酒是浓香型白酒的杰出代表，她秉承传统工艺，以现代科技为指导，用自家独有的酿造方法，以高粱、大麦、小麦、豌豆、大米为原料，经陈年老窖发酵，长期窖藏，精心调制而成，具有入口绵甜、低而不淡、甘冽爽净、香味协调、窖香突出、回味悠长、饮后不上头等特点，被国际酿酒大师、浓香型白酒标准制定者赖高淮誉为“徽酒典型风范”。

1999年文王集团率先通过ISO9002认证，2003年通过ISO9001:2000版换版认证，2011年再次通过升级认证。集团重视科技创新，在产品的包装和防伪方面走在同行业的前列，自行设计开发的“天鹅瓶”、“一帆风顺”和“年年有余”瓶以及一次性撬断开启瓶盖等获得国家专利近百项。

在发展自身的同时，文王集团始终坚持将爱心文化纳入自家的企业文化，走出了一条“爱心、责任、发展”的和谐之路。集团设立了以董事长名字命名的“素敏爱心基金”，首批注入资金100万元。自1987年起，集团在社会公益方面的投入已达两千余万元。刘素敏董事长也先后荣获首届“中国十大杰出母亲”、“中国儿童慈善家”、“安徽省劳动模范”、“安徽省优秀企业家”等荣誉。

多年来，文王集团享有很高的知名度及信誉度，不仅是“中国酒业理事单位”，而且被金融系统评为信用“AAA”级单位。集团奉行“质量如同生命、诚信重于泰山、服务胜似广告”的经营理念，与客户真诚合作，关爱广大消费者，经济效益、社会效益同步发展，成就斐然。集团先后荣获“中国白酒百强企业”、“全国守合同重信用企业”、“全国公益明星企业”、“全国轻工业卓越绩效先进企业”、“中国食品工业质量效益奖”、“全国质量稳定合格产品”、“第十届中国专利新技术新产品博览会金奖”、“中国驰名商标”等20多项国家级荣誉。同时获得“安徽省名牌产品”、“安徽省先进集体”等省级荣誉50多项，市县级荣誉100多项。

甘肃滨河食品工业(集团)有限责任公司

企业名称：甘肃滨河食品工业（集团）有限责任公司

成立时间：组建于1997年，其前身是成立于1984年的滨河酒厂

企业规模：截止2008年底，甘肃滨河食品工业（集团）有限责任公司总资产已达4.9亿元，员工1400多人。集团现拥有全资、控股和参股企业20个，其中酿酒生产基地3个，饮料、塑料瓶盖、豆制品、包装纸箱等生产厂各一个，酿酒葡萄基地、酿酒高粱基地、云杉育苗基地各一个，商贸公司8个，企业技术中心1个。经过20多年的持续创业，现已形成了产、加、销一条龙，贸、工、农、科一体化的发展格局。

行业排名：中国白酒工业100强（位居第41位），甘肃省100强工业企业之一。滨河牌商标连续四年蝉联甘肃省著名商标,现为中国驰名商标。

生产规模：滨河集团核心产业是白酒和葡萄酒，年生产能力分别达到2万吨和1万吨。集团在具有显著地域优势的甘肃张掖、四川蒲江和贵州茅台镇均建有优质原酒酿造基地。

工艺技术水平：其生产工艺达到全国白酒行业领先水平。其中“九轮发酵工艺”的若干关键工艺已申报或获得国家专利。集团着力打造的战略性品牌主要有“九粮王”、“九粮液”、“九粮国风”、“九粮春”、“滨河粮液”、“陇派”系列白酒及“国风”干红葡萄酒等。

滨河牌系列白酒为甘肃省“名牌产品”和“陇货精品”。

事业未竞，滨河集团将继续秉承“人至诚、酒至醇、业至远”的经营理念，立业为民，造福社会，工商联手，共谋发展，为陇酒走红大江南北积极扮演好品牌研发的主角和攻城略地的主角。

上海冠生园华佗酿酒有限公司

上海冠生园华佗酿酒有限公司是享有中国食品工业20大杰出企业之称的中国500家最佳经济效益企业之一的国家特大型的集团企业——冠生园（集团）有限公司的下属子公司，是全国较早集科研、生产、营销于一体的专业化保健酒生产企业。

公司历史悠久，通过半个多世纪的发展，以“华佗牌十全酒”为代表的保健酒产品深受消费者喜爱。尤其是江苏、浙江、广东、福建等沿海地区及台湾等地的消费者对该产品更是倍加青睐，赞誉有加。产品远销东南亚、南美、日本、英国、美国等国家和地区。在上海及华东、华南的地区拥有较高的知名度；以“华佗十全酒”为代表的保健酒系列产品曾荣获国家及省级的20多个奖项和荣誉称号：

- 华佗牌十全酒曾荣获国家酒类食品质量最高奖——银质奖；
- 华佗牌十全酒曾荣获吉隆坡国际食品博览会金奖；
- 华佗牌十全酒连续14年荣获上海名牌产品；
- “华佗”商标荣获上海市著名商标；
- “华佗”商标被评为上海“老字号”；
- 2010年华佗牌得力劲酒荣获上海市畅销精品奖。
- 公司连续多年被评为上海市高新技术企业。
- 华佗公司蝉联上海市文明单位；

一直以来，上海冠生园华佗酿酒有限公司秉承“享受生活，享受健康”的企业理念，坚持“以顾客需求为前提，强化质量管理，持续质量改进，提供顾客满意的产品”质量方针，不断提升企业的科学管理水平。依托冠生

园（集团）有限公司强大的资源支持及其所属的国家级标准的技术中心的技术支持，凭借本公司精湛的动植物提取酿造、勾兑技术，先进的生产工艺和生产设备以及全面实施的现代化营销管理，成为保健酒行业中以生产现代高新生物技术与健康理念融合而成的健康型酒类中的领跑者。

展望未来，上海冠生园华佗酿酒有限公司将以不断创新的精神，崭新的面貌、饱满的热情，迎接市场的挑战，创造新的辉煌。

新疆三宝乐农业科技开发有限公司

新疆三宝乐农业科技开发有限公司是由新疆阜北农工商联合企业公司、日本三宝乐啤酒株式会社、日本丰田通商株式会社共同出资组建而成。主要从事香型啤酒花的科研、生产、加工和国际贸易以及瓜菜良种繁育。

自1987年创业以来，我们以向顾客提供安全绿色的高品质啤酒花及制种原料为根本，以雄厚的科研开发能力为后盾，拥有一支高效专业的农业技术人才团队及一套先进的农业生产管理系统。2010年多次荣获国内外知名酒厂颁发的最佳供应商奖及产品质量免检优质奖。我们一直在全球范围开展业务，目前拥有两个品种商标及品种注册的专利权、储备50多种啤酒花新品系，每年都有10多个酒花新品系问世。

旗下“札一”（SA-1）高级香型啤酒花品种作为国内唯一的高级香型啤酒花品种，可与世界著名的优质香型酒花捷克“萨兹”相媲美。“札一”产品70%出口日本、欧美、东南亚国家。同时，随着国内各大啤酒集团对“札一”的了解和试用，“札一”国内销售量也逐年攀升，行情日渐看好。

旗下“马克 •波罗”超高α酸苦型啤酒花是在美国开发的啤酒花品种，由我公司在国内独家生产和销售。该品种α酸含量高，香气浓烈、愉快，综合农业性状优良，在国内苦型酒花行业中处于领先水平。

公司从93年开始，以定单委托生产、土地租赁生产、土地入股等方式先后在南北疆多个农牧团场建立了近20000亩酒花园基地及近3000亩外繁制种基地。按GAP（良好农业操作规范）管理为公司提供稳定的原料。且我公司是国内唯一拥有自建冷库的啤酒花公司，3000平方米冷库保证了啤酒花原料及酒花制品的优良贮存条件，并拥有自己的酒花烘烤厂房，为公司酒花产品的加工保鲜保存提供优质的场所。

公司从1993年至今连续被国家、自治区、兵团评为外商投资双优企业和履行社会责任优秀企业，是农业产业化兵团重点龙头企业。1998年以来被海关认定为A类企业。公司是业内唯一获得绿色食品认证、ISO9001质量体系认证、HACCP食品安全卫生认证、ISO14001环境管理体系认证以及出口食品卫生注册许可证的企业。

作为亚洲地区规模最大的香型酒花出口基地，公司将本着以农业为中心的方针，依托新疆自然优势和丰富的特色农业资源，充分发挥外向型企业优势，做精做强啤酒花产业，积极扩大良种繁育规模，实施相关产品多元化战略，使企业成为集科研、种植、农产品加工、国际国内贸易的 “科、农、工、贸”四位一体的现代化农业企业。

济南麦稷为曲骨 趵突精髓化酒魂

——济南趵突泉酿酒有限责任公司

济南趵突泉酿酒有限责任公司坐落在风景秀丽的济南后花园——仲宫镇，南依泰山，北临黄河，山清水秀，气候宜人，为酿酒创造了得天独厚的自然环境。

公司是山东省粮食酒重点生产企业，酒文化底蕴深厚，酿酒历史悠久，始创于370年以前的明崇祯年间的富泉酒店，1958年收为国有，建成历城仲宫酒厂；1986年更名为济南酿酒厂；1999年改制为济南趵突泉酿酒有限责任公司。企业拥有员工900余人、资产6亿元，年产商品白酒10000吨，销售收入5亿元。企业下设控股公司：济南泉华包装制品有限公司，产品涉及白酒、印刷、食品包装等领域，被国家统计局列入“中国白酒工业百强企业”。

企业技术力量雄厚，生产设施先进。其技术中心是山东省级企业技术中心，拥有行业内最先进的冷冻过滤技术、微机勾兑及色谱分析系统。拥有国家级评酒员4人、省级评酒员5人、山东省首席技师1人、济南市首席技师2人及多名酿酒师在内的技术专家队伍，具有较强的技术创新和产品研发能力。

主导产品“趵突泉特酿”先后荣获“济南市市酒”、“山东省名牌产品”、“山东省著名商标”、“山东省白酒行业十大品牌”等多项荣誉称号，“趵突泉”2005年被认定为“中国驰名商标”，这也是山东省白酒行业的第一个驰名商标，2007年被商务部认定为“中华老字号”，2009年9月“仲宫白酒传统酿制技艺”被列入山东省人民政府公布的第二批省级非物质文化遗产名录。2004年推出的54度“趵突泉芝麻香”型白酒，在第三届苏鲁豫皖白酒峰会上荣获“风格金奖”，一举成为芝麻香型白酒生产企业的旗帜性代表，2009年9月被中国酿酒工业协会授予“中国低度浓香型白酒著名企业”称号。

企业以“贡献国家、造福社会、回报股东、富裕职工”为宗旨，坚持“内严管理、外拓市场、争创名优、势夺高效”的治厂方针，以质量求生存，以市场求发展，使“趵突泉”品牌逐步成为消费者认知的高档名牌。

全力打造“鄂尔多斯”名酒品牌

——鄂尔多斯酒业集团公司

一、鄂尔多斯酒业集团跨越式发展，实现从量到质的飞跃

近年来，鄂尔多斯酒业以科学发展观为指导，以资源优势为依托，坚持文化引领和市场营销，加强品牌建设；以结构调整为主线，加快技术改造和资源整合，促进产业优化升级；加强自主创新，培育新的增长点，实现鄂尔多斯酒业又快又好发展。内蒙古鄂尔多斯酒业集团有限公司是万正投资集团成员企业之一。万正投资集团是中国民营企业500强，集团产业涉及城市基础设施投资与建设、房地产开发、路桥建设与经营、酒业、建筑、园林绿化、装饰装潢、商贸、金融、建材等，现拥有成员企业20家，总资产120.7亿元，员工3000多人，白酒产业是集团的主导产业之一。“鄂尔多斯”白酒为内蒙古名酒，创牌于1953年，至今已走过近60年的风雨历程。内蒙古鄂尔多斯酒业集团有限公司为中国酿酒工业百强企业，是内蒙古食品行业的重点骨干企业。

“鄂尔多斯”牌白酒为内蒙古著名商标，“鄂尔多斯”清香型白酒是中国北方清香型白酒的典范。鄂尔多斯系列白酒具有悠久的酿造历史和深厚的酒文化内涵。目前，公司年白酒生产能力可达2万吨，鄂尔多斯酒业始终坚持纯粮酿造，固态发酵，选料考究，是以优质高粱、大麦、豌豆等为原料，多种微生物共酵精酿而成。鄂尔多斯酒整个生产工艺严格按照ISO9001国际质量标准进行。既秉承传统酿酒工艺，又融合现代科技手法，是汇集多位酿酒大师智慧的精心之作。工艺先进，自然老熟，具有酒香醇正，柔和清爽，绵甜幽雅，追求健康的独特风格，产品深受消费者欢迎，畅销区内外。“鄂尔多斯敬酒”、“鄂尔多斯贡酒”连续多年被内蒙古人民政府评为“内蒙古名牌产品”。尤其是公司主导产品“鄂尔多斯敬酒”连续多年来在清香型白酒市场占有率为内蒙古第一。创新营销战略，成就了鄂尔多斯酒业每年都以上亿元的速度稳步增长。目前，公司年销售额已突破5亿多元，成为地方年上缴税金超亿元纳税大户。

鄂尔多斯酒业的发展赢得了市场上的广泛认同。近年来，企业取得了一系列骄人的业绩，先后荣获 “全国重合同守信用单位”、“内蒙古自治区质量先进单位”、“内蒙古自治区先进私营企业”、中国农业银行“AAA级信誉企业”、“内蒙古自治区酿酒行业经济效益先进企业”、“全国酒类产品质量安全诚信品牌”等多项殊荣。2003年“鄂尔多斯敬酒”荣获全国白酒质量优秀产品奖；2005年集团被评为首届“内蒙古最受尊敬企业”，同年又荣登“中国成长企业百强第八名”；2006年“鄂尔多斯敬酒”荣获“草原美酒第一品牌”称号；历年来被内蒙古自治区消费者协会评为“消费者推荐产品”；鄂尔多斯白酒被认定为“改革开放30年内蒙古自治区最具影响力品牌”称号；2009年鄂尔多斯酒荣膺“第十一届亚洲艺术节指定用酒”；2010年鄂尔多斯牌系列白酒荣膺“鄂尔多斯国际那达慕大会节指定用酒”；鄂尔多斯酒业公司连续多年被内蒙古自治区消费者协会授予“诚信单位称号”、授予“鄂尔多斯”系列白酒产品为“推荐商品称号”；“鄂尔多斯贡酒”被自治区人民政府授 “内蒙古名牌产品称号”。随着鄂尔多斯市地方经济的迅猛发展，人民生活水平不断提高的需求，鄂尔多斯酒业以规模化促进效益化，引进自动化促成现代酒厂的大发展、大繁荣；做大做强企业，这必然是市场的大势所趋和消费群体的人心所向。

二、奏响地域产业结构协调发展曲，为地方经济发展做贡献

大背景下的发展契机。目前，国内白酒行业的年销售额超过1000亿人民币，白酒品牌也呈现出多样化的态势。东胜制酒厂是鄂尔多斯市第一家工业企业，从上世纪50年代到90年代，其承担着全市主要税收和就业业务，企业为地方财政的贡献曾一度达到四分之一。1997年国营东胜制酒厂转制为民营企业，鄂尔多斯酒业公司宣告成立，开创了鄂尔多斯乃至内蒙古私营企业转制的先河。一个负债累累、濒临倒闭的老企业起死回生，并连续三年成为自治区第一纳税大户。酒业集团迈出从一元化向多元化发展的道路。近几年来，鄂尔多斯酒产销两旺，从1998年至今，近十年来酒业公司向国家上缴税款增长20倍，鄂尔多斯酒业公司被列为中国饮料制造业纳税百强企业第49位。企业在蓬勃发展的实践中，不忘回馈社会。近年来，集团在赈灾、扶贫、教育、文化事业、住房、医疗卫生等各类社会公益事业中累计投入5亿多元。2010年10月，万正集团荣登中国民营企业500强第321位。企业经营思路转化，发展战略改变时，寻求新的市场机会，塑造新的品牌，诉求新的文化理念和品牌主张，快速切入目标市场，完成企业凤凰涅磐，浴火重生的转机，实现企业利润的多元增长。

三、打造民族品牌，推动鄂尔多斯酒业实现大跨越

2010年白酒工业园区项目的启动，对于推进鄂尔多斯结构转型，推动集团科学高效集约发展，塑造民族品牌，开启食品工业旅游有着重要的意义，遵循了与时俱进，科学发展、全面共赢的路线。

（一）规划高起点，建设高标准

为了继续做大做强鄂尔多斯酒这个民族品牌，我们按照“规划高标准、建设高起点、产品高质量”的原则，建设和引进国内外一流的生产技术、将鄂尔多斯酒业建设成环境优美、文化厚重，具有极大吸引力和品牌效应的现代化酒业园区。正在紧锣密鼓建设的项目总投资70亿元，首期投资35亿元的鄂尔多斯酒业园区一期工程已于2010年5月份破土动工。新酒业园区总占地面积5000亩，工程计划在两年内完工，将鄂尔多斯酒业建成国内乃至国际一流的现代化生态酿酒园区。项目完工后，预计实现白酒年产量20万吨。新建鄂尔多斯酒业园区是集酒类产品贸易、商务办公、信息交易、货物运配、物流仓储、旅游观光及生活辅助等多种功能复合的综合性园区。

（二）围绕白酒生产加工主枢纽，大力发展涉酒关联产业

鄂尔多斯白酒工业园区为鄂尔多斯市工业旅游业增色添彩，将呈现出五个方面亮点：

一是新的白酒工业园区将突出“绿色”与“文化”两大主题，从产业链推进白酒低碳化，促进了农业结构调

整。企业通过建立高粱基地为农村提供科技含量高的优良红高粱种子和资金支持，促进了农业结构调整，从酿酒源头，到生产过程，以及废弃物的综合利用等，将整个产业链纳入低碳发展与循环经济，从而带动传统农业向低碳、循环、生态等现代农业方向的转变。将建成环境优美、文化厚重、极富魅力和影响力的国家一流现代化酿酒工业园区；二是宏伟的储酒灌区和先进的生产设备、现代化的白酒灌装生产线，白酒生产的高度机械化和自动化将成为展示鄂尔多斯现代工业园区形象的崭新窗口。加强研发创新，提高产业核心竞争力，实现传统酿造工艺与现代科技的融合，在关键技术上进行创新突破，开发出具有独特风味和时尚健康的白酒新产品。游客可以参观到从产品研发、原材料供应、生产、制作工艺，到出产品的全过程。届时将开启“白酒体验式消费模式”，通过现场参观，消费者对酒业标准化的作业流程、严格的质量控制以及高生产效率会留下深刻的印象，并从中了解到白酒生产的一些知识；三是建设“鄂尔多斯酒文化博物馆”，该馆将收藏历代酒器，展示白酒酿造工艺流程以及当地酒文化民俗风情等；四是物流园区等基础项目发挥新的魅力，将继续打破物流瓶颈制约、提升地区综合保障能力。新建酒业园区项目选址在鄂尔多斯市东胜区及康巴什之间，通过本项目的建设，将形成现代化的酒类产品生产物流中心，可以为地区的产业发展提供平台，为城市增加就业岗位；五是建设国家级工业旅游示范点。企业坚持文化引领与品牌创建相结合，深度挖掘鄂尔多斯酒文化，创建名牌产品，引导健康消费，注重社会责任。酒业园区与国家5A级旅游景区成吉思汗陵景区、响沙湾景区及康巴什新区等旅游资源有机地融为一体，此外，随着呼包鄂经济带的形成，可设计更多的旅游线路和项目，形成旅游产品的集约性供给。加强营销策略和宣传力度，进一步增强鄂尔多斯白酒在全国的影响力，实现企业利润的多元化增长。

未来几年，万正集团将坚持集中资源做大做强白酒主业，奋力拼搏，加快发展，争取早日进入中国白酒第一军团，为鄂尔多斯市经济做出更大的贡献。站在新起点上的鄂尔多斯酒业将以建设新酒业园区为契机，以科技为先导，靠品质创品牌，实现三产联动、综合开发、提升涉酒关联产业经济效益的同步增长。为打造中国名酒品牌，为实现“建设长寿企业”的宏大战略构想不断超越，为构建和谐社会，建立生产节约型、环保型企业，锦上添花！促进鄂尔多斯酒业实现又好又快发展进行不懈的努力！

知心知己枝江酒　共创共荣共辉煌

从1817年到2010年，“枝江”从酒朝嘉庆年间的“谦泰吉”古槽坊一路走来，稳健的步履跨越了三个世纪的风霜雪雨；从1978年到1998年，“枝江”伴随着中国改革开放历史进程，展露地方名酒的独特风采，走进北京中南海，让湖北人民引以为豪；从1998年到2010年，“枝江”沐浴着企业改制的时代春风，一路从容，一路高歌，走进中国亿万个家庭，以“中国驰名商标”和“中国新名酒”的品牌魅力，成为消费者所公认的中国最大的新名酒品牌，以“曲香窖香最秀雅”的风格特色，成为中国浓香型白酒的杰出代表。

今天的湖北枝江酒业集团，已经是一座气势磅礴的的现代化酒城。扼长江三峡之咽喉，得长江黄金水道之优越，享焦柳铁路、沪蓉高速、318国道和三峡国际机场之便利，携区位环境、地理资源、科技人才、技术实力、自有资金、企业规模等诸多优势，成为湖北省酿酒行业唯一的博士后产业基地、湖北省白酒行业唯一的酿酒工程技术研究中心和湖北省委省政府重点支持的大型白酒产业集群。

湖北枝江酒业集团厂区占地面积2000多亩，固定资产及品牌价值40多亿元，建筑面积200多万平方米，职工总数5000多人，拥有5000多个大型发酵窖池和40多条现代化灌装生产线，年产量12万多吨，位居“全国第三”，集团配套企业30多家，产品畅销全国20多个省400多个城市和广大农村，连续9年位居中国白酒十强。“枝江”先后荣获全国五一劳动奖状、全国质量管理先进企业、全国重合同守信用先进企业、中国十大新名酒、中国驰名商标、中华老字号、中国500最具价值品牌、中国民营企业500强等100多项国家级荣誉，以其卓越的成就、巨大的贡献成为地方经济发展和社会进步的领头雁。

湖北枝江酒业集团拥有各类专业技术人员313名，中高级技术职称人数46名，研究生9名，国家级白酒评委8名，国家级露酒评委2名，享受国务院特殊津贴的白酒专家2名，中国酿酒大师1名，湖北省酿酒大师1名，享受省政府特殊津贴的白酒专家2名，省级白酒评委25名，人才、科研和技术实力行业领先。

湖北枝江酒业集团改制11年来，累计上缴国家税金近20亿元，各项公益捐赠过亿元，年纳税额占枝江财政收入的28%以上，占枝江工商税收的40%以上，纳税额连续六年在宜昌市食品行业和县属企业排名第一，连续六年在湖北省白酒行业排名第一。

2009年，枝江酒业与维维股份成功实现战略重组，集团实力更加雄厚，现代企业管理更加规范，资本结构更加合理，市场竞争能力和规避风险能力进一步增强。2010年，枝江酒业集团销售达到52亿元，实现利税4亿多元，各项经济指标再创历史新高；根据枝江酒业“十二五”规划，2011年，湖北枝江酒业集团将继续保持20%以上的增长速度；到“十二五”期末，集团实现销售收入100亿元，上缴税金10亿元，其中白酒主业完成销售收入50亿元，上缴税金5亿元，继续保持在全国白酒行业的领先地位和重要话语权。

湖北省石花酿酒股份有限公司

石花是一个有着2000多年酿酒历史的古镇，南依荆山、西偎武当山、西南边便是神农架原始森林，北靠汉水，可谓是左右青山怀抱、四周碧水环绕，湖北省石花酿酒股份有限公司坐落在青山绿水环抱的老街中央。

从清朝同治九年（公元1870）创立的“黄公顺酒馆”算起，湖北省石花酿酒公司迄今已有140多年的历史。作为中国清香型白酒的龙头企业之一，著名的石花大曲曾经畅销全国十八个省、市和香港、澳门地区，并远销到马来西亚、新加坡等东南亚国家。“北有杏花、南有石花”之说至今流传中国白酒行业内外，百年老店弥久不衰，石花文化不断发扬光大。

进入新时期以来，以曹远亮为董事长的领导集体，对公司实行了股份制改革，树立“做高尚企业公民”的理念，确定了“关注民生、关爱消费者、关心经济发展和社会进步”和“为社会生产有价值、有品位的饮品，为家乡培育持续盈利、健康成长的企业，为员工提供实现小康生活的岗位和施展才华的舞台，为合作伙伴创造发展良机”的“三关四为”企业的神圣使命；开启了石花企业的文化复兴之旅，与国家文学组织缔结战略合作关系，将文化元素不断注入产品之中。并依托西楚霸王醉酒石花街的历史故事，开发出按百分之一比率提取、窖藏20年、原汁原浆70度的“中国高度•霸王醉酒”，在清香型白酒领域树起了一面耀眼的旗帜。霸王醉酒 2003年上市以来一直受到广大消费群体的青睐，2009年“中德发展高层（武汉）论坛”上，时任湖北省省长李鸿忠将“石花霸王醉”作为高级礼品赠送给德国前总理施罗德先生，使霸王醉酒以“湖北名片”的至尊地位，成为人们迎来送往和招待贵宾的首选佳品。

在省、市、县各级政府的关怀下，石花酿酒公司先后三次扩建，产能规模快速扩张。公司现拥有包括四川浓香型酿酒基地、石花老厂区酿酒基地、杨溪湾万吨白酒包装工业园基地、旭东生态原酒窖藏基地在内的四大基地，并不断引入先进的研发设备和一流的酿酒技术人才增强企业软、硬实力。公司上下厉兵秣马，励精图治，力争在“十二五”期间鼎立湖北，跨入中国白酒二十强行列。

2011年“石花霸王醉”广告登陆央视黄金时段，进军全国市场的网络布局全面铺开，公司将以海纳百川的胸怀和互利双赢的经营理念欢迎全国各地精英踊跃加盟，共同打开“合作、和谐、共赢”的财富之门。石花酿酒公司将在科学发展的道路上与社会各界携手合作，奋勇前行！

公司董事长曹远亮提出：将“产业石酒、责任石酒、文化石酒”作为企业的发展愿景，致力做强酿酒主业，让百年石花品牌得以传承，让民族产业绽放光彩。

成都长城川兴酒业有限公司

企业基本情况

成都长城川兴酒业有限公司位于成都近郊“中国传统白酒原酒生产基地”的崇州市。这里水美地肥，气候温润，人勤粮丰，交通便达。自古以来由于生态环境的陶冶和人文历史的传承，早就是天府之国内闻名遐迩的酒乡。成都长城川兴酒业有限公司的前身是成都长城川兴酒厂，隶属成都军区管辖。川兴从创建之日起，经过一代代军人的辛勤汗水，经过一批批劳模的无私奉献，企业规模不断扩大，业务拓展遍布全国。本世纪初遵照中央军委的指令，企业进行了改制，由军企改为民营，即成都长城川兴酒业有限公司。在董事长刘家能（四川省劳模、全军劳模、国务院特殊津贴获得者）的带领下，公司建有成都川兴和宜宾川兴（分公司）两个原酒生产基地，占地25万平方米，厂房面积9万平方米，发酵窖池5500条，员工近千人，年产浓香型为主的各类优质大曲原酒1.5万吨，储存能力2万吨，其中500～1000千克陶坛12000个，成品包装机械流水线4条，物流汽车26台套，自备铁路槽罐车20辆。至上世纪末，川兴酒业从原来不足50家客户迅速增至现在的170多家，是山东、河南、安徽、江苏等众多知名白酒企业的散原酒供应基地，优质品牌酒加工OEM基地。在行业中始终处于技术领先、质量过硬、品牌美誉度高、顾客满意度高、产销量和市场占有率名列前茅的龙头地位，由于企业良好的经营业绩，一跃成为四川省八大原酒企业之首。

经营理念为专业、诚信、务实、创新。质量方针：以顾客为中心，以质量为信誉，持续改进，增强顾客满意；以高品质的原酒，提升顾客的产品品牌，同时创立公司川酒第一原酒品牌形象。

生产经营状况

在生产经营中，公司始终坚持“质量第一”、“质量是企业的生命”的宗旨，持续改进公司质量管理体系。在采用国家标准的基础上，制定符合内控要求的企业标准。公司于1999年就通过了ISO9001质量管理体系认证，有力的保证了产品质量的稳定提高和标准化要求。在硬件上，配备完善了必要的质量检测设备，建立了高标准的质量检检中心。并在公司设立质管部，承担计量、检验、质量管理、食品安全等管理工作，从生产的原辅料检验、半成品的控制到成品检测全方位的进行跟踪，确保产品质量万无一失。通过企业标准化的运作，在技术、规模、节能降耗等方面走在了四川同行业的前列。2009年被省酒协评为四川省首家“浓香型大曲酒标准化生产示范企业”。

市场开拓

近年来，川兴酒业遵循科学发展观，充分利用传统白酒生产的优越微生态的区域优势，企业自身的质量优势、规模优势、人才优势，针对全国各地区不同的区域强势品牌企业对优质酒源的需求，大力开拓市场，销售量和销售额逐年增长。现公司业务已拓展至辽宁、黑龙江、河北、山东、河南、湖南、湖北、安徽、江苏、福建、云南、甘肃、新疆等多个省市自治区。使国内众多知名品牌酒有着川兴的基因，当看到各地域的强势品牌各领风骚时，公司在你发展我做强的梦想中微笑。现在川兴牌原酒已经开创了四川名牌原酒的先河，成为众多外省市企业知名品牌酒不可或缺的基础酒和调味酒。

品牌建设

在近40年的发展历程中，公司一直将品牌战略与质量管理作为企业发展的重中之重。在厚道做人地道做酒的原则指引下，公司靠质量、信誉、服务，开辟、培育和巩固市场。同时公司凭借着良好的经济效益，先后被评为“全国酒行业明星企业”、“全国食品行业质量效益型先进企业”及“守合同重信用企业”等等。“川兴牌”商标在2002年被评为“四川省著名商标”、2008年被评为“成都市著名商标”。2006年公司在全川的酿酒业中第一个提出了“创立川酒第一原酒品牌”的概念，从而有力的推动了四川原酒企业的发展，铸就了川酒以五粮液代表的六朵金花，以丰谷代表的二线品牌，以川兴代表的原酒三足鼎立之势。公司不仅在酿造精品，同时在酿造“诚信”；不仅在营销美酒，同时在营销“品德”。突破传统的品牌创新是川兴人不懈的追求。

技术创新

近年来公司不断加大产品研发及技术创新的力度，购置了近百万元的科研设备，并成立了酒研中心，专门从事科研及酒体设计工作。公司坚持双轮底发酵、回醅翻沙发酵、强化大曲技术、人工老窖培养技术、黄浆水有益成分的提取技术、多香型酒种融合勾调技术、新酒人工老熟技术的推广和应用，为川兴酿造出清亮透明、幽雅浓郁、丰满醇厚、尾净味长、风格独特的浓香型大曲原酒和调味酒，夯实了稳固的技术基础。近几十篇科技论文先后在《酿酒》、《酿酒科技》、《华夏酒报》等众多酒类报刊杂志上发表。同时公司还不断加大与同行业的学习和交流，2009年由省酒协组织的四川省浓香型大曲酒标准化生产示范企业试点工作会在公司顺利召开，公司也毫无保留的将自己的标准化生产工艺向全省近200家酒类企业进行推广，得到了省领导、白酒专家及同行业的一致好评。现目前公司正联合四川省“六朵金花”、丰谷等国内知名白酒企业申报中国白酒金三角（川酒）地理标志产品保护，充分发挥公司的技术优势，积极参与国家标准及浓香型白酒生产技术规程的制定工作。

产品质量控制

质量是企业发展的根本保证。公司按ISO9001：2008标准建立的质量管理体系，涵盖了公司产品和服务所涉及的所有部门及过程，使整个公司的过程活动和管理服务工作均处于严格的监控之下。由于白酒属于含有乙醇的饮料，除理化、卫生指标要达标外，最重要的是口感。为保证公司产品质量，每一批产品在出厂前都有专门的尝评人员进行感观判定，从色、香、味、格上严格把关，有时甚至得到顾客的口感认可后方可发货。严格的内部监控确保了公司产品质量的长期稳定，国家相关部门历次质量监督抽查中，无不合格现象发生。几年来也从未发生一起质量事故及重大顾客投诉。2010年公司散原酒交付合格率达到100%，理化指标符合国家标准要求、卫生指标远远高于国家标准，企业的质量目标得到了充分实现。

人才队伍建设

川兴酒业在追求专业技术领先、优质的产品和服务、卓越绩效的同时，继承、发展并形成了具有企业自身特点的企业文化，并努力建设与之相适应的人才队伍。公司围绕招聘、培训、薪酬、考核四个方面着力提升和加强：一是公司人力资源管理体系的建立和完善。通过构建人力资源管理体系和信息化管理系统，及时掌握、收集和分析整体的人力资源状况，有效地配置、优化公司整体的人力资源；二是积极开展薪酬制度建设及社保工作。通过建立系统、规范的薪酬管理办法，促使公司薪酬制度更趋合理、更加科学有效，通过全员参保稳定了员工队伍，提高了工作积极性，维护了员工的利益；三是建立起各职能部门及员工的绩效考核机制，对推动职能部门高效工作、持续改进提升，均起到了有效的促进作用；四是加强人才招聘和培训工作，统一对外人才招聘办法，建立健全相关规章制度。把市场一流的培训机构引进来和把各级不同层次的人才送出去，进一步加强对公司各类人才系统化、规范化和科学化的培训。目前公司有以中国酿酒大师孙庆文为首的各类专业技术人员60多人，分别从事酿造、制曲、勾调、检测、机械、能源、计算机、质管等方面的工作。其中有白酒国家评委2名，省评委5名，酿酒高级工程师4名，酿酒高级技师11名，高级检验师4名和许多高级酿酒工，形成了层次丰富、领域广泛的人才梯队。

公司定会以机制的先进、管理的严细、科技的优势、产品的上乘，在社会主义市场经济的竞争激流中，乘势扬帆，与顾客互惠互利，与消费者相亲以共。“路漫漫其修远兮，吾将上下而求索”。品牌和质量的道路只有起点没有终点，公司将始终沿着这条道路坚定地走下去，这也是所有川兴人共同的心声和愿景。

烟台南山庄园葡萄酒有限公司

烟台南山庄园葡萄酒有限公司是南山集团公司于2001年投资2亿人民币，在国家AAAAA级旅游风景区内兴建的一所集葡萄种植、葡萄酒酿造、葡萄酒文化和旅游观光于一体的大型现代化、庄园式的葡萄酒生产企业。

公司厂区占地5万多平方米，生产车间4万多平方米，地下酒窖1万平方米。整个生产车间全部采用钢筋框架结构，宽敞明亮，清洁舒适。现有职工112人，其中有中高级酿酒师10名，国家级葡萄酒评委1名。大专以上学历占31%。公司年设计生产优质系列葡萄酒3万吨，白兰地5千吨。

为生产出高质量的产品，公司首先从葡萄基地抓起，选择国际著名的适合本地区气候条件的蛇龙珠、赤霞珠、梅鹿辄、贵人香、雷司令、霞多丽等葡萄品种，从葡萄园的夏季管理，病虫害防治，施肥管理等方面严格按照绿色食品基地的管理办法，积极和农业技术推广中心合作，对基地实行信息化管理，力争使每款葡萄酒能追溯到原料的产地来源。并从意大利、德国、法国引进一系列国际上最先进的葡萄酒、白兰地生产设备。如全自动卧式旋转控温发酵罐、立式自动循环控温发酵罐、真空气囊压榨机、高速离心过滤机、酒石连续冷稳定处理设备、夏朗德壶式蒸馏釜、法国进口橡木桶等；有意大利一条12000瓶/小时的全自动灌装生产线，该生产线从上瓶、洗瓶、灌装、压塞、检验、封帽、贴标、喷码、纸箱成形、装箱、封箱、打垛等工序全部实现自动化，这是目前国内葡萄酒行业中配套最齐全的全自动化葡萄酒灌装流水线之一。高品质的原料、先进的生产设备及雄厚的技术力量为生产优质、高档的产品奠定了坚实的基础。

南山庄园始终致力于葡萄酒文化宣传及市场培育，并以市场为导向，大力研究开发中、高档葡萄酒。目前拥有多元化的产品，迎合了不同档次消费者的口味与喜好。先后开发“南山庄园”牌干红、干白系列产品三十余种，主要包括赤霞珠系列干红、蛇龙珠系列干红、解百纳系列、霞多丽干白、雷司令干白等。近几年与澳大利亚合作，推出高端产品“万提诺系列”。该酒系由澳大利亚著名产酒区巴罗莎谷的优质葡萄——西拉精酿而成。香气馥郁优雅，口感醇厚饱满，彰显尊贵典雅。

本公司以诚信开拓市场，以质量打造品牌。坚持稳步发展之路，高标准、严要求、重质量、抓管理。先后顺利通过了ISO9001、ISO14001、HACCP管理体系认证；南山庄园系列葡萄酒先后荣获“绿色食品”及“山东省名牌产品”称号；“南山庄园”商标被评定为“山东省著名商标”。

荣誉只代表过去，未来需要我们共同把握，所有南山员工将凭着锲而不舍的南山精神和孜孜不卷的工作作风携手并进，树立南山庄园葡萄酒品牌形象，始终本着对社会、对行业、对消费者负责的心态，使之成为消费者完全信赖的中国驰名品牌。

曲阜孔府家酒业有限公司

“孔府家”——这一蕴含厚重儒家文化底蕴的品牌，具有独特的历史渊源和文化背景，坚持传统工艺与现代科技创新相结合，依靠稳定上乘的质量，一直被广大消费者所认可和喜爱。多年来，孔府家人牢牢固守“诚实守信”的经营理念，在市场经济的发展历程中划出了一道靓丽的彩虹。

曲阜孔府家酒业有限公司厂区占地面积40余万平方米，是山东省唯一获得国优奖牌的粮食酒生产厂家，现拥有高级工程师6人，工程师43人，国家级品酒师4人，省级品酒师16人。拥有美国安捷伦气象色谱仪2台，日本岛津色谱仪1台，日本岛津原子吸收分光光度计1台，检测水平在国内同行业处于领先水平。公司于2001年同时通过GB/T19001质量管理体系和GB/T24001环境管理体系认证，2010年先后通过了纯粮固态发酵标志认证和HACCP认证，2011年4月通过酒类产品质量等级国优认证。

“孔府家”是山东省最大的优质粮食酒生产基地之一，现拥有原生态窖池7000余个，2010～2011年增加不锈钢贮存罐50个，储存能力增加1万吨，现拥有陶缸、木酒海、不锈钢贮存罐等不同的储酒容器，优质基酒储存能力达到3万余吨。一直以来，孔府家酒秉承孔府传统酿造技艺，以天然、绿色的高粱、小麦、大米、糯米、玉米五种粮食为酿酒原料，采用人工踩曲，老五甑混蒸工艺，所酿原基酒均以独特的“府藏”方式长期贮存，最后由多位国家级酿酒专家品评勾调，培育了孔府家酒独特的“三香、三正”品质。通过对孔府家酒生产工艺特点研究和科技创新，融合儒家文化精髓，成功研制出儒雅香型白酒，创造性地实现了香型融合，具有“中庸为曲、和谐为基、浓清酱芝、四香合一”的风格特征，被多位专家称为白酒行业的一大创举。

自2007年以来，“孔府家”本着“和谐拼搏、开拓创新”的经营理念，投入巨资对包装车间进行了改造，新上六条国内先进水平的白酒灌装生产线，购置、更新了激光打码机、喷码机、冲瓶机、灌装机等包装设备，新投资纯净水生产线一条，保证了孔府家酒的勾调用水全部使用纯净水，提高了孔府家酒的内在质量。

孔府家酒承载着儒家文化“仁、义、礼、智、忠、孝、诚、信”的精髓。在孔府家人的经营理念中，不仅仅是将经销商当作伙伴，更重要的是将经销商当作家人，诚心以待，用真心、真情、真挚来实现公司与经销商合作的双赢。在经营的过程中，他们也一直秉承诚信之念。回顾孔府家公司近两年的发展，不难看出，诚心、诚信是孔府家人经营的灵魂。让客户体会到孔府家酒提供的不仅是稳定利润空间，更重要的是孔府家酒多年沉淀下来的文化品牌与诚信理念。

孔府家一直坚持将服务作为与经销商合作的首要前提，将服务看作与经销商合作的生命线。孔府家公司要求每一位市场营销人员都要把服务作为营销的忠实信条！及时跟进销售服务，及时解决市场的各种难题，及时提供强有力的服务保障，用完善、周到的服务搭建一个厂商共赢的平台，让卖孔府家酒的经销商都能挣钱，让卖出去的酒都能给企业带来利润。

在布局全国市场方面，孔府家全面调整产品结构，重点维护市场网络的健康发展，尤其是在拓展山东市场的动作上更是深思熟虑、未雨绸缪，用信誉、诚恳、实力打造出了强势品牌，把一个行业内大型企业的儒雅丰姿尽情地展现在了市场面前，显现出了一个企业的大家风范。

企业成长离不开社会，公司的壮大更是得益于社会，作为济宁市白酒行业的领头企业，孔府家践行了自身担负的社会责任。孔府家酒多年来十分关注慈善公益事业，无论是在辉煌期还是处在困难期，每年都拿出相当数额的款项资助贫困在校学生，特别是在每年大学新生入学前夕，为家境贫寒的录取学生及时送上助学金。2010年8月6日，济宁市慈善总会举办的孔府家酒业“牵手爱心助学”活动中，孔府家又捐献了数十万善款，资助了多名贫困大学生，并为资助的每位寒门学子送上一个爱心旅行箱，让他们带着家乡的爱心，顺利地踏入大学校门，体现了出了企业的大爱和社会责任感。2010年10月，“府藏孔府家”杯第二届“感动济宁”十佳人物颁奖典礼隆重举行，来自济宁市各地十位在岗位建功、见义勇为、热心公益、孝老爱亲等方面的先进人物接受了表彰。

近年来，曲阜孔府家酒业有限公司秉承“正德厚生，臻于至善”的企业核心价值观，始终不忘爱心奉献、回报社会，积极参加社会各项公益事业，做优秀企业公民，先后通过各种方式向慈善机构、贫困大学生及其他社会公益事业进行了累计100余万元的爱心捐赠，赢得了社会的良好赞誉，有力地助推了企业发展。

浙江塔牌绍兴酒有限公司

浙江荅牌绍兴酒有限公司是由浙江省粮油食品进出口股份有限公司投资创办的一家大型酿酒企业。公司地处鉴湖源头、中国绍兴黄酒产业基地，现年产黄酒4～5万千升，创税利8000万元，产品远销三十多个国家和地区，是中国黄酒出口量最大的企业。

塔，在中国文化中代表着坚持，不浮游于世；塔牌以塔命名，更以塔的精神鞭策自己。在黄酒规模化生产的今天，塔牌始终秉承“不求最大，但求最精”的经营理念，坚持古法酿制，坚持立冬开酿，恪守静默，顺应“天时、地气、材美、工巧”而酿，成就非现代黄酒世家典范。通过塔牌人的不断努力，塔牌现已成为全国最大纯手工黄酒酿制企业。

立冬，是绍兴黄酒开始投料发酵的日子，从立冬开始到第二年立春，整整一年里，只有这段时间最适合做黄酒。这称为“冬酿”。绍兴民间的风俗是在这天里祭祀“酒神”，祈求福祉。如何从这里挖掘出文化，继承文化，将黄酒酿造火热的生活与传统文化结合起来，酿造出别具一格的文化，这让塔牌人深深思考。为了传承和发扬这一习俗，塔牌从2006年起，在冬至之日每年举办绍兴黄酒开酿节。开酿节，依托民间风俗，再现了黄酒酿造的过程，将绍兴黄酒原生态酿造活动，活生生地展现在人们的眼前，展现了当代黄酒传人的风采，这既是民俗民风的展示，又是黄酒“活”的文化展示。开酿节其实就在酿造着黄酒文化，是黄酒酿造者和绍兴人民自己的节日。

塔牌绍兴酒坚守古法酿酒，但决不食古不化；坚持传统技艺，但决不否定现代科学技术；坚持传统理念，但决不墨守成规、固步自封。相反公司在绍兴酒的传承与创新上做了大量工作，这是因为塔牌对绍兴酒的传统酿制技艺有一个全面的认识，始终认为自然的产品是健康的。因而在实际工作上采取取其精华、去其落后，做到古为今用、洋为中用，推陈出新，坚持保护和利用、发展与弘扬并重，加强对绍兴黄酒传统酿制技艺及其文化价值的挖掘和阐发，维护和发展绍兴黄酒品质内涵和文化的基本元素，而最终目的是满足广大消费者对绍兴酒产品质量的要求。为此，塔牌绍兴酒积极引进科技人才，购置国外先进的检测仪器，成立酿酒技术研究所，以加强绍兴酒生产过程的品质控制；在原料控制方面，在安徽省最大的农场——白湖农场建立了粮食基地，以确保食品安全。建设粮食基地，塔牌是行业中最早开展这项工作的企业。

塔牌，经历了数十年的发展，从无到有，逐步形成规模，在黄酒行业中名列前茅，成就了黄酒业中一个不小的奇迹。塔牌的今天，源自于社会各界的大力扶持和帮助，源自于广大客户的鼎力支持，源自于塔牌人所秉持的远大理想和卓越努力。饮水思源，塔牌一直坚持通过各种方式回馈社会。多年来，塔牌积极倡导人道主义关怀，今年与残运会的倾力合作，更是塔牌精神的一次集中体现，把“博爱”、“大爱”写进企业文化和员工心田，展示了“以人为本”的企业诉求。

今天，塔牌人通过不懈努力，继承和发展精湛的绍兴黄酒酿制技艺，弘扬和发展塔牌独一无二的黄酒文化，书写更为精彩的篇章，塔牌的明天将更加绚丽多彩！

山东景阳冈酒业有限公司

山东景阳冈酒业有限公司座落在打虎英雄武松的故乡——阳谷县城紫石街，始建于1958年，现有员工1019人，其中各种专业技术人员120余人，厂区面积16万平方米，建筑面积10万平方米，具有年产1万吨粮食酒的生产能力，可生产浓香、酱香、兼香、清香四大系列近100个品种的产品。其中景阳冈陈酿酒（兼香型）为“山东省优质产品”，赖茆酒（酱香型）为“山东名酒”，景阳冈酒（浓香型）为“中国名牌商品”，2006年和2008年连续两次被评为“山东十大名酒”。景阳冈商标于2008年3月被认定为“中国驰名商标”，2009年6月景阳冈酒被评为“中国白酒十大品牌”，2010年1月又被评为“中国十大名酒”。

景阳冈酒源于《水浒传》，成于《金瓶梅》，两部古典文学名著，一个神威过人、英雄打虎的故事，造就了中国白酒行业中独树一帜的英雄酒文化。景阳冈酒传承上千载，历史文化底蕴丰厚浓重，早在宋代，就有人曾题诗西江月“造成玉液流霞，香甜津润堪夸。开坛隔壁醉三家，过客停车驻马。洞宾曾留宝剑，太白当过乌纱。神仙爱酒不归家，醉倒景阳冈下。”新中国建立后，景阳冈酒及酒文化得到进一步的发展和提升。共和国领袖、将军、文学家、历史学家、国学大师、酒界泰斗都曾题诗作赋，盛赞景阳冈酒。自上世纪八十年代以来，景阳冈酒一直作为山东省和聊城市的政务、商务用酒，在国内外具有较高的知名度和影响力。

景阳冈酒业秉承上千年的英雄酒文化，弘扬“人淳酒纯”的企业精神，恪守“先做人，后酿酒；做好人，酿好酒”的经营理念，坚持以景阳冈酒文化为支撑，以打造中国白酒金字招牌为目标，实施名牌战略，人才兴厂工程，狠抓技术、管理、体制创新，促进了企业健康稳定发展，自2002年至2005年，企业连续三年被评为“中国白酒工业百强企业”，2006年被评为“中国食品行业酒业影响力100强”，2007年又被中国食品行业协会评为“全国食品行业信誉评价AA级企业”和“山东省轻工业成长型先进企业”，2008年又被评为“全国食品安全示范单位”、“全国优秀龙头食品企业”。

景阳冈酒业始终坚持把消费者做为衣食父母，实施多赢的市场营销战略，对经销商“先做朋友，后谈生意”，既是经营上的合作伙伴，又是生死与共的朋友。共同打造景阳冈品牌，维护消费者利益。

湖南武陵酒有限公司

中国十七大名酒之一，湖南省唯一的中国名酒•武陵酒，历史源远流长，源自唐宋时期盛极一时的崔婆酒汲水之井——崔婆井。1952年，武陵酒公司的前身——原常德市酒厂在崔婆酒酿造的旧酒坊基础上建成，几经发展，1972年武陵酒的工程师在学习传统酱香白酒酿造工艺的基础上，自主创新研制出酱香武陵酒，1989年全国第五届评酒会上，与茅台、泸州老窖等一起荣获中国名酒称号并获得国家金质奖，从此结束了湖南没有“中国名酒”这一金字招牌的历史。

湖南武陵酒有限公司，现坐落于风景秀丽的常德经济技术开发区，厂区总建筑面积46000平方米，现有员工400余人，国家级品酒师、省级品酒师、高级酿酒师等各类专业技术人员80余人。历经半个多世纪的锐意发展，已成为一家集产品系列化、包装系列化和生产标准化的大型酒类生产企业，确立了“一体两翼”的多品牌战略发展规划，产品主要有酱香武陵酒——武陵上酱、武陵中酱、武陵少酱，浓香型武陵洞庭春色，兼香型武陵芙蓉国色等系列，涵盖酱香、浓香、兼香三大领域，公司先后通过了ISO9001：2008质量管理体系、ISO14001：2004环境管理体系、OHSAS18001：1999职业健康安全管理三大体系的认证。

2010年5月，武陵酒凭借卓越的品质和深厚的文化底蕴代表湘酒独家入驻上海世博会，谱写了湘酒与时俱进的新篇章。2010年9月，公司投资6.5亿元，在常德经济技术开发区征地1000亩新建万吨酱酒新基地，打造一流的生态工业园，扛起“湘酒”复兴的大旗，真正向让武陵酒成为名至实归的“中国名酒”的目标迈进！

一将一山河
酱酒将军 中国武陵
中国名酒 武陵
湖南武陵酒有限公司 ■ 湖南武陵酒销售有限公司
招商热线:0736-7316509 ■ http://www.wulingjiu.com

DRAGON SEAL®
龙徽葡萄酒
龙行天下 徽记至尊
龙徽庄园干红系列
Chateau 1910
DRAGON SEAL
龙徽庄园
庄园主私藏葡萄酒
北京龙徽酿酒有限公司
Beihjing Dragon Seal Wines Co.,Ltd.
2006
MIS EN BOUTEILLE A LA CAVE
龙徽庄园私藏干红葡萄酒
· 龙徽庄园主私藏葡萄酒
· 龙徽庄园主珍藏葡萄酒
· 龙徽庄园珍藏葡萄酒
北京龙徽酿酒有限公司
Beijing Dragon Seal Wines Co., Ltd.
地址：北京市海淀区玉泉路2号 邮编：100143
电话：010—88637208 传真：010—88635829
网址：www.dragonseal.com E-mail：info@dragonseal.com

中国驰名商标
中华老字号
China Time-honored Brand
国人的迎宾酒
迎駕貢酒 生态年份酒
10年·20年
迎駕貢酒
20
大驾光临喝迎驾贡酒
浓香型白酒

保健食品
卫食健字（2000）第0669号
中华人民共和国卫生部批准
華 HUA 佗 TUO
中华老字号
China Time-honored Brand
冠生园集团
荣誉出品
享受十全人生
华佗十全酒
HUATUO SHIQUANJIU
净含量：445mL
酒精度：24.5% vol
冠生园集团
上海冠生园华佗酿酒有限公司
华佗十全酒具有抗疲劳的保健功效
华佗十全酒
冠生园集团 上海冠生园华佗酿酒有限公司

人物篇

包括中国酿酒行业领域做出突出贡献的专家、学者、知名人士介绍，中国酿酒骨干企业中做出突出贡献的知名企业家、酿酒专家介绍。

张德芹

Zhang Deqin

YEARBOOK FIGURE

张德芹，男，汉族，1973年出生，贵州仁怀市人，中共党员，全国青联委员，中欧国际商学院在职研究生。现任中国贵州茅台酒厂有限责任公司副总经理，贵州茅台酒厂（集团）习酒有限责任公司董事长（法定代表人）、总经理、党委副书记。

1995年7月至2004年4月，进入贵州茅台酒股份公司从事生产管理工作，2004年4月至2010年5月，贵州茅台酒股份公司总经理助理兼酒库车间主任；2010年5月至今，任中国贵州茅台酒厂有限责任公司总经理助理，贵州茅台酒厂（集团）习酒有限责任公司董事长（法定代表人）、总经理、党委副书记。

中国酒业“仪狄奖”获奖名单
（个 人）

根据《中国酒业“仪狄奖”评选办法（试行）》和《关于开展首届中国酒业“仪狄奖”活动的通知》精神，全国各酿酒企业以及各省、自治区、直辖市酿酒工业（酒业）协会非常重视，并积极投入申报、审查和推荐工作，中国酿酒工业协会各分会以及评审领导小组分别对各地推荐的名单进行了初审和终审，并于2010年4月1～7日在中国酿酒工业协会网站上进行了公示，共评出19个集体奖、12个个人奖、5个特别奖。个人奖名单：

个人奖　卓越成就奖

刘树琪（山东省烟台市人民政府）
曲　喆（中粮酒业有限公司）
李怀民（北京顺鑫农业股份有限公司牛栏山酒厂）
杨廷栋（江苏洋河酒厂股份有限公司）
季克良（贵州茅台酒厂集团有限公司）
赵纪文（山东扳倒井股份有限公司）
孙利强（烟台张裕集团有限公司）
张晓阳（河南天冠企业集团有限公司）
李福成（北京燕京啤酒集团有限公司）
陈　林（宜宾五粮液股份有限公司）
金志国（青岛啤酒股份有限公司）
傅建伟（中国绍兴黄酒集团有限公司）

人力资源和社会保障部文件

人社部发〔2011〕28号

关于授予2010年度职业技能竞赛优秀选手全国技术能手荣誉称号的决定

各省、自治区、直辖市人力资源社会保障厅（局），新疆生产建设兵团劳动保障局，国务院有关部门（行业组织、集团公司）人事劳动保障工作机构：

为贯彻落实《中共中央办公厅国务院办公厅关于进一步加强高技能人才工作的意见》（中办发[2006]15号）和《国家中长期人才发展规划纲要（2010-2020年）》，进一步加强高技能人才队伍建设，我部会同有关部门组织开展了2010年全国职业技能竞赛系列活动。根据职业技能竞赛管理的有关规定，为表彰在2010年全国职业技能竞赛活动中取得优异成绩的选手，我部决定授予温石化等207名同志“全国技术能手”荣誉称号，颁发奖章、证书和奖牌。

希望受到表彰的选手以此次获得的荣誉为新的起点，戒骄戒躁，再接再厉，不断学习新知识，掌握新技能，创造新成绩，积极参与技术革新与项目攻关，更好地发挥传帮带示范引领作用。希望广大劳动者向受表彰的全国技术能手学习，立足岗位，刻苦钻研技术，努力提高技能水平，争做国家经济建设需要的高技能人才。希望各级人力资源社会保障部门、有关行业部门和社会有关方面，大力实施人才强国战略，切实加强职业培训工作，广泛开展职业技能竞赛活动，培养更多更好的高技能人才，为把我国建设成为人才强国做出更大贡献。

附件：2010年度职业技能竞赛获全国技术能手荣誉称号人员名单

中华人民共和国人力资源和社会保障部

二〇一一年四月二日

2010年度职业技能竞赛获全国技术能手荣誉称号人员名单

国家级二类竞赛

全国白酒品酒技能竞赛

代 春　四川省宜宾五粮液集团有限公司

郭 宾　四川省宜宾五粮液集团有限公司

沈 毅　四川郎酒集团有限责任公司

2010年全国白酒品酒技能竞赛获得全国“五一”劳动奖章荣誉称号人员名单

代 春　四川省宜宾五粮液集团有限公司

中国酿酒工业协会

关于授予在“‘赛诺杯’第二届全国啤酒品酒职业技能竞赛”中取得优异成绩的选手全国五一劳动奖章的说明

近年来，在举行的全国行业职业技能比赛中，涌现出一大批技术高超、技艺精湛的优秀技术工人。根据《中华全国总工会关于授予在全国行业职业技能比赛获奖选手“全国五一劳动奖章”的意见》，经向全国总工会申报，决定授予在“‘赛诺杯’第二届全国啤酒品酒职业技能竞赛”中获得第一名的选手，华润雪花啤酒（浙江）股份有限公司王江群同志全国五一劳动奖章。

希望王江群同志珍惜荣誉，再接再厉，不断创造新业绩，继续做出新贡献。希望全国酿酒行业广大职工以受表彰的同志为榜样，立足岗位，勤奋学习，刻苦钻研，不断提高技能水平，努力创造一流业绩，为加快转变经济发展方式，提高企业自主创新能力和竞争力，推动完成酿酒行业“十二五”规划各项目标任务，促进酿酒行业又好又快发展做出新的更大的贡献。

中国财贸轻纺烟草工会

二〇一二年四月二十四日

中国酿酒工业协会 中国财贸轻纺烟草工会 文件

中酒协[2011]68号

关于表彰全国酿酒行业技术能手的决定

为深入贯彻党的十七大精神，落实党中央国务院提出的全面实施人才强国战略的要求，加快培养技术技能型、知识技能型行业高技能人才，进一步提升我国啤酒行业职工技术技能水平和整体素质，努力建设一支适应现代化建设要求的酿酒行业高素质职工队伍。中国酿酒工业协会、中国财贸轻纺烟草工会、中国就业培训技术指导中心、中国轻工业职业技能鉴定指导中心共同举办了“赛诺杯”第二届全国啤酒品酒职业技能竞赛活动。

在“赛诺杯”第二届全国啤酒品酒职业技能竞赛中，广大参赛选手以精湛的技艺、过硬的作风，顽强拼搏、奋力争先，赛出了风格，赛出了水平，涌现出一批理论知识扎实、品评技能高超的选手。根据《关于举办“赛诺杯”第二届全国啤酒品酒职业技能竞赛的通知》（中酒协[2011]27号）精神，中国酿酒工业协会和中国财贸轻纺烟草工会决定，对在“赛诺杯”第二届全国啤酒品酒职业技能竞赛决赛中取得优异成绩的王江群等成绩排名前70名的选手，授予“全国酿酒行业技术能手”荣誉称号。

希望受到表彰的同志珍惜荣誉，再接再厉，不断创造新业绩，继续做出新贡献。酿酒行业广大职工要以获得“全国酿酒行业技术能手”的同志为榜样，学习他们爱岗敬业、刻苦钻研、拼搏进取、争创一流的精神，不断提高职业技能水平，主动适应科学技术日新月异的新形势和行业发展的需要，为加快转变经济发展方式，提高企业自主创新能力和竞争力，推动完成酿酒行业“十二五”规划各项目标任务，促进酿酒行业又好又快发展做出新的更大的贡献。

附件：全国酿酒行业技术能手名单

中国酿酒工业协会　中国财贸轻纺烟草工会

二〇一一年十一月二十三日

全国酿酒行业技术能手名单

（先后顺序以选手成绩排列）

名次	选手编号	姓名	工作单位
1	157	王江群	华润雪花啤酒（浙江）股份有限公司
2	090	朱　蕾	青岛啤酒二厂
3	041	刘　群	华润雪花啤酒（天津）区域公司
4	141	田宗奇	华润雪花啤酒（四川）有限责任公司
5	110	王海霞	青岛啤酒股份有限公司
6	038	华玉苍	青岛啤酒（马鞍山）有限公司
7	064	霍爱明	宣化新钟楼啤酒有限公司
8	095	张学军	金星啤酒集团有限公司
9	109	李艳华	华润雪花啤酒（江苏）有限公司
10	152	张　红	重庆啤酒股份有限公司
11	161	刘旅途	华润雪花啤酒（浙江）股份有限公司
12	065	程　巍	华润雪花啤酒（大连）有限公司
13	102	单连菊	青岛啤酒股份有限公司
14	120	韩袁星	湛江珠江啤酒有限公司
15	073	伍　宇	华润雪花啤酒（德阳）有限责任公司
16	083	董吉亮	山东新银麦啤酒有限公司
17	081	陈代碧	华润雪花啤酒（甘肃）有限公司
18	115	劳玉和	燕京啤酒（桂林漓泉）股份有限公司
19	180	阮志武	英博雪津啤酒有限公司
20	144	刘　兵	五大连池宝泉啤酒饮品有限责任公司
21	105	黄平安	华润雪花啤酒（湖南）有限公司
22	089	杨　涛	华润雪花啤酒（广东）有限公司
23	086	朱清华	青岛啤酒第五有限公司
24	163	何镕均	燕京啤酒（玉林）有限公司
25	139	贺　宁	燕京啤酒（衡阳）有限公司
26	044	陈　静	中比啤酒（苏州）有限公司
27	128	李桂玲	山东新银麦啤酒有限公司
28	122	丁元菲	吉林省四平市金士百啤酒股份有限公司
29	178	满　成	烟台啤酒青岛朝日有限公司二分厂
30	177	左　頔	华润雪花啤酒（中国）有限公司
31	082	逄明春	青岛啤酒厂
32	059	姚　雷	广东燕京啤酒有限公司
33	003	国　强	北京燕京啤酒股份有限公司
34	030	姜　伟	青岛啤酒(济南)有限公司
35	187	黄敏华	广州珠江啤酒股份有限公司
36	137	姚　进	华润雪花啤酒（舒城）有限公司
37	117	敬润德	华润雪花啤酒（绵阳）有限责任公司
38	054	钟丽琴	广州珠江啤酒股份有限公司
39	127	王　娟	青岛啤酒上海松江有限公司
40	051	孟先霞	金星啤酒集团有限公司

名次	选手编号	姓名	工作单位
41	094	孟雅男	青岛啤酒二厂
42	099	苏永福	山东新银麦啤酒有限公司
43	133	徐钰倩	华润雪花啤酒（上海）有限公司
44	149	夏　帆	华润雪花啤酒（武汉）有限公司
45	048	刘　莹	百威英博（台州）啤酒有限公司
46	046	乐宗燚	青岛啤酒（马鞍山）有限公司
47	023	王　欣	北京燕京啤酒股份有限公司
48	121	孙　晨	华润雪花啤酒（秦皇岛）有限公司
49	053	周胜银	华润雪花啤酒（安徽）有限公司
50	058	齐保卿	青岛啤酒（寿光）有限公司
51	072	陈晓瑜	百威英博雪津（三明）有限公司
52	148	陈忠兴	英博雪津啤酒（南昌）有限公司
53	176	尉　燕	新疆乌苏啤酒有限责任公司
54	050	郭彩萍	青岛啤酒（石家庄）有限公司
55	010	陆幼兰	广州珠江啤酒股份有限公司
56	181	胡海明	华润雪花啤酒（黑龙江）有限公司
57	018	张晨微	吉林省四平市金士百啤酒股份有限公司
58	006	赵　靖	北京五星青岛啤酒有限公司
59	087	刘东光	四川燕京啤酒有限公司
60	151	岳　鹏	燕京啤酒（曲阜三孔）有限责任公司
61	155	张玉广	燕京啤酒（曲阜三孔）有限责任公司
62	138	刘燕兰	青岛啤酒四厂
63	150	陈　君	广州珠江啤酒股份有限公司
64	078	杨君华	青岛啤酒宝鸡有限责任公司
65	097	孙　岗	华润雪花啤酒（黑龙江）有限公司
66	154	高　丽	青岛啤酒西安汉斯集团有限公司
67	101	李劲松	华润雪花啤酒（呼伦贝尔）有限公司
68	145	蒋　震	华润雪花啤酒（无锡）有限公司
69	118	龚　黎	青岛啤酒汉中有限责任公司
70	113	史政秋	华润雪花啤酒（辽宁）有限公司

2011年度职业技能竞赛获全国技术能手荣誉称号人员名单

国家级二类竞赛

全国啤酒品酒技能竞赛

王江群　华润雪花啤酒（浙江）股份有限公司

朱　蕾　青岛啤酒二厂

刘　群　华润雪花啤酒（天津）区域公司

中国酿酒工业协会

中酒协〔2011〕45号

关于授予孙明波等四十三名同志第二届『中国酿酒大师』荣誉称号的决定

近年来，全国酿酒行业广大职工在党中央的带领下，顽强拼搏、开拓创新，创造了辉煌的业绩，涌现出一批高素质、技术水平高超的行业带头人。为了调动全行业广大职工的积极性，加快酿酒行业人才培养，共同推动酿酒行业的可持续发展，经中国轻工业联合会批准，中国酿酒工业协会决定授予孙明波等四十三名同志第二届『中国酿酒大师』荣誉称号。希望荣获第二届『中国酿酒大师』荣誉称号的同志谦虚谨慎，戒骄戒躁，再接再厉，以此为新的起点，在酿酒行业和社会经济发展中继续发挥中流砥柱作用，再创光荣业绩。

希望全国酿酒行业广大职工以这些同志为榜样，开拓进取，扎实工作，努力创优争先，为推动我国酿酒行业健康发展贡献更多的力量。

中国酿酒工业协会

二〇一一年十月十日

第二届中国酿酒大师名单

（按姓氏笔画排序 ）

姓名	单位名称
丁德杭	中国贵州茅台酒厂有限责任公司
于吉广	北京红星股份有限公司
于秦峰	山东即墨妙府老酒有限公司
马锦华	安徽双轮酒业有限责任公司
尹吉泰	中法合营王朝葡萄酿酒有限公司
乔天明	四川剑南春集团有限责任公司
刘自力	中国贵州茅台酒厂有限责任公司
刘树琪	山东省酿酒葡萄科学研究院
刘胜华	劲牌有限公司
孙庆文	成都长城川兴酒业有限公司
孙西玉	河南省张弓酒业有限公司
孙明波	青岛啤酒股份有限公司
宋书玉	邯郸市永不分梨酒业有限公司
张宿义	泸州老窖集团有限责任公司
张葆春	烟台张裕集团有限公司
李　净	湖北枝江酒业股份有限公司
李　季	华润雪花啤酒（中国）有限公司
李家民	四川沱牌集团有限公司
杜小威	山西杏花村汾酒厂股份有限公司
杨廷栋	江苏洋河酒厂股份有限公司
邹慧君	浙江古越龙山绍兴酒股份有限公司
陈小波	中粮华夏长城葡萄酒有限公司

姓名	单位名称
岳国君	中粮生化能源事业部
战　胜	烟台啤酒青岛朝日有限公司
胡建飞	燕京啤酒（桂林漓泉）股份有限公司
胡金成	江苏大富豪啤酒有限公司
赵东	宜宾五粮液集团有限公司
赵纪文	山东扳倒井股份有限公司
赵志昌	黑龙江省富裕老窖酒业有限公司
钟俊辉	华润雪花啤酒（中国）有限公司
倪永培	安徽迎驾贡酒有限公司
唐圣云	宜宾五粮液股份有限公司
夏兰武	百威英博啤酒投资（中国）有限公司
徐勇辉	新疆伊力特实业股份公司
黄建勇	四川水井坊股份有限公司
董建军	青岛啤酒股份有限公司
董鲁平	上海金枫酒业股份有限公司
蒋英丽	四川郎酒集团有限责任公司
雷　羽	海南椰岛（集团）股份有限公司
廖　昶	四特酒有限责任公司
熊小毛	湖北白云边酒业股份有限公司
潘兴祥	浙江塔牌绍兴酒有限公司
戴永全	北京燕京啤酒集团有限公司

第二届中国酿酒大师简介

丁德杭

1950年出生，汉族，中共党员，现任中国贵州茅台酒厂有限责任公司党委委员、董事、副总经理；曾任贵州茅台酒厂副厂长。

主要业绩

率先在企业推行全国质量管理，主持及参与了《质量手册》、《质量体系程序文件》、《质量管理标准化》、《质量保证手册》的制订；担任组长，负责对企业内部三大质量（产品质量、工序质量、体系质量）审核标准的制订；1995年主持起草了建立现代企业制度方案，获得省政府审批并实施；起草了『标准化工作管理办法』、『方针目标管理制度』、『质量责任制』、『QC小组活动细则』等十几项企业主要管理标准；起草制订了『茅台酒乳白玻璃瓶』、『茅台酒纸箱』、『茅台酒商标』、『茅台酒花盒』等主要包装材料技术标准，填补了包装材料长期无标准的空白。

主持企业推行ISO9000国际质量管理标准，经天津（长城）质量认证中心一次性审核认证成功，与其他人合著的《以全国质量管理为核心，综合运用现代化管理方法，永葆国酒声誉》获得贵州省企业管理现代创新成果一等奖，《发挥茅台集团优势，构建新的经营策略》获得中国改革实践与社会经济形势社科优秀成果二等奖。曾撰写《保国酒美誉，促贯标延伸》等多篇论文。

于吉广

1957年出生，汉族，中共党员，第十一届全国人大代表。现任北京红星股份有限公司副董事长、党委书记、总经理；北京首都酒业有限公司总经理。曾任北京东郊葡萄酒厂副厂长、北京红星酿酒集团公司葡萄酒分公司、酒业分公司副经理、经理。

主要业绩

坚持以『科技是第一生产力』为发展理念，倾力推动企业技术进步，在他的倡导下，公司积极在酿造基础技术研究领域和新产品开发工作上配置资源。主持的『白酒灌装生产线技术改造项目』、『红星珍品千尊系列白酒工艺技术创新与应用』、『高酯化酶活性红曲霉及生香酵母在二锅头酒中的应用』等多项研究获得巨大成功。在“十一五”期间，实现了企业销售收入、利润翻番，构建厂生产经营新格局。

撰写多篇专业论文，获得过全国白酒行业生产技术与发展研讨优秀论文奖。

于秦峰

1962年出生，汉族，中共党员，现任山东即墨妙府老酒有限公司总经理、总工程师。曾任山东即墨黄酒厂研究所所长、质量科科长、副厂长、总工程师。

主要业绩

整理归纳即墨黄酒独特的酿造方法、制曲技术、酵母技术、该项技术被列为青岛市非物质文化遗产重点保护名录；发掘和整理『古遗六法』概念及糗糜法酿造技艺，推动了即墨黄酒这一传统产品的理论研究、继承发展。先后参与了山东即墨黄酒厂和山东即墨妙府老酒有限公司的创建、生产、管理工作；系统开展了中国北方传统黄酒生产工艺基础理论研究，全国首创中国北方有机黄酒，自主研发了活性多肽、低糖低醇等养生黄酒产品，并引进开发易拉罐自动加热技术，丰富了旅游产品市场。拥有9项个人发明专利。

于1991年和1995年获得原轻工业总会、山东省颁发的科学技术进步奖，2010青岛市质量工作先进个人，2010年山东省政府人社厅颁发的『山东省有突出贡献的技师』等荣誉称号。

马锦华

1954年出生，汉族，中共党员。现任安徽双轮酒业有限责任公司董事长。曾任安徽省高炉酒厂厂长、党委书记。

主要业绩

主持了《首批浓香型窖泥试验班组》项目，对高炉家浓香型白酒的微量香味物质醇类、醛类、有机酸类、酯类、缩醛类化合物以及芳香族化合物等进行分析，从大量有代表性的分析数据中得出统计规律，进而总结出分析对象的特征香味组分，为优质白酒的生产提供了理论指导和支持。

撰写《传承白酒文化：继承是基础，发扬是关键》等专业论文5篇，获得过全国白酒行业生产技术与发展研讨优秀论文奖。获得全国轻工系统劳动模范等荣誉称号。

尹吉泰

1963年出生，汉族，中共党员。现任中法合营王朝葡萄酿酒有限公司副总经理。曾担任车间主任、生产技术部部长、供应部部长、总经理助理等职务。

主要业绩

主持参与了多项科研项目，其中《高档干红葡萄酒酿造技术与原料设备保障体系的研制与开发》获国家科技进步二等奖，《王朝高档干红葡萄酒的开发》获天津市科技进步一等奖，研制的《王朝香槟工艺酒酿造技术的研究》获天津市科技进步二等奖，另外获得市级以上科技进步奖4项，市级以上技术创新优秀项目3项，科技成果3项。

撰写《耐低温耐酒精白葡萄酒酵母的选育》、《葡萄品种、产区及酿造工艺对酒中白藜芦醇的影响》、《专用酵母生产的玫瑰香葡萄酒风味特征分析》等多篇专业论文，拥有1项国家发明专利。获得『天津市食品科技先进工作者』等荣誉称号。

乔天明

1949年出生，汉族，中共党员，第十一届全国人大代表。现任四川剑南春集团有限责任公司董事长兼总经理。曾任剑南春集团有限责任公司常务副董事长、总经理、党委副书记。

主要业绩

在他的带领下，剑南春生产工艺列入国家非物质文化遗产名录。主持的剑南春『九八』技改工程，新建了目前国内单体最大的陶坛陈贮车间，使剑南春基础酒的生产能力跃居全国浓香型白酒生产企业的第二位。首创的『一低、二长、三高、四适当、五精作』剑南春经典特色工艺和多项技术攻关成果在中国白酒行业得到广泛的推广应用，并将自主研发的『年份酒挥发性系数鉴定法』科研成果无私向全行业公开、让全行业共享，这为规范中国白酒市场秩序、不断提升中国白酒品质、促进全行业技术进步作出了重大贡献。

撰写《中国白酒现状与未来》等专业论文6篇，拥有多项外观设计专利，获得过全国白酒行业生产技术与发展研讨优秀论文奖。著有《有效管理的智慧——剑南春之路》等著作。主持了《利用纳米技术发现白酒基因图谱》项目。享受国务院政府特殊津贴、『四川省统一战线抗震救灾先进个人』、『四川省劳动模范』等荣誉称号。

刘自力

1955年出生，汉族，中共党员。现任贵州茅台酒股份有限公司董事、总经理。曾任习酒有限责任公司董事长、总经理、茅台酒厂有限责任公司党委委员、董事。

主要业绩

主持了习酒大曲大罐及陶坛酒库工程、大坡酒罐房工程、大曲锅炉房改建工程、万吨酱香酒库、万吨制曲房、酱香片区取水工程、酱香习酒技改工程等多项大型技改、科技创新工程。并带领茅台习酒公司成功走出低谷，实现利润大幅增长。

撰写《企业在生产与经营中的诚信管理》等专业论文13篇，获得过全国白酒行业生产技术与发展研讨优秀论文奖。获得全国企业文化建设优秀领导者、全国诚信经营企业家等荣誉称号。

刘树琪

1957年出生，汉族，中共党员，硕士。现任山东省烟台市委常委、副市长，山东省酿酒葡萄科学研究所名誉所长，山东文化产业职业学院葡萄酒学院名誉院长。曾任蓬莱市市长、市委书记。

主要业绩

在蓬莱主政十年间，先后牵头主持制定了《蓬莱市葡萄与葡萄酒产业发展战略规划》、《蓬莱市关于加快优质酿酒葡萄种植基地建设的实施意见》、《蓬莱产区葡萄酒加工技术规程》等一系列文件、法规，积极策划和推动当地葡萄和葡萄酒产业的发展，坚持科技和人才是提升产品品质的理念，创建了山东文化产业职业学院葡萄酒学院，经过十年的努力亲自缔造了蓬莱葡萄酒产区，使蓬莱产区成为『世界七大葡萄酒海岸』，为蓬莱葡萄酒产业和中国葡萄酒业发展做出了卓越贡献。目前，蓬莱市标准化葡萄种植基地已发展到15万亩，拥有葡萄酒企业70余家，年产葡萄酒13万吨，被授予全国首个『中国葡萄酒名城』。

撰写《发展特色产业，促进县域经济》、《蓬莱——中国葡萄酒名城》、《我看中国葡萄酒业》等专业论文十余篇。获得『葡萄与葡萄酒行业杰出贡献奖』、『改革30年中国酒界领军人物』等荣誉称号，2010年，被中国酿酒工业协会授予『卓越成就奖』。

刘胜华

1970年出生，汉族，现任劲牌有限公司产品经理。1991年至今，在劲牌有限公司从事中药保健酒的产品研发、工艺开发、质量评价和技术管理工作。

主要业绩

主持完成了中国劲酒等6个保健酒产品的开发，累计为公司新增产值过十亿元，利税过亿元，满足了广大消费者的保健需求，社会效益显著；完成了劲牌公司保健酒渗漉工艺及2万吨的保健酒现代工艺设计与工程建设，实现了保健酒的工业现代化生产；承担并主持完成了5项省、市科技计划项目及高科技技术引导基金项目；主持完成的『中国劲酒指纹图谱的研究』项目通过省科技厅组织的专家鉴定，技术达到国际领先水平。

撰写《保健酒保质期的研究》、《大豆异黄酮与原花青素在韵酒中的稳定性研究》等专业论文多篇，拥有5项国家发明专利。获得『湖北省科技进步三等奖』、『黄石市有突出贡献专家』、『大冶市优秀专业技术人才』等荣誉称号，享受大冶市政府科技津贴。

孙庆文

1952年出生，汉族，中共党员。现任成都长城川兴酒业有限公司副总、总工。曾任辽宁省沈阳市老龙口酒厂副厂长、厂长、总工。

主要业绩

致力于白酒酿造微生态环境资源的研究，多次荣获市级、省级、部级的科技进步奖。主持开发研制的产品获得过沈阳市、辽宁省、轻工业部优质产品称号，批量出口到多个国家，同时获得了第二十九届布鲁塞尔国际酒博会二项金奖。

撰写《中国传统蒸馏白酒的降度》等多篇专业论文，获得过全国白酒行业生产技术与发展研讨优秀论文奖。主持了《黑曲霉、白曲霉新菌种制备麸曲并在酿酒工艺中应用》、《强化大曲的研制》等多个科研项目。获得沈阳市劳动模范等荣誉称号。

孙西玉

1962年出生，汉族，中共党员。现任河南省张弓酒业有限公司总经理、总干。曾担任张弓酒业有限公司副总。

主要业绩

先后主持完成了『提高河南省名优白酒（张弓酒）质量关键技术研究』等多项省部级科研项目及自选课题，其中一项填补国内空白，三项具国内先进水平。先后主持开发60多个新产品，并获得国际、国内多项优质产品荣誉称号。

撰写《中国低度白酒的历史沿革与白酒发展趋势》等多篇专业论文，著有《白酒酿造技术》等著作。获得过全国白酒行业生产技术与发展研讨优秀论文奖，获得河南省跨世纪学术技术带头人。

孙明波

1956年出生，汉族，中共党员，博士，应用研究员。现任青岛啤酒股份有限公司总裁。曾任青岛啤酒股份有限公司副总经理、副总裁。

主要业绩

在推动青啤公司发展战略的制定与实施、流程优化、系统整合以及管理效率的提高等方面做了大量深入细致的工作。在自主创新中，建立健全了青啤公司技术创新体系，完成了十余项国家级技术创新项目及多项青岛市和公司项目，促进了国内啤酒行业技术进步和技术创新。青啤技术中心成为国内啤酒行业第一个国家级企业技术中心和啤酒生物发酵工程国家重点实验室。

撰写《啤酒风味图谱技术的开发应用》等数十篇专业论文，获得过国家科学技术进步二等奖，著有《啤酒厂麦芽汁制备工艺技术》等著作。享受国务院政府特殊津贴、山东省轻工业建国六十周年功勋企业家、青岛市专业技术拔尖人才、青岛市劳动模范等荣誉称号。

宋书玉

1962年出生，汉族，中共党员，硕士。现任邯郸市永不分梨酒业有限公司总工。曾担任河北省邯郸市从台酒业股份有限公司科研所所长、河北省白酒研究所所长等职务。

主要业绩

2004年至今，在邯郸市永不分梨酒业有限公司担任总工期间，主持开发了60多个白酒产品，年创效益9000多万。

撰写《黄水生物酯化技术的研讨》等专业论文十余篇，获得过全国白酒行业生产技术与发展研讨优秀论文奖，著有《白酒的品尝与勾兑》等著作，主持起草了《全国白酒工业经济技术指标统一计算方法》和《白酒酿造工国家职业标准》、《白酒酿酒师、品酒师职业标准》，在『中国白酒169计划』项目中担任其中两项课题负责人。拥有9项个人专利。获得河北省劳动模范、河北省突出贡献中青年专家、河北省十大优秀青年等荣誉称号，享受国务院政府特殊津贴。

张宿义

1971年出生，汉族，中共党员，硕士。现任泸州老窖集团有限责任公司酒体设计总工。曾任泸州老窖股份有限公司副总工程师。

主要业绩

主持、主研了省部级重大科研课题10余项，有6项获得了省部级成果奖励；主持了公司20余项核心技术研发工作；主研的《国窖酒生产工艺研究移项目，获得省人民政府科技进步一等奖，该成果开发的产品创造的利润占公司年利润总额的50%以上；先后主持开发多个新产品，提高了公司产品的市场占有率；在生产技术和管理上大胆创新，扩大了生产能力，提高了产品质量，降低了生产成本和生产消耗；每年为公司降低成本和新增利润5亿元以上。

撰写《泸州老窖古酿酒作坊内外环境空气细菌的分析与鉴定》等专业论文37篇，获得过全国白酒行业生产技术与发展研讨优秀论文奖。主持了《国窖酒生产工艺研究》项目。拥有多项个人专利。获得全国酿酒行业百名先进个人、全国轻工行业劳动模范、国务院特殊津贴专家等荣誉称号。

张葆春

1966年3月生，汉族，硕士。现任烟台张裕集团有限公司可雅白兰地公司经理，第十五届、十六届烟台市芝罘区人大代表。曾任张裕公司白兰地分公司副经理。

主要业绩

主持研制了张裕牌高档白兰地系列——张裕XO、VSOP系列，张裕XO白兰地曾荣获第五届国际葡萄酒、烈酒评酒会特别金奖；对张裕公司传统产品——金奖白兰地系列的5个等级几十种产品进行了工艺改进，提高了产品质量及产品稳定性，从而保障了张裕白兰地市场的快速增长；主持、参与研发新产品17项，获省、市级科技进步奖7项，多项技术创新填补国内空白，达国际先进水平。

撰写《浅谈橡木桶与白兰地酒质的关系及其应用》、《关于国产白兰地的几点思考》、《白兰地工艺指标研究》等专业论文十余篇，获得山东省技术创新成果优秀论文二等奖。

李净

1964年出生，汉族，中共党员。现任湖北枝江酒业股份有限公司总工程师。曾任咸宁市浮泉酒厂副厂长、厂长、咸宁市酒厂副厂长、江西月兔酒业总工。

主要业绩

主持的『浓香型白酒酿造微生物及其发酵技术的研究与应用』、『3万吨基酒酿造废弃物减排关键技术研究』2项研究，解决了酿造生产中一系列技术难题，实现了酿造副产物的循环综合利用。主研的『桂花蜜酒』、『桂花酒』、『大曲清香高粱酒』先后获得省优、部优、国家优质产品奖。参与全国重点攻关项目『中国白酒169计划』研究课题。

撰写《蒸馏过程中的美拉德反应》等专业论文6篇，获得过全国白酒行业生产技术与发展研讨优秀论文奖。拥有1项个人专利。获得湖北省五一劳动奖章、全国酿酒行业技术能手等荣誉称号。

李季

1963年出生，汉族，中共党员。现任华润雪花啤酒（中国）有限公司总经理助理兼生产中心总经理。曾任华润雪花啤酒（天津）公司副总、华润雪花啤酒（四川）公司副总。

主要业绩

20多年来一直从事啤酒生产技术及流通领域的管理工作，运用精益思想，指导啤酒生产，优化啤酒制造流程，为企业创造持久价值。2003年至2006年负责华润雪花啤酒四川区域公司生产、技术工作，积极推进对四川华润蓝剑啤酒有限公司『法制化』的进程，即科学规范系统的管理制度和流程的制定、实施和不断检验、完善。

任雪花啤酒甘青藏区域公司总经理时，仅用8个月的时间就建成了一个20万吨的现代化啤酒工厂。以技术创新作为企业发展的不竭动力，把质量、效率、安全和环保作为企业持续发展战略目标，运用精益思想，以『精、准、细、严』为基本原则，强化链接协作管理，加强系统管理，从而从整体上提升企业整体效益。发表过多篇技术管理论文。

李家民

1964年出生，汉族，中共党员。现任四川沱牌集团有限公司副董事长。曾任沱牌集团有限公司副董事长、副总经理、总工程师、技术中心主任。

主要业绩

开创性提出并践行『生态酿酒』理念，首创［GAP+GMP］酿酒法，推动沱牌成功创建全国首家生态酿酒工业园。进一步创建生态酿酒5P标准体系，推动传统酿酒向质量经营、生态经营，再到标准化经营的转变。首创『包窖到人』管理法，获国家、省企业管理现代化创新成果一、二等奖。其科研及管理成果已广泛应用于实践，构建了以『生态酿酒』为核心的丘陵地区循环经济型现代农业产业链，引领了行业可持续发展，推动了行业技术进步，年创经济效益数亿元，为地方经济社会发展作出了突出贡献。

撰写《色谱法快速测定白酒与发酵液中的低沸点有机酸》等专业论文，获得过全国白酒行业生产技术与发展研讨优秀论文奖。拥有十余项个人专利。享受国务院政府特殊津贴。

杜小威

1963年出生，汉族，中共党员。现任山西杏花村汾酒厂股份有限公司总工程师。曾任汾酒厂副总工、技术中心主任。

主要业绩

主研的多个项目解决了公司产品的技术难题，并多次获得省级科技进步奖，参与了中国白酒169项目研究，其中汾酒微量成分的研究取得突破性进展，并通过轻工联合会鉴定，其成果属国际领先。主持开发了汾酒60多个新产品，成为汾酒公司新的经济效益增长点。分管的汾酒技术中心荣升为国家级企业技术中心。

撰写《白酒技术创新和管理方面的一点体会》等专业论文5篇，获得过全国白酒行业生产技术与发展研讨优秀论文奖。获得山西省新世纪学术带头人333人才工程人选、山西省『九五』企业技术创新先进工作者等荣誉称号。

杨廷栋

1960年出生，汉族，中共党员、硕士，第十一届全国人大代表。现任江苏洋河酒厂股份有限公司董事长。曾任江苏洋河集团有限公司党委书记、省级技术中心主任。

主要业绩

主持的『利用YH-A养窖营养液提高洋河大曲基础酒质量』等多项科技项目获得国家级、省部级科技奖项，其成果为企业创造巨大经济效益。领导组建的『江苏省酿酒工程技术研究中心』通过了省科技厅的审核，为江苏省白酒行业科研技术水平的进一步提高起到了积极的促进作用。主持的『中国绵柔型风格白酒的研制与开发』技术成果通过专家鉴定，并且围绕『绵柔型』白酒的新概念，成功打造了以『蓝色经典』为代表的绵柔型白酒新产品，深得消费者的喜爱和欢迎，取得了不凡的经济效应。

撰写《应用二次发酵技术提高浓香型大曲酒质量》等专业论文8篇，获得过全国白酒行业生产技术与发展研讨优秀论文奖。拥有多项个人专利。享受国务院政府特殊津贴。获得江苏省十大杰出青年、全国劳动模范、十六大、十七大人大代表等荣誉称号。

邹慧君

1964年出生，汉族，中共党员。现任浙江古越龙山绍兴酒股份有限公司副总工程师。曾任浙江古越龙山绍兴酒股份有限公司质量管理部副部长、质量技术中心主任。

主要业绩

承担了国家星火计划重点项目『质量安全控制集成技术在黄酒工业化中示范与推广』、主持开展了『绍兴黄酒原料差异性研究』、『氨基甲酸乙酯的控制』、『低产尿素黄酒酵母工程菌的自克隆构建』、『黄酒相关微生物宏基因组研究』等课题。主持开展《浙江省黄酒技术与装备重点实验室》的工作。主持公司ISO9001、14000及HACCP体系的建立及认证工作，指导公司QC成果活动。负责公司所有产品的配方确定。负责企业扩建、技改中相关工艺、技术路线确定。

发表多篇黄酒专业技术论文，拥有2项专利技术。获得全国酿酒行业先进个人等荣誉称号，2004、2007、2010年绍兴市学术带头人等荣誉称号。

陈小波

1960年出生，汉族，中共党员，硕士。现任中粮华夏长城葡萄酒有限公司总经理。曾任中粮华夏长城葡萄酒有限公司常务副总经理。

主要业绩

具有较高的酿酒理论知识和实践经验，及企业管理能力；先后主持、参与了《新型葡萄酒酿造工艺的开发研究》、《采用新进工艺提高冷冻效率》等课题研究，荣获河北省、市科技进步奖。并将科研开发与生产紧密结合，使得企业实现了快速发展。

撰写了《利用葡萄酒糟生产生物有机复合肥》、《错流过滤技术在葡萄酒行业中的应用》、《生态因素对酿酒葡萄和葡萄酒品质的影响》等专业论文多篇。获得『国家星火计划先进个人』、『河北省星火科技先进工作者』、『全国轻工行业劳动模范』、河北省秦皇岛市第十一届人民代表大会代表等荣誉称号。

岳国君

1963年4月出生，汉族，中共党员，第十一届全国人大代表。现任中粮集团有限公司总裁助理，中粮集团生化能源事业部总经理，曾任黑龙江华润酒精有限公司总工程师、副总经理、总经理。

主要业绩

推动了我国酒精行业从轻工向化工的跨越；引领我国酒精行业发展，创造了大量就业机会；促进我国燃料乙醇产业稳步发展，使我国在能源替代、环境减压和『三农』解困方面成绩显著。

撰写《我国燃料乙醇生产技术的现状与展望》等专业论文11篇。著有《现代酒精工艺学》等著作，拥有17项个人专利，如『采用薯类原料制备乙醇的方法』。『干法玉米胚芽油生产工艺方法』等。2005年4月获『全国劳动模范』荣誉称号，2007年2月获国务院政府特殊津贴，2009年12月获黑龙江省科学技术奖一等奖，2010年1月获广西科学技术进步奖一等奖。

战胜

1957年出生，汉族，中共党员，现任烟台啤酒青岛朝日有限公司副总经理。曾任伊春啤酒厂厂长。

主要业绩

从事啤酒技术工作近三十余年，利用与日本朝日啤酒公司合作的机遇和技术管理经验，结合企业的实际，开展了提高啤酒质量和人员素质的『5S』管理和『QC』工程，使企业的生产环境、设备和工艺卫生都得到了彻底改变。利用国产设备，不使用膜过滤的情况下，成功生产出纯生啤酒，在国内创立了『啤酒纯生化管理』的概念。其研究的在啤酒生产中配比使用玉米淀粉或玉米糖浆做辅料，在不影响产品质量的前提下，大大降低了生产成本。目前，已为国内同行业厂家广泛采用，创造了巨大的经济效益和社会效益。

发表了《利用SASPL值提高啤酒胶体稳定性》等多篇专业论文。获得全国五一劳动奖章、中国酿酒行业百名先进个人、全国质量管理先进工作者、烟台市十五届人大代表等荣誉称号。

胡建飞

1958年出生，汉族，中共党员。现任北京燕京啤酒集团公司副总经理、燕京啤酒（桂林漓泉）股份有限公司总经理。曾任桂林漓泉股份有限公司执行副总，广东燕京啤酒有限公司董事长。

主要业绩

在他的倡导下，绩效考核、深度分销、精益生产、循环经济、信息化建设等模式广泛运用于企业管理之中，并成功落地实施，在实践过程中探索出了一条特色发展之路。长期致力于啤酒酿造及管理工作，注重新技术、新产品、新工艺的开发和应用，在公司大力推行和组织各项产品研发、专题攻关等活动。

参与的『漓泉冰爽啤酒研制』、『漓泉纯生啤酒研制』等新产品开发项目多次获得区、市优秀成果奖和科学技术进步奖。《实行循环经济管理，走可持续发展道路》项目获广西企业管理现代化成果二等奖。获得广西壮族自治区五一劳动奖章、劳动模范、桂林市优秀企业家等荣誉称号。

胡金成

1965年出生，汉族，中共党员。现任江苏大富豪啤酒有限公司总经理兼技术总监。曾任江苏大富豪啤酒有限公司车间主任，生技部长、通州工厂厂长。

主要业绩

组织应用了10多项新技术新设备，对传统产业进行彻底改造。组织开发了大富豪发泡啤酒，填补了国内空白，其产品达到了国际同类产品的先进水平，该品种啤酒有广阔的市场发展前景，也为同行厂家提供了研发模式。研究和开发了低嘌呤啤酒及其酿造工艺技术，打破了传统啤酒生产以来以大麦芽为主要原料的工艺模式，提供了一种新的啤酒生产方式。该项技术的实施，极大地丰富了啤酒原料的选用范围，降低了生产成本，减少了污水排放，使啤酒生产更加清洁环保。

发表的《低嘌呤啤酒及其酿造工艺技术》等多篇专业论文，多次荣获省、市科技进步奖。获得全国酿酒行业先进百名个人、南通市优秀科技工作者、南通市劳动模范等荣誉称号。

赵东

1964年出生，汉族，中共党员。现任宜宾五粮液集团有限公司技术中心书记。1989年至今，先后担任宜宾五粮液酒厂科研所微生物研究室主任、宜宾五粮液集团技术中心第一副主任。

主要业绩

主持和独立研发的『浓香型酒类「T」法工艺的研究』、『「窖泥液」的研制及应用』、『特大综合型发酵车间的设计与应用』、『利用超临界CO_2萃取技术从酿酒副产物中提取酒用呈香呈味物质的研究』等项目，直接创造经济效益20多亿元。

撰写《利用大曲酒厂底锅水生产单细胞蛋白》等专业论文18篇，获得过全国白酒行业生产技术与发展研讨优秀论文奖。拥有7项个人专利。获得四川省优秀青年技术创新带头人等荣誉称号。

赵纪文

1967年出生，汉族，中共党员，博士生导师。现任山东扳倒井股份有限公司董事长兼总经理。曾任高青县酿酒厂生产技术处处长、山东扳倒井集团副总经理。

主要业绩

主持的《1991年54°芦湖特曲酒研究》、《复合酯化酶生态菌剂在浓香型大曲酒中的应用》等项目为企业科技创新应用开辟了新的道路，为企业的经济效益增长做出了积极贡献。

撰写《扳倒井复粮芝麻香酒微量成分的剖析与工艺技术的创新》等多篇专业论文，获得过全国白酒行业生产技术与发展研讨优秀论文奖。获得『全国轻工行业劳动模范』、『山东省劳动模范』、『山东省优秀企业家』、山东省『轻工系统专业技术拔尖人才』、『振兴鲁酒、再创辉煌』先进个人等荣誉称号。

赵志昌

1957年出生，汉族，中共党员，硕士。现任黑龙江省富裕老窖酒业有限公司副董事长。曾任富裕酿酒有限责任公司副董事长、副总经理、总工程师。

主要业绩

攻克了高寒地域不同香型工艺的技术难题，为探索北方浓香、北方酱香、北方芝麻香工艺叠加和技术融合、多微共酵积累了宝贵的经验。主持开展的《富裕老窖多粮风味酒》研究，运用现代技术改造传统工艺，实现香型复合化、口味多样化、技术叠加化，形成个性风格的富裕老窖。选择的优良品种『龙糯1号』高粱，建立了富裕老窖绿色原料生产基地。原料基地建设模式为引领同行业健康、快速发展起到了积极推动作用。

撰写《『龙糯1号』高粱基地建设及应用》等专业论文5篇，获得过全国白酒行业生产技术与发展研讨优秀论文奖。获得中国白酒科技大会突出贡献科技专家、全国酿酒行业百名先进个人、全国轻工行业劳动模范等荣誉称号。

钟俊辉

1968年出生，汉族，中共党员，硕士。现任华润雪花啤酒（中国）有限公司生产中心质量总监兼技术中心总经理。曾任华润雪花啤酒（鞍山）有限公司技术中心副总经理、华润雪花啤酒（中国）有限公司技术中心副总经理。

主要业绩

主持了华润雪花啤酒公司的数十项研发项目，如弥补国内行业空白的『啤酒风味组成与啤酒类型的研究及应用』、『两罐法降低发酵周期提高成品啤酒稳定性的研究与应用』等。组织华润雪花啤酒基础性课题研究、超前技术开发和行业重大技术攻关项目。在研发过程中，突出以信息技术和高技术改造提升啤酒酿造技术的理念，建立不同档次雪花啤酒的风味控制指标。

发表《啤酒酵母CRB2菌株乙醛脱氢酶基因（Ald6）的核苷酸序列分析、酶鉴定及在啤酒生产中的应用探讨》等多篇专业论文。

倪永培

1952年出生，汉族，中共党员，第十一届全国人大代表。现任安徽迎驾集团总裁、安徽迎驾贡酒有限公司董事长。曾任佛子岭酒厂副厂长、厂长。

主要业绩

带领科研人员对传统制曲工艺进行了彻底的改革，使公司出酒率由原来的全地区酒厂中最低跃升到第一。创造性地把堆积发酵和黄水回灌两项工艺吸收到五粮酿造工艺中，成为江淮一带采用五粮酿造工艺的先行者。主张把白酒作为生物科技产业来做，把酿酒业办成生态工业，走循环经济、低碳经济之路。坚持实施『双A战略』和『五路营销』战略，使迎驾进入全国白酒行业前15强。

撰写《浓香型大曲酒多粮生产技术》等专业论文5篇，获得过全国白酒行业生产技术与发展研讨优秀论文奖。主持了《活性炭复合多元膜白酒处理工艺》项目。先后荣获全国轻工系统行业劳动模范、中国酒业杰出贡献等荣誉称号。

唐圣云

男，1962年出生，汉族，中共党员。现任四川省宜宾五粮液股份有限公司生产管理部部长。曾担任车间主任、党支部书记。

主要业绩

从事固态、液态原酒生产技术和生产管理工作以来，对五粮液传统工艺的生产、技术、质量等方面积累了丰富的工作经验。先后研制出『利用丢糟残淀产酒技术—AY法酿酒』、『无害化、效益化处理丢弃酒糟工艺技术』，为公司丢糟的有效利用找到了出路，创造了巨大的经济效益，走出一条环保型工业化道路。组织推动液态酒生产的设计、施工、运行、优化管理，生产工艺达到国内先进水平，为集团公司『第二次创业』做出了重要贡献。建立了『机构精简、快速反应、分区管理、责任到人』的扁平化管理模式，有效解决了管理受阻、执行力差的问题。

撰写《浅谈固态白酒工艺要素分类及其相互间的关系》等多篇专业论文。曾获得国家科技进步奖、四川省有突出贡献的优秀专家、宜宾市质量技术专家等荣誉称号。

夏兰武

1964年出生，汉族，中共党员，硕士。现任百威英博啤酒投资（中国）有限公司区域总监。曾任百威（武汉）国际啤酒有限公司酿酒师、总经理。

主要业绩

一直以合资公司最高技术职务在中德啤酒公司和百威啤酒公司负责产品的酿造和质量，其撰写的《啤酒芳香物质分析》、《新榉木酿酒工艺》和《百威啤酒酿造SOP》等专业论文，在美国多次作为优秀酿造新法，为美国酿造同行所借鉴。2009年，他作为公司资深酿造专家负责下属7个啤酒厂的啤酒酿造质量和生产经营，为百威英博公司的发展做出贡献。2011年，被总部委派到福建莆田啤酒集团公司和百威英博啤酒公司中国南区的啤酒厂任酿造总监，担负起把百威武汉啤酒公司优良酿造技术和管理经验输送出去的使命，为百威英博啤酒集团在中国35家啤酒厂的发展和酿造更多更好的啤酒再作贡献。

2004年至2006年连续三年被武汉市授予社会责任企业家荣誉称号。

徐勇辉

1956年出生，汉族，中共党员。现任新疆伊力特实业股份公司董事长。曾任伊犁大曲酒厂副书记、副厂长，伊犁酿酒总厂厂长。

主要业绩

成功地将企业改制成为新疆酿酒行业第一家上市公司，企业由此也跨入了资本经营的快车道。在他的领导下，企业构建了创新体系，立足自主开发，以创新为动力，立足做新、做精、做强、做大，实现了公司向资源节约型、环境友好型企业发展之路。

撰写《新资本时代白酒资本发展的三大构想》等专业论文5篇，获得过全国白酒行业生产技术与发展研讨优秀论文奖，获得省级劳动模范等荣誉称号。

黄建勇

1965年出生，汉族，中共党员，硕士。现任四川水井坊股份有限公司董事长兼党委书记。曾任四川全兴集团有限公司董事，四川水井坊股份有限公司董事总经理兼成都水井坊营销有限公司总经理。

主要业绩

主持工作以来，加大了公司产品结构的调整力度，积极推动新品牌价格延伸和拓展工作，加强产品质量和品牌形象工程建设，不断充实品牌内涵。其中『全兴』和『水井坊』品牌荣获『中国驰名商标』称号。国务院将其列为『全国重点文物保护单位』。『水井坊』白酒被列为我国第一个浓香型白酒『原产地域保护产品』。主持开发的『海上幻』伏特加产品于2009年在香港成功上市，为企业创造了良好的经济效益。

撰写《继往开来，致力于中国传统白酒健康和谐持续发展》等专业论文5篇，获得过全国白酒行业生产技术与发展研讨优秀论文奖，著有《正确认识白酒独特的产业价值》等著作。

董建军

1960年出生，汉族，中共党员，博士，应用研究员。现任青岛啤酒股份有限公司总酿酒师，曾任青岛啤酒股份有限公司技术质量管理总部部长、技术中心主任。

主要业绩

具有丰富的啤酒理论知识和生产实践经验。在他的带领下，公司建立健全了生产技术质量管理体系，构建了青啤公司生产技术质量管理平台，保障下属五十多家生产厂的生产技术质量管理的高效、有序、协调运作。主持了『973』『863』『十一五』国家科技支撑计划重点项目、国家发改委『研发能力建设专项』等十多项国家级计划项目和技术创新项目，主持开发的《啤酒风味图谱技术的开发应用》、《啤酒高效低耗酿造技术的开发与应用》分别获国家科技进步二等奖。

著有《酿酒—分析与检测》、《啤酒生产技术》等著作，拥有4项发明专利，撰写数十篇专业论文，享受国务院政府特殊津贴，山东省有突出贡献的中青年专家、青岛市突出贡献人才等荣誉称号。

董鲁平

1967年出生，汉族，中共党员。现任上海金枫酒业股份有限公司总经理。曾任上海金枫酿酒公司副经理、上海第一食品股份有限公司副总经理。

主要业绩

主持完成了投资总额产5.8亿元的『发酵自动控制系统』、『制曲自动控制系统』的研究开发，建成了『黄酒自动勾兑系统』，使上海金枫酿酒公司的黄酒生产实现了较高智能化程度的生产系统；创新引进冷冻技术应用到黄酒生产中，首创行业内实现黄酒『全天候』生产，同时也解决了瓶装黄酒容易出现的『冷混浊』的技术难题；主持开发了国内坛装黄酒自动洗坛灌装生产线，实现了黄酒生产管道化、自动化、智能化的生产模式，该项技术获得了发明专利。主持开发的『石库门上海老酒』成功上市并获得市场的认可，公司也成为黄酒行业唯一利税超过2亿元的企业。

蒋英丽

1968年出生，汉族，中共党员。现任四川郎酒集团有限责任公司常务副厂长、副总工程师。曾担任四川古蔺郎酒厂酒体设计主任、厂长助理。

主要业绩

主持的『39度大曲酱香郎酒研制』项目研究，获得了多项科技进步奖，填补了我国酱香型低度酒的空白。主持研制的『利用丢糟残余淀粉生产酱香型郎酒新工艺』、『高温大曲架式发酵微机监控制曲方法』等科学实验，改进了郎酒传统的勾兑工艺，稳定和提高了郎酒质量。主持开发了十年、十五年陈红花郎酒，三年、九年、十二年陈新郎酒等系列产品，得到消费者的喜爱和好评，为企业创造了巨大的经济效益。

撰写《酱香型白酒储存期老熟问题探讨》等专业论文7篇，获得过全国白酒行业生产技术与发展研讨优秀论文奖。拥有2项个人专利。获得泸州市杰出贡献奖等荣誉称号。

雷羽

1956年出生，汉族，中共党员。现任海南椰岛（集团）股份有限公司技术总监、海南椰岛（集团）股份有限公司海口酒厂厂长。曾任海南椰岛股份有限公司酒厂技术质量副厂长、厂长。

主要业绩

任职期间，负责公司生产技术管理工作，使企业成为国内首家通过GMP认证的酒类生产企业，前后主持和承担政府支助科研项目7项，其中『海南海蛇有效物质的开发与应用研究』、『保健酒药渣的资源再生技术研究与综合利用』、『鹿龟酒作用机理的研究』等研究成果使产品品质大大提高，销售额连年翻番。

撰写《中药性味的研究》、《鹿龟酒有效成分含量测定》等多篇专业论文，拥有1项个人专利。获得『全国酿酒行业先进个人』、『海口市科技先进工作者』、『海口市劳动模范』等荣誉称号。

廖昶

1966年出生，汉族，中共党员，硕士。现任四特酒有限责任公司董事长兼总经理。曾任江西四特集团副总经理、纪委书记。

主要业绩

在四特酒公司期间，引领企业从科技研发、生产管理、人力资源管理、财务管理等各方面人手，大幅提升企业效益，使企业加速向现代企业转型，为我国特香型白酒的传承、发展做出了突出贡献。使得四特公司实现销售收入16亿元，上缴国家税收3.6175亿元的优异成绩，为地方经济发展提供了强有力的支撑。

撰写《特型白酒勾兑浅议》等多篇专业论文，获得过全国白酒行业生产技术与发展研讨优秀论文奖。获得全国酿酒行业百名先进个人、江西十大井冈之子、江西省十大杰出青年、江西省十大经济人物、江西省二十名优秀建设者、省劳动模范、第十一届省人大代表等荣誉称号。

熊小毛

1960年出生，汉族，中共党员。现任湖北白云边酒业股份有限公司常务副总。曾担任白云边酒厂党委副书记、常务副厂长、总工。

主要业绩

主持建立了白云边酒计算机勾兑专家系统，为稳定提高白云边酒的质量提供了技术保障。主持了分离鉴定对白云边酒质量有重要影响的四个主要菌种，为工艺控制提供了理论依据。主持推广应用了多项新技术、新工艺，使劳动生产率成倍提高。主持完成的《白云边酒酿造微生物的研究及其应用》通过了湖北省科技厅组织的鉴定，该项目的研究和应用达到了国际先进水平，创造了良好的经济和社会效益。

撰写《兼香型白酒概论》等专业论文13篇，获得过全国白酒行业生产技术与发展研讨优秀论文奖。拥有3项个人专利。获得湖北省学术带头人、全国劳动模范等荣誉称号，享受国务院政府特殊津贴。

潘兴祥

1963年出生，汉族，中共党员。现任浙江塔牌绍兴酒有限公司副总经理。曾任绍兴东风酒厂副厂长。

主要业绩

长年致力于绍兴酒新工艺的研究、技改和节能减排。学习引进了白酒行业机械化块曲生产工艺，改善了黄酒制曲作业环境，降低劳动强度，提高了生产效率。研究改进了黄酒生产酿造米浆水总酸控制工艺，提高了绍兴酒的感官质量；主持完成了1.5万千升传统出口绍兴酒项目，该项目成为业内样板工程。开发了提高黄酒风味的冷冻过滤降温杀菌的新工艺；在90年代主持完成了黄酒机械化车间的建造投产；将黄酒煎酒过程中产生的冷凝水回收，用于清洗酒坛，仅此一项，使企业单位水耗下降了37%。

发表多篇黄酒专业技术论文。获得浙江省『绍兴黄酒酿制技艺』非物质文化遗产传承人、浙江省绍兴县突出贡献人才、浙江省劳动模范等荣誉称号。

戴永全

1959年出生，汉族，中共党员，硕士。现任北京燕京啤酒集团有限公司副董事长、常务副总经理。自1983年进入燕京啤酒集团公司以来，曾任技术处处长、党总支委员。

主要业绩

在公司董事会领导下，推广了12项重大科研成果，成立国家级科研中心，先后两次推动企业技术升级，从传统的醇厚型啤酒到清爽型啤酒，再到无菌化酿造的瓶装鲜啤酒，引导啤酒消费潮流，迅速扩大了市场的影响力，提高了品牌的竞争力，成功将燕京打造成为知名品牌。

发表过多篇技术管理论文，《以循环、降耗、增效为重点的清洁生产管理》获第十二届国家级一等企业管理现代化创新成果奖，拥有数十项发明专利。获得全国五一劳动奖章、全国轻工系统劳动模范、首都劳动奖章等荣誉称号。

袁仁国：谋略制胜开创国酒春天

——中国贵州茅台酒厂有限责任公司党委副书记、董事长，贵州茅台酒股份有限公司董事长

人物点评：激情开拓　勇者无疆

时代背景：进入21世纪，中国让西方为之惊呼：沉睡的东方巨龙醒来了！2001年中国加入WTO、北京申奥成功、上海召开APEC年会。2002年上海获得世博会主办权。2007年中国股市冲破6000点，股民集体狂欢。2008年汶川地震、奥运开幕，全球爆发金融危机。茅台随着祖国强大，一路走强，2001年，成功上市，此后股价一度突破200元，创造“中国第一股”神话。2003年茅台完成毛主席遗愿，产量达10000吨。2008年产量实现20000吨，销售收入突破百亿大关。茅台跻身全球上市公司500强之列。

人们在反观历史前进步伐时，有时候会发现：历史在某些时候会出现惊人的雷同。

正如1998年的茅台，人们似乎又看到了1989年时的情形：皇帝的女儿又一次风光不再。

后来业界经常用来形容当时茅台惨淡销售的一个词语是——门可罗雀。

之前的大背景是，1997年的亚洲金融危机蔓延全球，中国企业唇亡齿寒地倒下了一片。

此时，茅台集团长期以来“重生产、轻销售”的软肋暴露无遗。

1998年时间过半，却只销售了700吨，与全年任务2000吨相差甚远。

那一年，袁仁国上任茅台集团总经理，全面主持营销工作。之前，他是分管销售的副总经理。由此可见此人“临危受命”的色彩之浓非同一般。

少帅上马，做的第一件事情就是——组建了一支17人的“敢死队”，奔赴全国推销茅台。

这和当年的邹开良之举很相似啊！当历史出现巧合，人们惯用的思维是进行比对。

但是两人之举相隔了近10年，社会背景早已是天差地别。

此时袁仁国所面对的问题，已不是建几个销售公司就能解决。

在市场经济体制已建立的当时，层出不穷的营销手段已是各大企业司空见惯的花样。

“渠道为王”曾是那个年代最为流行的用语。市场营销被商界推崇为制胜谋略。

那年，袁仁国为他的也是茅台的“敢死队”饯别，一壶茅台，一句誓言。大有“风萧萧兮易水寒”之意。

袁仁国成功了，他的成功再一次让茅台人认识到了市场营销的重要：那是一种驾驭市场的能力。一个企业一旦有了一个深谙市场、谋略过人的掌门人，就如同千军万马有了有勇有谋的将领——打胜仗，指日可待。

2000年，茅台集团又发生了一件大事：袁仁国在集团公司内部全力推行干部末位淘汰制，并将原来的“干部、工人”称谓统统改称“员工”，中层干部实行一年一聘制度。“以前都是固定职工，现在都成了临时工”。此举一举打破了以前的干部终身制状态，极大地激发了集团内部活力。

2001年，茅台集团成功上市，募集资金23亿元。

2002年，茅台冲击全国管理最高奖——全国质量管理奖成功。

2003年，茅台引入卓越绩效管理模式。

……

至此，茅台彻底摆脱计划经济的庇护，走向现代企业，员工精神面貌焕然一新。“爱我茅台，为国争光！”的企业精神具化为企业行动。

茅台销售队伍开始在全国乃至全球迅速攻城掠地，一张巨大的销售网络铺天盖地而来。业界惊呼，袁仁国带出的是一支嗷嗷叫能打硬仗的队伍！

与此同时，茅台人于2003年实现了毛主席的夙愿，产量达10000吨。

2008年，茅台产量再翻一番，达到20000吨，销售收入达到百亿。

不经意间，茅台已走过辉煌10年，取得了连续10年跨越式发展，茅台“立足主业，一品为主，多品开发，做好酒的文章；一业为主，多种经营，走出酒的天地”的集团化发展蓝图已成现实，茅台旗下白酒、红酒、啤酒全面开拔市场，麾下证券、金融业业绩不菲。

这让一些长期关注茅台的经济学家兴趣甚浓，称之为“茅台模式”“茅台现象”。

经历10年市场洗礼的袁仁国，市场销售心得就像老熟的

茅台酒一样芳香四溢，他根据多年心得总结了八条，即：工程营销、文化营销、感情营销、服务营销、诚信营销、个性营销、事件营销、网络营销。这“八个营销”如今已成为茅台这个经历艰难岁月成长的国有企业的销售圣经。

2008年距1998年又是一个10年，又是一次金融危机，这次的风暴来得更加猛烈，全球经济受到重创极度萎缩。而此时的茅台却岿然不动，袁仁国多年营建起来的严密销售网络，就像一堵密不透风的防火墙，把金融海啸的冲击一波又一波地堵在了国酒大门之外。

今日的茅台已今非昔比。王者之风令人感叹！

袁仁国坚信，迟早有一天茅台这个中国民族品牌会打进世界500强。就如当年制定2020年产能4万吨的中期愿景时，人人都觉得那是个遥不可及的梦。但是，今天，距2020也仅10年。

又是一个无法预料而又让人充满期待的10年……

王 群

—— 华润雪花啤酒（中国）有限公司总经理

王群毕业于中国人民大学，并获金融学学士学位，具有中国经济师资格。加入华润创业有限公司前，曾任职于中国国家经济委员会。一九九四年加入华润创业有限公司，为香港华润创业有限公司副董事总经理以及华润雪花啤酒（中国）有限公司的董事总经理，主要负责集团啤酒业务的全盘运作，在他的带领下，2006年华润雪花啤酒销量超过500万千升，不但突破了雪花啤酒单品销量第一，并且成为中国销量最大的啤酒企业。

王群本人，经历了一段和雪花一起成长的过程。王群在1994年加入华润创业有限公司，此时的华润对啤酒行业有着勃勃的雄心。在1996年，将渤海啤酒厂收入囊中后，时任沈阳办事处主任的王群担任总经理，带领团队进入大连。王群首先对大连公司导入华润的管理和营销思想，将其改造成为华润版图上一个有机部分。之后在王群接手大连华润的第二年，公司彻底打了个翻身仗，共卖出7万吨啤酒，不仅使这家工厂第一次赚了钱，而且市场占有率也第一次超过对手。第三年，公司市场占有率从15%升到了70%，而对手则从70%变成了15%。2001年4月，中国啤酒史上最经典的蛇吞象上演：华润大连啤酒厂全面收购了五年前曾大它5倍、每年赚几千万元利润，但5年后竟无力经营下去的大连啤酒厂。更重要的是，华润完成了大东北战略，有了自己的根据地，王群一战成名。而当宁高宁把啤酒业务完全交给王群手里的时候，华润啤酒就如同技艺娴熟的舞蹈家一样，在做大与做强两个点上跳着相当平衡的舞蹈。根据华润创业2001年年报显示，华润啤酒业务在营业额、净利润、产销量三项指标上均已经超过青岛啤酒与燕京啤酒。而此时也恰恰是华润啤酒狮子口大张、抢占市场制高点的时候。之后的华润雪花一路高歌，先后收购了48家啤酒企业，其中不乏蓝剑、龙津这样的地方龙头啤酒企业。此时的王群，已经从一个战士成长为华润啤酒版图的设计者，拥有了大片“疆土”的华润雪花，开始把品牌建设放到战略地位，统一标识、勇闯天涯、非奥运营销，在王群的带领下，雪花做得如火如荼。

雪花啤酒有句耳熟能详的广告语“雪花啤酒，畅想成长”。王群认为，这个口号的提出不仅仅是针对消费者。对于雪花本身、雪花的经销商也在成长。可以说在和被并购企业的融合上，雪花做得比较成功。雪花有着比被并购企业更成熟的系统，有比它们更有效的管理方式，这样就容易整合，因为雪花的优势是这些企业所不具备的。另外在整合中，雪花也不断积极吸收这些企业优势的东西，不断完善自身，这样再去二次整合，雪花就融合在一起了。

对于未来的啤酒行业发展趋势，王群认为，随着几大品牌布局的完成，区域之间的碰撞将会加剧。雪花会按照既定的策略不断前进，因为竞争会加速雪花的成长，雪花喜欢畅想成长。

李秋喜

—— 山西杏花村汾酒集团有限责任公司董事长、总经理

李秋喜，男，汉族，1960年11月生，山西省晋城人，研究生学历，高级政工师，1984年12月加入中国共产党。现任汾酒集团有限责任公司董事长、总经理、党委副书记。

1983年8月，李秋喜同志从太原化学工业学校毕业后参加工作，历任天脊集团（原山西化肥厂）机械维修部团总支书记、建修车间党支部书记、厂团委书记、复肥一车间党支部书记；1992年7月任集团党委组织部部长；1994年5月任集团党委组织部部长兼合成氨厂党委书记；1997年7月任集团党委副书记兼组织部部长。1999年8月～2001年5月在西安交大MBA硕士研究生班学习毕业。2001年1月任晋牌水泥集团公司董事长、党委书记。2004年9月～2005年1月在中央党校培训结业。2005年7月～2009年10月任汾酒集团有限责任公司副董事长、总经理、党委委员；2009年10月22日开始任汾酒集团有限责任公司董事长、总经理、党委副书记。

在汾酒集团有限责任公司工作期间，李秋喜同志于2005年11月被山西团省委、省中小企业局、省青年企业家协会授予“山西省杰出青年企业家”称号；2007年11月，被中共山西省委、人才工作领导组、省委组织部评选为“中共山西省委联系的高级专家”；2008年2月，任山西省十届政协委员；2008年10月，被授予“全国优秀职业经理人”称号。2010年荣获品牌中国十大年度人物、中国酒业杰出贡献奖；2010年1月24日，山西省总工会为李秋喜董事长授予“全心全意依靠职工办企业优秀企业家”荣誉称号；2010年5月，李秋喜董事长荣获“全国劳动模范”称号。

李秋喜同志接任汾酒集团有限责任公司董事长后，大刀阔斧地进行了一系列的创新改革。他将汾酒定位为“国酒之源，清香之祖，文化之根”，要求全体汾酒人要坚持用心酿造，专注做好汾酒这一品牌，高举清香之帆远航，开创清香大未来。李秋喜同志一再强调一定要以“清香汾酒、文化汾酒、绿色汾酒、安全汾酒”为经营理念。首先要做消费者信得过的产品，狠抓产品质量安全，在消费者心中树立良好的企业和产品形象。其次，要全面继承汾酒的文化，加大宣传力度，推广清香文化，倡导纯粮酿造健康饮酒。在同行业激烈竞争的当前，必须要以市场为导向，服从于市场服务于市场，树立“全员营销”的观念，全体员工要服务于公司的营销工作，根据市场的变化适时调整工作，一切都要为营销提供可靠保障。

李秋喜同志接任董事长伊始便提出了“百年金奖，百亿汾酒”的发展战略，即：用五年时间，到2015年，在汾酒获得巴拿马金质大奖章100年的时候，实现汾酒销售收入达到一百亿。这一目标一经提出，极大的鼓舞了汾酒人的士气，增强了广大职工的信心，同时也提升了投资者的投资信心。董事长倾斜一线职工的政策，得到职工一致好评。注重人才培养，重用人才的政策，激发了一大批高学历、高素质、高水平人才的干劲：公司内部，管理体制正在发生着变化，一批年轻有为的干部正在接受公司的强化培训，逐步走向重要岗位；市场上，安排了一批训练有素的管理人员，专项负责市场维护、信息反馈工作；同时优秀的技术人员也在接受更专业的培训，不断增强公司的技术、科研能力。如今，各个岗位都显现出一派欣欣向荣的景象，公司三大基地的建设正在稳步推进，生产运营正在按照“追赶、超越、领先”三个步骤奋力前进。

李福成

—— 北京燕京啤酒集团公司董事长

李福成作为中国民族啤酒工业的杰出代表，始终以观念创新、机制创新、管理创新、市场创新、科技创新、产品创新为根本出发点，抓啤酒主业建设，努力实现四个做强，以自己的睿智与勇气创造出了中国啤酒发展史上的一个神话，用30年的时间，使企业跨越了世界大型啤酒集团一百年的奋斗历程。

他带领燕京人坚定不移走发展民族啤酒工业之路，鲜明地提出了振奋民族精神，发展民族工业，争创民族品牌的方针，主动适应不断变化的国内外激烈的市场竞争形势，积极采取竞争方略，使企业成长为中国特大型啤酒集团当中唯一一家没有国外企业控股和参股、具有民族自主知识产权的企业，在复杂激烈的国际市场竞争中树立起一个有市场竞争力的民族品牌。

他积极转变经济发展方式，大力调整市场结构，投资发展于中西部地区，不断完善全国战略布局，并通过在新疆、内蒙两地建设农产品开发原料基地，形成了燕京啤酒完整的产业链条。

他坚持科技进步，不断推动行业产业升级，在全国率先引进科研机构——中国食品发酵研究所，推广国家啤酒行业12项重大科研成果；率先成立国家级科研中心，先后两次革命性地推动啤酒行业的产业升级，从传统的醇厚型啤酒到清爽型啤酒，从传统的水池发酵再到无菌化酿造的瓶装鲜啤酒，引导啤酒生产消费新潮流。

他积极倡导发展绿色经济、循环经济、低碳经济，在全集团积极开展系列节能减排活动，使燕京被国家环保部评定为国家环境友好企业，并被确立为北京市循环经济样板企业和北京市节能减排先进集体。

李福成以卓越的领导力成功践行了“感动世界，超越梦想” 的庄严承诺。他先后当选为九届、十届、十一届全国人大代表，并获得全国劳动模范、中国创业企业家、中国酒业十大杰出企业家、中国啤酒工业杰出企业家、改革开放30年中国酒界领袖人物等称号，还荣获北京市委、市政府设立的最高奖项—首都杰出人才奖，及中国酒业“仪狄奖”卓越成就奖，2010年CCTV年度经济人物。

乔天明

—— 四川剑南春股份有限公司董事长、党委书记、总经理

乔天明，男，汉族，1949年出生，四川省绵竹市人，中共党员.高级经济师，享受国务院特殊津贴专家，11届全国人大代表。现任四川剑南春股份有限公司董事长、党委书记、总经理。

乔天明坚持把企业的发展对国家的贡献列为工作的第一要务。他健全完善各种规章制度，狠抓企业发展，强化生产经营管理，使企业迈上发展的快车道。在他的带领下，剑南春各项事业取得全面进步，企业先后获得各种国家级、省级荣誉：2003年获全国守合同重信用企业称号，2004年获全国食品安全示范单位称号，2005年获全国实施卓越绩效模式先进企业称号，2006年获四川省民营企业“双十佳”企业称号，2007年获四川省十佳民营企业称号，2008年获四川省环境友好企业称号。5•12特大地震以来，剑南春集团被四川省委、省政府表彰为“四川省抗震救灾模范集体”，乔天明被四川省委统战部、四川省工商联合会授予“四川统一战线抗震救灾先进个人”荣誉称

号，国家民政部授予剑南春集团“中华慈善奖”。2011年五一前夕，他荣膺全国五一劳动“奖章”荣誉称号。

企业连续多年被评为全国质量效益先进企业，中国食品工业百强企业，中国白酒工业百强企业，中国白酒工业经济效益十佳企业，四川工业企业最佳效益10强。企业实现了里程碑式的发展与突破。

酿造一种品质

酿造一种品质，是对剑南春抑或是对乔天明本人在中国“酒”林地位最好的诠释。

作为一名享受国务院特殊津贴的白酒专家，乔天明身份非同一般。不仅身兼四川剑南春集团董事长和总经理，而且还是第十一届全国人大代表。他的务实、他的勤勉以及他对质量坚定不移的追求，为他赢得了丰硕的荣誉。乔天明多次被授予四川省优秀企业经营者的称号，并且是四川省依靠职工办企业的好厂长，同时还是全国内贸系统劳动模范和第四届全国关爱员工优秀民营企业家。对于这些荣誉，乔从不去提。“酿良心酒，做份内事。”成了乔天明纵横酒业的座右铭。

无论是刻意的掩饰，还有无心的遗忘，在乔天明执掌剑南春的时代，有一些东西是不能忘却的。即便外界忘却了这些历史的瞬间，但剑南春人肯定不会忘记：

1996年5月13日，剑南春获中华全国总工会颁发的“全国五一劳动奖状”证书

1999年1月1日获“中国驰名商标”

2000年9月1日，获“全国质量管理先进企业”证书

2002年6月 剑南春佳酿被中国历史博物馆正式收藏，这是中国历史博物馆惟一收藏的两款历史名酒（另一款是茅台）

2003年，获“全国质量效益型先进企业”证书

2004年，剑南春“天益老号”酒坊遗址入选“2004年中国十大考古新发现”

2005年5月13日，中国首家通过中国食品工业协会“纯粮固态发酵标志”认证

2007年12月8日，剑南春第一个发布了中国白酒年份检测标准——“挥发系数鉴别法”

2008年4月，剑南春成为四川省首家环境友好企业。

2008年6月，剑南春酒传统酿造技艺入选国家级非物质文化遗产名录

……

光荣与梦想，责任与道义，一直伴随着奋勇前行的剑南春人，也伴随着乔天明磊落的白酒人生。

履行一种责任

近几年来，剑南春为资助贫困学生、抗震救灾等各项慈善事业共捐款6千余万元。抗震救灾期间主动支援地方政府抗震救灾和救助灾民：指示职工医院共救治伤员100多人；组织消防车为几万灾民供水；给市政府提供1000余吨大米、数卡车药品救助灾民；每天煮稀饭20多大锅供近万人次食用；调用、租赁10辆大卡车支援政府抢运伤员。抗震救灾期间，剑南春用于帮助灾民和支援政府的物资价值超过2千余万元。玉树地震、绵竹清平特大泥石流灾害发生后，乔天明第一时间指示通过红十字会送去剑南春人对灾区人民的爱心捐款。

建立一种以人为本的理念

乔天明高度重视党建工作和工会工作，坚持党建带工建，工建促党建，充分发挥工会联系职工的桥梁与纽带作用。他坚持依法兴企，切实保障职工利益，重视企业民主管理，关爱职工，通过职代会平台与职工实现和谐沟通，赢得了职工信赖。企业与工会签订了《集体合同》、《工资集体协议》，坚持与每名职工签订用工合同，为所有的职工办理了“五险一金”。在经受“5.12”地震重创和金融危机双重打击的情况下，公司和工会签订了《关于不降低员工2009年度工资收入的协议》，明确提出不裁员不减薪，给职工吃了一个定心丸。2010年，公司职工平均增资额在300元以上，增幅达20%。公司坚持开展劳动竞赛，开展全员教育培训，职工学技术、比贡献蔚然成风，对荣获了企业生产标兵称号的员工给予精神和物质奖励，这些举措极大地保护了劳动者的合法权益，激发了广大职工的工作热情。

在乔天明的带领下，剑南春人坚持以人为本为一切工作的核心，发扬伟大的抗震救灾精神，争分夺秒地科学重建，经过两年的恢复重建，三年重建任务两年基本完成。公司重建取得阶段性胜利。公司投资15亿元实施的“三大区域四大工程”建设已经取得了阶段性成果。我国目前白酒行业最先进，集物流、酒体设计、灌装、成品发运为一体的新包装中心一号工程已竣工投产。因地震停建的年产1.5万吨的优质基础酒扩建工程和五粮粉碎中心即将完成。投资1.5亿元，按照国家4A级旅游景区标准建设的剑南老街成为充分展示剑南春酒文化与工业旅游的亮点。2010年12月22日省委、省政府在剑南春举行“中国白酒金三角.绵竹酒城建设暨剑南老街开街仪式”活动在剑南春成功举办，它标志着全省打造“中国白酒金三角”区域品牌建设系列活动从一个核心区走向另一个核心区。乔董事长透漏，

“中国白酒金三角”区域品牌战略将重塑剑南春雄心；冲击全国白酒业“前三甲”。从规模到品牌再到关联发展，剑南春瞄准两年后成为超100亿元，五年后超300亿企业。

目前，公司生产经营形势喜人，2010年实现销售收入36亿元，税费6.72亿元。我们相信在乔天明董事长带领下，剑南春全体员工正站在新的历史起跑线上，以前所未有的“剑南春速度”向“十二五”销售收入超百亿的目标全力奋进。

蔡宏柱

——湖北稻花香集团党委书记、董事长

“奋进抒壮志，创业惠民生”，用这句话来形容稻花香集团董事长蔡宏柱的创业实践是再贴切不过的。

纵览30年来以“兴企富民”为引领的稻花香集团，一波又一波的创新发展，不但在中国白酒行业树立了一道亮丽的风景线，也为企业和企业家如何落实科学发展观、如何在多元的社会文化中确立和坚守正确的企业价值观，将发展诉求与改善民生的责任一致起来，树立了实实在在的榜样。

蔡宏柱说得好：“无论企业多么辉煌，也无论你多么有钱，如果没有正确的企业价值观，你在老百姓的心目中绝对等于零。因为我们办企业除了赚钱以外，更重要的责任是实现和谐发展，多为国家做贡献，多为老百姓带来实惠。”

小小寰球，企业家多有。蔡宏柱的最可钦佩之处，就在于将“民生情怀”银钩铁画，大书在稻花香不断发展的壮阔实践中。

创新——改善民生的“稻花香样本”

发展农业循环经济，这是蔡宏柱在白酒行业的一个创造。

几年前，蔡宏柱首提农业产业化循环经济概念，并将其作为企业的方向。此后，这个概念与稻花香一系列战略决策同时孕育、发酵，不但变成了企业巨大的经济效益和利润，也变成了农民暖暖和和的收入、实实在在的福祉。

从生产白酒，到绿色种植，资源循环利用，生产绿色有机食品。每循环一次，产品就增值一次，农民就增收一次。一个“增值”，一个“增收”，既提升企业发展的内生力，又增强了农村经济发展的 “造血功能”。

说来简单，做起来万难。这一发展模式，核心是由“五级循环”产业链构成的，即：绿色种植—食品加工—全混饲料—规模养殖—有机肥料。这根金色链条的打造，凝聚了蔡宏柱和全体稻花香人的智慧、胆识与前瞻性谋略，每一个产业链上的项目开发，都是一部史诗、一座丰碑。

以绿色种植为例，“公司+基地+农户”，是稻花香最成功的模式之一。这一模式不断在广袤的田野开花结果，先后建立起绿色粮食种植基地、湖北海棠基地和五峰香辛蔬菜基地，从种子、技术、田间管理到收割入库，进行全程指导，且一诺千金：每年以高于市场的价格照单全收。

农民算了一笔账：稻花香玉米浆饮料项目共发展种植户5600户，种植甜玉米6.4万亩，正常年份生产甜玉米3.75万吨。农民种植总收入5250万元，纯收入2370万元，与种植普通玉米相比，人均增收236元，增幅24%。

更关键的是，对于食品饮料加工废弃的玉米穗、芯、秸秆，也有了消化的路径：玉米苞叶、穗、芯、秸秆粉碎发酵，连同酿酒的酒糟，加工成全混饲料；全混饲料是标准化养猪的上佳饲料；而养猪的粪便，也不浪费，可以通过有机肥料基地加工，变废为宝，为发展绿色种植提供有机肥源。

这一模式的发展力是惊人的。几年来，稻花香农业循环经济不仅直接和间接带动了近30万农民就业增收和产业致富，而且企业效益年年大幅度攀升，2011年，集团实现销售收入124.86亿元，创利税10.28亿元。

耀眼的不光是这些数字。

稻花香所在的龙泉镇，过去人们除了种粮吃粮，骑着自行车跑遍全镇也找不出一家规模企业。自从出了个“稻花香”，日月渐次换新天；自从“五级循环”铺新路，山窝窝都种出“摇钱树”——该镇产业结构和增长方式发生了质变。全镇先后建立起柑橘、畜禽、蔬菜、奶牛、水

产等五大支柱产业。从农户收入到村镇经济，都富得流“油”。干部们逢人便夸：农业循环经济打开了“城乡一体化”的便捷通道，促进了城乡人口、技术、资本、资源等要素的融合，提高了城镇化建设水平。

这是稻花香带给农民们更深刻更深远的福祉。

蔡宏柱说，我们发展农业循环经济既非权益之计，也不是搞“慈善”，而是用科学的发展方式点石成金，带动发展现代农业，在做强做大企业的过程中，整体推动新农村建设，实现农民稳定增收，农业稳步增效，农村经济可持续发展。

量变彰显历史，质变创造历史。稻花香的创造，无疑为兴企惠民提供了切实可行的路径范本。

发展——又好又快的“稻花香速度”

改善民生，发展是硬道理。

蔡宏柱对“硬道理”的把握一直是四个字：又好又快。

“好”是质量，“快”是速度。蔡宏柱认为，不能简单地说“好”是第一位的，“快”是第二位的，应当将“好”与“快”统一起来：在质量效益的基础上加快发展速度，在加快发展中提升质量效益——以好促快，快中求好，又好又快。

创业之初，面对一大批梦想者扑入商海，将“敢冒风险”几乎当成了唯一信条，蔡宏柱说：“这不科学。我们稻花香人要坚持讲四句话：敢冒风险，自我加压，创造机遇，超常发展。”

于是，一系列“又好又快”的辉煌乐章在稻花香人的指间不断奏响——

一年建成一个厂，一年赚回一个厂；

今年的产值是明年的利税；

1992年，年产千吨白酒，创产值190多万元，利税10万元；

1997年，年产万吨白酒，产值3.9亿元，利税4300万元；

2003年，年产3万吨白酒，产值5.1亿元，利税7300万元；

2005年，年产白酒5万吨，产值11.9亿元，利税1.1亿元；

2007年，年产白酒8万吨，产值25亿元，利税2亿元；

2008年，产值38亿元，利税3.5亿元；

2009年，产值51亿元，利税5亿元；

2010年，销售收入73.16亿元，创利税7.1亿元；

2011年，销售收入124.86亿元，创利税10.28亿元。

发展速度追星赶月，效益质量稳步提升。

更可喜的是，人才、技术、资金、产品、市场、创造力，一切实现企业可持续发展的硬实力和软实力，伴随着稻花香“又好又快”地发展，一一跃升。

而稻花香的市场开发也由过去的“家门口”拉锯战，发展成为全国“一盘棋”。目前，已拥有28个省、直辖市、区的400多个大中城市的广大而稳固的市场。

与此交相辉映，企业规模也由最初的作坊式小厂发展成为中国大型工业企业，农业产业化国家重点龙头企业，综合实力进入全国白酒十强。稻花香商标被国家工商总局认定为“中国驰名商标”，稻花香品牌跻身中国最具价值品牌500强，稻花香白酒成为中国新名酒的代表，2011年，再次蟾宫折桂，荣膺“中华老字号”、入榜“中国新八大名酒”……

“稻花香速度”，已成为企业“又好又快”发展的经典诠释。

效益——优势集聚的“稻花香现象”

蔡宏柱常说：做企业如同下棋，要有大眼界，只经营眼皮下的一小块地盘,往往会失去大局。

稻花香“三百工程”战略——树百年品牌，建百亿强企，富百万农民，便是从长远发展的大局着眼走出的妙棋、活棋。

随着这一战略的推进，稻花香以白酒产业为“龙头”，已形成了包括绿色种植、食品加工、饮料加工、包装物流、有机饲料、生物化工、标准化养殖等一体配套发展的优势产业集群。拥有成员企业34家，集团员工发展到13200人。

外行看热闹，内行看门道。巨大规模，多种产业，已不是通常的“多元化”所能界定的。推动稻花香超常发展的是三大比较优势：农产品加工业（白酒）、绿色农业、劳动密集型产业，构成其产业体系的基本特征，是一、二、三产业的协调发展，实施方针是效益增长的集约化。

无论产业升级还是开发新项目，蔡宏柱始终牢牢把握住三个基本点：以产业化建设为基础，以生态化发展为条件，以实现企业和谐、可持续发展为目标。

除了做大做强白酒龙头产业，蔡宏柱以战略家的远见卓识和恢弘气魄，在战略性新兴产业上综合施策，重点发力，打出一系列创新发展的“组合拳”——

投资10亿元，建成三峡科技包装工业园，集行政办公中心、技术研发中心、生产制造中心、现代物流中心、综合服务中心五大板块为一体，可年创产值30亿元，年创利税3亿元；

位于宜昌市火车东站附近的宜昌三峡物流园，占地1154亩，计划2013年底建成，投产达效后，年货物吞吐量达720万吨，直接或间接解决30000人就业，将为宜昌市经济社会发展发挥重要作用。

此外，还兴建了一批配套产业项目：五峰万吨香辛蔬菜基地项目开发如火如荼，宏达酒业包装车间建成投产，万吨藏酒洞工程、重庆稻花香酒业项目、黄冈千年缘酒业二期工程等建设渐入佳境，乳白料白酒瓶合资开发项目进展顺利，远安陶星陶瓷科技项目、贵州矿业即将竣工投产。

“在当前‘后危机’时期，发达国家提出‘再工业化’、‘低碳经济’、‘智慧地球’等新理念，全球经济结构正孕育着深刻变革。这是一场新的博弈。我们就是要善于发现并找到‘赢’的边界，扩大现有优势，开发新优势，占领发展制高点。”这是蔡宏柱之于创新发展的策略思考。

这一策略带来的巨大效益，不仅是每年销售收入的成倍增长，更产生了良好的优势产业集群效应，凸现出企业发展的强劲活力与巨大张力，人们称之为“稻花香现象”。

胸藏万点意，挥毫定乾坤。“十二五”期间，稻花香将剑指500亿，做大做强五大产业，集团成员企业达到100家，培育1家上市公司，争创5个驰名商标，进入全国500强。

目标——共享共赢的“稻花香模式”

“企业当然要追求利润最大化；但这个‘最大化’一定要能够给大多数人带来实惠。”作为有着强烈社会责任感的大企业家，蔡宏柱超越了“自我发展”的闭合式思维，而进入一种整体性富裕的效益诉求。

早在几年前，蔡宏柱就制定了五种共赢的效益模式——

整体推进型：以“公司+基地+农户”模式，带动29.6万农户、88.89万人通过发展现代农业致富；

产业带动型：通过发展循环经济配套产业，带动3.3万户、10万人就业致富；

扶持引导型：通过相关企业与农业新技术开发和扶持，带动3000户、1万人科技致富；

联合发展型：以强强联合、并购、重组、转型升级等方式，培养100名农民企业家和企业主；

合作伙伴型：发挥稻花香优势，壮大合作伙伴阵营，培养10名甚至更多的农民千万富翁。

稻花香集团已在宜昌市及周边市县建立各种粮食种植基地20多万亩，同近7万农户签订了玉米、红薯、魔芋及糯米等种植合同，每年可为农民增加3800多万元收入。其中，在夷陵区、长阳、秭归等地11个乡镇有甜玉米种植基地3.5万亩，甜玉米项目使三峡库区两万多户农民受益。

带动地方经济发展，是蔡宏柱“兴企富民”的又一个精彩乐章。稻花香做大做强白酒、饮料、养殖等特色产业，每年消化农产品30万吨，惠及25万农户；通过订单农业，多渠道吸纳农村剩余劳动力就地转移就业；产业布局从集团总部渐次延伸到省内其他地市州和重庆涪陵、贵州毕节等省区，通过“资金+技术+管理”的造血型扶贫，盘活了闲置资产，为贫困地区经济腾飞注入了强劲动力。

稻花香这座现代化酒城的带动力和辐射力，更加快了龙泉镇建设新农村的步伐。稻花香先后投资1亿多元用于周边基础设施建设；投入1600万元，按照龙泉镇“五龙二虎”和“酒镇桔乡”的人文特色，治理美化了流经全镇的柏临河，建造了6座人工湖；投资500多万元建设土宋公路和小鸦公路；投资5000多万元建起了两个污水处理厂；稻花香的物质文明和精神文明，催生和提升了周边生产维、制度维、知识维、文明维的“四维生态”。仅龙泉镇的第三产业，每年的营业额就高达4亿元，镇里办起了幼儿园、学校、医院、餐馆、旅社、公交运输，居民生活水平节节攀升。

“我们奉行的是‘多赢’文化。发展惠民，改善民生，带动发展，多做贡献，是稻花香不变的追求。我们深深知道，合作的力量大于个体的力量，整体性创造比局部性收割更具恒久性；只有多元共赢，才有彼此的携手未来。”蔡宏柱常以这样的观点告诫同事且自勉。

言由心发，德由心生。正是这种多赢文化构建了稻花香共享共赢的效益模式，使得蔡宏柱和他的团队能够常常保持一种高度，一种观念，一种整体性推进和超越，奋进的力量始终为着改善民生而勃发。

吴向东

—— 华泽集团董事长

吴向东，湖南醴陵人，1969年1月2日出生，2003年7月毕业于湖南大学，研究生学历。1992年1月至1996年12月任马来西亚华联有限公司长沙办事处首席代表；1997年1月至2006年3月任金六福企业董事长兼总经理；2006年3月至2008年4月任华泽集团董事长兼总裁；2008年4月至今任华泽集团董事长。

获得过的主要荣誉有："世界杰出华人勋章获得者""亚洲品牌创新十大杰出人物""第二届营销金鼎奖获得者""中国十大杰出CEO""中国酒业十大杰出营销经理""中国快速增长企业十大杰出经理人""中国品牌建设十大杰出企业家""中国诚信企业家""中国白酒十大品牌领袖""中国酒界十大渠道领军人物""2007中国酒业年度十大经济人物""改革开放三十年中国酒业之经典人物""品牌中国30年30人""新中国60年 最具影响力功勋企业家""与共和国60年共成长•中华儿女商界英杰""2009（中国）安永企业家奖"。

带领华泽集团（金六福企业），取得了良好的经济效益和社会效益，为社会主义经济建设和地方发展做出了突出的贡献。

吴向东先生系华泽集团董事长，华泽的英文名"VATS"在英语中最原始的意思是许许多多盛美酒的大桶。华泽集团（VATS GROUP）成立于2006年3月，整合于有十余年历史的金六福企业，凭借先进的营销模式和管理理念，现已发展成为国内专业从事酒类酿造、生产、营销及品牌打造的集团公司。

华泽集团现拥有15000名员工，总资产60亿，年营业额60亿，业务遍及全国31个省市自治区；拥有上、下游合作企业5000余家，从业人数超过30万。

华泽集团下辖事业一部、事业二部、事业三部、金六福事业部、事业五部五大业务事业部及服务管理中心。

华泽集团拥有十三家酒类生产企业；包括湖南湘窖酒业、湖南雁峰酒业、滕州今缘春酒业、四川金六福酒业、安徽临水酒业、桂林湘山酒业、广东德庆无比酒业、云南香格里拉酒业、黑龙江玉泉酒业、吉林榆树钱酒业、江西李渡酒业、陕西太白酒业、贵州珍酒酿酒有限公司。

华泽集团的前身金六福企业是吴向东先生1996年创立的，企业创立十多年来，取得了良好的经济效益和社会效益，企业连续10年保持两位数增长，金六福酒连续8年保持两位数增长，连续7年保持五粮液系列酒销量第一。集团每年不包括生产型企业，在流通领域上交国家税收超亿元，每年金六福品牌在五粮液酒厂占据40%的生产能力，交纳消费税和增值税超过5亿元，而且随着集团的发展壮大，税收贡献逐年迅速增长，十年来，为国家的商业繁荣和经济发展做出了突出贡献，有力地支持了地方经济的发展，创造了良好的经济效益和社会效益。

华泽集团积极响应政府号召，积极参与国有企业改制，振兴地方经济。自2003年华泽集团收购原湖南省邵阳市酒厂（收购后，更名为"湖南湘窖酒业有限公司"）至今的短短几年时间，该企业已经成为湖南省内白酒产销量第一的企业，华泽集团在邵阳累计新增直接投资5.5亿元，兴建一个湘窖基地，被列入湖南省重大开发项目和湘西重点开发项目，建成后将成为华中地区第一、国内领先的白酒食品饮料生产基地。收购后的邵阳酒厂每年纳税以25%以上的速度递增，06年达到4100余万元。收购后由于生产和销售规模的持续增长，安置了下岗员工和就业人数达1790人，对邵阳市地方经济发展起到了积极的促进作用，湘窖酒业还捐款600多万元用于当地慈善事业。

华泽集团在保留改制企业传统工艺、原有品牌的基础上，通过转换企业经营机制、导入先进企业文化、重新打造品牌优势、完善产品结构、狠抓产品质量、执行6S管理体系等有力举措，将这些地方品牌重焕生机，通过强大的品牌打造能力和销售策划能力，实现集团化规模经营，使地方企业步入了高速发展的新阶段，有力地促进了当地经济的发展、对当地政府税收、增加就业机会、重塑地方名优品牌等起到了极大的推动作用，实现了多方共赢的局面。

具备优秀企业家的战略眼光和扎实的管理底蕴，锐意进取，开拓创新，通过制定科学的品牌发展规划，实施品牌竞争战略，使企业形成较强的品牌优势。

吴向东先生在华泽集团以诚信作为企业的生命，永争市场第一位。把为一线市场提供最优质的服务作为企业的核心价值观；爱企业、爱伙伴、爱产品、爱营销、爱市场、爱品牌则是华泽集团每一个员工的精神追求。华泽集团坚持以人为本的用人理念，“每一位员工都是企业的品牌”，尊重员工特性，人尽其才，倡导“企业因我而美丽”。华泽集团强调的企业精神是：信念坚定、意志坚毅、循序渐进、水滴石穿。

华泽集团广泛涉及白酒及有色酒领域。华泽集团打造了金六福、福酒、福星、六福人家、香格里拉、大藏秘、天籁、恒美、湘窖、开口笑、邵阳、临水、今缘春、雁峰、湘山、玉泉、李渡、榆树钱、太白、珍酒、无比古方等20余个自有品牌。其中金六福品牌以福文化为品牌定位，积极参与社会的各项盛事，曾获28届奥运会中国体育代表团唯一庆功白酒、国足世界杯出线唯一庆功白酒等殊荣；同时还借助一些创新的主题传播，逐步使金六福酒成为中国人节庆消费中必不可少的新民俗。目前金六福品牌价值达71.75亿，获中国驰名商标。企业曾荣获中国优秀企业、全国消费者用户满意企业、中国白酒工业十大竞争力品牌、亚洲最具价值品牌500强等殊荣。

吴向东先生作为白酒行业的营销专家和企业管理专家，取得了众多的荣誉。其亲自策划的金六福奥运营销等体育营销和春节回家•金六福酒、中秋团圆•金六福酒、我有喜事•金六福酒等营销案例，已成为各大营销教科书的经典案例。吴向东先生也荣获亚洲品牌创新十大杰出人物、中国白酒十大品牌领袖、杰出华人勋章获得者、中国酒界十大渠道领军人物、2007中国酒业年度十大经济人物、改革开放三十年中国酒业之经典人物、品牌中国30年30人、新中国60年 最具影响力功勋企业家、与共和国60年共成长•中华儿女商界英杰、2009（中国）安永企业家奖等多项殊荣。

吴向东先生社会责任感强，率领公司积极参加各种公益活动，回报社会，在汶川大地震、湖南冰灾、青海玉树地震等多次重大自然灾害中积极捐款，获得了社会各界的充分肯定。

多年来，华泽集团一直热心于公益事业。曾斥资赞助中国体育，成为2001—2004年中国奥委会合作伙伴。2005年，成立了“华泽集团爱心基金”，为那些遭遇突发意外和困难的员工、员工家属和合作伙伴提供有力的帮助，同时也向社会捐赠，自爱心基金成立以来，共帮助690人，捐赠校舍2所，累计捐赠总额约400万元。

在2006年的湖南省特大洪灾中，华泽集团和吴向东先生本人表现出良好的社会责任感，捐款捐物达600多万元，并在受灾最严重的郴州地区捐款建设了“六福家园”小区，满足灾区居民安置的需要。

2007年9月9日，华泽集团斥资500万元，在邵阳设立见义勇为奖励基金，专款用于奖励那些见义勇为，具有高尚道德情操的突出个人。同时资助100万元，用于奖励在2008年奥运会上获得金牌的湘籍运动员。

2008年1月中旬，我国南部多省遭遇几十年罕见的雪灾，六省市受损严重。华泽集团在湖南境内所属的湘窖酒业及雁峰酒业两家酒厂部分厂房设备受损，停电造成酒厂旺季无法生产，交通阻断致使旺季销售的产品不能顺利运输，直接经济损失近2000万元。虽然自身受损严重，华泽集团得知父老乡亲的灾情后，毅然于2月3日向湖南省赈灾募捐办捐赠500万元现金， 2月5日，集团董事长吴向东在接受湖南卫视“爱心大融冰”募捐晚会专题采访时，再度捐款500万元，用于受灾群众的基本生活安排和安置灾后生产。至此，共累计捐款1000万元。

2008年5月12日14时28分，四川省汶川县发生8级地震，13日上午10时，集团下属企业北京金六福酒有限公司即通过中国红十字会总会第一时间向四川灾区捐献首批现金100万元，以实际行动全力支持抗震救灾工作，并向灾区人民表达了祈福平安的美好祝愿。在接下来的时间里，华泽人本着 “全国人民有大爱，华泽人有小爱”的企业理念，再次向灾区人民捐款200多万元，奉献出华泽人的一片爱心。

为更好的开展慈善公益事业，2008年底华泽集团与中华慈善总会共同成立“中华慈善总会•金六福99爱心基金”，2009年向湖南慈善总会、浏阳金刚中学、青岛文坤经贸公司、邵阳市城步、邵阳、遂宁县4所学校等受灾、受困单位累计捐款135万。

2010年4月16日，青海玉树自治州玉树县发生7.1级地震，集团随即通过“中华慈善总会•金六福99爱心基金”，向灾区捐款50万元，以实际行动支持灾区人民渡过难关。7月，爱心基金又出资10万元与湖南省光彩事业促进会、光彩事业专项基金管理委员会联手为新疆吐鲁番地区援建一所学校。8月，集团又通过中华慈善总会金六福99爱心基金，向甘肃舟曲灾区捐款20万元，帮助灾区人民重建家园。

华泽集团作为行业里的标杆企业，经营效益好，服务质量过硬，社会贡献度高，在社会及群众中享有很高的声誉。

白智生

—— 中法合营王朝葡萄酿酒有限公司董事长

葡萄酒的奥秘，掌握在上帝手中。王朝的奥秘则藏于白智生之手，他以一位品酒大师对葡萄酒艺术的敬畏与欣赏，撷取法国葡萄酒的精妙之处，历经涅槃重生，睿智的把中国葡萄酒提高到一个至高层次。

“白智生”这个名字无论是对于天津人，还是对于全国葡萄酒行业的业内人士都不陌生，如果再提到他的王朝葡萄酒，更是让人赞不绝口。他1984年毕业于北京大学，主修国际政治；1998年完成中央党校的研究生课程，主修法律。没错，他就是中法合营王朝葡萄酿酒有限公司董事长，高级经济师，正局级。

对于葡萄酒和葡萄酒事业，他都是爱的深沉。因做酒而懂酒，因懂酒而品人生，这或许就是葡萄酒带给他最大的美妙。“葡萄酒里是有哲学的，细细品味就是葡萄酒的哲学，我喜欢葡萄酒，是因为我能在不断品尝葡萄酒的过程中，陶冶情操，陶冶对世界的看法，提高内在的素质。” 谈起葡萄酒来，他总是滔滔不绝，“现实的生活中，浮华太多，实在的太少，追求时尚的人多，了解时尚深刻内涵的人太少。其实喝葡萄酒不仅是对身体的释放，更是对精神的释放，喝酒的同时回味一下自己的生活，这是一件非常有意义的事情。”

他是一个对自己和企业都高标准、严要求的人。

“有坚定的思想及追求，不能朝三暮四，要不断努力，不可中途而废。”他要求自己努力地向着目标进发，做事不可以不合格，以免有负企业，有负自己。他常说：“在整个人生经历里，一生人要孜孜不倦地追求同一目标，今天做这个事，明天做另外一件事，终会一生一事无成。”

白智生觉得作为领导的第一条件，是要对自己、企业及社会负责任，要有强烈的责任感、事业心，能够为社会带来一些好的东西。此外，还要具备丰富的管理知识，“要专业，无论是世界的经济、政治都要了解，这样才可以有丰富的知识面对纷至沓来的问题，知识不足便领导不了一家企业。知识就是力量，在后知识的时代，要好好掌握技能，将梦想变为现实，这也是不可少的。” 最后，“果断的立场”也是一个领导者必须具备的。他深信，“人，不止要有毅力，还要有壮烈性的考虑，不能优柔寡断，要把握好未来才可，不可犯战略性的错误，令满盘皆输。要有很好的突破，有句老话：“拿得起来放得下！”“没有突破便不够说服力！”

这么一个优秀的领导对于王朝公司的要求自然也不会低。

“王朝只做最好的酒。我们也许不是最大的，但我们一定是最好的。”这句话透露出王朝酒业董事长白智生对王朝的定位——做精品企业。

“王朝已经有30年，守着这家企业其实也可以，但这样变得太保守，这不是一个企业家应有的风格，要不停提高目标，不停的追求，那才可以做得更好，而且要有目标地去做得更好。”白智生是追求完美的管理者，愈多的挑战，对他来说便是愈大的机会去提升自己。

白智生说：“如果说王朝当初的成功，技术领先得益于法国技术，那么，王朝30年来持续、快速、健康的发展则得益于王朝成功地走出一条引进、消化、吸收、再创新的科技自主创新之路，实现了中国制造向中国‘智’造的转变。”

白智生确实是一位精明、有责任感、有魄力的领袖，他无时无刻不为王朝而付出，他说：“我没有野心，只希望做得更好，很喜欢挑战，只想做好王朝。”他说他不希望做王朝以外的事情！他心里有“王朝”，便只有王朝，如此专心一致，全力以赴，正是一个企业，一个领袖的成功之道。

刘树琪

——山东省烟台市委常委、副市长

刘树琪，男，1957年生，在任山东省烟台市委常委、副市长，中国酿酒工业协会葡萄酒分会名誉理事长、山东省酿酒葡萄科学研究所名誉所长，他曾获中国酿酒大师、“葡萄与葡萄酒行业杰出贡献奖”、“改革开放30年中国酒界领军人物”、中国酒界最高荣誉奖“仪狄奖”等殊荣。

他在山东蓬莱任市长、市委书记期间，立足于蓬莱得天独厚的自然优势，超前预见到葡萄与葡萄酒产业惠及社会、惠及民生，将为蓬莱带来丰厚回报这一远大前景，一手规划、扶持蓬莱的葡萄与葡萄酒产业，结束了蓬莱葡萄产业无序发展的状态，完成了《蓬莱市葡萄产业发展规划》，积极推行葡萄标准化种植和葡萄酒标准化生产，在全国率先推出《蓬莱产区酿酒葡萄栽培管理规程》、《蓬莱产区葡萄酒加工技术流程》。他倡导提出“世界七大葡萄海岸”的概念，设立了山东省首家葡萄与葡萄酒局、葡萄酒行业协会，率先打造“蓬莱产区”品牌，用短短几年时间使蓬莱发展成为“中国葡萄酒名城”。在十几年如一日不间断的钻研和实践过程中，他俨然已经成为一名名副其实的葡萄与葡萄酒专家。

目前，蓬莱市葡萄酒生产企业和葡萄酒庄已发展到70家，形成了集葡萄庄园、葡萄酒加工及葡萄生态旅游为一体的“一带三谷”葡萄酒发展的壮观格局。葡萄酒企业每年为地方财政创造税收3亿多元，成为蓬莱最大的纳税产业，在国内外葡萄酒领域树立起了蓬莱葡萄酒产区的品牌形象。

傅建伟

——中国绍兴黄酒集团有限公司董事长

傅建伟，1960年5月出生，中共党员，1981年毕业于上海同济大学，教授级高级工程师，中国绍兴黄酒集团有限公司党委书记、董事长，浙江古越龙山绍兴酒股份有限公司董事长。中国酿酒工业协会副会长、中国酿酒工业协会黄酒分会理事长、黄酒分会技术委员会专家组主任，绍兴市黄酒行业协会会长、绍兴酒文化研究会会长。浙江省企业联合会、工业经济联合会、企业家协会副会长。浙江省第十届人大代表、省十届政协委员，绍兴市五届、六届党代会代表，绍兴市第五批、第六批、第七批专业技术学术带头人。江南大学客座教授，绍兴文理学院、绍兴市委党校兼职教授。

曾荣获全国轻工行业劳动模范；浙江省劳动模范；2006年度中国经济十大新闻人物；2007年度“十大风云浙商”；改革开放三十年30位杰出浙商；浙江省改革开放30年“创业创新突出贡献”优秀企业家；改革开放30周年中国酒界领袖人物；推动中国酒业发展60人之卓越人物；中国酒业“仪狄奖”个人卓越成就奖； 2002、2003、2004、2006、2008年度绍兴市市长奖；十五期间绍兴市经济社会十大建设功臣；绍兴市首届十佳最感动员工的企业家；2010年绍兴市重才爱才企业家等荣誉。享受国务院特殊津贴。

从1998年入住中国绍兴黄酒集团那一刻起，傅建伟的人生从此就与黄酒紧紧相连了。他开启了黄酒的全国化进程，由他掀起的营销革命更是激发了一个传统行业的创新热情。他醉心于黄酒文化，他坚持传统需要传承，更需要创新。中国黄酒博物馆的建立、原酒交易的开创、黄酒科研领域的不断拓展……他在带领他的企业疾速向前的同时，也将整个黄酒行业带到了一个新的高度，古老的黄酒业顿时风生水起。

傅建伟带领下的黄酒集团总资产达60亿元，员工4000余名，年产优质黄酒14万千升，拥有古越龙山、女儿红、状元红、沈永和、鉴湖等众多著名黄酒品牌，其中有2个中国驰名商标、2个中国名牌、4个中华老字号。“古越龙山”品牌，既是中国驰名商标、中国名牌产品，也是中国黄酒行业标志性品牌和钓鱼台国宾馆唯一国宴专用黄酒，并进驻国际卡慕3000多家免税店的“中华国酒”专区。

中国黄酒是世界三大古酒之一，历史悠久，文化积淀深厚，曾在清代创下“越酒行天下”的辉煌。但随着社会的发展，生活方式的变迁，传统黄酒唯有传承创新，与时俱进，才能保持旺盛的生命力。

他开启了黄酒全国化进程。为了改变酒类市场“南黄北白”的格局，傅建伟便积极推进营销创新，建立了覆盖全国的销售网络，设立了1000多家精品专卖店，过去人们认定黄酒是长三角“地域性产品”，如今北上南下西进，连世界屋脊的西藏都能喝到。其产品的市场占有率、覆盖率不断攀升，连续八年销售额增长率以两位数的速度增长，黄酒产销量始终保持行业第一。

他把古越龙山品牌建设推向一个新的高度。在品牌建设上，他摒弃“酒香不怕巷子深”的传统观念，以勇立潮头的胆略，聘请著名演员陈宝国做品牌形象代言人，先后投入巨资在央视、凤凰台等高端媒体宣传企业品牌、推广黄酒文化，扩大了品牌知名度和美誉度，催生了“黄酒热”，黄酒市场不断拓展和延伸，整个中国黄酒产业呈现出勃勃生机和活力，被业界寄予厚望。2010年古越龙山品牌以42.03亿元的品牌价值入选中国品牌500强，并作为中国黄酒行业唯一入选品牌连续三次蝉联亚洲品牌500强。

建设中国黄酒博物馆。绍兴作为国家首批历史文化名城，千年黄酒之乡，拥有如此深厚的历史文化底蕴，傅建伟心中很早便有这样一个设想：“在黄酒故乡绍兴打造一座中国黄酒博物馆，来展示绍兴黄酒悠久的历史、传统的文化、精湛的技艺。同时，一方面将博物馆打造成黄酒的文化演示、科学论坛、交流互动的中心，另一方面通过这样一个平台推动以古越龙山为代表的中国黄酒的发展，以酒为媒，带动商贸流通、餐饮娱乐的发展，把绍兴打造成为一个黄酒之都，从而促进绍兴城市旅游的发展。”2003年，傅建伟在这个设想的催进下，开始规划建设中国黄酒博物馆，并于2006年10月顺利建设完成，总投资4.2亿元。

首创原酒交易。2008年，他在黄酒业内首创实施原酒交易，使原酒作为一种稀缺资源受到消费者和投资者的大力追捧，让传统黄酒价值大幅度提升。三年来，已实现原酒销售3亿元，业绩骄人。此外，他还与银行联手，打造类似于股票交易所似的原酒交易电子商务平台，通过电子网络，为消费者和投资者打造一个提供信息、公平交易、互动交流的平台。这个原酒交易电子商务平台在2011年4季度投入运行。

建造全球最大的黄酒产业园区。随着黄酒市场的不断做大做深，傅建伟深刻认识到生产已跟不上市场需求。2007年，通过前期大量的调研、分析和论证，他决定并开始着手实施建设全球最大的黄酒产业园区。该项目总投资26亿元，占地1300多亩，建设完成后，年产优质绍兴黄酒将可达25万千升，形成从黄酒酿造、现代灌装及陈贮到玻璃瓶生产的一体化生产管理格局，实现集约化、规模化生产，同时利用黄酒产业园区，开展工业旅游。园区的建成，将真正实现中国黄酒的产业优化升级，进一步推动黄酒走出国门，香飘世界。目前，黄酒产业园区一期5万吨玻璃瓶厂建设项目已完工投入生产，二期3万千升黄酒产业升级项目也正有序推进。

打造绿色糯米原料基地。傅建伟十分重视黄酒质量安全管理，在江苏常州、安徽铜陵和六安、湖北应城和赤壁等地建立了五大标准化、生态化、规模化的绿色无公害糯米原料基地5万余亩，从源头上筑起食品安全屏障，不但保证了古越龙山黄酒的质量和安全，而且也保障了当地农民的粮食销售和经济收入的提高，帮助农民走上产业化道路，促进了企业和农业的共同发展。

黄酒科研领域的不断拓展。傅建伟十分重视黄酒酿造的基础性研究，先后推动并参与起草了《绍兴黄酒》、《黄酒》国家标准和《烹饪黄酒》行业标准，绍兴酒的生产技艺被列入国家非物质文化遗产保护目录；与浙江大学、江南大学等科研院校建立了良好的合作关系，《稻米及其副产品高效增值深加工技术》、《黄酒的保健功能与功能性成分研究及其应用》等17个项目获国家、省、市科技进步奖。他十分重视新产品开发，借助科技创新推出古越龙山高端年份酒，成功开发陈年系列高档黄酒和状元红、年代酒等一批适应健康时尚消费需求的新品，丰富了黄酒消费市场。

醉心黄酒文化。作为企业的带头人，傅建伟全身心扑在工作上，坚持勤俭办企业，以身作则，带头自律。工作繁忙之余，笔耕不缀，写博客开专栏，宣传推广博大精深的黄酒文化，著有《沉醉绍兴酒》、《岁月留痕》、《琥珀色的诱惑》、《沉醉酒乡》等多部专著。其中《沉醉酒乡》一书还亮相法兰克福国际图书博览会展，向世界展示了中国黄酒之乡的魅力。他的才智与激情，他的敬业与勤奋，他虚怀若谷的人格魅力，更是赢得了广大员工的普遍尊敬和好评。

因为热爱所以付出。让黄酒香漫全国乃至全球，是傅建伟毕生的梦想与追求。傅建伟同志始终不满足于现状，并将以奋发有为的精神，带领全体员工，与时俱进，开拓创新，继续谱写新的辉煌。

于吉广

—— 北京红星股份有限公司总经理

于吉广同志任企业主要负责人多年，表现出很强的学习能力、实践能力、创新能力和自律能力，经营业绩显著。

他在任职期间，公司遇到了国家对白酒税收政策进行调整，造成公司每年新增七八千万元的税收；厂区搬迁改造，造成厂区由市区迁址郊区生产；非典疫情，造成产品经营受到极大影响。特别是2008年公司受成本高涨、费用剧增、需求震荡、运输受阻、自然灾害等因素的影响，给生产经营造成了巨大的压力。面对如此严峻的形势，他与班子其他领导处变不惊，从市场营销、结构调整、内部管理等方面提出了一系列应对措施，紧密团结，依靠职工，沉着应对，实现销售收入平稳增长。目前，公司年产销能力8万吨，销售收入近 13亿元，上缴税金近4亿元。

于吉广注重创新营销管理，提出了“保规模、上结构”的经营指导方针和主攻重点市场、重点产品的“双重原则”，制定了产品、市场、品牌三大发展战略。“红星”产品已销往全国各省市自治区，并出口到二十多个国家和地区，产品市场综合占有率连续多年居全国白酒企业前四位，红星二锅头酒连续多年居全国清香型白酒销量第一位。公司两次创全国清香型白酒销量新纪录。

于吉广注重企业内部创新管理，提出了“抓增值、控减值、找短板、攻难点”的目标管理思路，把抓好“一卖（销售）三买（买原料、买资金、买人才）”作为贯彻全面预算管理的关键环节，进一步提升了企业的管理水平，公司曾荣获“北京市先进管理企业”称号。在北京白酒行业中“红星”公司率先通过了IS09002质量保证体系认证和IS09001质量管理体系认证；首批通过了国家酒类产品质量等级认证；还通过了IS022000食品安全管理体系标准认证和IS014001环境管理体系、GB/T28001职业健康安全管理体系认证以及标准化良好行为企业4A级、计量保证能力“C”标认证和绿色食品认证等。公司在北京白酒企业中唯一荣获“北京市质量管理先进奖”荣誉称号，同时拥有“纯粮固态发酵白酒标志”，红星二锅头酒是国家质检总局检测、鉴别二锅头酒的标准样酒。

他注重产品创新管理，股份公司成立9年来，形成了高中低档齐备、雅俗共赏的产品群，既有物美价廉的大众酒，也有高档的青花瓷系列酒。产品已发展为普通、特制、精品、珍品、珍藏等5大系列产品群。

于吉广还注重继承和保护“红星二锅头”传统工艺，“红星二锅头”作为我国历史上第一个以工艺命名的白酒，近60年畅销不衰。2007年4月，“红星二锅头”传统酿制技艺入选“北京市级非物质文化遗产”，被认定为北京二锅头传统酿制技艺的正宗传承人。2008年6月，“红星二锅头”传统酿造技艺入选“国家级非物质文化遗产”名录。

总之，在于吉广同志的领导下，公司先后获得“中国驰名商标”、“中华老字号”、“全国五一劳动奖状”、“全国守合同重信用企业”、“全国三绿工程畅销品牌”、“全国用户满意产品”、“中国信息化500强”、“中国白酒工业十大影响力品牌”、“中国食品行业百强企业”、“国家级纳税信用A级企业”等称号；同时荣获“北京用户满意产品”、“北京十大名企、十大名牌”、“北京纳税百强企业”、“纳税A级企业”、“怀柔区经济贡献十佳企业”。

张德芹

—— 贵州茅台酒厂（集团）习酒有限责任公司董事长、总经理

张德芹，男，汉族，1973年出生，贵州仁怀市人，中共党员，全国青年委员，中欧国际商学院在职研究生。现任中国贵州茅台酒厂有限责任公司总经理助理，贵州茅台酒厂（集团）习酒有限责任公司董事长（法定代表人）、总经理、党委副书记。

1995年7月至2004年4月，进入贵州茅台酒股份公司从事生产管理工作，2004年4月至2010年5月，贵州茅台酒股份公司总经理助理兼酒库车间主任；2010年5月至今，任中国贵州茅台酒厂有限责任公司总经理助理，贵州茅台酒厂（集团）习酒有限责任公司董事长（法定代表人）、总经理、党委副书记。

韩建书

—— 山西杏花村汾酒厂股份有限公司董事、总经理

韩建书，男，1962年1月21日生，山西省沁县人，研究生学历，中共党员，高级工程师。现任山西杏花村汾酒厂股份有限公司董事、总经理。

1983年9月，韩建书同志于山西大学生命科学学院微生物专业毕业后，分配在汾酒厂研究所工作。1985年任汾酒厂研究所副所长，全面质量管理办公室副主任。1986年10月任汾酒厂质检处副处长，1992年任处长。1998年任汾酒厂副总工程师，2002年任汾酒厂股份公司副总经理，2005年6月，被聘任为汾酒厂股份有限公司董事、总经理。在社会学术团体中分别担任中国酿酒工业协会白酒分会副理事长、山西省酿酒协会副会长、山西省食品协会常务理事、山西省微生物学会常务理事、山西省消费者协会副会长。现为山西大学、山西财经大学研究生指导教师，山西大学有突出贡献的校友。

韩建书同志善于学习和总结，在企业管理、白酒发展上做出了重大贡献，先后获得山西省“优秀质量工作者”、“山西省劳动模范”、“企业技术创新先进工作者”、“山西省杰出青年企业家”、“首届中国酿酒大师”、“全国优秀职业经理人”等荣誉称号。

韩建书同志担任山西杏花村汾酒厂股份有限公司总经理以来，致力于公司基础管理和队伍建设工作，立足公司扩大产能、优化结构、提升价值、科学发展等各项工作，使公司取得了突飞猛进的发展，经济效益与社会效益不断突显。

近年来，随着汾酒市场的不断拓展，为实现汾酒转型发展、跨越发展，韩建书总经理通过对公司销售、生产、经营、管理现状的进一步研究，大刀阔斧地展开了对公司经营管理的全盘运作。尤其是2009年以来，大胆提出了对公司管理制度和人事组织方面的改革，逐步扭转国有企业粗放管理、管理干部“只升不降”的现状，并成功进行了岗位工资制度改革，公司的管理面貌焕然一新，为公司的发展注入了新的活力。

在提升公司基础管理和干部队伍水平的同时，韩建书总经理狠抓生产管理和质量提升，带领公司中层以上干部定期深入生产一线，了解生产运营基本状况，现场解决生产工作中的难题。为了更好的了解生产一线工作，不让管理和生产脱节，韩总同公司高管及中层管理干部主动参与生产一线的工作，通过亲身劳动体验，贴近一线职工，探索管理方法。在集团公司提出“百亿目标”后，通过一系列举措，股份公司确保了产品的质量和产量，坚持以更好的产品和优质的服务满足市场需求，为汾酒市场份额的不断扩大提供了坚实的后盾保障。

谢义贵

——四川剑南春股份有限公司副总经理

谢义贵，男，汉族，四川绵阳人，1961年9月出生，在职研究生，2001年6月加入中国共产党，高级工程师。1980年12月在绵竹剑南春酒厂参加工作，先后任酿酒工、尝评员。1987年8月任质检处副处长。1988年任第四届中国白酒国家级评酒委员。1991年8月任标准计量处处长。1993年2月任分部副部长、技协公司经理。1995年被聘为副总工程师。1997年2月任四川剑南春集团有限责任公司技术开发部部长。2000年任第六届中国白酒国家级评酒委员，同年被聘为集团公司副总工程师。2001年2月至今，任四川剑南春集团有限责任公司副总经理，先后被聘为中国白酒国家级评酒委员、中国酿酒大师、内贸部劳动模范、首届中国白酒科学技术大会突出贡献科技专家、中国食品工业协会全国白酒专家委员会委员、中国酿酒工业协会白酒分会技术委员会委员、中国食品协会白酒分会专家组成员、四川省食品发酵学会理事会副理事长。

谢义贵同志完成的十多项科研成果，具有巨大的实用价值，实际应用于生产均取得了很好的效果和显著的经济效益。由其本人主研的科研项目“低度剑南春的研究”获四川省商业厅科研成果二等奖，该成果的推广运用使公司的产品结构调整为以生产中、低度名优酒为主的轨道上来，为实现高度酒向低度酒的转化，降低产品成本以及增加市场的占有率、为剑南春及其系列产品迅速占领市场做出了贡献，每年为企业创造上亿元的经济效益。

作为第一主研人：“SNTM调味酒的研制”每年为企业净增经济效益6千多万元。他主持研究的科研成果——“挥发系数鉴别年份白酒的方法”，不仅解决了本领域专家长期不能解决的技术难题，突破了陈酿年份白酒鉴定的世界性难题，为陈酿年份酒的鉴别提供了可靠的科学依据和标准方法，对年份白酒的管理监测具有重大意义，引起业界的广泛关注。

尤其是他主持负责的科研项目——“超临界CO_2萃取白酒自然发酵副产物香源的开发”，被列为2006年四川省重点技术创新项目、德阳市重点技术创新项目和绵竹市重点技术创新项目，为集团公司共争取到22万元的科研经费。该技术利用超临界技术从白酒生产过程的副产物中萃取酒用香源，既有利于对副产物的充分利用，又能利用其产物提高产品的质量，增加浓、甜、醇厚的感觉，对公司产品质量的提高、降低公司成本，增加经济效益，最大限度降低原料中有机物排放对环境的污染，有效进行副产物、废物综合利用，清洁生产，提升企业形象具有重大意义。该项目已于2008年4月通过了四川省经济委员会组织的专家鉴定委员会的验收。现已进入工业化投产阶段。

他主持研制开发的高端新产品“东方红”酒、“剑南春国宝酒”、“剑南春典藏酒”和“十五年剑南春年份酒”等投放市场后深得消费者及同行专家的好评，并为集团公司创造了显著的经济效益。其中“东方红”酒以极其高贵的品质，华丽的包装，丰富的内涵，受到消费者的好评和专家的一致认可，自上市以来，供不应求，为企业创造了显著的经济效益，荣获了2002年“中国白酒著名创新品牌金奖”、2003年“中国白酒典型风格金杯奖”等多个荣誉称号，成为2003年全国白酒行业唯一荣获“中国白酒工业优秀科技成果一等奖”的新产品。“剑南春国宝酒”则以极高的品质、优雅的风格和豪华的包装成为消费者馈赠亲友的佳品。高端产品“剑南春典藏酒”一上市立刻成为了高端消费市场的新宠，反映甚好；“十五年剑南春年份酒”，通过了具有世界先进水平的“挥发系数鉴别年份酒方法”的鉴别，保证每一滴都是够年份的“剑南春年份酒”，现已投放市场，引起消费群体的广泛关注，创造出了良好的经济效益和社会效益。

谢义贵同志在担任公司技术开发部部长期间，主持了企业各项标准的制定、修订、组织实施和考核执行情况等工作。制定了各种管理标准和岗位标准，做到了管理工作标准化、制度化、科学化。特别是在技术标准和产品标准的管理实施过程中，一丝不苟、科学严谨，使公司各类标准的覆盖率达100%，并且荣获四川省先进标准化企业称号。同时，组织公司标准计量人员选用GB/T19022.1—ISO 10012-1标准，编著计量管理程序文件10部，建立了计量确认体系，并严格按程序文件进行计量管理，使公司通过了国家技术监督局的评审，剑南春集团公司也成为全国酒类行业中第一家获国家计量先进单位殊荣的企业，公司的计量检测体系达到国内一流（国际先进）的水平。为企业走科学化、规范化、标准化、可持续发展的道路做出了贡献。

陈云昌

—— 中粮君顶酒庄总裁

陈云昌，中粮君顶酒庄有限公司、中粮君顶华悦俱乐部总裁，隆华集团有限公司董事长。主要社会兼职：中国绿色食品协会副会长，中国酿酒工业协会葡萄酒分会副理事长，山东省人大代表、蓬莱产区葡萄与葡萄酒商会会长，烟台市慈善总会荣誉会长。

“十二五”期间(2011年～2015年) 中国产业结构将面临重大调整，调整结构主要是产业梯度转移，由“产业链整体式转移”取代“产业链分拆式转移”，产业创新及大力发展现代服务业已成为共识。作为中粮集团全产业链发展模式的践行者，陈云昌自1998年起，带领中粮长城葡萄酒（烟台）有限公司在短短几年的时间里实现了企业的跨越式发展：2002年成功进入全国同行业前5强， 2003、2004年综合业绩进入全国同行业前4名，2005年行业效益前3名；通过市场网络化的营销模式建立起了遍布全国的营销网络；按照国际化的模式建设酿酒葡萄基地，创造了被国内外专家誉为“中粮模式”农业产业化新模式，为建设社会主义新农村探索出一条值得借鉴的新途径；与法国阿海威苗木公司合资成立国内首家生产优良脱毒嫁接苗木的专业公司中法合资中粮长城•阿海威葡萄苗木研发有限公司，搭建起国际技术交流合作平台，也为提高中国酿酒葡萄种性做出了杰出的贡献。

陈云昌为蓬莱产区“百年立市”产业的发展做出了突出的贡献：作为龙头企业的带头人带动了当地葡萄酒产业快速规范的发展；为构建蓬莱产区世界七大葡萄海岸奠定理论基础，使蓬莱产区的发展得到了国际顶级葡萄酒产区的认可。陈云昌一直以来致力于葡萄酒文化的推广并积极探索一条适合中国特色的葡萄酒发展之路。2006年由中粮集团与隆华集团有限公司共同投资兴建中粮君顶酒庄有限公司正式注册成立。作为世界最大、最具个性的葡萄酒庄项目，于2007年9月23日盛大揭幕。酒庄创始人陈云昌先生，秉承五千年华夏文明蕴涵的“天人合一”理念，融合新旧世界葡萄酒的传统艺术和现代工艺，使君顶葡萄酒完美体现人与自然的和谐，成为东方葡萄酒的典范，并将倾力打造以顶级葡萄酒生产为核心，涵盖优质酿酒葡萄苗木研发和种植、葡萄酒文化推广、世界顶级葡萄酒交流、葡萄酒主题休闲旅游、会所及专卖店经营等的产业集群。君顶酒庄复合型产业集群不仅创新了葡萄酒企业的发展模式，也使中粮君顶成为以葡萄酒为主题的全新生活方式的倡导者。

建立葡萄苗木基地，创新葡萄基地经营模式

作为酒庄创始人之一的陈云昌心目中，酿制一瓶顶级葡萄酒与建造一座完美酒庄，所必需的不仅是目标的高远，而且还要有足够的耐心。正是在这样的理念之下，早在十年前，陈云昌就把目光投向葡萄苗木的精心选择。自1998年开始，他主持从法国、意大利、德国精心引进优良酿酒葡萄嫁接苗木，不仅拥有赤霞珠、西拉、美乐、霞多丽、雷司令等国际优良酿酒品种，还引进泰纳特、紫大夫、小芒森等特有品种，以严格的酒庄酒标准建立目前亚洲最大的嫁接苗木葡萄园。同时与法国阿海威公司成立国内首家脱毒嫁接苗木的专业公司，从根本上改变中国酿酒葡萄苗木品种、品质和历史。建立起国内最大的“酿酒葡萄品种种质资源圃”和国内唯一的“葡萄苗木砧木接穗嫁接组合实验圃”。此外，完成了“数字化葡萄酒园共性关联研究”，填补国内空白，给中国酿酒葡萄嫁接技术带来新的技术支撑点；向国家发改委申报“中国酿酒葡萄嫁接苗木、品种研发推广服务平台”，集所有力量为一体，服务于整个中国葡萄酒业。

在葡萄基地管理中，创新实践“公司+合作社+农户”的合作经济组织形式——葡萄生产合作社，农户带地入股，公司负责基地投入，大力与农民合作开发酿酒葡萄产业，实行“一体化经营，标准化生产”。这一经营模式，深化和升级了产业化经营机制，展现出强大的发展活力，走出了一条以农业产业化为基础，村企互动，发展葡萄和葡萄酒产业的新路子，直接带动农户3000多户，农民收入比以前种植粮食时多了3倍。这种模式得到了国家发改委的充分肯定，并进行大力推广。

打造中粮君顶产业链，创新葡萄酒企业发展模式

在带领中粮长城葡萄酒（烟台）有限公司取得骄人业绩后，他又在中粮烟台长城的基础上，与中粮集团合资兴

建中粮君顶酒庄，倾力打造以顶级葡萄酒生产为核心，涵盖优质酿酒葡萄苗木研发和种植、葡萄酒文化推广、世界葡萄酒文化交流、葡萄酒主题休闲旅游、会所及专卖店经营等产业集群，创新了葡萄酒企业发展模式和商业模式，开创了中国高端葡萄酒新纪元。君顶酒庄所在地——中国蓬莱•南王山谷，位列世界七大葡萄海岸之一。漫长的16亿年中的无数机缘与巧合，造就出这片独一无二的东方土地的独特个性，凤凰湖小产区气候环境和玉石土壤，通过融合东方精神的酿造手法，成就了温润如玉的东方葡萄酒。为了实现“天人合一、技艺兼备、东西相融”的东方葡萄酒梦想，在陈云昌的带领下，君顶酒庄选择了不同于以往葡萄酒企业传统营销的创新模式，2008年，中粮君顶酒庄与国内金融机构联合推出了中国首款期酒投资理财产品。国内外100多位著名经济学家对“中粮君顶酒庄期酒认藏消费+投资理财项目”在全球经济风云变幻的大环境下，实现逆势突破的表现给予了极大肯定。这是中国首款期酒投资理财产品，也是国内金融机构与葡萄酒庄的首次合作，将液体资产概念及国际期酒投资方式深入中国，引领了一轮投资理财新风尚，同时也标志着高端葡萄酒销售的创新模式首次进入中国葡萄酒市场，成就了中国葡萄酒业与中国金融业的双向共赢，也有力地证明了中国的葡萄酒有实力与世界著名酒庄齐肩并列，在中国葡萄酒历史上具有“里程碑”意义。2009年，中粮集团倾力打造了全球高端俱乐部“中粮君顶领袖会”，以弘扬社会责任、尊崇公共价值，推动经济发展、促进文化交流、倡导高尚生活为宗旨。它以雅集天下顶尖领袖，齐汇全球巅峰名仕为己任，为会员创造齐聚中国乃至全球各国之王室要员、政界首脑、商业精英、知名学者、文化艺术精英、各界名流等高端人士的社交平台，为会员提供私密、奢华、体贴的尊崇服务。

艺术化个性化产品的不断开发，也是中粮君顶酒庄创新的另一特色，中粮君顶酒庄早在开庄之年便特选酒庄2005年窖藏珍品，礼邀著名画家石虎、田雨霖作画为标，推出个性化产品“君顶元年”。2009年，中粮君顶酒庄又联袂全球顶级的奢侈品杂志《罗博报告》首度跨界合作，携手丁乙、何多苓、郭承辉、王斐、魏立刚、叶放六位享誉世界的中国顶级艺术家，结合《罗博报告》封面绘画作品创作了葡萄酒艺术画作酒标，共同打造了东方顶级佳酿——“君顶•私享家”，2011年中粮君顶酒庄礼邀中国最具影响力的当代艺术家曾梵志先生创作酒标，推出艺术典藏限量版葡萄酒“君顶•荣品”，以满足高端消费人群和葡萄酒爱好者对葡萄酒文化品位与收藏的需求。于此同时，中粮君顶华悦俱乐部还与亚洲专业画廊博览会最早的开拓者与领航者，被誉为“中国当代艺术市场风向标”的国内专业的艺术推广机构中艺博展开深入全面的艺术合作。打造以葡萄酒为核心的复合型产业群，创新葡萄酒企业发展模式，中粮君顶生产的不仅仅是一瓶顶级葡萄酒，更是给消费者带来一种生活方式。

创新以葡萄酒为核心的服务产业链——中粮君顶华悦俱乐部

中粮君顶酒庄一直积极支持和响应政府号召，身体力行葡萄酒行业的大产业观念，横跨第一产业的葡萄种植，第二产业的葡萄酒加工生产，在第三产业的会所经营和酒庄特色旅游一体化服务的基础上，探索以葡萄酒为主题的文化产业领域，通过创新营销模式和商业模式，延伸出现在的中粮君顶华悦俱乐部。从产前的标准化生产和服务环节，延伸到营销模式的创新和葡萄酒文化推广，中粮君顶通过和谐的资源整合，让产业链发挥到最佳状态。2010年9月，中粮君顶华悦济南俱乐部落户大明湖畔，作为全新的营销模式以会员制营销为基础，为消费者提供一种全新的葡萄酒消费体验。融合世界名庄（中国）俱乐部、中粮君顶领袖会的优质资源，中粮君顶华悦俱乐部将葡萄酒文化传播、美酒与美食特色品鉴、世界优质酒庄酒推广销售、会员综合服务、期酒交易及奢侈品与艺术品营销推广汇聚于一身，引领一种全新的以葡萄酒为主题的高品质生活方式。成为葡萄酒文化与服务业完美结合的典范。

自中粮君顶华悦俱乐部项目启动以来，已在北京、上海、济南、重庆、武汉、宁波、合肥、温州、厦门、本溪、汕头等城市开幕。至2014年，将在全国建立至少50家自营和加盟俱乐部。君顶华悦俱乐部总裁陈云昌先生表示：“君顶华悦俱乐部是要让更多的消费者通过我们俱乐部了解葡萄酒文化，感受葡萄酒带给他们生活方式的转变和生活品质的提高。不但要将君顶华悦打造成世界酒庄酒在中国销售的知名商业品牌，君顶华悦俱乐部也将成为中国最大的以葡萄酒为主题的会员俱乐部组织。”

蔡开云

—— 湖北稻花香集团副董事长、总经理

在白酒界，“稻花香”是一个引人注目的名字，而在这一名字的背后，稻花香集团总经理蔡开云更是一个值得特别关注的人。

蔡开云，湖北宜昌人，第十一届全国青联委员、宜昌市电子商务协会理事长、宜昌市法学会第一届理事会常务理事、湖北稻花香集团总经理。曾荣获“湖北优秀青年企业家”、“湖北十大企业新闻人物”、“湖北青年五四奖章”、“宜昌经济年度杰出人物”、“夷陵区劳动模范”。作为中国白酒行业优秀青年企业家，蔡开云崇尚“踏实做人，高效做事”，其质朴谦和、沉着坚毅、厚德睿智、怀诚守真的人格风范，像一泓清泉、一缕春风，在中国白酒界树起一道明丽的风景，予人亲切，令人起敬。

成长之路
——厚积薄发，从公务员到青年企业家

作为稻花香创始人蔡宏柱的独子，蔡开云的出身和成长，并不是人们想象的那么显赫。

1972年，他出生在宜昌东大门的龙泉镇青龙村，他的父亲从三个人三口缸起步，办起了今天的中国大型工业企业、中国白酒工业十强企业、全国农业产业化重点龙头企业——湖北稻花香集团。但蔡开云自幼独立自强，不愿在父辈的荫庇下坐享其成，通过努力，他成为一名国家公务员，在宜昌市检察院，蔡开云一直工作到2006年，其间兢兢业业，曾荣立过个人三等功。

2001年，蔡宏柱重病住院，银行撤资，商家观望，员工人心惶惶，稻花香陷入危机。所幸蔡宏柱吉人天相，挽狂澜于既倒。这件事对蔡宏柱和蔡开云的触动都很大。蔡宏柱敏锐意识到，接班人的问题关乎稻花香长治久安和永续发展，如果处理不好，很可能使稻花香再度陷入群龙无首、一盘散沙的境地。为此，他想到了自己的儿子。父亲对事业理想的坚定执着，对病痛困难的英勇无畏，对造福社会的矢志不渝，使蔡开云对父亲有着近乎偶像般的崇敬。

经过深思熟虑，2006年，蔡开云回到稻花香，担任董事长助理，和父亲并肩挑起稻花香的重担。

回归家族，蔡开云选择从助理开始干起。他在解释自己选择低调起步的原因时，引用了一句道家经典：“伏久者，飞必高；开先者，谢独早”。蔡开云认为，天下大事，必作于细，天下难事，必成于易，没有实力基础的高位，无异于空中楼阁，自己决不能做只能纸上谈兵的赵括。蔡开云对希望他立即挑大梁的长辈们说，自己对企业管理的了解还很肤浅，对稻花香的情况知之甚少，必须首先定位为做一名学生，认真的向前辈们学习，向稻花香员工学习。

为了尽快成熟起来，蔡开云经常挑灯夜战，加班加点的学习管理学专业书籍、熟悉稻花香业务流程、了解稻花香市场状况、接触稻花香干部员工、梳理稻花香人际资源。蔡开云的好学在稻花香渐渐出了名，从粮食仓库到酿造车间，从地下酒窖到地上酒罐，从科技中心到包装车间，从生产厂区到员工生活宿舍，蔡开云的足迹踏遍了稻花香厂区的每一个角落。为了熟悉市场，蔡开云走遍了湖北周边以及稻花香重要的外省市场，以其谦和有礼、温文尔雅、谦虚好学的品质的得到了商家的广泛认可，不仅了解了市场情况，也结识了不少经销商朋友，这为他日后独立的分析市场、策划营销提供了先决条件。

2007年，蔡开云兼任稻花香酒业公司副总经理。

2009年，在稻花香集团第三届二次董事会上，深受董事们信任和重托的蔡开云被任命为稻花香集团总经理。

2011年，在稻花香集团召开第三届董事会第五次会议暨换届选举大会上，当选为第四届董事会副董事长。

治企之道
——谋定而动，顺势助跑实现“撑杆跳高”

蔡开云认为，经过30年成长的稻花香集团，从集体所有制企业直接完成了民营股份制改造，在企业管理方面积聚了丰富的经验，但要实现“百亿企业、百年品牌”目标，使企业永葆生机与活力，必须在管理上与时俱进。他希望通过人才战略、质量建设、市场创新、项目优化、企业文化、品牌建设等一系列行之有效的管理手段，实现真正意义上的“稻花香再造”，为“三百工程”提供坚强保证。

在人才战略上，蔡开云把培育创新人才、激活人才

创造力作为提高企业核心竞争力、推进企业发展的重要任务，主张开阔视野，拓宽招聘渠道，加强人才引进，优化激励和考核机制，运用有效的手段进行管理和培养。蔡开云多次表示，要为年轻人创造挑重担的条件，要挑选一批有能力、愿干事的年轻员工，担任重要职务，推进管理队伍的梯队建设，为集团发展提供强有力的人才支撑。他的人才兴业、科技兴企的战略，挖掘人才、培养人才、相信人才的用人良策让稻花香吸引了越来越多的优秀者加盟。

同时，蔡开云对企业文化建设十分关注，“十年企业靠经营，百年企业靠文化”，企业文化是企业战略目标、企业精神、经营理念、价值观念、员工素质的综合反映。他认为，企业盛衰转换，根本在于文化，加强企业文化建设归根结底是增强凝聚力和打造核心竞争力的战略举措。在企业文化的建设中，能否激发全体员工的主体意识，是企业文化建设成败的关键所在，也是企业长远发展的根基所在。

在他的直接领导下，随着稻花香事业的迅猛发展，企业文化建设也在不断递进、跃升，支撑了企业的高速、稳定发展，呈现出了高绩效文化与高绩效业绩的统一，取得经济效益和社会效益的双丰收。《稻花香精神论》、《稻花香循环经济的理论与实践》、《稻花香精神文化》等一批具有较高理论指导意义的专著公开发表；企业核心竞争力不断增强、品牌价值的不断提升，2011年，稻花香品牌价值达到140.71亿元。

济世之情
——强企反哺，涓涓暖流演绎大爱无疆

蔡开云常说，在大的企业文化光环下，职工的事就是大家的事，就是最根本的事情。蔡开云不仅仅是企业的决策者，也是员工的精神支柱，在员工们遇到困难的时候，他总是尽其所能、倾力相助，让员工把企业当成自己的家，让员工感到亲人般的温暖。

在关心青年思想和工作的同时，蔡开云也高度关心他们的生活，他兴建大学生公寓，解决外地青年的住宿问题；购买交通车，供城区员工上下班往返问题；投资兴建篮球场、乒乓球室、舞蹈训练厅，丰富青年文化生活。不仅如此，蔡开云还热情关注稻花香青年的情感生活，积极为青年成长、成家创造条件。2010年3月，集团团委就参加市妇联举办的相亲活动请示蔡开云，蔡开云高兴地大笔一挥：同意！他对有关负责人说，青年人只有成家了，才能安心的工作，更好地立业。他还对群团工作负责人说，你们可以搞一个青年联谊会，为他们交友多创造条件。

在蔡开云的关心和亲自带动下，稻花香青年群体充分发挥了自身的能量和活力，集团优秀青年群星璀璨，星光熠熠。集团副总经理谭卫东被评为夷陵区经营管理人才，并获得首届“全国优秀青年乡镇企业家”荣誉称号；稻花香营销公司副总经理罗贤强被评为第二届“夷陵区十大杰出青年”；稻花香酒业公司总工程师杨林被评为“夷陵区高技能拔尖人才”。

在国难面前，蔡开云更是慷慨而行，默默注入自己的力量。

2008年5月12日，四川汶川发生大地震，灾民生活时刻牵动着稻花香人的心，公司员工在第一时间自发组织向灾区捐款，并在重庆积极开展大型义卖活动。在得知灾区急需消毒用品后，蔡开云又组织稻花香下属的活力28沙市日化有限公司员工日夜加班，向灾区无偿提供25吨消毒产品，并在第一时间捐款100万元，成为宜昌市慈善总会收到的首笔最大捐款。

2010年4月14日，在获悉青海玉树地震发生的第一时间，蔡开云积极行动，帮助灾区人民尽快渡过难关，在报请董事会同意后，稻花香决定捐款500万元用于抗震救灾。他亲赴北京，参加4月20日晚8时中央电视台直播的“情系玉树 大爱无疆——抗震救灾大型募捐活动特别节目”，为玉树灾区捐赠善款500万元。

在接受央视网记者采访时，蔡开云真情表达出一个青年企业家的胸怀与责任担当：“稻花香是在国家、社会和人民的关怀爱护下成长起来的，把企业做大做强，回馈国家和人民是稻花香义不容辞的使命。作为一个有爱心、负责任的企业，稻花香能为灾区人民做一点力所能及的事情，是企业的责任和义务，更是体现企业社会价值的无上光荣。”

据了解，稻花香集团已带动近30万农民增收致富，安置三峡库区移民400多人、返乡农民工100多人，为300多名残疾人和30多名地震灾区灾民提供就业岗位。仅蔡开云出任总经理的一年多来，稻花香为企业所在地的龙泉镇基础建设，就投入了6000万元。在助推新农村建设上，稻花香又投入500多万元。蔡开云说，这是我们稻花香义不容辞的社会责任。

创新之举
——开疆拓土，新锐思想领跑酒业江湖

在中国白酒行业风起云涌的时代，如何置身前沿、决胜江湖，蔡开云有自己的独到见解和创新之道。

在四川竹海举行的第三届中国白酒东方论坛上，蔡开

云发表了《深植市场、创新渠道、迎接挑战》的演讲，在分析国内经济形势、未来白酒发展格局的基础上，结合稻花香集团的探索与实践提出了深植渠道、创新模式的深度分销营销新模式。他提出，白酒业新增长极在农村市场。中国有8亿多农民，是世界上最大的消费群体。对于快速消费品的白酒行业来说，当前正是激活农村消费、启动农村内需的最佳战略机遇期。其次，白酒业新增长的手段是渠道无限下沉，实施深度分销。其三，白酒业长期增长的基础是整合优势资源，实现良性互动。因此，我们需要把视线投向充满商机的农村市场，渠道无限下沉，大力施行深度分销，激活农村消费市场。

2010年，蔡开云当选为宜昌市电子商务协会理事长，会上，他分享了自己对电子商务的看法，他说，二十一世纪是信息化、网络化、数字化、智能化蓬勃发展的新世纪，世界范围的新技术革命和知识经济的浪潮，正在推动世界经济进行翻天覆地的大变革。电子商务及网上购物的新消费形式已势不可挡地冲击和改造着传统的营销模式，并且以一种清新的力量分享着传统零售行业的蛋糕。酒水消费者已经尝试采取多种渠道购物，在线销售与离线销售已不再遥遥相隔。蔡开云把目光投向敲键盘长大的新一代主流消费群体，建立起了集团内部办公自动化系统，并紧锣密鼓的筹备这大型电子商务网络平台的搭建，一个全新e网营销网络正在悄然铺开。

在接受媒体记者采访时，蔡开云豪情满怀地表示，未来五年，稻花香要实现销售收入500亿元的目标，真正打造中国“白酒航母”，领跑中国白酒产业。

这是一名睿智的勇者，我们相信，在蔡开云的执掌之下，稻花香集团一定会走得更快、更稳、更远……

何晓刚

—— 中国绍兴黄酒集团有限公司总经理

何晓刚，1957年5月出生，中共党员，研究生学历。现任中国绍兴黄酒集团有限公司副董事长、总经理、党委副书记。曾任中共绍兴市委组织部办公室主任，绍兴市政府办公室副主任、市便民中心党委副书记、副主任，绍兴市越城区区委副书记，绍兴市委副秘书长、市委办公室主任等职务。

一直以来何晓刚对绍兴黄酒有着特殊的情结。在政府部门工作时他就特别钟爱古越龙山绍兴黄酒。他认为绍兴黄酒独特的酿造技艺不仅是绍兴人的骄傲，更是中华民族文化的瑰宝。2010年何晓刚因工作需要调任至中国绍兴黄酒集团有限公司担任总经理职务。调任至黄酒集团后，他以振兴绍兴黄酒为己任，把自己对绍兴黄酒、对古越龙山的满腔热情投入到了企业的发展建设之中。他创新求实、开拓进取，与公司领导班子成员密切配合，使黄酒集团得到了迅猛的发展。

何晓刚在担任总经理后，十分重视销售工作的开展，率先提出了全员营销的理念，指出供应、研发、生产、物流、财务等各部门要同销售紧密结合，尤其是生产部门和销售部门要相互协作、相互理解、相互促进。在全员营销理念的影响下，公司各系统更为有机地结合起来，形成了销售带动生产、生产促进销售的良好局面。同时，他积极同销售部门负责人研究制定了整合品牌资源、深化市场开拓的战略部署，对旗下古越龙山、女儿红、沈永和、鉴湖等几个品牌进行了定位和整合，并通过原有产品升级、时尚型产品开发、培育重点市场主导产品等多途径多方式来进一步拓展市场、扩大销售，提高公司产品的竞争力和盈利能力。其次，在他的大力支持下，公司组建了团购部，开拓了团购消费新市场。此外，为了获得市场信息，他亲自走访客户和市场，在一年内走访了10多个省市，近60个古越龙山的重要客户和近20家商场卖场，深入了解情况，同经销商们促膝长谈，既获得了第一手的市场信息，同时也极大地鼓舞了经销商队伍的士气。何晓刚还十分重视销售人员素质的培养和提高，要求公司销售人员努力发扬“吃千辛万苦、说千言万语、走千山万水、想千方百计”的四千精神，做细做好现有市场、努力开辟新的市场空间，实现销售规模更上一层楼。

何晓刚积极倡导科学化生产。他要求生产系统强化创新意识，加大技改力度，提高机械化生产程度，推动企业产业升级。在他的主持和参与下，2010年公司共完成“技改强体”工程二十余项。其中公司下属古越龙山酒厂顺利搬迁，并以此为契机对工艺流程、机械设备，以及自动化控制技术等多方面进行了升级改造，极大地提高了生产效率。

何晓刚工作踏实，学习刻苦。为了提高管理人员的管理水平，他亲自联系、组织中层以上领导干部考察优秀的酒类饮料生产企业，学习经验、开阔眼界、提高认识。通过学习活动，干部人员开阔了思路，也进一步提升了管理水平。

民以食为天，食以安为先。作为食品生产企业，何晓刚深知食品安全的重要性，多次在会议上强调食品安全是企业的立足之本，要求有关部门严把质量关，决不能让千里之堤毁于蚁穴。同时为保证优质原料供应，他又积极致力于公司无公害绿色原料基地的建设，从源头上加强品质控制。在多方努力下，2010年公司无重大食品安全事故发生，产品各项指标均符合有关标准，有效确保了公司优质产品进入市场，进一步提升了产品在消费者心中的信赖度和美誉度。

何晓刚有着强烈的事业心、责任感和求真实务的工作作风。每次检查工作他总会带个笔记本，把各种信息和问题记录下来，以便在布置工作的时候查阅参考。2010年正值公司“十二五”规划编制工作的重要时期，同时公司也有多个大型工程启动。这些工程时间紧、任务艰、困难多。但是通过他认真组织、积极协调、狠抓落实，各个工程都顺利推进并按照预定计划完成了任务。

在何晓刚和企业领导班子们的正确领导下，全公司干部职工的共同努力下，2010年公司实现工业产值同比增长30%，销售同比增长40%，继续保持行业龙头地位。公司被授予2010年省五一劳动奖章，2010年绍兴市长质量奖。此外旗下“古越龙山”、“女儿红”品牌分别入选“中国最具价值品牌500强”，“古越龙山”品牌蝉联中国行业标志性品牌，第三次入选亚洲品牌500强。

何晓刚，黄酒行业的新兵，他凭借着对黄酒事业的满腔热情、无比热爱，干一行，爱一行，钻一行；怀着让黄酒香飘世界的梦想，努力踏步前进着。

王晓辉

——黑龙江越橘庄园生物科技有限公司董事长

王晓辉，男，汉族、1962年2月生，大学学历，中共党员，高级工程师，黑龙江越橘庄园生物科技有限公司董事长、总经理。现任中国个体劳动者协会理事、中国酿酒工业协会理事、黑龙江省酒业流通协会副会长、黑龙江省蓝莓协会副会长、黑龙江省工商联执委、黑龙江省商标协会理事、伊春市工商联副主席、伊春市慈善总会副会长、伊春市价格协会理事、伊春市人大代表、伊春区人大常委等职。先后被评为市、区先进个人和劳动模范、首届中华慈善人物、黑龙江省百名和谐之星、伊春市职工自营经济十大创业明星，先后被伊春区政府授予优秀中国特色社会主义建设者、优秀专门人才、先锋百面旗、拥军优属模范、感恩之星等荣誉称号。

王晓辉有一股坚忍不拔、艰苦创业的精神。2004年，他响应伊春市委、市政府关于依托林区资源，发展绿色食品产业的号召，在全面考察林区特色资源，并聘请专家、学者对国内外果酒市场需求进行科学论证的基础上，以敢为天下先的勇气，毅然决定利用小兴安岭的绿色资源——野生蓝莓，开发生产中、高档果酒。当时，中、高档野生蓝莓酒无论在国内还是在国外都是空白，没有任何经验可供借鉴，只能自己开发研制。他以一个企业家的战略眼光，敏锐地看到野生蓝莓酒的巨大市场潜力和美好前景。2005年，他先后投资1.2亿元，成立了科技创新型民营企业——黑龙江兴安红酒业有限公司（现黑龙江越橘庄园生物科技有限公司）。公司成立时，没有厂房，没有设备，没有工人，更没有技术。在严重的困难面前，他毫不畏缩。他深信，世上无难事，只怕有心人。只要艰苦奋斗，坚持不懈，再大的困难也能克服。他多次找市、区政府领导，跑政府有关部门，争取政策，争取资金。他反复宣传开发野生蓝莓对发展林区经济的重要意义，宣传野生蓝莓酒的市场价值和市场前景，争取政府领导和有关部门的理解和帮助。在市、区政府的大力支持下，不仅很快在伊春市工业园区内解决了厂房用地，而且得到了政府在政策、资金上的大力扶持。在很短的时间内，厂房建成了，机器设备安装到位了，试生产成功了。那段时间，王晓辉跑上跑下，忙里忙外，夜以继日地工作。谁也记不清他吃了多少苦，挨了多少累。他的眼睛熬红了，身体累瘦了，可他毫不在意，仍然不知疲倦地工作着。当一座占地面积21万多平方米、建筑面积1.9万多平方米、有各类先进机器设备的现代化工厂矗立在人们面前时，他的脸上充满了胜利的喜悦。

王晓辉有强烈的质量意识。他深深懂得，产品质量是企业的生命。要保证产品的高质量，必须建立一支过硬的技术队伍。为加快技术队伍建设，他远见卓识的采取了依托本土化和寻求国际强强联合“两轮驱动”的策略，建立和壮大自己的技术队伍。在本土化方面，他在全国酒业首开先河，成立了伊春市小兴安岭山野果开发利用研究所。研究所被认定为省级企业技术中心。他还聘请国内大学、科研院所的专家学者与公司进行产学研联合，同时，他又积极寻求国际合作，以重金聘请德国著名的科格勒葡萄酒实业集团总裁可格勒先生为首席高级酿酒师，聘请荷兰维特公司的维特先生为高级品酒师。他还选派技术骨干先后到张裕集团、德国、美国和香港、台湾等国家和地区进行培训学习。由于采取的措施得力，公司很快形成了一支较高素质的技术队伍，解决了生产缺少技术人员的难题。由于当前尚无野生蓝莓酒的国家标准及行业标准，为了保证产品质量，他依据GB/T1.1-2000《标准化工作导则》，在全国酒业率先制定了企业野生蓝莓酒产品标准，为保证产品质量和食品安全，指导生产，提供了可靠的科学依据。同时，也填补了当前该产品尚无国家标准和行业标准的空白。他建立了严格的生产规程。从原料入厂开始，每一道工序都严格检验，不合格的决不允许进入下一道工序。产品出厂前，要进行更为严格的检验。这样层层把关，确保了产品的质量。公司顺利通过了ISO9001质量管理体系认证和GB/T22000食品安全管理体系认证。为了保证有稳定的原料来源，公司还与野生蓝莓主产地的农户签订了长期购销合同，向国家有关部门申报了野生蓝莓酒生态原产地产品认证，建立了稳定的原料基地。

王晓辉深知，品牌是企业的无形资产，是企业最宝贵的财富，品牌的竞争力是提升企业形象及增加企业赢利的关键。为了提升公司产品的质量，打造名牌产品，研究所与国内外专家合作，将传统酿造方法与现代酿酒技术相结合、中国酿酒技艺和德国酿酒技艺相结合，在此基础上，创造出具有自主知识产权的一整套野生蓝莓酒酿造新技术。其中，有的技术已向国家申报了专利。公司利用这一技术，研制开发出了具有自有品牌的蓝莓系列红酒、白兰地酒，五味子酒和蓝莓饮料等系列高档饮品。经国家级专家鉴定，公司酿造的野生蓝莓果酒系列属国内首创，填补了国内空白，整体技术为国内领先水平。野生蓝莓干红、利口酒被评为黑龙江省第六届优秀新产品一等奖，越橘庄园野生蓝莓酒被评为黑龙江省名牌产品，野生蓝莓OPC酒获中国最具竞争力新产品奖，越橘庄园野生蓝莓酒作为上海世博会参展产品获得广泛好评，野生蓝莓白兰地酒质量达到XO级，填补了国内空白，越橘庄园被评为黑龙江省著名商标。越橘庄园野生蓝莓酒系列产品一投放市场，就受到消费者的青睐，产品供不应求。

王晓辉十分重视市场营销。他亲自调查研究，了解消费者的需求，征求客户的意见，介绍产品的质量和特性。还通过注册商标、产品包装、发布广告、参加展销会、举办蓝莓节等各种宣传形式，努力推介产品，扩大产品的知名度。他通过实地考察全国市场后，在北京、上海、广州等3个城市建立了直销酒庄，在深圳、东莞、大连、沈阳、哈尔滨等20多个城市建立了营销网络，使产品在国内市场占有率不断扩大，销售额和利税大幅增长。他还把产品销往国外，进入欧美、日本、东南亚和港澳市场。

他注重抓企业文化建设，提出“以人为本、以德兴业、科技创新”的经营理念和“酿中国名酒、创世界名牌”的奋斗目标。通过企业文化建设，培育企业精神，增强企业的凝聚力和向心力。他组织人力资源部等部门制定了员工行为准则和工作规范，编写了《升辉之歌》，用企业精神和规章制度规范员工的行为。他尊重知识，尊重劳动，尊重人才，尊重创造，在企业效益增长的同时，不断提高员工的福利待遇，大张旗鼓地宣传先进员工的模范事迹，营造爱岗敬业、团结向上的良好氛围。

他热心社会公益事业，以一颗慈善之心对待社会和困难群众。他看到下岗职工和菜农没有经营场所，就急政府之所急，想百姓之所想，在公司资金紧张的情况下，投资800万元，兴建了24，120平方米，房屋面积2，900平方米的升辉市场，为近千名下岗职工和菜农提供了再就业和致富场所。他为政府承担困难，垫付资金，维修和新建两所学校，解决了上学难的问题。他先后多次资助贫困家庭学生，为其提供学费和生活费用。他每年都为困难群众送去粮食、烧柴等生活物资，帮助他们解决生活中的困难。他积极奉献爱心，踊跃捐款，支援灾区。他积极参与社区建设。每年都出人力、物力，完善社区设施，美化社区环境，丰富社区功能，为小区辟建绿地，修建道路，购置健身器材，建设文化体育场所。他为公益事业做出的贡献得到了政府和社会群众的好评。

由于王晓辉和公司全体员工的共同努力奋斗，公司业务在较短的时间内得到快速发展，经济效益不断提高。公司取得的业绩得到各级政府和社会的充分肯定。小兴安岭山野果研究所被命名为省级企业技术中心，公司被认定为黑龙江省农业产业化重点龙头企业。公司先后被评为黑龙江省食品工业50强企业、黑龙江省环保零排放企业、绿色环保企业，荣获黑龙江省五一劳动奖状。

当前，王晓辉正带领公司全体员工向新的目标前进。对公司发展的前景，王晓辉信心满怀。按照既定的发展规划，公司正在建设蓝莓酒堡庄园和越橘庄园二期工程。蓝莓酒堡工程完成后，将建成具有欧式风情，集旅游、论坛、品酒、餐饮、销售和参观为一体的大型庄园。越橘庄园二期工程完工后，生产能力将大大增强，不仅能使产量大幅增长，而且能增加新产品。公司计划在三年内，将产品市场扩大到西南、西北地区，五年内，产品直销网络遍布全国地市级以上城市。进一步扩大产品国外市场，使产品进入更多的国家、尤其是发达国家市场。届时，公司将成为年产值过15亿元，设备一流、工艺先进、产品高档，具有自主原料基地的全国最大、最强的野生蓝莓酒生产基地。

雷 羽

—— 海南椰岛集团技术总监

2011年10月10日，“中国酿酒大师”颁证大会在北京钓鱼台国宾馆隆重举行。雷羽作为海南省唯一获此殊荣的酿酒精英载誉而归。

作为海南省唯一的一位“中国酿酒大师”，她一向行事低调，默默与酒类研究打交道的她，其实有着不为人知的“多重角色”。

酿酒专家

雷羽毕业于成都中医药大学，毕业后从事科研工作。1992年，椰岛集团董事长慧眼识珠，雷羽作为引进人才，参与到了椰岛的发展建设中。当时，椰岛海口酒厂正处于传统工艺粗糙、档次低下的时期，对中药颇有研究的她，觉得专业对口，酒厂需要人才，而她，也需要一个展示自己的平台，在椰岛选择她时，她也毫不犹豫地选择了椰岛。

椰岛海口酒厂在上世纪九十年代初期，虽然有着“鹿龟酒”这个传统品牌，但在功能、质量、工艺上亟需改进，要使这个品牌真正在市场上站立起来，尚需质量上的支撑。而在这个问题上的难点，就是如何将产品功能和口感结合在一起，不仅需要考虑产品的安全性，还要保证产品的功效，同时还要给消费者一个舒适良好的口感。

面对这个难题，科班出身的雷羽毫不退缩。时任厂长的雷羽带领着酒厂的精英团队加班加点，凭借扎实的专业知识和坚韧不屈的研究精神，通过一次次的试验，终于除去了鹿龟酒产品中的杂味、苦味和沉淀，使其口感变得更加醇和，获得了市场和消费者的肯定。之后，雷羽不断针对市场需要，带领她的团队在改善产品品质方面做了大量研究。1999年在酿酒行业中创造性地将制药工业所采用的药材提取方法及设备运用于制酒，使椰岛的保健酒制造工艺达到了行业前沿，众多企业（包括劲酒）纷纷前来观摩学习。

2009年椰岛集团技术中心成立，雷羽担任技术总监。在担任椰岛集团技术总监期间，雷羽在短短几个月的时间内，自主设计并督促建成了在海南具有领先水平的企业研发基地，执笔制定出椰岛集团技术研发五年规划。同时，她还围绕企业战略目标和生产销售的需要，开展相关的技术研究工作100多项，前后主持和承担政府支助科研项目7项。这为企业建立强健的技术研发队伍及企业产品具备更大的发展潜力奠定了良好的基础。

在专业研究方面，雷羽发表过《中药性味的研究》、《鹿龟酒有效成分含量测定》、《青环海蛇免疫调节作用活性部位的筛选》等多篇专业论文，拥有《一种具有免疫调节作用的药物组合物及其制备方法》、《一种基于氢核磁共振-模式识别技术对椰岛鹿龟酒的检测方法》2项发明专利。

作为一名具有传奇色彩的知识女性，雷羽在酿酒技术上的贡献受到了社会的广泛肯定，并先后获得《全国酿酒行业先进个人》、《海口市科技先进工作者》、《海口市劳动模范》等荣誉称号，并被授予“中国酿酒大师”最高荣誉称号。

企业管理者

很多人知道，海南椰岛集团技术总监雷羽之前还有另一个身份，就是椰岛海口酒厂的厂长。作为一位资深的老厂长，雷羽将椰岛集团海口酒厂当做自己的家，管理得井然有序。

雷羽在担任酒厂厂长期间，带领员工更新观念，勇于进行制度创新。她一开始就从员工的观念更新入手，注重树立全厂员工的市场意识和服务意识，把“对用户负责，对市场负责”的大营销观念逐渐渗入员工头脑。她以“团结、拼搏、务实、创新”的工作态度，“领头、严己、开拓、实干”的工作精神，和“求实、灵活、方便、新颖”的工作方法，努力发挥领导带头作用，为企业工作增加了活力。在更新观念的同时，雷羽还推行新的用工制度和分配制度，将工作绩效、工作技能与报酬挂钩。同时，雷羽还带头发起了酒厂创新奖活动，鼓励创新发明。酒厂食堂的排队通道设计就是雷羽亲自操刀的。其次，雷羽根据市场的要求，着眼于未来，2003年就在酒厂主持推行了保健食品GMP达标工程，使椰岛海口酒厂成为全国第一家通过认证的酿酒企业，提升了企业竞争力。

作为一名尽职尽责的企业管理者，雷羽从企业管理到员工生活，她都无微不至地照顾着。2005年酒厂一名残疾老员工的女儿考上了国家重点大学，面对高昂的学费，这名老员工一筹莫展。雷羽了解到这个情况后立即从自己的工资中拿出一部分钱交到该员工手里，又号召全体员工进行自愿捐款，使该员工的女儿如期顺利地进入了大学校园。此外，雷羽还多次组织酒厂单身青年进行联谊活动，为青年们提供交友的机会，得到了大家的欢迎。

员工的导师

雷羽做过十年的老师，在其身上至今仍带有“教书育人”的烙印。对于酒厂和技术中心的年轻人，雷羽总是尽心尽力地为他们提供一个自由发展的平台，并通过言传身教，带动新势力的成长。许多员工将雷羽当做知心朋友，有什么困难和问题都会找她倾述。

一位椰岛海口酒厂的年轻员工对笔者说：“雷厂长是我踏入社会后的第一任‘导师’。她身上所具备的睿智、正直、吃苦耐劳、顾全大局的特质深深的让我折服。不管是工作还是生活，她都给予我了很多指导、关怀和帮助。她是一个极具人格魅力的‘导师’”。

对于承担的这些“角色”，雷羽的回答只是简短的三个字“应该的”。对待工作，她曾说过一句话：“认准目标，脚踏实地工作，一个阶段一个阶段做，不能急，不能浮躁，不走捷径。”作为一名“中国酿酒大师”，雷羽身上处处散发出研究专家的质朴、严谨、务实精神，话不多，然而句句真理。

百年石花　好酒真情

石花是一个有着2000多年酿酒历史的古镇，南依荆山、西偎武当山、西南边便是神农架原始森林，北靠汉水，可谓是左右青山怀抱、四周碧水环绕，湖北省石花酿酒股份有限公司坐落在青山绿水环抱的老街中央。

从清朝同治九年（公元1870）创立的“黄公顺酒馆”算起，湖北省石花酿酒公司迄今已有140多年的历史。作为中国清香型白酒的龙头企业之一，著名的石花大曲曾经畅销全国十八个省、市和香港、澳门地区，并远销到马来西亚、新加坡等东南亚国家。“北有杏花、南有石花”之说至今流传中国白酒行业内外，百年老店弥久不衰，石花文化不断发扬光大。

进入新时期以来，以曹远亮为董事长的领导集体，对公司实行了股份制改革，树立“做高尚企业公民”的理念，确定了“关注民生、关爱消费者、关心经济发展和社会进步”和“为社会生产有价值、有品位的饮品，为家乡培育持续盈利、健康成长的企业，为员工提供实现小康生活的岗位和施展才华的舞台，为合作伙伴创造发展良机”的“三关四为”企业的神圣使命；开启了石花企业的文化复兴之旅，与国家文学组织缔结战略合作关系，将文化元素不断注入产品之中。并依托西楚霸王醉酒石花街的历史故事，开发出按百分之一比率提取、窖藏20年、原汁原浆70度的“中国高度•霸王醉酒”，在清香型白酒领域树起了一面耀眼的旗帜。霸王醉酒2003年上市以来一直受到广大消费群体的青睐，2009年“中德发展高层（武汉）论坛”上，时任湖北省省长李鸿忠将“石花霸王醉”作为高级礼品赠送给德国前总理施罗德先生，使霸王醉酒以“湖北名片”的至尊地位，成为人们迎来送往和招待贵宾的首选佳品。

西京
太白
开城门 放吊桥 尊享盛唐礼宾之道
国礼
高端专供
五大荣耀打造中国礼宾文化酒顶级品牌
【国　礼】包装创意源自开南门放吊桥的迎宾仪式，是古代国家级礼宾仪式
【名　城】西京即西安古称，拥有十三朝古都的无上荣誉
【名　人】共和国突出贡献画家、画坛名匠王西京先生亲自题字作画
【名　酒】太白酒穿越周秦汉唐，文化底蕴极其深厚
【名　瓷】酒瓶采用中国顶级名瓷德化瓷，具有观赏和收藏价值
陕西省太白酒业有限责任公司　VIP热线：（029）－ 88866679

中国驰名商标
地理标志保护产品
中华老字号
China Time-honored Brand
和雅
太白
醇／香／绵／柔
和／雅／太／白
和雅
46°
和谐清雅
VATS 华泽集团
陕西省太白酒业有限责任公司

把 握 行 业 方 向 洞 察 市 场 变 化
中国酿酒网
www.zgnj.org
权威资讯发布 产品形象展示
酒商名单大全 酿酒企业推荐
联系人：王小姐
电话：010-84485173
信 箱：zgnj9999@163.com
Q Q：708907098
地 址：北京朝阳区新源西里中街甲15号
邮 编:100027

品牌篇

收录了酒类企业各类评选活动的名单以及品牌介绍及相关资料。

陈云昌

Chen Yunchang

YEARBOOK FIGURE

陈云昌，隆华集团有限公司董事长，中粮君顶酒庄有限公司总裁、中粮君顶华悦俱乐部总裁。

主要社会兼职：中国绿色食品协会副会长，中国酿酒工业协会葡萄酒分会副理事长，蓬莱产区葡萄与葡萄酒商会会长，烟台市慈善总会荣誉会长等。

在带领中粮长城葡萄酒（烟台）有限公司取得骄人业绩后，他又在中粮烟台长城的基础上，与中粮集团合资兴建中粮君顶酒庄，倾力打造以顶级葡萄酒生产为核心，涵盖优质酿酒葡萄苗木研发和种植、葡萄酒文化推广、世界葡萄酒文化交流、葡萄酒主题休闲旅游、会所及专卖店经营等产业集群，创新了葡萄酒企业发展模式和商业模式，开创了中国高端葡萄酒新纪元。

2010年国家工商总局商标局认定的驰名商标酒类商标名单

国家工商行政管理总局在北京公布了2010年“中国驰名商标”及其企业名单，商标局和商标评审委员会在商标管理案件、商标异议案件和商标争议案件中，新认定的驰名商标涉及酒类的名单有：

商标	注册人/使用人	类别	使用的商品/服务
开口笑	湖南湘窖酒业有限公司	33	白酒
兴泽及图	大连兴泽制麦有限公司	31	酿酒麦芽
即墨	山东即墨黄酒厂	33	黄酒
山莊及图	承德避暑山庄企业集团有限责任公司	33	白酒
金門高粱酒	金门酒厂实业股份有限公司	33	高粱酒
金潭玉液	四川省宜宾高洲酒业有限责任公司	33	白酒
朋珠及图	烟台蓬珠酒业有限公司	33	葡萄酒、白兰地
太白及图	陕西省太白酒业有限责任公司	33	白酒
板城	承德乾隆醉酒业有限责任公司	33	白酒
云南红	昆明云南红酒业有限公司	33	葡萄酒
古越楼台	湖南胜景山河生物科技股份有限公司	33	黄酒、料酒
榆树钱	吉林省榆树钱酒业有限公司	33	白酒
藏缘及图	西藏藏缘青稞酒业有限公司	33	青稞酒
天佑德	青海互助青稞酒有限公司	33	青稞酒
丹泉及图	广西丹泉酒业有限公司	33	白酒
人头马	埃.雷米马丹公司	33	含酒精的饮料（啤酒除外）
御马IMPERIAL HORSE及图	御马国际葡萄酒业(宁夏)有限公司	33	葡萄酒
仙潭XIANTAN及图	中国四川仙潭酒厂	33	酒
金种子及图	安徽金种子酒业股份有限公司	33	酒（饮料）、烧酒
国缘	江苏今世缘酒业有限公司	33	酒精饮料（啤酒除外）
双沟珍宝坊	江苏双沟酒业股份有限公司	33	白酒
金沙及图	贵州金沙窖酒酒业有限公司	33	白酒
宁诚	内蒙古顺鑫宁城老窖酒业有限公司	33	白酒
文王	安徽文王酿酒股份有限公司	33	白酒
迎驾及图	安徽迎驾集团有限公司	33	白酒
和	上海华光酿酒药业有限公司	33	黄酒
金星牌GOLDEN STAR BRAND及图	天津食品进出口股份有限公司	32	白酒、葡萄酒、露酒、改制酒
MARTELL	马爹利股份有限公司	33	含酒精饮料

2011年国家工商总局商标局认定的驰名商标酒类商标名单

国家工商行政管理总局在北京公布了2011年“中国驰名商标”及其企业名单，商标局和商标评审委员会在商标管理案件、商标异议案件和商标争议案件中，新认定的驰名商标涉及酒类的名单有：

商标	注册人/使用人	类别	使用的商品/服务
皖及图	安徽皖酒制造集团有限公司	33	白酒
德山及图	湖南德山酒业营销有限公司	33	酒（饮料）
蒙古王	内蒙古蒙古王实业股份有限公司	33	酒（饮料）
天湖TIANHU及图	新疆生产建设兵团农业建设第二师二十七团	31	啤酒花
楼兰LOULAN	吐鲁番楼兰酒业有限公司	33	葡萄酒
越橘庄园YUAJUZHUANGYUAN	黑龙江兴安红酒有限公司	33	蓝莓酒
金士百jinsben及图	四平金士百啤酒股份有限公司	32	啤酒
井冈牌及图	江西大井冈科技实业有限公司	33	酒
生态	湖南重庆啤酒国人有限责任公司	32	啤酒、无酒精饮料
武陵	湖南武陵酒有限公司	33	酒
景芝及图	山东景芝酒业股份有限公司	33	白酒
铁刹山	辽宁铁刹山酒业有限责任公司	33	白酒
几江	重庆市江津酒厂（集团）有限公司	33	白酒
东方红DONGFANGHONG	四川绵竹剑南春酒厂有限公司	33	白酒
古城及图	新疆第一窖古城酒业有限公司	33	白酒
古井及图	安徽古井贡酒股份有限公司	33	白酒
图形	内蒙古河套酒业集团股份有限公司	33	酒
龙徽 DRAGON SEAL及图	北京龙徽酿酒有限公司	33	葡萄酒
杜康及图	河南杜康酒业股份有限公司	33	酒
远航及图	广东省九江酒厂有限公司	33	酒
梦之蓝	江苏洋河酒厂股份有限公司	33	白酒
沱tuopai及图	四川沱牌曲酒股份有限公司	33	白酒
鄂尔多斯及图	内蒙古鄂尔多斯酒业集团有限公司	33	白酒
關公坊	宜昌关公酒业有限公司	33	酒（饮料）
瑯琊台及图	青岛琅琊台集团股份有限公司	33	白酒
西塘	浙江嘉善黄酒股份有限公司	33	黄酒
乡都	新疆乡都酒业有限公司	33	葡萄酒
香格里拉	香格里拉酒业股份有限公司	33	酒（饮料）、酒精饮料（啤酒除外）
湘泉XIANGQUAN及图	酒鬼酒股份有限公司	33	酒
珍及图	贵州珍酒酿酒有限公司	33	白酒
紫轩	甘肃紫轩酒业有限公司	33	葡萄酒
醉三秋及图	安徽金种子酒业股份有限公司	33	白酒
轩尼诗	法国轩尼诗公司	33	含酒精饮料（啤酒除外）
新天龙及图	吉林省新天龙酒业有限公司	1	酒精
泸池	泸州老池酒业集团有限公司	33	酒(饮料)
叙府及图	四川省宜宾市叙府酒业有限公司	33	酒

第二批中华老字号名单

（酒 类）

2011年3月，为保护与促进中华老字号振兴发展，商务部（专家）委员会根据《“中华老字号”认定规范（试行）》有关要求，组织专家严格审核，形成第二批保护与促进的中华老字号名录，并予以公示：

北京

北京二锅头酒业股份有限公司（注册商标：永丰）

北京仁和酒业有限责任公司（注册商标：仁和）

天津

天津津酒集团有限公司（注册商标：津酒）

天津市直沽酿酒厂（注册商标：天沽）

河北

河北三井酿酒有限公司(注册商标：三井十里香)

河北泥坑酒业有限责任公司(注册商标：福盛泉)

河北省迁安贯头山酒厂(注册商标：贯头山)

承德乾隆醉酒业有限责任公司(注册商标：庆元亨)

唐山曹雪芹酒业有限公司(注册商标：曹雪芹)

山西

山西杏花村汾酒集团有限责任公司(注册商标：杏花村)

太原酒厂(注册商标：晋泉)

内蒙古

内蒙古金元集团股份有限公司呼和浩特市制酒厂(注册商标：丰州)

内蒙古百年酒业有限责任公司(注册商标：开鲁)

内蒙古鸿茅实业股份有限公司(注册商标：鸿茅)

辽宁

沈阳天江老龙口酿造有限公司(注册商标：老龙口)

辽宁省灯塔市铧子酒厂(注册商标：磨齐山)

辽宁铁刹山酒业有限责任公司(注册商标：铁刹山)

盘锦市盘山酒业有限责任公司(注册商标：盘锦)

辽宁道光廿五集团满族酿酒有限责任公司(注册商标：道光)

辽宁凤城老窖酒业有限责任公司(注册商标：凤山)

辽宁千山酒业集团有限公司(注册商标：千山)

吉林

吉林省大泉源酒业有限公司(注册商标：大泉源)
吉林省洮儿河酒业有限公司(注册商标：洮儿河牌)
吉林省梅河酒业有限公司(注册商标：梅河)
通化葡萄酒股份有限公司(注册商标：通化)
辽源龙泉酒业股份有限公司(注册商标：龙泉春牌)
长春榆树大曲集团股份有限公司(注册商标：榆树钱)

黑龙江

黑龙江北大仓集团有限公司(注册商标：北大仓)
牡丹江白酒(厂)有限公司(注册商标：牡丹江)
黑龙江省富裕老窖酒业有限公司(注册商标：桂花)
黑龙江省玉泉酒业有限责任公司(注册商标：玉泉)
哈尔滨市宾州酿酒厂(注册商标：宾州牌)
哈尔滨大兴昌酒业有限公司(注册商标：大兴昌)

上海

上海金枫酒业股份有限公司(注册商标：金枫)
上海冠生园华佗酿酒有限公司(注册商标：华佗)

江苏

江苏洋河酒厂股份有限公司(注册商标：洋河)
江苏今世缘酒业有限公司(注册商标：高沟)
江苏张家港酿酒有限公司(注册商标：沙洲)
无锡市玉祁酒业有限公司(注册商标：双套)
南通颐生酒业有限公司(注册商标：颐生)
江苏双沟酒业股份有限公司(注册商标：双沟)
江苏汤沟两相和酒业有限公司(注册商标：汤沟)
泰州梅兰春酒厂有限公司(注册商标：梅兰春)
南通白蒲黄酒有限公司(注册商标：水明楼)

浙江

浙江嘉善黄酒股份有限公司(注册商标：西塘)
义乌市丹溪酒业有限公司(注册商标：丹溪牌)
湖州乾昌酒业有限责任公司(注册商标：乾昌)
中国绍兴黄酒集团有限公司(注册商标：古越龙山)
中国绍兴黄酒集团鉴湖酿酒厂(注册商标：鉴湖牌)

安徽

安徽迎驾贡酒有限公司(注册商标：迎驾)
安徽金种子集团有限公司(注册商标：颍州)

福建

福建老酒酒业有限公司(注册商标：鼓山牌)
福建省宏盛闽侯酒业有限公司(注册商标：青红)

江西

赣南果业股份有限公司赣州酒业分公司(注册商标：章贡)
江西婺源县清华酒业有限责任公司(注册商标：清华婺)

江西省宜丰洞山酒业有限公司(注册商标：洞山)
江西堆花酒业公司(注册商标：堆花)
江西省九江市封缸酒厂(注册商标：浔阳楼)

山东

济南趵突泉酿酒有限责任公司(注册商标：趵突泉)
山东兰陵美酒股份有限公司(注册商标：兰陵)
山东青州云门酒业(集团)有限公司(注册商标：云门)
山东古贝春有限公司(注册商标：古贝春)
山东扳倒井股份有限公司(注册商标：扳倒井)

河南

河南省宋河酒业股份有限公司(注册商标：宋河)
河南省张弓酒业有限公司(注册商标：张弓)
宝丰酒业有限公司(注册商标：宝丰牌)

湖北

湖北稻花香酒业股份有限公司(注册商标：稻花香)
湖北枝江酒业股份有限公司(注册商标：枝江)
武汉天龙黄鹤楼酒业有限公司(注册商标：黄鹤楼)
孝感市宏源饮食服务有限责任公司米酒大楼(注册商标：孝感米酒
四川剑南春集团湖北黄山头酒业公司(注册商标：黄山头)
湖北省安陆市涢河酒业有限公司(注册商标：碧山)

广东

佛山市太吉酒厂有限公司(注册商标：陈太吉)
广东省九江酒厂有限公司(注册商标：远航)
广州市泮溪酒家有限公司(注册商标：泮溪)
广东顺德酒厂有限公司(注册商标：红荔)

广西

桂林湘山酒业有限公司(注册商标：湘山)
梧州龙山酒业有限公司(注册商标：龙山)

重庆

重庆市江津酒厂(集团)有限公司(注册商标：几江)

四川

四川省绵阳市丰谷酒业有限责任公司(注册商标：丰谷)
四川八百寿酒业有限公司(注册商标：彭祖)

贵州

贵州赖永初酒业有限公司(注册商标：赖永初)
贵州省三都水族自治县九阡酒厂(注册商标：九阡)
贵州鸭溪酒业有限公司(注册商标：鸭溪)
贵州振业董酒股份有限公司(注册商标：董)

云南

云南杨林肥酒有限公司(注册商标：杨林)

陕西

陕西省太白酒业股份有限公司(注册商标：太白)
陕西省城固酒业有限公司(注册商标：城古)
陕西秦洋长生酒业有限公司(注册商标：谢村桥)
陕西白水杜康酒业有限责任公司(注册商标：白水杜康)
陕西秦川酒有限公司(注册商标：秦川)
陕西秦洋长生酒业有限公司(注册商标：秦洋牌)

甘肃

甘肃金徽酒业有限公司(注册商标：金徽)
平凉市新世纪柳湖春酒业有限公司(注册商标：崆峒)
甘肃陇西渭水酒业有限公司(注册商标：渭水)
甘肃滨河九粮酒业有限公司(注册商标：滨河)
甘肃武酒酒业有限公司(注册商标：武九)

青海

青海互助青稞酒有限公司(注册商标：互助)

新疆自治区

新疆三台酒业(集团)有限公司(注册商标：三台)
新疆第一窖古城酒业有限公司(注册商标：古城)

2010年中国最有价值品牌500强酒类上榜品牌名单

2010年5月20日，中国品牌研究院正式公布2010年中国最有价值品牌500强上榜名单。本次评估选取各个行业在市场上表现活跃的一线品牌进行评估，然后选取价值最高的500个品牌组成中国最有价值品牌500强榜单。其中酒类上榜品牌有：

排序	主业	品牌名称	企业名称	属地
28	白酒	贵州茅台	中国贵州茅台酒股份有限公司	贵州
32	白酒	五粮液	五粮液集团有限公司	四川
42	白酒	剑南春	四川剑南春集团有限公司	四川
60	白酒	洋河	江苏洋河集团有限公司	江苏
78	啤酒	青岛	青岛啤酒股份有限公司	山东
83	白酒	杏花村	山西杏花村汾酒厂股份有限公司	山西
95	白酒	泸州	泸州老窖股份公司	四川
100	葡萄酒	张裕	烟台张裕集团有限公司	山东
101	啤酒	燕京	北京燕京啤酒集团公司	北京
131	啤酒	雪花	华润雪花啤酒（辽宁）有限公司	辽宁
148	白酒	古井贡	安徽古井贡酒股份公司	安徽
154	白酒	金六福	湖南省金六福酒业有限公司	湖南
164	啤酒	珠江	广州市珠江啤酒集团有限公司	广东
165	白酒	口子	安徽口子酒业股份有限公司	安徽
169	白酒	浏阳河	湖南浏阳河酒业有限公司	湖南
203	白酒	稻花香	湖北稻花香酒业股份有限公司	湖北
219	白酒	劲牌	劲牌有限公司	湖北
243	啤酒	雪津	福建雪津啤酒有限公司	福建
252	白酒	双沟	江苏双沟酒业股份有限公司	江苏
265	黄酒	古越龙山	中国绍兴黄酒集团有限公司	浙江
271	白酒	诗仙太白	重庆诗仙太白酒业（集团）有限公司	重庆
287	白酒	沱牌	四川沱牌曲酒股份有限公司	四川
307	葡萄酒	长城	中粮集团有限公司	北京
318	白酒	郎牌	四川郎酒集团有限公司	四川
322	白酒	河套	内蒙古河套酒业集团股份有限公司	内蒙古
333	葡萄酒	王朝	中法合营王朝葡萄酒有限公司	天津
344	啤酒	金星	金星啤酒集团有限公司	河南
345	啤酒	金威	深圳金威啤酒有限公司	广东
354	白酒	枝江	湖北枝江酒业股份有限公司	湖北
362	白酒	宋河	河南省宋河酒业股份有限公司	河南
398	啤酒	山城	重庆啤酒（集团）有限公司	重庆
438	啤酒	汉斯	青岛啤酒西安汉斯集团有限公司	陕西
452	葡萄酒	威龙	烟台威龙葡萄酒股份有限公司	山东
468	啤酒	惠泉	福建省燕京惠泉啤酒股份有限公司	福建
469	黄酒	会稽山	东风绍兴酒有限公司	浙江
479	黄酒	咸亨	绍兴县咸亨酒业有限公司	浙江
480	葡萄酒	通化	通化葡萄酒股份有限公司	吉林
496	啤酒	漓泉	燕京啤酒（桂林漓泉）股份有限公司	广西

2011年中国最有价值品牌500强酒类上榜品牌名单

2011年2月11日，中国品牌研究院公布了2011年中国最有价值品牌500强名单。为严谨起见，本次评估选取各个行业在市场上表现活跃的一线品牌进行评估，然后选取价值最高的500个品牌组成“中国最有价值品牌500强”榜单，其中酒类上榜品牌有：

排名	品牌名称	品牌价值（亿元）	属地
27	贵州茅台	166	贵州
32	青岛啤酒	150	山东
34	五粮液	140	四川
42	剑南春	121	四川
57	泸州老窖	85	四川
69	洋河	70	江苏
82	张裕	63	山东
118	燕京	41	北京
184	古井贡	31	安徽
203	珠江	28	广东
247	古越龙山	24	浙江
286	劲牌	21	湖北
390	会稽山	16	浙江
398	竹叶青	15	四川
415	金种子	15	安徽
416	金星	15	河南
425	枝江	14	湖北
436	金威	14	广东
467	女儿红	12	浙江
495	啤酒花	10	新疆
496	漓泉	10	广西

长城桑干酒庄酒
承载中国智慧与力量

"国有大事，必有长城"，承载着中国力量的长城葡萄酒已与国事密不可分。作为中国酒庄酒开启者的长城桑干酒庄见证过共和国诸多重要历史时刻，在"十二五"规划承上启下重要一年的龙年两会上，自然也少不了它的身影。品桑干，议国事，中国政经精英在团结、和谐的氛围内共同开启了2012年持续发展的新时代。

桑干精神，证言"强国实力"

全面深化改革开放，在创新中实现跨越发展，"十二五"规划描绘了中国改革开放的新高度、新蓝图。今年的地方两会，备受社会各界的瞩目。在全球经济低迷的大背景下，世界各国都想从中国的走向中发现新的机遇。而与共和国共成长的长城桑干酒庄酒，以国酒身份出席数届两会，见证中国智慧，助力中国政治、经济在国际舞台的光荣绽放，引领中国葡萄酒行业，完成了从后来者到拥有话语权的主导者的历史蜕变，演绎出中国智慧和力量的传奇。

回溯历史，改革开放的30年，亦是桑干荣耀世界的30年。从取代烈性白酒成为款待各国总统、政要等外交晚宴的国宴用酒，到近年对北京奥运会、上海世博会、广州亚运会、深圳大运会到达沃斯论坛、亚洲博鳌论坛、APEC财长会议等中国在全球政经、社会领域彰显影响力大事的倾情参与，"国有大事，必有长城"，长城桑干都以国酒之姿记录和见证着每个重要的历史瞬间，亦成为中国通往世界的"美酒名片"。

桑干品质，创造"国际高度"

众所周知，好的葡萄酒讲究的是"七分原料、三分工艺"。作为中国酒庄酒历史开启者和中国重大国事活动美酒主角，长城桑干酒庄酒更是将原料与工艺的魅力演绎到极致，不断以国酒品质演绎顶级酒庄酒的典范。

位于北纬40度世界公认葡萄黄金生长带，与紫禁城中轴线这条中国"龙脉"交点的长城桑干酒庄，现已成为国内历史最悠久、树龄最长、葡萄品种最具特色的酒庄。这里具有200万年沉积的泥河古化石土壤和独特的微气候，这些得天独厚、独一无二的珍稀条件注定长城桑干酒庄将成为顶级葡萄酒的诞生之地。加之严格按照国际葡萄酒组织OIV规定，控制葡萄从种植到采摘、酿造、存储等一体化的流程，确保了长城桑干酒庄酒的超群品质。正是凭借出众的美酒品质，长城桑干缔造了历届评酒会获奖次数和奖项规格之最的传奇，成就了中国葡萄酒在世界舞台的崭新高度。

为此，国际葡萄酒大师杰西丝•罗宾逊赞扬道，中国葡萄酒行业正大步流星的向前发展，并酿出品质不错的产品。而在不断见证中国政商大事件的品牌发展历程中，长城桑干酒庄酒更将以中国葡萄酒产业高端酒领军品牌形象和独特国酒醇香，闪耀世界葡萄酒顶级殿堂。

长城天赋葡园葡萄酒 演绎丰富原产地风情

2011年，中粮集团正式推出中高端战略新品——长城天赋葡园，其甄选全球经典产区的品类创新，引发了全国市场的广泛关注。据悉，长城天赋葡园是中粮集团精选全球黄金葡萄产区，汇集优质葡萄品种的葡萄酒新品，它的推出不仅完善了长城葡萄酒的中高端产品矩阵，其倡导的“全球甄选，共享天赋”的品牌理念，更为中国消费者提供了高端时尚、多元化的丰富原产地风情美酒体验。

将全世界最好的葡萄园装进瓶子里

长城天赋葡园是一系列丰富品种葡萄酒的统称，也是中粮长城葡萄酒旗下众多珍稀葡园的统称。三十年励精图治，长城葡萄酒围绕北纬40度美酒黄金线设立了包括沙城、昌黎、蓬莱、宁夏贺兰山、新疆天山在内的一系列中国优质产区，并陆续将智利中央山谷、法国波尔多酒庄等世界黄金产区收入囊中。在这些适合种植酿酒葡萄的若干产区里，长城只选择那些土地、阳光、雨水、风向等一切元素最恰到好处的园中之园，命名为长城天赋葡园。有国际资深酿酒专家评价：“长城天赋葡园系列葡萄酒是把全球最好的葡萄园装进了瓶子里，拥有醇正、珍稀、独特的原产地风情与特色。”

众所周知，葡萄酒讲究的是“七分原料，三分工艺”。在全球所有适合种植酿酒葡萄的若干个产区里，其实也只有少数优质葡园才算得上是“酿酒葡萄的天堂”。而长城天赋葡园正是集合了长城葡萄酒多年积累的产区资源、选料经验，以及顶尖的酿酒理念、研发成果，真正成就出富含丰富原产地风情、比肩世界顶级品牌的优质葡萄酒产品。

在保障原料优越的基础上，长城更把精细的酿酒加工工艺发挥到了极致，将每片产区的原产地风情完美地展现。深谙酿酒之道的长城葡萄酒，尊重各个天赋葡园不同的风土特点，选择种植不同的酿酒葡萄品种，按照OIV国际标准，科学管理葡萄种植园，严格控制亩产量。在长城国际级酿酒师的悉心把控下，采用国际领先的精细发酵工艺，橡木桶发酵，并于恒温恒湿的地下酒窖中陈酿、存储，使酒质得以完美升华。从原料产区的全球甄选，到酿造工艺的完美融合，长城天赋葡园积极向世界传递其独特的品牌价值观，尊重自然天赋，从而奉献最能体现原产地风情的高品位、风格化葡萄酒。

天赋葡园引领丰富原产地风情

随着中国葡萄酒观念的日益成熟，葡萄酒市场正在经历一场口味与风格的大变革。单一的混合葡萄品种已渐渐无法满足差异化需求，消费者开始呼唤更富原产地风情和卓越价值的葡萄酒，并要求葡萄酒市场更加多元化，包括原料的纯粹性、产国的多样性、以及葡萄酒风格的丰富性。甄选全球的长城天赋葡园正是在这种时代背景下应运而生，打破地域国界，将多样化缤纷风格、个性化风土烙印的好酒带到中国葡萄酒爱好者面前，同时也为中国消费市场的培育和消费者葡萄酒文化的普及赋予了更深刻的品牌内涵。

以目前上市的华夏产区的长城天赋葡园为例，该产区富含多种葡萄生长所需的矿物微量元素，海风的润泽、充足的日照，绚丽的火山风土，为葡萄生长提供良好的通透性和热量。所产葡萄酒色泽晶莹，香气优雅，酒体丰满，口感细腻，富有层次感。经过酿酒工艺的升华之后，既有高级精选的天鹅绒般丝滑柔顺的橡木香和果香的统一，又有特级精选的富含果香、辛香及杏仁等混合的香气，更有珍藏级赤霞珠的成熟浆果香与木桶陈酿后带来的烤果仁香草紧密融合。可以看出，长城天赋葡园正以其尊崇自然风土的原产地风情，为消费者带来醇正、精致的美酒享受，更引领消费者开拓了独特、高端、时尚的葡萄酒文化品味之路。

据了解，除了目前在中国、法国、智利已布局完成的精选黄金产区资源外，未来长城天赋葡园还将放眼于美国、澳大利亚、南非等盛产葡萄酒的国度，甄选来自全球更多优质产区的葡园，奉献给中国消费者更具原产地风情的美酒体验。中国葡萄酒行业专家认为，长城天赋葡园葡萄酒不仅是长城品牌覆盖中高端市场和满足个性化需求人群的又一力作，更将带领中国葡萄酒行业告别单一的葡萄酒品味时代，满足中国消费者个性化、风格化、多元化的消费需求，开创一个尽享原产地风情的葡萄酒消费新时代。

神州处处稻花香

——破译湖北稻花香集团品牌密码

6.08亿、9.29亿、12.06亿、20.45亿、35.45亿、55.89亿、83.65亿、118.58亿……自2004年世界品牌实验室首次公布中国500最具价值品牌以来，稻花香连续8届入选，品牌价值不断递增。2011年9月，稻花香被中国酒类流通协会和中华品牌战略研究院评选为中国新八大名酒，品牌价值高达140.71亿元。

一连串惊人数据不仅向世人彰显稻花香稳居湖北酒业品牌第一位，成为名副其实的鄂酒标杆品牌的品牌实力，而且抒写了我国白酒发展史上的品牌奇迹。

是什么力量促使稻花香品牌价值不断攀升？让我们一起走进桂冠满顶的湖北稻花香集团，破译“稻花香”的品牌密码……

“百年品牌”的文化底蕴

中国的酒文化源远流长。

南宋大词人辛弃疾的“酿成千顷稻花香，夜夜费、一天风露”，至今依然广为流传。

20世纪90年代初，蔡宏柱 “十年磨一剑”，提出“两找一创走三高”的方针，“稻花香”横空出世。

从此，“稻花香”这个蕴含了深刻历史文化的白酒品牌，逐渐走进人们的心里，走进中国白酒文化中。

2003年，稻花香兴建了稻花香文化广场，确定了以铜质“酒爵”为酒文化载体，作为广场中心景观，广场上专门安放了辛弃疾的雕像，雕像底座篆刻了辛弃疾的那首包含“稻花香”三字的词，彰显出新世纪酒文化的灿烂和荣耀，也为稻花香的“百年品牌”梦想闪烁出熠熠的时代光芒。

从最初酿造出“稻花香”美酒，传承中国历史文化底蕴，到后来延伸品牌文化内涵，稻花香无不以其独有的魅力吸引着人。

人们饮酒，不再是一种纯粹的感官享受，而是上升到了一种品位、一种希冀、一种时尚的高度，那是精神领域的体验。

稻花香人，带着激情与梦想，带着振兴白酒行业的使命，带着 “百年品牌”的追求，在前进的道路上，以深厚的文化底蕴、完美的品质、完善的服务、诚信经营的理念打动和征服了一个又一个消费者，成为了享誉华夏的白酒品牌。

“新名酒”的天然优势

“稻花香”所在地龙泉，一溪泉水终年长流，泉水晶莹剔透，甜润可口。经国家卫生部、地矿部“国家饮用天然矿泉水评审组”专家鉴定，符合饮用天然矿泉水国家标准，含有锶、钙、锌等多种对人体有益的微量元素，水质酸碱度平衡，是酿酒业不可多得的水资源。

水是酒的骨，酒是水的魂，用这样的泉水酿造出的“稻花香”入口柔和，绵甜爽净，回味悠长。有了好的水源，稻花香人又在原料、窖池和独特的工艺上下功夫。在用料上，稻花香精选优质的红高粱、玉米、糯米、大米、小麦五种原料，所选粮食颗粒饱满，无杂无尘，仅红高粱就通过碳米机除壳除杂等过滤两遍。在稻花香酿酒车间，一共拥有4000多个窖池，气势壮观，这些窖池全部用粘土筑成，四周和底部附有窖泥，它是酿酒的核心“设备”。每批原料要在里面发酵三到五个月，通过周而复始的轮转滋长，成了孕育美酒的温床，也成了保证稻花香品质的基础。因为这些窖池和窖泥形成了大量极具酯化功能的独特菌群，正是这些特有的微生物形成了稻花香醇香绵长的极品香型。有着中国白酒泰斗之称的周恒刚先生考察稻花香后赞不绝口，称稻花香的窖泥乃全国一流。在酿造工艺上，稻花香传承数百年的传统烧酒酿造工艺并运用现代科技创新手段，采用分层起槽、分层蒸馏、量质摘酒、按级并坛、分级贮存的生产工艺，这种工艺被内行人称为优中选优法。

绿色健康引领行业

品牌是企业的生命，质量是品牌的生命。产品品质的优秀是对自身品牌与消费者的一种保证，也是一种品位与需求。稻花香认识到品牌诚信在公司发展中的重要作用，历来重视白酒质量，提出了“要像保护眼睛一样，保护产品质量；要像珍惜生命一样，珍惜企业品牌”。

坚持标准化工作流程。标准化为稻花香的各项生产、经营活动在质和量方面提供了共同遵循和严格执行的准则，稻花香制定了全生产工艺，从原料进厂到制曲酿酒、勾兑调味、检测品评等过程都经过严格的监督和检测，各道工序和各个生产过程严格把关，每批酒都要经过量质摘酒、基酒检验、分级入库、评酒鉴定、贮存、包装检验等，出厂时严格检验。

先进设备检测产品质量。稻花香科技中心配置了先进的气相色谱仪、液相色谱仪、原子吸收分光光度计，加强对粮食、酒糟、成品酒的各项质量指标的检测，增加了对微量元素、重金属元素、食品添加剂和农药残留量的检测，提高了企业对原材料购进的监管能力和对产品质量的保证能力。

“白酒生产管理自动控制系统”确保产品质量。稻花香科技中心与中国船舶710研究所共同研发了该系统，利用多台机组联网控制，实现了在设备控制、过程控制、生产控制之间的“管控一体化”。该系统很多技术都填补了白酒行业的空白，降低了白酒的生产成本，提高了稻花香的生产能力和产品质量的保证能力，创造了稻花香卓越的品牌价值。

在品牌的价值创新上，稻花香以技术为先导，以市场为导向，在新产品开发上走“生产一代，储备一代，研发一代”的路子。稻花香科技中心，现已是省级技术中心，先后开发稻花香经典系列、珍品系列等中高档酒，充分满足了市场需求。同时，稻花香还探索出了一条产、学、研三结合的道路，依托全国著名科研单位和高等院校的人才技术优势，发挥自身的行业优势，致力于现代健康白酒的研究，2007年，稻花香成功研制出活力型酒，改变了“白酒无营养”的传统观念，倡导了健康理念、文明理念，引领了白酒行业的发展方向。

独特营销叫响品牌

在品牌的市场化运作中，稻花香坚持进行渠道密集渗透型模式，进行分区域销售，建立“红色根据地”和“红色区域”，稻花香的网络遍布全国各地，不仅有效提升了品牌的知名度和美誉度，也使稻花香的销售收入逐年提高，品牌价值飞速增长。

为赢得市场，稻花香创新了品牌市场化运作模式后，又实现了三个转变。即在营销上由满足客户向创造客户、引导客户和留住客户转变；战略上由产品驱动向市场驱动转变；在方式、方法上由传统营销向适应营销、文化营销、便利营销、网络营销等新方式、新方法转变。通过三个转变的实施，稻花香构筑了完整化、个性化、时代化的营销网络体系，根据区域消费者习惯调整酒体，根据区域文化特点修改包装，根据区域市场特点制定营销政策，创造了具有稻花香特色的营销战术“金网工程”、“红色行动”。

金网工程，保障营销强势执行力。2003年，稻花香推出一套全新的营销模式金网工程，其基本运作特征，就是通过中间商壮大发展终端商，并通过直接掌控和服务于终端给中间商以巨大动力，从而构成一个以厂家为中心，以利益为纽带的市场运作体系，使中间商和终端客户始终围绕做强做大稻花香运转。“金网工程”的全面实施，使稻花香进一步架起了市场“金字塔”，使市场营销这盘大棋更加出神入化，越走越活。

红色行动，是稻花香市场制胜的又一利器。稻花香在现有市场和网络基础上，分类、分级确立了“红色”根据地和“红色”区域，实现点面结合，打造稻花香市场的绝对“红色力量”，引导经销商抓住开展“红色行动”的机遇，精心维护销售网络，做到家家到，户户落，把“红色行动”落到实处，做强做大市场。

2011年，稻花香集团提出“乘势而上，深化转型，创造机遇，超常发展”，从企业形象、管理方式、质量效益、营销模式和人才机制等五个方面全面实施企业转型。

目前，稻花香的身影遍布全国28个省、自治区、直辖市。2011年9月，稻花香集团主业白酒实现单月回款27亿元，实现了稻花香成立以来的历史性突破，创造了中国白酒行业单月回款的最高纪录。2011年，稻花香集团成为湖北省首家销售收入过百亿元的农字号企业。

稻花香升级版产品隆重上市

从2011年10月1日开始，稻花香系列产品全面升级。

升级改版后的稻花香产品涵盖高、中、低档系列，着重突出稻花香一流品牌特色，产品线更加清晰、定位更加合理。在设计风格和酒体质量上实现提档升级，产品风格更加突出、产品形象不断提升、产品服务持续优化，最大限度满足不同层次消费者需求。

谈及稻花香实施产品转型的动因，稻花香集团董事长蔡宏柱说，稻花香集团经过近30年发展，已具备了品牌、规模、效益、人才、管理等优势。特别是近期，稻花香成功入选中国新八大名酒，稻花香以无可比拟的优势跻身全国性强势品牌。着眼于稻花香品牌价值的提升，着眼于企业内生发展能力持续增强，着眼于企业质量效益的显著提高，着眼于稻花香的发展成果与广大经销商、消费者、员工和全社会共同分享，稻花香实施企业转型势在必行。稻花香将抓住这一千载难逢的历史机遇，深化企业转型，全力推动升级版产品的宣传推广。

据了解，产品转型升级是稻花香集团深化企业转型的重要抓手，经过近两年时间的酝酿和稻花香创意团队的市场调查、反复试验，稻花香升级版产品最终于10月前定版开始生产。

超低酒精无醇 市场销售高端

燕京啤酒集团公司的无醇啤酒于2002年成功上市，历经8年的时间，已处于集团公司高端产品行列。

本公司于2010年4月开始着手超低酒精度无醇啤酒的研发工作，并于2010年7月成功开发。新品无醇啤酒的酒精含量在原有基础上降低80%，即酒精含量由原来≤0.5%（vol）降至≤0.1%（vol）。在无醇啤酒的酒精度大幅度降低的同时还保证了啤酒口感和香味的稳定，外观质量和内在质量符合国标和企标的要求。此产品由于其热量值较低，符合健康消费的趋势，提升了我公司无醇啤酒的市场空间。

在新品研制过程中，研发工作者进行了大量基础性工作，历经三个阶段。第一阶段是实验室调配阶段，通过正交实验，开展实验室调配工作，品评优选出实验室小样用于投放大生产。第二阶段是大生产实验阶段，根据实验室的调配结果，在不改造现有无醇啤酒生产设备的前提下，通过操作方式的改变，生产出符合企业内控标准的无醇啤酒。第三阶段是人体测试阶段，对开发的新品无醇进行严格的人体酒精测试，为消费者提供不同酒精限量下的安全饮用数量，目的是使新品无醇啤酒最大程度满足消费者口感。

新品实现了两大创新：一是完全取消原酒添加，通过人工调控香味物质的回添比例，实现了酒精含量有效降低和无醇啤酒口感风味特性保持不变的双重效果。二是在突破原有程序设计的前提下，实现香味物质按比例线性回添，打破了原有程序香味物质只能100%回添的局限性，使得开发不同酒精浓度的无醇啤酒从此成为可能，创新了无醇啤酒开发思路和生产方法。

“超低酒精度无醇啤酒”项目的完成，对新品尽早投放市场起了决定性的作用，赋予了燕京啤酒新的内涵，而且引领了健康消费时尚，适应了健康消费趋势的需求。

携手探月工程 推进品牌升级

2011年4月10日，燕京啤酒集团在北京宣布，正式与中国探月工程官方达成合作，双方将在品牌建设、科普教育及公益事业方面开展深度合作。据透露，自2011年4月起，燕京啤酒集团将启动“喝燕京，观看卫星发射”、“喝燕京，为中国探月工程喝彩”及邀请消费者关注“月球车全球征集命名”等系列活动，让消费者有更多机会参与今年即将发射的“天宫一号”、“神舟八号”这一重大历史事件。

上世纪，美俄通过月球探测，建立和完善了航天工业和技术体系，并带动了一系列技术的发展，形成了一大批高科技工业群体，对社会发展和人民生活的提高产生了重要影响。有统计分析显示，在航天领域每投入1美元，得到的直接和间接回报大约为7～12美元。

我国在经30多年的经济发展后，航空技术已位列世界前列。我国嫦娥一期工程已有28项航天高科技技术产生，技术转移后的经济效益是巨大的，近年开发的1000多种新材料，80%是在航天技术的牵引下研制完成的。燕京啤酒作为国内惟一的民族啤酒企业，一直以来坚持秉承“民族的、科技的、梦想的”的品牌精神，这与我国探月工程事业在精神层面一脉相承。品牌精神的共融催生了两者间的合作。

2011年3月18日，燕京啤酒发布的2010年年报显示，公司2010年实现净利润7.7亿元，同比增长23%。2010年营业收入103亿元，同比增长8.5%。当年共生产销售啤酒503万千升（含托管企业），同比增长7.71%，占全国啤酒总量的11.22%，快于国内啤酒行业6.28%的增速。“十一五”期间，先后在辽宁、新疆、四川、山西、云南等地建新厂，对广东燕京公司、燕京仙桃公司、燕京玉林公司、燕京衡阳公司、河北燕京公司等企业追加投资，还先后收购了塞北星啤酒厂、通辽啤酒厂、河南月山啤酒厂、内蒙古金川啤酒厂。截止2010年年底，集团公司在全国17个省市自治区已建立40家啤酒生产企业，产能规模超800万吨。30年的实践使他们深深体会到，没有品牌的竞争是无力的竞争，没有品牌的市场是脆弱的市场，没有品牌的企业是危险的企业，因此，在30年的发展当中，不断培育和提升品牌。目前，燕京品牌的无形资产已达到245亿元。

北京市政府副市长苟仲文在讲话中对燕京啤酒集团正式成为中国探月工程官方合作伙伴表示热烈的祝贺。他说，作为北京市骨干企业，中国民族啤酒工业的代表，燕京啤酒集团抢抓战略发展机遇，深化企业改革，积极拓展国内国外两个市场，不断做大做强燕京品牌，创造了良好的社会效益与经济效益，为北京市经济的繁荣与发展做出了较大贡献。中国探月工程是中华民族的伟大工程，也是全体中国人民共同为之奋斗的事业！燕京啤酒集团赞助中国探月工程，不仅成功地履行了国企社会责任，也树立了很好的典范。

国防科工局新闻宣传中心党组书记丁杰盔表示，实施月球探测工程是推动我国航天事业发展、促进我国科技进步和创新、提高我国综合国力的一项重大战略决策。我国首次月球探测工程的成功，是继人造地球卫星、载人航天飞行取得成功之后，我国航天事业发展的又一座里程碑，实现了中华民族的千年奔月梦想，是我国推进自主创新取得的又一标志性成果。在中国“探月工程”二期发展的关键阶段，国防科工局新闻宣传中心选择燕京啤酒作为“中国探月工程专用产品”，是对燕京啤酒长期以来的以科技引领企业发展战略的高度认同。

燕京啤酒集团董事长李福成在致辞中说，探月工程是中华民族的骄傲，是推动民族进步的伟大事业，此项事业不仅仅是科学家和科学工作者的事情，也不是一、两个企业的事情，她的实施离不开全社会的共同关注和支持。作为民族工业的代表，燕京啤酒集团为探月工程尽一份微薄之力，是践行社会责任，义不容辞。燕京啤酒集团不仅要为消费者提供健康、高质的产品，为国家多纳税，参与社会公益事业，同时还要为经济和科技的发展贡献力量。谈到未来5年的发展目标时，李福成董事长表示，集团公司将继续秉承发展民族啤酒工业，争创国际知名品牌的信念，积极参与国际市场竞争。下一步的目标是，2015年啤酒产销量达到800万千升，进入世界啤酒前六名，形成世界级的大型啤酒企业集团；积极开发国际和国内两个市场，实现燕京品牌的国际化提升。

据了解，合作双方将在品牌建设、科普教育及公益事业方面开展深度合作。自2011年4月起，燕京啤酒集团将启动“燕京邀您看发射”、“喝燕京，为中国探月工程喝彩”，让消费者有更多机会亲临现场参与今年即将发射的“天宫一号”、“神舟八号”这些重大历史事件。

五星级美酒 五星级享受

“酒色晶莹透亮、香气浓郁优雅、酒体丰满醇厚、入口圆润绵柔。口感致密，层次清晰，很热情，让人细细品味后也不愿咽下，咽下却是满口生香，令人通体舒畅，回味悠长……”国家评委、高级品酒师、高级酿酒师郝哲兵先生在五星金六福品评会上对一小杯白酒如是评价。

品•源——醉香源自 天工之作

宜宾属中亚热带湿润季风气候，夏无酷暑，冬无严寒，气候温和，空气湿润，雨量充沛，造就了万里长江第一城的宜宾才有的150多种微生物共存的生态环境，而这150多种空气和土壤中的微生物参与发酵，成就了五星金六福“天工”般的绝佳口味。

品•泉——百米深泉 极致纯净

好酒和香水一样，是分前中后味的，只不过，这里的“味”是味道和口感。五星金六福前味“顺”、中味“爽”而后味“净”，就是通常说的“入喉顺爽”和“尾净”。

取自宜宾的百米深泉之水，清洌透明、纯净无污染，富含对人体有益的20多种矿物质微量元素，在长江底静静的流淌，当其化作酒，则爆发出“火”的力量，但在“火”中，却又保有着“净”的口感，时刻提醒味蕾它“纯净”的身世。

品•谷——五粮精华 后稷五谷

Mix（混合、糅合）是五星金六福入口时的最初感受。丰富的层次使小麦的曲香、大米的清香、高粱的醇厚、玉米的绵甜以及糯米的甘甜，复杂而又平衡的结合在一起，比威士忌醇和，比白兰地爽净，比伏特加艳丽、比啤酒内敛，比特其拉华美，浓香悠久，品味醇厚。轻轻啜饮一口，入口甘美，入喉净爽，各味协调，恰到好处。

品•窖——六百年活窖传奇

六百年不间断使用的泥窖老窖池和独特酒厂小生态，是五星金六福拥有独特风味的秘密决要，在特殊的土壤和气候条件下，历史沉积的窖泥充分富集、醇化，经过长期而又缓慢的生化作用，产生出以乙酸、乙酯为主体的香气成分，最终形成了五星金六福香气纯正、窖香浓郁的特征。

品•香——麻坛珍藏 百种芬芳

岁月沉淀后的陈香以及各种香味的恰当糅合，是体现技艺之绝的地方，味道透在骨子里、又糅合的那么恰当。五星金六福的陈香，源自必须坚持五年以上的窖藏。历经四季变迁，386种芳香陡然进入的感受，让人有种幸福突袭的眩晕；当你慢慢释放的时候，浅浅的丝绒感又带来平易近人的质朴。

品•形——器之华美 历经变迁

五星金六福的包装创意，源自象征财富的古代钱币储藏工具。

瓶形设计，采用了600年前明代永乐年间钱袋的样式，凝聚了无尽的人生财富和对人生的思考。瓶身五千多个钻石切面，使整个瓶身华丽绚烂，加上昂贵水晶玻璃烧制，更蕴含了“五星金六福品质如钻”的酒体特点。瓶口开启处的防伪封口，保障每一瓶酒的五星品质。瓶标底部，为五星标准之一的宜宾五谷标志；顶端是宜宾五粮液的标志，彰显五星金六福系出名门的显赫身世。

品•福——五星美酒 六福祝愿

金为至尊，六福至美。

用美酒传递人与人之间的美好祝愿，让您享受一种“寿、富、康、德、和、孝”的美好生活境界。五星金六福，与您一起分享人生中每一个幸福的时刻，为您捎来浓浓的福的气息。

品•质——五星品质 五星体验

五星金六福，追求“人、水、曲、靓、缸、火”融合之完美，择五粮之秀，甘露正其心，麻坛养其性，秘曲聚其神，古窖润其情，得以五星品质。

作为金六福酒业隆重推出的明星产品，五星金六福，首创白酒星级概念。五星品质保证，首创白酒星级概念，为您呈上一段美酒的五星级体验！

汾酒优秀产品介绍

老白汾酒

老白汾酒，造型独特，古朴典雅，瓶盖取下后即是酒杯，妙想天成，瓶身背面展开的书页，又令人对其历史和荣誉一目了然，犹如饱尝诗书的睿智老者，傲骨临风，冷凝沉郁。

老白汾酒秉承传统工艺，采用贮存10年以上的陈年汾酒精心勾兑而成。酒液晶莹透亮，口感绵甜醇厚，具有丰满协调的陈酒味，回甜尾净香长。

老白汾酒专为知己相逢、老友相聚倾心打造，其传统的工艺、独特的味道以及朴素的外表，传递出的悠久历史厚度和亘古不变的气质，更象征了情义无价和友谊的地久天长。

青花汾酒

青花汾酒，凝千年繁华于国色青韵，聚点滴精华于墨痕韶华。造型优雅，瓷质细腻柔和，色彩明丽，圆润丰盈的瓶身如一位娴静的淑女，神韵超逸。

青花汾酒采用汾酒特级原酒，盛装密封于宜兴酒瓮，老熟后出瓮，甘美纯正，后经精湛勾兑技术勾调，酒液晶莹透明，口感绵甜爽净，至清至纯，简约而醇厚。

青花汾酒专门为高端商务人士倾心打造，“开启尊贵生活”更符合高端商务人士对“品质”、“尊贵”的追求，成为其尊贵典雅身份和地位的代表和象征，开启了新的时代风尚。

珍藏级剑南春：天成之作 唯有珍稀独显尊贵

2003年11月，美国前总统克林顿先生到访中国，出于对唐文化的热爱及对剑南春悠久历史的好奇，他专程到剑南春酒厂参观访问，“我听说剑南春酒是中国唐朝的宫廷御酒，距今已有一千五百多年的历史，也就是说，你们企业的历史比我们美国的历史还多出5倍。”克林顿总统以这样一句幽默的开场白掀开了对剑南春的访问。

为表示对总统先生的欢迎，并祝福中美两国人民世代友好，“天益老号”特酿美酒首次单独装瓶，赠送给远道而来的客人，赠送的并不是常见的剑南春，而恰恰是“珍藏级剑南春”。于是，克林顿成为收藏“珍藏级剑南春”的第一人。

珍藏级剑南春的传奇，应从酿酒原坊剑南春“天益老号”说起。

1500年规模窖池群

1985年，考古专家开始对剑南春“天益老号”进行清理，根据出土层的叠压关系及出土器物的时代特征，专家们对“天益老号”地下酒窖的建造年代“不晚于1500年前的南齐永明年间，更早于大唐盛世”的结论确认无疑。

从2003年4月至2004年11月间，又相继发现面积达120000平方米的酿酒原坊，其中窖池群面积达60000平方米，与8个标准足球场相当，其规模之大、酿酒要素保存之完整，完全改写了中华酒史，荣耀入选“2004年度中国考古十大新发现”。2006年，“天益老号”窖池群入选国家重点文物保护单位和《中国世界文化遗产预备名单》，被认定为酿酒史上最具价值的珍贵活文物之一。

上千种千年酿酒活菌

绝大多数现代重启的古窖池由于酿造间断，窖菌已经失活，已经不能称之为真正的“老窖”。而“天益老号”令人惊奇和惊喜的是，在发现的千年老窖中，丰富的酿酒微生物历经1500年的光阴锤炼，不仅鲜活如初，而且类型已逾上千种，比一般酒窖多出数倍。丰富的酿酒微生物，使酿酒过程更加繁复与精妙，也使得口感更加细腻，风味物质更加丰富。

惟一见于史书并传承至今的宫廷御酒

1500年，一个酒坊能在同一地点一脉传承，这在全国是独一无二的。

1200多年前，剑南春作为宫廷御酒载于《后唐书•德宗本纪》；又作为天下名酒载于《唐•国史补》（“酒则有郢州之富水，剑南之烧春……”），这是惟一见于史书并传承至今的中国名酒。

一千多年的绵亘岁月，赋予了珍藏级剑南春美妙绝伦的协调风味，更孕育了非凡的纯正和尊贵！

创领未来，传塑经典的大成酿技

如果说，在中国白酒界存在最执著的品质流派，那就一定是剑南春人，他们既是传统酿造工艺的坚守者，又是把现代科技创新应用于酿酒的引领者。珍藏级剑南春蕴含了剑南春人对尊贵级白酒的最新理解，更集纳了卓越技艺之大成。

每一滴均来自老窖原浆中10%的精华

珍藏级剑南春的选酒是一个层层筛选的复杂过程。首先，酿酒师们依据口传心授、炉火纯青的经验，对原酒掐头去尾，只选取“天益老号”的优质中段出酒；然后，再运用纳米检测、色谱分析等一系列尖端科技手段，挑选出各种风味成分最完美的极少部分；接着，由中国顶级的酿酒大师，用极敏锐的嗅觉和味觉，经历多轮品评，评选出口感绝佳的精华美酒进入下一个工序；经过多达270道工序的层层甄选和全流程的品质追踪，仅有约10%比率的近乎完美的老窖原浆精华，最终成为珍藏级剑南春。

自然与人文的和谐相融

酿造珍藏级剑南春的用水，全部采用龙门山脉千年冰川经岩体渗析而成的甘泉，它也是国家级著名矿泉水源地。其酿造原料也全部采用天府之国的珍选五粮，生态、纯净，胚芽、糊粉层等生命之源也必须完整保留，以萃取最为精华的营养物质。为了让珍藏级剑南春吸纳更为浓郁的美酒灵气，剑南春酿酒人特意选用老麻坛用于贮藏，在漫长的岁月中，更细更均匀的微型气孔为坛内美酒提供持续不断的氧气，使之以最自然的节律熟化。

成就一杯富于灵性的极品美酒，离不开人的作用。以中国酿酒大师、中国白酒资深国家级评酒委员徐占成带领的剑南春酿酒师团队，用丰富的经验、异于常人的感官、精益求精的科研，赋予了珍藏级剑南春令人叹为观止的品格和风味。

男人的“纳米珍珠项链”

剑南春一直追求把现代科技应用于美酒酿造，先后撰写了《酒体风味设计学》、《感官评酒数据化、标准化——秒持值衡定评酒法》等酿酒经典，使白酒品评实现指标量化，确保品质稳定。

尤其是纳米技术的运用，更在微观层面生动地证明了“天益老号”千年活菌窖池的魔力。与一般白酒模糊的图像大大不同，在纳米显微图像中，珍藏级剑南春呈现出晶莹的珍珠项链形状。这奇妙的图像显示出酒体微观物质极其规律协调，其背后的奥秘是珍藏级剑南春完美的原料搭配、精细的酿造工艺、高度和谐的风味。

由此，珍藏级剑南春也被喻为是男人的“珍珠项链”！

从长安开始，在绵竹铭记。品味盛唐，克林顿先生在位于中国西南的绵竹，亲眼见证了时光的力量。1500年，足以检验一切的真伪。剑南春“天益老号”在漫长的岁月积淀中，持续汲取自然与文明的双重营养，以庞大的窖池群和丰富的酿酒菌群，成就了活文物的珍稀之酿。佳酿始自天成，极品最不易得。非凡人，非凡品。珍藏级剑南春，品位，只为您珍藏！

剑南春六大独有基因

基因——一个舶来词汇，英文Gene的音译，翻译得妥帖传神。基：最原始的、最基础的、根子上的、骨子里的；因：因子、因由、源泉、动力。

基因学已发展成为一门生命科学，科学家向我们揭示了一个听起来似乎难以置信的研究成果：99.9%的人类基因是完全一致的，而其差异性仅仅占0.1%。人类在身高、体重、血型、长相，甚至性情、智商、品行等等方面的差异性，仅仅由这0.1%的差异性决定。同时，科学家还发现基因有两个特点，一是能忠实地复制自己，以保持生物的基本特征；二是基因能够“突变”，突变绝大多数会导致疾病。

借用生命科学的基因理论剖析千年御酒剑南春，是一件饶有兴味的事情：一方面，通过0.1%独有基因，可以区分剑南春和其他白酒之间的差别，发现剑南春所独有的资源是如何原生而来；剑南春为何远在千年前就得以尊为唐时宫廷御酒。另一方面，通过基因忠实复制自己的特点，发现剑南春是如何忠实于千年御酒的传统，践行着传统酿艺与现代科技的紧密结合。

原生的物质以及忠实地传承弘扬，构造了今天剑南春的独特世界。它象征着中国白酒无上的品质与品格，承载着千年白酒文化的荣耀，续写着传世美酒的辉煌。

第一大独有基因：青藏高原之阳气

绵竹，孕育剑南春的母体。它地处四川盆地西北部，北纬30°09′～31°42′，东经103°54′～104°20′。北接龙门山脉，南连成都平原，是青藏高原向四川盆地的过渡地带。地势西北高，东南低，由青藏高原向东南平原盆地逐渐倾斜，平均海拔高度从4405米下降至504米，独特的山川河流形成了绵竹西北高山环抱、东南两水夹流的地形。古绵水（今绵远河，为沱江之源）发源于绵竹西北紫岩山（今九顶山），出汉旺群山，分为数股，冲积形成了成都平原北端的扇形冲积面——绵竹平坝区。

九顶山是龙门山脉群峰中的至高点，位于龙门山脉中部，最高海拔高达4989米，山顶四季积雪，盛夏不消，被古蜀人尊为“神仙”，我国羯羌文化即发祥于此。九顶山地处茂县境内的石鼓乡、南新镇之间，与绵竹清平镇接壤。围绕九顶山形成的九顶山自然保护区，2001年成为首批国家级地质公园。园内东面群山环列，峰丛连绵，雄伟俊俏；又有陡峭幽深的高山峡谷、蔚为壮观的高山杜鹃、娇柔妩媚的高山海子、广袤宽阔的高山草甸；溪泉随山势逐级跌荡，形成众多大小、高低不同的瀑布、滩流、海子等，浓荫滴翠，飞泉流瀑，群峰叠嶂，高山天作。

园内自然景观和奇异的地史奇观融炼一体，特别是存在于2至4亿年前为世界所罕见的珍贵自然遗产海绵珊瑚礁带，更具较高的科学价值和地学观光价值。目前，九顶山风景名胜区因其极具观赏、科考和开发潜力，还被国家规划列入“岷山山系世界自然遗产保护地”。

园内生息着大熊猫、金丝猴等珍稀动物群；生长着珙桐、红豆杉、银杏、水杉等珍贵植物群，这些，为风景区增添了无限生机。每当清晨日出峰顶，霞光灿烂，白云飘绕，游人至此，宛如置身仙境。

绵竹的高山、平原，一方面形成了绵竹冬无严寒、夏无酷暑、温暖湿润的独特气候。年平均气温摄氏15.7℃，年平均降雨量1053.2毫米，年平均相对湿度大，气候温和，日照充足；以及因为山水和气候的蕴育，形成了绵竹土层深厚，土质肥沃，土壤有机质高，微酸性土壤占68.07%等绝佳条件，为剑南春提供了绝佳酿酒的环境；另一方面，绵竹的高山、峡谷、飞泉、奇珍，为剑南春孕育着一种神秘的气蕴，这种神秘的气蕴更为剑南春酿酒微生物的生长繁衍、剑南春美酒的发酵、储藏，孕育着独特的养分。

中国名酒、世界名酒的原产地，其平均气温、平均降雨、土壤构造等自然资源上存在一定共性，这也就是说，名酒的基因99.9%也是完全一致的。但从上述文字中不难发现属于剑南春的0.1%基因特性，那就是青藏高原、九顶山为它带来的高原气蕴。青藏之阳给剑南春带来了雄浑奇伟，上风上水让剑南春独享天地灵气。

第二大独有基因：千年冰川之圣水

在200～300万年前的冰川时代，现在的绵竹龙门山国家地质公园所在地被冰川覆盖，圣洁无暇。在冰川时代末期，这里发生了惊天动地的冰川漂砾，因背靠青藏高原，厚达3公里以上的青藏大冰盖向东漂移，带来了翻天覆地的地质变化……200多万年过去了，那时候的圣洁冰川被深深埋藏在几百万年前的地层下，形成一个与现代社会相隔绝并且富含丰富矿泉水的冰川时代地层，当九顶山顶洁净的冰雪经过层层渗透，到达距今236万年的冰川时代地层时，每一滴水都历经16年天然渗透，汇聚成一条主水脉，并埋藏于绵竹六地深处。

剑南春酿酒用水正是来自于绵竹西北部的珍稀的取水层。这里的地下矿泉水不受任何外来细菌和地表水的影响，得以安静从容地和源于几百万年前冰川时代古老岩层、沙砾进行矿物质的交换，并最终被矿化，形成品质卓绝的天然弱碱性矿泉水。它们每一滴都至少历经16年天然渗透及矿化，富含钙、锶、钠、钾等多种天然矿物精华和微量元素，堪称世界顶级矿泉水。生命之水，赋予酒的灵性。

法国人的“依云”是他们最值得自豪的品牌之一，他们在19世纪才发现阿尔卑斯山下依云小镇的冰川水，他们把“依云”矿泉水销往全世界，并赢得了追求生活品质的消费者的赞誉和追捧。然而在中国，绵竹人早在唐代就已明了冰川水的价值，并作为酿制美酒之用，更赢得了皇室御酒的钦封。《绵竹县志》有载：“惟城西一脉（冰川）泉水可酿比酒（剑南春），别处则否。”

“圣水”无觅处，只为剑南生。一瓶瓶的传世美酒剑南春就是在这无出其右的“圣水”中孕育而生，上苍在山水间为剑南春烙上独特的痕迹，赋予剑南春这唯一的圣洁。

第三大独有基因：绵竹特产之酒米

四川号称“天府之国”，然而“天府”只限指成都平原，这里自古就是我国最著名的产粮区之一，《华阳国志•蜀志》中记载，这一地区“水旱从人，不知饥馑，时无荒年，天下谓之天府也”。而绵竹位于成都平原的北端平坝区，因接近高原和具备特殊的冰川水资源，这里出产的酒米（糯米）、大米等粮食作物历来以颗粒饱满、滋味醇厚而闻名于世，为剑南春生产提供了特殊原料。

在古代，发达的酿酒业背后，一定依托的是当地发达的粮食种植和富庶。无数的记载证明，绵竹的水稻栽培和富庶无出其右。

据《华阳国志•蜀志》所载，在战国末期秦国的统一战争中，蜀地为秦攻取楚国提供了大量的粮食和兵员，“司马错率巴蜀众10万、大舶船万艘，米600万斛，浮江伐楚，取商於之地为黔中地。”600万斛，是何等之巨！

在稻作农业的有力支撑下，从两汉时期，绵竹所在的成都平原也已经跃居全国最为富庶的经济区。据汉代史籍记载，蜀地“土地肥美，有江水沃野、山林竹木、蔬食果实之饶”，“民食稻鱼，亡凶年忧”，“居给人足，以富相尚”。蜀地“吏民富实，掾史家财多至千万，皆鲜车怒马，以财货自达”。

2008年出版的《中国农业经济史纲要》也有这样的评价：“都江堰使成都平原成为不忧水旱的‘天府之国’，四川农区是当时南方最富庶的地区，在经济上与当时的汉中农区紧密相连，成为秦汉帝国的重要仓库和经营南夷的基地。”

《旧唐书》、《唐国史补》中除了记载剑南贡春和剑南烧春，同时还记载的同时期名酒郢州之富水，乌程之若下，荥阳之土窟春，富平之石冻春等名酒，其中郢州是今湖北鄂州市、乌程是今浙江湖州市、荥阳是今河南荥阳市、富平是今陕西富平县，这几地在唐朝都是稻作发达的农业区，均为富庶之地。

酒谚有云：水为酒之血，粮为酒之体，这二者构成了好酒的血肉。对于剑南春而言，位于一个膏腴浸沃的粮食产区，更是为其酿造生产提供了充足的原料供应和宽松的挑选余地。对于在唐代就贵为宫廷御酒的剑南春，皇室用酒自然马虎不得，选粮择料必须大有讲究，以“颗颗精挑，粒粒细择”的标准来形容或许夸张，但真实的情况应该也相去不远。而这种一以贯之的严苛标准绵延至今，今天，剑南春所有高层的案头上每天都有原料采购部分呈上的当天生产所用大米、糯米的样本，所有高层都会认真的检查这些样本的成色。剑南春在粮食原料的播种、耕种、收割、运输上均有全生产链的监督管理机制，保证粮食原料必须达到有机粮标准。

经历千年的驯化，绵竹特产的大米、糯米直链淀粉含量高，在发酵过程中能最完美地转化为葡萄糖和乙醇，这也是造就剑南春美酒的又一重要原因。

第四大独有基因：1500年之古窖

酒谚所谓“窖为酒之本”，讲的就是窖池对于白酒酿造的根本重要性。泥窖是浓香型白酒的发酵容器，也是浓香型白酒区别于其他酒类重要的物质性标签之一。剑南春酒传统酿造技艺承传古法“泥窖纯粮固态发酵”技艺，特别依托于其独有的老窖窖池。

“天益老号”酒坊1995年被中国食品工业协会和国家文物局认定为“中国食品文化遗产”，2004年入选“年度中国考古十大新发现”，2006年被国务院公布为“全国重点文物保护单位”，并入围“中国世界文化遗产预备名单”。

走进“天益老号”，一切都可以用一个“老”字来形容：老窖池、老曲药、老技艺、老技师、老设备、老房子……时间回溯到25年前，那是1985年6月6日，在“天益老号”酿酒作坊的地下窖池中出土的纪年砖上发现有“永明五年”四字铭文，考古专家经过综合考察认为：“天益老号”酿酒作坊的地下窖池建造年代不晚于南北朝时期南齐永明五年，即公元487年。

"天益老号"的名字中，就决定了"老"是它必须具备的一个特点；不仅如此，"天益老号"还是中国规模最大的古窖池群。

在剑南春"天益老号"古酒坊周围，明清遗存至今连续使用的古窖池有695条，面积达6万平方米，规模之巨在全行绝无仅有。

酒谚所谓"千年老窖万年糟"的珍贵，从现代微生物的角度看，古窖池已不是简单的泥池酒窖，而是集发酵容器、微生物生命载体和孕育摇篮于一身。在漫长的酿酒过程中，每一轮窖藏投入酿酒的粮食，都是窖内微生物新鲜的养料，微生物吸收养料，得以不断生长繁殖并进行酿酒代谢。虽然微生物单个个体存在一个从生长繁殖到衰老死亡的生命周期，但就窖泥微生物群体而言，却得到了不断的驯化和富集。

而说到这里，就必须说到"天益老号"最特殊的一点：老而弥新，生生不息，它是一个庞大的活窖群。

众所周知，酒质的纯正与否和窖池关系最为密切。科研表明，酿酒窖池使用的时间越长，其形成的微生物环境越出色，而微生物环境则是酝酿发酵出优质酒的生化反应基础。只有长期不间断地培养，再加上特殊的地质、土壤、气候等等苛刻的条件，才能形成真正的"老窖"。

在剑南春酒传统酿造技艺发展的过程中，历代重要技艺传人以师徒相授或口口相传的形式，都把泥窖的制作、维护保养和窖泥的培养放在首要位置传承下来。一方面将酿造用泥窖作为传承之重要环节保留并使用至今，另一方面，也使相关酿造技艺形成其独特传承体系，进而根深叶茂以成正统。正是一代代剑南春酿酒传人谨记前人"千年老窖万年糟"的训条，才确保了剑南春酒在数百年连续生产的过程中不变的品质。

千百年来生生不息，不断得到驯化和富集形成了别具一格自成体系的剑南春微观生态环境，至今能查明的有益微生物就有近千种，而且鲜活如初，在勃发旺盛的酿造生命力。丰富的酿酒微生物如同基因一脉相承，就像一个酒坊能在同一地点一脉相承，这在全国都是独一无二。

第五大独有基因：传承创新之技艺

一个人的聪明与否，可以在一定程度上用"智商"来衡量。对于酿酒而言，毫无疑问，它就是酿酒的智慧和艺术。智慧和艺术是一种细胞，一种基因，它来源于先辈、来源于传承、来源于创新。

剑南春酒传统酿造技艺传承了千年御酒工艺中的精华，是中国白酒文化的重要组成部分，可以说它代表着当今中国白酒酿造技术的最高水平。

剑南春酒传统酿造技艺承传古法"泥窖固态发酵"，一方面将酿造用泥窖作为传承的重要环节保留并使用至今，另一方面，也将相关酿造技艺完善为独特的传承体系。

秉承传统工艺，并加以不断改进和创新，剑南春酒以其独特的酒体风格受到中外消费者的喜爱。2005年5月剑南春在全国第一个允许使用"纯粮固态发酵白酒"标志。2008年剑南春酒传统酿造技艺更入选国家级非物质文化遗产名录。

剑南春的酿酒技艺充分地体现了"古窖为体，古法为用"的思维，这种在传承中发展、在发展中弘扬的方法论，使剑南春一直在创领中国白酒至高酿造技艺。

中国白酒酿造技艺传承久远而博大精深，其精髓则是"酝酿在匠心"。剑南春千百年古老而神秘的白酒酿造技艺，被一代又一代的酿酒工人以"古窖池"为物质载体用口授相传的方式不断发扬光大。在剑南春酒传统酿造技艺中，历有"低温入窖，粮糟缓慢糖化、发酵升温成酒"的总结。酒糟在窖池发酵"发热"属阳，用泥池发酵属阴，让发酵中的"阳"在泥池中"阴"的作用下平衡而酿造出美酒，这一过程蕴涵了中国"阴阳和谐"、"天人合一"的哲学理念。发酵过程中的"阴阳和谐"为好酒奠定了基础，而之后的蒸馏过程则更显神奇。蒸馏也是剑南春酒传统酿造技艺中最重要的一道工序，发酵好的固态酒醅采用续糟混蒸法在一种又低又矮的传统甑桶中缓火蒸馏，甑内繁多物质交织在一起，各种香味物质都蒸馏于酒中。守候在甑桶旁边的摘酒工人们在合适的时刻用酒盅接出温热的原酒，喝上一口，凭着丰富的经验判断相应的时段出的酒是否合格。如今，每一次蒸馏出来的原酒都会送到现代化的分析检测设备上测定成分是否合格，实际上再快捷再科学的检测设备也替代不了经验丰富的酿酒工人们的舌头。

多年经验的摸索之下，剑南春的老酒只用陶坛贮存，经过层层精选的剑南春酒在9万平方米的贮酒库中历经数十年的陶坛贮存日渐老熟。在这里，陶坛功用巨大，陶坛的坯胎结构比较粗糙，吸水率大，一般壁厚为2厘米左右，周身存在许多气孔，空气中的氧易进入陶坛中，促使酒体内氧化反应加速进行；陶坛含有多种金属氧化物，金属离子在贮酒的过程中溶于酒中，对白酒的老熟有促进作用。

在白酒酿造技艺理论及实践体系建设领域，剑南春一直走在行业最前沿。中国酿酒大师、剑南春集团总工程师徐占成就是剑南春白酒科学理论研究和实践的带头人。他带领的科研团队在结合前辈的经验总结和自身科学实践创新的基础上科学的归纳出了浓香型白酒"一长二高三适当"的美酒酿造法则。这一由剑南春独创的浓香型白酒的关键技术对提高名优白酒质量和名酒合格率都起到了巨大的作用，目前这一生产要诀已被国内名酒厂广泛应用。

同时，“酒体风味设计学”的研究、“秒持值衡定评酒法”的制定大大推动了白酒的评鉴水平。“酒体风味设计学”和“秒持值衡定评酒法”打破了传统勾调技艺“只可意会不可言传”的神秘感，第一次用“数据库”、“模型”、“图谱”的形式给出了“好酒”标准，将传统的勾兑尝评技术提升为系统科学。

近年来，剑南春在白酒科技人员队伍建设上也成绩显著，培养出了谢义贵、钟正玉、徐姿静、唐胜春、陈杰等5名中国白酒国家级评酒委员和数十名省级评酒委员，锻造出一支全国一流的科研队伍。

剑南春集团在科研投入上历来都是大手笔，公司先后耗巨资购置了全自动微生物鉴定仪、原子力探针显微镜、全二维气相色谱——飞行时间质谱联用仪、色谱闻香仪、顶空色质联用仪、实时荧光PCR仪、液相色谱仪、DGGE电泳仪等世界一流的酒类科研设备。设备总投入达数亿之巨，在全国白酒行业乃至世界蒸馏酒行业也是少有。

上世纪90年代中期，剑南春的科研人员借助“全自动微生物鉴定仪”并结合“基因组技术”对剑南春天益老窖中功能菌株进行定性研究，发现剑南春老窖中存在特殊的功能菌株，并定性为“耳蜗形梭菌”。“耳蜗形梭菌”对剑南春基础酒的品质起着关键的保证作用，它的发现为剑南春独特风味特征的形成奠定了基础，这也是中国酿酒史上首次发现并命名浓香型酒主体香味物质的功能菌株。2001年，剑南春酒厂率先采用了原子力显微镜对包括中国名酒剑南春在内的多个国家名酒进行“微观非均相性分布现象”研究，发现每支中国名酒都存在特殊的纳米级形态特征，可称之为白酒的“基因图谱”。由此开创了白酒分子形态学，将中国白酒科研领进“纳米时代”，这是世界酒类史上的一大创举。剑南春独特的纳米图谱不仅形象直观地量化了剑南春酒体中的1200余种微量香味物质和100余种有益人体健康的微量成分，而且通过这种试验，在剑南春酒的生产中就可以做到对酒体中健康微量元素和微量香味成分的量化控制。2009年，由剑南春独立研发的具有国际先进水平的“挥发系数判定法” 获得国家发明专利，它的出现解决了蒸馏酒年份鉴别这一世界性难题。

基因不单是区别于其他的个性，基因更是对自己的忠实复制——看到这里，谁能不说剑南春的确是最有“基因范儿”的名酒呢？剑南春就是这样忠实于千年御酒的传统，践行着传统酿艺与现代科技的紧密结合。

第六大独有基因：优雅尊贵之品格

美国的麦克唐盖尔博士曾经在一家医院里做了一项特殊的实验：将一名即将咽气的肺病患者移放到一架很大但非常灵敏的光束天平上，精确对比测量生与死那一瞬间的体重，发现在死去的那一瞬间，21.26克的重量消失了。

人是有灵魂的吗？人的灵魂是有重量的吗？或许我们无法通过这么一个实验就作出判断，但有一点是确信无疑的：如果有一种东西能够穿越历史绵延千年，时至今日仍然保持着蓬勃旺盛的生命力，那么请一定要相信：它的身上一定有一种玄妙莫测的力量，这种力量或许可以命名为“精魂”——对于剑南春，它身上所承载和积淀的历史和文化，就是它的精魂和气质。这是独有的东西，没有人能模仿得了。

大唐皇室宫廷的长期御用奠定了剑南春“大唐国酒”的历史地位，深深烙上了盛唐文明的印迹，作为唯一载入正史的中国名酒，也是中国至今唯一尚存的唐代名酒，在中国白酒文化史上是一个了不起的成就。然而这些荣耀被剑南春承袭下来的不是傲慢与狂妄，而是如美酒一样优雅的气质。从而形成剑南春独有的酒质与气质合为一体的特性。

窖香浓郁、醇厚丰满、香味协调、绵甜净爽、回味悠长……这是在全国评酒会上，国家级评委们给剑南春口感风格的高度评价。但如果用一个人的气质来比喻，那么剑南春是一个温润如玉的谦谦君子，纯粹而优雅，尊贵而不俗，而这也是众多业界人士和白酒消费者高度认可剑南春“中国白酒价值典范”的深层次原因所在。

自然，这种良好品牌形象不是凭空而来的，这一切都来自剑南春对白酒完美品质观的坚守和“纯粹”产品制造理念的执行。只有最好的酿酒资源，最好的酿酒技艺，加上最好的质量保证，才能制造出最好的剑南春美酒。对于剑南春而言，它所一直倡导的“品质至上，诚信经营”是价值观，更是方法论。

早在1982年，剑南春率先在同行业中成立全面质量管理委员会，并确立了全面质量管理在企业管理的中心地位。1988年，通过了中方委产品质量认证，获准使用国家“方圆合格”标志。1993年，通过了质量体系审核，获得国家质量体系认证证书。1997年，率先在全国同行业用GB/T19022.1-1994标准，建立了企业的计量确认体系，获得了国家技术监督局颁发的《完善计量检测体系合格证书》。2001年，公司获得《全国饮品企业环境质量管理合格证书》。2002年，公司通过ISO14001环境管理体系认证。2005年，更是首家获准使用“纯粮固态发酵白酒标志”。

剑南春独特的酿造技艺决定了100斤粮食只能酿造3.6斤剑南春酒，其中只有10%的优质酒能作为高级调味酒贮存起来，优质老酒是美酒勾调的重要基石，数量稀少足见珍贵。要成为贡酒必须有更精进一步的品质，这就要求在酿酒过程精工细作，不惜一切代价追求极致品质。

在剑南春，每瓶剑南春酒从原料开始要通过501个标准检测合格才能出厂，从生产原料一直到产品出库上柜，每个环节的质量要求都非常严格。仅在剑南春产品成品后期的质检过程中都必须经过32多道质量控制关键点的独立检测，任何一处出现瑕疵都不得装箱出厂。

正是几十年坚持不懈全面质量管理保证了剑南春一如既往的好品质，才有了今天剑南春酒品质的绝对完美。

细品剑南春美酒——糯米的细腻、大米的甘洌、小麦的清爽、玉米的甜厚、高粱的纯正，千味复合、自然和谐；醇、香、浓、甜、净、长，风格典型、馥郁优雅。

剑南春的香，浓而不艳，细腻而优雅，柔和而飘逸。就像那谦谦君子，随时散发悠悠的尊贵、优雅醇香和熠熠的光辉。

千百年来，剑南春在忠实地复制着自己；今天，剑南春人科学地、智慧地复制着自己，目的就是保证剑南春的基因永续，健康茁壮。也许在当今社会，我们会发现许多“突变”，甚至也会发现很多白酒在用料上、工艺上、品牌价值上发生“突变”。但真正的传统美酒是必须拒绝“突变”。

坚信人世间是有永恒的美好的，就像传统的剑南春美酒，它的基因早已决定了它的美好，它的完美早已注定了它的未来。

王朝梅鹿辄

梅鹿辄成熟的果实甜度高而酸度低，酿出来的酒有非常好的李子香、红浆果与黑浆果的香气，单宁细腻，柔和顺口，对大多数的入门者是相对容易接受的品种。原产于法国波尔多右岸的梅鹿辄香气浓郁，前香带有典型肉桂和豆蔻的香气，还带有淡淡的梨子香和甜瓜香，单宁细腻，结构感好。

王朝梅鹿辄有强烈波尔多产区的特征，尤其是2003年王朝梅鹿辄是一款不可多得的年份酒，除有上述特点以外还有淡淡的菌子香气。王朝梅鹿辄的主要产地为宁夏贺兰山青铜峡，该产区每年可生产酿造优质陈酿型原酒1000吨。

2010年8月12日，世界顶级葡萄酒酿酒师米歇尔•罗兰（Michel Rolland）到访天津王朝，在王朝迈入三十周年之际与王朝进行了深入的交流沟通。在中法两国代表研讨葡萄酒业发展的会议上，米歇尔•罗兰向媒体表示“我会向大家推荐王朝2003梅鹿辄干红葡萄酒！”

王朝梅鹿辄干红葡萄酒（典雅型）——精选版

色泽：优雅而浓郁的深红色，边缘呈宝石红色

香气：鲜桑葚和樱桃果香伴以略带芳香的香叶味。果香细腻，虽果味不及果味丰富的轻盈型红葡萄酒，但在柔顺度和醇和度上都更胜一筹。

口感：酒体适中、散发着成熟李子、樱桃香味，与柔和的葡萄及橡木丹宁自成一体，口感圆润，和谐美味，带来味觉上乘的长度及质感。

饮用温度：10℃～13℃。

搭配食物：适合搭配家禽肉、猪肉类以及羊肉类食品。

王朝梅鹿辄干红葡萄酒（浓郁型）——经典版

外观：深红色、边缘呈宝石红色、亮度很好。

香气：桑葚香、李子香、黑莓香、还有一点橡木的香料香和雪茄的香味。

口感：浓郁的浆果香气伴有烟草叶的气味平衡如丝般的单宁感，回味平和柔顺。

饮用温度：13℃～16℃。

搭配食物:适合搭配烤肉或者是任何类型的丰盛的炖肉、杂烩、奶酪。

王朝梅鹿辄干红葡萄酒（陈酿型）——特选版

外观：深红色、边缘呈宝石红色、亮度很好。

香气：强烈的黑胡椒、成熟李子和可可果的香味，伴有诱人的烘烤橡木芳香。

口感：有浓郁的成熟李子香，同时带有胡椒般的口感和巧克力口味，在葡萄及肉桂木产生的柔和单宁平衡下，收尾和谐，回味悠长。

饮用温度：13℃～16℃。

搭配食物：意大利面食、辛辣食物、鸡肉。

王朝梅鹿辄干红葡萄酒（超级陈酿型）——珍藏版

外观：深红色并带有红宝石光泽。

香气：成熟浓郁的樱桃和浆果味，略带黑醋栗和香叶

味，伴以松木和橡木芳香。

口感：带有强烈的薄荷香及浓郁的樱桃香，口感柔顺、如天鹅绒般的感觉。而法国橡木的陈年则赋予了微妙的香草单宁，收尾口感如丝般柔顺。

饮用温度：16℃～18℃。

搭配食物：牛肉、小羊羔肉、辛辣食物。

王朝梅鹿辄干红葡萄酒（签标）——签标限量版

外观：深红艳丽。

香气：强烈的黑巧克力味，品种的香味和黑醋栗、罗兰及黑莓味融合在一起，并通过烘烤橡木和咖啡的味道获得极佳的平衡。

口感：酒体丰满、散发着薄荷香、樱桃香混合着梅鹿辄本身的巧克力味道。口味上，樱桃、黑醋栗、甘草味混合，并带有烘烤的橡木味，丹宁柔和，带出悠长、圆润的结束。适宜长期窖藏，可以在多年的储藏中不断提高品质。

饮用温度：16℃～18℃。

搭配食物：意大利面食、奶酪、小羊羔肉。

此酒弥足珍贵，极具收藏价值。

梅鹿辄是积聚人气的葡萄品种，王朝凝聚着王朝人的心血，展现着梅鹿辄无与伦比的魅力，谱写了中国葡萄酒的又一个奇迹，缔造了风格与品味的又一次奢华，使王朝产品成为中国葡萄酒中的佼佼者。

王朝XO白兰地

提到中国的葡萄酒，就不能不提王朝的酒，而提到王朝的酒，就不能不提到王朝XO白兰地。可以说，在国内葡萄酒行业内，王朝XO白兰地的好质量是数一数二的。它精选天津葡萄产区种植的优质名种葡萄——白玉霓为原料，采用法国传统工艺，经压榨、发酵，并经夏朗德式蒸馏壶二次蒸馏后在法国力木森地区生产的170升小木桶内贮藏、陈酿十年以上，最终由酿酒师精心调配而成。该酒呈金黄色，酒体澄清透明、晶莹剔透；具有独特的果香、优雅的酒香和木桶香，以及附于木桶上的各种微生物与酒结合产生的多种高雅生化香，各种香气融为一体，构成浓郁、完美的白兰地香气；味甘润适口，醇厚细腻，酒体完整，回味无穷。具有典型的法国高涅克（cognac）风格。

白玉霓 (Ugni blanc)，又名白羽霓。欧亚种。原产法国，为法国三个著名的用于酿制白兰地的葡萄品种之一。1957年从保加利亚引人中国，80年代又从德国、法国引入。宜在中国北部干旱和排水良好的地区栽培。现在北京、河北、山东、陕西、新疆等省(自治区)有栽培。尤以天津周边地区生长的白玉霓酿造而成的白兰地质量最佳，口感细腻、香气高雅，具有典型的法国高涅克（cognac）风格。

在王朝日益蓬勃发展的过程中，王朝一直致力于酿造优质的白兰地，并且取得了丰硕的成果。1988年12月，王朝白兰地获得了采用国际标准验收合格证书；同年同月，王朝白兰地获市级优质产品，首届中国食品博览会金奖；1989年，王朝白兰地VSOP获比利时市评酒银奖；1992年，王朝VSOP白兰地获第30届评酒会银奖；王朝白兰地获天津市1994年工业设计优秀奖；2000年5月，700mL王朝白兰地被定为2000年度国家级新产品；2004年3月，王朝VSOP白兰地、王朝XO白兰地被认定为优质产品。

一种好的白兰地，就是一种艺术品，令人向往和陶醉。王朝XO白兰地有瓶装和橡木桶装两种。白兰地应在室温下饮用，在其品尝过程中，首先，观其酒色，金黄中带有些许的琥珀色，澄清晶亮而富有光泽；然后，轻轻的摇动手中的酒杯，用自己手掌的温度唤醒杯中的玉液，酒温达到人的体表温度时，美酒开始活跃起来，芳香四溢。把鼻尖靠近杯口，浓烈的酒香直沁心脾。无论是优雅的前香还是细腻浓郁的后香都会让你痴迷，让嗅觉感受奢华。最后，举杯致唇边，将少许酒液倒入口中，酒液在口腔里扩散回旋，使舌头和口腔广泛地接触、感受它，不急于下咽，让舌头与口腔充分感受酒的味道。同时，把口腔里的空气，向鼻腔里挤压。鼻子从口腔里感受来的酒香，比从杯子里闻到的气味，更香更醇更浓，优雅浓郁的酒香夹带着些许橡木桶的香味，在口中萦绕不散，留香持久。

王朝XO白兰地会博得成熟睿智、有品味男人的钟情，是成年男人极佳的选择。它是靓丽与优雅、甘洌与柔美的完美结合，芳香扑鼻，丰厚圆浑，酒质柔滑如丝，真是一经沾唇，醇美无瑕，品味无穷。从容的纯饮一杯XO白兰地，缓缓地点燃一支雪茄，为的是奢侈地消磨时光，尝试感受这种怡然舒缓的感觉，这便是对生命最好的酬劳。

解读东方葡萄酒与当代艺术创新融合的双重价值

——中粮君顶联袂曾梵志共同打造君顶·荣品艺术典藏限量臻品

葡萄酒与艺术的结合是灵感的源泉。回顾这两年在拍卖场上呈现出一片强劲形势的全国各地葡萄酒拍卖以及急剧增长的葡萄酒市场，对于葡萄酒的销售来说，除了靠这些佳酿本身的魅力与名气，酒标的艺术性与市场性亦占有举足轻重的位置。在葡萄酒世界里，也许木桐酒庄的艺术酒标设计造就了葡萄酒旧世界的传说，而崭新崛起的东方葡萄酒典范——中粮君顶酒庄将葡萄酒与当代艺术的创新结合，则成为葡萄酒的东方“传奇”。

中粮君顶：葡萄酒的东方传奇

说起葡萄酒投资，很多人的印象依然停留在国际酒庄，尤其法国葡萄酒的拍卖和收藏市场上。因为起步早，国际知名葡萄酒品牌具有广泛的全球认知性，顶级葡萄酒的价值每年的增长幅度为20%～30%，有些甚至高达40%～50%。但近几年，另一个更明显的情况正在发生，就是葡萄酒的市场消化能力正在向整个亚洲地区乃至中国倾斜。据统计数据，2010年香港葡萄酒拍卖总额首次超过美国纽约，高达1.65亿美元，比2009年增长了157%。在这个新兴的投资消费领域，亚洲买家成为拍卖市场的“生力军”。香港的佳士得拍卖行介绍，拍卖价在15000美元以上的高档葡萄酒有三分之二被亚洲买家买走。

面对如此上涨的市场趋势，使得国内的许多拍卖公司，如北京保利、中国嘉德也大力推出红酒拍卖和高端红酒专场。高端葡萄酒买家市场向中国客户的倾斜，给中国的葡萄酒企业提供了新的机遇。要打破海外品牌一统中国葡萄酒市场的局面，必须生产出真正具有东方独特精神和内涵的中国葡萄酒。中粮君顶酒庄由此而生，追求创新的中粮君顶酒庄，尊崇“天人合一 技艺兼备 东西相融”的东方葡萄酒价值观，融合新旧世界传统文化和现代意识，开创世界葡萄酒“第三极”，缔造独具东方神韵的东方葡萄酒传奇，成为中国自产的高端葡萄酒的代表。作为中国最大的葡萄苗木母本园，中粮君顶酒庄自1998年开始，从法国、意大利、德国精心引种优良嫁接葡萄苗木，拥有世界名贵及珍稀酿酒品种，且严格控制单株产量，同时，中粮君顶酒庄融合传统工艺与现代科技，博采新旧世界众家之长，采用橡木桶发酵和部分小型不锈钢罐发酵工艺，潜心酿造独具东方神韵的顶级葡萄酒。

突破产业领域：东方美酒与当代艺术的创新融合

葡萄酒的酿造品质是在竞争如此激烈的市场中立于不败之地的保证，而如何在众多好酒之中脱颖而出，吸引专业藏家的眼球，靠的是酒庄的产品品质及文化战略。最为人津津乐道的成功典范，莫过于法国木桐庄的艺术酒标设计。从1945年以来，除了几个特殊的年份外，木桐酒标将至高的位置留给了艺术大师，形成了一个独步天下的艺术画廊，当藏家论及到某年的木桐是一个好年份时，他们通常谈及的并非瓶子里面的葡萄酒质量，大多数是谈论瓶子上面的酒标。而与此相伴的，是艺术大师们为美酒创造的超额附加值。

独树一帜的艺术个性化的发展之路不仅打破了葡萄酒行业内的常态，使君顶酒庄在这场异常激烈的竞争中保持了独有的个性与品牌的文化价值符号，更重要的是，在传承与创新上保持了东方葡萄酒的精神与文化气质。称为东方葡萄酒典范的中粮君顶酒庄创造性地传承了美酒文化的精粹，将君顶葡萄酒的东方个性，通过东西相融独具国际化语汇的当代艺术作品创作设计挥发到极致。

君顶酒庄的艺术个性化创新之路始于2007开庄之年，礼邀著名画家石虎、田雨霖，创新推出中国首款艺术化个性化限量版葡萄酒 “君顶元年”。2009年，联袂全球顶级奢侈品杂志《罗博报告》，携手丁乙、何多苓等六位著名中国当代艺术家，以封面画作为艺术酒标，打造东方顶级佳酿“君顶·私享家”。2010年作为中粮集团、中粮君顶酒庄与战略合作伙伴倾力打造的中国高端美酒美食私享航母——中粮君顶华悦俱乐部，与北京中艺博文化传播有限公司首次探索艺术文化产业与葡萄酒产业的深层跨界合作，联袂中国当代艺术家推出题为——“狄奥尼索斯是什么——发现君顶”的艺术家驻地创作计划。2011年，中粮君顶酒庄联合荣品公司共同礼邀中国当代艺术界最有影响力的跨界艺术家曾梵志先生创作酒标，联袂推出艺术典藏葡萄酒“君顶•荣品”，让“当代艺术以多元化的表现形式与东方葡萄酒灵性对话，用创新的姿态共同演绎中国当代艺术与东方葡萄酒的内蕴与境界。当代艺术最出色的贡献是全新的思考和视野，正如君顶所开创的世界葡萄酒第三极——“东方葡萄酒”。独具东方神韵的顶级佳酿与中国顶级当代艺术家的合作，令其超然的个性化艺术价值受到行业内外的瞩目。这是中国葡萄酒企业突破产业领域，实现强强联合、共同发展的一次创新尝试。

君顶•荣品：收藏价值与艺术价值的双重体现

作为中国当代艺术界最有影响力的跨界艺术家，曾梵志的作品从 “面具”系列到抽象的“乱笔”系列，成为其成名代表作，表达了东方艺术与西方美学在审美上若即若离的融合趋势。与时代的紧密联系，使得他一步步走上最受关注的中国当代艺术家行列。另一方面，曾梵志的名字也与艺术市场的一次次刷新纪录联系在一起。在全球知名艺术网站Artprice公布的年度当代艺术家拍卖价格500强中，曾梵志排名第8，是当之无愧的中国当代艺术市场“封面王”。其作品《面具》系列在佳士得创造了7536万港币的中国当代艺术最高拍卖纪录，《乱笔》系列价格在10年之间飙升了650倍，仅2010年，曾梵志作品成交总额就达到2.58亿元人民币，成交单价逐年稳中有升，其作品倍受市场追捧。

此次受中粮君顶酒庄与荣品公司共同礼邀创作的《无题第八号》属于曾梵志的知名系列画作《乱笔》之一，曾梵志的绘画风格及艺术家本人作为葡萄酒发烧友，将艺术情感与东方顶级佳酿相融，两者处于上升势头的市场空间，达到了1+1>2的完美效果，保证了君顶•荣品限量臻藏葡萄酒的艺术收藏价值，也必将成为未来最富升值空间的一款顶级葡萄酒品牌。而从纯粹的商业角度来看，收藏中国顶级酒庄的艺术典藏葡萄酒本身，也是一种不断增值的投资项目。

酿酒是于天地间萃取自然灵气的艺术，而艺术是对人类灵感源泉的萃取酿造。对于中粮君顶酒庄，两者的结合则是品质生活的完美诠释。未来，中粮君顶酒庄将持续打造更深层次的文化艺术计划，并将联合荣品公司，每年共同邀请一位不论在学术体系还是市场价值方面都有杰出地位的中国顶级当代艺术家进行限量珍藏葡萄酒合作，将当代艺术带入高端葡萄酒消费者的视野，使高端葡萄酒文化价值与当代艺术价值融汇结合，为收藏者带来双重价值享受。

红星蓝花瓷 二锅头酒的经典代表

红星蓝花瓷，是红星酿酒在新世纪之初推出的二锅头酒的经典代表。自2003年上市以来，为公司创造了近亿元的销售收入，利润达到上千万元。本产品是老北京二锅头传统酿造技艺的结晶，是展现京城民风习俗及饮食文化的重要载体，具有鲜明的地方特色。集中展现了北京800年烧酒工艺的历史精华，是北京城市的经世记忆，是胡同文化的重要组成部分。红星蓝花瓷，酒体清澈透明、清香纯正淡雅、余味绵长幽远。瓶型设计是仿清乾隆官窑瓷器，由景德镇出产，设计的瓶、盒都是以重墨色彩体现，整体包装设计风格典雅、古朴，品位尊贵。该款产品入选了北京市级非物质文化遗产名录，是中国清香型白酒具有代表性的典型技艺。

越橘庄园野生蓝莓酒

——成功人士的新宠

黑龙江越橘庄园生物科技有限公司研发生产的越橘庄园野生蓝莓酒，是以小兴安岭野生蓝莓为原料，借鉴小兴安岭鄂伦春先民传统酿造方法，采用国内独有的低温生物发酵技术，百分之百原汁发酵，2～6年低温酝酿窖藏，汲取世界顶级红酒的精湛技艺，精心酿制而成的高档红酒。酒体呈宝石红色，酒香清新、浓郁、独特、柔和，口感顺柔、醇厚。

蓝莓在国内称笃斯越橘，或称笃斯、越橘。野生蓝莓是世界稀缺资源。我国的野生蓝莓资源也十分稀少，主要分布在北纬45°以北的大、小兴安岭地区的永冻层、地表半湿地的林缘及疏林地带。野生蓝莓生长在无污染的自然环境中，属纯天然、纯绿色食品，果实营养十分丰富。

野生蓝莓是一种待开发的第三代水果，营养保健功能十分突出。美国、欧洲科学家研究证明，蓝莓果实具有以下药用价值：消除眼睛疲劳、增加视力、降血脂、抗氧化功能；增强自身免疫力；抗癌功能；增强心脏功能，延缓人类衰老等，被联合国粮农组织列为人类五大健康食品之一。

黑龙江越橘庄园生物科技有限公司开发生产的高档野生蓝莓半干酒、野生蓝莓甜酒、野生蓝莓特酿酒、野生蓝莓OPC酒和野生蓝莓白兰地等系列产品具有自主知识产权和自有品牌。越橘庄园系列红酒既保持了野生蓝莓有效的营养药用成分，又使蓝莓酒品味滋润和谐、果香浓郁、甘醇可口，具有高品质、高科技含量的特点，是绿色保健果酒。其中，野生蓝莓干红、利口酒荣获黑龙江省第六届优秀新产品一等奖，野生蓝莓白兰地荣获黑龙江省第七届优秀新产品二等奖，野生蓝莓OPC酒荣获黑龙江省第七届优秀新产品三等奖。野生蓝莓OPC酒被评为中国最具竞争力新产品奖，野生蓝莓白兰地被专家鉴定为填补国内空白，质量已达到XO级，是中国的白兰地。

随着我国经济的发展和人们生活水平的提高，人们的饮酒习惯正发生着根本性改变，逐渐由饮用粮食酒向饮用浆果发酵酒转变，即业内所说的酒精革命的四个方向：白酒向果酒转换、低档向高档转换、蒸馏向发酵转换、高度向低度转换。回归自然，饮用天然果汁发酵配制的具有营养和保健防病功能的低度果酒，已成为当今消费者追求的时尚。越来越多的人开始接受、喜欢低度果酒，希望通过饮用果酒摄取营养，以达到调试、养护身心的目的。越橘庄园系列红酒既满足了人们养护身心的目的，又迎合了高档消费者追求个性、独特、猎奇的心理，所以受到有较高健康理念、较高文化水准、时尚消费观念、有相当消费影响力的精英阶层的欢迎和青睐。越橘庄园系列红酒不仅品质优良，而且包装精美，许多成功人士除了自己品尝之外，还把它作为赠送贵宾的高级礼品和重要活动的高档酒品。

越橘庄园系列红酒目前主要销往以北京为中心的京津唐环渤海市场、以上海为中心的长三角和江浙市场、以深圳为中心的珠三角及港澳市场。公司现已在北京、上海、广州建立了直销酒庄，在深圳、东莞、大连、沈阳和哈尔滨等20多个城市建立了营销网络。随着事业的发展，五年内，公司将把产品直销网络覆盖全国所有地市级以上城市，为更多的成功人士品尝越橘庄园野生蓝莓酒提供更大的方便。

中国情 礼天下

——茅台白金酒

在日新月异的21世纪，在传统与现代的反复融合中，白金酒以其茅台品牌、国酒品质、白金品位、优雅口感、多元形态，成为中国礼仪酒的典型代表。

白金酒是中国情的寄托，是礼天下的纽带，是国人送礼传达友谊、深化感情、表达祝福的最佳载体。有情才有礼，有礼方显情。情能生礼，礼能深情。白金酒，情与礼的完美结合，情与礼的完美呈现，以酒叙情，以酒代礼，情深意长，礼尚往来。白金酒，中国礼仪酒。

自古以来，中国就是“礼仪之邦”。《礼器》曰：“忠信，礼之本也；义理，礼之文也。无本不立，无文不行。”礼是为人处事之根本，是人之所以为人之标准。故《论语》曰：“不学礼，无以立。”礼，是人立于社会之根本。

《礼•礼运》曰：“何谓人情。喜，怒，哀，惧，爱，恶，欲。七者弗学而能。又情，实也。”《朱子曰》：“古人制字，先制得心字，性与情皆从心。性即心之理，情即心之用。”简单地讲，情就是人的思想感情。情，是人与人之间相互依存产生的共鸣。

在人类文化的历史长河中，酒作为中华礼仪社交的一个重要载体，渗透着中华传统文化的涵义与韵味。现代人在交际过程中，已经越来越多地发现了酒的作用。酒能传递人与人的感情，能深化人与人的情谊，能传达对亲人、朋友的关爱和祝福，酒是礼的完美呈现。

在日新月异的21世纪，在传统与现代的反复融合中，白金酒以其茅台品牌、国酒品质、白金品位、优雅口感、多元形态，成为中国礼仪酒的典型代表。

白金酒是传递感情的纽带，深化感情的寄托，传达祝福的载体。

“有情•有礼”——邀四海之宾，凝结深厚情谊，一杯酒，一生情，有情的地方就有礼，有礼就有酒，朋友情，心无间；

“厚情•厚礼”——一次握手，一次对视，无需言语，举起酒杯，一切尽在默契中，事业情，永长青；

“至情•至礼”——一句问候，一份祝福，一片关爱，满满杯中酒，情义无限长，父母情，深似海......

白金酒汇集朋友情、事业情、父母情，蕴含友情、爱情、亲情。中国情，礼天下。

白金酒是中国情的寄托，是礼天下的纽带，是国人送礼传达友谊、深化感情、表达祝福的最佳载体。有情才有礼，有礼方显情。情能生礼，礼能深情。白金酒，情与礼的完美结合，情与礼的完美呈现，以酒叙情，以酒代礼，情深意长，礼尚往来。白金酒，中国礼仪酒。

白金酒是贵州茅台集团响应贵州省政府大力发展名优白酒产业的号召而着力打造的重点产品，是茅台集团推出的又一重要品牌。白金酒生产地址在贵州省仁怀市茅台镇茅台酒厂厂区内，由茅台集团保健酒业公司荣誉酿造，与国酒茅台同享得天独厚的土壤、水源、气候等自然条件，秉承酱香型美酒传统酿造工艺，古法雅酿。白金酒于2009年一问世就获得了好评，先后荣获“最受商旅精英欢迎的保健酒”、“中国保健酒行业最具影响力品牌”、“中国酒业十大潜力新品”、“中国保健酒行业品牌建设年度人物”、“第二届中国酒业营销金爵奖之中国酒业潜力新品”、“中国酒业创新竞争力品牌” 等荣誉，并被选为中国2010上海世博会特许商品。

白金酒坚持茅台集团“食品质量安全第一”的原则，贯彻集团公司“产量服从质量，发展速度服从质量，效益服从质量，工作量服从质量”四大服从的质量第一方针，精心酿造高品质的健康美酒。

白金酒坚持多元化发展战略，先后进军健康养生酒、白酒、葡萄酒领域，产品包括白酒系列、健康养生酒系列和葡萄酒系列。

白金酒白酒系列均为53度酱香型，包括适合广大消费者的白金酒银如意、金如意、玉如意，适合高端商务、政务人士的白金酒万事如意和白金至尊，满足极品收藏的白金窖藏，适合中国传统节日的白金团圆酒、白金拜年酒、白金恭贺新春酒，还有适合企业接待、政府定制、个人定制（祝寿、婚庆、满月、金榜题名等）的白金酒个性化定制酒。白金酒白酒系列产品实行专卖制，只在全国各地白金酒礼行专卖。

白金酒健康养生酒系列，以阴阳平衡、天人合一的茅台集团酱香白酒为酒基，融入红参、当归、枸杞、桑葚、罗汉果、桂圆、黑芝麻、红花等十多味纯天然植物药材，轻方入酒，由茅台集团著名调酒大师王道远先生精心调制而成，着重调养，更益健康。产品包括白金养生酒、白金养元酒、白金壹品酒、白金珍品酒、白金御品酒。

白金酒葡萄酒系列由贵州茅台酒厂（集团）葡萄酒有限公司特别酿造，包括茅台白金国典干红葡萄酒、茅台白金国品干红葡萄酒、茅台白金国尊干红葡萄酒、茅台白金国藏干红葡萄酒。

尊贵，健康，优雅——白金酒，中国礼仪酒。

中国情，礼天下——白金酒。

酱香酒中的绝色美人
——北大仓君妃如玉酒

世上所有的美酒，都是集岁月精华发酵而成的。品质高贵典雅的北大仓君妃如玉酒亦如此。她取法中国传统工艺精酿而成，色如琥珀，晶莹剔透，窖香馥郁，细腻幽雅，醇香协调，回味悠长，余香不绝，被誉为酱香型白酒中的绝色“美人儿”。

问酒哪得香如许，为有源头师茅台。

北大仓集团始创于1914年，时名“聚源永烧锅”，大师傅李勇来自茅台酒的故乡，深谙茅台酒酿造技艺。97年前，当第一缕浓郁的酒香从齐齐哈尔市海山胡同6号飘散开来的时候，就赢得了满城赞誉。新中国成立后，工厂五次派出技术人员赴茅台酒厂取经，并结合北方气候和地理环境，形成了独具特色的“四高一长”酿造工艺。1962年，敬爱的周恩来总理品尝北大仓酒后赞道：“北大仓酒确有茅台风格，有发展前途。”从此，北大仓酒被世人赞为“北国茅台”。诗人臧克家题词盛赞北大仓酒：“北国的奇珍，黑土地的精华。”

进入21世纪，北大仓先后被授予“中国驰名商标”、“国家地理标志保护产品”、和“中华老字号”称号，其独特酿造工艺作为弥足珍贵的非物质文化遗产，被载入“黑龙江非物质文化遗产名录”。如今，北大仓集团已成为中国北方酱香型白酒的领军企业，北大仓酒不但远销美国、日本、韩国、俄罗斯、香港、台湾等国家和地区，而且还进行了国际商标注册。

天造地设 丽质天成

作为北大仓酒家族中的“绝色美人儿”，君妃如玉酒称得上是天造地设，丽质天成。首先是地理位置得天独厚，北大仓位于世界三大黑土带之一的松嫩平原，这里河流清澈，土壤肥沃，物阜民丰，自金代起酿酒业就盛极一时。更重要的是，北大仓正好位于北纬40度至50度之间的“世界名酒带”上，世界著名的四大蒸馏酒都奇妙地分布在这一区域。据酿酒专家解释，世界名酒带的独特地理环境，对蒸馏酒的口感及香味具有决定性意义。世界著名蒸馏酒多分布于这条带上，是自然选择的结果，非人力所能改变。北大仓君妃如玉酒之所以品质超群，同样得益于“世界名酒带”的天人造化。

一方水土酿一方酒。北大仓君妃如玉酒以东北独有的“大蛇眼”粳高粱为主要原料。这种高粱色艳如火，形如蛇眼，淀粉含量高，是酿酒的上等原料。在酿制的过程中，严格遵守一次性投粮，连续六次加曲，六轮次发酵的传统工艺。发酵的窖池和用来贮酒的酒窖、酒海历经悠悠百年的岁月积淀，形成了独特的微观生态环境，已查明的有益健康的微生物就多达340多种。酒海窖藏，是古代先民流传下来传统工艺。所谓“酒海”，就是用大兴安岭原始针叶松木做成的巨大酒柜，酒柜的内壁用动物血做浆，糊以上百层的桑皮纸和宣纸形成内胆。酒海不仅密封性好，而且适于有益微生物的生长。所以，酒在酒海中窖藏时间越久，香味越浓郁，口感越柔和。北大仓君妃如玉酒的酒液历经30年以上的松木酒海，窖藏醇化，并由国家级评委、品酒大师刘建华亲手调制，品质之完美堪称“中国北方酱香白酒之经典”。

酒海窖藏是中国千年酒文化的宝贵结晶，至今仍保留此种传统工艺的厂家几尽绝迹。而北大仓君妃如玉酒，正是在这样的传统“深闺中”炼就的绝色佳丽，她风姿绰约，气质高雅，有如美玉般温润可人。只须一滴在喉，即令人难以释怀。2008年，全国人大常委会副委员长周铁农为北大仓题词：“传承中华文化，塑造民族品牌”。

把酒思古 穿越时空

北大仓君妃如玉酒以中国古代“四大美女”杨玉环、王昭君、西施、貂蝉为主题图案，让人在把酒的同时，不由得思接千古。历史上，四大美女与政治相关的一面虽然争论不休，但她们享有“沉鱼落雁之容，闭月羞花之貌”的最高美誉，却是无可置疑的。她们才貌俱佳，是理想化的古典东方美女的典范。北大仓君妃如玉酒以中国古代“四大美女”为主题图案，旨在为消费者铺设一条回顾中华传统文化的时空隧道，在畅饮北大仓君妃如玉酒的同时，穿越时空，纵观古今，其情悠远，不亦快哉！如此充满文化古韵的北大仓君妃如玉酒，又如何不令人一见钟情呢？如今，“四大美女”已成为北大仓君妃如玉酒的响亮别称。

赋予美酒以丰厚的文化内涵，是北大仓的一贯追求。2008年，为了纪念马占山将军打响“抗战第一枪”的英雄壮举，北大仓集团先后研制了“北大仓老枪酒”和“珍藏版老枪酒”，这款饱含民族精神和英雄气概的首坛美酒，被家乡的航天英雄翟志刚和刘伯明收藏。

作为一款高品位的文化酒，北大仓君妃如玉酒的包装设计别具匠心，酒瓶呈玉色，暗喻美人如玉；包装盒是一部装帧精美的书册，寓意“书中自有颜如玉”。其实，北大仓君妃如玉酒就是一个风姿绰约的玉色美人，就是一部耐人细读的文化大书，问世十余年畅销不衰就是一个最好的证明。有人这样评价北大仓君妃如玉酒：不是茅台，醇是茅台；天下君子，“饮以为豪”！

新四“特” 创出绝世酒香

在当今激烈的白酒市场竞争中，各种白酒品牌如百舸争流，都想在白酒市场中分得一杯羹。面对强手如林的竞争对手，四特酒为何能够在中国白酒市场上一枝独秀，大放异彩，这与四特的独特之处不无关系。

四特酒作为特香型白酒的代表和领袖，在国内白酒行业保持着十分靠前的排名。能够成为近千年传世的老字号产品，四特酒的产品本身，确实有四大独“特”优势。

“第一特”在于独特地缘:四特酒有如此高的品质，在于它只选用产于赣鄱稻区的纯天然纯优稻米为酿造原粮，以整粒大米不经浸泡，直接放入发酵池和酒醅混在一起固体发酵的在全国名酒中仅此一例。而四特的酿造之水取自曾被唐高宗御赐为“天下第三十三福地”的阁皂山泉之“九龙泉”地下水，好水必然出佳酿。加之赣鄱酒都气候温暖而湿润，催发着神秘而庞大的微生物群落在古窖池中演化繁育，经过漫长的生化作用，形成了庞大、独特的微生物生态体系，也成就了四特酒独有的香型特质。

“第二特”在于四特酒所采用的特种工艺：四特酒之所以如此醇香，秘密就在于它延续至今的古方工艺。四特酒在酿酒中采用祖祖辈辈沿袭传承下来的传统工艺——“续渣混蒸，三进四出”再配以现代科学检测手段，层层把关，精酿而成。

“第三特”在于四特酒的特有窖池：好窖产好酒。四特酒的千年古窖，是酿造特香的秘宝……浓香型、清香型白酒强调百年老窖、泥窖，如有的是青条石窖，用泥勾缝，而四特酒是用红砂岩条石垒砌酒窖，用泥巴作封料。“古窖酿美酒”的根本原因是窖池在长期不间断的发酵过程中形成的有益微生物种群，老窖泥在酒都独特的气候，在适宜的气温、湿度条件下，已形成了庞大、独特的微生物生态体系，形成特香型酒独特的窖香味，被称为“千年窖”。

“第四特”在于四特酒的特殊积淀：5000年的酿酒史，汇聚酒都的天灵、地秀、人和，才得以传世的四特佳酿。樟树市内筑卫城遗址（新石器时代）出土的大量陶皿、酒器，至今还默默地印证着远古时期这里酒文明的辉煌。

在大量的基础性发展工作完成之后，古老四特酒的四“特”优势又在企业策略的宏观角度向新四“特”的强悍优势上发展，层层升级。正是这基于品牌发展指导方针的新四“特”，令四特酒初步形成了极具扩张性的国际化企业框架，具备了无限上升发展的可能。

第一特，特在特定目标。四特酒业通过多方面的咨询考量，首先找准自己目前所处的阶段与形式，认清目前的优势与弱势，并根据这些认知为自己制定了一些列特定的近期与远期的目标。

第二特，特在特殊架构。应该说，四特已经像疏通血脉一样，将自己的所有部门都按照现代化企业标准进行了重新改制，并严格规范了流程。一个高效率国际化的生产研发、推广营销、社会服务团队，多层次、多角度的管理模式已经成为四特高速发展的良好基础。

第三特，特在特种部队。四特酒的科研营销团队是延伸发展的，作为一个极具扩张性的大型企业，四特酒扎根江西，并以战略性的眼光操盘全国，在深圳、北京等经济发展核心地带都设立了相关发展中心，集合祖国各地的优秀人才，形成了一支不可多得的特种部队。

第四特，特在“特新”文化，基于历史与现代，四特酒业已总结出一条不同于国内任何一白酒品牌的特殊文化主线，这是四特品牌战略的重要步骤，实际的操作大致来讲，首先需要考察四特酒的历史，研究四特酒在历史文化中扮演的角色和特征，再调查当代忠实消费者的消费心理，两者经过合理整合，形成某种文化概念的原型。再结合目标市场的消费心理和当代文化现状去修饰和创新，最终打造出既继承原有的品牌性格，又满足市场需求并新颖闪亮的品牌形象。

今日的白酒市场，竞争已经流变。品质口味逐渐不再是竞争的重点，“文化附加值”的拼杀开始正式提上“竞争日程”。一场思维博弈正在中国汹涌的酒行业中剑拔弩张的进行。面对这日新月异的竞争，无论是老四“特”的沉积优势，还是新四“特”的发展能量，都将是中国未来白酒市场上不可小窥的汹涌力量。

中华老字号 China Time-honored Brand

注册 楊林 商标 YANGLIN ®

云南省著名商标

LongRun Winery 龍潤

国优认证酒

楊林肥酒·健康养生

百年保密配方　酿造卓越品质

杨林肥酒是云南具有历史特色的名特产品，始创于清光绪六年（公元1880年），至今已有131年的历史。具有悠久的历史和丰富的人文内涵。其始创地为历史上的滇中名镇。明朝初年，传奇诗人、著名学者、药物学家兰茂隐居杨林镇。兰茂自幼酷爱本草，潜心研究，后因母病，此志益坚，精研三十年。尤珍爱云南中草药，常亲自上山采集。向农民、猎人、渔民、樵夫、药农和铃医请教，参考古人医籍，实地考察药用植物，解剖观察药用动物，以毕生精力，废寝忘食，历时三十余年，终于于正统元年，写成药物学上的巨著《滇南本草》。其成书时间早于李时珍《本草纲目》一百四十余年。杨林城南有一座城隍庙，庙中有一奇石，这石光滑而又巨大，绝的是石上竟隐约有牡丹40余朵，栩栩如生；兰茂嗜酒，相传他醉酒时，就爱躺在这块石头上入睡，有一次兰茂醉酒躺在这块花石头上，梦见仙人指点，醒后竟酿出一种酒味特别醇厚又能滋补身体的美酒。

杨林肥酒得春之芳华，其香雅而不媚，清新可人，口感醇厚圆润，总让人不觉多饮。其味清雅芬芳，甜意绵长，尝一口杨林肥酒，就像是吻到了整个春天。春风露华，缓慢如喉，其口感妙不可言。露酒新韵，莫不静好。

杨林肥酒内含有葡萄糖、蛋白质酵素、维生素A、维生素C、果糖、枣酸、精油成分，有养胃、健脾、润肺、生津、补中、益气、增强心肌之功能，促进新陈代谢之作用。适量常饮此酒，有益健身养生、调和腑脏。

咨询热线：4008888913　销售热线：0871-8313093　招商热线：0871-8312055

公司地址：昆明市高新开发区海源北路1299号　公司网址：www.longrunwinery.com

特
中/国/特/香/型/白/酒/开/创/者
四特酒
SITIR
产自古法白酒原生地
四特東方韵
——世界因我而不同——
■四特酒有限责任公司 ■www.sitejiu.com
五千年的风云变幻，屹立的东方始终挺起骄傲的胸膛。
不管是历史变迁还是岁月流转，自强进取的精神依旧昂扬。
就像这四特东方韵，汲福地山泉之灵性，蕴赣鄱贡米之原香，采景德镇釉上烤花之精瓷为珍酿盛器，在回味悠长的佳酿中，让东方的神韵在杯间流淌。
品赏之间，有我的世界，如此别样。
世界因我而不同
四特酒
四特
東方韵

金威金纯
品质上乘 品味更高
Kingway
金威啤酒
因你而精彩
金威啤酒
Kingway
金威啤酒
金威啤酒
金纯
啤酒
净含量:600ml

紅兒紅酒

公司简介

北京红儿红酒业有限公司于2003年在北京顺义正式成立，该产品填补了北京地区红粬黄酒生产的空白。该公司占地面积40亩，建筑面积14100余平方米，年产规模上万吨。该公司具有一整套现代化的检测设备和完善的技术质量保证体系，是北京市唯一一家酿造红粬黄酒食品安全准入企业。公司生产的品种有七大系列：20年陈结义酒、五年陈红粬花雕、五年陈红粬甜蜜酒、半干型北京红、清酒、保健补酒、调味酒等。

★红儿红红粬黄酒是北京同仁堂制药厂的特供酒；

★红儿红红粬黄酒是北大、清华等64所高校食堂特供酒；

★红儿红红粬黄酒是《中国化工报》报社指定用酒；

★红儿红红粬黄酒是用友软件专供酒。

“京派”红曲黄酒的保健功效

1、通络活血，温四肢，温脾散寒之功效；

2、促进血液循环，补血益气，美容养颜；

3、调节血糖，稳定血压，保护心肌；

4、肠胃虚寒疼痛，可温中散寒止痛，除风湿；

5、酒中的生理活性物质能降血脂和胆固醇；

6、红曲黄酒中多肽，有预防疾病之功效；

7、红曲黄酒中含富硒他汀，有延缓衰老之功效；

8、红曲黄酒养脾气、扶肝、除风下气；

9、妇女月经不畅、小腹疼痛，红曲黄酒可调经止痛；

10、酒中富含色氨酸，有安眠作用。

红曲黄酒是国宝　养颜养生品位高

科技篇

收录了酿酒骨干工业企业科技进步、环保节能等方面的成果介绍；酿酒行业专家、学者的优秀学术论文；酿酒企业技术专家、总工的课题研究成果。

谢义贵

Xie Yigui

YEARBOOK FIGURE

高级工程师、四川剑南春股份有限公司副总经理、国家级评委、中国酿酒工业协会白酒技术顾问、中国酿酒工业协会白酒分会技术委员会委员、中国白酒工业突出贡献科技专家。

谢义贵同志1980年参加工作。工作期间，获得多项研究成果。1991年至1993年任标准计量处处长期间，主持建立了一套较为完善并有效运行的标准化与计量管理体系，包括技术标准、管理标准、工作标准、通用标准四大类共计500多个。主持制定了《产品内控标准》，在稳定产品质量的同时，突出了“剑南春”系列的独特风味。2001年，主持进行了SNTM调味酒的研制工作。2002年根据国家《酒精标准》，制定了《酒精质量指标及检验方法》。

谢义贵同志在工作二十余年间，为四川剑南春股份有限公司的发展和白酒事业的发展做出了贡献。

2010年度中国轻工业联合会科学技术奖
（酒 类）

为全面贯彻党的十七大和十七届五中全会精神，深入贯彻落实科学发展观，推进轻工行业科学技术的自主创新，中国轻工业联合会决定，对为我国轻工科技事业、促进经济社会发展、推进轻工行业现代化建设做出较大贡献的科学技术人员和组织给予奖励。

根据《中国轻工业联合会科学技术奖励办法》和《中国轻工业联合会科学技术奖励办法实施细则》的规定，经中国轻工业联合会科学技术奖励专业组评审、中国轻工业联合会科学技术奖励委员会审定和中国轻工业联合会批准，2010年度中国轻工业联合会授奖项目共142项。其中涉及酒类的科学技术进步奖项名单如下：

2010年度中国轻工业联合会科学技术进步一等奖

项目名称	完成单位名称
优质纯生啤酒品质控制体系研究与应用	中国食品发酵工业研究院、广州珠江啤酒股份有限公司
我国白酒中特征风味及风味导向功能微生物关键技术研究与应用	江南大学

2010年度中国轻工业联合会科学技术进步二等奖

项目名称	完成单位名称
中国绵柔型风格白酒研制与开发	江苏洋河酒厂股份有限公司；江南大学

2010年度中国轻工业联合会科学技术进步三等奖

项目名称	完成单位名称
酸性蛋白酶在酒精行业的应用	肇东市日成酶制剂有限公司
传统衡水老白干工艺集成、创新和标准化	河北衡水老白干酿酒（集团）有限公司
酿酒行业产排污系数核算	北京工商大学，中国酿酒工业协会
五加皮类中药保健酒品质控制和精加工关键技术研究	浙江赞宇科技股份有限公司、浙江致中和酒业有限责任公司、浙江科技学院
能源甘蔗酒精的酵母筛选和发酵技术研究	广州甘蔗糖业研究所
废液处理节能成套设备	肥城金塔机械有限公司
优质低耗啤酒生产关键技术研究与应用	山东新银麦啤酒有限公司
多粮包包曲跑窖浓香型白酒生产工艺	古贝春集团有限公司
红星珍品千尊系列白酒工艺技术创新与应用	北京红星股份有限公司
XAZ全自动啤酒麦汁压滤机	杭州兴源过滤科技股份有限公司

2011年度中国轻工业联合会科学技术奖
（酒 类）

为全面贯彻党的十七大和十七届六中全会精神，深入贯彻落实科学发展观，推进轻工行业科学技术自主创新，中国轻工业联合会决定，对为我国轻工科技事业、促进经济社会发展、推进轻工行业现代化建设做出较大贡献的科学技术人员和组织给予奖励。

根据《中国轻工业联合会科学技术奖励办法》和《中国轻工业联合会科学技术奖励办法实施细则》的规定，经中国轻工业联合会科学技术奖励专业组评审、中国轻工业联合会科学技术奖励委员会审定和中国轻工业联合会批准，2011年度中国轻工业联合会授奖项目共143项，其中涉及酒类的科学技术奖奖项名单如下：

2011年度中国轻工业联合会科学技术进步一等奖

项目名称	完成单位名称
4200/100饮料酒质量与安全控制关键标准化技术研究	中国食品发酵工业研究院 中国酿酒工业协会 贵州茅台酒股份有限公司 泸州老窖股份有限公司 中国绍兴黄酒集团有限公司
中国地理标志葡萄酒指纹图谱研究	西北农林科技大学

2011年度中国轻工业联合会科学技术进步二等奖

项目名称	完成单位名称
中药保健酒原料提取工艺优化及过程控制技术	劲牌有限公司

2011年度中国轻工业联合会科学技术进步三等奖

项目名称	完成单位名称
国产啤酒大麦质量安全及酿造性能控制体系的建立与应用	北京燕京啤酒股份有限公司 中国食品发酵工业研究院
纯生啤酒稳定性技术的研究与应用	青岛啤酒股份有限公司
啤酒品质一致性保障体系的研究与应用	中国食品发酵工业研究院、金威啤酒（中国）有限公司

2011年度中国轻工业联合会科学技术优秀奖

项目名称	完成单位名称
技术创新能力建设	广州珠江啤酒股份有限公司
一种冰葡萄酒的酿造方法	烟台张裕集团有限公司
黄酒节能减排新技术研究	上海金枫酒业股份有限公司

中国酒业“仪狄奖”获奖名单

（科 技）

根据《中国酒业“仪狄奖”评选办法（试行）》和《关于开展首届中国酒业“仪狄奖”活动的通知》精神，全国各酿酒企业以及各省、自治区、直辖市酿酒工业（酒业）协会非常重视，并积极投入申报、审查和推荐工作，中国酿酒工业协会各分会以及评审领导小组分别对各地推荐的名单进行了初审和终审，并于2010年4月1～7日在中国酿酒工业协会网站上进行了公示，共评出19个集体奖、12个个人奖、5个特别奖。科技创新奖获奖名单：

集体奖 科技创新奖

四川剑南春集团有限责任公司	北京燕京啤酒集团公司	中国绍兴黄酒集团有限公司
中法合营王朝葡萄酒酿酒有限公司	劲牌有限公司	河南天冠企业集团有限公司

中国酿酒工业协会
中酒协奖〔2012〕04号

关于2011年度“中国酿酒工业协会科学技术奖”的表彰决定

有关单位：

为深入贯彻落实科学发展观，推进酿酒行业科学技术创新，促进酿酒科技进步和酿酒事业发展，经国家科技部批准，中国酿酒工业协会设立了“中国酿酒工业协会科学技术奖”（国科技奖字【2011】59号《国家科学技术奖励工作办公室第66号公告》）。

根据《中国酿酒工业协会科学技术奖励办法（试行）》和《中国酿酒工业协会科学技术奖励办法实施细则（试行）》规定，本着“公平、公正、公开”的原则，采取自愿申报、专家评审的方式，中国酿酒工业协会组织开展了2011年度“中国酿酒工业协会科学技术奖”申报与评审工作。经“中国酿酒工业协会科学技术奖”评审会委员会专业组评审专家评审、评审会委员会审议和奖励委员会审定，评出2011年度“中国酿酒工业协会科学技术奖”获奖项目18项。为进一步推进酿酒行业科学技术创新，激励广大科技工作者勇攀科技高峰，促进科技成果转化，中国酿酒工业协会决定对获奖项目予以表彰，并颁发奖金及证书。其中：对“高效啤酒有害微生物检测综合配套技术与应用”等3个项目授予“中国酿酒工业协会科学技术奖”一等奖，“白酒多级雾化超重力旋转陈酿技术研究与应用”等5个项目授予二等奖，“氢核磁共振-模式识别高新技术在保健酒整体质量控制方面的应用研究”等10个项目授予三等奖。

希望广大科技工作者继续努力，不断创新，争创更多更好的科技成果，为推动酿酒行业科技事业和经济社会发展作出更大的贡献。

附件：2010年度“中国酿酒工业协会科学技术奖”获奖名单

“中国酿酒工业协会科学技术奖”奖励委员会

二〇一二年四月二十五日

2010年度"中国酿酒工业协会科学技术奖"获奖名单

中国酿酒工业协会科学技术发明奖

一等奖（空缺）

二等奖

白酒多级雾化超重力旋转陈酿技术研究与应用

主要完成单位：山西杏花村汾酒厂股份有限公司
山西大学

主要完成人：张生万、韩建书、杜小威、杨小兰、翟旭龙、胡永刚、史静霞、乔　华、王　伟、张福增、雷振河、马燕红、冯彦琳、李美萍、李少峰

三等奖

氢核磁共振-模式识别高新技术在保健酒整体质量控制方面的应用研究

主要完成单位：海南椰岛（集团）股份有限公司

主要完成人：黄　静、雷　羽、张　琦、王　霞、张春昌、马小花、蔺　恒

葡萄粒超微粉关键技术及其活性的研究

主要完成单位：西北农林科技大学

主要完成人：李　华、袁春龙、王 华、张予林、郭安鹊、张　莉、梁艳英、魏冬梅

中国酿酒工业协会科学技术进步奖

一等奖

高效啤酒有害微生物检测综合配套技术与应用

主要完成单位：北京燕京啤酒股份有限公司
中国食品发酵工业研究院

主要完成人：贾凤超、张五九、林智平、王德良、郭立芸、宋绪磊、曹义杰、穆英建、王　健、严伟杰、孟　思、沈建国、王　梅、袁雪萍、冯宝金、邬丽君、侯红霞

中国白酒特殊功能菌株研究及应用

主要完成单位：四川剑南春（集团）有限责任公司

主要完成人：徐占成、徐姿静、唐清兰、樊科权、刘孟华、焦小川

泸州老窖古酿酒作坊微生物生态分布规律研究

主要完成单位：泸州老窖股份有限公司
中国科学院成都生物研究
四川省农科院水稻高粱研究所

主要完成人：张　良、刘光烨、张宿义、唐玉明、许德富、卢中明

二等奖

黄酒节能减排新技术—烘焙法黄酒酿造创新技术开发与应用

主要完成单位：上海金枫酒业股份有限公司

主要完成人：董鲁平、万全林、何耐炎、陆金华

一种解决绍兴黄酒沉淀的新技术—绍兴黄酒沉淀机理与处理新技术研究

主要完成单位：浙江古越龙山绍兴酒股份有限公司
浙江大学理学院

主要完成人：胡志明、林　峰、邹慧君、王　杰、谢广发、王一菲、周建弟、孟中法、丁关海、凌志勇、严冬霞

高效、节能啤酒花干燥新工艺及主要装置的研究

主要完成单位：青岛啤酒股份有限公司
玉门拓璞科技开发有限责任公司

主要完成人：樊　伟、董建军、马连清、林 艳、赵 煜、

任富生、苑燕芳、马连祥、尹　花、余俊红、
于长青、程亚军、朱　刚

酿酒葡萄与葡萄酒风味物质的研究—王朝低醇起泡葡萄酒和王朝高档干红葡萄酒的开发

主要完成单位：中法合营王朝葡萄酿酒有限公司
中国农业大学

主要完成人：王　方、李景明、俞　然、张　岱、张福庆、
邢　凯、王　伟、李晓宣、冯良晨、张　军、
王　燕、杨丽丽、孙志红、张瑞伶

三等奖

反渗透膜过滤脱醇技术生产无醇啤酒

主要完成单位：英博金龙泉啤酒（湖北）有限公司
江南大学

主要完成人：吴时红、陆　健、赵三红、官青松、张与红、
姚克明、孙军勇

组成黄酒色香味的机理研究和功能因子的确定

主要完成单位：绍兴市质量技术监督检测院
浙江工业大学
浙江塔牌绍兴酒有限公司

主要完成人：李博斌、刘兴泉、李祖光、诸葛庆、吴　坚、
余燕飞、金国辉、潘兴祥、张　弘

低压动态煮沸技术的开发与应用

主要完成单位：华润雪花啤酒（中国）有限公司

主要完成人：程文凤、李　季、张建农、钟俊辉、宋学渊、
俞建国

“特”型大曲微生物及其酶系对“特”型酒风格风味影响的研究

主要完成单位：四特酒有限责任公司

主要完成人：廖　昶、吴生文、刘建文、刘建新、章肇敏、
谢小兰、曾婷婷、肖美兰、余伟民、黄小晖、
黎清华

塔式旋转干燥炉—物料旋转在塔式制麦技术工艺中的研究与应用

主要完成单位：江都市显业集团有限公司

主要完成人：王琪

沼气回收综合利用的研究

主要完成单位：广州珠江啤酒股份有限公司

主要完成人：方贵权、王志斌、罗志军、李播曙、何耀华、
吕　丹、朱政福、谭志华、李　勇、席铁鹏、
吴广连

高效酿酒微生物功能酶剂的开发与应用

主要完成单位：四川水井坊股份有限公司
四川大学

主要完成人：赖登燡、张文学、范　鏖、王　蓉、陈万能、
高占争

白云边酒酿造微生物的研究及其应用

主要完成单位：湖北白云边酒业股份有限公司
武汉工业学院

主要完成人：熊小毛、缪礼鸿、杨团员、张明春

中国酿酒工业协会
中酒协〔2011〕31号
关于表彰中国白酒技术创新典范产品决定的通知

各有关白酒企业：

近年来，我国白酒行业为适应新的消费需求，在产品结构调整、工艺创新、产品创新等方面做了大量工作，取得了显著成果，全国白酒行业涌现出一批通过工艺技术创新、酒体设计创新研发的白酒新品种。为了科学的总结和认定这类产品，中国酿酒工业协会白酒分会于2010年12月，在全国范围对中国白酒创新典范产品进行了广泛征集，截止2011年1月底，共征集67个白酒企业的67个样品，通过对报送材料的认真审核，选出符合技术创新典范白酒产品条件的47个白酒产品，并在2011年6月全国白酒评酒委员年会上对这47个产品进行了感官品尝。

为了促进我国白酒行业工艺创新、产品创新，提倡白酒产品个性化发展，中国酿酒工业协会经研究决定，对参加本次活动的获得93分以上（北特加除外）的技术创新典范白酒产品进行表彰，并授予“中国白酒技术创新典范产品”称号。

中国酿酒工业协会

二〇一一年七月十一日

中国白酒技术创新典范产品名单

序号	产品名称	生产企业
1	永福酱酒	宜宾五粮液股份有限公司
2	扳倒井珍藏酒	山东扳倒井股份有限公司
3	二十一响礼炮酒	二十一响礼炮酒有限公司
4	东方巨龙	黑龙江富裕老窖酒业有限公司
5	新郎酒	四川郎酒集团有限责任公司
6	柔香十里香	河北三井酒业股份有限公司
7	白云边幽雅型	河北白云边股份有限公司
8	国蕴酒	古贝春集团有限公司
9	宣酒特供	安徽宣酒酒业股份有限公司
10	北特加	山西杏花村汾酒股份有限公司

践行绿色经济 彰显行业典范

——华润雪花啤酒（中国）有限公司节能减排具体措施

华润雪花啤酒（中国）有限公司成立于1994年，系华润集团下属公司，总部设于中国北京。目前华润雪花啤酒在中国大陆经营超过70家啤酒厂，占有中国啤酒市场的21%份额。2010年华润雪花啤酒销量超过928万千升，为中国销量最大的啤酒企业，产品“雪花”啤酒为全球销售量最大的啤酒品牌。

作为央企华润集团下属公司，华润雪花啤酒在企业不断发展壮大的同时，不忘企业公民的社会责任，更加注重节能减排，致力于建设资源节约型和环境友好型企业，把发展绿色经济，低碳环保作为公司发展的重大战略。按照统筹规划、合理布局、因地制宜、注重实效、全员参与的方针，不断地探索、创新建立啤酒企业绿色经济模式，在技术可行、经济合理和有利于节约资源、保护环境的前提下，按照减量化优先的原则，以资源利用效率最大化、污染物产生和排放量最小化为目标，积极采用“零排放”、废弃物综合利用等循环经济的减量化技术、再利用技术和再循环技术，优化生产工艺和流程，推动企业绿色经济发展。十余年，华润雪花啤酒践行绿色经济、创建低碳品牌，同时引领了行业的进步，彰显了行业的典范。

一、“十一五”节能减排成果

2010年华润雪花啤酒产量达到935万千升，产量比2005年增加136%。在啤酒生产量大幅增长的同时，能源消费总量和污染物排放总量得到有效控制和降低。

1. 2010年能源消费总量比2005年降低13.9%，万元产值综合能耗（可比价）比2005年降低83.6%；

2. 2010年主要能源单位产品消耗，千升酒耗水3.8立方米、千升酒耗标煤54.5公斤、千升酒耗电58.4千瓦/时，单位产品能源消耗指标处于国内外先进水平；

3. 2010年污染物COD排放量比2005年降低30.1%，污染物SO2排放量比2005年降低93.2%。

4. 华润雪花啤酒所有工厂污水100%稳定达标排放，所有工厂锅炉烟尘100%达标排放，所有固体废弃物回收利用或无害化处理。

二、节能减排措施

（一）加强和推进节能减排工作管理体系、节能减排统计监测体系、节能减排考核奖惩体系建设，建立节能减排管理长效机制。

一是完善机构，落实责任。建立、健全节能减排组织体系和工作机构，完善工作制度，强化责任落实。明确节能减排目标和任务，逐级分解到下属企业，建立从管理层到一线员工、从总部到基层岗位的责任体系。

二是加强基础管理。围绕节能减排目标和任务的实现，加强节能减排的计量、统计等基础工作，实施目标的动态监测和管理，以业绩考核为手段，明确奖惩标准，确保企业节能减排目标和任务的完成。

三是优化系统和工艺流程。针对啤酒行业特点实行“绿色酿造”，定制啤酒企业二氧化碳排放、能耗、水耗等标准，优化工艺结构和产品结构，提高技术装备水平，提高能源利用效率。

四是积极开展能耗对标。选择标杆企业，并认真查找与标杆企业之间的差距，深入分析存在差距的原因，采取行之有效的对策措施，不断提高各工厂能耗水平。

（二）为实现逐年节能减排，低碳环保的目标，华润雪花啤酒不仅在管理上高度重视，同时根据项目的需要，在科学论证的基础上，舍得投入资金，通过资金的投入，充分保障节能减排项目实实在在的落地。公司设立了节能减排专项资金，每年投入近亿元资金用于节能减排项目的开发和实施，2005年以来已投入近10亿元资金，有效地实现了节能减排，低碳环保的目标。在资金投入的同时，节能减排的各项措施也越来越多地为企业带来回报。

（三）积极采用节能减排新技术，通过节能减排技术进步不断降低能源消耗和污染物排放，实现低碳经济。

1. 动态低压煮沸系统的研究与应用

目前，动态低压煮沸系统是国际上啤酒生产节能的先进技术。华润雪花啤酒是在消化国外先进技术基础上，国内第一家应用并发展此技术的公司。该技术通过降低糖化麦汁煮沸强度，减少蒸汽消耗量，同时将煮沸过程中排放的蒸汽全部进行二次回收利用。该技术可综合节约蒸汽消耗50%左右。从2005年华润雪花啤酒第一家工厂的应用，到目前，累计有60余家工厂在广泛使用，投入资金2.8亿元。每年可节约蒸汽40万吨，约合标煤2.8万吨，减碳量为1.9万吨；

2. 蒸汽冷凝水的回收利用

目前，冷凝水回收与利用已经成为华润雪花啤酒的标准配置，80%以上的工厂已经实现了冷凝水的全部回收至锅炉并加以利用，剩余工厂正在进行相应的技术改造，该技术的应用可以有效降低生产过程中的水耗和煤耗，每年可节水400万立方米，节约标煤0.8万吨，减碳量为0.54万吨；

3. 洗瓶机系统节能减排的研究与应用

改造洗瓶机，降低啤酒包装车间水耗。改造技术“洗瓶机用间歇喷淋器”获国家实用新型专利证书（专利号：ZL2007 2 0153005.3）。改造后用水量可下降0.3M³/千升啤酒，创造良好的经济效益和社会效益。

改造洗瓶机脱标设施。改造技术获国家实用新型专利证书（专利号：ZL2009 2 0294998.5）。该技术的应用，可将废纸浆的水份统一回用处理，减少污水排放，节约用水，处理后的纸浆能够被充分而低成本地回收利用。

改造洗瓶机碱液系统。洗瓶机排出的废碱液通过回收处理，实现循环使用，减少洗瓶过程中废碱液排放50%以上，同时回收利用碱液的热能，减少污水处理系统的运行压力。

4. 制冷系统效率改进的研究

在啤酒生产过程中，制冷系统电能消耗量最大，通过与国内专业制冷单位的共同研究，引进了国际先进的制冷系统效率改进的新技术，节约制冷电耗在10%以上。目前，华润雪花啤酒30%的工厂已经配置该处理技术，未来将进一步的推广应用；

5. 污水排放改造

从2005年开始，华润雪花啤酒加大了污水排放治理力度，每年均投入大量资金用于各工厂污水处理系统的改造。为了确保达标排放，公司制定了严于国家标准允许排放限值的内控标准，工厂污水严格执行内控标准排放。为实现水量循环利用，15%的工厂已经增加了深度处理设施，将处理后达标使用的水用于厂区绿化、清洁等使用，节约了5%新鲜水的用量；同时，污水处理过程中产生的沼气引入锅炉进行燃烧或者用于麦糟和废酵母的干燥，节约了蒸汽和煤的消耗；

6. 锅炉烟尘排放改造

从2005年开始，华润雪花啤酒加大了烟尘排放治理力度，每年均投入大量资金用于除尘与脱硫系统的改造。为了确保达标排放，公司制定了严于国家标准允许排放限值的内控标准，工厂烟尘严格执行内控标准排放。在实现低排放的同时，合理回收利用排放烟气中的热量，降低生产过程的蒸汽消耗。

7. 生产过程清洗水回用

华润雪花啤酒各工厂狠抓水资源的回收利用。例如，通过设立回收水罐，每次设备清洗最后一道冲洗水被收回用于下一次清洗的预喷淋，可降低30%左右的清水用量；

8. 二氧化碳回收利用

经过不断的投入，二氧化碳回收装置早已在华润雪花啤酒生产厂安家落户。啤酒发酵中产生的二氧化碳被回收压缩成高纯度的液态，直接用于后道工序。目前，100%的工厂均按照产能要求，配置了合适的回收处理系统，减少了二氧化碳的排放，节约了二氧化碳购置费用；

9. 废水处理产生沼气回收利用

对污水处理过程中产生的大量沼气回收用于锅炉和其他加热装置的辅助燃烧。这一技术已在生产工厂推广应用；

10. 啤酒废物回收利用

啤酒生产过程产生的废物，如啤酒糟、酵母等全部回收利用，综合利用价值达3亿元以上。在做好清洁生产，源头控制同时，创造了可观的经济效益。

11. 开展“碳足迹”研究

建立碳排放评价标准，使啤酒厂能够量化评价其产品生命周期内的碳足迹，并识别出各种减排的机会。

三、“十二五”节能减排规划

（一）指导思想

全面落实科学发展观，改进管理方法、管理手段、管理工具，以保障员工生命安全、提高能源利用效率、保护环境、提供放心食品为核心，以严格的责任制、科学的激励机制为手段，以建立和完善EHS工作长效机制为重点，积极履行社会责任，强化管理，创新监管模式，提高监管能力，树立企业良好形象，提升综合竞争能力，确保企业持续稳定发展，成为“受投资者信任、受员工热爱、受社会尊重、受大众称道”的优秀企业。

（二）重要举措

围绕企业使命，构筑有华润雪花啤酒特色的价值创造型EHS管理体系，不断创新，在各工厂推动落实、强化组织能力，控制风险，为主营业务的持续发展提供增值服务。

围绕EHS战略，建立健全环境保护与节能减排指标体系、监测体系和考核体系，积极应用新技术，全面推行清洁生产，发展循环经济，调整产业结构，提高资源利用率，减少污染物排放。

多年来，华润雪花啤酒承蒙消费者厚爱，在各级政府和华润集团的正确领导下，秉承“每一个人都不简单、每一瓶酒才放光彩”理念，公司得以快速发展成为行业的领军企业。我们坚信，经过3至5年的努力，华润雪花啤酒低碳环保生产的各项指标能够全部达到国际先进水平，继续引领中国啤酒行业的低碳环保生产发展，成为具有国际影响力品牌的清洁生产企业。

燕京：总部污水处理改造项目正式投入使用

将原有的污水处理爆气池全部封闭起来，形成臭气收集系统，采用生物除臭法，净化后达到臭气零排放。2011年4月，总部投资1300多万元，引进日本国际先进技术工艺的污水处理站生物除臭系统正式投入使用。据了解，燕京为北京地区第一家应用此项技术的企业。

总部在1985年投资400万元建成了污水处理站，为使其适应实现企业规模效益的要求，于1997年投资5000余万元，建成了全国同行业规模最大的污水处理厂，日均处理污水4万吨。经有关部门检测，COD、BOD等各项指标全部达到排放标准。处理后的中水有80%以上回收再利用，主要用于公司绿化、锅炉麻石水膜除尘、厕所和马路冲洗等。2004年5月，总部投资500多万元，从上海荷兰帕斯公司引进了好氧、厌氧相结合的污水处理系统的IC反应器，新技术工艺不仅大大节约了用水量，各项污染物排放指标也远低于国家规定的排放标准，使污水排放达到绿色奥运标准。同时，公司积极响应北京市提倡节约能源的号召，对沼气发生装置及点火装置进行了技术改造，做到沼气回收利用，既节约用煤又减排了二氧化硫。

此次污水处理生物除臭系统，引进日本国际上成熟的生物过滤工艺技术，对污水处理采用厌氧加好氧的处理方法过程中产生的臭气进行生物处理。原理是利用微生物降解氨气、硫化氢、硫醇、硫醚等恶臭物质，使之成为稳定的氧化产物，从而达到无臭化、无害化，即不产生二次污染。

该系统的具体做法是将爆气池全部进行封闭，采用“普通碳钢骨架（外侧）＋氟碳纤膜（反吊）”的膜加盖形式，其主要优点是耐腐蚀、耐老化、气密性好，可以有效避免腐蚀性气体直接与钢结构接触腐蚀钢结构，延长钢结构的使用寿命。特别是引进美国专门针对污水池加盖开发的防腐膜，有耐紫外线耐老化的优良性能，是非常理想的防腐材料，在污水环境下可以使用年限为15年。除臭系统主要由处理构筑物臭气风管收集系统、除臭风机、生物除臭塔和喷淋散水供给系统等构成。其技术采用生物除臭法，应用生物反应器，以天然植物炭作载体，将其充填到除臭塔中后，通过挂膜，使其表面形成一定厚度的生物膜，把具有脱臭能力的各种优势菌群固定。溶解于水中的恶臭成分被栖息于充填材（生物媒）上的微生物吸收分解为二氧化碳，水和硫酸、硝酸等酸性物质，净化后可直接大气排放。

为使系统早日投入使用，总部环保处积极配合工程安装公司施工和安装，并加强现场检查，强化安全监督，使改造项目在半年内投入运行。

燕京污水处理生物除臭系统的正式投入使用，净化了周围的大气环境，改善了一线职工的工作环境，为企业实现可持续发展奠定了基础，也使自己在节能减排，保护环境和履行社会责任方面上又迈出了重要一步。

燕京：总部第十八包装车间竣工投产

2011年的第一天，总部第十八包装车间竣工并投入生产。据了解，该车间易拉罐包装线每小时可灌装72000听，为国际领先、国内灌装速度最快的啤酒易拉罐灌装线。

为进一步满足市场需求，更好地做好产品结构的调整，总部自去年7月开始兴建第十八包装车间，共计投资7000多万元，建筑面积9600平方米，灌装设备引进全球领先的啤酒饮料灌装和包装设备供应商——德国克朗斯公司。在空罐检测上，高速摄像机对在线的每个空罐进行精准检测，保证空罐很高的合格率；在工艺控制上，采用巴氏杀菌PU值温度自动控制系统，确保产品口味的一致性和稳定性；在灌装上，采用浮球式流量计的方式，灌装精度高，增氧量低，使啤酒的口味更加新鲜。在包装上，采用机器人箱体收集方式。伺服机器手来回摆动，抓箱摆箱；机器人箱体收集器张开双臂，抓箱旋转180度码垛齐整入库。同时，灌装生产线采用欧洲安全标准，对工作人员的防护措施强，安全系数高，操作方便，故障率低。灌装速度在国内最快，机械自动化作业程度的提高，不但节省了劳动力成本，而且电耗、水耗等能耗下降了三分之一。

近年来，我国啤酒的包装正在向着小瓶化、多样化、个性化的方向发展。而易拉罐啤酒的包装，由于密封性能优越，能更大程度地保持啤酒的固有风味，同时运输方便、便于携带和开启方便，适合于旅游、野外聚餐、走亲访友等场合，吸引着越来越大的城市中青年消费群体。此外，由于易拉罐材料较轻，长途销售，可节约运输成本，因此市场前景十分广阔。但目前我国易拉罐装啤酒产量不足全部产量的5%，而美国销量排名前10位的啤酒品牌中有6个是罐装产品，占全国总产量的49%。业内权威人士指出，随着啤酒产品结构的调整和优质高档啤酒比重的提高，罐装啤酒将有较大的发展。而总部去年的易拉罐销量较前年增长22%左右。这次总部又瞄准市场这一需求，及时上马了这条每小时可灌装72000听，全国灌装最快的啤酒易拉罐灌装线。这不但使公司的易拉罐灌装水平从当初的每小时灌装18000听，到36000听，直至提升到目前的每小时灌装72000听，灌装能力提高一倍，而且使产品结构调整得到了进一步的升级。

安装工作中，来自德国克朗斯公司的几位专家，圣诞节和元旦节放弃休息，坚持在灌装线上进行调试。经过各方面的密切合作，作为燕京啤酒集团总部产品结构调整的重要工程，终于在2011年元旦当天竣工并投入使用。

“能力验证”在大型啤酒集团实验室质量管理中的应用

王安平 林智平 贾凤超

北京燕京啤酒集团公司技术中心 101300

[摘要] 能力验证是实验室认可领域常用的实验室间比对方法，本次实验室比对采用分割水平样品对设计，样品经均匀性、稳定性检验合格，分发至燕京集团31个分公司实验室进行检测，结果运用稳健统计技术进行统计，用Z比分数据对实验室检测能力进行评价。运用能力验证模式在大型啤酒集团内开展实验室比对，通过发现问题、改进问题，可以提高实验室整体的检测水平。

[关键词] 能力验证 分割水平样品对 均匀性检验 稳定性检验 稳健统计 Z比分数

随着中国啤酒产业的迅速发展，一些啤酒企业走向了规模化、集团化的发展道路。目前国内大企业规模化、集团化工作的难点是产品质量的整合，要做到全集团产品的质量相同、风味一致尚有许多工作要做，但是不管从哪方面入手来整合质量，有一个环节都是不容忽视的，那就是要保证检测数据的准确，只有在得到真实可靠的技术数据后所做的质量调整才是有意义的。鉴于大集团的下属企业状况各不相同，规模有大小、管理水平有高低，注定实验室的检测能力水平和质量管理水平也是参差不齐。因此在着手质量整合之前的首要任务是各实验室的检测能力的建设。

为加强集团内各公司的实验室检测能力建设，发现和识别实验室间存在的差异，2009年燕京技术中心在全集团范围内组织了一次实验室间比对活动。实验室比对的运作遵从GB/T 15483—1999的要求，从均匀的样品中随机选取分发给各实验室，然后收集各实验室的检测结果，经过统计分析，对每个实验室的检测水平进行评价[1]。能力验证是当前国际国内实验室认可工作中最常用的实验室间比对方式，我们此次组织的实验室比对沿用的就是能力验证运作方式。我技术中心虽不是中国合格评定国家认可委员会（CNAS）授权的能力验证组织机构，能力验证结果也不被CNAS认可，但我们的结果仅用作集团内部质量评价与考核，因此在整个活动中我们还是引用“能力验证”这一概念。

能力验证即利用实验室间比对确定实验室的检测能力[1]。能力验证是判断和监控实验室能力的有效手段，是实验室通过外部措施补充内部质量控制方法的技术，是实验室认可评审技术的重要补充。对于我们来说主要的目的是通过能力验证活动识别实验室间存在的问题并制定相关的补救措施，以提高实验室的质量管理水平。

一、能力验证计划的设计

我们组织的能力验证活动采用分割水平检测样品，采用稳健统计技术，最终用Z比分数对每个实验室的检测水平进行评价。

所谓分割水平检测样品是指用于能力验证的检测样品为两个被测量值相近、但不相同的样品，实验室可以采用相同的检测条件测定其量值[2]。采用分割水平检测样品即可客观评价参加实验室与计划指定值的偏离情况，即实验室的系统误差。也可以客观评价参加实验室在被测量水平下数据分散情况，即实验室的随机误差。分割水平检测样品对设计是当前国际上实验室认可机构最常用的实验室间检测能力验证方法。

所谓稳健统计技术，就是在试验结果服从正态分布基础上，应用稳健统计量（受极端值的影响较小的统计量）和其它总体统计量，对所有参加实验室的观察数据进行统计、分析和比对，从而对每个实验室的能力作出正确评价和比较，这种使极端结果对平均值估计值和标准差估计值的影响减至最小的具有稳健性的统计技术叫稳健统计技术[3]。

Z比分数表示各实验室的测试结果与指定值的差值与指定值的标准偏差之间的比值[4]。Z比分数的评价标准是：

$|Z|$和$|Z|\leq 2$ 为满意结果，说明实验室目前的检测能力状况属满意；

$2<|Z|$或$|Z|<3$ 为可疑，说明实验室目前的检测能力状况有问题，须复查；

$|Z|$或$|Z|\geq 3$ 为不满意结果（离群值），说明实验室目前的检测能力状况不满意。

我们此次能力验证计划的测试样品是易拉罐装熟啤酒，测试项目是啤酒原麦汁浓度、苦味质。样品取来后先做均匀性检查，目的是确保出现的不满意结果不归咎于样品之间或样品本身的变异性。样品在均匀性检查完毕后封存于同一库中保存，并做好稳定性检查，目的是保证在整个计划实施过程中指标的变化不会影响到结果的评价。

举例此次能力验证计划中具体内容还包括：

(1)参加实验室：集团下属所有的检测实验室，共31个。每个实验室发放两个样品，每个样品3听，共6听。

(2)能力验证的测试方法采用GB/T 4928—2008《啤酒分析方法》国家标准规定方法，针对浓度的测定优先选取实验室日常惯用方法。

(3)测试结果的要求：各参加实验室需在规定的期限内按要求将测试结果填写结果报告单，报告项目包括酒精度（%m/m）、真实浓度（%m/m）和原麦汁浓度（°P）、苦味值（BU），检测结果苦味质至小数后一位，其它结果报至小数后二位。

(4)能力验证的目的旨在了解集团公司检测领域的整体水平，发现和识别实验室间存在的差异。出于保密的需要，对每个实验室赋予一个代码，能力验证活动中样品分发、结果报告等均以代码传递。

二、样品制备和均匀性、稳定性检查

2.1样品制备：从易拉罐生产线提取稳定灌装中间部分，浓度分别为10°P和8°P样品各10箱。

2.2样品的均匀性和稳定性检查：检查的依据是CNAS-GL03：2006[3,5]，对于制备批量样品的检测能力验证计划，通常必须进行样品均匀性检验。对于稳定性检验，则可根据样品的性质和计划的要求来决定。因此我们按照要求对样品进行均匀性检验。至于稳定性检验，考虑到样品的性质，啤酒中主要的苦味物质异-α酸在老化过程中会降解[6]，因此对苦味质的稳定性进行检查也是必要的。下面我们以苦味质来举例说明检验过程以及数据统计技术。

2.2.1样品的均匀性检查：按标准样品自备要求，分别从每批样品中随机抽取10个样本（10箱中每箱抽一听），每个样本进行3次平行测定，最后以单因子方差分析法对样品的均匀性进行统计。方差分析统计量的计算公式如下：

组间离差平方和 Q_1

$$Q_1=n\sum_{i=1}^{m}(\overline{x_i}-\overline{x})^2$$

自由度 $f_1=m-1$

组内离差平方和 Q_2

$$Q_2=n\sum_{i=1}^{m}\sum_{j=1}^{n}(\overline{x_{ij}}-\overline{x_i})^2$$

自由度 $f_2=m(n-1)$

式中：n 为每组被检验样均匀性测定的次数；

m 为被检验证样的总组数；

x_{ij} 为第i组第j次测定的结果；

$\overline{x_i}=\frac{1}{n}\sum_{j=1}^{n}x_{ij}$ 为第i组测定结果的平均值；

$$i=1,2,\ldots,m;\ j=1,2,\ldots,n;$$

$\overline{x}=\frac{1}{mn}\sum_{i=1}^{m}\sum_{j=1}^{n}x_{ij}$ 为所有样品分析的总平均值

均方 $MS=Q/f$

统计量 $F=\frac{Q_1/f_1}{Q_2/f_2}$

由显著度α（取0.05，置信概率$P=1-\alpha=0.95$，95%）、分子自由度f_1、分母自由度f_2，查F检验法临界值F_α，与统计量F比较判断检查结果。表1是样1苦味质均匀性检查数据与结果，结果表明样1的均匀性满足要求。

表1 样1（10°P）苦味值的均匀性检查数据与结果

i	x_{ij}			$\overline{x_i}$	$(\overline{x_i}-\overline{x})^2$	$\sum_{j=1}^{3}(x_{ij}-\overline{x_i})^2$
	$x_{i,1}$	$x_{i,2}$	$x_{i,3}$			
1-01	8.5	8.2	8.8	8.5	0.010	0.180
1-02	8.9	8.6	8.7	8.7	0.010	0.050
1-03	8.2	8.6	8.6	8.5	0.010	0.110
1-04	8.5	8.9	8.5	8.6	0.000	0.110
1-05	8.9	8.7	8.8	8.8	0.040	0.020
1-06	8.6	9.0	8.8	8.8	0.040	0.080
1-07	8.6	8.7	8.9	8.7	0.010	0.050
1-08	8.6	8.7	8.6	8.6	0.000	0.010
1-09	8.6	8.6	8.5	8.6	0.000	0.010
1-10	8.5	8.5	8.5	8.5	0.010	0.000
方差分析结果						
变化来源	平方和Q	自由度	均方MS	F检验		
组间	0.390	9	0.043	$F=1.39<F_{0.05(9,20)}=2.39$ 均匀性检验通过		
组内	0.620	20	0.031			

2.2.2 样品的稳定性检验：稳定性检查采用t检验法，从验证样中随机抽取m个验证样，每个样测定一次，共m次重复测定。在第一个时间点测定的结果平均值为$\overline{x_1}$，标准差为S_1；第二个时间点（一定时间间隔）所测定结果的平均值为$\overline{x_2}$，标准差为S_2。两次测定只有时间不同，其它测定条件完全相同，用下式求统计量t值

$$t=\frac{\overline{x_1}-\overline{x_2}}{\sqrt{\frac{f_1S_2{}^2+f_2S_2{}^2}{f_1+f_2}}\sqrt{\frac{n_1+n_2}{n_1n_2}}}$$

式中n_1是第一个时间点的测定次数，n_2是第二个时间点的测定次数，f_1和f_2为两次测定的自由度，显然，

$$f_1=n_1-1，f_2=n_2-1 。$$

在样品制得的一周内，抽取10个样本进行检测（也就是均匀性检查），在样品制得后每隔30天时再抽取4个样本进行检测，直至各参加实验室的数据收集完毕，连续两次结果用t检验法来验证样品的稳定性。表2是样1苦味质稳定性检查数据。

表2 样1（10°P）苦味值稳定性检验数据

测定次数	1	2	3	4	5	6	7	8	9	10	均值	标准偏差
第一时间点	8.5	8.7	8.5	8.6	8.8	8.8	8.7	8.6	8.6	8.5	8.6	0.120
第二时间点	8.7	8.7	8.8	8.7	—	—	—	—	—	—	8.7	0.058

$$t=\frac{\overline{x_1}-\overline{x_2}}{\sqrt{\frac{f_1S_2{}^2+f_2S_2{}^2}{f_1+f_2}}\sqrt{\frac{n_1+n_2}{n_1n_2}}}=\frac{8.7-8.6}{\sqrt{\frac{3\times0.058^2+9\times0.120^2}{3+9}}\sqrt{\frac{4+10}{4\times10}}}=1.57$$

由显著度α（取0.05，置信概率$P=1-\alpha=0.95$，95%）和自由度$f=n_1+n_2-2=12$，查t检验法临界值t_α，得临界值$t_{0.05(12)}=2.18$，由于$t<t_{0.05(12)}$，表明验证样无显著性变化，稳定性检验合格。表中的第二个时间点为第一个时间点后1个月，样品发放时间在第一个时间点后3个月，在第一个时间点后2、3个月时也对样品的稳定性做过检查，得到的平均值都是8.6，计算t值为零，统计数据略，由于参加实验室的检测时间都在第三个时间节点前后十天内，因此我们认为样品是稳定的，对结果的评价不会有影响。

三、数据统计方法与结果评价

3.1 稳健统计技术

能力验证采用的稳健统计技术其特点是对极端结果的处理不是将其从数据组中剔除，而是给其赋予较小的权，使其对平均值估计值和标准差估计值的影响减至最小，其稳定性主要是指统计方法对于偏离假定模型的不敏感性，因此说是一种比较科学合理的统计方法。

主要的统计参数包括：结果总数（*N*）、中位值（Median）、标准化四分位距（Norm *IQR*）、稳健变异系数（Robust *CV*）、最小值（*Min*）、最大值（*Max*）和变动范围（Range）[7]。各个统计参数的数学含义与计算方法如下：

结果数量是指计划中从一堆样品中得到的结果总数；

中位值是指计划中结果的中间值，即有一半的结果高于它，一半的结果低于它。如果N为奇数，那么M是一个单一的中心值；如果N为偶数，则M是两个中心值的平均值；

四分位间距（*IQR*）是上四分位（Q_3）与下四分位（Q_1）的差值，*NIQR*等于四分位间距乘以0.7413，即$NIQR=0.7413\times(Q_3-Q_1)$，相当于一个标准差；

稳健变异系数是表示结果变异性的一个参数，它等于标准四分位间距除以中位值，并以百分数表示，即

$CV=NIQR/M\times100\%$；

最小值是整个结果中的最低值，最大值是最高值；

变动范围为最大值与最小值之差值，即

$R=MAX-MIN$。

稳健能力统计量是评价实验室能力的技术参数，*Z*比分数表示各实验室的测试结果与指定值的差值与指定值的标准偏差之间的比值。采用分割水平样品设计的能力验证计划同时使用实验室间稳健能力比分数（*ZB*）和实验室内稳健能力比分数（*ZW*）对实验室能力进行评价。*ZB*和*ZW*分别依据的是实验室检测分割水平样品所得到的结果对和与结果对差。假设两个样品的检测结果分别为*A*和*B*，那么，结果对标准化总和*S*和标准化差值*D*的计算公式分别如下：

$$S=(A+B)/\sqrt{2} \qquad D=(A-B)/\sqrt{2}$$

通过计算每个实验室的标准化总和及标准化差值，可以得出*S*和*D*的中位值和标准四分位间距[3,7]。*ZB*和*ZW*的计算公式如下：

$$ZB=\frac{S-M(S)}{NIQR(S)} \quad 和 \quad ZW=\frac{D-M(D)}{NIQR(D)}$$

结果评价用*Z*比分数对每个实验室的能力进行评价，样品采用A、B样品对设计，对每个实验室分别给出实验室间*Z*比分数（*ZB*）和实验室内*Z*比分数（*ZW*），并据此评价每个参加实验室的能力。其中*ZB*反映实验室的系统误差，*ZW*反映实验室的随机误差[3]。

$|ZB|$和$|ZW|\leqslant2$ 为满意结果，说明实验室目前的检测能力状况属满意；

$2<|ZB|$或$|ZW|<3$ 为可疑，说明实验室目前的检测能力状况有问题，须复查；

$|ZB|$或$|ZW|\geqslant3$ 为不满意结果（离群值），说明实验室目前的检测能力状况不满意。

3.2 统计处理结果

3.2.1 主要稳健参数的统计结果

表3 主要稳健参数统计结果汇总表

检测指标		结果数	中位值	标准*NIQR*	稳健*CV*	最小值	最大值	变动范围
苦味值/*BU*	A样	31	11.3	0.37	3.27%	8.3	12.5	4.2
	B样		8.6	0.37	4.30%	8.0	13.9	5.9

3.2.2 参加实验室总体能力状况的统计结果

表4 参加实验室总体能力状况统计表

检测指标	结果总数	满意结果		有疑问结果		不满意结果	
		结果数	满意率	结果数	可疑率	结果数	不满意率
苦味值	31	24	77.4%	2	6.5%	5	16.1%

3.3 实验室检测的结果及能力状况统计表

表5 实验室检测苦味值的结果与能力状况统计表

实验室代码	检测结果（*BU*）		标准化和*S*	标准化差*D*	实验室间*ZB*分数	实验室内*ZW*分数	能力状况评价结果
	A样	B样					
0901	11.2	8.4	13.86	1.98	-0.48	-0.31	满意
0902	11.6	9.0	14.57	1.84	1.97	-0.85	满意
0903	10.9	8.4	13.65	1.77	-1.21	-1.13	满意
0904	8.4	11.0	13.72	-1.84	-0.97	-15.02	不满意
0905	10.7	8.1	13.30	1.84	-2.44	-0.85	有疑问
0906	11.7	8.7	14.43	2.12	1.48	0.24	满意
0907	11.4	8.5	14.07	2.05	0.25	-0.03	满意
0908	10.9	8.9	14.00	1.41	0.01	-2.49	有疑问
0909	11.1	8.3	13.72	1.98	-0.97	-0.31	满意
0910	10.5	8.0	13.08	1.77	-3.17	-1.13	不满意
0911	11.3	8.9	14.29	1.70	0.99	-1.40	满意
0912	11.8	8.7	14.50	2.19	1.72	0.51	满意
0913	11.3	8.4	13.93	2.05	-0.23	-0.03	满意
0914	11.3	8.6	14.07	1.91	0.25	-0.58	满意
0915	11.2	8.6	14.00	1.84	0.01	-0.85	满意
0916	11.4	8.2	13.86	2.26	-0.48	0.78	满意
0917	12.5	13.9	18.67	-0.99	16.16	-11.75	不满意
0918	11.6	8.1	13.93	2.48	-0.23	1.60	满意
0919	12.1	9.0	14.92	2.19	3.19	0.51	不满意
0920	11.0	8.8	14.00	1.56	0.01	-1.94	满意
0921	8.3	11.6	14.07	-2.33	0.25	-16.93	不满意
0922	11.4	8.6	14.14	1.98	0.50	-0.31	满意
0923	11.5	8.8	14.36	1.91	1.23	-0.58	满意
0924	11.2	8.6	14.00	1.84	0.01	-0.85	满意
0925	11.2	9.0	14.29	1.56	0.99	-1.94	满意
0926	11.5	8.7	14.29	1.98	0.99	-0.31	满意
0927	11.1	8.6	13.93	1.77	-0.23	-1.13	满意
0928	10.6	8.4	13.44	1.56	-1.95	-1.94	满意
0929	11.5	8.9	14.43	1.84	1.48	-0.85	满意
0930	11.0	8.8	14.00	1.56	0.01	-1.94	满意
0931	11.3	8.5	14.00	1.98	0.01	-0.31	满意

四、结果讨论与整改

针对上面的统计结果，我们还以苦味质为例来讨论一下此次实验室比对的总体情况以及反映出来的问题。总体而言，参加实验室ZB和ZW均不满意的比例很小，表明我集团所属实验室的总体检测水平还是可以的，只有个别实验室存在问题。

能力验证计划中苦味值结果不满意的能力比分数统计结果如表6所示。对于结果不满意的实验室，我们也采取了一些措施，要求限期整改。通过结合统计结果和反馈回来的整改报告我们可以发现造成实验室结果离群的原因大致有以下几种情况。

表6 结果不满意的能力比参数统计表

检测项目	不满意结果总数	ZB不满意		ZW不满意		ZB和ZW均不满意	
		结果数	百分比	结果数	百分比	结果数	百分比
苦味值	7	4	12.9%	4	12.9%	1	3.2%

（1）系统误差太大，0910和0919实验室的不满意就属于之一问题，原因可能是实验室在检测这一指标时方法存在问题，比如方法要求样品不须除气而进行除气，或者是试样振荡或离心时器皿未盖盖，再或者是操作过程中没达到理想的乳化效果等等，实验室应该从这几点着手查找原因。

（2）随机误差大，0917实验室不但系统误差大，随机误差也很大，表明实验室的检测能力存在严重问题，实验室需要全面整改。

（3）结果颠倒报出，代码为0904和0921的实验室就属于这一情况，要避免出现这一问题，主要须注意以下几点，对接收的样品做好唯一性标识，原始记录格式正规，记录及时规范，数据转移准确，结果报告由专人审核等。这个问题暴露出实验室的日常管理存在漏洞，要是实验室制定周密的管理规定并严格执行，那么这一问题绝对是可以避免的。

能力验证结果不满意的实验室必须进行整改，并重新发样进行确认，由于此次能力验证只准备了两个样品，整改后没有样品进行验证，因此只要求实验室查找原因，并用现有的两个样品自行进行验证。不过在以后的工作中我们还会组织类似的比对，一方面对不合格实验室整改进行验证，另一方面促进全集团实验室质量管理水平的提高。

以上是2009年我技术中心在集团范围内开展的实验室比对情况，能力验证是当前国际国内实验室认可工作中最常用的实验室间比对方式，我们认为借用能力验证的模式在大集团内组织实验室比对是切实而有效的提高实验室检测水平的一种方法，相信通过多次比对以后，可以让好的实验室做得更好，差的实验室取得大的进步。

参考文献：

[1] GB/T15483.1-1999利用实验室间比对的能力验证. 第1部分：能力验证计划的建立和运作.

[2] 吴忠祥.实验室能力验证中的分割水平检测样品与文件统计技术.中国环境监测，2003，19（4）：8～10.

[3] 王承忠.实验室间比对的能力验证及稳健统计技术（第一讲能力验证基本概念及活动的组织和设计）.理化检验-物理分册，2004，40（7）：372～276.（第二讲能力验证计划的运作和能力评价）.理化检验-物理分册，2004，40（8）：427～429.（第四讲能力验证试样的均匀性和稳定性检验）.理化检验-物理分册，2004，40（10）：533～538.（第五讲稳健统计技术一）.理化检验-物理分册，2004，40（11）：589～593.（第六讲稳健统计技术二）.理化检验-物理分册，2004，40 （12）：641～644.

[4] 徐建平，刁鸣凤. Z比分数在实验室能力验证检测中的运用，环境监测管理与技术，2003，15（1）：42～43.

[5] 中国合格评定国家认可委员会.能力验证样品均匀性和稳定性评价指南，CNAS-GL03，2006.

[6] Barbara Jaskwal，Koen Goiris，Filip Van Opstaele，Gert De Rouck ，Cuido Aerts and Luc De Cooman. Hopping Technology in Relation to α-Acids Isomerization Yield，Final Utilization，and Stability of Beer Bitterness. J.Am.Soc.Brew.Chem.2009.67(1):44-57.

[7] 中国合格评定国家认可委员会.能力验证结果的统计处理和能力评价指南，CNAS-GL02，2006.

“中国清香型汾酒风味物质剖析技术体系及关键风味物质”的研究

——中国白酒169计划项目

本项目由山西杏花村汾酒厂股份有限公司技术中心与江南大学合作，从白酒最本质的特征——风味化合物着手研究，从特征风味物的发现，到特征风味物的产生机理以及产生载体——风味定向功能微生物、关键酶出发，进而揭示了中国白酒的技术和本质特征。

该项目于2009年4月19日由中国轻工业联合会主持在我公司召开了“中国清香型汾酒风味物质剖析技术体系及其关键风味物质研究”项目技术鉴定会。项目主要研究成果有：

（1）应用国外先进的GC-O结合GC-MS技术，建立了我国清香型白酒微量成分和风味化合物定量分析方法学体系。

（2）运用GC-O与GC-MS技术，确定中国清香型白酒的风味化合物，全面系统地认识我国清香型白酒的代表——汾酒的风味化合物。

（3）首次应用液液萃取结合正相色谱技术，运用GC-MS等分析检测汾酒的微量成分达703种。

（4）首次应用GC-O结合GC-MS技术，分析检测到清香型汾酒中的风味化合物100种，其中重要的香气成分31种。

（5）应用OAV技术确认关键香气成分8种。

（6）首次发现清香型白酒的特征风味成分β-DMST，该化合物仅存在于清香型白酒中，其他中国白酒主要香型(浓香型、酱香型、兼香型等香型)白酒中未发现。

(7)进一步弄清楚了汾酒主体香味成分，同时，也对乙酸乙酯是汾酒主体香的传统认识提出了新的思考。

(8)采用目前国际上生物技术最前沿的基因组学研究手段，对白酒固态发酵机理及规律进行了研究，对新酒辅料味的成分产生机理有了新的发现，并找到了相对应的微生物，为进一步提高汾酒质量，去除新酒辅料味找到了解决办法。

“中国清香型汾酒风味物质剖析技术体系及关键风味物质的研究”，有助于确认大清香白酒的特征风味物质，通过风味导向的组分研究深入探索特征风味物质的形成途径和机理，找寻风味定向功能微生物，优化生产工艺，强化白酒中的主体风味物质，提高优质酒的生产效率；同时，可以解决所谓的酒精勾兑酒与固态酿造酒之间的区别，

该技术的应用，不仅能够保证勾兑过程中批次产品的稳定，而且能够清晰白酒生产过程中异味的本质，并消除其异味的产生。

汾酒曲醅中产高温蛋白酶芽孢杆菌的分离

王丽[1] 韩建荣[2] 赵景龙[3] 王佳丽[1] 李凯[1]

1. 山西大学生物技术研究所，山西太原030006；2. 山西大学生命科学与技术学院，山西太原030006；
3. 山西杏花村汾酒厂股份有限公司技术开发中心，山西汾阳032205

[摘要] 从汾酒厂的酒醅、酒糟、曲粉、曲块和湿曲5种样品中，分离纯化出42株芽孢杆菌。通过在酪蛋白平板上测定透明圈筛选得到1株在高温下产蛋白酶能力很强的菌株，编号为W20。W20的产酶最适温度为55℃，产酶能力随pH的升高先增大后减小，在pH为7时产酶能力最强。蛋白酶标准测定法结果也证明W20是1株高产高温蛋白酶芽孢杆菌菌株。55℃时测得的蛋白酶活力高达708.33U/mL。

[关键词] 汾酒大曲　高温蛋白酶　芽孢杆菌

Isolation of thermotolerant protease producing *Bacillus* from Fen Daqu and fermented grains

WANG Li[1], HAN Jianrong [2], ZHAO Jinglong[3], WANG Jiali[1], LI Kai[1]

(1.Institute of Biotechnology,Shanxi University,Taiyuan 030006,China;2.School of Life Science and Technology,Shanxi University,Taiyuan 030006,China; 3.Technique Development Centre,Shanxi Xinghuacun Fenjiu Distillery Co.Ltd.,Fenyang,032205,China)

Abstract: Forty-two *Bacillus* strains were isolated from the fermented grains, distilled grains,Daqu powder,Daqu cake and wet Daqu of Chinese Fen liquor. Through determination of the transparent circle on casein plate, strain W20 was selected as a high thermotolerant protease producing *Bacillus* strain. The optimum protease-producing temperature of W20 was 55℃.Along with the increase of pH, the protease-producing activity of W20 increased firstly and decreased afterwards and the highest protease-producing activity appeared at pH 7.The results of standard determination of protease also proved W20 was a high thermotolerant protease producing *Bacillus* strain. The thermotolerant protease activity of W20 reached 708.33 U/mL at 55℃.

Key words: Fen Daqu; thermotolerant protease; *Bacillus*

汾酒以悠久的历史文化驰名，是我国清香型白酒的典型代表。汾酒大曲中有复杂而丰富的微生物群，其中的芽孢杆菌在汾酒大曲中含量虽然不多，但自始至终都存在，它繁殖迅速，特别在高温、高水分、曲块发软的区域，常有芽孢杆菌的繁殖[1]。另外，有报道显示美拉德反应是白酒香味产生的主要原因之一，而芽孢杆菌在高温环境中蛋白酶的产生，可以增加游离氨基酸的含量，为美拉德反应提供了足量的前驱物质[2]。高温蛋白酶反应温度高、活性强、具有良好的热稳定性，在食品工业中具有广泛的应用前景。本实验对汾酒大曲、酒醅等样品中的产高温蛋白酶的芽孢杆菌进行了初步分离，并对其产酶条件和酶学性质进行了初步研究。为下一步阐明产高温蛋白酶芽孢杆菌对汾酒风味成分的影响奠定基础，为改善汾酒工艺和生产调味酒提供实验依据。

一、材料与方法

1.1 样品

酒醅、酒糟、曲粉、曲块、湿曲、产高温蛋白酶芽孢杆菌1017和1020菌株：由山西杏花村汾酒厂股份有限公司提供。

1.2 培养基

营养肉汁胨培养基：牛肉膏30g、蛋白胨5g、NaCl 5g、$MnSO_4 \cdot H_2O$ 5mg、琼脂15g～20g、蒸馏水1000mL，pH7.0～7.2。

酪蛋白培养基[3]：脱脂奶粉35g于250mL的蒸馏水中115℃灭菌5min，琼脂20g于750mL蒸馏水中121℃灭菌20min，灭菌后混匀使用。

种子培养基[4]：葡萄糖10g、蛋白胨2g、酵母浸出粉2g、NaCl 3g、蒸馏水1000mL，pH 8。

产酶培养基[4]：$(NH_4)_2SO_4$ 1g、酵母浸出粉1g、葡萄糖1g、NaCl 1g、$MgSO_4$ 0.5g、$MnCl_2$ 0.05g、$CaCl_2$ 2g、干酪素2g、蒸馏水1000mL，pH 7.0。

1.3 实验方法

1.3.1 汾酒大曲中芽孢杆菌的分离

在装有100mL无菌水的三角瓶中分别加入1g经研磨过的样品，棉塞封口，电炉上加热煮沸10min，冷却稀释。将样品稀释液分别涂布于营养肉汁胨平板上，45℃培养24h，观察菌落特征，选取差异明显的菌落进一步纯化培养，保存备用。

1.3.2 产高温蛋白酶芽孢杆菌的初筛

透明圈测定法[5]：将分离纯化的菌株，点式接种于酪蛋白平板上，45℃培养24h，然后用直尺测透明圈直径（R）与菌落直径（r），根据平板上透明圈直径和菌落直径的比值（R/r）选出能产生较大透明圈的菌株。

1.3.3 产高温蛋白酶芽孢杆菌的复筛

将初筛得到的菌株及2个对照菌株，45℃培养24h，取出后加入10mL浓度为10%的三氯乙酸使酶失活，测定并计算R/r，从而筛选出汾酒大曲中的产高温蛋白酶能力较强的菌株。

1.3.4 菌株的镜检与鉴定

采用革兰染色法、芽孢染色法在光镜下观察菌株的形态特征，对筛选出的产高温蛋白酶能力较强的菌株进行初步鉴定[6]。

1.3.5 产高温蛋白酶菌株的最适产酶温度和最适pH的测定

复筛得到的菌株点式接种于酪蛋白平板上，分别置于30℃、40℃、45℃、50℃、55℃、60℃、65℃培养24h后测R/r，确定各菌株产酶的最适温度。

同样将复筛得到的菌株点式接种于pH为3.0、4.0、5.0、6.0、7.0、8.0、9.0、10.0的酪蛋白平板上，45℃培养24h后测R/r，确定各菌株产酶的最适pH。

1.3.6 摇瓶发酵培养[7]及标准测定法测蛋白酶活力

将筛选出的菌株经斜面活化后，接1环于装有10mL蒸馏水的试管中，混匀后用移液管移取1mL于种子培养基（30mL/250mL三角瓶）中，分别于30℃、35℃、40℃、45℃、50℃、55℃条件下220r/min振荡培养24h，取2mL转接至产酶培养基（30mL/250mL三角瓶）中，对应温度下继续振荡培养48h，3500r/min离心30min，取上清液测蛋白酶活力。蛋白酶活力按照专业标准蛋白酶活力测定法[8]（福林法）测定。蛋白酶活力单位定义：1mL酶液在40℃、pH7.5的条件下，每分钟水解酪蛋白产生1μg酪氨酸所需酶量定义为1个酶活力单位，U/mL。

二、结果与分析

2.1 汾酒大曲中芽孢杆菌的分离

样品在三角瓶中加热煮沸10min，杀死大部分微生物，而芽孢杆菌由于其具有耐热的芽孢，所以能存活下来。通过多次划线分离，从酒醅中分离到7个菌株，酒糟中分离到8个菌株，曲粉中分离到19个菌株，曲块中分离到8个菌株，湿曲中没有分离到菌株。这些菌株的菌落特征是乳白色、圆形或不规则、湿润、不透明、边缘不整齐、多数有褶皱、部分有轮回，且有不愉快的气味。

2.2 产高温蛋白酶芽孢杆菌的初筛

分离得到的42个菌株在酪蛋白平板上培养24h后，测定结果显示：透明圈直径与菌落直径的比值（R/r）≥2.0的菌株共有8株。这8株芽孢杆菌作为产量较高的高温蛋白酶芽孢杆菌进行下面的复筛。

2.3 产高温蛋白酶芽孢杆菌的复筛

对初筛得到的8个菌株重复在酪蛋白平板上45℃下培养24h，测量R/r，W20菌株的R/r最大，说明其在相同条件下酶活最高，因此选择W20菌株做进一步研究。

2.4 W20菌株和两个对照菌株的形态特征

芽孢染色镜检结果显示：W20和对照菌株1017、1020（由汾酒厂提供）均呈细杆状，芽孢椭圆，W20有荚膜，芽孢的位置偏生（图1）；对照菌株1017、1020无荚膜，1017菌株芽孢的位置中生（图2）、1020菌株芽孢的位置偏生和端生（图3）。3个菌株革兰染色均呈阳性。

2.5 产高温蛋白酶菌株的最适产酶温度和最适pH

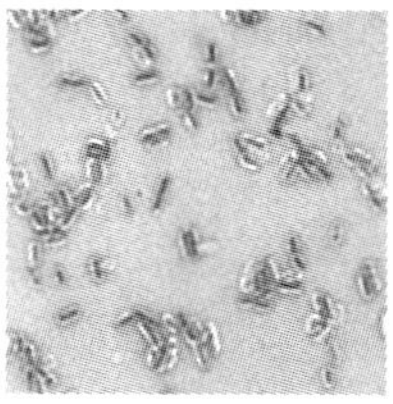

图1 W20菌株（15×100）

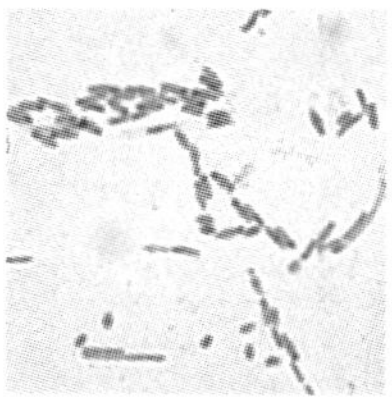

图2 1017菌株（15×100）

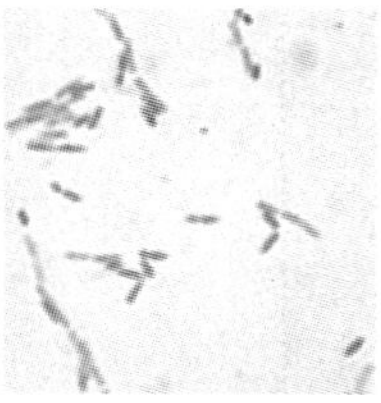

图3 1020菌株（15×100）

将W20和两株对照菌株置于不同温度下培养24h后测定R/r，结果表明1017号和1020号菌株在40℃的产酶能力最高，而W20在55℃下产酶能力最高，并且W20的最高酶活（R/r为3.67）比两个对照菌株的最高酶活要高。

将W20和两株对照菌株置于不同pH下培养24h后测定R/r，结果表明3个菌株在pH3、pH4和pH10时都不生长，在pH5～9它们的酶活都随pH的升高先升高后降低，在pH8时酶活最高。3个菌株中，W20的R/r最大，为3.7（图4）。

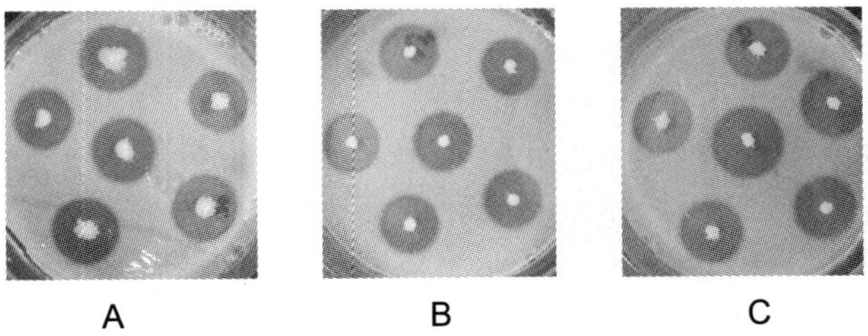

A：W20菌株；B：1017菌株；C：1020菌株

图4 40℃、pH8时3株菌透明圈大小的比较

2.6 摇瓶发酵培养及蛋白酶活力测定

摇瓶发酵培养后，分别测定发酵液的蛋白酶活力。结果表明：对照菌株1017、1020在40℃酶活力最大，分别为577.02U/mL、657.82U/mL，当温度提高到55℃时，1017、1020菌株因耐热性差而终止产酶，而W20菌株在55℃时酶活力可达708.33U/mL，这个结果与前面的透明圈测定结果相吻合。

三、讨论

汾酒高温大曲中温度一般为50～60℃，其中的芽孢杆菌也是耐高温菌。明胶培养基在20～22℃为液体培养基，对于研究高温高蛋白酶的筛选很不适用，实验选用酪蛋白平板，不仅适合在高温测定蛋白酶，而且透明圈很明显，证明是筛选产高温蛋白酶芽孢杆菌的一种良好培养基。

关于芽孢杆菌在白酒发酵中的作用，浓香型、酱香型白酒生产企业和有关科研单位都已做了大量的研究，可以说浓香型、酱香型白酒在其生香方面是离不开芽孢杆菌的，而对于清香型白酒中芽孢杆菌的研究还远远不够。国内外对获得高温蛋白酶菌株的理论研究不少[9-10]，但是大多通过诱变育种来获得高温高蛋白酶菌株。本实验通过筛选自然界原有的产高温蛋白酶芽孢杆菌获得1株产酶能力较对照菌株更强的菌株，且更耐高温，适用pH范围广，在汾酒酿造过程中很有价值的菌株，但其液化力、糖化力以及代谢产物对汾酒风味的影响有待进一步研究。

参考文献：

[1] 王月梅，赵迎路.芽孢杆菌对汾酒风味的影响[J].酿酒科技，2002（5）：31～32.

[2] 庄名扬，王仲文，孙达孟，等.美拉德反应与酱香型白酒[J].酿酒，1999（4）：42～47.

[3] 中国科学院微生物研究所.菌种保藏手册第一版[M].北京：科学出版社，1980：53.

[4] 张云峰.嗜热蛋白酶生产菌的筛选[J].西南师范大学学报：自然科学版，2006，31（2）：157～161.

[5] 胡青平，徐建国.耐高温蛋白酶菌株的筛选[J].生物技术，2005，15（5）：20～21.

[6] Buchanan R E.Gibbons N E（editors）.伯杰氏细菌鉴定手册（第8版）[M].北京：科学出版社，1984.

[7] 武波，蒋承建，陈以涛，等.一株产耐高温碱性蛋白酶菌株的筛选[J].食品与发酵工业，2001，27（6）：16～19.

[8] ZB X 66030-87.中华人民共和国专业标准蛋白酶活力测定法[S].

[9] 梅承芳，江晓路，牟海津，等.碱湖高产碱性蛋白酶菌的选育和产酶条件研究[J].中国海洋大学学报，2005，35（4）：613～617.

[10] 李宏，刘成君，王兰.高温碱性蛋白酶菌株的选育及酶性质研究[J].食品与发酵工业，2005，31（4）：29～32.

白酒尝评方法与消费者饮酒习惯的关系探讨

投资公司品质管理部、四川金六福酒业酒体设计中心

[摘要] 目前白酒在品评时进口量难以恒定，且品评的进口量与消费者在饮用时进口量之间存在差别，传统的品评侧重于对色、香、味、格的综合评价，而不能准确的判断在入口量过大时（如干杯）香味强度对咽喉的刺激感，传统的品评办法在一定程度上不能完全反映出酒体特点。为适应现代白酒的尝评，本课题在传统的尝评办法基础上增加“刺激度”和“香气强度”感官尝评指标，我们在品评时尝试将进口量量化后进行尝评，反复试验，定义尝评的标准刺激度和香气强度值。期望能对产品进行更全面的评价，在稳定各批次成品酒质量上都能起到促进的作用，希望对投资公司各酒厂在酒体设计时起到一定的积极影响作用。

[关键词] 品评方法　进口量　量化标准　行业发展

在百舸争流的白酒市场，诸酒口味之多。由于不同区域消费者口味不同，诸酒各占据一定市场份额。有些消费者由于健康意识的强化，并不愿意大口喝酒，但迫于交际场合的无奈，只能强咽作罢。由于进口量过大，白酒过浓的香气喷入口腔，同时刺激舌喉，造成难以下咽。因此当今消费者较青睐淡雅型酒，给江淮白酒带来了新机遇。白酒消费者大致可分为嗜好性的个体饮酒和被动的交际饮酒。这两种饮酒场合的进口量有很大区别，嗜好性消费者的进口量大致为2.0～5.0mL，交际饮酒的进口量较大，为3.0～15mL。酒体设计员用传统的方法对对酒样进行感官尝评时，品评进口量一般为0.2～2.0mL。同一种产品在不同进口量时，产品的刺激感和香气强度感都会有所不同。可能酒体设计员在对酒样进行品评时，认同了该产品。但是，由于消费者放大了数倍的进口量，不能接受其对口腔和咽喉的刺激感，就可能不大认同该产品。本课题做进口量单因素品尝对照试验，可得到不同进口量和刺激感，香气强度值的关系。在开发新产品时，针对产品的消费群体能接受的最佳刺激范围，确定刺激值和香气强度值参数。本研究将继承传统，研究出与市场接轨的符合消费者饮用习惯的白酒尝品方法。

一、品评方法与现实存在的对比

我国酿酒业历史悠久，工艺传统，产品质量优良，有着广阔的市场前景。随着经济的发展，人们生活水平大幅提高，人们的需求也向个性化方向发展。白酒消费人群和消费口味不断变化与更新，酿酒业面临着研究如何适应消费者口感需求的的重大课题，产品更新换代的能力必须更进一步增强。酒体风味设计学是研究酒体风味特征形成的规律，设计和指导生产具有独特风味的酒体的科学，同时能够克服产品各批次之间的质量波动，保证和提高产品质量，从而有效地帮助我们进行酿酒工艺改革和新产品酒体开发，达到增强企业核心竞争力的目的。酒体风味设计中有一个重要的原则，设计的酒体是否适合消费者的饮用和适应程度。因此产品的质量信息是酒体设计的基础。

白酒的质量标准，分为理化指标（含卫生指标）和感官指标。白酒的质量好坏，要从这两个方面进行评价。不同香型或不同风格、特点、类型的白酒，各自执行不同的标准。所执行标准中还有国标或行业、地方标准之分。将不同香型或不同风格、特点、类型的白酒做质量评价，是一件困难的事情。白酒的理化指标，是用其所含香味物质的化学成分多少来衡量。感官品评指标，是用语言来描述，对香、味和酒体进行衡量判定。两者缺一不可。白酒作为食品，感官品评指标才是质量好坏的根本。白酒的香和味的复杂性以及酒体风格，目前用化学成分的方法无法完全界定，只能用品评的方法进行描述和区分，因此，品评在酒体设计中的地位是不可忽视的。

传统的味觉品评方法是先将盛满酒样的酒杯端起，吸取少量酒样于口腔内，品尝其味，具体方法是：吸取0.2～2.0mL，每次入口量要基本保持一致；酒样布满舌面，仔细辨别其味道；酒样咽下后，立即张口吸气，闭口呼气，辨别酒的后味；品尝次数不宜过多，一般不超过3次，每次品尝后用茶水漱口，防止味觉疲劳。

四川金六福酒业有限公司酒体设计中心组织有一定尝评经验的人员以传统的尝评方法进行了进口量进测试实验，实验结果如表1。

从表1尝评结果可以看出，同一轮次酒样，四人在尝评时，平均进口量范围在0.4～0.8，存在进口量上微量的差异，会对尝评结果产品影响。

如此可以看出，传统的品酒方法，进口量问题很明显，一般以0.2～2.0mL为宜，这一进口量过于笼统，仅仅人为的用嘴来控制进口的量，很难达到进口量的一致，且入喉酒样量甚微，不能完全地体现出产品在口腔和在入喉时候的刺激度来。所以在传统的酒体设计时，往往将这种刺激感带来的影响忽略了，导致我们设计的酒体口感容易脱离消费者，与市场脱轨，造成企业不必要的无形损失。譬如：我们开发一款高端商务酒，由于该酒主要是面向高端消费市场的交际场合，以传统的尝评方法尝评，色、香、味、格诸条件甚佳，但喝酒时进口量较大，而酒体太过丰富就容易造成香气强度过大，刺激感陡增，有消费者会认为此产品烧喉咙，甚至辣口，再加上每位消费者本身认知度的差异，使得企业与消费者之间产生不必要的误会，影响产品形象。因此，我们在酒体设计的同时，勾调品评人员必须重视进口量的问题，这是一个亟待解决的现实问题。

通过对比可以看出，如果在尝评过程中，能将进口量进行标准化，可以加强尝评的准确性，并缩小尝评人员因主观因素产生的感官检验误差。

二、进口量与刺激度测试

四川金六福酒业有限公司酒体设计中心组织有一定人员反复进行了进口量和刺激度的相关实验，对该课题进行了系统的研究。

1. 在标准进口量时对刺激度的检出力测试

测试样品：用45度中档尝评酒样

测试方法：使用同一样品酒，准确用移液管吸取标准量，放入洗净的酒杯中进行尝评（先测试酒杯残留，残留的数量，额外加入后尝评），测试对入喉时的刺激度检出力。（见表2）

通过表2尝评实验可以看出，在传统的尝评进口量2mL以下时，4个测试人员均不能正确的判断酒体对喉咙的刺激程度。8mL以上时，因进口量偏大，刺激强烈，最适合的尝评进口量应为3～5mL，能正确的判断刺激度。

2. 不同酒体在相同进口量时刺激度的测试

用移液管对进口量进行量化后，对不同酒度，不同酒体的产品进行尝评测试实验。

测试样品：分高、中、低度酒和高、中、低三档次酒，分别选用了一个样品，共计6个样品酒进行实验。

测试方法：六个样品酒分别用移液管吸取标准量，放入洗净的酒杯中进行尝评（先测试酒杯残留，残留的，额外加入后尝评），检验其刺激度。刺激度值以在入喉时所持续的时间来表示。

标准进口量：3mL。

表1

	1#酒样	2#酒样	3#酒样	4#酒样	5#酒样
1#	0.5mL	0.7mL	0.6mL	0.6mL	0.5mL
2#	0.4mL	0.6mL	0.5mL	0.5mL	0.6mL
3#	0.5mL	0.7mL	0.8mL	0.7mL	0.6mL
4#	0.7mL	0.6mL	0.6mL	0.5mL	0.6mL

表2

	1mL	2mL	3mL	5mL	8mL	10mL
1#	不能检出	短暂	有明显感觉	有明显感觉	刺激感强烈	刺激感强烈
2#	不能检出	短暂	有明显感觉	有明显感觉	刺激感强烈	刺激感强烈
3#	不能检出	不能检出	有明显感觉	有明显感觉	刺激感强烈	刺激感强烈
4#	不能检出	短暂	有明显感觉	有明显感觉	刺激感强烈	刺激感强烈

实验情况：

	38%vol高档酒	45%vol高档酒	50%vol高档酒	33%vol中档酒	45%vol低档酒	50%vol中档酒
1#	7s	8s	9s	6s	11s	11s
2#	9s	10s	9s	6s	13s	10s
3#	7s	9s	8s	7s	14s	9s
4#	6s	8s	8s	5s	11s	10s

实验证明，不同酒度、不同档次的成品酒，其刺激度均有一个稳定的区间值，通过尝评，可以确定每个成品酒的标准刺激度区间值，从而能在新产品开发时，针对产品定位情况，制定新产品的标准刺激值范围，使产品更容易贴近消费者口感要求。

3．综合实验

在对各个地方酒体特征系统调查的基础上，我们勾兑组合了五种酒样，分别就进口量的问题进行了鉴评，经过进口量定制，来测定每个样品的标准刺激值和香气强度标准值，刺激强度是入喉时刺激的强弱程度，以参数值表示。

该课题结合市场反馈的信息，我们筛选了两个关键指标，分别是刺激度和香气强度感，所调制的酒体要求刺激度和喷香感都适宜，所以酒体设计好后，我们品评时，进口量的问题非常重要。本文中，在结合市场所反映的信息以及品评方法的研究，我们将进口量量化，分别为2mL，5mL，8mL，10mL，15mL；同时刺激度和喷香感的判别标准以十分制计算，加以量化，分别设纯净水的刺激度值零，酒精的喷香感值为0。两者分值愈高，其刺激度愈强，喷香感愈强。在系统的品评过程中，我们得出结论如下：

进口量与刺激度、喷香感的关系

酒样名称	进口量（mL）	刺激强度值	香气强度值	备注
酒样1#	2	5	5	适宜
	5	6	5	无
	8	7	6	无
	10	8	6	无
	15	9	6	无
酒样2#	2	4	5	无
	5	5	5	适宜
	8	7	6	无
	10	8	6	无
	15	9	7	无
酒样3#	2	3	5	无
	5	4	5	无
	8	5	5	适宜
	10	6	6	无
	15	8	6	无
酒样4#	2	2	3	无
	5	3	4	无
	8	5	4	无
	10	5	5	适宜
	15	6	7	无
酒样5#	2	2	2	无
	5	3	3	无
	8	4	4	无
	10	5	4	无
	15	5	5	适宜

在进行味觉鉴评的同时，外界环境，品酒员身体状况等因素基本恒定，得出的进口量单因素对酒体的影响结果客观公正。由上表可以看出，进口量的多少，对酒体设计的影响是显而易见的。

（1）酒样1#：最佳进口量是2mL，随着进口量的增加，刺激感明显增强，而香气的增加的幅度较小，所以在勾调过程中不能只重视香气以及酒体浓郁程度，应该多方面思考，拓展产品空间，给消费者营造一种和谐的气氛。

（2）酒样2#：最佳进口量是5mL，但是这款酒体随着进口量的增加，刺激度与香气强度都会明显增强，所以该酒体适合家用或者个人品评，不适合交际场合。

（3）酒样3#：最佳进口量为8mL，其刺激度和喷香感相对都比较柔和，但是不宜大口饮用。

（4）酒样4#：最佳进口量为10mL，本款酒体适合用于商务用酒，其性价比也非常高，酒体柔和，绵柔甘洌，后味净爽，余味悠长。

（5）酒样5#：最佳进口量为15mL，本款酒体在酒样4#的基础上做了调整，酒体比较淡雅，随着进口量的增加，其风味特征越明显，但是15mL的进口量在实际中过大，所以我们不提倡。

从综合实验可以看出，酒体设计员品酒时要因地制宜，感受进口量对于酒体刺激感和香气强度感的变化关系，体会是否容易下咽。传统的酒体设计员的尝评方法只注重了白酒的色、香、味、风格四个方面，且酒体设计人员尝品酒样时入口量不能保持一致，忽视了酒体入口以及对喉部的刺激度、酒体独特个性的设计，这些问题需要引起我们足够的重视。

在酒体设计过程中可以这样设想，将每个产品确定在不同入口量时的标准刺激感值和香气强度值的标准区间值，在产品开发过程中和产品出厂前，专业的酒体设计人员在尝评时，需根据要求除对尝评进行传统的色香味格的感官检验外，还需对照标准值测试酒体在各标准入口量时候的刺激值和香气强度值，只有产品的全部指标均达到要求，才能允许生产。

三、实验的意义和影响因素

我们研究白酒尝评方法与消费者饮酒习惯，最终目的在于能形成更加完善的尝评方法来适应消费群体的消费习惯，设计出高质量的酒体，能够适应社会的发展，满足广大消费者的内在需求。因此，我们总结了进行酒体风味设计的思路如下：

（1）酒体设计前首先要做好调查工作，了解市场对酒的品种、规格、数量、质量的要求、目标市场的饮食消费习惯、产品生产技术的现状和发展趋势，为制定新的产品的酒体风味设计方案准备第一手资料；

（2）通过对本公司产品进行感官和理化分析，找出畅销产品在质量上的差距，明确影响产品质量的主要原因；

（3）通过各种渠道掌握不同地区消费者的需求，了解消费者对原有产品有哪些看法，广泛征求消费者对改进产品质量的建议。

在接收了各方面信息后，设计人员的头脑中就有了新的酒体风味设计的创意，也就是说，根据消费者的饮用习惯不同，针对不同地区设计具有不同风格特色的酒体。作为专业的酒体设计人员，要不断学习，积累丰富的知识，了解信息和收集资料，联系我们的专业知识进行酒体创造，要能从消费者或者同行无意的话语中去分析，得到灵感，创新酒体。酒体设计完成后，感官鉴评是非常重要的，进口量因素的影响不容忽视。进口量的量化从一定程度能解决了本公司品评人员因素质、外界条件等因素差异而产生的评定结论和分数悬殊、标准难以掌握的弊端，达到量分尺度明确，结论评价完美科学。这对提高尝评人员技术水平、公正评选新产品、稳定各批次成品酒质量都起到促进的作用。

在研究过程中，我们对影响尝评的因素进行了相关的分析，主要因素有四点：身体健康状况与精神状态因素；品酒能力及经验因素；评酒环境因素；心理因素。其中，前三点为客观因素，主要影响因素来自于主观的心理因素。

人的知觉能力是先天就有的，但人的判断能力是后天训练而提高的，因此，对于品酒师要加强心理素质的训练，注意克服偏爱心理，猜测心理，不公正的心理及习惯心理；注意保持轻松、和谐的心理状态。在品酒过程中，要防止和克服顺序效应、后效应和顺效应。如何最大限度地克服影响尝评的因素是提高尝评准确性的关键。酒与酒之间的顺序效应怎么样去克服，譬如：香水的鉴品方法，当顾客购买香水时，为了不让上一瓶香水干扰下一瓶香水的香气，导购员都会让顾客嗅一会咖啡豆。所以在试验中，我们设想，如果在我们品评白酒的时候，也能引进像咖啡豆一样的防止效应的物资在尝评现场，许多因素的干扰都可以降到最低，但哪样物品更适合做为白酒的抗效应物品，还有待进一步的试验。

通过对白酒尝评方法与消费者饮酒习惯的关系的分析研究，进口量的不同对尝评结果的影响很大，通过对进口量的量化，在传统感官尝评指标的基础上增加“刺激度值”和“香气强度值”两个尝评指标，可以更加全面地对产品进行综合评价，使尝评结果更贴近消费者的消费习惯，使尝评更具有科学性。

当然，本文只做了在不同标准进口量的前提下，刺激度和刺激强度的研究，既然进口量可以量化，那么闻香也可以细化甚至量化，闻香时间可以控制在某个时间段，达到消费者最能接受的范围，从消费者的饮用习惯出发，建立消费者能接受的香气和口感值曲线，制定标准范围，将尝评指标更加细化，还需要更多的试验来论证。目前研究仅限于在专业尝评勾调人员的细小群体中进行，市场的适应性还有待结合消费群体去广泛试验，包括外在因素的影响，都有待公司同行的探讨与交流。随着科学技术的发展，将来的评酒方法和技艺必将是更加新颖科学，尝评结果会更加精确。我们将不断总结经验，愿与公司的同行创造更多更好的新方法来推动我国评酒技艺的提高和白酒行业的新发展。

新建窖池建窖方法的研究

熊翔、杨志龙

湖南湘窖酒业有限公司（422000）

[摘要] 浓香型大曲生产与其它香型不同之处在于使用窖泥和万年糟，“老窖出好酒”，浓香型大曲酒生产离不开老窖这一特殊发酵容器，窖泥是老窖的根本，它需要长期连续的发酵产物浸润到窖泥中，逐渐富集与生香有关的窖泥功能菌。窖墙作为窖泥的唯一载体，其保水性、结构稳定性直接关系到老窖的形成。因此，通过对新建窖池筑窖方法的研究对老窖老熟、酿制优质酒至关重要。本文就试制方法与同仁一起交流，敬请指正。

[关键词] 建窖方法、泥窖、砖窖、防水层

一、现有建窖方法及优缺点分析

根据建窖材料，建窖方法包括两大种[1]，一种以泥为主体、层层垒上的泥窖，一种以砖石为主体、砌成墙状的砖窖。近年来，在四川邛莱地区部分酒厂采用下半部为砖窖、上半部为泥窖的混合窖。

1. 泥窖及优缺点

将黄泥或表层泥、石灰按一定比例，加适量水，按斜度10～15度的原则，用两板相夹，一层一层筑紧夯实，往上升，同时加竹筋以增强窖墙结构力，石板铺窖埂，打竹签抹窖泥。

主要优点：

（1）窖壁有一定斜度，利于发酵代谢产物如有机酸、酯、醛、醇及CO_2等连续进入窖泥[2]，达到以糟养窖、以窖养糟的目的。

（2）窖池保水性好，窖池与窖池之间不串水，易形成封闭生态环境，以土、泥为主体做成的窖有助于窖泥微生物的生长和窖泥老熟[3]。

主要缺点：

（1）墙体易倒塌 长时间后黄水通过窖泥、竹签渗入墙体泥内，使墙体水分增大，失去原有的强度，造成墙体倒塌，重新筑窖时又变成了新窖。

（2）不利于窖泥复壮 将窖泥换下来复壮时，易触动竹签，对墙体损害很大，再抹上窖泥时，加之复壮的窖泥水分一般都有38%～40%，通过竹签接渗入墙体，易使其倒塌（七班西头窖埂相当好，更换窖泥后出现较大比例的倒塌）。临水酒业是砖窖，这也是窖泥复壮技术在湘窖酒业不能执行而临水酒业能够成功推广的根本原因。

2. 砖窖及优缺点

在防水层倒串梁，再用砖砌墙，然后按每隔15～20厘米预留孔，以便插竹签，再抹窖泥。

主要优点：

（1）长期使用不易倒塌。

（2）可以在抹窖泥前让砖吸足水分，对墙体吸收窖泥水分的影响就很少，从这面来看有利于窖泥老熟。

（3）窖泥复壮时，更换窖泥对墙体无损伤。

主要缺点：

（1）墙体无斜度，直上直下，挂窖窖泥厚度有限，对挂窖不利，且长期连续的发酵产物不能浸润到窖泥，不利于窖泥老熟。

（2）窖池的保水性能差，窖泥之间易串水，滴窖不彻底，影响出酒率及产酒质量。

3．下半部是砖窖、上半部是泥窖的混合窖

即具备泥窖、砖窖的优点，又具备泥窖、砖窖大部分缺点。

二、新建浓香型窖池方法的研究

我根据以上3种窖池的优缺点，并结合有关设计人员经验，设计了一种全新的建窖方法，并综合考虑窖池形状、大小、建窖材料、窖池环境等方面因素：

1．窖池形状、大小

窖池形状、大小应根据生产需要和容积比等方面进行综合考虑：

$$A=S/V$$

式中 A 单位体积酒醅的窖泥表面积（底面积），m^2/m^3

S 窖池表面积，m^2

V 窖池体积，m^3

从理论上讲窖池的长宽之比越大，A就越大，单位体积内的窖泥接触面积也越大，酒质量就好，一般要求A在1.5以上为好。从生产方便及场地尺寸等方面综合考虑，新建窖池窖埂长3.6米，宽2.5米，长宽比约为1.5:1。

因窖墙有斜度，窖池越深，底面积越小，从场地利用率等方面综合考虑窖池深为2.2米（铺窖泥后深2.0米）。

2．材料

红砖、黄粘土、水泥、河沙、生石灰、竹签等

3．防水处理

防水处理就是将地下水、地表水与窖池尽量隔绝，使窖池形成一个小的不受外界影响的生态环境。方法：先用压路机将原有地坪压实，再将85%黄土与15%石灰的二合土拌匀后，加适量水，用压路机压成20～30厘米的地坪，注意每次压实后的厚度不得超过10厘米，同时在四周砌隔水墙，外涂水泥防水。

4．建窖方法

（1）先将黄粘土挖碎，按一定比例与生石灰混合均匀，加适量水。再用两板相夹，特殊固定，夯成后宽约50或70厘米（窄墙50厘米，宽墙70厘米）的二合土墙。一层一层筑紧夯实，往上升，同时加竹筋以增强窖墙结构力，夯二合墙的总高度约1米。然后用专用工具将刚夯筑的墙体修整为斜度为12～15度（斜度约1/8）的倒梯形，用于防止窖池之间的相互渗水。

（2）在倒梯形的两侧各砌宽约24厘米（横砖长度）砖墙，砖砌至墙高出原黄土石灰夯筑的二合土墙5～8厘米即可，形成四周环形是砖、中间凹槽。在砌砖的同时将长约20厘米的竹签按12～15厘米间距砌在墙体里，外露部分砌到砖墙里，赶到二合土墙与砖墙的连接作用。砌墙时要特别注意，红砖要吸足水分，以减少对新窖泥水分的吸收。

（3）用水泥、河沙、碎石等材料加水混合，倒进凹槽中，并高出砖2～3厘米左右即可，作为串梁用，起到下半部二合土与上半部的红砖连接到一体的作用。

（4）在已做的串梁上继续砌砖墙，加竹签要求同上，两个墙面斜度为12～15度，砌至总高度为约2.0米，砖墙即为结束，顶部宽约40或60厘米。

（5）在砖墙顶部做水泥混制土窖埂，宽度砖墙顶部同宽，高约15厘米，使整个墙连在一起。在上面嵌每端宽出砖墙顶部约5厘米的麻石板，便于抹窖泥和窖池养护。

（6）用麻绳从下往上绕，要绕紧，每上下两排之间三个的竹签绕成正三角形，准备抹窖泥。

（7）抹窖泥之前，用底锅水、低度酒尾、尾水洒淋砖墙两遍，以不再能吸水为宜，再用力将窖泥一块一块往墙里摔，窖底铺20厘米厚的窖泥，表面用平板抹平即成，2～3小时内入窖。

三、结构分析及讨论

（1）整个车间底部与外部都有常规的防水措施，使外面水不能进入车间窖池内，有利于整个车间内形成一个有效的生态系统。

（2）底部砖墙内有约1米高的二合土墙，抹窖泥后高约0.8米，高出正常黄水线位置，防止窖池之间相互串水，利于池内产香和生产时滴窖，同时整个窖墙有斜度，有利于窖泥的老熟，起到了泥窖的效果。

（3）二合土与砖墙的串梁、砖墙上的串梁使整个窖池浑然一体，结构稳定相当好，利于窖泥的复壮。

（4）抹窖泥前使砖水分吸足水分，墙体对窖泥水分影响比泥窖少得多，利于窖泥老熟。

浓香型窖池中，无论是砖窖还是泥窖，墙体主要起到承载窖泥的作用，对酒质的直接影响的主要有窖泥的质量、窖池的保水性等，按采用此方法搭建浓香型窖池，在具有砖窖稳定性的同时，还具备了泥窖有利于窖泥老熟的优点。

参考文献：

[1] 李国红，李国林．浅析窖形设计与窖池建造［J］．酿酒科技，1996（2）：40～42.

[2] 魏国．强化窖泥结构、提高曲酒质量［J］．酿酒，1997（4）：35～37.

[3] 杜礼成，唐聪，等．浅谈窖泥的养护和改造［J］．酿酒，2005（6）：38～41.

曲坯含水量对机压包包曲品质的动态影响

熊翔[1] 余有贵[2] 王文达[2] 刘安然[1]
1. 湖南湘窖酒业有限公司，湖南邵阳422004；2. 邵阳学院生物与化学工程系，湖南邵阳422000

[摘要] 为了确定机压“包包曲”适宜的曲坯含水量，在其它条件不变的情况下，采用单因素实验设计方法，研究曲坯含水量分别为 37%、38%、39%、40%对大曲培养过程中品质的影响。实验结果表明：曲坯含水量对机压“包包曲”培养过程中酸度、糖化力、发酵力、霉菌数、酵母数、芽孢杆菌数等均有不同程度的影响，对新曲的感官品质也有一定的影响，确定的最适曲坯含水量为39%。研究结果为进一步优化其它工艺条件和指导生产提供了理论依据。

[关键词] 曲坯　水分　包包曲　品质

Dynamic Influence on Water Content of Starter Blank to Quality of Wrapped Starter Suppressed by Machinery

XIONG Xiang[1] YU You-gui[2] WANG Wen-da[2] LIU An-ran[1]
(1.Hunan Xiang Jiao Spirit Liquorts Corporation,Shaoyang 422004,China;
2.Department of Biochemical Engineering,Shaoyang University,Shaoyang 422000,China)

Abstract: The purpose of this study is to confirm the suitable water content of starter blank in wrapped starter was suppressed by machinery. In case of not changing in other conditions, single factor experiment design method was used for studying starter blank with different water contents of 37%,38%,39% and 40% impact on quality of the starter during the culture of wrapped starter. The results showed that water content of starter blank had effects in various degree on acidity, saccharified strength, fermented strength, Mould quantity, Yeast quantity, Bacillus quantity of the starter during the culture of wrapped starter. It also had certain influence on the sense organ quality of the new starter. Optimal water content was 39% in starter blank. The result of study has offered the theoretical foundation for further optimizing other process conditions and guiding production.

Keywords: starter blank; water content; wrapped starter; quality

曲为酒之骨，在浓香型白酒生产中，提高白酒优质品率首先要有品质优良的大曲。五粮液“包包曲”以优质小麦为原料，经过多种微生物发酵生香培制而成，特别是“包包曲”较高的制曲温度，更能够定向富集耐高温的芽孢杆菌等微生物，使曲药感官特征更好，是决定发酵酒醅具有特殊香味的重要因素[1]。近年来，大江南北的酿酒企业认真学习五粮液“包包曲”工艺，结合自身的实际条件，培养出了各具特色的“包包曲”[2-4]。然而，有关培养条件对“包包曲”品质的影响报道较少。湖南湘窖酒业有限公司采用机械压曲制作“包包曲”，但生产工艺有待优化。本研究采用单因素试验设计方法，研究曲坯的不同水分含量对“包包曲”培养过程中品质的影响，从而确定机压大曲适宜的水分添加量，为进一步优化其它工艺条件和指导生产提供理论依据。

一、材料与方法

1.1 主要材料

（1）小麦　颗粒饱满、无杂质、无虫蛀、无霉烂变质，用于制作纯小麦包包曲；

（2）酵母膏 北京奥博星生物技术责任有限公司出品；

（3）蛋白胨 天津市大茂化学试剂厂出品；

（4）乳　糖 上海试剂二厂出品；

（5）牛肉浸膏 上海长阳生化制药厂出品。

1.2 制曲工艺

（1）制曲流程

小麦→润料→粉碎→加水、搅拌→输送→压曲→入室安曲→培菌→第一次翻曲（3小房并为1中房）→第二次翻曲（2小房并为1大房）→第三次翻曲→新曲→评曲→入库贮存→成品曲

（2）操作要点[3] 粉碎后的小麦中加入一定量的水，拌和均匀，经压曲机制成曲坯，曲模规格为20cm×30cm×10cm，压曲时间13s，曲坯含水量37%～40%，曲坯鲜重4.5千克左右。入室安曲成人字形，曲室面积40m²/间，安曲量800块/间，盖一层湿草袋，关闭门窗培菌管理。入房3～4天后平均品温50℃左右，入房后第6～8天，品温上升到55℃～62℃，即第一次翻曲，品温55℃～62℃维持4～7天。当平均品温开始下降时进行第2次翻曲，放6层（或7层）。当平均品温下降至50℃左右时进行第3次翻曲，收拢、放7层（或8层）。历时28d。

1.3 主要研究内容

其它条件不变的情况下，采用单因素实验，在小麦原料中添加不同的水分，控制曲坯含水量分别为37%、38%、39%、40%。在培曲时间（d）分别为1、5、10、15、20、28取样，检测曲块酸度、糖化力、发酵力和主要微生物类群、感官品质等主要指标，探讨它们变化的规律，从而确定适宜的水分添加量，为优化机械压曲工艺奠定基础。试验时间为2009年4月至5月，试验重复三次。

1.4 测定方法

（1）水分(%) 常压干燥法[5,6]；

（2）酸度[mL/g（绝干）] 中和法[5,6]；

（3）糖化力[mg/g（绝干）·h] 斐林法[5,6]；

（4）发酵力[g/g（绝干）·h] CO_2失重法[5,6]；

（5）微生物类群[CFU/g（绝干）] 稀释平板计数法[7,8]；

（6）感官指标 从外观、断面、曲香味和皮张等方面进行感官品质评价[9]。

二、结果与分析

2.1 曲坯含水量对培曲过程酸度的影响

在其它条件相同的情况下，不同含水量的曲坯在培曲过程中酸度的变化结果见表1。从表1的数据分析可知：在大曲培养的过程中，不同含水量曲坯的酸度出现了不同程度的增减，至第28天，酸度依次递增顺序是39%、38%、37%和40%。不同含水量曲坯培曲前期由于细菌以几何倍数大量繁殖，产生较多有机酸使曲块酸度迅速增大，并在第10天形成高峰。随着曲温升高和氧气缺乏，不耐热细菌生长受抑制而使曲块酸度降低。培曲后期，细菌生长进入“夕阳红”状态，适宜含水量的曲块疏松透气，有利于好氧代谢而使曲块酸度有所下降；但曲坯含水量过高，造成厌氧代谢有利于有机酸的积累，从而使曲块酸度偏高[10,11]。

2.2 曲坯含水量对培曲过程糖化力的影响

在其它条件相同的情况下，不同含水量的曲坯在培曲过程中糖化力的变化结果见表2。从表2的数据分析可知：在大曲培养的过程中，不同含水量曲坯的糖化力变化幅度有所差异，至第28天，糖化力依次递增顺序是37%、38%、40%和39%。由于小麦本身含有糖化酶，曲坯入房时测得的糖化力较高。霉菌是糖化的动力，随着曲坯温度升高，小麦本身的糖化酶受到抑制，霉菌的繁殖减慢，曲块糖化力迅速下降；后期，霉菌大量繁殖，代谢产生的酶活力大幅

表1 不同含水量曲坯在培曲过程中酸度[mL/g（绝干）]的变化

培曲时间（d）	曲坯含水量（%）			
	37	38	39	40
1	1.2	1.2	1.2	1.2
5	1.3	1.4	1.4	1.3
10	1.6	1.7	1.5	1.4
15	1.4	1.4	1.1	1.3
20	1.3	1.2	1.2	1.4
28	1.2	1.1	1.0	1.3

表2 不同含水量曲坯在培曲过程中糖化力[mg/g（绝干）·h]的变化

培曲时间（d）	曲坯含水量（%）			
	37	38	39	40
1	1284.58	1347.13	1314.75	1338.12
5	930.75	688.89	1156.06	734.32
10	1095.23	903.53	905.11	1159.28
15	969.97	1004.57	890.91	1063.63
20	754.51	800.00	905.02	806.67
28	680.24	720.56	785.35	742.56

度提高，曲块糖化力有所回升，并趋于稳定。适宜含水量的曲块疏松透气，创造了良好的好氧代谢环境，有利于霉菌生长而糖化力较高[10, 11]。

2.3 曲坯含水量对培曲过程发酵力的影响

在其它条件相同的情况下，不同含水量的曲坯在培曲过程中发酵力的变化结果见表3。从表3的数据分析可知：在大曲培养的过程中，不同含水量曲坯的发酵力变化幅度有所差异，至第28天，发酵力依次递增顺序是37%、38%、40%和39%。酵母菌是发酵的动力，培曲前期由于酵母菌的繁殖，适宜含水量曲块的发酵力有所增加；随着曲坯温度升高，酵母菌的繁殖减慢，曲块发酵力迅速下降；后期，酵母菌大量繁殖，代谢产生的酶活力大幅度提高，曲块发酵力有所回升，并趋于稳定。适宜含水量的曲块疏松透气，创造了良好的好氧代谢环境，有利于酵母菌生长而发酵力较高[10, 11]。

2.4 曲坯含水量对培曲过程微生物类群的影响

表3 不同含水量曲坯在培曲过程中发酵力{g/[g(绝干)·h]}的变化

培曲时间（d）	曲坯含水量（%）			
	37	38	39	40
1	5.09	5.24	5.54	4.68
5	3.88	5.97	5.64	3.43
10	2.98	2.47	2.55	2.51
15	2.42	2.51	2.35	2.16
20	2.14	2.38	2.47	2.33
28	1.85	2.41	2.56	2.47

表4 不同含水量曲坯在培曲过程中主要微生物类群[CFU/g（绝干）]的变化

培曲时间（d）	曲坯含水量（%）											
	37			38			39			40		
	酵母	霉菌	芽孢杆菌	酵母	霉菌	芽孢杆菌	酵母	霉菌	芽孢杆菌	酵母	霉菌	芽孢杆菌
1	4.76×10^3	2.54×10^4	3.14×10^3	3.18×10^3	1.45×10^4	3.16×10^4	8.19×10^3	6.55×10^3	7.12×10^4	3.18×10^3	1.67×10^3	1.82×10^5
5	3.37×10^5	1.66×10^5	1.52×10^6	3.37×10^4	1.97×10^5	1.66×10^6	1.04×10^5	2.51×10^5	2.23×10^6	1.01×10^5	2.51×10^5	1.78×10^6
10	2.21×10^5	1.95×10^5	1.19×10^6	2.31×10^5	2.18×10^5	7.05×10^5	3.01×10^5	2.61×10^5	6.08×10^5	2.52×10^5	1.34×10^5	8.35×10^5
15	1.17×10^5	1.10×10^5	2.65×10^6	1.32×10^5	1.23×10^5	6.08×10^5	1.77×10^5	1.43×10^5	4.77×10^6	1.46×10^5	1.11×10^5	4.31×10^6
20	7.65×10^4	1.19×10^5	4.05×10^5	8.76×10^4	1.41×10^5	8.38×10^5	1.16×10^5	1.98×10^5	4.35×10^6	1.05×10^5	1.52×10^5	3.56×10^6
28	1.14×10^3	1.60×10^5	1.60×10^6	6.82×10^3	1.98×10^5	9.89×10^5	8.51×10^4	2.69×10^6	3.26×10^5	2.27×10^4	1.83×10^6	1.76×10^6

表5 不同含水量曲坯培养而成新曲的感官品质

感官评价内容	曲坯含水量（%）			
	37	38	39	40
外观	穿衣较差、有裂口	穿衣较好、有少量裂口	穿衣均匀、无裂口	穿衣均匀、无裂口
曲香	曲香正，香气较淡	曲香正，香气较浓	曲香正，香气浓郁	曲香正，香气浓郁
断面	整齐、菌丝较丰满，曲心干燥，稍有火圈	整齐、菌丝健壮丰满，曲心较干燥、稍有火圈	整齐、菌丝健壮丰满，曲心较干燥，火圈不明显	整齐、菌丝健壮丰满，曲心较湿，火圈明显
皮张	小于2mm	小于2mm	小于2mm	小于2mm

在其它条件相同的情况下，不同含水量的曲坯在培曲过程中酵母菌、霉菌和芽孢杆菌的变化结果见表4。从表4的数据分析可知：在大曲培养的过程中，不同含水量曲坯的酵母菌、霉菌和芽孢杆菌的变化幅度有所差异；至第28天，霉菌和酵母菌依次递增顺序是37%、38%、40%和39%，而芽孢菌依次递增顺序是39%、38%、37%和40%；从曲块中霉菌、酵母菌和芽孢杆菌数量变化的结果看，与曲块的糖化力、发酵力和酸度变化相对应。在大曲培养的过程中，随着曲块温度、水分和透气状态等因素的变化，不同微生物类群对生长条件适应程度不同而交替繁衍，至培曲结束，曲块中微生物的数量是各种因素综合作用的结果。

2.5 曲坯含水量对新曲感官品质的影响

在其它条件相同的情况下，不同含水量的曲坯培养而成的新曲感官评定结果见表5。从表5分析可知：不同含水量曲坯的感官品质有所差异，以含水量为39%的大曲为最优，穿衣均匀、无裂口，曲香正、香气浓郁，断面整齐、无杂色和明显火圈、曲心水分排出良好。

三、结论

在本实验条件下，对不同含水量曲坯在培养过程中理化、主要微生物类群和感官指标进行综合评定后，可以得出如下结论：

（1）曲坯含水量对机械压制的曲块培养过程中酸度、糖化力、发酵力、霉菌数、酵母数、芽孢杆菌数等均有不同程度的影响，对新曲的感官品质也有一定的影响，控制曲坯适宜的含水量有利于提高机压大曲的品质。

（2）以39%曲坯含水量所培养的大曲品质最优，其糖化力、发酵力较高而酸度较低，感官品质好，有利于有益微生物的生长，为发酵增香奠定了基础。

参考文献：

[1] 赵东，牛广杰，彭志云，等. 五粮液包包曲中微生物区系变化及其理化因子演变[J].2009，186(12):38～40.

[2] 崔如生，崔凤元，孔祥玉.包包曲在洋河大曲酒生产上的应用研究[J].2007,34(5):45～46.

[3] 刘安然，罗俊，余有贵，等.包包曲生产和应用试验[J].2006,145(6):62～64.

[4] 唐瑞.北方中高温包包曲制作要点分析[J].酿酒，2005,32(1):30～32.

[5] 李大和.浓香型大曲酒生产技术[M].北京:中国轻工业出版社，1997.

[6] 姚万春，唐玉明，廖建民，等.优质新型泸型大曲的研制及应用[J].酿酒科技，2003，115(1):37～38.

[7] 沈萍.微生物学实验[M].北京:高等教育出版社,2003.

[8] 王世宽，侯华，张强，等.伏曲培养过程中微生物及理化指标的研究[J].酿酒科技，2009，178(4):39～41.

[9] 陈靖余，周应朝.泸型大曲质量标准及鉴曲方法的探索[J].酿酒，1996，114(3):6～7，43.

[10] 余有贵，罗俊，熊翔，等.小麦品种对偏高温大曲发酵动态影响 的研究[J].食品科学,2007,28(10):405～408.

[11] 余有贵.泸州和邵阳大曲培养过程中微生物的比较研究[J].酿酒，2005，32(2):23～25.

湘窖大曲机械化压曲生产工艺研究

熊翔[1] 刘安然[1] 余有贵[2]
1.湖南湘窖酒业有限公司，湖南邵阳422000，2.湖南省邵阳学院，湖南邵阳422000

[摘要] 本文分析了传统的人工踩曲和机械压曲在曲块成型上的区别，从小麦粉碎度和鲜曲含水量两个方面对湘窖中高温机压曲质量的影响进行研究，选择多个不同变量进行单因素实验，分别在培曲时间（d）为0、5、10、15、20、28取样检测曲块的酸度、水分、糖化力、发酵力、酵母菌数、霉菌数、芽孢菌数、乳酸菌数和醋酸菌数，通过对这些检测数据的分析，确定适宜的机压曲工艺参数。

[关键词] 人工踩曲　机压曲　小麦粉碎度　鲜曲含水量

Xiang cellar Daqu mechanized production technology of compression-bending

Xiong Xiang[1] Liu An-ran[1] Yu You-gui[2]
(1.Hunan cellar Wine Co., Ltd. Shaoyang, Hunan 422000, China; 2. Hunan Shaoyang University ,Shaoyang, Hunan 422000, China)

Abstract: This paper analyzes the traditional manual and mechanical pressure foot Qu Qu Qu blocks in forming the difference, from the crushed wheat and fresh degree of water content in two aspects of music in Hunan cellar temperature compression-bending machine to study the effects of quality, choose a number of different variable single-factor experiments, respectively, Pei Qu time (d) for the detection of song block sampler 0,5,10,15,20,28 acidity, moisture, saccharification ability, fermentation force, the number of yeast, mold number, Bacillus number, the number of lactic acid bacteria and acetic acid bacteria, through the analysis of the data for these tests to determine the appropriate process parameters compression-bending machine.

Keywords: artificial tread Qu; compression-bending machine; wheat grinding degree ; water content of fresh Qu parameters

湘窖浓香型白酒酿造工艺，是以大曲为糖化剂和酒化剂，同时也是增香剂。白酒的整个发酵过程是依赖微生物及其酶类的繁殖代谢而得以进行，而制曲过程就是一个微生物的培养过程，要想制出好的大曲，就要顺应微生物生长繁殖的规律，创造有利于酿酒微生物生长繁殖的环境，从而使酿酒有益微生物充分地繁殖代谢。

随着技术的不断进步，传统的制曲手工生产不断地向机械化大生产发展。在传统的大曲生产过程中，大曲块是人工踩制，这样人工踩制的大曲块的松紧度、厚薄都不一样，就是每一块曲中的不同位置也不一样，这样在进入培曲房后，其曲块的升温情况、曲心的干湿程度相差比较大，对培曲过程操作造成很大的难度，培制的曲块质量就千差万别。随着湘窖酒业发展壮大，传统的人工踩制大曲块已远远不能适用其发展的需要，2006年湖南湘窖酒业就引进了机械压曲设备，替代了传统的人工踩制大曲。但人工踩制的大曲提浆较好、踩制较紧，培曲过程中上衣较好；而机压曲的提浆稍差，压制的大曲稍松。这样原来的人工踩曲制曲工艺参数就不适应了。为此，我们进行了两年的大曲机械化生产的研究，摸索了一套完整的机压曲制曲工艺参数，提高了制曲质量。本文从小麦粉碎度和鲜曲含水量两个方面对湘窖中高温机压曲质量的影响进行研究。为制定合理的制曲工艺奠定基础。

一、材料与方案[1]

1.1 材料

小麦：含水量12%　淀粉含量67%　脂肪含量2.1%
蛋白质含量9.5%　其它糖类7.3%　灰分含量2.5%

1.2 实验方案

在其它条件不变的情况下，选择粉碎度为48%、51%、

54%、57%、60%五个变量进行单因素实验，分别在培曲时间（d）为0、5、10、15、20、28取样检测主要指标，从而确定适宜的小麦粉碎度。

在其它条件不变的情况下，选择鲜曲含水量分别为37%、38%、39%、40%进行单因素实验。分别在培曲时间（d）为0、5、10、15、20、28取样检测主要指标，从而确定适宜的鲜曲含水量。

具体检测的内容有：1）不同小麦粉碎度、鲜曲含水量在大曲培养过程中酸度、水分、糖化力、发酵力的变化；2）不同小麦粉碎度、鲜曲含水量在大曲培养过程中酵母菌、霉菌、芽孢菌、乳酸菌和醋酸菌数的变化。

二、结果与分析

2.1　检验结果（培曲第28天的成品曲）[2]

表1 不同的小麦粉碎度成品曲理化检测和微生物检测数据

粉碎度 各指标	48%	51%	54%	57%	60%
水分	11.2	11	11	11	11.6
糖化力	414.4	566.3	656.2	961.8	733.1
发酵力	22.5	24.7	22.5	26.9	28.3
酵母	1.1261×10^4	1.1236×10^4	6.7416×10^3	1.3483×10^4	5.6561×10^3
霉菌	1.6892×10^4	1.4607×10^4	1.7977×10^4	0.5617×10^4	1.2443×10^4
醋酸菌	1.3513×10^6	1.6854×10^6	0.7865×10^6	0.2247×10^6	1.1312×10^6
乳酸菌	1.1261×10^6	1.1236×10^6	0.4494×10^6	1.0236×10^6	1.1312×10^6
芽孢菌	0.9009×10^6	1.1236×10^6	2.2472×10^6	1.1236×10^6	1.6968×10^6

表2 不同的小麦粉碎度成品曲感官质量分析

检测指标	48%	51%	54%	57%	60%
外观	灰白，穿衣差	灰白，穿衣良	灰白，穿衣优	灰白，穿衣优	灰白，穿衣优
香味	略带杂味	香味较纯正	香味纯正	香味纯正	有杂味
断面	菌丝健壮	菌丝健壮	菌丝健壮	菌丝健壮	菌丝较健壮
皮张	大于1cm	大于0.5cm	小于0.5cm	小于0.5cm	小于0.5cm

表3 不同的鲜曲含水量成品曲理化检测和微生物检测数据

鲜曲水分 各指标	37%	38%	39%	40%
水分（%）	9.6	9.4	8.6	8.4
酸度	1.3	1.3	1.0	1.5
糖化力(mg/h)	680.24	720.56	785.35	742.56
发酵力(CO_2g/100g)	18.47	25.07	24.56	24.68
酵母	1.135×10^3	6.818×10^3	8.51×10^4	2.286×10^4
霉菌	1.600×10^5	1.98×10^5	2.69×10^6	1.829×10^6
醋酸菌	2.13×10^6	2.35×10^6	1.67×10^6	$2.33\ \times10^6$
乳酸菌	7.77×10^6	4.79×10^6	1.759×10^6	2.33×10^6
芽孢菌	1.600×10^6	9.886×10^5	3.257×10^5	1.759×10^6

表4 不同的鲜曲含水量成品曲感官质量分析

感官	鲜曲水分（%）			
	37	38	39	40
外观	穿衣一般	穿衣较好	穿衣良好	穿衣良好
曲香	曲香正，香气较淡	曲香正，香气较浓	曲香正，香气浓郁	曲香正，香气浓郁
断面	整齐、菌丝健壮比较丰满，曲心比较干燥，稍有火圈	整齐、菌丝健壮丰满，曲心湿度较低，稍有火圈	整齐、菌丝健壮丰满，曲心较湿，稍有火圈	整齐、菌丝健壮丰满，曲心较湿，稍有火圈
皮张	大于10mm	大于5mm	小于5mm	小于5mm

2.2 结果分析及结论

2.2.1 粉碎度为57%的小麦制成的曲的感官质量上等，糖化力与发酵力、主要微生物指标较其它粉碎度优。因此，确定57%的小麦粉碎度是最佳的。

2.2.2 鲜曲含水量为39%时的各项指标优于其它鲜曲含水量的指标：其水分，酸度，糖化力，发酵力，霉菌数目，酵母数目，乳酸菌数目、醋酸菌数目，芽孢杆菌数目分别为8.6%，1.0，685（mg/h），24（CO_2g/100g），2.69×10^6，8.51×10^4，1.759×10^6，1.67×10^6，3.257×10^5。

2.2.3 鲜曲含水量为39%时，前中期水分下降缓慢，有利于后期曲心水分的消耗，酸度小，糖化力与发酵力高，酵母菌、霉菌、芽孢菌数目多，而醋酸菌、乳酸菌数目少。因此，鲜曲含水量为39%大曲质量最好。

以上研究为我们生产高质量的中高温机压曲提供了很好的理论依据，同时为湘窖酒业中高温大曲生产工艺的修改和完善提供了依据。

参考文献：

[1] 刘安然、罗俊、易贵云. 包包曲生产和应用试验［J］. 酿酒科技,2006年(7):62～64.

[2] 天津轻工业学院、大连轻工业学院、无锡轻工业学院、华南工学院合编.工业发酵分析［M］. 轻工出版社, 1979.

稻花香大型沼气工程

湖北稻花香酒业股份有限公司大型沼气工程是湖北省农业厅于2008年10月21日鄂农计发【2008】102号文件下达的建设项目。项目建设总投资223.9万元，其中省级投资100万元，公司自筹123.9万元。沼气站于2009年10月投入运行，一年多来，该工程安全稳定运行，效益显著。

湖北稻花香酒业股份有限公司拥有窖池1500多个，每天产生酿造废水300吨之多。经过检测酿造废水中富含氨基酸、淀粉糖、有机酸等营养物质，COD值高达12000mg/L左右。鉴于酿造废水具有水量大，污水有机物浓度高的特点，还具有氨氮、总磷、悬浮物含量高的特点，这使得其具备资源性和污染性的双重特点。公司于2008年引进先进的大型沼气工程项目，充分利用酿造废水的特点，使其产生沼气，大幅度降低废水的COD值，使废水达标排放，最终达到废弃物资源化利用、能源化生产、生态化建设三重目的。

目前沼气站每天可处理全部酿造废水约300立方米，每天产气近600立方米，可将进水COD高达12000mg/L的废水降低到2000～4000mg/L。年处理高浓废水10万吨，年产沼气20万立方米，节约燃煤1000吨，增收节支90万元。

该项目将种植业与工农业、新能源三者有机结合在一起，实现生态系统的良性循环，既解决了酒厂普遍存在的糟渣糟液流失、污染周边环境的问题，同时促进了本地的生态农业的发展，经厌氧发酵后的沼渣是优质的有机肥料，能有效持久地改良土壤，大大降低了化肥和农药的使用量。沼气的生产可降低高浓有机废水对环境的污染。同时作为清洁能源的沼气在燃烧过程中降低了对大气的污染，又可大大缓解煤能的紧张，改善周围环境，解决酒厂污水污染问题，契合“经济节约型，社会友好型”中央精神。

总之，本大型沼气工程的兴建，既可以提供优良的燃料，又可提供肥料和饲料，节约常规能源，又可以灭菌防病，改善环境，促进生物的良性循环，是走“经济节约型，社会友好型”的工农业可持续发展道路的重要举措。

酿酒车间水源和热能循环利用自动控制系统的实践

湖北稻花香集团总工程师　谢永文

酿酒是一个能耗较大的行业，与当前的能源枯竭是一大矛盾，酿酒车间既要用水，又要用煤，降低酿酒车间的能源消耗是酒行业实现清洁生产的关键。湖北稻花香酒业股份有限公司解决了酿酒车间水源和热能的循环使用，并利用Profibus总线技术实现了自动化控制，研发出酿造车间水源和热源循环利用自动控制系统。

一、酿酒车间水源循环利用的可行性分析

1.1　冷却水的再利用现状

酒水混合的高热蒸汽是通过常温的自来水冷却变成液体的，常温自来水通过与高热的蒸汽交换热量，水温可升高30℃左右，且不会受到任何污染。因此，冷却水具有很高的再利用价值：一方面，作为未受污染的自来水可以再利用；另一方面，作为其所带的热能可以用于锅炉用水，缩短蒸汽生产时间，降低煤耗。冷却水通过冷却器的传热作用表面流出的温度提高了30℃左右。如何将这种水循环利用，是我们酿酒行业节能减排必须要面对的问题。

1.2 锅炉用水的现状和热能利用现状

锅炉车间用水，一是用于产生蒸汽，另一方面是用于吸收烟尘。常温的自来水经过锅炉加热产生蒸汽，蒸汽输送到酿酒车间用于白酒蒸馏和蒸粮。燃煤产生的热量一部分用于加热自来水产生蒸汽，另一部分随烟尘排放（烟尘的排放温度可达到250度以上），其他的通过辐射等方式释放。

常温的自来水全年的平均温度在25度左右，通过锅炉加热变成蒸汽要耗用大量的煤，同时燃煤产生的热量大部分被排放掉造成了极大的浪费。

因此，我们构想，用酿酒车间的冷却水用作锅炉用水，同时利用冷凝器的原理，用排放的烟尘来加热锅炉用水，这样锅炉用水的初始理论上温度可以达60～100度。通过这样的循环再利用，不但可以节水，还可以大大地降低燃煤的用量。

根据理论数值计算，炉膛进水温度每升高6℃，可节煤1%，通过此项技术改造，可节约用煤12%。

二、冷却水再利用的工艺分析

2.1　冷却水不但没有受到任何污染，而且能量提高了，因此冷却水的利用可以从两方面入手

如果不考虑冷却水能量的提高，可以简单地回收作他用，比如，锅炉用水、制曲用水、洗瓶用水等；这个早在10年前我们包装车间就利用过了，起到了一定的节能降耗的作用。另一方面就是充分考虑冷却水能量的再利用，用于锅炉蒸汽的发生，以节约燃煤的用量。

2.2 资源消耗的现状分析

稻花香酒业股份有限公司现有4个酿造车间，4个包装车间，1个锅炉车间，1个纯水制备车间。全年单班生产用水约107万吨，燃煤用量约5000吨。其中，酿造车间冷却耗水2吨/小时：班×24班＝48吨/小时，包装生产车间耗水15

吨/（小时·班）×20班=300吨/小时（目前循环使用），锅炉车间耗水35吨/小时（其中10吨用于蒸汽制备，25吨用于除尘，目前循环使用），纯水制备车间年产纯水5万吨，出水率60%，综上所述，按照单班（10小时）年300个工作日计算，年耗水量为（48+300+35）吨/小时×10小时×300天+5＝119.9万吨。依据公司发展规划，将适时实行双班生产，年耗水将达240万吨，年耗煤10000吨。

2007年1～6月耗水统计，1、2月份的单月耗水9000余吨，随着酿造班的增加，4、5、6月份单月耗水近19000吨,增幅达1倍，另外随着丢糟车间的建立，公司酿酒车间耗水将出现更大的增长，加之生产工艺的调整，原有管理措施已无法进一步节水降耗，随着生产规模的扩大，进行冷却水循环改造将发挥明显作用，虽然一次性投入大，但在三年内即可收回成本，具有显著的经济效益。

三、冷却水和锅炉余热利用工艺

3.1 冷却水和锅炉余热利用工艺流程图

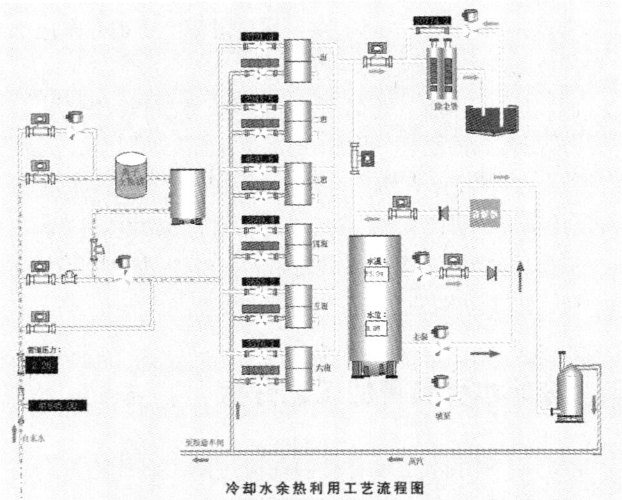

冷却水余热利用工艺流程图

3.2 冷却水和锅炉余热利用工艺

常温的自来水经过离子交换器软化以后进入酿酒车间，作为冷却水通过冷凝器，常温的自来水通过与酒蒸气进行热交换，水温提高30度左右，升温后的冷却水进入锅炉车间的储水罐，储水罐的水经过省煤器与高温的锅炉烟尘进行热交换，再一次升温，升温后的冷却水一部分进入锅炉产生蒸汽，另一部分进入储水罐进一步提高冷却水的温度。

通过上面的工艺流程，冷却水被再利用了，锅炉产生的热能也被充分利用，不但节约了水，也节约了煤。

四、Profibus控制系统对冷却水和锅炉余热循环利用系统进行自动控制和管理

4.1 酿造车间水、汽表瞬时流速自动控制

4.1.1 酿造车间水、汽表瞬时流速控制图

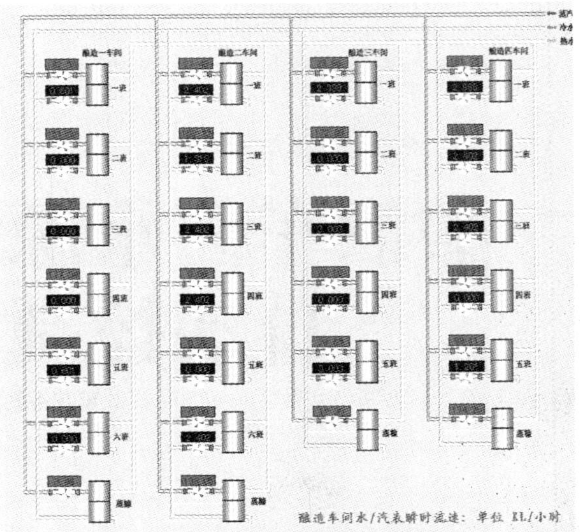

酿造车间水/汽表瞬时流速控制图

4.1.2 酿造车间自动化控制I/O工作站的配置及功能

4.1.2.1丢糟车间I/O站的配置及功能

丢糟车间I/O站主要用于对离子交换设备的自动控制以及管网流量及管网压力控制。离子交换设备主要对丢糟车间的冷却用水进行软水处理便于锅炉循环利用，该设备的控制，实现全自动控制，主要体现为：系统根据酿造车间用水状况自动启动水泵、开启相应的阀门向车间供水或停止供水，同时还需要完成对离子交换设备的自动维护，根据设备使用情况向设备自动添加氯化钠、树脂等原料。需要自动完成对车间冷却用水的分配和计量，并需要完成冷却水的收集、储存及输送给锅炉车间。酿造车间经过冷凝器的冷却水通常带有40℃的温度，通过保温管道收集到车间储存罐，并对水罐温度和余量进行实时检测，并根据锅炉车间的需要及时将热水通过保温管道输送到锅炉，同时自动记录输送给锅炉车间热水总量。该站通过Profibus总线实时向工程师站传送该站各种数据，并接收工程师站指令完成各种控制。

4.1.2.2 酿造车间I/O站配置及功能

酿造车间I/O站主要完成对各个车间循环水和蒸汽的用量以及分配进行控制，同时记录用水、用气数据。

4.1.3 锅炉车间I/O站的配置及功能

锅炉车间I/O站主要完成锅炉和除尘用水的补给和计量，并完成对输送各个酿造车间蒸汽的计量。正常运行

时，锅炉用水主要依靠丢糟车间的冷却余水，系统自动根据锅炉的用水量向丢糟车间I/O站发出用水请求保证锅炉用水，当冷却余水不能维持锅炉用水时，系统自动开启锅炉车间离子交换设备，向锅炉补水。运行过程中自动记录锅炉消耗冷却水和自来水的用量，并通过Profibus总线向工程师站实时传递报表数据和设备运行状态。操作人员也可在工程师站通过Profibus总线对该站设备进行操作控制。

五、酿造用水循环利用自动控制系统的使用效果

5.1 高精度流量计的使用，准确记录了酿造车间各班组水、汽的消耗情况，为成本分析、成本管理、现场管理、工艺改造提供最根本的依据。

5.2 液位传感器、管道压力传感器、温度传感器将当前流量传输到控制站，实现了生产线的实时控制，有利于生产一线工人准确操作，有利于设备部门合理调度水资源，有利于上、下级的沟通和管理。

5.3 效益分析

酿造用水循环利用自动控制系统的研发使用，显著降低了生产成本，并降低了污水排放量，经过计算，按当前的产量，每年节约自来水用量约5万吨，节煤1000吨，降低生产成本70万元，具有显著的经济效益。

六、结束语

酿造用水循环使用自动控制系统的研发成果使传统产业实现三化成为可能，同时是符合节能减排、环境保护这个国际大趋势的，是实现清洁生产的重要举措。

中国白酒主要香型风格特征和中国名酒剑南春的酒体风味质量及经典工艺特色

中国著名酿酒大师　中国终身享受国务院津贴酒类杰出贡献专家　四川剑南春集团公司总工程师、监事会主席
徐占成　教授级高级工程师

[摘要] 阐述了中国白酒的悠久历史和主要香型白酒的风格特征，剖析了酿造高品质剑南春独特滋味特色的主要因素是其独特的生态环境、原料配方、古窖池发酵以及经典工艺，通过前沿的研究创新为酿造舒适幽雅、丰满圆润的高品质剑南春典型滋味特色提供了核心技术支撑。

[关键词] 白酒香型　剑南春　酒体风味　工艺特色

中国白酒是世界上独具风格的一种蒸馏酒，现已有上千年的历史，在酿酒工艺及蒸馏技术上有着独特的技术和高超水平，传统酿酒技艺是千百年来中国劳动人民生产经验的总结和智慧的结晶。中国名酒剑南春作为浓香型白酒的典型代表之一，其独特的生态环境、原料配方、古窖池发酵以及经典工艺是酿造高品质剑南春独特滋味特色的基础和保证，前沿的研究创新为酿造高品质剑南春典型滋味特色提供了核心技术支撑。

一、中国白酒有着悠久灿烂的民族历史文化

1．酒的传说

我国关于酒的历史十分久远，上可追溯到远古时代，在距今约五千多年的“龙山文化遗址”及与中国名酒剑南春产地相临的“三星堆文化遗址”的发掘中，发现了尊、爵、高脚杯、小壶等众多的陶制饮酒专用器具。这些器具表明：饮酒和酿酒在当时已经深入人们日常生活之中。但

究竟是谁发明了酒，在民间有许多关于酒起源的传说："上天造酒说"、"猿猴造酒说"、"仪狄造酒说"、"杜康造酒说"等流传至今。

酒自"上天造"之说，无科学论据。猿猴造酒之说，也无法考究。而在史籍《世本》、《吕氏春秋》、《战国策》中有杜康造酒说和仪狄造酒说的记载。据《战国策》记载：夏禹的女人，令仪狄监管酿酒，仪狄经过一番努力，酿出来的酒味道很好。酒之源究竟在哪里？"予谓智者作之，天下后世循之而莫能废"，就是说，劳动人民在常年累月的劳动实践中，积累了制造酒的方法，经过远见卓识的"智者"归纳总结，后代人按照先祖传下来的办法一代一代地相袭相循。这个说法比较合乎唯物主义的认识论。

2. 中国白酒的酿造历史源远流长

在三千多年前，中国就具有了比较完整的酿酒操作工艺规程。根据文献《礼记•月令仲冬》记载："得令大酋，秫稻必齐、曲蘖必时，水泉必香，火齐必得，兼用六物，无有差贰。"用现在的话来说就是：酿酒要做到高粱、稻米必须齐备，不得短缺；曲蘖供应及时；泉水必须清香；火候（发酵温度）必须得当。这就是《中国古代酿酒六法》，也是世界上最早的酿酒工艺操作规程。

明代伟大的医学家李时珍的《本草纲目》中记载："烧酒……其法用浓酒糟入甑，蒸令气上，用器承滴露"。这露滴就是烧酒，也就是中国的蒸馏酒，唐开元年间（713—755），陈藏器《本草拾遗》中有"甑（蒸）气水"，"以器承取"的记载。唐代李肇《国史补》记述："酒则有……富平之石冻春，剑南之烧春"。这些都充分说明，唐代不仅出现了蒸馏酒，而且比较普及。正史《旧唐书》第十二卷《德宗本纪》更记载"剑南岁贡春酒十斛"，可以说"剑南之烧春"在唐代就是"国酒"。这也再次证明了唐代的"剑南之烧春"就是中国最早有史料记载的中国蒸馏酒。

3. 中国名酒剑南春传朔了1500余年的生命传奇

"剑南之烧春"就是现在的中国名酒剑南春。1985年，考古工作者在对"天益老号"的发掘中，在地下酒窖发掘出一块刻有"永明五年"（即公元487年）字样的南齐纪年砖，根据出土层的叠压关系及出土器物的时代特征，专家们对"天益老号"地下酒窖的建造年代"不晚于1500年前的南齐永明年间，更早于大唐盛世"的结论确认无疑。剑南春"天益老号"千年活窖群，经过1500年的生命繁衍、生息，代代相传，经查明酿制剑南春酒的古窖池内的有益微生物就有1000多种。至今为止，"天益老号"活窖群是国内规模最大、保存最完整、连续生产时间最长的活窖群。

二、中国白酒和外国蒸馏酒的典型特征

1. 中国白酒与外国蒸馏酒的生产工艺特征

中国传统蒸馏白酒生产工艺的显著特色是：自然微生物接种制曲，固态发酵，甑桶蒸馏，陶坛储存老熟。中国白酒采用自然微生物接种、天然发酵所制的大曲药，是一种天然的复合酶制剂，具有糖化、发酵、生香等三大功能。中国白酒的香味成分主要来源于自然微生物的代谢产物。

外国蒸馏酒的生产工艺特色是：采用单菌种糖化发酵剂，液态或半液态发酵模式，壶式蒸馏，橡木桶贮存生香。外国蒸馏酒的主要香味来源于橡木贮存容器。

2. 中国白酒与外国蒸馏酒的酒体风味特征

中国传统蒸馏白酒的最大特色是在发酵的过程中，由微生物代谢生成有机酸、酯类等诸多香味成分，从而决定了中国白酒的质量优势和独特酒体风味的典型风格。中国蒸馏白酒具有清澈透明、芳香浓郁、酒体丰满、回味悠长的鲜明风味特征。

由于外国蒸馏酒采用的是液态发酵，其生产过程中很少生成有机酸和乙酯类物质，酒体中的风味物质主要来源于橡木桶和原料。所以，橡木气味和原料的香气是外国蒸馏酒最具代表性的风味特征。

3. 外国主要蒸馏酒的风味特色

（1）白兰地的酒体风味特色　白兰地是由葡萄的汁和皮渣为原料经液态发酵蒸馏而成的一种蒸馏酒。白兰地的典型性是闻香上有优美纯正的葡萄发酵产生的那种自然悠雅的甜香感和橡木溶液的复合香气，这就是它与其它酒种的典型区别。白兰地的酒度一般在40%～43%vol。

（2）威士忌的酒体风味特色　威士忌是用粮食经液态发酵蒸馏的白酒，著名的产地是英国苏格兰地区，也是英国人最喜爱的一种酒。威士忌的感官特色是原料和橡木的复合香气。英国苏格兰威士忌中还带有泥碳烘烤大麦芽的特殊香气。威士忌的酒精含量一般在40%～43%vol，由于国外蒸馏酒是单液态单菌种发酵，酒中不含中国白酒的有机酸、酯类香味成分。所以，掺水或加冰后饮用不浑浊，这也是饮用威士忌的一个特点。

（3）朗姆酒的酒体风味特色　朗姆酒就是用甘蔗榨糖后残留的废糖蜜经过发酵蒸馏出食用酒精而制得的酒。一般不超过70%vol，这种高度酒用水稀释到42%vol，再贮存于橡木桶中，颜色是呈色黄，具有糖蜜和橡木的芳香。

（4）伏特加的酒体风味特色　传统的伏特加是以优质大麦、小麦和玉米为原料，经液态发酵蒸馏，加水脱臭而成。伏特加的特色就是食用酒精经脱臭处理后，加水降度而成。

（5）金酒的酒体风味特色 金酒就是用杜松子浸泡于高浓度酒精中，经过几天的浸泡，然后再将其放入壶式蒸馏锅中蒸馏，最后把带有杜松子香的酒精稀释到43%vol。或者是脱臭酒精加水，再加杜松子香精：金酒很少直接饮用，大都用于鸡尾酒。

三、中国白酒主要香型的酒体风格特征

1. 中国白酒的分类

由于中国幅员辽阔，气候、地理、环境各有特色，经过上千年的传承和发展，开成了繁多的酒种和各自的风格。根据我国目前现行的白酒质量技术标准，按生产工艺分类有：固态法白酒、半固态法白酒、固液法白酒和液态法白酒。按香型分类有：浓香型白酒、酱香型白酒、清香型白酒、米香型白酒、凤香型白酒、特型白酒、芝麻香型白酒、豉香型白酒、浓酱兼香型、药香（董香）型白酒、老白干香型白酒、小曲香型白酒等。

（1）固态法白酒 是采用传统固态发酵模式生产的酒种，按其所用糖化发酵生香功能的曲种来划分有：大曲白酒、小曲白酒和麸曲白酒。不同的发酵和生产模式，生产不同香型的白酒。

（2）半固态法白酒 是指采用半固态糖化、液态发酵、蒸馏的白酒。我国的米香型和豉香型白酒等是半固态法白酒。

（3）固液法白酒 是指以固态法白酒（不低于30%）、液态法白酒勾兑而成的白酒。

（4）液态法白酒 指以淀粉、糖类物质为原料，采用单一菌种液态糖化、发酵、蒸馏所得的高度食用酒精，经加水稀释后再加入食用添加剂调味调香，勾兑而成的白酒。

2. 中国主要香型白酒的酒体风格特征

中国白酒的香型分类最初是根据全国评酒会的需要而产生的，按照传统的酿造工艺，在固态生产模式下生产的中国传统蒸馏白酒，按其糖化发酵剂的种类和工艺特点，以及酒中具有代表性香味的典型特征，来确定其白酒香型类别。按照现行白酒质量技术标准规范，目前已颁布实施和即将颁布实施的白酒香型国家标准共有12个香型。

（1）浓香型白酒 浓香型白酒的酒体风味特征是：无色透明，窖香浓郁，绵软甘洌、香味协调，尾净香长。以自然微生物代谢的有机酸、脂类物质的香气为主，以粮食的配方和地域分成多种流派，一种是以剑南春、五粮液为代表的多粮香型，多粮派，也称川派；江苏省、安徽省生产的浓香型白酒，以单纯高粮为原料酿制，区域上界定为江淮派，或称单粮派。浓香型酒适合大部分人的口味，中国市场占有率60%～70%以上。最大的工艺特点是：黄泥老窖，续糟混蒸，中温大曲，固态发酵。

（2）酱香型白酒 酱香型白酒的酒体风味特征是：微黄透明，酱香突出，幽雅细腻，酒体醇厚，回味悠长。其显著特点是隔夜留香，饮后空杯香气犹存。酿造特点是：石料作窖，高温大曲，高温堆积发酵，高温流酒，二次投料。

（3）清香型白酒 清香型白酒的酒体风格特征是：无色透明，清香纯正，醇甜柔和，自然协调，余味爽净，适合中国北方人口味。其主体香是乙酸乙酯清雅香气，酿造特点是：低温大曲，清蒸清烧、地缸发酵。

（4）米香型白酒 米香型白酒的酒体风味特征是：无色透明，蜜香清雅，入口柔绵，落口爽洌、回味怡畅。闻有像黄酒与乳酸乙酯混合组成的蜜香，β-苯乙醇是其典型香气。酿造特点是：使用小曲，先固态培菌糖化，后半液态发酵。

（5）浓、酱兼香型白酒 浓、酱兼香型白酒的风味特征是：兼顾浓和酱两香型白酒的风味特点，又分为浓兼酱和酱兼浓两个派别，各自协调统一，自成一体。以湖北白云边酒为代表的是以酱为主的醇厚型风格，其它的是以浓为主的醇甜型风格。

（6）特型白酒 特型白酒的酒体风格特征是：无色透明，香气芬芳，柔和纯正，诸味协调、悠长。醇类中正丙醇含量较高。闻香以脂、醇类的复合香气为主。

（7）芝麻香型白酒 芝麻香型白酒的酒体风格特征是："清澈透明（微黄透明），芝麻香突出，幽雅醇厚，甘爽协调。闻香有以清香加焦香的复合香气为主；细细品评则有类似炒芝麻的香气，后味有轻微的焦香，稍有苦味。

（8）豉香型白酒 豉香型白酒的酒体风格特征是：玉洁冰清，豉香独特，醇厚甘润，余味爽净。香气有以乙酸乙酯和β-苯乙醇为主体的清雅香气，并突出豉香（脂肪氧化的陈肉香气）有特别明显的"油哈味"。

（9）凤香型白酒 凤香型白酒的酒体风格特征是：无色透明，醇香秀雅，醇厚丰满，甘润挺爽，诸味谐调，尾净悠长。过去感官评价是"酸、甜、苦、辣、香"五味俱全，诸味浑然一体，恰到好处。

（10）药香（董香）型白酒 药香（董香）型白酒的风味特征是：清澈透明，药香舒适，酸甜味适中，香味协调，尾净余长。香气是由药香、酯香、丁酸等香气香味成分构成的幽雅而舒适的复合香气。董酒是药香型白酒的代表，特点是：大曲香醅，小曲酒串香而成。

（11）老白干香型白酒 老白干香型白酒的酒体风格特征是：酒色清澈透明，醇香清雅，甘洌挺拔，丰满柔顺，回味悠长。

（12）小曲香型白酒　小曲清香型白酒的酒体风味特征：清香纯正，糟香舒适，绵柔回甜，谐调净爽。小曲酒也是我国传统民族白酒中独具特色的酒种，它以小曲和根霉为糖化发酵剂采用固态发酵生产的白酒。“四川固态法小曲白酒”是小曲酒中的杰出代表。

3．中国“八大名白酒”的由来

新中国成立以来，我国共召开过五届全国性的评酒会议。主要是以评酒专家们的感官尝评鉴定为主，以感官评价的综合得分高低决定是否授予国家名酒和优质酒称号。每届评酒会都有不同的规模和特定的历史意义，显示了当时我国酒类生产的水平，都起到了推动生产和指导消费的积极作用。在1979年第三届全国评酒会召开上，被评为全国名酒的有十八种，被评为全国优质酒有四十七种。其中，白酒类的全国名酒有：茅台、汾酒、五粮液、剑南春、古井贡、洋河大曲、董酒、泸州老窖特曲等，人们现在通称的全国八大名白酒就是指的上述八种名白酒。

四、中国名酒剑南春的独特酒体风味质量和经典工艺特色

（一）形成中国名酒剑南春独特酒体风味质量的主要因素

中国名酒剑南春作为浓香型白酒的典型代表之一、国家非物质文化遗产和国家原产地保护标志产品，有其独特的生态环境、古窖池发酵、独特的原料配方，以及独特的制曲模式和陶坛贮存老熟方式，造就了中国名酒剑南春“芳香浓郁、纯正典雅、绵柔甘洌、丰满圆润、香味谐调、风格典型”舒适幽雅的滋味特色。

1．中国名酒剑南春的独特典雅滋味源于不可复制的生态环境

中国名酒剑南春地处川西北剑南古道重镇绵竹市，《绵竹县志》载，“惟城西一脉（冰川）泉水可酿此酒（剑南春），别处则否”。 现代科学证明，绵竹的水系属龙门山脉冰川水系，每一滴历经数十年天然渗透，冰川砂层的矿化之后，形成了可以与法国阿尔卑斯山的“依云”矿泉水媲美的优质水源，人体所需的微量元素均衡丰富。绵竹属亚热带季风气候，具有“冬无严寒、夏无酷暑”无法复制的自然空气，这里雨量充沛，空气湿润，具有最适合酿酒微生物的生产繁殖代谢的气候环境。土壤种类丰富多彩，有机质高，呈微酸性，它是酿酒生香的微生物生长发育的温床，富含磷、铁、镍、钴、锌等多种矿物质的弱酸性黄粘土是建筑酿酒窖池最理想的基质，不仅利于窖池微生物生长，更增加了酒中有益于人体健康的多种物质。

2．中国名酒剑南春的浓郁芳香、绵柔甘洌风味源于特有的“古老窖池”发酵设备

1500多年前以来，一直沿用至今的“天益老号”古老窖池群是剑南春的精华所在，是剑南春最宝贵的不可多得的财富。什么是“古老窖”？古老窖是指像中国名酒剑南春这样的浓香型酒，用黄泥做成专门的发酵设备，这样的古老窖池起什么样的神秘作用呢？它在长期连续使用的酿酒过程中所富集的微生物中的已酸菌类在千百年酿酒过程中得到了驯化和繁殖，它能代谢像剑南春酒这样的浓香型酒的主体香味物质——已酸和已酸乙酯以及上千种微量香味物质。随发酵窖池使用时间的延续，而出现的以已酸和已酸乙酯为主体的复合香味成分就越突出，酒体的香气滋味就更浓郁和幽雅细腻，这种酒让人饮后的感觉就更加舒适怡畅。剑南春酒中近2000余种呈香、呈味香味物质的生成与剑南春古窖池内庞大而神秘的酿酒微生物体系密切相关，最新研究发现，剑南春“天益老号”古窖池中已酸菌系中的“耳涡形梭菌”是形成剑南春独特滋味特色的关键菌系，古窖池设备的固态发酵过程是剑南春酒特色香味物质的生成过程，也是剑南春酒“浓郁芳香、舒适幽雅”典型滋味特色的形成过程。

3．中国名酒剑南春特有的幽雅芬芳滋味源于科学的祖传秘方

中国名酒剑南春的故乡绵竹，系有“七十二洞天福地”、“小成都”之美称。这里土质丰沃，一半是平原，一半是山地，非常适于剑南春主要原料糯米、大米、小麦、高粱、玉米等农作物生长；剑南春酒的祖传配料秘方就是以优质的糯米、大米、小麦、高粱、玉米等五种粮食按一定比例搭配而来，真正地实施纯粮固态传统工艺酿造。大量的科学实验表明：糯米酿酒幽雅细腻，大米酿酒绵柔甘洌，小麦酿酒清爽，红高粱酿酒纯正，玉米酿酒丰满。这些优质的粮食，富含淀粉、蛋白质、不饱和脂肪酸、维生素及多种微量元素，在来自“古老窖”群和大曲药中多种自然微生物的共同参与作用下，经过糖化、发酵、产酸、酯化生香等极其复杂的生化过程，最终转变成酒和构成丰满圆润酒体的微量香味物质，从而形成剑南春悠美独特典型滋味特色。

4．中国名酒剑南春特有的悠美典雅滋味源于独特的制曲模式

“曲为酒之骨”，有美酒必有佳曲。剑南春将小麦和大麦粉碎成烂心不烂皮、粗细均匀的制曲原料，再用人工踩制成四周低中间高的糖化、发酵、生香为一体的复合酶制——大曲药，由于其具有极其特殊的形态，所以人们把它叫成“包包大曲”。“包包大曲”的神秘作用在哪里？

主要在于“包包大曲”的中间部分的原料要多些，在发酵培菌过程中，它的温度就比中温曲高一些，它所生成的菌系、酶系就比大多数浓香型平板中温曲更有利于生香微生物及其酶系的富集。“包包大曲”作为酿酒微生物培养的载体，在酿酒发酵过程中微生物就会代谢出大量微量香味物质和有益于人体健康的微量健康因子，因此，中高温“包包曲”赋予了中国名酒剑南春典型风味特色。

5. 中国名酒剑南春幽雅芬芳、陈香细腻、丰满圆润的酒体源于陶坛贮存老熟

采用陶坛储存老熟是形成中国名酒剑南春“幽雅芬芳、陈香细腻、圆润丰满”酒体风格的关键。贮存是中国白酒生产的一道重要工序，经过长期的实践体验和科学研究表明，陶坛是中国白酒老熟的最佳存贮容器。陶坛具有多微孔网状结构、极大的表面积和含有微量金属离子，对白酒贮存具有氧化、吸附和催化作用；陶坛材质中的微量金属离子在白酒中有机酸长期作用下溶于酒中，随着贮存时间的增加，在微量金属离子的作用下，使白酒中微量香味物质不断发生变化，对酒的老熟有明显促进作用。经过各种物理、化学变化，酒液缓慢形成越来越稳定的液态体系，酒中幽雅芬芳的陈香滋味也随贮存时间的增加而更加突出，滋味就更加悠美、绵柔，自然产生出一种使人感觉心旷神怡、幽雅细腻、柔和愉快的特殊香味，这就是人们常说的酒的陈香滋味。

（二）经典工艺造就了中国名酒剑南春浓郁醇正舒适的芳香和绵柔甘洌的幽雅细腻的神韵和完美典雅的酒体风味质量特征

中国名酒剑南春的传统酿造技艺，经千百年来的全面继承和升华发展，以及这一代剑南春非物质文化遗产传承人不断创新，构建了中国浓香型白酒酿造工艺技术精髓。独创的酒体风味设计、秒持值衡定评酒法，以及“一低、二长、三高、四适当、五精作”等经典工艺特色，造就了剑南春酒丰满幽雅的神韵和独特完美酒体的风味质量，同时推进了全行业的技术进步和中国白酒质量的全面提升，这是中国传统白酒工艺技术创新与发展的里程碑。

1. “酒体风味设计”是创新中国白酒典型风格特征的重要科学理论体系

酒体风味设计是在研究探索中国白酒风味特征形成规律及生成机理的基础上，通过现代分子生物学、酶学和风味化学的技术手段，研究构成酒体风味质量物质特征组分的种类、数量、物理化学性质，感官风味特色，酒体风味物质生成的原料配方，糖化发酵剂类型和工艺制作模式等一整套质量技术标准和管理控制准则的科学。千百年来，中国传统名优白酒质量的形成，都是从所生产的基础酒中挑选自认为某等级的合格酒经勾兑而成，最后的定论都是由感知来确定，也就是全凭传承者的长期积累的经验而确定质量。然而，我们在研究酒体风味物质特征形成规律和构成完美酒体典型风格的过程中，开创性地建立了酒体风味设计学的科学体系，将经验体会的“必然”生产方式升华为对构成酒体典型风味质量特征要素的控制，从而达到完美酒体质量标准。酒体风味设计是对我国白酒行业技术创新的理论性总结，对于提升全行业总体科学技术水平具有重要意义和深远影响，是中国白酒工业工艺技术继承、创新和发展的里程碑。

酒体风味设计是构建中国名酒剑南春浓郁幽雅芳香和绵柔甘洌的神韵和丰满圆润完美的酒体风味质量特征的核心技术理论支撑。我们通过对中国名酒剑南春进行GC×GC－TOFMS的分析研究发现：支撑剑南春浓郁芬芳、幽雅细腻神韵和完美典雅酒体的香味物质就多达2000余种，在这些众多的香味物质中，根据医书记载有益于人体健康

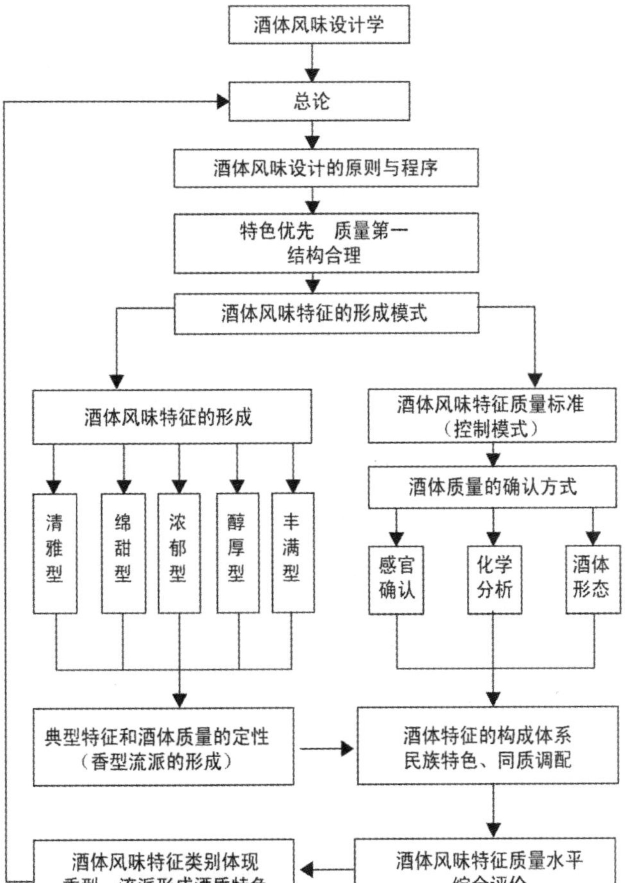

图1 酒体风味设计学框架图

的功能成分就有200余种，它们是洛伐他汀、当归内酯、ω-3脂肪酸、四甲基吡嗪（川芎嗪）、萜烯类和酚类化合物等健康因子，其中以倍半萜为主的萜烯类化合物91种，根据研究及临床应用结果表明萜烯类物质的作用主要有双向调节血糖、抗肿瘤、降血压、杀菌消炎、镇痛消肿、健胃、活血化瘀、强化免疫、芳香宜人等作用；当归内酯可通过不同途径拮抗化学因素引发的免疫抑制作用，它是一种新的生物反应免疫调节剂，在肿瘤生物治疗中有广阔的临床应用前景；洛伐他汀是常用的心血病类药物。剑南春酒中的Monacolin K是酿酒微生物“红曲菌”的代谢产物，它是天然的HMG-CoA还原酶抑制剂，因此能显著抑制体内胆固醇的合成；剑南春酒中这些酚类化合物的存在，不仅使酒体放香幽雅，而且赋予它消除自由基的功能，则可抗衰老及预防众多疾病的发生；剑南春酒中亚油酸、α-亚麻酸等ω-3脂肪酸可减少心血管患病率，抑制血压上升、调节血脂、改善心率不齐、减少动脉壁损伤、降低血栓形成速度。这些ω-3脂肪酸是人体必需脂肪酸，它们不能在人体内合成，必须从外界摄入；四甲基吡嗪又叫川芎嗪（Ligustrazine），川芎嗪的药理作用主要有扩张血管；轻度降压；改善组织微循环，提高组织血液灌注；抑制血小板粘附聚集和血栓形成；抑制平滑肌细胞和成纤维细胞增生；调节脂质代谢、抗脂质过氧化；有一定的调解免疫的作用；抗组织纤维化，对肺纤维化和肝纤维化有一定的治疗作用。

2．“秒持值衡定评酒法”是创新中国白酒感官评价的精湛技艺

人们把一定量的酒含到口中，均匀张合切身感受酒体风味特征在人体口腔中反应的界面形式和保持多久的时间以秒为单位记录下来，以判断该酒浓厚程度、回味长短和质量优劣的人体感受指标的数量化反应，以表示他们对于某种产品品尝感受的强烈程度，根据界面峰值的大小和保持时间的长短作为最终评判酒质优劣的依据，这种鉴定方法就是“秒持值衡定评酒法”。

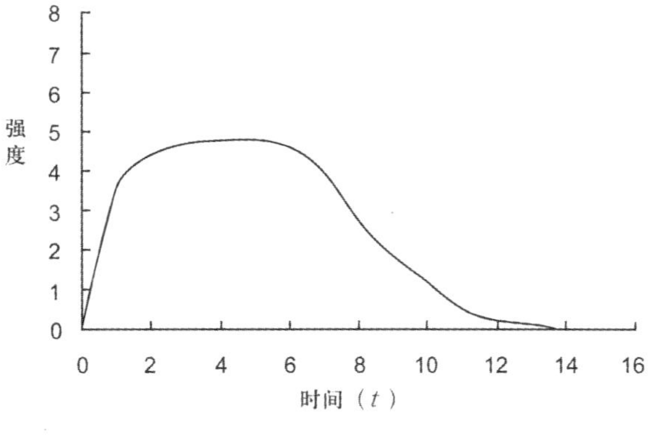

图2 秒持值衡定评酒法感官评价描述图

感官评价是食品及酒类饮料业鉴定质量优劣的一个公认的学科，也是食品及酒类产品质量管理的一个重要组成部分。传统的白酒感官尝评是由经严格考核录取的评酒委员（评酒师）对酒样进行尝评筛选，评酒委员是根据自己感官的实际体会酌情评分，这种“只可意会，不便言传”的尝评方法，往往因人的身体条件、技术素质的不同而造成评定的结论差异较大。我们在20世纪的80年代初期研究独创的“秒持值衡定评酒法”与传统的感官评酒方法相比，克服了传统评酒中因评酒员素质差异而产生的评定结论和分数悬殊，以及标准难以掌握的弊端，具有伸缩幅度较小，掌握起来容易，量分尺度明确，评价结论公正、准确、科学的优点，使感官评价能够达到数据化、标准化和形象化的科学境界，对提高尝评人员技术水平和白酒感官评价结果的准确性，以及稳定提高中国名优酒质量起到积极促进作用，并得到了中国资深酒类专家沈怡方先生和留法葡萄酒博士李华教授的高度评价，认为在80年代就达到了国际先进水平，能和国际上同年代的“时间强度法”比美。

3．“一低、二长、三高、四适当、五精作”是造就中国名酒剑南春浓郁芬芳、绵柔甘洌、纯正典雅的典型风格特征的工艺技术精髓

中国名酒剑南春在全面继承传统酿造工艺的基础上，用现代的科技手段经过长时期的跟踪研究，找到了影响产品质量和风味物质形成的工艺模式和关键技术的控制要素，以及这些要素与质量风味变化规律，独创了“一低、二长、三高、四适当、五精作”的独特工艺技术精髓。一低：入窖温度低；二长：发酵期长，贮存期长；三高：酸度高，残余淀粉高，曲温高；四适当：水分适当，温度适当，粮糟比适当，谷壳填充剂适当；五精作：科学分层，均匀拌料，缓火蒸馏，量质接酒，精心勾调。这一经典特色工艺是对中国传统浓香型白酒生产工艺的重要升华和传统酿酒技术的重大创新，是这一代剑南春非物质文化遗产传承人辛勤劳动的智慧结晶，是造就中国名酒剑南春浓郁芬芳、幽雅细腻神韵最科学的工艺技术精髓。

（三）前沿研究创新是保证中国名酒剑南春高品质的核心技术支撑

近年来，我们采用微生物生态学、分子酶学、分子生物学、风味化学等现代生物技术手段和精密的先进检测仪器，围绕白酒产业中共性的、关键的技术问题进行创新性研究。先后取得了行业、省、市重点科研项目成果34项，

申请各类专利280余件，已授权240余件，在中国白酒行业中一直走在科技创新的前沿阵地，在现代生物技术和风味化学研究方面处于国内领先水平，为保证剑南春酒的高品质提供了核心技术支撑。

1．先进的研究、检测设备是确保剑南春酒高品质的可靠保证

剑南春集团公司拥有国家级的“国家认定企业技术中心”和博士后科研工作站等研发机构，通过管理创新和制度创新，建立了高效的组织体系，形成了一个良性的运行机制、良好的创新氛围。公司技术中心拥有良好的研究开发及试验的基础条件，先后在全国酿酒行业中首家引入了6890气相色谱仪、质谱仪、全自动微生物鉴定仪、原子力显微镜、闻香仪（GC-O）、全二维气相色谱——飞行时间质谱仪（GC×GC－TOFMS）等世界一流的高端科研设备，从硬件和软件两个方面都拥有了良好的研究开发及试验的基础条件，在全国同行业乃至科研机构中独树一帜，其科研技术力量已走在了全国同行业最前列。

2．科技创新是酿造高品质剑南春酒的核心技术支撑

率先使用原子力显微镜来研究蒸馏酒酒体形态与质量风味特征的关系，成功获得了只有中国传统固态发酵蒸馏酒才具有的纳米级聚合体物理形态特征；率先将纳米科技应用于蒸馏酒酒体形态与质量风味特征的关系研究，成功地获得了中国传统固态发酵蒸馏酒的纳米级聚合体物理形态特征，纳米形态图谱直观地证实了中国传统固态发酵蒸馏洭是中华民族的宝贵遗产，并充分证实了酒体形态特征的大小及厚重直接与香型质量成正相关规律。

利用太空搭载技术通过我国第二十一颗返回式卫星将剑南春酒曲、窖泥送入太空，通过对太空酒曲、太空窖泥进行了一系列深入成功的研究，为中国白酒的研究开发拓展出新的广阔空间；利用“分子生物学技术”解析酿酒微生物群落与质量的关系，科学地确定了优质大曲曲药合理储存期，制定出不同质量等级曲药的鉴定标准。发现了老窖泥中的“耳涡形梭菌与浓香型酒主体香生成机理”，在酿酒行业内首次定性出窖泥中产己酸的功能菌株的科学名称。这些研究成果为中国白酒业技术创新和核心技术的形成提供有力保障。

发明的“挥发系数鉴别年份酒的方法”为国家制定年份酒检测的技术标准提供了可靠的技术支撑。该方法，应用热力学平衡原理，找到了蒸馏酒中凡是由发酵产生的某些挥发性香味物质是随贮存年份的增长而变小的规律。这项专利不仅填补了国内、国际年份酒鉴别方法的空白，而且成功地破解了困扰酒类行业多年的世界性技术难题。2009年“挥发系数鉴别年份酒的方法”已被列入国家质检总局的“公益性标准科研专项”研究课题。这项专利技术在推进中国白酒的国际化进程中显示出具大威力，并做出重大贡献。

运用全二维气相色谱——飞行时间质谱仪和闻香仪开创性地研究酒体风味变化规律及最佳风味特征的物质表征过程，已定性剑南春等名优酒中2000余种香味物质和200余种有利人体健康的因子，并找到了最能体现悠美滋味特色的香味成分及其最佳的量比关系。

由于在生态环境、原料及配方、古窖池发酵设备、独特工艺控制模式和陶坛贮存老熟方式等方面所具有的独特性，造就了剑南春酒“芳香浓郁、纯正典雅、醇厚丰满、绵柔甘洌、酒体圆润、风格典型”的独特滋味特色；剑南春人在传承中国白酒传统工艺的同时，以创新的经典工艺特色，造就了剑南春酒浓郁幽雅舒适的芳香和绵柔甘洌、幽雅细腻的滋味特色及神韵；我们将坚持“科技引领未来，品质延续历史”的经营理念，以前沿科学研究与技术创新为剑南春酒的高品质提供核心技术支撑，生产出舒适幽雅型中国名酒剑南春，不断满足人们日益变化的、追求健康时尚的消费需求。

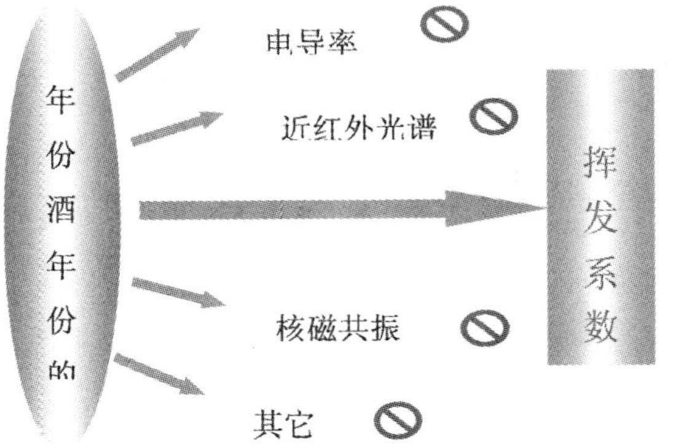

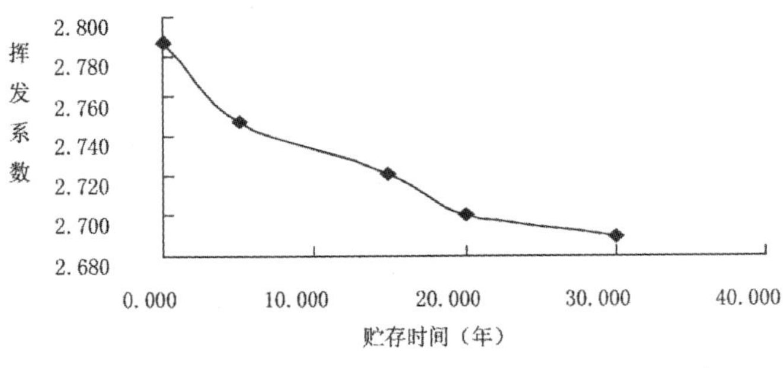

玫瑰香葡萄品种特性与汉沽产地分析

张福庆[1]，李巍[1]，田卫东[1]，唐宗成[2]，侯少华[2]

1. 中法合营王朝葡萄酿酒有限公司，天津300402；2. 汉沽区中国玫瑰香葡萄研究中心，天津300480

[摘要] 葡萄品种特性、气候因素和土壤条件是影响葡萄品质形成以及产地形成的主要因子。本文分析了玫瑰香葡萄品种的特性，并对我国渤海湾地区的天津汉沽、河北昌黎、山东大泽山3个玫瑰香葡萄著名产地的气候因素、土壤质地和成分进行了比较，同时对品种特性、气候因素和土壤因子之间的关系进行了较为细致的分析研究，阐述了玫瑰香葡萄品种汉沽产地形成的原因。

[关键词] 玫瑰香　品种特性　气候因素　土壤条件　产地

玫瑰香葡萄（*Vitis vinifera* L. cv，Muscat Hamburg）是鲜食和酿酒兼用品种，我国玫瑰香著名产地主要集中在渤海湾地区的天津汉沽、河北昌黎、山东大泽山等地，其中以天津汉沽最为著名，这里生产的玫瑰香葡萄多次获得全国鲜食葡萄评比第一名，以其为原料酿造的干白、半干白葡萄酒也多次荣获国际金奖，体现了典型的地域特征。

一、玫瑰香葡萄品种特性

玫瑰香葡萄原产英国，由亚历山大（白玫瑰香，Muscat of Alexandria）与黑汉（Black Hamburg）杂交育成，属欧亚种的中晚熟品种。该品种具有浓郁香味，糖酸比较高，可口，品质极上，是优良的鲜食和酿造兼用型品种。

玫瑰香葡萄品种树势中庸或偏强，丰产性好，但是对肥水要求较高，营养不足易出现落花落果及大小粒现象，同时易患生理性病害——水灌病，严重影响葡萄的产量和品质。

本品种抗盐碱能力较强，抗寒性中等；对某些病害的抗性较弱，易感染白腐病、黑痘病、炭疽病、灰霉病等病害[1, 2]。

2003年，在汉沽区大辛村玫瑰香葡萄生产园对不同产量条件下果实生长发育特性的观测结果表明：在果实发育的第1期和第2期，浆果中糖含量一直处于很低水平，而酸含量则持续上升，至第2期末达到最高值（40.0 g/L）；进入生长发育第3期，浆果中的糖、酸含量同时发生着剧烈变化，含糖量急剧上升，含酸量迅速下降（图1），果实外观表现为浆果由极个别果粒着色至果穗果粒全部着色。玫瑰香葡萄积累酸的能力比赤霞珠和美乐品种略强，但是其在始熟期的降酸程度大，几乎呈直线下降，造成采收时的含酸量比美乐和赤霞珠品种低1.5～2.8g/L。酸度的迅速降低，使得葡萄浆果抗病能力下降，导致玫瑰香品种后期白腐病和炭疽病的严重发生。

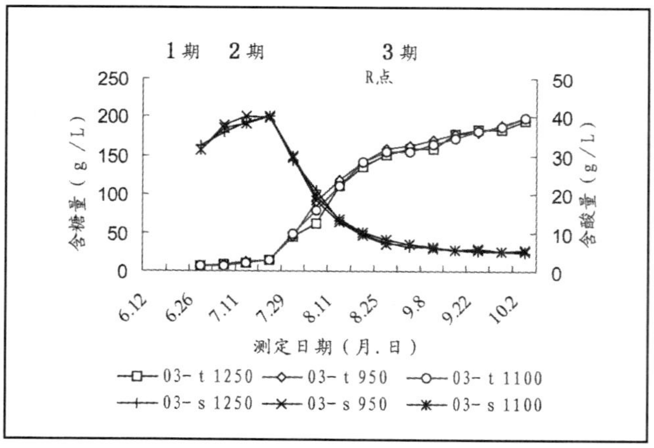

图1 葡萄浆果生长发育动态（天津汉沽2003）

注：03代表2003年；t 和 s 分别代表含糖量和含酸量；1250、950、1100分别代表亩产量1250千克、950千克、1100千克

二、产地的气候特征

汉沽位于天津东部，渤海湾西部，受季风环流控制，属暖温带半湿润大陆性季风气候，四季分明：春旱多风，冷暖多变；夏热潮湿，雨水集中；秋高气爽，凉风习习；冬寒少雪[3]。

2.1 著名玫瑰香葡萄产地主要气候指标比较

表1 中国各玫瑰香葡萄产地主要农业气候指标比较

产地	≥10°C活动积温(°C)	无霜期天数(d)	年平均气温(°C)	最热月均温(°C)	全年降雨量(mm)	年日照时数(h)
汉沽	4199.5	204	11.7	26.1	588.2	2998.9
蓟县	4137	198	11.5	26.0	678.6	2777.7
昌黎	3963.9	193.8	11.1	24.9	715.3	2770.9
大泽山	4000	190	11.8	25.3	649.6	2694.2

天津汉沽、河北昌黎、山东大泽山等玫瑰香葡萄产地都属于我国的渤海湾葡萄产区，由于受海洋的影响，这里热量丰富，雨量充沛，年活动积温3900～4200℃，年降水量580～720mm[3, 4]。各产地气候条件大体相似，但是仍存在细微差别。

从表1中的温度指标和无霜期天数看，各产地气候资源相近，都能够满足晚熟品种对热量的需求，从年降雨量和年日照时数看，汉沽产地的气候指标更利于玫瑰香葡萄品质的形成。

2.2 玫瑰香葡萄果实生长发育期间月平均气温、降雨量比较

在葡萄浆果生长发育期间，气温和降雨量不但对浆果成分的形成有重要影响，而且与葡萄病害的发生、严重程度密切相关。

2.2.1 果实生长发育期间月平均气温比较

6～7月份是玫瑰香葡萄浆果酸分积累时期，至7月中旬末期浆果酸分达最高，在汉沽产地浆集酸分可达40g/L。从图2中看出，各产地月平均气温差异不大，对玫瑰香葡萄浆果的生长发育影响较小。6、7月间，汉沽产地的月均温高于昌黎和山东大泽山产地，差值在0.8～1.2℃，对酸的形成可能有轻微影响；7月下旬至9月底是玫瑰香浆果糖分累积和酸分降低的过程，其后期同时也是色泽和香气形成与积累的过程。立秋后，北方进入秋季，秋高气爽，晴朗无云，昼夜温差加大，利于晚熟葡萄品质的形成，此期汉沽产地的气温高于昌黎1℃，高于大泽山0.5～0.9℃，生长期较长，温度利于葡萄植株光合作用，葡萄品质能够得到进一步提高。

2.2.2 果实生长发育期间月平均降雨量比较

各个玫瑰香葡萄产地的降雨主要集中在7、8月份，汉沽产地主要在7月下旬至8月上旬，立秋后降雨明显减少，气温开始下降。主要雨季的结束、浆果品质的开始形成和葡萄病害的严重发生在时期上一致。在玫瑰香果实生长发育的整个时期，汉沽产地的降雨总量低于其它产地（图3）。

在我国北方，夏季高温和高湿同时发生，是病害大发生季节。从图3中可以看到，汉沽产地除8月份的降雨量（主要在8月上旬）比山东大泽山高外，其它各月的降雨量

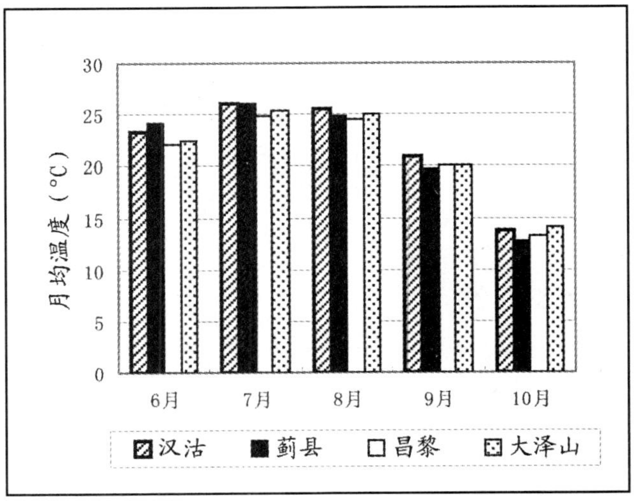

图2 中国著名玫瑰香葡萄产地 果实生长发育期间温度比较

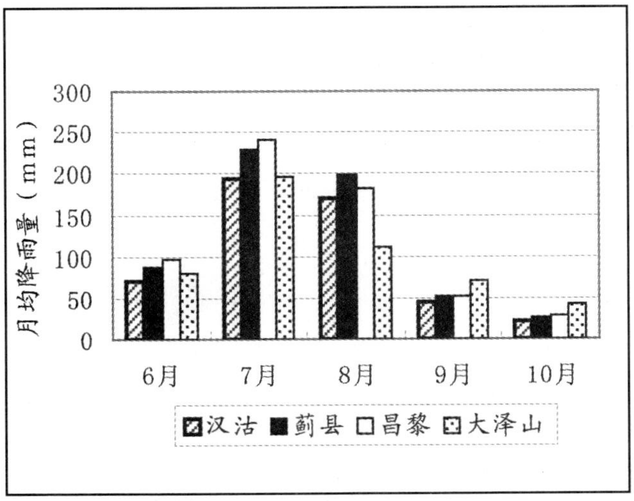

图3 中国著名玫瑰香葡萄产地 果实生长发育期间降雨量比较

均低于其它产地，尤其是玫瑰香葡萄品质形成的8月底至9月份。从气象条件来看，汉沽产地降雨量较少，有利于减轻玫瑰香葡萄的发病程度。

三、土壤特点

汉沽地处滨海平原，地势低平洼下，土壤形成是由河流冲击与海相沉积交互作用而成。土壤母质富含碳酸钙，石灰反应强烈，富含铁锰结核。这与其它产地的土壤状况极为不同[5]。

汉沽区茶淀镇土壤盐渍化程度较汉沽区其它地区轻，土壤呈碱性，质地细而均匀，结构简单，较黏重，为重壤质盐化潮土。土壤耕作时间为50年左右，葡萄园土壤营养丰富而均衡，从多年的土壤测定结果看，汉沽区土壤中Mn、Zn、B比天津其它地区含量丰富。

3个玫瑰香葡萄产地的土壤质地差异很大，另外从土壤成分看，汉沽土壤中K、Ca、Mg含量高于河北昌黎和山东大泽山（表2），而这3种元素对于玫瑰香葡萄品质的形成具有十分重要的作用。从pH看，天津汉沽产地土壤呈碱性，而河北昌黎和山东大泽山的土壤呈弱酸性。

四、葡萄的营养吸收特点

葡萄是喜钾和钙的植物，同时对镁的需要量较大。前苏联学者（1978）发现葡萄植株对钾的吸收量大（表3）；浆果含糖量较高的玫瑰香和金珠品种，比其它品种的浆果含钾量高，研究认为那些含糖量高、芳香浓的品种从土壤吸收的钾较多。

日本学者（日本山形园试，1977）根据水培试验结果，得出巨峰葡萄的养分吸收量，4年生植株全年吸收氮素132克（100%），磷酸22克（17%），钾素103克（78%），钙素130克（99%），镁素17克（13%）[1]。由此可见，钙和镁在葡萄正常生长发育中与氮、磷、钾一样具有重要的作用。

钾素和磷素能促进浆果中糖分的积累、芳香物质增加和花青素的合成，而且对白色品种和红色品种的影响不同。白葡萄在施磷肥时，积累芳香物质较多，而红葡萄品种则在施用钾肥时积累芳香物质较多。含糖量高、芳香味浓的品种从土壤中吸收的钾素较多，如玫瑰香品种。微量元素硼、硫、锰等可增加葡萄果粒中的芳香物质和果皮色泽。

在石灰岩生成的土壤或心土富含石灰质的土壤上，葡萄根系发达强大，糖分积累和芳香物质积累较多，土壤中的钙质对葡萄酒的品质有良好的影响。世界上一些名酒产区正是在这种土壤上，如法国的香槟地区和夏朗得-科涅克地区等[1, 4]。

五、土壤类型与果实病害

葡萄白腐病和炭疽病为我国北方葡萄果实成熟期间的两大主要病害，防治不当常造成葡萄产量和质量的损失很大。

表2 天津汉沽、河北昌黎、山东大泽山玫瑰香产地土壤状况比较（有效成分）

产地	土壤质地	pH	N（mg/kg）	P（mg/kg）	K（mg/kg）	Ca^{2+}（%）	Mg^{2+}（%）
汉沽	盐碱黏土	7.84	88.2	195	601	0.692	0.143
河北昌黎	沙土+砂土	6.15	180.1	223.7	360.0	0.0045	0.0041
山东大泽山	沙砾土	6.41	117.4	71.3	162.1	0.0060	0.0027

表3 每千克葡萄中营养物质的含量（g）

品种	产量（吨/公顷）	N	P	K
金珠	16.40	1.12	1.21	4.24
卡赫特	17.69	1.05	0.79	2.59
玫瑰香	12.63	1.06	1.87	4.44

中国农科院植物保护研究所陈子文先生研究证明：葡萄白腐病病菌对氧气需求较高，沙土和沙壤土的葡萄园白腐病的发生严重。玫瑰香葡萄汉沽产地的土壤为盐碱黏土，土壤通气性较沙性土壤低，白腐病发生较轻。

水罐子病又称转色病，一般在果实接近成熟期开始发生，属于生理性病害，主要是由于树体营养物质不足造成的。玫瑰香葡萄品种较易患水罐子病，在沙性土壤上比在黏性土壤上发病概率大、程度重，特别是产量高时更是如此。葡萄生产实践证明：与天津市其它地方相比，玫瑰香汉沽产地的白腐病和水罐子病发病程度最轻。

六、品种与气候、土壤资源之间的关系

6.1 品种与气候资源

玫瑰香葡萄品种属于中-晚熟品种，从汉沽、昌黎、大泽山三个玫瑰香葡萄产地的气候资源来看，都能满足品种对热量的需求；葡萄浆果始熟期至采收期是白腐病和炭疽病等果实病害的适宜发生期，由于玫瑰香葡萄品种的这段时间绝大部分在立秋后（8月初至10月初），气候晴朗凉爽，降雨明显减少，这样不但可以避开渤海湾地区夏季的高温多湿，减少病害的侵染，降低生产成本，减少农药污染，同时利于浆果糖分的积累、香气和色素的形成，使得玫瑰香品种的晚熟特性得到充分发挥。从8月中旬至10月初的降雨量来看，汉沽产地降雨量较少，比昌黎和大泽山更具有一些优势。

6.2 品种与土壤资源

葡萄水罐病和白腐病是种植在沙土和沙壤土上的玫瑰香葡萄两大主要病害，这是由于沙土和沙壤土中K、Ca等元素缺乏，易使吸收K量较大的玫瑰香葡萄因缺K而患水罐病；沙性土壤通气性较强，使得对氧含量要求较高的白腐病发生较为严重。在汉沽产地，土壤中丰富的营养（尤其是K、Ca、Mg等元素）使得玫瑰香葡萄植株生长发育良好，在产量控制合理的范围内，生产上极少发生水罐病；盐碱黏性土通气性低，抑制了白腐病的发生；另外在果实成熟期相对多发的炭疽病也因为成熟期降雨量的急剧减少，其危害程度也大为降低。

生产实践表明：在轻度盐碱的土壤上种植的玫瑰香葡萄糖分含量较高，具体原因有待于进一步研究探索。

综上所述，天津滨海汉沽产地的海洋和大陆性交汇气候、营养丰富的碱性土壤能够克服玫瑰香葡萄品种的劣势，使品种质量潜力得到充分发挥，并最大地降低了生产成本，从而使天津汉沽成为了我国著名的玫瑰香葡萄产地[6]。

参考文献：

[1] 贺普超，罗国光编著．葡萄学[M]．北京：中国农业出版社，1994.

[2] 欧阳寿如编著.葡萄的品种及其研究[M].太原：山西人民出版社，1980.

[3] 蒋德勤主编．天津土种志[M]．天津科学技术出版社，1990.

[4] 祝尚东，田衍棠，苗积广，等.试论葡萄的产地效应[J].葡萄栽培与酿酒，1997(1):6～11.

[5] 天津市土壤区划普查办公室[Z].天津市土壤普查材料，1982.

[6] 高献亭，修德仁，齐思儒等．天津滨海盐碱地玫瑰香葡萄优质丰产栽培技术[J]．葡萄栽培与酿酒，1998(3):9～12.

酿酒葡萄与葡萄酒风味物质的研究

葡萄酒的风味特点决定了它的品质、档次和竞争力，而我国对葡萄酒这方面的研究还很薄弱。我国葡萄酒产业正在走向“同质化”，产品缺乏典型性和特色，限制了我国葡萄酒产业的发展。为了解决这一重要的瓶颈问题，我公司项目组从酿酒葡萄的品种和产地入手，采用现代化高端精密仪器和数学分析相结合的方法，对葡萄与葡萄酒的风味物质进行研究，建立葡萄酒风味物质的检测体系，并进行新产品的研发。

该项成果系统地完成了从检测方法的建立到新产品的开发。应用先进的检测仪器和最新的检测技术，建立了葡萄与葡萄酒风味物质的检测方法；将品酒专家的感官品评与科学仪器的检测分析相结合，确定了葡萄酒香气强度和风味特征图；通过将化学分析与数学分析相结合，运用多元统计方法对实验结果进行数据分析，确定了不同产区和不同品种葡萄酒的风味特异性与差异性，完成了葡萄酒产区、品种的判别分析，并建立了判别模型；研发出了两个具有典型地域特点的新产品，并从葡萄、葡萄原酒以及辅料筛选、品种勾兑比例等方面进行风味物质的检测、对比与研究，优化了低醇起泡葡萄酒和高档干化葡萄酒生产工艺。新产品在香港举行的国际葡萄酒烈酒展览会上受到了国内外参会者的欢迎，填补了该酒种的国内空白。

该项目综合了感官分析、仪器分析和多元统计分析的技术，研究将葡萄酒品尝学、葡萄酒的发酵与酿造以及化学分析、数学分析等多学科知识有机地结合起来，完成了理论研究和产品开发的有效结合。项目在研究思路与研究方法上具有的创新程度高，取得了一些突破性进展，具有创新性。

该项目的研究与实施让企业建立起自己的产品风味物质数据库，建立了可信度较高的产区和品种判别模型，识别率均达到80%以上。较系统地完成了从检测方法的开发到新产品的开发，使王朝公司提高了产品质量，增强了王朝葡萄酒在国内外市场的竞争力。该项目丰富了我国葡萄酒酒种，促进了我国葡萄酒酿造业的发展。项目的研究成果极大地推动了同类研究的进展，促进了行业的技术进步，将对扭转我国葡萄酒行业目前存在的产品同质化现象起到示范作用，同时葡萄酒风味特征的研究对今后行业建立原产地保护制度以及产品的等级划分也都具有重要的意义。风味物质的检测方法及特征性风味成分的研究思路与研究方法在葡萄酒、啤酒以及果汁等食品行业有着广泛的推广前景。

采取边研究边生产、科研和生产密切相结合的方法，项目组为企业科研的发展创新了思路。项目实施3年，共实现销售收入1636万元、利税593.5万元、出口创汇76万元。

该项目从2008年3月1日起，于2011年8月5日止。受天津市科学技术委员会委托，天津市科学评价中心组织有关专家对其进行了鉴定，鉴定结果表明该项研究成果总体技术达到了国际先进水平。

君品习酒 厚德自强

——习酒•窖藏1988的酿制与鉴评

钟方达

贵州茅台酒厂（集团）习酒有限责任公司，贵州习水 564622

[摘要] 习酒•窖藏1988创新地采用传统工艺与一次投料泡粮新工艺相结合的生产工艺，既秉承了传统酱香型习酒风味特点，又赋予酒体“微黄透明、酱香突出、醇厚丰满、细腻体净、回味悠长、空杯留香持久、酱香风格突出”的个性气质，符合消费者对香气和口味的双重需求，其质量品质属于高档优质白酒。

[关键词] 习酒 窖藏 环境 工艺 贮存 风格特征 鉴评

一、概述

习酒公司位于习水县习酒镇，地处赤水河中游红军四渡赤水的二郎滩渡口，距茅台酒厂五十公里。习酒城溯赤水河而上，依青山，傍绿水，绵延十里。这里温润的气候，充沛的雨量，优良的水质，酸碱适度的土壤，独特的酿酒生态资源，为企业提供了得天独厚的自然条件，加之公司精湛的酿酒技术，独特的酿酒工艺，过硬的质保体系，使习酒成为在无污染、无公害的绿色生态环境里酿造的天然优质美酒。

赤水河流域具有悠久的酿酒历史和深厚的文化底蕴。据史料和出土文物考证，赤水河流域的酿酒历史最早可追溯到秦汉时期。早在2000多年前的汉代，赤水河沿岸一带便以生产“枸酱酒”而闻名。据司马迁《史记•西南夷列传》记载，公元前135年，汉使唐蒙出使南越，特绕道古鳛部品尝枸酱酒，并携归长安，献与武帝，帝饮而“甘美之”。故有“唐蒙饮枸酱而使西域”之说。清朝诗人陈晋熙有诗为证：“尤物移人付酒杯，荔枝滩上瘴烟开，汉家枸酱知何物，赚得唐蒙鳛部来”。这证实了早在汉朝以前，赤水河流域已盛产美酒。而史载枸酱酒，据考证为赤水河中游一带生产的用水果加入粮食经发酵酿制的酒。这一点还可以从“夜郎旁小邑”出土的陶制酒器得到佐证。元、明期间，具有一定规模的酿酒作坊就已经在茅台镇杨柳湾一带陆续兴建。从其工艺的历史发展来看，北宋年间赤水河沿岸出现了酿制酱香的优质大曲——“风曲”；明代时赤水河流域形成了“回沙工艺”的酿酒方法，这正是酱香型白酒生产工艺形成和不断走向成熟的历史过程。

自习酒建厂以来，茅台酒厂的历任领导、专家和前辈对习酒的发展倾注了大量的心血，为酱香型习酒生产工艺的定型做出了不可磨灭的贡献。

1952年，在整合赤水河地域酿酒技术资源的基础上，习酒公司的前身“仁怀县郎庙酒厂”建立了。1957年，仁怀县工业局抽调茅台酒厂专家主持生产，采用传统酱香型酿酒工艺，试制成功了第一个产品——“贵州回沙郎酒”，揭开了企业生产技术发展的序幕。

1970—1981年，习水酒厂多次派遣技术人员到茅台酒厂学习，得到了茅台酿酒前辈和专家的无私帮助。他们不仅悉心指导酿酒技术，毫不保留地传授评酒技巧、勾兑技术等方面的知识和经验，而且无偿地提供条石、窖泥、稻草、母曲等宝贵的酿酒资源，为酱香型习酒的研制成功奠定了技术基础。1983年，酱香型习酒通过省级科技鉴定并荣获贵州省科技成果三等奖。1986年，习酒荣获贵州省优质产品称号，并列为“七五”期间贵州省重点发展的名优酒骨干企业。1988年，习水酒厂通过技术改造，酱香型白酒年生产能力达到3000t，成为当时全国规模最大的酱香型白酒酿造基地。习酒荣获商业部优质产品金爵奖和国家质量奖审定委员会授予国家银质奖，跻身于省优、部优、国优品牌之列。

1998年茅台兼并习酒，为企业做强做大，实现跨越式发展，带来历史性的发展机遇。1999年，茅台集团徐英副总工担任了公司技术顾问，酿酒大师许明德等老专家也多次亲临企业指导科研、生产、勾兑、尝评、质量等工作。2003年，时任公司董事长、总经理刘自力创造性地提出了酱香型白酒新工艺对比实验研究构想。这一构想得到了集团公司的高度重视，并成立了以季克良董事长为首的专家组进行指导。在集团公司的大力支持和帮助下，酱香型白酒新工艺研究工作正式启动。近年来，茅台集团董事长季克良、副总经理吕云怀、技术顾问汪华等专家组成员多次听取生产工作汇报，并组织召开新工艺研讨会，对习酒产品的品质进行鉴评，对习酒的技术工艺创新进行分析论证，对酒体的发展方向进行指导。

经过五十多年的不懈努力，公司依靠科技进步，从酿酒工艺和微生物两个方面对传统酱香型白酒的生产工艺进行了深入的研究和总结，并从科学上加以认定，从而使酿酒工艺日臻完善。近年来，公司建立健全科技创新体系，注重企业竞争能力的培育，不断加大技术开发投入，先后与四川大学、江南大学、贵州省轻工业科学研究所、茅台集团技术中心等单位合作开展了多项产学研课题，并取得一系列技术成果，企业的生产能力、科研能力、质量保证能力、产品开发能力不断增强，科技兴企和走质量效益型道路步入新的阶段。

二、独特的酿酒地域生态环境

2.1 习酒镇地理、地貌、气候特点

2.1.1 独特的地理、气候

习酒镇，位于贵州省北部边缘的赤水河流域中下游，地处大娄山山系西北坡与四川盆地南缘过渡地带。这里山清水秀，四季分明。赤水河河谷内水土丰饶，气候温和湿润，空气流动缓慢。全年无霜期长达300余天，年平均降雨量为1065.7毫米，年平均气温为20.5℃。具有冬暖、春早、夏热、秋雨，湿度大、云雾多等气候特点。公司坐落在群山环抱的低凹河谷地带，由于空气流动相对稳定，为生产区域内酿酒微生物的富集和白酒生产网罗微生物资源提供了一个良好的气生微生物环境。

2.1.2 特殊的土壤和优质的酿造水源

地质调查资料表明，赤水河中游河谷一带，特别是茅台、习酒镇地区的地质，从整体上讲属浸湿构造类型，由紫色砂岩风化而成的紫色土壤地质结构十分特殊，酸碱适度，含有多种微量金属元素及其它有益成分。赤水河是长江中游地区生态环境最好的支流，也是长江唯一未被现代工业污染的支流。经检测：赤水河水质无色透明、无嗅、无异味、微甜爽口，酸碱适度（pH7.2～7.8），硬度为7.8～8.4度。是极为优质的酿酒资源。

2.2 习酒镇区域环境微生物特点

习酒佳酿依赖于传统发酵，影响其质量风格因素复杂，其生产现场的空气、水源、土壤、原材料以及气候等条件与原产地环境微生物的生态构成息息相关，并决定了生产现场微生物区系的自然形成和优化，构成了酿酒发酵酒曲、窖池窖底泥以及糟醅发酵过程中微生态环境与微生物区系的相互制约和相互依赖关系，而有益微生物区系形成及其生态功能的发挥又是关键所在。

2.2.1 习酒镇大气与土壤中的微生物分布

习酒镇环境中存在的可培养的微生物菌群结构是比较稳定的。主要分布情况：空气中常见的可培养的细菌主要有12种，数量范围160～1580个/m^3，主要以地衣芽孢杆菌、凝结芽孢杆菌、枯草芽孢杆菌、苏云金芽孢杆菌、球状芽孢杆菌等芽孢杆菌为主。常见的可培养的霉菌主要有16种，数量范围40～1840个/m^3，主要以拟青霉、根霉属、毛霉属、曲霉属等为主；可培养的放线菌3种，数量范围20～1200个/m^3；可培养酵母菌有5种，数量范围20～900个/m^3，酵母菌主要以酿酒酵母、汉逊酵母、假丝酵母和白地霉为主。而土壤中常见的可培养细菌主要有12种，数量范围11×10^5～136×10^5个/克土壤；可培养的霉菌有11种，数量范围5×10^3～14.3×10^4个/克土壤；可培养的放线菌有2种，数量范围1×10^3～33×10^5个/克土壤；可培养的酵母菌有4种，数量范围1×10^5～2.2×10^5个/克土壤。环境中微生物群落的进化和演替，达到调控和优化微生物群落的必然趋势，从而在生产过程中逐渐形成了一个靠自然给予、异常复杂并与环境相适应的微生物区系。这种区系的存在，是酿造优质酱香酒的必要基础条件。酿酒工艺高温堆积的过程，也是网罗空气中、晾堂上酿酒有益微生物及其大量繁殖的过程，这与习酒独特的质量风格密切相关。

2.2.2 独特的高温大曲生态环境

习酒高温大曲微生物类群和微生物区系中，可培养细菌优势菌种中耐高温的芽孢杆菌种类也较多，例如地衣型芽孢杆菌、凝结芽孢杆菌、枯草芽孢杆菌、短小芽孢杆菌、蜡状芽孢杆菌等占优势。可培养酵母菌中主要是耐高温的假丝酵母和白地霉占优势。可培养霉菌中主要是根霉属、曲霉属等占优势。由于制曲工艺独特，曲坯品温可高达到67℃左右，这独特的极端制曲环境在生产中自然调控了制曲环境中微生物及其代谢过程不同酶系和代谢产物的自然演替，实现了高温大曲生产过程不同工艺阶段对不同微生物群种的需求，完成了多种微生物混合发酵过程的复杂代谢和代谢产物的多样性，富集了大量的呈香呈味物质及其前体物质，产生特殊而浓郁的复合曲香。

2.2.3 窖池窖底泥微生态环境的优化

习酒的酿造采用泥底条石窖为发酵容器，其窖底泥中的微生物经过糟水的长期接触浸润，进行着自然筛选与驯化，形成独特的以甲烷杆菌、己酸菌等为主体的窖泥生香厌氧微生物群体。窖池连续使用时间越长，窖底泥中生香功能菌分布数量愈多，在发酵过程中提供和转化的香味物质也就愈丰富，酿出的酒愈醇厚芬芳，从而赋予酒体特殊而浓郁的窖底香风格。

三、独特的酿酒生产工艺

酒体风味特征的形成与变化是与生产模式直接相关的，不同的生产工艺模式是形成不同酒体风味特征的主要根源。全新打造的窖藏1988作为习酒中的高档形象产品，在秉承传统酱香型习酒工艺的基础上，创造性地将传统工艺与泡粮新工艺有机结合，采用独特的分型发酵酿酒工艺，并以此彰显其独树一帜的产品质量风格。为保证其高贵典雅的品质，创新地采用了专用工艺路线来组织生产。从酿酒原料、制曲、酿酒工艺、贮存、酒体设计到包装、检验均建立了一套完整的生产体系及质量标准。

3.1 酿酒工艺的特点

3.1.1 酱香型习酒传统工艺的特点

传统大曲酱香型白酒生产工艺比较复杂， 除与当地环境、气候、水质、原料有关外，又有其独特的工艺特点：

3.1.1.1 生产工艺季节性很强。

每年要求在5月端午踩曲，9月重阳下沙，这完全不同于其它香型白酒随时投料随时生产的特点。每年端午节前后开始用小麦高温制曲，重阳前结束，有利于保证高温大曲的质量。生产投料按照农历九月重阳节进行，避开高温生产时节，顺应当地气候特点，有利于发酵过程的控制。

3.1.1.2 “三高三长”的工艺特点。

其生产工艺可以概括为：以优质高粱为原料，用小麦制高温大曲作糖化发酵剂，采用条石筑的发酵窖，经二次投料，九次蒸煮、八次发酵、七次取酒，采用高温制曲、高温堆积发酵、高温流酒的特殊工艺，生产周期为一年，按酱香、醇甜及窖底香三种典型体和不同轮次酒分别长期贮存，精心勾兑而成。“三高”是指高温制曲工艺（品温高达67℃左右）、高温堆积发酵工艺（顶温高达53℃左右）、高温馏酒工艺（馏酒温度高达40℃左右）。“三长”是指基酒生产周期长（生产周期长达一年）、大曲贮存时间长（大曲贮存时间长达六个月）、基酒贮存时间长（按酱香、醇甜及窖底香3种典型体和不同轮次酒分别长期贮存三年以上）。

3.1.2 酱香型泡粮新工艺的特点

为顺应市场和消费趋势的变化，有效地解决传统工艺轮次酒酸涩味偏重等问题，使酒质更干净、绵甜。公司于2003年正式启动了酱香型白酒一次泡粮新工艺研究工作，至今顺利完成了七年的生产试验任务。经过长期的生产实践总结，新工艺现已逐步定型，并建立了一套完整的生产体系及质量标准。新工艺设计采用泡粮器润粮，经过一次投料，八次蒸煮、七次发酵、七次取酒，相对传统工艺而言，减少了一次投粮工序，缩短了生产周期，提高了设备的机械化程度，降低了工人的劳动强度。其生产工艺的特点可概括为：

3.1.2.1 整粒高粱一次投料

传统工艺要求二次投料，下沙、糙沙原料按一定比例破碎。而新工艺将下沙和糙沙工序合并为一次性投粮下沙，且粮食不破碎，其它操作与传统工艺相同，投粮时间与传统工艺糙沙同步。采用整粒高粱一次性投料，有利于发酵平缓适度，以较好地控制1、2轮次酒的出酒率，从而为3、4、5轮次大回沙酒的生产奠定基础。

3.1.2.2 泡粮工艺

传统工艺要求原料下沙和糙沙分别采用95℃以上热水进行润粮，润粮分2次进行，入窖水分控制在42%左右为宜。粮食吸水采取堆积翻造、缓慢渗透方式，在操作上存在着水温水量的控制、水分的流失等问题。而新工艺采用泡粮器润粮，粮食吸水主要采取高温、快速方式，操作简单方便，有利于酒醅入窖水分的控制。此外，泡粮工艺可降低原料单宁含量30%左右，使轮次酒的生涩味明显减少。

3.2 贮存工艺的特点

新酒的陈酿采用传统陶土容器原度贮存新酒，对酒的老熟有促进作用。一是陶坛在烧结过程中形成了微孔网状结构，透气性较好，这种结构在贮酒过程中形成毛细管作用，将外界的氧气缓慢地导入酒中，促进基础酒的酯化和其它氧化还原反应，使酒质逐渐变好，二是陶土本身含有多种金属氧化物，在贮酒过程中逐渐溶于酒中，与酒体中的香味成分发生络合反应，使酒质逐渐变好，相对其它贮存容器而言更能保证老熟效果。新酒经验质分级后按不同的工艺分酱香、醇甜及窖底香3种典型体和不同轮次酒分坛长期贮存。普通酱香型习酒，一般需要贮存三年以上，才能组合勾调出厂。而窖藏1988产品对其基酒和调味酒的贮存有着更为严格的规定，各类基础酒的贮存期至少在五年以上，调味酒的贮存期则在十年以上，从而赋予酒体自然老熟的陈香风味特征。

3.3 勾兑与调味工艺的特点

勾兑与调味技术是产品生产工艺中非常重要的一环，

它对稳定酒质、提高风格的典型性起着极为显著的作用。基础酒贮存期满后，勾兑人员要逐坛进行感官尝评和理化分析，根据窖藏1988酒体设计要求进行勾兑和调味。公司现已形成以计算机勾兑专家系统和人工尝评相结合独具特色的综合工艺技术，其工艺的特点可概括为：

3.3.1 传统工艺和泡粮新工艺基础酒的组合

产品在勾兑调味技术上率先采用传统工艺和泡粮新工艺基酒互相组合的技术，拓展了基酒组合的类型。公司相同香型不同典型酿造工艺酒之间的互相组合，大大增加了酒中复杂成分，产生了良好的复合效应，使合格基础酒的风味得到全面的改善和增强。

3.3.2 特殊老酒和调味酒的制作与应用

窖藏1988产品质量特征中最为突出的是陈味舒适柔和，复合香幽雅。根据酒体风味设计的要求，添加了部分1988年贮存的老酒，并选择制作了十余种特殊调味酒。各类调味酒在酒中虽然用量不多，但在香型的组成中起着重要作用，对于产品的酒体成型是必不可少的，它能使酒体更趋完善，更能充分地体现其鲜明个性和典型特征。

3.3.3 微机勾兑技术的应用

在色谱分析微量香味成分的基础上，应用计算机勾兑调味专家系统对基础酒进行优化组合，使各类微量香味成分控制在规定的范围内，达到比例协调。微机勾兑技术和人工品尝法科学地结合，保证了产品质量的长期稳定。

四、独特的产品质量风格特征

酱香型名优酒都有各自独特的风格，其风格特征是由酒中所含芳香物质的不同含量和比例而形成的。酒中各种微量香味成分之间的相互复合、平衡和缓冲作用，就构成了同一香型白酒的不同典型风格。酱香型白酒的风味物质种类和数量繁多，也是迄今为止主体香气成分还不明晰的一大香型。但对酱香型白酒香气成分的研究工作也还是能证实其与其他香型白酒微量香味成分上的差异和特征。近年来，应用全二维气相色谱与飞行时间质谱联用（GC×GC/TOFMS）新技术，已检测出习酒中酯类、酸类、醇类、酮类、醛类、含氮类和其他可挥发和半挥发成分800余种，根据对窖藏1988产品香味成分和风格特征的剖析，其具有以下特征：酸含量高，己酸乙酯含量低，醛酮类含量大（特别是糠醛、异戊醛、苯甲醛、丁二酮、3-羟基丁酮含量高），含氮化合物含量高（其中尤以四甲基吡嗪、三甲基吡嗪最为突出），正丙醇、庚醇、辛醇含量也相对较高。特别值得一提的是酒中富含一定的多酚类物质，适量饮用裨益健康。

习酒•窖藏系列是酱香型白酒国家标准三大起草企业之一，习酒窖藏1988是公司的最新奉献。习酒•窖藏系列酒秉承“君品习酒，厚德自强”的品牌核心价值理念，以“窖于秘地，藏之珍品”的品牌形象，在传统酱香型习酒风味特点的基础上，赋予了酒体老熟醇厚、柔顺幽雅、协调自然的个性气质，创造出独树一帜的产品质量风格特征。

五、习酒窖藏1988的鉴评

2010年12月28日，习酒•窖藏1988品鉴会在贵州饭店国际会议中心隆重举行。中国著名白酒专家沈怡方、于桥、吕云怀、张菊明、庄名扬、程劲松、张文学、黄平、邱树毅等出席品鉴会。专家组围绕习酒的历史文化、地域生态环境、酿酒工艺创新、酒体发展方向等方面进行了深入研讨，对习酒•窖藏1988产品进行了品鉴和点评，给予了高度评价，并一致认为：

一、习酒公司在茅台集团的领导下，经过多年的努力，在企业发展、生产体系酿酒微生态研究、生产工艺技术总结与创新、微量香味成分分析研究等方面开展了大量工作并取得显著的成就，为贵州酿酒工业的发展做出了贡献，体现了产品质量风格典型的特点，具有广阔的市场发展远景。

二、习酒作为省优、部优、国优老牌名酒，酿酒历史悠久，文化底蕴深厚，生态环境独特。公司全新打造的习酒•窖藏系列高端产品，顺应了当代消费需求和市场发展潮流，其具有“微黄透明、酱香突出、醇厚丰满、细腻体净、回味悠长、空杯留香持久、酱香风格突出”的独特质量风格特征。产品突出了黔酒地域特色，生产工艺技术创新明显，坚持传统工艺与一次投料泡粮新工艺相结合，风味卓越不凡，感受与众不同，是名副其实的高档优质白酒。

六、结束语

习酒•窖藏系列的成功启航，正是在保持了原中国名优酱香型白酒水平并结合新的消费人群需要的基础上的全新提高，符合当代消费者对香气和口味的双重需求。随着人们消费品味的与日俱增，健康理念的日益增强，作为稀缺性资源的高端酱香国优创新产品，其高贵品质和非凡品位必将引领时尚、引导消费，具有广阔的市场发展远景。

参考文献（略）

高酯化酶活性红曲霉及生香酵母在二锅头白酒生产中的应用

于吉广　艾金忠　马美荣
（北京红星股份有限公司，北京，101400）

[摘要] 通过对红曲霉和生香酵母的初筛、复筛，确定了生产应用菌株。该系列菌株应用于二锅头原酒生产，可有效提高原酒质量。

[关键词] 高酯化酶活性红曲霉　生香酵母　应用　二锅头白酒

Application of *Monascus* Producing Esterase and Aroma-Forming Yeast in Er Guo Tou liquor Production

Yu Jiguang, Ai Jinzhong and Ma Meirong
(Beijing Red Star Corp., Beijing, 101400, China)

Abstract: *Monascus* and Aroma-forming yeast were screened and the strains for production application were determined. The strains could effectively improve the quality of Er Guo Tou base liquor.

Key words: *Monascus* Producing Esterase, Aroma-Forming Yeast, Application, Er Guo Tou liquor

红曲霉酯化酶技术在白酒生产上应用是一项创新成果，填补了国内空白，在浓香型白酒生产上已经开始应用[1,2]，考虑到清香型白酒的代表汾酒大曲中含有大量红曲霉，因此红曲霉酯化酶应用到清香型二锅头白酒生产上也应是可行的。

生香酵母以其产酯而著称，在我国白酒生产中得到了一定程度的应用，二锅头酒的主体香为乙酸乙酯，因此深入研究生香酵母，并将研究结果应用于生产，从而为公司创造一定的经济效益。

一、材料与方法

1.1 菌种

红曲霉和生香酵母，本公司技术中心保藏。

1.2 培养基

1.2.1 红曲霉固体种子培养基

大米培养基

1.2.2 红曲霉筛选培养基

酵母提取物 0.1，乙醇2，乙酸1。

1.2.3 生香酵母种子培养基

10～12°Bx麦芽汁。

1.2.4 生香酵母液体发酵培养基

葡萄糖 120克，酵母膏 2.5克，蛋白胨 3克，硫酸铵 2.5克，磷酸二氢钾 1克，硫酸镁 1克，氯化钙 1克。

1.3 方法

1.3.1 红曲霉乙酸乙酯合成酶酶活测定

根据资料制备红曲[3]，按一定用量将红曲加入酯化反应液中，在30℃酯化8d。

1.3.2 生香酵母初筛

从斜面挑取1环菌接入试管液体种子培养基中，28℃静置培养24h，培养好的液体试管菌种以一定接种量接入三角瓶液体种子培养基中，28℃静置培养24h，培养好的三角瓶种子以一定接种量接入发酵培养基中，28℃静置发酵。发酵完毕，发酵液经蒸馏提取后进行测定分析。

1.3.3 红曲霉复筛

以二锅头发酵工艺为基础，按一定用量加入经红曲霉制备的红曲进行发酵，发酵完毕蒸酒，根据酒样的理化指标和感官品尝结果，确定生产应用的红曲霉。

1.3.4 生香酵母复筛

以二锅头发酵工艺为基础，加入一定量的生香酵母菌液，进行二锅头发酵，发酵完毕蒸酒，根据酒样的理化指标和感官品尝结果，确定生产应用的生香酵母。

1.3.5 红曲霉、生香酵母生产应用

红曲霉、生香酵母分别按一定用量应用到公司二锅头原酒生产过程中，根据酒样的理化指标和感官品尝结果，确定合适的发酵工艺。

二、结果与分析

2.1 红曲霉初筛结果

红曲霉乙酸乙酯合成酶活性的测定结果见表1，可见不同红曲霉的乙酸乙酯合成酶活性差别较大，选择HM1、HM2、HM6用于复筛实验。

2.2 生香酵母初筛结果

不同生香酵母以葡萄糖为碳源的发酵结果见表2，根据各菌种的乙酸乙酯含量、酒精度含量以及发酵液的香气，选择Y2、Y5、Y11、Y13用于复筛实验。

2.3 红曲霉复筛结果

对初筛的3株红曲霉分别用于二锅头原酒发酵，经过对发酵酒样的理化分析以及感官品尝，确定了红曲霉HM2作为进一步生产研究用菌株。表3实验结果表明，与对照相比，应用红曲霉后，酒样乙酸乙酯含量均有一定程度增加。

2.4 生香酵母复筛结果

对初筛的4株生香酵母分别用于二锅头原酒发酵，经过对发酵酒样的理化分析以及感官品尝，确定了Y11作为进一步生产研究用菌株。表4实验结果表明，与对照相比，应用生香酵母后，酒样乙酸乙酯含量均有显著程度增加。

表1 红曲霉乙酸乙酯合成酶活性的测定

红曲霉	HM1	HM2	HM3	HM4	HM5	HM6
酶活(U)	102.28	83.33	18.32	54.68	31.25	70.11

表2 生香酵母初筛结果

菌种	酒度	总酸（g/L）	乙酸乙酯（g/L）
Y1	2.13	0.69	3.27
Y2	2.10	0.63	4.08
Y3	2.33	0.72	0.90
Y4	1.53	0.86	2.35
Y5	1.83	0.84	3.81
Y6	2.63	0.66	2.97
Y7	2.85	0.74	1.30
Y8	2.73	0.67	0.89
Y9	1.20	0.58	0.25
Y10	3.57	0.60	1.49
Y11	1.93	0.78	4.25
Y12	1.97	0.57	3.22
Y13	2.37	0.69	3.48

表3 红曲霉复筛结果

酒样	总酸(g/L)	总酯(g/L)	乙酸乙酯(g/L)	乳酸乙酯(g/L)
HM1	0.95	3.62	2.29	1.71
HM2	0.91	3.67	2.41	1.59
HM6	0.86	3.59	2.36	1.55
对照	0.82	3.52	2.27	1.49

表4 生香酵母复筛结果

酒样	总酸(g/L)	总酯(g/L)	乙酸乙酯(g/L)	乳酸乙酯(g/L)
Y2	0.86	1.65	1.12	0.61
Y5	0.94	1.49	0.97	0.75
Y11	0.93	1.76	1.19	0.68
Y13	0.88	1.45	0.94	0.65
对照	0.78	1.25	0.69	0.73

2.5 红曲霉、生香酵母生产应用结果

我们在二锅头原酒生产工艺中同时使用了高酯化酶活性红曲霉和生香酵母增香的技术，延长发酵周期，使高酯化酶活性红曲霉得以充分发挥其增香作用，和生香酵母一起提高酒体的品质，通过实验，总酯的含量平均提高了0.40g/L，乙酸乙酯的含量平均提高了0.30g/L。该工艺应用于生产后，原酒的风格典型性得到了提高。

3 结论

红曲霉和生香酵母经过初筛、复筛，确定了生产应用菌株；生产应用结果表明，所筛选到的菌株可有效提高二锅头原酒的质量。由于二锅头原酒优质品率的提高，从而有能力使公司的产品实现品质上的阶梯性跨越和结构上的优化调整。近几年来公司采用该项目的研究成果不断推出系列中高档新产品，优化了公司的产品结构，使公司产品进一步向高效益、优质化方向发展，取得了良好的经济效益和社会效益。

参考文献：

[1] 吴衍庸. 提高中国白酒质量的酶工程技术[J]. 酿酒科技，2003，(5):32.
[2] 谢恩举，徐世江，周士升. 红曲酯化酶制剂在浓香型粮食酒生产中的应用[J]. 中国酿造，2000，(1)：27.
[3] 傅金泉. 中国红曲及其实用技术[M]. 北京：中国轻工业出版社，1997.

世界葡萄酒产区分布及产地特征

李华 王亚宾 王华*
西北农林科技大学葡萄酒学院，陕西葡萄与葡萄酒工程技术研究中心，陕西杨凌，712100

一杯完美葡萄酒的诞生，需要最适宜的地理位置。目前，葡萄栽培遍及除南极洲外的世界欧、亚、非、美、大洋洲五大洲。多数葡萄酒产区位于北纬20～52度及南纬30～45度。大约95%的葡萄集中在北半球（图1）。英国著名的葡萄酒作家Mr. Huge Johnso将世界上所有的葡萄酒生产国家分为旧世界葡萄酒生产国和新世界葡萄酒生产国。旧世界葡萄酒生产国主要指的是欧洲的葡萄酒生产国，它包括法国、意大利、西班牙、德国、葡萄牙、奥地利、匈牙利等在内的传统的葡萄酒生产国，新世界葡萄酒生产国包括美国、澳大利亚、新西兰、智利、南非等新兴葡萄酒生产国。

一、总体特点

1.1 旧世界葡萄酒生产国的总体特点——循规蹈矩

旧世界葡萄酒生产国有悠久的酿酒历史。非常重视传统，各酿酒企业必须遵循政府的葡萄酒有关法规，从葡萄种植到包装营销等各个环节，都有着详尽而牢不可破的规矩。每个葡萄园都有固定的葡萄品种、产量，产区分级划分制度非常严苛。从酿造工艺方面，旧世界的酿酒师坚持着他们严格的葡萄酒酿制工艺，他们更推崇艺术性的手工工艺，以充分体现每个产区葡萄酒的最高品质和独特的风格。他们的酿酒哲学是每年都保证葡萄酒独自的个性。

1.2 新世界葡萄酒生产国的总体特点——大胆创新

新世界葡萄酒产区无特定的分级制度，葡萄品种可以自由混搭酿造，大多以市场口味为导向，并以物美价廉的策略，抢占旧世界葡萄酒的市场。从葡萄酒酿造工艺来说，新世界的酿酒技术抛开了旧世界的繁文缛节，大胆地对酿酒工艺进行创新，加入了更多科技成分，使用更新的

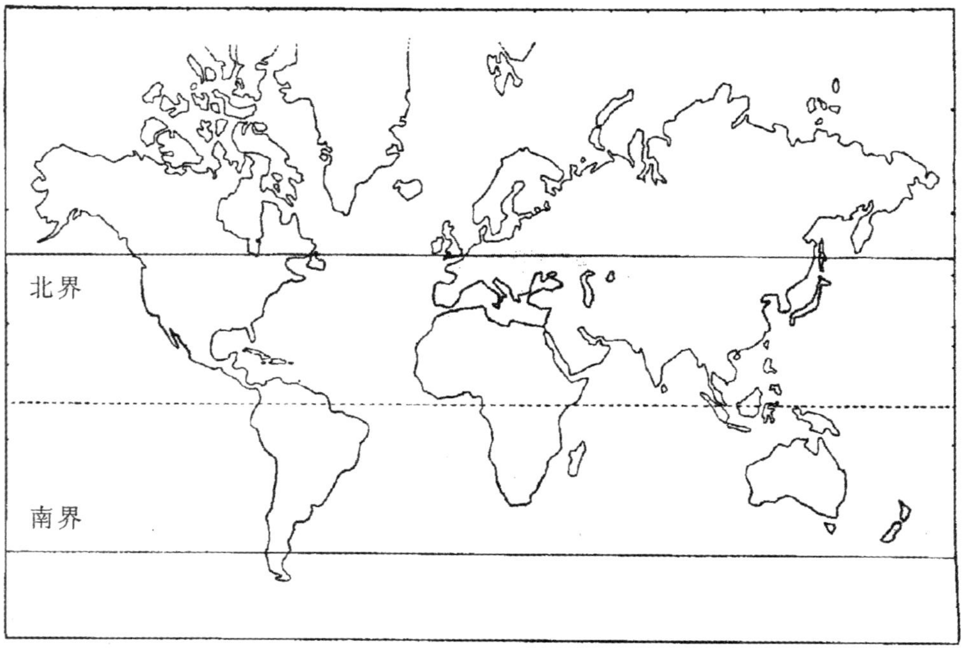

图1 世界葡萄栽培分布

表1 不同类型产区影响葡萄酒质量的因素的分类

因素分类	产区类型1	产区类型2		产区类型3	产区类型4
(代表国)	地中海地区(法国)	盎格鲁一撒克逊地区			以市场产品为主的国家(中国、日本)
		A类(德国)		B类(美国)	
1	生态	品种		品种	消费者口味
2	气候	气候		酿造工艺	包装 运输
3	品种	土壤		消费者口味	酿造工艺
4	酿造工艺	酿造工艺		气候	品种
5	包装 运输	包装 运输		土壤	气候
6	消费者口味	消费者口味		包装 运输	土壤
国家特征	农业(第一产业)	工业和科技(第二产业)			商业(第三产业)

技术来使葡萄酒达到更好的平衡。无论那一年葡萄收成如何，新世界的葡萄酒庄主们都会利用他们的新办法来使葡萄酒达到一定的品质标准。他们的酿酒哲学是每年都保持恒定的品质。理想的自然环境、丰富的产品系列和品种、优良的性价比、更具亲和力的口感、更适合大多数消费者的口味等原因，使得“新世界”葡萄酒在世界市场上迅速崛起。

总之，影响葡萄酒质量的因素很多，所有影响葡萄浆果质量的因素，都通过影响原料的质量而改变葡萄酒的质量和风格。酿造工艺、包装运输等也直接影响到葡萄酒的质量。世界上不同类型产区影响葡萄酒质量的因素比较如表1。

可见，在影响葡萄酒质量的因素中，旧世界葡萄酒生产国更加注重生态条件，而新世界葡萄酒产区更加注重酿造工艺。这个顺序一定程度上反映了葡萄酒产业的发达完善程度及其内涵。

二、旧世界葡萄酒生产国的产地特征

下面我们以法国、意大利、西班牙和德国为例，阐述旧世界葡萄酒生产国的产地特征。

2.1 法国

法国无疑是旧世界葡萄酒生产国最典型的代表。虽然意大利葡萄酒的产量更高，澳大利亚葡萄酒的质量更稳定，保加利亚葡萄酒的价格更便宜，但几个世纪以来，法国一直是葡萄酒质量的源泉。即使现在新世界的最优秀的生产者不断地向法国挑战，但他们所用的葡萄酒词汇主要还是法语。可以说如果没有法国，所有其它国家的葡萄酒都会是另外的样子。

法国葡萄酒最与众不同的地方在于其独特的酒庄文化。在法国的十一个著名葡萄酒产区内，拥有近8万家葡萄酒庄。这些酒庄以长达数世纪甚至上千年的历史以及其80余万公顷的葡萄园和46亿升的葡萄酒产量，构建起了法国葡萄酒在世界上的经典声誉和显赫地位。

气候是法国最优秀葡萄酒产区的决定性因素。在法国，只要温度足够高，葡萄能够成熟的地方都能生产葡萄酒，但其最优质的葡萄酒只产于这些地方的北界地区。在这些地区，温度刚好够相应葡萄品种的成熟，而且在不好的年份，温度会过低，葡萄不能成熟，就没有优质的葡萄酒。香槟、布艮第、卢瓦尔，甚至波尔多等产区都处于这样的气候边缘地带。

法国的另一个秘密则是它的土壤。其土壤的种类很多，足以满足不同葡萄品种和各个质量层次葡萄酒的需求。这样，法国不仅以它优质的顶级葡萄酒闻名于世，它也能生产满足低收入消费者需求的葡萄酒。

现在，随着酿酒技术的改进，法国的原产地命名葡萄酒(Appellation d′Origine Controlee，简称AOC)制度已发生了深刻的改变。AOC葡萄酒位于法国葡萄酒质量层次的顶层，但在2001年以前，AOC并不保证葡萄酒的质量。它通过对生产区域、葡萄品种、产量、最低含糖量和成熟期的规定，保证了葡萄酒的产地和风格。面对全球竞争不断加剧、出口减少和消费者对质量的诉求，法国的标准部门引进了一些措施，以控制并监督葡萄种植和葡萄酒酿造，也就是希望AOC制度既能保证葡萄酒的质量，还能保证葡萄酒的产地和风格。

在这一制度中，法国葡萄酒按其质量层次从高到低分为四级（图2）：

——原产地命名葡萄酒(Appellation d'Origine Controlee，简称AOC)；

——优良地区葡萄酒(Vins Delimites de Qualite Superieure，简称VDQS或AO VDQS)；

——地区特色葡萄酒(Vins de Pays)；

——普通葡萄酒(Vins de Table)，又称为混合葡萄酒(Vins de Coupage)。

法国重要的葡萄酒产区，从北向南包括：

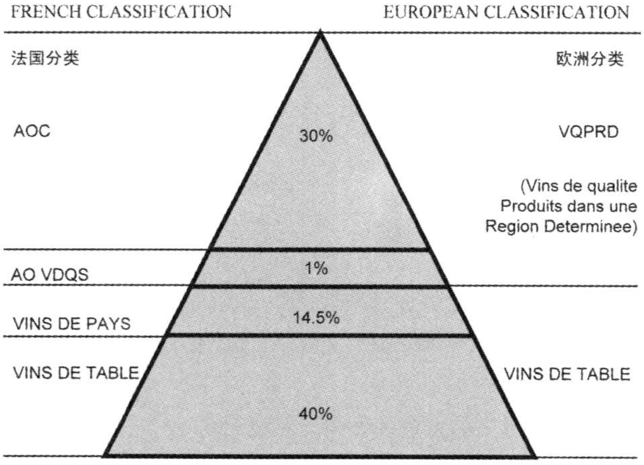

图2 欧盟和法国葡萄酒的质量分级

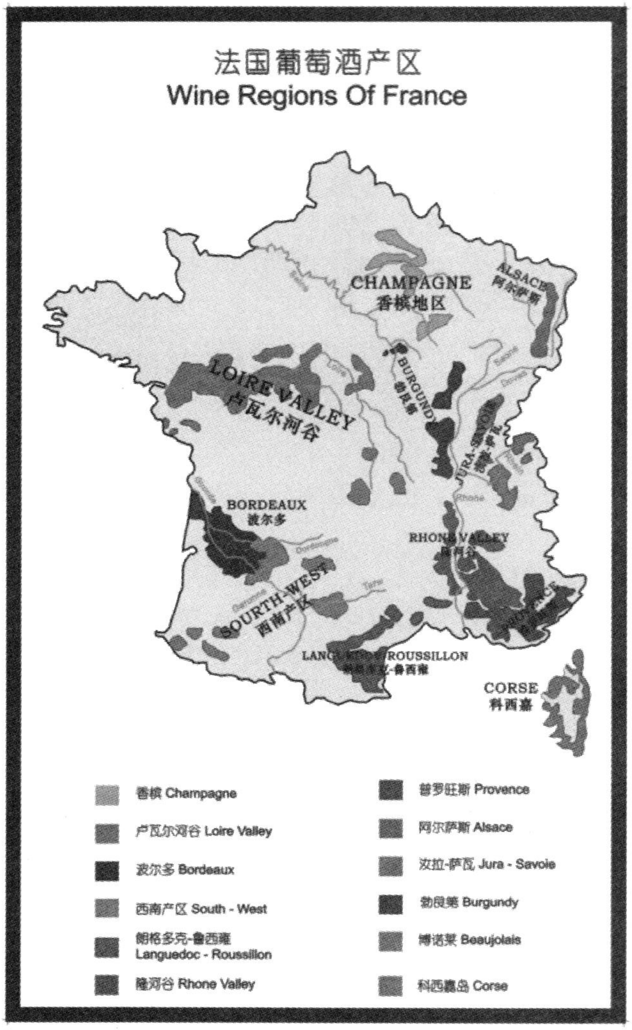

阿尔萨斯（Alsace）。与法国其它产区不同的是，阿尔萨斯东北部温暖、干燥和充足的阳光，使它的芳香浓郁的白葡萄酒闻名于世，其中尤其4个“贵族”品种（琼瑶浆Gewurztraminer，雷司令Riesling，灰比诺Pinot Noir，密斯嘉Muscat d'Alsace）生产的名庄（Grand Cru）葡萄酒为顶级葡萄酒。其葡萄酒的分类主要有：

——单品种葡萄酒，包括琼瑶浆、灰比诺(Pinot Gris)、雷司令、密斯嘉、西万尼(Sylvaner)和白比诺(Pinot Blanc)白葡萄酒，以及黑比诺红葡萄酒或桃红葡萄酒。

——阿尔萨斯或阿尔萨斯顶级酒庄+延迟采收或+优质葡萄（Vendanges Tardives 或 Selection de Grains Nobles），但此项只限于以下4个“贵族”品种：琼瑶浆，雷司令，灰比诺，密斯嘉。多品种葡萄酒（Edelzwiker），以简单阿尔萨斯命名，通常为西万尼、白比诺和沙斯拉（Chasselas）混合的白葡萄酒。

此外，还可用六个白葡萄品种酿造AOC阿尔萨斯汽酒（Cremant d'Alsace）。

香槟（Champagne）。温和的大西洋气候和严酷的大陆性气候轮流替换，周围的森林起着温度调节的作用；土层厚度不到1米的石灰质土壤，使得黑比诺（Pinot Noir），白山坡（Pinot Meunier），霞多丽（Chardonnay）能够达到酿造起泡葡萄酒的最佳成熟度。

香槟产区可分为：Reimis Mountain、Marne Valley、Cote de Blancs、Cote de Sezanne和 Bar-sur-Aube，Bar-sur-Senne四个小产区。

香槟酒是法定的产区葡萄酒，其葡萄原料的生产、葡萄酒的酿造、陈酿以及销售，都受到严格的管制。简单地讲，香槟酒是在香槟酒区法定区域内生产的起泡葡萄酒。

香槟酒按其含糖量分为：

——天然酒(Brut)：含糖量小于或等于12g/L的起泡葡萄酒；

绝干酒(Extra sec)：含糖量大于天然酒，最高到17g/L的起泡葡萄酒；

——干酒(Sec)：含糖量大于绝干酒，最高到32g/L的起泡葡萄酒；

——半干酒(Demi-sec)：含糖量大于干酒，最高到

50g/L的起泡葡萄酒；

——甜酒(Doux)：含糖量大于50g/L的起泡葡萄酒。

由于香槟产区处于葡萄气候的极端边缘区，大多数香槟酒是没有年份的。没有年份的香槟酒只有在装瓶12个月以后才能出售；有年份的香槟酒应在葡萄采收3年后才能出售。

用霞多丽生产的香槟酒可称为白色品种白葡萄酒（Blanc de blanc）。

此外，也有桃红香槟酒和粉红香槟酒。

香槟酒Cru（名庄）的概念：100%的原料来自Verzernay，Bouzy，Ambonnay等区域的香槟酒为名庄酒，而Premier Cru（一级名庄酒）则是用被列为90%～99%的区域的葡萄原料所生产的香槟酒。

香槟产区除香槟酒外，还生产以下AOC静止葡萄酒：

——Coteaux Champenois：包括用霞多丽生产的干白葡萄酒，用黑比诺和白山坡生产的红葡萄酒，最好的为BOUZY生产的葡萄酒。

——Rose des Riceys：即Aube县内Les Riceys生产的桃红葡萄酒。

勃艮第（Bourgogne）。位于法国中部偏东的位置，是法国三大代表产区之一。从 Auxerre 到 Macon以南，约250km的勃艮第（Bourgogne）葡萄酒产区包括夏布利（Chablis）、金山麓（Cote d'Or）、夜之谷（Cote de Nuits）、布隆之谷(Cote de Beaune)、莎隆（Cote Chalonnaise）和马岗（Maconnais）。往南尚有佳美（Gamay）的故乡宝祖利（Beaujolais）。

勃艮第的气候为大陆型气候，与波尔多（Bordeaux）之海洋型气候差异较大。春季霜害比较严重，尤其是Chablis。夏季比较短，而且气候也不稳定，尤其5、6及10月这三个月份，雨水充沛，甚至造成水患。冬季天气冷而干燥。

布艮第产区可分为以下4个次产区：

——夏布利（Chablis），主要为霞多丽白葡萄酒。可分为4级：夏布利特级名庄（Chablis Grand Cru），可陈酿达10年；夏布利一级名庄(Chablis Premier Cru)；夏布利葡萄酒(Chablis)和小夏布利葡萄酒(Petit Chablis)，只适合新酒饮用。

——金山麓（Cote d'Or）：黑比诺红葡萄酒和霞多丽白葡萄酒。包括3个区：夜之谷（Cote de Nuits），几乎只产红葡萄酒；布隆之谷（Cote de Beaune），红葡萄酒和白葡萄酒；布隆高谷（Hautes Cotes de Beaune），红葡萄酒和白葡萄酒。

——莎隆（Cote Chalonnaise），红葡萄酒：黑比诺、佳美；白葡萄酒：霞多丽、阿利歌特。

——马岗（Maconnais）红葡萄酒和白葡萄酒。

每个次产区下还有更小的法定产区。

勃艮第与波尔多的不同之处：

——勃艮第只用少数几个葡萄品种。白葡萄酒有霞多丽、阿利歌特（Aligote）；红葡萄酒有黑比诺和马岗的一些佳美；

——名庄（Cru）概念的所属权：波尔多可为公司所有，而勃艮第则是以葡萄园的地理位置而定。

此外，勃艮第的白葡萄酒的品种除Bourgogne Aligote（AOC）外，都是霞多丽；在夏布利区内，也有用黑比诺和凯撒（Cesar）酿造的红葡萄酒和桃红葡萄酒，可以勃艮第为名；在夏布利区内，也生产AOC Cremant de Bourgogne葡萄汽酒。

宝祖利（Beaujolais）。位于Macon以南十公里处，在罗纳县境内。为AOC葡萄酒。宝祖利葡萄酒以质量从低到高可依次分为：包括宝祖利(Beaujolais)和优质宝祖利(Beaujolais Superieurs)的基本级宝祖利（Bas Beaujolais）、村庄级宝祖利（Beaujolais villages）和名庄级宝祖利（Crus de Beaujolais）。

通常Beaujolais红酒适合浅龄时饮用，但宝祖利的一些小产区，如Brouilly、Chenas、Cote de Brouilly、Julienas、 Morgon、Moulin-a-Vent、St-Amour、 Fleurie等葡萄酒可陈酿3～8年或以上。

宝祖利新酒Beaujolais, Beaujolais Superieurs, Beaujolais villages 可以用Beaujolais Nouveau或Beaujolais primeur（即宝祖利新酒）为名进行销售，但宝祖利新酒必须是在葡萄采收的当年推出，即在采收当年的11月第三个星期四前推出。

波尔多(Bordeaux)。位于法国西南部，西临大西洋，北有Cognac，南有Aarmagnac两大白兰地产区。波尔多葡萄酒产区包括吉隆德（Gironde）县的全部。

波尔多是世界上最适合种植生产葡萄酒之葡萄的地方之一，西部的大西洋有良好调节温度的作用，以及大森林在严冬保护寒风侵入，山谷的水气给予足够的热能，尤其是吉隆特河(Gironde)河口，以及其宽广的流域，配合海洋型之气候使得此区的葡萄格外地优异，所酿成的葡萄酒品质冠居世界。

波尔多葡萄种植区的土壤类型变化很大。最主要的类型有冲积土、黏土、钙质泥炭土、砾质土和硅质土。上述土壤的一些共同特点：肥力有限，大颗粒成分多，透气性强。波尔多葡萄酒的一个显著特点，是单品种发酵、多品种调配的葡萄酒，品种之间相互取长补短，以达到最馥郁的香气和最佳的口感。波尔多的葡萄品种因波尔多葡萄酒而闻名于世，以成为全世界葡萄酒产区种植面积最大的品种（表2）。

波尔多AOC葡萄酒的分区（干红葡萄酒）：——波尔多（Bordeaux）：最基本的法定产区，可以是来自吉隆德区内任何产区的葡萄酒。——优级波尔多（Bordeaux Superieur）比波尔多的酒精含量较高，且单产较低。除波尔多外，更小的分区如表3所示。

表2 波尔多主要葡萄品种

	名称	特点
红色品种	梅尔诺（Merlot）	黑醋栗及薄荷味，酒度高、色深、柔和、圆润
	赤霞珠（CabernetSauvignon）	葡萄酒具有醋栗、紫罗兰的香味，色泽鲜艳，气味深沉
	品丽珠（Cabernet Franc）	葡萄酒香气浓郁，具有鲜明的黑加仑、黑莓气味，颜色中庸，单宁较赤霞珠低
白色品种	长相思（Sauvignon Blanc）	气味芬芳，不带甜味，因此品种极易受灰白病菌感染，常与Semillon品种调配成甜型白葡萄酒
	赛美容（Semillon）	是Sauternes及Barsac酿制贵腐葡萄酒的主要品种，酿成的贵腐甜白葡萄酒，具有明显的凤梨、麦芽糖、桃子的香味，若在橡木桶内陈年的时间稍长些，丁香以及肉桂的味道会很明显
	密思卡岱（Muscadelle）	具有特殊的麝香气味，所酿成的白葡萄酒余香持久

表3 波尔多AOC分区

红葡萄酒	Medoc（麦多克）和 Graves（格拉夫）	Medoc（麦多克）	MEDOC（麦多克）	
			HAUT-MEDOC （上麦多克）	SAING-ESTEPHE（圣达士德夫） PAUILLAC（博雅克） SAINT-JULIEN（圣朱利安） MARGAUX（马歌） MOULIS（茉莉丝） LITRAC（利塔克）
		Graves（格拉夫） PESSAC- LEOGNAN（北撒克-来噢良）		
	Libournais（利博）	St-Emilion（圣爱美蓉） Pomerol（博穆诺尔）		
	Cotes de Blaye & Cotes Bourg （博莱和博赫）			
白葡萄酒	格拉夫（Graves） 两海间（Entre-Deux-Mers） 博莱(Cotes de Blaye)			
甜白葡萄酒	SAUTERNES（索特娜） BARSAC（芭沙克） BOMMES(博姆) PREIGNAC（朴海亚克） FARGEUES（法格） CERONS（塞红）等			

表4 波尔多葡萄酒分级表

吉隆德红葡萄酒的等级分类（1855）(The 1855 Classification of the Gironde)	Premiers Grands Crus Classes顶级一等酒庄，包括： Chateau Lafite-Rothschild Chateau Margaux Chateau Latour Chateau Haut Brion (Pessac-Leognan, 1987) Chateau Mouton-Rothschild(1973年才提升为顶级酒庄) Seconds Crus Classes 顶级二等酒庄（共14家） Troisiemes Crus Classes 顶级三等酒庄（共15家） Quatriemes Crus Classes 顶级四等酒庄（共10家） Cinquiemes Crus Classes 顶级五等酒庄（共18家）
麦多克优级葡萄酒的分级 (1978 Classification of Crus Bourgeois of the Medoc)	Cru Grand Bourgeois Exceptionnel Cru Grand Bourgeois Cru Bourgeois Cru Artison
圣爱美蓉葡萄酒的等级（1986）(Classification of Sainte-Million 1986)	Premiers Grands Crus Classes “A” A级（两个），包括： Chateau Auson Chateau Cheval Blanc Premiers Grands Crus Classes “B” B级(9个) Grands Crus Classes “C” C级(62个)
吉隆德甜白葡萄酒的等级分类 (The 1855 Classification of the Gironde)	Grand Premier Cru 特等级酒庄(1个)： Chateau d' Yquem Premiers Crus 顶级一等酒庄（11个） Deuxiemes Crus 顶级二等酒庄（14个）

波尔多产区的独特之处在于在不同的AOC产区中有不同的分级制度，该制度是在不同的时期建立的，延续至今（表4）。

2.2 意大利

意大利是世界最大的葡萄酒生产国和出口国，也是全世界最古老葡萄酒生产国家之一。但意大利统一还不到150年，所以直到现在，受区域主义思想的影响仍然很大，其葡萄酒的生产目标纯粹是当地消费者。这使得各地都有自己独特的葡萄酒传统、葡萄品种和葡萄酒风格，但同时也使许多葡萄酒在产区以外仍然鲜为人知。他们简直不需要运输，因为葡萄种植和葡萄酒生产几乎随处可见。因此葡萄品种古老、复杂和繁多以及冗长的酒厂和酒的名字都对其推广产生负面作用。最近20年，大量新派酿酒师引进外国葡萄品种，大量减产以提高质量等一连串的改革措施已取得成效，再加上每年的大型“Vinitaly”展览和政府严格要求酒厂遵守DOC特许规定，意大利酒已名声大振（Simon，2003）。

2005年4月出台的新规定，沿袭以原产地名称来管制葡萄酒的做法，将葡萄酒的质量分为四个等级：

——VDT级，即佐餐葡萄酒，泛指那些没有产地说明的普通餐涯。对于那些没有沿用传统葡萄品种或不按规定酿制的优质葡萄酒也只能属于这个级别。按规定，这种酒可用来自不同地区的葡萄酒勾兑而成，但它须是来自欧盟准许的地区。

——DOCG级，即保证原产地命名葡萄酒。它在葡萄品种、采摘、酿造、陈酿的时间等诸方面都有严格的管制，甚至有的还对葡萄植株年龄做出规定。已经被批准为该类的酒须在瓶颈上加一条带有“DOCG”质量认证的粉红色标签。

此外，Riserva表示年份好、陈酿时间更长的DOC或DOCG葡萄酒；Classico代表某DOC或DOCG中心地带或最好部分的葡萄酒；Superiore通常代表更高酒精度，也能表示一个优良的小产区的葡萄酒；Vigna或Vigneto表明名庄（Cru）一个特殊葡萄园的葡萄酒。

意大利葡萄品种繁多，有上千个品种，其中不乏很多优质的本地品种，如Arneis, Fiano, Picolit, Teroldego和Schioppettino等。虽然桑娇维塞（Sangiovese）还主要集中在托斯卡纳（Tuscany），但是其它如红桑娇维赛已成功在意大利大部分地区种植。白色品种Trebbiano同样也扩大了其种植区域。在西北部内比奥罗（Nebbiolo）占主导地位，其次是Barbaea和Dolcetto，在随后有Freisa和Grignolino等品种。在东北部，主要是本地品种如Vespaiola（白色）、Lagrein（红色）和灰比诺等一流的

法国品种。南部的主要品种包括Primitivo, Negroamaro和Nero d'Avola等。

意大利主要产区分为南、中、北三部分（北部经济最发达，南部最差），顶级好酒集中在北部。南部地区包含长靴形状的脚踝以下的部分，以及西西里和撒定尼亚，这两个岛屿产的葡萄酒多为单位产量高，价格低廉的日常餐酒，绝少外销。西西里岛的加强酒“马色拉（Marsala）”是个例外，口味从干到甜全有，深受世界喜爱，外销很多。中部被亚平宁山脉贯穿，最著名的产区是托斯卡纳（Tuscany）。北部由西而东依次与法国、瑞士、奥地利、斯洛文尼亚接壤，主要产区是西北的皮得蒙（Piedmont也译作皮埃蒙特），和东北部以罗米欧朱丽叶故事所在地闻名的威尼托（Veneto）。

皮埃蒙特出产的90%是红酒，1%的白酒，9%的气泡酒。其中最有名的气泡酒在阿斯提（Asti），酒名Asti Spumante（Spumante是气泡酒的意思），花香甜美、浓郁迷人，很受年轻人喜爱。

托斯卡纳（Tuscany）位于中部佛罗伦斯附近，人们比较熟悉。生产高品质红酒和一些清新爽口型的白酒，包括奇安提（Chianti）、蒙达辛诺（Montalcino）和蒙达普西安诺（Montepulciano）。蒙达辛诺和蒙达普西安诺出产极丰厚的红酒，大部分品质一流。最著名的还是Chianti，它由桑乔维亚（Sangiovese）红葡萄和少数其他白葡萄混酿而成。

此外，Bastlicata产区的 Aglianico可以成为最优质、馥郁的红葡萄酒。色深、浓郁的烟熏浆果香气和单宁赋予了它极好的陈酿潜力。南蒂罗尔（Alto Adige）：意大利的这个阴凉多山的角落曾经是奥地利的一部分，当地人仍偏好讲德语。种植二十个葡萄品种，多为白色，以但品种葡萄酒为主。其特点是酒质轻盈、活泼、芳香浓郁。具有坚果、生青和梨风味的Arneis成为皮埃蒙特（Piedmont）及意大利最具特色的干白葡萄酒之一。

2.3 西班牙

由于法国西南边境的比利流斯山脉的阻隔，古西班牙一直处于文明世界的边缘。这一边缘情节——以老朽木桶味代表——在其葡萄酒中也可品尝到。即使到现在，你仍然可以在很多西班牙的红葡萄酒以及少数白葡萄酒和桃红葡萄酒中品尝到它，但好在它已经不再是西班牙葡萄酒的总体特征。西班牙葡萄酒的风格和种类越来越多样化，而且质量更好。

在20世纪90年代西班牙葡萄酒的面貌发生了巨大变化。目前西班牙是欧洲葡萄种植面积最大的国家，但仅是继意大利和法国之后的第三大葡萄酒生产国。西班牙葡萄产量低的原因，除大规模葡萄园的管理不如法国或德国的那样有效外，主要还是气候原因：由于夏季的炎热和干旱蒸发大量水分，传统的葡萄园种植密度小。只有受大西洋影响的Galicia产区较为凉爽和湿润。现在为了提高产量和质量，葡萄园允许灌溉，而且已经增加了灌溉设施，但其投入却会超出小型生产者的平均经济承受能力。

气候条件决定了西班牙最好的葡萄酒产自于西班牙北半部分，而干旱贫瘠的中部地区（Castilla-La Mancha）盛产便宜的桶装葡萄酒，炎热的南部则以加强葡萄酒和餐后甜酒而闻名。

目前西班牙有55个分布在全国的DO级（Denominacion de orignen）法定产区，相当于法国的AOC，规定了葡萄酒的产地、品种、酿造和陈酿方式。在DO之上，Rioja是西班牙唯一的DOCa级（Denominacion de orignen calificada）级的优质葡萄酒（类似于意大利的DOCG级）。2001年，Priorat想申请成为第二个DOCa级的葡萄酒。如果成功的话，就将占领

Ribera del Ducro和 Penedes产区葡萄酒的市场。

在DO级之下，是vino de la tierra级，该级相当于法国的地区特色葡萄酒(Vins de Pays)。该级产区包括Castilla y Leon，Galicia，埃斯特雷马杜拉（Extremadura）和安达卢西亚（Andalucia）的全部以及一些小的或偏僻的产区。

西班牙最低级别的葡萄酒是普通葡萄酒，vino de mesa。该级葡萄酒的质量与十年前相比有了极大的提高。

西班牙葡萄酒，特别是红葡萄酒，另一个重要的特点是根据年龄和陈酿方式进行分类。虽然每个DO产区的规定各有不同，但总体上，对于红葡萄酒，Joven葡萄酒，可在采收的第二年出售；Crianza葡萄酒需陈酿2年，而且至少在橡木桶内陈酿6个月；Reserva葡萄酒需陈酿3年，且至少是在橡木桶里陈酿1年；Gran Reserva葡萄酒需陈酿5年，且至少在橡木桶内陈酿2年。该分级标准同样适用于白葡萄酒，但是白葡萄酒的陈酿时间要求通常要短些。

西班牙的葡萄品种非常多元，有600多个品种，但最其中重要的是Red Tempranillo，其次是Craciano、Monastrell和一些地中海品种，如红、白歌海娜（Garnacha）和红佳利酿（Carinena）。白色品种主要包括Albarino、Godello、Verdllo 、Parellada、Xarel-lo、Macabeo、Moscatel Pedro、Ximenez和Airen等。

西班牙的主要葡萄酒产区包括位于西北部的Galivia(加利西亚)，这是西班牙干白葡萄酒最出众的一个地方，一般干白的品质都具备相当的水平，原因是这地方气候凉爽潮湿，酿造的干白也具有果香丰富、酸度足等优势。

Cava是多数西班牙传统法起泡葡萄酒的统称。艺术级的技术和西班牙北部（主要是Catalonia产区）气候较为凉爽的葡萄园的原料是其质量的保障。其最大的问题是葡萄品种：此区种植的Xarel-lo，Macabeo和Parellada等品种都带有泥土和腐烂物质的味道。但是近年来，这种情况通过法规允许加入霞多丽而大为改观。这类的葡萄酒在年轻时低温饮用。

Castilla y Leon (卡斯提亚-莱昂)位于Duero(斗罗)河畔，生产红、白、桃红葡萄酒。最出色还是区内Ribera del Duero小产区，其主栽品种为丹魄（Tempranillo），有时与少量的赤霞珠调配，葡萄酒香气浓郁，口感醇厚，结构感强，是西班牙的顶端红葡萄酒，著名的Vega Sicilia酒庄就在这个小产区内。

La Rioja(里奥哈) 是西班牙红葡萄酒的旗帜，在过去的几十年中经过了多个变更阶段。20世纪70年代，里奥哈的橡木桶陈酿红葡萄酒有着很高的地位，其颜色纯正，具有夏季水果布丁香气；白葡萄酒肥硕，带有坚果的香气。在这之后，由于橡木桶的使用越来越少，白葡萄酒开始变得口感新鲜，带有柠檬香气，没有特色；而用Tempranillo、Graciano、歌海娜和Mazuelo生产的红葡萄酒失去了其原有的品质。在20世纪80年代末，新一代生产者再次使用橡木桶陈酿以生产色深、口感醇厚、香气浓郁的葡萄酒。

Navarra(那瓦拉) 位于里奥哈的北部，解百纳、梅尔诺和霞多丽已取代了歌海娜，成为当地的主栽品种。Navarra葡萄酒，不管是果香型新酒，还是橡木桶陈酿结构感强的葡萄酒，都非常引人注目。此外Navarra桃红葡萄酒是西班牙一流的桃红葡萄酒。

La Mancha（拉曼恰）位于西班牙荒凉的中部高原，是最大的DO产区。其过去的红、白葡萄酒产量很低，且质差价高。现在其价廉物美、饱满可口的红葡萄酒产量开始增加。

Malaga（马啦伽）是产自Costa del Sol（阳光海岸）的加强葡萄酒，具有葡萄干的香气、口感丰满、味甜、木

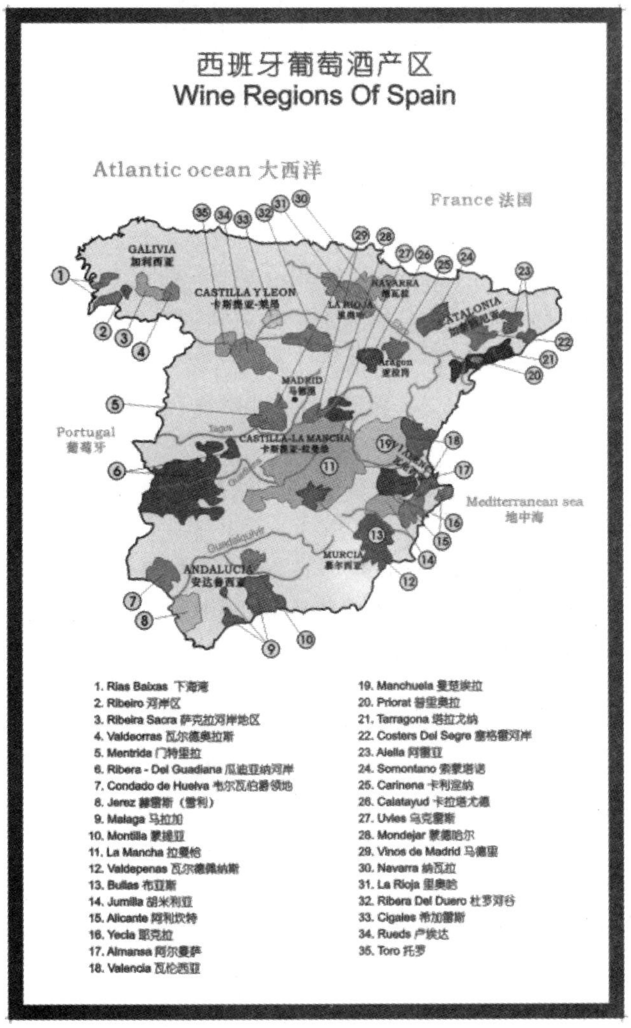

桶味重。

Jerez（赫雷斯，雪利）是雪利酒的故乡。雪利酒只生产于靠近西班牙西南海岸Jerez de la Frontera（赫雷斯-德拉弗龙特拉） 的Andalucian镇周围石灰质土壤的三角地带。用中性、低酸的Palomino葡萄品种酿造，产膜陈酿（solera），香气极其馥郁，既有新酒的果香，也有陈酒的醇香（因为在木桶中产膜陈酿时，需要不断地加入新酒。在加新酒时，将桶中25%～33%酒移出，再用25%～33%的新酒补充）。

雪利酒包括以下几种类型：

Manzanilla（曼赞尼拉<陈酿菲诺>酒）在Sanlucar de Barrameda的海中陈酿的，是最浅的雪利酒，干型、清香、柔和，甚至带有轻微的苦咸味。Fino酒（菲诺<淡色雪利>酒）与曼赞尼拉酒具有相同的特性，但是口感更重。这两种酒的特性都来自产膜酵母。它们都是开胃雪利酒，虽然一些人会更加喜欢酒体丰满的Amontillado雪利酒，特别是冬天。

Amontillado葡萄酒在陈酿过程中，产膜酵母在酒中生长、成熟、死亡，所以它更老、色更深、更浓烈。不幸的是大多数的Amonillado葡萄酒都用于出口，所以为了迎合顾客的要求，酒体大多都会偏甜。

Oloroso葡萄酒不需要产膜酵母的生长，其坚果和无花果香气最为浓郁，为自然形成干酒。商业化生产的oloroso葡萄酒通常会加强其甜度（其被称之为奶油雪利酒）。当最好的Oloroso葡萄酒被加强其甜度时，会成为上好的餐后酒。少见的palo cartado酒是介于Amontillado酒和Oloroso酒之间的一种酒品。

雪利酒需要尽快饮用。Fino和Manzanilla酒都非常脆弱，打开后需要冰冻保存，但是最好是只购买1/2瓶装的，这样容易一次性喝完。

2.4 德国

德国葡萄酒的决定因素是其气候条件。因此德国的葡萄酒法律是建立在一个简单的事实上的，即与不成熟的葡萄相比，成熟的葡萄能生产出更好的酒。没有别的国家（除了奥地利以外，它用一个相似的系统）将葡萄酒法律建立在这样的基础之上。当然，德国葡萄酒也有地理标志。对于“优质葡萄酒”，德国被分为13个产区，每个产区再被细分成次产区（Bereiche）， 而此产区又被细分为小产区（Grosslagen），而小产区又被分成Einzellagen，或单独的地点（换言之，单独的葡萄园，如果用自己葡萄园的葡萄酿酒并灌装的葡萄酒，可被描述成Gutsabfulling，合作酒厂的葡萄酒可用Erzcugcrabfulling来描述）。因此，酒标会标识出酒的原产地，但葡萄的成熟度仍然是关键。

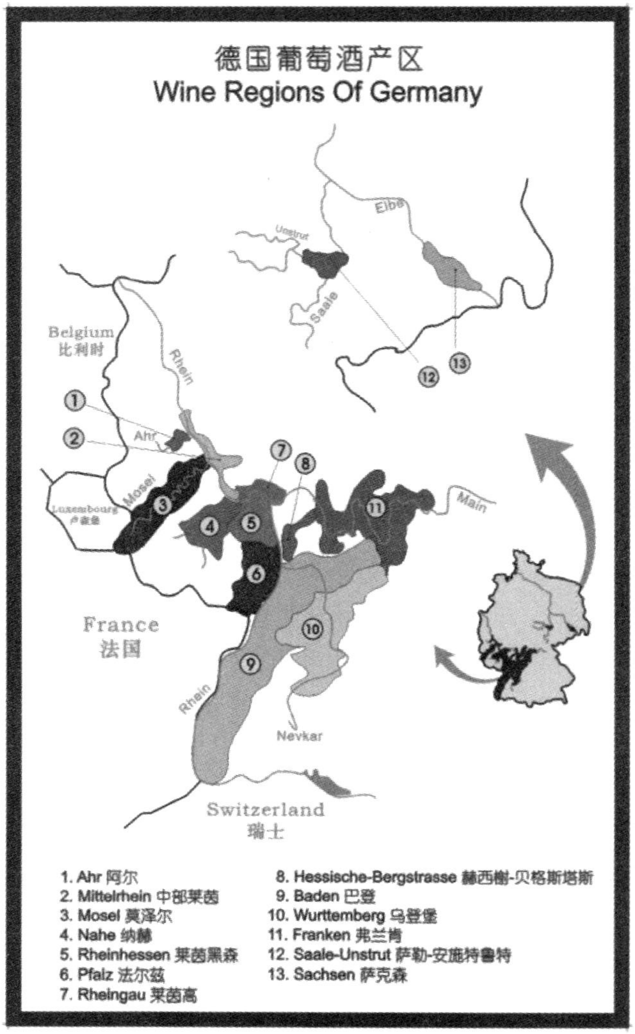

在德国葡萄酒质量的最底端，是Tafelwein，即普通葡萄酒，占葡萄酒产量的2%。这类葡萄酒必须在发酵时加糖以提高酒度，并且是多种葡萄酒调配的。在普通葡萄酒之上，是Landwein，相当于法国的地区特色葡萄酒（vin de pays），但它从未得到同样的关注，其产量是微不足道的。德国葡萄酒的主体（虽然它决定于年份）部分是更高级别的Qualitatswein bestimmter Anbaugebiete (QbA): 即产自13个地区之一的优质葡萄酒。QbA葡萄酒的原料必须成熟，有时甚至必须过熟，因为德国的气候寒冷，在凉爽的夏季葡萄很难正常成熟。在QbA之上的是Qualitatswein mit Pradiket (QmP)，它们的产量通常较低。QmP表示有特性的优质葡萄酒，共分为六个等级，在酿造过中都不许加糖。

在QmpP葡萄酒中，Kabinett为最低级别，在其之上的是Spatlese，意思是延迟采收。Auslese是由特别优选出的葡萄果穗酿制的；Beerenauslese是由人工精选葡萄果粒（通常是贵腐葡萄）酿制的。Trackenbeerenauslese

是由选出的皱缩贵腐葡萄酿制成的，为极甜的葡萄酒。Eiswein，即德国的冰酒，很甜也很稀有。Beerenauslese也甜；多数Auslese是甜的，尽管没有Beerenauslese那么甜，而Spatlese可以是干型到半甜型的任何种类。

从20世纪80年代开始，德国也开始生产干葡萄酒。虽然直到最近，干葡萄酒要标注Tracken或Halbtrocken（干或半干），但现在对于单一地区的单品种干酒（Classic）和一些特定酒庄单品种干酒（Select），可以不标注“干”字。

除葡萄酒的法规外，一些生产者组织也有自己的高标准，其中最重要的有Charta和VDP两个。Charta是莱茵河种植户的组织，旨在推广传统的、高质量的、干型莱茵雷司令葡萄酒，其酒瓶上有浮雕的双重或三重拱。VDP，全称为Die Pradikatsweinguter，是一个全国范围内的团体，包括将近200个顶级、有环保意识的庄园。酒瓶上有VDP鹰的标志，其葡萄园被分成三个层次，在最顶层是Grosses Gewachs或Erstes Gewachs，相当于勃艮第的特级名庄。

雷司令无疑是德国最好的品种，尽管在最温暖的地区，Weissburgunder（白比诺）和Rulander（灰比诺）能生产更好的酒。雷司令也是种植最广泛的品种，其次是米勒。

红色品种仅占葡萄种植面积的1/5。Spatburgunder（黑比诺）的种植面积最大，质量也最好，其次是琼州牧（Portugieser）和丹菲（Dornfielder）。

德国葡萄酒大约有85%是白葡萄酒，其余的15%是桃红葡萄酒、红葡萄酒及气泡葡萄酒。德国的葡萄酒产区分布在北度47～52度，是全世界葡萄酒产区的最北限，虽然种植环境不佳，但凭着当地特有的风土和日耳曼人卓越的酿造技术，也酿造出媲美法国的顶级葡萄酒，成为寒冷地区的葡萄酒典范。

德国葡萄酒的特点首先来自于特有的产地和气候条件。这里的葡萄大都种植在河谷地区，南起的康士坦丁湖沿着莱茵河及其支流，北抵波恩的米特莱茵，西与法国接壤地区，至东部的易北河。如上所述，对于“优质葡萄酒”，德国被分为13个产区，每一个产区都有自己的特产。北部地区生产的葡萄酒一般清淡可口，果香四溢，芳香馥郁，幽雅脱俗，并有新鲜果酸。而南部生产的葡萄酒则圆满充实，果味诱人，有时带有更刚烈的味道而不失温和适中的酸性。

三、新世界葡萄酒生产国的产地特征

下面以美国、智利、澳大利亚和南非为例，阐述新世界葡萄酒生产国的产地特征。

3.1 美国

从理论上讲，美国现代葡萄酒历史始于1933年禁酒令的结束，但禁酒令带来的效应一直持续了以后30年。直到20世纪60年代，才开始大范围内的葡萄酒生产，葡萄种植以及葡萄酒酿造快速增长。现在美国的葡萄酒产量继意大利、法国和西班牙之后排名第四。加利福尼亚州（以下简称加州）是美国葡萄酒的主要生产地，其产量占美国总产量的90%。

近年来，面对其它新世界国家的挑战（大部分地区的土地更加便宜），加州将自己的顶端葡萄酒的风格和质量定位于接近法国的优质葡萄酒，结果导致加州葡萄酒有那么一点古怪。因为加州的葡萄栽培方式在很多方面都与法国的不同，甚至是相反。法国强调的是土壤，而加州强调的是气候。此外，每一款法国葡萄酒都依照AOC制度进行生产，以保证葡萄酒的风格；加州（和美国其它州）则依据宽泛的核准葡萄种植区域（Approved Viticultural Areas）命名制度进行生产。但是AVAs只是简单的区域划分，栽培者可在任何地方随意地栽培他们喜欢的品种，因此酒标上的葡萄品种和酿造者的名字才是决定葡萄酒类型的关键。

美国在借鉴原产地概念的基础上，根据本国葡萄酒发展的实际情况，制定了符合自身需求的美国葡萄酒产地（AVA）制度。AVA产地制度，成功保护和规范了葡萄酒生产。如果酒标上标有某个AVA名字，那么酿酒用的葡萄至少有85%必须来自这个地区；如果是相邻地区，每个地区所用的葡萄的量的比例要注明；品种葡萄酒必须至少含有75%的标注品种。

尽管相对比较自由，但所选用的葡萄品种并不多，至少对于优质葡萄酒而言。大部分加州葡萄酒生产商选择赤霞珠、霞多丽和梅尔诺，但最近几年黑比诺和希拉发展很快。只有一些小厂家选择一些时尚的罗纳河谷品种，如维欧尼（Viognier）和胡散（Roussanne）；而一些意大利品种，如内比奥罗（Nebbiolo）和桑娇维赛（Sangiovese）的面积更小，但它们有发展的趋势。长相思和雷司令的面积虽然很大，但是人们不是很感兴趣（延迟采收的甜雷司令是个例外）。鸽笼白、白诗南和歌海娜往往用于生产便宜的混合葡萄酒，称之为“jug”葡萄酒。但是加州却拥有其自己的世界级品种——增芳德（Zinfandel）。虽然大部分增芳德都用于酿造索然无味的粉红葡萄酒，但是有时也被酿造成优质、圆润、浓郁的红葡萄酒。它与少量的加州小希拉调配，也能成为质量更优、颜色更深的红葡萄酒。

俄勒冈州，华盛顿州，纽约州，德克萨斯州和弗吉尼

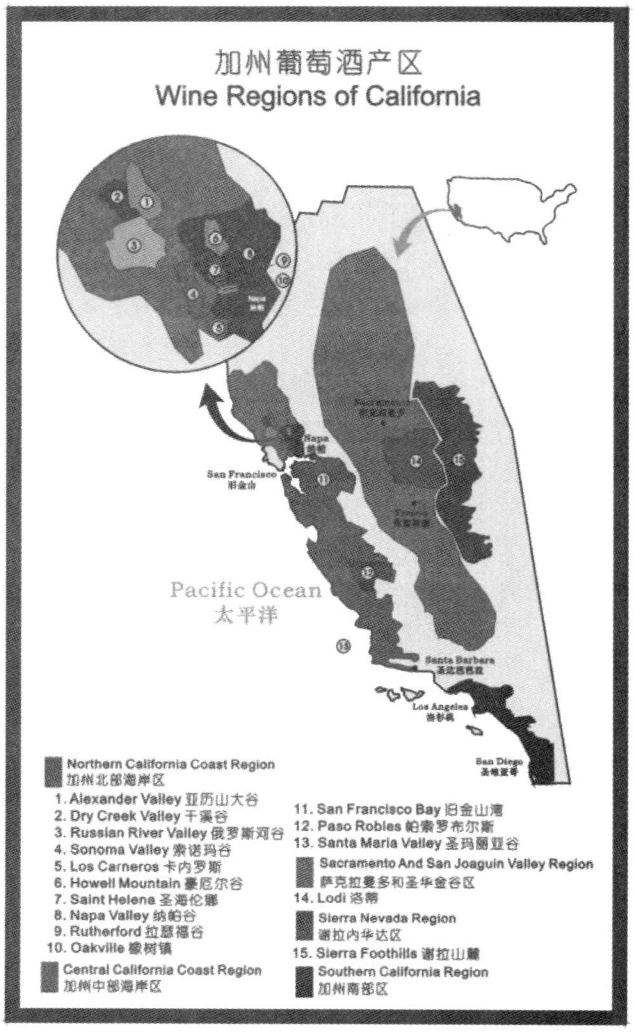

亚州等的品种与上述大致相似，只是各有侧重。而其他的大部分州都使用北美特有的美洲种（V. Labrusca）（抗寒，但质量低）品种及其杂交品种。

美国葡萄酒的主要产地集中在加州和太平洋地区西北部，有4个主要的葡萄酒大产区。

华盛顿州，主要白色品种有：霞多丽、长相思、雷司令、琼瑶浆，主要的红色品种为希拉。华盛顿州的主要AVA葡萄酒产区有：雅吉瓦河谷、哥伦比亚峡谷、沃拉沃拉河谷、霍斯黑文山等。

俄勒冈州，主要葡萄品种有：黑品诺、灰品诺、霞多丽。主要AVA产区有：维拉米特河谷、乌姆普跨河谷、柔格河谷、阿普盖特河谷。

纽约州，种植本土品种、欧洲品种、欧美杂交品种。最著名和最悠久的AVA产区是哈德逊河谷。

加州，分为北部海岸区、中部海岸区、萨克拉曼多和圣华金谷区、谢拉内达华区和南部区。加州葡萄酒在美国的销售额占全美销售额的一大半，无疑是全美最重要的葡萄酒产地。加州北部的葡萄酒产区有着两种截然不同的气候。受太平洋冷空气的影响，安德斯山谷（Anders on Valley）以其一流的用霞多丽和黑比诺调配生产的起泡酒和优质白葡萄酒（尤其是霞多丽、雷司令和琼瑶浆）而闻名。高海岸地区（Coastal Range）的东部则更为温暖、干燥，出产柔和饱满的红葡萄酒，尤其是赤霞珠、梅尔诺和增芳德，以及丰满、果香浓郁的白葡萄酒，如霞多丽。这个地区，同时也是倡导有机葡萄酒的先驱。

萨利纳斯山谷（Salinas Valley）坐落于旧金山湾（San Francisco Bay）南部，受海风和海雾的影响，该地区凉爽且有着加州葡萄酒产区最长的生长季。这里温度较低，葡萄园需大量灌溉，产量高，多数葡萄酒桶装出售。而优质葡萄酒都产于阿罗约塞科（Arroyo Seco）（白酒）、查龙（Chalone）、卡梅尔谷（Carmel Valley）和Mount Harlan等AVAs产区。

纳帕谷位于旧金山湾北部，是加州地区最早生产优质葡萄酒并保持极高声誉的产区，其葡萄酒产量占加州总产量的1/20。其中卢瑟福（Rutherford）、奥克维尔（Oakville）、Stags′ Leap、豪厄尔山（Howell Mountain）、斯普林山（Spring Mountain）以及维德山（Mount Veeder ）等AVAs次产区，是加州最优质的红葡萄酒产区，主要有赤霞珠和赤霞珠/梅尔诺/品丽珠的调配酒，其特点是醇厚、饱满、柔和、果香浓郁，并且都有贮藏十年的潜力。卡内罗斯（Carneros），位于索诺玛（Sonoma）南部峡谷的一个较冷AVAs产区，生产杰出的黑比诺——事实上是勃艮第以外最好的黑比诺。卡内罗斯（Carneros）的一些霞多丽令人印象深刻，是清新、高雅、具有黄油香气、酒体馥郁的葡萄酒。该地区的冷凉的气候还吸引了一些起泡葡萄酒生产商，包括香槟的公司。

其它的重要产区还有：南加州的圣芭芭拉（主产黑品诺）、加州北部沿海的索诺玛（主产黑品诺）。此外，华盛顿州的哥伦比亚河谷，也是著名的产区，华盛顿95%的葡萄酒产自此地。

3.2 智利

在16世纪，西班牙征服者将葡萄引入了智利、阿根廷和秘鲁，现在几乎每一个南美国家都生产葡萄酒。但在这些国家中，智利以出口为主，而巴西则主要满足国内消费。

以法国波尔多的经典品种如赤霞珠、品丽珠、梅尔诺、马尔贝克（Malbec），赛美蓉和缩味浓等为主的智利葡萄园，在19世纪50～60年代开始建立。19世纪和20世纪初当世界其它葡萄园在被根瘤蚜毁灭时，智利却没有受到影响。这主要是因为根瘤根本无法通过这个国家的天然屏障——北方的沙漠，南方的极地，西部的太平洋和东部平均4000m高的安第斯山脉。因此，智利的葡萄不需要嫁接到抗根瘤蚜的砧木上。

但是，在品种的引进过程中，也出现过张冠李戴的事件。如在20世纪90年代中期，人们发现，许多过去一直被称为梅尔诺的品种（60%～90%）其实就是另一个古老的波尔多品种——卡门（Carmenere）。而卡门现在已成为智利优质品种的象征。

目前，智利习惯上将其葡萄酒产区划分为北（阿空加瓜）、中（中央谷地）和南（Sur）三个产区，其中最重要的葡萄酒产区是肥沃的中央山谷（Central Valley），从圣地亚哥（Santiago）向南至安第斯山脉，延绵463km。从安第斯山脉绵延到太平洋的东西山谷具有良好的自然灌溉条件和向阳的坡地，是最优质的葡萄酒产区。从北到南，中央山谷被分为迈波Maipo、Rapel（包括Cachapoal和空加瓜Colchagua这两个山谷）、库里科Curico（包括重要小区Lontue）和马乌莱Maule4个产区。靠近圣地亚哥的迈波最温暖，生产红葡萄酒。在Rapel，空加瓜因梅尔诺而闻名于世。一路南下，库里科能酿制一些优质白葡萄酒和红葡萄酒。马乌莱仍以当地派斯（Pais）居多，但梅尔诺、霞多丽和长相思的种植面积有增长的趋势。

另一个重要的区域是阿空加瓜（Aconcagua），它被分成以红葡萄酒闻名的圣地亚哥北部的阿空加瓜山谷（Aconcagua Valley）和西部的卡萨布兰卡（Casablanca）。卡萨布兰卡以霞多丽、缩味浓以及后起之秀黑比诺为主，其干白葡萄酒以清新、爽净、时尚为特色。

中央山谷南部的苏尔（Sur）（“南方”），特别是其中的比奥比奥（Bio-Bio）产区，仍然主要种植派斯和莫斯卡特尔（Moscatel），但凉爽、湿润的气候为智利提供了另一个生产优质白葡萄酒的圣地。霞多丽、缩味浓、雷司令、琼瑶浆和表现都非常好，黑比诺也表现了其优质的潜力。

与大多数新世界葡萄酒生产国（如美国、澳大利亚、南非、阿根廷等）一样，智利葡萄种植以及葡萄酒生产没有旧世界那样过于严格的法律体制，生产者拥有相对广阔的空间。比如，可以进行人工灌溉，有的产区葡萄酒单产可达20千升/ha；另外，我们可以在这里发现世界各地的种植与生产模式，当然，这里有来自法国、德国、西班牙、意大利、美国等世界各地的葡萄酒生产商。

智利拥有得天独厚的种植葡萄的自然条件，病虫害特别少。另一方面，葡萄栽培在这个国度历史悠久，大面积的老葡萄园随处可见。这些因素，造就了智利葡萄酒的高质量。

3.3 澳大利亚

目前在澳大利亚种植的葡萄品种主要是国际上比较流行的葡萄品种：赤霞珠、黑比诺、梅尔诺、希拉、霞多丽、雷司令、赛美蓉和长相思等。其中希拉为澳大利亚葡萄酒赢得了国际声誉，一提到澳大利亚葡萄酒，很多人想到的是希拉。一些小酒厂也种植和酿造一些不常见的葡萄品种，如Verdelho、维欧尼（Viognier）、白诗南和马珊娜（Marsanne）等。这些小品种葡萄酒丰富了澳大利亚葡萄酒的风格和口味。

在所有新世界葡萄酒酒标上，最关键的部分就是品种，澳大利亚的也是一样的。按照澳大利亚葡萄酒的法律规定，如果在酒标上标注葡萄品种，至少该品种的含量不低于85%；如果葡萄酒里面混合的品种每一种都不到85%，那么就要标注出所有主要的葡萄品种，而标在前面的品种要比标在后面的含量多。

地理指标（Geographical Indication 简称为GI）是澳大利亚对原产地（Region of Origin） 改变后使用的词

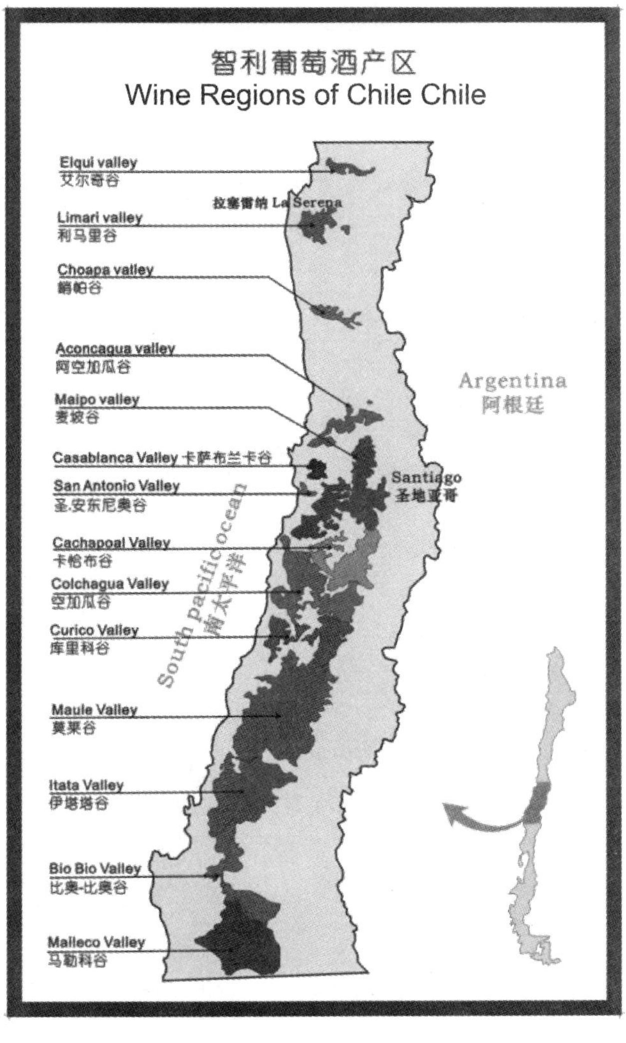

汇，地理指标是对澳大利亚葡萄酒区域、产区和次产区的法定定义，按国际法规保护产区名称的使用。GI与欧洲法定产区法规类似，但在葡萄种植和酿酒的具体规则上没有欧洲葡萄酒法定产区法规那么严格。

澳大利亚葡萄酒产区划分为三级——州/区域（Zone），产区（Region）和次产区（Sub-region），被称为地理指标体系。酒标上标出地理产区时，85%或以上的酿酒葡萄必须来自这个产区。

澳大利亚绝大部分葡萄园集中在东部和南部沿海地带，及西南部沿海地带，主要在新南威尔士州（New South Wales）、首都行政区（Australian Capital Territory），最大的以及顶级葡萄酒产地南澳州（South Australia），重要的葡萄酒产区有维多利亚州（Victoria）、塔斯玛尼亚（Tasmania）、昆士兰（Queensland）和西澳州（Western Australia）。比较特殊的是有一个东南大区，于1996年获得命名，包括东南部所有葡萄酒产区。这个大区的创建为澳大利亚大型葡萄酒

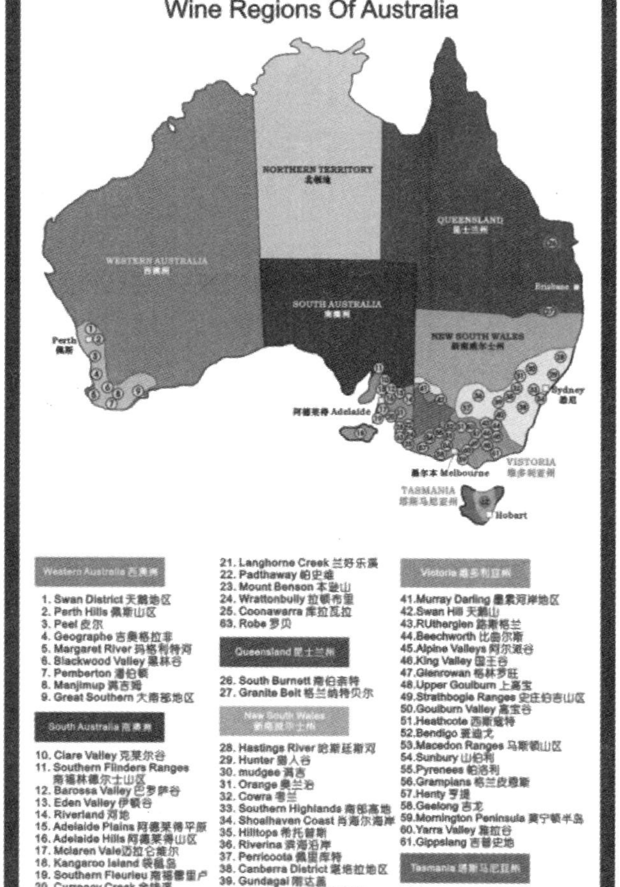

公司用不同次产区葡萄酿酒调配，生产质量稳定、价格大众化的酒创造了条件。

南澳位居澳大利亚南部正中，是葡萄酒产量最大的产区，产量占全国的一半以上。不仅是澳大利亚产量最大的葡萄酒产区，也是顶级酒产区。这里保留着一些古老的葡萄园，澳大利亚的顶级酒园集中在这个产区的巴罗莎谷（Barossa Valley）和阿德莱德山（Adelaide Hills）、迈拉仑维尔（Mclaren Vale）。这个州葡萄酒产区的气候呈多样化，包括从大陆性气候、炎热的河地（River Land）产区，；温热干燥的巴罗莎谷，温和干燥的库拉瓦拉（Coonawarra）产区，到受海洋气流影响、降雨量小、却凉爽湿润的阿德莱德山。

新南威尔士，在澳大利亚的东南部，环绕第一大都市悉尼，是澳大利亚葡萄酒业的起源地。新南威尔士发展至今是澳大利亚最重要的葡萄酒产区，葡萄生长期气候与法国朗格多克近似，沿海地区的海洋性气候具有白天热，夜晚凉爽的特征，内陆的产区气候温和。这个州不仅出澳大利亚顶级的老树西拉（Shiraz）、赛美容（Semillon）和顶尖的贵腐甜白酒，还产大量果香丰沛容易喝的大众葡萄酒。新南威尔士主要分为3个产区：猎人谷（Hunter Valley）以芬芳浓郁、具有陈年潜力的赛美容、醇厚圆润的霞多丽白葡萄酒和浓郁的老树希拉红葡萄酒闻名全球；另外，以希拉或梅尔诺和赤霞珠混合酿制的红葡萄酒酒度高、口感浑厚饱满、最具特色。满吉（Mudgee）葡萄酒以简单明快为特色。毛兰毕吉（Murrumbidgee）一带气候温和，适合的气候条件令这个产区葡萄酒业发展很快，不仅产量占澳大利亚总产量的十分之一，主要生产价廉物美的日常餐酒，而且产澳大利亚最优质的贵腐甜白酒。

维多利亚位于澳大利亚的东南角，是澳大利亚最小的陆地州。其西北部炎热，是大陆性气候；沿海地带的亚拉谷则凉爽湿润，是经典海岸葡萄酒气候，葡萄酒风格各异。亚拉谷（Yarra Valley）是澳大利亚最凉爽的葡萄酒产区之一，葡萄生长期长，葡萄质地细致，因此成为著名的起泡酒产区。路斯格兰（Rutherglen）在维多利亚州东北部墨累河以东，历来被认为是维多利亚州葡萄酒业的灵魂。这个产区出独一无二、香气袭人、甘甜美味的麝香加强葡萄酒，是澳大利亚顶级甜酒产地之一。

西澳州在澳大利亚西部，是面积最大的一个州，葡萄酒产区主要集中在首府柏斯（Perth）以南沿海地带。天鹅谷（Swan Valley）位于首府柏斯的东郊，是西澳洲最早的葡萄酒产区，主要出产白勃根地类型白葡萄酒。现在这个产区仍然是西澳洲葡萄酒中心。玛格利特河（Margaret River）在西澳洲的西南角，是西澳洲最著名的高档葡萄酒

产区，产澳大利亚最具个性风格的葡萄酒，经典与精美是特色，被认为颇具法国葡萄酒风格。玛格利特河气候为地中海型，夏季温热干燥，夜晚受海洋气流影响凉爽，夏季有少量降雨，一定的湿度适合贵腐霉的发展。葡萄的质量非常高，为酿造多种高档葡萄酒创造了原料条件。

3.4南非

南非有300多年的葡萄酒酿酒历史，自称拥有新世界中最悠久的葡萄酒传统。葡萄栽培主要集中在南纬34度的地中海式气候区域，该区域内西部气候凉爽，有着理想的大规模种植优良葡萄品种的条件，形成了从海边向内陆不超过50km、长约800km沿海的葡萄酒产区。这样的条件自然能满足欧洲的主流葡萄品种生长，但是南非同样拥有它自己的葡萄品种———品乐塔吉（Pinotage），由黑比诺和神索（Cinsault）杂交培育的红色品种，能够生产各种葡萄酒，从清淡、具丁香花的葡萄酒到强劲、深色、适合橡木桶陈酿的葡萄酒。

开普山脉从天幕一直绵延到这一世界上最美丽的葡萄

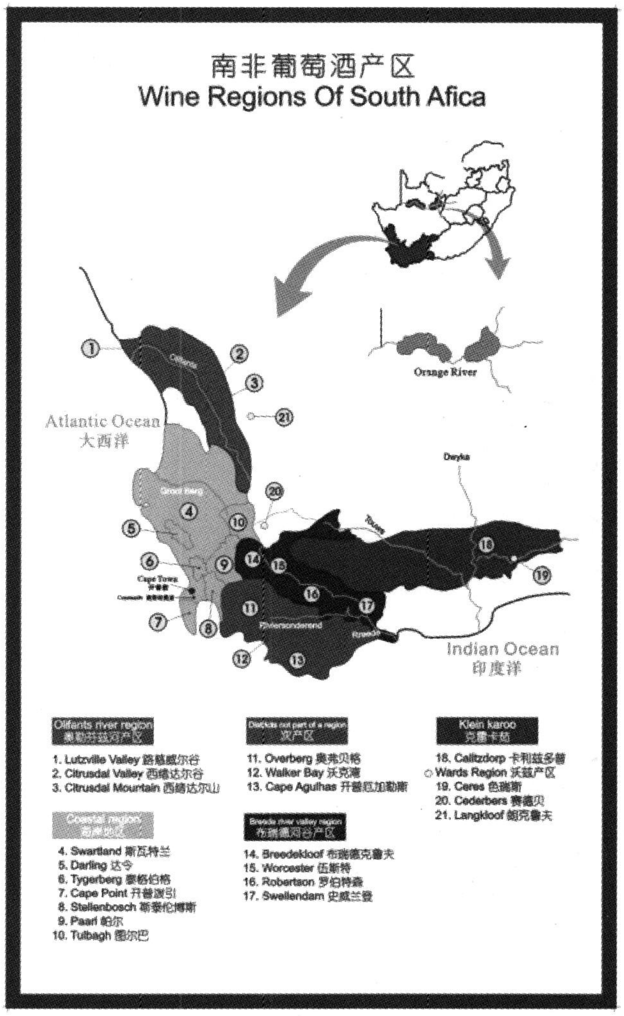

酒产区。葡萄园主要集中在山谷两侧和山麓的丘陵地区，使得葡萄种植能够获益于多山地形和不同地质所带来的多样的区域性气候。高低不平的地势以及山谷坡地的多样性，再加上两大洋交汇，尤其是大西洋上来自南极洲水域寒冷的班格拉洋流向北流经西海岸，减缓了夏季的暑热。白天，有海上吹来凉风习习，晚间则有富含湿气的微风和雾气。适度的光照也发挥了很大作用。这样，地形差异和区域性气候条件创造了葡萄品种和品质的多样性。

南非的葡萄酒法规，基本上沿用了法国的AOC制度。南非的葡萄酒原产地系统将葡萄产地按照规模大小分为地区、区域、区，庄园，每瓶出口的葡萄酒瓶身上都附带有一张纸的标记，以证明其真实性。根据1989年提出的酒类产品法案（该法案取代了1957年的版本），关于葡萄酒原产地、栽培品种、葡萄收获期的控制由果酒及烈性酒管理局管理，每个葡萄酒或白兰地酒瓶上都有一个由果酒及烈性酒管理局签发的封章。封章担保标签上标注的关于产地、品种、收获年份等所有信息的真实性。封章上的鉴定码是果酒及烈性酒管理局对葡萄酒类产品从压榨到对最终产品的鉴定进行着严格管理的一种标志。

产品标签上葡萄的品种名称是按照葡萄酒原产地计划获得授权的，只有品种相符才能使用，而且，标注品种的含量不得低于75%。另外，如果是出口欧盟的葡萄酒，则标注品种的含量不得低于85%。

南非的著名葡萄酒产区包括以甜白葡萄酒闻名、位于开普敦南部的康斯坦提亚（Canstania），这里的索味浓和霞多丽白葡萄酒质量也很高。

离普敦48.3km的Paarl（帕尔），冬季潮湿，夏季漫长、温暖、干旱，并且有着各种各样的沙质壤。一些优质葡萄酒来自历史悠久的法兰斯荷克（Franschhoek）区，惠灵顿（Wellington）也是十分重要的产区。

由于具有一些良好的合作酒厂，在Robertson（罗伯逊）地区有着绝好的葡萄酒。南非的这一中部产区温和、干燥的气候和良好的灌溉条件，主要出产包括霞多丽和索味浓在内的白葡萄酒，但也有一些不错的红葡萄酒。

南非的几种顶级的红葡萄酒出自斯坦陵布什（Stellenbosch）产区的山麓丘陵，很多南非著名的酒庄就在该产区内。大多数葡萄品种在这里都表现不错，包括白色品种，但是赤霞珠，尤其是赤霞珠与梅尔诺、品丽珠调配的红葡萄酒，令人惊叹、生命力长久。

Walker Bay and Elgin是在奥弗贝格（Overberge）区内、开普敦东部的一个较大但相对较新的产区，Walker Bay生产优质的勃艮第风格的黑比诺和霞多丽葡萄酒，Elgin生产爽利的白诗南和霞多丽以及优雅的黑比诺葡萄酒。

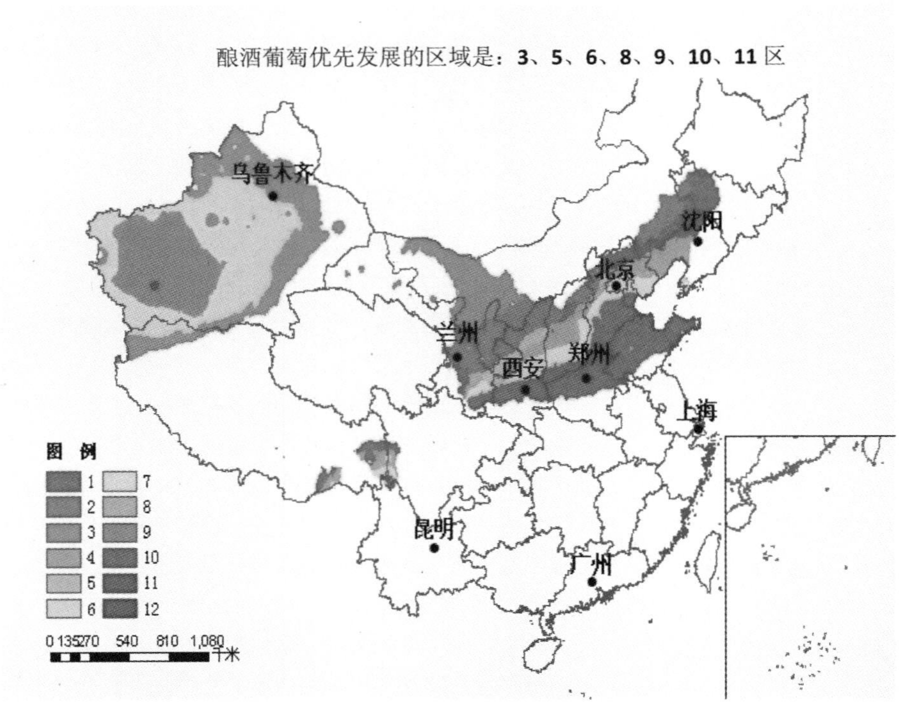

图3 中国酿酒葡萄气候区划图

葡萄酒的质量首先决定于葡萄原料的质量，而原料的质量则决定于产地的生态条件、与之相适应的品种和相应的栽培管理措施；但对于葡萄酒而言，原料的质量只是潜在质量，它只有通过与之相适应的工艺措施，才能在葡萄酒中表现出来。所以没有优质的原料就没有优质的葡萄酒，但优质的原料却不一定能转化为优质的葡萄酒。所以，葡萄酒质量的全程控制，就必须通过产地（Terroir）和与之相适应的品种（Varieties）的选择，通过适宜的栽培管理措施以获得优质的葡萄原料（Vinegrape）；通过与原料相适应的工艺，在酵母菌和乳酸菌（在需要的时候）的作用，顺利进行酒精发酵或（和）苹果酸-乳酸发酵，并通过对浸渍的控制，将原料的质量在葡萄酒（Wine）中表达出来。这就构成了葡萄酒的全程质量控制体系（T-V-W体系）。

我国葡萄酒虽然历史悠久，但其真正的发展还是在改革开放以后。因此，为了加速我国葡萄酒产业由葡萄酒大国向葡萄酒强国的迈进速度，我国应在我们前期对我国葡萄酒气候区划研究成果的基础上（图3），借鉴澳大利亚的“GI+品种”的体系，制定适合我国实际的、以T-V-W体系为核心的葡萄酒GI体系。

四、结语

无论是旧世界葡萄酒生产国，还是新世界葡萄酒生产国，为了发挥其葡萄种植区的自然优势，保证其葡萄酒的质量，提高其葡萄酒及其产区的国际声誉，都在世界贸易组织（WTO）的地理标志（GI）框架下，制定了适合自己实际的地理标志保护体系。但是两者之间并没有不可逾越的界限。如以德国为例的旧世界葡萄酒生产国，由于其严酷的气候条件，其GI体系就只能依据其产区内的葡萄能否自然成熟，而以南非为代表的新世界葡萄酒生产国，由于其自称最长的新世界葡萄酒生产国的历史，基本沿用了法国葡萄酒的AOC制度。以法国为代表的旧世界葡萄酒生产国主要以严格的AOC制度为主，以澳大利亚为代表的新世界葡萄酒生产国，则以相对宽泛的GI体系为主，辅以对品种的规定，但在葡萄种植和酿酒的具体规则上没有AOC制度那么严格。澳大利亚的GI体系将葡萄酒产区划分为三级——州/区域（Zone），产区（Region） 和次产区（Sub-region）；同时规定，如果在酒标上标注葡萄品种，至少该品种的含量不低于85%；如果葡萄酒里面混合的品种每一种都不到85%，那么就要标注出所有主要的葡萄品种，而且标在前面的品种要比标在后面的含量多。该体系的实施，使澳大利亚葡萄酒迅速地获得了世界声誉。

参考文献：

[1] Simon J.Discovering Wine.New York:Fireside，2003.
[2] 李华.中国葡萄酒的原产地域命名系统.酿酒科技，2001，2(104):63～68.
[3] 李华.中国葡萄酒的地理标志与标准体系.科技导报，2004b，1:58～60.
[4] 李华.葡萄酒品尝学.北京:科学出版社，2006.
[5] 李华.葡萄栽培学.北京:中国农业出版社，2008.
[6] 李华，王华，房玉林，火兴三.我国葡萄栽培气候区划研究(II).科技导报，2007，19(241):57～64.
[7] 王华.中国葡萄酒的风格.酿酒，2010，6:5～7.
[8] http://hiphotos.baidu.com/bf820/pic/item/a1f593ef7078e180cc1b3e75.jpg

产品介绍

芝麻香系列

主导产品

54度芝麻香型白酒，是公司技术人员和酿酒工人经过十几年的艰苦努力，挖掘传统酿酒工艺与现代酿酒技术相结合，融合酱香、浓香、清香型白酒生产工艺为一体，经长期发酵、高温溜酒、陶瓷缸、洞窖长期贮存、精心勾兑而成。它具有芝麻香典型突出，幽雅细腻、醇厚丰满、回味留香持久之风格。其品质典雅高贵，其香气舒适宜人，其味道绵柔爽净，是白酒中的特色极品。2004年在江苏洋河酒厂召开的苏鲁豫皖四省白酒高峰论坛会上，受到了17名国家级白酒评委的好评，白酒泰斗沈怡方老先生高度称:"自第五届全国评酒会以后，20多年来这是全国最好的芝麻香型白酒",堪称中华一绝。

常饮 黑谷有机酒
健康好运 自然来
朱鹮黑谷有机酒
中国人餐桌上的第 5 瓶酒
源自中国秦岭原生态有机酒 0污染·0添加·全程有机
东方神酿
干型酒
DONG FANG SHEN NIANG
有机精酿·点滴精华
每一滴精华都源于大自然的馈赠！
中国原产地洋县有机黑米
国家地理标志保护产品
第一支中国谷物有机健康酿造酒
有机认证证书编号:NWAFUC090819OI0047OS
陕西朱鹮黑米酒业有限公司（生产）
地址：陕西洋县纺织路1号
电话：0916-8212999
传真：0916-8210969
网址：www.chinahmj.com
浙江朱鹮黑米酒营销有限公司（华南）
地址：浙江杭州西湖大道259号
电话：0571-86817999
传真：0571-87701051
陕西朱鹮黑谷酒业有限公司（西北）
地址：西安市高新区沣惠南路18号
电话：029-88865773转601
传真：029-88865773转602

雪花
雪花 啤酒 SNOW BEER
8.0°P
雪花
SNOW BEER 啤酒
纯生
净含量 500ml
DRAFT BEER
BREWED USING CHOICE HOPS, RICE AND BARLEY MALT. RELAX AND ENJOY THIS FINE TASTING BEER.

大事记

主要包括2010—2011年中国酿酒工业发展的重大事件和重要活动。

蔡开云

Cai Kaiyun

YEARBOOK FIGURE

蔡开云，湖北稻花香集团副董事长、总经理，第十一届全国青联委员、宜昌市电子商务协会理事长、宜昌市法学会第一届理事会常务理事。曾荣获“湖北省十大优秀青年企业家”、“湖北十大企业新闻人物”、“湖北青年五四奖章”、“宜昌经济年度杰出人物”、“夷陵区劳动模范”等。

作为中国白酒行业优秀青年企业家，近年来，蔡开云准确把握时代脉搏，运用现代经营理念实施企业管理，促进集团实现跨越式发展，成为湖北省首家销售收入过百亿元的农字号企业。“十二五”时期，蔡开云将带领稻花香人向“515”目标进军，即做大做强五大产业，实现年销售收入500亿元、年创利税50亿元、集团成员企业达到100家、培育1家上市公司、争创5个驰名商标、进入全国500强。

2010年中国酒业大事记

1月酒业大事记

- 1月1日起，我国调整部分酒类产品进口关税税率。
- 1月1日起，国家广电总局发布的《广播电视广告播出管理办法》正式实施。其中，酒类广告发布的频率、频道、节（栏）目将受到严格限制。
- 1月4日，卫生部发布了2010年第1号公告，就二氧化硫等20种食品添加剂和食品营养强化剂使用出新规。
- 1月16日，张裕国际葡萄酒研发与制造中心建设建成启用。
- 1月19日，影响宜昌历史进程“60人60企业60品牌”评选活动颁奖盛典暨《三峡商报》创刊10周年庆典在湖北宜昌举行。枝江酒业荣膺三项大奖。
- 1月20日，第一届食品安全国家标准审评委员会成立大会在京举行。
- 1月22日，江苏省酒类行业协会成立暨第一届会员代表大会在南京召开。
- 1月23日，中国食品发酵工业研究院与稻花香酒业公司签署了《浓香稻花香大曲白酒特征风味成分和贮存过程中主要特征香味成分变化的分析技术》的技术转让合同。签订的合同项目已被列入“中国白酒169计划”。
- 1月26日，烟台张裕集团有限公司技术中心为山东省第六批行业技术中心。
- 1月31日，由重庆市食品安全促进会、重庆市酒类管理协会、重庆日报共同主办的“2009重庆酒类诚信经销商推选活动”正式启动。

2月酒业大事记

- 2月2日，第六届中华环境奖颁奖典礼在北京人民大会堂隆重举行，剑南春荣获“中华宝钢企业环保类环境奖”。
- 2月2日，贵州省遵义市三届人大五次会议上决定今年将进一步加快推进名酒工业园区等规划建设工作。
- 2月3日，吉林省酿酒协会举办2009年度十强企业和先进个人表彰会。
- 2月9日，国务院第一次全体会议召开，决定设立国务院食品安全委员会。
- 2月9日，香港与内地签订葡萄酒通关征税合作安排，为经香港输往内地的葡萄酒，提供通关征税便利，进一步推动香港葡萄酒贸易发展。
- 2月24日，中国酿酒工业协会在北京召开2010年度协会理事长办公会议。中国酿酒工业协会理事长王延才、副理事长兼秘书长王琦、副理事长肖德润出席了会议。
- 2月26日，由罗马尼亚普拉霍瓦县工商会、黑龙江省外事办公室、黑龙江省商务厅共同主办的罗马尼亚葡萄酒品酒推介会在哈尔滨举行。

3月酒业大事记

- 3月1日起，公安部规定醉酒驾驶交强险上浮费率不超过60%。
- 3月15日，国家海关总署发布《关于规范进口葡萄酒有关事项》的公告，对葡萄酒进口申报进行规范，提高企业通关和海关管理效率。
- 3月17日，由《中国酒业》杂志社主办，中国酿酒工业协会、中国酿酒工业协会市场委员会支持的首届“中国酒业创新竞争力高峰论坛暨2009金牌酒水运营商颁奖典礼”在四川成都城市名人大酒店26层会议中心隆重举行。
- 3月18日，全国白酒标准化技术委员会兼香型白酒分技术委员会（简称兼香型白酒标委会）在安徽成立。
- 3月19日，中国商业联合会、中国商业企业管理协会、中国酒类流通协会在成都国际会展中心召开了新闻发布会。会议号召协会所涵盖各行业企业行动起来，共享世博机遇。
- 3月23日，国家工商总局向各省、自治区、直辖市工商行政管理局印发《2010年流通环节食品安全整顿工作方案》，部署2010年流通环节食品安全整顿工作。
- 3月26日，中国酿酒工业协会秘书长王琦出席了青岛葡萄酒博物馆开馆仪式。
- 3月26日，燕京啤酒（赣州）有限责任公司申报的“燕京啤酒”将作为名优产品在2010年上海世博会江西馆展出。
- 3月26日，2010全国各省酿酒行业协会秘书长工作会议在北京召开。来自全国25个省、自治区、直辖市的酿酒（工业）协会秘书长一共43名代表参加了此次会议。

4月酒业大事记

- 4月1日，由国家质检总局和国家标准委批准发布的《限制商品过度包装要求——食品和化妆品》国家标准正式实施。
- 4月12日，2010年山东省春季糖酒商品交易会在山东省潍坊市举行。
- 4月12日，中国轻工业联合会组织各行业协会，对2009年度各行业进行了十强企业评价工作，酿酒行业十强企业名单出炉。
- 4月14日，中国酿酒工业协会第四届会员代表大会暨第四届理事会第一次会议在北京召开，会议总结了协会第三届理事会的工作，讨论了现在我国酒行业面临的形势及协会今后发展的方针和主要任务，进行了换届选举工作，并公布了首届“中国酒业仪狄奖”的获奖名单。
- 4月15日，中国酿酒工业协会牵头组织成立“中国优质白酒打假协作网”进行打假。
- 4月15日，中国酿酒工业协会在京举行酿酒行业信息化政策研究课题座谈会，宣布正式启动酿酒行业信息化政策课题研究。
- 4月22日，温州市外经贸局、温州海关、市酒类行业协会联合召开2010年进口葡萄酒政企座谈会，合力打造葡萄酒集散地。
- 4月22日，江苏省酒协黄酒分会暨一届一次会员代表大会在丹阳举行，来自全省的相关企业代表出席。
- 4月22日，第六期（2010）国际葡萄与葡萄酒高级研讨班暨第四届亚洲葡萄酒质量大赛在深圳落幕。会议期间，OIV亚洲葡萄与葡萄酒科技发展中心、西北农林科技大学葡萄酒学院与深圳市龙岗区文化产业发展办公室、深圳市龙岗区文化产业协会签署了在深圳合作筹建葡萄酒管理学院的框架协议书。

- 4月23～27日，中国酿酒工业协会啤酒分会在山东省济南市举办了“2010届国家级啤酒评酒委员”考评选拔暨“《品酒师》国家职业资格鉴定”活动。
- 4月29日，齐鲁酒文化博物馆在扳倒井开馆。
- 4月28～30日，主题为“养生、文化、创新、发展”的2010年中国（亳州）酒文化节在安徽省亳州市隆重开幕。

5月酒业大事记

- 5月5日，国家食品药品监督管理局印发《2010年保健食品安全整顿工作实施方案》。
- 5月5日，江苏省酒类行业协会啤酒分会成立暨一届一次代表大会在江苏省南京市举行。
- 5月7日，中国首个纯生啤酒示范生产基地落户珠啤。
- 5月8～10日，湖北省酒业协会第三届酿造技能培训鉴定会在湖北白云边酒业有限公司举行。
- 5月9日，新疆第一窖古城酒业有限公司千亩酿酒生态园在奇台县吉布库镇达坂河村经济开发区一片荒滩奠基。
- 5月15日，由河南省酒业协会、广东酒类行业协会主办的第九届中部糖酒商品交易会暨首届中部进口酒展粤港澳进口酒商联谊会在广州召开。
- 5月27日，贵州茅台酒股份有限公司召开2009年度股东大会，刘自力接任贵州茅台总经理。
- 5月27日，工业和信息化部向各地下达今年18个行业淘汰落后产能的目标任务，其中酒精行业的淘汰任务为67.7万吨。

6月酒业大事记

- 6月1日，《食品添加剂生产监督管理规定》正式实施。
- 6月1日，2010中国（北京）国际葡萄酒博览会在北京中国国际贸易中心开幕。
- 6月1～3日，全球葡萄酒界的“奥运会”，即TOP WINE CHINA 2010全球葡萄酒中国博览会在北京国际贸易中心开幕。
- 6月3～4日，“第一届食品安全国家标准审评委员会食品产品分委会第二次会议”在广州召开。《蒸馏酒及其配制酒》标准未通过审查。
- 6月6日，北京第十九届燕京啤酒节拉开帷幕。
- 6月6日，由国家质检总局与欧盟健康与消费者保护总司共同举办的“中欧食品安全合作论坛”在上海开幕。
- 6月8日，“2010中国国际酒业博览会（CIADE2010）”新闻发布会在北京举行。
- 6月19日，第九届中部糖酒商品交易会暨首届中部进口酒展在漯河市科教文化艺术中心开幕。
- 6月21日，泸州老窖股份有限公司联手中国工商银行，在世博会上海馆中，共同推出了“中国首款世博概念金融理财产品——泸州老窖特曲绝版老酒”，这是中国白酒首次推出的世博会金融理财产品，也是国内首款以“绝版”概念和方式走入投资理财平台，成为认藏投资酒品的理财产品。
- 6月22日，财政部、国家税务总局联合发布通知，经国务院批准，自2010年7月15日起，我国将取消部分钢材、玉米淀粉等406个税则号商品的出口退税，其中，酒精也在被取消出口退税的商品名单之列。

7月酒业大事记

- 7月1日，“全国职业技能竞赛技术工作研讨会”在成都召开。
- 7月6日，由中国酿酒工业协会和蓬莱葡萄与葡萄酒局共同举办的2010年国家级葡萄酒评酒委员年会在山东蓬莱举行。
- 7月6日，中国酿酒工业协会通报《国家发展改革委办公厅、工业和信息化部办公厅关于食品安全检验检测能力建设实施意见的通知》及《酿酒行业食品安全检测能力建设实施方案》，通知指出，2010年中央投资食品工业的支持重点是食品安全检验检测能力建设。
- 7月9日，为期3天的2010中国国际酒业博览会在北京中国国际展览中心开幕。
- 7月9日，由中国酿酒工业协会主办的“低碳发展，赢在未来”——中国酒业低碳发展高峰论坛在北京举行。
- 7月10日，中国酿酒工业协会在北京华都饭店组织召开了“酿酒行业十二五规划座谈会”。
- 7月13日，国家发展和改革委员会公布《关于市场价格异常波动时期价格违法行为处罚的特别规定（征求意见稿）》，严惩价格违法行为。
- 7月17日，北京中食联盟认证中心顺利通过CNAS第一次复评现场评审。
- 7月26日，卫生部公布《食品用香料、香精使用原则（征求意见稿）》，凡添加了食用香料、香精的食品，都将按照国家相关标准进行标识。
- 7月26日，国家质量监督检验检疫总局发布《关于调整部分食品生产许可工作的公告》，从公告之日起，酒类生产许可证的审批发证将由各省级质检部门组织实施。
- 7月27日，“全国各省市酒类协会会长、秘书长座谈会”在上海举行。
- 7月28日，国家工商行政管理总局商标局出台《含“中国”及首字为“国”字商标的审查审理标准》，将严查“国”字头商标。
- 7月29日至8月9日，第12届中国国际啤酒节在大连星海广场举办，为期12天。
- 7月29日，国家食品药监局网站公布了《保健食品审评专家管理办法》。

8月酒业大事记

- 8月1日，修订后的《产品质量监督抽查实施规范（第一批）（2010年版）》开始实施。
- 8月3日，国家质量监督检验检疫总局发布公告撤销421张食品生产许可证，其中涉及46张酒类食品生产许可证。
- 8月4日，四川省质量技术监督局、四川省食品工业协会在成都召开了四川省地方标准《四川固态法小曲白酒》审查会。
- 8月4日，第四届世界太阳城大会指定用酒签约仪式暨第八届古贝春酒文化节启动仪式在山东省德州市召开。
- 8月7日，第四届中国品牌节在北京人民大会堂隆重开幕。汾酒、青啤获“品牌中国华谱奖”
- 8月12日，中法纵论葡萄酒发展暨Michel Rolland 访问交流会在王朝酒窖举行。
- 8月16日，四川省政府新闻办公室在上海世博园新闻中心举行了“中国白酒金三角”新闻发布会。
- 8月18日，广州珠江啤酒股份有限公司（002461）在深圳证券交易所上市。

- 8月20日，枝江酒业签署《食品质量安全承诺书》。
- 8月24日，世界顶级名厨到天津中法合营王朝葡萄酿酒有限公司进行参观访问。世界名厨协会第33届年会8月21～25日在北京举行。

9月酒业大事记

- 9月1日，《食品添加剂生产许可审查通则》（2010版）开始执行。
- 9月3日，由曲阜市政府主办，曲阜孔府家酒业承办的“调结构•转方式•促发展——孔府家打造30亿级企业战略发布会”在山东省济宁市隆重举行。
- 9月7～10日，备受业界广泛关注的2010（第九届）中国国际啤酒饮料、制造技术及设备展览会（China Brew & Beverage 2010——CBB 2010）在北京中国国际展览中心（原馆）隆重举行。
- 9月8日，商务部酒类流通随附单电子化试点工作座谈会在贵州遵义举行。
- 9月9日，吉林省榆树市召开建设“中国北方酒业基地”工作会议，动员全市上下加快推进“中国北方酒业基地”工人会议。
- 9月9～11日，第三届中国“遵义”酒类博览会在名酒之乡遵义举行。
- 9月13日，由河套酒业承办的2010年中国酿酒工业协会白酒分会技术委员会（扩大）会议在内蒙古巴彦淖尔召开。
- 9月14日，2010夏季达沃斯与会嘉宾到访王朝酒业集团。
- 9月15日，最高人民法院、最高人民检查院、公安部、司法部联合对外公布了《关于依法严惩危害食品安全犯罪活动的通知》。
- 9月19日，由河北日报报业集团主办的“2010代表河北的十大最具影响力品牌”公众评选活动颁奖典礼在石家庄举行，“板城”获此殊荣。

10月酒业大事记

- 10月8日，国家工商总局商标局公布了在商标管理案件中认定的217件驰名商标，“国缘”“文王”等8个酒类商标榜上有名。
- 10月11日，中粮长城酒业有限公司与全球高分子瓶塞的领军企业美国诺玛科公司联合宣布，双方签署战略合作协议，共同致力于葡萄酒新技术的创新与研发。
- 10月14日，“中国酒类优秀企业荣誉日”在上海世博园国际信息发展网馆内隆重举行，来自全国各地的10家特色酒类企业荣膺“联合国千年发展目标——千年金奖和优秀奖”。
- 10月19日，国家食品药品监督管理局网站发布《关于加快推进保健食品化妆品检验检测体系建设的指导意见》。
- 10月19日，第二届“中法酒文化交流暨法国葡萄酒文化推广高峰论坛”在江苏无锡举行。
- 10月20日，2010首届中国兰州糖酒食品交易会在黄河之滨的甘肃国际会展中心开幕。
- 10月22日，国家食品药品监督管理局发布了《保健食品产品技术要求规范》，并决定从2011年2月1日起开始实施。
- 10月23～24日，全国第三届清香类型白酒高峰论坛在河北衡水老白干集团召开。

- 10月26日，上海世博会联合国馆迎来联合国经济和社会事务部活动周，在开幕式上，中国国际文化传播中心执行主席龙宇翔将一瓶张裕百年酒窖干红葡萄酒赠予联合国收藏。
- 10月28日，2010江苏糖酒食品交易会在江苏省宿迁市华夏国际酒都隆重开幕。

11月酒业大事记

- 11月4～10日，由国家酒类及加工食品质量监督检验中心、昆明酒类行业协会主办的“首届云南省质检系统白酒品酒师职业技能鉴定培训班”在昆明成功举办。
- 11月5日，贵州省首个白酒行业工会联合会——茅台镇白酒行业工会联合会在仁怀市茅台镇正式成立。
- 11月5～8日，2010中国食品博览会在宁波国展中心举办。
- 11月8日，苏格兰威士忌在中国获得地理标志产品保护。
- 11月13日，燕京啤酒集团与内蒙古金川保健啤酒高科技股份有限公司在北京顺义总部举行合作签约仪式，燕京整体收购金川股份，新组建了“燕京金川保健啤酒有限公司”。
- 11月16日，国家质检总局局长支树平与智利农业部代表智利驻华大使路易斯•施密特在京签署《中华人民共和国国家质量监督检验检疫总局与智利共和国农业部关于进出口葡萄酒管理合作的谅解备忘录》。
- 11月19日，“华樽杯”第二届中国酒类品牌价值200强在国家会议中心揭晓，茅台以上海世博会唯一白酒高级赞助商身份以531.46亿元位居榜首。
- 11月20日，广东省佛山市申请的“中国豉香型白酒产业基地”获中国轻工业联合会和中国酿酒工业协会批准，于12月底挂牌成立。
- 11月25日，辽宁省经济和信息化委员会在本溪市召开“辽宁葡萄酒技术开发中心”授牌仪式，大连民族学院与大连理工大学分别获“辽宁葡萄酒技术开发中心”牌匾，同时获得该中心牌匾的还有本溪市桓仁县葡萄种植基地。

12月酒业大事记

- 12月1日，“全国白酒标准化技术委员会芝麻香型白酒分技术委员会”成立。
- 12月2日，“甘肃紫轩酒业公司喜获千年金奖” 在兰州雷迪森大酒店召开新闻发布会，甘肃紫轩酒业公司喜获联合国国际信息发展网馆“千年金奖”，并被联合国经济及社会理事会正式授权为“永久1类咨商地位”。
- 12月3日，为了挖掘冀酒历史、传播冀酒文化，为企业提供文化宣传基础，实现文化振兴冀酒的目标，河北省诗酒文化协会开始筹划编写《河北酒史通鉴》。
- 12月3日，江苏省工商联酒类行业商会成立大会暨江苏省酒类行业“诚信经营”示范创建活动总结表彰大会在南京召开。
- 12月5日，北京，全球领先的啤酒酿造商百威英博向环境保护部门宣传教育中心递交了《2008—2009全球企业公民报告》，并郑重承诺未来三年节水计划，致力于在2012年成为全球最节水的啤酒酿造商。
- 12月8日，以酒文化为主题的蜀南庄园酒文化博物馆在合江县密溪乡开始建设。该馆占地面积157亩，计划投资3000万元，将是川南地区最大的民办酒文化博物馆。

- 12月14日，世界顶级品牌沟通服务集团WPP旗下权威调研公司Millward Brown Optimor在京首次发布了《2010年中国最具价值品牌TOP50强》榜单，国酒茅台位居综合品牌榜第12名，品牌价值为5790百万美元。
- 12月19日，由品牌中国产业联盟主办的2010品牌中国行业年度人物颁奖典礼在北京举行，“板城烧锅酒”品牌创始人缪如焕、古井集团董事长兼党委书记余林、燕京啤酒集团董事长李福成等十位酒行业代表，荣获“2010品牌中国酒行业年度人物”称号。其中山西杏花村汾酒集团有限责任公司董事长李秋喜荣获“2010品牌中国年度人物”。
- 12月22～23日，山东省葡萄与葡萄酒协会第三届会员代表大会及2010年山东省葡萄酒、果酒、露酒、黄酒学术年会在山东省酿酒葡萄科学研究所一楼会议室顺利召开。
- 12月28日，中国酿酒工业协会发布首批啤酒酿酒师国家职业资格通过鉴定名单，其中一级（高级）酿酒师142人，二级酿酒师176人，三级（助理）酿酒师89人。
- 12月28日，贵州茅台酒厂（集团）习酒有限责任公司在贵州贵阳举行了酱香习酒• 窖藏1988全国首发仪式。
- 12月28日，中国酿酒工业协会果露酒分会理事长办公(扩大)会议在劲牌有限公司召开。

2011年中国酒业大事记

1月酒业大事记

- 1月1日，江苏洋河酒厂股份有限公司隆重举行洋河产业园酿酒一期工程竣工投产仪式。
- 1月5日，黑龙江省酒类管理办公室联合黑龙江省酒类流通协会在大庆市召开了全省首批“放心酒示范店”授牌大会，黑龙江省62家酒类流通企业获得殊荣。
- 1月6日，“维罗蒂•2011首届中国（太原）国际红酒文化节暨山西名人酒会”在星河湾国际会议中心隆重开幕。
- 1月7日，由中国保健协会主办、中国食品发酵工业研究院支持、中国保健协会保健咨询服务工作委员会承办的“中国养生保健酒高峰论坛”在北京召开。
- 1月10日，美国消费品安全委员会主席伊内兹•特南鲍姆表示，美国将加强与中国在消费品安全领域的合作。
- 1月11日，2010中国国际酒业技术装备博览会新闻发布会在北京诺福特和平饭店举行，来自行业、科技、财经领域的近40家媒体参加了本次新闻发布会。
- 1月11日，华润雪花啤酒（中国）有限公司在河南郑州正式宣布，以3亿元的价格全资收购奥克啤酒。
- 1月14日，为促进吉林省饮品业发展，服务饮品企业，加强饮品企业行业自律，吉林省工商联饮品业商会正式成立。
- 1月15日，《环球慈善》杂志社主办，民政部、中国红十字总会及中央新闻单位等协办和支持的“环球慈善表彰大会”在人民大会堂隆重召开。沱牌公司作为唯一一家酒类企业代表，荣获“环球慈善企业奖”。
- 1月18日，“口子窖”杯首届徽商奥斯卡年度盛典在合肥大剧院隆重举行，口子窖当选“2010十大最具影响力徽商品牌”。
- 1月21日，政协全国委员会提案委员会向国务院提交《关于尽快制定酒类管理专门法规的调研报告》。
- 1月21日，由中华书局出版发行的珍藏版图书《杏花村诗书画文选》的首发仪式在北京钓鱼台国宾馆隆重举行。
- 1月22日，2010年“品牌之光•湖北名牌暨国家地理标志产品颁奖典礼”在武汉举行，稻花香、清样、关公坊等白酒品牌再获大奖，被评为“2010湖北名牌产品”。

2月酒业大事记

- 2月14日，“中国白酒金三角”品牌标识评审工作暨专家选定会在四川成都举行。
- 2月14日，百威英博啤酒集团正式宣布，与大雪集团有限公司和麒麟(中国)投资有限公司(麒麟啤酒)达成协议，收购辽宁大连大雪啤酒股份有限公司100%的股权。
- 2月18日，国务院食品安全委员会全体会议召开。

- 2月23日，在由山东省旅游局和齐鲁晚报共同主办的“2011好客山东贺年会十大贺年礼”评选中，一品景芝成功当选贺年会十大贺年礼，也是鲁酒唯一代表。
- 2月23日，华润雪花啤酒（中国）有限公司正式宣布：华润雪花啤酒通过资产整合江苏三泰啤酒有限公司，获得“三泰”商标使用权以及其营销渠道。

3月酒业大事记

- 3月7日，百威英博在河南信阳与河南维雪签订了收购协议，将其纳入囊中。
- 3月17日，商务部在杭州召开“全国中华老字号工作会议”，公布了第二批“中国老字号”名录。宋河酒业股份有限公司、湖北枝江酒业股份有限公司光荣入选，被国家商务部认定为“中国老字号”。
- 3月18日，为期6天的“中国白酒金三角”2011年酒业博览会在四川省泸州市江阳区黄舣镇酒业集中发展区开幕。
- 3月22日，沱牌舍得酒业与中国工商银行联手，推出了中国首个集品鉴、投资、收藏于一身的白酒理财产品——舍得30年年份酒【天工绝版酒】金融理财产品。
- 3月23日，由中国酿酒工业协会、《中国酒业》杂志社主办的“资本影响力——第二届中国酒业高峰论坛暨年度颁奖盛典”在成都举行。
- 3月23日，北京顺鑫农业牛栏山酒厂升级改造工程奠基仪式隆重举行。
- 3月25～28日，2011年春季糖酒会在成都世纪城国际会展中心举行。
- 3月26日，青岛啤酒40万千升生产基地落户杭州新安江。
- 3月31日，面对茅台等高端白酒引发的涨价潮，发改委紧急约谈酒类行业协会及啤酒企业代表，要求稳定物价。

4月酒业大事记

- 4月9日，由中国质量协会、中华全国总工会主办的第四届“中国杰出质量人”颁奖典礼在北京钓鱼台国宾馆隆重举行。青岛啤酒孙明波总裁荣膺“中国杰出质量人”称号。
- 4月12日，法国波尔多葡萄酒行业协会在北京隆重揭开了2011年随时随意波尔多活动序幕，目前已经举办五届。
- 4月12日，燕京啤酒与台湾爱之味各出资港币4000万元，联合成立燕京爱之味国际股份有限公司。
- 4月17～19日，为期3天的2011中国国际葡萄酒及烈酒展览会在北京农展馆举行。
- 4月18日，由品牌中国产业联盟、中国女企业家协会和中国妇女发展基金会联合主办的2011品牌中国女性论坛在京开幕。“华夏五千年”获2011品牌中国最受女性喜爱红酒品牌。
- 4月21日，曲阜孔府家酒酿造有限公司顺利通过了“酒类产品质量等级国优认证”现场审核。
- 4月25～27日，中国酿酒工业协会第四届理事会第三次（扩大）会议在北京举行，会议对理事会进行了调整，并发布了《中国酿酒产业“十二五”发展规划》。
- 4月26～28日，2011中国国际酒业技术装备博览会在北京中国国际展览中心盛大开幕。

◆ 4月27～28日，经国家人力资源和社会保障部批准，中国就业培训技术指导中心、中国酿酒工业协会组织了首届全国酿酒行业国家级职业技能竞赛裁判员培训班。

5月酒业大事记

◆ 5月4日，第26届世界大学生夏季运动会火炬传递正式启动，金威啤酒四高管接力大运火炬传递。

◆ 5月7～9日，2011第二届中部安徽（春季）糖酒副食品交易会在合肥市安徽国际会展中心举办。

◆ 5月8日，香港山东商会一品景芝专供酒颁证授牌仪式在香港举行，一品景芝成香港山东商会专供酒。

◆ 5月13日，卫生部公布了《食品添加剂使用标准》（GB 2760－2011）、《食品中真菌毒素限量》（GB 2761－2011）、《预包装食品标签通则》（GB 7718－2011）、《蜂蜜》（GB 14963－2011）等4项新的食品安全国家标准。

◆ 5月16日，广东省酒类检测中心与保乐力加（中国）贸易有限公司签订了一份备忘录。这是该中心与国际洋酒公司签订的首份以打假维权为主要内容的谅解备忘录。

◆ 5月18日，商务部办公厅发出《关于开展酒类流通领域专项整治的通知》（商运字［2011］68号），决定在全国开展2011年酒类流通领域专项整治。专项整治工作从2011年5月开始至12月底结束。

◆ 5月18日，新疆望中酒业公司在焉耆县酿酒葡萄基地举行酒庄奠基仪式，打造焉耆葡萄酒产区高端品牌。

◆ 5月23日，中国轻工业联合会公布了2010年度中国轻工酿酒行业十强企业的评选结果，四川宜宾五粮液集团有限公司、中国贵州茅台酒厂有限责任公司、江苏洋河酒厂股份有限公司位列前三名。

◆ 5月24日，2011年北京国际葡萄酒博览会在北京中国国际贸易中心拉开帷幕。

◆ 5月24～26日，由中国对外贸易经济合作企业协会，荷兰国际工业促进公司和北京世联新睿国际展览有限公司联合举办的第二届中国国际葡萄酒博览会（TOP WINE CHINA）在北京开展。

◆ 5月25日，青岛啤酒武威公司搬迁扩建总体规划60万千升啤酒生产项目签约仪式在兰州举行。

◆ 5月27日，“南宁市2011年5月份重大项目开（竣）工暨广西珠江啤酒有限公司首期年产20万吨啤酒项目投产仪式”在南宁—东盟经济开发区隆重举行。

◆ 5月28日，德州市首届厚德酒文化高层论坛暨中国酱香、浓香、清香三大香型收藏酒品鉴会在柳湖书院举行。

◆ 5月29日，2011中部糖酒商品交易会暨中部进口酒展在郑州开幕。

6月酒业大事记

◆ 6月1日，国家发展改革委员会新修订的《产业结构调整指导目录（2011年本）》开始施行，白酒、酒精生产线被列入限制类。

◆ 6月7日，历时一年编制的《云南省酒产业发展报告》在昆明首发，云南酒产业发展局势及路径清晰可见。

◆ 6月7～10日，由燕京啤酒集团承办的第二十届燕京啤酒节在北京顺义区隆重开幕。

◆ 6月10日，国务院食品安全委员会办公室发出《关于进一步加强酒类质量安全工作的通知》，对加强酒类产品质量安全监管进行了全面部署。

- 6月18日，由中华全国商业信息中心、苏赛特商业数据有限公司、《华夏酒报》联合主办，深圳市标号广告有限公司、《啤酒市场》杂志共同承办的“2011中国（首届）啤酒高峰论坛”在深圳召开。
- 6月18日，由联合国工业发展组织（UNIDO）和国际节能环保协会（IEEPA）共同主办的第四届世界环保大会上，青岛啤酒因其在环保领域所做出的杰出贡献荣获“国际碳金生态大奖”。
- 6月28日，2011年（第八届）世界品牌大会暨中国500最具价值品牌发布会召开，在其发布的《2011年中国最具价值品牌排行榜》中，雪花啤酒以463.68亿价值位列29名。与雪花共同入选的还有联想、五粮液、茅台等中国知名品牌。
- 6月28～29日，“2011中国啤酒大麦产业发展论坛”在江苏省盐城市隆重召开。
- 6月30日，全国第一届白酒标准化技术委员会特香型白酒分技术委员会在南昌召开成立大会。

7月酒业大事记

- 7月1日，庆祝中国共产党成立90周年大会在北京人民大会堂隆重举行，燕京啤酒集团公司党委荣膺全国先进基层党组织荣誉称号。
- 7月3日，在世界品牌实验室发布的2011年《中国500最具价值品牌排行榜》中，枝江酒业以20.92亿元的品牌价值，再次上榜，这是枝江酒业第四次入选“中国500最具价值品牌”。
- 7月5日，根据甘肃省政府的指示要求，甘肃省质监局组织召开了甘肃河西走廊葡萄酒地理标志产品保护申报委员会第一次会议，标志着该省葡萄酒地理标志保护产品申报工作正式启动。
- 7月6～7日，由中国酿酒工业协会葡萄酒分会、中国农学会葡萄分会、中国园艺学会葡萄与葡萄酒分会、国家葡萄产业技术体系联合举办的2011年中国葡萄酒行业年会第一次会议在山东蓬莱召开。
- 7月7日，第11届天津国际啤酒节在天津工人体育馆隆重开幕。
- 7月7日，2011年VINALIES中国（蓬莱）国际葡萄酒·烈酒品评赛落下帷幕，经过评委的品评，最终评出19个金奖，60个银奖。中国参赛的140多个酒样中，共获得4个金奖，22个银奖。
- 7月12日，历时三年多建设的劲牌原酒生态园四期枫林酒厂正式落成投产。该厂年产能将达到5万吨，成为目前我国最大的小曲原酒生产基地。
- 7月18日，国务院食品安全委员会办公室发布了《关于进一步加强酒类质量安全工作的通知》（食安办〔2011〕23号文印发）。
- 7月19日，云南省酒类行业协会2011换届选举大会在昆明市隆重召开，大会选举产生了新一届云南酒协领导班子成员。同时，还举行了2011西部（昆明）酒业博览会媒体见面会。
- 7月19日，“中国酒类流通协会高级顾问座谈会”在京召开。
- 7月20日，2012年韩国丽水世博会中国馆组委会在北京召开新闻发布会，正式对外宣布安徽古井贡酒股份有限公司成为2010年韩国丽水世博会中国馆“全球合作伙伴”，同时古井贡酒•年份原浆产品被选为2012年丽水世博会中国馆唯一指定白酒。
- 7月21日，华润雪花啤酒（中国）有限公司正式宣布：华润雪花已全资收购河南商丘蓝牌啤酒公司。这是继2010年4月收购驻马店悦泉啤酒，2011年1月份收购奥克啤酒郑州、漯河、安阳三间工厂后，华润雪花在河南市场第三次出手收购。

8月酒业大事记

- 8月2日，中国国际啤酒、饮料制造技术及设备展览会（China Brew China Beverage）（简称CBB）主办方——中国联合装备集团公司携手慕尼黑液态食品技术博览会（简称drinktec）主办方——慕尼黑国际博览集团在北京正式签署了CBB展会长期合作协议。
- 8月3日，青岛啤酒（揭阳）公司年产60万千升啤酒生产基地项目奠基仪式在广东揭东经济开发区隆重举行。
- 8月4日，2011年中国葡萄酒行业年会暨焉耆县首届葡萄酒节在新疆焉耆县人民广场举行盛大开幕式。
- 8月9日，山东省质监局召开了“酒类产品整治视频会议”，山东省将在全省范围内对酒类产品展开专项整治，严厉查处制假售假等违法违规行为。
- 8月11日，由中国酿酒工业协会主办，山东省轻工业协会、山东省白酒工业协会、山东景芝酒业股份有限公司协办的“中国芝麻香型白酒科学技术表彰暨中国芝麻香型白酒研究院成立大会”在济南隆重举行。
- 8月12～14日，全国白酒行业职业技能培训酿酒师、品酒师教师上岗资格考核在青岛胶南市举行。
- 8月15日，中国•河西走廊第一届有机葡萄美酒节在兰州开幕。
- 8月18～20日，由国家商务部、贵州省人民政府主办的“中国（贵州）国际酒类博览会暨2011中国•贵阳投资贸易洽谈会”在贵阳举行。
- 8月22日，中国期酒市场的开创者张裕携手中国银行、中海信托，共同推出首款历史主题的葡萄酒理财产品——张裕百年酒窖1912品重醴泉干红葡萄酒系列理财产品，这款理财产品将采用孙中山先生为张裕题赠的“品重醴泉”作为酒标。
- 8月25日，梅州市被中国酿酒工业协会授予 “中国客家米香型白酒生产基地”称号。这是继2008年8月被授予“广东米香型白酒生产基地”称号后，梅州市酒业发展取得的又一硕果，标志着梅州打造米香型白酒生产基地工作取得新突破。
- 8月27～28日，全国第四届清香类型白酒高峰论坛在内蒙古包头市召开。
- 8月28日，国家质量检督检验检疫总局联合公安部下发了《关于在打击假冒伪劣商品违法犯罪中加强行政执法与刑事司法衔接工作的通知》，并制定了《关于依法严惩食品生产加工非法添加违法行为的规定》等重要规范性文件。

9月酒业大事记

- 9月9日，古越龙山成立绍兴黄酒原酒电子交易有限公司，建立原酒电子交易平台，11月8日开始办理开户。投资客可经此平台认购古越龙山发售的原酒新品，也可通过撮合交易的方式买卖存量原酒。
- 9月9日，山东省特种香型白酒产品质量监督检验中心奠基仪式在山东省高青县举行。
- 9月11日，投资60亿元的天津滨海酒文化产业园正式签约落户塘沽海洋高新区。
- 9月13日，为保障餐饮食品安全，加强餐饮企业自律，推动餐饮业持续健康发展，商务部下发了《关于加强餐饮食品安全工作的通知》。
- 9月14日，由宁夏酿酒协会、陕西酿酒工业协会、甘肃酿酒工业协会、新疆维吾尔自治区酿酒工业协会共同举办的西北地区第四届白酒、葡萄酒技术研讨会暨产品质量鉴评会在陕西西安召开。
- 9月16日，“华樽杯”第三届中国酒类品牌价值评议在北京举行，揭晓了酒类品牌价值200强企业名单和新中国白酒八大品牌。

- 9月16日，国家发展和改革委员会价格司、经贸司、价监局共同召开白酒价格座谈会，要求企业保障供应、稳定价格。
- 9月19日，为响应国家发展和改革委员会有关稳定白酒价格的要求，中国酿酒工业协会发出倡议，要求相关白酒企业严格遵守《价格法》等法律法规，加强价格自律，自觉规范市场价格行为。
- 9月19日，百威英博（延吉）啤酒年产30万吨啤酒项目在延边新兴工业集中区开工建设，这是延吉市引进的首个世界500强企业投资项目。
- 9月23日，第五届烟台国际葡萄酒节在烟台国际博览中心举办。
- 9月26日，王朝爱酒网开通暨上海王朝东方酒业有限公司开业典礼以及法国红酒文化中心（上海中心）揭牌仪式在上海隆重举行。
- 9月28日，国家税务总局发布了2011年第53号《关于配制酒消费税适用税率问题的公告》，该公告自2011年10月1日起执行。同时，《国家税务总局关于消费税若干征税问题的通知》（国税发[1997]84号）第三条规定废止。

10月酒业大事记

- 10月10日，宁波保税区首创中国进口葡萄酒“来源地”认证。自10月起，凡是从宁波口岸正规、合法进口的葡萄酒都必须通过中国检验认证集团宁波有限公司这一第三方机构，逐瓶比对有关进口数据、核对有关报关报检等证明文件，并在酒瓶上加贴防伪标签码。
- 10月17日，青岛啤酒（泰国）有限公司新建年产20万千升啤酒项目在曼谷正式签约，这也是青岛啤酒的第一个海外建厂项目，这家泰国公司计划于2013年正式建成投产。
- 10月19～21日，由中国酿酒工业协会、中国轻工业联合会信息中心联合举办的“2011年全国酿酒行业信息化工作会议”在云南省丽江市隆重召开。
- 10月21日，由中国食品工业协会举办的第八届白酒国家评委考评会在北京落下帷幕。此届白酒国家评委最终人员组成为：续聘原第七届白酒国家评委考生127人，录取新推荐考生50人，第六届、第七届免考生34人，总计211人。
- 10月27日，2011中国企业绿金年会暨中国绿金奖颁奖礼在北京举行。青岛啤酒、联合利华、利乐中国等三家公司，再次荣获“2011绿金环境奖”。
- 10月27日，环境保护部联合国家质量监督检验检疫总局联合发布了《发酵酒精和白酒工业水污染排放标准》，本标准自2012年1月1日起开始实施。

11月酒业大事记

- 11月6日，香港WINE FUTURE葡萄酒业峰会在香港亚洲国际博览中心举行。
- 11月8日，第三届“葡萄酒储存管理体系认证”计划证书颁授典礼在“香港国际美酒展”上举行。
- 11月8日，第17届中国绍兴黄酒节新闻发布会举行。本届黄酒节由中国酿酒工业协会、绍兴市人民政府主办，旨在弘扬绍兴黄酒魅力，推动绍兴黄酒产业发展，打造中国黄酒名城。
- 11月8～10日，由中国酒类流通协会、广州科通展览有限公司联合主办的第七届广州国际名酒展暨第九届世界名酒节在琶洲广交会展馆举行。

- 11月12日，“千载经典 盛世汉酱”——贵州茅台汉酱酒品评暨推介会在济南举行。
- 11月12日，由中国工业报社主办的2011中国工业行业排头兵企业榜单在北京揭晓。王朝公司荣获“2011葡萄酒制造行业排头兵企业”称号。
- 11月16日，为了进一步推动烟台市葡萄酒产业发展，加强交流合作，拓展营销渠道，促进企业发展，“烟台市葡萄酒协会”筹备成立工作正式启动。
- 11月16日，宜宾五粮液临时股东大会在五粮液集团公司召开，刘中国以高票当选五粮液股份有限公司董事长。
- 11月18日，作为中国航天在白酒领域的唯一合作伙伴，泰山酒业集团的酿酒微生物菌种被获准搭乘“神八”进入太空，从而开启了泰山酿酒菌种的太空诱变育种之路。
- 11月18～23日，由中国酿酒工业协会、中国财贸轻纺烟草工会、中国就业培训技术指导中心、中国轻工业职业技能鉴定指导中心联合主办的“赛诺杯”第二届全国啤酒品酒职业技能竞赛决赛在天津武清举行。来自全国30个省、自治区、直辖市的186名选手参加了全国决赛。
- 11月19日，辽宁省酒类行业协会成立大会在辽宁沈阳万鑫国际酒店举行，并同时召开第一次会员代表大会。
- 11月23日，姚明成立姚家族葡萄酒公司，首瓶以姚明命名的干红起拍价6万人民币。
- 11月23日，宝丰酒业有限公司被河南省发改委、省科技厅、省科学院、省农科院和省科协联合授予“河南省十佳科技型最具投资价值企业”称号。
- 11月25～26日，河北省白酒工业协会在石家庄组织了该省首批白酒高级酿酒师国家职业资格鉴定。
- 11月29日，国家工商总局官方网站公布了新认定的478件“中国驰名商标”，其中酒类行业中的17件商标获得认定。

12月酒业大事记

- 12月1日，贵州省制定的《酱香型白酒国家标准》已由国家标准委正式发布，并于今日起正式实施。
- 12月1日，开封市中级人民法院受理开封亚太啤酒有限公司的破产申请，正式走入破产程序。这标志着河南省首个啤酒品牌开封汴啤破产。
- 12月3日，华润雪花啤酒（安徽）有限公司年产20万千升生产基地奠基典礼在芜湖隆重举行。
- 12月6日，在中国酿酒工业协会和国际酒精政策中心（ICAP）共同举办的“开展全国酒类行业诚信自律活动研讨会”上，酿酒行业主管单位、行业协会、企业共同呼吁加强行业诚信自律。
- 12月6日，商务部出台《商务部关于“十二五”期间加强酒类流通管理的指导意见》，这是我国酒类流通行业发展的首个中长期指导性文件。
- 12月11日，四川联合酒类交易所首次在成都登场亮相，与来自省内外的近70余家酒商就原酒资源整合、原酒现货挂牌电子交易等问题进行深入交流。
- 12月15日，全国白酒标准化技术委员会老白干香型白酒分技术委员会成立大会暨第一届第一次全体委员大会在石家庄举行。
- 12月16～18日，2011（第九届）中国营销盛典暨中国企业营销创新奖颁奖典礼在北京举行，扳倒井荣膺2011中国企业营销创新奖。
- 12月18日，2011中国白酒文化节在中国白酒之都——宜宾开幕。

◆ 12月19日，经国务院批准，商务部、发展改革委、公安部、税务总局、工商总局等五部委联合发出《清理整顿大型零售企业向供应商违规收费工作方案》（商秩发[2011]485号）。

◆ 12月27日，由中国酿酒工业协会主办的2011年全国第四批啤酒酿酒师国家职业资格鉴定培训班在郑州市开班。

◆ 12月28日，全国税务工作会议举行，国家税务总局局长肖捷指出，明年将进一步完善各项税收优惠政策，在消费税改革方面，将合理调整消费税范围和税率结构。

◆ 12月30日，山东省工商局举行2011年度新认定驰名商标授牌仪式，为山东景芝酒业公司的“景芝”等95件驰名商标企业授牌。其中，“景芝”是继“景芝景阳春”后被认定为中国驰名商标，景芝酒业公司也因此成为鲁酒唯一拥有双驰名商标的酒企。

◆ 12月31日，国家发展改革委、工业和信息化部联合印发《食品工业“十二五”发展规划》（发改产业〔2011〕3229号）。

王晓辉

Wang Xiaohui

YEARBOOK FIGURE

王晓辉，男，汉族，1962年2月生于一个普通工人家庭，中共党员，大学文化，高级工程师，黑龙江越橘庄园生物科技有限公司董事长、总经理。主要社会兼职：中国个体劳协理事、中国酿酒工业协会理事、黑龙江省蓝莓协会副会长、黑龙江省酒业流通协会副会长、黑龙江省商业企业协会副会长、黑龙江省工商联执委、黑龙江省商标协会理事、伊春市慈善总会副会长、伊春市工商联副主席，伊春市物价协会理事、伊春市人大代表、伊春区人大常委等。

太白
一品当朝
70° 原生态五十年洞藏原浆【珍藏级】
洞藏原浆
贵宾专线：400-086-9519 网上展厅：dangchao.vgrand.cn

越橘庄园野生蓝莓酒的原料来自小兴安岭野生笃斯越橘，乃越橘属中罕见极品。越橘的果实因品种不同，颜色分为红、蓝、白色，欧美国家将蓝色的果实称为蓝莓（blueberry），意为蓝色的浆果。

小兴安岭的野生矮丛山地笃斯越橘物种，主要分布在北坡的沾河上游，库尔滨河上游，南坡的汤旺河上游及分水岭附近的高山，以及零下40摄氏度、地面50米以下的永冻层的高寒、高洁净泥炭藓沼泽和苔草地带。笃斯越橘中含蛋白质、脂肪、碳水化合物、钙、铁、磷、钠、锌、硒、维生素C、维生素E、尼克酸、SOD、花青素、黄酮等多种营养成分，以及人体必须的十七种氨基酸。

笃斯越橘中蕴藏着大量紫色成分，即原花青素OPC(Oligomeric Proantho Cyanidins)。花青素是一种强效的天然抗氧化剂，也被称为维生素P，它能够阻止破坏细胞的自由基活动，帮助维持视力和血管健康，其去除人体自由基的能力为维生素E的50倍，维生素C的20倍。

高锌、高钙、高铁、高铜、高维生素等含量，使笃斯越橘不仅具有良好的营养保健作用，还具有防止脑神经老化、强心、抗癌、软化血管、增强人体免疫等功能。所含的紫檀芪也具有强效的抗氧化、抗炎作用，有助于阻止癌症前期对身体造成的损害，并能有效延缓记忆力衰退和预防心脏病的发生，因此被人们视为超级水果。国际粮农组织将其列为“人类五大健康食品”之一，美国最具权威的健康杂志《Prevention》称之为“神奇之果”。

越橘庄园聘请德国科格勒葡萄酒实业集团总裁、雷司令家族第五代传人费迪南德·科格勒先生为公司首席酿酒师。通过引进世界前沿的酿酒工艺，将笃斯越橘自身的完美品质完好地保存进了每一滴晶莹剔透的酒液中。在2008年黑龙江省鉴定会上，越橘庄园新研制开发的野生蓝莓OPC酒和野生蓝莓白兰地，经国际品酒大师和国内著名专家鉴定结论为："属国内首创，填补国内空白"。公司现有产品系列为：越橘庄园野生蓝莓白兰地、越橘庄园野生蓝莓OPC酒、越橘庄园野生蓝莓酒（甜型）以及越橘庄园野生蓝莓酒（半干型）。

越橘庄园，即"黑龙江越橘庄园酒业有限公司（原黑龙江兴安红酒业有限公司）"坐落于美丽的中国林都——伊春，在小兴安岭林区拥有4万公顷的野生蓝莓基地（约占野生蓝莓总产区面积的68%）。越橘庄园设有省级企业技术中心"小兴安岭山野果开发利用研究所"，除野生蓝莓酒之外，已经开发了野生五味子保健酒、野生狗枣猕猴桃酒等系列山野果果酒。

越橘庄园致力于全面整合国际国内资源，缔造综合产业链，创建蓝莓专用饮酒模式。通过国际连锁酒店渠道举办蓝莓酒高峰论坛、品酒会及私人PARTY。与此同时，开展与高尔夫俱乐部、马球俱乐部、游艇俱乐部等多元渠道的合作，广泛推行与奢侈品杂志、航空广告的联合推广，并与国内著名影视公司打造影视专供酒。

中华老字号 中国驰名商标
中国非物质文化遗产 传承八百年
红星青花瓷®
国粹二锅头
酒
北京红星股份有限公司
BEIJING RED STAR CO.,LTD.
电话：010—85891876 85896585 团购电话：0108580295
http://www.redstarwine.com

中华老字号 中国驰名商标
中国非物质文化遗产 传承八百年
八百年的传承
二锅头的宗师
北京红星股份有限公司
BEIJING RED STAR CO.,LTD.
正宗嫡传八百年传统酿造技艺，
集12家京城烧锅老字号之大成，
开创中国白酒二锅头品类，引领二锅头酒60年发展与辉煌。
八百年的传承，二锅头的宗师
——红星二锅头
红星®二锅头酒
北京红星股份有限公司 电话：010-85891876 85896585 http://www.redstarwine.com
团购电话：15301029170 潘先生 15301029163 郗女士

中国探月
CLEP
燕京啤酒
YANJING BEER
中国探月工程官方合作伙伴
Official Partner of the China's Lunar Exploration Program
就是这股
新鲜味
新鲜上市
YANJINGBEER
燕京啤酒
人民大会堂
宴会用酒
BEIJING YANJING BREWERY CO.,LTD
燕京鲜啤
YANJING FRESH BEER
零氧化
真新鲜
500ml
北京燕京啤酒股份有限公司
燕京啤酒
YANJING BEER
中国鲜啤的原创者 燕京鲜啤经过第一重发酵环节：后发酵控制氧含量；第二重过滤环节：脱氧水除氧；第三重灌装环节：两次抽真空，无氧灌装，实现零氧化。燕京鲜啤，浓郁麦芽芳香飘荡扑鼻，清爽畅快的口感沁人心脾，清新鲜美的感觉回归自然。燕京鲜啤从原料采购、设备选择、生产工艺、仓储设施无一不是以“新鲜”为出发点。从而有效确保了每一瓶燕京鲜啤质量上乘，口感新鲜。
中国驰名商标
人民大会堂
宴会用酒
绿色食品
GreenFood

老白汾酒
老工艺
老味道
中国驰名商标
老白汾酒
清香型白酒
山西杏花村汾酒厂股份有限公司出品
PRODUCED BY SHANXI XINGHUACUN FENJIU DISTILLERY CO.,LTD.

Terroir
GREATWALL®
长城天赋葡园
中粮
COFCO
产业链 好产品
长城天赋葡园
- 全球甄选·共享天赋 -
世界黄金酿酒带
环球南北纬40度，世界公认黄金酿酒带
长城天赋葡园，严格甄选全球天赋产区
在中国拥有五大专属葡园，更将法国波尔多、
智利中央山谷核心小产区纳入旗下
以世界五百强中粮集团一贯的品质保证
带来丰富的原产地体验。
Terroir
HUAXIA REGION
Terroir
GREATWALL®
长城天赋葡园
中粮酒业有限公司出品
中粮集团荣誉出品

Chateau SunGod
GREATWALL
长城桑干酒庄
开启中国酒庄酒历史
中粮
COFCO
产业链 好产品
—长城桑干酒庄—
担纲国宴之选的大国美酒
自1979年建庄至今
一直承载着国宴用酒的历史使命
代表中国 宴请世界
并多次被作为“国礼”赠予世界级的贵宾
30余年，长城桑干酒庄
以世界瞩目的国酒尊荣
记录下中国外交史上的众多辉煌时刻
更见证着新中国的成长与崛起
长城桑干酒庄
国宴之选 国酒荣耀
中粮集团荣誉出品

中国大型工业企业
中国驰名商标
中华老字号
稻花香升级版
中国驰名商标
稻花香®
湖北稻花香酒业股份有限公司
净含量:500mL 浓香型白酒

曾梵志 乱笔系列《无题第八号》

嘉宾级
嘉宾级
茅台迎宾酒
贵州茅台酒股份有限公司出品
PRODUCE OF KWEICHOW MOUTAI CO.,LTD.
酒精度：53%vol
净含量：500ml
MOUTAI
YING BIN JIU

茅台王子酒 王子尊天下
MOU TAI
CHINA MOUTAI
贵州茅台酒股份公司中端系列产品，是大曲酱香型白酒，是绿色食品、有机食品，完全秉承贵州茅台酒传统工艺酿造，原料为当地出产的有机高粱和小麦。茅台王子酒从投料生产到产品出厂最少需要三年时间。
茅台王子酒®
53%vol
500ml
WANGZIJIU
MOUTAI
贵州茅台酒股份有限公司出品
PRODUCE OF KWEICHOW MOUTAI CO.,LTD.
茅台王子酒®
酒精度：53%vol
净含量：500ml
WANGZIJIU
MOUTAI
贵州茅台酒股份有限公司出品
PRODUCE OF KWEICHOW MOUTAI CO.,LTD.
Http://www.moutaichina.com
茅台王子酒
绿色食品
GreenFood
LB-46-0607231576A

DYNASTY™
Merlot
Since 1980
PRODUCED AND BOTTLED BY
SINO-FRENCH JOINT VENTURE DYNASTY
WINERY LTD. TIANJIN P.R.C.

DYNASTY
王朝酒
DYNASTY
MEDIUM DRY WHITE WINE
A medium dry wine which derives its refreshing flavour from Muscat grapes grown in the Tianjin region of China.
Produce of China
PRODUCED AND BOTTLED BY THE SINO-FRENCH JOINT VENTURE WINERY LTD., TIANJIN P.R.C.

RED IN THE EAST
东方红
DONGFANGHONG
东方红
1949
浓香型白酒
净含量:500ml 酒精度:46%vol
四川绵竹剑南春酒厂有限公司
东方红 大国之红
【中国高端白酒史诗级作品】
四川绵竹剑南春酒厂有限公司
MIANZHU JIANNANCHUN DISTILLERY CO., LTD.OF SICHUAN

珍藏级
劍南春®
中国驰名商标
【天益老号活窖群】
特酿
浓香型白酒
净含量 500ml
酒精度 52%vol
四川绵竹剑南春酒厂有限公司
酒精度：52%vol
净含量：500 ml
珍藏级
劍南春
【天益老号活窖群】
特酿
浓香型白酒
四川绵竹劍南春酒厂有限公司

中国美酒河畔生态酿造宝地赤水河中下游流域
始于白垩纪独特地质构造，经亿万年累积成独特白酒
生态酿造环境，中国美酒环带，世界三大酿酒圣地之一
二郎滩头——十里习酒城
贵州习酒城
Guizhou Xi Wine City

中国驰名商标

China Well Known Trademark

习酒主要产品介绍

习酒·窖藏1988

一脉国香，远离世俗和矫揉的狐媚，自赤水河谷悠然飘来，幽香袭人而不失雅致，口感厚重而不失细腻。饱经岁月历练，从容淡定于世，习得大道之品行。

金质习酒　品质生活

老牌国优酱香，凭天然造化，承传统精髓，以至臻至善的酿造精神，以敬畏和感恩的名义，在完美中坚持。

习酒五星　液体黄金

15年，不只是岁月的刻度。在漫长的岁月里坚持金子的纯净，成就非凡气质。15年只是历史的瞬间，历史却在瞬间将这种气质凝固成一种标记。15年五星习酒，更醇，更厚，更完美，以黄金般的品质，领创黔派浓香新高度。

贵州茅台酒厂（集团）习酒有限责任公司

GUIZHOU MAOTAI DISTILLERY(GROUP)XIWINE CO.,LTD.

图书在版编目（CIP）数据

中国酿酒工业年鉴. 2010～2011/中国酿酒工业协会，《中国酿酒工业年鉴》编委会编. —北京：中国轻工业出版社，2012.7

ISBN 978-7-5019-8888-4

Ⅰ.①中… Ⅱ.①中… ②中… Ⅲ.①酿酒工业—中国—2010～2011—年鉴 Ⅳ. ①F426.82-54

中国版本图书馆CIP数据核字（2012）第159022号

责任编辑：江 娟 张 莉　　策划编辑：李亦兵 江 娟　　责任终审：劳国强
封面设计：乐 天　　版式设计：邓 鹏　　责任监印：张 可

出版发行：中国轻工业出版社（北京东长安街6号，邮编：100740）
印　　刷：北京画中画印刷有限公司
经　　销：各地新华书店
版　　次：2012年7月第1版第1次印刷
开　　本：889×1194 1/16　　印　　张：49
字　　数：1686千字　　插　　页：61
书　　号：ISBN 978-7-5019-8888-4　　定　　价：480.00元
邮购电话：010-65241695　　传　　真：65128352
发行电话：010-85119835 85119793　　传　　真：85113293
网　　址：http://www.chlip.com.cn
E-mail：club@chlip.com.cn
如发现图书残缺请直接与我社邮购联系调换
120721K1X101ZBW